新曲綫 New Curves | 用心雕刻每一本……
http://site.douban.com/110283/
http://weibo.com/nccpub

用心字里行间　雕刻名著经典

A Child's World

—— Infancy through Adolescence

Eleventh Edition

Diane E. Papalia
Sally Wendkos Olds
Ruth Duskin Feldman

Translators

Jiajia Hao
Yingying Yue
Fumei Chen
Suran Guo
Min Zhao

孩子的世界

——从婴儿期到青春期

（第11版）

黛安娜·帕帕拉
［美］ 萨莉·奥尔兹 著
露丝·费尔德曼

郝嘉佳 岳盈盈 陈福美 郭素然 赵 敏 译

人民邮电出版社
北 京

图书在版编目（CIP）数据

孩子的世界——从婴儿期到青春期（第 11 版）/（美）帕帕拉（Papalia, D. E.），奥尔兹（Olds, S. W.），费尔德曼（Feldman, R. D.）著；郝嘉佳 等译.
- 北京：人民邮电出版社，2013.1（2025.1 重印）
ISBN 978-7-115-29854-6

Ⅰ. ①孩… Ⅱ. ①帕… ②奥… ③费… ④郝… Ⅲ. ①婴幼儿—儿童心理学—研究 Ⅳ. ① B844.12
中国版本图书馆 CIP 数据核字（2012）第 260185 号

Diane E. Papalia, Sally Wendkos Olds, Ruth Duskin Feldman
A Child's World——*infancy through adolescence*, 11th Edition
ISBN 0-07-353197-9

孩子的世界——从婴儿期到青春期（第 11 版）

◆ 著　　［美］黛安娜·帕帕拉　萨莉·奥尔兹　露丝·费尔德曼
译　者　郝嘉佳　岳盈盈　陈福美　郭素然　赵　敏
策　划　刘　力　陆　瑜
责任编辑　刘丽丽
装帧设计　陶建胜
◆ 人民邮电出版社出版发行　北京市丰台区成寿寺路 11 号
邮编　100164　电子邮件　315@ptpress.com.cn
网址　http://www.ptpress.com.cn
电话　（编辑部）010-84931398　（市场部）010-84937152
三河市少明印务有限公司印刷
新华书店经销
◆ 开本：850×1092　1/16
印张：42.25
字数：876 千字　2013 年 1 月第 1 版　2025 年 1 月第 10 次印刷
著作权合同登记号　图字：01-2008-4540

定价：88.00 元

本书如有印装质量问题，请与本社联系　电话：(010) 84937152

内容提要

《孩子的世界——从婴儿期到青春期》是一本关于儿童身心发展的百科全书，它由三位科学家母亲结合亲身的育儿经验和科学研究成果而写成。自1975年首次出版以来，在美国市场上一直是同类书中的领导者品牌，深受广大读者欢迎。

《孩子的世界——从婴儿期到青春期》分为6编，共17章。它从怀孕开始系统全面地揭示了一个新生命诞生和发展的历程。第一编“走进孩子的世界”告诉你儿童发展科学家如何研究孩子的发展，指出遗传和环境共同影响孩子的成长；第二编“人之初”阐述了怀孕、胎儿发育、产前护理、分娩、新生儿的特征等知识，并就这些过程中可能面临的风险给出了建设性的指导；第三编到第六编分别从生理、认知和心理社会三个方面探讨“婴儿期和学步期”、“儿童早期”、“儿童中期”以及“青春期”孩子的成长过程，揭示了0~18岁儿童大脑、身体、视觉、听觉、语言、思维、情绪、信任、道德、行为等方面的特征，揭示出儿童发展的规律。

《孩子的世界——从婴儿期到青春期》是一本集科学性、知识性和指导性于一体的好书，适合发展心理学、教育学专业的学生和研究人员，以及关注孩子发展的父母和儿童教育培训机构的人员阅读。

To our parents,

Madeline and Edward Papalia,

Leah and Samuel Wendkos,

and Boris and Rita Duskin,

for their unfailing love, nurturance, and

confidence in us, and for their abiding conviction

that childhood is a wondrous time of life.

And to our children,

Anna Victoria,

Nancy, Jennifer, and Dorri,

Steven, Laurie, and Heidi,

and our grandchildren,

Stefan, Maika, Anna, Lisa, and Nina,

Daniel, Emmett, Rita, Carol, Eve, Isaac, Delilah, and Raphael,

who have helped us revisit childhood

and see its wonders and challenges

through new eyes.

译者序

《孩子的世界》英文版自1975年在美国出版以来，不断修订再版，一直是美国市场上的畅销教材。从刘丽丽编辑处得知，新曲线图书出版咨询有限公司有意将本教材引进，介绍给中国读者，正在物色译者时，我正在北京师范大学攻读发展与教育心理学博士学位。当时我认真学习或浏览过很多儿童心理学教材，看到《孩子的世界》(第11版)时，一种很亲切感油然而生，书中的文字通俗、插图精美、内容生动且贴近生活;从专业角度来讲，这本教材科学、客观、全面而且新颖。这让我深觉本书的翻译很有意义和价值，而且这项工作非常有趣。于是，我联络了几位发展与教育心理学研究领域的同学和好友，一起争取到了本书的翻译工作。

到这本书翻译完成的时候，我刚刚从学生的角色转变为一位年轻的教师，正在思考如何带着更年轻、更热情的学生去探索孩子的世界。这时候，我更深切地体会到《孩子的世界》作为教材的魅力。对比国内外的教材，国外教材的优势往往表现在内容更新速度快、信息含量丰富、文本生动有趣。如同大家将要看到的，本次翻译引进的《孩子的世界》(第11版)具有同样的优点。作者小组一直在不断更新资料，第11版中采用了可获得的最新资料和数据。为了让读者更好地理解文本内容，作者以鲜活的“人物聚焦”入手，并在文中涉及了很多与现实联系紧密的案例，以“专栏”的形式进行讨论。作者充分考虑到了理论、研究和应用方面的发展趋势，力图客观、全面地为读者介绍当前的理论和研究，例如在文中增加了从进化的角度解释儿童发展的相关问题等新视角。与此同时，本书在教材组织方面也有其独特的优势。经过不断地完善，本版《孩子的世界》已经发展出了一套能够激励学生探索并充分发挥主动性的特色教学内容体系。作者把读者作为学习过程的积极参与者,每章内容以“学习向导”展开，而穿插其中的“考考你”、“你的观点”等则能够随时调动读者的思考。每章的结尾会有针对“学习向导”的回应以及对本章内容的小结,在各类专栏中还指出了可以获得更多信息的资料来源。因此，本书既可作为心理学、教育学的专业教材，也可以作为学生课外阅读的参考书目。另外，由于其完善的教学体系，本书在作为学生自学的教材时尤其具有独特优势。

当然,《孩子的世界》也适合所有对“孩子的世界”感兴趣的人阅读。如果你真的把这当成一趟旅行，跟着路标(学习向导)，通过一个个检查站(考考你)，去发现在一个孩子的世界中正发生着什么，那么这不但会让你对孩子的世界有更深的理解，也许你还可以想起自己孩提时经历的成长、挑战和美好时光。

客观地讲，我在争取本书翻译的时候满腔热血、自信满满，但在翻译的过程中却发觉，原来自己竟然也是“初生牛犊”，未能预见其中的困难。首先，作为一本专业教材，文本的科学性丝毫不容忽视。对于其中个别的专业词汇，我们已是非常熟悉，且对其概念内涵和外延也自觉明晰，但却意会而不可言传，想要找到一个恰当的词汇来准确表达其含义时让我深恨自己功底不深。其次，在原书中，很多与现实的教育、社会相关的资料都来自以美国为主的西方文化背景，如何让这些资料被中国读者理解也常常是需要我们讨论的地方。另外，阅读原书时被其生活化所吸引，而在翻译中如何将这些生动的表达传递给中国读者却是我不能自信的地方。傅先生所讲的"信、达、雅"三个字成了我们苦苦追求的目标，在现有的积累之下要做到"雅"确实还有点力不从心，但我们已力求做到"信、达"。直到本书即将成稿与读者见面时，我们心中仍有忐忑，请读者在发现书中的不足时加以指正，如若有更好的建议也望您不吝赐教。

本书中郝嘉佳翻译了第1、2、10和13章的内容并进行全书最后的统稿，岳盈盈翻译了第3、7、15、16和17章的内容并参与部分章节的统稿，陈福美翻译了第4、12和14章并参与部分章节的统稿，郭素然翻译了第5、6和8章的内容，赵敏翻译了第9、11章的内容。一位朋友说过，能够在年轻的时候和志同道合的人一起去做一件自己觉得有价值的事情是一种幸福，这种理想主义信念也是支持我们的动力。在此，衷心地感谢参与本书翻译的每一位译者。另外，要特别感谢刘丽丽编辑为此付出的辛苦劳动。我知道《孩子的世界》不能说是唯一最好的教材，但我相信，它一定是最好之一。

郝嘉佳

2012年8月31日于京张铁路

北京师范大学心理学院博士

天津师范大学心理与行为研究院助理研究员

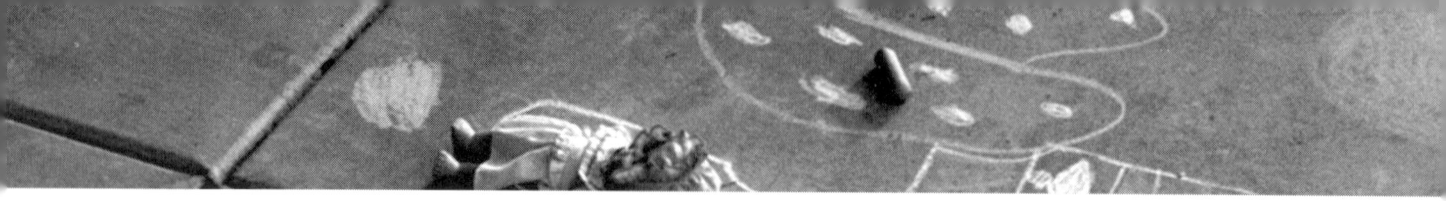

序　言

从《孩子的世界》这个标题可以看出，我们把对儿童发展的研究看成一段在孩子们的独特世界中进行探索的有趣旅程。我们试图通过生动的插图和现实生活中的真实事例来还原孩子的世界。通过阅读这本书，学习者不仅可以了解过往的儿童发展研究者都发现了什么，还可以看到孩子们眼中的世界是什么样子。

此版本的目标

在《孩子的世界》的近几个版本中，我们几个人几乎修改了整本书，修订了书的设计、内容和教学特色，并充分改善了文字表达的流畅性。在第 11 版中，我们的主要目标是在以往的基础上修订增补大量的新材料，同时维持文本总体规模不变。一如既往，我们致力于强调发展的连续性及其在不同文化间的差别，突出身体、认知和心理社会领域的相互作用，整合来自理论的、研究的和实用的关注点。

前沿研究

我们在每年出版的海量文献中进行筛选，挑选那些能够显著增加学生理解的前沿理论和研究。

考虑到**进化理论**对儿童发展研究的重要影响，第 11 版的一个重要主题是加强了对进化理论相关内容的关注。从第 2 章扩充的介绍性资料开始，许多章节都有从进化观点解释儿童发展的内容，其中涵盖的主题从母体营养（第 4 章）、早期感知能力（第 6 章），到语言（第 7 章）和性别（第 11 章和第 14 章）。

随着认知神经科学重要性的日益增加，我们在这一版中描述了儿童中期（第 12 章）和青春期（第 15 章），以及胎儿期和婴儿期（第 6 章）的**大脑发展**。我们在全书列出了大量研究来揭示大脑对于认知和情绪的重要作用。例如，第 13 章增加了一节新内容来探讨遗传和神经对于智力的影响。另外，**渐成论**的概念（第 3 章）和关于埃丝特·西伦提出的婴儿发展**动力系统理论**（第 6、7 章）的扩展性讨论也是本版新增加的内容。我们扩展了每章的研究基础，用目前能够获得的最新统计资料对全文进行了更新。我们仍然会公正地看待当前理论和研究工作的广阔范围及其重要性，同时努力使我们所覆盖的内容尽可能地简明易读。

文化和历史影响

这一版仍然强调文化和历史对发展的影响。评论者们一直在称赞我们对于文化的重视，并认为这是本书的一个特色。我们在"世界各地"的专栏中着重讨论了跨文化的研究，同时这些研究也充分整合到了整本书中，反映了美国和其他社会中人口的多样性。例如，第1章中，我们修订了文化和民族/种族的影响。第5章列出了全球各地区低出生体重发生率的表格，修订了关于父母角色的内容，增加了父母角色的跨文化比较。第9章增加和更新了有关民族/种族和社会经济地位如何影响健康的讨论。第11章增加了文化如何影响情绪管理的内容，并在文中拓展了对独生子的讨论（包括中国独生子女政策的效果）。文中的照片插图也更好地描绘了文化的多样性。

我们从第一章开始就强调历史，总结了儿童发展研究领域的历史演进，讨论了历史因素对于发展的影响（包括历史代际的概念），在"社会关注"的专栏中呈现了埃尔德关于生命历程的研究工作。本书其他部分也在历史背景下讨论了诸如分娩习俗、婴儿喂养和综合高中等主题。很多章节开头都有"人物聚焦"专栏，它们在描述玛格丽特·米德和达尔文的小儿子"多迪"等人物的生活时都介绍了相应的历史背景。

第11版概览

组　织

本书采取了**按时间顺序展开**的方式，描述了每一阶段儿童发展的所有方面。通过这种方式，学生们能够对儿童发展获得全方位的认识。全书共17章，分为六编：

- 第一编总结了儿童发展领域的研究历史、基本概念、相关理论以及研究工具。
- 第二编描述了生命的开始，包括遗传和环境的影响、怀孕和产前发育、出生，以及新生儿。
- 第三到第六编每编各包括三章，涵盖了婴儿期、学步期、儿童早期、儿童中期和青春期儿童身体的、认知的和心理社会的发展。在本版中，我们认真改进了章节内和章节之间材料的组织。例如，关于儿童虐待的资料最初是放在第9章，现在为了突出其在婴儿中发生得更加普遍，我们把这部分内容移到了第6章。

教学特色

我们基于《孩子的世界》这本书而开发的教学法受到了极大的赞许，这使我们感到欣慰。我们的教学法包括以下一些特色内容：

我们的综合学习系统，是一个由各种能够促进主动学习的元素所构成的独特而协调的集合。本书中的教学特色内容（"学习向导"、"考考你"）以及批判性思考题（"你的观点？"）都强调了我们把探索和发现儿童世界作为本书的中心主题。题为"研究广角"、"日常生活"、"社会关注"和"世界各地"的四种专栏资料也是服务于这一主题的。

- **学习向导**：每章开头的问题清单强调了要学习的关键概念。每个问题在文本中介绍相关内容时会再次呈现。
- **考考你**：这些问题位于各章的页面边缘，目的是帮助学生们评估自己对前文中概念的理解程度。
- **你的观点是什么？**这些批判性思考问题位于各章的页面边缘以及专栏部分，它们有助于激励学生来检验自己对文中信息的思考。
- **总结和关键术语**：每章都根据学习向导来组织这些资源，以帮助学生们回顾本章内容并检查自己的学习情况。

本书每一部分的开始都是很有特色的双页图片内容，其中包括：

- 概括各章要点的预览
- 引入重要主题的概述
- 一个要探索的“寻找联系”清单，比如寻找身体、认知和心理发展领域间相互作用的范例。

“人物聚焦”相当于每章的引言，它通过重点描绘处于此发展阶段的某一著名人物来引出本章的内容。每章末尾的再次聚焦问题会重新提及开篇的“人物聚焦”，鼓励学生们应用本章的概念理解被“聚焦”人物的生活。

四种类型的专栏通过专门阐述一些与正文相联系的主题来增强文本的说服力。每一章至少包含两种类型的专栏。

- **研究广角**专栏对于在正文中简要提及的某些研究主题进行了深入探讨。例如，在11版中，你将会看到两个新的研究广角专栏：“孤独症‘蔓延’”（第6章）和“游戏有进化基础吗？”（第11章）。
- **日常生活**专栏讨论研究在实际生活中的应用。11版中新加的日常生活专栏包括“流产和死产的哀痛”（第4章）和“芭比娃娃影响女孩的身体意象吗”（第12章）。
- **世界各地**专栏关注在一种或多种外国文化背景下，或在美国少数民族群体中，人们如何看待或体会本章探讨的某个问题。新添加的世界各地专栏是“青春期的全球化”（第15章）。
- **社会关注**专栏讨论影响儿童发展的社会议题或问题。本版中新的社会关注专栏有“惊吓婴儿综合征”（第6章）和“青少年是否应该有死刑豁免权”（第15章）。

致 谢

我们要对许多朋友和学校表达我们诚挚的谢意，他们的兴趣和工作帮助我们澄清了很多对于儿童发展的思考。我们还要特别感谢对第10版《孩子的世界》和第11版手稿作出评论的那些人，他们的评价和建议对新版的准备有极大的帮助。这些评论者既有来自两年制学院的，也有来自四年制大学的，他们是：

Tanisha Billingslea，卡梅隆大学
Lorelei Carvajal，Triton 社区学院
Mary Beth Miller，夫勒斯诺城市学院
Christina Nigrelli，加利福尼亚州立大学，长滩
Jane Spruill，彭萨科拉初级学院
Patricia Weaver，费耶特维尔技术社区学院

感谢来自于出版商的巨大支持。特别感谢以下人士：执行总编 Mike Sugarman；发展部主任 Dawn Groundwater；发展方面的自由撰稿编辑 Barbara Conover；致力于参考书目的 Carol Mulligan；文字编辑 Holly Paulsen；设计经理 Violeta Díaz 和 Margarite Reynolds；图片研究员 Toni Michaels；以及艺术编辑 Emma Ghiselli。

同往常一样，我们欢迎并感谢来自读者的批评或评论，这将有助于我们继续改进《孩子的世界》。

Diane E. Papalia
Sally Wendkos Olds
Ruth Duskin Feldman

简要目录

目 录

第一编

走进孩子的世界

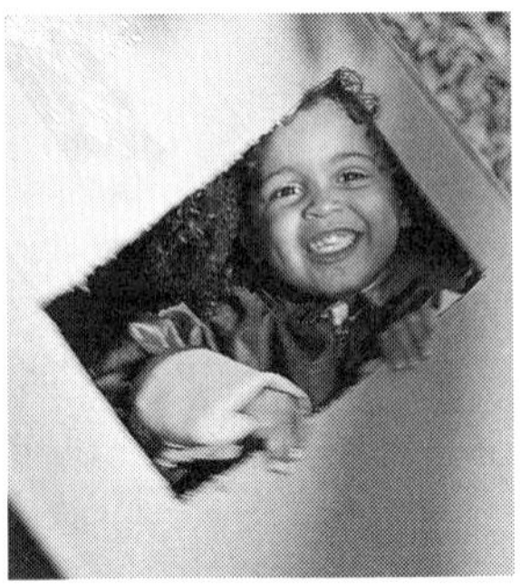

第1章
研究一个孩子的世界

- 儿童发展的科学研究始于19世纪后期，并逐步发展为生命全程研究的一部分。
- 发展科学家研究生理、认知和心理社会等领域的变化和稳定性。
- 发展受内部因素和外部因素的影响。
- 影响发展的重要背景因素包括家庭、邻里、社会经济地位、种族、文化和历史因素。

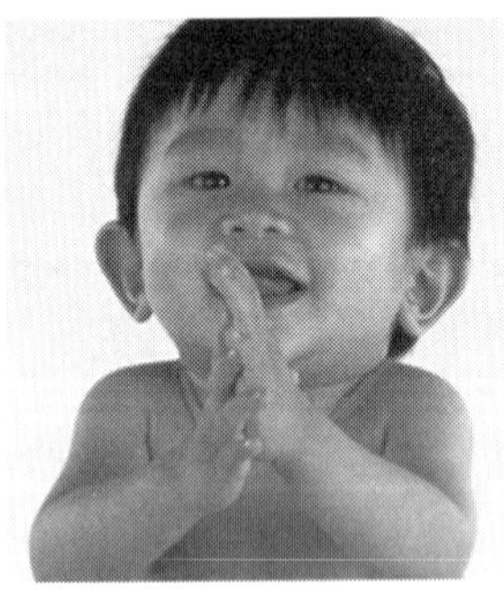

第2章
孩子的世界：我们如何去探索

- 有关儿童发展的理论争议主要集中于两个关键问题：（1）儿童自身是否是导致其发展的部分原因；（2）发展是连续的还是阶段性的。
- 主要理论包括精神分析理论、学习理论、认知理论、进化学理论/生物论和情境论。
- 研究可能是量化的或质性的，包括个案研究、人种学研究、相关研究和实验研究等。
- 为了研究发展趋势，研究者可能会追踪儿童来发现他们是怎么发展变化的，也可能会比较不同年龄的儿童来发现他们有什么不同。

走进孩子的世界

看着小时候的照片和录像，可能会让你感到，你正一步步走回一个熟悉又陌生的世界。这些在时空中凝结的影像真的是你吗？端详着自己出生后不久的照片，你是否想知道当刚刚降临到这个世界时的感受？看到那张你第一天上学时拍的照片，你是否记得初次见到老师时的紧张？把照片一直翻到你高中毕业时的合影，你是否感慨，一个无助的婴儿是如何成长为一个生机勃勃的学生，再成为一个穿着毕业礼服准备步入成人世界的人的呢？

照片并不能告诉我们一个孩子成长变化的过程。即使是一系列追踪孩子成长的家庭录像，也不能捕获变化的过程。这个变化过程太微妙了，以致我们只有在变化发生之后才能发觉。而这些发展性变化的过程及其影响因素正是本书的主题。

第一编是一张关于孩子世界的地图。它描绘了研究者在探索那些导致儿童发展的因素时所遵循的研究路线，指出了当前发展研究方面的主要方向。在第 1 章中，我们探讨了儿童发展研究的演化历史，仔细分析了一些基本概念。第 2 章介绍发展科学家如何研究儿童、他们所遵循的理论和使用的研究方法，以及他们的工作必须遵守的伦理标准。

当你重新进入到一个孩子的世界时，请牢记，真正的儿童并不是印刷纸上的抽象概念。他们是充满生机、会哭会笑、时而大声呼喊、时而发发脾气、喜欢提出问题的人。在杂货店、公园、电影院里和街道上，观察你身边的孩子们，倾听他们，观察他们。停下来专心地去看去听，他们正面临着和经历着生命的奇迹。回忆自己小时候，是什么使你成为现在的自己。写下你希望这门课程帮你回答的问题。运用你从本书中获得的洞察力，你可以用新的眼光来看待自己和你所见到的每一个孩子。

研究一个孩子的世界

唯有变化才是永恒的。

——赫拉克利特语录（公元前 6 世纪）

人物聚焦　维克多，阿韦龙地区的野孩*

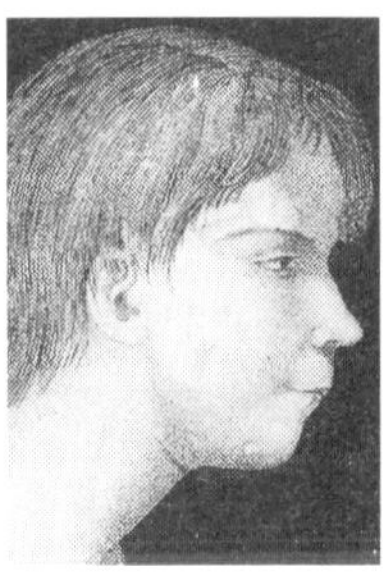

维克多

1800 年 1 月 8 日，一个面部和脖子遭受严重创伤的裸体男孩出现在圣塞尔南村庄的边界，该村庄位于法国中南部人口稀少的阿韦龙省内。这个男孩只有 1.3m 高，看起来大概有 12 岁。在之前两年半的时间里，人们多次看到他爬树、奔跑、喝小溪中的水、寻觅橡子和树根为食。

当这个黑眼睛的男孩来到圣塞尔南时，他既不说话，也不对别人的言语作任何反应。他像一只习惯于野外生活的动物，轻蔑地拒绝准备好的食物，扯掉人们试图穿在他身上的衣服。可以肯定的是，他失去了父母或者是被父母遗弃了，但是这些事情是多久之前发生的就不得而知了。

这个男孩出现在一个理性且社会动荡不安的时代。当时，一种新的、科学的观点正开始取代形而上学的推断。哲学家们争论有关人类天性的问题，这些问题成为研究儿童发展的核心。例如，人类的品质、行为和思想是天生的，还是后来获得的，或是两者兼有？在获得这些品行的过程中，社会联系有多重要？社会联系缺失造成的影响是否可以克服？研究一个在隔离的环境中长大的孩子，可能会为我们提供一些关于天性（与生俱来的品质）和教养（家庭教养、学校教育和其他社会影响）相互影响的证据。

初步观察之后，这个被称为维克多的男孩被送到巴黎的一所聋哑学校。在那里，他被移交给依塔德。当时，依塔德 26 岁，是新兴学科“精神病学”中的一名雄心勃勃的执业者。依塔德认为维克多的发展受到了环境的限制，只需要教给他文明社

* 关于阿韦龙地区的野孩的信息来源于Firth（1989）和Lane（1976）。

会中正常儿童所需要获得的技能即可。

依塔德把维克多带回家，在之后的五年里，逐步地“驯化”他。依塔德首先通过洗热水澡和擦干身体，唤醒维克多区分感觉经验的能力。然后继续精心、一步一步地进行情绪反应训练，给出道德和社会行为、语言、思想方面的指导。

但是他对维克多的教育（弗朗索瓦·特吕弗在电影“野孩”中进行了讲述）并不是非常成功。这个男孩的确取得了显著的进步，他学会了叫出很多种物体的名称，可以阅读和书写简单的句子，可以表达需要、执行命令和交流想法。他也表现出了一些情感，尤其是对依塔德的管家格林女士，还学会了表达骄傲、羞愧、懊悔和快乐等各种情绪。但是，除了发出几个元音和辅音之外，他一直没有学会说话。而且，他仍然只关注自己的需要，从未失去对“大自然的自由”的渴望，依然对社会生活漠不关心（Lane，1976，p.160）。当这个研究结束时，维克多已经不能再像从前一样在野外生存了。直到 1828 年他 40 多岁时去世，他一直和格林女士一起生活。

• • •

为什么维克多没有达到依塔德的期望呢？这个男孩可能是脑损伤、也可能是孤独症患者（在社会反应方面有问题的一种发育障碍），或者在其生命早期遭受过严重的虐待。依塔德对他进行的教育可能是不适当的，虽然这种教育方式在当时是先进的。后来依塔德自己也认为长期隔离的效应可能是无法克服的，也可能维克多的年龄太大了，尤其是对语言学习而言。

尽管维克多的故事没能为依塔德探讨的问题提供明确的回答，但这是第一个研究儿童发展的系统性尝试，因此具有重要意义。自古至今，对儿童如何发展我们已经了解了很多，但是，发展科学家仍然在研究天性和教养的相对重要性，以及它们之间的交互作用等基本问题。维克多的故事表明了我们即将学习的关于儿童发展的科学研究的艰巨性和复杂性。

在这一章里，我们分析了儿童发展领域的发展历程；指出了目前该领域的目标和基本概念；确定了发展的各个方面，说明了它们之间的相互关系；总结了儿童生活中每一时期的重要发展；着眼于发展的影响因素及其发生的背景。

在你阅读和学习本章之后，你应当能够回答下一页的“学习向导”中的每个问题。回顾章节末尾的小结，可以检验你对这些“学习向导”的理解。贯穿章节始终的“考考你”可以检查你对阅读内容的理解。

学习向导

1. 什么是儿童发展？儿童发展研究是如何演变的？
2. 发展科学家研究什么？
3. 什么影响因素使得儿童各不相同？
4. 关于儿童发展在哪六个基本观点上形成了共识？

关于儿童发展的研究：过去及现在

儿童发展（child development）领域的研究关注儿童生长发育过程中的变化和稳定性。发展科学家，即从事儿童发展专业研究的人们，着眼于儿童从胎儿期到青少年期的变化模式和保持稳定的特质。

发展科学研究两种改变：量变与质变。**量变**（quantitative change）是一种数量上的改变，比如身高、体重、词汇量，或者交流频率。这种变化基本上会持续整个儿童期。**质变**（qualitative change）是一种在类型、结构或组织上的变化。质变是非连续的，其标志是出现一个新现象，这个现象仅仅基于早期功能是无法预期的。例如儿童从不会说话到可以理解词汇并运用词汇进行交流。

除了这些变化之外，大多数人在人格和行为方面表现出一种基本的稳定性，或者说恒定性。举例来说，大约有 10%~15% 的儿童始终都是腼腆的，还有 10%~15% 的儿童是勇敢的。尽管各种各样的影响会改变这些特质，但它们保持一定的稳定性，尤其对那些处于极端的儿童而言（见第 3 章）。

儿童的哪些特征最可能持久不变？哪些是可能变化的？为什么？这些都是发展科学家努力探索的问题。

早期方法

关于儿童发展的正式科学研究是新近兴起的。回溯历史，我们会发现研究儿童世界的方法发生了一些戏剧性的变化。

儿童发展科学研究的先驱是婴儿传记，这些日志连续记录某个儿童的早期发展。德国哲学家狄特里克·泰德曼（Dietrich Tiedemann）在 1787 年发表的日志中记录了其对自己儿子的感觉、动作、语言和认知发展的观察。此类观察具有典型的推测性质，例如泰德曼观察到儿童吮吸沾着甜东西的桌布的时间比吮吸护士手指的时间长，便认为吮吸“不是天生的，而是习得的”（Murchison & Langer, 1927，p.206）。

进化论的创始者达尔文首次强调了婴儿行为的发展本质。达尔文认为研究人类（种族层面和个体层面）的起源可以更好地理解自身，他于 1877 年出版了记录儿子多迪在最初 12 个月的时间里感觉、认知和情绪方面发展情况的笔记（Keegan & Gruber, 1985；见第 7 章的人物聚集部分）。达尔文的日志给婴儿传记赢得了体面地位，在之后 60 年里又出版了大约 30 本此类日志（Dennis，1936）。

发展心理学成为一门科学

到 19 世纪末，西方世界的若干进展为儿童发展的科学研究铺平了道路。科学家们解开了受孕的谜团，并争论天性（天生的特质）和教养（外界的影响）的相对重要性，诸如阿韦龙野孩案例中的争论；病菌和免疫的发现使得更多的儿童得以在婴儿期存活；由于廉价劳动力的充足供应，做童工的儿童减少；法律保护儿童免于每天劳动过长时间，让他们有更多的时间上学；父母和教师变得更加关注如何识别和满足儿童的发展性需要。心理学的新兴分支告诉人们，可以通过了解自己在童年期受到的影响来更好地理解自身。

但是，这门新学科还有很长一段路要走。直到 20 世纪早期，儿童研究的先驱斯坦利·霍尔出版了名为《青少年》的畅销书（虽然不那么科学）（1904/1916），青少年才被看做发展过程中一个单独的阶期。20 世纪三四十年代，在爱荷华、明尼苏达、哥伦比亚、伯克利和耶鲁等大学建立了若干研究所，这标志着儿童心理学成为一门具有专业从业者的真正的科学。一些纵向研究，如阿诺德·格赛尔（Arnold Gesell，1929）进行的动作发展阶段的研究，为我们提供了以研究为基础的关于各个年龄阶段出现的正常发展的资料。另外一些在 20 世纪 30 年代左右开展的研究提供了大量关于长期发展的信息，如菲尔斯研究所的研究、伯克利成长和指导研究、奥克兰（青少年）成长研究等。图 1-1 按照历史顺序总结了儿童发展研究的一些早期先驱者的观点和贡献。

几乎从一开始，发展科学就是一门交叉学科（Parke，2004）。当前的儿童发展研究者展开了多个学科的广泛合作，包括心理学、社会学、人类学、生物学、基因学（研究遗传特质）、家政学（关于家庭关系的跨学科研究）、教育学、历史学和医学等。本书概括了以上所有领域的研究成果。

生命全程研究

美国的生命全程研究源于一些从儿童期直到成年的追踪研究项目，其中一个研究是斯坦福大学的天才儿童研究。该项目始于 1922 年，由刘易斯·推孟领军，对一组智力超常儿童的发展进行追踪，直到老年。

当前，儿童发展研究是人类发展这一更广泛研究的一部分。人类发展涵盖了从受孕到死亡的整个生命跨度。尽管成长和发展在儿童期最为明显，但是它们在人的一生中都在发生。事实上，成人发展的各个方面，例如为人父母的时间、母亲的工作状况、夫妻关系的满意度等，都会对儿童发展产生重要影响。

你的观点？

你为什么学习儿童发展?

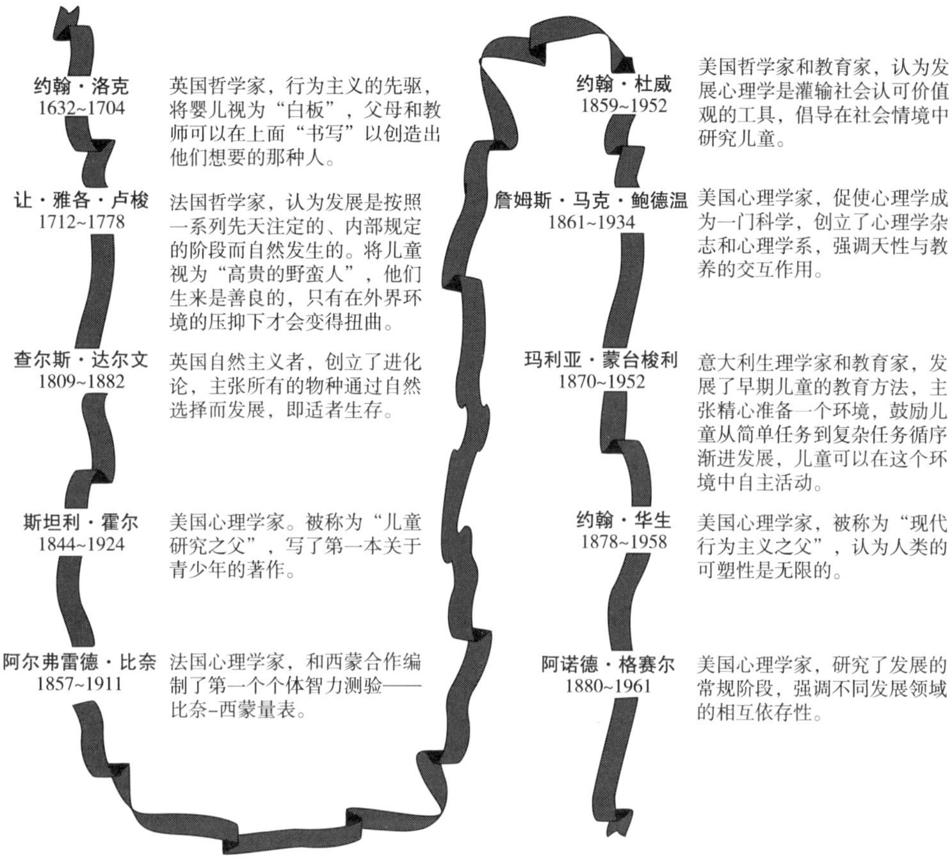

图 1–1
儿童研究的领军人物和重要发展的时间脉络。一些重要的理论家没有在本图中呈现，我们将在第 2 章中详细表述，如西格蒙德·弗洛伊德、艾里克·埃里克森、让·皮亚杰、斯金纳等。

研究前沿

尽管儿童作为科学研究的焦点已经有 100 多年的历史，但是这种探索仍然在发展当中。发展科学家提出的问题、运用的方法以及提出的解释，都比 25 年前更加精细复杂和兼收并蓄。新研究建立在以往研究的基础上并对以往研究形成挑战，这些转变反映了人们对相关问题的进一步理解；也反映了文化和科技背景的变化。测量眼动的灵敏工具揭示了婴儿视觉注意与儿童期智力之间的有趣联系；摄像机、盒式录像带和计算机使得研究者可以记录婴儿早期情绪的面部表情，分析母亲和婴儿如何进行交流；大脑成像的进展使得探测气质的奥秘和精确定位逻辑思维的来源成为可能。

传统上关于基础研究（单纯的智慧探索）和应用研究（关注一个实际问题）的区分变得不再那么有意义。研究成果被越来越多地直接应用于儿童抚养、教育、健康和社会政策。例如，研究学前儿童对死亡的理解可以使成人帮助儿童应对亲友丧失；研究儿童的记忆有助于确定儿童法庭目击证词的权重；研究哪些因素使新生儿体重偏低，哪些因素使反社会行为和青少年自杀等风险加大等，可以为预防这些不良事件提供建议。

考考你 ✓

你可以……

- ✓ 区分发展的量变和质变，并分别给出一个事例吗？
- ✓ 追溯儿童发展研究演进中的重要事件吗？
- ✓ 说出一些发展研究的先驱者，并总结他们的重要贡献吗？
- ✓ 列举一些儿童研究的实践性应用吗？

儿童发展的研究：基本概念

发展科学家从三个领域研究了个体的变化和稳定性，贯穿了儿童期和青春期的五个阶段。

发展的领域

出于研究的需要，发展科学家划分了三个领域：生理发展、认知发展和心理社会发展。事实上，这些领域是相互关联的（Diamond，2007）。

身体和大脑的发育、感觉能力和运动技能的发展及健康属于**生理发展**（physical development），且会影响发展的其他方面。例如，耳朵经常感染的一个儿童，其语言发展可能会比一个没有这种生理问题的儿童更加迟缓；在青春期，生理及荷尔蒙的巨大变化会影响到自我意识的发展。

诸如学习、记忆、语言、思维、道德推理和创造性等心理能力的变化或稳定性构成了**认知发展**（cognitive development）。认知发展与生理、社会和情感的发展紧密相关。例如，说话的能力依赖于嘴和大脑的生理发展；而一个难以用语言表达自我的儿童可能会引起他人的消极反应，并进而影响其受欢迎的程度和自我价值感。

人格、情绪和社会关系的变化和稳定性构成了**心理社会发展**（psychosocial development），这方面的发展也会影响认知和生理功能。例如，焦虑可能导致儿童测验成绩很差；社会支持可以帮助儿童应对生理和心理问题带来的压力。反之，生理和认知能力也会通过作用于自尊和社会接纳而影响心理社会的发展。

你的观点？

你是否可以想出各个社会划分不同的发展阶段的原因?

尽管我们将分别介绍生理、认知和心理社会发展，但是儿童并不是各个孤立部分的集合，发展是一个统一的过程。在全书中，我们都会强调这三个领域的相互联系。

发展的阶段

儿童什么时候成为青少年，或者青少年什么时候成为成人，并没有单一的、客观的、确定的时刻。因此，发展的阶段是为了便于社会交流而使用的概念。我们把这类概念称为**社会性建构**（social construction）：即在特定的时间里，某个特定团体的成员基于共同的主观观念或设想对现实本质形成一个一致接受的观点。

事实上，儿童期的概念本身就可以看做一个社会性建构。一些证据表明，在早期，儿童曾被当做小的成人。但是，这一假设受到了质疑（Ariès，1962；Elkind，1986；Pollock，1983）。古希腊的考古发现表明，那个时代的儿童会玩粘土娃娃和用羊骨头做的骰子。陶器和墓碑上描绘了儿童坐在高高的椅子上及骑着羊拉车的景象（Mulrine，2004）。

正如我们之前提到过的，青少年的概念是最近才在工业社会里提出的。直到 20 世纪早期，美国的年轻人在离开学校（通常是 13 岁）、结婚或者开始工作、进入成人世界之前一直被当做儿童。到 20 世纪 20 年代，因经济增长的需要而出现了综合性高中，更多家庭也有能力供养孩子接受更多正规教育，此时青少年才成为一个独特的发展阶段（Keller，1999）。在一些前工业化的社会中依然没有青少年这一概念。例如奇普安印第安人的儿童期只有两个阶段：从出生到学会走路，从开始走路到青春期。我们所谓的青少年是成人期的一部分（Broude，1995），在西方社会工业化之前，人们已经这样认为了。

希腊花瓶上的绘画（大约公元前 460 年）描绘了一位母亲和一个婴儿相互把手伸向对方的画面。婴儿坐在一个高高的可以移动的马桶式凳子上。这种凳子现在似乎非常常见，是我们所知道的仅有的专门为儿童制作的家具。

在本书中，我们按照西方工业社会所普遍接受的五个阶段来展开讨论。在考察了第一阶段（出生之前）的关键变化后，我们将描绘婴儿期、学步期、儿童早期、儿童中期、青少年期的生理、认知和社会心理发展（见表 1-1）。需要再次强调的是，这些年龄划分是粗略、主观的。

在处理每个时期的典型事件和问题的方式上，每个儿童之间均存在个体差异，但发展科学家认为，正常的发展必须满足某些特定的基本需要，完成特定的任务。例如，婴儿依赖成人提供的食物、衣物与庇护，需要与人接触，需要情感。他们形成对父母和看护者的依恋，父母和看护者也形成对他们的依恋；随着语言和自主运动的发展，幼儿变得更加自信。他们需要维护自己的自主性，但也需要父母为他们的行为设限；在儿童早期，儿童自我控制的能力越来越强，对其他儿童也越来越感兴趣；在儿童中期，控制行为的任务逐渐从父母过渡到儿童自身，而且同伴群体变得日益重要；青少年期的一项主要任务则是寻求人格的、性别的和职业的自我同一性。随着青少年的生理成熟，他们开始准备离开父母的羽翼，处理由此而导致的需要和情感冲突。

考考你 ✓

你可以……

- ✓ 定义发展的三个领域，并举例说明它们是如何相互联系的吗？
- ✓ 说出儿童发展的五个阶段（按照本书的定义），并列举每个阶段的关键问题和事件吗？

影响发展的因素

为什么每个儿童都如此不同呢？研究者必须弄清所有儿童都会经历的普遍过程和**个体差异**（individual differences），同时考察影响发展的因素及其后果，才能回答这个问题。儿童之间的差异表现在性别、身高、体重和体型、健康和能量水平、智力、

表 1–1 儿童发展阶段中的典型发展

年龄阶段	生理发展	认知发展	心理社会发展
胎儿期（从受孕到出生）	通过正常的受精或其他方式受孕。 从一开始，基因遗传和外部环境影响就交互作用。 基本的身体结构和器官形成；大脑开始急剧生长。 一生中身体发育最快的时期。 对环境影响很敏感。	学习、记忆和对感觉刺激做出回应的能力正在发展。	胎儿对母亲的声音做出反应，并发展出对其的偏好。
婴幼儿期（从出生到 3 岁）	所有的感觉和身体系统都在出生时开始不同程度地运作。 大脑变得更加复杂，对周围环境影响高度敏感。 身体发育和动作技能的发展迅速。	早在最初的几周中便出现了学习和记忆能力。 在第二年末发展出运用符号和解决问题的能力。 语言的理解和运用能力发展迅速。	形成对父母和他人的依恋。 自我意识得以发展。 出现从依赖到自主的转变。 对其他儿童的兴趣增加。
儿童早期（3~6 岁）	稳定成长；外形更加苗条，身材比例更像成人。 食欲减小，经常出现睡眠问题。 出现左 / 右利手；运动技能和力量得到提升。	思维具有一定自我中心性，但理解他人观点的能力增强。 认知的不成熟导致对周围世界产生一些不合逻辑的想法。 记忆和语言能力提高。智力更具有预测性。 学前班或幼儿园的经验比较普遍。	自我概念和情绪理解变得更加复杂；形成整体自尊。 独立性、主动性和自我控制增强。 性别认同得到发展。 游戏更加具有想象力、更加复杂，更具有社会性。 利他、攻击和恐惧都很普遍。 家庭仍然是社会生活的焦点，但是其他儿童变得更加重要。
儿童中期（6~11 岁）	生长发育变慢。 力量和体育技能提高。 呼吸系统的疾病比较常见，但是健康状况比一生中的其他时期都好。	自我中心性减弱。 儿童开始进行逻辑思维，但仍嫌具体化。 记忆和语言能力提高。 认知能力的提高使得儿童可以从正规的学校教育中受益。 有些儿童表现出特殊的教育需求或能力。	自我概念变得更加复杂，并影响自尊。 共同管理反映了从父母控制到儿童控制的逐渐过渡。 同伴成为生活中的重要他人。
青少年期（11~20 岁左右）	生理发育和其他变化急剧而深刻。 生殖系统成熟。 行为问题成为主要的健康风险，比如进食障碍和药物滥用等。	抽象思维和运用科学推理的能力得到发展。 在某些态度和行为方面还有一些不成熟的表现。 教育方面主要是为上大学或就业做准备。	寻求自我同一性成为主要任务，包括性别同一性。 与父母的关系逐渐变好。 同伴群体可能带来积极或消极的影响。

气质、人格和情绪反应上。儿童生活的背景也不一样，如他们生活的家庭、社区和社会，拥有的关系，就读学校的类型（或者说他们是否上学），以及他们如何打发自己的闲暇时间。

遗传、环境和成熟

发展的某些影响因素主要来自于**遗传**（heredity），即从亲生父母那里遗传的、与生俱来的特性或特质；另一些影响因素则大部分源于内部或外部**环境**（environment），如孕期中子宫之外的世界及经验，其中包括社会化，即儿童对所处文化中的价值体系的接纳。哪些因素对发展的影响更大呢，遗传还是环境？这个问题曾经引起了激烈的争论（如关于阿韦龙野孩的故事）。理论家在天性（遗传）和教养（出生前后的环境影响）的相对重要性上各抒己见。

目前，行为遗传学领域的科学家发现了一些方法，可以更精确地测量某一人群中遗传和环境对某些特质发展的作用。当我们考察某个特定的儿童时，几乎其所有特性都受到遗传和经验的共同影响。因此，尽管智力受到遗传的强烈影响，但是诸如父母的激励、教育和同伴等环境因素也会作用于智力。对于天性和教养仍然有相当多的争论，但是当前的理论家和研究者对探索它们共同起作用的模式更感兴趣。

婴儿期和儿童早期的许多典型变化，例如走路和说话能力的出现，与身体和大脑的**成熟**（maturation）密切相关。身体和大脑的成熟使生理变化和行为模式按照普遍的、自然的顺序逐步展开，为掌握说话、走路等新能力做好准备。这些在最初几年里可以清晰地观察到的成熟过程，与遗传和环境影响的作用方式是一致的。当儿童进入到青春期，再到成人期，天生特质（遗传）和生活经验（环境）的个体差异在儿童适应内部和外部环境中起到更大的作用。

所有的儿童都会经历成熟过程，但其进度和时间是有差异的。在本书中，我们只讨论逻辑思维和某些特定事件出现的平均年龄，如说出第一个词、迈出第一步、第一次月经来潮或者第一次梦遗。但是这些年龄仅仅是平均的，只有极端偏离平均年龄时，我们才会认为发展是异常超前或者延迟了。

为了理解儿童发展，我们需要研究每个儿童独特的遗传特质；需要考虑许多影响儿童的环境或经验因素，尤其是家庭、邻里、社会经济地位、种族和文化等这些主要的背景；需要考虑遗传和环境的交互作用。这些问题将在第 3 章展开讨论。我们需要理解哪些发展主要是自然成熟的过程，哪些发展更加具有个体差异性。我们既需要考虑在某一年龄或某个时代影响大多数人的因素，也要考虑只影响特定个体的因素。最终，我们需要考虑时间如何强化某些特定影响的作用。

发展的背景

人类是社会性动物。从一开始，人就在社会历史背景中发展。对一个婴儿来说，其直接背景一般就是家庭。然后家庭又受到更为广阔且随时变化的邻里、社区和社会的影响。

家 庭

核心家庭（nuclear family）是一个由两代血亲关系所组成的经济和家庭单元，由双亲或单亲及他们亲生的、收养的或继养的孩子组成。历史上，在美国和其他西方社会中，具有双亲的核心家庭是主要的家庭单元。父母和子女通常一起在家庭农场中劳作。现在，大多数美国家庭都是城市居民。他们拥有更少的孩子，而且在许多家庭中父母双方都在外工作，儿童很多时候都待在学校或者托儿所。离异家庭的儿童可能和父母中的一方生活在一起，也可能在两方之间来回搬动。家庭中可能有一位继父或继母、异父母兄弟姐妹或者自己父母的生活伴侣。无子女的单身人士、未婚父母以及同性恋家庭的数目也越来越多（Hernandez，1997，2004；Teachman，Tedrow，& Crowder，2000）。

在亚洲、非洲和拉丁美洲的许多家庭，以及一些从上述地区搬到美国生活的家庭中，**大家庭**（extended family）是一种传统的家庭模式，它是由爷爷奶奶、外公外婆、姑表亲和其他远方亲戚组成的多代血亲关系网络。大多数人生活在大家庭中，和亲戚们日常互动。成人经常一起承担维持家计和抚养儿童的责任，年长的儿童负责照顾弟弟妹妹。通常这些家庭是以女性为首（Aaron，Parker，Ortega，& Calhoun，1999；Johnson et al.，2003）。现在，随着工业化和城市化的进程，大家庭在发展中国家变得也不再那么典型了（Brown，1990；Gorman，1993）。

在纽约的奥本市，一家人在点燃放有七支蜡烛的烛台，这是一种庆祝丰收的仪式，是非裔美国人庆祝宽扎节的一部分。这一家人在当地普救教堂和其他人一起庆祝冬至、光明节和宽扎节，他们共同分享各自传统文化中的故事和歌曲。

社会经济地位和邻里环境

社会经济地位（socioeconomic status，SES）包括收入、受教育程度和职业。本书我们将分析许多社会经济地位与发展过程（如，母亲与孩子之间的言语交流）和发展结果（如，健康和认知表现，见表 1-2）的相关研究。社会经济地位通过一些相关因素间接地影响发展结果，例如儿童的家庭类型、邻里环境、营养水平、医疗护理、管理监督、学校教育和其他一些可以获得的机会。

贫穷，尤其是长时间的贫穷，对儿童和家庭成员的生理、认知和心理社会状况都有害处。贫穷家庭的儿童很可能比其他儿童出现更多的情绪或行为问题，而且他们的认知能力和在校表现可能更糟（Evans，2004）。贫穷带来的伤害可能是间接的，它通过作用于父母的情绪状态、教养行为及其家庭环境而产生影响（见第 14 章）。就像经常发生的那样，如果几个使消极后果更可能发生的**风险因素**（risk factors）并存，危险性会加倍。

表 1-2　贫穷对儿童的伤害

后　果	低收入家庭儿童的高风险
健　康	
早　夭	可能性为正常儿童的 1.6 倍
早产（少于 37 周）	可能性为正常儿童的 1.8 倍
低出生体重	可能性为正常儿童的 1.9 倍
不恰当的产前护理	可能性为正常儿童的 2.8 倍
缺乏常规的健康护理资源	可能性为正常儿童的 2.7 倍
在过去的四个月里缺乏食物	可能性为正常儿童的 8.8 倍
教　育	
7~8 岁时数学成绩低	比正常儿童低 5 分
7~8 岁时阅读成绩低	比正常儿童低 4 分
复　读	可能性为正常儿童的 2.0 倍
被学校开除	可能性为正常儿童的 3.4 倍
在 16~24 岁期间辍学	可能性为正常儿童的 3.5 倍
完成四年制大学	可能性为正常儿童的 50%

资料来源：儿童保护基金会，2004。

富裕家庭的儿童也可能会有风险，他们处于高成就的压力下，并经常被忙碌的父母忽视，出现物质滥用、焦虑和抑郁的几率更高（Luthar & Latendresse，2005）。

邻里环境的构成会影响儿童的发展。与一些靠领救济金过活的贫穷邻里生活在一起，儿童不太可能得到有效的社会支持（Black & Krishnakumar，1998）。但是，如脱口秀女王奥普拉·温弗瑞和前总统比尔·克林顿等从贫穷中崛起并获得高成就的特例也告诉我们，即使处在严重的风险因素下，也可能会有积极的发展（Kim-Cohen，Moffitt，Caspi，& Taylor，2004）。

文化和人种／种族

当前的研究者比以往更多地关注文化和种族的差异。但是，准确全面地勾勒出这些差异是很困难的，其中，部分原因是有些少数族群还没有被纳入发展研究中，部分原因是定义文化和种族本身就具有复杂性。

文化（culture）指的是一个社会或群体的整体生活方式，包括习俗、传统、法律、知识、信仰、价值观、语言、物质产品（工具、艺术品等），以及社会群体成员习得、共享和传递的所有行为和态度。一种文化通过与其他文化的联系而不断变化，例如，现在全世界都能听到美国音乐。

种族群体（ethnic group）由那些因独特的文化、祖先、宗教、语言和（或）国家起源而联合在一起的人构成，所有这些都有助于形成一种共享的身份认同和共享的态度、信念和价值。种族和文化模式对儿童的影响是通过以下方式实现的：家庭的构成及其经济和社会资源，群体成员互动的方式，吃的食物，儿童玩的游戏、学习的方式和在学校中的表现，成人从事的职业，家庭成员思考和知觉世界的方式，等等。例如，在美国，移民家庭中的儿童生活在大家庭中的可能性是本土儿童的两倍，而且，其母亲外出工作的可能性更少（Hernandez，2004；Shields & Behrman，2004）。但是，移民和少数族群在试图保持自身的文化或价值观的同时，常常会通过学习主流文化的语言、习俗和态度来适应新文化（Johnson et al.，2003）。

美国一直是一个多种族的移民国家，但是移民人口的来源正在逐步从欧洲和加拿大转变为亚洲和拉丁美洲（Hernandez，2004）。2003 年，31% 的美国人是少数族群，即非裔美国人、西班牙裔人、美洲印第安人、亚太裔人士等，这个数字自 20 世纪 30 年代以来增长了 3 倍（U.S. Census Bureau，1930，2003）。到大约 2040 年，少数族群人口的比例可能会扩大到 50%（Hernandez，2004；如图 1-2）。

此外，在种族群体内也具有广泛的多样性。欧裔“白种少数民族”包含了许多不同的种族：德意志、比利时、爱尔兰、法兰西、意大利等；古巴裔美国人、波多

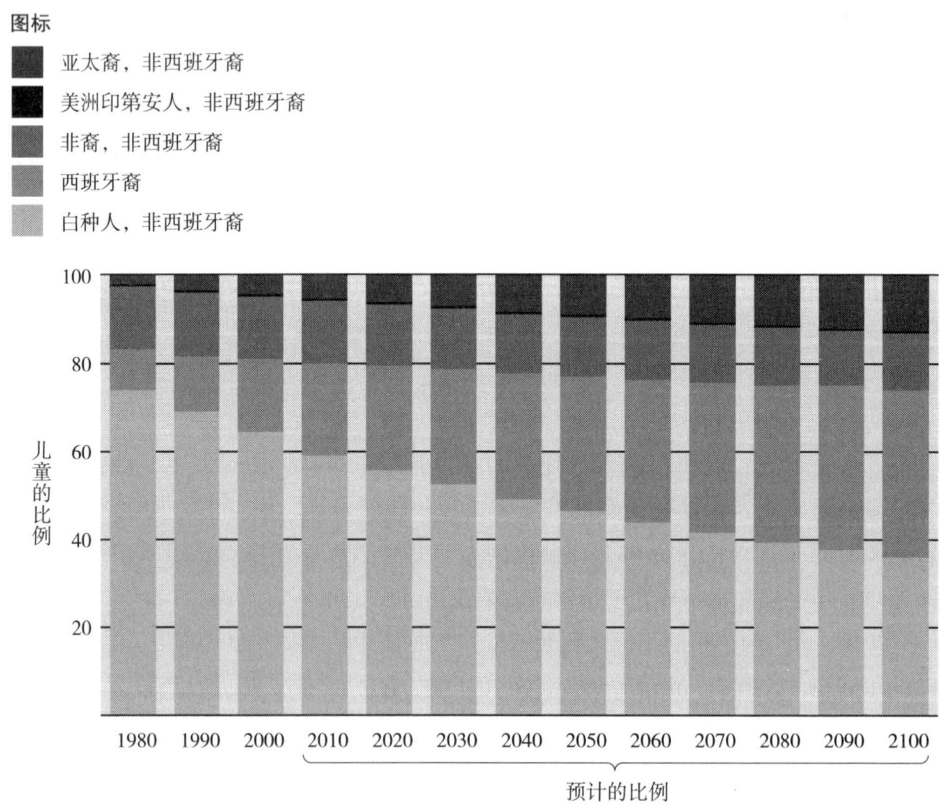

图 1–2
过去的和预计的美国特殊种族群体儿童的比例。

资料来源：Hernandez, 2004, p. 18, Fig. 1. Data from Population Projections program, Population Division, U.S. Census Bureau, issued January 13, 2000.

黎各人、墨西哥裔美国人等都是西班牙裔美国人，但具有不同的历史和文化（Johnson et al.，2003；Sternberg，Grigorenko，& Kidd，2005）；同是非洲裔美国人，来自于南部乡村的人与加勒比血统的人又有所不同；亚裔美国人来自于具有截然不同文化的各个国家，从现代的、工业化的日本，到有传统历史文化的中国，再到偏远的尼泊尔山区（在那里许多人仍然沿袭着其祖先的生活方式）；美洲印第安人则是由数百个国家、部落、家族群和村庄的人组成的。

从历史的和大众的视角来讲，人种这一术语是一个生物学概念，但是，目前大多数学者一致认为"人种"是一种社会建构。人们对这一概念并没有一个清晰统一的科学定义，而且也不可能确切地测量（American Academy of Pediatrics Committee on Pediatric Research，2000；Bonham，Warshauer-Baker，& Collins，2005；Helms，Jernigan，& Mascher，2005；Lin & Kelsey，2000；Smedley & Smedley，2005；Sternberg et al.，2005）。人类的基因变异发生在一个广泛的连续体上，其中 90% 的变异发生在社会意义上的人种内部，而不是发生在这些人种之间（Bonham et al.，2005；Ossorio & Duster，2005）。然而，人种作为一个社会范畴仍然是研究所关注的一个因素，因为它使得人们在诸如"受到的待遇、生活的地方、工作的机会、卫生保健的质量，以及是否可以充分参与"等方面有所不同（Smedley & Smedley，2005，p. 23）。

文化、人种和种族的范畴是不固定的（Bonham et al.，2005；Sternberg et al.，2005），"不断地被社会和政治力量塑造和重新定义"（Fisher et al.，2002，p. 1026）。地理上的分散和为了适应当地各种不同状况的异族通婚都导致种群内部的身体特征和文化特征具有极大的异质性（Smedley & Smedley，2005；Sternberg et al.，2005）。以高尔夫球冠军泰格·伍兹为例，他的父亲是黑人，母亲是亚裔美国人。这样，一个人可能就不只属于一个人种或种族范畴，而且在某个时期可能会更强烈地认同其中一个或者另外一个种族（Hitlin，Brown，& Elder，2006；Lin & Kelsey，2000）。诸如黑人或西班牙裔的术语可能是一种**种族假象**（ethnic gloss）：使此类变异模糊不清的一种过分概括（Parke，2004；Trimble & Dickson，2005）。

> **你的观点？**
>
> 如果你是在另外一个文化中长大的，你会和现在有什么样的不同？

> **考考你✓**
>
> 你可以……
>
> ✓ 解释为什么个体差异倾向于随着年龄增长而增加吗？
>
> ✓ 举出一些家庭、邻里构成、社会经济地位、文化、种族和历史背景的影响的事例吗？

历史背景

发展科学家一度很少关注历史背景，即人们生活和成长的时代背景。后来，在早期的从儿童期持续到成人期的追踪研究中，研究者开始关注与时间和地点相联系的特定经验如何影响儿童的生活。例如，推孟的被试样本在 20 世纪 30 年代的大萧条时期步入成年期；第二次世界大战期间的奥克兰样本（专栏 1.1）；伯克利研究的样本，大约处在 20 世纪 50 年代的战后繁荣期。处于这些时期，对于儿童来说意味着什么？对于青少年呢？对于成人呢？这些回答自然是不同的，意义重大的。正如我们将在下个章节中讨论的，历史背景是发展研究的一个重要部分。

社会关注

专栏 1.1 研究生命过程：艰难岁月中的成长

我们意识到有必要在社会和历史背景下观察生命过程，这应部分归功于格伦·埃尔德。1962 年，埃尔德来到伯克利大学加州分校进行“奥克兰成长研究”，这是一项对出生在 1920 年左右的 167 个城市的年轻人开展的关于社会和情绪发展的纵向研究。该研究始于 20 世纪 30 年代的大萧条期，当时，这些被试正步入青春期。其中有一半被试来自中产阶级家庭，并在儿童时期经历了 20 年代的经济飞速发展期。埃尔德（1974）观察了社会混乱是如何改变家庭进程，进而影响儿童发展的。

格伦·埃尔德对大萧条时期儿童发展的研究，指出了重大历史事件如何影响儿童当前和将来的发展。

经济压力改变了父母的生活，同时它也改变了儿童的生活。贫困的家庭重新分配经济角色。父亲由于失业而焦头烂额，对家庭地位的丧失感到愤怒，有时会酗酒。母亲外出工作，并更具有威信。父母之间的争吵越来越多。青少年通常会表现出一些发展困难。对于男孩而言，痛苦经验的长期影响并不完全是消极的。为了帮忙解决困难而参加工作的男孩比在家帮忙的女孩变得更加独立自主，更容易逃离有压力的家庭环境。跟成人一样，这些男孩既努力工作，又重视家庭活动，他们在儿童时期就培养了责任感。

埃尔德指出，重大经济危机的影响取决于儿童所处的发展阶段。奥克兰研究中的儿童在 20 世纪 30 年代已经是十几岁的青少年了，他们能利用自己的情绪、认知和经济资源。出生在 1929 年的儿童则可能完全依赖于家庭。另一方面，奥克兰研究中儿童的父母年龄越来越大，在遭遇失业时，复原力变差，他们情绪的脆弱性也影响了家庭生活的气氛和对待孩子的方式。

大萧条之后 50 年，20 世纪 80 年代早期，中西部农耕地价值的急剧下降造成了许多农场家庭负债或离开。农业危机给埃尔德提供了一个在遭受经济

常规和非常规影响

为了理解发展的相似性和差异，我们必须同时着眼于**常规的**（normative）影响因素（即影响许多人或者说是影响大多数人）和仅仅涉及某些特定个体的影响因素。

常规的年龄－年级影响因素对于某一特定年龄的人来说是高度相似的。这些影响包含生物性事件（如青春期）和社会性事件（如接受正规学校教育）。生物性事件的时间表是固定的，在一定的常规范围内（儿童在 3 岁时不可能经历青春期）。社会性事件的时间表则相对比较灵活，在个体成熟的条件内随时间和地点有所变异。西

危机的家庭中验证早期研究的机会，这次研究是在农村中进行的。1989 年，埃尔德和他的同事（Conger & Elder，1994；Conger et al.，1993）访谈了 451 个爱荷华州农场和小镇中的双亲家庭，这些家庭中要有一个上 7 年级的孩子，还有一个与其相差不超过 4 岁的弟弟或妹妹。研究者还对家庭中的互动进行了录像。因为那个时期几乎没有少数民族生活在爱荷华州，所以所有的被试都是白人。

如同在大萧条时期的研究，许多处于经济压力下的农村父母出现了情绪问题。情绪沮丧的父母更容易打架、虐待或疏远孩子。反过来，这些孩子易丧失自信，变得不受欢迎，并在学业上有困难。但是，在 20 世纪 80 年代，父母双方在教养行为上公平分担；而在 20 世纪 30 年代，母亲则不太会表现出更多的教养行为，因为在危机前母亲的经济地位更边缘化（Conger & Elder，1994；Conger et al.，1993；Elder，1998）。

爱荷华州的研究，现在称为"家庭转变项目"，仍在继续进行着。研究者每年都对家庭成员进行访谈，访谈的焦点是青少年早期经历的家庭危机如何影响其向成人转变。研究开始时正在上 7 年级的青少年被追踪到了高中。他们每年完成一份所经历的压力事件表，并完成焦虑和抑郁量表，自陈其不良行为。男孩和女孩都出现了一个自我强化循环。诸如经济危机、疾病等负性家庭事件和学业困难通常会强化悲伤、恐惧和反社会行为，这些又反过来导致了进一步的不幸，如父母离异等（Kim，Conger，Elder，& Lorenz，2003）。

如同其他生命过程研究，埃尔德的工作为研究者开启了了解发展过程及其与社会经济变迁之间联系的一扇窗户。最终，它使我们了解到早期艰苦生活对在不同年龄经历该事件的人的长期影响，及其对家庭环境改变的影响。

资料来源：除了给出的参考文献外，本讨论来自 Elder，1998。

你的观点？

你能想出在你的生命中，影响了家庭和童年生活的主要文化事件吗？你会如何研究这些影响？

看过来！

要获得关于此主题的更多信息，请点击：www.michigan.gov/hal/0，1607，7-160-17451_18670_18793-53511--，00.html［"大萧条回忆录，"首次出版于密歇根州历史杂志，1/2 月，1982（66 卷第 1 期）。］阅读该网站中的一段口述史，思考大萧条怎样影响了故事中的主人公。

方工业社会中的儿童通常从五六岁开始接受正规的学校教育，但是，在一些发展中国家，儿童入学则晚得多。

常规的历史性影响因素是指一些重大事件（如大萧条或者第二次世界大战），这些重大历史事件塑造了**某一代人**（historical generation）的行为和态度，他们在生活中的某个成长阶段经历了这些重大历史事件。例如，在大萧条和第二次世界大战期间长大的人常常表现出更强烈的相互依赖感和信任，而这些特点在最近的几代人里已逐渐减弱（Rogler，2002）。由于他们生活的时间和地点，这一整代人可能都会体验到饥荒、核爆炸或者恐怖袭击的影响。在西方国家，医学进步、营养和卫生状况的改善显著地降低了婴幼儿和儿童的死亡率。在当今社会长大的儿童则受到了计算机、数字电视、互联网和其他科技发展的影响。诸如职业母亲的增加等社会变迁极大地改变了家庭生活。

历史性的一代人不等同于同一年代的**同龄人**（cohort）。同龄人指的是大约在同一时期出生的一群人。历史性的一代人则可能会包含不止一个同龄人群体，而且并不是所有的同龄人群体都属于历史性的一代人，只有他们在生活的某个特定成长时期经历了主要的、具有塑造性的重大历史事件，才属于历史性的一代人（Rogler，2002）。

你的观点？

你是否可以想出一个塑造你自己生活的历史事件？如果有的话，是如何塑造的？

非常规（nonnormative）影响因素是指一些对个体的生活具有重要影响的不寻常的事件，因其出乎意料，所以可能带来压力。它们或者是在非典型时期发生的典型性事件（例如十几岁时早婚或年幼时丧亲），或者是一些非典型性事件（如有先天缺陷或遭遇空难）。当然，这些事件也可能是快乐的，比如中彩票。年轻人可能会因酒后驾车或者申请奖学金等而遭遇一些非常规生活事件，从而积极地参与到自己的发展中。

影响的时间：关键期或敏感期

在一项著名的研究中，奥地利的动物学家康德拉·洛伦兹（1957）一边嘎嘎叫着，一边摆动着手臂摇摇摆摆地向前走，致使新出生的小鸭子像追随母亲一样跟着他。洛伦兹告诉我们，新孵化的小鸭子会本能地追随它们看到的第一个活动物体，无论其是否是自己的物种成员。这个现象被称为**印刻**（imprinting），而且洛伦兹认为它是自动化的和不可逆的。通常，这种本能的联结是和母亲之间建立起来的，但如果事件发生的自然程序被打乱，则会建立其他的依恋（例如洛伦兹），或者不会建立依恋。洛伦兹认为印刻是学习的先天倾向导致的，这种先天倾向指的是一种机体神经系统的预备状态，以便在生活早期短暂的关键期里获得特定信息。

考考你✓

你可以……

✓ 举出一些常规的年龄和历史影响，以及非常规影响吗？（包括一些常规的历史因素对不同代人的影响）

✓ 解释关键期的概念并给出一些事例吗？

关键期（critical period）是一个特定的时期。在这一特定时期，某一事件的发生或缺失会对发展产生特定影响。如果一个必要的事件在成熟过程的关键期没有发生，则常规的发展也不会发生，而且其导致的反常模式是不可修复的（Knudsen，1999；Kuhl，Conboy，Padden，Nelson，& Pruitt，2005）。但是，关键期的长短并不是绝对固定的。如果通过改变小鸭子的饲养条件减缓它们的成长，形成印刻的关键期可能会延长，甚至可能会无法形成印刻（Bruer，2001）。

人类是否会经历关键期？以妊娠期的一个事例为例，如果一位妇女在孕期的某些特定时刻照 X 光、服用某些药物，或者感染某些疾病，根据这些“冲击”的性质及其发生的时间，胎儿可能会受到特定的不良影响。关键期也可以发生在儿童早期，在关键期剥夺儿童的某些特定经验可能会导致其生理发展的永久性迟滞。例如，如果一种阻碍双眼肌肉聚焦能力的问题在生命早期没有得到矫正，则不会发展出双眼深度知觉（Bushnell & Boudreau，1993）。

关键期的概念是有争议的。因为人们发现，发展的许多方面都表现出了**可塑性**（plasticity），或者说是行为的可变性，即使在生理发展领域亦是如此。所以考虑**敏感期**（sensitive periods）的概念可能更有用处，也就是说儿童可能在某些特定时期对某些经验尤其敏感，但是之后的经验仍然会影响发展（Bruer，2001；Knudson，1999；Kuhl et al.，2005）。专栏 1.2 讨论了关键期和敏感期的概念在语言发展中的应用。

形成的共识

随着儿童研究的成熟，人们就儿童发展的一些基本观点逐步形成了广泛的共识，在此我们进行简要的概述：

1. *正如我们所提到的，发展的所有领域都是相互联系的。*尽管研究者往往分别关注发展的三个领域或方面，但是它们彼此之间相互影响。
2. *常规发展包含了所有儿童发展所遵循的一般过程中的广泛个体差异。*从一开始，每个儿童就和世界上的其他任何人都不一样。有的外向，有的害羞；有的机敏，有的笨拙。影响个体发展的因素有些是先天的，有些来源于经验。更多时候，这两种影响因素共同起作用。家庭特点、性别、社会阶层、人种 / 种族，以及生理、心理、情绪能力的缺失与否等，都会影响儿童在人类成熟的普遍过程中的发展模式。
3. *儿童促进自身发展并影响他人对自己的回应。*从一开始，婴儿就通过唤起他人的反应来塑造环境，进而又对他们协助创造的环境进行反应。这种影响是双向的，当婴儿咿呀学语时，如果成人主动和他们“交谈”，于是，儿童就会“说”得更多。
4. *历史和文化背景深刻影响发展。*每个儿童都是在特定时空下的特定环境中发展的。一个出生在当代美国的儿童与出生在殖民时期的美国或出生在阿富汗的儿童相比，可能会有着极其不同的经验。
5. *早期经验很重要，但是儿童具有出色的复原力。*创伤事件或者严重贫乏的童年可能会带来不良情绪后果，但是无数人的生活经历表明，贫困或者丧亲之类痛苦经历所带来的影响往往是可以克服的。
6. *儿童期的发展是生命全程发展的一部分。*人们曾经一度认为，成长和发展在青春期就结束了。但是现在，大多数发展研究者认为，发展是贯穿生命全程的。人只要活着就会有变化的潜在可能。

考考你 ✓

你可以……

✓ 概括出儿童发展研究中已形成的六个基本共识吗?

研究广角

专栏 1.2 语言习得有关键期吗？

1970 年，人们在洛杉矶市郊发现了一个叫吉妮（非真名）的 13 岁女孩（Curtiss，1977；Fromkin，Krashen，Curtiss，Rigler，& Rigler，1974；Pines，1981；Rymer，1993）。她是其虐待狂父亲的牺牲品，父亲将她关在家中的一个小房间将近 12 年，并用绳子将她系在厕所的椅子上，切断了她和其他人的正常联系。她只有不到 60 斤重，不能伸直胳膊或腿，不会咀嚼，不能控制排便和排尿，也不说话。她仅认识自己的名字和“对不起”这几个字。

就在此前 3 年，埃里克·雷纳伯格（1967，1969）提出语言习得有一个关键期，始于婴儿早期，结束于青春期左右。雷纳伯格认为，没能在关键期获得语言的儿童，之后想要再获得语言，即使不是不可能的，也是很困难的。

吉妮的发现提供了一个检验雷纳伯格假设的机会。我们能教会吉妮说话吗，还是说已经太迟了？国家心理健康研究院（NIMH）资助了该项研究，一系列研究者接手了对吉妮的照料，让她接受精细的测验和语言训练。

吉妮在随后几年的发展既挑战又支持了语言习得关键期的观点（后来 NIMH 撤回资助，吉妮的母亲恢复监护权，并切断了她和专业人员之间的联系）。吉妮确实学会了一些简单的字词，并能把它们连成简单的、有规则可循的简单句子。她还学会了符号语言的基本法则。但她从没有正常地使用语言，“她持续地说话，大多数时候像错乱的电报”（Pines，1981，p.29）。当母亲不能再照顾她，把她转交给一系列虐待性抚育家庭后，她又回到了完全沉默的状态。

像吉妮和阿韦龙野孩维克多这样的个案研究，夸大了在生命早期之后习得语言的困难。但是，由于存在着如此多的复杂因素，我们不能得出关于能否习得语言的最终判断。基于大脑的可塑性，一些研究者把青春期前的这段时间看成是语言习得的敏感期，而非关键期（Newport，Bavelier，& Neville，2001；Schumann，1997）。大脑成像研究发现，即使大脑中最适合语言加工的部分在儿童早期受到损伤，随着脑的其他部分的接管，正常的语言发展仍能继续进行（Boatman et al.，1999；Hertz-Pannier et al.，2002；M. H. Johnson，1998）。事实上，大脑组织和利用的转移发生在整个正常语言学习的过程中（M. H. Johnson，1998；Neville & Bavelier，1998）。

神经科学家也发现以美国符号语言（ASL）作为本国语言的人，和那些在青春期后学习它作为第二语言的人相比，他们语言加工过程中的脑活动具有不同模式（Newman，Bavelier，Corina，Jezzard，& Neville，2002）。

其他研究关注生命早期的更短的关键期。在6~12个月期间的某个时候，正常发展的儿童开始“专门”感知本国语言的声音，而丧失了感知其他语言声音的能力。在一项研究中（Kuhl，Conboy，Padden，Nelson，& Pruitt，2005；见第7章），7个月时已经发展出专门化语音感知的儿童与7个月时能更好地区分非本国语音的儿童相比，在两年后表现出了更好的语言能力。研究者认为，该研究指出了语音感知的关键期：在这个时期，如果婴儿没有开始专门关注本国语言的声音，那么他们的语言发展就会变慢。这可以解释为什么在成人期学习第二语言不像在儿童早期时那么容易（Newport，1991）。

如果语言习得的关键期或敏感期是存在的，我们如何解释它呢？是习得语言的脑机制随着大脑的成熟而衰退了吗？这似乎很奇怪，因为其他认知能力是提高的。另一个解释是，认知复杂性的增加阻碍了青少年或成人学习语言的能力。年幼儿童是一点一点地获得语言，这样很容易吸收消化。年龄大的学习者在开始学习语言时，倾向于一次性接受很多,这样在之后分析解释时就会遇到困难（Newport，1991）。

你的观点?

在吉妮和维克多的研究中，你发现了什么伦理问题吗？从这类研究中获得的知识与可能对这些个体造成的伤害比起来，值得吗？（记住这个问题和你的回答，在你学习第2章中的“研究伦理”时再重新思索。）

看过来!

要获得关于该主题的更多信息，请点击网址：www.alphadictionary.com/articles/ling001.html 。这个网页是巴克内尔大学语言学项目组的罗伯特·比尔德教授建立的。网页中给出了关于天性—教养问题的简短准确的综述，其中涉及语言习得问题。该网页还提供了其他相关的网站链接。

再次聚焦

本章一开始人物聚焦中介绍了阿韦龙野孩维克多的故事，该故事是如何阐释以下主题的？

- 儿童发展的研究如何变得更加科学
- 各发展领域之间的相互关系
- 遗传、环境和成熟的影响
- 背景和历史影响的重要性
- 非常规影响的重要性和关键期或敏感期

现在，你已经对儿童发展及其基本概念有了简要认识。我们可以进一步关注发展科学家思考的主题和他们的工作方式了。在第 2 章，我们将会探讨一些具有影响力的发展理论，以及一些常用的研究方法。

小 结

儿童发展的研究：过去和现在

学习向导 1 什么是儿童发展？儿童发展研究是如何演变的？

- 儿童发展是一个关注从受精卵到青少年的变化和稳定性的科学研究领域。
- 儿童发展的科学研究始于 19 世纪末期。直到 20 世纪早期,青少年期才被认为是一个发展的独特阶段。现在，儿童发展是生命全程发展的一部分。
- 运用先进技术研究儿童发展的方法仍在演化。
- 基础研究和应用研究的区别不再那么有意义。
- 发展科学家研究发展的质变和量变，以及人格和行为的稳定性。

儿童发展的研究：基本概念

学习向导 2 发展科学家研究什么？

- 发展科学家研究的三个主要发展领域或方面是生理发展、认知发展和心理社会发展，三者是相互影响的。
- 发展阶段的概念是一种社会建构。在本书中，儿童发展分为五个阶段：胎儿期、婴幼儿期、儿童早期、儿童中期和青春期。在每个阶段，儿童都有特定的发展需要和任务。

影响发展的因素

学习向导 3 什么因素使得儿童各不相同？

- 发展的影响因素既有遗传的，又有环境的。儿童期的许多典型变化与成熟有关。随着年龄的增长，个体差异逐步增多。
- 在一些社会中，核心家庭占主导地位；在另外一些社会中，大家庭占主导地位。
- 社会经济地位（SES）通过家庭类型、邻里环境、营养水平、医疗护理、管理监督、学校教育等影响发展的过程和结果。邻里环境中最有力的影响因素似乎是邻里的收入和人力资本。多重风险因素增加了不良结果的可能性。
- 其他重要环境影响因素是文化、种族和历史背景。一般来说，在多种族社会中，移民群体往往一边保持自己独特的文化，一边适应主流文化。
- 影响因素可以是常规的（年龄、年级或历史），也可以是非常规的。
- 有证据表明某些特定类型的早期发展存在关键期或敏感期。

形成的共识

学习向导 4 关于儿童发展在哪六个基本观点上形成了共识？

- 研究者在某些重要观点上形成了共识，包括：(1) 各发展领域的相互作用，(2) 存在广泛的个体差异，(3) 影响具有双向性，(4) 历史和文化的重要性，(5) 儿童复原的潜能，(6) 生命全程发展的连续性。

2

孩子的世界：我们如何去探索

对科学而言，有比精巧的方法更重要的东西，那就是发现真理的诚挚渴望，无论这一真理是什么。

——查尔斯·桑德斯·皮尔士，论文集第 5 卷

人物聚焦　玛格丽特·米德，跨文化研究的先驱

玛格丽特·米德

玛格丽特·米德（Margaret Mead，1901~1978）是一位闻名世界的美国人类学家。

在 20 世纪 20 年代，几乎没有女性从事对偏远地区、无文字、无文化民族进行田野调查的艰苦工作。米德在南太平洋的萨摩亚群岛花费了九个月的时间来研究当地少女如何适应向成人的转变。她的第一本畅销书《萨摩亚人的成年》（1928）挑战了以往所公认的“青春期叛逆不可避免”的观点。

父母的学术追求给米德带来一个漂泊的童年，这也为米德的流动研究生涯做好了准备。玛格丽特的母亲在新泽西州完成社会学博士论文研究时，带着她一起去访谈刚迁来的意大利移民，这是玛格丽特第一次置身于田野调查中。其父亲是宾夕法尼亚大学华盛顿商学院的一名教授，他教给了米德对事实的尊重和“清晰思考的重要性”（Mead，1972，p.40）。他强调理论和应用相结合的重要性，玛格丽特若干后年也做到了这一点，她将其儿童教养理论运用到自己女儿身上。玛格丽特的祖母曾经是一位教师，她带着玛格丽特到树林里去收集和分析薄荷标本。米德在她的自传《黑莓的冬天》（1972，p.47）中写道：“我没有很好地钻研地理或拼写，但是我学会了观察我周围的世界，并把我所看到的记录下来。”

玛格丽特为其弟弟和两个妹妹的成长做了大量的笔记。她对为什么同一个家庭的孩子相互之间会表现的如此不同感到非常好奇，这引发了她后来对同一文化中的气质变异的兴趣。

另外一个研究焦点是文化如何界定男性和女性角色。玛格丽特看到，作为受过教育的女性，母亲和祖母设法在丈夫、孩子和职业生涯之间寻找平衡，她期望自己也像她们那样。在其职业发展之初，当著名的人类学家爱德华·萨丕尔劝告她“比起动身前往南太平洋研究青春期的女孩，还是待在家里生孩子好”时，她感到沮丧不安（Mead，1972，p. 11）。

玛格丽特选择人类学作为职业,与她接受的“尊重所有人类及其文化”的家庭教育相一致。回想起父亲强调过只有增加知识储备的事情才值得去做，她意识到迫切需要去描述那些曾经隔离而如今“正在现代文明的冲击下慢慢消失”的文化（Mead，1972，p. 137）。

“为了弄清楚那些除了文化以外、其他的一切都和我们一样的人类，我去了萨摩亚以及后来工作过的一些社会，”她写道，“由于历史的偶然性，这些文化与我们的文化非常不同，他们的知识可以从另一种角度阐释我们、阐释我们的潜能和局限”（Mead，1972，p. 293）。不断地探求对这些“潜能和局限”的阐释，正是儿童发展的理论和研究应当关心的事情。

• • •

玛格丽特·米德的一生是浑然一体的。她由一个观察自己弟弟妹妹成长的小女孩，成长为一名科学家，游历到边远的地方研究与自身文化截然不同的文化。

米德的故事突出了儿童发展研究的几个要点。第一，儿童研究不是枯燥的、抽象的，或者深奥的，而是关注现实生活的本质。

第二，跨文化的观点可以揭示哪些行为模式是普遍的，哪些不是。大多数关于人类发展的研究都是在西方工业化社会中开展的，以中产阶级的白种人为被试。正如米德和她的同事致力于扩展研究的基础一样，当今的发展科学家越来越意识到这些工作的必要性。

第三，尽管科学的目标是通过开放头脑、公正调查获得可检验的知识，但是，对人类行为的观察却是具体的个人所取得的成果，观察者本身的调查和解释可能受到自身背景、价值观和经验的影响。

米德的女儿玛丽·凯瑟琳·贝特森（Mary Catherine Bateson，1984）也是一位人类学家，她在回应那些对米德在萨摩亚的早期工作方法的批评时指出，科学的观察就像是一个透镜，可能会使被观察的事物产生某些扭曲，这也正是科学家需要其他人来检验其成果的原因。为了更加客观，研究者必须详细审查自己和同行如何开展工作、基于什么基础提出假设、如何得出结论等。在考虑研究结果时，牢记这些潜在的偏见是非常重要的。

第四，理论和研究是同一枚硬币的正反面。米德通过反思自己的经历和观察其他人的行为，提出了有待后续研究检验的解释或理论。由于理论和研究联系如此紧密，所以本章中介绍的概述既包括儿童发展的主要理论，又包括研究儿童发展所使用的研究方法。

我们在本章的第一部分介绍儿童发展研究中的主要问题和它们依据的理论观点。剩余部分，我们则关注研究者如何收集和评估信息。这样，在你进一步阅读本书时，可以更好地判别研究成果或结论是否建立在稳固的基础之上。

在你阅读和学习本章之后，你应当能够回答下页中的每一个“学习向导”问题。回顾章节结尾处的总结，检查你是否理解了这些“向导”。贯穿全章的“考考你”也将有助于你检验自己对内容的理解。

学习向导

1. 理论是为什么服务的，发展理论家在哪两个基本问题上不一致?
2. 关于儿童发展的五个理论观点是什么，每一个观点有哪些代表理论?
3. 发展心理学家如何研究儿童，每种研究方法的优势和不足是什么?
4. 关于儿童的研究可能会引起哪些理论问题?

基本理论问题

发展科学家提出了许多关于儿童如何发展的理论。**理论**（theory）是指一组具有逻辑联系的概念或命题集合，旨在描述或解释发展，并预测在特定的条件下可能发生哪种行为。理论能够组织和解释研究所收集的数据和信息。理论也产生有待后续研究验证的**假设**（hypotheses）、尝试性的解释或预测。

理论会发展变化以吸收新的研究发现。有时候，研究支持某种假设及其理论基础；有时候，科学家必须修正理论以解释意外的数据资料，就像米德的发现挑战了青春期必然叛逆的观点那样。研究发现经常提出另外的假设需要验证，并为解决实际问题提供指导。

理论家如何解释发展部分地取决于他们如何看待两个基本问题：（1）儿童在其发展过程中是主动的还是被动的；（2）发展是连续性的还是阶段性的。第三个问题是，发展更多地受到遗传的影响还是环境的影响。该问题已经在第 1 章中有所介绍，并将在第 3 章进行充分讨论。

问题 1：儿童在其发展过程中是主动的还是被动的

儿童在其发展过程中是主动的还是被动的？这一争论可以回溯到 18 世纪。英国哲学家约翰·洛克（John Locke）认为，幼小的孩子是一张白板，外在社会可以随意在上面“书写”。与之相反，法国哲学家让·雅各·卢梭（Jean-Jacques Rousseau）则认为，儿童出生时是“高贵的野蛮人”，他们在受到社会的污染之前会一直按照自己的积极的自然趋势发展。我们现在知道，这两种观点都太过简单。不仅儿童自身内部的驱力和需要会影响发展，而且他们也是社会性动物，不能孤立地获得最好的发展。

洛克和卢梭的哲学争论导致了关于人类发展的两种对立的模型：机械论和机体论。洛克的观点是**机械论发展模型**（mechanistic model）的先驱。根据该模型，人像机器一样对环境的输入做出反应（Pepper，1942/1961）。如果我们知道人类“机器”是如何组装的，以及对其起作用的内部和外部力量，我们就可以预测一个人将会做什么。机械论的研究试图识别哪些因素使得人们如何行事。例如，为了解释为什么有些大学生喝太多的酒，一位机械论者可能会寻找一些环境影响因素，例如广告，以及他们的朋友是否饮酒过量等。

卢梭的观点是**机体论发展模型**（organismic model，也译作“有机论发展模型”）

的先驱。这一模型将人们看成是主动的、成长的机体，可以在运转中决定自身的发展（Pepper，1942/1961）。他们会主动发起行为，而不是仅仅做出反应。机体论认为改变的动力是内在的。尽管环境影响可以加速或减慢发展，但并不是引起发展的原因。人类行为是一个有机整体，所以不能通过将其分解为应对环境刺激的简单反应来进行预测。一位机体论者在研究为什么有些学生喝太多酒时，可能会关注他们选择在何种情景下和哪些人一起喝酒。他们是会选择喜欢聚会的朋友，还是更加刻苦好学的朋友？

问题 2：发展是连续的，还是分阶段进行的

机械论和机体论发展模型在第二个问题上的观点也是不同的：发展是连续的，还是分阶段的？

机械论者认为发展是连续的，就像是在斜坡上爬行一样（如图 2-1）。这些理论家认为，发展受到相同的潜在过程连续支配，从先前的行为可以预测后来的行为。他们关注量变，例如关注某种反应发生频率的变化，而不是反应类型的变化。

机体论者强调质变。他们认为发展是在一系列不同的阶段发生的，就像沿着楼梯行进。在每个阶段，人们处理不同类型的问题，发展不同的能力。每个阶段都以前一个阶段为基础，并为接下来的发展作准备。

动态平衡

随着儿童发展研究的进展，机械论和机体论模型的影响力发生了转换（Parke，

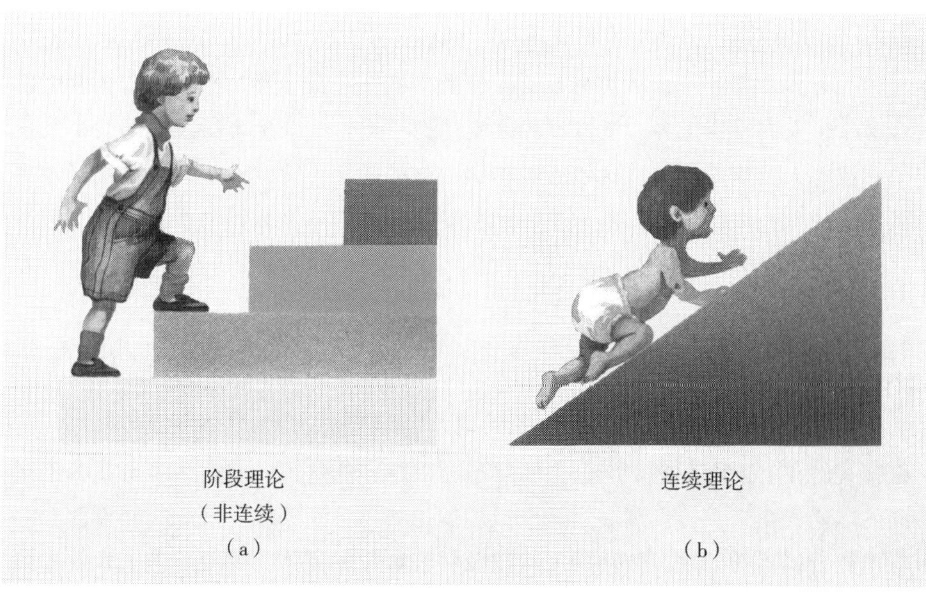

图 2-1
发展理论的一个主要差异在于（a）发展是如弗洛伊德、埃里克森、皮亚杰所认为的分阶段进行的，或者（b）还是如学习理论家和信息加工理论家所认为的连续的？

表 2–1 关于人类发展的五种观点

观 点	重要理论	基本原理
精神分析理论	弗洛伊德的心理性欲理论	行为受强大的无意识驱力控制。
	埃里克森的心理社会理论	人格受社会影响，其发展要经过一系列危机。
学习理论	行为主义，或传统的学习理论（巴甫洛夫、斯金纳、华生）	人是应答器；环境控制人的行为。
		儿童在社会背景下通过观察和模仿学习。
	社会学习（社会认知）理论（班杜拉）	儿童是积极主动的学习者。
认知理论	皮亚杰的认知阶段理论	思维的质变发生在婴儿期至青春期之间。儿童是发展的积极发起者。
	维果斯基的社会文化理论	社会互动是认知发展的核心因素。
	信息加工理论	人类是符号加工者。
情境理论	布朗芬布伦纳的生物生态学理论	发展源于人和五个系统之间的互动，这五个系统是关于影响因素的相互联系的背景系统，从微系统到历时性系统。
进化 / 社会生物学理论	鲍尔比的依恋理论	人类具有生存的适应性机制；强调关键期或敏感期；行为进化和生物学基础以及学习的先天倾向很重要。

Ornstein，Rieser，& Zahn-Waxler，1994）。大多数早期的理论先驱，包括西格蒙德·弗洛伊德、艾里克·埃里克森和让·皮亚杰等都偏好机体论或阶段论的取向。直到 20 世纪 60 年代，学习理论因约翰·华生的工作而得以流行，机械论的观点获得了支持。（在下面的章节中我们将会讨论所有这些理论家）。

考考你 ✓

你可以……

✓ 列出关于儿童发展本质的两个基本问题吗?

✓ 对比发展的机械论和机体论模型吗?

当前许多理论和研究的焦点集中在行为的生物学和进化学基础上。发展科学家不再寻找广泛的阶段，而试图发现哪些特定类型的行为表现出连续性或缺乏连续性，以及每种行为涉及哪些过程；不再争论发展的主动性和被动性，而是时常会发现影响的双向性：人们改变世界，正像世界改变他们一样。一个生来活泼开朗的小女孩可能得到成年人的积极回应，这使得她相信自己的微笑会得到回报，也激发了她更多的微笑。随着儿童的成长，其天生倾向引导他们选择或发起活动，例如学习某种乐器，从而进一步发展这些倾向。

理论视角

尽管人们在上述两个基本问题上取得了越来越多的共识，但是许多研究者仍然从不同的理论视角来看待发展。这些广泛的理论视角分别关注发展的不同方面，它们影响研究者提出的问题、使用的方法以及解释数据的方式。因此，为了评价和解

使用的技术	阶段性的	因果强调	个体是主动还是被动
临床观察	是	后天经验改变先天因素	被动
临床观察	是	先天和后天经验的交互作用	主动
严格科学的（实验的）程序	否	后天经验	被动
严格科学的（实验的）程序	否	先天因素改变后天经验	主动被动兼有
灵活的访谈；精细的观察	是	先天和后天经验的交互作用	主动
跨文化研究；在实验室中观察儿童与更有能力的人的互动	否	后天经验	主动
实验室研究，对心理反应进行技术性监测	否	先天和后天经验的交互作用	主动被动兼有
自然观察与分析	否	先天和后天经验的交互作用	主动
自然观察和实验室观察	否	先天和后天经验的交互作用	主动被动兼有（因各理论家而改变）

释研究，很重要的一点是识别该研究建立在什么样的理论视角之上。

儿童发展中颇具影响力的理论和研究基于以下五种主要的理论视角（见表 2-1）：（1）精神分析理论，关注无意识的情绪和驱力；（2）学习理论，研究可观察的行为；（3）认知理论，分析思维加工过程；（4）情境理论，强调历史、社会、文化背景的影响；（5）进化 / 社会生物学理论，考察行为的进化和生物基础。

理论视角 1：精神分析理论

精神分析的理论观点（psychoanalytic perspective）认为，发展是由激发人类行为的无意识驱力所塑造的。西格蒙德 · 弗洛伊德（Sigmund Freud，1856~1939），一位维也纳医生，提出了精神分析理论，它是一种以洞察病人无意识情绪冲突为目标的治疗取向。包括艾里克 · 埃里克森在内的其他理论家和先驱者扩展和修正了精神分析的理论观点。

维也纳医师西格蒙德 · 弗洛伊德提出了影响广泛且富有争议性的儿童情绪发展理论。

弗洛伊德：心理性欲发展

弗洛伊德（1953，1964a，1964b）认为，人生来具有生物性驱力，为了在社会中生活，必须重新引导这种驱力。通过询问病人一些能唤醒其长期深埋记忆的问题，弗洛伊德推断，情绪障碍的来源在于童年早期的创伤经验被压抑。

弗洛伊德提出了在生命早期就得以发展的人格的三个组成部分：本我、自我和超我。新生儿是由本我支配的。本我是一种无意识的本能性驱力；它遵从快乐原则，寻求立即的满足。当满足被延迟时，如当婴儿不得不等待被喂养时，他们开始把自己看成是和外部世界相分离的。超我在大约五六岁的时候得到发展，包含了良心，它将社会公认的“应该”和“不应该”融入儿童的价值体系。超我是具有高需求的，如果超我的需求未被满足，儿童可能会感到内疚和焦虑。自我是有意识的自己，它在1岁的时候逐渐发展，并遵从现实原则。自我的目标是找到同时满足本我和超我的合理的现实途径。

弗洛伊德认为，人格是经由天生的冲动和文明社会的要求之间产生冲突而形成的。这些冲突以一个不变的顺序发生在五个以成熟为基础的**心理性欲发展阶段**（psychosexual development）（表2-2）。在这五个发展阶段，快乐的源泉从一个身体部位转移到另一个部位，从嘴部到肛门再到生殖器。在每一个阶段，行为是快乐（或挫折）改变的主要来源——从喂养到排泄，最终是性行为。

弗洛伊德认为前三个阶段，也就是生命的前五六年，对人格的发展来说很关键。他认为，如果孩子在这些阶段中的任何一个阶段获得太少或太多满足的话，那么就会有固着的危险，这是一种会影响成人人格的发展停滞。在口唇期，喂养是主要的快乐来源，当婴儿的需要不能得到满足时，他们可能会咬指甲或发展出“带刺的”批评性人格。一个人如果在他初学走路的时候受到过于严格的如厕训练，可能会固着在肛门期。这个人可能会过分要求清洁，严格按照时间表和常规做事，对混乱的事情非常不满。

根据弗洛伊德的观点，心理性欲发展中的关键事件发生在儿童早期的性器期。儿童发现了男女生理上的差别。男孩发展出了对母亲的性欲望和对父亲的攻击冲动，男孩恐惧父亲，把他们看成竞争对手。弗洛伊德把这称为俄狄浦斯情结。按照弗洛伊德的理论，女孩体验到了阴茎嫉妒，这是一种受压抑的、想要拥有阴茎及其所代表的力量的愿望。

儿童最终通过认同同性别的父母来消除他们的焦虑感，进入儿童中期的潜伏期。潜伏期是一个情绪相对平静，在智力和社会上进行探索的时期。他们将自身的性驱力转向了其他追求，如学习成绩、建筑技能、情感关系和业余爱好。

最后的生殖期持续了整个成人期。在潜伏期受到压制的性驱力现在以社会许可的方式重新表现出来，这种受社会许可的方式就是弗洛伊德所定义的与家庭外的人建立异性恋关系。

弗洛伊德的理论具有历史性的贡献，他有一整代的跟随者，其中的一些人把精神分析理论引向了新的发展方向。弗洛伊德的某些观点，例如俄狄浦斯情结和阴茎嫉妒，现在被普遍认为是过时的。另一些观点，例如本我和超我，不能被经验证实。尽管弗洛伊德使我们认识到了早期性驱力的重要性，但当今许多精神分析学家摒弃

表 2-2 根据不同理论的发展阶段

心理性欲发展阶段（弗洛伊德）	心理社会发展阶段（埃里克森）	认知发展阶段（皮亚杰）
口唇期（出生到 12~18 个月）。 婴儿的快感来源指向嘴的活动（吸吮和咀嚼）。	基本的信任对不信任（出生至 12~18 个月）。婴儿发展出关于外在世界是否好以及是否安全的感知。品质：希望。	感知运动阶段（出生到 2 岁）。婴儿开始能够通过感知和运动来组织与环境有关的活动。
肛门期（12~18 个月到 3 岁）。 儿童的感官满足来源于抑制和排出排泄物。快感区域是肛门区，大小便训练非常重要。	自主对羞愧怀疑（12~18 个月至 3 岁）。儿童在羞愧和怀疑之上发展了独立和自主，品质：意志。	前运算阶段（2 到 7 岁）。儿童发展出了一种表征系统，并使用符号来表征人、地点或事件。语言和想象性游戏是本阶段最重要的证明。此阶段的思维仍是非逻辑的。
性器期（3 到 6 岁）。 孩子对异性父母产生依恋，之后认同同性父母。超我发展，快感区域转移到生殖区。	主动对内疚（3 到 6 岁）。儿童在尝试新的活动时发展了主动感，未被内疚感压倒。品质：目的。	
潜伏期（6 岁到青春期）。 两个比较狂乱的状态之间一个相对平静的时期。	勤奋对自卑（6 岁到青春期）。儿童必须学会文化技能或面对无能感。品质：技能。	具体运算阶段（7 到 11 岁）。如果孩子能够关注此时此地，那么他们能逻辑性地解决问题，但不能进行抽象思维。
生殖期（青春期到成人晚期）。 性器期的性冲动再次出现，转变为成熟的成人性欲。	同一性对同一性混乱（青春期到成年早期）。青少年必须确定自我感（“我是谁”）或体验角色混乱。品质：忠诚。 亲密对孤独（成年早期）。个人试图承诺与他人的关系；如果不成功，可能会遭受孤立和自我关注。品质：爱。 繁殖对停滞（成年中期）。成熟的成年人关心或指导下一代，否则会感到身心空虚。品质：关怀 自我整合对绝望（成年晚期）。老年人获得对自己一生的接受感，能坦然面对死亡，或许因无法重新开始而感到绝望。品质：智慧。	形式运算阶段（11 岁到整个成人期）。此阶段的人可以进行抽象思维、处理假设性情景和思考可能性。

注释：所有年龄均为约数。

了他狭隘地强调性和攻击驱力而把其他驱力排除在外的观点。尽管这样，弗洛伊德的几个核心观点经受住了时间的检验（Westen，1998，p.334）。弗洛伊德使我们知道了无意识思维、情绪和动机的重要性；了解了儿童经验在人格形成过程中的作用；了解了情绪反应，尤其是对父母的情绪反应中存在的矛盾；知道了在建立亲密关系的过程中关于自我和他人的心理表征的作用；明白了从不成熟、依赖的状态到成熟、

精神分析学家艾里克·埃里克森背离了过于强调生物性对人格影响的弗洛伊德理论，转而强调社会性对人格的影响。

独立状态的正常发展途径。总之，弗洛伊德在心理分析和发展心理学上留下了无法磨灭的标记（Westen，1998）。

我们需要记住，弗洛伊德的理论产生于他所处的历史和社会。弗洛伊德关于正常发展的理论基于心理治疗中的来访者，这些人是中上阶层的成人，大多数是女性，而非一般性的儿童群体。他重视性驱力和早期经验的影响，但没有考虑后期经验中其他因素对人格的作用，包括社会和文化的影响，这些因素得到了弗洛伊德理论的继承者的重视，例如艾里克·埃里克森。

艾里克·埃里克森：心理社会发展

艾里克·埃里克森（Erik Erikson，1902~1994）是出生于德国的心理分析学家，最初是弗洛伊德维也纳学术圈中的一分子，他通过强调社会对人格发展的影响，修改和扩展了弗洛伊德的理论。埃里克森是生命全程观点的一个先驱。尽管弗洛伊德坚持认为儿童早期的经验永久性地塑造了人格，但埃里克森主张自我的发展贯穿一生。

埃里克森（1950，1982；Erikson，Erikson，& Kivnick，1986）的**心理社会发展**（psychosocial development）理论把人的一生分成八个阶段（参考表 2.2），我们将在后面的相应章节讨论这些阶段。每个阶段都包括了埃里克森最初命名的人格“危机”，人格“危机”是当时阶段的主要心理社会主题，非常重要，而且在一定程度上它会延续到以后的阶段。这些问题根据成熟的时间表现出来，为了自我的健康成长，必须充分解决这些危机。

每一个阶段都需要平衡积极特质和相应的消极特质。尽管积极特质应该占优势地位，但一定程度的消极特质也是需要的。例如，婴儿期的关键性主题是*基本信任对不信任*。人们需要信任这个世界以及存在于这个世界之中的人，但是他们也需要学会一些不信任来保护自己免受伤害。每个阶段的成功发展都会带来一种特殊“品质”或力量的发展，第一阶段所带来的是*希望*。

埃里克森的观点之所以重要，是因为他的理论强调社会和文化的影响以及青春期之后的发展。其*同一性危机*（identity crisis）的概念可能为大多数人所知，甚至能在普遍大众的谈话中听到该概念，并引发了大量的研究。

考考你 ✓

你可以……

✓ 列出精神分析理论的主要关注点吗？

✓ 列出弗洛伊德提出的心理发展的五个阶段和组成人格的三个部分吗？

✓ 指出埃里克森理论与弗洛伊德理论的不同吗？并列出埃里克森的八个发展阶段。

理论视角 2：学习理论

学习理论（learning perspective）认为发展是*学习*的结果，行为上的长期持续变化是基于经验或对环境的适应。学习理论者关心的是如何找到那些影响可见行为的客观法则。他们把发展看成连续的（非阶段性的），并且强调量变。

学习理论家使有关人类发展的研究更加科学。他们使用的术语很精确，他们的理论能够在实验室里进行检验。有两个重要的学习理论，分别是行为主义和社会学习（社会认知）理论。

学习理论 1：行为主义

行为主义（behaviorism）是一种机械论理论，它把可观察的行为看成基于经验的可预测的反应。尽管生物学特征限定了人们能做什么，但行为主义把环境看成是更有影响力的。他们认为各年龄阶段的人类和其他生物一样，以同样的方式学习周围的世界：通过对各种情况或环境的各个方面做出反应，他们感到愉快、痛苦或恐惧。行为研究关注联想学习，在该过程中，两件事情之间建立了心理联结。联想学习的两个类别是经典条件反射和操作性条件反射。

经典条件反射 俄国生理学家伊凡·巴甫洛夫（Ivan Pavlov，1849~1936）设计了一个实验，让狗学会对喂饭时间响起的铃声分泌唾液。这些实验奠定了**经典条件反射**（classical conditioning）的基础，在将铃声反复地和一个能正常引起分泌唾液反应的刺激（食物）相联系后，铃声引起了反应（分泌唾液）。

美国心理学家约翰·华生（John B. Watson，1878~1958）把刺激反应理论应用于儿童，声称他能够塑造随意选出的任何婴儿。华生的著作影响了一代父母，使他们根据学习理论的原理来教养儿童。在对人类进行的一个最早和最有名的经典条件反射范例中（Watson & Rayner，1920），他让一个被称为“小埃尔伯特”的 11 个月大的婴儿习得了对毛茸茸的白色物体的恐惧。

在研究中，正当埃尔伯特要摸一只毛茸茸的白鼠时，一个巨大的噪音突然响起。该噪音吓到了他，他开始哭喊。在白鼠和巨大噪音反复联合出现后，无论何时埃尔伯特看到这只老鼠，他都会由于恐惧而哭泣。虽然这种研究在今天看来是不道德的，但该研究表明，儿童会条件性地害怕那些自己原本不害怕的东西。

这类方法的批评者有时会把条件反射与思想控制和操控联系起来。实际上，就像我们在第 7 章将要讨论的，经典条件反射是一种自然的学习形式，它的发生甚至不需要特意干预。

美国心理学家斯金纳提出了操作性条件反射原理。

操作性条件反射 小泰雷尔安静地躺在婴儿床上。当他微笑时，妈妈走到床边和他玩耍。后来，爸爸也做了同样的事。随着这个过程反复出现，泰雷尔了解到他的行为（微笑）会带来令人满意的结果（来自父母的关爱），因此他会再次微笑以引起父母的关注。一种最初的偶然行为（微笑）变成了条件反应。

这类学习被称为**操作性条件反射**（operant conditioning），因为个体从操作外界环境的结果中产生学习。与经典性条件反射不同，操作性条件反射包括了主动行为，如泰雷尔的笑（图 2-2）。

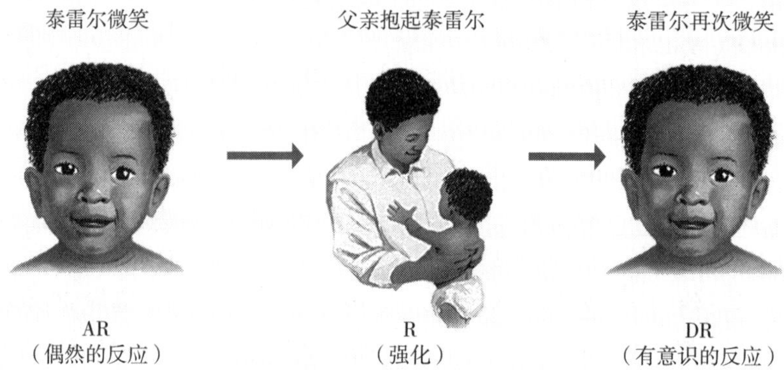

图 2–2
操作性条件反射有三个步骤。一次偶然的反应，在受到强化后，有可能再次发生。

尽管美国心理学家斯金纳（B. F. Skinner，1904~1990）主要是通过对老鼠和鸽子的研究提出了操作性条件反射的原理，但斯金纳声称（1938），同样的原理也可以应用到人类的身上。他发现，生物会倾向重复一个受到愉快结果强化的反应，并压制受到惩罚的反应。因此，**强化**（reinforcement）是一个行为得到加强，从而增加该行为再次出现的可能性。在泰雷尔的例子中，父母的关注强化了他的微笑。**惩罚**（punishment）是一个行为减弱的过程，它降低了行为重复出现的可能性。如果泰雷尔微笑时，父母皱眉，那么泰雷尔再笑的可能性就不大了。某结果到底是强化还是惩罚取决于行为人。对一个人的强化可能对另一个人来说却是惩罚。对于一个喜欢独处的孩子来说，让他或她回到自己的房间是一种强化，而非惩罚。

强化可以是积极的，也可以是消极的。积极强化包括给出奖励，如食物、金星、钱或表扬（也或者是陪着孩子玩耍）。消极强化指消除个体不喜欢的某些东西（如一件令人反感的事情），例如一块湿尿布。人们有时会把消极强化和惩罚相混淆，但它们是不同的。惩罚是通过带来一件反感的事情（如打一个孩子屁股）或撤销一件积极的事情（如看电视）来压制某一行为。而消极强化通过撤销一件让人反感的事情来鼓励行为的重复出现。当一个稍微大些的孩子因为湿尿布而发出某种信号时，取走尿布可能会鼓励这个孩子在下次尿布变湿时再发出信号。

当强化在行为发生之后立即出现时，它是最有效的。如果一个反应不再得到强化，那么它将逐渐消失；也就是说，它将回复到最初的（基线）水平。如果泰雷尔笑时，没有人和他玩，过一会他可能不会停止微笑，但他的微笑将远少于笑声持续得到强化的情况。

行为矫正或行为治疗通过操作性条件反射来减少令人不满意的行为，例如消除发怒，或形成让人满意的行为，如在玩耍后把玩具收拾好。每当孩子放好玩具时，就给她或他一个奖励，如表扬、美食或一个新玩具。在那些有特殊需要，如有心理或情绪障碍的孩子身上，行为矫正是非常有效的。然而，斯金纳的心理学在使用上是有限制的，因为它没有充分说明个体差异和文化、社会的影响。

学习理论 2：社会学习（社会认知）理论

美国心理学家埃尔伯特·班杜拉（b. 1925）提出了**社会学习理论**（social learning theory）的许多原理。尽管行为主义者把影响儿童的环境看成发展的主要推动力，但班杜拉（1977，1989；Bandura & Walters，1963）认为，发展的推动力来自两个方向。班杜拉称其为**交互决定论**（reciprocal determinism）——当周围世界影响孩子时，孩子也对周围世界产生影响。

图 2–3
根据社会学习理论，儿童通过模仿成人榜样的行为进行学习，如父亲的割草行为。

经典的社会学习理论认为，人们主要通过观察和模仿榜样——即观察其他人来学习合适的社会行为。这个过程被称为模仿，或者**观察学习**（observational learning，图 2-3）。人们通过选择要模仿的榜样，比如说父母或运动明星，来改进学习。根据这个理论，榜样模仿是儿童学习语言、处理争端、发展道德感和学会符合性别的行为的最重要的成分。然而，即使是儿童没有模仿观察到的行为，观察学习也能发生。

人们所模仿的具体行为取决于其所处文化看重什么。如果卡洛斯所在学校的教师都是女性，那么他可能不会模仿她们的行为，反而可能把这些行为看成是“无男子气概的”。然而，如果他遇到一个自己喜欢的男性教师，很可能会改变关于教师榜样的看法。

班杜拉（1989）社会学习理论的最新称谓为*社会认知理论*（social cognitive theory）。理论名称的发展反映了班杜拉越来越重视认知加工对发展的核心作用。人们观察榜样，学习多种行为，并把这些行为组合为复杂的新行为模式，此时就发生了认知加工。例如，丽塔模仿舞蹈老师脚趾点地的行走动作，而在优秀学员卡门后边模仿舞步。即便如此，她通过把观察到的行为整合进一个新的模式，形成了自己的舞蹈风格。

通过获得行为反馈，儿童逐渐形成了判断自身动作行为的标准，并在选取示范标准的榜样时变得更加严格。他们也开始形成了**自我效能感**（self-efficacy），即对自己的成功有信心。

> **考考你 ✓**
>
> 你可以……
>
> ✓ 列出学习理论的关注点、优势和不足吗？
>
> ✓ 指出经典条件反射和操作条件反射的不同吗？
>
> ✓ 区分积极强化、消极强化和惩罚吗？
>
> ✓ 比较行为主义与社会学习（社会认知）理论的不同吗？

理论视角 3：认知理论

认知理论（cognitive perspective）关注思维过程和反映这些过程的行为。该视角包含了机体论和机械论中有影响的理论。它包括皮亚杰的认知阶段理论和维果斯基关于认知发展的社会文化理论，它还包括信息加工取向和新皮亚杰理论，而新皮亚杰理论则综合了信息加工和皮亚杰理论的成分。

皮亚杰的认知阶段理论

我们对儿童思维的理解大部分源于瑞士心理学家让·皮亚杰（Jean Piaget，1896~1980）的工作。其**认知阶段理论**（cognitive-stage theory）是当今强调心理过程的“认

瑞士心理学家皮亚杰通过对自己孩子和他人孩子的观察，以及与他们的交谈，来研究儿童的认知发展。

知革命”的先驱。皮亚杰是受过训练的生物学家和哲学家，他从生物角度看待发展，把发展看成儿童努力理解和适应世界的产物。

作为一个在巴黎学习的年轻人，皮亚杰开始对阿尔弗雷德·比奈发展的测验进行标准化，该测验用来评估法国学龄儿童的智力。皮亚杰受到儿童错误回答的启发，寻找他们思考过程的线索。皮亚杰的临床方法把观察和灵活的提问结合起来。为了弄清儿童是如何思考的，皮亚杰在儿童的回答之后又提出更多问题，并设计任务来检验他的试探性结论。通过这一方式，他发现，一个典型的4岁儿童认为钱币或花朵排成一排时比堆成一堆时数量更多。通过对自己孩子和其他儿童的观察，皮亚杰提出了一个全面的认知发展理论。

皮亚杰认为，认知发展始于一种与生俱来的适应环境的能力。通过寻找一个奶嘴、触摸一块鹅卵石或探索一个房间的边界，年幼儿童对其周围的环境形成了更加准确的图像，也更有能力来应对它们。

皮亚杰把认知发展分为四个有本质差异的不同阶段（见表2-2，这些内容将在后面的章节中详细讨论），这四个阶段代表了发展的一般模式。在每一阶段，儿童的大脑发展出一种新的运算方式。从婴儿期到青春期，心理运算从单一的感知运动发展到逻辑的、抽象的思维。认知发展涉及三个相互联系的过程：组织、适应和平衡。

组织（organization）是指创造出越来越复杂的认知结构：即越来越准确的现实景象被纳入知识系统或思考方式。这些结构称为**图式**（schemes），是人们在某一情景中思考或行动的行为样本。随着孩子获得更多的信息，他们的图式变得更加复杂。以吮吸为例，新生儿最初只有一个简单的吮吸图式，但很快就发展出了吮吸乳房、瓶子或大拇指的各种图式。

适应（adaptation）是儿童根据已知来处理新信息。适应包括两个步骤：（1）**同化**（assimilation），吸收新信息并将其纳入已有的认知结构中，（2）**顺应**（accommodation），修改原有的认知结构来接受新信息。

平衡（equilibration）是一种对稳定的平衡或均衡的持续需求，支配着同化向顺应的转换。当儿童不能运用已有的认知结构处理新问题时，他们会体验到一种令人不舒服的失衡感。通过构建可以整合新经验的新的心理模式，他们恢复了平衡。再次以吮吸为例。一个母乳喂养或奶瓶喂养的儿童开始吮吸杯子显示的是同化，即用已有的图式来应对一个新情境。当儿童发现从杯子中喝水需要舌头和嘴部以不同于原来吮吸乳房或奶瓶的方式运动时，她会改变已有的图式来顺应新情境。她改造了最初的吮吸图式来应对新体验。因此，同化和顺应共同促成了平衡。在一生中，对平衡的寻求始终是认知发展的驱动力。

皮亚杰的观察提供了许多信息和一些令人惊奇的见解。例如，此前谁会认为大多数小于 7 岁的儿童并不知道在他们眼前滚成的一个泥球所包含的泥块的数量没有改变？也不知道一个婴儿认为从视野中消失的人就不存在了？皮亚杰告诉我们，儿童的大脑并不是成人大脑的缩影。了解儿童怎样思考便于家长和教师理解和教导儿童。

然而皮亚杰似乎严重低估了婴儿和年幼儿童的能力。一些同时代的心理学家质疑他划分的不同阶段，指出认知发展更可能是渐进的和连续的，并为之寻找证据支持。此外，后来的研究挑战了皮亚杰的观点，皮亚杰认为思维的发展是单一的普遍进程，一直到形式思维。相反，儿童认知过程似乎与具体的内容（他们正在想什么）、问题的背景、信息的种类以及文化紧密相联（Case & Okamoto，1996）。

考考你 ✓

你可以……

- ✓ 比较皮亚杰的假设和方法与经典学习理论的不同吗？
- ✓ 列出皮亚杰理论中三个导致认知发展的原则并举例吗？
- ✓ 解释维果斯基理论与皮亚杰理论的不同吗？
- ✓ 指出维果斯基理论在教学和测验中的应用吗？

维果斯基的社会文化理论

俄国心理学家维果斯基（Lev Semenovich Vygotsky，1896~1934）关注引导儿童认知发展的社会和文化过程。维果斯基的**社会文化理论**（sociocultural theory）和皮亚杰的理论一样，强调儿童对环境的积极参与。但是，皮亚杰把认知仅仅看成理解和解释关于世界的信息，而维果斯基把认知发展看成一个合作的过程。维果斯基认为儿童通过社会互动来学习。他们获得认知技巧，这是他们生活的一部分。共同活动帮助孩子们内化社会的思考和行为模式，习得社会习俗。维果斯基特别重视语言，不仅因为它是对知识和思维的一种表达，还因为它是学习和思考世界的必要工具。

根据维果斯基的理论，在孩子能够掌握和内化某一知识之前，成人或稍大一些的同辈必须直接引导和组织孩子学习。这种指导在帮助孩子跨越**最近发展区**（zone of proximal development，ZPD）方面是最有效的，最近发展区是指孩子已经能做到的和还不能完全靠自己做到的之间的区域（最近意味着“在附近”）。处于最近发展区的孩子已经差不多能够完成某项特殊任务了，但还不能完全靠自己来完成。然而，在正确的指导下，他们却能成功地完成任务。指导和监控学习的责任逐渐转移到了孩子身上，这很像成人教孩子在水上漂浮，一开始成人会托扶着水中的孩子，然后随着孩子的身体放松到一个水平位置，逐渐把孩子放开。

根据俄国心理学家维果斯基的观点，儿童通过社会互动进行学习。

维果斯基的某些追随者把这种教导比喻为支架——建筑工人可以站在上面的脚手架。**支架**（scaffolding）指当孩子不能靠自己的力量独自完成一项工作时，父母、教师或其他人给予孩子的临时性支持。

维果斯基的理论对教育和认知测验有重要的启示。对孩子学习潜能的测验与评估孩子已获得知识的标准智力测验不同，前者是后者的一个有效替代品，许多孩子可能会从这类维果斯基所描述的专业指导中受益。

信息加工取向

信息加工取向（information-processing approach）试图通过分析知觉和处理信息的心理过程来解释认知发展。信息加工取向不是一个单一的理论，而是许多理论和研究的基础构架。

一些信息加工理论家把人脑比作电脑。感知觉印象输入，之后行为输出。但这中间发生了什么？大脑如何通过对一张不熟悉面孔的感知觉来再认该面孔呢？

信息加工研究者们推断在刺激和反应之间发生了什么。例如，他们可能要求被试回忆一系列单词，比较在之前没有重复背诵和有重复背诵时的成绩差异。通过这些研究，一些研究者发展出了计算机模型或流程图来分析儿童整合、储存、提取和使用信息的具体步骤。

尽管使用的是被动性的电脑模型，但信息加工理论家仍把人看成其周围世界的积极思考者，这与皮亚杰的观点一致。与皮亚杰不同的是，这些理论家一般不认为发展是分阶段的，而是把发展看成连续的。他们记录了一些与年龄有关的认知发展，如认知加工的速度、复杂性和效能以及储存在记忆中的材料的数量和种类。本章即将讨论的大脑成像研究支持了信息加工模型的某些重要方面，如处理意识记忆与无意识记忆的独立生理结构的存在。

信息加工取向具有实践意义。它使研究者通过婴儿感知觉和加工过程的效能评估其今后的智力情况。它还能使家长或教师通过让孩子意识到其心理过程和策略来帮助孩子学习。心理学家常使用信息加工模型来测验、诊断和治疗学习问题。

考考你✓

你可以……

✓ 描述信息加工研究者在做什么吗？

✓ 指出新皮亚杰理论如何用信息加工取向整合皮亚杰的理论要素？

新皮亚杰理论

自20世纪80年代开始，一些发展心理学家就开始用信息加工取向整合皮亚杰理论的要素。这些新皮亚杰主义理论家关注具体的概念、策略和技能，而非单一的、普遍的、不断发展的逻辑性心理运算系统。他们认为，随着信息加工越来越有效率，孩子的认知得以发展。因其对加工效能的重视，新皮亚杰主义有助于解释认知能力的个体差异和各方面的不均衡发展。

理论视角4：情境理论

根据**情境理论**（contextual perspective），发展只有在其社会背景下才能被理解。情境理论家不把个体看成是和环境互动的独立存在，而是环境不可分割的一部分。（我们在认知理论部分讨论的维果斯基的社会文化理论也可以划归为情境理论）

美国心理学家布朗芬布伦纳（Urie Bronfenbrenner，1917~2005）的**生态学理论**（bioecological theory）（1979，1986，1994；Bronfenbrenner & Morris，1998）描述

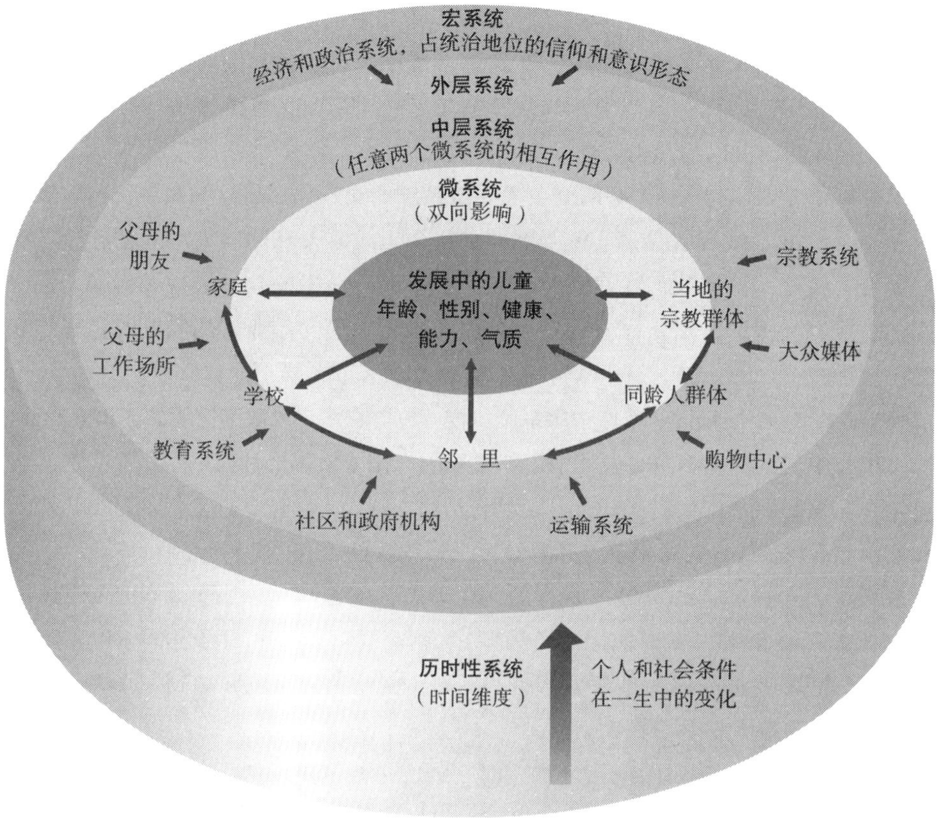

图 2-4
布朗芬布伦纳的生态学理论。同心圆表明了影响个体的四个环境水平，从最私人的环境（最里边的圆）到最一般的环境——它们都处于时间维度之下。

了影响发展中儿童的互动过程。每种生物都是在促进或阻碍其生长的生态环境下发展的。如果我们想要理解一条鱼或一棵树的发展，就需要了解海洋或森林的生态学，同样，我们需要通过了解人类的生态环境来理解儿童是怎样发展的。

根据布朗芬布伦纳的看法，发展源于发展中的孩子与其直接接触的日常环境间有规则的、积极的双向互动过程，该过程受到了孩子未意识到的偏远背景因素的影响。为了理解这些过程，我们必须研究它们发生的多重背景。这些背景始于家庭、教室和邻里；与社会机构相联，如教育和运输系统；涉及影响家庭、学校的广阔文化和社会模式以及儿童生命中的其他所有事情。通过强调这些相互关联的系统及它们对发展的影响，布朗芬布伦纳的理论有助于我们理解各种现象的复杂过程，如学业成就和反社会行为。

布朗芬布伦纳指出了五个相关的环境系统，从最私人的环境到最一般的环境分别是：*微系统、中层系统、外层系统、宏系统和历时性系统*。前四个系统就像中空的圆环，环环相套，把发展中的个体层层包围。第五个历时性系统，增加了时间维度。图 2-4 表明了如果从中间切开这个嵌套的圆环，我们会看到什么。要记住，系统间的界限是流动的。尽管为了说明上的直观，我们分隔出了不同的影响水平，但实际上，它们是不断地相互影响的。

微系统（microsystem）是指在某种环境下（如家庭、学校、工作场所或邻里）关于行为、角色和人际关系的模式。在这些环境中，孩子每天面对面与人交往，双方相互影响着。例如，一个新生儿如何影响父母的生活？父母的情感和态度又如何影响婴儿？外圈的更远的影响通过微系统影响儿童。

中层系统（mesosystem）是两个或更多微系统的交互作用，这些微系统包含发展中的孩子。它可能包括家庭和学校（例如家长会）或家人和同龄人之间的连接。对中层系统的关注，提醒我们注意同一个孩子在不同环境中的差异表现。例如，一个在家能够顺利完成学校所留作业的孩子，在课堂上被提问作业中的问题时，可能变得结巴。

外层系统（exosystem），就像中层系统一样，包含着两个或更多情境的连接。然而，外层系统与中层系统是不同的，其中（如父母的工作或父母的社交网络）至少有一种情境不包含发展中的儿童，它只能间接影响儿童。例如，一位女性老板通过提供吸奶器和奶水储藏设备鼓励母乳喂养，这种情况下，该女性更有可能持续照料孩子。

宏系统（macrosystem）包括所有的文化形态，就像玛格丽特·米德所研究的：某种文化或亚文化中占支配地位的价值观、信念、风俗、政治、经济和社会系统，通过各种方式渗透进人们的日常生活中。例如，文化的宏系统影响到一个儿童是在核心家庭长大还是大家庭中长大。

历时性系统（chronosystem）增加了时间维度：儿童世界的稳定性和变化性。它包括家庭结构、住所或父母工作的变化，也包括诸如战争、经济周期和迁移浪潮这样的大事件。家庭模式的变化（例如西方工业社会中外出工作的母亲越来越多以及发展中国家大家族的减少）是历时性系统的要素。

> **考考你 ✓**
>
> 你可以……
>
> ✓ 指出情境理论的主要假设吗？
>
> ✓ 命名并区分布朗芬布伦纳的五个情境影响系统吗？

根据布朗芬布伦纳的理论，人不仅是发展的结果，还是发展结果的塑造者。儿童自身的生物和心理特征、才能和技能、缺陷以及气质影响自身的发展。

情境理论最大的贡献是它强调发展的社会成分。研究的关注点从儿童个体转移到了较大的互动单元：父母和儿童、兄弟姐妹、整个家庭、邻里以及更大的社会机构。情境理论还提醒我们，在某一文化下获得的关于人或一类人（如中产阶级的美国白人）发展的结论也许并不适用于其他的社会或文化群体。

理论视角 5：进化的 / 社会生物学的理论

进化的 / 社会生物学的理论（evolutionary/sociobiological perspective）由威尔逊（E. O. Wilson，1975）提出，该理论关注行为的进化学和生物学基础。受达尔文进化论的影响，进化的 / 社会生物学理论借用人类学、生态学、遗传学、动物行为学和进化心理学的研究结果，来解释个体或种群的适应性的、有价值的行为。进化的 / 社会生物学取向并不一定是一个独立的理论观点，它借用并同时预测了其他理论的一些研究结果，例如社会学习理论、认知发展理论和情境理论（MacDonald，1988，1998）。

达尔文认为，所有物种的发展都经历了适者生存和自然选择。具有更适应环境的特质的物种才得以生存和繁衍；那些不太适应环境的物种被淘汰。因此，通过繁殖，适应性更强的特质得以被选择传递给后代，而适应性较差的特质就消失了。

进化机能是指在适应早期环境的过程中为了解决问题而发展出的行为。例如，在怀孕期间会对某些事物有呕吐反应，这可能是由保护脆弱的胎儿免受有毒物质的伤害进化而来的。尽管这些进化可能已不再有实际意义，但它们可能被保留了下来（Bjorklund & Pellegrini，2000，2002），或者它们会因环境的改变而进一步进化。尽管大多数进化机能对应特定问题，但另外一些机能的进化，例如人的智力，被认为是为了帮助人类面对更广泛的问题（MacDonald，1998）。

动物行为学（ethology）是研究动物的独特适应性行为的一门科学。动物行为学指出，对每一个物种来说，某些进化而来的本能行为，例如松鼠在秋天时埋藏坚果和蜘蛛织网，是为了增加生存的可能性。另一个例子来自科纳德·洛伦兹的研究，他发现刚出生的小鸭子会本能地跟随母亲（参见第 1 章）。动物行为学家通常通过观察自然环境中的动物来确定哪些行为是普遍性的，哪些行为是某一物种特有的，或者哪些行为因文化而改变了。英国心理学家约翰·鲍尔比（1969）将行为学原理应用到了人类发展的各个方面。例如，他把婴儿对照料者的依恋看成一种进化而来的保护自己免受掠食者伤害的机能。

进化心理学（evolutionary psychology）用达尔文的理论来解释个体行为。根据该理论，人们无意识的奋斗，不仅是为了个人的生存，还是为了他们的后代。他们这么做是为了寻求产生后代的最大的机会，后代将继承他们的特征，生存下去并再繁殖后代。然而，进化的观点并不是说人类的行为完全是为了基因复制。它还非常重视人必须适应的环境。一个发展的系统取向把人类发展看成人和环境交互作用的结果。

持进化论观点的心理学家把进化理论应用于儿童发展中。他们研究诸如教养策略、游戏中的性别差异以及同辈关系这类课题，鉴别不同年龄阶段的适应性行为（见专栏 2.1）。

考考你 ✓

你可以……

✓ 指出进化/社会生物学理论的主要关注点，并解释该取向如何以达尔文的进化论为基础吗？

✓ 指出生态学和进化心理学家研究哪些主题吗？

你的观点？

- 在母亲教孩子说“请”时，哪种理论取向最有效？
- 对于一个旨在激发学生批判性思维的老师，哪种理论最有效？
- 对于一个关于兄弟姐妹间相互模仿的研究，哪种理论最有效？

如何整合理论和研究工作

人类发展的诸多理论中，没有哪一个得到普遍认可，也没有哪一个可以解释发展的所有问题。人们已不再局限于单一的、被广泛认可的“宏大理论”（弗洛伊德和皮亚杰的理论曾一度被广泛认可），如今的趋势是提出更小、更有限制性的“微型理论”，把目标定位在解释具体研究结果上，例如贫困怎样影响家庭关系。

正如我们在本章开始所提及的，儿童发展理论通常源于研究，并接受研究的验证。尽管大多数研究者是折衷主义者，吸收了各种理论观点，但研究的问题和方法常常反映出研究者的独特倾向。例如，为了理解儿童如何发展是非观，行为主义者会考

专栏 2.1　不成熟的适应性价值

与其它动物甚至是灵长类相比，人类需要很长一段时间才能发育成熟。黑猩猩达到生理成熟需要 8 年，恒河猴需要大约 4 年，狐猴仅需要 2 年左右。相比之下，人类直到十几岁时才得到完全发展和生理成熟，在当今的工业化社会中，认知和社会心理的成熟时间甚至更迟了。在此期间的大部分时间里，儿童仍然主要依靠父母或其他照料者。

从进化论的视角来看，较长的不成熟期可能是生存和健康所必需的。人类是社会性动物，一个长期受保护的儿童期可以让我们为解决成人期的社会问题做准备。人类社会及其文化是高度发展的，要了解这些社会规范需要学习很多东西。因此，儿童期可能是一种让社会能力得以发展的进化机制。

人的智力可能也是进化的结果。化石记录表明，在过去的 400 万年里，人类大脑的容积扩大了三倍。同时，大脑的发展周期也延长了近两倍。尽管在出生前人的大脑就在快速发育，但在出生时，它还不如其他灵长类的大脑发育完全；如果人类胎儿大脑的体积在出生前已发育完全，那么胎儿的头会因为过大而不能通过产道。在整个儿童期，人类大脑的体积和复杂性继续发育，最终在语言和思维能力上远远超过了我们的近亲类人猿。人类大脑的缓慢发展使其有了更大的可塑性，或者灵活性，而不是所有连接在早期就已经固定化了。一位理论家把这种可塑性称为“人类物种最重要的适应优势”。

在婴儿期和儿童期，孩子可以花费更多的时间在游戏上；而且，就像皮亚杰所说的，游戏极大地促进了认知发展。游戏还能使儿童发展运动机能和尝试各种社会角色。儿童通过游戏表现创造性、想象力和好奇心，游戏是人类心灵的印记。

某些方面的不成熟可能有即时的适应性。例如，诸如寻找奶嘴这样的原始反射是对新生儿的保护，当不再需要这些反射时，它们就会消失。对动物的研究表明，早期感知觉和运动功能的不成熟可使婴儿远离过度刺激。通过限制必须处理的信息的数量，他们可以专注于生存必需的体验，如喂养和对母亲的依恋。正如在第 1 章专栏 1.2 中提到的，婴儿有限的记忆容量可以简化语音加工过程，促进早期的语言学习。

年幼儿童思维方式上的局限可能也有适应性价值。例如，年幼儿童会不切实际地评估自己的能力，认为自己能做更多事情。这种自我判断的不成熟减少了对失败的恐惧，可以激励儿童尝试更多东西。

总的来说，进化理论和研究表明，不成熟并非必然等同于不足，婴儿和儿童的一些属性得以保留，是因为它们与该特殊生命阶段的任务相适应。

资料来源：Bjorklund，1997；Bjorklund & Pellegrini，2000，2002；Flinn&Ward，2005。

你的观点?

你能想到其他例子来说明不成熟的适应性价值吗？你能想到哪些不成熟可能会导致不适应吗？

看过来!

关于此主题的更多信息，请见 www.brazelton-institute.com。这是哈佛医学院 Brazelton 学会的网址。查看 Brazelton 量表：它是什么？该量表表明了像人类新生儿这样的不成熟生物在应对环境时能做什么。此网站也提供了在第 5 章中讨论 Brazelton 量表的预习信息。

察父母惩罚或奖励什么样的行为。社会学习理论者会关注人们对出现在故事或电影中的道德行为的模仿。信息加工的研究者可能会通过一项任务分析来确定儿童在做出道德选择和某种行为时所经历的步骤。

研究方法

儿童发展领域内的研究者主要使用两种传统方法：定量和定性。**定量研究**（quantitative research）处理客观的测量数据。例如，定量研究者研究儿童手术前的恐惧和焦虑时，通常用标准化量表、生理变化数据或统计分析的方式。**定性研究**（qualitative research）涉及对非数字型信息的解释，如被试的主观体验、感觉或信念的本质或性质。定性研究者可能会研究手术前儿童如何描述自己的情绪（Morse & Field，1995），或是像玛格瑞特·米德的研究，考察南海岛屿的女孩怎样描述她们的青春期体验。

定量研究基于**科学方法**（scientific method），显示出大多数科学调查的特征。定量研究的一般步骤如下：

1. 确定要研究的问题，常以某个理论或先前的研究为基础
2. 提出研究要检验的假设
3. 收集数据
4. 分析数据，确定它们是否支持假设
5. 呈现研究结果，便于其他观察者检查、学习、分析、重复验证以及在此结果上作进一步分析

定性研究更加开放。定性研究者通常是从收集和考察的数据中发现假设或理论，而非在先前研究的基础上提出假设。定性研究是洞察态度和行为的重要方式。

尽管大多数发展心理学家接受的是定量研究的训练，但定性研究的必要性越来越得到公认。选择定量研究还是定性研究取决于以下几个因素：研究主题、该研究主题的信息量、研究者的理论取向以及研究背景。定量研究经常在有控制的实验室背景下进行，定性研究通常在日常生活下进行。这两种截然不同的方法中的任何一种都能为儿童发展研究提供大量数据。

抽　样

为了确保研究结果具有普遍性，而不是仅适用于特殊的被试群体，定量研究者需要选择被试。因为研究整个群体（研究结果要应用于其中的群体）通常会耗资巨大，且耗费大量时间，所以研究者会选择大群体内的一个小群体作为**样本**（sample）。

表 2-3 收集数据的主要方法

类 型	主要特征	优 点	缺 点
自我报告： 日记、访谈或问卷	询问被试生活的某些方面；询问可能高度结构化，也可能较为灵活。	能提供一个人生活、态度或观点的第一手信息。	被试可能不能准确地回忆信息，或倾向以社会赞许的方式作出回答；怎样提出问题或由谁来提问可能会影响回答。
自然观察	在日常生活环境中观察个体，不操纵行为。	较好的描述行为；不将被试置于会扭曲行为的非自然环境中。	缺少控制，存在观察者偏差。
实验室观察	在实验室中观察被试，不操纵行为。	提供良好的描述说明；在同样的控制环境中观察所有的被试，比自然观察有更多的控制。	观察者偏差；情境具有人为性。
行为测量	测量被试的才能、技能、知识、能力或身体反应。	提供客观的测量信息；避免主观歪曲。	不能测量态度或其他非行为现象；结果可能受到无关因素的影响。

考考你✓

你可以……

- ✓ 比较定量研究和定性研究，并给出各自的例子吗?
- ✓ 总结科学研究方法的五个步骤，并说明为什么每一个步骤都是重要的吗?
- ✓ 解释随机抽样的目的，以及说明怎样实施随机抽样吗?

样本应充分代表要研究的群体——即有关特质在样本中和在整个群体中分布相同。否则研究结果就不能被普遍地推广，或应用于整个群体。为了判断研究结果的普遍性，研究者要仔细对比样本和总体的各项特征。

通常，研究者通过**随机选择**（random selection）来获取代表性样本。在随机选择的过程中，总体中的每个人被选中的机会相同。如果你想研究一项教育方案的效果，你可以把所有儿童的名字放到一个大容器中，晃动它，然后随机抽取一定数量的名字。随机样本，尤其是样本数量很大时，能很好地代表总体。不幸的是，大群体的随机样本通常难以获得。作为替代，许多研究会使用方便样本（例如，出生在一个特殊医院或生活在一个特殊照料中心的儿童），这些研究的结果可能并不适用于总体。

在定性研究中，样本通常很小，也不需要随机选取。此类研究中的被试可能是因其能表达出内心体验才被选中，例如能准确表达接受某类手术时的感觉。

收集数据的方式

常用的收集数据（表 2-3）的方式包括自我报告（被试的口头报告），行为或表现测量，以及在实验室或自然情境下的观察。选取哪种方式部分地依赖于时间和资金限制，实验者可能在研究设计中选用一种或几种数据收集方法。定性研究通常更依赖访谈和自然情境中的观察，而定量研究更多使用结构化的研究方法。当前的趋势是，将自我报告法、观察法和更加客观的测量方法联合起来使用。

自我报告：日记、访谈、问卷

最简单的自我报告方式是日记或日志。例如，要求青少年记录每天都吃了些什么，或他们感到沮丧的时间。在研究年幼儿童时，研究者通常采用父母的自我报告——日记、日志、访谈或问卷，并辅以其他方法，如录像或录音。研究者可能会录下父母和孩子玩耍的情景，然后重放录像，询问父母当时为什么这么做，或者为什么做出这样的回应。

在面对面访谈或电话访谈中，研究者询问关于态度、观点或行为的问题。在结构式访谈中，每个参与者都回答同一组问题。开放式访谈更加灵活，访谈者可以改变主题和问题的顺序，根据被访者的反应提出后续问题。为了能够获取更多的参与者和保护他们的隐私，研究者有时会散发纸质问卷，参与者可以填完后返还。

如何提出问题以及由谁来提出会影响被试的回答。当询问危险行为或社会不认可的行为时（例如性习惯和毒品使用），作答者在计算机调查中的回答会比纸笔调查中的回答更坦率（Turner et al.，1998）。

自然观察和实验室观察

观察有两种形式：自然观察和实验室观察。在**自然观察**（naturalistic observation）中，研究者在真实生活情境中观察儿童。研究者不试图改变行为或环境，他们只是记录观察到的现象。在**实验室观察**（laboratory observation）中，研究者观察和记录控制情境中的行为，例如实验室中的行为。在相同情境中观察所有被试，研究者可以更加清晰地确认行为差异，排除环境的影响。

两种观察都可以提供有价值的行为描述，但是它们也有局限性。其一，它们不能解释为什么儿童做出这样的行为，尽管观察者可能会提出各种解释。而且，观察者的存在也会影响行为表现。当儿童知道自己正被观察时，其行为可能有所不同。另外，还存在观察者偏差的风险：研究者倾向于对数据作出符合预期的解释，或者强调某些方面而忽略其他方面。为了抵消观察者偏差效应，一些研究会使用几个观察者。

在 20 世纪 60 年代，为了进行更严格的控制，研究者普遍使用实验室观察。现在，便携式录像机和电脑等工具增加了观察的客观性，使研究者能够分析面部表情或其他行为的瞬间变化（Gottman & Notarius，2000）。这些方法使自然观察比原来更加精确、客观。

行为和表现测量

在许多研究中，研究者使用更加客观的方法来测量行为和表现，作为自我报告法或观察法的补充或替代。测验和其他的行为、神经心理测量，包括机械和电子设备，

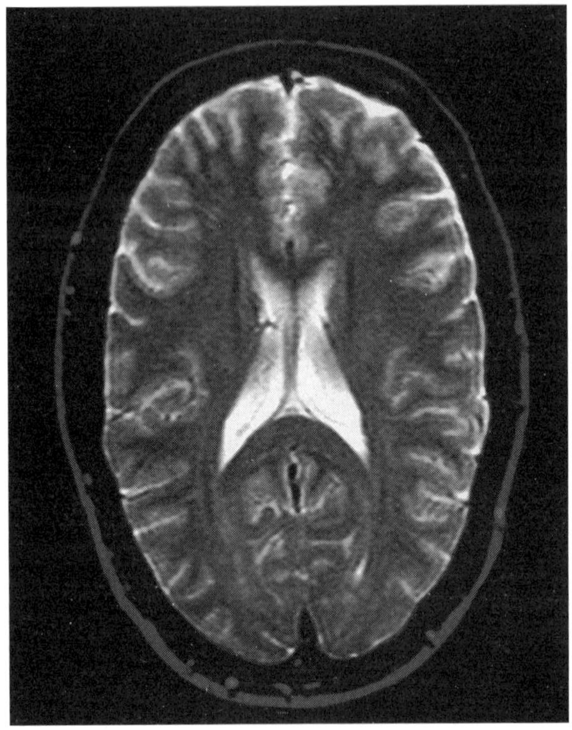

图 2–5

由磁共振成像技术（MRI）产生的脑的图像。一个巨大的圆柱形磁铁在头部周围创造了一个磁场。传感器记录了脑的不同结构发出的磁信号，例如神经组织、血管、体液和骨头，每个结构都有不同的磁性质，因此在图像中呈现出不同。磁共振成像能形成更详细的三维图像。功能性的磁共振成像通过测量特定脑区的血液量，记录脑活动的变化。

可用来评估才能、技能、知识、能力或生理反应，例如心率或脑活动。尽管这些测量比自我报告或个人观察的主观色彩更弱，但疲劳和自信心等因素会影响结果。

一些纸笔测验（如智力测验）可用来比较测试参与者的成绩。只有当这些测验既有效（即测验测量了其要测的能力）又可信（即在不同时间测量，其结果都是一致的）时，它们才是有意义的和有用的。（智力测验的效度尚在讨论中）为了避免偏差，测验必须是标准化的，即对所有接受测验的人来说，测验的呈现方式和评分标准相同。

当要测量某一特质时，例如智力，很重要的一点是用其他研究者能够理解的方式精确定义该特质，以便其他研究者能够对研究结果进行评论。为了达到该目的，研究者使用了一种**操作性定义**（operational definition）——仅根据产生或测量一个现象所使用的操作或程序来给出的定义。例如，智力可以被定义为在包含了逻辑关系、记忆和词汇识别的测验中获得某一分数的能力。一些人可能会不赞成这个定义，但不能说它不清晰。

在心理学发展历史中的大部分时间里，理论家和研究者都抛开脑的生理结构来研究认知过程，而大脑恰恰是认知过程的基础。现在精密的成像仪器，如磁共振成像（MRI）（图 2-5）和正电子发射型计算机断层显像（PET），使我们可以观察脑部活动。**认知神经科学**（cognitive neuroscience）将我们对认知功能的理解和脑的变化联结起来（Gazzaniga，2000；Humphreys，2002；Posner & DiGirolamo，2000）。发展认知神经科学关注随着脑和环境的相互作用，认知发展是如何发生的（Johnson，

表 2-4　基本的研究设计

类　型	主要特征	优　点	缺　点
个案研究	对单一个体的深入研究	灵活性；对一个人的行为和发展提供细致的描述；能产生假设。	可能无法推广到其他人身上；不能直接检验结论；不能确立因果关系。
人种志研究	对某种文化或亚文化的深入研究	有助于克服理论和研究中的文化偏见；能考察发展现象的普遍性。	观察者偏见
相关研究	尝试找到两个变量间的相关关系	可根据一个变量预测另一个变量；能提出因果假设。	不能确定因果关系
实验	实验者通过控制自变量来考察其对因变量的影响；可在实验室或现场进行。	确立因果关系；高度控制性，其他研究者可进行重复验证；实验室实验的控制程度最高。	研究结果，尤其是实验室实验的研究结果，可能无法推广到实验室之外的情境中。

1999，2001），以及为什么某些儿童发展异常（Posner & DiGirolamo，2000）。这一新的科学分支解释了智力是一般性的还是特殊性的，什么影响了入学前的准备（Byrnes & Fox，1998），以及为什么会常常发生记忆提取失败（Schacter，1999）。

社会认知神经科学是正在兴起的跨学科领域，它联接了脑、心理和行为，整合了认知神经科学、社会心理学和信息加工取向的数据。社会认知神经科学的研究者通过脑成像和对脑损伤者的研究来确定神经通路怎样控制诸如记忆和注意这样的行为过程，以及记忆和注意又是怎样影响了态度和情绪，并识别精神分裂症、焦虑症、恐惧症和学习障碍所涉及的脑系统（Azar，2002；Ochsner & Lieberman，2001）。

考考你 ✓

你可以……

- ✓ 比较各种形式的数据收集方法的优缺点吗?
- ✓ 解释大脑研究对于理解行为的贡献吗?

基本的研究设计

研究设计指的是为科学调查做一个计划：将要回答什么问题，怎样选择被试，怎样收集和解释数据，怎样获得有效的结论。发展研究中的四种基本设计是个案研究、人种志研究、相关研究和实验。每种设计有其优点和缺点，适用于特定的研究问题（表 2-4）。

个案研究

个案研究（case study）是指对单个案例或个体的研究，例如 13 岁的女孩吉妮，她被关在自己的房间里，从没有学过说话（参见第 1 章的专栏 1.2）。很多理论，以弗洛伊德的理论为首，都来源于临床个案研究，包括对病人所说所做事情的仔细观察和解释。个案研究中也会使用行为或神经心理学测量，以及传记、自传或记录材料。

个案研究提供了有用的深层次信息。它们能探索行为来源和检测治疗效果，还能引发其他研究。其相对优势是灵活性：研究者可以在研究过程中自由地探索。然而，个案研究有其自身的缺点。例如，从对吉妮的研究来看，我们获得了大量关于该儿童发展的信息，但不知道如何将这些信息用到其他儿童身上。而且，因为无法验证结论，所以个案研究不能确定地解释行为。尽管说吉妮所处的极度贫乏的环境造成或导致了其语言的匮乏，但我们也无法知道，如果她生活在一个正常的环境中会有怎样的发展。

人种志研究

人种志研究（ethnographic study）试图描述关系、风俗、信念、科技、艺术和传统如何塑造了整个社会的生活方式。人种志研究可以是定量的、定性的或者两者的结合。它综合了各种方法，包括非正式的、无结构化的访谈和**参与观察**（participant observation）。参与观察是自然观察的一种方式，研究者住到或参与到其观察的社区或更小的群体中，就像玛格丽特·米德（Mead，1928，1930，1935）一样，这种观察通常持续很长时间。

因为人种志研究者要卷入其所观察的群体或事件中，所以研究结果特别容易受到观察者偏差的影响。从积极的方面说，人种志研究有助于克服理论和研究中的文化偏见（专栏 2.2）。人种志表明，从西方文化中得出的原理不具有普遍适用性。

相关研究

相关研究（correlational study）试图发现两个变量间的相关或统计关系，变量在人与人之间变化，或者会因研究目的而改变。相关用方向（正或负）和数值（程度）来表示。正相关的两个变量一起增加或减少。像第 14 章将报告的，研究表明暴力电视节目和攻击性之间存在正相关或直接相关，即较多观看暴力电视节目的儿童比较少观看暴力电视节目的儿童打更多架。如果随着一个变量的增加，另一个变量减少，则两个变量为负相关或反向相关。研究表明接受学校教育的数量与在老年时患阿尔茨海默症之间存在负相关。换句话说，受教育越少，越可能患痴呆症（Katzman，1993）。

相关的范围在 –1.0（完全负相关）~ +1.0（完全正相关）之间。完全相关的情况极少见。相关系数越接近 +1.0 或 –1.0，相关越强，或者是正相关，或者是负相关。相关为 0 意味着两个变量之间没有关系（图 2-6）。

相关能够使我们依据一个变量预测另一个变量。基于观看暴力电视节目和攻击性之间的正相关，我们可以预测，看暴力电视节目的儿童比不看暴力电视节目的儿童更有可能参与打架。两个变量的相关系数越大，越能够通过一个变量预测另一个变量。

专栏2.2 跨文化研究的目的

当要求美国儿童戴维识别一张没有嘴的面部图片缺少什么时，他说："是嘴"。但以色列移民艾瑞却说这张图片缺少身体。因为在艾瑞的文化中，头部不会被作为一张完整的艺术图片呈现，他认为缺少身体比缺少"嘴这样的小细节"更严重（Anastasi，1988，p.360）。

通过观察来自不同文化群体的儿童，研究者可以了解哪些发展具有普遍性（人类所固有的），哪些发展由文化决定。例如，所有地方的儿童学习语言的顺序都相同，从咕咕发声到牙牙学语到单个字词，再到字词的简单结合。不同文化中的字词有所不同，但全世界的学步期儿童都会把字词组合成有相似结构的句子。这些研究结果表明，学习语言的能力是普遍性的、天生的。

另一方面，文化对早期动作发展有着令人惊讶的巨大影响。非洲婴儿的父母常使他们维持坐姿和蹦跳，因此非洲儿童比美国儿童更早学会站立和行走（Rogoff & Morelli，1989）。儿童所处的社会也影响他们的技能学习。在美国，儿童学习读写，也越来越多地学习使用电脑。而在尼泊尔乡村，儿童学习如何驱使水牛和识别山路。

在不同文化群体中进行研究的一个重要原因是找出传统西方理论和研究中的各种偏见，这些理论和研究通常不会受到质疑，除非发现它们是文化的产物。因为许多儿童发展研究都关注西方工业社会，人们倾向于把这些社会下的典型发展看成常模或行为标准。与此常模对立的测量会导致狭隘的发展观，且通常是错误的。如果把这一点推至极端，则会导致把其他种族或文化群体中孩子的发展看成不正常的。

我们在理解文化差异时会遇到障碍，尤其是那些涉及少数民族的亚文化。就像一开始的例子中的戴维和艾瑞，一个问题或任务对不同的文化群体来说可能有不同的含义。有时是语言障碍。在墨西哥恰帕斯州市，研究了支那克坦儿童关于血缘关系的理解（Greenfield & Childs，1978），研究者知道支那克坦人对年长和年幼同胞的称呼不同，因此研究者不是问"你有多少个兄弟？"，而是问"你的哥哥叫什么名字？"在不同的文化中使用相同的问题可能会产生混淆，导致不能揭示出文化差异和相似性（Parke，2004）。

对种族或文化群体的观察可能受到研究者自身种族的影响。例如，在一项研究中，欧裔美国观察者与非裔美国观察者相比，在非裔美国母女关系中注意到了更多的冲突和限制（Gonzales，Cauce，& Mason，1996）。

在本书中，我们讨论了几个在西方社会中有影响的理论，但它们并不适用于其他文化中的人，这些理论涉及性别角色、抽象思维、道德推理和许多人类发展的其他方面。整本书中，我们坚持在各种文化和亚文化下看待儿童，而非美国主流文化，以此说明发展与社会、文化紧密相连，并加深了我们对各种环境下的常态发展的理解。然而，我们在做的过程中，需要牢记跨文化比较中的陷阱。

你的观点？

你能想出一个令人尴尬的场景吗？因为你不了解他人的文化背景而对他人做了错误的假设？

看过来！

要获取更多关于本主题的信息，请到 http：//psych/ucsc.edu。该网站是圣克鲁兹大学心理系的网站。点击教师资源的链接，查阅教师的著作，他们进行了关于人类发展的跨文化研究，其中包括 Barbara Rogoff，David Harrington，Per Gjerde 和 Margarita Azmitia。

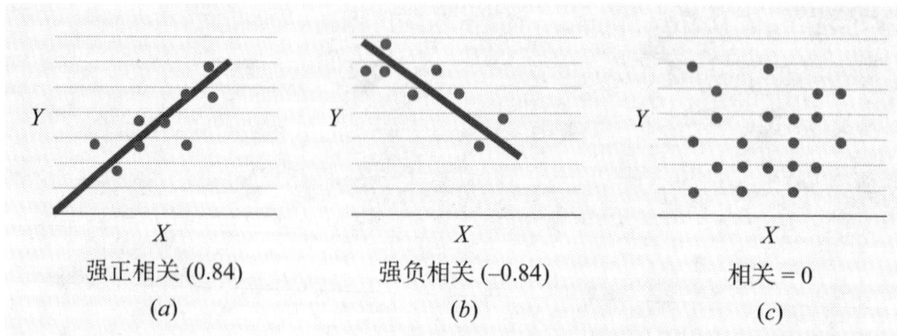

图 2–6

相关研究可以发现正相关或负相关或零相关。在正相关或直线相关（a）中，散布在直线周围的数据表明，一个变量（X）随着另一个变量（Y）的增加而增加。在负相关或反向相关（b）中，一个变量（X）随着另一个变量（Y）的减少而增加。当两个变量的增加或减少未显示出一致的关系（即散布在图中的数据没有显示出任何模式）时则是无相关，或者零相关（c）

尽管高相关表明可能存在因果关系，但这些仅仅是假设，还需要非常严格的检验来证明。我们不能从暴力电视节目和攻击行为的正相关中得出，观看暴力电视节目一定会引起攻击性游戏，而仅能得出两个变量相关。有可能存在另一种因果关系：侵犯性游戏导致儿童更多地观看暴力电视节目。或者是第三个变量——可能是天生的攻击倾向或是充满暴力的生存环境——导致儿童既看暴力电视节目又在行为上表现出攻击性。同样，我们不能确定学校教育可使人免于痴呆，还是另一个变量，例如社会经济地位解释了低教育水平和高痴呆水平。确切表明一个变量引起另一个变量的唯一方法是实验——在研究人类时，这种方法因现实或伦理的原因而受到限制。

实　验

实验（experiment）是一种控制程序，在该程序中，实验者通过操纵变量来了解一个变量怎样影响另一个变量。科学实验必须能够重复验证，即采用不同的被试以完全相同的方式来重复验证结果和结论。图 2-7 说明了如何设计一个实验。

组别和变量 设计实验的通常方法是把被试分成两组。一个**实验组**（experimental group），组中被试接受实验操纵或处理，即研究者想要研究的现象。之后，处理效果将被测量一次或多次以发现改变，如果有改变，则是处理引起了改变。**控制组**（control group）的被试和实验组相似，但这些被试不接受处理或接受不同的处理。实验可能包含一个或多个组别。如果实验者想比较不同处理（比方说，两种教学方法）的效果，所有的被试被随机分到不同处理组中，每个组接受一种处理。为了保证客观性，一

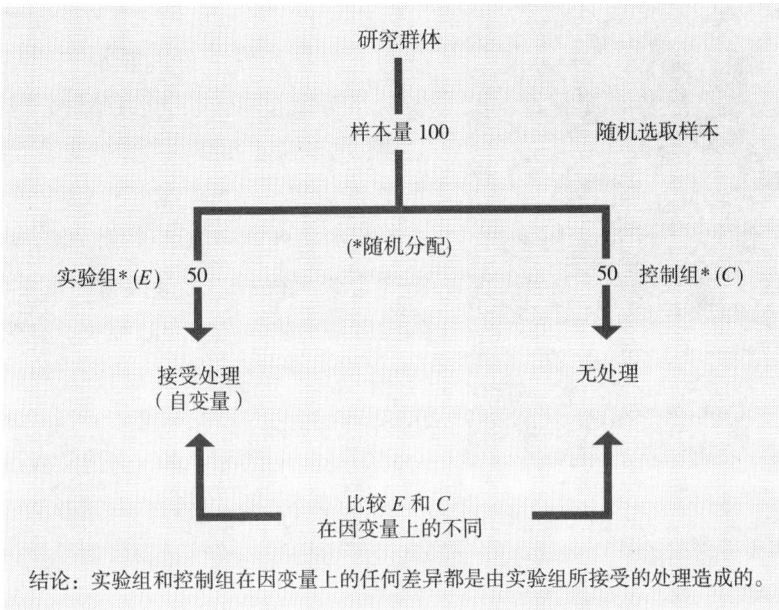

图 2-7
一个实验设计。该实验从要研究的群体中随机选取了被试样本，并将他们随机分配到实验组（E）和控制组（C）。实验组接受实验处理，控制组不接受实验处理。然后比较两组在因变量上的差异。研究者可以把两者的任何差异都归因于实验处理。

些实验，尤其是在医学研究中，会使用双盲程序，在研究中被试和实验者都不知道哪个组在接受处理，哪个组在接受无效的*安慰剂*。

一个研究小组（Whitehurst et al.，1988）想要查明*对话式阅读*，即年幼儿童阅读图画书的一种特殊方法，对儿童语言和词汇技能的影响。研究者比较了两组 21~35 个月的中产阶级儿童。在实验组中，父母采用新的出声阅读的方法（处理），这种方法鼓励儿童积极参与，并给予频繁的、与儿童年龄相称的反馈。在控制组中，父母仅是像原来那样出声阅读。一个月后，实验组儿童比控制组儿童的说话水平领先八个半月，在词汇上领先六个月；十个月后，实验组仍领先控制组六个月。据此可以直接得出结论：这种对话式出声阅读方法促进了语言和词汇技能。

这个研究中，阅读方式的类型是*自变量*，儿童的语言技能是*因变量*。**自变量**（independent variable）是那些由实验者直接控制的变量。**因变量**（dependent variable）是随着自变量的改变而改变或不变的变量。换句话说，因变量*依赖*于自变量。在实验中，研究者通过操纵自变量来观察自变量的改变如何影响因变量。

随机分配　如果实验在实验组和控制组间发现了显著的不同，我们如何确定是由自变量引起的呢——换句话说，即推论有效吗？例如，在出声阅读实验中，我们怎样确定是阅读方法而不是一些其他因素（如智力）引起了两组语言发展的不同？控制这些无关因素效果的最好方法是**随机分配**（random assignment）：分配被试的时候每个人有均等的机会被分到任何组中。（随机分配不同于随机选择，随机选择是指选取总样本。）

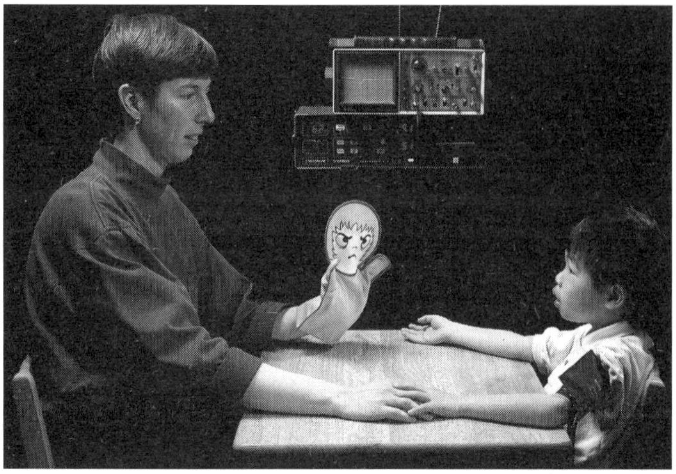

实验通过严格的控制程序来操纵变量，以考察一个变量怎样影响另一个变量。一项研究关注情绪复原力，这项研究在旧金山的加利福尼亚大学进行，当儿童解释他们对手偶快乐或生气表情的感受时，记录他们的心率和血压。

如果分配是随机的，且样本足够大，自变量之外的差异，例如年龄、性别、种族、智商和社会经济地位，会被平均分配在各组，这样，各组除了在要被检验的变量方面不同，其他各方面在开始时都尽可能一样。否则，两组间的额外差异会混淆或污染结果，实验结论会受到质疑。为了控制这些混淆因素，实验者必须确保在实验过程中，自变量以外的每件事情都保持不变。例如，在出声阅读实验中，实验组和控制组的父母必须用同样的时间为孩子朗读文章。当把实验被试随机分配到各处理组，并且仔细控制了除自变量以外的其他条件时，研究者就可以相当自信地认为，因果关系已经（没有）确立，即两组间阅读技巧的任何差异都是由阅读方法引起的，而非其他因素。

当然，对于有一些我们想研究的变量来说，如年龄、性别以及民族 / 种族，随机分配是不可能的。我们不能把泰雷尔归到 5 岁组，把布雷特归到 10 岁组，或者是认为一个是男孩另一个是女孩，或者一个是非裔美国人另一个是亚裔美国人。当研究这类变量时，例如，是男孩还是女孩在某些能力上更强，研究者可以通过随机选择被试和努力确保被试在其他可能导致实验差异的方面相当，以增强结论的有效性。

因为种族（见第 1 章）没有被广泛认可的含义，因此一些研究者认为心理学研究中不应把种族当做自变量，例如，种族间智力差异的研究。研究者可以使用隐藏在种族分类之下的有意义的变量作为替代，如社会经济地位和应试技巧（Helms，Jernigan，& Mascher，2005）。

实验室实验、田野实验和自然实验 为了确定因果关系而进行必要的控制，这在实验室实验中很容易做到。在实验室实验中，被试被带到一个特殊的场所，体验由实验者操纵的各种条件。研究者记录被试对这些条件的反应，可以比较被试自身在不同条件下的反应，或者是与其他被试的行为进行比较。

然而，不是所有的实验都能在实验室中进行。田野实验是一种在日常生活情境下进行的控制性研究，例如儿童的家庭和学校。父母尝试新的出声阅读方式的那个实验就是田野实验。

实验室实验和田野实验在两个重要方面有所不同。其一是由实验者实施的控制程度不同；另一个是研究结果可被推广到研究情境之外的程度不同。实验室实验有更加严格的控制，因此更容易被重复验证；然而，研究结果能被推广到实际生活中的普适性较差。因为情境的人为性，被试可能不会像平常那样反应。因此，如果实验室中较多观看暴力电视节目的儿童在那种情境下变得更具有攻击性，我们也不能确定在家中观看大量暴力电视节目的儿童会比观看此类节目较少的儿童更多地欺负弟弟或妹妹。

有时因为现实的或道德的因素，不可能进行真实验，这时自然实验可以作为研究某些事件的一种方式。自然实验比较那些因生活事件而恰巧“被分配”到不同组的人——一组儿童遭受了饥荒、艾滋病或有好的受教育机会，而另一组儿童没有。自然实验，尽管称之为实验，但它实际上是相关研究，因为它不能对变量进行控制性操纵和随机分组。

在一项自然研究中，研究者关心的是，北卡罗莱纳州印第安人居住地的一家赌场开业，部落成员收入增加，将会带来什么结果（Costello，Compton，Keeler，& Angold，2003）。研究发现，与处于同一地区，家庭收入没有增加的孩子相比，家庭收入增加的孩子的行为问题大大降低。然而，由于是相关研究，该研究不能说明收入的增加引起了心理健康。

控制性实验比其他研究设计有许多优势：能确立因果关系，可重复验证。然而这种实验过于人工化，关注点过于狭窄。因此，近几十年来，许多研究者已经较少采用实验室实验，或用其他方法对其进行补充。

考考你✓

你可以……

✓ 对比个案研究、人种志研究、相关研究和实验研究的价值和不足吗?

✓ 解释为什么只有受到控制的实验能确定因果关系吗?

✓ 区分实验室实验、田野实验和自然实验，并说明哪种研究最适合它们吗?

发展性研究设计

用来研究儿童发展的两种最常用的研究策略是横断研究和纵向研究（图 2-8）。横断研究表明不同年龄组间的相似和差异；纵向研究揭示随着儿童的成长，他们如何变化或保持不变。这两种研究设计都有其缺陷，所以研究者还设计出了序列设计。为了直接观察改变，研究者使用了微观发生学研究。

横断研究、纵向研究和序列研究

在**横断研究**（cross-sectional study）中，不同年龄阶段的儿童在同一时间被评估。在一项横断研究中，研究者询问 3 岁组、4 岁组、6 岁组和 7 岁组的儿童：那个看起来在沉思的女人正在做什么? 研究者发现随着年龄的增加，儿童对作为心理活动的思维的觉察能力显著增加（J.H.Flavell，Green，& Flavell，1995）。这些研究结果强有力地表明，随着儿童的成长，他们对心理过程的理解增强了。但是，我们不能肯定地得出这个结论。我们不知道那些能觉察心理活动的 7 岁儿童在 3 岁时是否和当前研究中的 3 岁组儿童是一样的。要想知道理解力是否随

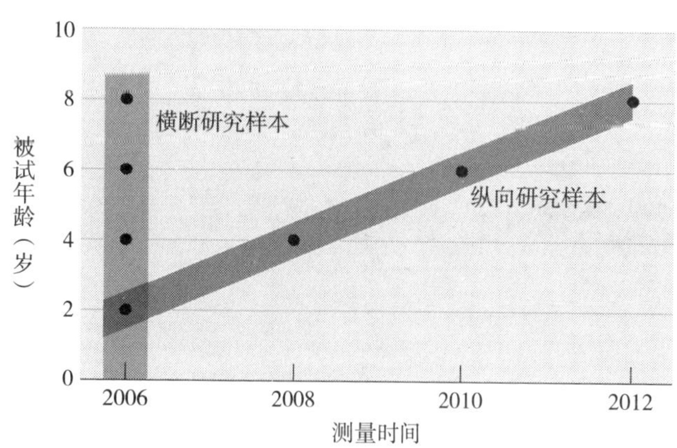

图 2–8

发展性研究设计。横断研究通过考察两岁组、4 岁组、6 岁组和 8 岁组的儿童来获取有关年龄差异的数据。在纵向研究中，2006 年对一组两岁的儿童进行首次测量，之后分别在 4 岁、6 岁和 8 岁时再次测量，以获取与年龄有关的改变。

年龄而改变只能对特定的个人或群体进行纵向研究。

在**纵向研究**（longitudinal study）中，研究者多次研究同一个或同一群儿童，有时会持续数年。研究者可能测量一个特征，如词汇量、身高或攻击性，或者是测量发展的几个方面来找到它们之间的关系。第一章提到的奥克兰（青少年）发展研究最初是为了研究青春期前到高中高年级这段时间社会性和情绪的发展；最终，许多被试被追踪到更大的年龄。研究发现，那些在青少年时表现出自信、聪慧和可信任特征的被试到青春期乃至成年早期时，在社会性和情绪上有良好的发展，这常常会带来好的机遇（奖学金、好工作和有能力的配偶）。那些在自信、聪慧和可信任特征上表现较差的青少年会作出较差的早期决定，并会导致危机四伏的生活（Clausen，1993）。

横断研究和纵向研究都有各自的优点和缺点（表 2-5）。横断研究的优点包括速度和经济性，能够从大量人中相当快地收集数据。横断研究的缺点在于关注群体平均状况而忽略了个体差异。然而，横断研究最主要的缺点是其结果可能受到时代差异的影响——生于不同时期的儿童有不同的经历，例如，出生在互联网出现前和出现后。横断研究有时可提供关于发展变化的信息，但是这些信息经常是错误的。因此，尽管横断研究仍占有优势——无疑，开展横断研究是如此容易——纵向研究的比例却在不断增加，尤其是短期的纵向研究。

重复研究同一个人的纵向研究能够追踪个人的连续性或变化的模式。然而，对一个群体的纵向研究结果可能不能应用到另一个群体中（对出生在 20 世纪 20 年代的儿童的研究结果，例如奥克兰发展研究）。而且，纵向研究一般比横断研究耗费更多时间和金钱；连续几年追踪被试，记录数据，即使有研究人员离开还要继续研究，这些都很困难。纵向研究还会有被试流失的问题，研究对象可能死亡、离开或退出。另外，纵向研究通常会有偏差；那些坚持留在研究中的人，其智商、社会经济地位一般要高于平均水平。纵向研究结果还会受到重复测量的影响，被试可能会因为对测量程序的熟悉，而在之后的测量中表现得更好。

表 2-5 纵向研究、横断研究和序列研究

研究类型	程 序	优 点	缺 点
纵向研究	在一段时间内，从同一个人或一群人那里收集数据。	能显示出与年龄有关的变化或连续性；避免混淆年龄和效应。	耗费大量时间和金钱；被试流失问题，样本偏差问题，以及重复测量效应；结果可能只适用于被研究的样本。
横断研究	同时从不同年龄的人中收集数据。	能够显示出不同年龄组间的相似和不同之处；快速、经济；不存在被试流失和重复验证方面的问题。	不能确定年龄效应；掩盖了个体差异；结果会被时代效应混淆。
序列研究	从连续的横断或纵向样本中收集数据。	能够避免横断研究和纵向研究设计的不足之处。	需要大量的时间和精力来分析非常复杂的数据。

序列研究（sequential study）——横断研究和 / 或纵向研究的序列——是一种复杂的设计策略，用来克服表 2-5 中列出的纵向研究和横断研究的缺点。研究者可以在序列中的两个或多个时间点评估横断样本，考察每个年龄组的变化。序列研究的程序允许研究者从群组效应中分离出与年龄有关的变化。另一种序列设计是纵向研究的序列，并行实施却是一个接一个开始。这种设计使研究者可以在发展变化的过程中对比个体差异。横断或纵向序列的结合（如图 2-9 所示）比单独使用纵向设计或横断设计能提供更加完整的发展景象。序列研究的主要缺点与时间、精力和复杂性有关。序列研究需要大量的被试，需要对几年内的大量数据进行收集和分析，而且其结果和结论的解释也高度复杂。

微观发生学研究

变化的发生通常是缓慢的，发展心理学家很少能在日常生活中直接观察到。但是，如果把该过程压缩在一个非常短的时间框架内呢？**微观发生学研究**（microgenetic study）正是这样做的。在一个较短的时间跨度内，被试重复面对能够引起改变的刺激或学习机会，研究者观察和分析改变发生的过程。维果斯基通过“微观发生学实验”观察在短时间的间隔中儿童的行为会有多少改进。

在一项操作性条件反射的系列实验中（Rovee-Collier & Boller，1995；见第 7 章），两个月的婴儿学习踢一个闪闪发亮的彩色物体，以使其运动起来，婴儿的一条腿被系在物体上面。婴儿几天或几周内都要不断面对相似的环境。基于此项研究，锡伦（Esther Thelen，1994）把 3 个月大的婴儿的左右腿用柔软的带有弹性的绳子拴住，他们能马上学会用两只腿踢物体，使其运动起来吗？研究者把婴儿的动作录了下来，包括踢的频率和速度，使用一条还是两条腿，然后借助计算机进行分析。当婴儿发现用两条腿更有效时，他就逐渐从一条腿踢转变成用两条腿来踢，观察者可以用图表精确呈现这一改变是怎样发生的，以及什么时候发生的。

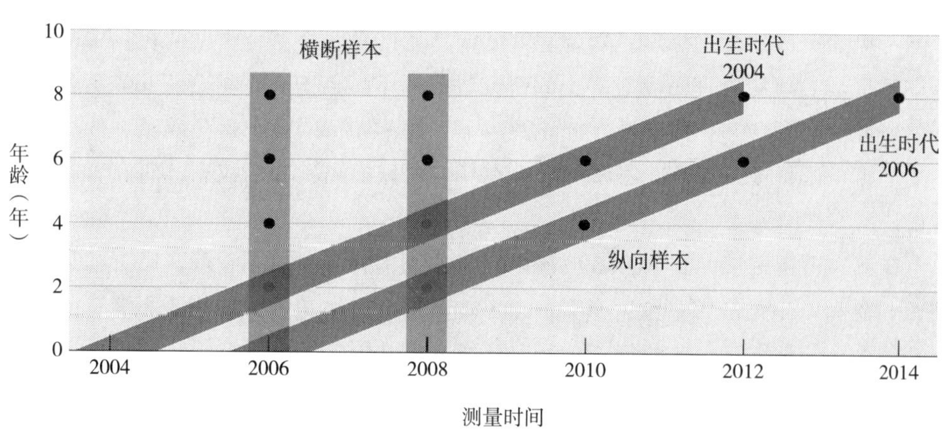

图 2–9

序列设计。分别在 2006 年和 2008 年对 2 岁、4 岁、6 岁和 8 岁横断组儿童进行测验。另外，在 2006 年对一个纵向研究小组的儿童进行测量，当时他们 2 岁。紧接着对另一组儿童进行相似的纵向研究，他们在 2008 年时 2 岁。

合作研究

纵观儿童发展领域的大部分历史，研究者都是在单个实验室或场所中独自或以小组形式进行研究。许多重要的进步都源于这种研究，但当前的趋势是扩大研究基础。

研究者通过各种方法分享和收集数据。一种是建立其他研究者可用的数据档案；另一种是元分析（meat-analysis），对多个研究结果的统计分析。还有一种越来越常用的方法是多个场所的多个研究者合作研究，有时会有政府或基金会的资金支持。合作研究模式能够对更多被试的发展进行追踪研究。它使更大规模、更有代表性的抽样成为可能；使纵向研究实施起来更加容易，不用再担心研究者的流失和枯竭对研究的影响；并允许不同理论的结合。

合作研究的一个例子将在第 8 章讨论，它由国家儿童健康和人类发展所（NICHD）主持，研究主题是早期儿童照料。另一个例子是计划中的国家儿童研究，是一项将要进行的儿童健康影响因素的研究。由美国健康和人类服务部门以及其他政府机构赞助，历时 21 年，在多个地区进行研究，将从那些还没想生孩子但到了生育年龄的夫妻开始，直到他们的孩子从胎儿发展成成人。

合作模式的一个困难是需要全体人员对研究的所有方面都达成共识，包括从最初的实验设计到报告的撰写。达成共识是一个麻烦的过程，可能需要各方面的妥协。更加灵活的单个研究者或单个研究场所更适合实验研究、新研究方法和方式的发展。

考考你 ✓

你可以……

- ✓ 列出纵向研究、横断研究和序列研究的优缺点吗?
- ✓ 解释微观发生学研究是怎样做的，以及这种研究能收集到什么样的数据吗?
- ✓ 论述合作研究的优缺点吗?

研究伦理

可能对被试造成伤害的研究可以进行吗？我们怎样平衡可能的研究收益和被试心理、情绪和身体损害的风险？

对“小埃尔伯特”研究（本章前面提到过）和许多其他早期研究的批评，导致了当下更加严厉的伦理标准。学院、大学或其他接受联邦基金资助的机构中的学术评审委员会必须从伦理角度对提交的研究进行评审。美国心理学会（2002）和儿童发展研究协会（1996）的指导方针涉及以下问题：知情同意、避免欺骗、保护被试不受伤害、维护被试尊严、隐私保密、在任何时候退出实验的权利，研究者有责任矫正任何不良结果。

在解决道德困境时，研究者应该以三条原则为指导：（1）善待，有责任最大化被试利益和最小化伤害；（2）尊重，为了被试的自主性和保护那些还不能自己作出判断的人；（3）公正，包含每个对研究环境的特殊影响敏感的群组。在评估风险和收益时，研究者应该对文化问题和价值观保持敏感（Fisher et al.，2002）。

对处于特殊发展阶段的特殊儿童来说，即使是那些看起来危害最小的研究也可能会带来巨大危害。一个迫切之需是形成一套标准确保研究中的处理与儿童年龄相适应。有伦理研究者（Thompson，1990）提出了基于研究的指导方针（表 2-6），在你读了本书其他相关章节后，你可能会对其有所评论。例如，婴儿和非常年幼的儿童应对研究情境带来压力的能力，很大程度上取决于父母或可信的照料者是否在场，是否身在熟悉的情境或程序以及熟悉的物体周边。

让我们详细看一些会导致问题的具体道德问题。

知情同意权

当被试自愿参与研究，有能力作出同意决定，意识到研究中的风险和收益，且未被剥夺权利时，知情同意才有意义。生物医学和行为研究的人类保护国际委员会（1978）建议，对 7 岁或 7 岁以上的儿童进行研究，应得到他们的同意，如果有任何孩子反对，研究就应该被驳回，除非研究对孩子有直接的好处。

然而，一些伦理研究者认为，年幼儿童不能给出有意义的自愿性同意，因为他们不能完全明白其中的意思。他们只能答应，即允诺参与。年幼儿童不能像成人一样理解自己正面临什么，以及正在作出是否参与的决定。因此，通常是，在儿童不满 18 岁时，需要先征得其父母或合法监护人的同意，有时是学校人员的同意。

你的观点？

如果在研究中使用欺骗，是否应获得知情同意？如果没有知情同意，是否意味着不应该做使用欺骗的研究？

避免欺骗

如果在研究本质或目的，或者是将要接受的研究程序方面欺骗被试，还存在知情同意吗？假设，儿童被告知他们正在玩一种新游戏，但实际上，却是在测试他们对成功或失败的反应，可以这样做吗？这类实验可以增加我们的知识，但却剥夺了被试的知情权。

表 2-6　儿童参与的研究中需要考虑的问题

年幼儿童在以下情况中尤其脆弱	年长儿童在以下情况中尤其脆弱
压力或不熟悉的环境	研究者明显的赞成或反对
父母或照料者的缺席	挫败感、对自尊的威胁
唤起不适当的羞愧、内疚或尴尬的情境	明显或暗含地与他人的对比
强迫、欺骗以及无理的要求	暗含的人种、种族或社会经济歧视 对隐私的威胁

资料来源：基于 Thompson 的研究，1990

伦理原则要求，仅当信息保密对研究必要时，才对信息保密。研究者应该避免那些引起痛苦、焦虑或伤害的方法。但研究者应该在研究结束后告知被试研究的真实目的，解释为什么欺骗是必需的，并确保他们不会受到损害。

自尊的权利

一些研究本身就包含了失败因素。研究者给出的任务越来越难，直到被试不能完成它们。这种不可避免的失败会影响被试的自我价值吗？同样，当研究者公布研究结果，指出中产阶级的儿童在学术成就上优于贫困儿童时，可能会无意中伤害了某些被试的自尊。尽管这些研究能为贫困儿童带来有益的干预，但它们也可能会影响老师的期望和学生的表现。

隐私权和保密

并不是所有的伦理问题都能够得到清晰的回答；一些回答取决于研究者的判断和顾忌。某些灰色地带的主题涉及被试在访谈或问卷中提到的隐私和个人信息问题，这时就需要保护这些个人信息和隐私。

在研究过程中，如果研究者怀疑某个儿童有学习障碍或一些其他可治疗的病症，怎么办？研究者应该告诉家长或监护人这些信息，或者推荐能够治疗的服务机构吗？如果这样的话，可能会造成研究结果的污染。这个决定不能轻易作出，不确定的情况下分享信息可能对孩子不利，造成对孩子的伤害。然而，研究者需要知道，作为研究者，有责任告知被试他们意识到的研究可能存在的虐待、怠慢或其他任何不合法行为。

考考你 ✓

你可以……

- ✓ 指出在研究中决定被试的三条原则吗？
- ✓ 论述研究被试的四项权利吗？
- ✓ 举例说明儿童的发展性需要应该在研究中加以考虑吗？

再次聚焦

在本章开始给出了玛格丽特·米德的例子，基于这些信息：

- 你认为，米德将如何看待遗传、环境和成熟的相对影响问题？
- 米德符合在本章讨论的五个理论观点中的哪一个？
- 她使用过本章介绍的什么研究方法？
- 她的研究是在田野而非实验室中实施，会存在哪些优点和不足？
- 诸如米德这样的跨文化研究可能与哪些道德问题相关？

在这些导论性的章节即将结束之际，我们需要强调的是，这本书远远不是终点。尽管作者尽力把关于儿童如何发展的最重要和最新的知识囊括进本书中，但发展心理学家们又会不断研究出新知识。当你在读本书时，你肯定会遇到这些问题。通过思考这些问题并最终采用研究来回答这些问题，可能你现在就已在着手儿童发展研究，在将来的某一天，你可能会丰富我们对自己这个有趣物种的认识。

小　结

基本理论性问题

学习向导 1 理论是为什么服务的，发展理论家在哪两个基本问题上不一致？

- 理论是用来组织和解释数据，以及产生可被研究检验的假设。
- 发展理论家在两个基本问题上有所不同：发展的主动性或被动性，以及发展阶段是否存在。
- 一些理论家赞同发展的机械论模型，另一些赞同发展的机体论模型。

理论观点

学习向导 2 关于儿童发展的五个理论观点是什么，每一个观点有哪些代表理论？

- 精神分析观点把发展看成是受无意识情绪驱力和冲突驱动的。首要的例子是弗洛伊德和埃里克森的理论。
- 学习理论把发展看成基于经验的学习结果。主要的代表是华生和斯金纳的行为主义，以及班杜拉的社会学习（社会认知）理论。
- 认知理论关注思维过程。主要是皮亚杰的认知阶段理论、维果斯基的社会文化理论、信息加工取向和新皮亚杰理论。
- 情境理论关注个体和社会背景的相互作用。主要是布朗芬布伦纳的生物生态学理论。
- 由威尔逊提出的进化 / 社会生物理论部分基于达尔文的进化论，进化 / 社会生物理论描述了促进生存的适应性行为。有代表性的是鲍尔比的依恋理论。

研究方法

学习向导 3 发展心理学家如何研究儿童，每种研究方法的优势和不足是什么？

- 研究可以是定量的、定性的，或两者兼而有之。
- 为得出合理的结论，定量研究者使用科学的方法。
- 研究样本的随机选择可以保证研究结果的普遍推广。
- 收集数据的三种方法是自我报告、观察和行为或表现测量。
- 在发展研究中，两种基本的定性研究设计是个案研究和人种志研究。横断研究能指出发展的某个方面是普遍的还是受文化影响的。
- 定量设计的两种模式是相关研究和实验。只有实验能够真正确立因果关系。
- 为了保证研究的有效性和可重复性，实验必须进行严格地控制。被试的随机分配能保证研究的有效性。
- 实验室实验最容易控制和进行重复，但是田野实验的研究结果具有更大的可推广性。可以在真实验缺乏现实性或是不道德的情况下使用自然实验。
- 用于研究与年龄相关的发展问题的两种最常用的研究设计是纵向研究和横断研究。横断研究对比各年龄组；纵向研究描述同一组被试的连续性或改变。序列研究可以克服这两种研究设计的缺陷。微观发生学研究能够在较短的一段时间内直接观察改变。

研究伦理

学习向导 4 儿童发展研究可能会遇到哪些伦理问题？

- 研究者基于善待、尊重和公正的原则解决伦理问题。
- 儿童发展研究中的伦理问题包括被试的知情同意权、避免欺骗、保护免受尊严或自尊的伤害或损失，以及关于隐私和保密的保证。
- 在设计实验时应该考虑儿童的发展需要和文化差异。

第二编

人之初

第 3 章

孕育新生命

- 通过正常受精或其他方法怀孕。
- 遗传因素与环境因素的共同作用始于生命之初。

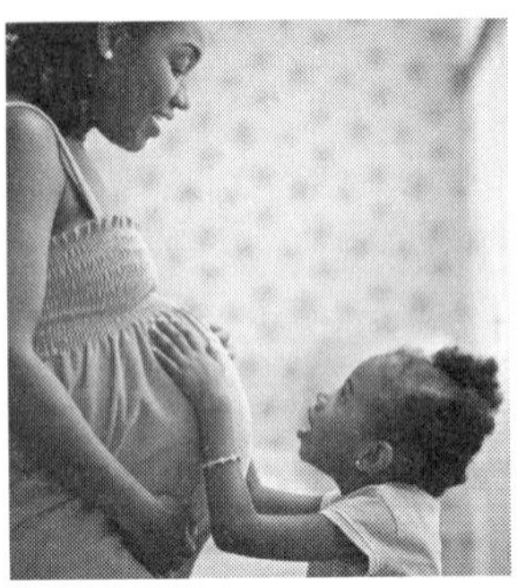

第 4 章

怀孕与产前发育

- 基本的身体结构和器官形成。
- 脑生长突发开始。
- 一生中身体发育最快的时期。
- 学习能力、记忆能力以及对感官刺激的反应开始发展。
- 胎儿对母亲的声音做出反应，并表现出自己的喜好。
- 非常容易受到环境的影响。

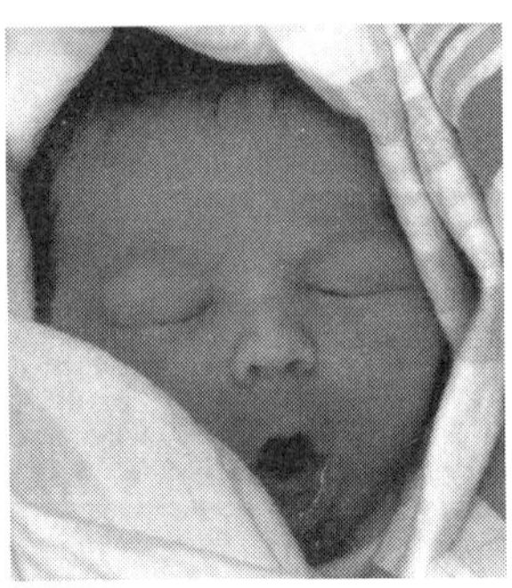

第 5 章

分娩与新生儿

- 有多种分娩方法和设备可供选择，分娩过程可以监控。
- 新生儿出生后需要立即接受健康、发育状态和所有出生并发症的检查。
- 出生后，所有的身体系统在某种程度上都开始运行。

人之初

婴儿呱呱坠地时，就已经拥有了一段不平常的经历。在这段早期经历中，其中一部分早在受孕之前就已经开始了，那便是遗传的天赋。还有一部分是环境，新生命待在子宫的九个月里，会受到很多事件的影响。在这个小生命逐渐由单个细胞成长为婴儿的过程中，遗传因素和环境因素都会影响它的发育。到出生时，它已成为一个完整的人，不仅仅性别不同，大小、气质、外貌和经历都有很大区别。

从受孕到出生后头几个月所发生的变化是如此迅速和广泛，一个人在今后的生活中再也不会经历这样的变化了。尽管这些最初的变化看起来主要体现在生理方面，但是他们会影响其他方面的发育。比如，出生前后脑部的生理发育使认知和情感能力的迅速发展成为可能。

在第二编中，我们将关注人生最早阶段的发育状况。第 3 章主要研究两大影响因素：遗传和环境，在这两大因素的共同作用下，每个孩子都成长为独特的个体。第 4 章将考虑胎内环境的影响。第 5 章重点描述生育过程以及这个刚刚进入儿童世界的小旅行者。

寻找联系

- 生物、心理、社会、经济和文化因素共同塑造了怀孕期的发育。
- 家庭的社会经济地位以及其他的社会文化环境会影响产前护理的质量，进而影响新生儿的健康。
- 许多准妈妈不仅担心自己的情绪和社交对孩子出生环境的影响，她们同样为医疗检查而忧虑。
- 降低出生并发症的保护性因素包括一个温暖及支持性的家庭，以及在学校、工作单位或做礼拜地方的有益经验。

3

孕育新生命

一个细胞，就是一颗奇异的种子；
长出一株植物，一只动物，或者一个灵魂；
按其本性，永久不息……

——摘自威廉·埃勒里·伦纳德《两个生命》(1925 年)

人物聚焦　路易丝·布朗：第一个“试管婴儿”*

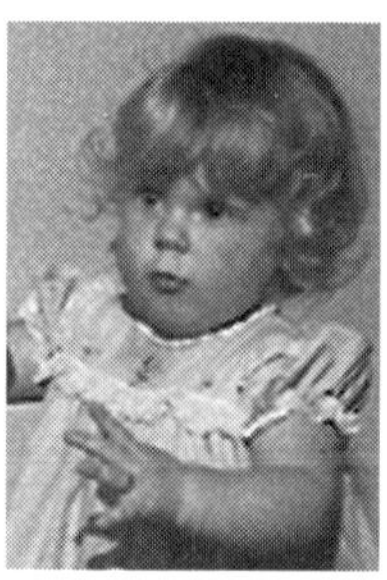

路易丝·布朗

作家阿尔道斯·赫胥黎早在 1932 就预测：人类生命将在实验室中得以创造。就像其小说《美丽新世界》中所描述的那样，将一直在试管中孵化的女性卵细胞放入装有男性精子的培养皿中完成受精，进而成为完美的人。赫胥黎预测“美丽新世界”发生在 600 年后，然而仅仅过了 46 年，通过试管受精或体外受精而孕育的生命就已经成为现实。

路易丝·布朗是全世界第一个被记载的“试管婴儿”，她于 1978 年 7 月 25 日出生在英格兰西北部一个古老的纺织小镇——奥德姆的一座四层红砖医院里。她并非在试管中孕育，而是从她 30 岁的母亲莱斯莉·布朗体中取出一个成熟卵子，将其放置到一个盛有她 38 岁的父亲约翰·布朗的精子的浅玻璃器皿中。两天后，这个单细胞生命体分裂成为 8 个细胞的胚胎，并被植入莱斯莉的子宫内。

根据他们自己的描述，直到这件事发生之前，莱斯莉和她的丈夫——约翰，一名英国铁路系统的卡车司机——是生活在布里斯托尔廉租房里的一对普通夫妇。虽然他们一直在抚养约翰与前妻的 17 岁的女儿，但还是非常希望能够拥有两人共同的孩子。经过七年的努力，仍然没有成功怀孕，他们便求助于当时还处于实验阶段的试管方法。布朗夫妇的愿望最终得以实现，并且使妇科医生帕特里克·斯特普托

* 资料来源：关于路易丝·布朗的信息源于Barthel，1982；Daley，2003；Faltermayer et al.，1996；“第一个试管婴儿”，1978；国际监测辅助生殖技术委员会（ICMART），2006；Lawson，1993；“路易丝·布朗，”1984；“路易丝·布朗，”1994；“试管婴儿，”1978；and Van Dyck，1995。

和剑桥大学的生理学家罗伯特·爱德华兹长达十年的辛苦研究取得了成功。其结果远不只是一个婴儿那么简单，斯特普托和爱德华兹的工作使医学出现了一个新的分枝：辅助生育技术。

当莱斯莉和约翰·布朗还在等待结果的时候，报纸已经开始大肆宣传，通栏大字标题将她称为“奇迹婴儿”和“世纪之婴”。尽管当事人当时想极力保密此事，消息还是不胫而走。成群的报纸和电视记者从世界各地蜂拥而来，将医院围了个水泄不通，有些人后来干脆在布朗家门前的草坪上扎起了宿营帐篷。

路易丝的降生引发了一场关于篡改自然的道德含义的大辩论，以及将来出现众多育婴院和生殖技术的可能性，这些技术能够修改甚至根据用户的要求设计生殖的“产品”。更多的人则担心母亲和婴儿可能遇到的危险。如果婴儿天生严重畸型怎么办？在实验室中孕育的婴儿能过上和普通人一样的生活吗？

与大多数孕妇相比，莱斯莉接受的检查和监控要更多，并且为了防止意外情况的发生，她孕期的最后三个月是在医院度过的。分娩比预产期提前了约两周。由于莱斯莉染上了血毒症（败血症），并且胎儿的体重比较轻，所以医生选择了剖腹产。整个分娩过程进行得很顺利，没有出现其他并发症。

在大家看来这个新出生的婴儿非常正常，蓝色的眼睛，金色的头发，重 5 斤多，出生时的哭声强壮有力。路易丝的父亲说道“她和其他小女孩没有任何区别”，“我们只是帮了大自然一个小忙”。

在路易丝四岁生日的时候，她有了一个“试管”妹妹——纳塔莉，后者出生于 1982 年 6 月 14 日。莱斯莉和约翰拿出访谈、书和电影版权赚取的一部分钱买了一所不大的房子，其余的则留给了孩子们。

虽然在出生时得到了广泛关注，但路易丝·布朗过着平凡的生活。在她 25 岁生日的时候，1000 多名试管婴儿聚集在一起为她庆生，他们代表了全世界 300 多万通过试管婴儿技术诞生的孩子。布朗和一名银行保安员订了婚，并将不日完婚，但是她说他们还没有生宝宝的计划，只希望被当做“正常人”一样看待。她的妹妹纳塔莉已经有了两个孩子，并且都是自然生产。2007 年 1 月，28 岁的路易丝生下了一个自然受孕的男孩。

• • •

是什么使路易丝·布朗得以成人？像其他孩子一样，她源于父母的遗传基因。例如，她拥有父亲健壮的体型，宽阔的前额，丰满的脸颊，以及母亲翘起的鼻子，曲线的嘴唇，还有急躁的脾气。路易丝同样受到了许多环境因素的影响，从那个著名的实验室器皿到对她身世有着极大兴趣的公众。在上学之前，她比同龄孩子的思想更成熟，非常顽皮淘气，被父母溺爱。十几岁时，她和许多同学一样，喜欢游泳和骑马，耳朵上戴着金黄色的耳环，看 MTV，迷恋演员汤姆·克鲁斯。

大多数孩子并不会受到公众关注，尤其是在出生时；但是每个孩子都是遗传因素和环境共同作用下的独一无二的产物，从父母决定塑造一个新生命开始。在本章，我们将首先研究如何孕育生命，包括正常妊娠或其他辅助方法，其中很多辅助方法是在路易丝·布朗出生以后出现的。然后，我们将分析遗传（影响发育的遗传因素）的机制和模式，以及遗传咨询在帮助年轻夫妇决定成为父母时发挥了什么样的作用。最后我们将向大家展示遗传因素和环境如何共同起作用，以及如何研究它们对发育的影响。

在你阅读和学习本章之后，你应当能够回答下一页的“学习向导”中的每个问题。回顾章节末尾的小结，可以检验你对这些“学习向导”的理解。贯穿章节始终的“考考你”可以核实你对阅读内容的理解。

学习向导

1. 正常怀孕是如何发生的，怀孕的观念是如何变化的?
2. 哪些因素导致不孕，成为父母的其他方法有哪些?
3. 哪些遗传机制决定性别，身体外貌以及其他特征?
4. 出生时的缺陷和障碍是如何发生的?
5. 科学家如何研究遗传和环境的相对影响，它们是如何共同发挥作用的?
6. 遗传和环境在生理健康、智力和人格等方面起着什么作用?

成为父母：怀孕如何发生

对一个孩子来说，父母怀孕的时机和环境方面的不同可能会产生截然不同的结果。根据布朗芬布伦纳的生物生态学理论（参见第 2 章），孩子的出生是计划之中还是纯属意外，怀孕是梦寐以求还是避之不及，是正常怀孕还是采用特别手段，父母是未婚先孕还是婚后产子，是异性相恋还是同性相恋，生养孩子时是正值青春还是人到中年，这些全都属于*微系统*问题。本地文化是崇尚大家庭还是偏爱小家庭，是重男轻女、重女轻男抑或男女平等，文化能为有孩子的家庭提供多少支持，这些则属于可能影响孩子发育和发展的*宏系统*问题。

在整本书中，我们都在探寻此类相关问题。现在，让我们一起看看怀孕的过程，以及不能正常怀孕的夫妇可以有哪些选择。

不断变化的妊娠理论

目前，在西方发达国家，大多数成年人，甚至大多数儿童都对婴儿如何来到这个世界上有准确合理的认识。然而，仅仅在几十年前，很多父母会告诉孩子说他们是由一只鹳鸟带来的。直到 20 世纪初期，北欧和中欧的一些国家还盛传着孩子是从水井、泉水或岩石中出来的说法。人们一度认为怀孕受到宇宙力量的影响，在上弦月时怀孕产下的婴儿将会是男孩，而在下弦月时怀孕产下的婴儿将会是女孩（Gélis，1991）。

有关妊娠的理论在远古时期就已经出现了。被称为医药之父的古希腊医师希波克拉底认为胎儿来自于男性和女性种子的结合。古希腊哲学家亚里士多德则持有相反的观点，他认为“女性只是起到了容器的作用，婴儿仅仅是由精子产生的”（Fontanel & d'Harcourt，1997，p.10）。根据亚里士多德的理论，产下男孩属于正常的自然规律，而只有当自然发展秩序被扰乱的时候才会有女孩出生。

在 17~19 世纪，两个生物学派之间进行了激烈的大辩论。继承了亚里士多德理论的*微动物论者*（因男性精子又被称为微动物而得名，又称*精源论者*）认为，精子的头部包含“小人”完整的构造，当它们在子宫内遇到合适的环境时便开始生长。*卵源论者*受英国医师威廉·哈维研究成果的影响，持有完全相反但同样荒谬的观点：女性的卵巢内包含极小但已经成形的人，当遇到男性精子时他们便会被激活而开始生长。最终，直至 18 世纪晚期，德国解剖学家沃尔夫才证明了胚胎并不是由父母中的某一方单独提供的，双方对新生命的产生所做的贡献是相等的。

受精如何发生

受精（fertilization），或称受孕，是指精子与卵子（男性和女性的配子或性细胞）结合形成一个单细胞——**受精卵**（zygote），受精卵通过细胞分裂不停地复制自身直至变成一个婴儿。但是受孕并不像听起来那样简单。许多独立事件需要保持一致才能成功受孕。并且，并非所有的受孕都能成功分娩，具体内容我们将在下一章讨论。

出生时，每个女孩有大约 200 万个不成熟的卵细胞贮藏在两个卵巢内，每个卵细胞都有自己的卵泡。性成熟之后，女性便开始排卵——两个卵巢的成熟卵泡发生破裂，并且释放出其中的卵子，这个过程大约每 28 天发生一次，一直到绝经期。卵细胞在微小绒毛细胞纤毛的摆动作用下，通过输卵管到达子宫。

精子由精囊（睾丸）或生殖腺产生，成年男性每天可以产生几百万个精子，然后在达到性高潮时随着精液射出。它们进入阴道并努力游过子宫颈（子宫的出口），进一步到达输卵管，但是只有很少一部分精子能够完成这段旅程。

当卵子正在通过输卵管的时候，受精便会发生。和之前的一些观点不同，6 天的“受孕期”可能在月经周期第 6 天到第 21 天的任何时间内发生，并且很难预知，即使对那些月经周期很规律的女性来说也是如此（Wilcox，Dunson，& Baird，2000）。如果受精没有发生，精子将被女性体内的白细胞吸收，卵细胞则穿过子宫，之后通过阴道排出。

考考你 ✓

你可以……

✓ 对关于怀孕的历史观点和科学观点进行比较?

✓ 解释正常受精何时以及如何发生?

不　孕

据估计，有 7% 的美国夫妇受到**不孕不育症**（infertility）的困扰，即在准备怀孕 12 个月后仍然不能够怀孕（疾病控制与预防中心［CDC］，2005a；Wright，Chang，Jeng，& Macaluso，2006）。女性的生殖能力在接近 30 岁的时候便开始下降，30 岁之后持续下降。男性的生殖能力受年龄的影响较小，但是在接近 40 岁时也会出现明显的下降（Dunson，Colombo，& Baird，2002）。

不孕的原因

不孕并非是一项新课题。很早以前，为了提高生育能力，古代的医生会建议男性多吃茴香，女性喝羔羊的唾液，戴蚯蚓制作的项链。而且建议在性生活之后，女性应保持双腿交叉且平躺的姿势，并应该“避免生气”（Fontanel & d'Harcourt，1997，p.10）。到了文艺复兴时期，促进怀孕的食谱上又增加了雏鸽和麻雀，以及鸡冠和牛鞭。在17世纪早期，法国王后玛丽·德·梅狄奇的接生婆路易丝·布尔茹瓦提出用白葡萄酒煮甘菊、锦葵、墨角兰和樟脑草的水冲洗阴道。

现在我们已经知道，对男性而言，导致不孕的最普遍原因是精子产量太少。虽然最终让卵细胞受孕只需要一个精子，但是每次射精的精子数量低于6千万至2亿是不可能怀孕的。有些情况是由于输精管堵塞阻碍了精子出口，或者精子活力不足无法游过子宫颈。而还有一些男性不育的原因似乎和遗传因素有关（King，1996；Reijo，Alagappan，Patrizio，& Page，1996；Phillips，1998）。

对女性而言，不孕的原因可能是无法产生卵子或产生的卵子不正常；子宫颈的粘液可能会阻止精子穿过；或者子宫内膜疾病使受精卵无法植入。女性30岁后生殖能力下降的主要原因是卵子质量的下降（van Noord-Zaadstra et al.，1991）。然而，最主要的原因则是：输卵管阻塞妨碍卵子到达子宫。在出现这种情况的人中，有一半阻塞是由性传染病带来的疤痕组织引起的（King，1996）。表3-1列出了男性和女性不孕不育症的主要原因及治疗方法。

不孕症可能会给婚姻带来压力。伴侣可能会因此感到沮丧，对自己或配偶发脾气，并可能感到空虚、无助和抑郁（Abbey，Andrews，& Halman，1992；Jones & Toner，1993）。然而，只有当不孕症导致永久的、非自愿的无子女时，才可能导致长期心理问题（McQuillan，Greil，White，& Jacob，2003）。

不孕症的治疗方法

有时激素治疗、药物疗法或外科手术可以解决问题。然而，生育药物会增加怀多胞胎的可能性，并增大了分娩的危险性（专栏3.1）。同样，接受不孕治疗的男性，精子出现染色体异常的比例很高（Levron et al.，1998）。日常服用生化辅酶Q10（一种抗氧化剂）可以帮助提高精子活力（Balercia et al.，2004）。

夫妻结婚一年后仍然没有怀孕的话也不必急于寻求治疗。除非有确定的不孕原因，在18个月到2年这段时间内怀孕的成功率还是很高的（Dunson，2002）。然而，一年后或经过更多尝试后才成功的怀孕者（即使没有经过治疗）需要严密的监控，因为她们很有可能早产、婴儿体重过轻以及需要剖腹产（Basso & Baird，2003）。

人类很少因为遇到挫折便放弃长久以来的希望，因此，很多患有不孕症但却想要孩子的夫妇，比如莱斯莉和约翰·布朗，热切地接受了绕过正常生理过程的技术。还有一些人则选择了更传统的收养方式来拥有孩子（我们将在第14章讨论）。

表 3-1 男性和女性不孕的主要原因

状 况	解释说明	治疗方法
男性不孕原因		
精子生成障碍或活力不足	精子异常或活力不足。 精子生成不足或不能生成精子。 隐睾症。 阴囊静脉曲张。 睾丸激素分泌不足。 克氏综合征。 性传播疾病。	提高生育能力的药物。 手术清除静脉曲张或其他阻塞。 接受精子捐赠，进行人工授精。 将精子直接注入卵细胞。
精子无法到达阴道	性功能障碍，包括阳萎、早泄和性交疼痛。 身体问题，包括无法生成精子，输精管阻塞或其他结构缺陷，以及体内有减弱或使精子活力丧失的抗体。	性功能障碍可以通过药物或行为疗法进行治疗。 身体问题可以通过手术治疗。 辅助生育技术包括试管婴儿、电刺激射精或手术取精（如果存在阻塞的话）。
年龄	男性一般在35岁以后，生育能力开始逐渐下降。	
健康或生活方式问题	情绪压力、营养不良、肥胖症、过度饮酒、吸食毒品、吸烟成瘾、癌症治疗、严重外伤、外科手术和其他有可能降低精子生产能力的药物。	避免不健康的生活方式。
女性不孕原因		
输卵管损伤或阻塞	最常见的原因：受衣原体感染（一种性传染疾病）导致输卵管发炎；输卵管疤痕性损伤可能使受精卵无法通过输卵管在子宫着床，而导致宫外孕。 其他原因：良性子宫纤维瘤和骨盆感染、阑尾炎、盆腔或腹腔手术引起的骨盆粘连（疤痕组织形成的连接）。	腹腔镜手术修复或打开输卵管；试管婴儿。
子宫内膜异位	子宫内膜组织出现在子宫以外的其他部位而引起的结疤和感染，会阻止卵细胞向输卵管的传送并引起下腹疼痛。卵巢囊肿。	排卵疗法（利用药物刺激排卵）或试管婴儿。
排卵障碍	阻止成熟卵子排出卵巢。具体原因包括：内分泌失调、视丘下部或脑下垂体损伤、垂体瘤或运动过多以及饮食障碍。	生育药物。
多囊性卵巢综合征	雄性荷尔蒙的过多分泌会抑制卵细胞的成熟。常见症状为月经失调或不来月经；下颚、上唇或腹部多毛；痤疮；皮肤多油。	生育药物，克罗米酚效果尤为明显。
过早停经	35岁前卵巢功能丧失可能是由自身免疫性疾病、甲状腺机能减退（甲状腺激素分泌过少）、治疗癌症所用的放射和化学疗法或者吸烟引起的。	利用捐赠卵子进行体外受孕。

资源来源：来自于爱尔兰梅奥诊所（2005）。

日常生活

专栏 3.1　多胞胎是如何出现的？

怀三胞胎或多胞胎的现象变得越来越普遍，一部分原因是由于人们现在做妈妈的年龄越来越大，以及生育药和辅助生育技术的应用。

劳里和她的丈夫史蒂夫有四个孩子，最大的10岁，最小的4岁。他们中没有双胞胎或多胞胎。所以当一次早期超声波测试显示劳里（40岁）第五次怀的是一对双胞胎时，她和史蒡夫都大吃一惊。他们意识到，劳里证明了有一个因素可能引起多胞胎，那就是高产龄。

多胞胎的产生有两种方式，劳里这种情况属于最常见的一种，女性卵巢在很短的时间内一次释放两个卵子（或者有时一个未受精的卵子分裂成两个），然后都受精成功。这样的孩子属于**二卵双生**，又常被称为**异卵双生子**。较少出现的情况是一个受精卵分裂成两个。这种细胞分裂产下的孩子属于**单卵双生**，又常被称为**同卵双生子**。三胞胎、四胞胎甚至更多都属于这两种情况之一，或者两种情况的结合。

单卵双生子有相同的遗传结构和相同的性别，但是他们在某些方面也会表现出不同。他们的性情、脾气可能会不一样。在一些身体特征方面，例如头发旋向、牙齿类型和左右手习惯，双胞胎之间常常像对方的镜像一样，一个可能是左利手，而另一个则是右利手。此外，单卵双生子之间的差异可能会随着年龄的增长而变大，尤其是他们分开生活的话。这些差异可能来自于怀孕之后随即出现的染色体组化学改变，也可能源自于随后的经历或环境因素，比如吸烟或接触其他污染物质（Fraga et al., 2005）。

二卵双生子由不同的精子细胞和卵子细胞形成，所以在遗传构成方面，他们之间的相似与普通的同胞相差不大。他们的性别可能相同，也可能不同，就像劳里的孩子那样。二卵双生子往往在家族内部流行（虽然劳里的情况并非如此），因此可能有基因方面的原因，而单卵双生则往往只是偶然（Martin & Montgomery，2002；National Center for Health Statistics [NCHS]，1999）。生双胞胎的倾向往往遗传自母亲；因此，当二卵双生子隔代出现时，可能是因为母亲的孩子都是男孩，无法遗传这种倾向（NCHS，1999）。出现双胞胎的机率也受饮

成为父母的其他途径

自从1978年路易丝·布朗出生以来，全世界已经有超过300万的孩子通过辅助生殖技术（ART）降生到这个世界（Reaney，2006；ICMART，2006）。2003年，35785名美国妇女在新医学技术的帮助下成功分娩，共产下48756名婴儿，占当年美国新生儿总数的1%以上（Wright，Chang，Jeng，& Macaluso，2006；图3-1）。

莱斯莉采用的试管受精方法（IVF）是辅助生殖程序中最普遍的一种方法，这种

食的影响；素食主义女性生双胞胎的比例只是在日常饮食中包含乳制品的女性的五分之一（Steinman，2006）。

单卵双生子的机率（平均每1000名婴儿中大约有4名双胞胎）与地区和时间无关，一直保持稳定，但是二卵双生子这种更常见的类型却有所不同（Martin & Montgomery，2002；NCHS，1999）。比如，西非和非裔美国妇女生育二卵双生子的机率比白人高，而白人生育二卵双生子的机率又比中国或日本女性高（Martin & Montgomery，2002）。

在美国，二卵双生子和多胞胎的比例出现了迅速增长。在1980~2004年间，双胞胎的出生率增长了70%，由原来的每1000个孩子19个双胞胎到现在的32.2个。2004年，所有的双胞胎、三胞胎和其他多胞胎占出生总数的3.4%（Martin，Hamilton，et al.，2006）。多胞胎比例迅速增长的两个相关原因是：(1)女性的生育年龄越来越大；(2)刺激排卵作用的生育药以及诸如试管婴儿等辅助生育技术得到更多使用，越来越多的大龄女性采用试管婴儿技术（Hoyert et al.，2006；Martin et al.，2005）。

多胞胎的激增，尤其是三胞胎和更多，得到了越来越多的关注，因为这样的生育往往伴随着更多危险：怀孕并发症，早产，低体重婴儿，先天缺陷或死产（Hoyert et al.，2006；Jain，Missmer，& Hornstein，2004；Martin et al.，2003；Martin，Hamilton，et al.，2005；Wright，Schieve，Reynolds，& Jeng，2003）。除此以外，三胞胎出生后头两年出现认知发展滞后的风险更高。对23组三胞胎、双胞胎和独生儿的对比研究发现，三胞胎在6个月、12个月和24个月时的智力发展水平测试中的得分均为最低。出现这种情况的原因似乎与三个孩子无法同时得到及时、周到的照顾有关（Feldman & Eidelman，2005）。可能正是出于这种担忧，在1997~2001年间，使用3个或更多胚胎进行人工辅助生育的比例出现了下降，而三胞胎和更多胞胎的出生比例，自1980年来翻两番以后，也开始出现了小幅度的回落（Martin，Hamilton，et al.，2006）。

你的观点?

- 你想生双胞胎或更多胞胎吗?
- 如果你是双胞胎或更多胞胎之一，这种经历对你产生了什么样的影响?

看过来!

获取更多关于多胞胎怀孕和抚养双胞胎、三胞胎和更多胞胎的信息，请登陆 http：//www.parents.com/parents/category.jsp?categoryid=/templatedata/ab/category/data/AB25.xml。文章涉及哺乳、坐便训练和同胞竞争等各种问题。

方法需要女性服用生育药物以提高卵子的产量。然后，通过手术将一个或多个成熟的卵子取出，放在实验室器皿里使其受精，并植入女性的子宫。为了提高受精的成功率，通常会用5万~10万个精子。为了增加怀孕的机会，数个受精卵会被同时植入子宫。正如我们提到的，这个过程同样增加了多胞胎及早产的可能性，可能是双胞胎、三胞胎甚至更多。2003年，美国16%的双胞胎和44%的多胞胎来自于辅助生殖技术（Wright et al.，2006）。

一项更新的技术试管培育（IVM）技术需要在月经周期的早期便开始运作，那

图 3–1

在美国，1996~ 2003 年间使用辅助生育技术（ART）的比例逐渐增长。

资料来源：CDC，2005a

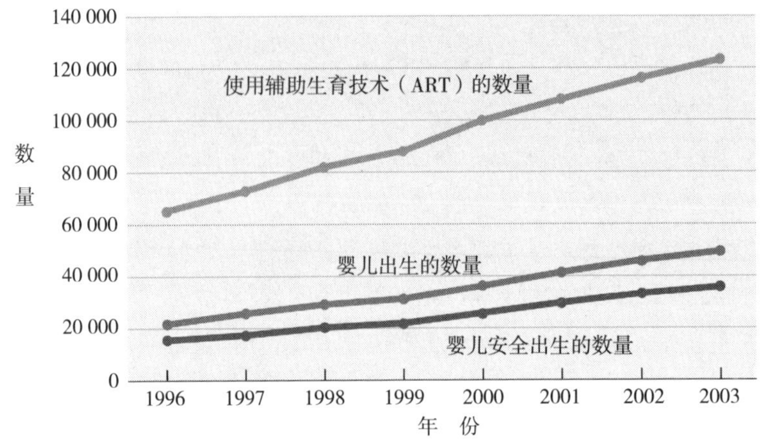

时体内大约有 30~50 个卵泡正在同时发育。通常来说，这些卵子之中只有一个能够成熟。在排卵之前将大量的卵泡囊收集起来，然后让它们在实验室里成熟，这样就可以避免激素注射，并且减少出现多胞胎的可能性（Duenwald，2003）。

IVF 同样可以治疗严重的男性不育。单个精子可以被注入到卵子中，该技术被称为单精子卵浆内注射（ICSI）。这项技术现在被用于大多数试管受精过程中（Van Voorhis，2007）。

人工授精是指将精子注入到女性的阴道、子宫颈或子宫中。当男性的精子数量较少时可以尝试用这种方法来帮助怀孕。几次射精的精子可以放在一起一次性注入。因此通过这种方法，不能怀孕的夫妇也可以有自己的孩子。如果是男方不孕，夫妇双方可以选择的方法有接受捐赠者的人工授精（AID）。如果是女方不明原因的不孕，那么通过刺激卵巢产出多个卵子，并将精液直接注入子宫可以极大地提高受孕的成功率（Guzick et al.，1999）。

虽然自 1978 年以来辅助生育的成功率已经得到了很大提升（Duenwald，2003），然而，2003 年 122872 名尝试辅助生育的美国妇女中，只有 84% 进入到胚胎移植阶段，并且只有 35% 最终成功产下婴儿（Wright et al.，2003）。首先，使用女性自己的卵细胞进行试管婴儿的成功率会随着生育年龄的增长而急剧降低，因为女性卵细胞的质量随年龄增长逐渐下降。卵细胞质量不佳或卵巢被切除的女性可以尝试卵细胞移植。在这个过程中，被捐献的卵细胞由处于最佳生育年龄的年轻女性匿名提供，卵细胞在实验室完成授精过程后再植入准妈妈的子宫内。使用捐献卵细胞的试管婴儿通常有较高的成功率（Van Voorhis，2007）。囊胚移植是指将受精卵保持在培育环境中直到它发育到囊胚阶段，但是这种方法增加了同卵双生子的可能性（Duenwald，2003）。另一种可供选择的技术是，卵细胞在捐赠者体内通过人工授精完成受精过程。几天以后对捐赠者的子宫进行冲洗而得到胚胎，并植入到接受者的子宫内。此外，还有两种成功率相对较高的技术是输卵管内配子移植术（GIFT）和受精卵输卵管内移植术（ZIFT），这两种方法是将卵细胞和精子或者受精卵直接注入到输卵管内

（CDC，2002b；Schieve et al.，2002；Society for Assisted Reproductive Technology，1993，2002）。

通过人工辅助方法生下的孩子将来会怎样呢（Van Voorhis，2007）？应该说，其中的大多数都非常好。对爱荷华州出生于 1989~2002 年间的孩子的一项调查发现，与试管婴儿技术有关的出生缺陷出现了轻微增长（Van Voorhis et al.，2005）。另一方面，康涅狄格州的斯坦福德医院 36062 名接受调查的单胎怀孕者中，有 1776 名是通过诱导排卵或试管婴儿技术怀孕的，这些技术的使用可能增加负面结果的出现机率，例如胎儿缺陷，但不是染色体或结构畸型那样严重的情况（Shevell et al.，2005）。

在一项对 1532 名英国、比利时、丹麦、瑞典和希腊幼儿的纵向研究中，到 5 岁的时候，并没有发现通过试管受精或单精子卵胞浆内注射技术出生的孩子与正常怀孕出生的孩子之间在身体发育、健康状态和其他发展方面存在明显的差异。在行为问题或情绪控制上也没有表现出什么不同。然而，通过单精子卵胞浆内注射技术出生的婴儿，先天性泌尿系统异常和肾脏异常的比例比正常婴儿高（Barnes et al.，2003；Sutcliffe，Loft，Wennerholm，Tarlatzis，& Bonduelle，2003）。以通过试管受精或捐赠者受精而生育的孩子为研究对象的纵向研究发现，到 12 岁的时候，这些孩子和正常受孕出生或收养的孩子之间在社会情绪发展上只有很少或者几乎没有差异（Golombok，MacCallum，& Goodman，2001；Golombok，MacCallum，Goodman，& Rutter，2002）。

在代孕法中，具备生育能力的女性通常是通过人工授精的方法接受准爸爸的精子。她同意将孩子生下来，然后交给孩子的生父及其配偶。美国大多数州的法律将这种代孕协议视为无效，还有一些州则明令禁止这种行为，或者出台严格的措施对其进行限制。美国儿科学会（AAP）生物伦理委员会建议将这种代孕看做是一种试验性的、预先的收养。委员会同样还建议采用一种出生前协议，代理人在此期间可以坚持自己做母亲的权利。

除了那些希望将孩子留下自己养育的代孕人不得不因协议而被迫放弃之外，代孕合同中最令人头痛的当属报酬问题。许多人认为贫困妇女中的“生育一族”为富人生孩子是不公平的。同样的问题还存在于对卵子捐赠者所应付的报酬上。此外，对希望成为父母的夫妇过度收费也是一个问题（Gabriel，1996）。然而，通过对 42 个利用代孕得到孩子的家庭进行调查发现，与自然生产或通过卵子捐赠得到孩子的父母相比，他们在做父母的第一年适应得更好（Golombok，Murray，Jadva，MacCallum，& Lycett，2004）。

你的观点？

假如你或你的配偶没有生育能力，你是否会考虑采取上述的辅助生殖技术？为什么？

考考你✓

你可以……

- ✓ 识别男性不孕和女性不孕的几种原因以及治疗方法？
- ✓ 描述辅助生殖技术的四种方法，并讨论它们引发的几个问题？
- ✓ 区分同卵双生子和异卵双生子的不同，并讨论它们是如何产生的？

遗传机制

遗传学是关于遗传的研究，即从亲生父母身上继承的并影响生长与发育的先天

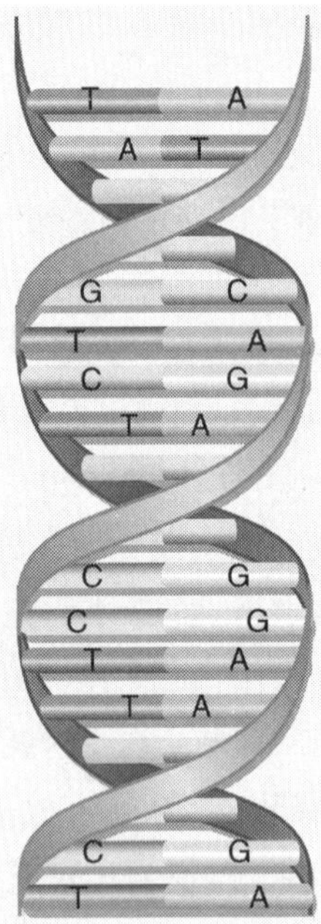

DNA是所有活体细胞的遗传物质。它由四种被称为碱基的化学单位组成。这些碱基是组成DNA字母表的字母。A（腺嘌呤）与T（胸腺嘧啶）配对，C（胞核嘧啶）与G（鸟嘌呤）配对。人类DNA大约由30亿个碱基对组成。

组成DNA字母表的字母：

T = 胸腺嘧啶
A = 腺嘌呤
G = 胞核嘧啶
C = 鸟嘌呤

图 3–2
DNA：遗传密码
资料来源：Ritter，1999。

因素。一旦卵子与精子结合——无论是正常受精，还是通过使用与路易丝·布朗相似的辅助生育技术，它们便会赋予这个即将诞生的婴儿一组基因结构，这组基因结构会影响他的一系列特征，包括眼睛与毛发的颜色、健康状况、智力水平以及个性特征。

遗传密码

遗传的基础是一种叫做**脱氧核糖核酸**（deoxyribonucleic acid DNA）的化学物质。DNA 双螺旋状的结构很像一个长长的螺旋状梯子，它的梯级由一对对被称为碱基的化学单元组成（如图 3-2）。这些碱基包括：腺嘌呤（A）、胸腺嘧啶（T）、胞核嘧啶（C）、鸟嘌呤（G）。它们构成了**遗传密码**（genetic code），供细胞组织“阅读”。

染色体（chromosomes）是盘绕在一起的 DNA，而 DNA 是由更小的片段组成的，我们将其称之为**基因**（genes），它是遗传的基本功能单位。每个基因位于染色体中的特定位置，包含有成千上万个碱基对。基因中碱基对的排列顺序可以指导细胞怎样制造出蛋白质以执行特定功能。

在正常人体中，除了生殖细胞（精子和卵子）之外，每个细胞都含有 23 对染色体，一共 46 条。通过减数分裂（又称成熟分裂），即当性细胞成熟时，细胞分裂一次，每个性细胞最终只拥有 23 条染色体——从每对染色体中取一条。因此，当精子与卵子通过受精过程结合之后，成为拥有 46 条染色体的受精卵，23 条来自于父亲，23 条来自于母亲（图 3-3）。

每个孩子接受的基因中，有四分之三与其他孩子所接受的基因完全一样，它们被称为同态基因。孩子身上其余四分之一的基因被称为多态基因，它使每个人成为与众不同的个体。由于很多细胞在分裂过程中发生了变异，并且减数分裂过程是随机的，所以除了同卵双生子之外的任何两个孩子，即使是同胞兄弟姐妹，都不可能拥有完全相同的基因组合。

受精之后，单细胞受精卵便拥有了所有的生物信息，足以指导自身发展成为完整的人。这要通过细胞的有丝分裂来实现，即细胞不断分裂并复制自身的过程。当一个细胞分裂时，DNA 螺旋会对自身进行复制，这样每个新形成的细胞都拥有和其他细胞一样的 DNA 结构。因此，每次细胞分裂都创造一个原有细胞的复制品，它与原细胞拥有相同的遗传信息。如果发育正常的话，每个细胞（除了性细胞以外）都包含有 46 条染色体，并且与最初的受精卵中的染色体相同。随着细胞分裂以及胎儿的生长和发育，细胞开始分化，形成各种复杂的身体功能。

当外部条件需要基因提供信息时，这段基因便被激活。能引发身体和脑部发育的基因活动通常由荷尔蒙水平（母亲的和婴儿自身的）控制，而荷尔蒙水平则受到诸如营养水平和压力等环境条件的影响。因此，从一开始，遗传因素和环境因素便是相互联系的。

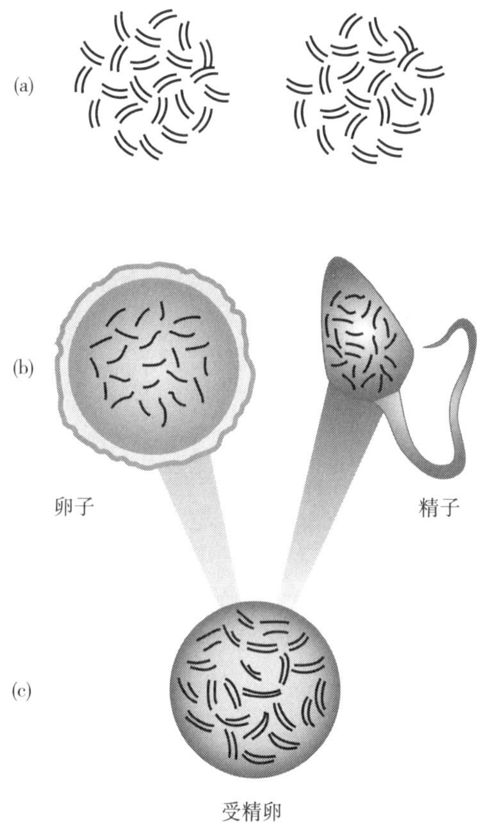

图 3–3
受精卵的遗传结构。（a）男性或女性的体细胞中包含 23 对染色体，携带着基因这种基本遗传单位。（b）每个性细胞（精子和卵子）通过减数分裂这种特殊的细胞分裂方式，染色体数目被一分为二，最终只获得 23 条染色体。（c）在受精过程中，携带有 23 条染色体的精子与同样携带有 23 条染色体的卵子结合，因此受精卵有 23 对染色体，即 46 条。

什么因素决定了婴儿的性别

在尼泊尔的很多村庄中，如果一个女人没有生下男孩，那么她的丈夫通常会娶第二个妻子。在某些社会，妻子没有生儿子是离婚的正当理由。这些习俗的可笑之处在于，决定孩子性别的是父亲而不是母亲。

在受孕时，精子的 23 条染色体和卵子的 23 条染色体形成了 23 对染色体。其中 22 对是**常染色体**（autosomes），与性征无关。第 23 对染色体是**性染色体**（sex chromosomes，一个来自父亲，一个来自母亲），它决定了孩子的性别。

性染色体要么是 X 染色体，要么是 Y 染色体。每个卵子携带的染色体都是 X 染色体，但是精子携带的可能是 X 染色体，也可能是 Y 染色体。其中 Y 染色体包含男性基因，即男性性别决定基因。当卵子（X）与携带 X 染色体的精子结合时，受精卵的性染色体对将是 XX，孩子将是女孩。当卵子（X）与携带 Y 染色体的精子结合时，受精卵的性染色体对将是 XY，孩子将是男孩（图 3-4）

最初，胚胎的生殖系统并未开始发育，所以无法区分婴儿是男性还是女性。大约在怀孕 6~8 周后，男性胚胎开始分泌雄性激素睾酮。携带男性基因的胚胎一般会持续地受到稳定的、高浓度水平的睾丸激素的影响，导致男性性器官开始发育。然而，这个过程并不是自动的。对老鼠的实验研究发现，雄性激素必须首先向 SRY 基因发出信号，SRY 基因才会激发细胞分化和睾丸形成。如果没有这个信号，携带雄性基因的老鼠将发育出雌性性器官，而不是雄性（Hughes，2004；Meeks，Weiss，& Jameson，2003；Nef et al.，2003）。人类男性身上的机制很可能与此类似。与此相反，女性生殖系统的发育取决于被称为 Wnt-4 的信号分子，它是一种可以使携带女性基因的胎儿男性化的变体（Biason-Lauber，Konrad，Navratil，& Schoenle，2004；Hughes，2004；Vainio，Heikkiia，Kispert，Chin，& McMahon，1999）。因此，性别分化应该是一个比单纯基因决定论更复杂的过程。

由于女性拥有两条 X 染色体而男性只有一条，所以更多的并发症会出现在女性身上。一直以来，科学家们都认为由女性两条染色体中的一条所复制的基因没有活

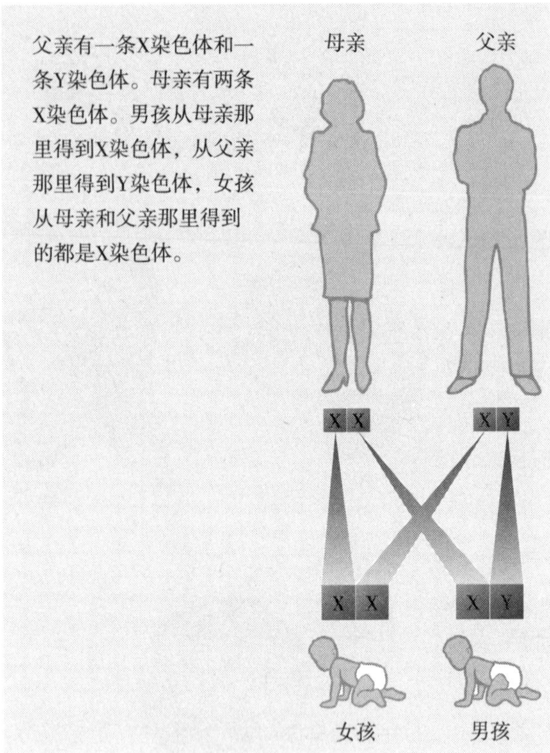

图 3-4
性别的决定因素。因为所有的孩子都会从母亲那里继承X染色体，所以从父亲那里得到X染色体或Y染色体便决定了孩子的性别。

性。然而，最近科学家在对 X 染色体测序时发现，在额外的那条 X 染色体上，只有 75% 的基因没有活性。大约有 15% 的基因保持活性，而另外 10% 的基因在有些女性身上是活跃的，在其他女性身上则没有活性（Carrel & Willard，2005）。这种基因活性的可变性可以帮助我们解释与 X 染色体有关的正常特征以及遗传疾病的性别差异（随后本章将对其展开讨论）。这条额外的 X 染色体也可以解释为什么女性一般来说会比男性更健康，寿命更长：一条 X 染色体上基因的有害变异可以通过另外一条 X 染色体的备份复制来弥补（Migeon，2006）。

基因传递的形式

在 19 世纪 60 年代，一名奥地利修道士——孟德尔为我们了解遗传模式奠定了基础。他用只能结出黄色种子和只能结出绿色种子的豌豆做杂交实验。结果发现，杂交后的豌豆只能结出黄色种子，由此他认为黄色相对绿色来说是显性的。然而当他种下杂交后的黄色种子时，只有 75% 的豌豆结出了黄色种子，其余 25% 结出的则是绿色种子。孟德尔认为，这说明一种遗传性特征（如这个例子中的绿色）可以是隐性的，它可以被没有表达或表现该特征的生物体所携带。

孟德尔立即又做了涉及两个特征的实验。他将只结黄色圆形种子的豌豆和只结绿色皱形种子的豌豆进行杂交，发现颜色和形状两种特征之间并无关系。孟德尔由此得出，特征的遗传是彼此独立的。

今天我们知道人类的基因图谱远比孟德尔当时想像的要复杂，大多数人类特征处在一个连续体上（例如，从浅色皮肤到深色皮肤）。人类通过简单的显性传播所遗传的一种正常特征是卷舌能力。

显性和隐性遗传

你可以卷起自己的舌头吗？如果能的话，你通过显性遗传获得了这种能力。如果你的父母都可以卷起舌头而你却不能，那就是发生了隐性遗传。那么，这两种类型的遗传是如何发生的呢？

能够针对一种特征产生两种不同表达的基因（比如能不能卷起舌头）被称为**等位基因**（alleles）。针对某个特征每个人会接受一对等位基因，一个来自父亲，另一个来自母亲。当两个等位基因相同时，则这个人在该特征上是**同型结合**（homozygous）；

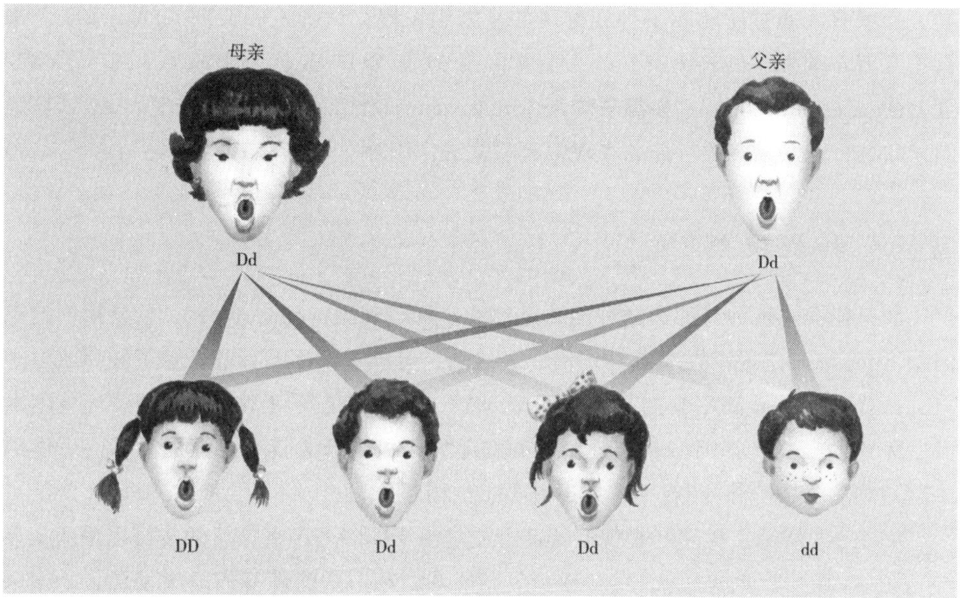

图 3–5
显性和隐性遗传。因为是显性遗传，所以相同的表现型特征（本例中为纵向卷舌的能力）可由两种不同的基因型导致（DD 和 Dd）。一个表现隐性遗传特征（比如不能卷舌）的基因型一定是同型结合基因型（dd）。

当两个等位基因不同时，则为**异型结合**（heterozygous）。在**显性遗传**（dominant inheritance）中，当一个人的某一特定特征是异型结合时，显性等位基因占支配地位。换句话说，当儿女在某一特征上从父母那儿接受了两个相反的等位基因，只有其中一个能够显现，那就是显性基因。隐性特征的遗传被称为**隐性遗传**（recessive inheritance），只有当一个人从父母那儿接受的两个等位基因都是隐性基因时才会发生。

如果你从父母那儿接受的两个基因都是能够卷舌的基因（图 3-5），那么你的卷舌特征就是同型结合。如果母亲传递给你一个能够卷舌的等位基因，父亲传递给你一个不能卷舌的等位基因，那么你的卷舌特征就是异型结合。因为能卷舌是显性的（D），而不能卷舌是隐性的（d），所以能够卷舌。但是，如果你从父母那儿接受到两条隐性基因，那么你就不会卷舌。

正如图中女孩所做的，纵向卷舌能力非同寻常，它通过简单的显性遗传获得。大多数正常的特征受到多种基因的影响，并且经常与环境因素共同起作用。

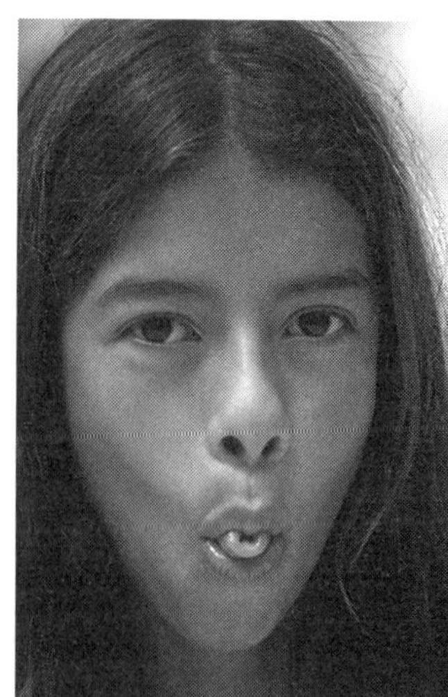

大多数特征通过**多基因遗传**（polygenic inheritance），即多个基因交互作用。尽管有 1000 多个特殊基因单独决定异常特征，但是还没有发现单一的基因能够独立有效地解释任何常态行为中的个体差异。相反，这些行为很可能受到多种基因的共同作用，尽管影响很小但确实存在。此外，每个基因平均约有 12 个版本或变种，每种都会带来不同的影响（Stephens et al.，2001）。研究分子遗传学的科学家已经开始区分导致特殊行为特征的特殊基因（Plomin，2001）。迄今为止，至少已经发现了 7 种可能与智力或其他认知能力有关的基因（Posthuma & de Gues，2006）。

特征可能会受到**突变**（mutations）的影响：突变是指遗传物质的永久改

变。一项研究通过比较四个种族群体的基因组发现，白种人和亚洲人的较浅肤色来自于几万年前发生的轻微突变，人类基因组 31 亿个 DNA 代码中的 1 个发生了改变（Lamason et al.，2005）。**多因子传递**（multifactorial transmission）指遗传因素和环境因素的结合，在大多数特征的表现中起着关键作用。

基因型和表现型

如果你会卷舌头，那么这种能力是你的一种**表现型**（phenotype），它是指你的**基因型**（genotype）或潜在基因结构借以表达的、可以观察到的特征。除了同卵双生子以外，任何两个人都不会拥有相同的基因型。表现型是基因型与任何相关环境因素共同作用的产物。基因型和表现型之间的差异可以解释为什么克隆人（某一个体的基因复制品），甚至同卵双生子都不可能完全相同。

> **考考你 ✓**
>
> 你可以……
>
> ✓ 解释为什么两个人不能有相同的遗传基因，除非同卵双胞胎?
>
> ✓ 解释为什么是精子决定了婴儿的性别?
>
> ✓ 讲述显性遗传与隐性遗传如何运作，为什么大多数特征并非显性遗传或隐性遗传的简单产物?

如图 3-5 所示，相同的表现型特征可能是由不同的基因型产生的：可以是两个显性等位基因的同型结合，也可以是一个显性基因和一个隐性基因的异型结合。如果你的卷舌能力是异型结合，你和同为异型结合的配偶有四个孩子，那么从统计概率上来讲，将有一个孩子是会卷舌的同型结合，一个孩子是不会卷舌的同型结合，其余两个是异型结合。因此，其中三个孩子可能拥有能够卷舌的表现型，但是这种能力却是由两种不同的基因型（同型结合和异型结合）产生的。

卷舌能力需要强有力的遗传基础。但是对大多数特征来说，不同的经历会使基因型有不同的表现。设想史蒂文遗传了音乐方面的才能，如果他选修音乐课并坚持定期练习，那么他就可以通过演出使家人感到高兴。如果他的家人喜欢并鼓励他演奏古典音乐，那么他可能会演奏巴赫序曲；如果他在伙伴的影响下喜欢上流行音乐，他最后可能会组建一个摇滚乐团。然而，如果他在儿童早期没有被鼓励，也没有动机去演奏音乐，如果他没有任何乐器，或无法去听音乐课，那么他携带音乐才能的基因型就无法表现出来（或只有很低程度的表现）。某些身体特征（包括身高和体重）和大多数心理特征（比如智力水平和人格特质，还有音乐能力）都是多因素共同作用的结果。

基因和染色体异常

在路易丝出生之前，约翰和莱斯莉·布朗最担心的一个问题便是她是否是一个正常的、健康的宝宝，几乎每个准父母都有这样的担忧。患有严重先天性缺陷的婴儿在出生时或出生后不久，甚至到婴儿期或儿童期，都有很高的死亡率。先天性疾病出现的机率很小，大约只占新生婴儿的 3%（Waknine，2006）；但是，它仍然是美国婴儿死亡的首要原因。2003 年，出生第一年发生夭折的婴儿中有 20% 是先天性疾病患者（Hoyert，Heron，Murphy，& Kung，2006）。最常见的先天性缺陷是唇裂或颚裂，其次是唐氏综合症。其他可能出现严重畸型的器官包括眼睛、血液循环系统、口面部位、消化系统或肌肉与骨骼系统（CDC，2006b；表 3-2）。

正是在基因缺陷和疾病中，我们清楚地看到了人类显性遗传或隐性遗传的运作过程，以及伴性遗传变异。有些缺陷是由基因或染色体异常引起的，它们可能产生于自然突变，也有可能是由环境危害引起的，比如辐射。

很多疾病是由遗传的易患病体质与环境因素共同导致的，这些环境因素可能是出生后的，也可能是出生前的。许多行为障碍是由多种因素共同引起的，注意力缺陷或多动症就是其中之一，我们将在第 13 章对其展开详细讨论。除此以外，如果注意力缺陷或多动症儿童出生时体重过轻或者带有一种被称为 COMT（儿茶酚邻位甲基转移酶）的基因的变体，那么他们很可能在早期表现出反社会行为（Thapar et al., 2005）。

并非所有的基因或染色体异常在出生时就表现出来。泰—萨克斯病（一种中枢性神经系统的致命疾病，一度在东欧系犹太人中传播，又称为 GM2 神经节苷脂贮积症变异型）和镰状细胞性贫血（一种常见于非裔美国人的血液疾病）的症状直到出生 6 个月后才有可能出现；囊性纤维化（一种在肺或消化管中积聚过多黏液的疾病，常见于拥有北欧血统的儿童当中）的症状直到 4 岁之后才可能出现；而青光眼（一种眼内压力异常升高的疾病）和亨廷顿症（神经系统逐渐退化）常常要到中年期才会发病。

基因缺陷的显性或隐性遗传

相对于携带异常特征的基因，正常基因大多数时候占据支配地位，但有时携带异常特征的基因也会占据支配地位。当父母中的一位拥有一个显性异常基因、一个隐性正常基因，而另一位拥有两个隐性正常基因时，他们的每个孩子都有一半的机率遗传到异常基因。现在已知有 1800 种通过显性基因遗传的疾病，其中包括软骨发育不全（一种侏儒症）和亨廷顿症。

只有当孩子从父母身上遗传到两个相同的隐性基因时，隐性缺陷才会表现出来。有些通过隐性基因遗传的缺陷，比如泰—萨克斯病和镰状细胞性贫血，在特定的种族群体中更为常见，通过种族内的繁衍，隐性特征一代一代地流传下来（表 3-3）。

与通过显性基因遗传的疾病相比，通过隐性遗传基因遗传的疾病更可能在较早的年龄产生致命的伤害。如果通过显性基因遗传的疾病在生育年龄之前被消除，那么它就不可能传递给下一代，并且迅速消失。而隐性基因可以通过未表现出症状的携带者传播，所以可以遗传给下一代。

某些特征是部分显性或部分隐性。其中**不完全显性**（incomplete dominance）是指特征没有完全表现出来。比如，只拥有一个镰状细胞等位基因和一个正常等位基

表 3-2 常见先天性缺陷

问 题	特 征	高危人群	可选择的治疗方法
α1 抗胰蛋白酶缺乏	蛋白酶缺乏，可能引起婴儿早期的肝硬化、中年期的肺气肿和肺退化疾病。	常见于白种人的婴儿，发病率为 1/1000	无治疗方法。
甲型地中海型贫血	严重贫血会大大降低血液携氧能力；几乎所有患此病的婴儿出生时即死亡，或出生后不久死亡。	主要是出现在马来群岛、非洲和东南亚血统的家庭。	经常性输血。
乙型地中海型贫血（库利氏贫血）	严重的贫血会引起身体虚弱、疲劳和疾病反复发作；在青春期或成年早期常常有生命危险。	主要在拥有地中海血统的家庭中发生。	经常性输血。
囊性纤维化	黏液腺分泌过剩，积聚在肺部和消化管内；儿童期发育不正常，通常活不过 30 岁；在白种人中最常见的致命性遗传疾病。	常见于白种人的婴儿，发病率为 1/2000	采用日常物理疗法稀释黏液；使用抗生素防止肺部感染；使用生化酶以提高消化能力；基因疗法（尚处在试验阶段）。
进行性假肥大性肌营养不良	男性中常见的致命性疾病，典型症状是肌肉萎缩；少数出现智力迟钝；在成年早期常出现呼吸衰竭和死亡。	出现在男性婴儿中，发病率为 1/3000~ 1/5000	无治疗方法。
血友病	流血不止，通常在男性中发生，最严重时会导致成年期致残性关节炎。	在有血友病家族史的家庭中发生，发病率为 1/10000	含有凝血因子的经常性输血。
神经管缺陷			
无脑畸形	脑组织缺失；婴儿死产或产后迅速死亡。	1/1000	无治疗方法。
脊柱裂	脊椎管的不完全闭合，会导致肌肉萎缩或瘫痪，以及大小便失禁；常常伴随着脑积水，从而导致智力迟钝。	1/1000	外科手术闭合脊椎管以避免更大伤害；脑部改流排出多余积液以预防智力迟钝。
苯丙酮尿酸症（PKU）	新陈代谢紊乱，进而导致智力迟钝。	1/15000	在出生后的头几周内安排特殊的饮食可以避免智力迟钝。
多囊性肾病	婴儿期型：肾脏肥大，进而导致呼吸问题和充血性心力衰竭。 成年期型：肾脏疼痛、肾结石和高血压，进而导致慢性肾衰竭。	1/1000	肾脏移植。
镰状细胞血症	红细胞变形，易损坏，从而导致血管阻塞，身体下游组织缺氧；症状包括剧烈疼痛、生长萎缩、频繁感染、腿部溃疡、胆结石、常发性肺炎以及中风。	常见于非裔美国人，发病率约为 1/500	止痛药，及时输血以避免贫血和中风，使用抗生素以避免感染。
泰 - 萨克斯病（GM2 神经节苷脂贮积症变异型）	脑和神经细胞变质，一般会在 5 岁前死亡。	历史上主要出现在东欧系犹太人中	无治疗方法。

资料来源：引自 AAP 遗传学委员会，1996；全美卫生研究所发展小组意见，2001；Tisdale，1988，pp.68 - 69.

表 3-3　不同种族群体发生遗传病的机率

种　族	发生机率	备　注
非裔美国人	1/12	镰状细胞血症基因携带者。
	7/10	成年后患不耐乳症。
男性非裔美国人	1/10	服用磺胺类药物或其他药物后容易发生溶血性贫血。
女性非裔美国人	1/50	服用磺胺类药物或其他药物后容易发生溶血性贫血。
白种人	1/25	囊性纤维化基因携带者。
	1/80	苯丙酮酸尿症（PKU）基因携带者。
犹太人（德系）	1/100	家族性自主神经异常携带者。
意大利裔美国人或德裔美国人	1/10	乙型地中海型贫血基因携带者。
亚美尼亚人或犹太人（西班牙系）	1/45	家族性地中海发热基因携带者。
布尔人（南非白人等）	1/330	卟啉病（一种遗传卟啉代谢的病态紊乱）。
亚洲人	几乎全部	成年后将患有不耐乳症

资料来源：引自 Milunsky，1992，p.122。

因的人并不会患镰状细胞性贫血，但是在一定的条件下确实会表现出某些特征，比如在海拔高的环境下会出现呼吸短促现象。

伴性遗传的基因缺陷

在**伴性遗传**（sex-linked inheritance，图 3-6）中，与性染色体基因相关的某些隐性遗传缺陷对不同性别的孩子会产生不同的影响。红绿色盲便属于一种伴性遗传。还有一种伴性遗传是血友病，血友病患者的血液不能像正常人的血液一样自行凝结。

伴性隐性特征由未受影响的母亲的一条 X 染色体携带。母亲是携带者，她不会发病，但是会把致病基因遗传给孩子。伴性遗传病几乎总是发生在男孩身上；女孩拥有一个来自于父亲 X 染色体的正常显性基因，能够压制住来自母亲 X 染色体的隐性致病基因。男孩则因为从父亲那里遗传来的 Y 染色体上没有与母亲 X 染色体上的隐性致病基因相抗衡的显性基因，因而更容易患此类遗传病。

有时候，女性也会患伴性遗传病。比如，如果父亲是血友病患者，而母亲恰巧是血友病基因携带者，那么她就有 50% 的机率从父母身上遗传到两条异常的 X 染色体，从而患病。

考考你 ✓

你可以……

✓ 比较显性遗传、隐性遗传和伴性遗传在出生缺陷遗传上的不同机制？

图 3–6
伴性遗传

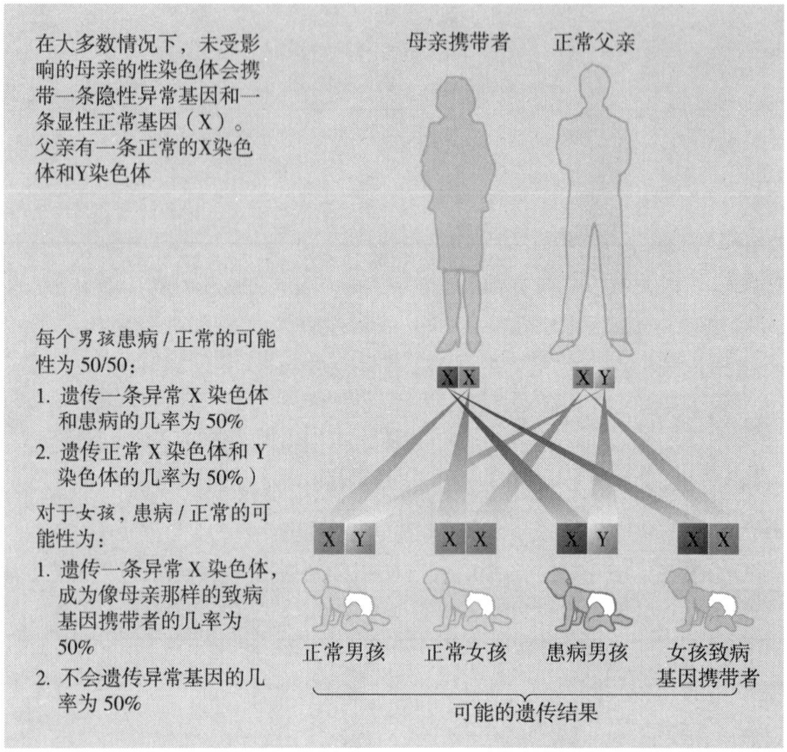

基因组印记

基因组印记，又称遗传印记，是某些特定基因特征因亲源不同而表现出的差异性表达。在印记基因对中，从父母一方继承来的遗传信息可能得到表达，而从另一方继承的遗传信息则无法表达。印记基因在胎儿生长和发育过程中起着至关重要的作用。如果正常类型的印记被破坏，就会导致不正常的胎儿生长或先天发育失调（Hitchins & Moore，2002）。

科学家通过人为控制老鼠的基因结构对其基因组印记进行了研究。拥有两条母亲第 11 对染色体基因副本和一条父亲的受损基因副本的老鼠，出生时比正常幼仔小 70%，而拥有两条父亲基因的副本和一条母亲的受损基因副本的老鼠，出生时比正常的幼仔大 30%（Cattanach & Kirk，1985）。

如何解释这些差异？进化生物学家大卫·海格提出的假设得到了人们的广泛认可（1993；Haig & Westoby，1989）。他认为，怀孕的女性会无意识地在自己和胎儿之间分配营养资源，以保证她有能力存活并能生育孩子。而从另一方面来说，父亲（从进化的观点来看）只关注自己的后代，而不关心母亲可能怀有的其他孩子。因此，限制胎儿生长的印记基因可能是母亲对外来要求的一种对抗，而来自于父亲的印记基因则是作为一种检查，以免发育被过度限制。印记基因只存在于哺乳动物身上，并且大多数印记基因在婴儿营养的汲取地——母亲的胎盘上有所表现，这些事实都为该理论提供了支持（Tilghman，1999）。

图中的男孩表现出了唐氏综合征的主要特征：眼内角有向下倾斜的皮肤皱褶。尽管唐氏综合征是智力迟钝的主要原因，但是患有这种染色体异常疾病的儿童仍然会有很好的生存机会。

染色体异常

染色体异常的原因一般是由于细胞分裂时出现错误，导致染色体增多或丢失。有些错误发生在性细胞减数分裂过程中。比如，克兰费尔特综合征是由于额外性染色体的出现引起的（表现为 XXY 型），特纳综合征则是由于丢失了一条性染色体（XO）。减数分裂出错的几率在女性 35 岁或 35 岁以后可能会增加（University of Virginia Health System，2004）。最常见的性染色体功能失调特征见表 3-4。

在细胞分裂中常染色体也会发生异常。**唐氏综合征**（down syndrome）是其中最常见的一种疾病，约有 40% 左右的中度以及重度弱智是由它引起的（Pennington，Moon，Edgin，Stedron，& Nadel，2003）。这种疾病也被称为 21 三体，因为它通常是由额外的第 21 条染色体或者第 21 条染色体的一部分易位至其他染色体而引起的。这种疾病最明显的身体特征是眼内角有向下倾斜的皮肤皱褶。

大约每 700 名活产婴儿中就有 1 名唐氏综合征患者（CDC，2006）。随着生育年龄的增长，发病率呈上升趋势；当母亲生育年龄高于 35 岁，这种疾病更可能遗传。95% 的情况下，额外的染色体来自于母亲的卵子（Antonarakis & Down Syndrome Collaborative Group，1991）；其余 5% 的情况与父亲有关。

患有唐氏综合征儿童的大脑在出生时和正常人一样，但是到成年早期时其体积会明显缩小，尤其是海马趾区域，会导致认知机能障碍（Pennington et al.，2003）。这些孩子的预后比人们曾经预想的要乐观。长大成人后，很多患者生活在小团体家庭中，并且能够生活自理；他们往往在结构性工作环境中表现良好。70% 多的唐氏综合征患者寿命超过 60 岁，但是他们仍然处在很多可能导致死亡的危险中，包括白血病、癌症、阿兹海默症以及心血管病（Hayes & Batshaw，1993；Hill et al.，2003）。

考考你 ✓

你可以……

- ✓ 解释基因组印记如何发生?
- ✓ 描述染色体障碍发生的三种方式?
- ✓ 解释遗传咨询的目的?

遗传咨询与测试

遗传咨询（genetic counseling）可以帮助准父母评估他们生育有基因或染色体缺陷孩子的风险性。那些已经有一个孩子存在基因缺陷、有遗传病家族史、患有遗传病或可能遗传疾病的人，或者来自于易患某种遗传病的种族的人，可以通过遗传咨询获取相关信息，以了解自己生的孩子有多大几率会受到遗传病的影响。

基因研究者们为避免遗传病的传播做出了很多努力。例如，自从很多犹太夫妇

表 3-4 性染色体异常

类型 / 名称	特 征*	发生率	治疗方法
XYY	男性；身材较高；智商，尤其是语言能力一般较低。	每 1000 名男婴中有 1 例	无特殊疗法
XXX（三个 X）	女性；外表正常，月经不调，学习障碍，智力迟钝。	每 1000 名女婴中有 1 例	特殊教育
XXY（克兰费尔特）	男性；不育，第二性征发育不全，睾丸过小，学习障碍。	每 1000 名男婴中有 1 例	激素疗法，特殊教育
XO（特纳）	女性；身材矮小，有蹼颈，空间能力差，无月经，不育，性器官和第二性征发育不全。	每 1500~2500 名女婴中有 1 例	激素疗法，特殊教育
脆性 X	轻度至重度弱智；症状包括语言和运动能力发育迟缓，存在语言缺陷，有多动倾向，男性表现较为严重；最常见的智力迟钝遗传疾病。	每1200个男婴中有1例；每 2000 个女婴中有 1 例	必要的教育或行为疗法

注*：并不是每个患者都表现出所有特征。

你的观点？

基因咨询是否应该成为结婚前的必需程序？

被测出携带泰—萨克斯基因后，新出生的犹太婴儿患此病的比例已大大减少（Kolata，2003）。同样，地中海沿岸国家的人常患有乙型地中海型贫血（见表 3-1），通过对这些国家育龄妇女的检查和咨询，已使患病新生儿数量下降，并且使大家对携带者面临的风险有了更深的认识（Cao，Saba，Galanello，& Rosatelli，1997）。

基因咨询顾问需要了解家庭患病史，对准父母以及他们的亲生子进行体检，血液、皮肤、尿液或指纹等都需要在实验室做详细的分析。采自身体组织的染色体被分析并拍照，放大照片，按照尺寸大小和结构排列，之后绘制到一张被称作**染色体组型**的图表上，它可以显示出染色体异常，能指出一个看起来正常的人是否有可能将基因缺陷遗传给下一代（图 3-7）。基因咨询顾问会尽力帮助委托人理解某种特定疾病的发病几率，解释其含义，并提供其他可行做法的相关信息。

今天，研究者能够像识别正常特征的基因一样，很快地识别出许多严重疾病和缺陷的致病基因。他们的工作很可能会使基因测试广泛普及，以揭示出完整的遗传图谱，但其前景充满了不确定性，利弊共存（专栏 3.2）。

先天与后天：遗传和环境的影响

先天与后天，哪个更重要？正像我们在第 1 章所提到的，这个问题是早期心理学家和社会公众热烈讨论的话题。从那以后，人们越来越清楚地认识到，虽然某些极罕见的身体缺陷是 100% 遗传的，但大多数复杂的正常特征，比如与健康、智力和个性有关的表现型，则受遗传因素和环境因素各种复杂组合的共同支配。让我们来

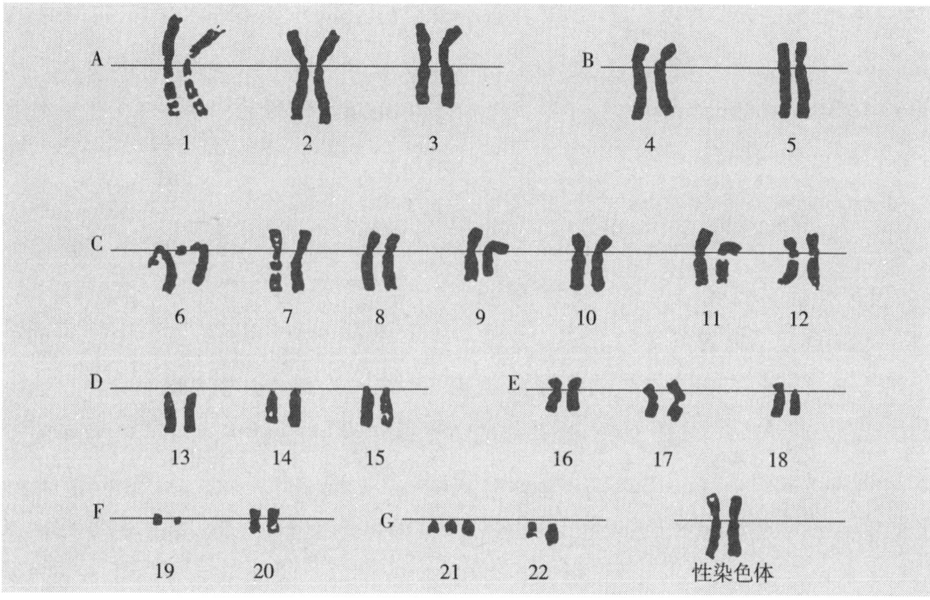

图 3–7
染色体组型是当染色体分开并排成一条直线为细胞分裂做准备时拍摄的照片。我们可以看到，图中是一个唐氏综合征患者的染色体组型，因为第 21 对染色体位置上有三条染色体，而不是通常的两条。由于第 23 对染色体是由两个 X 染色体组成的，所以我们知道，这是一名女性患者。

资料来源：Babu & Hirschhorn，1992；March of Dimes，1987。

看一下科学家们如何研究和解释遗传因素和环境因素的影响，以及两者如何共同起作用。

对遗传和环境相对影响的研究

一种研究遗传和环境影响的方法是定量研究：力图测量某一特征多大程度上受到遗传因素的影响，多大程度上受到环境因素的影响。这是**行为遗传学**（behavioral genetics）的传统目标。

测量遗传力

遗传力（heritability）是一项统计估计值，判断一定时期内，在特定人群中遗传因素对某一具体特征的变异有多大影响。遗传力绝不是指对某一特定个体来说，遗传因素和环境因素两者相对影响的大小；这两个因素实际上是不可能分开的。遗传力也不能告诉我们特征如何发展，它只是基因对某一特征在统计学上的影响程度。

遗传力一般通过比例来表示，数值范围从 0.0 到 1.0；数值越高，某特征的遗传力越大，其中 1.0 表示基因是人群中某一特征变异的全部原因。由于无法直接测量遗传力，因此，行为遗传学的研究者主要依靠三种类型的相关研究：家庭、领养和双生子研究。

这些研究基于如下假设：直系家庭成员比远房亲戚有更多遗传上的相似性，

研究广角

专栏 3.2 基因测试，基因工程以及医学遗传学

人类体内基因的完整序列组成了人体基因组。科学家现在已经完成了对人体基因组的绘制，据估计它一共包含 20000~25000 个基因（International Human Genome Sequencing Consortium，2004）。其中非常有意思的发现是，在老鼠身上找到了除 300 条人类特有基因以外的所有基因（Wade，2001），并且人类基因组与黑猩猩基因组接近 99% 的相似（Clark et al.，2003）。实际上，相同性别的非洲黑猩猩与人在基因上的差别相当于人类男性和女性之间的差别（Rozen et al.，2003）。

人类基因组的绘制极大地提高了我们识别哪些基因在影响具体特征或行为及特征发展演变的能力。一个研究各种不同基因的功能及相互影响的新科学领域——**基因组学**，为基因信息应用于治疗的**医学基因学**带来无限的发展机会（McKusick，2001；Patenaude，Guttmacher，& Collins，2002）。以前科学家往往将精力集中在发现基因以了解它们如何影响人类行为，现在他们已经能够识别出导致、引发某种遗传病或增加患病可能性的基因，进而甄选出相应的高危人群。

从这类研究中获取的基因信息可以提高我们预测、预防、控制、治疗和治愈遗传病的能力——甚至可以为特定个体制定出具体治疗方法。通过对新生婴儿的确认和治疗，遗传病筛查挽救了很多患有镰状细胞性贫血和苯丙酮酸尿症（PKU）等遗传病的孩子的生命，并有效地预防了其智力迟钝（Holtzman，Murphy，Watson，& Barr，1997；Khoury，McCabe，& McCabe，2003）。对乳癌的遗传病筛查能识别出 88% 的高危群体，这个数据要远远高于现已确认的水平（Pharaoh et al.，2002）。基因信息可以帮助人们决定是否生育孩子以及与谁生育孩子，还能够帮助有家庭遗传病史的人了解最糟糕的结果。

基因治疗（修复基因，或用正常基因替换出现异常的基因）一度给人们带来了光明和希望，但现在前景似乎黯淡下来。2000 年，法国研究者试图治疗一种严重的免疫系统疾病——重度联合免疫缺陷病。他们从 10 名 1 至 11 个月大的患病婴儿体内抽取了骨髓细胞，改变细胞的基因后重新注入到婴儿体内，一年以后病人仍然保持健康（Cavazanna-Calvo et al.，2000）。但是其中三个孩子却因此患上了白血病，其中一个已经死去。1999 年，宾夕法尼亚大学进行的基因治疗试验也出现了一例死亡病例（Harris，2005）。

基因测试本身会涉及道德和政治问题，比如隐私权和基因信息的正当使用。尽管医疗数据应当属于机密，但是保证基因信息的绝对隐私似乎不太可能。有些法院规定与遗传病人有血缘关系的亲属对病人的基因健康信息有合法的知情权，因为他们可能也会受到这种遗传病的影响，尽管这样违反了保密原则（Clayton，2003）。

现在的一个重要问题是**遗传决定论**：误认为拥

收养的孩子在基因上更像有血缘关系的家人，而不是养父母，同卵双生子的基因比异卵双生子更为相似。因此，如果遗传因素对某特定特征影响较大，那么在这一特征上，同胞兄弟姐妹应该比堂兄弟或堂姐妹更为相似，收养的孩子应该更像亲生父母而不是养父母，同卵双生子应该比异卵双生子更为相像。同理，如果共享环境对某一特征有巨大作用，那么在该特征上，生活在一起的人应该具有更大的相似性。

有遗传病基因的人一定会得遗传病。所有的基因测试能够告诉我们的只是一个人患病的可能性。大多数疾病都有复杂的基因组合条件，或者在某种程度上取决于生活方式或其他环境因素。然而，尽管基因测试可能是不准确和不可靠的，有患病危险的人可能永远不会患病，但是以基因信息为基础的工作歧视和保险歧视还是广泛存在。联邦和各州的反歧视法对携有致病基因的人提供了保护，但其保护力度还不够充分和广泛（Clayton，2003）。保护研究信息机密性的政策也需要尽快出台。

测试结果给人们带来的心理影响是另外一个需关注的问题。预测还有不足之处，假阳性结果可能引起不必要的焦虑，而假阴性结果则会麻痹患者。此外，如果遗传病无法治愈又该怎么办呢？了解到你有某种潜在的致病基因，而自己对此却无能为力，这样的结果有何意义？有专家小组建议，对没有治疗方案的遗传病不应该进行基因测试（Institute of Medicine [IOM]，1993）。

此外还有针对儿童的测试问题。是否应该对儿童进行测试以帮助他的兄弟姐妹或其他人？如果一个孩子知道自己可能会在20、30或50年后患上某种疾病，对他会造成什么样的影响？美国儿科学会生物伦理学委员会（2001）建议不应该对儿童进行无法在儿童期治疗的遗传病基因测试。

最严重的问题是，人们担心基因测试可能被滥用，认为携有“不受欢迎的”基因的人应该绝育，或据此对带有“错误”基因结构的正常胎儿实行人工流产（Harmon，2005；Plomin & Rutter，1998）。基因治疗也可能出现以下类似滥用，它是否应该被用于使个子矮的孩子长得更高些，或长得胖的孩子更瘦些？或用于改善未出生孩子的相貌或智力？从对缺陷的校正疗法，到应用于美容或其他目的的基因工程，这些都可能是社会的极大倒退（Anderson，1998），使那些能够负担得起的父母为孩子提供“最好的”基因，而其他孩子却得不到（Rifkin，1998）。

在未来的15年里，基因测试“将彻底地变革现在的医疗技术”（Anderson，1998，p. 30）。但是它带来的好处是否能弥补可能的风险，这仍然是个未知数。

你的观点？

你是否想知道你的基因会使你在将来某一天患上肺癌？或阿尔茨海默氏病？你是否会考虑给你的孩子做这些致病基因的测试？

看过来！

获取更多信息，请登陆 http：//www.ornl.gov/sci/techresources/Human_Genome/home/shtml 人类基因工程网站。网站提供遗传病诊断和预测、遗传病干预、基因咨询服务，以及相关道德、法律和社会问题的信息。

家庭研究不只是研究家庭成员间特征的相似性，就像我们对路易丝·布朗及其父母所做的研究。研究人员测量有血缘关系的亲属在特定特征上的相似程度，以及家庭成员亲密程度与相似程度之间的关系。如果相关性强，研究者便可以推知遗传的影响。然而，家庭研究不能排除环境影响。比如，单纯的家庭研究无法告诉我们，肥胖的父母有肥胖的孩子究竟是遗传的原因，还是因为他们具有相同的饮食习惯。正因如此，研究人员尝试进行领养研究，以区分遗传因素和环境因

研究者以出生时即被分开抚养的同卵双生子为研究对象，以研究基因对人格的影响。这对被不同家庭收养的双胞胎，直到31岁时才重新相遇，两个人都成为了消防员。这是一个巧合，还是反映了遗传因素的影响？

素的影响。

*领养研究*着眼于被收养儿童与收养家庭之间的相似性，以及他们与亲生父母家庭的相似性。如果被收养的儿童在某一特定特征上（例如，肥胖）更像他的亲生父母或同胞兄弟姐妹，我们可以说这是受到遗传因素的影响。如果他们与收养家庭成员更相似，则可以说是环境因素的影响。

*双生子研究*是对同卵双生子以及异卵同性双生子进行比较。（对同性双胞胎进行研究是为了避免混淆性别差异造成的影响。）同卵双生子基因的相似程度平均为异卵双生子的两倍，异卵双生子的基因并不比其他同性兄弟或姐妹有更大的相似度。如果同卵双生子比异卵双生子更加**一致**（concordant）（即表现出相同特征的统计学倾向更加明显），我们便看到了遗传因素的作用。一致性比率的数值范围从0.0~1.0，用来估计样本中一对双胞胎在某特征上的一致性程度。

当同卵双生子与异卵双生子相比在某一特征上表现出更高一致性的时候，可以通过领养研究来进一步探索遗传因素。通过对出生时即被分开抚养的同卵双生子进行的研究发现，双胞胎之间存在很大的相似性。双生子研究和领养研究表明，很多正常或不正常的特征都有中度到高度的遗传基础（McGuffin et al.，2001）。

行为遗传学的批评家声称，行为遗传学的假设和方法往往将遗传因素的影响最大化，而将环境因素的影响最小化。除此以外，由于数据的来源不同，得出的结论也往往存在很大差异。比如，双生子研究一般比领养研究得出更高的遗传力估计值。批评家认为，这种巨大的可变性“意味着不可能对影响生长发育因素的相对强弱下定论”（Collins，Maccoby）。

行为遗传学家们承认，遗传因素所产生的影响，尤其是对行为特征，不是必然的。

考考你 ✓

你可以……

- ✓ 陈述行为遗传学研究的基本假设，解释它如何适用于家庭研究、收养研究和双生子研究？
- ✓ 引证行为遗传学批评家的建议？

即使是受遗传因素影响很大的特征，也会受到环境因素的影响（Rutter，2002），大约占 50%。实际上，环境干预有时会战胜遗传决定条件。比如，出生后不久立即进行特殊的饮食治疗可以预防患有遗传病苯丙酮尿酸症（PKU）的儿童出现智力缺陷（Plomin & DeFries，1999；回顾表 3-1）。

遗传因素和环境因素如何共同起作用

目前，许多发展科学家已经认识到对遗传和环境单独进行定量研究过于简单。他们认为，这两种因素从根本上就是不可分割的。受当代进化论和发展理论的影响，科学家们不再认为基因和经验独立地对有机体产生影响，而是将两者看做复杂发展系统的一部分（Gottlieb，1991；Lickliter & Honeycutt，2003）。

从怀孕开始，体质（生理上和心理上的）、社会、经济和文化等各种因素共同塑造了人的发展过程。环境及环境中的经历越有利，获得最佳发展的可能性就越大。下面我们将讨论遗传和环境共同起作用的几种方式。

反应范围和定型化

随着遗传或环境条件的变化，很多特征也会在一定范围内发生变化。反应范围和定型化的概念可以帮助我们清楚地认识这一点。

反应范围（reaction range）是一个常用术语，表示遗传特征的可能表现范围。比如，体形大小很大程度上取决于由遗传决定的生理过程。即便如此，其具体大小也会由于所处环境的机会和限制以及人的自身行为而存在一个浮动范围。在营养条件已有极大提高的国家，比如荷兰，这一代人比前几代人长得更高。得到较好照顾的孩子不仅继承了父母的基因，也生活在了一个更加健康的世界。然而，一旦整个社会的饮食在几代人中均保持较高的水平，孩子最后的身高往往与父母相似。身高会受遗传限制，我们不会看到只有一英尺高的人，也不会看到有人高达十英尺。

无论反应范围是大还是小，遗传都会产生影响。比如，一个先天轻微智障的孩子比一个先天严重智障的孩子对有利环境的反应会更明显。同样，如果家庭状况和学校环境比较好，一个拥有较高天赋的孩子会比普通孩子更受益（图 3-8）。

定型化（canalization）阐明了遗传因素如何限制某些特征的发展范围。一场暴风雨后，公路上的雨水不得不流向某

吉塞拉，身高 7 英尺，此为他在阿姆斯特丹的一座电梯前的留影。在过去的 150 年中，荷兰人已经成为世界上最高的人，并且专家认为他们的身高仍在增加。吉塞拉一生中很多时候都要低头躲避门楣。

图 3–8

智力及其反应范围。拥有不同智力基因类型的孩子生活在条件较差（图中的蓝条部分）或条件较好（图中条的全部）的环境中，会表现出不同的反应范围。

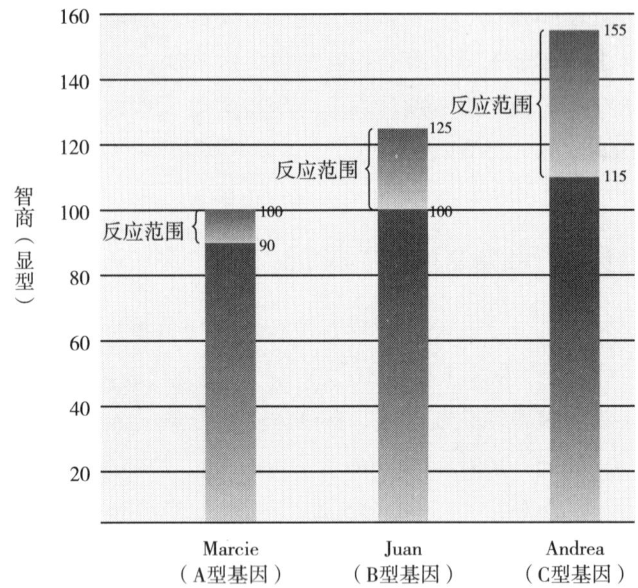

个地方。如果路面上有坑，水就会流进坑里将其填满。如果公路两旁有沟渠，那么水将会流到沟渠。人类的某些特征，比如眼睛的颜色，受基因的影响非常大，所以我们称这些特征已经被高度定型化了；它们的表达几乎不会出现任何变化。

某些行为也会沿着基因规定的道路发展；当环境发生极大变化时，它们才会改变自己的发展路线。行为主要依赖于成熟，当孩子达到行为需要的成熟度时，便表现出这些行为。正常孩子的动作发展通常会沿着特定的顺序：爬，走和跑。在适宜的年龄发展出相应行为。当然，这一发展过程并没有被完全定型化，个体经历会影响它的节奏和时间。

认知和人格会更多地受到经历变化的影响：孩子成长的家庭类型，就读学校的环境，成长过程中遇到的人。以语言为例。在孩子学会说话之前，他们的神经和肌肉必须先达到某个特定的成熟水平。无论孩子的家庭生活经历如何丰富，一个六个月大的孩子不可能说出完整的句子。然而，环境对语言能力的发展确实起着重要的作用。如果父母在孩子第一次发音的时候，立即给出言语反馈，那么，与第一次发音被忽视相比，孩子可能更早学会说话。

最近，科学家们开始意识到，平常的或典型的经历同样为个体的发展开辟道路（Gottlieb，1991）。比如，如果婴幼儿只听到本地语言的声音，那么，他（她）会很快失去感知其他语言声音特征的能力。在本书中，你将会看到很多社会经济地位、社区环境以及教育机会影响个体发展结果的例子，从语言发展的速度和复杂性，一直到早期性行为和反社会行为出现的可能性。

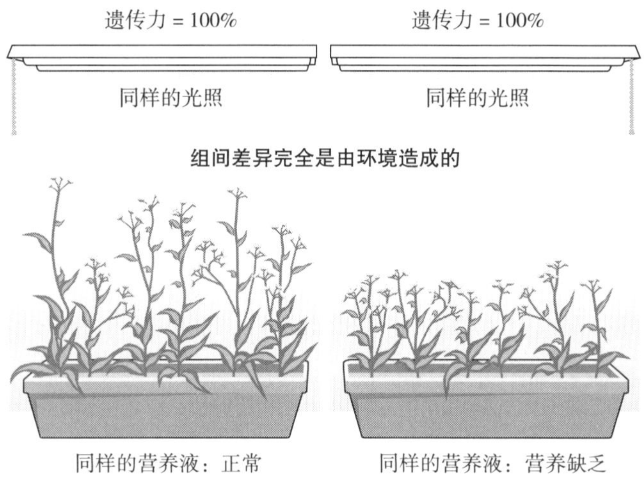

图 3–9
基因型与环境交互作用的例子。两株植物有相同的遗传特征，但是生长在营养缺乏环境下的一株明显发育不良。

资料来源：Gray & Thompson，2004。

基因型 – 环境交互作用

基因型 – 环境交互作用（genotype-environment interaction）通常是指相同环境条件对不同基因类型个体的影响。举一个比较常见的例子，很多孩子同时暴露在花粉和尘土中，有遗传花粉过敏体质的孩子更可能产生过敏性反应。交互作用也可能以其他方式出现：由于家庭环境的不同，基因相似的孩子发展的过程往往不同（Collins et al.，2000；图 3-9）。正如我们将在第 8 章讨论的那样，由于父母处理方式的不同，气质困难的孩子在有的家庭中可能出现适应问题，而在另一个家庭中却可能茁壮成长。因此，正是遗传因素与环境因素的交互作用，而非其中的某一个，塑造了特定的人类个体。

基因型 – 环境相关

环境通常能够反映或强化基因差异。就是说，特定的遗传因素和环境因素的影响往往是一致的。这被称为**基因型 – 环境相关**（genotype-environment correlation），又称为基因型 – 环境共变，它通过三种方式强化遗传倾向的表现型表达（Bergeman & Plomin，1989；Scarr，1992；Scarr & McCartney，1983）：

- 被动性相关：父母为孩子提供发展出某一特征的基因，往往也会提供有利于该特征发展的环境。比如，爱好音乐的父母往往会为孩子创造一个经常能听到音乐的家庭环境，给孩子上音乐课，带孩子去听音乐会。如果孩子遗传了父母的音乐天赋，那么他的音乐才能便是遗传因素和环境因素相结合的结果。这种类型的相关被称为被动性相关，因为孩子自己无法控制。被动性相关适用于父母提供基因，同时对自己的早期经历提供大量支持的年幼儿童。

- 反应性或唤起性相关：拥有不同基因构成的孩子会唤醒成人不同的反应。如果孩子对音乐表现出兴趣和天赋，那些不擅长音乐的父母可能会尽力为孩子提供良好的音乐环境。反过来，这种反应也会强化孩子的音乐倾向。
- 主动性相关：随着孩子年龄增长，他们拥有了更多的自由去选择自己的行为和环境，开始主动选择与自己的先天倾向相一致的经历。拥有音乐天赋的孩子将会寻找志同道合的朋友，选修音乐课程，如果有机会的话会去听音乐会。与外向的孩子相比，内向的孩子会把更多时间花在独处上。这种寻求与基因类型相一致的环境的倾向被称为特定环境选择；它有助于解释为什么分开抚养的同卵双胞胎仍然十分相似。

什么使得同胞之间如此不同？非共享环境

虽然在同一个家庭中长大的两个孩子的外形非常相似，但是在智力，尤其是个性方面，他们之间往往存在很大差异（Plomin，1989）。其中一个原因是基因差异，它使孩子需要不同的刺激，或者对相似的家庭环境作出不同的反应。比如，有的孩子更可能受家庭冲突的影响，而有的孩子则不会（Rutter，2002）。此外，行为遗传学的研究表明，对同一个家庭的不同孩子来说，严重影响其发展的许多经历也会有很大不同（McGuffin et al.，2001；Plomin & Daniels，1987；Plomin & DeFries，1999）。

这些**非共享环境效应**（nonshared environmental effects）来自于独特的环境，每个孩子都在一个独特的家庭环境中长大。同一个家庭的孩子拥有共享环境——共同的家庭，共同的家人，家人共同参与的活动。但是，他们也有不与兄弟姐妹共享的独特经历，即使双胞胎也是如此。父母或同胞对待每个孩子的方式不同。某些事件，比如生病或意外事故，以及家庭之外的经历（比如与老师和同伴的相处）会只影响到其中一个孩子，而另一个则不受影响。的确，有些行为遗传学家得出结论，虽然遗传因素解释了同胞之间的大部分相似性，而非共享环境则解释了大多数差异（McClearn et al.，1997；Plomin，1996；Plomin & Daniels，1987；Plomin & DeFries，1999；Plomin，Owen，& McGuffin，1994）。然而，对研究方法的质疑和其他的经验证据却指向更加中庸的结论，非共享环境效应并不比共享环境的影响更大；实际上，两者之间似乎存在着某种平衡（Rutter，2002）。

基因型—环境相关可能在非共享环境中发挥了重要的作用。儿童的基因差异可能导致父母或同胞对其作出不同反应，并且以不同的方式对待他们。而基因又会影响儿童如何感知和处理这些对待自己的方式，从而影响可能出现的结果。儿童也会通过自己的选择——和什么人在一起以及做什么事——来塑造自己的环境，他们的基因结构会影响做出何种选择。拥有艺术天赋的孩子可能会利用大量的时间独自创造“杰作”，而拥有运动天赋的孩子则可能把这些时间用在与朋友打球上。因此，不仅孩子的能力（比如说，绘画或足球）会有不同的发展，而且他们的社会生活也会存在很大差异。这些差异往往会随着孩子的成长以及家庭之外经历的增多而不断变大（Bergeman & Plomin，1989；Bouchard，1994；Plomin，1990，1996；Plomin et al.，1994；Scarr，1992；Scarr & McCartney，1983）。

有关先天与后天的争论已经进行了很多年，但尚未得到解决；现在，我们知道这个问题远比我们之前想像的更加复杂。各种研究设计将继续扩展和完善我们对影响个体发展的力量的理解。

你的观点？

你有哪些地方像母亲，哪些地方像父亲？你与兄弟姐妹之间有何异同？你认为哪些差异是由基因造成的，哪些是由环境引起的？你是否能看到两者共同的作用？

渐成论：环境影响基因表达

曾经，大多数科学家认为，孩子继承的基因在胎儿发育期就已经完全确定了，只是它们对以后行为的影响会因经历不同而出现变化。现在，越来越多的证据表明，基因表达本身受到第三种构成因素的影响，这是一种不改变 DNA 结构便可控制基因功能的机制，这种现象被称为渐成论。此外，后天的行为远非一次全部确定的，而是受到遗传与非遗传因素之间双向互动的持续影响（Gottlieb，2007；Rutter，2007）。

渐成论（epigenesis，意味着“依靠基因”），或外成结构，涉及依附于基因的化学物质，它可以改变细胞“阅读”基因 DNA 的方式。外成结构可以被直观地看做是“在 DNA 周围空白处用铅笔书写的密码”（Gosden & Feinberg，2007，p. 731）。因为体内每个细胞都遗传了相同的 DNA 序列，所以这些外成标记的功能便是区分不同类型的体细胞。它们通过在胚胎形成期控制特定基因的开关来实现这种功能。有时这个过程中会出现错误，导致出生缺陷或疾病（Gosden & Feinberg，2007）。

考考你 ✓

你可以……

- ✓ 解释和至少举一个关于反应范围，定型化，基因型与环境交互作用以及遗传与环境相关的例子吗？
- ✓ 列举导致非共享环境效应的三种影响因素吗？
- ✓ 解释渐成论如何发挥作用吗？

外成标记可能与很多常见疾病有关，比如癌症、糖尿病和心脏病。渐成论同样可以解释为什么同卵双生子中的一个容易患上精神分裂症等疾病，而另一个却不会；以及为什么有些双胞胎会在不同的年龄患上相同的疾病（Fraga et al.，2005；Wong，Gottesman，& Petronia，2005）。

外成变化可能会作为对营养和压力等环境因素的反应出现在一生当中的任何时间（Rakyan & Beck，2006）。在一项双胞胎研究中，血液分析表明 35% 的样本存在外成差异，这些差异与年龄和生活方式有关（Fraga et al.，2005）。

外成修正，尤其是发生在生命早期的外成修正甚至是可以遗传的。关于人类精子细胞的研究发现，与年龄相关的外成变异可以传递给下一代（Rakyan & Beck，2006）。

受遗传因素和环境因素影响的某些特征

谨记遗传因素和环境因素影响的复杂性，我们来看一下它们在形成特定特征时各自发挥何种作用。

生理和心理特征

同卵双胞胎不仅外貌相似，而且，他们比异卵双胞胎更容易患相同的疾病，比如高血压、心脏病、中风、风湿性关节炎、消化道溃疡和癫痫（Brass，Isaacsohn，Merikangas，& Robinette，1992；Plomin et al.，1994）等。寿命长短似乎也会受到基因的影响（Sorensen，Nielsen，Andersen，& Teasdale，1988）。

肥胖症（obesity），有时被简单地称为超重，就是一种受多种因素影响的情况。在儿童期对其的定义是，孩子的体质指数［又称 BMI，体重（kg）与身高的平方（m^2）之比］高于 95% 的同年龄同性别儿童。双生子研究、收养研究和其他研究均表明，40%~70% 的肥胖症受遗传因素影响。从 1973 年开始，在路易斯安那州东南部城市博格拉萨进行了一项关于心脏病危险因素的纵向研究，它将特定基因和它们的染色体位置与几十年来测定的体质指数建立了联系（Chen et al.，2004）。一个关键基因，第十对染色体上的 GAD2，在正常情况下是用来控制食欲的，但是该基因的变异模式会导致饥饿和过度饮食（Boutin et al.，2003）。

特定家庭或特定社会或种族群体所吃食物的种类和数量，以及社会公认合适的运动量会增加或减少一个人超重的可能性。西方国家肥胖症发病率的迅速增长似乎源于遗传因素和缺乏运动的相互作用（Leibel，1997）。在第 9 章、第 12 章和第 15 章，我们还会进一步讨论肥胖症。

智　力

遗传因素对一般智力（可以通过智力测验测量）的影响非常大，而对一些特殊能力（诸如记忆力、语言能力和空间能力）的影响则较小（McClearn et al.，1997；Petrill et al.，2004；Plomin et al.，1994；Plomin & DeFries，1999；Plomin & Spinath，2004）。正如我们在本章前面所提到的，有几个基因似乎与智力发展相关（Posthuma & de Gues，2006）。当然，经历也起到了重要的作用。如图 3-8 所示，富裕或贫穷的家庭环境会对先天能力的发展和表达产生很大影响（Neisser et al.，1996）。

收养研究与双生子研究均发现了遗传因素影响智力的证据。被收养孩子的智商与他们的亲生母亲更为接近，而不是其养父母或养父母的孩子；而同卵双生子的智力水平也比异卵双生子更为接近。在小学学业成绩考试和中学进行的全美奖学金考试中也存在同样的情况。研究一致认为，遗传因素在空间能力中所起的作用大约占到了 50%，这意味着基因差异几乎能解释在人群中观察到的差异的一半。语言能力和空间能力之间较强的相关性说明智力各要素间的基因联系（Petrill et al.，2004；Plomin & DeFries，1999）。实际上，很可能一个基因在影响一种认知能力的同时也影响其他认知能力（Plomin & Spinath，2004）。

此外，遗传因素的影响是认知表现出稳定性的主要原因，它会随着年龄的增大而增强。共享的家庭环境往往会对年幼儿童产生较大影响，但是孩子进入青春期和成年期后，他们更倾向于主动选择与自己的遗传能力和相关兴趣一致的环境，从而寻找自己的位置，家庭环境的影响随之减小。与此相反，非共享环境的影响会贯穿一生，并且对认知表现的变化起着关键作用（Bouchard，2004；Petrill et al.，2004；Plomin & Spinath，2004）。

人　格

科学家已经确定了基因与特定人格特质有着直接关系，比如神经质，它容易导致抑郁和焦虑（Lesch et al.，1996）。人格特质的遗传性似乎在 40%~50% 之间，很少有证据表明共享环境也会对人格有影响（Bouchard，2004）。

气质（temperament），一个人接近环境或对环境反应的特有风格，它在很大程度上是与生俱来的，并且常常在很长时期内保持一致，尽管它可能会受到特殊经历或父母教养方式的影响（Thomas & Chess，1984；Thomas，Chess，& Birch，1968）。同胞兄弟姐妹（不论是否为双胞胎）往往具有类似的气质（Saudino，Wertz，Gagne，& Chawla，2004）。通过对 100 对 7 岁同胞（其中一半是被收养的同胞，一半是亲生的同胞）的观察发现，遗传因素对行为、社交和情绪都起到了很重要的作用（Schmitz，Saudino，Plomin，Fulker，& DeFries，1996）。

通过对明尼苏达州 169 对同卵双生子和 104 对异卵双生子的研究发现，宗教信仰受到遗传因素和环境因素的共同影响。在儿童期，父母的教养方式和家庭生活是最强的影响因素，但是从青春期开始，遗传因素逐渐起到了主导作用（Koenig，McGue，Krueger，& Bouchard，2005）。

你的观点？

既然遗传可能性只能在人群中测量，而无法针对单个个体，那么探讨肥胖症、智力或害羞等特征是受遗传影响较大还是受环境因素影响较大有何实际意义？

心理病理学

有证据表明，遗传因素对精神分裂症、自闭症和抑郁症等心理障碍有着重要影响。所有的病症往往都是在家族内部发生，并且同卵双胞胎比异卵双胞胎表现出更高的一致性。然而，基因本身并不会产生这些疾病，先天倾向可被环境因素触发。比如，血清素载体基因（5-HTTLPR）过短的孩子，如果生活在冷漠的、没有支持的家庭环境中，很容易患抑郁症，但是如果他生活在支持性的、环境好的家庭中，就不会发病（Taylor et al.，2006）。（将在第 6 章专栏 6.1 中讨论自闭症，在第 14 章和第 15 章中讨论抑郁症。）

目前，**精神分裂症**（schizophrenia）被广泛地认为是神经性疾病（Gray & Thompson，2004）。精神分裂症的显著特征是不切实际，出现幻觉和妄想等症状，它是由多种因素诱发的（Berry，Jobanputra，& Pal，2003；Tuulio- Henriksson et al.，2002；Vaswani & Kapur，2001）。精神分裂症患者的兄弟姐妹或后代的发病率是普通人群的十倍；并且双生子研究和收养研究表明，高发病率源于共享基因，而非共享环境，遗传可能性的估计值高达 80%~85%（McGuffin，Owen，& Farmer，1995；Picker，2005）。

似乎并非某个单一的基因导致了精神分裂症（Picker，2005）。研究者已经确定了几种会增加精神分裂症易感性的基因变异（Xu et al.，2005；Cannon et al.，2005；Egan et al.，2004）。通过尸检发现，精神分裂症可能源于一种叫做 reelin 的化学物质的缺乏，该物质能帮助神经元细胞在大脑发育过程中的定位（Impagnatiello et al.，1998）。

由于并非所有的同卵双生子都在此病上表现出一致性，所以，它的致病原因不可能仅仅是遗传因素。精神分裂症可能源于胎儿发育期内的一系列神经损伤（Picker，2005；Rapoport，Addington，& Frangou，2005），比如母亲在怀孕头三个月内患流行性感冒或者在后几个月中患风疹和呼吸道感染（Brown，Begg，et al.，2004）。出生在城市地区、或晚冬或早春季节的婴儿患病的危险性较高。此外，如果母亲曾患有生育并发症，或者由于战争或饥荒而严重营养不良的孩子也有较高的发病率（Picker，2005）。胎儿营养不良和精神分裂症之间的关系已经分别在荷兰（Susser & Lin，1992）、芬兰（Wahlbeck，Forsen，Osmond，Barker，& Eriksson，2001）和中国（St. Clair et al.，2005）进行的研究中得到了证实。

> **考考你✓**
>
> 你可以……
>
> ✓ 评估对肥胖症、智力、气质和精神分裂症产生影响的遗传因素和环境因素吗?

父母生育年龄过大也是导致精神分裂症的一个危险因素。在耶路撒冷和丹麦进行的大样本研究中，当父亲生育年龄超过 50 岁时，孩子的发病率出现了显著增长（Byrne，Agerbo，Ewald，Eaton，& Mortenson，2003；Malaspina et al.，2001）。瑞典一项针对 70 万儿童的调查发现，15.5% 的精神分裂症患者的父亲的生育年龄超过了 30 岁（Sipos et al.，2004）。

再次聚焦

回顾本章开头人物聚焦部分路易丝·布朗的故事：

- 自从路易丝·布朗出生后，这种替代性的受孕手段对多胞胎出现的可能性以及不育症的治疗方法带来了怎样的影响？
- 哪些遗传因素和环境因素能够解释路易丝·布朗身上的某些特征？
- 人物聚焦部分并没有介绍路易丝·布朗的试管婴儿妹妹纳塔利的实质信息，你认为哪些因素可能会影响她们之间的相似或差异？

在这一章，我们了解到遗传因素和环境因素共同影响孩子的某些方式。孩子的第一个环境是子宫内的世界，我们将在第 4 章详细讨论相关内容。

小　结

成为父母：怀孕如何发生

学习向导 1 怀孕是如何正常发生的，关于怀孕的观念是如何变化的？

- 早期关于怀孕的观点反映了人们对自然以及对男性和女性解剖学认识的不科学性。
- 受精是精子和卵子的结合过程，产生了单细胞受精卵，然后受精卵通过细胞分裂开始对自身进行复制。

不　孕

学习向导 2 哪些因素导致不孕，有哪些成为父母的其他方法？

- 最常见的男性不孕原因是精子数量过低，最常见的女性不孕原因是输卵管阻塞。
- 采用试管受精或其他辅助生育技术涉及到伦理和实践问题。
- 当多个卵子（或者一个卵子分裂为两个）受精，或者一个受精卵分裂时，就会出现多胞胎。
- 二卵（异卵）双胞胎有着不同的基因构成，并且可能性别不同；单卵子（同卵）双胞胎拥有相同的基因构成，但是在某些方面也会存在差异。

遗传机制

学习向导 3 哪些遗传机制决定了性别、身体外貌和其他特征？

- 遗传最基本的功能单位是基因，基因是由脱氧核糖核酸（DNA）组成的。DNA 携带的生物化学指令能够控制各种各样体细胞的形成和功能。基因密码，也就是 DNA 的化学组成，决定着所有的遗传特征。每个基因按照功能不同排列在特定染色体上的固定位置。人体内基因的完整排列次序就是人类基因组。
- 受孕时，每个正常人都会从母亲那里接受 23 条染色体，从父亲那里接受 23 条染色体。它们组成 23 对染色体——22 对常染色体和 1 对性染色体。如果孩子从父母那儿各接受一条 X 染色体，那么就是女孩。如果孩子从父亲那儿接受了一条 Y 染色体，那么就是男孩。
- 基因传递最简单的形式是显性遗传和隐性遗传。当一对等位基因相同时，某人的该特征便是同型结合；当等位基因不同时，便是异型结合。
- 大多数正常人的特征都是多基因遗传或多因子传递的结果，有时也源于突变。同卵双生子除外，每个孩子都继承了独一无二的基因型，但表现型可能无法表达潜在的基因型。

基因和染色体异常

学习向导 4 出生时的缺陷和疾病是如何产生的？

- 出生缺陷和疾病可能源于简单的显性、隐性或伴性遗传；突变；基因组印记；或者染色体异常。

- 遗传咨询可以为父母提供自己所生孩子出现特定缺陷的精确概率。基因测试是一把双刃剑，即有好处，也有风险。

先天与后天：遗传与环境的影响

学习向导 5 科学家如何研究遗传和环境的相对影响，它们如何共同发挥作用?

- 行为遗传学研究假设可以对遗传因素和环境因素的影响进行统计测量。如果遗传因素对某一特征的影响较大，那么基因相近的人将会在该特征上表现得较为相似。家庭研究、收养研究和双生子研究使研究者能够测量特征的遗传力。
- 批评者认为传统的行为遗传学过于简单化。相反，他们研究更为复杂的发展系统，能够反映身体素质、经济、社会和生物等因素的综合影响。
- 反应范围、定型化、基因型—环境交互作用、基因型—环境相关（或共变）以及特定环境选择的概念描述了遗传因素和环境因素共同起作用的方式。
- 同胞之间在智力与个性方面往往异大于同。对每个孩子来说，很多影响发展的经历都是不同的。

某些受遗传因素和环境因素影响的特征

学习向导 6 遗传和环境在生理健康、智力和人格等方面起着什么作用?

- 健康、肥胖症、寿命、智力和气质受到遗传因素和环境因素的共同影响，在生命中的不同时期，两者的相对影响也会发生变化。
- 精神分裂症是一种受遗传因素和环境因素共同影响的精神病理学疾病。

4

怀孕与产前发育

如果我是一个有魔法的妈妈
可以看着你慢慢长大，
如果我可以神奇地透过腹部看到你。
一定会看到你在慢慢成熟……

—— 安妮·塞克斯顿，1966

人物聚焦：
亚伯·多瑞斯与胎儿酒精综合征

产前发育：三个阶段
胚芽期（受精~2周）
胚胎期（2~8周）
胎儿期（第8周至出生）

产前发育：环境的影响
母亲的因素
父亲的因素

产前检查与护理
产前护理的差异
孕前护理的需求

专栏
4.1 日常生活：多流产和死产的哀痛？
4.2 社会关注：胎儿福利与母亲的权利

人物聚焦 亚伯·多瑞斯与胎儿酒精综合征

亚伯·多瑞斯

胎儿酒精综合征（FAS）是由于母亲怀孕期间饮酒而造成孩子出现一系列出生缺陷，是儿童智力落后的主要原因。尽管胎儿酒精综合征已经被发现了几个世纪，但是就在1971年，当作家迈克尔·多瑞斯领养一名其母亲是酒鬼的3岁苏族男孩时，FAS仍未得到广泛报道或系统研究。正如多瑞斯在自己的作品《断带》（1989）中叙述的一样，直到11年后他才发现自己养子发育障碍的主要根源。

多瑞斯收养的男孩名叫亚伯（在书中叫亚当），是一个早产儿，比预产期大约提前七周出生，低体重，在被送往领养家庭之前受过虐待且营养不良。其母亲在35岁时死于酒精中毒，生父由于拒捕在小巷中被殴打致死。相对于自己的实际年龄来说，亚伯身材偏小，没有接受过大小便训练，并且只能说出大约20个词。尽管已经被诊断为轻度智力迟钝，但是多瑞斯确信，生活在一个积极的环境中，亚伯是能够赶上来的。

但实际上，亚伯并没有赶上来。4岁的时候，他仍然需要用尿布，并且体重只有27磅。他很难记住伙伴的名字，他的活动水平异常高，而头骨的周长却罕见的小。他还患有严重的、无法解释的癫痫。

随着时间的流逝，亚伯在学习数数、辨识主要的颜色和系鞋带方面都有困难。入学以前他就被贴上了学习障碍的标签。他的智商（IQ分数）一直保持在65分左右。多亏一位热心教师的努力，亚伯学会阅读和写作，但是他的阅读理解分数一直很低。1983年亚伯完成了小学课程，但是他“仍然没有学会加法、减法和数钱，也不能始终如一地辨认出自己所在的城市、州、国家和行星”（Dorris，1989，pp. 127~128）。

直到那时，迈克尔·多瑞斯才了解到儿子问题的原因。作为达特茅斯学院美国本土研究的副教授，迈克尔·多瑞斯非常了解，文化压力导致酗酒在美国印第安人中非常普遍。1982 年，在亚伯小学毕业的前一年，多瑞斯拜访了位于南达科他州苏族保留地的一家治疗中心，该中心治疗青少年的化学物品依赖问题。在那里，多瑞斯非常震惊地看到三个“可能是亚伯孪生兄弟”的男孩（Dorris，1989，p137）。他们不仅长的像亚伯，行为举止上也很像。

到 20 世纪 70 年代胎儿酒精综合征得以确认，此时亚伯已慢慢长大。一旦酒精进入了胎儿的血液，就以高浓度的状态停留很长时间，引发脑损伤并损害其他身体器官，这是无药可医的。正如一位医学专家写到的：“对胎儿来说，宿醉可能持续一生”（Enloe，1980，p. 15）。

对家庭而言，FAS 的影响也是毁灭性的。迈克尔·多瑞斯在开始几年持续努力，试图使亚伯恢复正常，后来逐渐接受了“子宫中的破坏不可逆转”这一事实，而这很可能是迈克尔·多瑞斯与作家路易斯·厄德里克的婚姻出现一系列问题的原因。最后两人矛盾激化以致诉讼离婚，迈克尔·多瑞斯于 1997 年自杀，享年 52 岁。根据厄德里克所述（私人信函，2000 年 3 月 1 日），多瑞斯患有严重的抑郁症，他作为一名父亲所承受的困难很可能导致了病情的加重。

20 岁的时候，亚伯·多瑞斯参加了一项职业技术训练课程，搬进了一家养育院，带着收集的玩具动物、纸娃娃、报纸漫画、家人的照片和一些旧的生日贺卡。23 岁那年，在他父亲去世的五年前，他在车祸中去世（Lyman，1997）。

• • •

对学习儿童发展的学生来说，亚伯·多瑞斯的故事提醒我们，准父母对儿童出生前的发展负有重大责任。子宫是儿童发展的首要环境，它对儿童的影响巨大。除了母亲的所做所为及其遭遇，其他的环境因素——从影响父亲精子的因素到科技、社会和文化环境等——也可能影响到女性得到的产前护理。

在本章，我们将从怀孕和准父母如何准备迎接孩子的出生开始谈起。我们将追述受精卵如何发展为胚胎，继而发展为胎儿——此时已经具备了自己的人格结构。然后，我们将讨论影响胎儿发展的环境因素，描述测定胎儿发展进程是否正常的技术手段，并解释产前护理的重要性。

在你阅读和学习本章之后，你应当能够回答下一页的“学习向导”中的每个问题。回顾章节末尾的小结，可以检验你对这些“学习向导”的理解。贯穿章节始终的“考考你”可以考核你对阅读内容的理解。

学习向导

1. 产前发育的三个阶段是什么？在每个阶段内会发生什么？
2. 哪些环境因素会影响产前发育？
3. 哪些技术手段可以评估胎儿的健康和幸福感？产前和孕前护理有什么重要性？

产前发育：三个阶段

如果你出生在中国，你的生日很有可能是母亲所估计的怀孕日而非你的出生日。中国的这一传统风俗认可了怀孕期从受精到出生，大约 38 周的发展历程的重要性。胎龄通常始于准妈妈最后一次月经周期结束后的第一天，正常的怀孕期介于 38~42 周之间。

对许多女性而言，第一个明显的（但未必可靠）怀孕信号是月经期的停止。但是，即使在第一次月经停止之前，怀孕女性的身体已经开始发生微妙但不明显的变

表 4-1 怀孕的早期信号和征兆

身体变化	原因和时间进程
敏感、肿大的乳房或乳头	女性荷尔蒙和黄体酮的增加刺激乳房发育以准备产生母乳（第一次怀孕的时候最为明显）。
疲劳；需要更多的睡眠	孕妇心脏的泵血功能变得更强、更快，产生更多的血液以传送养分给未出生的宝宝。荷尔蒙的大量产生需要额外的能量。黄体酮降低了中枢神经系统的活动水平，可能导致嗜睡。对怀孕的担心也可能消耗能量。
轻微的出血或疼痛	*孕卵植入期出血*大约发生在受精后的 10~14 天期间，这时受精卵植入子宫壁。随着子宫的扩张，许多孕妇会出现疼痛感（类似于痛经）。
伴有呕吐或无呕吐的恶心	由胎盘和胎儿产生的雌性激素增加导致胃部消化变慢。同时，嗅觉变得更敏感可能导致孕妇在闻到某些气味时产生恶心感，如咖啡、肉、乳制品或辛辣食物的气味等。*孕妇晨吐*可能早在怀孕后第 2 周就会出现，但是一般来说发生在怀孕的 4~8 周，它可能在一天中任何时候出现。
食欲增加	荷尔蒙的变化可能改变孕妇对食物的喜好，尤其是早期妊娠阶段，荷尔蒙的影响最大。
频尿	妊娠早期阶段子宫的扩张增加了对膀胱的压力。
频繁的、轻度的头痛	由于荷尔蒙改变导致，血液循环的增加可能会引起头痛。
便秘	黄体酮的增加可能使消化变慢，因此，食物通过肠道的速度也变得更慢。
情绪波动	妊娠早期的大量荷尔蒙会导致情绪的高低起伏。
虚弱和眩晕	头晕目眩的感觉可能是由于血管扩张和低血压导致的，也可能是由低血糖引发。
基础体温升高	基础体温（清晨一起床所测的体温）通常会在每个月排卵期之后上升，然后在月经期下降。当月经停止后，会一直保持较高的体温。

资料来源：Mayo Clinic，2005.

表 4.2 产前发育

月 份	描 述
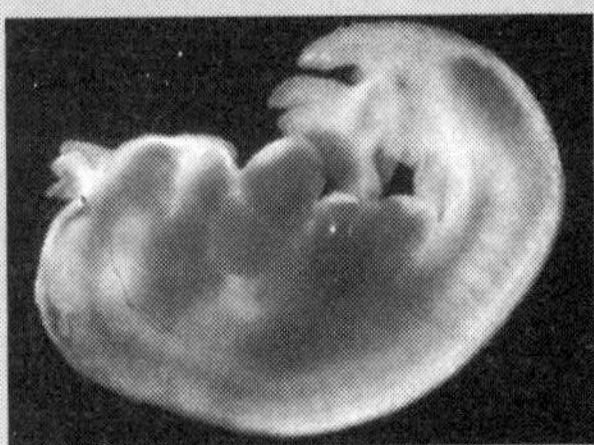 1 个月	在第一个月里，其生长速度比怀孕期间或者出生以后任何时期都快：胚胎达到了受精卵大小的 1 万倍。第一个月月末，胚胎大约长 1.3cm。血液流经胚胎纤细、微弱的静脉和动脉。此时的胚胎有一个极小的心脏，每分钟跳动 65 次。同时，已经具有大脑、肾脏、肝脏和消化道的雏形。胎儿的脐带——连接母亲的生命线——正常运行。通过显微镜更进一步观察就会看到胚胎头部的突起，这些突起最终会发展为胎儿的眼睛、耳朵、嘴巴和鼻子。此时还不能甄别孩子的性别。
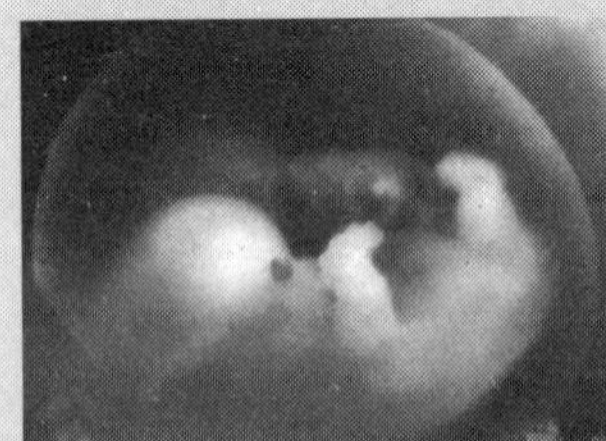 7 周	到第二个月月末，胎儿的长度小于 2.5cm，只有 2g 重。胎儿的头部占整个身体长度的一半。面部器官有明显的发展，出现舌头和牙蕾。手臂上已长出手、手指和拇指；腿上长出膝盖、脚踝和脚趾。胎儿由一层薄薄的皮肤覆盖，能够产生手印和足印。骨细胞大约在第 8 周时出现。大脑脉冲协调各种器官系统的功能。性器官逐渐发展；心跳已经稳定。胃部产生消化液；肝脏生成血细胞。肾脏从血液中排出尿酸。皮肤已经相当敏感，能对触觉刺激做出反应。如果抚摸一个被流产的 8 周大的胎儿，它会通过弯曲身体，伸长头部，缩回胳膊等行为作出回应。
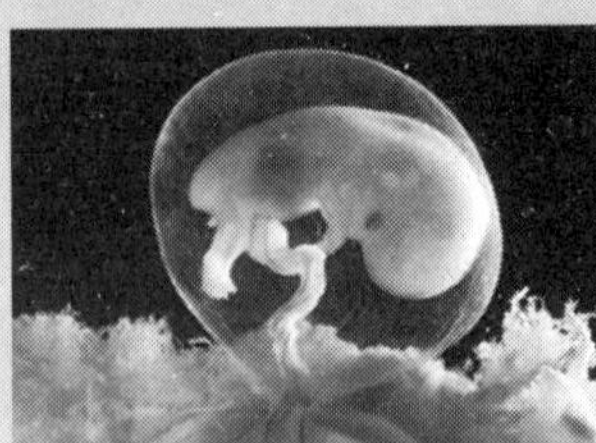 3 个月	到第三个月月末，胎儿大约有 28g 重，7.5cm 长。胎儿长出了手指甲、脚趾甲、眼睑（仍然闭着眼）、声带、嘴唇和突出的鼻子。胎儿的头部仍然很大——大约占身体总长度的三分之一——并且前额很高。性别很容易辨别。器官系统开始发挥作用，因此，此时的胎儿可以呼吸，把羊水吸入肺中并排除，偶尔还能排尿。胎儿的肋骨和椎骨已经变成软骨组织。此时的胎儿可以做出一系列具体的反应：它可以移动腿、脚、拇指和头部；它的嘴巴可以张开、闭合并进行吞咽。如果触碰胎儿的眼睑，它会眨眼；如果触碰胎儿的手掌，它会在局部握起小拳头；如果触摸胎儿的嘴唇，它会吮吸；如果轻抚胎儿的脚底，它的脚趾头会像扇子一样散开。这些反射现象在胎儿出生时还会存在，但是出生后一个月内会逐渐消失。
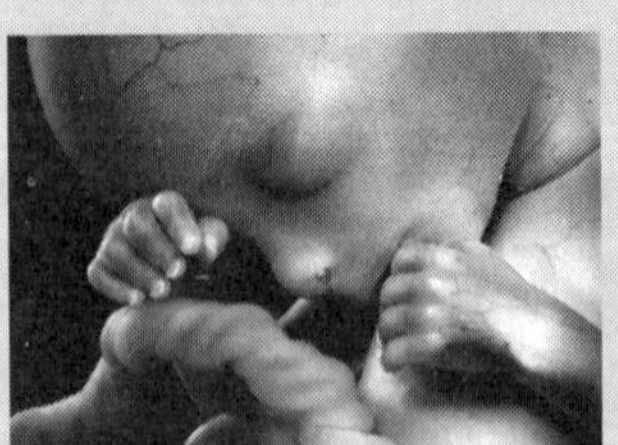 4 个月	胎儿身体的长度已经赶上头部，这个阶段头部长度只是身体总长度的四分之一，此比例与胎儿出生时相当。此时的胎儿体长 20~25cm，体重大约 170g。脐带与胎儿一样长，并将继续随着胎儿的长大而增长。此时的胎盘已经完全成熟。母亲能够感受到胎儿的踢动，即胎动。一些社会群体和宗教群体认为胎动是人类生命的开始。由于肌肉组织的发展，在第三个月时出现的各种反射活动此时更加活跃。
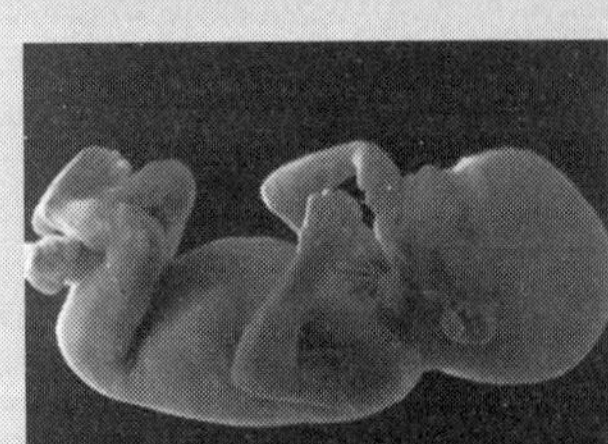 5 个月	此时胎儿的体重大约 0.4~0.45kg，身长约 30cm，开始显现出个体特征差异。胎儿有了明显的睡眠—觉醒模式，在子宫中有最喜爱的姿势（称为胎位），并且变得更加活跃——踢腿、伸展、蠕动甚至打嗝。把耳朵贴在母亲的腹部能够听到胎儿的心跳。汗腺和皮脂腺开始起作用。呼吸系统还不能够维持胎儿在子宫外生存；该阶段出生的婴儿通常难以存活下来。粗毛开始长成眉毛和睫毛，头顶上长有细毛，而全身覆盖着叫做胎毛的羊毛状毛发。

月　份	描　述
 6 个月	胎儿生长的速度有所减慢——到第六个月月末，胎儿长到大约 35cm 长，0.6kg 重。胎儿皮肤下有一层脂肪垫；眼睛已经完全长成，能够睁开、闭上并能朝各个方向看。胎儿能够听到声音，并能够紧紧的握起拳头。六个月时出生的婴儿存活下来的可能性仍然很小，因为此时胎儿的呼吸器官还没有完全成熟。然而，医学的进步使得存活率有所提高。
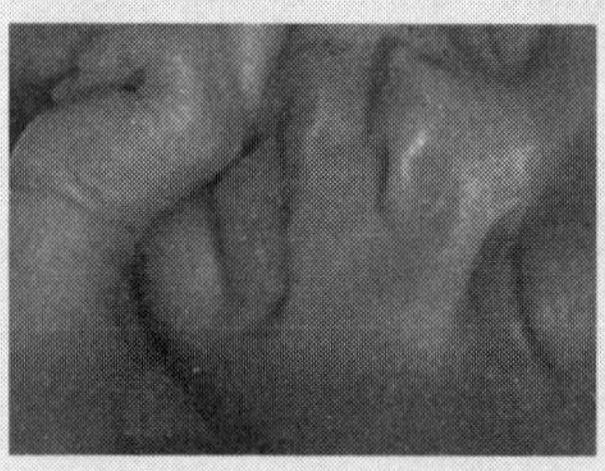 7 个月	到第七个月月末，胎儿大约 40cm 长，1.5~2.5kg 重，此时的胎儿已经具备完全成熟的反射模式。胎儿能够哭泣、呼吸、吞咽，可以吮吸拇指。胎毛可能在这个阶段消失，也可能在出生后保留极短的时间继而消失。头部的毛发可能继续生长。提供给婴儿加强性的医疗看护，能提高 3.5 英镑的胎儿的存活率。这种婴儿可能需要在早产婴儿保育箱中一直待到体重长到 5 英镑为止。
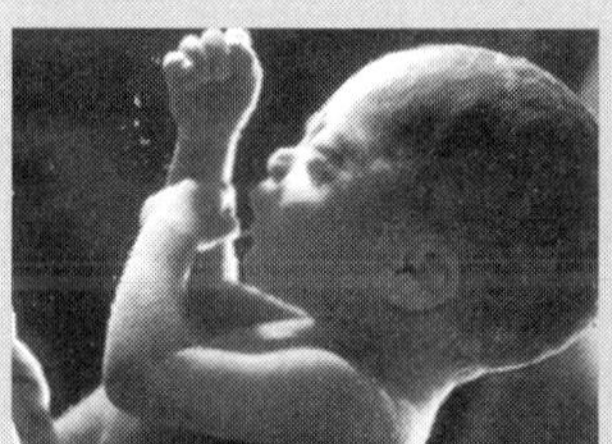 8 个月	八个月大的胎儿身长 45cm 左右，体重在 2.5~3.5kg 之间。它的生存空间变得越来越狭窄，因此它的运动量有所减少。在这个月以及接下来的一个月，一层包裹胎儿周身的脂肪得以生长，它将会帮助胎儿适应子宫外变化的温度。
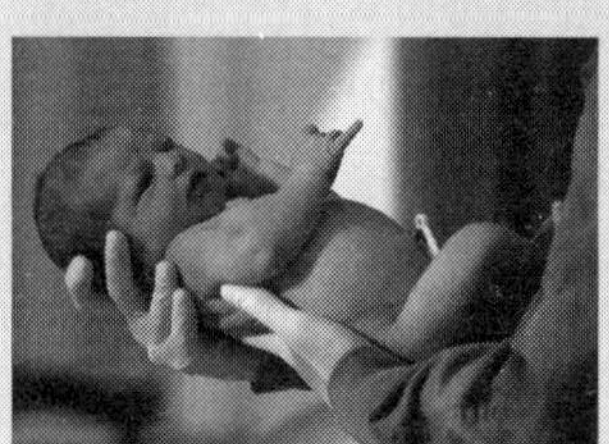 9 个月到出生	大约在出生前一周，胎儿停止了生长，这时候的胎儿平均体重大约 3.5kg，体长约 50cm，男孩倾向于比女孩更长一点，也更重一些。脂肪垫继续形成，器官系统更有效地发挥作用，心率增加，更多的废物通过脐带排出。皮肤的淡红色慢慢褪去。到出生时，胎儿大约将在子宫中生活 266 天。由于大部分医生认为怀孕时间是从母亲最后一次月经期开始，因此，胎龄通常被估计为 280 天。

注：即使在最初的这段时间里，个体之间也是存在差异的。这里的图片和描述只是代表了平均水平。

化。表 4-1 列出了怀孕的早期信号和征兆。尽管这些信号并不是怀孕独有的，但是，如果表现出了其中一个或更多征兆，那么就可以在家里进行怀孕测试或者用医学证据来证实自己是否怀孕。

产前发育包括三个阶段：胚芽期、胚胎期和胎儿期。（表 4-2 给出了每个月发育情况的描述）。在怀孕的这三个阶段里，受精卵，或称为合子，首先发育为胚胎，继而发育为胎儿。哪些因素使一个单细胞受精卵发育成一个具有独特形态和模式的个体呢？研究表明，一组基因对脊椎动物的这种转化起着重要作用，当然也影响到人类胎儿的发展变化。这些基因生成一种分子，被称为成形素，成形素在受精之后启动，并开始形成个体的胳膊、手、手指头、椎骨、肋骨、大脑和其他身体器官（Echeland et al.，1993；Krauss，Concordet，& Ingham，1993；Riddle，Johnson，Laufer，& Tabin，1993）。

不管出生前还是出生后，个体的发展进程都遵循两个基本原则：生长发育和运动发展都遵循从上到下的原则和从中心到外周的原则。

头尾定律（cephalocaudal principle，来自拉丁语，意思是“从头到尾”）指发展进程是从头部到身体躯干等更低的部位。胎儿的头部、大脑和眼睛最先发展，显得过大而不成比例，身体的其他部分之后慢慢赶上。怀孕两个月时，胎儿的头部占身长的一半。出生时，头部就只占身长的四分之一了，但是还是有点大。根据**近远定律**（proximodistal principle，来自拉丁语，意思是“从近到远”），发展进程是从靠近身体中央的部分逐渐到身体外周的部分。胎儿头部和躯干的发展早于四肢，胳膊和腿的发展早于手指和脚趾。

胚芽期（受精 ~2 周）

在**胚芽期**（germinal stage），即受精后的前 2 周，受精卵开始分裂，结构变得越来越复杂，同时受精卵植入子宫壁（见图 4-1）。

受精 36 个小时以内，受精卵进入快速分裂和复制阶段，又称为有丝分裂。大约受精后 72 个小时，受精卵分裂为 16~32 个细胞；24 个小时以后，增加到 64 个细胞。这一分裂过程一直持续，直到原来单一的受精卵细胞发展到组成人体的 8000 亿个甚至更多的特定细胞。

分裂的同时，受精卵顺着输卵管逐渐向子宫移动，这个过程大约需要 3~4 天。这时候受精卵变成了胚泡（一个充满液体的球体），它在子宫内自由的游离，直到受精后第 6 天将自己植入子宫壁。通过一个由荷尔蒙信号调节的复杂系统，胚泡积极参与植入子宫壁的过程（Norwitz，Schust，& Fisher，2001）。

仅有大约 10%~20% 的受精卵能够完成植入任务并继续生长。为了成功植入，一种被称为 L 选择素的蛋白质——只在女性每月的生理周期中很短的时间内分泌——必须与子宫表面的糖类分子结合，以阻止胚泡在子宫内自由漂浮（Genbacev et al.，

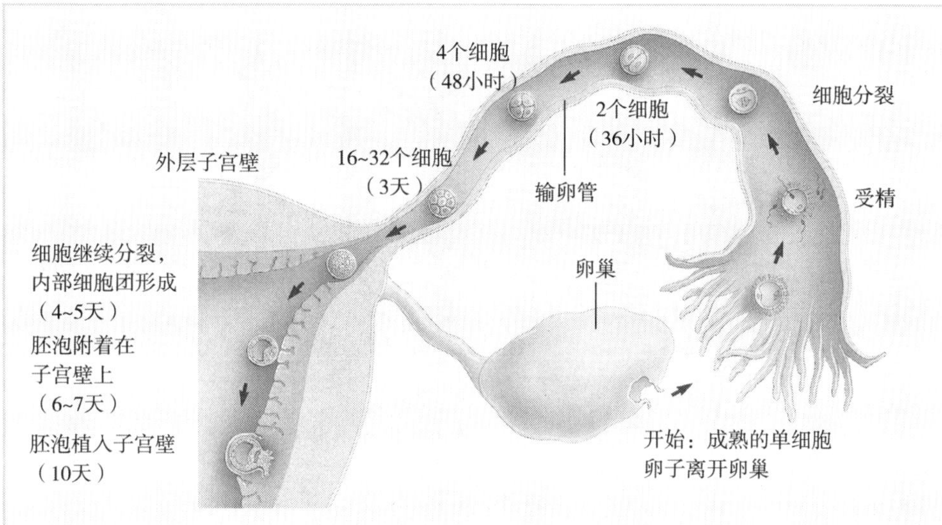

图 4-1
人类胚胎的早期发展。这一简图展示了卵子离开卵巢，在输卵管中受精，继而在向子宫内膜移动时开始分裂的整个过程。现在，一个胚泡已经植入子宫，它将在此逐渐长大，逐渐复杂化，直到做好出生的准备。

2003）。

在植入之前，随着细胞分化的开始，胚泡边缘的一些细胞聚集在一侧形成*胎盘*，这是一簇加厚的细胞团，胚胎由此开始发育。这一细胞团逐渐分裂为两层。外面一层称为*外胚层*，将来会发展为外层表皮、指甲、毛发、牙齿、感觉器官和神经系统，包括大脑和脊髓。里面一层称为*内胚层*，将来会发展为消化系统、肝脏、胰腺、唾液腺和呼吸系统。两者之间，即中间层称为*中胚层*，将分化成真皮、肌肉、骨骼、排泄系统和循环系统。

胚泡的其他部分发展成为胎儿提供养分和保护胚胎的器官：*羊膜腔*或*羊膜囊*，它的外层是*羊膜*和*绒毛膜*，*胎盘*和*脐带*（见图 4-2）。羊膜囊是一种内部充满液体的薄膜，包裹着发展中的胎儿，为他们提供活动空间。胎盘是由母亲的组织和胎儿的组织共同组成的，它在子宫中生长，允许氧气、营养成分以及胎儿的废弃物在母亲和胎儿之间进行交换。胎盘通过脐带与胚胎相连。来自母亲的营养成分由她的血液流入胚胎的血管，然后通过脐带传送给胚胎。反过来，脐带中的胚胎血管把胚胎产生的废弃物运送到胎盘，在那里，可以通过母亲的血管排出体外。母亲和胚胎的循环系统并不直接相连；相反的，这种营养成分和废弃物的交换是通过在血管壁之间的扩散来实现的。另外，胎盘也有助于应对内部感染，增强未出生婴儿对各种疾病的免疫力。胎盘产生荷尔蒙来供养怀孕、为母亲将来分泌乳汁做准备，并最终刺激子宫收缩推动胎儿出生。

胚胎期（2~8 周）

胚胎期（embryonic stage），即怀孕的第二个阶段，是从怀孕的第 2 周到第 8 周。

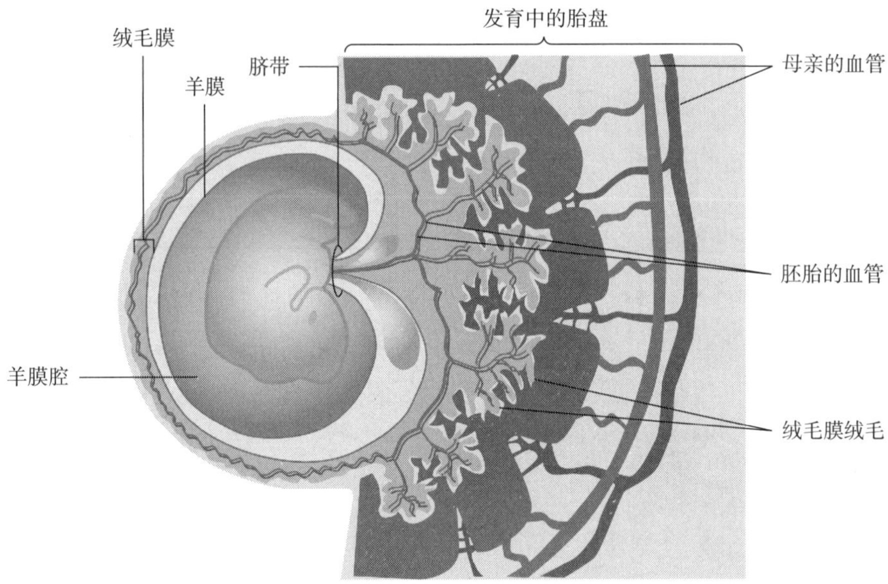

图 4–2

发展中的胚胎。在植入子宫壁后，胚胎被隔离并由充满液体的羊膜腔或羊膜囊包裹起来。周围的薄膜——羊膜——逐渐扩展以此来增大羊膜腔，使得生长中的胚胎（和后来的胎儿）能够漂浮其中。通过脐带，胚胎从母亲那里获得营养物质和氧气，并排出废弃物。该过程是通过一个复杂的交换系统使母亲和胚胎之间进行血液交换。这一交换通过胎盘实现，而非两者血液系统的直接接触。交换的发生通过羊膜外层微小的、毛发状的突起绒毛膜的运动而实现，它能够扩散并交换血液。

在这个阶段，器官和主要身体系统——呼吸系统、消化系统和神经系统——迅速发展。这是一个至关重要的阶段，期间胚胎最容易受到产前环境中的破坏性因素的影响（见图 4-3）。接触危险因素时，各种器官系统或结构正处于发育期，因此最有可能受到影响。而怀孕后期出现的一些缺陷就相对不那么严重。（在第 6 章，我们将谈到大脑的发育和发展，该过程始于胚胎期并一直持续到出生后很长一段时间）。

有严重缺陷的胚胎通常不能活过妊娠的第一阶段，或者妊娠前三个月。**自发性流产**（spontaneous abortion），通常简称为流产，是指尚无法在母亲子宫外存活的胚胎或胎儿排出体外的情况。大约四分之一的已确认的怀孕以流产告终，而实际的数字可能高达二分之一，因为许多自发性流产发生时女性还不知道自己已经怀孕。大约四分之三的流产发生在妊娠第一阶段（Neville n.d.）。大部分流产是由异常怀孕导致的，大约 50%~70% 涉及染色体异常。正如我们在专栏 4.1 中谈到的，失去未出生的宝宝是极度痛苦的。

男婴比女婴遭遇自发性流产或死产（在怀孕 20 周或 20 周以后死亡，见第 5 章）的可能性更大。因此，尽管大约每怀 100 个女孩的同时会怀 125 个男孩，但是每出生 100 个女孩却只出生 105 个男孩。出生以后，相对于女孩，男孩依然更脆弱：更

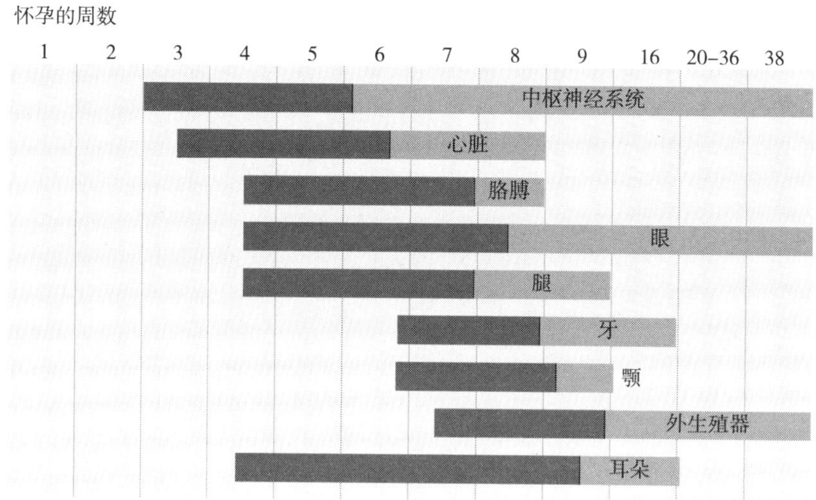

图 4–3
先天缺陷发生的时间。在身体器官和系统发育最快的时候，他们对破坏性因素的易感性也最强（图中的深色阴影部分），一般来说发生在妊娠前三个月。

注：时间间隔并不都是相等的。

资料来源：J. E. Brody, 1995; data from March of Dimes.

多的男孩在生命早期夭折，在每一个年龄段，男孩都更易受到各种疾病的影响。因此，在美国，每 100 个女孩只对应 96 个男孩（Martin，Hamilton，et al.，2006；美国健康与人类服务署，1996a）。

胎儿期（第 8 周至出生）

怀孕大约 8 周的时候，首批骨细胞的出现标志着**胎儿期**（fetal stage）的开始，这是产前发展的最后一个阶段。在这一阶段，胎儿迅速发展，身长大约是前一阶段的 20 倍，同时器官和身体系统也变得更加复杂。直到出生之前，像手指甲、脚趾甲和眼睑等“最后的收尾之笔”才得以最终完成。

胎儿在母亲的子宫中并不是被动的“旅客”。他们会呼吸、踢腿、翻转、伸缩身体、翻筋斗、眯着眼看、吞咽、握拳、打嗝和吮吸拇指。子宫壁的弹性膜和羊膜囊围绕着羊水的保护性缓冲区，允许并刺激胎儿有限的运动。胎儿也能够感受到疼痛，但在孕期的最后三个月之前不会有此感觉（Lee，Ralston，Drey，Partridge，& Rosen，2005）。

科学家可以通过**超声波**（ultrasound）来观察胎儿的运动，这是一种通过高频音波来检测胎儿发展状况的技术手段。其他一些仪器还可以监控胎儿的心率、活动水平的改变、睡眠和清醒的状态以及心脏的活动性。在一项研究中，从怀孕 20 周开始对胎儿进行追踪观察，直到分娩，结果发现胎儿的心率逐渐减慢但更具有可变性——这可能是对母亲怀孕后期逐渐增加的压力做出的回应——心脏对刺激的反应性也逐渐增强。同时，胎儿的活动变少但变得更有力——这可能是由于，随着胎儿的发展，其在一个狭小空间中活动的困难增大，同时神经系统逐渐成熟（DiPietro，Hodgson，Costigan，Hilton，& Johnson，1996）。怀孕 28~32 周之间，胎儿在所有这些方面的发展会出现一个显著的飞跃，这可能有助于解释为什么在此期间内早产的婴儿比这

日常生活

专栏 4.1 流产和死产的哀痛

在东京的一座寺庙中，很多小婴儿雕塑的旁边都有供奉给地藏菩萨的玩具和礼物，地藏菩萨是一个开悟者，人们相信他能够看护好那些流产和死产的胎儿，并最终通过轮回引导他们得以重生。水子供养仪式是一种忏悔和纪念的祭祀，是对逝去生命的一种补偿方式（Orenstein，2002）。

日语单词 mizuko 的意思是"水子"。日本佛教徒认为，生命就像水一样逐渐流入有机体内，而水子处于出生和死亡连续体的某一个位置上（Orenstein，2002）。相反，英语中则没有一个专门的单词来表示流产的或死产的胎儿，也没有任何哀悼仪式。家人、朋友和健康专家都尽量避免讨论流产或死产，这种损失与失去活着的孩子相比似乎微不足道（Van，2001）。或者人们会做出一些无助的解释，例如"这样可能更好一些"或者"这种事情时有发生"（详见"应该对遭受流产的人说些什么"）。如果没有社会支持，流产者可能会更加痛苦，"社会对这一话题的沉默态度使得女性和家人在得知信息后更加痛苦，更难得到所需的帮助"（Grady，2002，p. 1）。

对遭受流产或死产的人说些什么

当与遭受妊娠流产的朋友谈话时	
该做的……	主动提起该话题；忽视流产是痛苦的。
	富有感情地聆听。
	表达悲伤和遗憾。
	允许你的朋友悲痛、哭泣，她需要必要的时间来痊愈。
不该做的……	最小化或淡化损失或痛苦。
	询问为什么会发生——通常不会有真实的回答。
	在朋友做好准备之前期望她继续前进。

资料来源：Grady，2002.

准父母应该如何应对失去素未谋面的孩子的痛苦？由于每个人或每对夫妇对失去孩子的体验都是独特的，因此很难一概而论（Van，2001）。失去孩子的女性可能会有不适感或失败感。通常来说会愤怒（愤怒可能指向自己或指向其他没能阻止流产或死产的人，也可能指向没有提供足够支持的伴侣）、内疚（如果该女性对成为妈妈有复杂的感情，或者如果她认为是由于自己所做的某件事情而导致失去孩子）或者焦虑（"我还能再有孩子吗？"）。家庭中的其他孩子可能会责怪自己，尤其是当他们对即将出生的孩子抱有一些消极感情时。父母不仅会为当下失去孩子而悲痛，还会为失去的孩子将来会成为什么样的人而难过。通常，在预产期或者失去孩

之前出生的婴儿更可能存活（DiPietro et al.，1996）。在两种完全不同的文化背景下（美国的巴尔的摩市和秘鲁首都利马）对胎儿这一飞跃性发展阶段的研究表明，胎儿神经系统方面的发展具有跨文化的普遍性（DiPietro et al.，2004）。

胎儿的运动和活动水平表现出显著的个体差异，他们的心率在规律性和速度方面有所不同。男孩和女孩的表现也存在差异。不论大小，在整个怀孕期间男性胎儿比女性胎儿都更活跃，活动也更有力。因此，至少在一定程度上，男孩比女孩更活跃可能是天生的（DiPietro et al.，1996）。

大约从怀孕的第 12 周开始，胎儿吞食和吸入一些羊水。羊水中含有一些来自母亲血液经由胎盘进入胎儿血液的物质。这些物质的参与可以刺激胎儿味觉和嗅觉的萌芽，同时可能有助于呼吸系统和消化器官的发展（Mennella & Beauchamp，1996a；Ronca& Alberts，1995；Smotherman & Robinson，1995，1996）。成熟的味觉

子的纪念日，痛苦和悲伤的情绪会重现（Neville, n.d.）。

男性和女性失去孩子时悲伤方式的差异可能是夫妻关系紧张和矛盾冲突的来源之一（Caelli, Downie, & Letendre, 2002）。男性可能较少关注怀孕这件事，并且他的身体也不会提醒他失去了孩子（Grady, 2002）。在一项小型研究中发现，11 名胎儿死于腹中的准爸爸报告自己在死婴分娩过程中或之后克服了挫败和无助感，但是在安慰伴侣时很少发现伴侣的痛苦减轻（Samuelsson, Radestad, & Segesten, 2001）。在另一项研究中发现，悲伤的父母从伴侣和其他家庭成员那里得到的帮助最大，从医生那里得到的帮助最少。一些失去孩子的父母从支持性团体中获益，而另一些则没有（DiMarco, Menke, & McNamara, 2001）。经历过流产的夫妻，在下一次怀孕期间可能需要更多关爱（Caelli et al., 2002）。

悲伤咨询顾问建议，如果允许父母看一下自己所失去孩子的遗体，这可能有助于适应流产，但这往往是不可能的。其他的建议如下（Brin, 2004；Grady, 2002；Neville, n.d.）：

- 留出时间来谈论这件事。
- 创设并举行一个纪念典礼或仪式；网络资源可能有帮助。
- 给流产或死产的孩子取名字。
- 以失去孩子的名义种一棵树或开花的灌木。
- 写诗或写日记。
- 放一些物品在记忆箱中，如孩子的超声波照片。
- 制作一个特殊的证书。
- 寻求私人咨询或支持性团体。

你的观点？

- 你曾经有过自发性流产（流产）或死产的经历吗？或者你知道身边的其他人有过这样的经历吗？如果有，你或者你的朋友是如何应对的呢？其他人对这件事的反应又如何呢？
- 你认为，通过典礼或仪式纪念失去的孩子会有帮助吗？

看过来！

请到 www.nationalshareoffice.com 网站上查找更多关于流产和婴儿死亡的支持性群体的信息，以及创立适当的纪念仪式所需物品的清单。

细胞大约出现在怀孕的第 14 周。用来控制嗅觉的嗅觉系统也在出生前得到了充分的发展（Bartoshuk & Beauchamp, 1994；Mennella & Beauchamp, 1996a）。

胎儿能够对母亲的声音、心跳以及身体的振动作出反应，这表明胎儿已经能够听到声音并有了感觉。不论处于哪个位置，饥饿的婴儿听到母亲的声音时都会转向母亲乳房的方向（Noirot & Algeria, 1983, cited in Rovee-Collier, 1996）。因此，对母亲声音的熟悉性可能具有进化功能：帮助新生儿定位食物的来源。对声音和振动的反应大约出现在怀孕的第 26 周，然后逐渐增强，大约到 32 周时达到稳定的高原期（Kisilevsky, Muir, & Low, 1992）。

胎儿似乎可以学习和记忆。在一项实验中，给刚出生 3 天的婴儿播放三段故事的录音，结果发现，在播放母亲怀孕最后 6 周经常大声阅读的故事录音时，婴儿更容易吮吸奶嘴。很明显，婴儿辨认出了自己在子宫中听到过的声音。而对出生之前

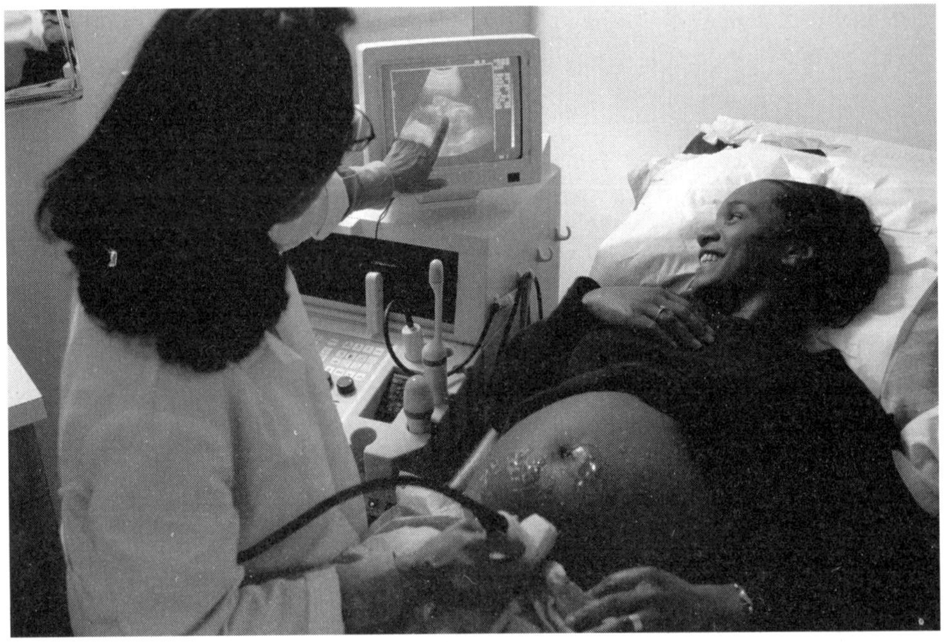

预防分娩并发症最有效的方法是进行早期产前护理，其中包括利用超声波检查来追踪胎儿的发展状况，如图中的女性正在接受检查。超声波是一种诊断工具，它能够显示出子宫中胎儿的即时图像。

考考你✓

你可以……

- ✓ 说出支配身体发育的两个基本原则，并举例说明在产前阶段这两个原则的应用吗？
- ✓ 描述一下受精卵是如何发展成胚胎的吗？
- ✓ 解释一下为什么先天缺陷和流产最有可能发生在胚胎期吗？
- ✓ 描述出关于胎儿活动、胎儿感知觉发展和记忆发展的一些研究成果吗？

母亲没有进行故事阅读的控制组婴儿来说，他们对三种录音的反应相同（DeCasper & Spence，1986）。相似的实验也发现，出生 2~4 天的新生儿更喜欢出生前听到过的音乐和文章段落。他们也表现出更喜欢母亲的声音而非其他女性的声音，更喜欢女性的声音而非男性的声音，更喜欢母亲的母语而非另一种语言（DeCasper & Fifer，1980；DeCasper & Spence，1986；Fifer & Moon，1995；Lecanuet，Granier-Deferre，& Busnel，1995；Moon，Cooper，& Fifer，1993）。

我们如何知道这些偏好是在出生前而不是出生后发展起来的呢？一项研究中，让 60 个胎儿听一位女性阅读，如果声音是自己的母亲发出的，胎儿的心跳会加快。但是如果声音是陌生人的，则胎儿的心跳会减慢（Kisilevsky et al.，2003）。在另一项研究中，给新生儿播放母亲声音的录音和经过过滤的类似于在子宫中听到过的母亲声音的录音，让新生儿在两种录音情况下吃奶。结果发现，新生儿在听到过滤过的母亲录音时吃奶频率更高，这表明，胎儿在出生以前已经能够对听到过的声音产生偏好（Fifer & Moon，1995；Moon & Fifer，1990）。

产前发育：环境的影响

母亲的因素

由于产前环境是母亲的身体，因此，几乎所有影响母亲健康的因素，从她的饮食到情绪，都可能改变未出生婴儿的生长环境，影响婴儿的发展。然而，并不是所有的环境危害对所有胎儿的影响程度都一样。在某些情况下对胎儿来说是**致畸性的**（teratogenic，产生先天缺陷的）因素，但在另一些情况下可能影响很小或没有影响。接触致畸性物质的时间（回顾图 4-3）、剂量、持续时间以及与其他致畸性因素的交互作用等，可能是产生不同影响的主要原因。有时候，易感性可能依赖于胎儿或者母亲的基因。例如，如果母亲在怀孕期间吸烟，胎儿会携带一种发生特殊变异的生长基因，称为转化生长因子 α，其罹患先天腭裂的风险是其他胎儿的六倍（Hwang et al.，1995）。

让女性在怀孕早期即可看到胎儿图像的技术，可能有助于激发女性更积极的养育行为，例如适当饮食、远离酒精和毒品等（Salisbury，Law，LaGasse，& Lester，2003）。

营养和母亲的体重

进化生物学家大卫·海格（David Haig，1993）认为，怀孕使母亲和胎儿在母亲所提供的营养成分上形成了一种无意识的竞争。从进化论的观点来看，从母亲那里获得最大量的营养成分是胎儿的一种适应性需要。然而对母亲来说，则要限制养分传输给胎儿，以便维持自己的健康和将来的生育能力。然而，由于胎儿通过胎盘可以直接获得母亲的血液供给，而母亲却没有足够的能力来控制多少营养成分向胎儿“流失”。因此，对准妈妈而言，摄取足够的营养成分以充分地喂养自己和胎儿是非常重要的。

通常来说，怀孕的妇女每天需要额外摄入 300~500 卡路里能量，包括额外的蛋白质。正常体重的女性如果在怀孕期间增加 25~35 斤的重量，其出现孕产期并发症或产出严重低体重婴儿的可能性都比较小。然而，体重增加多少依赖于个体因素，例如怀孕前的身高和体重（Martin，Hamilton，et al.，2006）。

体重超重或过轻都是有风险的：在生育第一个孩子时，那些怀孕之前体重超重的女性出现死产或婴儿出生后一周死亡的风险最高。另一方面，体重过轻的女性更有可能产出严重低体重的婴儿（Cnattingius et al.，1998）。过度肥胖的女性所生的孩子可能会出现神经管缺陷、心脏缺陷和其他先天缺陷（Shaw，Velie，& Schaffer，1996；Werler，Louik，Shapiro，& Mitchell，1996；Watkins，Rasmussen，Honein，Botto，& Moore，2003）。肥胖也增加了其他孕期并发症的风险，包括流产（Cnattingius，Bergstrom，Lipworth，& Kramer，1998；Goldenberg & Tamura，1996）、引产困难，且增大了剖腹产的可能性（Brousseau，2006）。

准妈妈吃什么是非常重要的：鱼极有可能是胎儿的益脑食品。在一项研究中发现，孕妇在怀孕中期的三个月里吃的鱼越多，其孩子在 6 个月时的一项视觉记忆测验中的表现越好。然而，如果吃的鱼中汞的含量较高，则通常会降低婴儿的分数（Oken et al.，2005）。在其他一些研究中发现，母亲血液中含有高水平的二十二碳六烯酸

（DHA，这是在某些特定鱼类体内才有的一种欧米伽 -3 脂肪酸，比如大西洋鲑鱼和金枪鱼）的新生儿，比母亲血液中 DHA 含量较低的新生儿表现出更成熟的睡眠类型（这是高级脑发育的标志之一）（Cheruku，Montgomery-Downs，Farkas，Thoman，& Lammi-Keefe 2002）。同时，这些新生儿在 12 个月和 18 个月时注意力也更集中（Colombo et al.，2004）。

直到最近我们才认识到叶酸（一种 B 类维生素）在孕妇饮食中的重要作用。一段时间以来，科学家了解到中国的婴儿患先天无脑畸形与脊柱裂（回顾表 3-1）的比例最高。但是，直到 20 世纪 80 年代，研究者才把这一事实与中国女性的受孕时间联系起来。从传统来看，中国夫妻通常在一月份或二月份结婚，并设法尽可能快速怀孕。因此，她们的孕期通常从冬天开始，这个时候农村妇女很难吃到新鲜水果和蔬菜，而这正是叶酸的重要来源。

在医学检测工作确定了叶酸缺乏是导致先天无脑畸形与脊柱裂的一个原因之后，中国开始实施一项为准妈妈提供叶酸补充剂的巨大工程。结果显示，这些缺陷的患病率出现了显著的下降（Berry et al.，1999）。美国自 1998 年开始强制在谷物产品中额外添加叶酸之后，这些缺陷的发生率也降低了（Honein，Paulozzi，Mathews，Erickson，& Wong，2001）。由于叶酸缺乏带来的伤害可能发生在怀孕早期的几个星期，因此处于生育年龄的女性，甚至在怀孕之前就被鼓励服用叶酸补充剂，并建议她们在饮食中通过食用大量的新鲜水果和蔬菜以摄入这类维生素（American Academy of Pediatrics [AAP] Committee on Genetics，1999；Mills & England，2001）。如果所有女性在怀孕前和早期妊娠阶段每天摄入 5 毫克叶酸，那么大约可预防 85% 的神经管缺陷（Wald，2004）。

营养不良

产前营养不良可能会有长期影响。在非洲西部国家冈比亚的农村地区，出生在“饥荒”季节——先前收获的食物已基本上被消耗殆尽——的婴儿，其在成年早期死亡的可能性是出生在一年中其他季节的婴儿的十倍（Moore et al.，1997）。在英格兰北部和威尔士的农村地区，中年人中风比率的上升与 50 年前的贫困和营养不良有关，那时候这批中年人正好出生（Barker & Lackland，2003）。在早期妊娠或中期妊娠阶段，严重的产前营养不良会影响胎儿发育中的大脑，增加 18 岁时出现反社会人格障碍的风险性（Neugebauer，Hoek，& Susser，1999）。如果母亲在怀孕后期体内维生素 D 的水平较低，则会导致孩子 9 岁时的骨矿物质含量较低，这会使其晚年出现骨质疏松症的可能性增大（Javaid et al.，2006）。另外，正如在第 3 章中所报告的，芬兰的一项研究发现，胎儿营养不良与精神分裂症之间有一定的关联（Wahlbeck et al.，2001）。

营养不良的女性如果在怀孕期间服用营养补充剂，那么她们通常会生出更大、更健康、更活跃，甚至看起来更机敏的婴儿（J. L. Brown，1987；Vuori et al.，1979）；另外，体内锌含量低的孕妇如果每天服用锌补充剂，那么生出低体重和头围较小的婴儿的可能性会更小（Goldenberg et al.，1995）。对 347 个墨西哥社群中的低收入家庭进行的一项大规模随机抽样研究发现，怀孕期间或乳汁分泌时服用营养强化补充剂的妇女，其婴儿发育更快，患贫血症的可能更小（Rivera，Sotres Alvarez，Habicht，Shamah，& Villalpando，2004）。

体育活动和紧张的工作

适度的运动似乎不会危害到健康孕妇的胎儿（Committee on Obstetric Practice，2002；Riemann & Kanstrup Hansen，2000）。常规的体育锻炼可以预防便秘，改善呼吸和循环，增强肌肉张力和皮肤弹性，所有这些都有助于提高怀孕的舒适度，有利于更容易、更安全的分娩（Committee on Obstetric Practice，2002）。孕期工作通常不会增加特殊的风险。但是，紧张的工作环境、职业疲劳和较长的工作时间可能与更高的早产风险有关（Luke et al.，1995）。

美国妇产科学会（1994）建议，低风险的孕妇可以依据自己的能力和精力参与锻炼。对孕妇来说，最安全的课程是运动量适度的课程，不要过于强迫自己，不要使自己的心率高于 150，每一次锻炼结束时都要逐渐停止而不是突然停止。

考考你 ✓

你可以……

✓ 总结出准妈妈在饮食和体育活动方面的一些建议吗？

药物使用

几乎一个准妈妈吃进去的所有东西都会以某种方式到达胎儿。药物就像氧气、二氧化碳和水一样，可以穿过胎盘。怀孕初期的几个月是胎儿发展最迅速的时候，也是胎儿最脆弱的时候。因产前接触药物而出现问题，如果能及早诊断出具体的致病药物，那么就可以进行治疗。

怀孕期间使用某些具体药物会带来什么影响呢？首先让我们看一下药物的影响；然后，看一下酒精、尼古丁和咖啡因及大麻、可卡因和甲基苯丙胺（一种中枢神经药物）的影响。

适度的、常规性的锻炼对孕妇是有益的，似乎不会危害到胎儿。

医学药物　过去人们曾经认为，胎盘可以保护胎儿抵御母亲在怀孕期间使用药物带来的影响——直到 20 世纪 60 年代早期人们才改变这一观念，当时发现一种叫做萨立多胺（反应停）的镇静剂引起了大约 1.2 万名婴儿身体矮小或没有四肢、严重的面部畸形以及器官缺陷，自此该药物被禁用。萨立多胺医药灾难使医疗专业人员和普通大众认识到怀孕期间使用药物的潜在风险。

> **你的观点？**
>
> 目前，有成千上万的成年人遭受着明显的（身体）异常，这是由于在上世纪50年代，这些人的母亲在怀孕期间服用了一种叫做萨立多胺（也叫反应停）的镇静剂。因此，萨立多胺在美国和许多其他国家都被禁止使用了。目前，研究发现萨立多胺在治疗或控制许多疾病方面都是有效的，从口腔溃疡到脑癌。那么，你认为，为了上面提到的效用，是否可以不考虑孕妇服用该药的风险性，而允许使用萨立多胺呢？如果这样的话，哪些安全举措是必须的？

从六家卫生保健组织的数据分析来看，在怀孕期间接受药物治疗的女性中，有接近40%的女性所使用的药物未经鉴定其对胎儿是否是安全的，另外10%的女性所使用的药物已被证明对胎儿来说是有风险的（Andrade et al.，2004）。对胎儿可能有害的药物包括四环素类抗素；某些巴比妥类，麻醉剂和其他中枢神经镇定剂；某些激素，包括乙烯雌酚和雄性激素；某些抗癌症药物，例如甲氨蝶呤；以及同维甲酸，一种经常被用来治疗重度粉刺的药物（Koren，Pastuszak，& Ito，1998）。血管内压转换酶（ACE）抑制剂和非甾体类抗炎药物（NSAIDs），如甲氧萘丙酸和异丁苯丙酸，从妊娠早期开始，任何时候使用都与婴儿的先天缺陷相关联（Ofori，Oraichi，Blais，Rey，& Berard，2006；Cooper et al.，2006）。

怀孕期间使用药物带来的影响并不总是会立即显现出来。在20世纪40年代后期和50年代初期，已烯雌酚（DES）被广泛应用于防止流产（后来证明该药是无效的）。直到几年以后人们才发现，在怀孕期间使用DES的母亲所生的女孩进入青春期后，每1000名女孩中就有1位患有罕见的阴道癌或者宫颈癌（Giusti，Iwamoto，& Hatch，1995；Swan，2000；Treffers，Hanselaar，Helmerhorst，Koster，& van Leeuwen，2001）。现在，当年那些“DES女孩”已经到了中年，她们患乳腺癌的风险比那些在子宫中没有接触过DES的女性高出近两倍（Palmer et al.，2006）。怀孕期间使用DES的女性所生的儿子往往会出现生殖系统畸形或生殖障碍（Treffers et al.，2001；Wilcox，Baird，Weinberg，Hornsby，& Herbst，1995）。

母亲在怀孕期间服用过抗抑郁药（如百忧解）的话，其婴儿通常会表现出神经行为活动障碍的迹象（Zeskind & Stephens，2004），这些婴儿患严重呼吸衰竭的风险性也更高（Chambers et al.，2006）。某些用来控制严重的精神障碍的抗精神病药物可能对胎儿有严重的潜在影响，包括出生时的戒断症状（AAP Committee on Drugs，2000）。美国儿科学会药物委员会（1994）建议，怀孕女性或哺乳期女性不要服用药物，除非它们对其健康或其胎儿的健康来说非常必要。怀孕女性不要在未咨询医生的情况下使用非处方药物（Koren et al.，1998）。

酒　精　像亚伯·多瑞斯一样，在美国每1000名新生婴儿中就有5位是**胎儿酒精综合征**（fetal alcohol syndrome，FAS）患者，这是一种表现为生长迟缓、面部或身体畸形以及中枢神经系统紊乱的综合症状。据估计，大约每100个新生婴儿中就有近1名患有胎儿酒精综合征和其他一些程度略轻的酒精引发的障碍或问题（Sokol，Delaney-Black，& Nordstrom，2003）。

在美国，产前接触酒精是最常见的导致智力迟钝的原因，是首先要预防的婴儿先天缺陷的病因（Sokol et al.，2003）。同时，也是成年早期出现饮酒问题和酒精障碍的危险性因素（Alati et al.，2006；Baer，Sampson，Barr，Connor，& Streissguth，2003）。然而，在美国大约10%的怀孕女性报告自己在怀孕期间饮酒，其中有2%大量饮酒或经常饮酒。此外，50%处于生育年龄而不采取节育措施的女性（她们有怀孕的可能性）报告自己饮酒（Tsai & Floyd，2004）。

一位在怀孕期间饮酒、吸烟的女性，正在拿自己未来孩子的健康冒险。

甚至很少量的社交性饮酒也会伤害到胎儿（Sokol et al.，2003），母亲饮酒越多，对胎儿的影响越大。怀孕期间中度饮酒或重度酗酒可能会造成婴儿神经系统和行为功能的紊乱，这可能影响婴儿与母亲的早期社会性互动，而早期社会性互动对婴儿的情绪发展至关重要（Nugent，Lester，Greene，Wieczorek-Deering，& Mahony，1996）。与那些不饮酒或怀孕之后停止饮酒的女性所生的小孩相比，那些在怀孕之后继续饮酒的“酒鬼”所生的小孩更有可能头骨窄小和大脑发育迟缓（Handmaker et al.，2006）。由于至今没有一个孕期安全饮酒的标准，所以对女性而言，最好是从打算怀孕到停止母乳喂养期间都避免饮酒（AAP Committee on Substance Abuse and Committee on Children with Disabilities，1993；Sokol et al.，2003）。

胎儿酒精综合征带来的问题包括：在婴儿期，会降低婴儿对刺激的反应，延长反应时间，降低视觉灵敏度（视敏度）（Carter et al.，2005；Sokol et al.，2003）；而纵观整个童年期，这时的儿童则会出现注意广度狭小，容易注意力分散、烦躁不安、活动过度、学习困难、记忆缺陷、情绪障碍（Sokol et al.，2003）以及攻击行为和问题行为（Sood et al.，2001）。

一部分胎儿酒精综合征的症状会在出生后减弱；但是另外一些问题，如智力迟钝、行为和学习问题、多动症则会一直持续。像亚伯·多瑞斯一样，即使使这部分患病儿童的教育环境或总体环境更加丰富，似乎也不会促进他们的认知发展（Kerns，Don，Mateer，& Streissguth，1997；Spohr，Willms，& Steinhausen，1993；Streissguth et al.，1991；Strömland & Hellström，1996）。但是，如果能够在早期做出及时诊断，并在一个稳定的、营养丰富的环境中抚养他们，那么，他们发展出行为问题和心理健康问题的可能性就会减小（Streissguth et al.，2004）。

尼古丁　自 1989 年以来，美国女性在怀孕期间吸烟的比例一直在下降。但是，在 2004 年，仍然有 10.2% 的女性报告自己在怀孕期间吸烟（Martin，Hamilton，et al.，2006）。怀孕期间吸烟的女性生出低体重婴儿（出生时体重低于 2.5kg）的可能性是非吸烟者的 1.5 倍。即使是轻微地吸烟（每天吸烟数量少于 5 根），也有更大的可能性生出低体重婴儿（Martin，Hamilton，et al.，2005；Shankaran et al.，2004；Hoyert，Mathews，Menacker，Strobino，& Guyer，2006）。的确，在发达国家中，母亲吸烟已经被确认为是婴儿低体重的一项最重要因素（DiFranza，Aligne，& Weitzman，2004）。

怀孕期间烟草的使用也会增加流产、发育迟滞、死产、头围减小、婴儿猝死、婴儿期疝气、多动症（活动过度）等问题的风险性，以及导致婴儿出现长期的呼吸系统、神经系统问题和认知、行为问题（AAP Committee on Substance Abuse，2001；DiFranza et al.，2004；Hoyert，Mathews，et al.，2006；Linnet et al.，2005；Martin，

Hamilton, et al., 2006 ; Shankaran et al., 2004 ; Smith et al., 2006 ; Sondergaard, Henriksen, Obel, & Wisborg, 2001 ; Shah, Sullivan, & Carter, 2006)。

在一项实验中发现，孕期吸烟的母亲所生的孩子（但是没有使用药物，并且每个月内饮酒量不超过三杯）比非吸烟母亲的孩子表现出更高的神经毒性（比如过度兴奋和紧张）(Law et al., 2003)。如果儿童在出生后头两年内同时经历了家庭经济困难，比如住房条件不达标、营养不良、缺少衣物等，那么产前接触二手烟对其认知发展的影响可能会进一步加剧（Rauh et al., 2004)。

怀孕期间吸烟的女性往往产后仍然吸烟，而每一种情况都对儿童有单独的影响（DiFranza et al., 2004)。一项研究考察了 500 名出生大约 48 小时的新生儿，这时候的新生儿仍然在医院的产房中，她们还未在子宫外接触到香烟，由此可以分离产前和产后接触香烟的影响。结果表明，与非吸烟母亲所生的婴儿相比，那些在怀孕期间吸烟的母亲所生的婴儿的身材更短小、体重更轻，呼吸功能也更差（Stick, Burton, Gurrin, Sly, & LeSouëf, 1996)。

母亲在怀孕期间吸烟对子女学龄期时的影响与孕期饮酒一样：这些孩子容易出现注意广度小、多动症、焦虑、学习和行为问题、知觉动作和语言障碍，IQ 分数较低，留级以及神经系统问题（Milberger, Biederman, Faraone, Chen, & Jones, 1996 ; Naeye & Peters, 1984 ; Olds, Henderson, & Tatelbaum, 1994a, 1994b ; Thapar et al., 2003 ; Wakschlag et al., 1997 ; Weitzman, Gortmaker, & Sobol, 1992 ; Weissman, Warner, Wickramaratne, & Kandel, 1999)。

咖啡因 孕妇在饮用咖啡、茶、可乐或者吃巧克力时所摄入的咖啡因对胎儿有害吗？就大部分情况而言，答案是否定的（Leviton & Cowan, 2002)。似乎很清楚的是，咖啡因对人类婴儿来说并不是一种致畸性物质（Christian & Brent, 2001 ; Hinds, West, Knight, & Harland, 1996)。在一项研究中考察了 1205 名新妈妈和她们的婴儿，发现母亲自我报告的咖啡因摄入对婴儿的低体重、早产或者胎儿发育迟缓没有影响（Santos, Victora, Huttly, & Carvalhal, 1998)。然而，每天喝八杯甚至更多的咖啡可能会显著地增加胎儿死亡的风险（Bech, Nohr, Vaeth, Henriksen, & Olsen, 2005)，每天四杯或者更多的咖啡可能会引发婴儿猝死（Ford et al., 1998)。研究咖啡因摄入与自发性流产之间可能存在的关系的各种实验得出了不同的结果（Cnattingius et al., 2000 ; Dlugosz et al., 1996 ; Infante-Rivard, Fernández, Gauthier, David, & Rivard, 1993 ; Klebanoff, Levine, DerSimonian, Clemens, & Wilkins, 1999 ; Mills et al., 1993 ; Signorello et al., 2001)。

大麻、可卡因和甲基苯丙胺 关于孕妇吸食大麻的研究很少，且结果也存在很大差异（Fried & Smith, 2001)。然而，一些证据表明，大量吸食大麻会导致婴儿先天缺陷、低体重、出生时出现戒断症状（过度的哭泣和颤抖），以及增加未来生活中出现

注意障碍和学习问题的风险性（Fried，Watkinson，& Willan，1984；March of Dimes Birth Defects Foundation，2004b）。在两项追踪研究中发现，母亲产前吸食大麻与幼儿三岁以后的注意力受损、冲动性、视觉和知觉技能使用困难等有关，这表明大麻可能影响到了幼儿大脑前额叶的功能（Fried & Smith，2001）。一项对孕鼠的研究发现，在受精的时候或者妊娠早期使用大麻通常会阻碍胚胎在子宫中的植入（Wang et al.，2006）。

怀孕期间摄入可卡因与自发性流产、发育延缓、早产、低体重、头围小、先天缺陷以及神经系统发育受损等有关（Bunikowski et al.，1998；Chiriboga，Brust，Bateman，& Hauser，1999；Macmillan et al.，2001；March of Dimes Birth Defects Foundation，2004a；Scher，Richardson，& Day，2000；Shankaran et al.，2004）。一些研究发现，曾经接触可卡因的新生儿表现出严重的戒断症状和睡眠障碍（O'Brien & Jeffery，2002；Wagner，Katikaneni，Cox，& Ryan，1998）。新近的一项研究发现，排除酒精和香烟的影响，产前接触高水平的可卡因与儿童期的行为问题有关（Bada et al.，2007）。可卡因成瘾婴孩的问题备受关注，以至于有些州对怀孕期间使用可卡因的准妈妈提出了刑事诉讼（见专栏 4-2）。

然而，其他一些研究却发现产前接触可卡因与婴儿身体、运动、认知、情绪或者行为上的缺陷没有明确的关系，而且这些缺陷的产生也不能归因于其他危险性因素，如低体重，暴露于烟草、酒精、大麻，或者贫穷的家庭环境（Frank，Augustyn，Knight，Pell，& Zuckerman，2001；Messinger et al.，2004；Singer et al.，2004）。

在美国，孕妇使用甲基苯丙胺受到越来越多的关注。在一项对 1618 名婴儿的研究中发现，84% 的婴儿曾接触甲基苯丙胺，而暴露于甲基苯丙胺的婴儿更有可能出现低体重。同时，与样本中的其他被试相比，这些婴儿在相应的妊娠年龄也长得较小。该发现表明，产前接触甲基苯丙胺与胎儿的生长受限有关（Smith et al.，2006）。

艾滋病毒 / 艾滋病（HIV/AIDS）

获得性免疫缺陷综合征（Acquired immune deficiency syndrome，AIDS）是一种由人体免疫缺陷病毒（HIV）破坏人类免疫系统功能而引起的疾病。如果一个准妈妈血液中含有该病毒，可能会发生母婴传播：病毒可能会在怀孕、阵痛、或者分娩阶段通过胎盘，或者在产后通过母乳等途径进入胎儿的血液中。

母婴 HIV 传播最大的危险性因素是，母亲不知道自己患有艾滋病或携带 HIV 病毒。在美国，由于孕妇和新生儿定期接受常规的检查和治疗，以及预防、检测和治疗婴儿 HIV 病毒感染技术的进步，自 1992 年以来，新的儿科艾滋病例出现了稳步下降。1994 年一连串的产前和产后齐多夫定药物（通常被称为 AZT）和其他抗病毒性药物管理办法的引入，进一步加快了这一下降速度。因此，据估计，目前母婴 HIV 病毒感染的比例已经低于 2%。2004 年，大约有 48% 的母婴 HIV/AIDS 感染病例，自

专栏 4.2 胎儿福利与母亲的权利

美国南卡罗来纳州一家医院对孕妇的尿液进行常规检查，怀疑她们正在使用非法药物，并将证据提供给警方。十名女性被拘捕，其中几个人刚刚在产房中生完小孩。她们提起诉讼，认为尿检未得到本人的同意，对她们个人而言是违法的调查（Greenhouse，2000a）。在 2001 年 3 月，美国最高法院宣布医院的药物检测政策是无效的（Harris & Paltrow，2003）。

在南卡罗来纳州的另一个案例中，对一名年轻女性的死产婴儿进行尸检，结果发现婴儿体内含有可卡因，因此该女性被判谋杀罪，入狱 12 年。美国南卡罗来纳州最高法院坚持认为其有罪，而美国最高法院也拒绝听证（Drug Policy Alliance，2004）。

在这两个案例中，问题的争端在于胎儿的保护和女性的隐私权或女性对自己身体的决定权之间的冲突。要求孕妇的各种行为都必须确保未出生孩子的安全，如果她不这么做，就予以制止或惩罚，这是一个吸引人的提议。但是，又该如何看待孕妇的个人自由呢？为了保护未出生的婴儿要废除公民权利吗？

关于流产选择权的争论也处于相似的境地，远未得出定论。但是上面给出的两个例子是该问题的另一个方面。如果一名女性不选择流产而是选择留下孩子，但却做出伤害孩子的行为，或者拒绝医疗服务提供者所认为的对孩子有益的、必不可少的医学检查或治疗，那社会可以做些什么，或者应该做些什么呢？

摄入有害物质 女性是否有权利故意服用某些会永久地伤害未出生孩子的物质，如酒精或其他药物？一些胎儿权利的倡导者认为，虽然这类行为对其他成年人而言是合法的，但是对孕妇而言则属于违法行为。而另一些人辩护说，因为物质滥用而被监禁是不切实际的，也是有违初衷的。他们认为，有饮酒问题或吸毒问题的准妈妈需要教育和治疗，而不是起诉（Drug Policy Alliance，2004；Marwick，1997，1998）。

自 1985 年以来，至少有来自 35 个州的 240 名女性因怀孕期间使用非法药物或饮酒而被起诉，尽管没有州立法机构明确判定这类行为属于违法行为（Harris & Paltrow，2003；Nelson & Marshall，1998）。反而是，这些女性因危害或虐待儿童、向未成年人非法传递药物、谋杀或过失杀人等更明确的罪行而被控告。除南卡罗来纳州之外，所有州的法院都拒绝扩充现有法律维护胎儿权利。只有南卡罗来纳州认为女性在怀孕期间物质滥用是犯罪行为（Harris & Paltrow，2003）。

侵入性医学措施 2004 年 1 月，来自盐湖城的罗兰

1992 年以来其人数下降了 95%（见图 4-4）。然而，与成年人一样，儿童中的 HIV/AIDS 病例也通常会被低估。也可以通过选择剖腹产来降低病毒传播的风险性，尤其是当孕妇没有接受抗逆转录病毒治疗时，或者通过推广母乳喂养的替代物来降低风险性（CDC，2006a）。

母亲的其他疾病

准父母应该尽量避免任何感染——伤风、流感、尿道或阴道感染以及性传播疾病。

因刚生出的双胞胎中有一个死婴而被起诉谋杀。罗兰拒绝医生提出的实施剖腹产的紧急建议，到后来就太迟了。第二个孩子是个女婴，出生时还活着，体内含有可卡因和酒精，后来被领养。罗兰曾经有过精神病史，她承认犯有伤害儿童罪，同意接受一项药物治疗，并被判处 18 个月缓刑（Associated Press，2004b；Johnson，2004）。

如果医生说某些措施有助于生出健康胎儿，那么女性是否应该被迫接受这些置自己于危险境地的侵入性措施呢，如手术分娩或子宫内胎儿输血？是否一名拒绝现代化医疗保健的原教旨主义女性应该被监禁起来，直到她生下孩子？这些措施被用来保护未出生孩子的权利，但是妇女权利的倡导者声称，这种做法体现了一个观点，即把女性仅仅当成传宗接代的工具而非拥有自己权利的人（Greenhouse，2000b）。同时，对孕妇实施强迫性措施可能会使医患关系陷入困境。如果没有遵照医嘱，可能会带来强制性手术、隔离或犯罪指控，因此一些女性会完全避开医生，从而剥夺了胎儿所必需的产前护理（Nelson & Marshall，1998）。

法院曾经规定“任何出于胎儿利益考虑的胎儿权利或州规都不能取代妇女作为最终药物决定者的权力”（Harris & Paltrow，2003，p. 1698）。但是，2004 年 3 月，美国国会针对臭名昭著的孕妇谋杀案（杀人者同时夺取了未出生婴儿的生命）作出回应，规定伤害或者谋杀未出生的胎儿也触犯联邦法律。

如果没有被法庭驳回，那次诉讼是第一次把胎儿的生命权和母亲的权利分离开来的诉讼，并可能对以后胎儿福利与母亲权利相冲突的案例产生影响。

你的观点?

社会在保护未出生孩子的权利时，对服用有害药物或拒绝医疗性治疗的孕妇采取强制性手段是合法的吗?

a. 那些拒绝停止饮酒或接受治疗的孕妇是否应该被监禁，直到孩子出生为止呢?

b. 那些多次生出患有 FAS 婴儿的母亲是否应该绝育呢?

c. 酒类公司的产品上如果没有恰当的反对孕期饮酒的警告，这类公司是否应该受到处罚?

d. 对于吸烟、吸食可卡因或其他潜在危险药物的孕妇，你的态度是否也一样呢?

看过来!

更多关于该主题的信息请到以下网站查找：www.nofas.org。你会看到一些受胎儿酒精综合征（FAS）和胎儿酒精效应（FAE）影响的行为信息，包括国家统计数据和联络方式。相关的资源包括时事通讯、支持性群体、视听材料和咨询包。

如果准妈妈确实感染了某种病毒，应该迅速接受治疗。孕妇也应该尽力避免甲状腺腺素缺陷，因为这可能影响到孩子的认知表现（Haddow et al.，1999）。

如果女性在怀孕 11 周之前感染风疹（德国麻疹），则很有可能导致婴儿的失聪和心脏缺陷。20 世纪 60 年代后期，风疹的疫苗被研制出来，目前已经被广泛地应用于婴儿和儿童，这使得欧洲和美国女性怀孕期间感染风疹的几率明显下降。然而，在发展中国家由于接种疫苗还没有常规化，风疹仍然是一种严重的疾病（Plotkin，Katz，& Cordero，1999）。

患糖尿病的女性的后代出现先天缺陷的可能性——尤其是心脏和脊髓缺陷（神

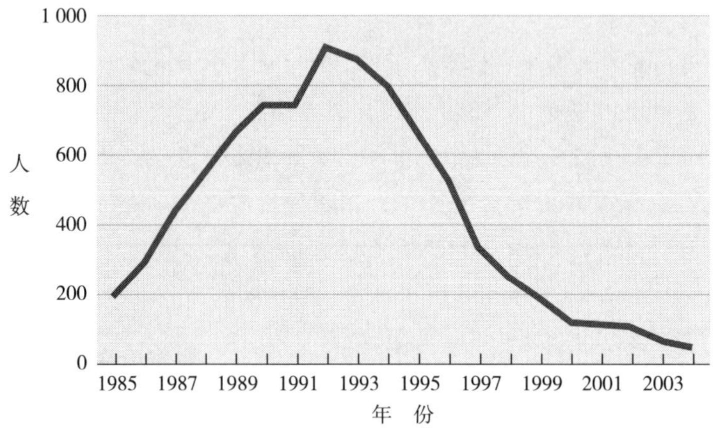

图 4–4
通过母婴传播感染 AIDS 的估计婴儿人数（美国，1985~2004）。由于大规模筛检和抗逆转录病毒治疗，母婴传播婴儿感染 AIDS 的病例急剧下降。

资料来源：CDC，2006.

经管缺陷）——是其他女性后代的 2~5 倍。对老鼠的研究发现：在怀孕的前八周期间，胎儿的主要器官正在形成，而糖尿病患者高的血糖水平会剥夺胎儿的氧气，从而导致细胞损伤。怀孕之前，患有糖尿病的女性需要确保自己的血糖水平得到了良好的控制（Li，Chase，Jung，Smith，& Loeken，2005）。在怀孕之前的三个月以及怀孕初期的三个月内服用复合维生素补充剂有助于降低与糖尿病相关的先天缺陷（Correa，Botto，Lin，Mulinare，& Erickson，2003）。

由藏匿于牛、羊、猪等身体上或者猫的肠道中的寄生虫引发的传染病*弓形体病*，通常没有明显的症状，或者其症状类似于普通感冒。然而，当这种病发生在孕妇身上，尤其是在妊娠的第二阶段或第三阶段时，就会导致胎儿大脑缺陷，严重的视力受损、癫痫、流产、死产或其他方式的婴儿死亡。在这类儿童中，尽管大约有十分之九的婴儿出生时看起来是正常的，但是，超过二分之一的儿童会在后期发展中出现问题，包括眼睛感染疾病、听力丧失以及学习障碍。在出生后的第一年内采用两种抗寄生虫药物——乙胺嘧啶和磺胺嘧啶进行治疗可以降低大脑和眼睛的受损（McLeod et al.，2006）。

为防止感染，准妈妈不能食用生的或者没有完全煮熟的肉，在接触了生肉之后要洗手以及清洗所有工具的表面，所以吃水果和蔬菜应该削皮或者彻底清洗，不应该在埋有猫的粪便的花园中掘土。养猫的女性应该带猫去检查是否患病，同时记得不应该用生肉喂猫。如果有可能，找其他人来清理猫砂盘（March of Dimes Foundation，2002），或者自己经常清理，但每次都要戴手套（Kravetz & Federman，2002）。

母亲的压力

根据对许多研究结果的分析，发现母亲在怀孕期间有一些压力和焦虑是正常的，不一定会增加分娩并发症（例如生出的婴儿低体重）的风险（Littleton，Breitkopf，& Berenson，2006）。母亲适度的压力甚至有可能刺激胎儿发育中的大脑组织。在一系列的研究中发现，那些在怀孕中期表现出适度焦虑的母亲，她们的孩子到两岁时在动作发展和心理发展方面的得分更高（DiPietro，2004；DiPietro，Novak，Costigan，Atella，& Reusing，2006）。

另一方面，母亲怀孕期间的异常压力可能对后代有消极影响（Dingfelder，2004；Huizink，Mulder，& Buitelaar，2004）。一项研究发现，如果女性的配偶或孩子在其怀孕期间死亡，或者由于心脏病、癌症等住院，那么她们更有可能生出畸形的后代，例如兔唇、腭裂、心脏畸形等（Hansen，Lou，& Olsen，2000）。正如在第6章中将提到的，在怀孕第24~28周期间，如果孕妇承受巨大的压力可能会损伤发育中的大脑，以至于导致孩子出现自闭症（Beversdorf et al.，2001）。

在一项发展性评估中发现，母亲自我报告的怀孕期间的焦虑水平与婴儿八个月时的注意力问题密切相关（Huizink，Robles de Medina，Mulder，Visser，& Buitelaar，2002），还与学龄前儿童的消极情绪或者行为障碍有关联（Martin，Noyes，Wisenbaker，& Huttunen，2000；O'Connor，Heron，Golding，Beveridge，& Clover，2002）。其他一些研究发现，准妈妈的压力知觉与其胎儿的活动水平相关（DiPietro，Hilton，Hawkins，Costigan，& Pressman，2002）。

母亲的年龄

2006年12月30日，西班牙巴塞罗纳的一位67岁的妇女成为世界上年龄最大的产妇。该女性（未报道其姓名）经由体外受精而怀孕，并通过剖腹产下一对双胞胎。

自20世纪80年代以来，在30~40岁左右生孩子的美国女性（有少数人甚至在50~60岁左右生小孩）的比例几乎增加了一倍，从19%增加到了37%以上（Martin，Hamilton，et al.，2006），这是时代变革带来的影响之一。生育时间的延后会给母亲和孩子带来什么样的风险呢？

相对于年轻妈妈所生的孩子，尽管高龄产妇给婴儿健康带来的大多数风险并不太严重，但是随着母亲年龄的增长，其出现流产或死产的几率逐渐上升（见图4-5）。事实上，对45岁或者年龄更大的女性而言，流产的风险性高达90%（Heffner，2004）。30~35岁的女性更有可能因糖尿病、高血压或者严重出血等出现一些并发症。同时，也有更大的可能性出现早产、胎儿发育迟缓、先天缺陷以及染色体异常，例如唐氏综合征。然而，由于针对高龄孕妇进行的大规模筛检，目前已经很少出现畸形儿（Berkowitz，Skovron，Lapinski，& Berkowitz，1990；

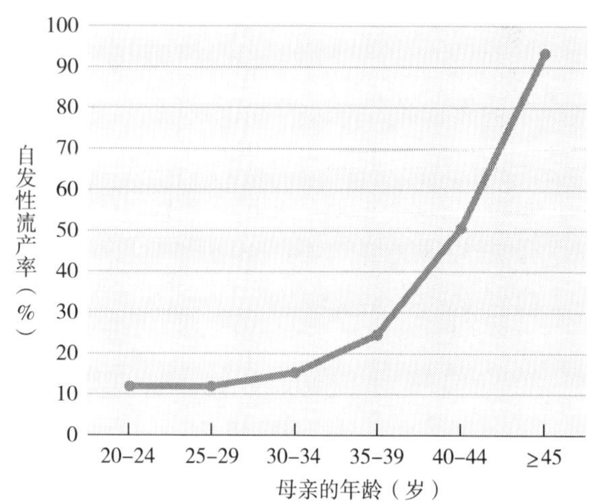

图 4–5

流产率是母亲年龄的函数。

资料来源：Heffner，2004，p. 1927；摘自 Menken et al.，1986；and Anderson，Wohlfahrt，Christens，Olsen，& Melbye，2000。

P. Brown，1993；Cunningham & Leveno，1995；Heffner，2004）。40 或 40 岁以上的孕妇会增加手术分娩的风险（Gilbert，Nesbitt，& Danielsen，1999），50 岁以后生育的女性生出体型过小婴儿、早产儿以及死胎的可能性是年轻女性的 2~3 倍（Salihu，Shumpert，Slay，Kirby，& Alexander，2003）。

使用年轻女性捐赠的卵子、通过体外受精的方法怀孕的女性，并不一定会面临上面提到的所有风险。对这些孕妇来说，她们一般会经历筛选和密切的监控，所以在她们身上出现的流产和染色体异常的风险与捐赠者的年龄相关（Heffner，2004）。

青春期少女也倾向于生出早产儿或低体重婴儿——或许这是由于仍处于生长发育期的少女消耗掉了太多胎儿必需的营养物质（Fraser，Brockert，& Ward，1995）。这些新生儿在出生后一个月内死亡的风险性很高，并可能患有残疾或其他健康问题。青春期少女怀孕的风险将在第 17 章中进一步阐述。

外在的环境危害

空气污染、化学制品、辐射、极端的热气和湿气以及现代生活带来的其他危害都会影响胎儿的产前发展。经常呼吸到的空气中如果含有燃烧产生的高浓度细微颗粒，那么孕妇生出早产儿或者体型过小婴儿的可能性更大（Parker，Woodruff，Basu，& Schoendorf，2005），也更有可能出现染色体异常（Bocskay et al.，2005）。接触高浓度的消毒副产物与婴儿低体重和胎儿发育迟缓有关（Hinckley，Bachand，& Reif，2005）。接触半导体制造行业中化学制剂的女性发生流产的可能性大约是其他女性工人的两倍（Markoff，1992），接触滴滴涕（DDT）的女性更容易生出早产儿（Longnecker，Klebanoff，Zhou，& Brock，2001）。有两种常见的杀虫剂（毒死蜱和地亚农）可能会引起产前发育迟缓（Whyatt et al.，2004）。英国的一项研究发现，生活在距离有害废弃物站点四公里以内的家庭，生出非遗传性先天缺陷婴儿的风险增加了 33%（Vrijheld et al.，2002）。

胎儿暴露于低水平的环境毒素，例如铅、汞、二氧艺以及尼古丁和乙醇等，会导致婴儿哮喘、过敏症、自体免疫失调（例如红斑狼疮）等病症的激增（Dietert，2005）。儿童期癌症（包括白血病）与母亲怀孕期间饮用受化学物质污染的地下水（Boyles，2002）以及使用家庭杀虫剂有关（Menegaux et al.，2006）。即使胎儿在产前接触低水平的铅（尤其是在妊娠的后三个月），也通常会导致其在 6~10 岁时出现智力缺陷（Schnaas et al.，2006）。

怀孕期间定期接受牙科 X 光照射的女性，生出足月但低体重婴儿的风险性会增至三倍（Hujoel，Bollen，Noonan，& del Aguila，2004）。受精后 8~15 周，胎儿在子宫内暴露于辐射与智力发育迟滞、头围窄小、染色体异常、唐氏综合征、癫痫以及在学校的 IQ 测验中表现不佳等都有一定程度的关联（Yamazaki & Schull，1990）。

考考你 ✓

你可以……

- ✓ 描述出，如果女性在怀孕期间使用临床药物和消遣性药物，会对胎儿的发展有哪些短期的和长期的影响吗?
- ✓ 总结出母亲的疾病和压力、推迟生育年龄、接触化学制品和辐射，各有哪些风险性吗?

父亲的因素

男性接触铅、大麻或者香烟、大量的酒精或辐射、己烯雌酚（DES）、杀虫剂或高水平的臭氧等，可能导致精子异常或者质量低劣（Sokol et al.，2006；Swan et al.，2003）。在英国一家核加工厂工作的男性工人，其后代出生时死亡的风险性很高（Parker，Pearce，Dickinson，Aitkin，&Craft，1999）。如果父亲在受精之前一年内接受了 X 光照射诊断，或者所从事的工作会接触到高浓度的铅，那么他们的小孩通常会低体重或者胎儿发育迟缓（Lin，Hwang，Marshall，& Marion，1998；Shea，Little，& ALSPAC Study Team，1997）。在对新加坡 5 年内出生的近 23.8 万名婴儿的研究中发现，相对于母亲的职业，婴儿的先天缺陷与父亲职业的联系更密切，尤其是像机器操作和装配等工作（Chia et al.，2004）。

吸烟的男性更有可能遗传异常基因（AAP Committee on Substance Abuse，2001）。母亲怀孕期间暴露于父亲的二手烟与婴儿的低体重、呼吸道感染、婴儿猝死以及童年期和成年期的癌症发病率等有一定的关联（Ji et al.，1997；Rubin，Krasilnikoff，Leventhal，Weile，& Berget，1986；Sandler，Everson，Wilcox，& Browder，1985；Wakefield，Reid，Roberts，Mullins，& Gillies，1998）。纽约的一项研究考察了 214 名自己本身不吸烟、但其丈夫吸烟且城市空气受到污染的孕妇，结果发现，这部分女性的孩子的出生体重降低了 7%，头围减小了 3%（Perera et al.，2004）。

年纪大的男性的精子开始损坏或者恶化，可能也是婴儿先天缺陷的一个重要原因。在 2004 年，10% 的新生儿的父亲在 35~55 岁之间，甚至更大（Martin，Hamilton，et al.，2006）。父亲生育年龄的推迟与一些罕见病症风险的增加有密切关系，包括侏儒症（Wyrobek et al.，2006）。父亲生育年龄的推迟可能也是精神分裂症（Byrne et al.，2003；Malaspina et al.，2001）和孤独症以及相关障碍（Reichenberg et al.，2006）增加的一个危险因素。

你的观点？

可卡因、大麻、烟草以及其他一些有害物质可以导致男性精子发生遗传畸形，那么处于生育年龄阶段的男性是否必须戒断这些物质呢？如何强制实施这样一个禁令？

考考你 ✓

你可以……

✓ 在导致胎儿先天缺陷的环境因素中，你能识别出三种以上父亲方面的因素吗？

产前检查与护理

就在不久以前，准父母对未出生婴儿唯一能做的就是决定何时怀孕，怀孕期间发生的大部分事情都是他们无法控制的。目前，科学家发展出了一系列工具用来评估未出生婴儿的发展和健康状况（见表 4-3）。

近年来采用无创手段检测染色体异常方面的技术一直在进步，例如超声波和血液检查。与更早的一些观点相反，羊膜穿刺术和绒毛膜取样这些被用在怀孕早期的诊断手段，仅带来了略高的流产风险（Caughey，Norton，2006；Eddleman et al.，2006）。在怀孕最初的三个月内进行筛检是最有效的手段（Simpson，2005）。在一项研究中发现，妊娠 11 周的时候，使用三种无创手段一起预测唐氏综合征的发病率，

表 4–3 产前评估技术

技术手段	描 述	使用情况和优势	风险和说明
超声波（声波图），超声胚胎学	高频声波对准母亲的腹部可以形成子宫中胎儿的图像。 超声胚胎学采用高频阴道超声探头和数字图像处理来生成子宫中胚胎的图像。	可以监控胎儿的生长、运动、姿势和外形；评估羊水量；判断胎龄；探测多胞胎。 探测重要的结构异常或胎儿的死亡。 指导羊膜穿刺术和绒毛膜取样。 帮助诊断伴性遗传障碍。 超声胚胎学可以诊断胚胎期的异常缺陷。	风险未知；在许多地方被当做常规检查。 可以用于未出生婴儿的性别诊断。
胎儿镜检查；用胎儿镜窥查胎儿	将微小可见的内窥镜插入母亲的腹部来观察胚胎或胎儿。	可以用于指导胎儿子宫内输血和骨髓移植。 可以帮助进行非染色体遗传性缺陷的诊断。	胎儿镜检查仍然处于研究阶段。 比其他产前诊断手段风险更高。
羊膜穿刺术	取出羊水样本并在超声波的指导下对其进行分析。 最普遍的用途是获得胎儿细胞并进行检测。	可以检测染色体疾病、某些遗传性或多因素缺陷；准确率高于 99%。 通常用于 35 岁及以上的孕妇；如果准父母是已知的泰—萨二氏病或镰刀状红细胞贫血症的携带者，亦或有唐氏综合征、脊柱裂或肌肉萎缩症的家族遗传病史，建议进行此项检查。 可以帮助诊断伴性遗传障碍。	通常来说妊娠期前 15 周不能进行此项检查。 结果通常 1~2 周才出来。 会略微增加流产或对胎儿造成伤害的风险（0.5%~1%）；早期羊膜穿刺术（在妊娠 11~13 周期间）有更高的风险，不建议早期接受该检查。 可以用于未出生婴儿的性别诊断。
绒毛膜取样（CVS）	从毛发状的绒毛膜绒毛（包裹胎儿的薄膜上的突起）上提取组织并进行分析。	对先天缺陷和疾病进行早期诊断。 可以在妊娠期的 10~12 周实施；一周内就可得出高度精确的结果。	在妊娠前 10 周不能进行该诊断。 一些研究发现，导致流产的风险比羊膜穿刺术高出 1%~4%。
胚胎着床前基因诊断	在体外受精之后，从胚泡中提取出样本细胞并进行分析。	可以避免遗传缺陷的传播或易染病体质世代相传；有缺陷的胚泡不会被植入子宫中。 可以检测 100 多种疾病。可以筛查出有缺陷的胚胎并施以流产。经常被用于体外受精的情况。	风险未知。
脐带取样（脐带穿刺术，或者胎儿血取样）	探针在超声波的指引下插入脐带的血管中。	允许直接获取胎儿 DNA 进行诊断性测查，包括血液异常和感染的评估，也是一种治疗性手段，例如输血。	据报道，胎儿流产的病例为 1%~2%；脐带出血和胎儿宫内窒息会增加风险。
母亲血检	检验准妈妈的血液样本以了解 α 胎球蛋白（AFP）。	可以显示大脑或脊髓中的缺陷（先天无脑畸形或脊柱裂）；也可以预测唐氏综合征和其他的异常情况。 可以检测孕期出现低体重或死产的可能性。	风险未知，但存在假阴性的可能。 在可疑的情况下，需要采用超声波和 / 或羊膜穿刺术加以确认。

资料来源：Chodirker et al.，2001；Cicero，Curcio，Papageorghiou，Sonek，& Nicolaides，2001；Cunniff & Committee on Genetics，2004；Kurjak，Kupesic，Matijevic，Kos，& Marton，1999；Tarkan，2005；and Verlinsky et al.，2002.

其准确性是 87%。之后，在妊娠第二个阶段初期进一步进行无创检测，其准确性会达到 96%（Malone et al.，2005）。

筛检缺陷和疾病只是早期产前护理之所以重要的一个原因。在怀孕早期进行一些高质量的产前护理，包括教育、社会和营养等方面的服务，有助于预防母亲或婴儿死亡以及其他一些出生并发症。同时，也可以为第一次做母亲的人提供关于怀孕、分娩和育婴方面的经验和信息。一些家庭贫穷的女性如果能得到产前护理，她们就可以从接触到的其他所需的服务中受益，并且也更有可能使她们的婴儿在出生后得到医疗护理（Shiono & Behrman，1995）。

产前护理的差异

产前护理在美国是非常普及的，但是在许多欧洲国家却并不是那么流行；产前护理还缺乏统一的国家标准和有力的财政支持。接受早期产前护理（在妊娠的前三个月）的孕妇比例稳步上升，自 1990 年以来的 75.6% 上升到 83.9%。但是，直到 2004 年，仍然有 3.6% 的准妈妈要到妊娠的最后一个阶段才接受产前护理，甚至整个妊娠期间都没有接受产前护理（Hoyert et al.，2006；Martin，Hamilton，et al.，2006）。（2004 年有七个州接纳了修订后的产前护理定义，但这些地方产前护理的利用率进一步降低。）此外，低体重婴儿和早产婴儿的比例持续上升（见第 5 章）。为什么会出现这样的情况呢？

其中一个原因是多胞胎数量的上升，他们需要特殊、密切的产前照料。出于安全性考虑，多胞胎往往在预产期之前引产或者剖腹产（Hamilton，Martin，& Sutton，2004；Hoyert et al.，2006；Martin，Hamilton，et al.，2006）。

另一个原因是产前护理的分配不均衡，即享受产前护理的机会是不均等的。尽管产前护理的应用在增长，尤其是在过去很少有机会获得早期护理的其他种族群体的女性中，但是最可能生出低体重婴儿的群体——如青少年和未婚女性、受教育水平极低的女性或者少数民族的女性等——获得产前护理的可能性仍然最小（Martin，Hamilton，et al.，2006；National Center for Health Statistics [NCHS]，2005；USDHHS，1996a）。在 2004 年，89% 的非西班牙裔白人孕妇在妊娠第一阶段就开始接受产前护理，但是在西班牙裔美国人和非西班牙裔黑人孕妇中该比例仅为 77.5% 和 76.5%（Martin，Hamilton，et al.，2006）。图 4-6 描述了不同种族群体的女性在怀孕后期才接受产前护理或未接受产前护理的比例。

> **你的观点?**
> 你能提出几种途径以引导更多怀孕的女性寻求孕早期护理或孕前护理吗?

一个需要关注的问题是胎儿死亡率和出生后婴儿死亡率的种族差异。在考虑了诸如家庭社会经济地位（SES）、肥胖、吸烟、高血压、糖尿病等危险性因素后，黑人、西班牙裔和其他少数群体中胎儿死亡和出生后死亡的比例分别是白人群体的 3.4 倍、1.5 倍和 1.9 倍（Healy et al.，2006）。

图 4–6
根据种族或民族划分，2004 年美国孕妇在怀孕后期才接受产前护理或未接受产前护理的比例。怀孕后期产前护理开始于妊娠最后三个月。
资料来源：NCHS，2006.。

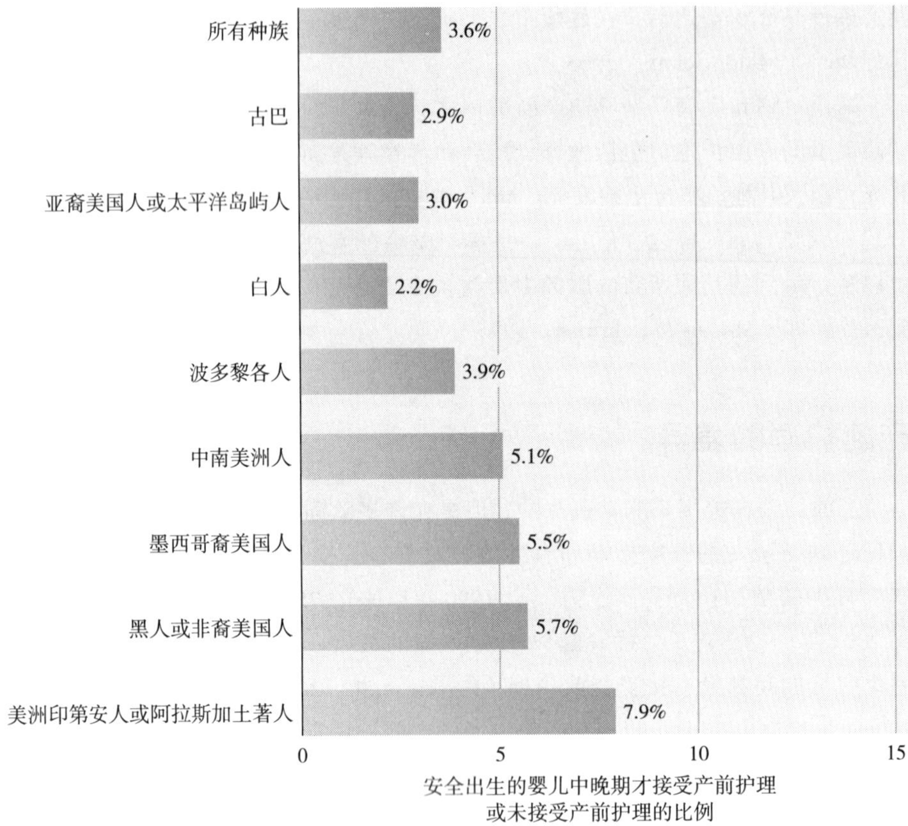

考考你 ✓

你可以……

✓ 描述出七种诊断产前胎儿缺陷或疾病的技术手段吗?

✓ 论述一下，在产前护理的应用方面存在不均衡的可能原因吗?

✓ 说出为什么早期、高质量的产前护理是重要的吗? 为什么孕期护理也是必要的呢?

孕前护理的需求

从根本上来说，即使接受早期产前护理也是不够的，护理应该开始于怀孕之前，以鉴别出可预防的危险性因素。疾病控制和预防中心（CDC，2006c）针对所有育龄女性，发布了一项关于孕前护理的综合的、基于研究的指导纲要。这些护理应该包括：

- 身体检查、药物使用历史和家族史。
- 接种风疹和乙肝疫苗。
- 对基因遗传学障碍和感染性疾病（如性传播疾病等）进行风险筛检。
- 劝告女性朋友远离吸烟和酒精，维持健康的体重，并使用叶酸补充剂。

干预措施应该针对已探明的生育风险，以及在那些过去有不良妊娠结果的女性群体中开展。

疾病控制和预防中心（2006c）呼吁所有成年人构思一份生育计划，这样可以集中更多的精力在生育健康上，避免无计划怀孕，提高生育质量。同时，疾病控制和预防中心也呼吁提高低收入女性的健康保险以确保她们有机会获得产前护理。

再次聚焦

以本章开头的人物快照中亚伯·多瑞斯的故事为基础，重新思考以下问题，

- 亚伯·多瑞斯的例子表明，产前环境在儿童发展中起什么作用?
- 为什么迈克尔·多瑞斯的“如果有一个积极的家庭抚养环境，亚伯就能赶上其他儿童”的信念被证明是毫无根据的?
- 对于那些对孩子的产前历史一无所知的领养者来说，哪些信息可能是有帮助的?

良好的孕前和产前护理可以为每一名即将来到这个世界的婴儿提供最好的机会，使得他们以最好的状态迎接子宫外世界的挑战——我们将在后面三章中重点阐述这些挑战。

小 结

产前发育：三个阶段

学习向导 1 产前发育的三个阶段是什么？在每个阶段内会发生什么?

- 产前发育主要发生在怀孕的三个阶段：胚芽期、胚胎期和胎儿期。
- 出生前和出生后的身体发育和发展都遵循两个原则，即头尾定律（从头到尾）和近远定律（从中心到外围）。
- 通常来说，在怀孕的第一阶段，有高达二分之一的怀孕会出现自发性流产。
- 随着胎儿的生长，胎儿的运动更少，但更有力。吞咽羊膜液（其中含有从母亲机体带来的营养物质）刺激了味觉和嗅觉的发展。胎儿似乎具有听觉，能够进行感觉辨别、学习和记忆。

产前发育：环境的影响

学习向导 2 哪些环境因素会影响产前发育?

- 产前环境会对发展中的胎儿造成很大影响。先天缺陷可能依赖于产前事件发生的时间和强度，及其与遗传因素的交互作用。
- 重要的环境影响因素首先是母亲的因素，包括母亲的营养、体育活动、吸烟、酒精和其他药物的使用、母亲的疾病、母亲的压力、母亲的年龄，还包括外部环境危害，例如化学制品和辐射。外部影响和父亲的年龄可能影响到父亲精子的质量。

监控和促进产前发育

学习向导 3 哪些技术手段可以评估胎儿的健康和幸福感？产前和孕前护理有什么重要性?

- 超声波、羊膜穿刺术、绒毛膜取样、胎儿镜检查、胚胎着床前基因诊断、脐带取样以及母亲的血液检查等技术都可以用来诊断未出生胎儿是否发育正常。
- 妊娠早期开始的高质量的产前护理对胎儿的健康发展是必不可少的。它有助于先天缺陷和发展障碍的早期诊断，可以帮助降低婴儿出生时的低体重和其他出生并发症。
- 产前护理在种族 / 民族群体之间的不均衡可能是造成婴儿出生时低体重和围产期死亡差异的一个因素。
- 为每一位育龄女性提供孕前护理可以降低无计划怀孕的比例，提高生育质量。

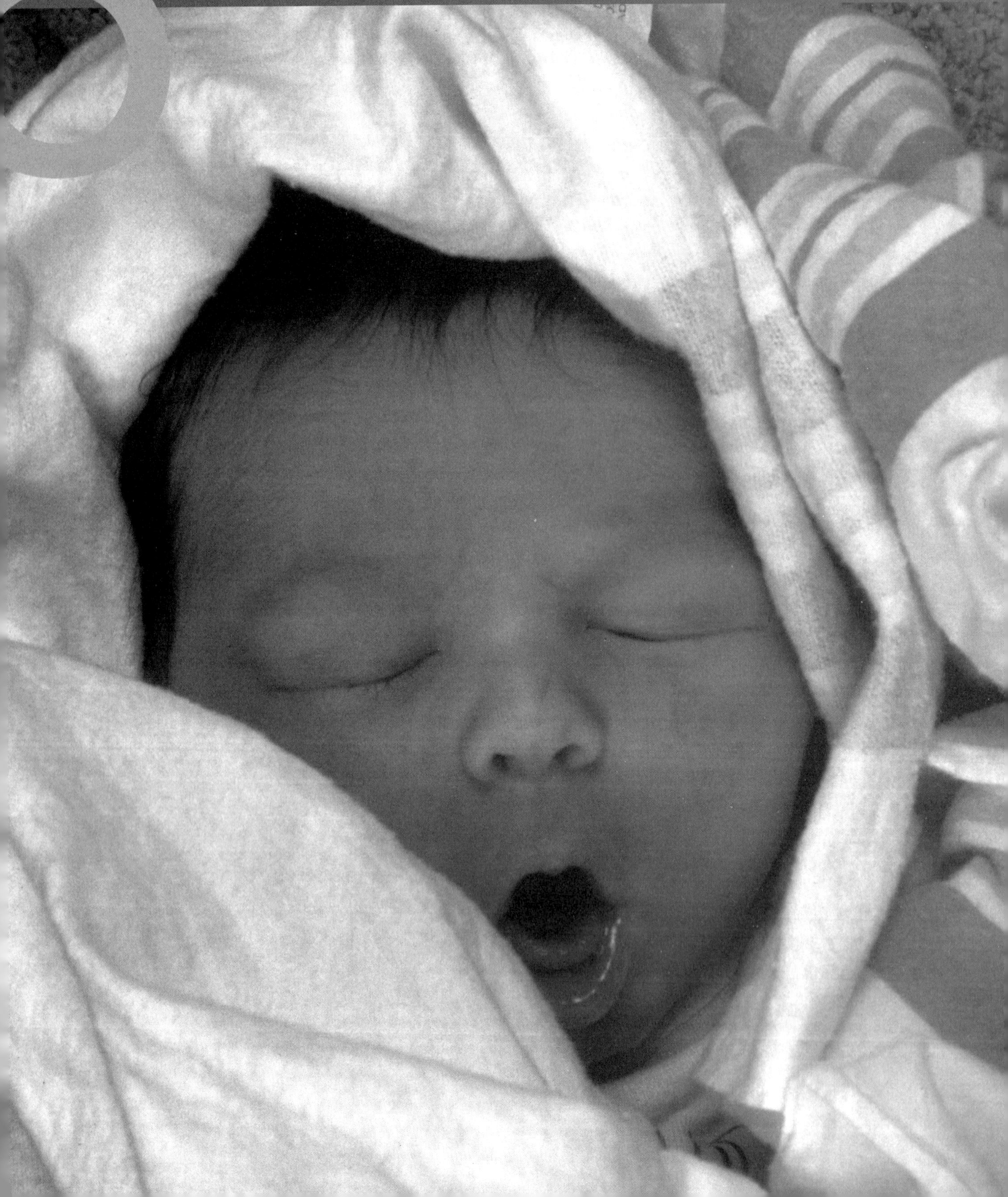

分娩与新生儿

每个新生儿都是一个独特的存在，我从来没有见过两个长得完全相同的婴儿。这是一个栩栩如生的奇迹，没有你，这个小生命一刻也不能生存，他的头骨比鸡蛋还脆弱；这是一个由眼睛、腿、脚趾甲和肺共同缔造的奇迹。

——詹姆斯·鲍德温（1972）

人物聚焦　埃尔维斯·普雷斯利*的出生

埃尔维斯·普雷斯利

埃尔维斯·普雷斯利（1935~1977）出生于密西西比州图珀洛东部的一座42平米的村舍里。今天，一代摇滚天王的诞生地被粉刷成了亮白色，墙上贴满淡黄色的壁纸，窗户上挂着漂亮的窗帘，游客在此能感受到家庭的温暖和舒适。但是，就像许多关于普雷斯利早期生活的传说一样，这一"小巧玲珑的玩偶之家"（Goldman，1981，p.60）与真实情况只有一点点相似之处：普雷斯利家坐落在一个非常贫穷的小村落——就像公路上的一个大黑点（Clayton & Heard，1994，p. 8），它是一间简陋的小木屋，里面没有水管装置和电。

在美国经济大萧条时期，普雷斯利近乎文盲的父亲弗农当时为一个名叫奥维尔·比恩的农场主干些零活，农场主拥有城镇上大部分的土地。普雷斯利的母亲格拉迪斯非常活泼、开朗、精力无限。母亲和父亲处于两个极端，母亲非常健谈，父亲极其沉默寡言。母亲与父亲都是来自小佃农家庭的流动工人，为了方便工作，母亲搬到距离服装厂很近的东图珀洛。

格拉迪斯第一次注意到英俊的弗农是在大街上，很快他们在教堂相识。1933年6月17日，17岁的弗农和21岁的格拉迪斯私定终身，他们用借来的3美元领取了结婚证。

起初这对年轻的夫妇与朋友和家人生活在一起。当格拉迪斯怀孕时，弗农向农

* 关于埃尔维斯·普雷斯利的信息摘自 Clayton & Heard（1994）；Dundy（1985）；Goldman（1981）；Guralnick（1994）；Marling（1996）。

场主比恩借了 180 美元购买了建造房屋的木材和钉子，在父亲和哥哥的帮助下，在距离老萨尔蒂约路的不远处，紧邻父母的房子搭建了两间小屋。土地所有者比恩拥有房子的所有权，直到弗农还清欠款。

1934 年 12 月，在格拉迪斯分娩前一个月他们搬进了新家。格拉迪斯的妊娠期很痛苦，腿肿胀得厉害，而工作的时候又必须整天站着，推一个很重的蒸汽熨斗，所以最后不得不辞掉了服装厂的工作。

1 月 8 日，一个非常寒冷的凌晨，当弗农起来准备工作时，格拉迪斯开始出血，接生婆让弗农去请医生威尔・亨特（用救济金支付了 15 美元的诊疗费）。在凌晨 4 点钟的时候，亨特医生接生了一个死胎，后被取名为耶西・加仑。大约 35 分钟后，孪生弟弟埃尔维斯・普雷斯利出生了。因为极度的虚弱和大量失血，格拉迪斯和埃尔维斯被送到慈善医院，他们在医院住了 3 个多星期。

去世的耶西仍然是这个家庭的重要一员，格拉迪斯经常跟埃尔维斯提到他的孪生哥哥，"当孪生孩子中的一个去世后，活着的那个孩子便获得了两个人的力量"（Guralnick，1994，p. 13）。埃尔维斯把母亲的话牢牢记在心里，在他的一生中孪生哥哥的音容笑貌会经常浮现。

在埃尔维斯 3 岁时，父亲因为篡改一张 4 美元的支票被送进了监狱。在房子欠款到期时，格拉迪斯和埃尔维斯被比恩驱逐出去，不得不搬到亲戚家，从此埃尔维斯离开了自己的出生地。几年后，埃尔维斯驱车回到东图珀洛（现在的图珀洛郊区普雷斯利高地）。黑暗中，他坐在车里，望着现在被称为埃尔维斯・普雷斯利的村舍，"回顾生命中曾经发生的一幕"（Marling，1996，p.20）。

•••

埃尔维斯・普莱斯利仅仅是众多在家里出生的名人中的一个，其中包括几乎所有美国的总统。过去，妊娠期医学护理在美国相当少见，许多婴儿像耶西・普莱斯利一样在出生时就死了，并且许多孕妇也在分娩中死亡。随着医学的进步以及发达国家生活标准的提高，分娩中婴儿的死亡率已大大降低。现在美国绝大部分的分娩都是在医院里（欧洲一小部分国家不是这样）。然而，我们应该看到，与许多发展中国家的现状相同，发达国家中回归家庭分娩的趋势正在兴起。

本章中我们将介绍婴儿是如何来到这个世界上的，也会介绍新生儿是什么样子，及其身体组织系统是如何运转的。我们将介绍评估他们健康状况的方法，以及分娩并发症如何影响其成长发育。我们也将探讨婴儿的出生如何影响其父母，而他们是对婴儿的健康至关重要的人。

在你阅读和学习本章之后，你应当能够回答下一页"学习向导"中的每个问题。回顾章节末尾的小结，可以检验你对这些"学习向导"的理解。贯穿章节始终的"考考你"可以考核你对阅读内容的理解。

学习向导

1. 分娩习俗如何反映人类文化？发达国家的分娩发生了怎样的变化？
2. 分娩如何开始？在分娩的三个阶段分别发生了什么？另一种有效的分娩方式是什么？
3. 新生儿怎样适应子宫外的生活，我们如何确定新生儿是正常的且会健康成长？
4. 哪些分娩并发症会危及新生儿的生命？分娩并发症对婴儿有何长期影响？
5. 父母怎样与孩子建立连结？怎样照顾孩子？

分娩与人类文化：分娩发生的变化[*]

分娩习俗反映了一种文化信仰、价值观及文化渊源。尤卡坦半岛的玛雅女人在她们睡觉的吊床上分娩，准父亲与接生婆一同陪产。为了躲避恶魔，母亲和婴儿有一周时间足不出户（Jordan，1993）。与此相反，东非的恩戈尼人不允许男人陪产。在泰国乡下，产妇通常在分娩后几个小时就恢复正常活动（Broude，1995；Gardiner & Kosmitzki，2005）。

20 世纪之前，欧洲与美国的分娩方式有些相像，都是一种女性群体仪式。孕妇坐在床上，或者是在马厩内，用床单围起来，被女性亲戚和邻居围绕；只要她愿意，可以站着，走来走去，也可以蹲在分娩专用器具上。墙、门和窗户上的裂缝都要用布条堵上，避免冷气和恶魔进来，准父亲不能在场。直到 15 世纪才有医生在场，而且只有当那些有钱的孕妇出现并发症时，医生才会出现。

负责整个分娩过程的助产士没有接受过正规训练，她提供“建议、按摩、药剂、冲洗以及护身符”。有一种药膏由毒蛇肉、美洲鳗胆汁、驴蹄粉、变色龙的舌头或者野兔和蛇的皮制作而成，涂在孕妇的腹部能够减轻疼痛或者加速分娩；但是“人们认为产妇的哭喊同新生儿出生时的哭泣一样，都是很正常的”（Fontanel & d’Harcourt，1997，p. 28）。

由于助产士对女性解剖学和分娩过程缺乏正确的认识，有时她们的帮助反而会起到负作用。16 世纪有一本教科书，指导助产士拉长、扩大孕妇生殖器的羊膜，用指甲割破这层羊膜，要求孕妇上下楼梯，同时以最大的肺活量尖叫，挤压孕妇的腹部帮助她用力生出婴儿，并在分娩后快速取出胎盘（Fontanel & d’Harcourt，1997）。

新生儿出生后，助产士剪断并绑好脐带，为新生儿清洗、做检查，测试反射反应及关节活动。其他女人帮助孕妇清洗、穿上衣服，让她躺在铺有干净床单的床上，提供食物帮助她恢复体力。几个小时或者几天后，农村的母亲就会回到田间劳作，而家庭富裕的或者贵族女性会像待产那样休息几个星期。

* 这部分讨论主要基于 Eccles，1982；Fontanel & d’Harcourt，1997；Gélis，1991；Scholten，1985。

降低分娩风险

在那个年代，分娩对母亲和孩子而言都是在“与死神抗争”（Fontanel & d'Harcourt, 1997，p. 34）。17、18 世纪的法国，有 1/10 的孕妇在分娩中或分娩后的很短时间内死亡。数以千计的新生儿生下来就已经死亡，1/4 的婴儿在出生后第一年内夭折。在 19 世纪末的英格兰和威尔士，孕妇死亡率是当今的 50 倍（Saunders，1997）。

19 世纪初，产科学的发展使分娩、尤其是城市里的分娩专业化。大多分娩仍然是在家里，产妇身边随时有人给予帮助和情感支持，但是通常会有携带外科手术器械的医生（男性）在场，以防意外情况发生。现在的助产士都已经接受过正规培训，妇产科手册也四处可见。

进入 20 世纪后，能够支付起费用的产妇们选择在妇产科医院进行分娩（除了像格拉迪斯·普雷斯利一样支付不起费用的产妇）。这些医院都经过消毒处理，需要医疗处理时也更方便。1900 年，美国只有 5% 的孕妇在医院分娩；而到了 1920 年，各城市在医院分娩的孕妇比率从 30% 到 65% 不等。欧洲的发展趋势与美国相似。2004 年美国 99% 的婴儿都出生在医院，91.5% 的分娩有医生参与。接近 8% 的分娩有助产士参与，她们均持有护士 - 助产士资格证书（Martin，Hamilton et al., 2006）。

在发达国家，妊娠期和分娩过程中的危险因素迅速降低，特别是过去 50 年里，这在很大程度上是因为随时可以得到抗生素、输血、安全麻醉、更加卫生的条件、必要的催产药物。除此之外，产前检查的改进也在很大程度上能够保证婴儿健康出生。

当然，孕妇和婴儿在分娩过程中依旧会面临危险因素。1993~1997 年，每年有接近 4 000 000 的美国女性分娩，其中出现医疗问题的有 31%（Daniel，Berg，Johnson，& Atrash, 2003）。黑人妇女、肥胖妇女、有严重疾病史的妇女、先前有过剖腹产的妇女、生过很多孩子的妇女在分娩过程中更可能出现大出血及其他危险并发症；黑人妇女在分娩过程中的死亡率至少是白人妇女的 4 倍（Chazotte，quoted in Bernstein，2003）。

当代的分娩环境

分娩的医疗化使人们付出了很多社会和情感代价。对当代的许多妇女而言，“医院分娩变成了一种外科手术，一个监视器与产妇连接在一起，产妇平躺在手术台上，脚蹬在蹬形物上，上面是刺眼的灯光和两三个陌生人的盯视”（Fontanel & d'Harcourt, 1997，p. 57）。今天，一小部分发达国家的孕妇重新享受到了私人化的家庭分娩，所有家庭成员都参与到分娩中，而且这一群体的人数正在增加。通常会有接受过培训的护理——助产士参与家庭分娩，她们有专业的医学知识储备，以防意外情况的发生。与家庭相似的独立分娩中心是另一个选择。研究发现，家庭分娩和分娩中心分娩这两种方式与有专业人士参与的、低风险的医院分娩同样安全，而且花费少（Anderson

& Anderson，1999；Durand，1992；Guyer，Strobino，Ventura，& Singh，1995；Korte & Scaer，1984）。

医院也在努力创造一种“人性化”的分娩方式。分娩也许可以在一个安静、亲切的产房里进行，灯光柔和，长辈陪伴左右，分娩后年长的兄弟姐妹前来探望。如果产妇希望且确实需要，会进行局部麻醉。产妇能够看到并且有意识地参与到整个分娩中来，在孩子出生后能够很快把他抱在怀中，并允许婴儿大部分时间一直待在母亲房间内。“通过整合经验，一些医院和分娩中心致力于创建或者重新创建一种分娩环境，在这里亲切、安全、情感与医疗技术同等重要”（Fontanel & d'Harcourt，1997，p.57）。

考考你✓

你可以……

✓ 思考发达国家分娩发生变化的三种方式?

✓ 解释妊娠和分娩危险降低的原因?

✓ 指出不同分娩设施和助产人员的相对优势?

分娩过程

分娩是描述生孩子过程的一个恰当术语。由于胎儿头部较大，所以分娩对母亲和胎儿而言都是一项艰辛的工程。从进化的角度来看，头大的好处是能够容纳一个具有高级思维能力的大脑，这一价值超过了胎儿头部通过产道所经受的磨难。

分娩，或者是正常的阴道分娩，通常伴随着子宫、子宫颈以及其他器官的一系列变化，被称为分娩**阵痛**（parturition）。分娩阵痛通常在分娩的前两周开始，母亲的雌激素急速增加，刺激子宫收缩，子宫颈变得更有弹性。胎盘会产生一种叫促肾上腺皮质激素释放激素（CRH）的蛋白质，阵痛的时间取决于这种蛋白质释放速度的快速增长。这种蛋白质也能够促进胎儿肺脏器官的发育成熟，为子宫外的生活做好准备。妊娠第 5 个月 CRH 的释放速率能够预测预产期是提前、准时还是推后（Smith，1999，2007）。

通常在妊娠 40 周时，随着子宫收缩，宫缩会将婴儿排出来。在妊娠的最后时期，甚至在妊娠中期，当子宫收缩 30~60 秒或 2 分钟时间时，孕妇可能会有宫缩的错觉（布雷希氏收缩）。这些收缩能够增强子宫肌肉，促进血液流入胎盘。布雷希氏收缩相对温和、不规则，随后会减退，而真正的宫缩更频繁、更有节奏、更疼痛，而且在频率和强度上逐渐增强。

分娩阶段

分娩可以分为相互交叉的三个阶段（图 5-1）。

第一阶段：宫颈扩张，这是持续时间最长的一个阶段，初产孕妇通常会持续 12~14 个小时，再次分娩时该阶段会缩短。逐渐加快的有规则的宫缩使宫颈变短、扩张，为随后的分娩做准备。该阶段开始时每 15~20 分钟宫缩一次，到即将结束时，每 2~5 分钟宫缩一次。经过这个阶段后宫颈完全打开（10 厘米），这样胎儿才能够进

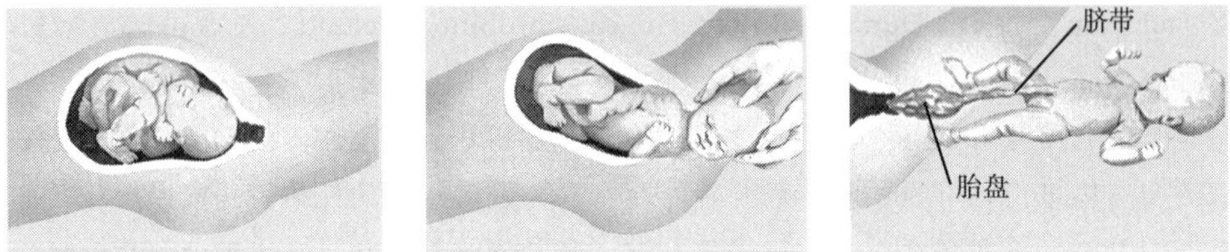

(a) 第一阶段 (b) 第二阶段 (c) 第三阶段

图 5–1

三个分娩阶段。(a)在第一个分娩阶段，一阵阵宫缩越来越强烈，使宫颈膨胀，为母亲的子宫打开一个通道；(b)在第二个阶段，胎儿的头移出产道，从阴道中排出；(c)在简短的第三个阶段，从子宫中取出胎盘和脐带，然后剪断脐带。

资料来源：Adapted from Lagercrantz & Slotkin, 1986.

入产道。

第二阶段：胎儿降生，通常持续 1~2 个小时。这个阶段以胎儿头部由宫颈进入产道开始，到胎儿降生结束。如果该阶段持续的时间超过两个小时，说明胎儿需要外力的帮助才能出来，医生可能会用产钳或真空吸的方法将胎儿从母体内吸出来。这个阶段结束时，胎儿已经降生，但是仍然通过脐带与母亲体内的胎盘连在一起，必须将脐带剪开并且系紧。

第三阶段：取出胎盘，会持续 10 分钟到 1 个小时。在这个阶段从母亲体内取出胎盘及剩余的脐带。

以前医生会在分娩前做一个会阴切开手术，将阴道和肛门之间切开，扩大阴道口，加速分娩，避免阴道撕裂。做这个手术的理论假设是“干净的”切口比自然撕裂更容易愈合。然而，许多研究推翻了这一理论，现在专家认为除非胎儿特别大、需要借用产钳分娩，或者有迹象表明胎儿的心率有问题，一般情况下不建议做会阴切开手术。

胎儿电子监测仪

胎儿电子监测仪（electronic fetal monitoring）可以在分娩过程中追踪胎儿的心音，观察胎儿的心脏对宫缩所产生压力的反应。监测仪能够探测所有的严重问题，提醒医生或助产士采取必要的措施。如果有迹象表明胎儿有危险，胎儿电子监测仪也会用于妊娠晚期。2003 年美国有 85.4% 的活胎分娩中使用了胎儿电子监测仪（Martin，Hamilton et al.，2005）。

胎儿电子监测仪可以是外置的，将监测仪放在母亲腹部并用弹性绑带固定起来；监测仪也可以是内置的，将一根导线置入孕妇的子宫颈放在胎儿头部。内置方式探测到的信号更精确，但是只有在子宫颈已经完全打开的情况下才能采用，而且这种方式可能存在感染的危险。监测仪可以远距离遥控，将检测到的胎儿心跳和孕妇的宫缩信息发送到另一个房间（如护士站）的监视器上。

胎儿电子监测仪在胎儿非常小、早产、臀位（胎儿的脚或臀部朝下），或者胎儿似乎处于危险中、使用药物引产等高危分娩中能够提供有价值的信息。1990 年以来，美国引产的比率增加了两倍；2004 年超过 21% 的活胎分娩是引产，这一定程度上反映了选择性引产在增加（Martin，Hamilton et al.，2006）。

如果在正常妊娠中使用监测仪，可能会有伤害。监测仪很昂贵；在分娩过程中它限制了孕妇的行动，更重要的是它有非常高的假阳性率（胎儿没有危险却报告有危险）。这种假阳性报告可能会迫使医生采取危险性更高的剖腹产而不是顺产（Nelson，Dambrosia，Ting，& Grether，1996）。

阴道分娩和剖腹产

如同前文所说，人们一般都选择阴道分娩。另一种选择是**剖腹产**（cesarean delivery），在孕妇的腹部切开一个口，将胎儿从子宫中取出来。2004 年美国有 29.1% 的婴儿是剖腹产，比 1996 年增长了 41%，创造了一个很高的记录（Hoyert，Mathews et al.，2006）。20 世纪 90 年代欧洲剖腹产手术的比例也有所增加，但是美国剖腹产手术的比例在全世界中仍然是最高的（International Cesarean Awareness Network，2003；Notzon，1990；Sachs et al.，1999）。

一般当产程太长、胎儿有危险或者产妇阴道出血时会采取手术。在胎儿臀位、横位（横躺在子宫内）、胎儿胎头过大不能通过产道时常会采用剖腹产。头胎分娩、胎儿过大、高龄产妇或者产妇先前有过剖腹产史的情况下更可能手术分娩。因此自 1970 年以后剖腹产手术的增加在一定程度上反映了头胎分娩、胎儿平均重量增长、晚育等趋势（Guyer et al.，1999；Martin et al.，2003；Martin，Hamilton et al.，2005）。其它可能的解释包括胎儿电子监测仪使用率的增加、医生担心医疗事故投诉、产妇害怕难产等（Martin et al.，2003；Martin，Hamilton et al.，2005，2006；Sachs，Kobelin，Castro，& Frigoletto，1999）。

剖腹产手术中产妇可能会出现一些严重的并发症，如大出血、感染以及肠损伤等（Nelson，Dambrosia，Ting，& Grether，1996；Silver et al.，2006），剖腹产手术剥夺了正常分娩对胎儿的好处（这部分会在后面有所涉及）。然而尽管剖腹产手术有许多缺点，早期有剖腹产手术史的产妇要慎重考虑阴道分娩。对 17 898 名有剖腹产史但采用阴道分娩（VBAC）的美国产妇和 15 801 名重复采用剖腹产的美国产妇进行比较，结果表明，VBAC 产妇在分娩过程中更可能出现子宫破裂、大脑损伤等（尽管很低）（Landon et al.，2004）。对 313 238 名有剖腹产史的苏格兰产妇进行的研究发现，阴道分娩的胎儿的死亡率比再次采用剖腹产手术的胎儿的死亡率高 11 倍（Smith，Pell，Cameron，& Dobbie，2002）。在人们了解剖腹产手术的危险后，有剖腹产史的美国产妇再生产时采用阴道分娩的比率自1996年来降低了67%（Hoyert，Mathews et al.，2006）。现在，如果一个产妇有剖腹产史，以后分娩时再次采用剖腹产的比率超过90%（Martin，Hamilton et al.，2006）。

药物分娩与非药物分娩

几个世纪以来，疼痛一直被认为是分娩中不可避免的。19世纪中期，英格兰女王维多利亚在生第八个孩子时使用了镇静剂，成为历史上第一位使用镇静剂的产妇。随着医院分娩的增多，醚或氯仿镇静剂的使用变得很普遍（Fontanel & d'Harcourt，1997）。

在20世纪，有许多可以选择的**自然分娩**（natural）或**有准备的分娩**（prepared childbirth）方法。这些方法减少或消除了可能对胎儿有危险的药物使用，使父母都可以完全参与到顺其自然的、可控制的分娩中。1914年，英国妇科医生迪克·里德认为分娩中的疼痛大多数情况下是对未知的害怕，是肌肉紧张导致的。他的"无畏分娩"法教给准妈妈们生理繁殖的知识，并且训练她们的身体适应性，以及分娩中的呼吸和放松。

20世纪50年代末期，法国产科医师费尔南德·拉玛泽引入心理助产术，教给准妈妈们通过控制呼吸主动调节自己的身体，教产妇随着宫缩强度的增加同步快速呼气和吸气，将注意力集中到身体的其他感觉，以减少痛感。产妇对教练（通常是准爸爸或者朋友）的声音形成条件反射，听到教练的声音就会放松肌肉，教练会陪伴产妇一起上课，参与到分娩过程中，帮助产妇练习。其他方法包括心理意象、按摩、轻轻地推拿和深呼吸。法国医师马克尔·登特引入的一项技术是让产妇躺在舒适的水池中。最极端的可能是布拉德利的方法，它否定所有的助产术及其他的医学干预。

现在，随着药物分娩技术的提升，许多产妇倾向于选择能够减轻痛苦的分娩方式，有时会在自然分娩的同时使用药物。全身麻醉的产妇处于完全无意识的状态中，这极大地增加了产妇和胎儿的危险，因此一般很少使用全身麻醉，甚至在剖腹产手术中也很少使用（Eltaschig et al.，2003）。如果产妇愿意而且有需要，通常会在生产的第二阶段或者在使用产钳时采用*局部（阴道）麻醉*，也被称为pedunal block。或者使用*止痛剂*（止痛药）压抑中枢神经系统的活动，减轻疼痛感。然而，止痛剂的使用可能会延长产程，导致分娩并发症和胎儿出生后注意力不集中。将近60%的产妇采用*局部（羊膜或脊髓）麻醉*（Eltzschig et al.，2003）。局部麻醉是将麻醉剂注入腰部（靠下）椎骨之间的脊髓，阻断将痛觉传送到大脑的神经通道。及时的羊膜麻醉能够在缩短产程的同时，不增加剖腹产的风险（Wong et al.，2005）。

不管采用何种新型的麻醉方式，产妇都能够参与到整个分娩中，并且能在分娩后立刻抱起自己的孩子。然而这些药物可能会通过胎盘传送到胎儿的血液和身体组织中，因此可能会对胎儿产生不利影响。

在决定是否使用麻醉时，减轻疼痛不是唯一要考虑的。对分娩体验的满足感、

你的观点？

- 如果你或者你的伴侣想要一个孩子并且妊娠很顺利，你愿意（a）医院分娩、分娩中心分娩还是在家里分娩；（b）有医生在场还是助产士在场；（c）药物分娩还是非药物分娩？为什么？
- 如果你是一位丈夫，你愿意陪产吗？
- 如果你是一位妻子，你希望你的丈夫陪产吗？

与专业护理人员的关系、对分娩的期望是更需要考虑的因素。社会和文化态度及习俗同样起了重要作用（Eltzschig et al.，2003）。产妇应该在妊娠早期与医生讨论各种不同的选择，但是在分娩时她的选择可能发生变化。

在许多传统文化中，产妇可能由有分娩经验的陪产士照顾，她是一个经验丰富的指导者、情感支持者和信息的提供者，在整个分娩过程中陪伴在产妇旁边。不同于助产士，有分娩经验的陪产士不参与分娩，但是在整个过程中给产妇以支持（表 5-1）。在 11 项随机化的实验研究中，有陪产士陪伴的产妇相对于没有陪产士陪伴的产妇，其产程更短，更少采用麻醉、产钳和剖腹产（Klaus & Kennell，1997）。2004 年，美国有接近 5 000 人注册成为职业陪产士（Wilgoren，2005）。

考考你 ✓

你可以……

- ✓ 复述阴道分娩的三个阶段?
- ✓ 解释电子胎儿监测仪的用途及存在的危险?
- ✓ 讨论剖腹产的缺点?
- ✓ 比较药物分娩与自然分娩或有准备的分娩的异同?
- ✓ 比较助产士与有分娩经验的陪产士所起到的作用有何异同?

新生儿

分娩会对胎儿产生压迫。努力分娩的过程明显会刺激胎儿，使其体内大量产生两种应激激素：肾上腺素和去甲肾上腺素。分娩中激素的大量增加清除了婴儿肺内多余的液体，使婴儿得以呼吸，并运送贮存的营养物到滋养细胞，输送血液到心脏和大脑。同时，这些激素使婴儿更警觉，并且做好与其他人交流的准备，有助于增进婴儿与母亲的联系。如同我们前面提到的，这些也是阴道分娩的重要优点。剖腹产绕过了分娩经历，而后者能够帮助胎儿适应子宫外的世界（Lagercrantz & Slotkin，1986）。

出生后的前 4 周，即**新生儿期**（neonatal period），是新生儿从子宫到外部世界的过渡期。在子宫内完全依靠母亲生活的胎儿，现在已经是一个独立的个体。新生儿的身体特征是什么样的，他们将怎样度过这一关键时期呢?

新生儿的大小和外貌

在美国，新生儿通常约为 50cm 长，3.4kg 重。大部分足月婴儿出生时的体重在 2.5~4.5kg 之间，身长在 45~55cm 之间。通常男孩比女孩更长一些、更重一点，头胎婴儿出生时的体重可能比非头胎婴儿轻。出生后最初的几天里，因为会流失一些体液，所以新生儿会比他们出生时轻约 10%。出生后第 5 天，新生儿开始恢复体重，通常第 10~14 天时就恢复到了出生时的体重。

新生儿有明显不同的身体特征：大脑袋（身长的 1/4）、红皮肤（很快会褪去）、各种各样的皮肤状况（短暂的，详见表 5-1）、胎记（会持续一生）、下颚向后缩（方便喂养）。在出生后一个星期内，新生儿的脑袋很长而且有些畸形，这样出生时才能够顺利通过母亲的骨盆。但一周后新生儿的脑袋就会长成正常形状。这种暂时的形状可能是因为新生儿的头骨还没有闭合，出生后 18 个月内婴儿的头骨都不会完全闭

世界各地

专栏 5.1 喜马拉雅山脉出生的婴儿

75 岁的摩耶差不多已经接生了 50 年，三天前她还刚刚接生了一个女婴。

摩耶说："我首先抚摸产妇的腹部，检查胎儿的头及其它器官都在哪个部位，分娩时帮助产妇用力。"

摩耶不使用产钳。她说："我没有任何工具，我只靠自己的双手，如果胎儿是臀位，我会从产妇体外把胎位正过来"。

尼泊尔的妇女通常是在家里或者田地里劳作完之后分娩，有时甚至在劳作的过程中分娩。分娩可能在屋内也可能在屋外，主要看产妇分娩的时间。产妇通常跪着分娩，这样能够利用她们强壮的大腿和腹部肌肉把胎儿生出来。如果产妇还有其他小孩，不管孩子多小，他们通常会看着妈妈分娩。但是丈夫不想看，而且产妇也不希望丈夫在场。

大多数妇女在分娩时没有接生婆，她们自己分娩，并且处理胎盘和脐带。布迪的妈妈就曾经在小路上分娩，当时她刚刚劳作完，正从田里赶回家，使用丈夫的刀子把脐带剪开了。

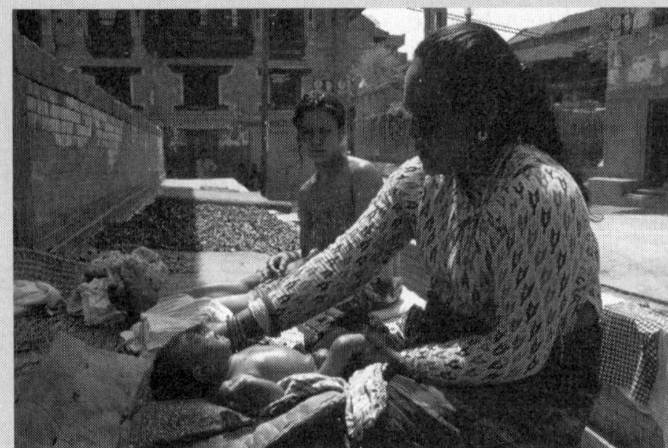

1993~1995 年间，本书作者之一萨利·奥尔兹四次探访了亚洲小国尼泊尔的一个偏远小山村，当时，奥尔兹与当地村民一起生活。下面将介绍奥尔兹、其同伴以及向导巴迪探访乡村接生婆的场景。

接生婆说："如果胎儿长时间出不来，我会使用特殊的药物。把草放在产妇的身体上，使用某种从特殊植物中提取的油按摩产妇的身体。除了热水或热茶，我不会让产妇服用任何药草或者任何其他食物或饮品。"

如果婴儿出不来或者母亲病得很重导致难产，

合。新生儿脑袋上还没有结合在一起的囟门处有一层硬膜覆盖。

许多新生儿的外貌看起来略带桃色；他们的皮肤很薄，不能够盖住有血液流过的毛细血管。然而，婴儿的皮肤变化很大，变化的快慢取决于婴儿的年龄、种族或血统、健康状况、体温、环境以及婴儿是否哭泣等。在出生后的头几天里，有些新生儿身上的绒毛较多，这是因为出生前分布在肩膀、后背、前额和脸颊上的胎毛还没有褪去。这种现象在早产儿身上最为常见。几乎所有新生儿（除了妊娠期超过 41 周）的身上都覆盖着一层在子宫内形成的白色、油状、干酪似的物质，即胎儿皮脂（胎脂）。胎脂是胎儿油脂腺的分泌物，能够保护胎儿不被感染，这层覆盖物在出生后会被皮肤吸收。

中世纪时人们认为，在出生后的第三天，男婴和女婴肿胀的乳房会分泌出一种胎来乳（被称为"魔女的牛奶"），它有治疗功效，就像一些新生女婴阴道处的白色或淡红色分泌物一样。新生女婴阴道处的分泌物是由体内的大量雌激素造成的，出生前隐藏在胎盘内，出生后几天或几周内被排出。新生儿，尤其是早产儿也可能会有膨胀的生殖器。

接生婆会求助于巫师（治病术士）。在分娩过程中会有一些胎儿和产妇死亡，这种情况不可避免。然而在大多数情况下一切都很顺利，大多数都是顺产，分娩也会很快结束。

那么怎样照顾一个新生儿？接生婆说："婴儿出生后，我会给他们洗澡，给婴儿留下很长的脐带（大约半英寸），而且打一个漂亮的结。然后我会用一块儿棉布把婴儿的腹部包起来，当脐带脱落后再把棉布取下。"有时会保留一小段脐带，用金属珠子串成项链戴到婴儿脖子上作为避邪之物。家庭成员将胎盘扔到房屋附近的树上晾干，最后扔掉。

婴儿刚出生时，除了母亲，其他人都不可以抱婴儿，即使父亲也不可以。因为此时母亲和婴儿都非常脆弱，这个习俗能够避免他们染病。在女婴出生4天、男婴出生7天时（人们认为女婴成熟的更早）会举行净礼和起名仪式。

我和我的朋友会告诉大家，在我们的文化中产妇躺着的姿势（这种姿势在大多数传统社会中是没有的），以及在某些情况下医生怎样人工破羊水。我们也会介绍，医生在某些情况下怎样带上手术手套把手伸到孕妇的体内矫正臀位或其他的胎位不正。接生婆重申："我们不戴手套，不使用工具，我们不借用任何东西，我只是一个助手。"摩耶接生婆真正的身份是助产士和陪产士（本章介绍的）的结合体，是西方产房中日益增加的一类助手。具有讽刺意味的是，西方国家花费很长时间重新发现的一些分娩知识，在"远古"社会就已经通晓了。

你的观点?

- 传统分娩方式的哪些方面可以提升西方的分娩技术，同时也不必放弃能够拯救生命的医学技术？
- 现今的医学技术能否引入到传统社会中，同时又不会影响传统社会中能很好地为孕妇服务的方式？

看过来!

请到 www.dona.org 网站上查找更多关于该主题的信息。这是一个关于北美助产士的网站，（DONA）一个国际助产士协会，它于1992年由克劳斯等人建立。

身体系统

胎儿的血液循环、呼吸、营养、胎便排泄及体温调节在出生前都通过母亲的身体实现。出生后，婴儿所有的身体系统和功能都必须独立工作（表5-2）。这种过渡大部分在出生后的4~6小时内就完成了（Ferber & Makhoul，2004）。

如同我们在第4章提到的，胎儿和母亲都有独立的循环系统和心跳；胎儿的血液通过脐带得以净化，脐带把旧的血液输出到胎盘，然后输入新的血液（图4-2）。新生婴儿的血液循环完全在婴儿自己体内完成；在出生后最初的10天内，婴儿的心跳很快且不规则，血压不稳定。

胎儿通过脐带获得氧气，排出二氧化碳。新生儿比胎儿期需要更多的氧气，而且现在他们必须独立获得。大多数婴儿从他们来到这个世界的那一刻开始呼吸。如果新生儿在出生后的5分钟内没有开始呼吸，会因为**氧缺乏**（anoxia）或者氧不足导致永久性的脑损伤。因为婴儿的肺只有成人肺泡的1/10，所以他们（尤其是早产儿）极易出现呼吸问题。伴随着宫缩，胎盘和脐带的反复压缩可能导致分娩中的氧缺乏

表 5-1 新生儿的皮肤状况

状 况	描 述	原 因	持续时间
青色	手上、脚上是青色	血液循环系统没有发育成熟	几天内就会恢复正常肤色
粟粒疹	鼻子、下巴或者前额上有小的、白色的、硬的丘疹	油脂腺发育不成熟	自动消失
毛细血管扩张斑（橙红色斑点）	眼睑、两眼之间、上嘴唇或者脖颈后边，当婴儿哭泣时能够看到的小的粉红色或者红色斑点	不成熟的血管集合在一起	大多数很快会消褪
胎斑	后被靠下及臀部，青斑或紫斑	有色细胞的集合；通常出现在黑皮肤婴儿的身上	出生后 4 年内消失
中毒性红斑	红疹，像跳蚤咬的，通常在胸部和背部	原因不明；有一半的婴儿会有，但是早产儿中最常见	几天内消失
新生儿痤疮（婴儿痤疮）	脸部和前额丘疹	雌激素；出生后第一个月内 1/5 的婴儿会出现	几个月内消失
草莓状毛细血管瘤（红色胎记）	亮红或暗红，凸起或肿胀，凹凸不平，通常在头部	不成熟的毛细血管集合；出生后头 2 个月内出现；早产儿和女婴中较常见	通常会在几个月内变大，然后慢慢消退，9 岁时消失不见
鲜红斑痣	纯粉红色、红色或者紫色胎记，通常在头部或者脖子上，但是可能是很大的一块儿	扩张的毛细血管集合（不成熟的毛细血管）	不会消失；随着儿童的长大可能会变暗，出血；激光手术可以治疗

* 身体其他部位出现青色是异常的。

考考你 ✓

你可以……

- ✓ 介绍新生儿的正常大小和外表，并说出一些暂时性的皮肤状况及在最初的几天内会发生的其他变化吗？
- ✓ 举例比较胎儿与新生儿的四个身体系统的不同吗？
- ✓ 指出婴儿在出生后可能会马上出现的两种危险情况吗？

或氧不足（尽管这种现象很少出现）。此种分娩创伤会导致永久性的脑损伤、智力发育迟滞、行为问题，甚至是死亡。

在子宫内胎儿依靠脐带从母亲那里获得营养，排出胎便。婴儿在出生后有很强的吸吮反射，可以吸入牛奶，胃肠内大量的分泌物也能够将吸入的牛奶消化。在出生后最初的几天内，婴儿将胎儿期肠道内形成的黑绿色纤维废弃物（胎便）排泄出来。婴儿在刚出生后的几个月内不能自主控制括约肌，当内脏和膀胱充满时，括约肌就会自动打开。

在出生后 3~4 天时，一半的婴儿（大部分是早产儿）会出现**新生儿黄疸**（neonatal jaundice）：皮肤和眼珠呈黄色。这种黄疸是由肝脏发育不成熟引起的，一般情况下不严重，不需要治疗，不会有长期的影响。然而在美国，因为健康的新生儿通常在出生后 48 小时或者更短的时间内就从医院回到了家里，可能没有注意到黄疸病，结果会导致并发症。如果没有得到及时的监护和治疗，严重的黄疸病会导致脑损伤。

胎儿期最后两个月形成的脂肪层能够帮助健康足月的新生儿在气温变化的情况

表 5–2 出生前后的生活对比

特 征	出生前生活	出生后生活
环 境	羊 水	空 气
体 温	相对恒定	随气温波动
刺 激	很 少	各种刺激物都会刺激所有的感觉器官
营 养	从母亲的血液中获得营养	依靠外界食物和消化系统的功能
氧气供应	通过胎盘由母亲的血液传递氧气	从婴儿的肺传递到肺部血管
代谢物排泄	通过胎盘排到母亲的血液中	通过皮肤、肾脏、肺及胃肠道排出

表 5–3 阿氏评分

维度	0	1	2
外表（皮肤颜色）	青色或白色	身体粉红色，四肢青色	通体粉红
心率（心搏率）	无	缓慢（低于 100 次 / 分钟）	快（超过 100 次 / 分钟）
表情（兴奋性反射）	无反应	有表情	咳嗽、打喷嚏、哭泣
活动（肌张力）	无生气的	虚弱，没有活力；一些胳膊和腿的弯曲	强壮、活跃
呼吸	无	缓慢而无规律	很好，婴儿大哭

每个维度依据是否出现从 0~2 赋值；总分最高为 10 分。

下保持体温恒定，气温降低时，新生儿也会通过活动维持体温。

医学和行为评估

尽管大部分的新生儿是健康的、正常的，但仍有一部分不健康。出生后头几分钟、头几天、头几周是婴儿发育的关键期。尽快知道婴儿是否需要特殊照料，这点很重要。

阿氏评分

在出生后的第 1 分钟、第 5 分钟（计时器计时）使用**阿氏评分**（Apgar scale）（见表 5-3）对婴儿进行评估。以发明者维吉尼亚·阿氏医生的名字命名的“阿氏评分”，能够帮助我们记住这一评分系统的 5 个子项目：皮肤颜色、心率、表情、肌张力、呼吸。新生儿在每个子项目上被评为 0 分、1 分或 2 分，满分 10 分。2004 年，在出生后 5

分钟的测试中，美国新生儿得分介于 7~10 分的比率达到了 98.5%，表明婴儿的状况非常好（Martin，Hamilton et al.，2006）。出生后 1 分钟的测试中得分在 5~7 分表明婴儿借助帮助才能呼吸；护士需要清理婴儿，在婴儿鼻内插入输氧管，每隔 5~20 分钟重复测查［美国儿科学会（AAP）新生儿委员会和美国妇产科医生协会（ACOG）产科操作规范委员会，2006）］

测试得分在 5 分以下说明婴儿的心脏或呼吸系统有问题（一小部分早产儿或紧急剖腹产婴儿除外）。将氧气罩戴在新生儿的脸部直接往肺内输氧，如果仍然不能恢复呼吸，则要往气管内置入插管以及通过脐带内的血管注入强心剂进行治疗。如果婴儿的呼吸恢复，测试得分达到或超过 5 分，一般不会导致长久性损伤。如果出生 10 分钟、15 分钟甚至 20 分钟后得分仍然在 0~3 分，则会导致大脑性麻痹（出生前或出生过程中因为脑损伤而导致的肌损伤）或其他神经问题出现的几率增加［美国儿科学会（AAP）胎儿新生儿委员会和美国妇产科医生协会（ACOG）产科操作规范委员会，1996，2006］。

通常出生 5 分钟后的阿氏评分能够准确预测婴儿出生后一个月内是否存活（Casey，McIntire，& Leveno，2001）。然而仅仅阿氏评分较低未必能说明婴儿氧缺乏或者能够预测婴儿的死亡。早产、出生时低体重、损伤、感染、出生缺陷、母亲接受药物治疗及其他一些情况都可能会造成阿氏评分得分偏低（美国儿科学会胎儿和新生儿委员会，美国妇产科医生协会产科操作规范委员会，1996，2006）。

神经状况评估：布氏新生儿行为评分

在高危情境中，父母、卫生保健者和研究者可以采用**布氏新生儿行为评分**（Brazelton Neonatal Behavioral Assessment Scale，NBAS）评估新生儿对其物理和社会环境的反应，确定婴儿神经功能的强度及可能的缺陷，并预测未来的发展状况。该测验适用于新生儿至两个月大婴儿，以发明者贝利·布雷寿顿医生的名字命名（1973，1984；Brazelton & Nugent，1995），它可以评估婴儿的*运动组织*（根据其活动水平以及把手放到嘴里等行为进行评估）、*反射*、*状态变化*（易激惹、兴奋性、由躁动状态安静下来的能力）、*注意力和互动能力*（一般警觉性及对视觉和听觉刺激的反应能力）、*中枢神经系统的不稳定迹象*（如震颤和肤色变化），根据婴儿的最佳表现打分，用时 30 分钟。新版本“新生儿行为观察系统”（Nugent，Keefer，O'Brien，Johnson，& Blanchard 2005）是专门为医院、门诊或家庭中新生儿的临床检查设计的。

新生儿医学检测

患有先天性苯丙氨酸羟化酶缺陷或者苯丙酮尿症（PKU，表 3-1）的婴儿在出生后 3~6 周内必须接受特殊的食疗（美国国立卫生研究院共同发展专家组，2001），否则会出现心智发育迟缓。婴儿出生后立刻接受医学检测，便可以发现这些可以矫正的缺陷。一项研究发现，与医学检测正常的婴儿相比，临床诊断正常的婴儿更易出现发育迟滞或者更需要接受住院治疗。医学检测的一个缺点是，可能会出现假阳性结果，即检测结果会虚报实际上不存在的问题，这会使婴儿父母不安，导致昂贵的、不必要的治疗（Waisbren et al.，2003）。

直到现在，对所有新生儿进行罕见的遗传性疾病检查，如苯丙酮尿症（15 000 分之一的发生率）、先天性甲状腺机能减退（3 600~5 000 分之一的发生率）、半乳糖血症（60 000~80 000 分之一的发生率）等，甚至是更罕见的生物化学紊乱等都非常昂贵，每一种疾病都需要单独检测。因此，虽然美国所有州都要求进行苯丙酮尿症和甲状腺机能减退检测，但是各州对其他疾病的检测要求各不相同（AAP 新生儿检测法案，2000；NIH 共同发展专家组，2001）。

现在有一种串联质谱分析方法，分析一份血液样本就能筛查 20 种或更多种疾病，这促使美国约 50% 的州及许多发达国家扩大了强制性检测计划（Howell，2006）。美国医学遗传学会（ACMG）建议全国性的检测扩展到 29 种可治疗疾病及 25 种相关但次要的疾病（USDHHS，妇幼保健局，2005），以后可能还会有进一步的扩展（Howell，2006）。批评家们反对在没有充分研究支持（包括成本效益数据）的情况下就快速扩展检测范围（Botkin et al.，2006）。而倡导者认为，虽然在项目实施的过程中仍然会有问题出现，但是不能因为这些问题的存在就拒绝应用，否则会让一些原本可以通过检测就能治愈的儿童忍受疾病的折磨，甚至在患病期间死亡。

考考你 ✓

你可以……

✓ 讨论阿氏评分、布雷寿顿评估法及出生后针对稀有疾病的常规检测的应用吗?

觉醒状态及活动水平

婴儿有一个内部生物钟，调节每天的饮食、睡眠、排便甚至是情绪。周期性的觉醒、睡眠和活动是先天的，且具有很大的个体差异，控制着婴儿的**觉醒状态**（state of arousal）或警觉程度（表 5-4）。婴儿的状态变化由多个脑区控制，并且伴随着身体组织功能的变化（Ingersoll & Thoman，1999）。

一天中，大多数婴儿有 75% 的时间（一天达 18 个小时）都在睡觉，不分昼夜，每隔 3~4 个小时会醒一次，吃点东西（Ferber & Makhoul，2004；Hoban，2004）。新生儿的睡眠是静态（正常）睡眠和动态睡眠（不规律）交替。动态睡眠以 1 个小时为单位有规律循环，占新生儿睡眠时间的 50%，类似于快速动眼睡眠（REM），成人的快速动眼睡眠与做梦有关。儿童到 3 岁时动态睡眠降低到不足日常睡眠时间的 30%，而且在个体一生中持续稳定地降低（Hoban，2004）。

从出生后第一个月开始，婴儿的夜间睡眠时间逐渐延长，但总体睡眠时间逐渐缩短，白天清醒的时间延长。一些婴儿早从出生后第 3 个月开始便整夜都在睡觉。到出生后第 6 个月，婴儿通常会在夜间连续睡 6 个小时，但夜里短时间的清醒也很正常，甚至在婴儿晚期及学步期也会出现此现象。两岁的小孩一天大概睡 13 个小时，

表 5-4 婴儿的觉醒状态

状 态	眼 睛	呼 吸	运 动	反 应
正常睡眠	闭合；眼睛不动	正常或者较慢	不运动，除非有突然的、特殊的环境惊吓	不会被轻微的刺激唤醒
不规律睡眠	闭合；偶然的快速动眼	不规律	肌肉颤搐，但是没有大运动	睡梦中有声音或灯光刺激时会笑或做鬼脸
困倦	睁着或闭合	不规律	稍微有些活动	面对刺激可能会笑、震惊、吸吮或身体挺直
安静觉醒状态	睁着	平静	安静；看四周时移动头、四肢和躯干	在有兴趣的环境中（可以看人或事物）可能会引发或保持这种状态
醒着活动和哭泣	睁着	不规律	很多活动	外部刺激（如饥饿、寒冷、疼痛、受到限制或被放下）导致更多活动，开始时可能是轻微的呜咽和活动，然后变成有节奏的音量渐增的哭泣或者踢蹬，或者是持续的不协调的手舞足蹈和间歇性的尖叫。

资料来源：摘自 Prechtl & Belntema，1964；P. H. Wolff，1966。

考考你 ✓

你可以……

- ✓ 讨论睡眠、觉醒和活动的不同形式及新生儿状态的差异吗？
- ✓ 回答各种睡眠形式是如何变化的，文化如何影响这些形式吗？

包括午睡时间（Hoban，2004）。

在不同文化中婴儿的睡眠节奏和时间表不同。在密克罗尼西亚特鲁克人和加拿大黑尔人中，婴儿和儿童没有规律的睡眠时间表，只要他们觉得累了，任何时候都可以睡觉。一些美国父母尽力准点吃晚饭，促进孩子的夜间睡眠。肯尼亚农村的母亲们只要孩子愿意就会喂他们，4 个月大的孩子只连续睡 4 个小时（Broude，1995）。

一些父母和照料者花费大量的时间和精力改变婴儿的状态，大多数是安抚烦躁的婴儿睡觉。哭泣比严肃更让人烦恼，让低体重新生儿安静下来非常重要，因为婴儿安静时更易于维持体重。时间证明，有规则的刺激是使哭泣的婴儿安静下来的好方法：摇晃或者抱着来回走、舒适地包裹，或者让他们听有节奏的声音（专栏 5.2）。

分娩并发症及其后果

一些产程长且分娩过程比较艰难的母亲会说"一定是个男孩"。这种古老的格言听起来似乎有些道理：因为男孩一般比较大，所以有时生男孩比生女孩更可能出现并发症。以爱尔兰人和荷兰人为被试进行的两个大型研究发现，生男孩时产程更长，胎儿更可能出现问题，更需要采用产钳或者剖腹产，且男孩的阿氏评分得分较

专栏 5.2 安慰哭泣的婴儿

所有的婴儿都会哭泣。哭泣是他们表达饥饿、不舒适、孤独或不高兴的唯一方法。因为没有任何一种声音能像婴儿的哭泣那样让人担心，所以父母或其他照料者通常会在听到婴儿哭时急忙抱起他们或者给他们食物。当婴儿安静下来、睡着了或者满足地凝视着照料者时，表明他们的问题已经解决。另一些时候，如果照料者不能够提供婴儿所需，婴儿会一直哭泣，人们就需要寻找其他解决问题的方法。通过哭泣得到满足的婴儿变得更加自信，他们觉得自己能够掌控自己的生活。

在第8章中，我们将要讨论各种不同类型的哭泣，以及这些哭泣意味着什么。持续的哭泣可能是疾病的早期迹象，需要引起注意。对于不高兴的健康婴儿，可以采取下面的措施（Eiger & Olds，1999）：

- 把婴儿抱在胸前，让他感觉到你的心跳和呼吸。或者抱着婴儿坐在舒适的摇椅上。
- 把婴儿放在你胸前的婴儿背袋里，带着他走来走去。
- 如果你心情烦躁，就让其他人抱着婴儿；婴儿有时能够感受到照料者的心情并且做出回应。
- 轻拍或抚摸婴儿的后背，以防气泡让婴儿觉得不舒服。
- 用小毛毯把婴儿舒适地包裹起来；从头到脚被结实地包裹起来，胳膊放在两侧夹着身体时，有些婴儿会觉得更安全。
- 让婴儿感到温暖或凉爽；给他穿上或脱掉衣服，调节房间的气温。
- 给婴儿做按摩或者洗个暖水澡。
- 给婴儿唱歌或跟他说话，或让婴儿听持续的或有节奏的声音，如收音机里播放的音乐、模拟心跳或者电风扇、吸尘器或者其他器具发出的轻微噪音。
- 在白天或晚上的任何一个时候，用婴儿车带婴儿出去散步。一些父母在天气不好时会带着婴儿在室内商场散步，娱乐对父母及婴儿都有益。
- 如果是父母以外的人照顾婴儿，穿上婴儿父母最近穿过的衣服也是有帮助的，因为婴儿能够闻到熟悉的味道。
- 熟悉婴儿发出的信号。

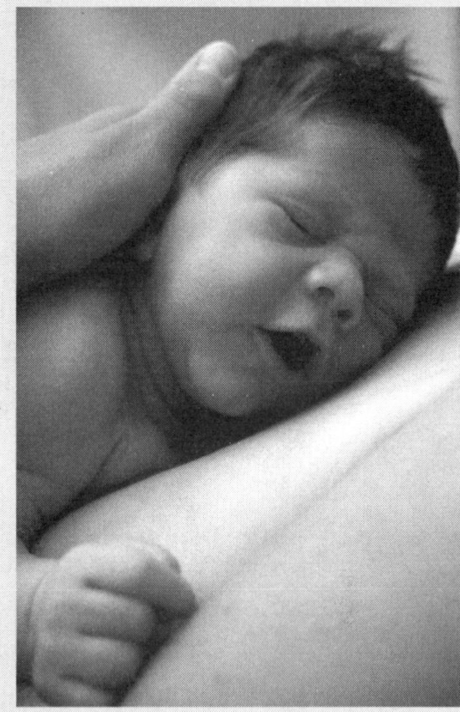

当将哭泣的婴儿的胃贴向母亲的胸部时，他可能会停止哭泣。

你的观点

你曾经安抚过哭泣的婴儿吗？你觉得哪些方法更有效？

看过来

更多关于该主题的信息见网站：www.pantley.com/elizabeth/advice/0071398856.php?nid=435。伊丽莎白·潘特勒的这篇文章讨论了各种类型的哭泣，并指出了父母是否需要回应以及如何回应。

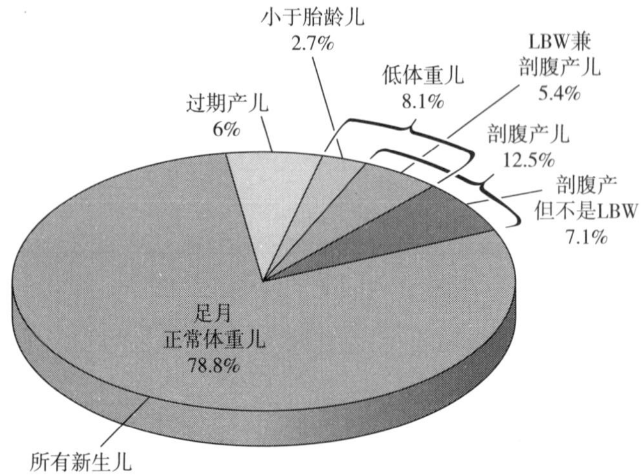

图 5-2

出生并发症：2004 年，美国所有新生儿中早产儿、低体重儿、小于胎龄儿、过期产儿的比率。大约 2/3 的低体重儿是早产儿，其他的是小于胎龄儿。43% 的早产儿是低体重儿；其他的出生时间接近预产期，体重正常或接近正常。

摘自：Martin，Hamllton，et al.，2006，表 31。

低（Bekedam，Engelsbel，Mol，Buitendijk，& van der Pal-de Bruin，2002；Eogan，Geary，O'Connell，& Keane，2003）。

大多婴儿出生时都是健康的，但有一部分婴儿因为在子宫内的时间太短或者太长、出生时太小，会出现一些并发症，其健康受到损害，存活率可能降低。还有些婴儿出生时是死胎或者在出生后很快死亡。我们一起来看看这些潜在的分娩并发症，使现状朝着好的结果发展。

出生时体重轻

低体重儿可能是早产儿或小于胎龄儿，或者两者兼有（图 5-2）。约 2/3 的低体重儿是**早产儿**［preterm（premature）infants］，不满 37 周妊娠期就出生了（Martin，Hamilton，& Sutton et al.，2005）。（如果早产儿的出生时间与预产期很近，其体重可能是正常的，没有或只有轻度的健康问题）。**小于胎龄儿**［small-for-date（small-for-gestational age）infants］可能是早产儿，也可能不是早产儿，他们的体重低于 90% 的相同妊娠期的婴儿。他们个头小通常是因为出生前营养不足，这减慢了胎儿的生长进程。

在美国，早产且出生时体重轻成为第二个导致婴儿死亡的主要原因（Hoyert & Heron et al.，2006），新生儿期第一个导致婴儿死亡的主要原因是先天缺陷（Anderson & Smith，2005）。预防或者处理好这种情况能够极大地提高婴儿出生后第一年内的存活率。

早产儿及其原因

2004 年，美国 12.5% 的新生儿是早产儿，1990 年时这一比率超过了 18%，1981

年时超过了 33%。我们还没有完全弄清发生早产的原因，但是其发展趋势一定程度上反映了多胎生产、引产及剖腹产在增加（Martin & Hamilton et al.，2006）。

出生时有神经缺陷（如脑瘫）的全部新生儿中，早产儿占了将近一半，在死亡的婴儿中，早产儿占 2/3 还多。超过 70% 的早产都是晚期早产，胎龄在 34~36 周之间；晚期早产儿比早期早产儿更重一点，且面临的危险相对较低（Martin & Hamilton et al.，2006）。

采取产前护理、改进营养干预、子宫检测活动、药物使用、卧床休息和早产孕妇水合作用等措施仍不能避免早产的出现（Goldenberg & Rouse，1998；Lockwood，2002）。治疗早产的一种有效方法是使用被称为乙酸羟孕酮的黄体酮激素，或者 17P。在 13 个主要医学研究中心进行的长达两年半的实验研究中，给有早产史的孕妇使用该药物，结果有 1/3 的孕妇没有早产（Meis et al.，2003）。

低体重儿及其原因

2004 年美国 8.1% 的新生儿是**低体重儿**（low birth weight），出生体重低于 2.5kg，是自 1969 年以来低体重儿出生率最高的一年。1.5% 的新生儿是体重低于 1.5kg 的极低体重儿。出生后第一年内极低体重儿的死亡率是正常出生体重儿的 100 倍，一般低体重儿（出生时体重在 1.5~2.5kg 之间）的死亡率是正常体重儿的 5 倍。从 20 世纪 80 年代中期开始，低体重儿的出生率同早产儿一样大量增加，可能是引产、剖腹产、延迟分娩、使用受孕药及多胎生产等原因导致了低体重儿的增加。但是在单胎生产中低体重儿的数量也在增加（Martin & Hamilton et al.，2006）。

在挽救低体重儿的生命方面，美国比世界上其他任何国家都成功，但是美国低体重儿的出生率也比欧洲和亚洲的许多国家高。世界上的新生儿中总计有 15.5% 的低体重儿，超过 20 000 000，其中超过 95% 的低体重儿分布在发展中国家（表 5-5）。发展中国家 3/4 的新生儿根本不测量体重，所以真实情况可能更为严重。发展中国家出现低体重儿的主要原因是孕妇的身体健康状况差、营养不良，而发达国家中孕妇妊娠期吸烟是出现低体重儿的首要原因。

哪些产妇更可能生育低体重儿

产妇生育低体重儿的原因包括：(1) 人口统计学和社会经济学因素，如非洲裔美国人、生育年龄低于 17 岁或者超过 40 岁、家境贫穷、未婚生育、未接受良好教育、在特殊地方出生（如南方或草原地区）(Thompson，Goodman，Chang，& Stukel，2005)；(2) 孕前的体质因素，如怀孕前没有小孩或者小孩超过 4 个、长得太矮或太瘦、有低体重儿生育史或流产史、自身就是低体重儿、生殖器或泌尿器异常、慢性高血压；(3) 产前行为和环境因素，如营养不良、孕前护理不充分、吸烟、

表 5–5 2000 年世界各地低体重儿所占比率 *

	% 低体重儿
全世界	**15.5**
最发达国家	7.0
发展中国家	16.5
最不发达国家	18.6
非洲	**14.3**
东非	13.5
中非	12.3
北非	15.3
南非	14.6
西非	15.4
亚洲 **	**18.3**
东亚 **	5.9
中南亚	27.1
东南亚	11.6
西亚	15.4
欧洲	**6.4**
东欧	6.4
北欧	6.5
南欧	5.9
西欧	6.7
拉丁美洲及加勒比海	**10.0**
加勒比海	13.7
中美洲	10.1
南美洲	9.6
北美洲	**7.7**
大洋洲 **	**10.5**
澳大利亚 / 新西兰	6.5
美拉尼西亚	10.8
密克罗尼西亚	12.7
波利尼西亚	3.8

注释：根据 2000 年以后的最新国家和地区数据对全球和各地区数据进行推算。然而考虑到低体重儿比率的变化缓慢，所以其中也包括了 2000 年的数据。带星号是指在地区估计中不包括新西兰、日本和澳大利亚，但是发展中国家的总数中包括它们。

喝酒或使用其他药物及生活在压力过大、海拔过高或含有有毒物质的环境中；(4)妊娠期身体条件，如阴道出血、感染、高血压或低血压、贫血、妊娠期体重增加过多（Arias，MacDorman，Strobino，& Guyer，2003；S. S. Brown，1985；Chomitz，Cheung，& Lieberman，1995；Nathanielsz，1995；Nathanielsz，1995；Shiono & Behrman，1995；Wegman，1992；Zhu，Rolfs，Nangle，& Horan，1999）、距离上一次生育不足 6 个月或者超过 5 年（Conde- Agudelo，RosasBermudez，& Kafury-Goeta，2006）。妊娠期抑郁是另一个危险因素，抑郁检查是产前护理的一项重要检查（Yonkers，引自 Bernstein，2003）。

非洲裔美国人中低体重儿占新生儿的 13.7%，是白人婴儿和西班牙婴儿的两倍，低体重儿的高比率是黑人婴儿高死亡率的主要原因（Hoyert & Mathews et al.，2006；Martin & Hamilton et al.，2006；见第 6 章表 6.3）。研究者发现了一种能够解释非洲裔美国妇女更可能早产的遗传变异（Wang et al.,2006）。非洲裔美国婴儿中低体重儿、早产儿及婴儿死亡率更高的其他原因包括：(1）健康行为及社会经济地位（SES）;(2）非洲裔妇女面对更大的压力；(3）压力易感性更高；(4）种族歧视的影响，这可能会增大压力;(5)与压力相关的身体组织系统的种族差异，如血压、免疫反应(Giscombe & Lobel，2005)。

通过对一项全国性纵向研究数据（对三代家庭成员进行追踪）的分析，研究人员发现，相比于黑人母亲，社会经济地位对白人母亲而言是个更重要的因素。在童年生活困难的白人母亲中，社会经济地位的提高能够使低体重儿的出生率降低 48%，但是在黑人母亲中，这种相关并不显著。母亲的不健康行为，如吸烟、体重增加不足等不能解释这一差异。另一方面，如果家中有祖母，低体重儿的出生率能降低 56%，但这种现象仅限于黑人妇女中，在白人妇女中这一关系并不明显。随着社会经济地位的提高，黑人妇女不再跟母亲住在一起，这也就导致妊娠期不能获得来自母亲的支持（Colen，Geronimus，Bound，& James，2006）。

紧急抢救及其后遗症

最令人担忧的是低体重儿有可能在婴儿期死亡。因为其免疫系统还不健全，所以特别容易受到病毒的感染，导致发展缓慢、发育停滞（Stoll et al.，2004）。同时，这些婴儿的神经系统还不成熟，不具备维持生存的基本功能，如吸吮等，所以需要接受静脉营养注射。母乳喂养能够避免他们感染病毒（AAP 母乳喂养组，2005；Furman，Taylor，Minich，& Hack，2003）。因为没有足够的脂肪保护并产生热量，所以他们很难保持体温。早产儿的阿氏评分低说明他们需要特别护理（Weinberger et al.，2000）。

低体重儿或者危险的早产儿被放置在保育箱中（一种可调温的无菌箱子），通过软管来喂养。为了克服保育箱中感官刺激物匮乏的不足，医院工作人员和父母会对

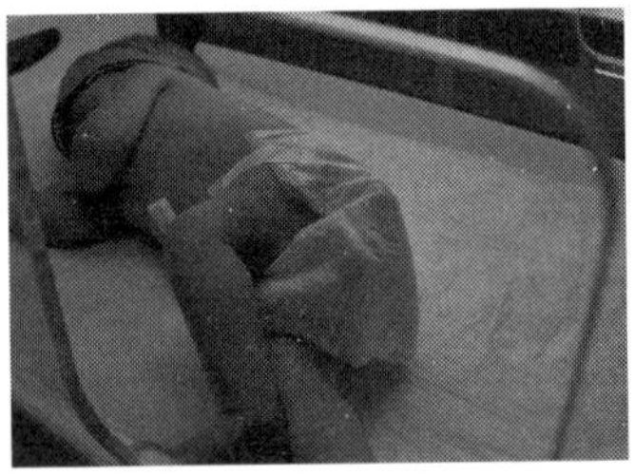

可调温的无菌保育箱上有一个孔，通过这个孔可以检查、抚摸、按摩躺在其中的早产儿。频繁接触能够帮助低体重儿成长。

保育箱中的小婴儿们进行一些特别护理。正如布雷寿顿NBAS所评估的（T. Field，1998b；T. Field，Diego，& Hernandez-Reif，2007），温柔地按摩能够促进生长发育、增加体重、促进身体活动、增强警觉和行为组织，同时能够缩短住院时间（T. Field，Hernandez-Reif，& Freedman，2004；Standley，1998）。

早产儿表现出不稳定的发育状况。相对于同年龄的足月婴儿，他们更警觉，静态睡眠时间更多，在动态睡眠期快速动眼睡眠更多。另一方面，他们的睡眠断断续续，在睡和醒之间频繁转换（Ingersoll & Thoman，1999）。袋鼠育儿法让婴儿出生后趴在母亲胸前与母亲皮肤贴皮肤相处一个小时左右，帮助早产儿及足月婴儿调节脱离子宫的生活，适应外部世界杂乱的感官刺激。这种舒适的接触能够降低中枢神经系统的应激，帮助婴儿自我调节睡眠和身体活动（Ferber& Makhoul，2004）。

呼吸困难综合症也被称为*肺透明膜病*，在早产儿中很常见。早产儿缺少充足的*表面活性剂*，它是肺表面的一种重要物质，能够避免气囊破裂。这些早产儿的呼吸可能没有规律，甚至完全停止。从1994年开始，给高危新生儿添加表面活性剂极大地增加了其存活率（Corbet et al.，1995；Goldenberg & Rouse，1998；Horbar et al.，1993；Martin & Hamilton et al.，2005；Msall，2004；Stoelhorst et al.，2005），促进了他们18~22个月期间的神经及发育（Vohr，Wright，Poole，& McDonald for the NICHD Neonatal Research Network Follow-up Study，2005）。从2000年开始，健康成长的极低体重儿的比率有了大幅增长（Wilson-Costello et al.，2007）。

长期后遗症

即使低体重儿平安度过了早期的危险，他们的未来同样让人担忧。例如，早产儿和小于胎龄儿成年后患糖尿病的几率增加（Hofman et al.，2004；Sperling，2004；Sperling，2004），小于胎龄儿更可能患心血管疾病（Sperling，2004）。

对极低体重儿（出生时体重在400~900g之间）及不足26周出生的婴儿进行的追踪研究发现，他们比足月出生的儿童更小，更可能出现神经、感官、认知、教育和行为问题（Anderson，Doyle，& the victorian Infant Collaborative Study Group，2003；Marlow，Wolke，Bracewell，& Samara for the EPICure Study Group，2005；Mikkola et al.，Saigal，Stoskopf，Streiner，& Burrows，2001）。芬兰1996~1997年出生的极低体重儿中，只有26%的儿童在5岁时发育正常（Mikkola et al.，2005）。

低体重儿出生时体重越低，在智商及成就测验中的得分越低，他们更可能需要接受特殊教育或者留级（Saigal，Hoult，Streiner，Stoskopf，& Rosenbaum，2000）。认知缺陷，特别是记忆和信息加工速度方面的缺陷在极低体重儿（出生时体重在900g~1.5kg之间）5个月或6个月时就表现出来，会贯穿整个童年期（Rose &

Feldman，2000；Rose，Feldman，& Jankowski，2002），甚至持续至成年期（Fearon et al.，2004；Greene，2002；Hack et al.，2002；Hardy，Kuh，Langenberg，& Wadsworth，2003）。极低体重儿比正常体重儿在童年期和青少年期表现出更多的行为和心理健康问题（Hack et al.，2004）。

另一方面，研究者对 296 名平均出生体重仅为 1kg 且被认为发育迟缓的儿童进行了追踪研究，结果发现，大部分儿童的认知能力在儿童早期有了提高，到 8 岁时智力达到了正常范围。双亲家庭中的儿童，母亲接受过高等教育、没有严重脑损伤、不需要特别护理的低体重儿发育最好（Ment et al.，2003）。在卫生保健普及的加拿大安大略湖，对 1977~1982 年出生的 166 名极低体重儿进行的前瞻性追踪研究发现，大部分儿童克服了早期的发展困境，成长为机能正常的年轻人，完成了高中教育、参加工作、独立生活，而且他们中的许多人在毕业后继续接受高等教育。这些儿童主要是白种人，来自双亲家庭，其中有一半家庭的社会经济地位较高。残疾儿童已经融入到了普通学校，并接受课堂助教的帮助（Saigal et al.，2006）。出生体重并不是后遗症的唯一的决定性因素，环境因素也会产生影响，我们将在后面的章节中讨论。

过度成熟

美国有 6% 的孕妇的妊娠期超过 42 周或更长（Martin & Hamilton et al.，2006），这种情况下的婴儿被称为**过度成熟**（postmature）的婴儿。因为过度成熟的婴儿在子宫内持续生长，而妊娠期结束后血液供应不足，所以他们长得比较细长。另外的原因可能是胎盘衰老、能力降低，不能够提供足够的氧气。婴儿体积大也会使分娩复杂化，母亲不得不生一个身形约有一个月大婴儿的新生儿。

因为过度成熟的婴儿有大脑损伤甚至死亡的危险，所以医生有时会采用引产或者剖腹产手术。这些技术的大量采用使近几年过度成熟婴儿的数量减少（Martin & Hamilton et al.，2006）。

死　胎

死胎是出生和死亡相结合的悲剧。有时死胎能够在产前诊断出来；其他情况下，人们在分娩过程中发现死胎，比如普莱斯利的孪生兄弟耶西。

在发展中国家**死胎**（stillbirth）占了产期死亡（在分娩过程中或出生后 24 小时内死亡）的一半以上，死胎是指妊娠期 20 周或以后死亡。在美国每 1000 个新生儿中有 4 个是死胎（Surkan，Stephansson，Dickman，& Cnattingius，2004）。男孩更可能是死胎（Bekedam，Engelsbel，Mol，Buitendijk，& van der Pal-de Bruin，2002；Eogan，Geary，O'Connel，& Keane，2003）。尽管死胎的原因至今未明，但是许多

考考你✓

你可以……

- ✓ 讨论低体重儿面临的危险性因素，及其治疗和后遗症吗?
- ✓ 解释过度成熟的婴儿的危险吗?
- ✓ 介绍死胎的危险性因素，解释死胎发生率降低的原因吗?

死胎在妊娠期间偏小，这说明子宫内营养不良（Surkan et al.，2004）。

在过去20年里，美国妇女在妊娠晚期出现死胎的比率大幅下降，非洲裔美国妇女下降了33%，白人妇女下降了46%。然而，由于一些不明原因，黑人妇女中死胎的发生率（每1000个活胎6.6个死胎）是白人妇女（每1000个活胎3.2个死胎）的2倍。年龄超过35岁的孕妇比其他女性更可能孕育死胎，而且年龄超过35岁及不足20岁的孕妇的死胎发生率在增加（Ananth，Liu，Kinzler，& Kramer，2005；Heffner，2004）。死胎发生率整体降低的原因可能是胎儿电子监测仪、超音波及其他一些措施能够鉴别先兆子痫（一种有毒环境）或发育受到限制的危险胎儿，这样就可以对存在问题的胎儿实施早产（Goldenberg & Rouse，1998）。

支持性环境能够战胜出生并发症导致的后遗症吗

从进化的角度来看，人类和其他生物一样，在满足自身需要和期望的舒适环境中能够茁壮成长、繁殖和生存。因此，恰当的环境能够帮助婴儿健康成长。而且人类有很强的适应能力，尤其是在生命早期。如果早期的不利条件能够得以弥补，那么可能会有出乎意料的好结果（MacDonald，1988）。婴幼儿健康与发育项目和考艾岛项目这两个重要研究表明，即使生命的早期很脆弱，但在支持性或积极的环境中会表现出很强的复原力。

婴幼儿健康与发育项目

婴幼儿健康与发育项目（IHDP）采用追踪研究设计，调查了美国8个地区985名0~3岁低体重早产儿的认知发展状况，其中大部分儿童来自贫穷及条件不好的家庭，母亲只有高中以下文化水平（Brooks-Gunn，2003）。1/3出生时体重较重的婴儿（仍是低体重儿）和1/3出生时体重较轻的婴儿被随机分配到干预组。其父母接受家访、咨询服务、关于孩子健康和发育状况的信息及儿童游戏和活动指导。在开展研究的第一年，这些儿童进入教育性的日托机构或幼儿园。

当项目结束时，与出生体重相似的控制组儿童相比，两个干预组的儿童在3岁时的认知和社交测量中表现更好，表现出了较少的智力迟钝和行为问题（Brooks-Gunn，Klebanov，Liaw，& Spiker，1993）。然而到5岁时，与体重匹配的控制组相比，出生体重较轻的干预组儿童失去了认知优势（Brooks-Gunn et al.，1994），到8岁时出生体重较重的干预组儿童的平均智商仅比控制组儿童高4分。实际上所有组儿童在智商和言语测验上的得分都低于平均水平（McCarton et al.，1997；McCormick，McCarton，Brooks-Gunn，Belt，& Gross，1998）。

干预组还是存在一些长期优势的，在没有流失的636名青少年18岁时，对他们进行调查，结果发现接受过幼儿园教育并且出生体重较重的干预组青少年的数学成绩较高，体重较轻的干预组青少年在阅读上的得分稍高于控制组。然而需要注意的是，两个干预组的得分都低于年龄常模（McCormick et al.，2006）。为了使干预的效果更持久，也许3岁后仍然需要进行干预（Blair，2002）。

对全部IHDP被试进行的深入研究发现家庭中发生的事情的重要性。在儿童3岁时，如果其母亲报告在婴儿出生后第7~12个月经历过应激性事件（如疾病、朋友或家庭成员去世、搬家、学业或工作发生变化等），那么这些儿童很少能从干预中受益，不会表现出认知优势（Klebanov，Brooks-Gunn，& McCormick，2001）。与家庭环境较好的儿童相比，父母给予较少关注和照顾的儿童的个头更小，而且在认知测验中表现更差（Kelleher et al.，1993；McCormick et al.，1998）。认知测验中表现好的儿童，其母亲在认知测验中也表现很好，而且会对儿童作出及时回应，给儿童提供更多的刺激。面临不止一个危险性因素（如出生时身体健康状况较差加上母亲文化程度不高或很少对婴儿作出回应）的儿童发展最差（Liaw& Brooks-Gunn，1993）。

由于积极环境及自身的复原力，沃纳及其同事进行的研究中有1/3的危险儿童成长为自信、健康的成年人。

考艾岛研究

考艾岛研究发现了更多让人精神振奋的结果。在长达5年多的时间里，沃纳(1987，1995；Werner & Smith，2001）和一支由儿科医生、心理学家、公共卫生工作者、社会工作者组成的团队对1955年在考艾岛夏威夷出生的698名儿童进行了研究，研究从妊娠期一直持续到成年中期。研究者访谈准妈妈、检测她们的妊娠反应，在儿童1岁、2岁和10岁时进行回访，观察儿童在家里的表现，小学和中学时对儿童进行智力、成就和人格测验，从老师那里获得发展报告，当他们长大成人后定期进行访谈。

只有一直成长在较差环境中的低体重儿或有其他分娩并发症的儿童的生理和心理发展状况才会受到严重损害。除了早期损害非常严重必须送到专门机构的儿童之外，其他成长在稳定和条件较好环境中的儿童都发展得很好（E. E. Werner，1985，1987）。与那些分娩顺利，但是家庭中缺乏智力刺激或情感支持的儿童相比，这些低体重儿和有其他分娩并发症的儿童表现出了更少的言语、知觉、情绪和学习问题（E. E. Werner，1989；E. E. Werner et al.，1968）。出生时出现问题且在随后的生活中面临很多压力的儿童，其健康状况最差，发育迟滞现象最严重（E. E. Werner，1987）。

需要重点关注的是那些摆脱多重压力伤害的儿童的复原力。即使有出生并发症，且以后的生活中又长期面临贫穷、家庭不和、父母离婚、父母有精神疾病等问题，许多儿童也能健康地成长。在276名两岁时被确认面临至少4种甚至更多危险因素的儿童中，2/3的儿童在10岁时出现严重的学习或行为问题，或者在18岁时怀孕、犯罪、出现情绪问题。然而到30岁时，1/3的高危儿童成为“有能力、有信心、有关爱精神的成年人”（E. E. Werner，1995，p.82）。在研究者能够获得追踪数据的所有被试中，一半被试成功度过了30~40岁的过渡期（E. Werner & Smith，2001）。

> **考考你✓**
>
> 你可以……
>
> ✓ 讨论家庭环境及干预措施对治疗低体重儿及其他并发症的效用吗?
>
> ✓ 说出考艾岛研究证实的3个保护性因子吗?

保护性因素（protective factors）能够降低早期应激对儿童的影响，它可以分为三类：（1）个人特质，主要是遗传特质，如活力、好交际、智力；（2）至少与一位支持性的家庭成员有紧密联系；（3）在学校中、工作中、或者教堂能够获得奖励，这可以提供一种意义感和对生活的控制感（E. E. Werner，1987。尽管家庭环境似乎对儿童的发展有重要影响，但是在成年期，个体自身的品质有更大的影响（E. E. Werner，1995）。

这些研究强调需要关注儿童的成长环境。它们说明了生物因素和环境因素如何相互作用使复原成为可能，即使婴儿出生时有严重的并发症。尽管大多数分娩都很顺利，婴儿也很健康，但是危险性因素、保护性因素和复原力仍然是我们要关注的，本书在报告发展科学家发现的促进儿童朝着最佳方向发展的方法时会反复提到这些（特别是在第14章）。

新生儿与父母

分娩对婴儿和父母来说都是一个重要的转折。突然之间，几乎父母所有的时间和精力都投入到新加入的小生命身上，特别是第一个孩子。这个新生命的持续需求挑战着父母们的应对能力。同时，父母（可能还有兄弟姐妹等）开始与这个新生命熟悉起来，并与之建立情感联系。

分娩与连结

母亲与新生儿是从什么时候开始，以什么样的方式建立一种亲密的、照顾式的**母婴连结**（mother-infant bond）？一些研究者采用生态学的方法研究了这个主题（第2章中所介绍的）。生态学认为人类和动物都是由生物学因素决定的，强调特定行为发展的关键期或敏感期。

如同我们在第1章中提到的，康罗·洛伦兹（1957）证明刚孵化出来的小鸭子会追随它们看到的第一个移动对象，通常是它们的妈妈，这一现象被称为**印刻**（imprinting）。然而有研究得出结论，人类不同于动物，人类不存在建立连结的关键期（Chess & Thomas，1982；Klaus & Kennell，1982；Lamb，1983）。这一发现缓解了养父母的内疚感，也缓解了那些不得不与刚出生的孩子分开的亲生父母的担忧和内疚感。

和母亲一样，父亲也会与孩子建立亲密的连结。在该过程中，婴儿只是做一些他们通常会做的事情：睁开眼睛、抓住父亲的手指，或者在父亲的怀中动来动去。陪产的父亲们通常认为孩子出生的这一刻是他们的“高峰情绪体验”（May & Perrin，1985），但是不管父亲是否陪产，他都会对自己的孩子投入极大的感情（Palkovitz，1985）。

亨利・哈洛和玛格丽特・哈洛所做的一系列经典实验表明，食物并不是与婴儿建立感情最重要的方式。当小猕猴能够选择与金属丝妈妈在一起还是与温暖舒适的布妈妈在一起时，它们更多地依附在布妈妈的旁边，即使喂养它们的是与金属丝妈妈连在一起的瓶子。

从进化角度而言，父母与孩子之间的连结是一种适应机制，能保证父母对无助的婴儿投入大量的精力和资源，使婴儿能够存活和繁殖。进化发展心理学家指出，养育孩子涉及父母和子女之间需要的平衡（Bjorklund & Pellegrini，2000）。父母和子女之间的连结平衡了父母的投入与其所获利益。

新生儿对母亲的需要

亨利·哈洛及其同事进行了一系列开创性实验，他们以猴子为研究对象开展研究。结果表明母婴之间的连结不仅仅是喂养关系。在这些实验中，恒河猴出生后与母亲分离 6~12 个小时，这期间它们被养在实验室。新出生的恒河猴与一个或两个代理母亲一同关在笼子里：代理母亲是一个简单的圆柱形金属丝网或者盖着绒衣服的人形物。一部分猴子由金属妈妈喂养，从与金属妈妈连在一起的瓶子里获取食物；另一部分猴子由温暖的、让人想去拥抱的绒布妈妈喂养。当允许猴子选择与两个妈妈中的任何一个在一起时，所有的猴子都会选择与绒布妈妈在一起，即使是那些由金属妈妈喂养的猴子。在一个陌生房间里，绒布妈妈喂养的猴子比金属丝妈妈喂养的猴子表现出更多的探索兴趣，即使代理妈妈都在的情况下也是如此。

很明显，猴子更容易记住绒布妈妈。分离一年后，“绒布妈妈喂养”的猴子更急切地渴望投入绒布妈妈的怀抱，而金属丝妈妈喂养的猴子对金属妈妈没有兴趣（Harlow & Zimmerman，1959）。然而两组中没有一只猴子能够健康成长（Harlow &

父亲的概念在最近几十年里发生了变化，父亲对孩子的鼓励将在儿童的发展中起到重要作用。

Harlow，1962），并且它们都不知道怎样养育后代（Suomi & Harlow，1972）。

在另一项研究中，经常被母鼠舔舐的幼鼠表现出较少焦虑和害怕，产生的紧张激素较少，研究者发现母亲的舔舐激活了缓解紧张反应的基因（Caldji，Diorio，& Meaney，2003）。

代理母亲不能像有生命的母亲那样给婴儿提供同样的刺激和健康成长的机会，对这一点不用感到惊讶。因为母亲的身体能够缓解婴儿的紧张反应。这些实验说明，食物不是婴儿从母亲那里得到的最重要的东西，母亲意味着身体接触的舒适感（至少对猴子而言）及先天依附的满足感。

人类婴儿要健康成长，有些需要必须得到满足，满足这些需要是父母的任务。

父亲的角色

父亲的角色是一种社会建构，在不同文化中有不同的意义。父亲角色可能由某个人承担或者分担，不一定是生物学上的父亲：母亲的兄弟，例如在博茨瓦纳（年轻的母亲在丈夫年满 40 岁之前仍然与自己原来的家庭生活在一起）；或者祖父，例如在越南（Engle & Breaux，1998；Richardson，1995；Townsend，1997）。某些社会文化中父亲在经济上、情感上及时间上给予孩子更多的支持。在世界的许多地方，父亲的角色已经发生了变化或正在发生变化（Engle & Breaux，1998）。

在某些发展中国家，传统意义的父亲负责经济支持和训诫，母亲负责喂养孩子（Jankowiak，1992）。父亲是严厉的、冷漠的，孩子尊敬、害怕父亲。男人们几乎从来不抱婴儿。父亲与学步期孩子交流较多，只有在母亲不在的情况下才承担起照顾孩子的职责。然而城市化和女性的就业改变了这些看法，父亲，尤其是接受过大学教育的父亲们正在努力与孩子（特别是儿子）建立更加亲密的关系。中国的计划生育政策加快了这种转变，使父母与独生子的关系更加紧密（Engle & Breaux，1998；见专栏 11.2）。

中非的阿卡民族，父亲像母亲一样养育自己的孩子，给予他们情感上的支持。事实上，“阿卡民族的父亲们比任何其他社会的父亲给孩子的直接照顾都多”（Hewlett，1992，p. 169）。

在美国及其他一些国家，自 1970 年以来，随着母亲开始外出工作，以及父亲这一概念的变化，父亲对孩子的照料越来越多（Cabrera et al.，2000；Casper，1997；Pleck，1997）。从婴儿期开始，父亲频繁、积极的投入与孩子的健康及生理、认知和社会性的发展直接相关（Cabrera et al.，2000；Kelley，Smith，Green，Berndt，& Rogers，1998；Shannon，TamisLeMonda，London，& Cabrera，2002）。

你的观点？

- “尽管现在父亲在养育孩子方面扮演了越来越积极的角色，母亲的角色仍然比父亲重要。”你同意这个观点吗？
- 假如你生长在中国内蒙古的呼和浩特市，或者生长在阿卡族，你觉得你与父亲的关系会有怎样的不同？

育儿：跨文化的视角

世界各国在育儿、与婴儿的互动方式上有大不同，这主要取决于环境因素以及不同文化对婴儿的天性和需要的看法。在巴厘岛，婴儿被认为是祖先或上帝带来的小生命，其身份尊贵，因此必须给予极大的尊敬。西非班的人认为幼小的婴儿能够理解所有的语言，而密克罗尼西亚环礁的埃法卢克人认为婴儿对语言一点也不理解，因此成人不与婴儿交流（DeLoache & Gottlieb，2000）。

正如米德在南海的所见所闻，在某些社会中婴儿有多个照料者。例如，中非埃菲人的婴儿在特定的时间内有 5 个甚至更多的照料者，通常由母亲之外的其他妇女哺乳（Tronick，Morelli，& Ivey，1992）。在西肯尼亚的盖斯，婴儿的死亡率很高，因此其父母比工业社会的父母给予孩子更多的照顾，当孩子哭泣时会很快作出回应，给孩子及时喂食（LeVine，1974，1989，1994）。中非的阿卡族以紧密联系的小群体为单位频繁转移，他们平均分配、相互协作，共同抵御危险。然而同一地区的甘度农民住的很疏散，长时间居住在一个地方，他们把孩子单独留下，任由他们尖叫、哭泣、微笑、游戏、说话（Hewlett，Lamb，Shannon，Leyendecker，& Scholmerich，1998）。

需要记住的是，我们习以为常的亲子互动方式是有文化基础的。

考考你✓

你可以……

- ✓ 总结亲子连结方面的研究结果吗？
- ✓ 比较母亲和父亲的角色吗？
- ✓ 举例说明养育新生儿的文化差异吗？

再次聚焦

以本章开始部分“人物聚焦”中提供的埃尔维斯·普雷斯利的出生信息为基础，

- 自普雷斯利出生以后，分娩习俗及生产危险发生了怎样的变化
- 今天有价值的资源能够在多大程度上改变格拉迪斯·普雷斯利的妊娠及分娩过程？

婴儿的出生是一件重大的事情，标志着一段充满挑战但是会有所收益的旅行的开始，这是一段穿越儿童世界的旅行。在第三编我们将考察对婴儿期和学步期儿童生理、认知和心理发展的理解。

小 结

分娩与人类文化：分娩发生的变化

学习向导1 分娩习俗如何反映人类文化？发达国家的分娩发生了怎样的变化？

- 欧洲和美国20世纪前的分娩方式与发展中国家现在的分娩方式相似。分娩是一种在家里进行的有助产士在场的女性仪式。分娩中的疼痛难以缓解，母亲和婴儿都很危险。
- 产科学的发展使分娩专业化。在医院分娩，有医生在场。医学的快速进步增加了分娩的安全性。
- 今天对妊娠正常、危险低的孕妇来说，除了有医生在场的医院分娩以外，有助产士参与的家庭或分娩中心分娩是另一种相对安全的选择。

分娩过程

学习向导2 分娩如何开始？在分娩的三个阶段分别发生了什么？另一种有效的分娩方式是什么？

- 分娩通常在一段分娩准备期后开始。
- 阴道分娩包括三个阶段：(1) 宫颈扩张；(2) 婴儿降生；(3) 取出胎盘。
- 胎儿电子监测仪在分娩中被广泛应用，用来检测危险性信号，特别是高危分娩。
- 美国的剖腹产比率创造了一个很高的记录。
- 自然分娩或者有准备的分娩能够最大程度的减少止痛药的使用，促进父母的主动参与。与过去相比，现在在硬膜上注射小剂量药物能有效地减轻疼痛。
- 有分娩经验的陪产士能够给产妇提供生理上和精神上的支持。

新生儿

学习向导3 新生儿怎样适应子宫外的生活，我们如何确定新生儿是正常的，且会健康成长？

- 新生儿期是婴儿从子宫内生活向外界生活过渡的时期。在最初的几天里婴儿体重会降低，随后体重会重新增加；胎毛（出生前的毛发）脱落，保护性胎儿皮脂消失。头骨囟门在18个月内闭合。
- 婴儿出生时循环系统、呼吸系统、胃肠道系统及体温调节系统都开始脱离母亲而独立工作。如果新生儿在出生后的5分钟内不能开始呼吸，则会导致脑损伤。
- 新生儿有很强的吸吮反射，并且肠道开始排出胎便。因为肝脏发育不成熟，他们很容易患新生儿黄疸。
- 新生儿在出生后1分钟、5分钟的阿氏评分情况能够表明他是否可以很好地适应子宫外生活。布氏新生儿行为评分能够评估新生儿对环境的适应，预测新生儿未来的发展。
- 新生儿检测用于检查一些少见的疾病，如PKU及先天性甲状腺机能减退。现在正被扩展到对更多疾病的检测。
- 清醒、睡眠及活动的周期性循环决定了新生儿的觉醒状态，这是天生的。
- 睡眠占据了新生儿大部分的时间，但其睡眠时间会逐渐减少。

- 新生儿活动水平的个体差异是稳定的，这可能是气质的早期指标。
- 父母对新生儿状态和自发活动的反应对新生儿的发展有重要的双向影响。

分娩并发症及其后遗症

学习向导 4 哪些分娩并发症会危及新生儿的生命？分娩并发症对婴儿有何长期影响？

- 分娩并发症包括早产、低出生体重、过度成熟及死胎。
- 低体重儿可能是早产儿或小于胎龄儿。低体重是导致新生儿死亡的一个重要因素，还会导致长期的生理和认知问题。极低体重儿的未来堪忧。
- 支持性的产后环境及其他保护性因素能够改善分娩并发症导致的结果。
- 随着诱产和剖腹产的使用，过度成熟现象得以减少。
- 美国的死胎发生率已大大降低，但是在发展中国家，死胎仍然占了围产期死亡婴儿的一半。

新生儿与父母

学习向导 5 父母怎样与孩子建立连结？怎样照顾孩子？

- 生态学取向的研究者指出，母婴连结的建立有一个关键期，很像发生在某些动物身上的印刻现象。然而，研究没有验证这个假设。不管父亲有没有陪产，他们都能与自己的孩子建立连结。
- 婴儿强烈需要母亲的亲近、温暖和身体照料。
- 父亲角色是一种社会建构。不同文化中父亲的角色是不同的。
- 养育和照顾儿童的角色在世界各地各不相同。

3

第三编

婴儿期和学步期

第6章 个体出生后前三年的生理发展与健康

- 婴儿出生时不同的感觉和身体系统的发育程度不同
- 脑发育非常复杂，对周围环境的影响很敏感
- 生理和运动技能的发展速度很快。

第7章 出生后前三年的认知发展

- 学习和记忆能力甚至在出生后的前几周就出现了
- 符号使用和问题解决能力在第二年末得到发展
- 语言的理解和使用发展迅速

第8章 出生后前三年的心理社会发展

- 形成了对父母或其他人的依恋
- 自我意识的发展
- 对其他儿童的兴趣增长

婴儿期和学步期

在过去的 25 年里，以 0~3 岁（婴儿期和学步期）儿童为对象进行的研究取得了一些令人振奋的成果。通过测量婴儿注视不同图案的时间或者吸吮可以发出女性声音的奶嘴的频率，研究者发现新生儿对看到和听到的内容有一些特殊偏好。通过对婴儿面部表情进行录像，研究者记录下了婴儿第一次出现基本情绪（如喜、怒、惧）的时间。借助成像技术，研究者将特定的功能和情绪与大脑的不同脑区联系起来。总而言之，我们现在了解到，婴儿和学步儿童的世界相当丰富，他们的能力远远超出了我们先前的想象。

婴儿期是从婴儿出生的那一刻开始，从开始学走路且能够说出成句的话时结束，这个时间一般是到出生后的 12~18 个月。学步期从个体出生后的 18 个月一直持续到 36 个月，此时他们学会了更多语言，更加独立，能够到处活动。随着对个体如何从新生儿成长为婴儿和学步儿童（以后发展成为儿童和青少年）的研究，我们认识到三个方面的发育是相互联系的。因此尽管第 6 章探讨的是个体的身体发育，第 7 章探讨认知的发展，第 8 章探讨心理社会的发展，我们仍会举例说明这些方面是如何相互作用的。

寻找联系

- 在个体出生前及出生后，脑快速发育，这使认知和情绪的快速发展成为可能。在胎儿期时，耳朵与脑已发育成熟，胎儿能够听到子宫内的声音，出生后他们可能保留了对子宫的记忆。
- 婴儿早期的微笑是由中枢神经系统活动所引发的，可能仅仅反映了其生理状态（如睡眠、吃饱）的舒适程度。随着婴儿认识到照料者对他们的温暖回应及对照料者面孔的识别，他们的微笑才变成情绪的表达，也具有了更强的社会导向。
- 婴儿通过自己身体和其他事物的运动来学习。抛玩具、泼水、扔沙子等活动使他们认识到自己的身体运动能够改变周围的世界，他们的自我意识也变得更加丰富。
- 缺少结构化的语言和相关肌肉运动的协调，婴儿不能够发出声音，也不能够说话。因此最先发展的是身体语言，也会伴随一些词汇尝试。儿童语言的获得促进了认知理解和社会交流的迅速发展。

6

个体出生后前三年的生理发展与健康

人物聚集：
海伦凯勒与她的感官世界

营养与发育
发育模式
营 养

脑和反射性行为
脑发育
早期无条件反射
塑造脑：经验的作用

早期感觉能力
触觉和痛觉
嗅觉和味觉
听 觉
视 觉

运动技能发展
运动技能发展的里程碑
运动技能发展和感知觉
埃莉诺和詹姆士·吉布森的知觉生态论
运动发展由何而来：西伦的动力系统论
文化对行为发展的影响

健 康
婴儿死亡率
免疫力促进健康

儿童虐待：虐待和忽视
虐待：事实及数据
起作用的因素：生态学观点
帮助受虐待儿童的家庭摆脱困扰
虐待的长期影响

专栏
6.1 研究广角：孤独症"蔓延"
6.2 世界各地：睡眠习惯
6.3 社会关注：惊吓婴儿综合症

他躺在那里
这个一岁的孩子，满载着生命的温暖与湿润
在他浅笑涟漪的波底，可以看到世界美丽的尽头
还有他脸庞可爱的跳动的卷发

——伊丽莎白·巴特莱·勃朗宁，奥罗拉·李，1857

人物聚焦 海伦·凯勒与她的感官世界

海伦·凯勒

作家海伦·凯勒（1880~1968）曾经写道"我们永远不会失去自己的所爱。落日、沐浴在月光下的山脉、平静的大海、暗涌的波涛，我们欣赏这些美景，深爱它们的美，牢记在心。我们深爱之物成为我们自身的一部分。"（凯勒，1929，p.2）

这句话非常深刻，也令人心酸，因为海伦·凯勒从未看到过落日、山脉、月光、大海。19 个月大时，一场不明原因的高烧致使她耳聋，随后其视力也无情地衰退。

生病前海伦是一个健康、正常的婴儿，活泼、可爱、发育良好，视力极佳。生病后，她变得不言不语、反应迟钝。在 1 岁时，她开始学习走路；生病后海伦抓着妈妈的衣服，或者坐在妈妈的腿上，不停地摸妈妈的脸；她当时已经开始学说话了，她学会的第一个词是"水"。生病后，她继续说"哇哇"，但再没有学会其它词汇。

海伦的父母先带她去做矿物 spa，后来又带她去看医学专家，但是仍然没有治愈的希望。在身体和认知能力快速发展的重要时期，海伦探索世界的感官之门突然紧闭，但还没有完全关闭。失去了两种感官，海伦更加依赖其他三种感官，特别是嗅觉和触觉。后来，海伦解释她能根据医生或木匠身上散发出来的乙醚味或木头味把医生和木匠区分开。她依靠永远灵活的指尖探索"蝴蝶翅膀轻微的颤动……，紫罗兰轻柔的花瓣……，清晰、坚挺的脸和四肢轮廓，马脖子上光滑的拱形和鼻子柔

软的触感。”（凯勒，1920，pp.6–7）原来保留下来的对白昼的记忆帮助她感知现在的无尽黑夜。

海伦发现自己和其他人不一样，但是起初她并不清楚自己是谁，长什么样子。她后来写道“我生活在一个未知的世界中……我不知道自己知道什么，我不知道我是否还活着，我不知道我在做什么，也不知道我想要得到什么”（1920，p.113）。有时，当家人聊天时，海伦站在他们中间，抚摸他们的嘴唇，然后疯狂地蠕动自己的嘴唇，却发不出任何声音。她通过暴力愤怒发泄自己的绝望；她不停地又踢又叫，直到筋疲力尽。

出于怜悯，海伦的父母很纵容她。最后父母感受到的是更多的绝望而不是希望，他们专门为海伦请了一位年轻的女教师，名叫安妮·沙利文。沙利文只有微弱的视力，曾经在盲校就读。沙利文来到凯勒家后发现，6 岁的海伦是一个“疯狂、任性、极具破坏力”的女孩（Lash，1980，p.348）。见到新老师时，海伦打掉了沙利文的一颗门牙。曾经有一次，凯勒在学会如何使用钥匙后，她把妈妈锁在了餐室。还有一次，她弄翻了妹妹的摇篮。也曾因为学不会老师在其手掌上拼写的 *doll*，海伦愤怒地把洋娃娃撕成碎片，扔到地板上。

终于有一天，小女孩实现了她在语言上的第一次突破。当她和老师一起在公园散步时，她们停下来喝水。沙利文把海伦的手放在喷水口下，同时在海伦的手掌上反复拼写水这个单词“water”。海伦后来写道“我安静地站着，全神贯注于老师指尖的运动。突然，我恍然大悟，有种神奇的东西在我脑中激荡，呈现给我语言文字的奥秘。我知道了‘水’就是正在我手上流过的这种清凉而奇妙的东西。‘水’字唤醒了我的灵魂，并给予我光明、希望、快乐和自由！”（凯勒，1905，p.35）

●●●

安妮·沙利文驯服这个任性的小女孩，带给她语言和智慧之光的故事闻名于世，并一直激励着我们。海伦·凯勒的早期发展告诉我们一个道理：感觉是重中之重，是婴儿接触外部世界的窗户，它与很多其他方面的发展关系紧密。如果海伦·凯勒没有失去视觉、听觉，或者她出生时就看不到，或者听不到，或者既看不到也听不到，那么毫无疑问，她的生理、认知和心理的发育就会完全不同。

在本章中，我们会探讨感官知觉与婴儿的运动技能如何相互作用，共同发展，并促使大脑快速发育。我们研究了婴儿身体和大脑的典型发育模式，丰富的环境刺激怎样促进身体和大脑的发育，我们也研究了婴儿如何从一个多数时间只是睡觉、吃东西的孩子成长为一个忙碌、活泼好动的学步儿童，以及父母和其他照料者如何养育一个健康成长的儿童。我们探讨婴儿的生命和健康所面临的各种危险，包括可能遭受的虐待和忽视，以及如何避免这些情况的发生。

在你阅读和学习本章之后，你应当能够回答下一页的“学习向导”中的每个问题。回顾章节末尾的小结，可以检验你对这些“学习向导”的理解。贯穿章节始终的“考考你”可以考核你对阅读内容的理解。

学习向导

1. 婴儿是如何成长的，应该给他们吃什么，如何喂养他们？
2. 脑是如何发育的，环境因素如何影响脑早期的发育？
3. 婴儿期的感觉器官是如何发育的？
4. 如何提高婴儿存活和健康成长的几率？
5. 发生虐待和忽视婴儿案件的原因是什么？虐待和忽视的后果是什么？我们能做些什么？

发育与营养

遗传基因对婴儿的高矮、胖瘦等都有重要影响。基因与营养、生活条件等环境因素共同影响婴儿的发育，也会影响婴儿整体的健康状况和主观幸福感。营养充足、受到良好照顾的儿童长得更高、更重，而营养不足、没有受到良好照顾的婴儿就会发育得差些。因此日裔美国儿童比同年龄的日本本土儿童长得更高、更重，这可能是由饮食差异导致的（Broude，1995）。

发育模式

儿童在三岁前发育得最快，特别是在刚出生后的几个月里（图 6-1）。到 5 个月时，男婴的平均体重是出生时的两倍，达到了 7kg，1 岁时是出生时体重的近三倍，达到了 10kg。这一发育速度在出生后的第二年和第三年逐渐减慢。男婴到两岁时体重一般能够增加 2kg，三岁时增加 1.5kg，达到 14kg。男婴的身高在出生后的一年内迅速长高 25cm（1 岁婴儿的身高大约是 75cm），第二年内几乎能长高 12cm（因此两岁男孩的身高一般接近 90cm），第三年身高能长高 7cm 多一点，达到 94cm。女孩的发育模式与男孩相似，但是变化要小一些。三岁时，女孩的平均体重一般比男孩轻 0.5kg，身高比男孩矮 2~3cm（Kuczmarski et al.，2000）。

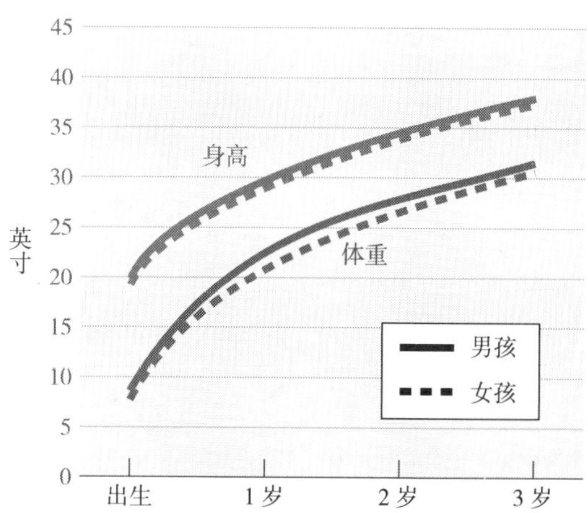

图 6–1

婴儿期和学步期儿童身高与体重的发育。在出生后的头几个月里，婴儿的身高和体重发展最快，此后到 3 岁时发育逐渐减慢。一般男婴比女婴大一些。

注意：曲线展示的是男孩和女孩的平均发育水平。

资料来源：Kuczmarski et al.，2000。

婴儿一般在 3、4 个月时开始长牙，此时他们会将所有能看到的东西都往嘴里塞，但是一般要长到 5~9 个月时才能真正长出第一颗牙，或者要更晚。通常等婴儿长到 12 个月时，会有 6~8 颗牙。到两岁半时，会长到 20 颗牙。

在婴儿的发育过程中，他们的身形和身材比例也会发生变化，3 岁儿童明显要比胖胖的、大肚子的 1 岁儿童苗条。个体的身体发育遵循第 3 章中介绍的成熟定律：头尾定律、近远定律。根据头尾定律，发展是自上而下进行的。因为婴儿的大脑在出生前就已经快速发育，所以新生婴儿的头大得出奇。在婴儿 1 岁时，他们的脑重已经达到了成人脑重的 70%，但是身体其他部位只是成人相应身体部位的 10%~20%。随着体重的增长和身体其他部位的发育，儿童的头所占比例变小（图 6-2）。如同我们在本章后半部分看到的，婴儿感官和动作技能的发展遵循相同的定律，他们先学会用身体的上半部分，然后再学会用身体的下半部分，在学会控制躯体前先观察事物，在会爬或会走之前先学会用手做很多事情。根据近远定律（从内部到外部），身体的发展遵循从中心向四周发育的定律，还在子宫中时，头部和躯干的发育就先于胳膊和腿的发育，再次是手和脚的发育，接着是手指和脚趾的发育。在婴儿期和童年早期，四肢的发育仍快于手和脚的发育。类似地，婴儿首先发展的是运用上臂和大腿的技能（更靠近身体中心），然后是使用前臂和小腿的技能，接着是手和脚，最后是手指和脚趾。

考考你 ✓

你可以……

- ✓ 概述出生后前三年的典型发育模式吗?
- ✓ 讨论影响发展的两条原则吗?

营 养

在人类历史的早期，婴儿是靠母乳喂养。非母乳喂养可能会致使婴儿生病，甚至导致死亡。自 1878 年发现细菌之后，妈妈们被警告无论如何都要避免使用“有菌瓶”

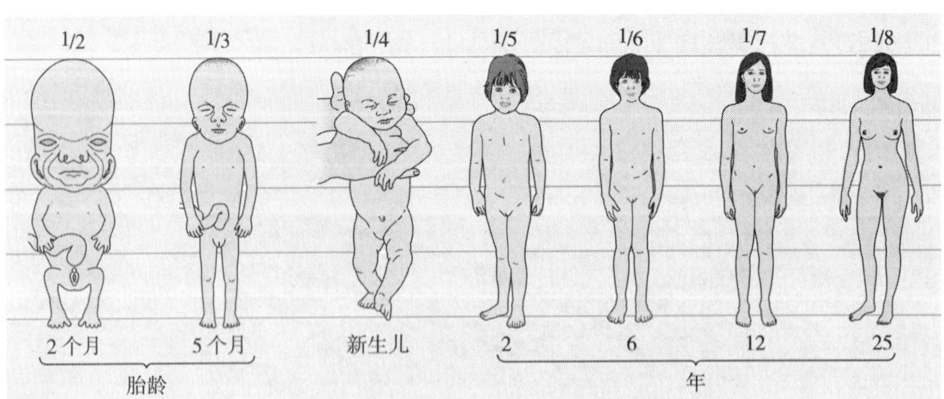

图 6–2

发育过程中身体比例的变化。最显著的变化是，与身体其他部位相比，他们的头变得越来越小。数字表明了各个年龄段脑袋与身长的比例。更微妙的是躯干所占比例保持稳定（从脖子到胯部）。腿所占比例的增加量与脑袋所占比例的减少量相当。

（Fontanel & d'Harcourt，1997，p. 121）。

在 20 世纪初的 10 年里，随着可靠的制冷技术、加热杀菌法及杀菌技术的出现，生产商开始调整婴儿饮用奶的配方，丰富牛奶的营养，改进哺乳瓶的设计。人工喂奶变得更安全、更营养、更流行。在随后的半个世纪里，配方喂养在美国和其他工业化国家成为标准规范。到 1971 年，只有 25% 的美国妈妈仍然会坚持母乳喂养（Ryan，1997）。

此后，人们认识到了母乳喂养的益处，母乳喂养成为一种趋势。2002 年，超过 2/3（71.4%）的美国儿童（历史最高纪录）接受母乳喂养。然而，只有 35% 的儿童在六个月大时仍然接受母乳喂养，只有 13% 的儿童完全依靠母乳喂养。1 岁时，只有 16% 的儿童接受一定程度的母乳喂养（Li，Darling，Maurice，Barker，& Grummer-Strawn，2005）。世界范围内，只有一半的婴儿曾接受过母乳喂养（UNICEF，2002）。

母乳喂养：益处与警告

喂养婴儿既是一种情感行为，也是一种生理行为。婴儿接触妈妈温暖的身体能够促进母亲与婴儿之间的情感联结。母乳喂养、人工喂奶及其他的看护行为都有助于建立看护人与婴儿间的联结，父亲或母亲在其中大部分行为中扮演了主要角色。

就营养而言，母乳是婴儿最好的食物。唯一可替代母乳的是添加了补充维生素和矿物质的牛奶或大豆蛋白。美国儿科学会母乳喂养分会（2005）建议，在婴儿出生后的前六个月里完全接受母乳喂养。如果没有条件进行母乳喂养，比如早产儿，可以考虑间接的人奶喂养，妈妈或其他孩子的妈妈先把母乳挤出来，然后喂给婴儿。婴儿应该在出生后就立刻接受母乳喂养，持续至少一年的时间。1 岁前断奶的婴儿应该喝配方奶。1 岁后，婴儿可以开始喝牛奶。

母乳被称为“最健康的食物”，因为它对婴儿的生理、认知和情绪发展有很多益处。

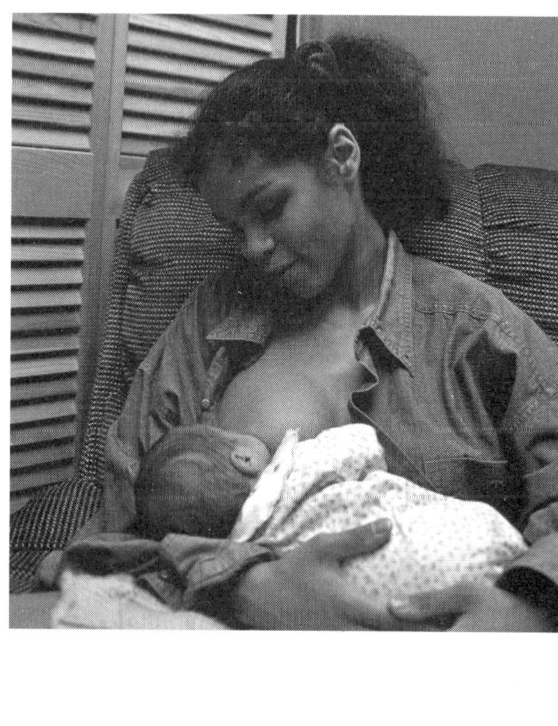

母乳喂养的益处非常明显，它能够预防或降低婴儿患腹泻、呼吸道感染症、中耳炎（中耳感染）、葡萄球菌感染、细菌感染、泌尿系感染等疾病的几率（美国儿科学会母乳喂养分会，2005；Black，Morris，& Bryce，2003）。母乳喂养能够降低婴儿死亡的风险（婴儿出生后 28 天至 1 岁期间的死亡）（Chen & Rogan，2004）。

母乳喂养对婴儿的视觉灵敏度（Makrides，Neumann，Simmering，Pater，& Gibson，1995）、神经发育（Lanting，Fidler，Huisman，Touwen，& Boersma，1994）、长期心脏血管健康（Owen，Whincup，Odoki，Gilg，& Cook，2002），包括胆固醇水平（Singhal，Cole，Fewtrell，&

Lucas，2004）都有益。母乳喂养能够帮助婴儿抵御肥胖症、糖尿病、淋巴瘤、白血病及霍奇金病（美国儿科学会母乳喂养分会，2005；Owen，Martin，Whincup，Smith，& Cook，2005；Stuebe，Rich-Edwards，Willett，Manson，& Michels，2005）。母乳喂养的婴儿很少会吃得太多，他们会主动调节自己的摄入量（American Heart Association et al.，2006）。研究也发现母乳喂养有益于婴儿认知的发展，这一效应甚至会延续到成年早期（Mortensen，Michaelson，Sanders，& Reinisch，2002）。

同样，母乳喂养对母亲也有益。采用母乳喂养方式的母亲很少会产后出血，她们的身体在产后能够快速恢复，能更快地恢复到产前体重。更年期阶段，她们患乳癌、卵巢癌、骨质疏松症和股骨骨折的几率相对较低（美国儿科学会母乳喂养分会，2005）。

母乳喂养的妈妈必须像孕妇一样注意自己的饮食，不能饮酒。如果妈妈感染了艾滋病或其他传染性疾病、未治愈的活动性肺结核病、暴露于辐射中或者服用对婴儿不利的药物时，不建议采用母乳喂养（美国儿科学会母乳喂养分会，2005）。感染艾滋病的母亲如果进行母乳喂养，有可能会将艾滋病传染给婴儿（The Breastfeeding and HIV International Transmission Study Group，2004）。

鼓励母乳喂养

1991 年以来，世界范围内有 16000 个医院和分娩中心，至少 32 家美国医院被指定为联合国“爱婴”基地，它们从制度上支持、鼓励母乳喂养。这些机构会为新妈妈提供同室育婴的机会，告诉她们母乳喂养的益处，帮助她们在婴儿出生后一小时内开始母乳喂养，教她们如何保持充足的乳汁，鼓励需求喂食法。除非有医疗上的需要，否则只给婴儿喝母乳，建立母乳喂养支持小组。自这个项目实施以来，美国医院母乳喂养的比例有了很大提升，有更多的妈妈会坚持母乳喂养（Merewood，Mehta，Chamberlain，Philipp，& Bauchner，2005）。在法国和白俄罗斯的研究中，接受、支持母乳喂养培训的妈妈们更会坚持完全的母乳喂养，她们很少抱怨母乳喂养的难处，也会坚持更长时间（Kramer et al.，2001；Labarere et al.，2005）。

美国社会经济地位较低群体中的母乳喂养比例增加最快（因为从历史上来看，她们很少采用母乳喂养），例如黑人妇女、十几岁的少女、经济贫困的妇女、有工作的女性、只接受过中等教育的女性，但是她们中的很多人不会一直坚持母乳喂养。哺乳妈妈在学校和工作中时间安排的灵活性，以及隐私的保护、母乳喂养益处的教育宣传、方便简单的挤奶器的使用都促进了这些群体中母乳喂养比率的增加（Ryan et al.，2002；Taveras et al.，2003）。

你的观点?

每一位身体健康的母亲都应母乳喂养吗？说出你的理由。

营养摄取

儿科专家建议 6~12 个月大的婴儿可以开始食用富含铁的固体食物，比如麦片粥，也可以喝一些果汁。不幸的是，许多父母没有采纳这些建议。通过随机电话访问了 3000 多名美国婴儿和学步儿童的父母及照料者，结果发现，29% 的婴儿在出生后 4 个月内开始吃固体食物，17% 的婴儿在出生后 6 个月内开始喝果汁，20% 的婴儿在出生后 12 个月内开始喝牛奶。此外，许多婴儿和学步儿童与年龄较大的儿童和成人存在同样的问题，吃了太多不健康的食物。婴儿在 7~24 个月之间，乳制品的摄入量超过了正常身体需求的 20%~30%（Fox，Pac，Devaney，& Jankowski，2004）。婴儿长到 19~24 个月时，炸土豆片成为他们吃的最多的蔬菜。其中约 30% 的儿童根本不吃水果，60% 的儿童每天吃焙烤点心，20% 的儿童每天吃糖果，44% 的儿童每天喝甜饮料（美国心脏协会等，2006）。

在世界上的许多低收入群体中，普遍存在婴儿早期的营养不良，甚至经常会致命。全球约一半儿童的夭折与营养不良有关，而且许多儿童在两岁时受到一些不可逆转的伤害。5 岁之前营养不良但有幸存活下来的儿童，其后一生都面临着发育迟滞、健康问题和机能障碍。然而，一项由政府部门赞助的对墨西哥 347 个贫困乡镇进行的大规模的营养方案研究得到了令人振奋的结果。家庭接受了营养学教育、卫生保健、经济资助，获得营养强化补充的实验组婴儿比没有获得资助的控制组婴儿发育更好，患贫血症的比率更低。（Rivera，Sotres-Alvarez，Habicht，Shamah，& Villalpando，2004）（第 9 章中还会进一步探讨营养不良。）

在美国，不同年龄阶段中超重婴儿的比例都有所增加。2000~2001 年，6 个月大婴儿的超重比例从 1980 年的 3.4% 提高到了 5.9%，也就是说他们的体重与身高之比高于 95% 的同年龄、同性别婴儿。另有 11.1% 的婴儿存在超重的风险，他们的体重与身高之比高于 85% 的同年龄、同性别婴儿，而这一数据在 1980 年是 7%（Kim et al.，2006）。

影响超重儿童成年后肥胖的两个最重要因素是：儿童的年龄和其父母是否肥胖。儿童 3 岁前其父母的肥胖程度是儿童成人后是否肥胖的重要预测指标，而非儿童自身的体重。父母之中有一人肥胖，儿童长成胖子的可能性增加了 3 倍，如果双亲都是胖子，则儿童成为胖子的可能性会增加 10 倍（美国儿科学会营养委员会，2003）。对 70 个儿童进行的追踪研究（从 3 个月开始，直到其 6 岁）发现，母亲超重与母亲苗条的儿童在两岁时的体重和身体构成没有差异。然而，到 4 岁时，母亲超重的儿童更胖，到 6 岁时，母亲超重的儿童的脂肪更多（Berkowitz，Stallings，Maislin，& Stunkard，2005）。因此，父母中有一个肥胖或两个都肥胖，其 1 岁或 2 岁的孩子更应该引起人们的关注，可能需要采取一些预防性措施。

考考你 ✓

你可以……

- ✓ 概括早期喂养的儿科建议，并介绍牛奶、固体食物和果汁的食用吗?
- ✓ 讨论早期营养匮乏的危害吗?
- ✓ 指出导致晚年肥胖的因素吗?

脑和反射性行为

新生儿为什么会对乳头情有独钟？是谁告诉他们吸吮能控制乳汁的摄入？这些

图 6–3

神经系统。中枢神经系统由脑和脊髓构成。脑通过外周神经将神经信号输出到身体的特定部位，称为外周神经系统。外周神经连接骨骼肌与对触觉和痛觉等感觉作出反应的细胞。颈部的外周神经控制颈部和胳膊；胸部的外周神经控制躯干和身体的主要部位；腰神经控制腿部；骶骨部神经控制内脏和膀胱。

资料来源：Adapted from Society for Neuroscience, 2005.

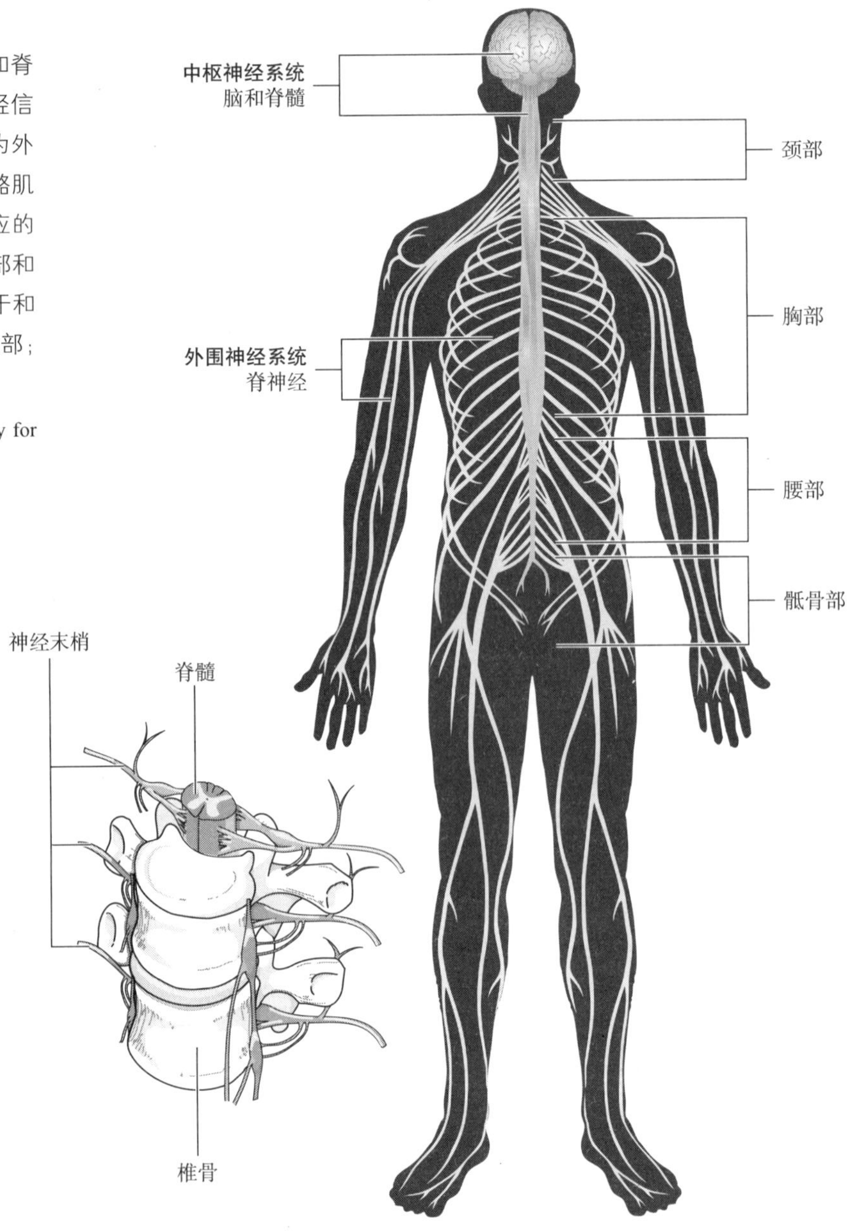

都是**中枢神经系统**（central nervous system）及延伸到身体各个部位的外围神经系统的功能，中枢神经系统包括大脑和脊髓（贯穿脊椎的神经束）（图 6-3）。通过这个神经网络，感觉信息被传输到大脑，运动命令反馈给感觉器官。

脑发育

人类大脑的发育是一个贯穿一生的过程，它是生理、认知和情绪发展的基

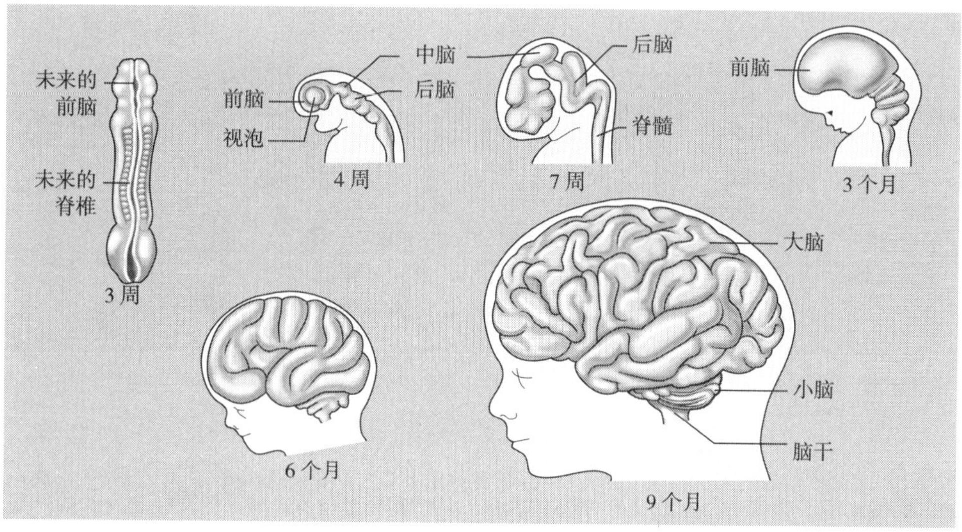

图 6-4

妊娠期的脑发育。胎儿神经系统的发育始于妊娠期第三周左侧神经管束（左）的发展，后发育为大脑和脊髓。到 4 周时，脑的主要区域形成一些基本区：前脑、中脑、后脑、视泡（之后发育为眼睛）。随着脑的发育，前面部分快速发育，形成大脑，它是一大片缠绕在一起的错综复杂的向上的集束，是有意识脑活动所发生的部位。脑干是脊髓的扩展，出生时就基本上发育完全了，但是小脑（位于脑干上方）在出生后的第一年里发育最快。

资料来源：Society for Neuroscience, 2005.

础。利用各种不同的脑成像工具，研究者获得了大脑发育情况的清晰图像（Toga，Thompson，& Sowell，2006）。

婴儿出生时的大脑只有成人脑容量的 1/4~1/3（Toga et al.，2006），3 岁时的脑重量接近成人脑重的 90%（1.6kg），到 6 岁时，其脑重量几乎等于成人的脑重量，但是大脑的一些特定部位还会继续发育，逐渐形成接近成人脑的机能（Gabbard，1996*）。脑最初的发育被称为**脑生长突增期**（brain growth spurts），脑的不同部位在不同时期的发育速度各不相同。

主要的脑区

从怀孕第 3 个周开始，脑逐渐从一个长的中空管发育成大量的球形细胞（Society for Neuroscience，2005；图 6-4）。到婴儿出生时，脊髓和脑干（负责呼吸、心率、体温和醒睡周期等基本身体功能的脑部位）由先前的急速生长开始转变成接近常规生长。小脑（保持平衡和运动协调的脑部位）在婴儿出生后的第一年内发育更快（Casaer，

* 除有其它参考文献，本部分的讨论主要依据 Gabbard（1996），Society for Neuroscience（2005），and Toga et al.（2006）。

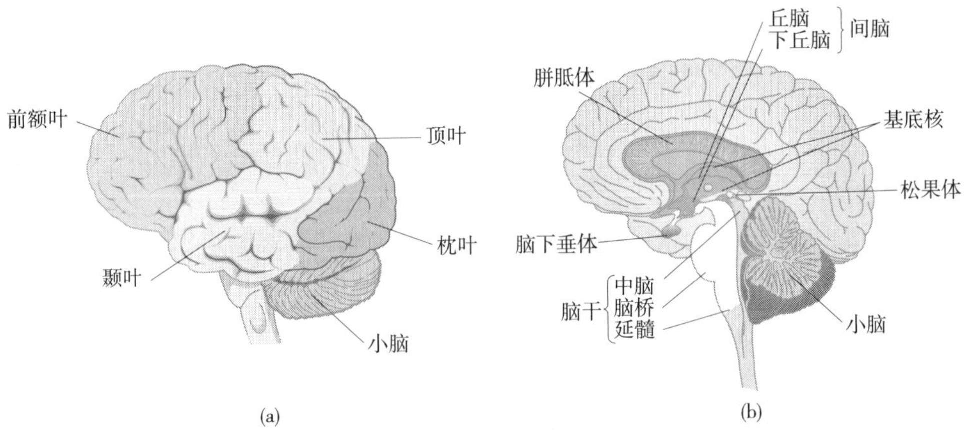

图 6–5

脑区的侧切面。脑由三个主要部分构成：脑干、小脑及最上边的大脑。脑干控制身体的一些基本功能，如呼吸、睡眠、体循环、反射等。在婴儿出生时小脑开始控制平衡和肌肉，之后它协调感觉和运动活动。大脑占神经系统重量的 70%，负责思维、记忆、语言和情绪及感觉输入、有意识的运动控制。（a）*左侧脑的外视图*：大脑被分为两个部分，或两个半球，每个半球有四个脑区：枕叶、颞叶、顶叶、前额叶。其中*枕叶*处理视觉信息；*颞叶*处理听觉和言语信息；*顶叶*接收触觉、空间信息，促进手眼的协调；*前额叶*在出生后的第一年里逐步发育，负责高水平的功能，如演讲、推理等。大脑皮层覆盖在大脑的表面，由灰质构成，其中布满了神经，是负责思维和心理活动的区域。（b）*大脑右半球内视图*（*切除左半球*）：大脑深处有很多重要的结构：脑丘、海马（没有呈现出来）、基底神经节。它们控制着身体的基本运动和功能，大部分在婴儿出生时已完成发育。

1993）。

大脑是最大的脑区，包括左右两个半球，每个半球有各自特殊的功能。大脑半球的特异性被称为**偏侧优势**（lateralization）。左半球主要负责语言和逻辑思维，右半球主要负责形象和空间功能，如看图和绘画。连结两个大脑半球的是*胼胝体*，其功能是让两个半球共享信息、协调指令。胼胝体在儿童期发育迅猛，到 10 岁时发育到成人水平。

每个脑半球有四个区：*枕区、顶区、颞区、前额区*，每个区有不同的功能（图 6-5），发育速度也各不相同。*大脑皮层*的不同部位控制着视觉、听觉和其他感觉信息，它们在出生后的最初几个月里发育很快，到 6 个月时发育成熟，但是负责抽象思维、心理联结、记忆和有意运动反应的前额区在这一时期的发育缓慢，几年后仍没有发育成熟（Gilmore et al.，2007）。

脑的突然生长开始于妊娠期的第三个阶段，至少持续到 4 岁，这段时间是神经功能发育的重要时期。微笑、婴儿依依呀呀学语、爬、走路、说话，所有这些婴儿期和学步期的主要、关键的感官、运动和认知行为都反映了脑，特别是脑皮层的快

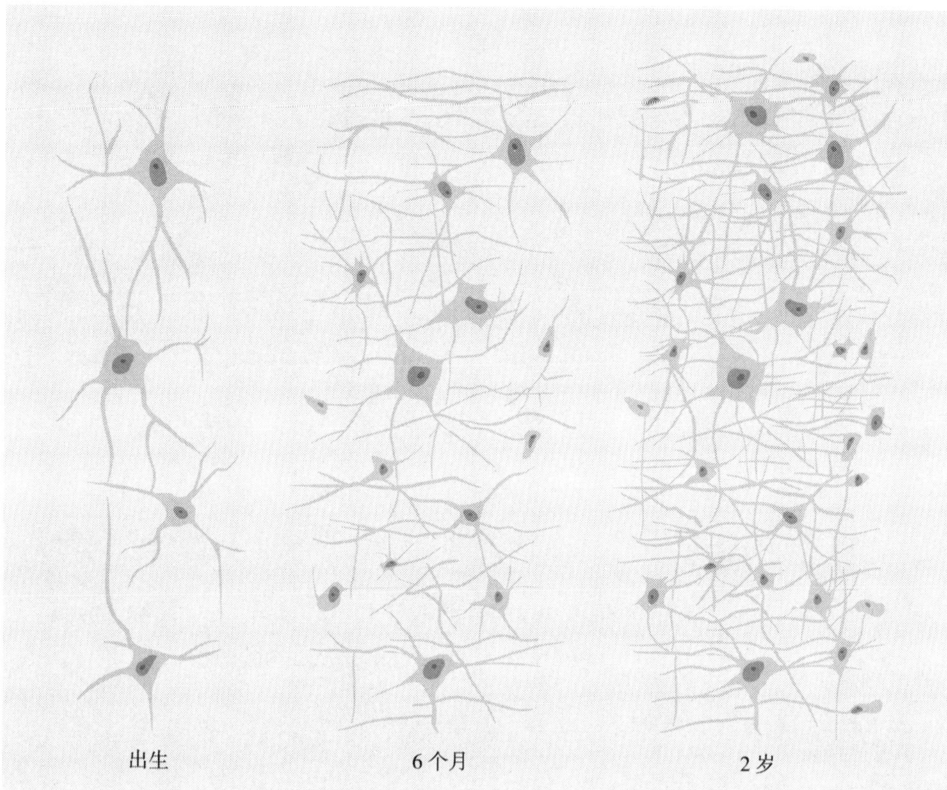

图 6–6
神经连接出生后头两年的发育。大脑密度和重量的快速增加在很大程度上是因为树突、神经细胞体的扩展及连接它们的突触的形成。环境刺激通讯网络快速增殖，使每个部分都有让人印象深刻的发育。

资料来源：Reprinted by permission of the publisher from The Postnatal Development of the Human Cerebral Cortex，Vols. 1-VIII by Jesse LeRoy Conel，Cambridge，Mass.: Harvard University Press. Copyright © 1939，1975 by the President and Fellows of Harvard College.

速发育。（专栏 6.1 讨论孤独症，与大脑异常发育有关的一种障碍。）

脑细胞

脑由神经元和神经胶质构成。**神经元**（neurons），或称为神经细胞，负责传输和接收信息。神经胶质，或称为神经胶质细胞，负责营养和保护神经元。

从妊娠期的第二个月开始，通过核分裂（细胞分裂），估计每分钟会产生 25 万个尚未完全发育的神经细胞。到婴儿出生时，发育成熟的脑中已经形成了 1 亿多个神经细胞，只是这些神经细胞尚未完全发育成熟。神经细胞的数量在妊娠期的第 25 周及出生后的最初几个月里增长最快，细胞繁殖的同时也在不断发育。

最初，神经细胞只是一个由细胞核构成的简单细胞体，细胞核由含有细胞基因程序的脱氧核糖核核酸（DNA）组成。随着大脑的发育，这些未发育的神经细胞会转移到大脑的不同部位（Bystron，Rakic，Molnar，& Blakemore，2006）。大脑皮层的大多数神经细胞会在妊娠期的第 20 周固定下来，不再游移，且神经细胞的结构在接下来的 12 周里也会变得相当明确。

神经细胞的位置一旦固定下来，轴突和树突就会萌芽、发育，变得又长又细，

专栏6.1 孤独症“蔓延”

孤独症的征兆

孤独症儿童可能会表现出以下特征的组合，但严重程度不同：

不合时宜的大笑或傻笑
不惧怕危险
对疼痛不敏感
拒绝拥抱
有异常动作或重复同一个动作
运动或言语技能发展不均衡
避免与人有眼神接触
喜欢独自一人
只能用动作表达自己的需要
对某个东西表现出异乎寻常的依恋
坚持一成不变
重复词语或句子
对声音很敏感
旋转物体或自旋
与人互动有困难

资料来源：Autism Society of America，n.d.

孤独症是一种非常严重的脑功能障碍，患者缺少正常的社交能力，存在人际沟通障碍，重复某一动作，活动范围和兴趣极其有限（见孤独症儿童典型行为清单）。在儿童3岁前通常不能从行为上来诊断孤独症（Schieve，Rice，Boyle，Visser，& Blumberg，2006），但最早在儿童12个月时能通过脑成像看出孤独症症状（Center for Autism Research，n.d.）。

孤独症是**自闭症谱系障碍**之一。其中阿斯伯格综合征通常比孤独症程度轻，因此患有阿斯伯格征候儿童的社会功能水平比孤独症儿童高。阿斯伯格综合征儿童只对某个话题有一种强迫性的兴趣，而对其他话题完全不感兴趣，他们对每一个听他们说话的人谈论此话题。他们的词汇量很大、言语浮夸、动作笨拙不协调，其古怪行为导致他们出现社交困难（National Institute of Neurological Disorders and Stroke，2007）。

或许是因为人们的孤独症意识增强和对其诊断更加精确，20世纪80年代中期以来，美国及其他工业国家报告的孤独症病例明显增加（Newschaffer，Falb，& Gurney，2005）。根据父母的报告，至少有30万儿童被诊断为孤独症，美国4~17岁儿童中每1000人中就有近5.6个人被诊断为是孤独症患者，其中4/5是男孩。2002年覆盖14个州的研究发现，每150名8岁儿童中就有一个患有孤独症或者与孤独症有关的障碍（Autism and Developmental Disabilities Monitoring Network Surveillance Year 2002 Principal Investigators，2007）。

一些父母谴责硫汞撒的使用。硫汞撒中含有汞，在研制出不含硫汞撒的疫苗前，硫汞撒疫苗被广泛使用。自美国公共卫生服务建议去除疫苗中的硫汞撒之后，孤独症的流行率下降了（Geier & Geier，2006）。然而，疾病预防与控制中心（2004）的多项研究表明，疫苗与孤独症之间不存在因果关系。

似乎孤独症儿童的不同脑区之间缺乏协调性，不能完成复杂的任务（Just，Cherkassky，Keller，Kana，& Minshew，2007；Williams，Goldstein，& Minshew，2006）。在一项脑成像研究中发现，与正常人相比，患有孤独症的成年人在理解语句时使用的脑区不同。孤独症患者脑前额区不活跃，脑后区更活跃，而一般来说前额区负责高水平的思维，脑后区负责感知细节。这说明他们更关注单个词汇的意义，而不是整体（Just，Cherkassk，Keller，& Minshew，2004）。尸检研究发现孤独症患者的杏仁体中神经细胞的含量较少，而杏仁体是脑中负责情绪和记忆的部分（Schumann & Amaral，2006）。孤独症患者也表现出执行功能和心理理论方面的缺陷（Zelazo & Muller，2002；见第 10 章）。

孤独症及相关障碍存在家族性，有很强的基因遗传基础（Constantino，2003；Ramoz et al.，2004；Rodier，2000）。同卵双胞胎比异卵双胞胎更可能同时患孤独症。可能多个基因共同对孤独症起作用。国际研究团队已经确定了至少一个致病基因，并且查明位于第 11 染色体上的另一个基因也可能对孤独症有影响（Szatmari et al.，2007）。一项早期研究发现第 7 染色体上存在孤独症的致病基因，也提供了第 3、4、11 染色体上存在孤独症基因的证据。这一研究也发现，控制男孩和女孩孤独症的基因不同，控制早发性孤独症和晚发性孤独症的基因也不同（Schellenberg et al.，2006）。

环境因素，如病毒或化学物质等也会引发孤独症的遗传倾向（Rodier，2000）。某些妊娠并发症，如子宫出血、阴道感染等可能与孤独症的高发有关（Juul-Dam，Townsend，& Courchesne，2001）。双亲的年龄过高、第一胎、失去胎儿的威胁因素、硬膜外麻醉、引产、剖腹产等也与孤独症有关（Glasson et al.，2004；Reichenberg et al.，2006）。母亲在妊娠 24~28 周时的压力过大会损伤大脑发育（Beversdorf et al.，2001）。

为什么孤独症患者主要是男性呢？根据相关理论，女性大脑是同理心功能占优势，而男性大脑是理解和系统性占优势。新生女婴会长时间盯着人脸看，而新生男婴则会长时间盯视机械物品。根据该理论，孤独症可能是正常男性大脑的极端化。孤独症患者的同理心功能受损伤，但是系统性很好（Baron-Cohen，2005）。对其母亲妊娠期做过羊水诊断的 58 名儿童进行的研究发现，羊水中睾丸激素的水平高与 4 岁时的低社交能力及兴趣爱好有限相关。这一发现表明，男性体内高水平的胎儿睾丸激素可能与其易患孤独症有关（Knickmeyer，Baron-Cohen，Raggatt，& Taylor，2005）。

孤独症被认为是一种绝症，但是早期干预能够改善孤独症的症状，有时效果会很好。一些孤独症儿童能够学会说话、阅读、写字。行为治疗能够帮助他们学会基本的社交技能，如专注、眼神接触、自己穿衣吃饭等（AAP Committee on Children with Disabilities，2001）。然而，只有 2% 的孤独症儿童能够学会独立生活，大多数孤独症儿童一生都需要一定程度的照顾。阿斯伯格综合征的儿童通常会恢复得更好（“孤独症 - 第 II 部分，” 2001）。

你的观点？

你认识孤独症患者吗？如果认识，那么他的哪些行为表现出异常？

看过来！

要想“深入了解孤独症”，请登录 www.autism.org/temple/inside.html。克罗多拉州立大学的助理教授 Temple Grandin 介绍了自己作为一个孤独症患者的童年期经历，以及一些帮助她从事建设性的活动并取得事业成功的方法。

有很多分支。轴突向其它神经细胞传递信号，树突接受其它神经细胞传递过来的信号，所有的信号传递都通过突触完成，从而实现神经系统的沟通连接。突触是一些微小的间隙，借助神经递质实现信号的传递，神经递质是由神经细胞释放的。最后，任何一个神经细胞都可以通过 5000~10000 个突触与感受器、肌肉及其他中枢神经系统的神经细胞实现连接。

脑的发育、新的知觉、认知和运动能力的出现主要来自于树突和突触连接的增加，特别是在妊娠期最后的 2.5 个月和新生儿出生后的 6 个月到 2 岁（图 6-6）。随着神经细胞的繁殖、细胞游移到预定的位置及连接的形成，神经细胞经历了细胞整合与分化两个互补过程。通过细胞**整合**（integration），控制不同肌肉群的神经细胞能够协调它们的活动；通过细胞**分化**（differentiation），每个神经细胞都会有特定的结构和功能。

起初，脑产生的神经细胞和突触远远超过了实际的需要，那些用不到或者功能不良的神经细胞会死亡。**细胞凋亡**（cell death）或者过剩细胞清理的过程开始于新生儿出生前，且会一直持续到出生后（图 6-7），从而帮助新生儿形成一个有效的神经系统。

最初发育的神经细胞中只有一半能够存活下来，继续在成年期发挥功用（Society for Neuroscience，2005）。然而，即使用不到的神经细胞会凋亡，成年期还是会继续形成其他的神经细胞（Eriksson et al.，1998；Gould，Reeves，Graziano，& Gross，1999）。同时，皮层细胞之间的连接会有所加强，变得更加牢固、精确，出现更灵活、更高级的运动技能和认知功能（Society for Neuroscience，2005）。

髓鞘形成

神经系统之间沟通功效的提升主要依赖于神经胶质，它通过一种脂肪物质髓磷脂包裹着神经通路。**髓鞘化**（myelination）代表着功能的成熟，能够让信号传递得更快、更顺利。髓鞘的形成始于妊娠中期，先是部分脑区，之后慢慢发展至其他部位，一直延续到成年期。触觉是最先发育的感觉，与触觉有关的神经通路在出生时就已经髓鞘化了。视觉通路的髓鞘化从出生时开始，一直持续到出生后的第 5 个月，视觉通路的发育较慢。听觉通路的髓鞘化开始于妊娠期的第 5 个月，但是直至儿童 4 岁时这个过程才完成。

感觉和运动通路的髓鞘化最先发生在胎儿的脊髓，在胎儿出生后集中于大脑皮层，它们的髓鞘化决定了早期无条件反射的出现和消失。

早期无条件反射

当遇到亮光时，你会不自主地闭眼，这种无意识的、对刺激的先天反应称为**无**

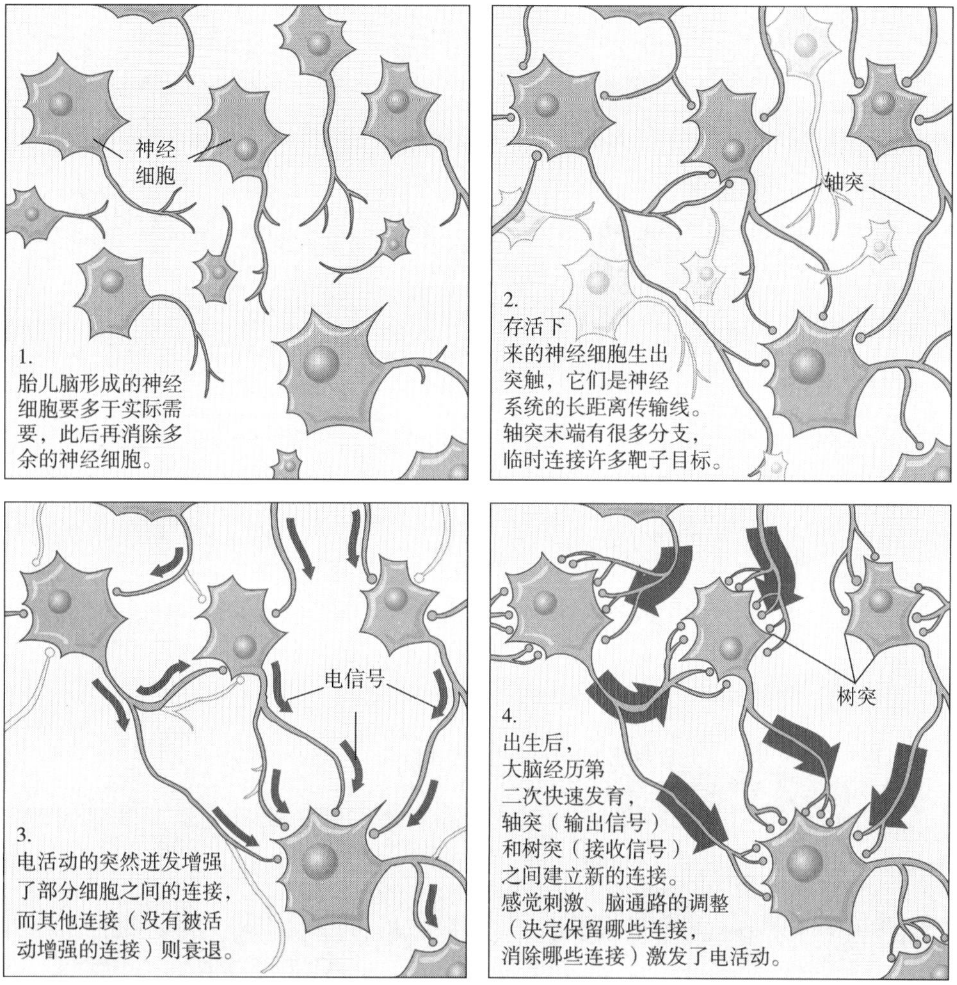

图 6-7
脑路通：出生前、出生后神经连接的发育。

资料来源：Nash，1997，p.51。

条件反射行为（reflex behavior）。控制无条件反射行为的是下脑区，它们同时也控制着其他的无意识过程，如呼吸、心跳等。

人类婴儿约有 27 种主要的反射行为，其中很多反射行为在出生时或出生后不久出现（Gabbard，1996；见表 6-1）。*原始反射*，如吮吸反射、吸奶嘴、惊跳反射（被惊吓或开始降落时的反应）等都与生存、安全等本能需要有关。某些原始反射可能是人类遗传进化的一部分，例如抓握反射，幼猴会抓着母猴身上的猴毛。在婴儿出生后的 2~4 个月里，上位脑区变得活跃起来，婴儿开始表现出*姿势反射*：对位置或平衡变化做出反应。例如，当把婴儿的头朝下时，他们表现出降落伞反射，伸出胳膊，本能的尝试减弱下降的力量。*运动反射*，如行走反射和游泳反射等，类似于有意运动，只有在无意识反射消失几个月后才会出现。

大多数早期反射会在个体出生后的 6~12 个月内消失。未消失的反射具有保护功能，如眨眼、打哈欠、咳嗽、作呕、打喷嚏、颤抖及瞳孔反射（在黑暗环境中瞳孔

表 6-1 早期无条件反射

反 射	刺 激	婴儿的行为	反射出现的年龄	反射消失的年龄
惊跳反射	婴儿下落或听到巨大的声响	腿、胳膊或手指伸展；背弓起来，缩脑袋。	妊娠期第 7 个月	出生后 3 个月
抓握反射	轻抚婴儿的手掌	握紧拳头，如果两个拳头能抓到支撑，就能站起来。	妊娠期第 7 个月	出生后 4 个月
非对称紧张性颈反射	婴儿仰面躺着	把脑袋歪到一边，呈现击剑的姿势，将胳膊和腿伸到优势的一边，另一侧弯曲。	妊娠期第 7 个月	出生后 5 个月
张口闭眼反射	婴儿的两个手掌突然被碰触。	嘴张开，眼睛闭上，脖子弯曲，脑袋向前倾斜。	出生时	出生后 3 个月
巴宾斯基反射	碰触婴儿的一只脚	脚趾散开，脚弯回来。	出生时	出生后 4 个月
觅食反射	用手指或乳头碰触婴儿的脸颊或下嘴唇。	转脑袋，嘴张开，开始吸吮。	出生时	出生后 9 个月
走路反射	架着婴儿的胳膊，让他光脚着地	做出类似走路的运动，看起来很协调。	出生后 1 个月	出生后 4 个月
游泳反射	把婴儿放在水上	做出很协调的游泳动作	出生后 1 个月	出生后 4 个月

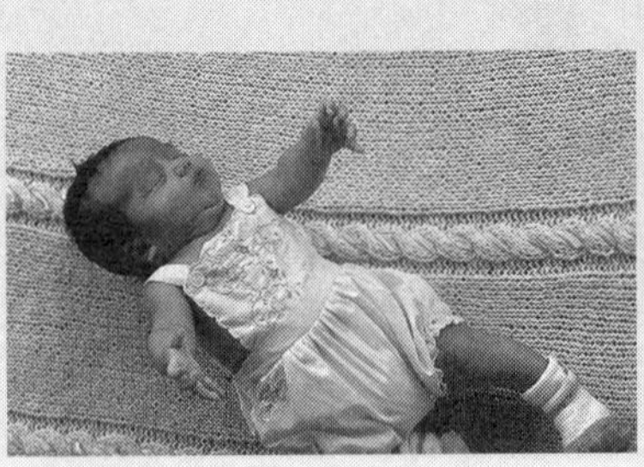
惊跳反射

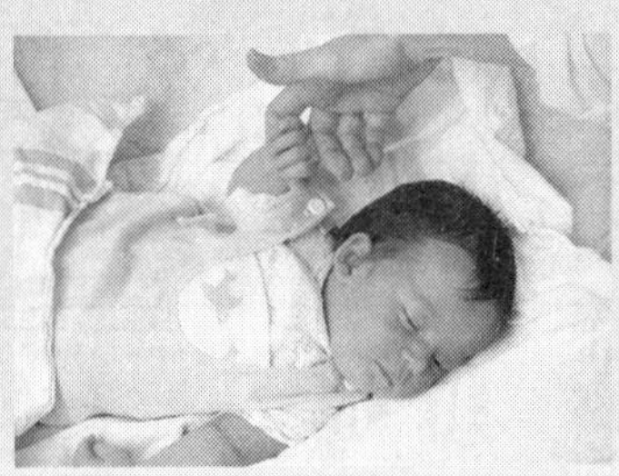
抓握反射

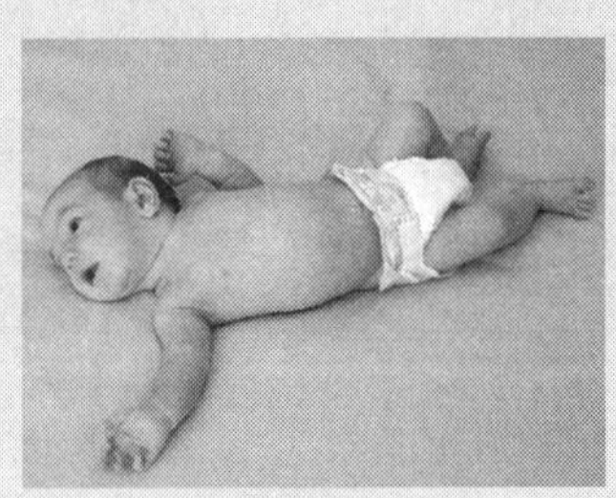
非对称紧张性颈反射

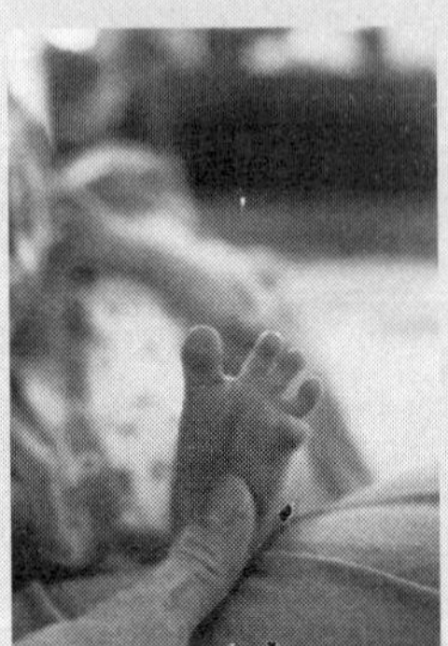
巴宾斯基反射

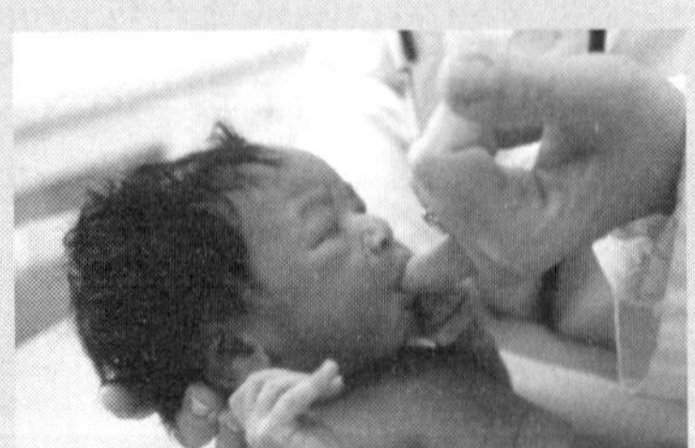
觅食反射

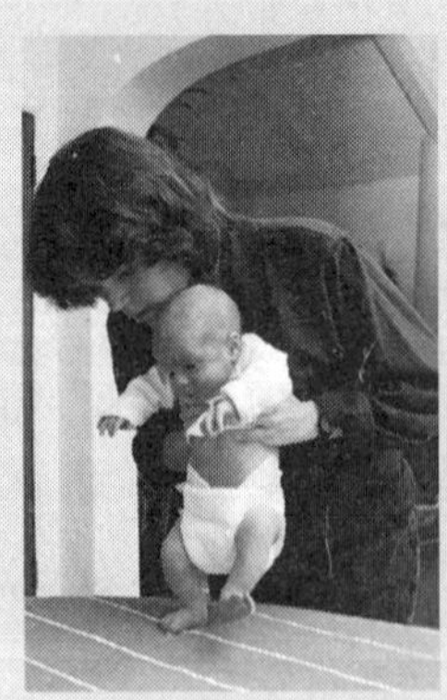
走路反射

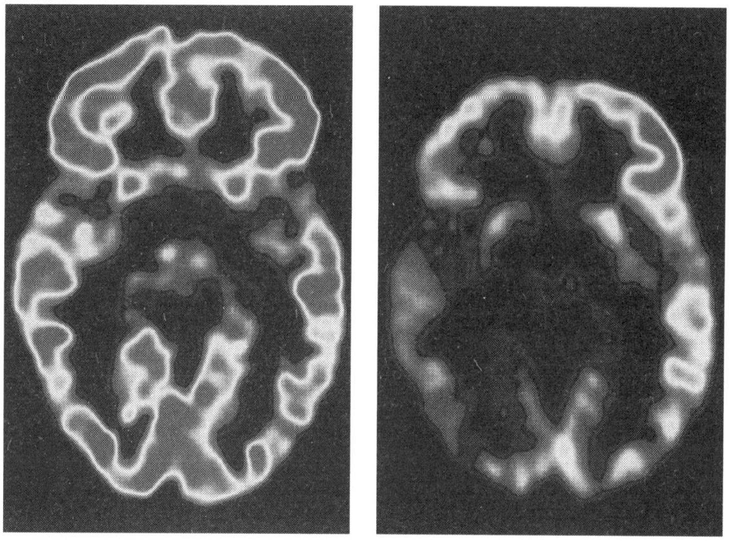

婴儿期极端的环境剥夺会影响大脑的结构，导致认知和情绪问题。对正常儿童脑的 PET 扫描（左图）表明了高活动区域（深色区域）及低活动区域（浅色区域）。而对出生后被送到福利机构的罗马尼亚孤儿的脑进行的 PET 扫描表明他们的脑活动不活跃（右图）。

会放大）等不会消失。不需要的反射陆续消失是脑皮层传导路径部分髓鞘化的信号，它将促使无意反射转换为有意反射。因此，内科医生通过观察婴儿的特定反射出现与否来评估他们的神经发育状况。

塑造脑：经验的作用

尽管脑的早期发育由遗传决定，但是环境经验会对其产生积极或消极的影响（Toga et al.，2006）。专业术语称之为脑的**可塑性**（plasticity）。早期经验对中枢神经系统获得和储存信息的能力有持久的影响（Society for Neuroscience，2005）。智力上的个体差异可能反映了大脑为了适应环境而发展神经连接的能力（Garlick，2003）。

形成期的大脑非常脆弱。在婴儿出生前后，如果母亲使用危险的药物、接触环境毒素或者面临着压力，都可能会威胁婴儿大脑的发育，且营养不良会影响认知的正常发展（Rose，1994；Thompson，2001）。因此，早期的物质滥用或感觉剥夺会对大脑的发育产生影响（J. E. Black，1998）。某项研究中，猴子在出生后的 6 个月里有一只眼睛一直闭着，后来那只眼睛就永久性失明了，显然那只眼睛与大脑的视觉皮层之间没有形成有效的连接（Society for Neuroscience，2005）。因此，如果在早期生活中没有形成特定的脑皮层连接，这些通路可能就会永久关闭。

同理，丰富的经验能够促进大脑的发育（Society for Neuroscience，2005），甚至能够补偿之前的感觉剥夺（J. E. Black，1998）。在有很多玩具的笼子里喂养的动物与在空荡荡的笼子里喂养的动物相比，可发育出更多的轴突、树突和突触（Society for Neuroscience，2005）。脑的可塑性会持续一生，神经细胞的大小和形状会随着环境体验而发生变化（Rutter，2002）。这些研究结果为促进早产儿及唐氏综合征患儿的

你的观点？

你对婴儿脑的可塑性了解些什么，是否每个孩子都应该在刺激适宜的环境中？如果是，如何实现这一目标？

脑发育带来了很大希望（Als et al.，2004），而且能够帮助那些脑损伤患者恢复脑功能。同样也说明了为什么安妮·沙利文给予凯勒的感觉和认知刺激对凯勒是如此重要。

伦理道德不允许人们通过控制实验来研究环境剥夺对婴儿的影响。然而，数千生活在罗马尼亚拥挤的孤儿院的婴儿和儿童为我们提供了一个自然实验（Ames，1997）。1989 年 12 月，在独裁者齐奥塞斯库下台后，人们发现这些被遗弃的儿童营养不良、被动和情绪淡漠。他们大多时间都躺在婴儿床上，看不到任何东西；他们与看护者的联系很少，很少听见对话，甚至噪音；大部分儿童在 2~3 岁时还不能走路或说话，年长儿童的活动缺乏目的性。对他们进行的 PET 脑扫描表明其颞叶非常不活跃，而颞叶专门负责情绪和感觉输入。

考考你 ✓

你可以……

- ✓ 描述早期脑发育的重要特征吗?
- ✓ 解释反射行为的作用吗？为什么有些反射行为在头几个月就会消失?
- ✓ 讨论早期经验如何影响大脑的生长和发展吗?

这些孤儿中有很多被英国家庭收养或者寄养在罗马尼亚。不管是哪种方式，被收养时的年龄及先前生活在孤儿院里的时间是儿童认知发展程度的关键性预测因素。例如在一项英语研究中人们发现，与在国内被收养的英国儿童相比，出生后 6 个月内被收养的罗马尼亚孤儿 11 岁时并没有表现出相关的认知损伤，但是 6 个月之后被英国家庭收养的罗马尼亚儿童的平均 IQ 水平要低 15 分。在 6 岁和 11 岁时被收养的孤儿的认知损伤最大，尽管这些儿童也有一些进步（Beckett et al.，2006）。显然，早期的环境刺激完全能够弥补极端的剥夺带来的影响。

早期感知能力

大脑的发育能够帮助新生儿很好地感知他们摸到、看到、闻到和听到的东西，出生后头几个月，婴儿在适应周围环境的过程中其感觉能力发展速度很快。

触觉和痛觉

触觉是最早发育的感觉，在最初的几个月里，它是最成熟的感觉系统。当碰触新生儿靠近嘴部的脸颊时，他们会试图去寻找乳头，这或许是一种本能的生存机能（Rakison，2005）。到了妊娠期的第 32 周时，身体的所有部位都对触摸很敏感，这种敏感性在出生的前 5 天里会快速增强（Haith，1986）。

过去，医生在给新生儿做手术（例如包皮环切术）时通常不使用麻药，因为他们错误地认为新生儿没有痛觉，或者只感觉到轻微的疼痛。事实上，如同我们在第 4 章中提到的，有证据表明痛觉在怀孕晚期就有了（Lee et al.，2005）。新生儿能够感觉到痛，而且在出生后的几天里对痛更加敏感。现在 AAP 及加拿大儿科协会（2000）声称，持续或严重的疼痛对新生儿有长期的伤害，缓解新生儿的疼痛非常必要。

嗅觉和味觉

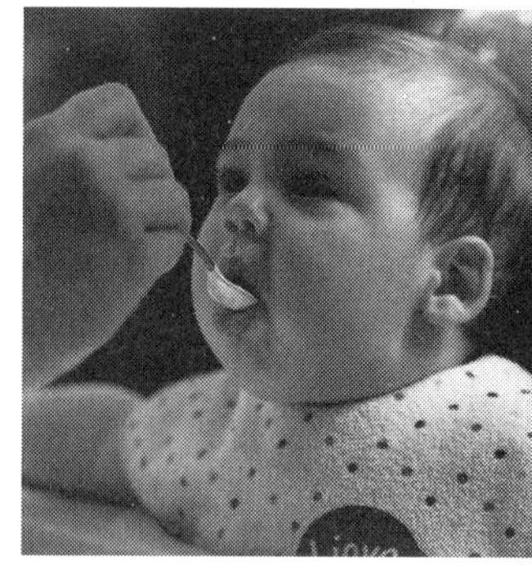

大多数婴儿从出生后 6 个月开始吃固体食物。即使在这个年龄，婴儿也表现出一定的味觉偏好。通过母乳接触健康食物味道的婴儿更能接受健康食物，如谷类食品和蔬菜。

胎儿也有嗅觉和味觉。孕妇吸收的食物香味可能通过羊水传递给了胎儿。在个体出生后，相似的传递通过母乳来实现（Mennella & Beauchamp，1996b）。

婴儿对气味的偏好似乎是在子宫内和在出生后的几天里习得的，母乳喂养也促进了婴儿气味偏好的形成与发展（Bartoshuk & Beauchamp，1994），对妈妈母乳香味的偏好可能是另一种本能的生存机制（Rakison，2005）。一项对出生 3 天和 4 天的法国婴儿进行的研究发现，接受母乳喂养和配方奶喂养的婴儿都偏好母乳的香味（Marlier & Schaal，2005）。

对某些味道的偏好似乎在很大程度上是先天的（Bartoshuk & Beauchamp，1994）。新生儿喜欢甜味，不喜欢酸、苦、咸（Haith，1986）。不管是足月产儿还是提前 2~3 周出生的早产儿，甜水都能让哭泣的他们平复下来，由此说明不但胎儿的味觉得到了发育（在妊娠期的前 20 周就已经发育得很好了），而且甜水使婴儿平复下来的机制在孕期结束前也得以形成（Smith & Blass，1996）。母乳非常甜，所以婴儿先天喜好甜食的特性能够帮助他们适应子宫外的生活（Harris，1997）。新生儿拒绝苦味可能是另一种生存机能，因为许多有毒物品都是苦的（Bartoshuk & Beauchamp，1994）。

婴儿期味觉偏好的发育会一直持续到童年早期。一项研究发现，婴儿期食用不同配方奶的婴儿，在 4~5 岁时有不同的饮食偏好（Mennella & Beauchamp，2002）。通过母乳接触健康食物的婴儿在断乳后以及日后的生活中更能接受健康食物（American Heart Association et al.，2006）。

听　觉

与其他感觉相同，听觉在婴儿出生前也已经发挥作用了，胎儿对声音有反应，而且学会了如何分辨声音。从进化的角度来讲，胎儿在子宫内对声音和语言的早期认知是建立胎儿与母亲之间联系的基础，这对婴儿的早期生存非常关键（Rakison，2005）。

听觉辨别能力在个体出生后快速发育，甚至出生后 3 天的婴儿就能够将新听到的声音与先前听到的声音区分开来（L. R. Brody，Zelazo，& Chaika，1984）。在婴儿 1 个月时，他们能够区分类似于“ba”和“pa”的声音（Eimas，Siqueland，Jusczyk，& Vigorito，1971）。

因为听觉对言语的发展很关键，所以应该尽早鉴别听觉损伤。1/1000~3/1000 的新生儿是失聪儿，如果没有及早发现，就会导致发育迟滞（Gaffney et al.，2003）。美国全部 50 个州已经建立了早期的听觉检查及干预项目，其中 39 个州已得到正式授权，欧洲的一些国家也是如此。

视 觉

可能因为在子宫内什么也看不到，婴儿出生时的视觉发育最迟缓。从进化的角度来看，其他感觉与新生儿的生存相关更紧密。视觉感知及利用视觉信息的能力（区分不同的照料者，找到食物，躲避危险）随着婴儿警觉性和主动性的增强而重要起来（Rakison，2005）。

新生儿的眼睛比成人的眼睛小，他们的视网膜组织还没有发育完全，视神经也没有发育。婴儿最远的视觉焦距是 31cm，刚刚好是被妈妈抱着的婴儿到妈妈脸部的距离，这一焦距能够促进母婴连结。有证据表明，识别面孔的能力，特别是识别照料者面孔的能力，可能是一种先天的生存机制（Rakison，2005）。

> **考考你✓**
>
> 你可以……
>
> ✓ 给出感觉早期发展的证据吗？
>
> ✓ 指出母乳喂养在嗅觉和味觉发展中的作用吗？
>
> ✓ 指出新生儿的听觉辨别能力与胎儿听力的相关吗？
>
> ✓ 列出新生儿视觉发展迟缓的三个方面吗？

新生儿会对亮光眨眼睛，他们外周视觉的范围非常狭窄，2~10 周大的婴儿的外周视觉是新生儿的两倍多（Tronick，1972）。追踪移动目标的能力在新生儿出生后的第一个月得到快速发育，颜色知觉也是如此（Haith，1986）。

婴儿出生时的视觉敏锐度接近 20/400，但是会迅速发展，到 8 个月时就达到了 20/20（Kellman & Arterberry，1998；Kellman & Banks，1998）（视觉敏锐度是指站在 6 米外的人能够识别标准视力检查表上的字母）。利用双眼聚焦感知深度和距离的双眼视觉通常在 4 个月或者 5 个月时才开始发展（Bushnell & Boudreau，1993）。

早期的视觉检查能够发现所有影响视力的问题，如视网膜畸形、先天内障、眼肌不平衡及弱视（双眼图像不能协调一致）等。在个体出生后 6 个月就应当检查他们的视觉凝视偏好、视位及其他任何眼疾迹象。常规视力检查应该从儿童 3 岁开始（AAP Committee on Practice and Ambulatory Medicine and Section on Ophthalmology，1996，2002）。

运动技能发展

一些基本的运动技能，如翻身、爬、走路，不用教，婴儿也能学会。他们只是需要一个允许他们移动和了解自己可以做什么的空间。当中枢神经系统、肌肉和骨骼发育完整之后，只要环境能够提供恰当的探索和练习的机会，婴儿就能学会很多新技能，不断给成人带来惊喜。

运动技能发展的里程碑

婴儿运动技能的发展有一系列的里程碑：技能的发展是一个有系统、有步骤的过程，每一种新技能的掌握都是在为婴儿掌握下一种技能做准备。婴儿先学会简单的技能，然后将这些简单的技能结合起来，形成更复杂的**运动系统**（systems of action），从而确保更精确的运动和更有效地控制环境。例如，精确抓握动作的发展。

表 6-2　运动技能发展的里程碑

技　能	50%	90%
翻身	3.2 个月	5.4 个月
抓握	3.3 个月	3.9 个月
独立坐起来	5.9 个月	6.8 个月
外物辅助站立	7.2 个月	8.5 个月
用拇指和其他手指抓握	8.2 个月	10.2 个月
独立站立	11.5 个月	13.7 个月
走路走的很好	12.3 个月	14.9 个月
搭起两块积木	14.8 个月	20.6 个月
拾级而上	16.6 个月	21.6 个月
原地跳	23.8 个月	2.4 岁
画圈	3.4 岁	4.0 岁

注意：根据丹佛训练指导手册 II，这个表显示的是 50% 的儿童和 90% 的儿童能够掌握每项技能的大概年龄。

资料来源：Adapted from Frankenburg et al., 1992.

婴儿首先尝试用整只手抓东西，手指紧顶着手掌，稍后婴儿学会指尖抓握，大拇指和食指形成环状，抓起小物体。在学走路的过程中，儿童先学会单独的胳膊、腿、脚的运动，然后将这些运动结合起来迈出重要的第一步。

丹佛发展筛选测验（Denver Developmental Screening Test）（Frankenburg，Dodds，Fandal，Kazuk，& Cohrs，1975）用来描绘 1 个月至 6 岁儿童的正常发展过程，鉴别发展异常的儿童。测验能够测查**大动作技能**（gross motor skills）（大肌肉动作，如翻身、抓球等）和**精细动作技能**（fine motor skills）（用小肌肉，如抓拨浪鼓、画圈等）。该测验也能评估言语的发展（如学会字词的含义）、人格和社交技能的发展（如自发的微笑、自己穿衣服等）。测验的最新版本——丹佛 II 量表（Frankenburg et al.，1992），包括了修订后的常模（见表 6-2 举例）。

当我们提到"一般"婴儿能做什么时，我们是在说丹佛常模中 50% 的分数分布。事实上，常模包括一个广泛的范围，约有一半的儿童在预定年龄前就掌握了这些技能，约有一半的儿童会滞后于常模。丹佛常模是根据西方人口制定的，当评估其他文化环境中的儿童时可能未必有效。例如，丹佛测验发现东南亚儿童不玩做蛋糕游戏、不抓葡萄干，在预定年龄前不会自己穿衣服（V. Miller，Onotera，& Deinard，1984），然而这并不能说明他们发育缓慢。因为在他们的文化环境中，儿童不玩做蛋糕游戏；葡萄干被认为是一种药，成人教育他们要远离葡萄干；父母会帮他们穿衣服到更大的年龄。

4 个月大的婴儿在趴着时能把头抬起来。她做出这个姿势的时间比某些婴儿晚，但这种时间上的差异是正常的。

通过对婴儿头部控制、手控制和运动发展过程的追踪，我们注意到这些发展遵循了前面提到的从头至尾、由内至外的规律。同时也要注意到，尽管男婴比女婴身形稍大且更活跃，但婴儿的动作发育过程不存在性别差异（Mondschein，Adolph，& Tamis-LeMonda，2000）。

头部控制

大部分新生儿躺在床上的时候能左右摆动脑袋。当趴着时，许多婴儿能够把脑袋抬起来转来转去。在出生后的2~3个月里，他们的脑袋会抬得越来越高，有时会因太高而失去平衡，导致翻身变成了躺着。4 个月时，几乎所有被抱着或被支撑着坐立的婴儿都能伸直脑袋。

手的控制

出生后 3 个半月时，大部分婴儿能够抓住中等大小的物品，如拨浪鼓，但是还不能抓住小物品。下一步他们开始用一只手抓东西，然后将东西换到另一只手中，接着学会握小物品（但是不能拿起）。在 7~11 个月时，他们的手能够协调地抓起小物品，如豌豆。此后，手控制变得更加精确。到 15 个月时，儿童通常能够搭起两块积木。3 岁多的时候，处于学步期的他们能够照图画出一个圆圈。

运 动

出生 3 个月后，儿童普遍开始有意识地翻身（已不再是原来的偶然行为），首先是从趴着翻身成平躺，然后从平躺翻身成趴着。婴儿普遍在 6 个月时就能独自坐着了，8 个半月时能不靠别人的帮助自己坐起来。

在 6~10 个月时，大部分婴儿开始自己爬来爬去。这种**自我运动能力**有助于认知和社会心理的发展（Bertenthal & Campos，Bertenthal，& Benson，1980）。会爬的儿童对物品的位置、大小、是否能移动及物品的外观更加敏感。爬可以帮助婴儿更好地判断距离、感知深度。他们学会根据其他人提供的线索判断所处的情境安全还是危险，这也就是我们将在第 8 章所探讨的**社会参照**技能（Hertenstein & Campos，2004）。

在 7 个多月时婴儿依靠成年人的搀扶或者扶着其他的东西就能够站立了。11 个半月时，儿童普遍能够离开成人的搀扶或支撑物而很好地独自站立。

所有这些运动技能的发展都是儿童学会走路这一过程中的里程碑。婴儿的头大、腿短、肌肉缺乏力量，很难保持平衡，因此人类开始走路的时间比其他物种晚。此外，练习是克服这些困难最重要的因素（Adolph，Vereijken，& Shrout，2003）。在儿童能够独立站立的前几个月里，他们抓着家里的家具练习走路。在能够很好地独立站立后，他们会迅速迈出没有外力帮助的第一步。在这个阶段，婴儿一天有 6 个小时左右的时间在练习站立和走路，断断续续，累加起来约有 9000 多步，有 29 个足球场那么大。在几周的时间里，满 1 岁的儿童就能走得很稳当了，从而进入了学步期。

许多美国父母把婴儿放在学步车上，认为这样婴儿就能够更早地学会走路。事实上，这种学步车限制了婴儿的探索，限制了他们的运动，可能会延迟运动技能的发展（Siegel & Burton，1999），因此学步车很危险。1990~2001 年期间，美国约有 19.72 万不满 15 个月的婴儿在学走路时受伤而被送往急诊处就诊。但是 1994 年后，这类案例的数量明显增加，而此时恰逢学步车上市之际（Shields & Smith，2006）。美国儿童研究会呼吁取缔婴儿学步车的生产和销售（AAP Committee on Injury and Poison Prevention，2001b）。2004 年加拿大成为第一个禁止学步车销售、广告宣传和进口的国家（Reuters，2004a）。

儿童在 2 岁时开始爬楼梯，先把一只脚放到楼梯台阶上，然后把另一只脚也放在台阶上，之后学会换脚，随后儿童学习下楼。在 2 岁时学步儿童也开始学习跑和跳。到 3 岁半时，大部分儿童能够用一只脚保持短时间的平衡，开始单脚跳。

你的观点？

在婴儿自身发展出行走等运动能力之前，教给他们一些运动技能是明智之举吗？

运动技能的发展和感知觉

感知觉帮助婴儿认识自己及周围的环境，帮助他们判断如何更好地适应环境。如果他们以特定的方式运动，经验及对身体变化的知觉能够帮助他们调整其对即将发生的事情的感知。知觉和行为之间的双向连接受到发育中的脑的调节，为婴儿提供许多关于自身及周围环境的有用信息（Adolph & Eppler，2002）。

从婴儿出生的那一刻，感觉和运动就能够很好地协调一致（Bertenthal & Clifton，1998）。2 个月大的婴儿能够感知到物体大小和形状的守恒性，即使远距离观察时物体看起来较小（Bower，1966）。

4~5 个月的婴儿开始伸手拿东西，到 5 个半月大时，他们能够移动或转动物体（Wentworth，Benson，& Haith，2000）。皮亚杰和其他研究者始终认为伸手拿东西依靠**视觉导航**（visual guidance）：眼睛指引着手的移动（或者身体的其他部位）。现在，研究者已经认识到这一时期的婴儿能够利用其他感觉器官提供的线索伸手拿物体。他们能够依靠拨浪鼓的声音确定其位置，即使看不到自己的手，他们也能在黑暗中拿到发光的物体（Clifton，Muir，Ashmead，& Clarkson，1993）。他们甚至能够依靠对物体位置的记忆来拿到物体（McCarty，Clifton，Ashmead，Lee，& Goubet，2001）。稍微大一点的婴儿，如 5~7 个半月的婴儿能够在黑暗中抓住移动的、发光的物体，掌握这一技能要求儿童具有意识，不仅意识到自己手的运动，而且需要意识到物体的运动轨迹、运动速度，这样才能预知手与物体的接触点（Robin，Berthier，& Clifton，1996）。

深度知觉（depth perception），即感知三维空间中的物体及其表面的能力取决于物体在视网膜上成像的线索。这些线索不仅包括双眼协调，而且包括运动控制（Bushnell & Boudreau，1993）。运动线索来自于物体或观察者的运动，或者两者的共同运动。为了确定物体是否在运动，婴儿可能会保持自己的头不动，这种能力在婴儿 3 个月时就有了。

有些婴儿在 5~7 个月时就掌握了相对大小、纹理和遮挡差异的线索。这些线索来源于对物体的**触觉**（haptic perception），人们通过触摸物体获得信息，而不是仅仅通过观察。触觉只有在婴儿有了很好的手眼协调能力，能够伸手拿物体并且抓住物体时才能获得（Bushnell & Boudreau，1993）。

埃莉诺和詹姆士·吉布森的知觉生态论

不管妈妈的怀抱是多么地有诱惑力，婴儿还是待在远离妈妈的地方。在这个年龄，婴儿具有深度知觉，害怕从看似悬崖的地方掉下去。

理查德·沃克和埃莉诺·吉布森（1961）做了一个经典实验，他们将一块树脂玻璃覆盖在棋盘形图案的上边，这样桌子中央在视觉上就形成了一个悬崖，即**视崖**（visual cliff），然后把 6 个月大的婴儿放到上面。他们有深度知觉吗？婴儿的确看到了“视崖边缘”与“悬崖”的差异：他们自如的爬到了悬崖边缘，但是为了避免掉下悬崖，即使看到妈妈在桌子的另一边招手，他们也不肯往前爬。

婴儿如何确定是能够穿越过去还是会掉下悬崖？根据埃莉诺·吉布森和詹姆士·吉布森的**知觉生态论**（ecological theory of perception）（E. J. Gibson，1969；J. J. Gibson，1979；Gibson & Pick，2000），婴儿评估生理特质变化（如胳膊和腿的长度、忍耐力、平衡性和力量）与周围环境变化之间的**可实现性**（affordance）或相称性。对这种相称性的认知帮助婴儿确定他们在特定的情境中能做什么（地面是不是太不平整了？我能在上面保持平衡吗？）（Adolph，2000；Adolph & Eppler，2002）。根据吉布森的理论，知觉的习得伴随婴儿在丰富环境中辨别感觉刺激的能力的发展而发展。这种能力可能是先天的（Gibson & Walk，1960），能够帮助婴儿和学步期儿童认识到可实现性，成功通过这一地带。

运动能力的发展取决于对可实现性的敏感度的增加，是感知觉和行为综合发展的结果（Adolph & Eppler，2002）。随着经验的增加，

婴儿能够更好地评估其活动环境，做出恰当的行为（Adolph，2000；Adolph et al.，2003；Adolph & Eppler，2002）。在视崖实验中，爬过一段时间的婴儿比没有爬过的婴儿更可能躲避悬崖。相似地，随着爬行经验的获得，面对越来越险峻的真实斜坡，婴儿的判断越准确，他们的探索也更有效。显然他们已经从经验中学会了突破自己的极限而不至于失去身体平衡（Adolph & Eppler，2002）。

这种学习很灵活，但又有特定的体位。当只能坐着时，婴儿知道他们能够伸手拿到距离多远的玩具，然而当他们学习爬行时，必须更新原来的认识（Adolph，2000；Adolph & Eppler，2002）。同样的道理，会爬的婴儿知道如何爬上斜坡，但在学走路时必须重新学习如何走上斜坡（Adolph，1997；Adolph & Eppler，2002）。

运动发展由何而来：西伦的动力系统论

传统观点认为运动能力发展的典型序列是由基因决定的，是由成熟大脑控制的一系列自动化的、预先设定的步骤。今天，许多发展科学家认为这种观点太过简单了。取而代之的是埃丝特·西伦的观点，她认为运动的发展是婴儿与周围环境之间持续相互作用的过程。

西伦提出了行走反射的概念，让新生儿呈直立位，脚踩在平面上，他们会做出类似迈步的动作。这种行为在出生 4 个月后消失，直到婴儿快 1 岁时，此时他们准备学走路，这种行为重新出现，人们通常将此解释为脑皮层控制的转换。因此，年龄大一点的婴儿有意识地行走是由发育中的大脑控制的新技能。但是，西伦观察到新生儿类似迈步的行为还会在他们躺着或脚蹬来蹬去时出现。为什么这种动作最初消失，到后来又重新出现，而婴儿踢脚的动作一直存在呢？西伦认为原因在于，婴儿的腿在出生后的最初几个月里变得越来越粗，越来越有力量，但是此时还不足以支撑日益增加的体重（Thelen & Fisher，1982，1983）。事实上，如果把行走反射已经消失的婴儿放到温水中，这时浮力能够支撑他们的身体，类似迈步的行为就又出现了。所以婴儿迈步的能力并没有变化，只是生理因素和环境因素阻止了他们的迈步动作。

西伦认为成熟并不能解释所观察到的结果。发育的原因并不是单一的、简单的，婴儿与环境之间形成了一种互动、动态的系统，包括婴儿的动机、肌肉力量、某一特定时刻在环境中所处的位置（例如，是躺在婴儿床上还是被放在一个池子里）。相似地，当婴儿要伸手拿一个拨浪鼓或移动的物体时，婴儿的身体条件、动机强度、能量水平、每一刻胳膊的速度和方向、胳膊和手的位置的变化等所提供的机会和限制都会影响他是否能够达成目标及如何达成目标。最后，婴儿在探索不同的动作组合，选择和评估哪个组合能最有效地达成目标的过程中，最终找到了解决办法。此外，解决办法必须灵活，能够在变化的情境中随时做出调整，所以成熟的大脑只是其中的一个方面。

这些最初的观察构成了西伦的**动力系统论**（dynamic systems theory，DST）。根据动力系统论，在多重成分自行组织的那一刻行为就出现了（Spencer et al.，2006，p. 1523）。西伦认为，正常婴儿按照相同的顺序学会相同的技能是因为他们以近乎相同的方式出生、面临着相似的生理挑战、有相同的需要。因此，最后他们发现，在大多情况下走路比爬更有效。然而该结论源于每个特定婴儿的身体条件及在特定情境下的体验。这也许能够解释为什么某些婴儿学走路的时间要早于其他婴儿，为什么他们与其他婴儿的发展顺序不同（Spencer et al.，2006）。

西伦认为 DST 的基本原理可以应用于所有的发展领域。如同一个爵士音乐家，婴儿通过选择和组合多重范式或行为准备其个人的问题解决方案。

文化对运动发展的影响

动力系统论强调了环境对发展的影响作用。因此尽管婴儿的运动发展遵循普遍的顺序，但他们的发展速度还受到特定文化因素的影响。当婴儿得到了很好的照顾和营养、身体能够自由的活动、有机会探索周围的环境时，他们的运动发展可能是正常的。然而，在一种文化环境中的正常运动发展到了另一文化环境中却未必如此。

非洲婴儿坐、走路和跑的发展要先于美国和欧洲婴儿。例如，在乌干达，婴儿在 10 个月时就学会了走路（Gardiner & Komitzki，2005），而美国婴儿要到 12 个月时才学会走路，法国婴儿 15 个月时学会走路。亚洲婴儿的这些技能发展得更晚。也许这些差异在一定程度上与民族气质差异有关（H. Kaplan & Dove，1987；见第 8 章），或者也可能反映了不同文化养育孩子的习惯不同（Gardiner & Komitzki，2005）。

有些文化会积极地鼓励婴儿早点掌握运动技能。在许多非洲和西印度文化中，婴儿的运动技能发展较早，成人会通过一些特殊的训练程式，如跳跃和迈步练习，加强婴儿的肌肉力量（Hopkins & Westra，1988）。研究发现，牙买加妈妈每天通过这些训练程式锻炼婴儿，因此他们坐、爬、走的时间早于不接受这些特殊训练程式的英国婴儿（Hopkins & Westra，1990）。

其他文化不鼓励婴儿过早发展早期运动。居住在巴拉圭东部的 Ache 部落的儿童在 18~20 个月时才开始学习走路（H. Kaplan & Dove，1987）。当婴儿想要爬时，Ache 部落的妈妈就会把他们拽到自己的大腿上。Ache 部落的妈妈密切监视着孩子，保护他们远离游牧生活中的危险，这也可能是因为在 Ache 部落中母亲的主要任务就是照顾孩子，而不是参加生产劳动。然而，当 Ache 部落的儿童 8~10 岁时，他们会爬上很高的树，把树枝砍下来，玩一些能提高他们运动技能的游戏（H. Kaplan & Dove，1987）。因此，不遵从相同的时间表，但是能达到相同的目标也属于正常发展。

考考你 ✓

你可以……

- ✓ 根据丹佛的标准描绘出婴儿头部控制、手控制和运动技能发展的进程吗?
- ✓ 讨论成熟、知觉与文化影响如何与运动发展相关吗?

健 康

尽管远不如患上不知名疾病的海伦·凯勒面临的危险多，但婴儿期和学步期仍是人生中的危险期。有多少婴儿在出生后的第一年里死亡？他们是怎么死的？怎样才能防止他们受伤，不让他们面临危险？怎样预防体质虚弱的儿童生病？怎样保证婴儿和学步儿童健康地生活和成长、正常地发育？

婴儿死亡率

在保护婴儿的生命方面我们已经取得了很大的进步，但是这些进步在世界各地的分布并不均衡。从世界范围来看，2000 年有超过 1/20 的新生命，约 800 万婴儿在 1 周岁之前死亡（Population Reference Bureau，2005；UNICEF，2002）。在这些死亡案例中，约一半（近 400 万）发生在新生儿期，其中 3/4 发生在出生后的第一周，其中 2/3 是非洲和东南亚婴儿（Lawn，Cousens，& Zupan for the Lancet Neonatal Survival Steering Team，2005）。世界范围内新生儿死亡的主要原因是早产（28%）、脓血症或肺炎（26%）、生产时的窒息死亡（23%）（Bryce，Boschi-Pinto，Shibuya，and the WHO Child Health Epidemiology Reference Group，2005）。许多死亡都是可以避免的，它们是由贫穷、母亲健康问题、营养、传染病或医疗条件匮乏等原因导致的（Lawn et al.，2005；UNICEF，2003）。

在美国，**婴儿的死亡比例**（infant mortality rate，不满 1 岁死亡）自 1950 年以来每年都有所降低（Hamilton et al.，2007）。2004 年，每 1 千个新生婴儿中有 6.79 个会死亡。双胞胎、三胞胎婴儿的死亡率和单胞胎婴儿的死亡率都降低了（Luke & Brown，2006）。超过一半的婴儿死亡发生在出生后的第一周，2/3 发生在新生儿期（Hoyert，Heron，Murphy，& Kung，2006；Kochanek & Smith，2004；Kochanek，Murphy，Anderson，& Scott，2004）。

美国婴儿死亡的头号杀手是出生缺陷（先天性畸形），其次是与早产或出生时低体重有关的综合征（见第 5 章）、婴儿猝死综合征（SIDS）、孕妇妊娠综合征及其他一些意外伤害。因这 5 大原因死亡的婴儿占所有婴儿死亡案例的一半（Hamilton et al.，2007）。

即使很多婴儿出生时非常小，但自 1990 年以来美国婴儿死亡率在下降，这在很大程度上是因为他们能有效地预防婴儿猝死综合征，治疗呼吸窘迫及提升低体重儿的存活率（Arias et al.，2003）。另外，因为美国低体重儿比其他很多发达国家和地区的低体重儿数量多，所以美国新生儿在 1 岁前的死亡率高于其他发达国家和地区（Arias et al.，2003；Hamilton et al.，2007；图 6-8）。事实上，2003 年，有 0.8% 的美国新生儿的体重低于 1kg，而死亡婴儿中近一半（49%）是低体重儿（Mathews & MacDorman，2006）。

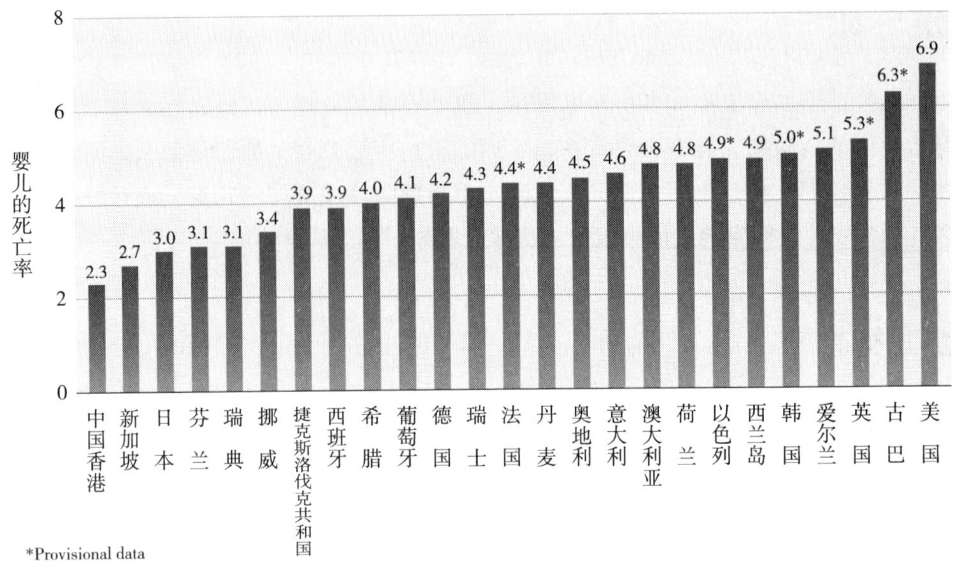

图 6–8
2003 年工业化国家和地区的婴儿死亡率。尽管技术进步了，但美国的婴儿死亡率比其他 25 个工业国家和地区的婴儿死亡率仍高，这主要是因为美国人口差异大、弱势群体健康状况不等、低体重儿比例高，特别是非洲裔美国婴儿。

资料来源：Hamilton et al.，2007：from United Nations Demographic Yearbook，2003。

婴儿死亡率的民族 / 种族差异

尽管美国所有民族和种族的婴儿死亡率都在下降，但是仍然有很大的差异（Hesso & Fuentes，2005；图 6-9）。黑人婴儿出生后第一年的死亡风险是白人和西班牙裔婴儿的 2.5 倍（Hoyert，Heron，et al.，2006；表 6-3）。这种差异主要反映出低体重儿和 SIDS 在非洲裔美国人中更流行（Kochanek & Smith，2004；Kochanek et al.，2004）。美国印第安人和阿拉斯加土著人中婴儿的死亡率是白人婴儿的 0.5 倍（NCHS），主要是因为 SIDS 和胎儿酒精综合征（American Public Health Association，2004）。

群体之间的差异常常被人们忽略。在西班牙裔美国人中，波多黎各婴儿的死亡率是古巴婴儿死亡率的两倍多（Hoyert，Heron，et al.，2006）。总体来看，亚裔美国婴儿的死亡率最低，但是夏威夷裔婴儿的死亡率是中国裔婴儿的三倍（NCHS，2005）。

儿童卫生保健的便利性和质量能够解释不同民族或种族婴儿死亡率的差异，但是行为因素也对婴儿的死亡率有一定影响。妊娠期肥胖、吸烟、饮酒等都有不利影响。非洲裔美国人的肥胖率最高，美国印第安人和阿拉斯加土著人吸烟、饮酒最多。美国孕妇接受产前护理的比率从白人孕妇的 85% 到美国印第安人和阿拉斯加土著人的 69% 不等（American Public Health Association，2004）。因为不同种族之间婴儿死亡的原因和危险因素不同，所以要进一步降低婴儿的死亡率，就要针对每个种族所面临的特定影响因素做出不同的努力（Hesso & Fuentes，2005）。

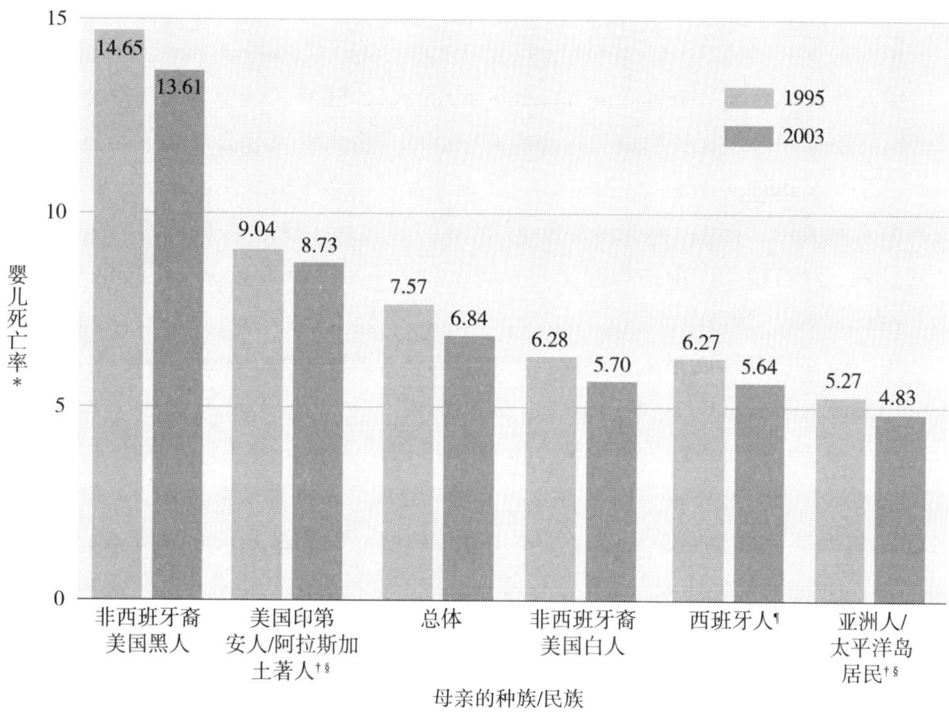

* 每1000个活婴中不满一岁死亡的比率
† 包括西班牙人和非西班牙血统的西班牙人。
§ 差异在0.05水平上（Z检验）不显著。
¶ 西班牙血统的人可能是任何民族。

图 6–9
1995 年和 2003 年婴儿死亡率与妈妈的种族/民族之间的关系。尽管婴儿死亡率有所下降，但是非西班牙裔美国黑人中婴儿的死亡率仍然最高。

资料来源：Centers for Disease Control & Prevention，2006d。

表 6–3　出生体重、死亡率和种族，2003

	低体重（体重低于 5.5 磅，或者 2500 克）的比率	极低体重（体重低于 3.3 磅，或者 1500 克）的比率	每 1000 个新生儿中婴儿期的死亡率 *	每 1000 个新生儿中新生儿期的死亡率 **	每 1000 个新生儿中新生儿后期的死亡率 ***
黑人婴儿	11.6	2.6	13.9	9.3	4.9
白人婴儿（非西班牙裔）	5.1	0.8	5.8	3.9	1.9
西班牙裔婴儿	5.6	0.9	5.6	3.8	1.8

注意：在出生后的第一年里，黑人婴儿相比白人婴儿或西班牙裔婴儿更可能因为出生缺陷或障碍、婴儿猝死综合征、呼吸困难综合征、与早产和低体重有关的障碍、妊娠期并发症等原因死亡。

* 出生后 1 年死亡

** 出生后 4 个星期内死亡

*** 出生后 4 个星期到 11 个月死亡

资料来源：Martin，Hamilton，et al.，2005：Martin，Kochanek，et al.，2005。

婴儿猝死综合征（SIDS）

婴儿猝死综合征（sudden infant death syndrome，SIDS）是指不满一岁的婴儿突然死亡，但是经过尸检等检查后仍不能查明死因。婴儿猝死综合征是美国新生儿的第一杀手（Anderson & Smith，2005），在2~3个月婴儿中的发生率最高，在非洲裔美国婴儿和美国印第安/阿拉斯加土著婴儿、男婴、早产儿、年轻妈妈或接受产前护理较晚、没有接受产前护理的婴儿中最为常见（AAP Task Force on Sudden Infant Death Syndrome，2005）。

约20%的猝死婴儿是由爸爸妈妈之外的第三人照顾（AAP Task Force on Sudden Infant Death Syndrome，2005），16.5%的猝死婴儿生活在儿童保健中心（Moon，Sprague，& Patel，2005）。如果某个家庭中出现一个猝死婴儿，之后出生的婴儿往往会再次猝死，这导致人们有时会认为婴儿猝死是一桩谋杀案。其实，这些死亡案例中的大部分都是自然死亡（AAP Task Force on Sudden Infant Death Syndrome，2005）。一种可能的解释是有婴儿猝死综合征史的女性生出低体重儿的几率更大，而低体重儿更可能患猝死征（Smith，Wood，Pell，& Dobbie，2005）。

婴儿猝死综合征可能由多种原因共同导致。潜在的生理缺陷可能导致一些婴儿在关键期更脆弱，更易受诱发因素的影响，如妊娠期孕妇处于吸烟环境中，而这已被确定为一个危险因素（AAP Task Force on Sudden Infant Death Syndrome，2005）。神经网络能够在个体生命受到威胁［如调节呼吸的脑机制（Tryba，Pena，& Ramirez，2006）或遗传基因失调（Opdal & Rognum，2004）］时将个体唤醒，潜在的缺陷可能导致神经网络发育迟缓。

至少6种可影响心脏的基因突变与婴儿猝死综合征有关（Ackerman et al.，2001；Cronk et al.，2006；Tester et al.，2006）。对挪威201名猝死婴儿进行的调查发现，近10%的猝死婴儿出现了导致心律不齐的基因变异（Arnestad et al.，2007；Wang et al.，2007）。1/9非洲裔美国人出现了基因变异，这一现象也许有助于解释黑人婴儿猝死综合征的高发率（Plant et al.，Weese-Mayer et al.，2004）。

脑干缺陷是一条重要的线索，脑干能够调节呼吸、心跳、体温和觉醒状态。对31名猝死婴儿和10名死于其他疾病的婴儿进行的尸检发现，全部31名猝死婴儿的大脑都不能供应复合胺，而其他10名婴儿的大脑未出现此问题（Paterson et al.，2006）。这些缺陷导致猝死婴儿在趴着睡或侧睡时不能醒来，或者不能在二氧化碳过量、空气浑浊的毯子里扭头（AAP Task Force，2000；Kinney et al.，1995；Panigrahy et al.，2000；Waters，Gonzalez，Jean，Morielli，& Brouillette，1996）。即使对正常婴儿而言，趴着睡也会阻止他们的吞咽反射，而吞咽反射是一种避免婴儿窒息的天然保护（Jeffery，Megevand，& Page，1999）。

研究者极力主张婴儿猝死综合征与趴着睡有关。1992~2001年期间，美国婴儿的猝死率下降了53%（AAP Task Force on Sudden Infant Death Syndrome，2005），在

表 6-4	医生关于预防婴儿猝死综合征的建议
1.	让婴儿平躺着睡（而不是趴着睡或侧着睡）。
2.	睡在硬一点的床上。
3.	婴儿床不能太松软，也不要放太柔软的物体。
4.	妊娠期不要吸烟，也避免让婴儿吸二手烟。
5.	让婴儿挨着妈妈，睡在他自己的床上。
6.	婴儿出生后的第一年里，在婴儿白天小睡或晚上睡觉时可以使用安抚奶嘴。接受母乳喂养的婴儿可以晚一个月再使用奶嘴，这样才能很好地母乳喂养。
7.	避免温度过高，包裹过紧。婴儿穿的衣服应该宽松点，房间温度应该是成人觉得很舒适的温度。
8.	避免用一些声称能够降低婴儿猝死风险的装置。这些装置可能没有接受有效性、安全性检验。
9.	不要使用家庭监控器降低婴儿猝死的风险，没有证据表明它们有效。
10.	鼓励婴儿在清醒或有人在旁照看时趴着。

资料来源：AAP Task Force on Sudden Infant Death Syndrome，2005。

其他一些国家，人们遵从建议让健康的婴儿平躺着睡，猝死率下降了 70%（Dwyer，Ponsonby，Blizzard，Newman，& Cochrane，1995；Hunt，1996；Skadberg et al.，1998；Willinger，Hoffman，& Hartford，1994）。

医生建议婴儿不要睡在松软的地方，如枕头、棉被、羊毛皮或睡在沙发套下，特别是当婴儿趴着睡时，这些东西可能导致婴儿过热或再呼吸困难［呼吸释放废气（AAP Task Force on Sudden Infant Death Syndrome，2005；见表 6-4）］。如果婴儿睡在成人床、沙发或椅子上，或者其他并非为婴儿设计的物品上面，猝死的风险会增加 20 倍（Scheers，Rutherford，& Kemp，2003）。研究发现使用橡皮奶嘴能降低婴儿猝死的风险（AAP Task Force on Sudden Infant Death Syndrome，2005；Hauck et al.，2003，2005；Mitchell，Blair，& L'Hoir，2006）。与许多报告相反，专业研究发现免疫与婴儿猝死综合征之间没有关系（AAP Task Force on Sudden Infant Death Syndrome，2005）。

在某些文化中，婴儿通常与妈妈睡在一起，这种做法是减少还是增加了婴儿猝死的几率尚存有争议（专栏 6.2）。

得益于疫苗注射的普及，美国传染病的发生率快速下降。然而，许多儿童，特别是城市低收入家庭的儿童，并没有注射所要求的全部疫苗，或者注射疫苗较晚。在发展中国家，死亡儿童中近 1/5 死于疫苗可预防的疾病。

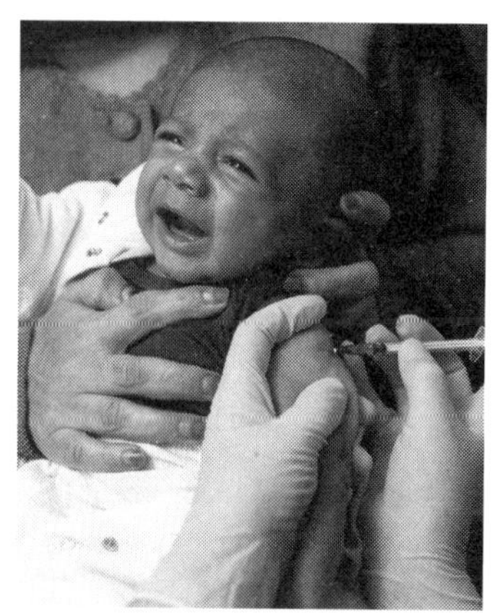

意外伤害

在美国，意外伤害是婴儿死亡的第五大杀手（Hoyert，Heron，et al.，2006），是婴儿出生后前四周里死亡的第三大杀手，居婴儿猝死综合征与出生缺陷之后（Anderson & Smith，2005）。黑人婴儿可能死于意外伤害的数量是白人婴儿的 2.5 倍，而成为凶杀案受害者的数量是白人婴儿的 3 倍多

世界各地

专栏 6.2 睡眠习惯

在许多文化中，婴儿没有专门的睡觉地方。肯尼亚 Gusii 族的婴儿睡在别人的怀里或者睡在照料者的后背上。在许多社会中，婴儿在出生后的最初几年里与妈妈睡在同一个房间，通常是同一张床上，以便于妈妈在夜间照顾婴儿（Broude，1995）。在美国，人们习惯为婴儿准备单独的床或单独的房间，但是在低收入、市中心的家庭中，婴儿常和妈妈睡在一张床上（Brenner et al.，2003）。目前这种睡眠方式尚存有争议。

在访谈中，美国中产阶级的父母和拉丁美洲农村的玛雅妈妈对儿童睡眠习惯的管理揭示了各自社会中抚养儿童的价值观和目标（Morelli，Rogoff，Oppenheim，& Goldsmith，1992）。美国父母习惯与 3~6 个月大的婴儿睡在同一个房间的不同床上，他们认为与婴儿分床而睡能够培养他们独立自主的能力。玛雅妈妈会一直与婴儿和学步期儿童睡在同一张床上，直到下一个婴儿出生，此时年长的儿童会与其他家庭成员睡在一起或者睡在妈妈房间里的另一张床上。玛雅妈妈很重视亲密的亲子关系，不同意让婴儿在单独的房间里睡觉。

某些调查者发现，与孩子睡在一起有很多益处。观察研究发现，妈妈与孩子亲密的身体接触有助于母乳喂养、抚摸，母亲可以对孩子的需要及时做出反应（AAP Task Force on Sudden Infant Death Syndrome，2005；Baddock，Gallan，Bolton，Williams，& Taylor，2006；McKenna & Mosko，1993；Mckenna，Mosko. & Richard，1997）。妈妈和孩子依偎在一起有助于彼此感受到对方身体的微妙信号，妈妈能够更快、更容易地对婴儿的饥饿信号作出反应。

然而，在某些情况下，婴儿和妈妈睡在一起增加了婴儿猝死的危险，因为妈妈可能会在睡觉时翻身压在婴儿身上。在婴儿出生后的第 8~11 周，多一个人与婴儿一起睡，或者与婴儿一起睡的人吸烟、喝酒或者过度疲劳，婴儿猝死的风险会特别高（AAP Task Force on Sudden Infant Death Syndrome，2005）。英国健康委员会和美国儿科学会建议，对于不满 6 个月的婴儿来说，最安全的睡眠场所是在父母房内单设一张婴儿床（AAP Task Force on Sudden Infant Death Syndrome，2005）。

那为什么日本妈妈虽然和婴儿同床而睡，但其婴儿猝死率却是世界上最低的呢（Hoffman & Hillman，1992）？这可能是因为在日本家庭中，如同世界上的其他母婴同睡的发展中国家一样，他们通常睡在铺着薄毯的地板上。社会价值观会影响父母的态度和行为，全书中我们会看到很多由文化决定的态度和行为对儿童的影响。

你的观点？

医学证据表明妈妈和婴儿同床而睡会导致婴儿猝死，在鼓励妈妈和婴儿同睡的文化中，妈妈应该与孩子一起睡吗?

看过来！

本主题的更多信息请登录 www.askdrsears.com/html/10/t102200.asp（来自 AskDrSears.com 的关于婴儿安全睡眠的讨论）。

（Tomashek，Hsia，& Iyasu，2003）。

许多意外伤害都发生在家里。对安大略省金斯敦急诊室的 990 名婴儿进行的调查发现，目前为止最常见的婴儿意外伤害是跌落（61.1%）、吞下有害物质（6.6%）、烧伤（5.7%）等（Pickett，Streight，Simpson，& Brison，2003）。

免疫力促进健康

得益于提高自身抵抗力的疫苗的发展，人们熟知的某些致命儿童疾病，如麻疹、百日咳、小儿麻痹症等现在已经普遍能够得到预防了。不幸的是，许多儿童仍未得到充分的保护。

2003 年，全球估计有 200 万儿童死于疫苗可预防的疾病，1990~2004 年间，约有 70%~78% 的 12~23 个月的婴儿接受了常规的疫苗注射。90% 的欧洲、西太平洋和美国儿童注射了疫苗，而只有 69% 的东南亚儿童和 66% 的非洲儿童注射了疫苗。2002 年间，仍然有 250 万不到 5 岁的儿童死于疫苗可预防的疾病，其中近 200 万是非洲和东南亚儿童。2006~2015 年全球免疫展望和战略计划将扩大常规疫苗的注射范围，使每个适龄儿童受益（Department of Immunization，Vaccines，and Biologicals，WHO；United Nations Children's Fund；Global Immunization Division，National Center for Immunization and Respiratory Diseases，& McMorrow，2006）。

得益于全国的免疫计划，美国可预防的传染病的发病率自 1993 年以来已下降了 95%（AAP Committee on Infectious Diseases，2000）。2005 年 76.1% 的 19~35 个月大的婴儿接受了一系列疫苗注射。然而，仍有许多婴儿只接受了部分疫苗的注射，而且存在很大的区域差异（CDC，2006c）。

因为怀疑某些疫苗，特别是百白破喉疫苗（DPT）、麻疹、腮腺炎和德国麻疹疫苗（MMR）等可能会导致孤独症或其他神经发育障碍，一些父母犹豫是否要给孩子注射疫苗，但是多数证据表明这种担心是没有道理的（专栏 6.1）。另有一些父母担心孩子接受太多的疫苗注射不太安全（现在的儿童通常要接受 11 种疫苗，到两岁时要接受 20 多种疫苗），实际上事实并非如此。注射多种疫苗能够增强儿童的免疫系统，增强其对细菌和病毒的抵抗力，降低患相关传染病的概率（Offit et al.，2002）。

考考你✓

你可以……

- ✓ 描述婴儿死亡率的发展趋势并解释黑人婴儿的存活率低于白人婴儿吗?
- ✓ 讨论婴儿猝死综合征的原因和预防吗?
- ✓ 解释为什么所有婴儿和学前儿童的免疫力很重要吗?

儿童虐待：虐待和忽视

尽管大多数父母很爱他们的孩子，并尽心抚养孩子，但仍有一些父母并不爱孩子，不能给孩子恰当的照顾，甚至有些父母故意伤害孩子。虐待是指父母或其他人故意将儿童置于危险之中。

各个年龄段的儿童都可能遭受虐待和忽视，但是受伤害最多、甚至死于虐待的是 3 岁或更小的儿童（USDHHS，Administration on children，Youth，& Families，2006；图 6-10），其中很多都是惊吓婴儿综合征患者（专栏 6.3），其他儿童则因为被忽视而死于发育不良。发育不良是由营养不良、紧张的父母关系及其他因素如疾病、缺乏母乳喂养、冲调配方奶的方法不当或喂养方法不当等因素共同导致的。贫穷是全球唯一一个最危险的发育不良因素（Block，Krebs，and the Committee on Child Abuse and Neglect，and the Committee on Nutrition，2005）。

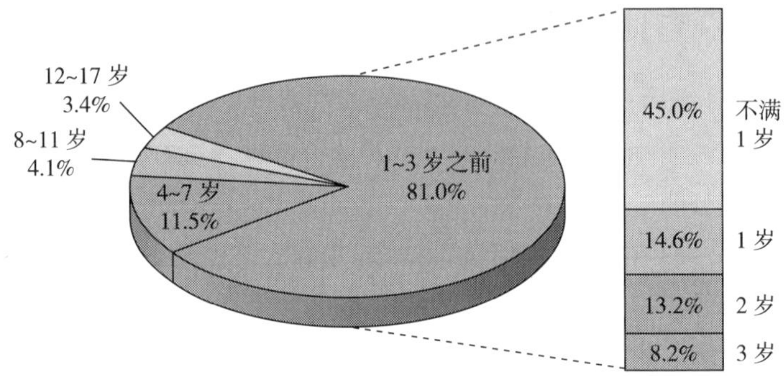

图 6–10
2004 年各年龄阶段儿童因受虐而死亡的比率。超过 3/4 的儿童不满 4 岁时死亡，超过 45% 的儿童不满 1 岁时死亡。

资料来源：USDHHS Administration on Children，Youth，and Families，2006。

虐待：事实及数据

有许多不同形式的虐待，一个儿童可能遭受不止一种形式的虐待（USDHHS，Administration on Children，Youth，& Families，2006）。这些虐待形式包括：

- **身体虐待**（physical abuse）——通过拳打脚踢、烧伤等伤害儿童身体；
- **忽视**（neglect）——不能满足儿童的基本需要，如食物、穿衣、医疗保健、安全、监管等；
- **性虐待**（sexual abuse）——年长的人与儿童之间的性活动；
- **情感虐待**（emotional maltreatment）——包括拒绝、恐吓、孤立、剥削、任其堕落、奚落，或不能给予儿童情感支持、爱和感情。

美国儿童受虐待和受忽视的比率从 1990 年的千分之十三点四下降到了 2004 年的千分之十一点九。然而国家和当地儿童保护组织的调查发现，2004 年仍有 87.2 万例儿童虐待和忽视案件（USDHHS，Administration on Children，Youth，&Families，2006），真实数字可能会更高（Theodore et al.，2005）。

超过 60% 的儿童受到的虐待是忽视，约 18% 是身体虐待，10% 是性虐待，7% 是情感虐待。2004 年，美国约有 1490 名儿童死于虐待或忽视，男孩更经常受虐待。超过三分之一的儿童死于忽视（USDHHS，Administration on Children，Youth，& Families，2006）。

起作用的因素：生态学观点

根据布朗芬布伦纳的生态系统论，虐待和忽视是家庭、社区和社会等多层因素共同作用的结果。

专栏 6.3 惊吓婴儿综合征

一个极为常见的场景：出生 6 个星期到 4 个月的婴儿被父亲、母亲或其他照料者送到急诊室，婴儿出现的症状有昏昏欲睡、烦躁不安、呼吸困难、战栗、呕吐、皮肤苍白或淤青、抽搐、昏迷，婴儿可能不能吮吸、吞咽、发出声音、不能盯视移动的物体。然而，惊吓婴儿综合征没有明显的受伤迹象，父母或其他照料者不知道为什么会这样，他们可能认为是孩子不小心从高处掉了下来。仔细检查不一定能检查出婴儿被虐待或被打伤，但是影像学检查能发现脑或视网膜出血，这是因为婴儿被猛烈摇晃、扔下或扔出去导致的（AAP Committee on Child Abuse and Neglect，2001；Dowshen，Crowley，& Palusci，2004；National Center on Shaken Baby Syndrome，2000；National Institute of Neurological Disorders and Stroke [NINDS]，2006）。

惊吓婴儿综合征（SBS）是一种虐待形式，主要发生在不满 2 岁的儿童身上，特别是婴儿身上。因为婴儿颈部肌肉柔软，脑袋很大、很重，所以摇晃可能会导致脆弱的大脑在头骨内来回冲击，导致瘀伤、出血、肿胀，最后导致严重的永久性脑损伤、瘫痪甚至死亡（AAP，2000；NINDS，2006）。如果婴儿被扔到墙上或床上，后果可能更严重。脑损伤是美国虐待案中导致婴儿死亡的第一杀手。这些死亡案件中的婴儿主要是在家里接受照料（Wrigley & Drcby，2005）。约 60% 的受虐儿童是男孩，65%~90% 施虐者是男性，通常是父亲或妈妈的男朋友（Dowshen et al.，2004）。

惊吓婴儿综合征的症状不太明显，常被误认为是婴儿脑疝、喂养问题或被认为大惊小怪，所以常会被误诊或被低估（AAP Committee on Child Abuse and Neglect，2001；King，MacKay，Sirnick，& Canadian Shaken Baby Study Group，2003）。美国每年发生 600~1400 例惊吓婴儿综合症案例，这些儿童在先前通常都遭受了虐待。约 20% 的儿童在遭受惊吓后几天内就死亡。惊吓婴儿综合征幸存者会遗留下学习和行为障碍、神经损伤、发育迟滞、瘫痪、失明、永久性植物人等后遗症（King et al.，2003；National Center on Shaken BabySyndrome，2000；NINDS，2006）。

为什么成人会伤害一个手无缚鸡之力的婴儿呢？被婴儿的哭泣声激怒、不能很好地应对压力、对婴儿的行为有不切实际期望的照料者更可能会失控，疯狂地摇晃哭泣的婴儿，试图让他们安静下来。如果受伤的婴儿昏昏欲睡或失去意识，照料者可能会认为摇晃有效，因此当婴儿再次哭泣时会继续摇晃。或者照料者会把失去意识的婴儿放在床上，希望婴儿能自己醒过来，反而错过了挽救婴儿生命的时机（AAP Committee on Child Abuse and Neglect，2001；National Center on Shaken Baby Syndrome，2000）。

照料者需要认识到婴儿哭泣是正常的，不是因为他们的照料方法不好，而摇晃婴儿是一种不恰当的行为（One resource is the National Center on Shaken Baby Syndrome，888-273-0071）。父母也需要知道跟婴儿玩与其年龄相符的游戏不会造成伤害（Dowshen et al.，2004；National Center on Shaken Baby Syndrome，2000）。

你的观点？

你照顾过哭闹不止的婴儿吗？如果照顾过这样的婴儿，你是怎么做的？

看过来！

更多惊吓婴儿综合征信息请查看 www.kidshealth.org/parent/medical/shaken.html。这是一个儿童健康网站，是由 Nemours Foundation 发起的教育网站。在这个网站上你能够查到内科医生撰写的详细文章，介绍惊吓婴儿综合征的原因、影响、症状、诊断、预后，以及父母和照料者应如何应对哭闹不止的婴儿。

被虐待、被忽视儿童的父母和家庭的共同特点

近 80% 的虐待事件的凶手是儿童的父母，通常是妈妈；63% 的儿童虐待事件的形式是忽视。7% 的虐待事件的凶手是儿童的其他亲戚，4% 的儿童虐待事件发生在未婚父母身上，75% 的虐待事件的凶手是儿童所在家庭的朋友和邻居（USDHHS，Administration on Children，Youth，& Families，2006）。

父母虐待儿童是儿童抚养过程中存在的典型问题，通常是由其他家庭问题引起的，如贫困、受教育水平低、酗酒、抑郁或反社会行为等。大部分受虐待和受忽视的儿童生于多子女家庭、贫困家庭或单亲家庭，这些家庭承受着巨大的压力，难以满足儿童的需要（Sedlak & Broadhurst，1996；USDHHS，2004）。当父亲或母亲虐待儿童时，另一个人也会加入进来。尽管大多儿童忽视事件发生在极端贫困的家庭，但大多数低收入家庭不会忽视他们的孩子。

对双胞胎儿童进行的全国性追踪研究表明，儿童受到身体虐待与儿童自身特点无关，与家庭环境有关（Jaffee et al.，2004）。父母可能在虐待儿童之前就已经有焦虑、抑郁或敌意情绪，他们试图控制儿童，最后却失控打了儿童，导致虐待事件的发生。虐待儿童的父母一般存在婚姻问题，夫妻二人会打架。他们的家庭混乱不堪，比其他家庭经受了更多的压力事件。

忽视儿童的父母与儿童之间很疏远，他们可能很严厉或者不善沟通。很多受忽视儿童的妈妈在其儿童期也受到忽视，她们情绪低落，甚至感到绝望。很多儿童受忽视是因为父亲抛弃了他们，不给他们提供足够的经济和情感支持（Dubowitz，1999）。

虐待和忽视有时发生在同样的家庭中（USDHHS，Administration on Children，Youth，& Families，2006）。这类家庭在面对困难时没有人能站出来，了解发生了什么事情（Dubowitz，1999）。至少 1/3 的虐待和忽视家庭存在物质滥用现象（USDHHS，1999a）。性虐待通常与其他的家庭问题同时存在，如身体虐待、情绪虐待、物质滥用或家庭暴力等（Kellogg and the Committee on Child Abuse and Neglect，2005）。

社区特点和文化价值观

低收入社区的儿童通常更可能受到虐待，那为什么居住在某个低收入社区的儿童比另一个同种族同收入水平社区的儿童更安全呢？在芝加哥市中心的一个社区，儿童因受虐而死（每 2541 个儿童中有 1 个）的比率是另一个市中心社区的 2 倍。在儿童受虐高发社区，犯罪活动也很猖獗，社区规划很沉闷。儿童受虐低发社区的人认为自己的社区虽然很穷但是很适宜居住。在其描述中，该社区有很好的社会支持网络，完善的社区服务及能干的领导阶层。在这样的社区，儿童虐待事件很少发生（Garbarino & Kostelny，1993）。

与儿童虐待有关的两个文化因素是社会暴力与儿童体罚。在暴力行为罕见、儿童体罚绝迹的国家，如日本、中国、塔希提岛等国家，儿童虐待很少发生（Celis，1990）。在美国，杀人、家庭暴力、强奸很普遍，许多州仍然允许学校体罚学生。对代表性样本进行的研究发现，超过 90% 的学前儿童的父母和 50% 的学龄期儿童的父母报告会在家里体罚孩子（Straus & Stewart，1999；见专栏 11.2）。

帮助受虐待儿童的家庭摆脱困扰

国家和当地儿童保护机构调查了关于儿童虐待的事件。在确定了儿童虐待的情况后，他们决定需要怎样的措施来调动社区资源帮助受虐待儿童。该机构的成员尝试帮助受虐儿童解决家庭问题，或者为处于危险中的儿童安排其他的照料者。2004 年，接近 60% 的受虐儿童得到了这样的服务（USDHHS，Administration on Children，Youth，& Families，2006）。

为受虐儿童及其家长提供的服务包括：保护儿童、教给父母养育孩子的技巧或者提供治疗。匿名家长和其他组织会提供免费的、亲密的支持。儿童接受游戏或艺术治疗和有治疗环境的日托服务。然而，服务的效用很有限。全国范围的调查显示，被儿童福利机构确认遭受虐待的 2~14 岁儿童中，约 48% 的儿童出现的情绪或行为问题达到了临床上的显著水平，但是只有其中四分之一的儿童接受了心理健康保健（Burns et al.，2004）。

权威机构将儿童带离家庭后，通常将其送到寄养中心。2004 年间，约 19% 的受虐儿童被安置在寄养家庭（USDHHS，Administration on Children，Youth，& Families，2006）。寄养中心帮助孩子远离即时的危险，但是它通常很不稳定，反而让儿童远离了家庭，这很可能会将儿童置于另一种受虐情境中，使儿童基本的健康需要和教育需要得不到满足（David and Lucile Packard Foundation，2004；NRC，1993b）。

在某种程度上，因为传统的寄养家庭数量有限，待处理的虐待儿童事件在增多，由祖父母或其他家人照顾的儿童的比例在增加（约 31%），特别是非洲裔美国儿童（Berrick，1998；Geen，2004）。尽管大多数寄养儿童后来又回到了他们各自的家庭，但约 28% 的儿童在接下来的 10 年里又重新回到了寄养中心（Wulczyn，2004）。曾经在寄养中心生活过的儿童与其他儿童相比更可能无家可归，更可能从事犯罪活动，更可能成为少女妈妈（David and Lucile Packard Foundation，2004）。

虐待的长期影响

虐待、忽视的后果与虐待发生时儿童的年龄、发育状况、虐待的种类、频率、持续时间和严重程度、施虐者与儿童的关系、儿童的个人特质等有关。如果受虐儿童没有得到辅导，成长过程中可能会出现严重的问题，儿童自己和社会都会付出很大的代价，甚至会形成一种恶性循环，他们以后也会虐待自己的孩子。据估计，约有 1/3 童年期受过虐待的成人会虐待自己的孩子（NCCANI，2004）。

虐待的后果可能是身体上的、情绪上的、认知上的和社会性方面的，这些后果是相互关联的。击打儿童的脑袋可能会导致脑损伤，导致认知发育迟滞和情绪性、社会性问题。同样，严重的忽视、缺乏爱心的父母也会对儿童发育中的大脑造成创伤性影响（Fries et al.，2005）。

虐待的长期影响包括体质差、心理问题和情绪健康问题、脑发育受损（Glaser，2000）、认知、语言和学业困难、依恋和社交问题（NCCANI，2004）、记忆问题（Brunson et al.，2005）、青少年期学习成绩差、行为不良、少女怀孕、饮酒和药物使用、自杀等（Dube et al.，2003；Dube et al.，2001；Lansford et al.，2002；NCCANI，2004）。

考考你 ✓

你可以……

- ✓ 定义四种类型的儿童虐待和忽视吗?
- ✓ 说出虐待的发生率，并解释为什么很难对其进行测量吗?
- ✓ 指出与家庭、领导和社会有关的导致虐待的因素吗?
- ✓ 指出阻止虐待和帮助受害者的方式吗?
- ✓ 举例说明儿童虐待和忽视和长期影响吗?

对 68 名遭受性虐待儿童为期 5 年的追踪研究发现，这些儿童比控制组儿童表现出了更多的问题行为，自尊低、有更严重的抑郁、焦虑或不幸福感（Swanston，Tebbutt，O'Toole，& Oates，1997）。遭受性虐待的儿童在年龄很小时就与人发生性关系（Fiscella，Kitzman，Cole，Sidora，& Olds，1998），童年期遭受性虐待的儿童长大成人后表现出更多的焦虑、抑郁、愤怒或敌对情绪，不信任人、孤立、污蔑他人、出现性功能障碍（Browne & Finkelhor，1986）、饮酒、物质滥用（NRC，1993b；USDHHS，1999a）等。

为什么某些受虐儿童长大成人后会变得反社会或虐待自己的孩子，而另一些不会呢？一种可能的原因是基因差异，某些基因型可能比其他基因型更能抵御外伤的侵害（Caspian et al.，2002；Jaffee et al.，2005）。对猕猴进行的研究提供了另一种解释，如果婴猴在出生后的第一个月里多次被母猴拒绝和虐待，他们的大脑就会产生较少的神经传递素复合胺。而复合胺不足与焦虑、抑郁和冲动攻击有关，这一点猴子与人相同。受过虐待，后又虐待自己孩子的母猴大脑中的复合胺比受过虐待但不虐待自己孩子的母猴要少。这个发现说明，在生命早期提高复合胺含量的药物治疗能够预防受虐儿童长大成人后虐待自己的孩子（Maestripieri et al.，2006）。

许多受虐儿童表现出明显的复原力，乐观、自尊、智慧、创造力、幽默、独立与照料者提供的社会支持一样都是保护性因素（NCCANI，2004）。第 14 章中我们将探讨影响复原力的因素。

再次聚焦

回忆本章开始部分人物聚焦中介绍的海伦·凯勒：

- 凯勒的故事揭示出生理健康、感官能力、认知和心理发展之间存在何种联系？
- 认知神经科学家会如何解释在凯勒失去听觉和视觉后，她的嗅觉和触觉变得异常敏锐？
- 为什么凯勒的语言发展水平会倒退？为什么她后来又重新学会了语言？如何验证我们的理论假设？
- 海伦当时所患的不知名的高烧在今天还会对个体造成伤害吗？为什么会导致伤害，又或者为什么不会导致伤害？

值得庆幸的是大多婴儿都幸存下来，他们获得了很好的照顾，得以健康成长。他们的生理发育为认知和心理发育奠定了基础，帮助婴儿和学步儿童适应其生活，这些我们将会在第 7 章、第 8 章中探讨。

小　结

发育与营养

学习向导 1 婴儿是如何成长的，应该给他们吃什么，如何喂养他们？

- 正常的身体发育和感知与运动技能的发育遵从头尾定律和近远定律。
- 儿童在出生后的第一年里身体发育最快，出生后的前三年里发育速度一直很快，但是是逐渐减慢的。
- 喂养习惯的历史性变革反映出人们为提升婴儿存活率、提高婴儿的健康所作出的努力。
- 母乳喂养有益于婴儿的身体健康，有益于婴儿感知和认知的发展。然而，亲子关系的质量比喂养方式更为重要。
- 不要给不满六个月的婴儿吃固体食物、喝果汁，也不要让不满一岁的婴儿喝牛奶。
- 肥胖的婴儿长大后不一定肥胖，除非他们的父母也很胖。

脑与反射性行为

学习向导 2 脑是如何发育的，环境因素如何影响脑的早期发育？

- 中枢神经系统控制着感觉运动机能。偏侧优势有助于大脑半球功能的特异化
- 随着神经细胞固定到预定的位置，形成突触连结，经历整合和分化，脑发育速度在出生前和出生后的几个月里最快。细胞死亡和髓鞘的形成提升了神经系统的功效。
- 反射性行为，如原始反射、运动反射、姿势反射等是神经发育状况的指标。大多数早期的反射在婴儿 1 岁时随着有意识的、皮层控制的行为的发展而消失。
- 环境经验对脑的发育有积极或消极的影响，特别是在脑的早期快速发育期。

早期感觉能力

学习向导 3 婴儿期的感官是如何发育的？

- 感觉能力，在婴儿出生时出现，甚至在子宫里就出现了，在婴儿出生后的前几个月里迅速发展。很小的婴儿就能区分不同的刺激。
- 触觉可能是第一种发展并成熟的感觉能力。新生儿的痛觉很敏感。嗅觉、味觉和听觉在胎儿期也已经出现了。
- 视觉是在婴儿出生时发育最不成熟的感觉，但是在出生后的前 6 个月里发育迅猛。

运动技能发展

学习向导 4 早期运动技能发展的里程碑是什么？哪些因素会影响它？

- 运动技能的发展遵循一定的序列，它在很大程度上依赖于成熟，但是情境、经验、动机等也有一定的影响。

简单的技能组合成复杂的动作系统。丹佛发展筛查测验用于评估大动作和精细动作以及言语、人格和社会性的发展。

- 个体在很小的时候就出现了深度知觉，其发展与运动技能的发展有关。
- 根据吉布森的生态论，从出生开始感知和运动的发展就协同一致，帮助婴儿学会如何适应周围的环境。
- 西伦的动力系统论认为，婴儿运动技能的发展除了依赖于成熟，还依赖于多重行为系统在变化环境中的主动协调。
- 环境因素，包括文化可能会影响早期运动技能的发展速度。

健　康

学习向导 5 如何提高婴儿存活和健康成长的几率？

- 尽管美国的婴儿死亡率在降低，但是非洲裔美国婴儿的死亡率仍然很高。出生缺陷是婴儿 1 岁前夭折的罪魁祸首，对黑人婴儿而言，低体重是头号杀手。
- 婴儿猝死综合征（SIDS）是美国婴儿死亡的第三大原因。主要的危险性因素包括处于吸烟环境、易于导致猝死的睡眠姿势。自从医生建议父母让婴儿平躺着睡觉后，婴儿猝死率有了明显下降。
- 意外伤害是美国婴儿在出生后不满一个月就死亡的第三大原因。
- 随着疫苗注射率的提升，疫苗可预防疾病的发病率下降，但是许多学步儿童未能接受全部的疫苗注射。

婴儿死亡率（165）婴儿猝死综合征（SIDS）（167）

虐待：虐待与忽视

学习向导 6 导致虐待和忽视婴儿的原因是什么？虐待和忽视的后果是什么？我们能做些什么？

- 20 世纪 90 年代后，得到证实的儿童虐待案例有所下降，但是可能存在许多未上报的案例。
- 虐待的形式包括身体虐待、忽视、性虐待和情绪虐待。
- 施虐者和受虐待者的特征、家庭、社区及文化特征等都可能影响儿童受虐和忽视案件的发生。
- 虐待可能会影响生理、认知、情绪和社会性的发展，其影响甚至可能持续一生。尽管如此，许多受虐儿童还是表现出了惊人的复员力。
- 预防或阻止虐待事件的发生可能需要各个方面的一起努力。

7

出生后前三年的认知发展

我的梦想已经启航，
而我却不知道自己是谁。
一个在夜晚嚎哭的婴儿，
一个哭着渴求光亮的婴儿，
除了哭泣，
再没有其它语言。

——摘自阿尔弗雷德·坦尼森勋爵所著备忘录，第 54 篇

人物聚焦　博物学家之子——威廉·伊拉兹马斯·达尔文

威廉·伊拉兹马斯·达尔文

1839 年 12 月 27 日，30 岁的博物学家查尔斯·达尔文的第一个孩子——威廉·伊拉兹马斯·达尔文出生了，人们亲切地称呼他为多迪。从那天开始，这位自豪的父亲便开始坚持观察刚出生的儿子，并详细地记录在日记中。20 年后，他发表了《物种起源》，概括了以自然选择为基础的进化理论。这些观察日记于 1877 年出版发行，它被称为第一部科学记录婴儿行为发展本质的著作。

婴儿天生具有哪些能力？他们如何了解这个世界？他们如何与他人沟通，一开始用非言语，之后用言语沟通？这些都是达尔文当时试图解决的问题，直到现在，这些问题仍然是认知发展研究的核心。达尔文敏锐地观察到，一个婴儿生理和心理活动的协调一致有利于他适应世界。正如达尔文对 4 个月大的多迪的描述一样：

> 他拿起我的手指试图放到嘴里吮吸，如往常一样，起初由于自己的手挡住了嘴，无法将我的手指放进去；于是他便把自己的手拿开，然后将我的手指放到了嘴里。这不是一个巧合，而是一种推理（日记第 12 页；引自 Keegan & Gruber 第 135 页，1985 年）。

在达尔文的日记中，我们可以看到，多迪通过互动获得新的认知技能，不仅仅

是与父亲的手指互动，而且还与其他物体互动。日记描述了一系列多迪与反射图像的遭遇战。在这些有趣的事件中，多迪学到了知识，这些知识并不是突然获得的，而是逐渐将新经验与现有的行为方式整合。在达尔文看来——稍后我们会提到皮亚杰也有相同的观点——这并不仅仅是将新的知识堆积在旧知识之上，而是心理组织方式的实质性改变。

达尔文注意到：当多迪四个半月大的时候，看到镜子中的自己和父亲，如果听到父亲的声音从身后传来，而影像却出现在面前的镜子中，他感到非常惊讶（日记第 18 页；引自 Keegan & Gruber 第 135 页，1985 年）。两个月后，多迪显然已经解开了这个谜题：现在，当父亲站在他后面冲着镜子做鬼脸时，他会“意识到镜子中的映像……不是真的……并回过头来查看”（日记第 21–22 页；引自 Keegan & Gruber 第 135–136 页，1985 年）。

起初，这一新的理解力并没有泛化到其他反射性物体中。两周后，多迪看到父亲在窗户中的映像时还是感到很迷惑。然而，9 个月时，这个小男孩意识到“当看到蜡烛照射出手的影子时，也需要向后看，与看镜子中影像的方式‘相同’（日记第 18 页；引自 Keegan & Gruber 第 136 页，1985 年）。现在，他对映像可能来自于身后物体的认识扩展到了阴影以及其他的二维图像中。

达尔文对记录儿子沟通能力的发展过程尤为感兴趣。他认为，语言获得是一个自然的过程，类似于早期通过肢体表达感情。通过微笑、大哭、大笑、面部表情和愉悦或痛苦的声音，多迪在学会说第一个单词之前，已经能够和父母进行很好地沟通。他说出的第一个有意义的词语是“Ah！”——这是当他认出镜子中的映像时发出的声音。

●●●

早在 160 年前，达尔文便进行了这些观察，那时婴儿的认知能力还没有引起人们的广泛重视。我们现在知道——正如达尔文从对多迪的观察中得到的推论一样——正常、健康的婴儿与生俱来就有学习和记忆的能力，并拥有获得和运用语言的能力。他们利用自己不断发展的感官和认知能力去努力控制自己的行为和周围的世界。

本章中，我们先后从三个经典视角（行为主义视角、心理测量学和皮亚杰关于儿童思维发展的理论）和三个新兴视角（信息加工、认知神经学和社会 - 情境）来考察婴儿和学步儿的认知能力。我们还将描绘早期语言发展的轨迹，并讨论语言是如何产生的。

在你阅读和学习本章之后，你应当能够回答下一页的“学习向导”中的每个问题。回顾章节末尾的小结，可以检验你对这些“学习向导”的理解。贯穿章节始终的“考考你”可以考核你对阅读内容的理解。

学习向导

1. 认知发展研究的六种视角是哪些?
2. 婴儿如何学习新事物，他们的记忆能够保持多长时间?
3. 婴儿和学步儿的智力可以被测量吗，如何提高他们的智力?
4. 皮亚杰如何描述婴儿和学步儿的认知发展，他的主张有哪些论据?
5. 我们如何评估婴儿处理信息的能力，婴儿从什么时候开始考虑物质世界的特征?
6. 大脑研究能够揭示哪些有关认知技能发展方面的秘密?
7. 与成年人之间的社会交往如何提高孩子的认知能力?
8. 婴儿是如何拥有语言能力的，哪些因素会对语言发展产生影响?

研究认知发展：六种视角

婴儿是从什么时候开始学习解决问题的，他们是如何学习的？记忆是从什么时候开始发展的，如何发展？哪些因素导致了认知能力的个体差异？我们可以测量婴儿的智力吗？我们能够预测孩子长大后有多聪明吗？这些问题长久以来一直吸引着众多发展科学家，他们当中有很多人在研究中采用了下列三种经典视角：

- **行为主义视角**（behaviorist approach）研究认知发展领域内学习的基本机制。行为主义者主要关注经验如何引起行为变化。
- **心理测量学视角**（psychometric approach）力求通过显示或预测认知能力的各种测验来测量认知能力的定量差异。
- **皮亚杰关于儿童思维发展理论的视角**（Piagetian approach）着眼于认知功能的质性变化和发展阶段。它主要关注心理如何建构活动，如何适应环境。

在刚刚过去的几十年里，研究学者转而通过三种新视角来增加我们对认知发展的认识：

- **信息加工视角**（information-processing approach）主要研究感知、学习、记忆和问题解决等信息加工过程。它力求发现，儿童从接触信息到使用信息这一过程中如何处理信息。
- **认知神经学视角**（cognitive neuroscience approach）研究中枢神经系统的“硬件”。力图确定哪些大脑结构与认知的特定方面有关。
- **社会－情境视角**（social-contextual approach）研究学习过程中环境因素的影响，尤其是父母和其他照料者的作用。

以上这六种视角都能够帮助我们理解认知是如何发展的。

考考你✓

你可以……

✓ 比较认知发展研究的六种视角，并指出他们分别想要达到什么目标吗?

行为主义视角：学习的基本机制

孩子们天生就具有从他们看到、听到、闻到、尝到和接触过的事物中学习的能力，并且至少拥有一定记住所学内容的能力。当然，正像学习理论家认为的那样，在这个过程中成熟是必不可少的；但是理论家最感兴趣的还是学习机制。行为主义者不关注发展变化，因此我们仅在本章中讨论该理论，此后各章便不再涉及。

首先，我们来看行为主义者研究的两个简单的学习过程（参考第2章）：经典条件反射和操作性条件反射。然后，我们将考虑习惯化这个因素，它是信息加工研究者所研究的一种学习形式。

经典条件反射和操作性条件反射

为了记录小安娜令人难忘的瞬间，父亲拍下了安娜小时候微笑、爬行和其他成就的瞬间。当闪光灯闪光时，小安娜会闭上眼睛。在小安娜11个月大的一天晚上，当她看到父亲举起照相机放到眼前，在闪光灯闪光之前，小安娜就紧紧闭上了眼睛。她已经学会了将相机和闪光联系在一起，所以只看到相机便会触发她的眨眼反应。

安娜的眨眼反应（图7-1）是经典条件反射的一个典型例子。在**经典条件反射**（classical conditioning）中，人们学会对一个最初不会引起反应的刺激物（如上述例子中的相机）做出反射或不自觉的反应（眨眼）。通过在刺激物（例如相机和闪光）和随后发生的事件之间建立联系，经典条件反射使婴儿能够在事件发生之前就对其进行预测。如果不对其进行强化，经典条件反射形式的学习会减弱甚至消褪。因此，如果安娜之后总是看到不闪光的相机，她会逐渐停止眨眼。

在经典条件反射中，学习者是被动地、吸收地、机械地对刺激物做出反应。而在**操作性条件反射**（operant conditioning）中则恰恰相反——例如一个婴儿认识到微

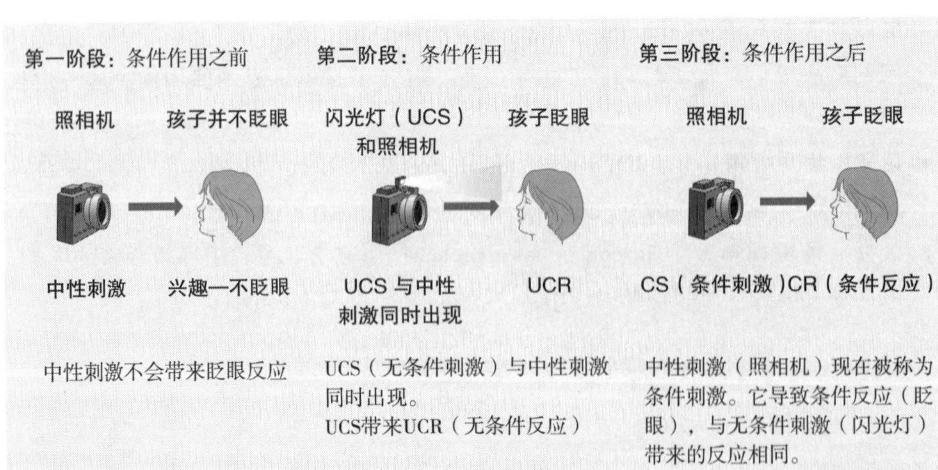

图7-1
经典条件反射的三个阶段

笑会带来温暖的关注——学习者主动去操作，或者影响环境。婴儿学会在某一环境刺激下做出特定的反应（在父母的注视下微笑）以求达到特定的效果（父母的关注）。研究者经常利用操作性条件反射来研究其他现象，比如记忆。

婴儿的记忆

你是否还能记起 2 岁之前发生在自己身上的那些事儿？你可能一点儿也记不得了。这种无法记起儿时事件的情况被称作婴儿期遗忘。针对这种普遍现象，发展科学家提出了各种各样的解释。皮亚杰（1969）和其他一些科学家认为，早期事件没有保留在记忆中，因为大脑还没有发育到能够存储记忆的程度。相反，弗洛伊德认为，早期记忆确实被存储了下来，只是由于它们会带来感情上的困扰，所以被压抑了。还有研究者提出，直到孩子能够谈论事件时，才能够将其存储在记忆中（Nelson，1992）。

近来，更多的研究通过非语言的、与年龄相称的操作性条件任务对婴儿的记忆进行了探索，结果表明：除了保留时间更短一些之外，婴儿的记忆过程与年龄大的孩子和成人之间可能并不存在根本性差别。这些研究发现，如果婴儿能够周期性地接触最初的学习环境，那么他们在几天甚至几周以后仍然能够重复习得的行为（Rovee-Collier，1999）。

科利尔和她的同事做了一系列实验，观察婴儿的操作性条件反射过程，实验者将一些可移动的玩具用丝带绑在婴儿的脚踝上，当婴儿的脚踢动时，物体便会随之移动。对 2~6 个月大的婴儿来说，在几天或几周后重新将玩具放到他面前，虽然并没有用丝带将玩具连接到脚踝上，婴儿的脚还是会不停地踢动。当婴儿看到这些玩具时，他们踢得更起劲，这表明对可移动玩具的识别触发了相关记忆（Rovee-Collier，1996，1999）。另外还有一项类似任务，让孩子尝试按压杠杆，从而启动一个微型火车模型沿轨道行驶。条件反射的保留时间会随着年龄的增长而变长，对 2 个月大的孩子来说会保留 2 天，对 18 个月大的孩子来说，保留时间长达 13 周（Hartshorn et al.，1998；Rovee-Collier，1996，1999；图 7-2）。

2~6 个月大的婴儿在 2 天至 2 周的间隔期后，仍然记得能够通过踢动来使玩具活动；当把玩具放到他面前时，他立刻就会做出踢动动作。

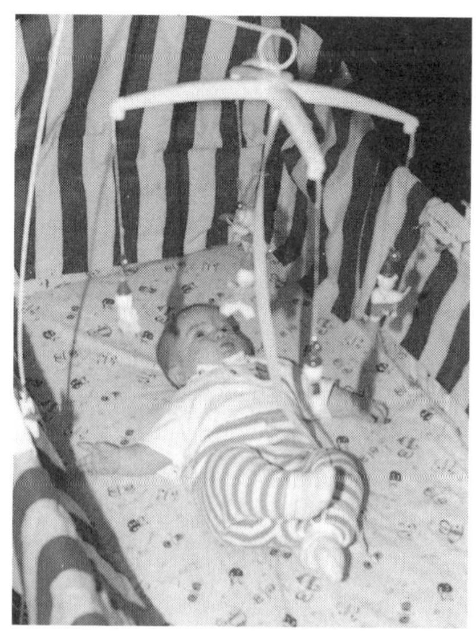

年幼婴儿对某一行为的记忆似乎与最初的线索有着特定的联系。2~6 个月大的孩子只有在看到最初看到的物体或火车时才会重复习得的行为。然而，对于 9~12 个月大的孩子来说，只要不超过 2 周的时间，他们看到各种火车都会尝试去按下杠杆（Rovee-Collier，1999）。

当记忆减弱时，熟悉的场景能够唤起回忆。因此，当 3 个月、9 个月和 12 个月大的孩子被转移到与最初训练环境不同的环境中时，他们一开始可以识别出玩具或火车，但经过一段长时间的间隔后，便无法做到了。通过短暂的再现最初刺激物来进行周期性地非语言提示，

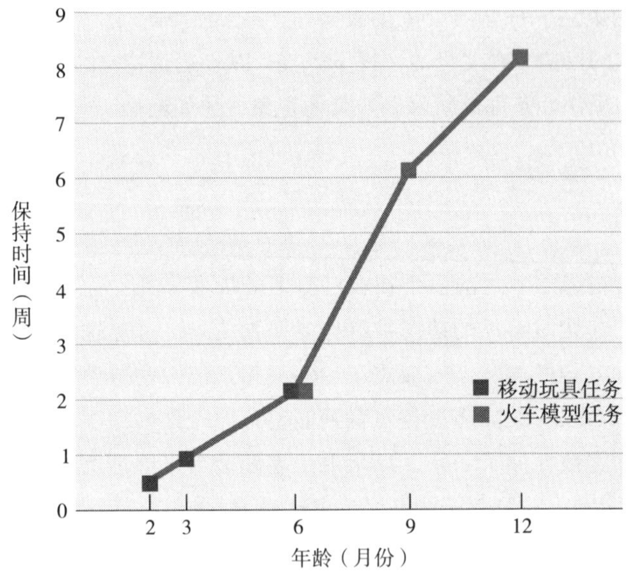

图 7–2
不同年龄的婴儿移动玩具或火车模型的记忆可保持的最长时间。无论是什么任务，保持时间随着年龄的增长而变长。

资料来源：Rovee-Collier，1999，Fig. 4，p. 83.

考考你

你可以……

- 给出婴儿期经典条件反射和操作性条件反射的典型例子吗?
- 概括出操作性条件反射研究得出的有关婴儿记忆的结论吗?

可以让婴儿的记忆从早期一直保持到 1.5~2 岁（Rovee-Collier，1999）。

如果认为这种条件记忆在本质上与年龄较大的孩子和成年人的记忆相同，那么至少有一位卓越的记忆研究者会对此表示怀疑。从进化发展角度来讲，当某一能力能够有效地适应环境时才会得到发展。婴儿通过踢玩具表现出的早期程序认识和感觉认识与年龄较大的孩子或成人对特殊事件的外显记忆并不相同。婴儿期是一个发生巨大变化的时期，从长期来看，保留这段特殊经历的记忆并没有什么用处。这可能就是为什么成年人不记得婴儿期所发生的事件的原因之一（Nelson，2005）。本章稍后将会讨论有关大脑组织的研究，你将会看到更多关于婴儿期记忆发展的内容。

心理测量学视角：发展测验和智力测验

当 4 个月大的多迪领会到移开自己的手指从而将父亲的手指放到嘴里时，他表现出了**智力行为**（intelligent behavior）。虽然对如何定义智力还没有达成科学的共识（Sternberg et al.，2005），但大多数专家都同意智力行为具有目标导向性和适应性：引导人们适应环境和生活状况。智力使人们能够获取、记忆并运用知识；理解抽象概念和相互联系；解决实际问题。

多年以来，人们一直在争论智力的本质到底是什么，以及什么才是最好的智力测量方式。现代智力测验运动始于 20 世纪早期，当时巴黎的学校管理者请心理学家比奈设计一种方法来识别不能完成学业任务而需要专门辅导的学生。比奈和他的同事西蒙设计了一种通过数字来评价智力的测验，也就是心理测验的前身。

心理测验的目的是对人们所认为的智力的各个组成因素进行定量测量（比如理

解力和推理能力），并且依据测量结果预测人们未来的行为表现（例如学业成绩）。**IQ（智商）测验** [IQ（intelligence quotient）tests] 由许多问题或任务组成，通过与其他受测者的比较，能够得出一个人各项能力水平的数值。对学龄儿童来说，智力测验成绩能够相当精确和可靠地预测他们的学业成绩，这一点我们将在第 13 章详细讨论。

然而，对婴儿和幼儿进行的测验则属于另一种情况。因为婴儿无法告诉我们他们知道什么，是怎么想的，所以测量婴儿智力最有效的方式便是评价他们能做什么。但是，如果他们没有对拨浪鼓之类的玩具做出反应，就很难讲是因为不知道如何做，还是不想做，又或者是意识不到人们希望他做什么，或者只是对波浪鼓失去了兴趣。

婴幼儿心理测验

尽管对婴儿进行智力测验几乎不可能，但是对其进行认知发展的测验却是可行的。发展测验通过让孩子完成一系列任务以评价他们的表现，评价的标准是以大多数婴幼儿在特定年龄有能力做的事情为基础制定的常模。

贝氏婴幼儿发展量表（The Bayley Scales of Infant and Toddler Development）（Bayley,1969,1993,2005）是一种被广泛应用的发展测验,主要用来评估 1 个月至 3.5 岁的婴幼儿。贝氏-III 量表从 5 个发展领域来评价孩子能力的强弱,这 5 个方面分别是:*认知、语言、运动、社交－情绪和适应性行为*。施测者根据孩子照料者提供的信息,完成一份可供选择的*行为评定量表*。每个量表单独计分,分数被称为*发育商数*(DQs)。发育商数可以帮助发现早期的情绪困扰、感知能力、神经和环境缺陷，帮助父母和专业人员制定孩子成长所必需的计划。

考考你✓

你可以……

✓ 简述为什么有时候要对婴幼儿进行发展测验吗?

✓ 描述一种被广泛使用的发展测验方法?

评估家庭环境的影响

智力曾被一度认为是与生俱来的，但是我们现在发现，遗传因素和后天经验都会影响一个人的智力水平。我们在第 6 章曾经讨论过，早期的大脑刺激对个体未来的认知发展非常关键。早期家庭环境中有哪些因素会影响智力和其他的认知发展水平呢?

运用**环境监测家庭观察法**（Home Observation for Measurement of the Environment, HOME）（R. H. Bradley，1989；Caldwell & Bradley，1984），经过训练的观察员对婴儿的主要照料者进行访谈，评价孩了家中是否有智力刺激和支持要素。针对婴幼儿的版本大约持续 1 小时（表 7-1）。两岁以后儿童的 HOME 分数与认知发展水平分数具有非常高的相关（Totsika & Sylva，2004）。

HOME 评估的一项重要因素是父母的应答性。婴儿或幼儿的父母在观察者拜访期间有爱抚或亲吻孩子的举动，学龄前儿童的父母本能地给予孩子赞扬，稍大孩子

表 7-1 婴幼儿 HOME 调查表（适用于 3 岁以下儿童）

子量表名称	描 述	项目实例
婴儿主要照料者对婴儿情绪和言语的应答性（1~11 项目）	孩子与照料者之间的语言和情感交流	在拜访中，母亲至少两次自发地对孩子说话。 在拜访中，母亲至少抚摸或亲吻孩子一次。
避免限制与惩罚（12~19 项目）	成人如何教育孩子	在拜访中，主要照料者（PC）没有冲孩子大喊大叫 主要照料者没有对孩子表现出明显的厌烦或敌意情绪
物质环境和时间的组织（20~25 项目）	如何安排孩子的户外活动时间。孩子的个人空间看起来如何	当主要照料者离开时，由三个常备替代者中的一个照看孩子 孩子的活动环境比较安全，不存在危险因素
准备适当的游戏用具（26~34 项目）	孩子是否有几种与自己年龄相称的玩具	孩子拥有一件或多件能锻炼肌肉的大型玩具或类似器材 备有与年龄相称的器材，如婴儿座、婴儿摇杆和婴儿用围栏
父母对孩子活动的参与（35~40 项目）	成人如何与孩子进行身体上的交流	主要照料者把孩子放在可视的范围内，并随时注意孩子的动向 主要照料者做自己工作的同时会与孩子交谈
日常生活中提供多样化的机会（40~45 项目）	日常活动中更多地安排孩子与除母亲之外的其他人互动	父亲每天都拿出一些时间来照料孩子 去拜访其他家庭或接受其他亲戚的拜访，大约每月一次

资料来源：Totsika & Sylva（2004）。

的父母会耐心地回答孩子提出的问题，这些都会在 HOME 中获得相应的分数。一项纵向研究发现，父母对 6 个月大孩子的应答性与孩子的智商、成就测验成绩和直到 13 岁时教师评定的课堂行为表现具有正相关（Bradley，Corwyn，Burchinal，McAdoo，& Coll，2001）。

HOME 同样会对家中的藏书数量，是否有鼓励概念发展的玩具，孩子玩耍时父母的参与度做出评估。通过对 29264 个欧裔、非裔和西班牙裔美国儿童的 HOME 评估进行分析发现，学习刺激与孩子在幼儿园的成就分数、语言表达能力、运动能力和社交能力发展保持着一贯的联系（Bradley，Corwyn，& Burchinal et al.，2001）。

当然，与西方家庭相比，有些 HOME 项目在非西方家庭中的文化相关性可能较低（Bradley，Corwyn，McAdoo，& Coll，2001）。同样，以 HOME 和相关发现为基础，我们并不能确定父母的应答性和丰富的家庭环境是否确实能提高孩子的智力水平。我们只能得出这些因素与高智力水平和高成就存在相关。高智商、受过良好教育的父母更可能为孩子提供一个积极的、激励性的家庭环境；而且孩子继承了他们的基因，所以也可能存在遗传因素的作用。这是一个被动性遗传与环境相关的例子，我们在第 3 章中曾经讨论过这一概念。

你的观点？

以文中列出的家庭环境的七个基本方面为基础，你是否能够提出一些帮助孩子为入学做好准备的有效方法？

其他研究确定了早期家庭环境中有七种因素能促进孩子认知和社会心理的发展，并帮助孩子做好入学准备。它们是：（1）鼓励探索环境；（2）基本认知和社交技能的指导；（3）及时表扬发展和进步；（4）实践和拓展技能的指导；（5）避免不适当

表 7-2　培养能力

根据运用 HOME 量表所得的研究结果以及神经学研究和其他研究的发现，我们提出了下列培养婴儿和幼儿认知发展的指导建议：

- 在刚出生后几个月，给婴儿提供感官刺激，但要避免过度刺激和分散注意力的噪音。
- 当婴儿长大一点后，创造一个有利于学习的环境，包括书本、能吸引注意力的物体（并不一定非得是昂贵的玩具）和供孩子玩耍的场所。
- 对孩子发出的信号给予回应。这样做能帮助孩子建立一种信任感，认为世界是友好的，并给孩子一种能控制自己生活的感觉。
- 给婴儿提供能改变形状或能移动的玩具，让他们知道自己有能力带来变化。帮助孩子发现拧动门把手可以打开门，按下开关可以开灯，打开水龙头便会流出洗澡水。
- 给孩子自由探索的空间。白天不要总是把他们限制在婴儿床、弹跳座椅或小房间内，提供给他们在游戏围栏内玩耍的时间不要太短。孩子想探索周围的环境，那就让他们这样做吧！
- 经常对婴儿说话。听收音机或看电视不能使他们学会语言，他们需要和成年人交流。
- 在与孩子说话或玩耍时，要随时关注孩子感兴趣的事物，而不是设法把他们的注意力转移到其他地方。
- 安排学习基本技能的机会，例如标记、比较或将物品分类（比方说，通过大小和颜色），按次序摆放物品，观察行为产生的结果等。
- 对孩子学到新技能要表示赞赏，并帮助他们进行练习和拓展。在孩子附近观察，但不要来回徘徊。
- 从孩子小时候便开始用温暖、关爱的语气给孩子读书。大声阅读和对故事进行讨论有助于培养孩子的早期读写能力。
- 尽量避免惩罚孩子。不要惩罚或嘲笑、奚落正常的试误探索。

资料来源：R. R. Bradley & Caldwell，1982；R. R. Bradley，Caldwell，& Rock，1988；R. H. Bradley et al.，1989；C. T. Ramey & Ramey，1998a，1998b，2003；S. L. Ramey & Ramey，1992；Staso，quoted in Blakeslee，1997；J. H. Stevens & Bakeman，1985；B. L. White，1971；B. L. White，Kaban，& Attanucci，1979.

的谴责、戏弄和惩罚；（6）及时的回应和充分的交流；（7）对行为的指导和限制。在早期成长中，这七个特点的稳定存在与大脑功能和认知发展的很多领域有因果联系。（C. T. Ramey & S. L. Ramey，2003，p. 4；表 7-2 列出了帮助婴儿发展认知能力的具体建议。）

考考你✓

你可以……

✓ 确定家庭环境中哪些因素会对智力产生影响，并说明为什么这些影响并不明显吗？

✓ 指出七种发展启动机制吗？

早期干预

早期很少有学习机会的孩子，其进入幼儿园的时间要比同伴晚两年，并且如果没有专门辅导的话，很难赶上其他孩子。**早期干预**（early intervention）便是为了减少这种差距而采取的措施（C. T. Ramey & S. L. Ramey，2003）。身心障碍者教育法案把早期干预当作为那些在孩子发展问题上需要帮助的家庭设计、提供治疗和教育服务的过程。两项随机分配的控制研究揭示了早期干预的效果。

CARE 工程（Wasik，Ramey，Bryant，& Sparling，1990）和初学者（ABC）工程（C. T. Ramey & Campbell，1991）总共包含了 174 个来自北卡罗莱那州危险家庭的婴儿。在每项工程中，以 6 个月至 5 岁大的孩子为实验对象，其中，实验组的孩子要参加同伴学习，这是在一所综合大学儿童发展中心进行的全年全日制儿童教育项目。该项目的儿童—老师比例较低，通过学习游戏来培养特殊认知、语言、知觉运动和社交技能。当实验组中的孩子参加同伴学习项目时，他们的未成年妈妈能够有机会提高自己的教育水平。与实验组相同，控制组的孩子要接受儿科和社会工作服务、代乳品和家庭拜访，但是他们并不参与同伴学习项目（C. T. Ramey & S. L. Ramey，2003）。

在这两个项目中，第 12~18 个月期间进行的发展测验发现，接受早期干预的儿童比控制组儿童表现出了更大的优势。到 3 岁时，初学者实验组中儿童的平均智商水平是 101，CARE 实验组中儿童的平均智商水平是 105，等于或高于普通人群的平均水平。与此形成对比的是，控制组的平均水平只有 84 和 93（C. T. Ramey & S. L. Ramey，1998b）。

就像早期干预经常出现的情况一样，这些早期的进步并不能完全维持下去。尽管如此，参加同伴学习的孩子获得的分数依然比控制组的更高、更稳定（Burchinal et al.，1997）。实验组和控制组的孩子的智商和数学成绩逐渐降低至全国标准水平之下，而阅读分数比较稳定，但也比平均水平要低。然而，在初学者工程中参与同伴学习的孩子在所有科目测试中的成绩一直高于控制组的孩子，并且留级或接受特殊教育的可能性也更低（Campbell，Pungello，Miller-Johnson，Burchinal，& Ramey，2001；C. T. Ramey et al.，2000；C. T. Ramey & S. L. Ramey，2003）。当这些孩子 21 岁的时候，初学者实验组的孩子当中有 70% 从事技术性工作或者拥有较高的学历，而控制组中的相应比例只有 40%。实验组中的孩子就读于四年制大学的比例比控制组高三倍，并且早孕、吸烟或吸毒的可能性也更低（C. T. Ramey & S. L. Ramey，2003）。

以上发现以及其他类似研究结果表明，早期干预可以弥补环境风险（Brooks-Gunn，2003）。最有效的早期干预具有以下特点：（1）开始较早并且在孩子入学前持续进行；（2）时间强度较大（也就是说，每天占用更多小时，或者每周、每月或每年占用更多天）；（3）中心明确，提供直接的教育经验，而不仅仅是父母训练；（4）采用综合处理，包括健康、家庭咨询和社会服务；（5）根据个体差异和不同需要量身定制。正如在北卡州进行的两项工程一样，如果没有后续的环境支持，早期的成果会逐渐减少（Brooks-Gunn，2003；C. T. Ramey & S. L. Ramey，1996，1998a）。

早期教育（Eowly Head Start）是一项由联邦基金支持的，针对低收入家庭的干预项目，我们将在第 10 章对其进行详细讨论。

考考你 ✓

你可以……

✓ 总结概括有关早期干预价值的研究发现吗?

皮亚杰关于儿童思维发展的理论：感知运动阶段

皮亚杰提出的认知发展的四个阶段中，第一个阶段是**感知运动阶段**（the sensorimotor stage），是指婴儿出生后到 2 周岁左右的这段时间，在该阶段，婴儿通过自己不断发展的感官和运动能力来了解自己和周围的世界。婴儿从只会靠简单的反射和随机行为对外界做出反应，逐渐成长为有目标导向性的幼儿。比如，从达尔文的日记中我们可以看到，多迪一开始只会简单地寻找父亲的手指，慢慢可以有目的地去尝试发现镜子和阴影的秘密。

感知运动阶段的亚阶段

感知运动阶段由六个亚阶段组成（表 7-3），这六个亚阶段作为婴儿发展的**图式**（schemes）是循序渐进的，图式是指思想和行为的组织模式，每个图式都有详细的阐述。在前五个阶段中，婴儿逐步学习如何协调自己的感官输入及组织与环境有关的行为。他们通过组织、适应和平衡这三个过程达到目的，这部分我们在第 2 章已做过讨论。在第六阶段，他们尝试学习使用符号和概念来解决简单问题。

大部分早期认知发展是通过**循环反应**（circular reactions）实现的，在循环反应中，婴儿不断重复那些偶然发现的充满乐趣或有意思的事件。开始时，一次偶然的行为令婴儿感到非常愉悦，因此他便想重复这种行为。之后，重复的行为支撑着自身不断循环反复，在这个循环中，因果关系不断转换（图 7-3）。如此一来，最开始的偶然行为被巩固成为一种新的图式。

在第一亚阶段（从出生到 1 个月），新生儿开始练习控制先天反射能力，即使标准刺激物没有出现，他们也会做出相关行为。例如，当碰触新生儿的嘴唇时，他们便会产生吮吸反射。但是他们很快就学会，在嘴唇未被碰触时，自己寻找母亲的乳头，并且在不饿的时候也会不时地做出吮吸动作。这些新行为说明了婴儿如何修正和延伸吮吸图式。

在第二亚阶段（大约 1~4 个月），婴儿学会重复那些偶然发生并使他们感到快乐的行为（例如图 7-3a 所示，吮吸自己的大姆指）。皮亚杰将其称为*初级循环反应*。同样，婴儿开始对声音感兴趣，表现出对不同种类感觉信息的协调能力（视觉和听觉）。

第三亚阶段（大约 4~8 个月大），婴儿开始对操作物体和探索它们的属性感兴趣。婴儿进入了*二级循环反应*阶段：婴儿有意识地不断重复某种行为，但与第二亚阶段不同，这时的重复不仅仅是出于自身的感受，而是为了得到*超出自己身体范围的结果*。例如，该年龄段的婴儿会不停地摇动发声玩具，听玩具发出的声音，或者（如图 7-3b 所示）当大人微笑时发出咕咕声，目的是使大人的微笑保持更长时间。

当婴儿进入第四亚阶段—*次级图式的协调阶段*（大约 8~12 月大）时，婴儿便已经开始在先天图式的基础上取得创新。他们已经学会了用过去的经验解决新问题，

考考你 ✓

你可以……

- ✓ 总结概括婴幼儿在感知运动阶段的六个亚阶段时期的主要发展吗？
- ✓ 解释初级、二级、三级循环反应如何工作吗？
- ✓ 说明为什么表征能力的发展如此重要吗？

表 7-3 皮亚杰认知发展理论中感知运动阶段的六个亚阶段 *

亚阶段	年龄	描 述	行 为
1. 反射的应用	0~1 个月	婴儿开始练习先天反射能力，并逐渐开始学习控制。他们并不能处理从自身感觉中获取的信息。他们不能抓握正在注视的物体。	当母亲把乳房放到杜尔嘴里时，她便开始吮吸。
2. 初级循环反应	1~4 个月	婴儿不断地重复那些偶然发生并使他们感到快乐的行为(例如吮吸大姆指)。行为主要集中在婴儿自已身上，而不是行为对环境产生的影响。婴儿努力学到了第一种适应性行为，也就是用不同的方法吮吸不同的物体。他们开始整理感觉信息并抓握物体。	总是母乳喂养的迪伦，在给他一个奶瓶后，开始能够自己调整着找到奶嘴并吮吸。
3. 次级循环反应	4~8 个月	婴儿变得对环境更加感兴趣，他们重复那些能带来有趣结果的行为（比如晃动发声玩具），并且兴趣变得更长久。婴儿现在的行为是有意识的，但是还没有目标导向。	亚历桑德罗把荞麦饼干一片一片地从高脚椅托板的边缘推下，一次只推一片，当每片饼干掉向地板时，他都会仔细地观察。
4. 次级图式的协调	8~12 个月	随着婴儿协调先前习得的图式（比如观看并抓起发声玩具）和利用先前习得的行为达到自己的目的（比如爬过一个房间拿到想要的玩具），他们的行为变得更加具有意识性和目的性（有意而为）。他们可以预期事件的发生。	阿妮卡按动童谣音乐书上的按钮，“一闪一闪亮晶晶”的歌曲便开始演奏。她一次又一次地按动这个按钮，而不按其他歌曲的按钮。
5. 三级循环反应	12~18 个月	学步期儿童表现出好奇心，并开始尝试探索；他们有目的地改变自己的行为以观察产生的结果（例如摇动不同的发声玩具，听它们发出的声音）。他们积极地探索周围的世界，努力发现有关物体、事件或环境中新奇的东西。他们会尝试新行为，并用试误的方法解决问题。	当比约恩的姐姐将他最喜欢的硬纸板书放到婴儿床的栏杆上时，他便伸手去取。但他想把书拿回婴儿床内的第一次努力失败了，因为书太宽了。紧接着，比约恩把书本翻向一边并抱住了它，对于自己的成功他感到非常高兴。
6. 心理整合	18~24 个月	由于幼儿能够在大脑中表征事物，他们已经不再局限于通过试误来解决问题。符号思维使幼儿开始能够考虑问题，并且预期可能产生的结果，而不需要总是付诸于行动。他们开始验证自己的判断力。他们能够使用手势和词语等抽象符号，并且学会了伪装。	詹妮正在玩自己的积木盒，在插积木之前，她都会先仔细地寻找合适的位置，然后再安放——她成功地做到了。

* 注意：在皮亚杰的感知运动阶段，婴儿通过感官和身体活动逐步认识周围的世界，其认知发展十分迅速。我们应该注意到，他们在解决问题和协调感觉信息方面取得了进步。各个年龄阶段相差不大。

并且能够区分目的和手段。他们会爬着去拿自己想要的东西，抓住它，或推开障碍物（例如其他人的手）。他们尝试、修正并调整以往的图式，从而形成有效的新图式。这一阶段标志着复杂的目标导向行为的发展。

在第五亚阶段（大约 1~1.5 岁），婴儿开始试验新行为并观察其产生的结果。一旦学会了走路，他们便可以更容易地探索周围的世界。他们现在处于三级循环反应阶段，在这一阶段，婴儿会通过变换行为以获取相同的结果，而不仅仅是重复偶然发现的令人感到愉悦的行为。例如，婴儿可能去故意挤压一个不小心踩到的橡皮鸭子，看它是否还会发出声音（如图 7-3c 所示）。儿童第一次在解决问题的过程中表现出了独创性。他们会反复尝试直到找到达成目标的最好方法。

第六亚阶段是心理整合阶段（大约 1.5~2 岁），是早期儿童进入前运算阶段的过渡阶段。学步期儿童逐渐发展出**表征能力**（representational ability），表征能力是一种通过词语、数字和心理图象等抽象符号在记忆中对物体和事件进行心理表征的能力。使用符号的能力将儿童从直接经验中解放出来。他们学会了伪装，并且他们的表征能力增强了伪装的迷惑度。他们能够在采取行动前进行仔细思考，他们现在没有必要非得通过费力的试误来解决问题。当皮亚杰的女儿路西娜想要打开一个半开的盒子时，她通过努力张大嘴巴来表达她想让盒子开口更大的想法，这就是她表征能力的表现（皮亚杰，1936/1952）。

在感知运动阶段，婴儿发展出某些特定能力（比如模仿），获得了关于物质世界的某些知识（例如关于物体和空间关系）。遵循皮亚杰研究方向的研究者们发现，某些方面的发展与皮亚杰的观察结果相当接近，但是其他一些能力的出现，包括表征能力，可能要早于皮亚杰所认为的时间。（表 7-4 比较了皮亚杰的观点与新近的研究发现，阅读下文时可以查阅此表。）

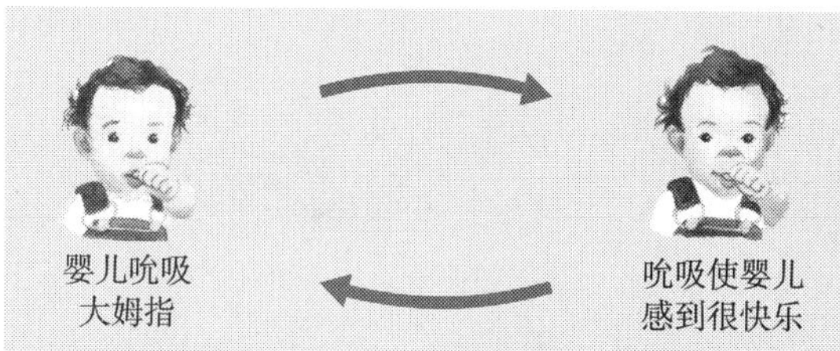

（a）初级循环反应：行为和反应都发生在婴儿身上（1~4个月）。

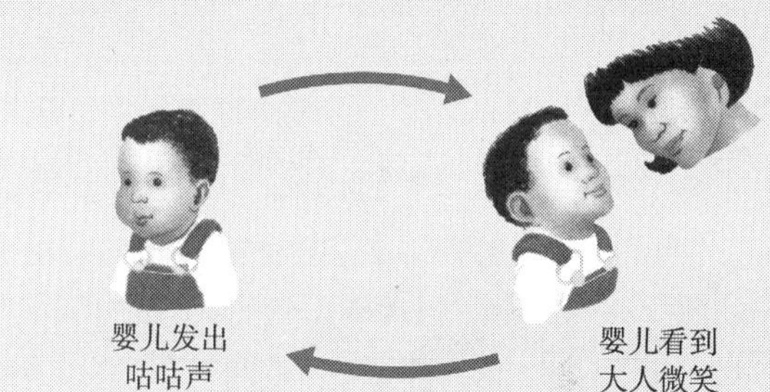

（b）二级循环反应：行为得到了其他人或物体的回应，促使婴儿不断地重复最初的行为（4~8个月）。

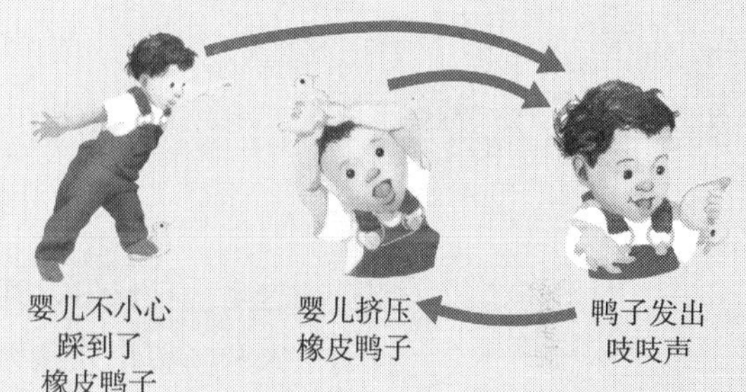

（c）三级循环反应：某种行为令婴儿感到愉快，从而促使婴儿做出类似的行为以得到相同的结果（1~1.5岁）。

图 7–3
初级、次级和三级循环反应

模仿能力的发展时间是否早于皮亚杰所认为的时间

模仿是一种重要的学习方式；1 岁末婴儿开始尝试新技能，这时模仿变得尤为重要（Nelson，2005）。皮亚杰认为，**不可见模仿**（invisible imitation），即通过婴儿自己不能看到的身体部分（例如嘴巴）进行模仿，大约在 9 个月大的时候开始发展，之后是**可见模仿**（visible imitation），即使用婴儿能看到的身体部分（例如双手或双脚）进行模仿。然而，安德鲁・迈尔左夫和基思・摩尔（1983，1989）进行的一系研究表明，出生不到 72 小时的婴儿似乎就会张开嘴巴伸出舌头来模仿成人；有其他研

表 7–4 感知运动阶段的关键发展

概念或技能	皮亚杰的观点	新近的发现
模仿	9 个月左右的时候出现不可见模仿；在第六亚阶段（1.5~2 岁）心理表征发展之后开始出现延迟模仿。	与之相对的研究发现，新生儿时就出现了面部表情的不可见模仿，早在 6 周的时候便出现了延迟模仿。而复杂行为的延迟模仿似乎早在孩子 6 个月大的时候就出现了。
客体永久性	从第三亚阶段开始逐渐发展，一直持续到第六亚阶段。处在第四亚阶段（8~12 个月）的婴儿会犯 A 错误而非 B 错误。	尽管对研究结果的解释还存在争议，但确实有研究发现，婴儿似乎在 3 个半月大的时候（第二亚阶段）就表现出了客体知识。
符号思维的发展	依赖于第六亚阶段（1.5~2 岁）得到发展的表征思维。	在第 19 个月左右能够理解图片的意义。3 岁以下的婴儿往往很难理解成比例的模型。
归类	依赖于第六亚阶段（1.5~2 岁）得到发展的表征思维。	婴儿似乎在 3 个月大的时候便能识别知觉类型，7 个月大时便会按功能进行分类。
因果关系	在 4~6 个月到 1 岁期间缓慢发展，基于对婴儿的研究，这起初是自身行为的影响，然后是外力的影响。	一些证据表明，婴儿早期便能意识到物质世界的具体因果事件，但是对因果关系的一般性理解发展较慢。
数量	依赖于第六亚阶段（1.5~2 岁）开始发展的符号使用能力。	早在 5 个月大时婴儿便能识别并在心中运算较小的数字，但对这一发现的解释仍然存在争议。

究发现这是一种反射，到婴儿 2 个月大时便会消失（Bjorklund & Pellegrini，2000）。迈尔左夫和高普尼克认为（1993），这种早期的模仿行为反映了一种进化的“像我”机制；婴儿努力去模仿与自己有相同器官（能伸出的舌头）的脸。迈尔左夫和摩尔（1994）进一步提出，婴儿具有与生俱来的模仿人类面部表情的倾向，这是一种进化的需要，目的是与照料者进行交流（Rakison，2005）。也有其他研究者提出，伸出舌头可能是一种与母亲交流的尝试，或者只是一种看到成人舌头后唤起的简单探索行为（Bjorklund，1997；S. S. Jones，1996）。无论如何，与其他早期能力一样，模仿能力对刚出生的婴儿和年龄较大的婴儿来说，有着不同的适应性目的（Bjorklund & Pellegrini，2000）。

皮亚杰还指出，1 岁半以下的婴儿不能对之前曾见到的行为进行**延迟模仿**（deferred imitation），因为他们还没有发展出保持心理表征的能力。然而，因为婴儿和学步期儿童还不能谈论记住的事物，所以皮亚杰可能低估了他们的表征能力。仅仅 6 周大的婴儿就能够模仿成年人所做的面部表情，延迟 24 小时，当成年人再次出现在婴儿面前，且未做出任何表情，此时婴儿依然能够模仿出成年人之前的面部表情。这表明，婴儿在很小的时侯就已经具备了保持某一事件心理表征的能力（Meltzoff & Moore，1994，1998）。而婴儿对新鲜或复杂事物的延迟模仿能力似乎始于 6~9 个月

（Meltzoff & Moore，1998；Bauer，2002）。因此，延迟模仿的研究结果与操作性条件反射的发现一致（Rovee-Collier，1999），在经过一段时间的间隔后，婴儿似乎仍然能够保持记忆。

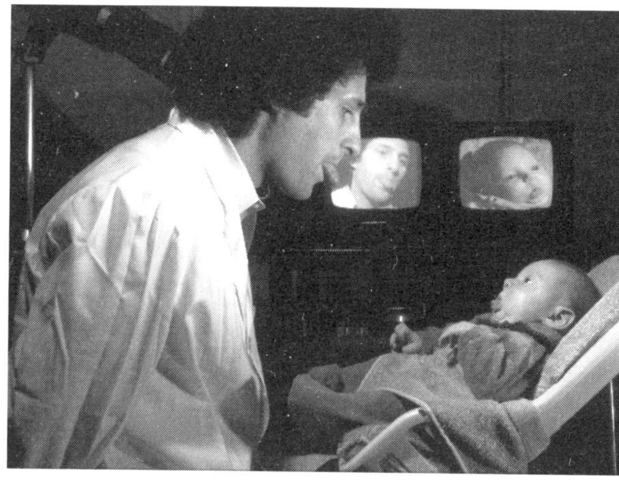

婴儿在模仿研究者伸出的舌头吗？安德鲁·迈尔左夫的研究表明，婴儿早在 2 周大时便能够进行不可见模仿。但是其他研究者发现，只有刚出生的婴儿才能够做出这种反应，这或许表明伸舌头仅仅是一种探索行为。

在一项**诱发性模仿**（elicited imitation）实验中，研究者引导婴儿和学步期儿童去模仿他们之前曾见过却从未做过的一系列动作。研究者在最初演示时还给出简单的口头解释（Bauer，1996，2002；Bauer，Wenner，Dropik，& Wewerka，2000；Bauer，Wiebe，Carver，Waters，& Nelson，2003）。一个月以后，在没有演示或说明的情况下，9 个月大的孩子中有超过 40% 的人能够再现简单的两步骤动作，例如将玩具汽车放到垂直斜道上，然后用一根杆推动玩具汽车让它滚到轨道尽头并且打开灯（Bauer，2002；Bauer et al.，2003）。另一项研究通过扫描婴儿在间隔一周后再次观看相同动作过程照片时的大脑，有效地预测了该项任务上的个体差异。结果表明，那些不能够按照正确顺序重复动作过程的婴儿的记忆痕迹较浅，表明他们没能将记忆存储在长时记忆中（Bauer et al.，2003）。

诱发性模仿在孩子 1~2 岁期间变得更加稳定。接近 80% 的 13~20 个月大的孩子能够重复一种不熟悉的多步骤序列动作（例如将一对金属锣放在一起，碰撞发出声音），而且这时的水平和一年后的水平差不多（Bauer，1996；Bauer et al.，2000）。早期练习有助于恢复孩子的记忆，尤其是某些旧项目被新项目取代时（Hayne，Barr，& Herbert，2003）。有四个主要因素影响婴儿和学步期儿童的长时记忆：（1）重复序列事件的次数；（2）孩子是亲自参与，还是仅仅简单地观察；（3）序列事件是否伴随着语言提示；（4）事件序列的逻辑顺序是否合理（Bauer et al.，2000）。

关于客体和空间知识的发展

感知物体的大小和形状，并觉察其运动的能力可能是早期人类为了躲避捕食者而进化出的一种机制（Rakison，2005）。客体概念——即客体是有独立特征和空间位置的独立存在，是发展稍晚的认识物理世界的一个认知发展基础。有了客体概念之后，孩子才能真正意识到自己存在于客体和其他人之外。这对理解一个充满了客体和事件的世界来说是非常必要的。多迪努力去理解反射映象的存在和位置便是其客体概念发展的一部分。

这个 8 个月大，正在爬着追逐小球的婴儿处于皮亚杰感知运动阶段的第四亚阶段，次级图式的协调阶段。

世界各地

专栏 7.1 躲猫猫游戏

在非洲南部的乡村，一位班图族母亲正在陪 9 个月大的儿子玩耍，她用自己的双手把眼睛遮住，并问道“Uphi?”（妈妈在哪儿）。3 秒钟后，她说“Na-a-a-a-a-n ku!”（妈妈在这儿呢！）并把手拿开让孩子看到自己。在东京，一位日本妈妈也会与她 12 个月大的女儿玩同样的游戏，女儿也是同样的高兴。在康涅狄格郊区，15 个月大的男孩看到 2 个月未见的爷爷便会掀起衬衫遮住自己的眼睛，就像爷爷上次来看他时所做的一样。

不同文化环境下的人都喜欢玩躲猫猫游戏，并且游戏程序都一样（Fernald & O'Neill，1993）。在所有玩躲猫猫游戏的文化中，妈妈或其他照料者的重新出现都会让孩子感到愉悦。夸张的表情动作和抑扬顿挫的语调是该游戏的标志。婴儿的乐趣来自游戏的直接感官刺激，迷人的表情和声音会强化孩子的兴趣，尤其是当大人使用高声调的语气时。

这个游戏有几个重要目的。精神分析学家认为，它能够帮助婴儿在妈妈离开时控制焦虑情绪。认知心理学家将其看做婴儿了解客体永久性这一发展概念的有效方式。它还能够起到社交规范的作用，帮助婴儿学习控制谈话的技巧，例如谈话要交替进行。

“躲猫猫！”这是一个全世界都流行的游戏，它能帮助婴儿克服父母不在身边时的焦虑情绪，并使认知概念得以（如对未来事件的预期）发展。

它还能够帮助婴儿练习集中注意力——而这一点是学习的先决条件。

随着婴儿预测未来事件的认知能力的发展，这个游戏便有了新的意义。在 3~5 个月大时，婴儿会随着成人的脸进入和离开视线而微笑或大笑，这说

客体永久性何时开始发展

客体永久性（object permanence）是客体概念的一个方面，它指的是当一个物体或人离开视线后，婴儿能够意识到其持续存在。从“躲猫猫”游戏中可以看出该概念在不同文化中的发展（专栏 7.1）。

客体永久性在感知运动阶段逐渐发展，起初婴儿并没有这样的概念。到第三亚阶段，也就是婴儿 4~8 个月大时，他们会寻找自己丢弃的东西，但是如果最终没能找到，那么这个东西对他们来说相当于不再存在。在第四亚阶段，也就是 8~12 个月大时，当某件物品被藏起来后，即使婴儿亲眼看到该物品被人拿到其他地方，他们还是会到第一次见到该物品的地方去寻找。皮亚杰把这种行为称为 **A 非 B 错误**（A, not-B error）。在第五亚阶段，也就是 1~1.5 岁大时，婴儿便不再犯这类错误，他们将到物品最后被藏的地方去寻找。然而，如果没有看到物品被藏在某个地方，他们不

明，婴儿发展出了对将要发生的事件进行预测的能力。在5~8个月期间，当成人的声音出现时，婴儿会通过视线和微笑表现出对成人即将出现的期望。到1岁大时，婴儿已不仅仅是这个游戏的观察者了，而是经常发起游戏，积极鼓励成人陪他一起玩。现在，换成了成人对婴儿的肢体或声音提示做出反应，如果成人没有表现出想玩的意愿，孩子可能会一直坚持下去。

为了让婴儿能够更好地学习躲猫猫或其他游戏，父母常常会使用一些道具。在蒙特利尔大学进行的一项长达18个月的纵向研究中，用录像记录25位妈妈利用玩具娃娃做道具与孩子玩躲猫猫游戏的过程（Rome-Flanders，Cronk，& Gourde，1995）。随着婴儿年龄和技能的变化，道具的数量和种类也随之变化。研究发现，当孩子6个月大时，妈妈常常需要先设法吸引他们的注意力以开始游戏；但随着时间的推移，这种行为变得越来越少。在孩子6个月大时，成人需要进行频繁的示范（演示躲猫猫游戏以鼓励孩子去模仿），而到孩子12个月大时就不怎么需要了，因为那时候他们已经能够理解简单的口头语言，有了更多的直接语言指导（如“把娃娃藏起来”）。游戏中间接的语言提示（“娃娃哪儿去了？”）常被用来指导下一步，并被一直使用下去。从第9个月开始，强化作用（对孩子的表现表示满意，例如孩子盖住玩具娃娃的时候提示说“躲猫猫！”）就持续存在。在孩子24个月大的时候，道具的使用总数量出现了明显的下降，因为这时的孩子已经完全掌握了游戏。

* 本篇报道中涉及到的文化来自于马来群岛、希腊、印度、伊朗、俄罗斯、巴西、印度尼西亚、韩国和南非。

你的观点?

你是否经常与孩子玩躲猫猫游戏？如果是，你是否注意到，随着孩子年龄的增长，他们的参与方式发生了改变？改变是否和本专栏描述的一致？

看过来!

如果想获取更多信息，请访问 http：//wik.ed.uiuc.edu/index.php/Attachment。在本网站，你能从 Zero to Three 中找到史蒂夫·哈维博士撰写的文章：《互动游戏疗法：婴幼儿家庭治疗艺术全集》。

会去那个地方寻找。到第六亚阶段，也就是1.5~2岁大时，婴儿已经完全获得客体永久性概念，即使没有看到物品被藏起来，孩子也会去寻找。

一项对48名14个月大婴儿的研究似乎为皮亚杰关于客体永久性发展的第五亚阶段的存在提供了支持。即使经过了24个小时，婴儿还是能够在看到银铃被藏起来的地方成功找到它。然而，当把婴儿带到一个不同的或重新布置过的房间时，即使将他们看到藏物品的容器放在原处，或者银铃直接就放在完全可以被看到的地板上，他们依然不能成功地找到它（Moore & Meltzoff，2004）。

A非B错误的一个新解释来自于埃丝特·西伦的动力系统理论（第6章曾有介绍）。西伦和她的同事发现，到哪里去寻找被藏物品并不取决于婴儿*知道*什么，而取决于他们在*做什么*，以及为什么这么做。婴儿的寻找行为受多个过程影响，包括视觉、知觉、注意力、运动和记忆。其中的一个因素是，在孩子看到物品被藏到一个新地点（B）和开始寻找该物品之间的时间间隔。如果时间间隔比较短，那么婴儿就更可能在新地点找到该物品。然而，如果时间间隔比较长，以前曾在老地点（A）找到该物品的知觉和运动记忆便会促使婴儿再次去这个地点寻找，物品在同一地点被找到的次数越多，这种倾向就越强烈（Smith & Thelen，2003；Spencer，Smith，& Thelen，2001；Spencer et al.，2006）。

其他研究指出，由于测试方法的局限，皮亚杰可能低估了年龄较小的婴儿对客体永久性的掌握。婴儿无法找到被藏物品可能是因为他们不能执行两个步骤或两手操作的序列动作，例如移动一个垫子或打开一个盒子的盖子，然后再抓起物品。经过1~3个月的探索、操作和学习，经过多次尝试，婴儿在半岁至1岁大的时候便能够成功找到物品（Bojczyk & Corbetta，2004）。

当采用与年龄更相符的程序来考察客体永久性时（例如物品只是被藏在暗处，仅通过一个动作便可以重新拿到），处在第三亚阶段（4~8个月）的婴儿便能出色地完成这项任务。在一项实验中，让6个半月大的婴儿看一个球沿斜槽滚下，并设置两个落地点，球落到每个落地点时会发出不同的声音。当将灯关上重复这一程序时，婴儿只靠声音的指引便能在正确位置找到球（Goubet & Clifton，1998）。这个实验表明，婴儿知道球一直存在，并能指出球去了哪里。

如果仅仅以婴儿的视觉作为基础让其寻找东西，对婴儿来说不需要任何复杂肌体活动的话，那么就可以用该方法来研究年龄较小的婴儿。就像我们在本章后面部分要讲到的，近来采用信息加工方法论的一些有争论的研究指出，婴儿似乎早在3~4个月大时就形成了客体永久性，而且还能理解因果关系和归类，具备了基本的数字概念，了解了其他一些控制物质世界的客观规律。

符号发展、看图能力以及对尺度的理解

人们关于周围世界的大多数知识，并不是通过直接观察或经验得到的，而是通过符号（有意义的现实表征）获得的。因此，学习理解符号便成为儿童期的基本任务。然而，首先孩子必须有**符号意识**：关注符号及符号与其所代表事物之间的关系（DeLoache，2004）。朱蒂·狄洛奇和她的同事发现，符号发展的其中一方面是看图能力——理解图画含义能力的发展（De Loache，Pierroutsakos，& Uttal，2003）。

在美国和非洲象牙海岸进行的一项研究中，研究者观察到婴儿都是用手去探索图画，仿佛它们是物体，感觉、摩擦、轻拍或抓住它们，甚至尝试把画中的物体从纸上抓出来。这种用手探索图画的动作到15个月大的时候便消失了，而不是19个月。根据皮亚杰的理论，19个月时表征思维才开始出现，这时，婴幼儿才理解图画仅仅是一个表征、符号或其他事物，孩子会指向图画中的熊或大象，并说出它们的名字（“beh” or “teltone”）（DeLoache et al.，2003；DeLoache，Pierroutsakos，Uttal，Rosengren，& Gottlieb，1998；Pierroutsakos & DeLoache，2003）。

虽然学步期的孩子会花大量的时间看电视，但他们起初似乎并不能意识到所看

到的只是现实的表征（Troseth，Saylor，& Archer，2006）。在一个系列实验中，2 岁和 2 岁半的孩子通过视频监视器看到一名成人在隔壁房间将一个物品藏了起来。当被带到隔壁房间后，2 岁半的孩子可以很容易地找到这个物品，但 2 岁大的孩子却无法做到。然而，如果在物品被藏起来时，2 岁的孩子是通过窗户看到的，他们就能找到这个物品（Troseth & DeLoache，1998）。很显然，2 岁孩子缺乏的是对屏幕图象的表征理解。在一个后续实验中，如果当面指导 2 岁的孩子寻找被藏起的玩具，那么孩子就能找到，但如果通过录像中的人物进行相同的指导，他们则找不到（Troseth，Saylor，& Archer，2006）。

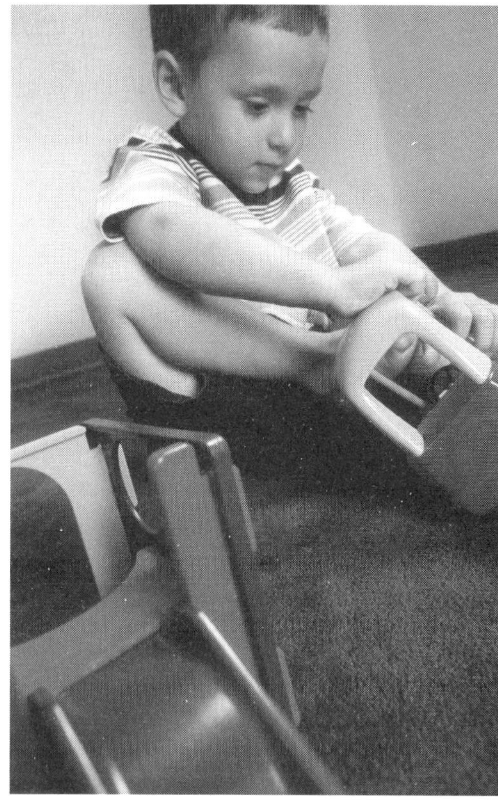

在一项实验中，研究者观察到孩子试图挤入玩具汽车或想从微型滑梯上滑下。这类尺度误差可能源自于冲动控制力的缺乏和两个大脑系统间的不协调。

学步期儿童经常出现*尺度误差*——是指对符号和现实物体的相对大小形成一种短时的错误知觉。研究者们曾经做过一个实验，在游戏室内用微型滑梯、椅子和汽车替换适合儿童玩耍的滑梯、椅子和汽车，观察 18~36 个月大的孩子会做什么，通过录像我们了解到：孩子们试图从微型滑梯上滑下，坐在玩具椅子上，并想挤入模型汽车中。这种尺度错误明显不是假装游戏（DeLoache，Uttal，& Rosengren，2004），其部分原因可能是学步期儿童缺乏对冲动的控制。此外，研究者还提出，在学步期儿童与熟悉的物品相互作用时，两种不同的大脑系统通常是共同工作的。其中一个系统帮助儿童识别和对物体进行分类（“这是一辆婴儿手推车”），并做出行动计划（“我想躺进去”）。另一个独立的系统可能会感知物体的大小，利用大小信息控制相应的行动。这两个大脑系统均不成熟，它们之间的沟通存在缺陷，这可能是年幼儿童经常出现尺度误差的原因（DeLoache，2006）。

根据**双重表征假设**（dual representation hypothesis），学步期儿童很难同时对符号及其对应的物品进行心理表征，因此，他们很可能会混淆两者（DeLoache，2006；DeLoache et al.，2003）。这可能就是 2 岁儿童往往容易犯尺度误差的原因。他们可以运用表征思维引导自己理解图画中描述事物的真实位置（Suddendorf，2003），但很明显，他们把模型看做物体本身，而并非事物的表征（DeLoache，2000）。

在一项实验中，将 2 岁半的儿童分为两组，告知其中一组，房间被一个“缩小机”压缩成了模型大小，告知第二组“小房间”和“大房间”是一模一样的。结果发现，第一组孩子在模型中找到玩具的成功率明显高于第二组。第二组的任务难度在于，该任务需要儿童同时对两个事物进行心理表征，即符号（“小房间”）和它与所代表事物（“大房间”）之间的关系。而通过利用“缩小机”告知孩子房子和模型其实是同一个事物，他们便不需要再进行这种双重操作。3 岁的孩子似乎不再会将模型与实物混淆（DeLoache，Miller，& Rosengren，1997）。

你的观点？

以皮亚杰的观察结果和相关研究为基础，你认为在给婴幼儿购买玩具时应该考虑哪些因素

评价皮亚杰的感知运动阶段理论

> **考考你✓**
>
> 你可以……
>
> ✓ 概括出皮亚杰在模仿、客体永久性、看图能力和尺度理解等方面的观点吗?
>
> ✓ 解释为什么皮亚杰可能低估了儿童的某些认知能力，并讨论最新研究的结论吗?

根据皮亚杰的理论，从反射行为到开始思维的历程是漫长而缓慢的。大约有一年半的时间，孩子们只能通过自己的感觉和运动学习；直到 1 岁半以后，他们才会出现突破，发展出概念思维。现在我们可以看到，利用简单任务和现代工具进行的研究表明，皮亚杰指出的儿童早期认知能力的局限性，例如客体永久性，可能只是儿童不成熟的语言和运动技能的反映。

在某些方面，婴幼儿的认知能力似乎超出了皮亚杰的假设。当然，这并不意味着婴儿出生时的心智已经完全形成。正像皮亚杰所观察到的，不成熟的认知形式逐渐变得成熟。例如，我们可以从年幼婴儿寻找被藏物品时所犯的错误中看到这一点。然而，皮亚杰的错误可能在于其过于强调运动经验是促进认知发展的首要动力。事实上，婴儿知觉的发展要远远领先于运动能力，目前的研究方法已经能够使研究者观察和推论这些知觉。知觉与认知之间的关系是当前研究的主要领域，我们将在下一节中进行讨论。

信息加工法：知觉与表征

信息加工研究利用一些新方法来检验认知发展，它从心理测量法和皮亚杰关于儿童思维发展的理论发展而来。例如，信息加工研究者分析复杂任务的每个单独部分，比如皮亚杰的物体寻找任务，指出哪些能力是任务的某个部分必需的，以及在孩子多大时会发展出这些能力。信息加工研究者同样测量婴儿关注的事物和关注的时间，并据此作出推论。

习惯化

大约在 6 周的时候，斯蒂芬吮吸着橡皮奶头，安静地躺在窗前的婴儿床里。当天恰好是阴天，但阳光突然透过云层射下来，一束光线射在婴儿床的床角。这时斯蒂芬停止了吮吸，盯着光束和阴影。过了一会儿，他把脸扭回去，继续吮吸橡皮奶头。

我们不知道当斯蒂芬盯住光束看时在想些什么，但是通过他的吮吸和盯视行为，我们可以了解到他什么时候开始把注意力转移到了光束上，什么时候又收回了注意力。

大量关于婴儿的信息加工研究都是基于**习惯化**（habituation）。习惯化是一种学习过程，是指婴儿和学步期儿童重复地或持续地暴露在刺激物（比如光束）下会降低其对刺激物的注意力。换句话说，对事物熟悉程度的增加会导致兴趣的丧失。

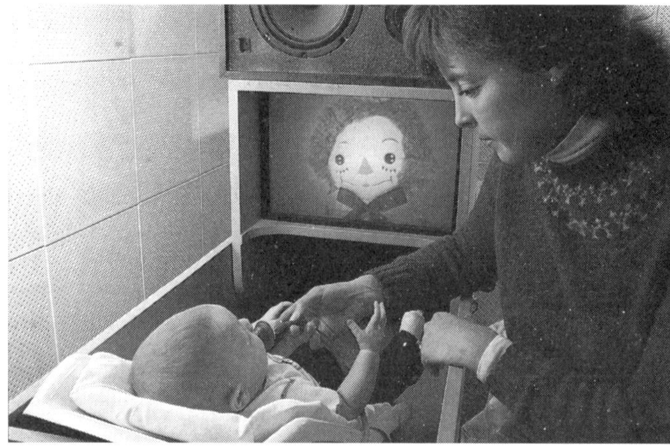

图中的婴儿能够看出破烂娃娃安和安迪之间的区别吗？研究者先让婴儿习惯于安或安迪（当婴儿重新吮吸奶嘴时说明他已经习惯了），然后呈现另一个破烂娃娃的图片，如果婴儿停止了吮吸，则说明婴儿识别出了两者之间的差异。

研究者通过向新生儿反复呈现刺激物（通常是声音或视觉图象），并监测诸如心率、吮吸、眼动和大脑活动等反应来研究新生儿的习惯化。当刺激物第一次呈现时，婴儿一般会停止原来的吮吸活动，将注意力转移到刺激物上，就像斯蒂芬那样。在相同的声音或视觉图像一次又一次地在婴儿面前出现之后，婴儿不再感到新奇，便不会停止吮吸活动。婴儿继续吮吸说明他已经习惯于该刺激物。然而，新的图象或声音能够重新吸引婴儿的注意力，婴儿也会再次停止吮吸活动。这种对新刺激的反应被称作**去习惯化**（dishabituation）。

研究者通过测量婴儿多长时间才能够习惯常见刺激，出现新刺激物时注意力恢复所需的时间，以及注视新旧刺激的时间长短来衡量婴儿的信息加工能力。习惯化的效率常常与认知发展的后期标志有关，比如对复杂性事物的偏爱，对环境的快速探究，喜欢深奥游戏，快速的问题解决以及图片搭配能力。实际上，正如我们所看到的，习惯化的速度和其他信息加工能力可以在一定程度上预测孩子未来的智力发展水平（Bornstein & Sigman，1986；Colombo，1993；McCall & Carriger，1993）。

视觉和听觉信息加工能力

婴儿注视不同事物的时间长短是**视觉偏好**（visual preference）的测量标准，视觉偏好取决于婴儿视觉辨别的能力。出生 2 天以内的婴儿更喜欢曲线而不是直线，更喜欢复杂的图案而不是简单的图案，更喜欢三维物体而不是二维物体，更喜欢移动的物体而不是静止的物体——这或许也是捕食者警觉能力的进化机制。另外，与其他事物的图片相比，新出生的婴儿更喜欢人脸或接近人脸造型的图片，并且更喜欢新鲜事物（Fantz，1963，1964，1965；Fantz，Fagen，& Miranda，1975；Fantz & Nevis，1967；Rakison，2005；Turati，Simion，Milani，& Umilta，2002）。这种喜欢新鲜事物的倾向称作*新奇偏好*。

通过向婴儿并排展示两个刺激物，其中一个是熟悉的，另一个是从未见过的，可以进行**视觉再认记忆**（visual recognition memory）的测量。婴儿对新鲜刺激物的注视时间更长，说明婴儿认出了另一个刺激物是熟悉的，与之前见过的物品非常相像。视觉再认记忆取决于婴儿对输入信息与已有信息的比较——换句话说，取决于形成或参考心理表征的能力（P. R. Zelazo，Kearsley，& Stack，1995）。

与皮亚杰的观点相反，习惯化和新奇偏好研究表明，婴儿在出生时或出生后不久便具备了未发展完全的表征能力，并且这种能力会得到迅速提高。信息加工效率的个体差异反映出婴儿形成和参考此类思维图像的速度不同。当同时呈现给婴儿两个视觉图像时，与要花费更长时间来观察两个图像的儿童相比，能够将注意力从一个图像迅速转移到另一个图像的儿童，往往拥有更好的再认记忆力和更强的新奇偏好（Jankowski，Rose，& Feldman，2001；Rose，Feldman，& Jankowski，2001；Stoecker，Colombo，Frick，& Allen，1998）。在孩子出生后的第一年内，信息加工速度提高得非常快，第2~3年持续发展，此时，孩子已经能够更好地区分新信息与已加工过的信息了（P. R. Zelazo et al.，1995）。

听觉辨别研究同样以注意力偏好为基础。此类研究发现，婴儿刚出生时就已经具备了辨别听过与没听过声音的能力。在一项研究中，出生仅一天的婴儿依然会记得24小时前听到的某个声音，再次重放这个熟悉的声音时，他们将头转向声音的次数减少了，有的甚至将头转向了别处（Swain，Zelazo，& Clifton，1993）。

皮亚杰认为，各种感官之间在出生时并没有联系，随着经验的增多才逐渐成为一个整体。如果是这样的话，这种整合在婴儿一出生时便开始了。新出生的婴儿会用目光寻找声音的来源，表明他们能够将听觉和视觉联系在一起。一种更为复杂的能力是**跨通道迁移**（cross-modal transfer），利用某一感官信息去引导另一感官的能力，例如人可以凭着对熟悉物品所在位置的感觉穿过黑暗的房间，或者闭着眼睛触摸物体后睁开眼辨认。一项研究表明，1个月大的婴儿能够将通过吮吸动作（触觉）得到的信息传递给视觉。当婴儿看到两只手操纵一个坚硬的物品（硬塑料圆筒）和柔软的物体（湿海绵）时，他们注视曾吮吸过的物品的时间更长（Gibson & Walker，1984）。

研究者也对注意力的发展进行了研究（Colombo，2001）。从出生到2个月大，婴儿盯视新物品的时间变长了。在2~9个月期间，婴儿注视事物的时间减少，因为他们学会了更高效地观察物体和转移注意力。1.5~2岁的这段时间里，婴儿的注意力越来越自主和以任务为导向，所以注视时间基本保持稳定或略有增加（Colombo，2002；Colombo et al.，2004）。

共同注意的能力对社会交往、语言获得和理解他人的心理状态都至关重要，这种能力在10~12个月时开始发展，期间婴儿会跟随成年人的目光注视或指向相同的方向（Brooks & Meltzoff，2002，2005）。在依赖成人照料的这几个月里，婴儿的共同注意能力缓慢地发展（Nelson，2005）。一项研究发现，10~11个月的婴儿追随成人目光的能力能够预测8个月后的语言能力（Brooks & Meltzoff，2005）。目光追随同样是理解他人意图的重要前提（Brooks & Meltzoff，2005）。

看电视（专栏7.2）可能防碍婴儿和学步期儿童注意力的发展。在一项全国性的纵向研究中发现，婴儿和学步期儿童在1~3岁期间看电视的时间越长，7岁时出现注意力问题的可能性越大（Christakis，Zimmerman，DiGiuseppe，& McCarty，2004）。每天至少看3小时电视的孩子在6岁时的认知测验中得分较低（Zimmerman & Christakis，2005）。

信息加工对智力发展的预测作用

由于婴儿的发展测验分数（比如贝氏量表）与长大后的智力水平相关不大，很多心理学家便认为婴儿的认知功能与年龄较大的孩子和成人不一样，即认知发展不具有连贯性。皮亚杰也这样认为。然而，当研究者评估婴儿和学步期儿童如何处理信息时发现，心理发展的某些方面自出生后具有相当强的连贯性（McCall & Carriger，1993）。从一开始就在接受和解释感觉信息上表现良好的儿童在之后的智力测验中得分也很高。

如果孩子在年龄很小的时候便每天看几个小时电视，那么他以后可能会出现注意力问题，并且学会阅读的时间也比同龄人晚。

在许多纵向研究中，婴儿 6 个月至 1 岁期间的习惯化和注意恢复能力能够对儿童期的智商起到一定的预测作用。视觉再认记忆也有类似的预测作用（Bornstein & Sigman，1986；Colombo，1993；McCall & Carriger，1993）。在一项研究中，婴儿 7 个月时的视觉再认记忆能力和 1 岁时的跨通道迁移能力的综合水平能够较好地预测 11 岁时的智力水平，并且与此时的信息加工速度和记忆力有中等程度的相关（虽然不高，但此相关性 10 年后仍然存在）（Rose & Feldman，1995，1997）。

视觉反应时间和视觉预期可以通过视觉期望范式进行测量。在这个研究设计中，用电脑短暂地呈现一系列图片，有些呈现在婴儿的左视野，有些呈现在右视野，相同的图片序列重复呈现多次。研究者对婴儿的眼动情况进行测量，考察他们将视线转向曾经出现过图片（反应时间）以及下张图片将要出现的地方的速度（预期）。这些测量可以反映出婴儿的注意力和加工速度，以及在以往经验基础上形成预期的倾向。在一项纵向研究中，婴儿 3 个半月时的视觉反应时间和视觉预期与其 4 周岁时的智商相关（Dougherty & Haith，1997）。

总而言之，很多证据均表明婴儿加工感觉信息的能力与智力测验测量的认知能力相关。尽管如此，我们在解释这些研究发现时仍要谨慎，大多数研究使用的都是小样本。另外，习惯化和再认记忆测量只能对婴儿智商做出中等程度的预测，而且只基于信息加工测量的预测并没有将环境因素的影响考虑在内（Colombo & Janowsky，1998；Laucht，Esser，& Schmidt，1994；McCall & Carriger，1993）。比如，母亲在婴儿早期的应答性似乎会在一定程度上影响早期注意力与后来的认知能力之间的关系（Bornstein & Tamis- LeMonda，1994），即使孩子 18 岁时，这种早期应答性的影响仍不容忽视（Sigman，Cohen，& Beckwith，1997）。

考考你✓

你可以……

✓ 解释如何利用习惯化测量婴儿信息加工的效率吗?

✓ 指出几种能够预测孩子未来智力水平的早期知觉与处理能力吗?

信息加工与皮亚杰关于儿童能力发展的理论

我们在前面提到，已经有新证据表明皮亚杰发展理论中感知运动阶段末期的几种认知能力的发展时间实际上似乎更早些。婴儿视觉过程——独立于运动能力——的研究已经为发展科学家研究某些认知发展的时间进程打开了一扇新窗口，比如归

日常生活

专栏 7.2 处于婴儿期和学步期的孩子们是否看了太多电视

六个月大的詹妮躺在自己软绵绵的小椅子上，舒服地看着《小小爱因斯坦》的 DVD。当屏幕上出现欢快的图像时，她便会兴奋不已，拍手大笑。詹妮从 5 周大时便开始观看《小小爱因斯坦》的节目了。

根据对全国 1000 个学龄前儿童的父母进行的随机电话调查结果，詹妮的这种情况并非是早熟，而是普遍现象。该调查由亨利·凯泽家庭基金会发起，调查发现，一天中，59% 的 2 周岁以下儿童会看电视，42% 会看视频或 DVD，5% 会使用电脑，还有 3% 会玩视频游戏。这些孩子平均每天待在屏幕前的时间超过了 2 小时，是他们聆听父母阅读时间的 2 倍（见图表）。

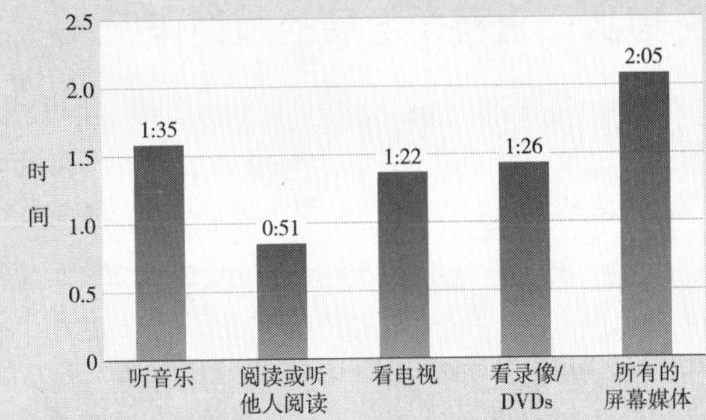

母亲报告的 2 岁以下儿童一天中用于观看视频和参与其他活动的平均时间。

注意：这些数据仅包含了从事这些活动的孩子。

资料来源：Rideout et al., 2003.

自从 20 世纪 90 年代后期以来，面向婴儿和学步期儿童的多媒体视频便扑天盖地而来：面向 12 个月大的儿童的电视节目、9 个月的儿童可利用特殊键盘操作的电脑玩游戏、针对 1~18 个月大婴儿的教育录像带和 DVD（附带相关图书、识字卡片和玩偶）。2006 年，广受好评的电视节目《芝麻街》的制片人发行了一套针对 6 个月大孩子的 DVD 光盘，以供父母和孩子一起观看。HBO 公司（一家美国商业电视网和收费电视公司）也发行了一套名为《经典宝贝》的 DVD 光盘，包含有音乐、美术和舞蹈节目。一个专门面向婴儿和学步期儿童的第一宝贝频道则提供了每天 24 小时播放的电视节目。

根据凯泽家庭基金会的调查，74% 的 2 周岁以下儿童收看电视，26% 的儿童的卧室里有电视机。而 3 周岁甚至更小的儿童中，有 66% 自己会打开电视机，52% 会使用遥控器切换频道，30% 会自己播

类、归因、客体永久性和数量，所有这些认知发展都依赖于心理表征的形成（回顾表 7-4）。

归　类

将世界进行有意义的归类对认识物体或概念以及两者的关系来说至关重要。归类是语言、推理、问题解决和记忆的基础，没有归类，这个世界将会变得混乱无序和毫无意义（Rakison，2005）。

根据皮亚杰的观点，归类能力，即将事物进行分类的能力，直到感知运动阶段的第六亚阶段才会出现，大约 18 个月大的时候。然而，通过婴儿注视新事物的时间更长，我们可以发现，婴儿早在 3 个月大的时候便能够进行分类了，例如婴儿能够将狗和猫区分开来（Quinn，Eimas，& Rosenkrantz，1993）。实际上，脑成像研究发

放视频录像或 DVD 光盘。

如果一个家庭经常开着电视，那么婴儿更有可能在 1 岁之前就开始看电视，而对身在不常看电视的家庭中的婴儿来说，这一机率相对较低。“成瘾的观众”很可能每天都看电视且观看时间较长，他们很少有时间听大人阅读。这样的孩子很可能到 6 岁时还不能学会阅读。

上述所有行为都公然违反了“美国儿科学术委员会公共教育协会”（2001）提出的建议，它提出，不应该鼓励 2 周岁以下的儿童看电视，而应该鼓励儿童多参与促进大脑发育的互动活动，例如聊天、做游戏、唱歌和在父母陪伴下阅读。在凯泽家庭基金会的调查中，大多数父母都表达了对媒体教育的信心，认为孩子会从中模仿一些积极的行为，例如分享和帮助，而不是攻击性行为。希望孩子发展积极行为的父母往往引导孩子观看包含此类行为的故事、影片和电视节目（Singer & Singer，1998）。

每天过多地看电视会对婴儿和学步期儿童产生怎样的影响还有待于进一步研究。研究者需要调查以下问题：多媒体在孩子的生活环境中持续出现是否会影响其身体协调性和语言能力的发展；观看多媒体是否会减少孩子进行户外活动、阅读以及与父母交流的时间；是否会养成久坐少动的生活方式；视频和电脑游戏能够帮助儿童提高视觉和空间能力，还是会带来眼睛疲劳和人体工程学的危害；各种视频如何影响孩子的认知发展和注意广度；针对孩子的节目中包含了多少非教育性内容，影响有多大。

资料来源：除特别注明外，专栏内容均来自于 Rideout，Vandewater，& Wartella，2003。

你的观点？

孩子多大时，你会让他看电视和录像带，或玩电脑游戏？你会采取哪些措施限制孩子的上述行为？

看过来！

如果想获取更多信息，请访问 http：//www.kff.org/entmedia/3378.cfm（查阅本专栏引用的凯泽家庭基金会出具的报告）。

现，归类所需要的神经系统结构的基本成分在出生后六个月便已发挥作用了（Quinn，Westerlund，& Nelson，2006）。从进化论的观点看，婴儿出生时有可能已经具备了识别有限的几种类别的基本能力，比如蛇和蜘蛛等，因为它们往往对人类具有危害（Rakison，2005）。

对大多数婴儿而言，他们最初是在知觉特征的基础上对事物进行归类，比如形状、颜色和类型。在第一年末的时候，婴儿的归类变得概念化，开始根据现实世界的知识进行归类（Oakes，Coppage，& Dingel，1997），尤其是功能（Mandler，1998a；Mandler & McDonough，1993，1996，1998）。在一项系列实验中，10 个月和 11 个月的婴儿能够将装饰有斑马纹的椅子归类为家具，而不是动物（Pauen，2002）。在第二年，语言成为学习归类的重要因素。14~18 个月大的婴儿听到实验者给物体命名或描述物体功能之后，便可能对其进行归类（Booth & Waxman，2002）。

因果关系

因果关系是指一件事情导致另一件事情发生，理解因果关系对我们来说非常重要，因为它能够“使人们预测和控制自己的世界”（L. B. Cohen，Rundell，Spellman，& Cashon，1999）。皮亚杰认为这种理解在婴儿出生第一年内缓慢发展。大约 4~6 个月的时候，婴儿能够抓住物体，开始意识到自己可以作用于身边的环境。因此，皮亚杰说，因果关系的概念来源于婴儿对自身意图力量的朦胧认识。但是，根据皮亚杰的观点，婴儿仍不知道原因必然在结果之前，而且直到接近 1 岁时，婴儿才能意识到自身以外的力量也可以导致事情发生。

某项信息加工的研究表明，婴儿识别因果关系的机制出现的时间可能更早（Mandler，1998a），甚至可能在出生时就存在了。6 个半月的婴儿已经通过习惯化和去习惯化表现出他们似乎能识别不同事件之间的差异，能识别有的事件是其他事件的直接原因（比如，一块砖碰到第二块砖，然后第二块砖被挤出了原来的位置），有的事件是在没有明显原因的情况下发生的（在没有受到撞击的情况下一块砖远离另一块砖）（Leslie，1982，1984）。

其他研究者以 6 个半月的婴儿为研究对象，重复验证了这一实验结果，但是未在年龄更小的婴儿身上发现该现象（L. B. Cohen & Amsel，1998）。这些研究者将因果关系理解力的发展归因为信息加工技能的逐渐提升。随着婴儿不断积累有关事物如何运转的信息，他们更加能够将因果关系看做是各种情境下事物运转的普遍原则（L. B. Cohen & Amsel，1998；L. B. Cohen & Oakes，1993；L. B. Cohen et al.，1999；Oakes，1994）。

有研究探索了婴儿对隐藏的因果关系的预期。在一项以 10~12 个月的婴儿为研究对象的实验中，实验者将沙包扔到有亮光的台子上，当实验者的手出现在与台子相反的位置时，婴儿注视时间更长，而当实验者的手出现在沙包同侧时，婴儿的注视时间较短，这表明婴儿能够理解可能是那只手扔出的沙包。如果出现的不是手而是玩具火车，或者投掷物为自动木偶时，婴儿则不会出现这种反应。因此，该年龄的婴儿显然能够弄清楚两个问题：（1）自己不会移动的物体必须有动因才能运动，（2）与玩具火车相比，手更有可能是动因（Saxe，Tenenbaum，& Carey，2005）。

客体永久性

期望悖反（violation-of-expectations）研究的第一个阶段是熟悉化，期间婴儿看到一件事情或一系列事情正常发生。当婴儿习惯了该过程之后，事件便以违反正常期望的方式发生变化。此时婴儿通常对变化事件的注视时间较长，这可作为婴儿能够意识到意料之外的变化的证据。

研究者（Renée Baillargeon et al.）运用期望悖反的方法发现，婴儿的客体永久性

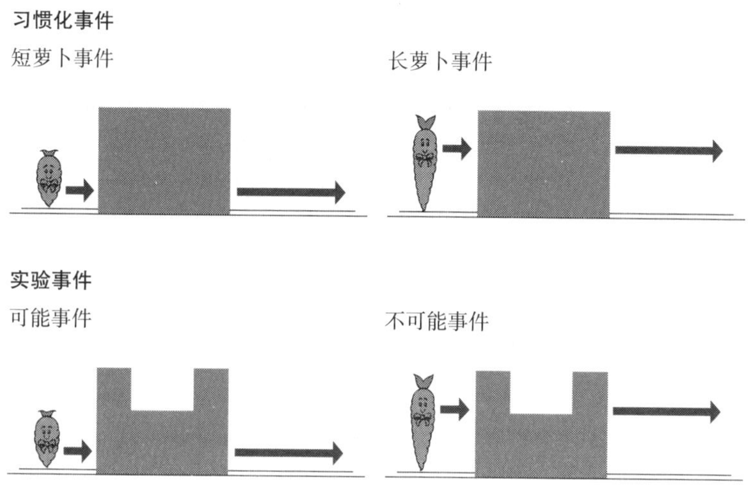

图 7-4

婴儿早在什么时候便开始表现出客体永久性？在这个期望悖反实验中，3 个半月的婴儿观看一个短萝卜和一个长萝卜分别从障碍物一侧滑至另一侧。当他们习惯于这些事件之后，研究者将不透明障碍物换成一个中部有大缺口的障碍物。短萝卜从障碍物后面滑过时不会在缺口处出现；而长萝卜从障碍物后面滑过时应该出现，但是也没有出现。婴儿观察长萝卜滑过障碍物的时间比观察短萝卜要长，这说明他们对长萝卜未在缺口出现感到很吃惊。

资料来源：Baillargeon & DeVos，1991。

早在 3 个半月时即已存在。实验者在屏幕上方留出一个大缺口，然后让一个与屏幕同样高的胡萝卜从屏幕后面滑过，婴儿似乎对胡萝卜出现在屏幕的另一端之前没有在缺口处显现感到很吃惊（Baillargeon & DeVos，1991；图 7-4）。

另一项研究发现，婴儿在 4 个月时便具备了追踪从箱子后面滑过的小球的能力，6 个月时该能力更加稳定（Johnson et al.，2003）。当然，婴儿知觉到在视觉障碍物一侧消失的物体看起来与另一侧重新出现的物体相似，并不一定意味着婴儿知道物体一直存在于障碍物后面（Meltzoff & Moore，1998）。

数　量

某些期望悖反研究表明，婴儿开始理解数量的时间远远早于皮亚杰的第六亚阶段，皮亚杰认为，儿童在第六亚阶段首次开始使用符号。凯伦·韦恩（Karen Wynn，1992）通过实验考察了 5 个月大的婴儿是否能够对小数目的物体进行加法和减法运算。在实验中，婴儿看着实验者将几个米老鼠玩具放在屏幕后面，然后实验者要么往屏幕后增加一个玩具，要么拿走一个。接着实验者将屏幕移开，显现出符合预期数量的玩具或者不同数量的玩具。结果发现，婴儿对“奇怪”和“错误”答案的注视时间比预期的“正确”答案更长，韦恩认为，这表明婴儿已经在脑子里计算出了正确答案。

根据韦恩的观点，这项研究表明，数量概念是与生俱来的——也就是说，当父母教给婴儿数字的时候，他们也许仅仅是教给孩子概念的名字（“1，2，3”），而这些概念实际上是婴儿已经知道的。然而，持怀疑态度的人指出，数量概念是与生俱来的说法也许只是推测，因为这些研究中的婴儿已经 5 个月和 6 个月大了。而且，婴儿也许只是对刚刚被从屏幕后面拿走的玩具重新出现或者对刚刚放在那里的玩具突然消失感到困惑，婴儿表现出的吃惊只是对上述困惑的知觉反应（Haith，1998；Haith & Benson，1998）。其他研究者认为，尽管婴儿看起来确实能够从视觉上区分几组物体，比方说，两个或三个物体，但是他们也许只是注意到几组物体之间整体轮廓、面积或集体属性的差异，而并非是对几组物体的具体数量进行比较（Clearfield & Mix，1999；Mix，Huttenlocher，& Levine，2002）。

为了回应这些质疑声，麦克柯林克和韦恩（McCrink & Wynn，2004）设计了另一个实验，目的是证实 9 个月大的婴儿能够对数字进行加减运算，而不仅仅是知觉上可以区分。首先，实验者让婴儿看到 5 个抽象物体被放在一个不透明的正方体后面，然后实验者又拿出 5 个物体，再把它们放在正方体后面。结果表明，当移开屏幕显示出 5 个物体时，婴儿注视时间更长，而显示 10 个物体时，婴儿注视时间则较短。因此，实验者得出结论，“人类天生就有支持数字组合和操作的早期系统”（p.780）。然而，这项实验仍然没有将这一系统是否与生俱来的问题解释清楚。

评价对婴儿进行的信息加工研究

期望悖反研究和其他近期有关婴儿的信息加工研究都提出，在生命的头几个月，婴儿可能就具备了归类、因果推理、客体永久性和数量理解等认知能力。

有一种假设认为，婴儿先天具有推理能力——先天的学习机制能够帮助他们理解接收到的信息，或者他们很早便获得了推理能力（Baillargeon，1994a）。有些研究者进一步提出，婴儿出生时已经具有了有关物质世界基本原理的直观核心知识，它们以专门的脑模块形式存在，能够帮助婴儿组织自己的知觉和经验（Spelke，1994，1998）。

> **考考你 ✓**
>
> 你可以……
>
> ✓ 描述期望悖反研究的方法，讲述如何使用以及为什么使用，并列举关于这种方法的批评意见吗？
>
> ✓ 讨论信息加工研究方法与皮亚杰关于儿童发育理论的四个矛盾之处吗？

然而，这些解释是存在争议的。在期望悖反研究中，婴儿对“不可能事件”的视觉兴趣究竟意味着什么，是婴儿从概念上理解了事情发展的方式，还是仅仅从知觉上意识到了不寻常事件的发生？事实上，婴儿对一种场景的注视时间长于其他场景也许只是说明了婴儿能够看出两种场景之间存在差异，并不能表明婴儿知道两种场景之间的具体差异是什么，或者说实际上只是婴儿感到惊奇。婴儿参照的心理表征也许只是对刚刚看到的事物的简短的感觉记忆。还有一种可能的情况是，婴儿逐渐习惯于该事件，形成了既定预期，而当预期被不可能事件（婴儿此前并没有此类知识或预期）打破时，注视时间便较长（Goubet & Clifton，1998；Haith，1998；Haith & Benson，1998；Mandler，1998a；Munakata，2001；Munakata，McClelland，

Johnson，& Siegler，1997）。

该研究的支持者坚持认为，概念性解释是这些发现的最佳解释（Baillargeon，1999；Spelke，1998），但是巴亚热昂最近的研究得出了不同的结果。在最初的研究中，巴亚热昂（1994a）给不同年龄的婴儿展示了一个可以旋转 180 度的“可开闭的吊桥”。当婴儿习惯于这种旋转之后，研究者移入箱子作为障碍物。在 4 个半月的时候，婴儿似乎表现出（通过长时间的注视）自己能够理解吊桥不能穿过整个箱子（图 7-5）。之后研究者重复了该项实验，但却在实验中将箱子移出。5 个月大的婴儿注视吊桥旋转 180 度的时间要长于旋转角度较小时的时间，但此时并没有障碍物出现，这表明婴儿仅仅是对更大幅度的运动有所偏好（Rivera，Wakeley，& Langer，1999）。因此，在更进一步的研究澄清这些问题之前，我们应该谨慎地推断婴儿是否具有类似成年人的认知能力，此类实验的结果或许有更为简单的解释，或许只是成熟能力的部分表现（Haith，1998）。

是否存在这样一种可能，早在婴儿能够将有关物质世界的原理知识运用到实际中之前，获得该类知识的机制就已经开始发挥作用了？根据某些进化理论家的观点（Nelson，2005；Rakison，2005），答案是否定的。进化理论表明，人们形成各种能力是因为它们具有适应性或有用性。因此，婴儿在出生时被赋予的是基本的注意、知觉和学习能力，这些足以满足婴儿在这一阶段的需要。很有可能的是，婴儿对所知觉到的事物赋予意义这一能力发展较晚，特殊领域的专门学习能力也是如此，比如语言（Rakison，2005）。

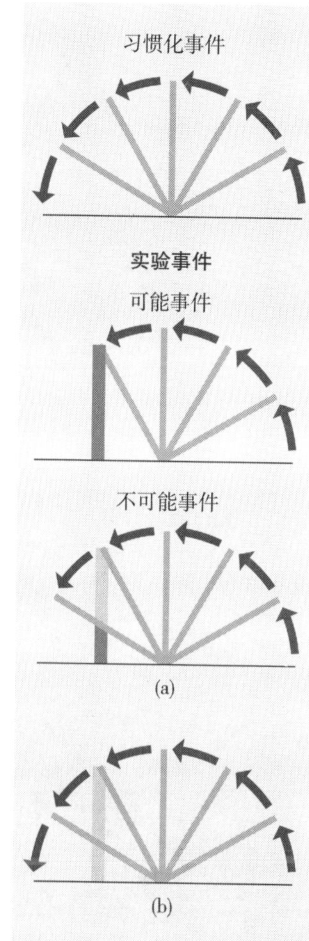

图 7–5
考查婴儿是否能够理解障碍物的作用。首先，让婴儿熟悉一个以一端为轴旋转 180 度的“可开闭的吊桥”。然后将一个箱子放在吊桥的一侧。在可能事件中，当吊桥碰到箱子边缘时便会停止运动。在不可能事件中，吊桥碰到箱子后继续转动，穿过了部分或全部被箱子占据的空间。以孩子对每一事件的观察时间为基础，发现 4 个半月大的婴儿似乎知道吊桥不能完全穿过整个箱子（如 b 图所示）；但是直到 6 个半月大时，婴儿才能意识到吊桥穿过部分箱子也是不可能的（如 a 图所示）。

资料来源：摘自 Baillargeon，1994a.

认知神经学视角：大脑的认知结构

皮亚杰认为，神经成熟是认知发展的一个重要因素，该观点得到了现代脑研究的证实。脑的迅速发育（快速生长和发育的时期）与皮亚杰所描述的认知行为变化一致（Fischer & Rose，1994，1995）。

有些研究者使用脑扫描技术来确定哪部分脑结构影响何种认知功能，并描绘其发展变化。脑扫描技术为两种独立的长时记忆系统的脑部定位提供了生理证据——内隐记忆和外显记忆，这两种记忆获取和存储不同类型的信息（Squire，1992；Vargha-Khadem et al.，1997）。**内隐记忆**（implicit memory），在婴儿早期就已经开始发展，指的是不需要努力甚至意识的记忆，涉及到习惯和技能，比如婴儿知道如何投球——或者当婴儿看到熟悉的运动物体时，不自觉地踢一脚（Nelson，2005）。**外显记忆**（explicit memory），也被称作陈述性记忆，通常是有意识的或有目的地回忆可以陈述的事实、名字、事件或其他事物。对复杂行为的延迟模仿可以证明陈述性记忆在婴儿晚期和学步期开始发展。

在婴儿早期，负责记忆储存的大脑结构尚未完全成形，记忆相对短暂（Serres，2001）。海马是位于颞叶深处的结构，海马的成熟与皮层结构的发育使得持续时间更长的记忆成为可能（Bauer，2002；Bauer et al.，2000，2003）。海马系统至少会在出生后头5年里持续发育（Serres，2001）。

前额皮质（额叶最大的一部分，在额头之后）被认为控制着个体认知的许多方面。这部分脑结构比其他部分发育慢（M. H. Johnson，1998）。在婴儿出生第一年的下半年，前额皮质及相关回路发展了**工作记忆**（working memory）的能力——对大脑积极加工的或正在工作的信息进行短期储存。心理表征在工作记忆中为存储做准备，同时也通过工作记忆来提取。

工作记忆出现相对较晚，也许可以解释为什么客体永久性发展缓慢，控制客体永久性的区域似乎位于前额皮质的后部（Nelson，1995）。到婴儿12个月大的时候，这一区域可能足以通过控制婴儿去原来的位置寻找物体的冲动，来使婴儿避免A非B错误（Bell & Fox，1992；Diamond，1991）。

尽管记忆系统在婴儿期之后仍然继续发育，但是大脑记忆结构的早期发展强调了出生头几个月内环境刺激的重要性。社会情境理论家和研究者特别关注环境的影响。

社会－情境视角：在与照料者的互动中学习

受维果斯基社会文化理论的启发，有些研究者就文化环境如何影响认知能力发展进行了研究。**引导性参与**（guided participation）指的是儿童与成年人的互动，它有助于构成儿童活动，在儿童与成人的理解力之间搭建桥梁。这一概念受维果斯基关于学习是合作过程观点的启发。引导性参与经常发生在共同游戏和日常生活中，在这些活动中，儿童非正式地学习技能、知识和自己文化中的重要价值观。

在一项跨文化研究中（Rogoff，Mistry，Göncü，& Mosier，1993），研究者在以下四个地方分别访问了14个育有1~2岁孩子的家庭：危地马拉的一个玛雅人小镇，印度的一个部落乡村，盐湖城和土耳其的中产阶级城市社区。研究者对照料者进行了访谈，了解她们的育儿经历，观察她们如何帮助孩子学习自己穿衣服和玩不熟悉的玩具。

研究者观察到，文化差异影响了引导性参与的类型。在危地马拉小镇，孩子通常会看到母亲在家里缝补和编织以协助养家。在印度乡村，孩子们陪母亲在田地里干活，经常是母亲在地里干活，孩子们在附近自己玩或与年龄较大的哥哥姐姐玩。在父母或其他照料者给出最初的演示和指导之后，大多数是非言语的，比如如何系鞋带，孩子们便可以自己做了，当然父母或其他照料者仍然会给予帮助。在美国，儿童或者由全职的家庭主妇母亲照料或者由日托中心照料，孩子们在儿童游戏中与

考考你✓

你可以……

- ✓ 识别与外显记忆、内隐记忆以及工作记忆明显有关的脑结构，并指出每种记忆可以完成的任务吗?
- ✓ 讲述脑研究如何帮助解释皮亚杰关于儿童发育及记忆操作的理论吗?
- ✓ 解释文化类型如何影响婴儿和学步期儿童学习中的引导参与吗?

父母交流，而不是在父母的工作场所或成人世界。照料者就像同伴一样与儿童交谈，用表扬和令人兴奋的事激发孩子进行学习。土耳其家庭正处于由乡村生活方式向城市转化的进程中，体现出了融合以上两种类型的中间模式。

文化环境影响照料者以何种方式促进儿童认知发展。成人直接参与儿童的游戏和学习更适用于城市的中产阶级家庭，这些家庭的父母或照料者往往时间更充裕，语言能力更强，对儿童的游戏和学习也更加感兴趣。而在发展中国家的乡村社区，儿童经常观察和参与成年人的活动（Rogoff et al.，1993）。

语言的发展

多迪发出“AH!”的惊呼声来表达自己识别出了镜中的图像，很好地体现了**语言**（language）和认知发展之间的联系，语言是基于词汇、语法的沟通系统。一旦儿童学会了词汇，他们便能够使用词汇来表达物体和动作。他们能够思考周围的人、地点和物；而且他们可以表达自己的需要、感情和想法，以便掌控自己的生活。那么，语言是如何演变的，婴儿如何破译语言的密码呢？

语言的演变 *

人类语言的演变过程和个体语言的发展过程表明，各个领域的发展是相互影响的。

几项重要的生理适应使得人类语言的出现成为可能。首先，在 1000 万年前到 700 万年前这段时间，人类由四肢爬行进化为直立行走，这一过程伴随着社会群体的扩大。由于人类的声音系统受大脑皮质的控制，因此这些群体很可能采用不同类型的说话方式和手势。人们之间互相模仿彼此的发音和手势，提高了团体凝聚力，也使年轻人学会了语言。

接下来便是大脑容量的发育，用于保存视觉和听觉图像，而且它们对于记忆也很重要。自 200 万年前至今，大脑的体积逐渐增大了三倍。在 30 万年前至 5 万年前的这段时间，随着智人或者说现代人的出现，人的大脑发生了很大变化，从而使系统化语言成为可能。人们能够学习、储存和回忆几乎所有事物的名字，并能够将这些名字组合成句子，发展出语法结构规则。另外四个生理上的变化，即犬齿的消失、喉部肌肉的变化、声音管道的弯曲和舌部肌肉的修整，也为语言的产生发挥了重要作用。

与此相似，每个婴儿获得语言能力都要依靠生理发展、认知发展和社会性发展

* 本部分参考 Mac Whinney（2005）。

表 7–5　从出生到 3 岁的语言发展里程碑

月　份	发　展
刚出生	能够感知到语言，会哭，能对声音做出某种反应
1.5~3 个月	发出咕咕声，会大笑
3 个月	与声源玩闹
5~6 个月	能够识别经常听到的声音
6~7 个月	能够识别母语的所有音素
6~10 个月	呀呀学语，能够发出一连串的辅音和元音
9 个月	使用手势来交流，并且能玩手势游戏
9~10 个月	有意地模仿声音
9~12 个月	能够使用一些社交手势
10~12 个月	还不能辨别非母语的声音
10~14 个月	说出第一个词（通常是某事物的标签）
10~18 个月	会说单个词
12~13 个月	能够理解名字的象征意义，词汇量有所增长
13 个月	能够使用更多的复杂手势
14 个月	使用符号手势
16~24 个月	学会很多新单词，富有表达性的词汇量迅速增加，从 50 个词增至 400 个，能够使用动词和形容词
18~24 个月	说出第一个句子（2 个单词）
20 个月	使用更多的手势，能够说出更多事物的名字
20~22 个月	理解力突然提高
24 个月	能够使用许多两个词的短语，不再是呀呀学语，开始想要对话
30 个月	几乎每天都学新词汇，能够将 3 个或更多的单词连起来说，理解力更强，说话经常出现语法错误
36 个月	能说出近 1000 个单词，其中 80% 是可以理解的，句序经常出现错误

资料来源：Bates，O'Connell，& Shore，1987；Capute，Shapiro，& Palmer，1987；Kuhl，2004；Lalonde & Werker，1995；Lenneberg，1969；Newman，2005.

的共同作用。当身体结构的发声系统发育成熟，将声音和意义联系在一起的神经联结被激活时，社会交往便能够激活和促进语言沟通。让我们来看一下语言发展的典型顺序（表 7-5）。

早期语言发展的顺序

正如多迪一样，婴儿在学会使用单词之前，会不断地通过哭、咕咕声、咿呀声来表达自己的需要和感情，然后是偶然模仿、有意模仿等方式。众所周知，这些声音往往被称为**前语言**（prelinguistic speech）。婴儿识别和理解语言以及使用有意义手势的能力也会不断提高。婴儿通常在接近 1 岁的时候开始说出第一个单词，在 8 个月至 1 岁结束之间开始会说句子。

早期发音

哭是新生儿传达信息的唯一方式。不同的声调、类型和强度分别代表饥饿、想睡觉或生气（Lester & Boukydis，1985）。

在 6 周至 3 个月期间，当婴儿高兴时便发出*咕咕声*——尖叫声、咯咯声以及"ahhh"这样类似元音的声音。在 3~6 个月期间，婴儿开始发出各种声音来玩耍，能够将听到的声音与身边的人进行匹配。

咿呀声——不断地重复辅音—元音这样的声音串，比如"ma-ma-ma-ma"——出现在 6~10 个月期间，这种声音经常被误认为是婴儿发出的第一个词。咿呀声并非真正的语言，因为它对婴儿来说不具有任何意义，但是它听起来很像单词。

正如我们所了解的，模仿是人类语言进化的关键因素，在婴儿和学步期儿童的语言发展中亦是如此。最初婴儿偶然模仿他人的声音，然后自己模拟发出这些声音。在 9~10 个月期间，婴儿会有意地模仿听到的声音，但并不理解。一旦学会了一些声音，婴儿便会以某种方式把这些声音串连起来，这些声音听起来像语言，但似乎并没有实质意义。一旦婴儿熟悉了词汇和短语的声音，便开始赋予它们意义（Fernald，Perfors，& Marchman，2006；Jusczyk & Hohne，1997）。

感知语言的声音和结构

模仿语言需要具备感知不同声音之间细微差异的能力，婴儿在出生时甚至出生之前便拥有了这种能力。婴儿的大脑似乎已经预先准备好辨别基本的语言单位，感知语言模式，按照相似或不同进行归类。这种复杂能力似乎是人类婴儿所独有的（Kuhl，2004）。

首先，婴儿能够区分任何一种语言的声音。然而，婴儿正在进行的模式感知和归类似乎促使大脑的神经网络进一步地学习相似的语言模式——极具代表性的是婴儿的母语模式。这种神经专职化似乎也会限制婴儿进一步学习非本土化语言的模式。如果婴儿在学习语言的关键期或敏感期缺乏学习某种语言特征模式的环境，无论是口语或书面语，那么婴儿就不太可能正常地掌握该语言（Kuhl，2004；Kuhl，Conboy，Padden，Nelson，& Pruitt，2005；参考第 1 章专栏 1.2）。

很显然，该过程在母亲的子宫中便开始了。在一项实验中，当怀孕35周的母亲把录有自己声音的磁带放在腹部给胎儿播放时，胎儿的心率变慢了。而录有另外一个孕妇的声音的磁带则没有使该胎儿的心率减缓，因为磁带中的声音不是母亲的。很明显，胎儿能够对母亲之前使用过的语言声音作出反应。这表明，婴儿在出生之前听到的“母亲的语言”可以“提前定调”婴儿耳朵接收的声音（DeCasper，Lecanuet，Busnel，Granier-Deferre，& Maugeais，1994）。

到6~7个月大的时候，婴儿大概已经学会识别母语的40个音位，或基本语音，而且能够调整自己以适应不同说话者发音时的细微差异（Kuhl，Williams，Lacerda，Stevens，& Lindblom，1992）。婴儿在该年龄段辨别母语语音的能力能够预测之后两年内语言能力的个体差异（Tsao，Liu，& Kuhl，2004），但不能据此预测婴儿对非母语的辨别力（Kuhl et al.，2005）。

到10~12个月的时候，婴儿逐渐对不经常听到的语音失去敏感性。比如，日本婴儿不再对“ra”和“la”作出区分，因为在日语中不存在这种区分。尽管感知非母语声音的能力没有完全消失，但是大脑已不再有意识地对它们进行区分（Bates，O’Connell，& Shore，1987；Lalonde & Werker，1995；Werker，1989）。这种变化是如何发生的呢？有一种假设认为，婴儿的大脑对语言特定语音次序的相对频率进行计算，并且学会了忽略自己不经常听到的语音序列，这种说法得到了行为学研究和脑成像研究的支持（Kuhl，2004）。

在6~12个月期间，婴儿开始理解母语的音位规则——也就是掌握声音如何组织为语言。在一项系列实验中，以7个月大的婴儿为被试，首先让婴儿对某种语音顺序习惯化（比如“ga ti ti”或ABB），然后让其听一些以无意义的发音按不同的顺序排列构成的“句子”（比如“wo fe wo”或ABA），这时婴儿倾听该句子的时间会更长。测验中使用的语音与习惯化阶段的语音不同，因此，婴儿的辨别力必定是基于重复模式。这一结果表明，婴儿也许具有辨别句子抽象规则的机制（Marcus，Vijayan，Rao，& Vishton，1999）。在另一项基于倾听时间的系列实验中，9个月大的婴儿似乎能够区分开头辅音和末尾辅音的音节和发音模式，而且能将这些模式应用于新词汇中，无论新词汇与原模式相符或相反（Saffran & Thiessen，2003）。

图中的幼儿正用手指着引起它注意的东西与母亲交流。手势对年幼儿童来说似乎是与生俱来的，它可能是语言学习中非常重要的一部分。

手　势

麦卡9个月大的时候用手指着一个物体，同时发出声音来表示自己想要它。在9~12个月期间，她学会了一些常规的社交手势：摆手示意再见，点头表示“是的”，摇头表示“不是”。在13个月大的时候，她能够更多地使用精细的象征性手势：举起一个空杯子放在嘴边表示自己想喝水，或者举起自己的胳膊表示想被成人抱抱。

符号手势，比如吹风表示“热”或用力闻表示“花儿”，经常在婴儿说第一个词的时候同时出现，而且它们的功能与词类似。通过使用符号手势，儿童表明自己能够理解符号可以指向具体的物体、事件、期望和情况。手势通常出现在儿童掌握 25 个词汇之前，当儿童学会了表达该手势含义的词并且会说的时候，手势便不再被使用了（Lock，Young，Service，& Chandler，1990）。

手势似乎是自然出现的。在一项观察研究中，失明的儿童和青少年在说话时会像视力好的儿童一样使用手势，甚至在与失明的听众交流时也是如此。因此，使用手势并不依赖于是否有可以模仿或观察的对象，而似乎是说话过程固有的一部分（Iverson & Goldin-Meadow，1998）。

学习手势似乎有助于婴幼儿学习说话。早期的手势经常与儿童以后说的词汇或词汇组合相一致（Iverson & Goldin-Meadow，2005）。在一项实验中（Goodwyn & Acredolo，1998），11 个月大的婴儿通过观察父母的动作及同时说出的相应的词来学习手势。在 15~36 个月期间，测试他们的口语发展水平，结果发现这些孩子比其他两组表现更好——其中一组孩子的父母只说单词不做手势，另一组孩子既没有接受声音训练也没有接受手势训练。因此，可以说手势是对词汇非常有价值的备选或补充，尤其是在早期语言形成的阶段。

最初的词

多迪在 11 个月大的时候说出了第一个词“ouchy”，并且把它用在多个事物上，他在这方面的发展是非常具有代表性的。一般来说，婴儿在 10~14 个月之间的某个时间点说出第一个词，即开始**说话**（linguistic speech）——口头表达自己的想法。最初，婴儿全部的口语可能是“mama”或“dada”。也或许是一个简单的音节，该音节有多种意义，其具体含义取决于婴儿发出声音的具体情境。“Da”可能意味着“我想要那个”，或者“我想出去”，或者“爸爸在哪里？”类似这样的词，它们能够表达一个完整的想法，被称为**单词句**（holophrase）。

儿童在学会使用许多词之前要先理解它们的含义。在婴儿能够把声音与意义联系起来之前，他们要先学会识别自己经常听到的语音模式，比如自己的名字。5 个月大的婴儿倾听自己名字的时间长于其他人的名字（Newman，2005）。当 6 个月大的婴儿听到母亲一词“mommy”时，注视自己母亲录像的时间比较久，而当听到父亲一词“daddy”时，则注视父亲录像的时间更长，这表明 6 个月大的婴儿已经开始将词的语音与含义联系起来，至少是有关特定的人的词（Tincoff & Jusczyk，1999）。10 个月大的婴儿开始将标签用于它们认为有趣的事物上，无论这些标签正确与否；12 个月大的婴儿开始注意从成年人那里获取有关物体名字的线索（Pruden，Hirsh-Pasek，Golinkoff，& Hennon，2006）。

到 13 个月大时，大多数儿童能够理解每个词都代表特定的事物或事件，并且能够迅速地学习新词的含义（Woodward，Markman，& Fitzsimmons，1994）。随着言语理解逐渐变得更快、更准确、更有效，儿童所掌握的被动性（接受的或理解的）词汇量持续增长（Fernald，Perfors，& Marchman，2006）。到 18 个月大的时候，3/4 的儿童能够理解 150 个词的含义，并且能够说出其中的 50 个（Kuhl，2004）。词汇量更大和反应速度更快的儿童从词的前半部分即可再认这些口语词。比如，当听到“daw”或“ki”时，他们将会指向有小狗或小猫的图片（Fernald，Swingley，& Pinto，2001）。

最初，儿童的表达性（口头）词汇量的增加比较缓慢。但是，在 16~24 个月期间的某个时间点会出现“命名大爆炸”，然而这一现象似乎并不具有普遍性（Ganger & Brent，2004）。在几周的时间内，儿童会说的词也许会从 50 个增至 400 个（Bates，Bretherton，& Snyder，1988）。口语词汇量的快速增加反映了儿童在出生后第二年词汇再认速度和准确性的提高（Fernald，Pinto，Swingley，Weinberg，& McRoberts，1998；Fernald et al.，2006）。

名词似乎是最容易学习的词。在一项跨文化研究中，无论家庭的母语是西班牙语、荷兰语、法语、希伯来语、意大利语、韩语还是美式英语，在所有的语言环境下，被访父母均报告，20 个月大的婴儿知道的名词明显多于其他类型的词（Bornstein & Cote et al.，2004）。24 个月大的婴儿能够在缺乏视觉线索的情况下快速识别熟悉物体的名字（Swingley & Fernald，2002）。在 24~36 个月期间，婴儿能够从语境或被修饰的名词来理解陌生形容词的含义（Mintz，2005）。

最初的句子

继说出单词之后，儿童下一个言语突破是将两个单词连结在一起表达一个观点（“洋娃娃掉了”）。一般来说，儿童在 18~24 个月大的时候能够做到这一点，大约比他们说出第一个单词的时间推迟 8~12 个月。然而，这一年龄区间变化较大。尽管前语言说话能力非常依赖于实际年龄，但是言语说话能力并非如此。大多数开始说话时间较晚的儿童最终将奋力追上——而且其中许多儿童会不停地与任何愿意倾听的人说话以弥补丢失的时间！（真正的语言发展延迟将在第 10 章进行讨论）。

儿童最初说出的句子一般与日常生活中的事件、事物、人物或活动有关（Braine，1976；Rice，1989；Slobin，1973）。达尔文记录了多迪用语言来表达自己不断发展的道德感。在 27 个月大的时候，多迪把自己最后一点姜饼给了妹妹，并大声说，“哦，多迪真好，多迪真好！”

最初，儿童经常使用**电报式语言**（telegraphic speech），仅仅由一些必要的单词组成。当丽塔说“Damma deep”，她要表达的意思似乎是“奶奶在打扫地板”。儿童使用的电报式语言及其形式随习得的语言而改变（Braine，1976；Slobin，1983）。一般而言，词序与儿童听到的语言一致，当丽塔看到奶奶在用扫帚时，她不会说“Deep Damma”。

儿童说话时会遗漏诸如“*is*”和“*the*”之类的虚词这是否意味着他们不认识这些单词呢？事实并不尽然。儿童也许只是发现很难使用这些虚词。在婴儿出生第一年，他们就对虚词很敏感；在 10 个半月大的时候，婴儿能够区别正常段落以及用发音相似却无意义的词汇代替虚词的段落（Jusczyk，2003）。

在 20~30 个月期间的某段时间，儿童的**语法**（syntax）能力不断增强，语法是指母语中将句子连结在一起的规则。儿童开始习惯于冠词（a，the）、介词（in，on）、连词（and，but）、复数、动词词尾、过去式以及*动词 be* 的几种形式（am，are，is）。同时，儿童越来越意识到语言的沟通目的，也更加关注自己说出的话是否能被理解（Shwe & Markman，1997）——一个标志性事件是儿童对他人的心理世界更加敏感。到 3 岁的时候，儿童的语言变得更加流畅、更长、更复杂，尽管经常省略某些词，但是他们通常能够很好地表达自己的意思，让别人理解自己。

早期语言的特征

早期语言具有自己独特的特征，无论儿童说哪种语言（Slobin，1971）。

正如我们已经了解到的，儿童会将语言简单化。他们使用电报式语言即足以清楚地表达自己的意思（“No drink milk!”）。

儿童能够理解自己不会表达的语法关系。起初，尼娜也许能够理解一只小狗正在追赶一只小猫，但是她不能够运用足够的词将整个行为事件连贯起来。她说出的句子是“小狗追”，而不是“小狗追小猫”。

儿童无法延伸词的含义。丽莎的叔叔送给她一个玩具小汽车，13 个月大的丽莎把小汽车称为“koo-ka”。然后，爸爸回家时带回一件礼物，说“丽莎，看，送给你一个小汽车”。丽莎摇摇自己的脑袋，说道“koo ka”，并跑去把叔叔送的小汽车拿了过来。对她来说，*那个小汽车——仅仅指叔叔送的那个*——才是一辆小汽车，要经过一段时间，她才能认识到其他玩具小汽车也是小汽车。丽莎无法延伸小汽车的含义，而是将其局限于某一个个别的物体。

同时，*儿童也会过分延伸词的含义*。当 14 个月的埃迪看到电视屏幕上出现一个灰白头发的男人时，他兴奋地跳起来，并大声喊到“爷爷！”。这就意味着埃迪过分延伸或过分推广了一个词的含义；因为爷爷有灰白的头发，所以他认为灰白头发的男人都应该被称为“爷爷”。随着儿童词汇量的增加，以及成年人对儿童所说话的恰当性反馈，过分延伸的现象将会逐渐减少。（“宝贝儿，不对，那个人看起来有点像爷爷，但是他是别人的爷爷，不是你的。”）

儿童过分运用语法规则。他们呆板地运用语法，无一例外——在一个阴天，21 个月大的黛莉拉和爸爸一起看着窗外，并跟着爸爸不断地重复“windy…cloudy……

考考你 ✓

你可以……

✓ 描述婴儿早期语言发展的里程碑，指出婴儿和学步期獐听到的周围语言的影响吗?

✓ 描述早期语言与成人语言的五个不同之处吗?

rainy……"，之后补充道"coldy"。当儿童刚开始学习语法规则时会将名词转化为形容词，并在任何情况下都运用它。下一步应该让儿童学习语法规则的例外情况，一般而言，儿童在学龄早期可以做到这一点。

语言获得的经典理论：先天与后天之争

语言能力是后天习得的还是先天具有的？在20世纪50年代，两大理论就此展开了激烈的争论：一种理论是以斯金纳为领导，他是学习理论的最先倡导者，另一种理论是以语言学家诺姆·乔姆斯基为领导。

斯金纳（1957）认为，语言学习与其他类型的学习一样，都是以经验为基础。根据经典学习理论，儿童通过操作性条件反射学习语言。起初，孩子随机发出声音。照料者用微笑、注意和奖励强化与成年人语言类似的声音。然后，孩子会重复这些被强化的声音。根据社会学习理论，婴儿首先模仿成年人发出的声音，然后受到强化继续发出同样的声音。单词学习依赖于选择性强化，"kitty"这个词只有当家里出现小猫的时候才得以强化。随着该进程的持续，婴儿的语言不断受到强化，越来越像成人语言。

观察、模仿和强化也许确实对语言发展起到了重要的作用，但是，正如乔姆斯基（1957）强所坚持的，观察、模仿和强化并不能完全解释语言的发展。首先，单词组合和单词间的细微差别非常多且很复杂，通过具体模仿和强化不能获得全部。其次，通常情况下，只要儿童的发声有意义，照料者就会进行强化，并不会严格强调语法（"Gampa go bye-bye"）。成年人的语言本身并不是非常可靠的模仿对象，因为成年人说的话经常不合语法、一开始就说错、句子不完整和口误。同时，学习理论也不能解释儿童富于想象力的语言，他们说出从未听过的话——比如，2岁的安娜称扭伤的脚踝为"sprangle"，说她不想去睡觉是因为她不"yawny"。

乔姆斯基的观点被称为**先天论**（nativism）。与斯金纳的学习理论不同，先天论强调学习者的主动性。乔姆斯基提出（1957，1972），人的大脑具有获得语言的先天能力，婴幼儿学习说话如同学习走路那样自然。他提出，人脑具有一种先天的**语言获得装置**（language acquisition device，LAD），该装置使儿童能够分析自己听到的语言，并理解其中的语言规则。最近，乔姆斯基（1995）试图确定一组简单的适用于所有语言的普遍法则，以及一种连接声音与含义的多用途机制。

新生儿具有区分相似声音的能力支持了先天论者的观点，这表明他们"先天具有一种知觉机制，可觉察语言的特性"（Eimas，1985，p. 49）。先天论者指出，在没有正式教学的前提下，几乎所有的儿童都以同样的年龄顺序掌握母语。而且，人类作为唯一具有充分发展的语言能力的动物，其大脑包括两个半球，且一侧比另一侧大，这表明先天的声音和语言机制可能位于较大的半球上——对大多数人来说是左半球（Gannon，Holloway，Broadfield，& Braun，1998）。大脑语言功能的偏侧化趋势随着年龄的增长而增强，这能促使语言技能的提高（Szaflarski，Holland，Schmithorst，& Weber-Byars，2004）。

然而，先天论者并没有精确解释这一机制如何运作。该理论没有告诉我们为什么有些孩子能比其他孩子更快、更有效地获得语言，为什么孩子们在语言技能和流利性上存在差异，以及为什么（正如我们将看到的）语言发展似乎依赖于有没有人与孩子交流，而不仅仅是听口语。

学习理论和先天论这两种理论都被用来解释失聪的婴儿如何学习符号语言，符号语言在结构上与口头语言极其相似，而且获得的时间序列相同。如同听力正常的婴儿模仿听力正常的父母发声一样，失聪的婴儿似乎模仿失聪的父母的符号语言，最初他们将无意义的动作连贯起来，然后不断重复，这被称为手语。当父母强化这些手势时，婴儿便开始将意义与动作联系起来（Petitto & Marentette，1991；Petitto，Holowka，Sergio，& Ostry，2001）。

然而，有些失聪的孩子在没有模仿对象的时候也能形成自己的符号语言，这证明仅仅用模仿和强化不能解释语言表达为什么能够出现（Goldin-Meadow & Mylander，1998）。自20世纪70年代以来，一批又一批仅学习了西班牙唇语的尼加拉瓜失聪学童掌握了真正的符号语言，这一语言由简单的手势发展为符合语言规则的单词和句子（Senghas & Coppola，2001；Senghas，Kita，& Ozyürek，2004）。同样地，赛义德贝都因符号语言是在以色列盖夫沙漠中一个孤立的小村庄中自然进化而成的，这种语言与以色列符号语言或听力正常的人所说的阿拉伯方言有明显差异，语法结构也截然不同（Sandler，Meir，Padden，& Aronoff，2005）。

此外，学习理论不能解释听力正常的婴儿与失聪婴儿在语言发展时间上的一致性（Padden，1996；Petitto & Katerelos et al.，2001；Petitto & Kovelman，2003）。失聪婴儿大约在7~10个月大的时候开始使用手语，听力正常的婴儿也是在这个时间开始咿呀学语（Petitto & Holowka et al.，2001；Petitto & Marentette，1991）。失聪婴儿开始用符号语言表达句子的时间与听力正常的婴儿开始说句子的时间相同（Meier，1991；Newport & Meier，1985）。这表明，先天的语言能力可能是获得口头语言和符号语言的基础，而且两种语言的发展均与大脑的成熟紧密相关。

目前，大多数发展科学家认为，与许多其他方面的发展一样，语言获得取决于先天与后天的交互作用。无论是耳聪儿童还是失聪儿童，都可能有一种获得语言的先天能力，这种能力受经验的影响，或被激活，或被抑制。

> **考考你 ✓**
>
> 你可以……
>
> ✓ 总结概括学习理论和先天论如何解释语言获得，并指出每种理论的优缺点吗？

影响语言发展的因素

哪些因素决定了儿童学习理解和运用语言的速度和质量？研究往往聚焦于儿童自身因素和外部因素。

脑发育

儿童出生后头几个月或头几年间，脑的快速发育与语言发展密切相关。新生儿的哭由脑干和脑桥控制的，脑干和脑桥是大脑最原始和发育最早的部分（回顾图6.4）。婴儿重复性的咿呀学语随着部分*皮层运动区*的成熟而出现，皮层运动区控制着面部和喉部的运动。直到出生第二年，大多数学步期儿童开始说话的时候，连接听觉和肌动活动的通路才逐渐成熟（Owens，1996）。正如我们已经讨论过的，有证据表明语言的发展会对大脑网状结构产生积极影响，使其只能再认母语的声音（Kuhl，2004；Kuhl et al.，2005）。与语言有关的皮层区域持续发育，至少持续到学前后期——有些区域的发育持续到成年期。

> **考考你✓**
>
> 你可以……
>
> ✓ 说出与早期语言发展有关的脑区域，并讲述每个区域的具体功能吗？
>
> ✓ 给出脑部语言区域具有可塑性的证据吗？

在大约98%的人群中，语言受大脑左半球的支配，但右半球也参与其中（Nobre & Plunkett，1997；Owens，1996）。婴儿咿呀学语的录像表明，与成年人说话一样，婴儿说话时嘴巴右边比左边张开的幅度更大。既然大脑左半球控制身体右边的活动，那么很显然，语言功能的单侧化在生命早期就出现了（Holowka & Petitto，2002；回顾第6章）。语言单侧化会继续增强直至成年早期，促使语言技能不断提高（Szaflarski，Holland，Schmithorst，& Weber-Byars，2004）。

社会互动：父母和照料者的作用

语言是一种社会行为。在语言发展的每个阶段，孩子与父母或其他照料者的互动都发挥着非常关键的作用（Kuhl，2004）。

前语言时期 在咿呀学语期，成年人通过重复婴儿发出的声音帮助婴儿逐步接近真正的语言。婴儿能够迅速地投入游戏中，跟着成年人重复这种声音。父母模仿婴儿发出的声音会影响婴儿发声的数量（Goldstein，King，& West，2003）和语言学习的节奏（Hardy-Brown & Plomin，1985；Hardy-Brown，Plomin，& DeFries，1981）。同时，这也有助于婴儿体验语言的社会性，即感知到谈话中包含交替或轮流（Kuhl，2004），大多数婴儿似乎在7个半月至8个月大的时候能理解这一点。甚至早在4个月大的时候，婴儿就在躲猫猫的游戏中表现出对与成年人进行社会互动的敏感性（Rochat，Querido，& Striano，1999；参考专栏7.1）。

照料者可以通过一定方式帮助婴儿理解口语单词，比如，照料者可以指着玩具说“请递给我Kermit”（Kuhl，2004），鼓励婴儿跟踪自己的视线。如果婴儿没有任何反应，成年人可以拿起玩具说“Kermit”。在一项纵向研究中发现，母亲对9个月大或者13个月大的婴儿的发声和游戏作出反应能够预测婴儿语言发展里程碑的时间，比如最初的口语单词和句子（Tamis-LeMonda，Bornstein，& Baumwell，2001）。

词汇发展 我们已经注意到，婴儿通过倾听成人说的话来学习语言。当婴儿开始说

话时，父母或照料者可以通过重复最早说出的单词和纠正发音来促进婴儿词汇的发展。

母亲说某些特定单词的频率与儿童习得这些单词的时间顺序存在高相关（Huttenlocher，Haight，Bryk，Seltzer，& Lyons，1991），母亲健谈与否与儿童词汇量的多少也紧密相关（Huttenlocher，1998）。社会经济地位较高的母亲使用的词汇更加丰富，说话的时间更久，她们的孩子在 2 岁时掌握的口语词汇量更大（Hoff，2003），大约是普通儿童的 8 倍（C. T. Ramey & Ramey，2003）。到 3 岁时，低收入家庭的儿童掌握的词汇量变化较大，这在很大程度上依赖于儿童母亲使用词汇类型的多样性，尤其是在儿童 2 岁生日附近（Pan，Rowe，Singer，& Snow，2005）。

然而，成年人对儿童发展水平的敏感性和反应性远比母亲所使用单词的数量更加重要。在一项为期一年以 290 个低收入家庭中的 2 岁儿童作为研究对象的研究中发现，父母对儿童的敏感性和积极关注以及在游戏中给儿童提供的认知刺激均可以预测儿童在 2 岁和 3 岁时接受的词汇量和认知发展水平（Tamis-LeMonda et al.，2004）。

在说多种语言的家庭中，儿童习得每种语言的时间很相似，且与只听一种语言的儿童的节奏相同（Petitto，Katerelos，et al.，2001；Petitto & Kovelman，2003）。双语儿童经常运用两种语言原理，有时使用相同的表达方式——这种现象被称为**语码混合**（code mixing）。但是，语码混合并不会导致儿童混淆两种语言（Petitto & Katerelos et al.，2001；Petitto & Kovelman，2003）。在蒙特利尔进行的一项自然观察表明（Genesee，Nicoladis，& Paradis，1995），双语家庭的儿童在 2 岁时即可区分两种语言的差异，比如，儿童可以用法语与主要说法语的父亲交流，用英语与主要说英语的母亲交流。这种从一种语言转化到另一种的能力被称为**语码转换**（code switching）（第 13 章将讨论第二语言的学习）。

儿语化语言

你不必成为父母也能像父母那样讲话。如果你和婴儿或学步期儿童讲话，你讲话的速度会放慢，声调会变高，用比较夸张的抑扬顿挫的语气，语言简单化，夸大元音，使用简短的词和句子，不断地重复，你正在使用的是**儿语化语言**（child-directed speech，CDS；有时称作亲子语或妈妈语）。大多数成年人会很自然地做到这一点，甚至儿童也可以做到。这样的“儿语”在许多语言和文化中都有记载（Kuhl et al.，1997）。

许多研究者认为，儿语化语言可以通过夸张和引导儿童关注不同的语音特征来帮助婴儿学习母语，或者至少可以提高学习速度（Kuhl et al.，2005）。在一项跨文化观察中，对美国、俄罗斯和瑞典母亲对其 2~5 个月大的婴儿所说的话进行录音。无论母亲说英语、俄语还是瑞典语，她们在与婴儿说话时都使用了比与成年人说话时

尽管关于儿语化语言的价值存在争议，但是这种简单的说话方式确实受婴儿欢迎。

更加夸张的元音。在 20 周大的时候，婴儿的咿呀语中包含了截然不同的元音，这反映了母亲跟孩子说话时会引导儿童注意语音之间的差异（Kuhl et al.，1997）。

其他研究者质疑儿语化语言的价值。他们主张，如果婴儿更多地倾听较复杂的成人语言并作出反应，那么他们开始说话的时间会更早，而且说得更好。事实上，有研究者认为，当儿童频繁地听到使用语法规则的复杂句子，并且语法形式多种多样时，他们发现语言规则的速度也更快（Gleitman，Newport，& Gleitman，1984；Oshima-Takane，Goodz，& Derevensky，1996）。尽管如此，婴儿自身更喜欢听简单的语言。这种偏好在出生之前 1 个月就非常明显了，而且似乎不依赖于任何特殊经历（Cooper & Aslin，1990；Kuhl et al.，1997；Werker，Pegg，& McLeod，1994）。

为识字做准备：大声阅读的好处

大多数婴儿喜欢成人为自己读书，而且父母或照料者为孩子阅读的频次和方式可以影响儿童的说话能力，最终影响**识字能力**（literacy）的发展状况和时间，这里的识字能力是指读写能力。

成年人为儿童阅读的类型有三种：叙述型、理解型和成就取向型。叙述型阅读者集中于描述图片中发生的故事，并鼓励孩子进行复述（“妈妈和爸爸早饭吃的是什么？”）。理解型阅读者鼓励儿童更加深入地思考故事的意义，并作出推论和预测（“你认为狮子现在会做什么？”）。成就取向型的阅读者直接将故事读完，在阅读之前会向儿童介绍故事主题，阅读结束之后会向儿童提问题。

成年人大声阅读的方式最好根据儿童的需要和技能发展而调整。在新西兰达尼丁市的一项实验研究中，对 50 名 4 岁儿童进行了研究，结果发现，叙述型的阅读方式能够最大程度地全面提高儿童的词汇量和书写技能，但是对那些一开始词汇量就较大的儿童来说，成就取向型的阅读方式更加有利（Reese & Cox，1999）。

有一种比较理想的技巧是*对话阅读或分享阅读*，与叙述型相似。在这种方法中（Whitehurst & Lonigan，1998，p. 859），父母向儿童提问有争议的、开放式的问题，而不是仅仅要求儿童简单地回答是或否（“小猫在做什么？”而不是“小猫在睡觉吗？”）。阅读者根据儿童的回答提出更多问题，重复或扩展儿童说的话，纠正错误答案，给出可供选择的答案，在孩子需要的时候提供帮助，并给予表扬和鼓励。阅读者鼓励孩子将故事与自己的经历联系在一起（“你见过鸭子游泳吗？它看起来像什么？”）。

如果儿童在 1~3 岁期间经常聆听阅读，尤其是这种对话阅读，那么他们在 2~5 岁的期间会表现出较好的语言技能，7 岁时会表现出较强的阅读理解力（Crain-Thoreson & Dale，1992；Wells，1985）。然而，一项对 120 个拥有 2~3 岁儿童的农村家庭的研究发现，大多数家长并非天生就会进行对话阅读。利用视频对家长进行小组指导，可以使家长运用对话阅读的数量增加四倍以上，而且对儿童的词汇和语言发展产生了积极影响（Huebner & Meltzoff，2005）。

考考你 ✓

你可以……

- ✓ 解释社会互动的重要性吗，至少举出三个父母和照料者如何帮助婴儿学习说话的例子？
- ✓ 评估支持和反对儿语化语言（CDS）价值的观点？
- ✓ 讲述为什么在早期对儿童进行大声阅读有利，并且描述大声阅读的一种有效方式吗？

再次聚焦

回顾本章开头人物聚焦部分关于多迪·达尔文的有关信息，

- 哪种认知发展研究方法与达尔文观察描述自己儿子发展的方法最接近？为什么？
- 行为主义者、支持皮亚杰理论的研究者、心理测量学家、信息加工研究者、认知神经科学家以及社会情境理论者是如何研究和解释达尔文所描述的儿童认知发展的？
- 多迪早期的语言发展与斯金纳关于语言发展的理论一致，还是与乔姆斯基的理论一致？语言发展如何体现了社会互动的作用？

大声阅读、游戏和其他日常生活中的社会互动是促进儿童发展的关键因素。儿童会引起周围人们的注意，同时，儿童也会对人们的反应作出回应。在第8章，我们在探索儿童早期心理社会发展的同时将更深入地探讨儿童与周围成人的双向互动。

小　结

研究认知发展的六种视角

学习向导1 研究认知发展的六种视角分别是什么？

- 三种研究认知发展的经典视角是行为主义、心理测量学和皮亚杰关于儿童思维发展的理论。
- 三种研究认知发展的新兴视角是信息加工、认知神经学和社会—情境法。
- 所有六种视角都能阐释早期认知发展是如何进行的。

行为主义：学习的基本机制

学习向导2 婴儿如何学习，他们的记忆能持续多长时间？

- 行为主义者研究的两种基本的学习类型是经典条件反射和操作性条件反射。
- 罗芙·科利尔的研究表明，婴儿和学步期儿童的记忆过程与成人非常相似，但是这一结论曾经受到质疑。婴儿的记忆受周期性提示的影响，缓慢发展。

心理测量学：发展测验和智力测验

学习向导3 婴儿和学步期儿童的智力可以被测量吗，如何提高他们的智力？

- 心理测量学测验测量假定的智力构成因素。
- 发展测验，比如贝氏婴幼儿发展量表，可以测量婴幼儿目前的能力水平，但不能预测将来的智力。
- 社会经济地位、父母教养方式和家庭环境都会影响所测量的智力。
- 如果家庭环境不能为儿童认知能力的发展提供必要条件，则就需要早期干预。

皮亚杰关于儿童思维发展的理论：感知运动阶段

学习向导4 皮亚杰如何描述婴儿和学步期儿童的认知发展，他的理论有哪些证据？

- 皮亚杰的感知运动阶段，婴儿的图式变得更加精细。这些图式从初级循环反应发展到次级循环反应，再到三级循环反应，最终发展出表征能力，这就使得延迟模仿、假装和问题解决等能力成为可能。
- 根据皮亚杰的观点，客体永久性逐渐得到发展。
- 研究表明，许多能力的发展时间早于皮亚杰所描述的时间，包括模仿能力和客体永久性。也许皮亚杰低估了年幼的婴儿对客体永久性和模仿能力的掌握。

信息加工法：知觉和表征

学习向导5 我们如何评估婴儿和学步期儿童信息加工的能力，婴儿何时开始思考周围物质世界的特征？

- 信息加工研究者通过习惯化以及其他的视觉和知觉能

力标志来测量儿童的心理过程。与皮亚杰的观点相反，这些研究表明，表征能力实际上在婴儿出生时就存在了。

- 婴儿信息加工效率的指标，比如习惯化的速度，通常可以预测以后的智力水平。
- 信息加工研究采用了诸如习惯化、新奇偏好和期望悖反等研究方法，这些研究表明，皮亚杰理论中提出的分类、因果关系、客体永久性、数量感知等能力以及思考物质世界特征的能力在婴儿 3 个半月至 5 个月的时候已经基本具备了。有研究者指出，婴儿也许具有获得这些知识的学习机制。然而，这些发现的意义尚存在争议。

认知神经学视角：大脑的认知结构

学习向导 6 大脑研究能够揭示哪些认知技能的发展？

- 外显记忆和内隐记忆涉及不同的脑结构。
- 工作记忆在婴儿 6-12 个月时出现。
- 神经学发展有助于解释皮亚杰理论中的各种技能和记忆能力。

社会情境视角：与照料者的互动中学习

学习向导 7 与成年人的社会互动如何促进孩子的认知能力？

- 与成年人的社会互动有助于提高儿童的认知能力，通过共同活动帮助儿童学习技能、知识和本土文化中的重要价值观。

语言的发展

学习向导 8 婴儿如何获得语言，哪些因素会对语言发展产生影响？

- 语言获得是认知发展的重要方面。
- 前语言包括哭、咕咕声、咿呀学语和模仿的语音。到 6 个月大的时候，婴儿已经学会了母语中的基本声音，开始将声音与意义连结在一起。婴儿对母语中声音类型的知觉使得神经回路仅仅促进母语的学习。
- 在学会说第一个单词之前，婴儿通过手势表达自己的想法。
- 婴儿通常是在 10~14 个月期间的某个时间点说出第一个单词，开始讲话。一场“命名大爆炸”通常发生婴儿在 16~24 个月大之间的某个时间点。
- 通常情况下，婴儿在 18~24 个月大的时候说出最初的简单句子。到 3 岁的时候，儿童的语法和沟通能力已经发展的相当好。
- 早期语言的特征是简单化、无法延伸词的含义、过分延伸词的含义和过分使用语法规则。
- 儿童获得语言的两个经典理论为学习理论和先天论。目前，大多数发展科学家认为，婴儿先天具备学习语言的能力，这种能力受后天经验的影响，或者被激活或者被抑制。
- 影响语言发展的因素包括神经成熟和社会互动。
- 家庭特征，比如社会经济地位，成年人使用的语言和母亲的应答性，都会影响儿童的词汇发展。
- 在家中听到两种语言的儿童与只听到一种语言的儿童学习语言的速度相同，而且儿童可以在适当的场合运用合适的语言。
- 儿语化语言（CDS）似乎对儿童的认知、情绪和社会性发展均有益处，而且婴儿对其表现出偏好。然而，有些研究者对儿语化语言的价值提出了质疑。
- 从儿童很小的时候便为其阅读故事可以为孩子的识字能力铺平道路。

8

出生后前三年的心理社会发展

我像一个孩子，
试着同时做每件事，
说每件事，
成为一切。

——约翰·哈特福特，《生活祈祷》，1971

人物聚焦　*人类学家玛丽·凯瑟琳·贝特森*

玛丽·凯瑟琳·贝特森

玛丽·凯瑟琳·贝特森（1939年出生）是一位人类学家，她是著名的人类学家玛格利特·米德（详见第2章的人物聚焦）和格雷格里·贝特森（米德的第三任丈夫兼研究伙伴）的女儿。她或许是有记载的婴儿中被记录最多的婴儿之一——母亲记录，父亲拍照。玛格利特·米德的自传《黑梅之冬》（1972年）和玛丽·凯瑟琳·贝特森的《女儿眼中的世界》（1984年），这两本著作以鲜有的、吸引人的观点向我们讲述了婴儿出生后前三年的生活。

凯瑟琳（米德唯一的孩子）出生时母亲已经38岁了，在她11岁时，其父母离异。第二次世界大战期间，他们需要长期离家工作，长时间处于分离中。但是在凯瑟琳的婴儿期和学步期，他们仍然在一起的时候，父母给了她全部的爱和关心。在她早期的回忆中，她常常和父母在户外郊游，坐在母亲的膝盖上读书，在明媚的早晨看着父母高兴地用汤匙反射阳光，为了逗她开心，父母用手在墙壁上投射一对小鸟。

为了避免凯瑟琳感到挫败，父母会尽快回应凯瑟琳的需求。米德将自己的工作会议安排绕开喂养女儿的时间，按照孩子的需要及时给予回应，类似于她研究的岛屿文化中的母亲。

和他们的朋友埃里克·埃里克森一样，米德和贝特森认为信任的发展对孩子来说非常重要。他们从未将凯瑟琳留在只有陌生人的陌生地方，凯瑟琳总是在熟悉的地方遇到新的照料者。“她温暖的回应、她的信任感以及对人和事表现出的极大兴趣……这些使她对外部世界形成美好的期待”（Mead，1972，p.266）。长大成人后，凯瑟琳观察到即使在困难时期，自己也经常会发现“在生命的前两年里建立的信念和力量”（Bateson，1984，p. 35）。然而，正如米德所写“气质起了多大作用？偶发的事件起了多大作用？教养又起了多大作用？我们可能从未知晓”（1972，p. 268）。

米德尽量避免过度保护凯瑟琳，而是让她按照自己的意愿行动。凯瑟琳记得父亲把秋千高高荡起，高到父亲可以从下面跑过去；还记得父亲教她爬高大的松树，检查每个树枝是否足够坚固，确保她能够找到爬下来的路线，而这时母亲看着他们，装作并不担心的样子。

在凯瑟琳两岁的时候，父母的战时考察多起来，他们将自己的家庭和一个朋友兼同事（劳伦斯・弗兰克）的家庭合并。这个决定符合米德的信念，她的研究表明孩子将得益于多个照料者的照料，并学会适应不同的环境。

弗兰克一家住在格林威治村庄的一栋赤褐色的石头房子内，家中有一个男婴以及其他五个年龄大些的孩子。凯瑟琳回忆道：“我并不是成长在一个核心家庭或者只有我一个孩子的家庭中，而是一个变化的且充满热情的大家庭的一员...，在这个大家庭里，可能会动员5、6双小手去拨豌豆壳或者是擦干碟子。”她关于夏天的回忆是在新汉普希尔湖畔静修，在那里“每个孩子都会被足够多的成人照顾，因此不需要嫉妒彼此；在那里鲜花盛开，伴随着歌声而入睡……，我比其他孩子都富有，那里有聚会，那里有亲爱的人，但是我最想见的人却总是缺席”（Bateson，1984，pp. 38–39）。

●●●

在玛格利特・米德和玛丽・凯瑟琳・贝特森相互补充的回忆录中，我们能够看到米德是怎样将自己抚养孩子的观念应用于实践的，这些观念一部分源于对自己孩提时的记忆，一部分源于对不同文化的观察。我们可以看到，米德在为父母双方都工作的家庭如何抚养孩子这一日益普遍的问题寻求解决之道。并且我们看到了影响的双向性：与父母的早期互动经历怎样帮助孩子发展，以及孩子的需求怎样影响父母的生活。

本章内容介绍婴儿期向学步期的转变。首先介绍心理社会发展的基础：情绪、气质以及与父母的早期互动经验；然后介绍埃里克森关于信任和自主发展的观点；关注孩子和照顾者的关系、自我认知和良心（内疚）的萌芽。我们将探讨婴儿与兄弟姐妹、与其他孩子以及与祖父母之间的关系；最后，还会介绍早期照料的广泛影响。

在你阅读和学习本章之后，你应当能够回答下一页的“学习向导”中的每个问题。回顾章节末尾的小结，可以检验你对这些“学习向导”的理解。贯穿章节始终的“考考你”可以考核你对阅读内容的理解。

学习向导

1. 情绪是什么时间出现如何发展的？婴儿是如何表达情绪的？
2. 婴儿是怎样表现出气质差异的？这些差异会持续多久？
3. 婴儿是怎样获得对世界的信任，如何形成依恋的？婴儿和照料者之间如何读懂对方的非言语信号？
4. 自我的感知是在何时以及如何出现的？学步期儿童是如何练习自主能力并发展社会接受的行为标准？
5. 性别差异是在何时间以及如何表现出来的？
6. 婴儿和学步期儿童怎样和兄弟姐妹以及其他孩子互动？
7. 父母外出工作以及早期的儿童照料怎样影响婴儿和学步期儿童的发展？

心理社会发展的基础

虽然婴儿的发展模式是一致的，但是他们也从一开始就表现出了不同的人格特点，这反映了先天和环境的共同影响。从婴儿期开始，人格的发展便与各种社会关系交织在一起（见表 8-1）。

情　绪

情绪（emotions），如悲伤、愉悦和恐惧，是对经历的主观反应，并伴随着生理

表 8-1　婴儿和学步期儿童的心理社会发展，从出生到 36 个月

大概年龄（月）	特　征
0~3	婴儿对外界刺激是敏感的，开始表现出兴趣和好奇心，并且很容易对他人微笑
3~6	婴儿可以预期将要发生什么，当预期的事情没有发生时会感到失望，变得生气或者警惕。他们会经常微笑、咯咯地笑和大笑。这是社会意识觉醒、婴儿和照料者早期相互交流的时期。
6~9	婴儿参与“社会游戏”并尝试从其他人那里得到回应，他们通过“谈话”、碰触和示好来获取其他婴儿的反馈。他们表现出更加分化的情绪，表现出愉悦、恐惧、愤怒以及好奇等。
9~12	婴儿与主要的照料者密切接触，开始惧怕陌生人，在陌生情境中活动减少。直到 1 岁时，婴儿的情绪表达更加清晰，表现出各种情绪、矛盾情绪和情绪强度变化。
12~18	儿童在探索周围环境时，将依恋对象看成一个安全基地。当能够掌控环境时，他们变得更有信心，且更愿意自己作出决定。
18~36	当儿童意识到自己与照料者分开时，他们有时会变得焦虑。他们通过幻想、游戏和假装成人来突破自身意识到的局限性。

资料来源：摘自 Sroufe，1979。

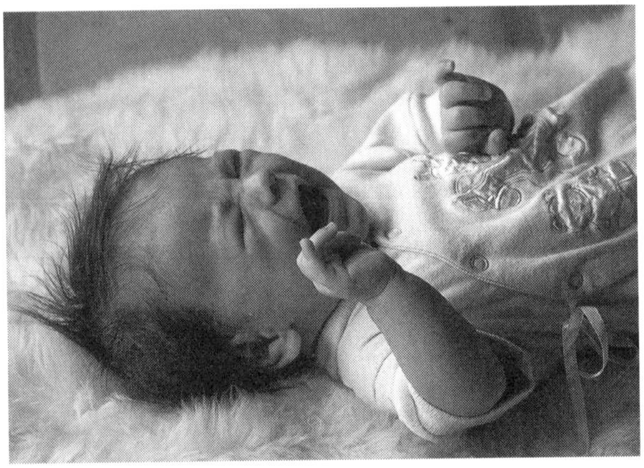

7 周大的儿童通过哭来表达他的需求。父母一般都能识别婴儿的哭是因为饥饿、生气、受挫，还是疼痛。

婴儿的早期微笑是自发的，但是从 1 个月开始，微笑通常会变得更加频繁和社会化。婴儿可能是在对母亲或者照料者微笑。

和行为的改变（Sroufe，1997）。例如，恐惧时会心跳加速，且时常伴随着自我保护行为。个人的情绪反应模式是人格的基本单元，从婴儿时期就开始发展了。个体在能感受到特殊情绪的频率上，在能够引发情绪的事件种类上，在生理表现以及最终的反应上存在着差异。文化影响人们对情境的感受和表达情绪的方式。如，某些强调社会和谐的亚洲文化，并不鼓励表达愤怒情绪，但是比较强调羞耻感。相反，美国文化强调自我表露、自我确定和自尊等（Cole，Bruschi，& Tamang，2002）。

最初的情绪信号

新生儿可以清楚地表达自己的不开心，他们发出刺耳的哭声，胡乱挥舞着四肢，身体也变得僵硬。但是我们很难看出他们什么时候是开心的。婴儿 1 个月时，听到人的声音或者被抱起时就会变得很安静;在玩拍手游戏时他们会微笑。婴儿不断长大，开始对他人做出更多回应——微笑、咯咯地笑、试图触摸他人，且最终成功地做到了。

这些关于婴儿情绪的早期信号或者线索是很重要的发展指标。当婴儿想要或者需要什么时，他们会哭；当感受到友善时，他们会微笑或者大笑；当自己发出的信号得到回应时，他们开始与他人建立联结；当意识到哭泣能够带来帮助和安慰，微笑或者大笑能得到同样的回应时，他们开始形成对周围世界的控制感。他们变得更加积极主动地去调控自身的唤醒状态和情绪生活。

哭 哭是婴儿表达自己需要的最有效的方式，并且在某些时候是唯一的方式。某些研究区分了四种类型的哭（Wolff，1969）：基本的饥饿哭泣（一种有节奏的哭泣，但并不是总发生在婴儿饥饿时)，*生气哭泣*(另一种有节奏的哭泣，过多的空气被迫穿过声带)，*疼痛哭泣*(突然地大声哭泣，并且没有前期的呻吟，有时呼吸困难)，*挫败哭泣*(两声或者三声持续的哭泣，不会长时间呼吸困难)(Wood & Gustafson，2001)。

一些父母担心抱起正在哭泣的孩子会宠坏他。一项研究发现，父母延迟对儿童的回应，的确会降低 6 个月婴儿大惊小怪的次数，可能是由于婴儿在自己学着去处理小困扰(Hubbard & van IJzendoorn，1991)。然而，如果直到忧伤的哭泣升级到尖叫时父母才作出回应，那么这时很难安抚婴儿的情绪。并且如果这种模式得以重复，婴儿调控、管理自己情绪状态的能力会受到干扰(R. A. Thompson，1991)。最理想的发展模式是凯瑟琳·贝特森的父母所遵循的：预防忧伤情绪，使安抚变得没有必要。

微笑和大笑 婴儿出生后不久就会微笑，而且是不由自主地微笑，这似乎是皮下神经系统活动的结果。这些无意识的微笑经常出现在快速动眼睡眠阶段(见第 5 章)。在前 3 个月，这种微笑会随着脑皮层的成熟变得越来越少(Sroufe，1997)。

轻微的刺激(如轻轻地抖动，朝婴儿皮肤轻轻吹气)能够引起婴儿最早的非睡眠微笑。在第 2 周，婴儿吃饱后会懒洋洋地笑；在第 3 周，当警觉或者是注意到照料者说话和点头时，大多数婴儿会开始笑；在大约 1 个月的时候，微笑通常会变得更加频繁且更加社会化；在第 2 个月时，随着视觉再认的发展，婴儿对视觉刺激的微笑增多，如熟识的面孔(Sroufe，1997；Wolff，1963)。

在大约 4 个月时，亲吻婴儿的胃部或者挠痒痒时，婴儿会大笑。随着婴儿逐渐长大，他们主动地投入到愉悦的交流中。当母亲发出怪声或者是用毛巾蒙住自己的脸时，6 个月大的婴儿会发出咯咯的笑声；如果毛巾掉了，10 个月大的婴儿会大笑着试图将毛巾重新盖在脸上。这些变化反映了认知的发展：意外发生时的大声笑表明婴儿自己知道预期的是什么；通过转动桌子，他们表明自己能够使事情发生。笑声还能帮助婴儿释放紧张情绪，例如对危险事物的恐惧(Sroufe，1997)。

情绪是何时出现的

识别婴儿的情绪具有挑战性，因为婴儿并不能说出他们自身的感受。研究者并未就如下问题形成一致看法，如情绪有多少种，它们何时出现以及怎样定义和测量它们。

卡罗尔·伊扎德及其同事对婴儿的面部表情进行录像，并把它们归纳为愉悦、痛苦、兴趣、恐惧以及较低程度的愤怒、惊奇和厌恶(Izard，Huebner，Resser，McGinness，& Dougherty，1980)。当然我们并不知道婴儿是否真地体验到了这些感受，但他们体验这些情绪时，其面部表情和成人的面部表情非常相似。

面部表情并不是婴儿情绪的唯一指标或者不可或缺的最佳指标，肌肉的活动性、

图 8-1
头 3 年里的情绪分化，原始的或基本的情绪在头 6 个月就表现出来；自我意识情绪是自我意识发展和社会标准、社会规则知识积累的结果，在 18~24 个月时发展起来。

* 注意：有两种尴尬情绪。早期的尴尬情绪不涉及对行为的评价，仅仅是对选择注意的客体的反应；第二种尴尬情绪是评价性的尴尬，在 3 岁时出现，是羞耻感的轻微表现。

资料来源：摘自 Lewis，1997，Fig. 1，p. 120.

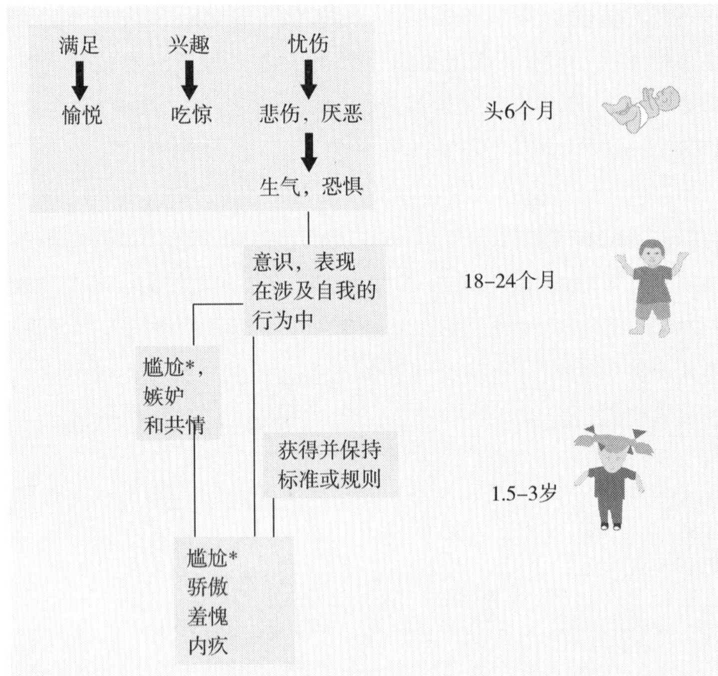

肢体语言以及心理社会变化都是非常重要的指标。当婴儿恐惧时会表现出“恐惧的表情”，同时也会转身、转移视线或者心跳加速。研究者根据不同指标研究具体情绪的出现时间时，所得出的结论也会有所不同。另外，这些情绪出现的时间也表现出了巨大的个体差异（Sroufe，1997）。

基本情绪 情绪的发展是一种循序渐进的进程，复杂情绪出现在简单情绪之后。根据情绪发展的模型（ Lewis，1997；图 8.1），婴儿出生后不久就表现出满足、兴趣和痛苦的信号。这些都是弥散的、条件反射的，大多数是对感觉刺激和内部加工过程的心理社会反应。在接下来的 6 个月左右的时间里，早期的情绪状态会分化为真正的情绪：愉悦、惊奇、悲伤、厌恶、忍耐、愤怒和恐惧，这些是婴儿对有意义事件的反应。正如我们接下来要讨论的，这些基本的或者原始情绪的出现与神经成熟有关。

自我的情绪 有两种类型的情绪涉及自我，一是自我意识情绪，二是自我评价情绪。

自我意识情绪（self-conscious emotions），如尴尬、同理心、嫉妒，出现在儿童发展出**自我意识**（self awareness）之后。自我意识是指对自己作为可识别的、不同于周围世界的个体的认知。自我意识大概在 15~24 个月时能够出现。自我意识是婴儿能够意识到自身是注意的焦点，识别出其他人的“自我”感受或希望自己拥有与其他人相同的感受所必需的。

大概到 3 岁的时候，儿童就已经获得了自我意识，且了解了大量社会认可的标准、规则和目标，能够更好地评价自己的思想、计划、愿望以及与社会规则相悖的行为，到这时他们才表现出**自我评价情绪**（self-evaluative emotions），如骄傲、内疚和羞耻感等（Lewis，1995，1997，1998）。

尽管内疚和羞耻感都是对错误行为的反应，但是两者并不同。当没有达到行为标准时，儿童会感到内疚（即为自己的行为感到抱歉），而不是羞耻感。羞耻时会感到自我价值缺失，内疚时他们关注的焦点是不好的行为，而不是不好的自己（Eisenberg，2000）。

同理心：感受他人的感受　**同理心**（empathy）是一种能够设身处地地感受他人感受的能力，或者在一种特殊的情境中预期他人的感受，婴儿在 2 岁时会表现出同理心。与内疚一样，同理心能力随着年龄的增长而发展（Eisenberg，2000；Eisenberg & Fabes，1998）。

同理心依赖于**社会认知**（social cognition），一种理解他人心理状态、评估他人感受和意图的能力。皮亚杰认为**自我中心化**（egocentrism，看不到他人的观点）延缓了这种能力的发展，直到儿童中期的具体运算阶段。其他研究表明社会认知出现得更早。在一项研究中，比较婴儿对两种人的反应，一种是不愿意给他们玩具的人，另一种是想要给他们玩具却不小心弄掉的人，9 个月大的婴儿已经能够表现出不同的反应，但是 6 个月大的婴儿却不能进行区分。这一结果表明 9 个月大的婴儿已经具备了一定的识别他人意图的认知能力（Behne，Carpenter，Call，& Tomasello，2005）。

脑的发育和情绪发展

婴儿出生后的脑发育与情绪生活的变化相关。这是一个双向作用的过程：情绪体验受脑发育的影响，同时也对脑结构有持续的作用（Mlot，1998；Sroufe，1997）。

脑组织的四个明显变化基本上与情绪进程的变化相对应（Schore，1994；Sroufe，1997；见图 4.6）。在头 3 个月中，随着大脑皮层开始发挥功能，婴儿在游戏中有了认知体验，基本的情绪开始分化。快速眼动睡眠和反射行为，包括出生时的自发性微笑都在减少。

第二个改变发生在 9 个月或者 10 个月的时候，这时前额叶开始与大脑的边缘系统相互作用，边缘系统是情绪反应的一个区域。同时边缘系统中的海马变大，更像成人的海马。大脑前皮层与下丘脑以及边缘系统的连结负责加工感觉信息，可以促进认知半球和情绪半球的联系。随着这些连结变得密集和更加精细化，婴儿能够同时体验和解释情绪。

第三个改变发生在 2 岁的时候，这时儿童发展出了自我意识和自我意识情绪，并且更有能力管理自己的情绪和行为。这些改变可能与前额叶的髓鞘化有关，并伴

考考你✓

你可以……

- ✓ 解释为什么婴儿的情绪很难研究吗?
- ✓ 解释哭、微笑和大笑的不同类型的意义吗?
- ✓ 描述追踪基本的情绪、自我意识的情绪以及自我评价的情绪出现的特定序列? 解释它们与认知和神经发展的关系吗?

随着更强的身体灵活性和较多的探索行为。

第四个改变发生在大概 3 岁的时候，这个时期自主神经系统（无意识的）的荷尔蒙变化与评价性情绪同时出现。交感神经系统作为自主系统的一部分，为个体的行动做准备，副交感神经系统作为自主系统的一部分，负责排泄和性兴奋。诸如羞耻等评价性情绪的发展，可能逐渐脱离交感神经系统和副交感神经系统的控制。

神经系统方面的因素也能够解释气质上的差异性（Mlot，1998），我们接下来会有所提及。

气　质

气质（temperament）有时被定义为个体的人格特征，在生物学上是指对人和环境接近和作出反应的方式。气质被描述为行为是如何发生的，不是个体做了些什么，而是他们打算如何做（Thomas & Chess，1977）。例如，两个学步期的儿童都可以自己穿衣服，有同样的动机，但是可能一个比另一个做事情更快，更喜欢穿新衣服，不太会受猫咪跳到床上的行为的干扰。一些研究者则更宏观地看待气质。一个孩子并不会在所有情境下都按照相同的方式反应。同时，气质不仅仅影响孩子接近外部世界和对外部世界作反应的方式，还会影响他们管理自身心理、情绪和行为的方式（Rothbart，Ahadi，& Evans，2000）。

气质包含有情绪的成份，但是并不像恐惧、兴奋和烦躁等情绪来得快去得快，气质相对而言比较一致且持久。气质上的个体差异源于基本的生理结构，气质形成了人格发展的核心。

气质模式研究：纽约纵向研究

7 个月大的安安随时可见的笑容和尝试新事物的意愿是易养型气质的两个信号。

纽约的这项纵向研究（NYLS）是关于气质的先驱研究，研究者对 133 名婴儿进行了追踪，直到其成人期，考察了婴儿的活动水平、节律性（即婴儿饥饿、睡眠和排泄的规律）、趋避性（他们是否接受陌生人和陌生情境）、适应性（他们对规则变化的适应）、敏感性（他们对噪音、灯光及其他感觉刺激的敏感程度）、反应强度，他们的情绪是倾向于愉悦的、欢喜的、友好的还是不愉悦的、伤心的、不友好的，以及他们是否能够坚持完成任务还是很容易被打扰（A. Thomas，Chess，& Birch，1968）。

大约 2/3 的孩子可以归为以下三类中的一类（表 8-2）。40% 的孩子属于**易养型**（easy children）：情绪一般比较愉快，生活有规律，对新事物较为开放。这和玛格利特·米德描述的凯瑟琳相同。10% 的孩子属于**难养型**（difficult children）：这类儿童易怒，较难愉悦起来，生活没有规律，情绪较强烈。15% 的孩子属于**适应缓慢型**（slow-

表 8–2　三种气质类型（依据纽约纵向研究的结果）

易养型儿童	难养型儿童	适应缓慢型儿童
情绪温和，强度适宜，且经常表现出积极情绪。 能很好地适应新事物和变化，能够较快地形成有规律的睡眠和饮食。 很容易适应新食物。会对陌生人微笑。 很容易适应新环境。 能够接受大多数挫折，且很少慌乱。 能够较快适应新游戏中的新规则。	经常表现出负性情绪，且较为强烈；经常大哭、大笑。 很难适应新事物和变化，睡眠和饮食不规律。 接受新食物较慢；怀疑陌生人；适应新环境较慢；遇到挫折时易怒；适应新规则较慢。 反应较为温和，强度中等，积极情绪和消极情绪都有。	对新事物和变化回应较慢。与难养型儿童相比，睡眠和饮食比较规律，但是并不如易养型儿童有规律。 对新刺激（首次遇到的人、到达的地方或者是陌生的情境）最初会表现出较为温和的消极回应。 新刺激多次重复出现后，会逐渐变得接受和喜欢新刺激，毫无压力地面对他们。

资料来源：摘自 A. Thomas & Chess，"Genesis and evolution of behavioral disorders：From infancy to early adult life." *American Journal of Psychiatry*，141（1）1984，pp. 1–9.

to-warm-up children）：这类儿童很温和，但面对陌生人和陌生环境时适应缓慢（A. Thomas & Chess，1977，1984）。

很多孩子（在纽约研究中占到了 35%）并不能归入上面三类中的任何一类。有的婴儿可能作息和饮食比较有规律，但是害怕陌生人；有的儿童可能大多数时间内都很随和，但并不总是这样；而有的儿童可能对新食物适应较慢，但是对新保姆适应较快（A. Thomas & Chess，1984）；有些儿童可能笑声比较大，但是并不会表现出较强的挫折感；有些儿童排泄比较有规律，但是睡眠没有规律（Rothbart et al.，2000）。所有上述现象都是正常的。

如何测量气质

由于在纽约纵向研究中所使用的录像和评分程序比较复杂，并且难以处理，许多研究者转而使用简短的调查问卷。父母自我报告的量表——罗斯巴特婴儿行为问卷（IBQ）（Gartstein & Rothbart，2003；Rothbart et al.，2000）侧重于婴儿气质发展的七个维度，这与纽约纵向研究中的维度相同，即：活动水平、积极情绪（微笑和大笑）、恐惧、挫折感、安抚性、毅力（分心和注意集中的平衡）以及一些其他的因素，如愉悦的强度、感知敏感性和注意转变等。父母报告了子女近期的具体事件和行为（如在过去的一周，当拿到玩具时，婴儿是否经常微笑或大笑，而不是泛泛地问：婴儿是否对新鲜的事情做出积极反应？）。

虽然父母报告是应用最广泛的测量孩子气质的方法，但是这种方法的效度受到了研究者的质疑。双胞胎研究发现父母在给孩子的气质评分时，通常会将其与家庭中的另一个孩子进行比较。例如与更加积极主动的孩子相比，父母会给另一个孩子贴上被动的标签（Saudino，2003a）。研究者的观察也存在偏差（Seifer，2003）。父母可以在日常生活的各种情境中观察自己的孩子，而实验室观察者只能观察儿童对特殊的标准化情境作出的反应。因此，将各种方法结合起来可以为研究气质如何影响孩子发展提供更为精确的画面（Rothbart & Hwang，2002；Saudino，2003a，2003b）。

气质的稳定性如何

气质在很大程度上是天生的，或许是遗传的（Braungart，Plomin，DeFries，& Fulker，1992；Emde et al.，1992；Schmitz et al.，1996；A. Thomas & Chess，1977，1984），非常稳定。新生儿在睡眠、烦躁和活动性方面表现出不同的模式，这些差异在某种程度上会继续存在（Korner，1996;Korner et al.，1985）。使用《婴儿行为问卷》的研究发现，婴儿的气质与其 7 岁时的人格密切联系（Rothbart et al.，2000，2001）。其他研究者使用类似于纽约纵向研究中的气质类型，结果发现孩子 3 岁时的气质能够预测出 18~21 岁时的人格（Caspi，2000；Caspi & Silva，1995；Newman，Caspi，Moffitt，& Silva，1997）。

这并不意味着气质在出生时就完全定型了。气质随着各种情绪和自我管理能力的出现而发展（Rothbart et al.，2000），并且受到父母教养方式和其他生活经历的影响（Belsky，Fish，& Isabella，1991；Kagan & Snidman，2004）。正如米德观察到的，气质会受到教养行为的影响，而教养行为受文化的影响。与美国的婴儿相比，马来西亚（亚洲东南部的岛群）的婴儿适应性较差，对新的尝试更加谨慎，对刺激的反应更迅速。这可能是由于马来西亚的父母不经常让小孩子去适应新环境（陌生环境），并且鼓励婴儿要对感受敏感，如需要换尿布（Banks，1989）。

气质和适应：拟合优度

根据纽约纵向研究的结果，良好适应的关键是：**拟合优度**（goodness of fit），婴儿气质与环境需求和约束之间的匹配。如果要求一个活动性非常强的儿童长时间静坐，如果让一个缓慢型的儿童不断地接触新情境，或者是将一个固执的儿童不断地带离有趣的事物，那么就会造成紧张。

照料者对孩子的回应可以反映出他认为自己应该在多大程度上控制孩子的行为。在家庭观察中，和其他父母相比，认为自己对 12 个月大的孩子控制较少的父母，更有可能直接和孩子互动——说服、提醒、约束、质疑和纠正孩子，而有这种行为方式的母亲更有可能将孩子看做是“困难儿童”（Guzell & Vernon-Feagans，2004）。

儿童表现出一种特定的行为，如任性懒惰、愚蠢或者顽皮等，这很大程度上是由于先天的气质使然，当照料者认识到这种先天性时，他们可能就会较少感到内疚、焦虑、敌意、或失去控制感，较少变得严厉或者是不耐烦。他们可以预期儿童的反应并帮助孩子改变，如通过给予早期警告来制止一种行为，或者正如米德和贝特森所做的，逐步地将孩子带入新情境中。

羞怯和勇敢：生物和文化的影响

正如前面所提及的，气质似乎有其生物基础。在一项以 500 名婴儿为被试的追踪研究中，杰罗姆·凯根及同事研究了气质的一个方面：对陌生人的排斥，或者是羞怯，它与孩子能够多大胆地或者是多勇敢地接近陌生物体或情境有关，并且与特定的生物特征有关。

当给 4 个月大的婴儿呈现一系列新异刺激时，大概 20% 的婴儿会哭泣，不断挥舞四肢，且有时将背弯成拱形，该组儿童被称为“高反应组”。大概 40% 的婴儿很少表现出痛苦或者是肌肉活动，他们更可能自发地微笑，该组被称为“低反应组”。剩余的婴儿或者动作很少，但是非常易怒，或者动作非常强烈，但是很少哭。研究者假设这些差异和大脑杏仁核组织有关，该组织负责对不熟悉事件的检测和反应，包含了情绪反应。高反应组儿童的杏仁核经常兴奋（Kagan & Snidman，2004）。

长到 4 岁半时，让他们与同年龄同性别的两个陌生儿童玩游戏，结果发现，在婴儿期被认为是高反应组的儿童反而更有可能表现得害羞、安静和胆小，而低反应组的儿童则表现得社会化程度较高且善谈（Kagan & Snidman，2004）。此外，与勇敢的儿童比起来，羞怯儿童的心率更快且变化较小，瞳孔张得更大。勇敢的儿童（大约 10%~15%）通常较主动且精力充沛，心率更慢（Arcus & Kagan，1995）。

无论是抑制性或者是非抑制性的儿童，在整个儿童期都会在一定程度上保持这些反应模式（Kagan，1997；Kagan & Snidman，1991a，1991b），同时也呈现出具体的心理社会特征上的差异。高反应（抑制性）的孩子更可能偏瘦，脸庞狭小，眼睛是蓝色的，然而低反应（非抑制性）的孩子个子较高，更健康，眼睛通常是棕色的。因此可能影响反应性和行为（胆小还是勇敢）的基因也会影响体型和眼睛的颜色（Kagan & Snidman，2004）。

随着青春期的到来，两类孩子的行为差异会变得不明显，但是生理上的差异还存在（Woodward et al.，2001）。11 岁时，在他们最后的测验中，33% 的高反应和低反应儿童的行为方式与其婴儿期的气质一致，但是每组中有 16% 的儿童表现出偏离。然而各组中发展了其他类型的行为特征的孩子不到 5%。例如，一些高反应的孩子不再非常害羞，但他们仍然没有表现出低反应组的放松（Kagan & Snidman，2004）。

这些研究发现再一次说明，经历可以延缓或者是强化早期的倾向。如果父母高度认可孩子的反应，那么害怕和害羞的学步期男孩在 3 岁时很可能会仍然如此；但

你的观点？

在美国，很多人认为羞怯是不受欢迎的。父母应该如何对待羞怯的孩子？你认为最好是接受儿童的气质还是改变它？

考考你✓

你可以……

- ✓ 列举并描述纽约纵向研究定义的三种类型的气质及其九个方面吗？
- ✓ 评价气质稳定性的证据吗？
- ✓ 讨论气质是怎样影响适应，并解释拟合优度的重要性吗？
- ✓ 给出生理影响气质的证据？父母对待方式的作用吗？

是如果父母鼓励孩子勇敢地尝试新情境，孩子的抑制性可能会减弱（Park，Belsky，Putnam，& Crnic，1997）。其他的环境影响，诸如出生顺序、宗教或种族、与教师和同伴的关系、意外事件也可能加强或者削弱孩子早期的气质偏向（Kagan & Snidman，2004）。

婴儿的发展问题

一个依赖他人、情绪匮乏、生理需求迫切的婴儿是如何变成一个拥有复杂情感、能够理解并控制情感的个体的吗？许多这类以发展为核心的问题都需要考虑到婴儿和照料者的关系。

信任的发展

人类婴儿依赖他人而生活的时间远远长于其他哺乳动物的幼崽，他们依赖他人提供食物和保护。那他们是怎样形成需求将得以满足的信任感的呢？根据埃里克森（1950）的观点，早期经历非常关键。

埃里克森将心理社会发展的第一个阶段定义为**"基本信任对基本不信任"**（basic trust versus basic mistrust，见第2章表2.2）。该阶段开始于婴儿期，持续到大约18个月。在这段时间，婴儿对其所在世界中的人和事物形成了一种信任感。他们需要在信任（促使他们形成亲密关系）和不信任（使得他们保护自己）之间形成一种平衡。如果信任占主导，儿童会获得期望的美德或者是力量，即关于他们的需求能够得到满足和愿望能够实现的信念（Erikson，1982）。相反，如果不信任占据了主导地位，儿童会将世界看做是不友好的和不能预测的，并且很难形成亲密关系。

考考你 ✓

你可以……

✓ 解释基本信任的重要性？确定信任发展中的关键因素吗？

发展信任感的关键因素是敏感、及时、一致的照顾。埃里克森认为喂养情境是建立信任感和不信任感的关键环境。婴儿饥饿时得到喂养会使他因此而信任代表整个世界的母亲吗？信任感能够使婴儿接受母亲在自己的视线之外，"因为她已经被内化了，并且是可预测的"（Erikson，1950，p. 247）。凯瑟琳·贝特森身上表现出的这种内部信任为克服将来的更多困难奠定了坚实的基础。

依恋的发展

依恋（attachment）是婴儿和照料者之间形成的一种相互、持续的情感联结，双方都影响依恋关系的质量。从进化角度而言，依恋有助于婴儿适应，确保他们的心理社会需要和生理需求得以满足（MacDonald，1998）。根据进化论（详见第2章），婴儿和父母具有相互依恋对方的先天倾向，并且依恋提高了婴儿的存活率。

依恋类型的研究

对依恋的研究很多要归功于生态学研究者约翰·鲍尔贝（1951），他是研究动物关系的先驱。依据对动物的研究和对伦敦心理动力临床中心自闭症儿童的观察，鲍尔贝逐渐确信了母亲和孩子关系的重要性，并警告在没有提供合适的替代照料者之前不要把母亲和孩子分开。玛丽·爱因斯沃斯（1967，鲍尔贝 20 世纪 50 年代早期的一个学生），进入乌干达的非洲婴儿家庭通过自然观察法研究依恋。之后爱因斯沃斯设计了**陌生情境**（strange situation），一种至今还很经典的实验室研究技术，用它来评估婴儿和成人之间的依恋类型。一般而言，成人指的是母亲（虽然其他的成人可以替代母亲的角色），婴儿年龄在 10~24 个月之间。

陌生情境法包含 8 种情境，持续时间不到半个小时。在测验期间，母亲两次将婴儿留在一个陌生的房间内，自己走开。第一次是让婴儿和陌生人在一起，第二次是让婴儿先是独自一人，之后陌生人在母亲回来之前进入房间。然后母亲鼓励婴儿去探索，重新玩游戏，当感到孩子需要时给他安慰（Ainsworth，Blehar，Waters，& Wall，1978）。需要特别注意的是母亲每次回来时婴儿的表现。

当爱因斯沃斯和同事观察陌生情境和家中的 1 岁婴儿时，他们发现了三种主要的依恋类型。分别是安全型依恋（最普遍的类型，大概 60%~70% 的北美低危婴儿属于这种类型），以及另外两种焦虑或不安全型依恋：回避型（15%~25%）依恋和矛盾型（10%~15%）或阻抗型依恋（10%~15%）（Vondra & Barnett，1999）。

安全型依恋（secure attachment）的婴儿，当母亲离开时开始反抗或哭泣，而当母亲回来时表现得很开心。她们将母亲当做是安全基地，允许母亲离开，母亲离开时他们会探索，但是会时常返回寻求安心。他们通常是合作的，相对较少生气。**回避型依恋**（avoidant attachment）的婴儿，当母亲离开时很少哭，而且当母亲返回时他们避免和母亲接触。他们更容易生气，在有需要时也很少求助于母亲，他们不喜欢被抱起，也不喜欢被放下。**矛盾型依恋（阻抗）**（ambivalent/resistant attachment）的婴儿在母亲离开之前就表现得很焦虑，母亲离开后非常不安，但是当母亲回来时，他们表现得非常矛盾，如想要接近母亲但同时也踢腿或扭动反抗。阻抗型婴儿很少自己去进行探索，也很难被安抚。

在研究涉及到的所有文化中，如非洲、中国、以色列文化，虽然从属于每种依恋类型的婴儿的比率不同，但上面提及的三种依恋类型都是适用的（van IJzendoorn & Kroonenberg，1988；van Ijzendoorn & Sagi，1999）。然而在不同文化下依恋行为却有所差异。东非的古西人，生活在肯尼亚的西部边界，通过握手向婴儿表示问候，古西婴儿与父母握手就像西方婴儿与父母拥抱一样（van IJzendoorn & Sagi，1999）。

其他的研究（Main & Solomon，1986）认为存在四种依恋模式，其中最不安全的依恋是**混乱型依恋**（disorganized-disoriented attachment）。混乱型依恋的婴儿在陌生情境的压力下似乎缺少一种凝聚性的策略。相反，他们表现出矛盾、重复或者混

表 8–3 陌生情境中的依恋行为

依恋分类	行 为
安全型	当母亲在身边时，歌莉娅自由地玩耍和探索。当母亲返回时，她热情地回应母亲。
回避型	当母亲返回时，萨姆不和母亲目光接触，也不欢迎母亲，好像他没有注意到母亲返回一样。
矛盾型（阻抗型）	在大多数时间内，吉姆紧紧地在母亲身边，但是当母亲回来时他并没有主动或者是热情地欢迎母亲。相反，而是心烦和生气。
混乱型	艾丽卡在陌生情境中的反应不一致，表现出了矛盾的行为。她似乎有点崩溃，被压力压垮了。

资料来源：Based on Thompson，1998，pp. 37–39.

乱的行为（和陌生人比较亲近，但是和母亲却不亲近）。当母亲回来时，他们会高兴地欢迎母亲，但是一会儿转过脸去或者是在不看母亲的情况下去接近母亲。看起来他们很困惑、很担心。这种依恋类型的婴儿，其母亲更有可能不敏感、强人所难、辱骂或者是遭遇过不可弥补的伤害，婴儿的气质看起来并不是一个影响因素（Carlson，1998；van IJzendoorn et al.，1999）。

研究者认为至少有 10% 的低危婴儿是混乱型依恋，但是在危险人群中其发生率更高，如早产儿，患有孤独症或者是唐氏综合征的儿童（Vondra & Barnett，1999），母亲酗酒成瘾或者是药物成瘾的儿童。这种依恋类型似乎是后期行为问题尤其是攻击行为的危险性因素（van IJzendoorn et al.，1999）。

和爱因斯沃斯最初的发现相反，婴儿似乎会和父母同时建立依恋联结，与父亲建立的安全依恋同与母亲建立的安全依恋通常是非常相同的，这在凯瑟琳・贝特森的身上就有所表现（Fox，Kimmerly，& Schafer，1991）。表 8-3 描述了四种依恋类型的婴儿在陌生情境中的反应。

依恋是怎样形成的

基于婴儿和母亲的互动，爱因斯沃斯和鲍尔贝认为，儿童建立了一种内部工作模式，可以据此来预测母亲将有何种表现。只要母亲以相同的方式反应，这个模式就会保留下来。如果母亲的行为发生改变，不只是一次、两次，而是反复地变化，婴儿就会修正原有模式，安全依恋就会发生变化。

婴儿依恋的内部工作模式和埃里克森的基本信任概念有关（玛格丽特・米德和乔治・贝特森作为新父母的成功反映了他们对该概念的掌握）。安全型依恋反映了信任，而不安全型依恋反映了不信任。安全型依恋的儿童不仅仅形成了对其照料者的信任，也相信自己有能力获得想要的东西。因而，如果母亲以安抚的形式回应大声哭泣的儿童，则他们更有可能发展成安全型依恋（Del Carmen，Pedersen，Huffman，& Bryan，1993）。安全型依恋儿童的母亲更加敏感，会给予良好回应（Ainsworth et al.，1978；Braungart-Rieker et al.，2001；De Wolff & van IJzendoorn，1997；Isabella，1993；NICHD Early Child Care Research Network，1997a）。相互交往、刺激、积极的态度、温暖和接纳以及情绪支持也都很重要（De Wolff & van IJzendoorn，1997；Lundy，2003）。

以南非的 2 个月和 18 个月的婴儿为被试进行的纵向研究发现，母婴的早期和后期关系都会影响到安全依恋。婴儿如果在 18 个月时是非安全型依恋，那么早在婴儿 2 个月大时，母亲便是疏离的（分离）或者强迫婴儿，且在婴儿 18 个月大时，母亲也会表现得不敏感或者是强迫儿童。尽管这些家庭的生活极端贫困，种族隔离制度也较为严重（官方种族隔离政策持续到 20 世纪 90 年代初期），但是近 62% 的婴儿是安全型依恋儿童，近 26% 的儿童被认为是混乱型依恋（Tomlinson，Cooper，& Murray，2005）。相反，在布加勒斯特和罗马的社会福利机构下的婴儿和学步期儿童中，超过 65% 的儿童被归为混乱型依恋，仅仅 19% 的儿童被认为是安全型依恋（Zeanah，Smyke，Koga，& Carlson，2005）。

研究依恋的其他方法

虽然关于依恋的大多数研究都是基于陌生情境法，但该方法的效度遭到了一些研究者的质疑。陌生情境是陌生的，也是一种实验室情境或者人工情境。该方法要求母亲不能主动与婴儿互动，成人不断进进出出，希望婴儿能够注意他们。同时，陌生情境法在一些非西方文化中缺少效度。与美国婴儿相比，日本婴儿一般很少和母亲分离，在以日本婴儿为被试的研究中发现了较高比率的阻抗型依恋，这一结果可能反映了陌生情境给这些婴儿带来了极大的压力（Miyake，Chen，& Campos，1985）。

由于受依恋影响的行为远比在陌生情境中观察到的行为要多，一些研究者开始完善这种方法，使之能够研究自然环境中的儿童。怀特和迪恩（1985）的依恋 Q 分类测验（AQS）让母亲和其他家庭观察者对一系列描述词或者词组（如大声哭泣，容易缠人）分类，从儿童最典型的特点到儿童最不典型的特点，然后将这些分类与专家描述的安全型依恋儿童的原

戴安对安娜需求的敏感性有利于安娜基本信任感的发展——可以信任世界中的其他人和事情。根据埃里克森的理论，信任是儿童形成亲密关系所必需的。

型作比较。对 139 个研究的分析发现，观察者版本（不是父母亲报告的版本）是有效测量安全型依恋的工具，它和由陌生情境法测得的结果相关较好，同样与测量父母敏感度的工具相关较好。AQS 问卷也遇到了跨文化的效度问题（van IJzendoorn，Vereijken，Bakermans-Kranenburg，& Riksen- Walraven，2004）。在一项使用 AQS 的研究中，中国、哥伦比亚、德国、以色列、日本、挪威、美国的母亲描述自己孩子的行为更像安全型依恋行为。此外，不同文化均把母亲描述为安全港湾，这一做法是类似的，这些发现表明，把母亲作为安全港湾的倾向具有普遍性，但是会有一些不同的表现形式（Posada et al.，1995）。

气质的作用

气质在多大程度上影响依恋，以什么方式影响？对此并未得到一致结论（Susman-Stillman，Kalkoske，Egeland，& Waldman，1996；Vaughn et al.，1992）。在以 6 个月和 12 个月的婴儿及其家庭为被试的研究中发现，母亲的敏感性和婴儿的气质都会影响到依恋类型（Seifer，Schiller，Sameroff，Resnick，& Riordan，1996）。导致气质产生差异的神经和生理状况也会潜在影响依恋。例如，心率的易变性与易怒性有关，心率的变化在非安全依恋儿童群体中更大（Izard & Porges et al.，1991）。

婴儿的气质不仅仅对依恋有直接影响，还会有间接影响，如通过影响父母来影响依恋。荷兰的一系列研究发现，与非易怒的婴儿相比，15 天时易怒的婴儿在 1 岁时更有可能是非安全型依恋（通常是回避型）（van den Boom，1989，1994）。然而如果易怒儿童的母亲接受来访者的建议，学会怎样安抚他们的婴儿，那么这些婴儿被归为安全型依恋的可能性与非易怒儿童相同。因此，婴儿的易怒可能会妨碍安全依恋的发展，但是当母亲能巧妙应对婴儿的这种气质时，易怒便不会形成阻力（Rothbart et al.，2000）。父母和孩子之间的吻合度也是理解安全依恋的一个关键因素。

陌生人焦虑和分离焦虑

苏菲过去是一个友善的孩子，对陌生人微笑，接近陌生人，只要周围有人在（任何人），她都会发出愉快的笑声。但是在 8 个月大时，当陌生人接近时，她会拒绝，当父母尝试将她留给保姆时，她大哭。苏菲同时经历了**陌生人焦虑**（stranger anxiety，对不认识的人的警觉）和**分离焦虑**（separation anxiety，当一个熟悉的照料者离开她时，感到忧伤）。

过去，陌生人焦虑和分离焦虑被当作婴儿后期情绪和认知发展的标志，反映了婴儿与母亲的依恋。然而，最近研究者认为虽然陌生人焦虑和分离焦虑相当典型，但是他们并非普遍存在。当父母离开，或者当一个陌生人接近时，婴儿是否哭泣更可能说明的是孩子的气质、生活氛围，而不是安全依恋（R. J. Davidson & Fox，

1989）。

这个婴儿正在表现出分离焦虑，她的父母要将她留给保姆。分离焦虑在 6~12 个月期间比较普遍。

在 6 个月大之前，婴儿很少对陌生人做出消极反应，而到 8、9 个月时消极反应会比较普遍，且在 1 岁结束之前会越来越多（Sroufe，1997），这种变化反应了认知的发展。苏菲的陌生人焦虑包括了面孔记忆、比较陌生人的面孔和母亲面孔的能力，还可能是对她之前和陌生人在一起的情境的再认。如果准许苏菲在一个熟悉的环境中适应陌生人，那么她的反应会更积极。（Lewis，1997；Sroufe，1997）（要记得玛格丽特·米德和乔治·贝特森总是确保凯瑟琳在熟悉的地方见新照料者。）

分离焦虑的发生可能并不是由于分离本身，而是由于替代照料的质量。如果替代者是温暖、积极回应的，且在婴儿哭泣之前和他们玩耍，那么，与不给以回应的照料者相比，此时婴儿较少哭泣（Gunnar，Larson，Hertsgaard，Harris，& Brodersen，1992）。

照料的稳定性也非常重要。雷诺·史必兹（ René Spitz，1945，1946）以社会福利院中的儿童为被试进行的先驱研究强调，替代照顾和母亲抚养之间要十分接近。研究者强调了照顾的持续性和一致性的价值，以便儿童能够形成与照料者之间的早期情感联结。正如米德在东南群岛文化中观察到的，只要照料情境是一致的，婴儿可以与多个照料者形成联结。

现今，对陌生人的强烈恐惧和母亲离开时婴儿的强烈抗议都不会被认为是安全依恋的信号。研究者更多地是通过母亲返回时所发生的事件来测量依恋，而不是当母亲离开时婴儿流下了多少眼泪。

依恋的长期效应

正如依恋理论所提出的，安全型依恋影响情绪、社会和认知能力（van IJzendoorn & Sagi，1997）。儿童和养育者之间的依恋类型越接近安全型，他们越容易与其他人形成良好的关系。

如果儿童在婴儿期有一个安全基地，能够信赖父母或照料者的回应，他们有可能会获得足够的自信去积极主动地探索世界（Jacobsen & Hofmann，1997）。在以 70 个 15 个月大的婴儿为被试的一项研究中，通过陌生情境法测得是安全型依恋的儿童，在托儿中心表现出了较小的适应压力，而非安全型依恋的孩子压力则较大（Ahnert，Gunnar，Lamb，& Barthel，2004）。

在学步期，安全型依恋的儿童比非安全依恋的儿童的词汇量大，词的种类更丰富（Meins，1998）。他们与同伴之间的互动更加积极，他们的友善也更容易被接受（Fagot，1997）。非安全依恋的学步期儿童通常会表现出更多恐惧、悲痛和愤怒，而安全型依恋的儿童则更加欢快（Kochanska，2001）。

在 3~5 岁期间，与婴儿期是非安全型依恋的儿童相比，安全型依恋的儿童可能表现出更强的好奇心、能力、同理心、复员力、自信，且与其他儿童相处得更好（Arend，Gove，& Sroufe，1979；Elicker et al.，1992；J. L. Jacobson & Wille，1986；Waters，Wippman，& Sroufe，1979；Youngblade & Belsky，1992），更容易形成较亲密的友谊。安全型依恋的儿童与父母、幼儿园老师、同伴的互动更加积极，并且能够较好地解决冲突（Elicker et al.，1992）。他们的自我意象也更积极（Elicker et al.，1992；Verschueren，Marcoen，& Schoefs，1996）。

安全型依恋儿童的优点还有很多。在一项以法国——加拿大的儿童为被试的实验室研究中发现，6 岁时的依恋类型和与母亲互动的情感质量共同预测了 8 岁时的交流技能、认知卷入和掌握动机的强度（Moss & St-Laurent，2001）。

安全型依恋为儿童建立亲密的友谊关系奠定了基础（Carlson，Sroufe，& Egeland，2004）。在童年中期和青春期，安全型依恋的儿童（至少在西方文化下是如此）更易于拥有较为亲密和稳定的友谊关系（Schneider，Atkinson，& Tardif，2001；Sroufe，Carlson，& Shulman，1993）。

然而非安全型依恋的儿童在学步期经常有许多抑制和负性情绪，在 5 岁时对其他儿童表现出敌意，在学龄期比较依从（Calkins & Fox，1992；Kochanska，2001；Lyons-Ruth，Alpern，& Repacholi，1993；Sroufe & Carlson et al.，1993）。那些混乱型依恋的儿童在学校阶段更容易有行为问题，并且在 17 岁时会表现出精神障碍（Carlson，1998）。

以 1364 个家庭中的 1 个月大的婴儿为被试的纵向研究发现，与安全型依恋的儿童相比，母亲报告回避型依恋的儿童在 15 个月时的社会能力较低。在学前期和学龄期，老师报告这些儿童更具有攻击性并且更容易焦虑。然而，在这期间父母的教养方式对儿童行为的影响比早期依恋更加重要。对于非安全型依恋或者混乱型依恋儿童，如果其父母的教养方式有所改进，那么与父母教养方式没有改进或者变得更加不好相比，他们在学校的攻击行为会有所减少。然而，安全依恋的儿童相对而言则较少受父母教养方式的影响，或许是因为其早期的内部工作模式使得他们能够面对环境的改变。该研究表明依恋和后期行为之间的一致性可以通过家庭环境的一致性来加以解释（NICHD Early Child Care Research Network，2006b）。

依恋模式的代际传递

成人依恋访谈（AAI）（George，Kaplan，& Main，1985；Main，1995；Main，Kaplan，& Cassidy，1985）是一种半结构化的访谈，需要成人回忆并解释自己童

年期依恋的感受和经历。使用成人依恋访谈的研究发现，反应的清晰性、一致性以及连续性能够有效地预测被试的孩子和他们之间的安全依恋关系（van IJzendoorn，1995）。

成人所回忆的与父母或者照料者的早期互动经历影响他们的情绪幸福感，并且也会影响他们对自己孩子的反应方式（Adam，Gunnar，&Tanaka，2004；Dozier，Stovall，Albus，& Bates，2001；Pesonen，Raïkkönen，Keltikangas-Järvinen，Strandberg，& Järvenpää，2003；Slade，Belsky，Aber，& Phelps，1999）。如果一个母亲与自己的母亲之间是安全型依恋，或者是能够理解自己不安感的原因，那么她就能够准确地认识自己孩子的依恋行为，能以鼓励的方式给予回应，帮助婴儿形成安全依恋（Bretherton，1990）。如果母亲被过去的依恋关系所困扰，则更容易在与自己孩子的互动中表现出愤怒和强迫。如果抑郁的母亲排斥自己的早期依恋记忆，那么他们通常会对自己的孩子很冷漠且不给予回应（Adam et al.，2004）。父母的依恋史也影响了他们对自己孩子气质的感知，而这些感知又会影响亲子关系（Pesonen et al.，2003）。

考考你 ✓

你可以……

✓ 描述四种依恋类型吗?

✓ 谈论依恋是如何确立的，以及气质的作用吗?

✓ 讨论影响陌生人焦虑和分离焦虑的因素吗?

✓ 描述气质类型影响的行为差异的长期作用吗?

与照料者的情感交流：互动管理

婴儿是渴望交流的生命，他们强烈地希望与他人交流（Striano，2004）。1 个月大的婴儿会聚精会神地盯住母亲的脸，在 2 个月大的时候，婴儿会更主动地以积极情绪回应母亲的情绪反馈，到 3 个月的时候，婴儿开始变得更容易接近和更喜欢玩耍（Lavelli & Fogel，2005）。

与照料者的同步互动是照料者和婴儿都具备的一种能够对对方的心理和情绪状态进行恰当及敏感反应的能力，被称作**互动管理**（mutual regulation）。婴儿在互动管理中起到了积极作用，通过发出行为信号来影响照料者对他们的行为（Lundy，2003）。当照料者能够准确地读懂婴儿的信号，并且能够恰当地给以回应时，健康的互动便发生了。当婴儿的目标达到后，他是愉悦的或者至少是满足的（E. Z. Tronick，1989）。如果照料者忽略了儿童邀请玩耍的信号，或者当孩子暗示“我不喜欢”时，照料者仍然坚持玩，婴儿会感到挫败或者悲伤。婴儿没有达到预期的结果时，他们会继续发出信号，改进互动。通常互动会在较好和较差之间反复，婴儿从这些转换之中学会了如何发出信号，以及当最初的信号没有效果时应该做什么。互动管理可以帮助婴儿理解他人的行为和预期他人的行为。甚至非常小的婴儿也能够感知到他人传达的情绪，并且能够相应地调整自己的行为（Legerstee & Varghese，2001；Montague & Walker-Andrews，2001；Termine & Izard，1988），但是当其他人——不论是母亲还是陌生人，不论什么原因——打断了人际互动时，婴儿会感到被干扰了。（Striano，2004）（专栏 8.1 讨论了产后抑郁症是如何影响互动管理的。）

日常生活

专栏8.1 产后抑郁对早期发展的影响

母亲通过理解情绪信号来评估和满足婴儿的需要；婴儿通过理解情绪信号影响母亲的行为，并且对其进行反应。那么如果交流系统被严重破坏，会发生什么呢，我们能做些什么呢？

产后抑郁——发生在分娩后4周之内，抑郁程度或大或小——影响了大约14.5%的母亲（Wisner，Chambers，& Sit，2006），包括演员布鲁克·谢尔兹（她曾撰写了一本关于产后抑郁的书）。根据丹麦的人口调查研究，第一次做母亲的人尤其会处于危险之中（Munk-Olsen，Laursen，Pedersen，Mors，& Mortensen，2006）。

除非得到及时的治疗，否则产后抑郁对母亲和孩子的互动方式、婴儿将来的认知和情绪发展都会产生消极影响（Gjerdingen，2003）。与非抑郁的母亲相比，抑郁的母亲对孩子较不敏感，并且一般也很少积极主动地与孩子互动（NICHD Early Child Care Research Network，1999b）。抑郁的母亲也很少对婴儿的哭声进行了解和作回应（Donovan，Leavitt，& Walsh，1998）。

如果母亲抑郁，婴儿会放弃发出情绪信号，并尝试自己通过吸吮和摇动来安抚自己。如果这种反应成为习惯，那么婴儿会认为自己没有能力引起他人的回应，并且认为母亲是不可信的，他们生活的世界也不值得信赖，他们自己也会变得抑郁（Ashman & Dawson，2002；Gelfand & Teti，1995；Teti et al.，1995）。然而，我们并不确定这类婴儿是由于互动管理的挫败而变得抑郁。他们可能遗传了抑郁的易感性，也可能出生前受荷尔蒙或者其他生物化学因素的影响而感染抑郁。

母亲抑郁的婴儿，其大脑活动通常表现出非正常的模式，与母亲的模式类似。在出生后的24个小时内，他们大脑的左额叶区较少表现出活动性，这个区域主管诸如愉悦和愤怒这样的情绪。而右额叶区的活动性较强，该区域控制诸如压抑和厌恶这样的情绪（G. Dawson et al.，1992，1999；T. Field，1998a，1998c；T. Field，Fox，Pickens，Nawrocki，& Soutollo，1995；N. A. Jones，Field，Fox，Lundy，& Davalos，1997）。母亲抑郁的新生儿的压力激素（荷尔蒙）水平通常较高（Lundy et al.，1999），布氏新生儿行为评定量表（Brazelton Neonatal Behavior Assessment Scale）得分较低，迷走神经张力较低，而迷走神经与注意和学习有关（T. Field，1998a，1998c；N. A. Jones et al.，1998）。这些研究都表明，女性在怀孕期间的抑郁可能会影响到新生儿的神经和行为功能。

或许是基因、胎儿期、环境等因素的结合，共同导致母亲抑郁的婴儿处于危险之中。一种双向影响模式在起作用，如果婴儿并不正常地回应母

测量互动管理：冷面模式

冷面模式（“still-face” paradigm）（Tronick，Als，Adamson，Wise，& Brazelton，1978）是一种研究程序，经常被用于测量2~9个月婴儿的互动管理，但1个半月的婴儿已经能够对冷面作出反应（Bertin & Striano，2006）。婴儿与母亲先是进行面对面的交流，然后进入冷面阶段，母亲突然面无表情、安静且没有任何回应。然后几分钟之后，母亲恢复正常的交流模式，即恢复阶段。在冷面阶段，婴儿一般会停止微笑并看着母亲。他们做鬼脸、弄出声响或者是做出各种姿势，或者是碰触自己、触摸自己的衣服、触摸椅子，看起来是要安慰自己的样子，或者是舒缓母亲的

亲，那么会加重母亲的抑郁情绪，而母亲不给予积极的回应反过来会增加婴儿的抑郁情绪（T. Field，1995，1998a，1998c；Lundy et al.，1999）。一些抑郁的母亲确实能够维持和婴儿的积极互动，她们的婴儿与有抑郁情绪的母亲的婴儿相比，有较好的情绪管理（Field，Diego，Hernandez-Reif，Schanberg，& Kuhn，2003）。与非抑郁成人的互动能够帮助婴儿修复抑郁母亲带来的影响（T. Field，1995，1998a，1998c）。

母亲抑郁的儿童更容易形成非安全依恋（Gelfand & Teti，1995；Teti et al.，1995）。他们可能会不健康地成长，在认知和语言测验上表现较差，且更容易有问题行为（T. Field，1998a，1998c；T. M. Field et al.，1985；Gelfand & Teti，1995；NICHD Early Child Care Research Network，1999b；B. S. Zuckerman & Beardslee，1987）。当进入学步期时，这些儿童在应对挫折和紧张时通常会出现问题（Cole，Barrett，& Zahn-Waxler，1992；Seiner & Gelfand，1995），并且在青少年早期他们有做出暴力行为的危险（Hay，2003）。

抗抑郁药物如左洛复（选择性的血清素再摄取抑制剂）和去甲替林（一种三环抑制剂）对治疗产后抑郁似乎是安全有效的（Wisner et al.，2006）。其他一些技术也可以帮助改善抑郁母亲的情绪，如听音乐、视觉想象、有氧健身、瑜伽、放松和按摩治疗（T. Field，1995，1998a，1998c）。按摩可能通过对神经活动性的影响来帮助抑郁的婴儿（T. Field，1998a，1998b；T. Field et al.，1996）。在一个研究中发现，诸如情绪提升测量，为母亲提供社会、教育和职业再培养，给婴儿以日常照顾能够改善母亲和婴儿的互动行为。与控制组相比，这些婴儿成长较快、儿科问题较少，且生物化学标准更加正常，发展测验中的得分较高（T. Field，1998a，1998b）。

你的观点?

除了上述方式，你能说出帮助抑郁母亲与抑郁婴儿的其他方式吗?

看过来!

关于该主题的更多信息，请见网站 http://www.nimh.nih.gov/publicat/depwomenknows.ctm（国家心理健康机构的网站，名为“抑郁：每位女性应该了解的”）。此外，还有 http://www.nimh.nih.gov/publicat/depression.com 也在国家心理健康机构的网站上，是关于抑郁的一般内容概要。

意外行为所带来的情绪压力（Cohn & Tronick，1983；E. Z. Tronick，1980，1989；Weinberg & Tronick，1996）。

婴儿在母亲恢复阶段会怎么反应？在一项研究中，6 个月大的婴儿表现出了更多的积极行为，比冷面阶段之前表现出了更多的愉悦表情、声音、注视或者是姿势。然而，婴儿会表现出悲伤或者愤怒的面部表情，还有“抱抱我的”姿势，表现出疏远、压力的迹象以及慌乱和哭泣这些都表明互动管理中的偶然事件引起的负性情绪并不是很容易被抚平的（Weinberg & Tronick，1996）。

冷面反应在东方文化和西方文化下是相似的，且在与父亲的互动和与母亲的互动中也很相似（Braungart-Rieker，Garwood，Powers，& Notaro，1998；Kisilevsky

> **你的观点？**
> 你认为冷面模式和陌生情境法中是否存在伦理道德问题？如果存在，你认为这类研究的意义是否大于任何潜在危险的价值？

et al.，1998）。如果父母对婴儿的情绪需要比较敏感且给予反馈，那么婴儿就能够较好地安慰自己，在冷面阶段表现较少的负性情绪，在恢复阶段也能较好地恢复过来（Braungart-Rieker et al.，2001；Tarabulsy et al.，2003）。

社会参照

在 1 岁末，随着婴儿开始能够独立行动和做出复杂的行为，他们经历了重要的发展变化：拥有了就外部事件进行人与人之间交流的能力。他们现在能够进行情感分享，让照料者了解自己对情境或者事物的感受，并且能够对觉察到的照料者的情绪给以回应。这些发展是**社会参照**（social referencing）的必备基础，社会参照是寻求情感信息以指导自己的行为的能力（Hertenstein & Campos，2004）。在社会参照中，个体通过寻求和解释另一个体的感知，以确定在模糊、困惑或者不熟悉的情境中如何反应。当婴儿遇到陌生人或者新玩具时，他们会看自己的照料者，此时，他们似乎在使用社会参照。

研究者提供了婴儿 1 岁时即具备社会参照能力的实验证据（Moses，Baldwin，Rosicky，& Tidball，2001）。当看到地板上或者是天花板上抖动或振动的玩具时，12 个月和 18 个月的婴儿都会依据实验者对玩具的情绪反应（"耶！"或者"很好！"）来决定靠近玩具还是远离玩具。在一个配对研究中（Mumme & Fernald，2003），12 个月大的婴儿（而非 10 个月大的婴儿）会根据电视屏幕上女演员的非言语情绪信号来调整自己对某些不熟悉物体的行为。另一个配对研究发现（Hertenstein & Campos，2004），14 个月大的婴儿是否会碰触掉在其可接触范围内的塑料制品，取决于一个小时之前看到的成人对相同物品的表情，如果延迟时间非常短（3 分钟），11 个月大的婴儿会对这种情绪线索做出反应。

> **考考你✓**
> 你可以……
> ✓ 描述互动管理怎样运行，并解释它的重要性吗？
> ✓ 举例说明婴儿会运用社会参照吗？

社会参照是一种从获得的信息中保存信息的能力，对学步期一些诸如自我意识情绪发展（尴尬和骄傲）、自我感知发展、社会化和内化过程等关键发展起到了重要作用。在本章剩余部分我们将会涉及社会化和内化过程。

学步期的发展问题

学步期是指儿童 1~1.5 岁期间。我们不仅仅可以从生理和认知技能上（如走路和谈话），而且可以从表现的人格特点和与他人互动的方式上，观察到孩子进入学步期的变化。学步期的儿童变得更加积极主动，在和他人互动中更有目的性，并且有时会主动发起与他人的互动。照顾者能够更加清晰地读懂儿童的信号，这种内在同步互动能够帮助学步期儿童获得交流技能和社会能力，促使儿童遵从父母的愿望（Harrist & Waugh，2002）。

让我们来看一下学步期儿童和他们的照料者不得不处理的三个心理问题：自我感知的出现；自主性或自我决定的增强；社会化，或者是行为标准的内化。

自我感知的出现

自我概念（self-concept）是指我们关于自己的认识，是关于自身能力和特点的整体看法。它描述了我们知道和感受到的关于自己的信息，并且它可以指导我们的行为（Harter，1996，1998）。儿童会将他人的反馈信息纳入到自己的自我意象中。

自我概念是何时产生的，又是如何发展的？从一些看起来混乱且彼此不相关的经历中（如，一次次早餐喂养），婴儿开始提取出一致的模式，形成了关于自我和他人的初步概念。婴儿得到了什么类型的照顾以及进行怎样的回应，其愉悦或者不愉悦的情绪与吸吮等各种体验，这些因素在自我概念的发展中均扮演了重要的角色（Harter，1998）。

在 4~10 个月期间，婴儿学会了伸手取东西、抓握、让事情发生，他们体验到一种个人力量，意识到他们能够控制外部世界。在这个时期，婴儿发展了自我一致性，一种客体存在感，将自己与世界中的其他部分区分开（Harter，1998）。这些发展发生在与照料者互动的游戏中，例如躲猫猫（回顾第 7 章的专栏 7.1）。在游戏中婴儿逐渐意识到自己和他人的不同（“我看到你啦”）。

自我意识是指将自我看做是独特的、可以辨认的生命个体，它的出现建立在感知自我和他人不同的能力之上（Harter，1998）。在一个以 96 名 4 个月和 9 个月的婴儿为被试的实验中，婴儿对他人的形象表现出了更大的兴趣（Rochat & Striano，2002）。早期的感知区分或许是 15~18 个月期间自我意识概念发展的基础。

通过研究婴儿是否能够在镜子中认出自己可以测试自我意识。在一系列经典的研究中，研究者在 6~24 个月大的婴儿鼻子上涂了红胭脂，并把他们放在镜子前。3/4 的 18 个月的婴儿和全部的 24 个月大的婴儿会较多地触摸鼻了红色的部分。然而不到 15 个月的婴儿从不这样做。这一行为表明，学步期的儿童知道自己红色的鼻子不正常，并且认识到了自己在镜子中的形象（Lewis，1997；Lewis & Brooks，1974）。在随后的研究中，在婴儿的膝盖上贴上标签，将其放在镜子前，得到了与在鼻子上涂红相似的结果（Nielsen，Suddendorf，& Slaughter，2006）。一旦婴儿能够认识到自己，他们对自己视觉图像的偏好胜过了注意同龄同伴的形象（Nielsen，Dissanayake，& Kashima，2003）。

这个学步期儿童正在表现自主性，运用自己的力量征服世界。

到 20~24 个月时，学步期儿童开始使用第一人称的名词，这是另一自我意识的信号（Lewis，

1997)。在 19~30 个月期间，他们开始使用描述性词语（如大或小、直发、卷发）和评价性的词语（如好、漂亮、强壮）来描述和评价自己。语言的快速发展使得儿童能够思考和谈论自己，并将父母对他们的描述整合到（你太漂亮了，真是个大孩子）自己的自我形象中（Stipek，Gralinski，& Kopp，1990）。

自主性的发展

埃里克森（1950）将 18 个月 ~3 岁这段时间定义为心理社会发展的第二阶段，**自主性对羞怯和怀疑**（autonomy versus shame and doubt），以从外部控制到内部控制的转变为标志。在婴儿期形成了对世界的基本信任感和微弱的自我意识，学步期儿童开始用自己的判断取代照料者的判断。在这个阶段表现出的英勇或者是力量被称作是意志。如果 27 个月之后开始对儿童进行如厕训练（Blum，Taubman，& Nemeth，2003），大多数儿童会迅速习得该能力，它是发展自主和自我控制的重要阶梯。语言也是如此，随着儿童能够更好地使其意愿被理解，他们变得更加独立和强大。埃里克森提到，因为无限制的自由既不安全也不健康，所以羞怯和怀疑的存在是必要的。学步期儿童需要成人设置适度的限制，羞怯和怀疑帮助他们认识到对这些限制的需要。

考考你 ✓

你可以……

- ✓ 描绘早期自我感知的发展吗?
- ✓ 描述自主性对羞怯和怀疑的冲突吗?
- ✓ 解释为什么可怕的两岁是一种正常的现象，并说明在一些文化中不存在这种转变的原因吗?

在美国，“可怕的两岁”是对自主驱力的标准写照。学步期儿童不得不验证某些概念：如他们是个体，他们对世界有一定的控制，他们有新的、令人兴奋的力量。他们有动力去尝试自己的观点、实践自己的选择并自己做决定。这种驱力典型地以叛逆的形式表现出来，大声喊“不”仅仅是为了坚持自己的权威。大约所有美国儿童都在某种程度上表现出叛逆，这一点经常是在 2 岁前就开始了，3.5~4 岁的时候达到顶峰，6 岁时有所下降。如果照料者将儿童自我意志的表达看做是正常、健康地寻求独立的努力，而不是看做倔强，这能帮助儿童学会自我控制，增强其胜任感，避免过多的冲突。（表 8-4 给出了基于研究的一些具体建议来应对可怕的两岁）。

可怕的两岁并非普遍存在，许多美国父母听到这一点时可能会感到很奇怪。在一些发展中国家，婴儿期向早期童年期的转变是相对平稳且协调的（Mosier & Rogoff，2003；见专栏 8.2）。

道德的发展：社会化和内化

社会化（socialization）是一个儿童形成习惯、发展技能、获得价值观和动机的过程，社会化可以使自己成为有责任的、有价值的社会成员。遵从父母期望可以看做是遵从社会标准的第一步，社会化依赖于这些标准的**内化**（internalization）。成功社会化的儿童不再仅仅遵循使自己得到奖励或者避免惩罚的规则或要求，他们形成了自己的社会标准（Grusec & Goodnow，1994；Kochanska & Aksan，1995；

表 8-4　应对“可怕的两岁”

下面是基于研究的一些指导，能够帮助学步期儿童的父母阻止其叛逆，鼓励发展社会可以接受的行为。

- 灵活。了解儿童的自然规律和特殊的喜好。
- 将自己看做是一个安全的港湾，设定安全的边界。儿童可以以此为基地向外探索世界，也能够返回基地寻求帮助。
- 为儿童创造安全的家。使用便于安全探索的不易破坏的物品。
- 避免身体惩罚。因为身体惩罚常常无效，甚至会导致学步期儿童做更多的破坏。
- 提供选择，即使是很小的选择，这能给儿童提供一些控制感。“你愿意现在洗澡还是等我们读完书之后再洗？”
- 在实施一些必须的要求时保持一致性。
- 除非活动是完全不必要的，否则不要打断他。尽量等孩子自己转注意力。
- 如果你必须打断孩子，那么要预先给出警告（“我们一会儿必须离开操场”）
- 当行为变得令人讨厌时，建议孩子改做一些其他的活动（当艾希利正要向凯科的脸上扔沙子时，说：“哦，看！现在秋千上没人了，让我们去那儿玩，我会好好推你们！）
- 提供建议，而不是要求。提建议时要微笑或者是给出拥抱，不要批判、威胁或者是约束他们。
- 将要求与愉悦的活动相连。（是时间停止玩耍了，你可以陪我一起去商店。）
- 提醒儿童你所期望的：当去操场时，我们不要走出操场大门。
- 当儿童并没有立刻遵从时，等几分钟再重复自己的要求。
- 通过暂停来终止争端。以一种非惩罚的方式，让自己和孩子都摆脱这种情境。
- 在压力时期（生病、离婚、弟弟妹妹的出生或者是搬家）期望较少的自我控制。
- 学步期儿童遵循“做”比“不做”要更困难。“整理好你的房间”比“别在家具上写字”要付出更多的努力。
- 尽量保持积极的氛围。使你的孩子想要合作。

资料来源：Hasweli，Hock，& Wenar，1981；Kochanska & Aksan，1995；Kopp，1982；Kuczynski & Kochanska 1995；Power & Chapieski，1986。

Kochanska，Tjebkes，& Forman，1998）。

自我管理的发展

两岁的凯蒂正打算把手指伸入电源插孔里。在她自己的儿童房里插座是被盖上的，但是现在是在祖母家里。当凯蒂听到父亲大声喊“不要！”时，她收回了手臂。下次当她靠近电源插孔时，她开始伸出手指，犹豫，然后说“不”。她已经阻止了自己去做那些她记得不该做的事情。她开始表现出**自我管理**（self-regulation）：控制自己的行为以符合照料者的要求或者期望，即使照料者不在时也是如此。

自我管理是社会化的基础，它和所有的发展领域都有联系——生理、认知、社会化和情绪。在凯蒂能够自己四处走动之前，电源插孔是不具有危险性的。为了阻止自己将手指伸入电插孔，她需要理解并记住父亲的告诉。然而，仅仅是认识到还不够，

世界各地

专栏8.2 与学步期儿童的斗争是必须的吗？

可怕的两岁是儿童发展中的正常阶段吗？许多西方社会中的父母和心理学家认为是正常的。实际上，这种过渡并非普遍现象。

在墨西哥的Zinacantan等地，学步期儿童并没有变得让父母很费心，也没有抵制父母的控制。与从母亲那里争取独立性相反，印第安村的学步期儿童会从母亲的婴儿转变为母亲的助手，通常会负责照顾新生儿，帮助干家务活（Edwards，1994）。墨西哥的马扎华家庭、圣佩德罗的玛雅家庭、危地马拉家庭，都出现了相似的发展模式。圣彼德罗的父母“没有报告儿童会有一段时期变得特别反抗或者是叛逆”（Mosier & Rogoff，2003）。

西方文化中，出现自主和控制问题的一个舞台是兄弟姐妹对玩具的争夺和儿童对父母处理这些冲突的方式的反应。为了探讨这些问题，一项跨文化研究比较了16个圣彼德罗家庭和美国盐城湖市的16个中产阶级欧裔美国家庭。所有家庭都有14~20个月的学步期儿童和3~5岁的年长儿童。研究者访谈了每个母亲的育儿经验。然后交给母亲一系列吸引人的物品（如嵌套玩偶和一个木偶），并当着年长儿童的面，请母亲帮助学步期儿童操作这些玩具，而不给年长儿童任何指导。研究者观察随后的互动，发现两种文化下兄弟姐妹之间的互动有巨大差异，母亲看待和处理冲突的方式也不同。

盐湖城的年长儿童经常会设法拿走玩具，但是这一行为在圣彼德罗的儿童中很少出现。相反，圣彼德罗的儿童将会帮助年幼儿童操纵玩具，或者是两个儿童一起玩儿。当在占有玩具上发生冲突时，两个社区的母亲都更有可能确保学步期儿童首先得到玩具，但是圣彼德罗母亲的这种倾向更加明显。圣彼德罗母亲在94%的互动中都会偏爱学步期儿童，甚至如果年幼儿童想要玩具，母亲会将玩具从年长儿童的身边拿走，年长儿童也会自愿地把玩具拿给学步期儿童或者是在一开始就把玩具让给他们。相反，在盐湖城，超过1/3的互动中，母亲尝试平等对待两个儿童，进行协商或者是建议他们轮流玩或者是一起玩。这些发现与两种文化下母亲报告的如何在家中处理此类问题的方式相同。圣彼德

自我抑制需要情绪控制。通过理解父母对自己行为的情绪反应，儿童不断地获取父母赞同的信息，以此信息为基础，儿童加工、存储并付诸行动，使父母高兴的强烈愿望引导他们去做自己理解的父母所期望的事情，无论父母是否在那儿，是否能看到。

在他们能够控制行为之前，儿童需要能够管理或者是控制注意过程，需要调节负性情绪（Eisenberg，2000）。注意管理能发展儿童的意志力和面对挫折的能力（Sethi，Mischel，Aber，Shoda，& Rodriguez，2000）。

自我管理与自我意识及评价性情绪（如同理心、羞愧和内疚）同步平行发展（Lewis，1995，1997，1998）。它要求孩子学会等待。它与一定程度的良知发展水平，如抵制诱惑和改正错误相关（Eisenberg，2000）。在大多数孩子中，自我管理的全面发展至少要到3岁时才开始（Kopp，1982）。

良知的起源：约束性顺从

良知（conscience）既包括因做错事感到情绪不适，又包括克制再次犯错的能力。

罗的儿童3岁之前都会有特权，3岁之后他们则被期望自愿按照社会期望合作。

什么能够解释这些文化差异呢？当询问母亲“儿童几岁时能够对他们的行为负责”时，我们发现了可能的线索。大多数盐湖城的母亲认为学步期儿童已经理解了接触禁止物体的后果，几位母亲说这种理解早在7个月的时候就已经出现了。然而，一个母亲除外，其余所有圣彼得罗的母亲都认为孩子理解行为的社会后果的年龄要稍微推后，大概在2~3岁。盐湖城的母亲认为学步期儿童具有故意犯错的能力，但是大多数圣彼德罗的母亲却不这么认为。超过半数的盐湖城母亲报告曾因违反规范而惩罚学步期儿童，而圣彼德罗的母亲却未报告。所有盐湖城的学前期儿童都像学步期的弟弟妹妹们一样，处于照料者的直接监控下；然而11个圣彼德罗的学前期儿童在大多数时间内已经可以自己掌控了。圣彼德罗的学前期儿童有更多的家务责任。

研究者认为可怕的两岁可能是社会“将个体自由放在群体需要之上的”一个特殊阶段。人种志的研究表明，在高度重视群体需要的社会中，自由选择的权利是存在的，但是它和互相依赖、责任和合作的期望共同存在。盐城湖的父母似乎相信有责任的行为会逐步从平等竞争和协商中发展起来。圣彼德罗的父母认为，当儿童足够大能够理解需要尊重他人和自己的意愿时，负责任的行为便会迅速发展。

你的观点?

从你自己的经历或者是对学步期儿童的观察来看，你认为哪种解决兄弟姐妹之间冲突的方式更有效?

看过来!

关于该主题的更多信息，请见网站 www.zeroto-three.org，在此你可以找到一项以3000名父母和其他成人为被试的调查，主要是询问他们在几个关键方面是如何教养孩子和利用资源的。

在儿童能够发展良知之前，他们需要内化道德标准。良知取决于做正确的事的意愿，不仅仅是因为其他人这样说（像在自我管理中），儿童自己也相信这是正确的。抑制控制——有意识地、努力地克制住冲动，是自我管理的一种机制，出现在学步期。抑制控制首先使儿童自愿地遵从父母的指令，明白什么是应该做的，什么是不应该做的，从而促进良知的发展（Kochanska，Murray，& Coy，1997）。

考克斯卡及同事在爱荷华州通过对学步期儿童及其母亲的追踪研究探索了良知的起源。以103名26~41个月的儿童和他们的母亲为被试，研究者对其在家或者是在和家相像的实验室环境中一起玩玩具的情景进行录像，时间为2~3个小时（Kochanska & Aksan，1995）。继自由玩耍之后，母亲给孩子15分钟将玩具放好。在实验室中有一个放着其他玩具的架子，上面有不同寻常的吸引人的玩具，如泡泡糖机、无线电话机和一个音乐盒。母亲告诉儿童不要碰架子上的任何玩具。一个小时后，实验者请母亲去相邻的房间，剩下孩子一个人和那些玩具。几分钟之后，一个女人进来，开始玩那些禁止玩的玩具，然后离开，让孩子一个人单独待8分钟。

如果儿童不需要提醒或未出现任何过失，就自愿地听从指令不碰那些特殊的玩具且保持整齐，那么就认为这些儿童表现出**约束性顺从**（committed compliance）。如果儿童需要奖励才能听从，那么就认为这些孩子表现出了**情境性顺从**（situational compliance），即他们的顺从依赖于不间断的父母监控。约束性顺从与内化父母的价值观和准则有关（Kochanska，Coy，& Murray，2001）。母亲认为有内在家庭准则的那些儿童表现出约束性顺从：他们克制自己不碰被禁止的玩具，独自一人时也是如此。相反，表现出情境性顺从的儿童，当母亲不在视线之内时，便会禁不住诱惑（Kochanska & Aksan，1995）。

你的观点？

基于考克斯卡对良知起源的观点，你会就反社会的青少年和成人的早期社会化提出什么问题？

约束性顺从和情境性顺从在儿童 13 个月大的时候就能够得以区分，但是他们的源头要回溯到更早的婴儿时期。和男孩比较起来，女孩更可能是约束性顺从，通常在 8~10 个月时就能够克制自己不去碰那些玩具。随着年龄的增长，约束性顺从增加，情境性顺从减少（Kochanska，Tjebkes，& Forman，1998）。

成功社会化的要素

父母教化儿童的方式、儿童的气质以及亲子关系的质量，都可以帮助预测儿童社会化的难易程度（Kochanska，1993，1995，1997a，1997b，2002）。成功社会化的要素包括依恋的质量、对父母行为的观察学习以及父母和儿童的相互回应（Kochanska，Aksan，Knaack，& Rhines，2004；Maccoby，1992）。所有这些加之社会经济地位和文化因素都对顺从有影响（Harwood，Schoelmerich，Venturcs-Cook，Schulze，& Wilson，1996）。然而，并不是所有的儿童以相同的方式对社会化作出反应。例如，对于一个天生胆怯的学步期儿童而言，温和的提醒要好于强硬的警告（Kochanska，Aksan，& Joy，2007）。

安全型依恋，以及一个温暖的相互回应的亲子关系，似乎能够促进约束性顺从和良知的发展。从儿童 2 岁开始直至学龄初期，研究者纵向考察了 200 多位母亲与孩子的长期自然互动：照料规律、准备和吃食物、玩耍、放松及做家务活。基于这些互动，被判断为与母亲有相互回应关系的儿童，更容易表现出如内疚和同理心的道德情绪，在面临强烈的打破规则或违背行为准则的诱惑时会做出道德行为，在与年龄相适的假设道德两难问题中会显现出道德认知（Kochanska，2002）。

考考你✓

你可以……

- ✓ 说出自我管理何时以及如何发展的吗，它对社会化有什么贡献？
- ✓ 区分情境性顺从、约束性顺从以及接受性合作三个概念吗？
- ✓ 讨论影响社会化的因素吗？

儿童错误行为中的建设性冲突——涉及到协商、推理和解决问题的冲突，能够使儿童从另外一种观点看问题以帮助儿童发展道德理解。在一项观察研究中发现，母亲能够清晰地解释要求、与儿童协商或者是互相让步，而不是威胁、取笑、催逼或使之臣服，这样，孩子从 2 岁半到 3 岁时更能够较好地抵抗诱惑。在冲突情境中讨论各种情绪（如果……你将如何感受）会促进道德情感的发展，从而促进良知的发展（Laible & Thompson，2002）。

接受性合作（receptive cooperation）不属于约束性顺从的范围。不仅仅是在惩罚性的情境中，在大量日常互动中，包括日常规范、家务、卫生保健和玩耍情境，儿童也会强烈地希望与父母愉快合作。接受性合作使得儿童主动参与到社会化过程中。在一项以 101 名 7 个月大的婴儿为被试的纵向研究中发现，那些易怒的婴儿，父母不敏感的儿童或者是那些在 15 个月时没有形成安全依恋的儿童，在 7 个月时通常会表现出低的接受性合作。安全型依恋的儿童和在婴儿期母亲回应良好的儿童更容易表现出高的接受性合作（Kochanska，Aksan，& Carlson，2005）。

男婴和女婴之间的差异

性别影响着人的外貌、运动以及工作、休闲和穿着的方式，影响人们怎么看待自己，以及他人怎么看待自己。所有这些特点（甚至更多）都涉及**性别**（gender）：男性意味着什么，女性意味着什么？

婴儿期和学步期的性别差异

可以测量出的男婴和女婴之间的差异非常少，至少在美国样本中是这样。男婴会高一点、重一点、更强壮一点，但是正如我们在第 4 章提到的，从怀孕开始他们的身体就更加脆弱。女孩对压力的反应较少，且在婴儿期更容易存活（Davis & Emory，1995；Keenan & Shaw，1997）。出生时男孩儿的大脑大概比女孩儿的大 10%，这种差异一直延续到成人期（Gilmore et al.，2007）。另一方面，两种性别的儿童对触摸都同样敏感，都会在相同的年龄长牙齿、学着坐和走路（Maccoby，1980）。他们也在相同的时间习得婴儿期的一些标志性动作。

男孩和女孩之间最早的行为差异出现在 1~2 岁期间，表现在对玩具和游戏活动的偏好和对同性别伙伴的偏好上（Campbell，Shirley，Heywood，& Crook，2000；Serbin et al.，2001；Turner & Gervai，1995）。17 个月大的男孩比女孩儿更喜欢玩攻击性较强的游戏（Baillargeon et al.，2007）。在 2~3 岁期间，男孩和女孩儿倾向于更多地说出与自己性别相符的词（如项链或拖拉机），而不是与异性别相符的词（Stennes，Burch，Sen，& Bauer，2005）。

通过年龄匹配任务，认知心理学家已经发现，早在行为被性别分化之前，甚至在能够说话之前，婴儿就开始感知到性别差异。习惯化研究发现 6 个月大的婴儿对男性和女性声音的反应不同。在 9~12 个月的时候，婴儿能够根据头发和服饰辨别男性面孔和女性面孔。从大约 24~36 个月开始，儿童会将性别化的玩具（如娃娃）与正确的性别面孔相联系。男孩儿的这类知识发展慢于女孩儿（Martin，Ruble，& Szkry-balo，2002）。在诱发性模仿的研究中（见第 7 章），25 个月大的男孩儿花更多的时间模仿“男孩”的任务，如为泰迪熊剃胡子，然而女孩却花了差不多相同的时间模仿每种性别的活动（Bauer，1993）。

父母是怎样塑造性别差异的

在美国，父母倾向于将男婴和女婴之间的性别差异夸大。在一项以 11 个月大的婴儿（刚刚开始爬行）为被试的研究中，母亲对男孩儿成功爬下陡峭、狭窄的斜坡的期望要远高于女孩儿。然而，在斜坡爬行的测试中，女婴和男婴表现相当（Mondschein，Adolph，& Tamis-LeMonda，2000）。

美国父母也从很早就开始影响男孩和女孩的人格特点。父亲尤其能促进**性别分化**（gender-typing），即儿童学习其所在文化认同的适合各个性别的行为（Bronstein，1988）。甚至是在 1 岁的时候，父亲对待男孩和女孩的方式就不同（M. E. Snow，Jacklin，& Maccoby，1983）。在 2 岁的时候，与女儿比较起来，父亲和儿子谈话的时间及在一起的时间更多（Lamb，1981）。而母亲与女儿的谈话比与儿子的谈话多，也更加支持女儿（Leaper，Anderson，& Sanders，1998），且这个年龄的女孩比男孩更健谈（Leaper & Smith，2004）。父亲与学步期的儿子玩起来更加随意，但对女儿却更细心敏感（Kelley et al.，1998）。

> **你的观点？**
>
> 父母应该给予男婴和女婴或者是学步期的男孩儿和女孩儿同等的对待吗？

> **考考你✓**
>
> 你可以……
>
> ✓ 比较母亲和父亲在儿童性别定向中扮演的角色吗？

然而，许多美国父亲的特征，游戏中的高大形象并不能代表所有文化下的父亲。瑞典和德国的父亲并不以这种方式和婴儿玩耍（Lamb，Frodi，Frodi，& Hwang，1982；Parke，Grossman，& Tinsley，1981）。非洲阿卡地区的父亲（Hewlett，1987）和印度新德里地区的父亲与小孩儿一起玩时通常比较温和（Roopnarine，Hooper，Ahmeduzzaman，& Pollack，1993；Roopnarine，Talokder，Jain，Josh，& Srivastav，1992）。这些跨文化的差异表明粗野的动作和行为并不是男性生理特征的结果，而是受文化影响的。

我们将在第 11 章更加深刻地讨论性别分化和性别差异。

与其他儿童的交往

虽然父母对儿童的生活有巨大的影响，但是儿童和其他儿童的关系，不论是在家里还是在外面，从学步期开始也变得非常重要。

兄弟姐妹

如果你有弟弟或者妹妹，你与他们之间的关系可能是你即将拥有的最持久的关系。你们有共同的根，出生后就相互认识，接受或者拒绝相同父母的价值观，与你相识的任何一个人相比，他们都更坦诚。

兄弟姐妹的关系自家庭内新婴儿的出生开始就已经存在了，并且在整个儿童期一直持续发展，喜忧参半。

新生儿的到来

儿童以各种各样的方式来迎接弟弟妹妹的到来。为了争夺母亲的注意，一些儿童吸吮母指、尿湿裤子或者是故意模仿婴儿说话；其他的孩子则会退缩，有些儿童建议把婴儿送回医院或者从厕所里冲走；一些儿童为成为老大而感到骄傲，他们能够自己穿衣服，使用便壶，并且会帮助照顾婴儿。

儿童对新生儿的适应与年龄、亲子关系质量以及家庭氛围有关。毋庸置疑，亲子依恋中经常会出现短暂的不安感（Teti，Sakin，Kucera，Corns，& Eiden，1996）。

弟弟妹妹的出生会改变母亲对待年长儿童的方式，至少会持续到新生儿适应环境为止。母亲与年长儿童玩的时间可能变少，对他们的兴趣变得没有之前敏感，给予更多的命令，出现更多的对抗，使用身体惩罚，更少地发起谈话和进行能够发展技能的游戏。特别是一个年长的男孩儿，可能会表现出短暂的问题行为（Baydar，Greek，& Brooks-Gunn，1997；Baydar，Hyle，& Brooks-Gunn，1997；Dunn，1985；Dunn & Kendrick，1982）。积极的一面是，新生儿的到来通常会有助于年长儿童的语言发展，可能是由于与之前相比，儿童和父亲及其他家庭成员的谈话增多（Baydar，Greek，& Brooks-Gunn，1997；Baydar，Hyle，& Brooks-Gunn，1997）。

兄弟姐妹如何相处

兄弟姐妹的关系在儿童社会化中起到了一个独特的作用，它与父母和同伴所起到的作用不同（Vandell，2000）。兄弟姐妹之间的冲突能够演变成理解社会关系的一种媒介（Dunn & Munn，1985；Ram & Ross，2001）。从与兄弟姐妹的互动中学到的

感情和合作在兄弟姐妹的关系中很常见，因为小孩要向大孩子学习。

教训和技能可以推广到家庭之外的人际关系中（Brody，1998）。

年龄小的儿童常常与姐姐或者是哥哥建立依恋。虽然存在竞争，但是也存在感情。对父母来说，兄弟姐妹间的感情越牢固，彼此相处也越好（Teti & Ablard，1989）。

然而，随着婴儿开始四处走动且变得更加自信，他们也会不可避免地与兄弟姐妹发生有冲突，至少在美国文化中会如此（见专栏 8.2）。兄弟姐妹之间的冲突在年幼儿童 18 个月时急剧增加（Vandell & Bailey，1992）。在接下来的几个月，年幼儿童开始更加充分地参与到家庭的互动中，变得更容易卷入到家庭纠纷中。在活动中，他们变得更能意识到他人的意图和感受。他们开始意识到哪种行为会让哥哥姐姐不安或者是恼怒，以及哪种行为可以看做是顽皮或者是好的（Dunn & Munn，1985）。

随着认知和社会理解的发展，兄弟姐妹之间的冲突通常会变得更富有建设性，年幼儿童尝试着和解。有建设性的冲突帮助儿童识别他人的需要、愿望和观点，帮助他们在一个安全稳固的关系氛围中学习怎么样反抗、反对或者是妥协（Vandell & Bailey，1992）。

独生子女的社会化

婴儿和学步期儿童会对家庭之外的人表现出兴趣，尤其是与他们相仿的人。在最早的几个月里，他们对其他婴儿很感兴趣，会注视、微笑和发出喔啊声（T. M. Field，1978）。在 6~12 个月期间，他们对另一个婴儿表现出越来越多微笑，碰触他，含糊不清地说话（Hay，Pedersen，& Nash，1982）。大概到 1 岁的时候，他们学会了走路、操纵物体，开始更多地注意玩具而较少注意他人（T. M. Field & Roopnarine，1982），但是这个阶段并不会持续太长时间。从大概 1 岁半到 3 岁期间，儿童开始对其他儿童所做的事感兴趣，并且逐渐明白怎样去应对他们（Eckerman，Davis，& Didow，1989；Eckerman & Stein，1982）。

学步期儿童通过模仿来进行学习。诸如跟着领队做游戏能够加强学步期儿童与其他儿童的联系，为学前期更加复杂的游戏做铺垫（Eckerman et al.，1989）。对彼此行为的模仿导致更加频繁的语言交流（"你进到玩具房里，""不要这么做！""看着我"），这将有助于和同伴协调联合行动（Eckerman & Didow，1996）。随着社会理解的发展，合作活动在 2~3 岁期间得到发展（Brownell，Ramani，& Zerwas，2006）。正如与兄弟姐妹的冲突一样，与同伴的冲突也是有益的：帮助儿童学会如何协商和解决纠纷（Caplan，Vespo，Pedersen，& Hay，1991）。

当然，一些儿童比其他儿童要更加社会化，表现出类似气质，乐于接受新成员，适应变化。社会化也受到经历的影响，与其他婴儿共处时间长的孩子（如在儿童中心）比那些全部时间都在家独处的孩子社会化要早。

考考你 ✓

你可以……

- ✓ 谈论影响儿童适应新生弟妹的因素吗？
- ✓ 描述兄弟姐妹互动的变化和他们在学步期的冲突吗？
- ✓ 描述在头 3 年中社会能力的变化，并指出两个影响因素吗？

职业父母的孩子

父母的工作比家庭的经济资源影响更大，成人的大多数时间、努力和情绪都投入到了工作中。他们对工作和照料孩子的安排怎样影响儿童呢？大多数涉及该主题的研究都是关于母亲的工作。（我们将在后面的篇章中探讨父母工作对年长儿童的影响。）

母亲就业的影响

在 2004 年，52.9% 的未满 1 岁的儿童的母亲和 57.5% 的未满 3 岁的儿童的母亲是参加工作的（Bureau of Labor Statistics，2005）。在儿童早期，母亲的工作如何影响儿童？答案各异。

美国国家儿童健康和人类发展研究院以 900 名欧裔美国儿童为被试，对早期儿童照料进行了追踪研究（下一部分讨论），研究发现，当母亲在儿童 9 个月时一周工作 30 个小时或者更长时，会对儿童 15 个月 ~3 岁的认知发展产生消极作用。母亲的敏感性、高质量的家庭环境和高质量的婴儿照顾减少了，导致了这些消极影响的产生（Brooks-Gunn，Han，& Waldfogel，2002）。

另一方面，低收入家庭中的男孩和女孩通常会因母亲的工作收入而获得更舒适的环境（Chase- Lansdale et al.，2003；Goldberg，Greenberger，& Nagel，1996；Vandell & Ramanan，1992）。对不同种族、不同社会经济地位和不同地域的 1364 名儿童头 3 年的纵向研究表明，母亲工作对经济和社会的益处可能远远超过了与孩子相处时间减少所造成的不良后果。在外工作的母亲会通过减少其他活动时间（不是照顾儿童的时间）来弥补工作时间。与儿童相处时间的差异很大程度上与母亲的敏感性相关，但似乎并不影响社会和认知发展。那些与母亲相处时间较多的婴儿，有更加丰富的家庭环境刺激，但是对母亲在工作上花时间较多的儿童来说，也一样可以有丰富的刺激。也就是说，天生敏感、提供丰富刺激、温暖家庭氛围的母亲，无论她们是否参加工作，都可以做到这一点（Huston & Aronson，2005）。

照料者对婴儿需求的敏感性是高质量儿童照料最重要的因素。

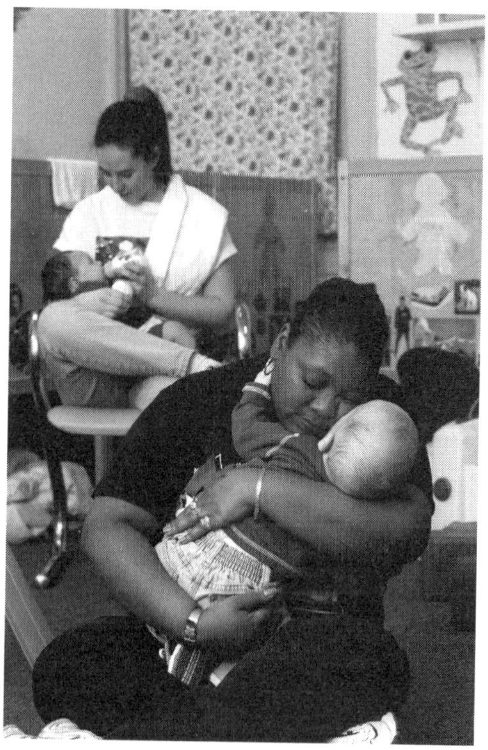

一项以 6114 名儿童为被试的研究发现，出生后到 1 岁期间母亲全职工作的儿童，与那些母亲兼职或者是在 1 岁前母亲不工作的儿童相比，更可能在 3~8 岁期间表现出消极的认知和行为。然而，其他研究发现，与家庭环境较好的儿童相比，处境不利家庭中的儿童会表现出较少的消极认知（Hill，Waldfogel，Brooks-Gunn，& Han，2005）。

表 8-5 选择优质的儿童照料机构

- 机构是否得到许可？是否达到健康、防火和安全的最低标准？（许多中心和家庭照料机构都未经许可，或者不是正规的。）
- 机构是否干净安全？是否有足够的室内和室外空间？
- 机构是否是一个群体，有恰当的成人—儿童比率，有一个稳定的、称职和热情的员工？
- 照料者是否接受过儿童发展方面的训练？
- 照料者是否是温暖、慈爱、承担责任、给予及时回应的和敏感的？他们是权威，但并不严苛，也从不过分控制或仅仅充当看管人吗？
- 机构的课程是否能促进良好健康习惯的养成？
- 是否能够在安排好的活动和自由活动之间有一个平衡？活动是否合适？
- 儿童是否能接触一些教育性玩具和材料，这些会促进儿童以自己的步伐掌握认知和交流技能？
- 活动是否能培养儿童的自信、好奇心、创造力和自我约束？
- 是否鼓励儿童问问题、解决问题、表达情绪和观点以及做决定？
- 是否能够培养自尊、对他人的尊重和社会技能？
- 是否能帮助父母改进抚养儿童的技能？
- 是否能促进公立学校、私立学校及社区之间的合作？

资料来源：American Academy of Pediatrics [AAP]，1986；Belsky，1984；K. A. Clarke-Stewart，1987；NICHD Early Child Care Research Network，1996；S. W. Olds，1989；Scarr，1998.

早期的婴儿照料

影响母亲在外工作效应的一个因素是儿童受到的替代照料的类型。到 9 个月时，大约 50% 的美国婴儿都会接受某种类型的正规的非父母照料，这些婴儿中的 86% 在 6 个月之前就会进入托儿中心。一半多的儿童一周要在托儿中心待 30 多个小时（NCES，2005a）。

在 2005 年，大约 60% 的还未上幼儿园的美国儿童都会到某种类型的正规托儿中心去。60% 的这些儿童会在有组织的日托中心，35% 的儿童受到亲戚的照顾（经常是祖父母），22% 的儿童接受其他照顾，包括托儿所（Iruka & Carver，2006）。至少在部分时间内，近 23% 的学龄前儿童由祖父母照顾（Johnson，2005）。其他一些发达国家也存在类似的趋势（Kinsella & Velkoff，2001）。

在美国，专职的非亲缘照料大约一周 116 美元（Iruka & Carver，2006），但承担能力和照料的质量是亟待考虑的问题，尤其是对低收入家庭（Marshall，2004）和障碍儿童的父母而言（Shonkoff & Phillips，2000）。不幸的是，大多数的托儿中心并没有达到优质照料的所有要求（Bergen，Reid，& Torelli，2000；NICHD Early Child Care Research Network，1998c，1999a；见表 8-5）。

照料质量的关键在于照料者，与及时回应的照料者之间的良好互动是早期认知、语言和心理社会发展的关键。托儿中心员工流动率低很重要，婴儿需要一致的照顾来形成信任和安全依恋（Burchinal，Roberts，Nabors，& Bryant，1996；Shonkoff& Phillips，2000）。

NICHD 研究：托儿照料的单独影响

布朗芬布伦纳的生态系统理论（见第 2 章）为理解早期儿童照料如何影响其发展提供了一个宏观视角。家庭和托儿机构都是直接影响儿童的微观系统，但是它们的影响并不是全完独立的，而是通过中观系统相联系。通过选择特定的托儿中心，父母会影响儿童接受的照料，这大部分取决于他们的收入。托儿服务也会影响到家庭生活，例如当儿童在托儿中心学习了新歌曲或者是新游戏时，也想要在家里唱或者玩。家庭——托儿中心这一中观系统在政府政策、津贴以及规章制度等影响儿童照料质量和支付能力的外观系统中进行运作。这些具体影响之上是宏观系统，该宏观系统包括关于母亲的就业愿望和希望孩子良好发展的社会信念（Marshall，2004）。

由于托儿照料是儿童生态系统中不可分离的部分，因此很难单独测量它的影响。托儿照料的效果通常与家庭特点相联系。毕竟，稳定家庭中的良好家庭环境更能够也更可能为孩子提供高质量的托儿照料。确实，父母的特点是预测儿童照料的最好的单一指标（NICHD Early Child Care Research Network，2006a）。儿童的气质也能够、改变托儿照料的影响。与社会化好的儿童相比，羞涩的儿童在托儿照料中体会到较大的压力（Watamura，Donzella，Alwin，& Gunnar，2003）。与安全依恋的儿童相比，非安全型依恋的儿童在专职托儿照料中感受到更大的压力（Ahnert et al.，2004）。与女孩相比，男孩无论是在托儿照料中还是在其他地方都对压力更敏感（Crockenberg，2003）。

某些研究尝试将托儿照料的影响与其他因素如家庭特点、儿童特点以及在家中受到的照料区分开，其中最全面的一项研究受到 NICHD 资助，且仍在进行中。自 1991 年起，来自美国 10 所大学研究中心的研究者在儿童出生后不久对 1364 名儿童及其家庭进行追踪研究。被试在社会经济地位、受教育程度和种族上各有差异，近 35% 的家庭是贫困家庭或者是接近贫困家庭。大多数婴儿在 4 个月大之前就接受非母亲照顾，平均每周接受 33 小时。托儿照料在类型和质量上相差非常大。通过观察法、访谈法、问卷调查法和测验法，研究者自儿童出生后，每个月都测量儿童的社会、情绪、认知和生理发展。结果说明了什么呢？

儿童接受的照料类型、数量和质量影响发展的某一方面。与不在照料中心或者是较少在照料中心的儿童相比，照料中心的儿童在 2 岁和 3 岁时的认知和语言发展较好，但是据他们的照料者所述，他们的社会技能较差且表现出了更多的行为问题（NICHD Early Child Care Research Network，2006a）。

儿童在 4 岁半之前接受托儿照料的时间越多，更可能被成人评价为在 2 岁时有亲社会技能，在 3 岁和 4 岁半时有问题行为。长时间待在托儿照料中心与 3、4 岁时的压力有关，NICHD 样本中某些该年龄的儿童一周要在照料中心待 92 个小时（NICHD Early Child Care Research Network，2003，2006a）。到三年级时，在托儿中心所待时间较长的儿童，其数学和阅读成绩仍然较高，且他们的攻击倾向有所减弱，然而他们仍然表现出较差的学习习惯和社会技能（NICHD Early Child Care Research Network，2005b）。

高质量的托儿照料对认知和社会性的发展都有积极影响（NICHD Early Child Care Research Network，2006a）。在儿童照料中心，低的儿童 – 员工比率、群体规模较小、训练有素的敏感和回应良好的照料者，能够提供积极的互动和语言刺激，这些儿童在语言理解、认知和入学前准备上的得分高于较低质量儿童照料中心的儿童。在高质量照料中心的儿童，其母亲报告他们在某些年龄阶段有较多的亲社会技能和较少的问题行为，并且在与儿童中心的同伴互动中表现出较少的消极行为（NICHD Early Child Care Research Network，1999a，2000，2002，2006a）。

上述某些研究发现至少能够持续到青春期前。在五年级时，学前期待在高质量儿童中心的儿童，其词汇测验的成绩好于待在低质量中心的儿童。并且在 6 年级时，与那些在儿童中心待的时间较少或者是无儿童中心照料经历的儿童相比，较多时间待在儿童中心的儿童多少表现出了较多的问题行为（Belsky et al.，2007）。

相对于家庭特点，如收入、家庭环境以及母亲提供的心理刺激量和母亲对婴儿的敏感性，与托儿照料相关的一些因素有完全不同的影响（NICHD Early Child Care Research Network，2006a）。这些特点强有力地预测了发展结果，无论儿童接受了多长时间的家庭以外的照料（Marshall，2004；NICHD Early Child Care Research Network，1998b，2000，2003，2005b）。

儿童从出生至 6 年级的发展结果，可以通过教养质量进行较好且一致的预测（Belsky et al.，2007）。虽然照料者的敏感性和良好的回应会影响社会化，但是根据 NICHD 的研究，母亲敏感性的影响更大（NICHD Early Child Care Research Network，1998a）。母亲的敏感性也是预测依恋的最好指标。无论婴儿多早进入托儿中心，或者是他们在中心待了多长时间，托儿照料对母婴依恋没有直接影响。照料的稳定性和质量也不会影响依恋。但是，不稳定、质量低下、超过最低时间的托儿照料（每周 10 个小时以上）与不敏感的、不回应的母亲相结合，更有可能发生不安全依恋。另一方面，高质量的照料似乎能够补偿不敏感母亲的影响（NICHD Early Child Care Research Network，1997，2001b）。

儿童也会与照料者形成依恋。对包含 2867 名儿童的 40 项研究所做的分析发现，安全型依恋更有可能在家庭照料而不是托儿中心照料中形成，且与照料者的敏感性相关（Ahnert，Pinquart，& Lamb，2006）。

在 NICHD 研究的一个领域中发现了托儿照料对同伴互动的独特影响。在 2~3 岁期间，如果儿童的照料者是敏感的且回应良好，那他们在与其他儿童玩耍的时候会更加积极，更有能力（NICHD Early Child Care Research Network，2001a）。

综上所述，NICHD 的发现在一定程度上强调了高质量的托儿照料，尤其是它对认知发展和同伴互动有积极影响。一些观察者认为，在研究明确关注的领域——婴儿和学步儿童的压力水平及可能的问题行为与照料的数量有关——可以通过加强儿童与照顾者和同伴依恋的活动来改善，强调了儿童的主动学习和内部动机，关注群体的社会发展（Maccoby & Lewis，2003）。研究发现支持了一些政策，即改善照料质量，通过福利待遇、灵活的工作时间以及带薪假来使父母减少将儿童放在照料中心的时间，这些措施在儿童 5 岁之前的任何时候都可以实施（NICHD Early Child Care Research Network，2006a）。

你的观点？

根据对早期儿童照料影响的发现，你会就一个新母亲选择重新工作和照料儿童给出什么建议？

对处境不利儿童的影响

来自低收入家庭或者是压力家庭的儿童会受益于高质量的照料，它能够提供给儿童认知刺激和情感支持（Scarr，1997；Spieker，Nelson，Petras，Jolley，& Barnard，2003）。一项以 451 名贫困单身母亲（她们即将返回工作中）为被试进行的为期 5 年的追踪研究发现，在托儿中心的儿童比在家里的儿童表现出了更好的认知能力（Loeb，Fuller，Kagan，& Carrol，2004）。另一项研究以 14000 多名幼儿园儿童为被试，结果发现，通过照料中心的照顾，贫困家庭的儿童在语言和数学学习上取得的进步比中产阶级儿童更大（Loeb，Bridges，Bassock，Fuller，& Rumberger，2007）。

正如我们提到的，NICHD 研究发现年幼儿童接受非母亲照料的时间越多，出现问题行为的风险越大（NICHD Early Child-hood Research Network，2003）。然而，来自波士顿、芝加哥和圣安东尼奥的低收入家庭的 2400 名儿童的数据表明，大量的托儿照料并没有防碍贫困儿童的发展，除非是低质量的托儿照料（Votruba-Drzal，Coley，& Chase-Lansdale，2004）。不幸的是，与富裕家庭的儿童相比，低收入家庭的儿童更容易被送往低花费、低质量的托儿照料中心（Marshall，2004）。另外，绝大部分有资格得到联邦儿童照料津贴的儿童并没有得到这些津贴（USDHHS，2000）。

考考你✓

你可以……

- ✓ 评价母亲工作对婴儿主观幸福感的影响吗？
- ✓ 至少列举 5 条良好的儿童照料的标准吗？
- ✓ 讨论儿童照顾、家庭特征对儿童情绪、社会、认知发展的影响吗？
- ✓ 指出低收入家庭在婴儿照料中需要特别考虑的事情吗？

再次聚焦

回忆本章开始部分人物聚焦中对凯瑟琳·贝特森的介绍：

- 凯瑟琳·贝特森属于四种气质类型中的哪种？她与父母的关系是否良好？
- 凯瑟琳是安全型依恋还是非安全型依恋？
- 凯瑟琳的父母遵循的儿童教养经验如何促进其心理社会发展？
- 凯瑟琳的爬树技术是否说明她已经内化了父母的安全规则？
- 在婴儿期，其母亲的职业生活是怎样影响凯瑟琳的？在学步期又如何呢？作为家中唯一的孩子，她是否从其家庭与弗兰克家庭的非常规照料中受益？

头 3 年的经历为未来的发展奠定了基础。在第四编，我们将会看到年幼儿童如何在这一基础上发展。

小　结

心理社会发展的基础

学习向导 1 情绪是什么时间出现，如何发展的？婴儿是如何表达情绪的？

- 情绪提供了保护功能。
- 哭、微笑和大笑是早期的情绪信号。其他的线索是面部表情、肌肉活动性、肢体语言和生理变化。
- 基本情绪是普遍存在的，但是在表达上存在文化差异。
- 复杂情绪似乎是从早期的、较简单的情绪发展而来的。自我意识和自我评价性情绪是在自我意识发展之后才发展的。
- 独立且相互作用的大脑区域负责不同的情绪状态。

学习向导 2 婴儿是怎样表现出气质差异的？这些差异会持续多久？

- 许多儿童能被归为三类气质中的一类：易养型、难养型、缓慢型。气质在很大程度上是天生的，有其生理基础。它们一般是稳定的，但也可以因经历而改变。
- 儿童气质和环境需要的拟合优度有助于适应。
- 气质的跨文化差异可以反映出儿童教养经验的不同。

婴儿期的发展问题

学习向导 3 婴儿是怎样获得对世界的信任，如何形成依恋的？婴儿和照料者之间如何读懂对方的非语言信号？

- 根据埃里克森的理论，头 18 个月是婴儿人格发展的第 1 个阶段，基本的信任对不信任阶段。敏感、回应良好且一致的照顾是成功解决这一冲突的关键。
- 基于陌生情境法的研究已经发现了依恋的四种类型：安全型、回避型、矛盾型（抵抗型）和混乱型。
- 新工具可以在自然环境和跨文化研究中测量依恋。
- 依恋类型可能取决于婴儿的气质和父母教养的质量，它对于发展有长期的意义。父母关于自身童年期依恋的记忆影响其孩子的依恋。
- 在 6~12 个月期间分离焦虑和陌生人焦虑会增强，这与气质和环境相关。
- 互动管理使婴儿能够在管理自己的情绪状态时发挥主动性。
- 母亲的抑郁，尤其是严重抑郁或者是慢性抑郁对婴儿的发展有重要的影响。
- 儿童在 12 个月大时可以观察到社会参照。

学步期的发展问题

学习向导 4 自我感知是在何时以及如何出现的？学步期儿童如何锻炼自主能力并发展社会接受的行为的标准？

- 自我概念在 15~18 个月时开始发展，它取决于自我意识。

- 埃里克森提出的第二个阶段是自主性对羞怯和怀疑。叛逆是从外部控制到内部控制过渡的正常表现。
- 社会化依赖于社会标准的内化，始于自主性的发展。
- 良知的初期形式是对照料者要求的约束性顺从；表现出约束性顺从的学步期儿童比表现出情境性顺从的儿童更容易内化成人规则。
- 父母的教养、儿童的气质、亲子关系的质量、文化和社会经济地位等因素都会影响到社会化的难易程度和成功与否。

男婴和女婴的差异

学习向导 5 性别差异是何时以及如何表现出来的？

- 虽然明显的性别差异直到婴儿期结束时才出现，但是大多数美国父母从婴儿出生就开始性别定向。

与其他儿童的交往

学习向导 6 婴儿和学步期儿童怎样和兄弟姐妹以及其他孩子互动？

- 婴儿和学步期儿童是怎样与兄弟姐妹及其他孩子互动的？
- 儿童对新生儿的适应取决于儿童的年龄、与母亲的关系质量以及家庭氛围。
- 兄弟姐妹的关系对社会化有独特的影响；儿童从中学到的技能可以推广到家庭之外的关系中。
- 在 1.5~3 岁期间，儿童通常会对其他儿童表现出更多兴趣，并且逐渐学会如何与其相处。

职业父母的孩子

学习向导 7 父母工作和早期的儿童照料怎样影响婴儿和学步期儿童的发展？

- 一般而言，母亲在头 3 年里参与工作对儿童发展没有影响，但是到儿童 9 个月时，母亲一周工作 30 个小时或者 30 多个小时，那么儿童的认知发展会受到影响。
- 替代儿童照料在类型和质量上有很大差异。照料质量中最重要的元素是照料者。
- 虽然照料的质量、数量、稳定性和类型会对儿童的心理社会以及认知的发展产生一些影响，但是家庭特征的影响更大。
- 尤其是低收入家庭的儿童会受益于好的托儿照料。

第四编

儿童早期

第9章
儿童早期的生理发展与健康

- 稳步成长；外形更加苗条，身材比例更像成人。
- 食欲减小，经常出现睡眠问题。
- 出现左/右利手；精细运动、大动作技能和运动力量得到提升。

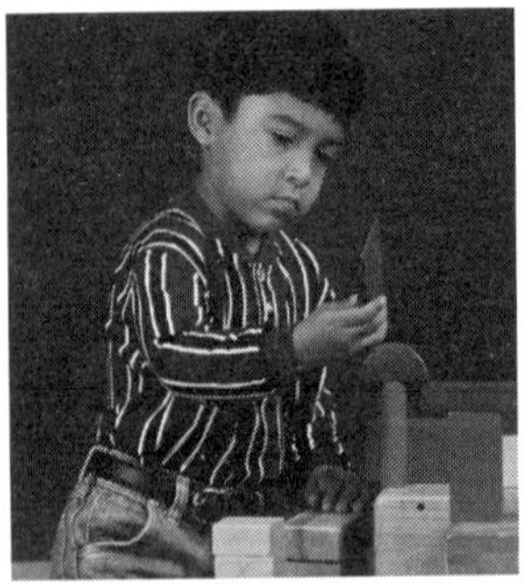

第10章
儿童早期的认知发展

- 思维具有一定的自我中心性，但理解他人观点的能力有所提高。
- 认知不成熟导致了一些关于世界的不合逻辑的想法。
- 记忆和语言能力提高。
- 智力更具有预测性。
- 学前班或幼儿园的经验比较普遍。

第11章
儿童早期的心理社会发展

- 自我概念和情绪理解变得更加复杂；形成整体自尊。
- 独立性、主动性和自我控制增强。
- 性别认同得到发展。
- 游戏更富有想象力、更复杂，更具有社会性。
- 利他行为、攻击行为和恐惧都很普遍。
- 家庭仍然是社会生活的焦点，但同伴变得更加重要。

儿童早期

3~6 岁通常被称作学龄前期，这一阶段的儿童完成了由学步期到儿童期的过渡。他们的身体更加苗条，运动和心理能力更加敏捷，个性和人际关系也更加复杂。

3 岁的儿童已不再是个“小婴儿”，而是一个坚定的冒险者，他们渴望探索周围世界的一切可能性，以及自己身心发展的可能性。这个年龄阶段的儿童度过了人生中相对危险的婴儿期和学步期，进入到一个更加健康、更少威胁的阶段。

尽管儿童早期的发展变化速度不及婴儿期和学步期，但是正如我们在接下来的第 9、10 和 11 章中将看到的那样，所有领域的发展——生理、认知、情绪和社会性——继续交织在一起。

寻找联系

- 随着对肌肉有意控制的增强，儿童产生了更多的个人需要，比如穿衣和上厕所，胜任感和独立感得以增强。
- 饮食和睡眠模式受到文化的影响。
- 即使是普通感冒也可能有情绪和认知意义。偶尔小病不仅可以增强免疫力，还能帮助儿童学会应对身体不适，并理解不适的原因。
- 社会互动在前阅读能力、记忆力和智力的发展中扮演重要角色。
- 性别认知具有深远的心理社会含义，它影响儿童的自我意识以及他们对待自己所在社会男性和女性的态度。

9

儿童早期的生理发展与健康

儿童游戏并不仅仅是体育运动，而应该被视为他们最重要的活动。

——蒙田，《随笔》

人物聚焦 王亚妮，自学成才的画家

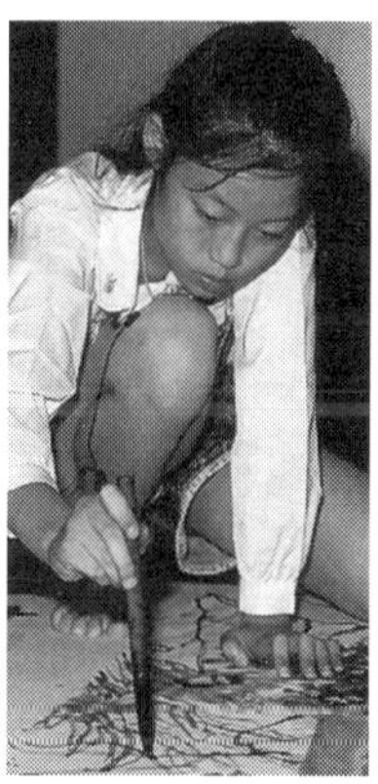

王亚妮

王亚妮（1975~）是一位年轻的中国天才画家。她4岁时在上海举办了第一次个人画展，6岁时已创作作品达4000幅。从10岁开始，她的作品开始在亚洲、欧洲和美国展览。

亚妮（她的名字）* 两岁半开始学画。她的父亲王世强是位职业画家和教育家。他给了亚妮很大的画笔和画纸，让她大胆地挥毫泼墨。他不是亲自传授，而是让女儿用自己的方式学画，并且经常表扬她的创作。与强调遵从和模仿的中国传统艺术教育不同，王世强允许亚妮自由发挥自己的想象力。

度过了学龄前儿童学画的普遍阶段，亚妮很快就变得不寻常起来。她的早期作品中用点、圆圈和线条来代表人物、鸟或者水果。3岁时，她的绘画已经可以辨认，但仍然是非常初级的形式。

在风景秀丽的河畔小镇恭城，亚妮的父亲鼓励她画出自己的户外所见。和传统的中国画家一样，她并非实物写生，而是根据对事物的想象来创造色彩鲜艳的作品。亚妮的视觉记忆力令人震惊。在她4岁时，父亲用手指在空中比划，教给她多达25个笔画的汉字，亚妮能根据自己的记忆毫不犹豫地在纸上写出它们。

为了发展亚妮的观察力和想象力，父亲背着她在山野间徒步旅行，或者一起躺在草地上给她讲那些浮云的故事。河岸的鹅卵石使她想起动物园里的猴子，她在3~6岁时曾不止一次地描绘这些猴子。亚妮还为她画的猴子编了故事。它们常常代

* 在中国文化中，名字在姓的后面

表着亚妮自己：吃零食、调解小伙伴间的争论，或者试图克服第一次去医院打针时的恐惧。绘画对于亚妮而言并非是对现实的客观表征，而是她心灵的一面镜子，是把她的感觉转变成简单却充满力量的半抽象画面的一种方式，这些绘画代表着亚妮的想法、感情和梦想。

因为手臂不够长，亚妮最初的笔画也很短。为了训练她紧紧抓住画笔，父亲曾试图在她不注意的时候从后面抢走画笔。她学习用整个手臂作画，旋转手腕来达到她想要的效果。随着身体敏捷性和经验的增加，她的笔画变得更加有力、多变和精致：粗略湿画的几笔勾勒出动物的轮廓，模糊、干燥的几笔表示羽毛、皮毛甚至树皮。她所用的材料——毛笔、墨汁、宣纸——都是非常传统的，但是她的写意风格却并非如此，而是一直保持着活泼快乐、无拘无束、天真率直。

快速的反应能力、丰富的想象力、非凡的视觉能力、强烈的动机以及父亲的悉心指导使亚妮的艺术造诣迅速发展。作为一个年轻人，亚妮被认为是很有前途的画家。而她自己却认为画画很简单：“画你所想，无须遵从任何指导，每个人都可以画画。”（Zhensun & Low，1991，p.9）

• • •

尽管王亚妮的艺术能力的发展非同寻常，但是它却依赖于儿童早期的典型发展：肌肉控制和眼手协调能力的快速提高。学龄前期儿童的发展速度较之以前减缓，但仍保持快速的前进步伐，并且在肌肉发展和协调性方面取得了很大进步。与其他儿童一样，亚妮精细动作技能的获得伴随着其对周围世界认知理解能力的不断提高，而这种理解又源自其观察力、理解力，以及与父亲的互动。这些生理、认知和社会影响因素共同帮助她通过艺术来表达自己的思想和情绪。

在这一章中，除了关注 3~6 岁儿童的生理发展之外，我们还将探讨生理发展与认知发展、心理社会发展的交互关系；营养和左 / 右利手受到文化影响，睡眠模式则与情感经历相关；环境（包括父母的生活环境）会影响儿童的健康和安全。

学习完本章之后，你应该能够回答学习向导中提出的每个问题。你可以通过复习章后小结来检验你对这些问题的理解。贯穿整章的“考考你”能帮你检查对阅读内容的理解。

学习向导

1. 3~6 岁儿童的身体有何变化，他们有哪些营养需求和牙科需求？
2. 儿童早期更可能产生哪些睡眠模式和睡眠问题？
3. 儿童早期最主要的运动成就是什么？儿童的绘画如何体现他们的生理和认知成熟？
4. 幼儿面临哪些主要的健康和安全风险？

生理发展的各个方面

3~6 岁儿童的身形变得苗条，并且迅速长高。他们的睡眠时间减少，但更容易出现睡眠问题。他们在跑步、单脚跳、跳绳、跳高、投掷球等方面有所提高；他们更善于系鞋带（蝴蝶结而不是死结）、用蜡笔绘画（在纸上而非墙上）和倒麦片粥（倒进碗里而不是地上）；同时他们也开始表现出使用右手或者左手的偏好。

身体发育和变化

3~6 岁的儿童发育迅速，但仍略逊于婴儿期和学步期。大约 3 岁时，孩子开始呈现出儿童期身体修长、便于运动的外形特点。随着腹肌的发育，学步期儿童的大肚腩开始变紧。躯干、手臂和腿变长。头部仍然相对较大，但是身体其他部分的比例逐步变得更像成人。

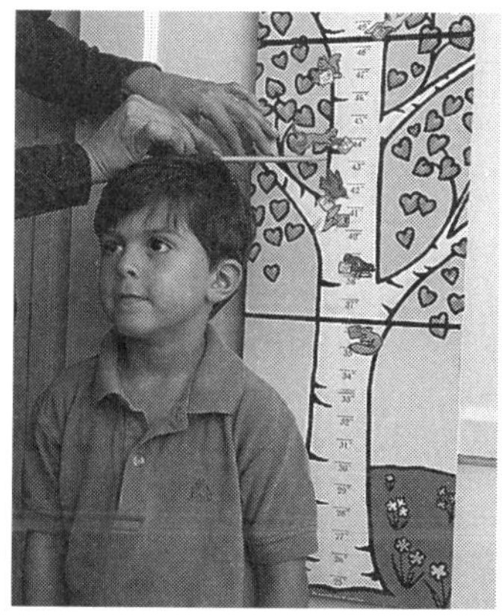

这个 4 岁半男孩的身高为 109cm，比平均身高高 4cm，但仍在正常范围之内。

墙上的铅笔标记显示伊芙 3 岁时的身高是 94cm，体重为 13.6kg。和这一年龄段绝大多数男孩一样，她的孪生弟弟艾萨克比她稍高稍重，肌肉的密度也更大，而伊芙和大部分的女孩一样有更多的脂肪组织。在儿童早期，男孩和女孩每年通常都会长高 5~8cm，体重增加 1.8~2.7kg（表 9-1）。男孩在身高和体重上的微弱优势一直持续到青春期。

肌肉和骨骼的发育使儿童变得更加强壮。软骨组织以更快的速度变成

表 9-1　3~6 岁的生理发展（第 50 个百分位数）*

年龄	身高（cm） 男孩	身高（cm） 女孩	体重（kg） 男孩	体重（kg） 女孩
3 岁	95	94	14.5	13.6
3 岁半	99	98	15.4	14.8
4 岁	103	100	16.3	15.9
4 岁半	105	104	17.3	16.8
5 岁	109	108	18.2	18.2
5 岁半	113	112	19.5	19.1
6 岁	116	116	20.9	20.4

* 每一类别中 50% 的儿童高于这一身高 / 体重线；50% 的儿童低于这一身高 / 体重线。

资料来源：Kuczmarski et al.，2000.

日常生活

专栏9.1　帮助儿童吃好、睡好

一个儿童只吃花生酱和果冻三明治，而另一个似乎以香蕉为生。学龄前儿童的用餐时间更像是美术课，他们把土豆泥堆成雪人，用苹果酱制造湖泊，没吃的食物仍然留在盘子里。

儿童早期，孩子的食欲变小很正常，但许多家长错误地认为儿童应该多吃，因此开始了意志之间的斗争。他们的睡眠也经常出现问题（“爸爸，不要关灯！……我想喝水……窗外是什么声音？……我冷”）。当儿童迟迟不肯入睡，或者很难入睡，或者夜间多次醒来时，父母就容易变得烦躁，整个家庭都处于紧绷状态。

下面这些以研究为基础的建议可以使用餐和入睡变得更加愉悦，也使儿童更加健康［美国儿童和青少年精神病学学会（美国儿童及青少年精神病学学会，AACAP），1997；美国精神医学学会（美国儿科学会，AAP），1992；美国心脏病协会等，2006；L. A. Adams & Rickert，1989；Graziano & Mooney，1982；Rolls，Engell，& Birch，2000；Williams & Caliendo，1984］。

养成健康的饮食习惯

- 家长应该选择用餐时间，而不是让儿童自己决定。
- 如果儿童没有超重，允许他自己决定吃多少食物，不要强迫儿童吃光所有的食物。
- 根据儿童的大小和年龄提供适当份额的食物。
- 提供简单、容易辨认的食物。学龄前儿童通常不喜欢吃混合的食物，比如砂锅菜。
- 尽可能经常地提供手抓食物。
- 每次只添加一种新食物，并且要和儿童喜欢的某种熟悉食物一起提供。提供少分量的新食物或者孩子不喜欢的食物；如果需要可以为孩子提供第二份食物。
- 吃饭时间过后，拿走食物，并且下一餐之前不再提供。健康的孩子不会少吃一顿饭，并且孩子需要学会吃饭有固定时间。
- 让孩子可以在含有同类营养成分的食物之间进行选择，比如黑麦或全麦面包、桃子或苹果、酸奶或牛奶。
- 选择脱脂或低脂的奶制品来补充钙和蛋白质。
- 鼓励儿童帮忙准备饭菜，孩子可以帮忙制作三明治或者搅拌、舀出曲奇面团。
- 禁止在看电视或录像的时候吃零食。少吃缺乏营养的食物，比如咸味点心、油炸食品、冰淇淋、曲奇、含糖饮料等；多吃营养丰富的食物，比如水果和新鲜的蔬菜等。
- 把孩子的兴趣变成有利因素。用漂亮的盘子盛食物；用装饰菜或者小玩偶装点食物；把一顿饭作为一场派对。

骨骼，骨骼也变得更加坚硬，这为儿童提供了更为坚固的外形，也能保护内脏器官。这些变化与不断成熟的大脑和神经系统相协调共同促进了大量动作技能的发展。呼吸系统、循环系统和免疫系统的发育增加了儿童身体的耐力，使儿童更加健康。

营养：预防肥胖

与在婴儿期和学步期一样，儿童的正常发育和健康同样依赖于良好的营养和充足的睡眠（专栏9.1）。不过，学龄前儿童的饮食和睡眠需求（本章随后会讨论）与婴儿期和学步期完全不同。从两岁开始，儿童的健康饮食模式和成人相同：主要是

- 不要破坏孩子吃饭的顺序。
- 家庭用餐要规律。讨论有趣的话题以保持愉快的就餐氛围，尽量不要讨论吃饭本身。

帮助儿童入睡

- 建立规律、不仓促的入睡程序：大约20分钟的安静活动，比如阅读故事、唱摇篮曲或者安静地交谈。
- 不看恐怖的或吵闹的电视节目。
- 睡前避免剧烈运动。
- 如果夜灯会让孩子感觉更舒服，那么就留下一盏小小的夜灯。
- 睡前不要给孩子吃东西或者摇晃孩子。
- 保持冷静，不要同意再讲一个故事、再喝一杯水甚至再上一次厕所的要求。
- 如果你打算改变孩子的习惯，那么就对好的睡前行为给予奖励，比如在图上做标记或者简单的表扬。
- 稍微晚点睡觉。睡得太早是儿童出现睡眠问题的常见原因。

帮助孩子继续入睡

- 如果孩子半夜醒来，就把他们重新抱回到床上。平心静气地说话，并轻轻拍打孩子的背，但要始终保持和蔼和坚定。
- 孩子做噩梦后要消除他们的恐惧，并且不定期地查看孩子的情况。如果做噩梦的时间超过6周，就需要咨询医生。
- 夜惊之后，不要叫醒孩子。如果孩子醒了，也不要问任何问题，让孩子继续睡觉即可。
- 帮助孩子按时获得足够的睡眠。过度劳累或者压力大的儿童更容易出现夜惊。
- 把梦游的孩子护送或者抱回床上。为了孩子安全，请在楼梯口和窗户上安装栅栏，在孩子卧室门口安装铃铛，这样孩子一离开床你就会知道。

你的观点?

你是否曾经尝试让孩子合理饮食或按时入睡？如果是这样，你是否发现任何有用的、可以介绍给大家的策略？

请查阅!

如果想了解更多的信息，请登陆 www.kidsnutrition.org/consumer/nyc/voll_03/energy_calcular.htm，你可以找到一种将运动模式转换成日常热量需求的儿童能量需求计算器。你也可以访问国家睡眠基金会网站 www.sleepfoundation.org，在“儿童”目录下点击“主题：A TO ZZZS”会看到许多与睡眠相关的文章列表。

水果和蔬菜、全谷物、低脂和脱脂乳制品、豆类、鱼类和瘦肉（美国心脏病学会等，2006）。

肥胖症（有时也称作超重）已经成为美国学龄前儿童的一大问题。2003~2004年，大约14%的2~5岁儿童超重，12%的儿童被认为存在超重风险。男孩比女孩更容易超重，并且墨西哥裔美国男孩特别容易超重（Ogden et al.，2004）。低收入家庭儿童的超重比率增长最快（Ritchie et al.，2001），这点在不同种族中得到了验证（美国儿科学会营养委员会，2003；体重和健康中心，2001）。在5岁时，超重甚至和行为问题（Datar & Sturm，2004a）、低阅读成绩和数学成绩相关（Datar，Sturm，& Magnabosco，2004）。

肥胖儿童很可能在生理和社交上落后于苗条的同伴。在学龄前和学龄儿童中，肥胖比以前更加普遍。

在全世界范围内，5 岁以下的肥胖儿童大约有 2200 万(Bellizzi, 2002)。随着垃圾食品在发展中世界的传播，一些国家，如埃及、摩洛哥、赞比亚，有高达 20~25% 的 4 岁儿童超重或者肥胖，这一比例远远高于营养不良者。

虽然肥胖具有遗传倾向，但是导致肥胖流行的主要因素是环境（美国儿科学会，2004），过度摄取热量和缺乏锻炼使体重过度增长（美国儿科学会营养委员会，2003）。因为发育变缓，学龄前儿童需要的热量比以前减少。一项来自苏格兰格拉斯哥的代表性抽样调查显示：许多 3~5 岁的儿童习惯久坐（Reilly et al.，2004）。

学龄前儿童的饮食模式更多地受到环境影响。当一大份食物摆在面前时，3 岁儿童吃饱了就会停止，而 5 岁儿童倾向于吃更多。因此，预防肥胖的关键可能是给年长的学龄前儿童提供合适分量的食物，而不是责备他们吃光了所有的食物（Rolls et al.，2000）。相对于按时间表吃饭的学龄前儿童，那些只有饿了才会进食，且不用吃掉所有食物的儿童更容易控制自己的热量摄入（S. L. Johnson & Birch，1994）。儿童识别自身内部饥饱信号的能力存在个体差异，并且这种差异可能与父母的饮食有关。一项针对两所儿童照料机构的 40 个家庭的研究发现：不管其母亲的饮食行为如何，一项为期 6 周的专门设计用来教儿童识别自身内部信号的课程，提高了儿童的自我调节能力（Johnson，2000）。

儿童吃什么和吃多少同样重要。为了避免肥胖和预防心脏疾病，儿童只能有 30% 的热量来自脂肪，并且不超过 1/3 的脂肪热量来自饱和脂肪。饮食中应该包括瘦肉和奶制品，以便提供蛋白质、铁和钙。牛奶和其他奶制品应该是脱脂或者低脂的（美国儿科学会营养委员会，1992）。研究发现，适度的低脂饮食对身高、体重、体密度以及神经的发育均没有坏处（Rask-Nissilä et al.，2000；Shea et al.，1993）。

在体重刚开始出现过重的苗头时，及时预防是非常关键的；但是，当治疗延迟时，要想取得长久的效果是很难的（美国儿科学会营养委员会，2003；Quattrin，Liu，Shaw，Shine，& Chiang，2005）。超重儿童，尤其是父母也超重的儿童，长大后更容易成为肥胖的成人（美国儿科学会营养委员会，2003；Whitaker et al.，1997），并且肥胖也会威胁健康。儿童早期的饮食仍然受到父母的影响或控制，该阶段是治疗肥胖的最佳时期（Quattrin et al.，2005；Whitaker et al.，1997）。

锻炼太少、长时间久坐是导致肥胖的重要原因。研究发现，学龄前儿童每多看 1 小时的电视，其肥胖的风险就会增加；如果儿童的卧室里有电视，其肥胖的风险会更大（Dennison，Erb，& Jenkins，2002）。研究者对 8158 名 1970 年出生的美国儿童进行追踪研究，结果发现：大约 40% 的个体 5 岁时每天看 3 小时以上电视。看 2 小时以上电视的个体，每多看 1 小时，其 30 岁时肥胖的可能性就增加 7%（将在第 12 章和第 15 章中讨论超重）。

你的观点？

许多面向儿童的电视广告宣传需要通过脂肪和糖来改善营养不良，而不是蛋白质和维生素。家长应该如何应对这些压力呢？

营养不良

全球范围内约有 27% 的年幼儿童中度或重度营养不良，在南亚地区这一比例接近一半（46%）；在撒哈拉以南的非洲为 30%；在拉丁美洲和加勒比海地区为 8%（联合国儿童基金会，2002）。营养不良是 5 岁前儿童死亡的主要原因，占全部死亡的一半以上（Bryce，Boschi-Pinto，Shibuya，Black，世界卫生组织儿童健康流行病学参照群体，2005）。即使在美国，2004 年也有 19% 的未成年人生活在缺少食物的家庭（联邦关于儿童和家庭论坛的统计，2006）。

因为营养不良的儿童通常生活在极度贫困的环境中，所以很难确定营养不良的具体影响。不过整体而言，这些匮乏不仅对儿童的身体发育和健康不利，对他们的认知发展和心理社会发展也可能具有负面影响。对 3286 名具有代表性的 6~11 岁儿童的数据分析显示：生活在食物缺乏家庭中的儿童更容易数学成绩不好、留级、看心理医生，并且很难与其他儿童相处（Alaimo，Olson，& Frongillo，2001）。此外，营养不良对认知发展的影响可能是长期的。同一年出生的 1 559 名毛里求斯岛儿童中，那些在 3 岁时营养不良的儿童，其 11 岁时的言语能力、空间能力、阅读能力、学习能力和神经心理行为均落后于同伴（Liu，Raine，Venables，Dalais，& Mednick，2003）

在很大程度上可以通过改善饮食来改变营养不良对发育的影响，但是最为有效的治疗并不仅限于此（Lewit & Kerrebrock，1997）。研究者追踪了两组发展水平较低的牙买加儿童，他们在婴儿期或者学步期都曾因为严重营养不良而入院治疗，并且都生活在极其贫困、经常变动的家庭中（Grantham-McGregor，Powell，Walker，Chang，& Fletcher，1994）。住院时，医疗保健辅助人员和实验组儿童一起玩耍；并且在儿童出院后的 3 年中，每周都去家访，教给母亲如何制作玩偶，并且鼓励她们和自己的孩子交流。3 年后研究结束的时候，实验组儿童的智商大大超过了那些只接受普通医疗服务的对照组儿童（虽然不如营养充足组）。即使在离开医院 14 年之后，实验组儿童的智商仍高于对照组儿童。

早期教育或许可以抵消营养不良的影响。在上述牙买加儿童的研究中，实验组儿童的母亲比控制组更早地送孩子去幼儿园。在另外一项毛里求斯的研究中，100 名 3~5 岁的儿童接受了营养补充和医疗检查，并且被安排到特殊的幼儿园，采用小班教学。这些儿童在 17 岁时出现反社会行为和心理健康问题的比例要低于控制组。对于研究开始时就营养不良的儿童，这一效果最为明显（Raine et al.，2003）。

> **考考你 ✓**
>
> 你可以……
>
> ✓ 描述3~6岁儿童的典型生理变化吗？
>
> ✓ 概括学龄前儿童的饮食需求，并且解释为什么这个年龄段需要关注肥胖和蛀牙吗？
>
> ✓ 指出营养不良的影响，以及可能影响其长期后果的因素吗？

口腔卫生

3 岁时，儿童的乳牙已经长齐，6 岁时会长出恒牙，该阶段正处于萌芽状态。因此，家长可以放心地忽略不满 4 岁儿童吮吸拇指的习惯。如果儿童到了一定年龄就停止吮吸拇指或手指，那么其恒牙的发育就不太会受到影响（Herrmann &Roberts，1987；Umberger & Van Reenen，1995）。

20 世纪 70 年代以来，氟的使用和口腔护理的发展使蛀牙的发病率大大降低，但是处境不利儿童仍然比其他儿童有更多未经治疗的龋齿（Bloom，Cohen，Vickerie，& Wondimu，2003；Brown，Wall，& Lazar，2000）。儿童早期的蛀牙往往源自婴儿期过度食用甜牛奶和果汁，并且没有定期做口腔护理。对爱荷华州 642 名 1 岁儿童长达四年的追踪研究发现，食用普通（无营养）汽水、粉状饮料以及 100% 纯果汁增加了蛀牙的风险（Marshall et al.，2003）。

睡眠模式和问题

人的睡眠模式在成长过程中不断发生变化（Iglowstein，Jenni，Molinari，& Largo，2003；图 9-1），在儿童早期具有与众不同之处。幼儿的夜间睡眠通常比成年后更深。美国大部分的 5 岁儿童平均每晚睡 11 个小时，而白天不再睡觉（Hoban，2004）。在其他文化中，睡眠时间可能会有所不同。肯尼亚的古斯族儿童、印尼的爪哇儿童以及新墨西哥州的祖尼儿童都没有固定的入睡时间，他们可以熬夜观看成人的活动，直到他们想睡为止。在加拿大兔族中，3 岁儿童白天从不睡觉，而是晚饭后直接上床睡到自然醒（Broude，1995）。

入睡可能会使儿童产生某种形式的分离焦虑，因此他们想方设法避免。幼儿可能使用各种复杂的策略来推迟睡觉，并且入睡的时间也要比以前长。超过一半的美国家长或照料者报告他们的孩子拖延上床，并且需要 15 分钟甚至更长的时间才能入睡。大约 1/3 的学龄前儿童积极抵制睡觉，并且超过 1/3 的儿童至少有过一次整夜不睡的经历（美国睡眠基金会，2004）。规律的、一致的睡眠习惯可以把问题降至最少。那些习惯在哺乳或者摇晃中入睡的幼儿可能很难自己入睡（Hoban，2004）。儿童可能需要留着一盏夜灯，并且和自己喜欢的玩具或毯子一起入睡。这些过渡期的物品被当做睡眠伙伴来使用，它们帮助儿童完成了从婴儿期的依赖到儿童晚期的独立的转变。

睡眠困扰与失调

10 个学龄前儿童的家长中就有一个声称自己的孩子有睡眠问题（美国睡眠基金

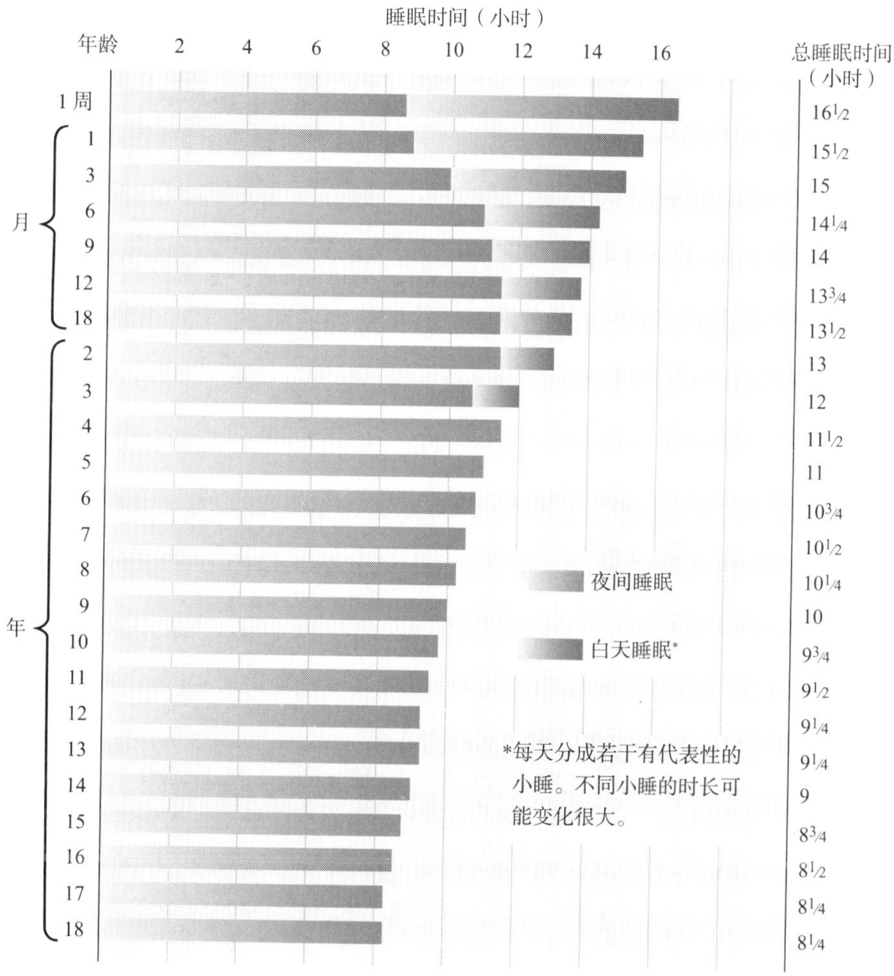

图 9–1

儿童期典型的睡眠需求，与白天夜晚都睡同样时间的婴儿不同，学龄前儿童全部或几乎都是晚上睡一大觉。整个儿童期，睡眠时间逐渐减少，不过个别儿童可能需要比此处呈现的更多或者更少的睡眠。

资料来源：Ferber，1985；similar data in Iglowstein et al.，2003.

会，2004）。睡眠失调可能由大脑运动控制系统的意外激活引起（Hobson & Silvestri，1999），或者由深度睡眠的不完全唤醒引起（Hobson，2004），也可能由呼吸错乱、腿部乱动引起（Guilleminault，Palombini，Pelayo，& Chervin，2003）。这些失调通常在家庭内部比较常见（美国儿童及青少年精神病学学会，1997；Hobson & Silvestri，1999；Hoban，2004）。大多数情况下，这些睡眠失调只是偶尔出现，并且长大后就会消失。长期的睡眠问题可能预示需要检查儿童的情绪、生理或神经系统的健康状况。

*睡惊（或称夜惊）*的儿童会在前半夜突然从深度睡眠中惊醒，并且非常的焦虑不安。他们可能大声尖叫、突然坐起来、呼吸急促、两眼直视或者胡乱拍打。但是他并未真正清醒，且很快就安静下来，第二天早上也不记得任何事情。夜惊主要发生在 3~13 岁之间（Laberge，Tremblay，Vitaro，&Montplaisir，2000），并且在男孩中比在女孩中更常见（美国儿童及青少年精神病学学会，1997；Hobson & Silvestri，

1999)。

在儿童早期和中期，梦游和说梦话也很常见。尽管梦游本身是无害的，但是梦游儿童可能会伤害到自己（美国儿童及青少年精神病学学会，1997；Hoban，2004；Vgontzas & Kales，1999）。家长最好不要打断梦游或夜惊，这可能把孩子弄糊涂，甚至会吓坏孩子（Hoban，2004；Vgontzas & Kales，1999）。

在儿童早期，噩梦也很常见（Smedje，Broman，& Hetta，1999）。噩梦通常在凌晨出现，并且经常是因为睡得太晚、睡前吃的太多或者过度兴奋，比如看过于刺激的电视节目、看恐怖电影或者听恐怖的睡前故事（Vgontzas & Kales，1999）。偶尔做噩梦并不需要担心，但是经常或持续的噩梦，尤其是那些让孩子在醒着时都害怕和焦虑的噩梦，可能是压力过大的信号（Hoban，2004）。

尿 床

大多数3~5岁的儿童都不会尿床，但是**遗尿**（enuresis）却并不少见。遗尿是指那些足够大并被认为可以控制膀胱的儿童在夜间多次不自主的排尿。大约10~15%的5岁儿童（男孩居多）在熟睡时会经常尿床。不需要任何特殊帮助，超过一半的儿童在8岁时就会停止尿床（社区儿科委员会，2005）。

通常，学龄前儿童在睡眠中也能意识到膀胱的饱满感，并且会起床上厕所。而尿床的儿童则不能意识到这一点。不足1%的尿床儿童有生理缺陷，他们的膀胱容量也可能比较小。持续遗尿并非就是情感的、心理的或者行为的问题，但是这些问题会因为同伴或家长对待尿床的方式而出现（社区儿科委员会，2005；国家尿床协会，1995；Schmitt，1997）

遗尿在家庭成员间流行。75%的尿床者有一个关系密切的尿床的亲人，并且同卵双胞胎比异卵双胞胎更可能都尿床（APA，1994；Fergusson，Horwood，& Shannon，1986）。与遗尿相关的基因研究（Eiberg，1995；Eiberg，Berendt，& Mohr，1995）发现，遗传可能与缓慢的运动成熟、过敏性反应以及不熟练的行为控制共同成为尿床的主要影响因素（Goleman，1995）。基因不能解释偶尔的尿床。许多尿床儿童缺少可以在睡眠中浓缩尿液的抗利尿激素，因此他们会产生更多的、膀胱不能容纳的尿液（国家尿床协会，1995）。

儿童和家长需要消除疑虑，认识到遗尿很常见，也不严重。不要责怪，更不应该惩罚孩子。通常情况下父母不需要做任何事情，除非孩子为尿床感到痛苦。8~10岁的孩子还尿床，可能是自我概念差或者其他心理问题的征兆（社区儿科委员会，2005）。

最有效的治疗方法是在儿童尿床时用警报器叫醒他们。尽管成功率不到50%，但是这种装置对于那些较为年长的、迫切希望克服尿床问题的7、8岁的孩子最为有效。

醋酸去氨加压素*可以在某些特殊的情景下使用，比如露营或者在朋友家过夜。如果其他治疗方案均无效或不能使用，盐酸丙咪嗪**可用来短期治疗较为年长的抑郁儿童，但是必须避免用药过量。目前尚没有足够的证据表明行为疗法的有效性（社区儿科委员会，2005）。

考考你 ✓

你可以……

- ✓ 论述睡眠模式的年龄差异和文化差异吗?
- ✓ 说出四种常见的睡眠问题，并提出解决问题的建议吗?

动作技能发展

3~6 岁儿童的动作技能有了很大的提高，这不仅包括依赖大肌肉参与的**大动作技能**（gross motor skills）的提高，比如跑和跳（表 9-2）；也包括依赖手眼协调和小肌肉参与的**精细动作技能**（fine motor skills）的发展，比如扣纽扣、穿衣服等。同时，这一阶段的儿童也开始表现出使用左手或右手的偏好。

大动作技能和精细动作技能

3 岁时，大卫能够走直线，跳很短的距离。4 岁时，他可以单脚跳几步。5 岁时，他双脚可以跳差不多 0.9m，单脚跳 4.88m，并且开始学习滑旱冰。

动作技能并非是孤立发展的。儿童早期的这些技能建立在婴儿期和学步期的基础上。感觉和大脑皮层运动区域的发展使儿童能更好地协调"想做什么"和"能做什么"。儿童的骨骼和肌肉更加强壮，肺活量变大，因此他们能够跑得更快、跳得更远、爬得更好。儿童身体的变化使他们可以做更多的事情，而他们又会把这些新的、刚刚获得的技能整合到可以产生更多复杂技能的**运动系统**（system of action）中去。

大约两岁半时，儿童开始能够双脚跳，而在此之前他们并不能掌握这项技能，这可能是因为他们的腿部肌肉不够强壮，尚不足以支撑他们向上跳起的身体。直到 4 岁时，儿童才能够掌握单脚跳。上楼梯要比下楼梯更简单，3 岁半时，绝大多数的儿童都可以很轻松地上楼梯，但是直到 5 岁，他们才能毫不费力地下楼梯。儿童 4 岁时开始奔跑，5 岁时已经跑得相当不错，6 岁半时已经非常熟练。跳绳比较难，尽管一部分 4 岁的儿童可以跳，但是大部分的儿童要到 6 岁才会跳绳（Corbin，1973）。当然儿童的各项技能存在个体差异，这取决于他们的遗传天赋以及学习和练习动作技能的机会。

儿童早期大动作技能的发展为儿童中期开始且可能持续终生的体育运动、跳舞以及其他活动奠定了基础。不过，6 岁以下的儿童很少能够参加任何有组织的体育运动。只有 20% 的 4 岁儿童能够很好的抛掷球，并且只有 30% 的儿童可以很好地接球

* 适用于五岁及以上小孩夜间遗尿症。

** 适用于治疗迟缓性的内因性抑郁症，还可用于儿童遗尿症。镇静作用和抗胆碱均属中等。

表 9-2 儿童早期的大动作技能

3 岁	4 岁	5 岁
不能突然或快速的转动和停止	对停止、开始和转动的控制更加有效	可以在游戏中更有效地开始、转动和停止
可以跳 0.4~0.6m	可以跳 0.6~0.8m	可以跑着跳 0.7~0.8m
可以独自爬楼梯	如果有支撑，可以下一段长长的楼梯	可以独立的下一段长长的楼梯
可以单脚跳，主要是蹦蹦跳跳	可以单脚跳 4~6 步的距离	很轻松就可以单脚跳 18m 的距离

资料来源：Corbin，1973

（美国儿科学会运动医学和健康委员会，1992）。

当儿童在无组织的自由游戏中，能够积极地适度运动时，他们的身体会发育的更好。父母和老师可以提供安全的、大小合适的设备让孩子攀爬和跳跃；准备些足够小的、足够软的球或其他玩具，让孩子既可以轻松抓住也不会伤害到孩子；并且在孩子需要帮助的时候给予他们温柔的指导。

这个 5 岁的女孩已经可以自己系鞋带。

精细动作技能的获得使儿童更加自理，比如系鞋带、剪东西。3 岁时，麦迪逊可以把牛奶倒进麦片粥里，用银制刀叉吃饭，并且自己上厕所。她还能画圆圈和没有手臂的简笔人物。4 岁时，乔丹在他人协助下可以自己穿衣服，可以沿着一条直线剪纸，画一个相对完整的人，设计图案和简单的字母，并且可以把纸叠成双三角形。5 岁时，胡安已经可以自己穿衣服，模仿画正方形或三角形，并且可以画一个比之前的更加精致的人。

艺术发展

大部分 3~5 岁的儿童都不可能成为王亚妮那样出色的艺术家，但是随着精细动作协调性的提高，他们也可以利用自己不断提高的认知能力，通过艺术来表现自己的情绪。凯洛格（Rhoda Kellogg，1970）开创性地研究了 100 多万幅儿童绘画，其中一半的作品来自 6 岁以下的儿童。她发现不同文化中儿童绘画的差异很小，因此她总结出了能够反应大脑和肌肉成熟的早期绘画的各个阶段（图 9-2）。

两岁儿童开始涂鸦，而且他们的涂鸦作品并不是

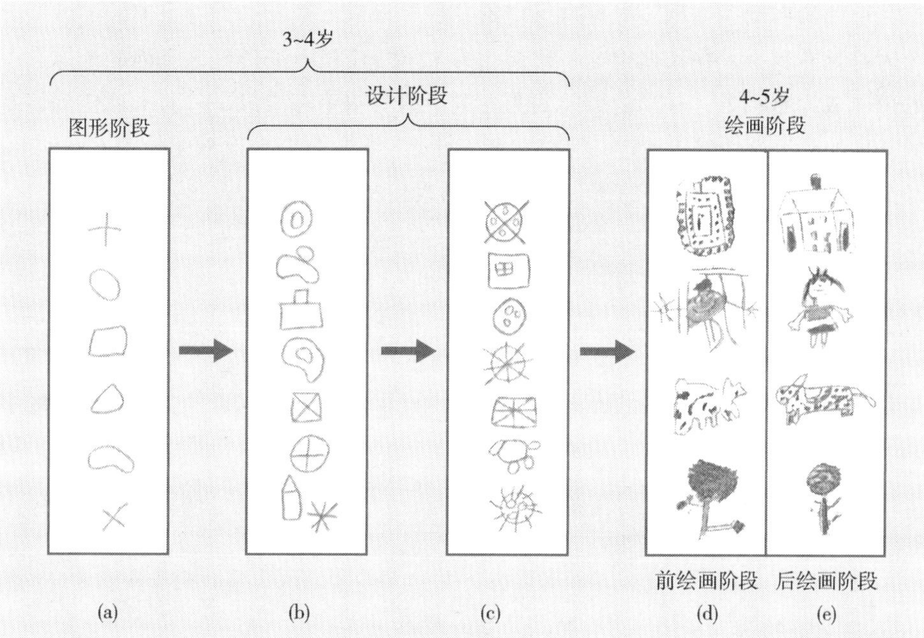

图 9–2
儿童早期艺术能力的发展
（a）中所示的简单形状和（e）中的精细绘画存在很大差异。
资料来源：Kellogg，1970.

随意的。凯洛格发现儿童两岁时会出现 20 种基本的涂鸦线，如直线、曲线，以及 17 种画面排列形式。3 岁时，图形阶段出现。此时的儿童可以画出六种基本图形：圆形、方形或长方形、三角形、十字形、X 形以及不规则图形。儿童很快就进入了设计阶段，此时他们把两个基本图形组合成了更为复杂、抽象的集合体。绝大多数儿童在 4~5 岁时进入绘画阶段，而亚妮 3 岁时就已经达到。

凯洛格认为，后绘画时期由抽象到表征的转变可以看做儿童绘画目的的根本改变。通常在成人的“指导”下，儿童开始致力于现实的描绘，而不再关注艺术最首要的元素形式和设计（Kellogg，1970）。

凯洛格引用了艺术家毕加索的名言“成人不应该教儿童如何绘画，而是应该向他们学习”（1970，p. 36）。像王亚妮的父亲一样，成人可以通过让孩子画自己想画的东西来开发儿童早期的创造力，而不是强迫他们接受建议或者标准。

左 / 右利手

利手性（handedness）是指儿童更偏爱使用某只手的情况，通常在 3 岁时出现。通常控制右侧身体的大脑左半球占据优势地位，因此绝大多数人是右利手；而那些大脑的不对称性较低，右脑更具优势的人更偏爱左手。左 / 右利手并非一直都是清晰可辨的，也不是所有的人在任何活动中都偏爱某只手。男孩比女孩更可能是左利手。

左 / 右利手是先天遗传的还是后天习得的？这个问题一直存在争议。有理论认

你的观点?

儿童前绘画阶段的作品具有活力且随心所欲，而后绘画阶段则非常的小心和精确。你如何理解这些变化?

考考你✓

你可以……

- ✓ 列出至少3种大动作技能和精细动作技能，并且指出它们何时发展最快吗?
- ✓ 指出儿童绘画发展的四个阶段吗?
- ✓ 说明大脑功能如何与左/右利手相关吗?

为存在单独的右利手基因。根据这一理论，从父母双方或者一方身上遗传了该基因的个体都是右利手，在人群中这一比例约为82%。而没有遗传到该基因的个体有一半的可能成为右利手，一半的可能成为左利手或者双手都很灵巧。对未遗传到该基因的个体的利手性的随机测定，可以解释为什么一些同卵双胞胎偏爱使用不同的手，以及为什么父母均为右利手的子女中有8%的人是左利手（Klar，1996）。

健康与安全

在西方发达国家，随着疫苗接种的普及，许多曾经严重危害儿童的疾病已经不再流行。但是在发展中国家，许多可预防的疾病仍然造成重大伤亡，比如肺炎、腹泻和疟疾。麻疹曾是儿童期的主要危害，而如今全球5岁以下死亡的儿童中仅有4%是死于麻疹（Bryce et al.，2005，专栏9.2）。

在美国，儿童的死亡比成人相对要少，并且大多数是因为事故而非疾病（Hoyert et al.，2005）。环境因素仍然影响某些儿童的健康。

意外伤害和死亡

儿童天生胆大，并且经常不能察觉到危险，因此照料者很难在不过度保护的情况下使他们远离伤害。尽管大多数的切伤、撞伤和擦伤并不严重，并且很快会被忘记，但是某些意外事故会导致永久的伤害甚至死亡。在美国，事故是儿童期和青春期死亡的头号杀手（Hamilton et al.，2007）。

许多学前班和低年级的儿童独自走路上学，并且经常要横穿没有红绿灯的拥挤马路，但是他们并不知道怎么做才安全（Zeedyk，Wallace，& Spry，2002）。许多儿童喜欢冒险。研究发现，那些倾向于在赌博游戏中冒险的5岁和6岁儿童，更有可能认为横穿没有红绿灯或者人行道的拥挤马路是安全的（Hoffrage，Weber，Hertwig，& Chase，2003）。

全美的50个州和哥伦比亚特区都要求儿童乘车时必须坐在特殊设计的座椅上，或者系好安全带。4岁儿童已告别儿童座椅，开始使用膝盖和肩部安全带，但在他们长得更大之前可能需要加高座椅。在高速碰撞的情况下，安全气囊快速充气来保护坐在汽车前排的成人，但是它对坐在汽车前排的13岁以下的儿童则存在非常致命的危险。“让儿童坐在汽车后排”的运动使1996~2003年间死于交通事故的儿童数量以每年200人的速度递减（Glassbrenner，Carra，& Nichols，2005）。

大多数意外死亡发生在家中，尤其是学龄前儿童，并且大部分是死于火灾、浴缸溺水、窒息、中毒或者摔死（Nagaraja et al.，2005）。对好奇的儿童来说，日常药物如阿斯匹林、对乙酰氨基酚、感冒药或咳嗽药甚至维生素和矿物质都非常危险，除非他们接触不到。2001~2003 年，美国每年大约有 53517 名 4 岁或不满 4 岁的儿童因误食处方药或非处方药被送到医院急诊。2002 年，35 名这个年龄段的儿童因误食药物中毒死亡。2003 年，美国毒物控制中心报告约有 568939 名不满 6 岁的儿童因化学药品或者其他药品中毒（Burt，Annest，Ballesteros，& Budnitz，2006）。

联邦法律要求药瓶和其他危险的家庭用品应该有不会被孩子弄坏的保护盖，关于物品安全、儿童专用汽车座椅、骑自行车时必须配戴安全帽、枪支和药品必须安全存放的规章制度，提高了儿童的安全性。“让活动场所更安全”是另一个非常有价值的建议（表 9-3 呈现的内容是“在各种场合减少意外危险的总结性建议”）。

考考你✓

你可以……

✓ 对比发达国家和发展中国家儿童的健康状况吗？

✓ 指出儿童最容易受伤的场所和方式，并且列出如何避免伤害吗？

健康：环境影响

为什么一些儿童比其他儿童更容易生病或者受伤呢？首先是遗传的作用使得某些儿童似乎更容易出现某种身体状况。此外，环境也扮演着重要角色。

表 9–3 减少儿童的意外危险

活动	预防措施
骑自行车	头盔可以减少 85% 的头部伤害和 88% 的脑损伤。
滑板和滑旱冰	儿童应配戴头盔、护膝、护肘和护腕。
玩烟火	不应该在家里玩烟火。
修剪草坪	12 岁以下的儿童不要使用步行式割草机；14 岁以下的儿童不能使用乘坐式割草机；年幼的儿童不要靠近正在工作的割草机。
游泳	儿童不满 5 岁时，不要将游泳池建在后花园；池塘周围需要有高栅栏，高的、够不到的、可以自动关闭的门；在池塘、湖泊或者其他有水的地方时，家长必须密切关注孩子的一举一动。
在游戏场玩耍	秋千、滑梯和其他设施下面应该有 10 英寸深的沙子，或者 12 英寸深的木头碎屑，或者橡胶的户外垫子。激烈活动和安静活动、年长儿童和年幼儿童应该有不同的活动区域。
使用枪支	必须取出枪支里的子弹，并且将它们分别锁起来。确保儿童不能得到钥匙；父母要告诉孩子枪支的危害性。
饮食	为了避免窒息，儿童不能吃硬糖、坚果、葡萄和热狗（除非切开）；必须将食物切成小块儿；儿童在说话、跑步、跳跃或者躺着的时候都不能吃东西。
摄入有害物质	只使用有安全盖的药品和家用有毒物品；有毒物品必须放在儿童接触不到的地方。疑似中毒必须马上报告最近的毒物控制中心。
乘坐汽车	儿童必须坐在后排、经过检测的座椅上。家长必须遵守交通法规，避免违规驾驶。

资料来源：节选自美国儿科学会（美国儿科学会）意外伤害和中毒预防委员会，1995；美国儿科学会和预防枪支暴力中心，1994；Rivara，1999；Shannon，2000.

专栏 9.2 生命前 5 年的生存

尽管儿童活到 5 岁的概率比 38 年前有了非常显著的提高，但是存活的可能性在很大程度上取决于儿童生活在何处。1970 年，全世界有超过 1 700 万的儿童在 5 岁前夭折。今天该年龄段儿童每年的死亡人数已经下降到 1 060 万，但仍然非常多（Bryce et al.，2005；世界卫生组织，2003）。此外，虽然全世界大部分地区的儿童死亡率有所下降，但是并非所有的儿童都受益。

国际社会致力于努力提高儿童前五年的健康水平，因为在 15 岁之前死亡的儿童中有接近 90% 的发生在这一年龄段。98% 的儿童死亡发生在发展中国家的贫穷乡村，那里营养不足、水源不安全，并且缺乏卫生设施。42% 的儿童死亡发生在撒哈拉以南的非洲，29% 的发生在东南亚地区（Bryce et al.，2005；世界卫生组织，2003；图 9-3）。出生在塞拉利昂的婴儿 5 岁前夭折的几率是印度儿童的 3.5 倍，是冰岛儿童的 100 倍，冰岛的儿童死亡率是全世界最低的（世界卫生组织，2003）。

全世界范围内，在 5 岁前死亡的儿童中，有 54% 是因为四大传染性疾病：肺炎、腹泻、疟疾、新生儿败血症或肺炎（图 9-4）。超过一半的儿童死亡的根本原因是营养不良。在非洲，死亡的儿童中有 94% 是因为疟疾（Bryce et al.，2005）。

地中海东部地区、拉丁美洲以及亚洲的一些较为发达的发展中国家正在向发达国家的模式转变，在发达国家，儿童死亡最有可能由分娩并发症导致（引自第 6 章）。至少有 169 个国家表示在过去的 30 年里，儿童死亡率有所降低。其中阿拉伯半岛南端的阿曼下降幅度最大，由 1970 年的 242/1000 降低到了 2002 年的 150/1000。印度和中国也取得了令人瞩目的成就。但是，总体而言最显著的变化出现在富裕的工业化国家和儿童死亡率相对较低的发展中国家。尽管发达国家和发展中国家的儿童死亡率差距在变小，但是发展中国家内部之间的差距却在变大（世界卫生组织，2003）。

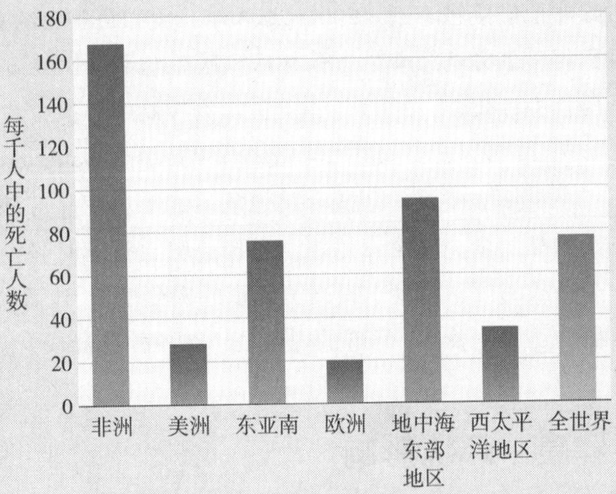

图 9-3

2002 年世界六大地区儿童死亡率比较

资料来源：世界卫生组织，2003

在一些非洲国家，高达 60% 的儿童死于艾滋病，通常这些儿童的母亲已因病去世。14 个非洲国家的儿童死亡率在 20 世纪 70 年代到 80 年代有了非常显著的下降，但是这些国家 2002 年死亡的儿童却

社会经济地位和人种／种族

家庭的社会经济地位越低，儿童患病、受伤和死亡的危险就越高（Chen，Mattews，& Boyce，2002）。在美国，每 5 个 6 岁以下的儿童中就有 1 个是贫困儿童（联邦内部关于儿童和家庭论坛的统计，2005），在少数民族中这一比例更高（美国卫生统计中心，2005）。这些贫困儿童更可能患有慢性疾病和活动限制、缺乏健康保障，其医疗和牙科需求得不到满足。但贫困儿童的整体健康水平已有所改善：1984~2003

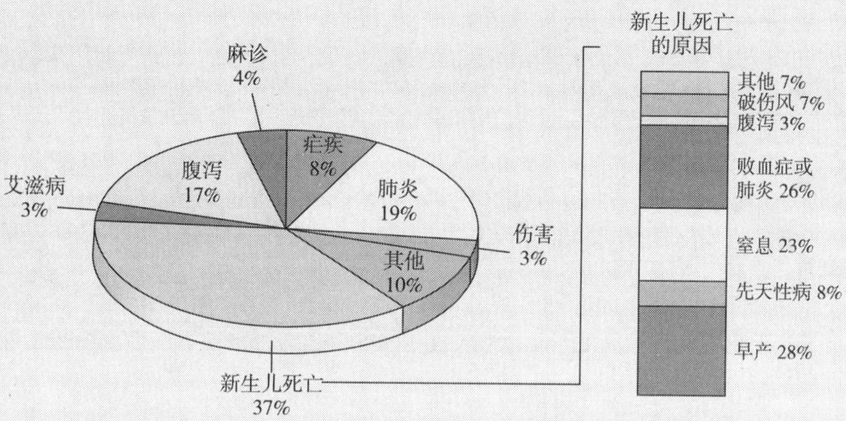

图 9–4
5 岁以下儿童及新生儿死亡的主要原因（年均，2002–2003）
资料来源：Bryce et al.，2005.

多于 1990 年。另一方面，自 1970 年以来，该地区的 8 个国家（包括加蓬、冈比亚和加纳）的儿童死亡率降幅超过 50%（世界卫生组织，2003）。

在拉丁美洲，智利、哥斯达黎加和古巴的儿童死亡率的降低最为显著，自 1970 年以来这些国家儿童死亡率的降低幅度超过 80%。相反，在海地每一千个儿童中仍有 133 个死亡，这一数字几乎是全美排名第二的玻利维亚的两倍（世界卫生组织，2003）。

在大部分国家，男孩比女孩更有可能死亡，但中国、印度、巴基斯坦和尼泊尔除外。在某些地区，人们更喜欢男孩，女孩死亡率高达 33%，据报告这通常是因为遗弃或者其他原因（Carmichael，2004；Hudson & den Boer，2004；Lee，2004；Rosenthal，2003）。贫穷国家的儿童和发达国家的贫穷儿童更有可能夭折。农村地区存活率的增长比城市地区要慢，并且在一些国家，比如美国，高收入者更是不成比例的受益。但是即使是美国的贫穷儿童，其死亡的几率也要低于非洲境况较好的儿童（世界卫生组织，2003）。

你的观点

怎样做才能在全世界范围内更迅速、更均衡地降低儿童死亡率？

请查阅

如果想更多的了解这一主题，请登陆 http://www. 世界卫生组织 .int/whr/2003/chapter1/en/index2.html。这是本专栏中所讨论的世界卫生组织报告的网站。

年间，贫困儿童中健康状况良好的比例由 62% 上升到了 71%，而非贫困儿童则由 86% 上升到 89%（联邦内部关于儿童和家庭论坛的统计，2005）。

1965 年以来，政府为符合条件的低收入个体和家庭提供医疗援助的“医疗补助制度”成为许多贫困儿童的保护伞。然而，这一政策并不能惠及数百万家庭收入不满足医疗补助要求，但又不能支付私人保险的儿童。1997 年，联邦政府批准了“州儿童健康保险计划”（SCHIP）来确保国家卫生保健的覆盖范围扩大到贫困家庭，以及接近贫困家庭的无保险儿童。2004 年底，390 万儿童被登记在案（Smith &

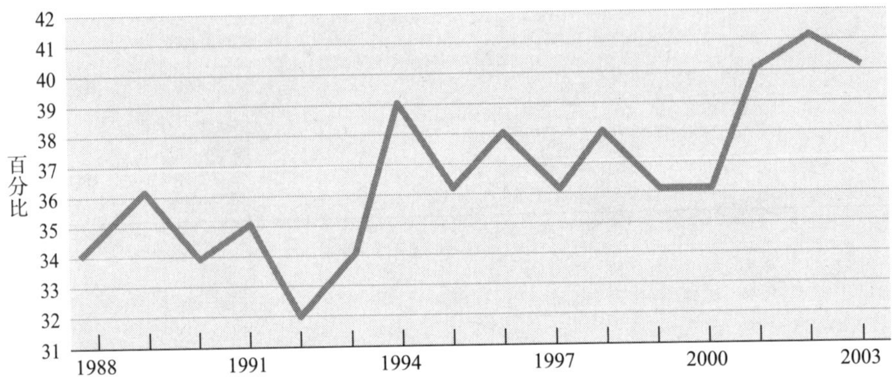

图 9–5
美国城市中有孩子的无家可归的家庭的比例
资料来源：Children' s Defense Fund, 2004, p. 19. Data taken from U.S. Conference of Mayors, 2003.

Rousseau，2005）。不过，在 2003 年仍有 11% 的儿童没有医疗保险。无保险儿童缺乏一般卫生保健资源的可能性是有保险儿童的四倍多（联邦内部关于儿童和家庭论坛的统计，2005）。

黑人和拉美裔儿童，尤其是贫困或接近贫困的儿童很难获得高质量的医疗服务（Flores et al.，2005）。2003 年，21% 的拉美裔儿童没有医疗保险（联邦内部关于儿童和家庭论坛的统计，2005）。在这一年，超过 8% 的不满 6 岁的拉美裔儿童没有普通的卫生保健资源，6~17 岁儿童中这一比例超过 14%（美国卫生统计中心，2005）。语言障碍、文化隔阂以及拉美裔保健供应的缺乏或许可以帮助解释这些差距（Flores et al.，2002）。或许是因为相似的原因，尽管亚裔儿童比非西班牙裔白人儿童更健康，但是仍然较少获得和使用医疗保健（美国卫生统计中心，2005；Yu，Huang，& Singh，2004）。

无家可归

20 世纪 80 年代以来，由于可负担的出租房紧缺和贫困蔓延，美国的无家可归者急剧增加。据统计每年约有 135 万儿童无家可归（美国无家可归者联盟，2004）。

目前 40% 的无家可归者都是以家庭的形式出现，在农村地区这一比例更高（美国无家可归者联盟，2004；美国市长会议，2003；图 9-5）。许多无家可归家庭由 20 多岁的单身母亲带领（Buckner，Bassuk，Weinreb，& Brooks，1999），他们通常是为了逃避家庭暴力（美国无家可归者联盟，2004）。

许多无家可归儿童在不稳定、不安全且通常是不卫生的环境中度过了生命中至关重要的前几年。儿童和父母可能与支持性的社区、家庭关系和公共资源隔绝，不能获得医疗保险和受教育的机会，并且他们通常不能找到固定的住所。这些儿童比有家的贫困儿童遭受更多的健康问题，并且更可能在婴儿期夭折。他们缺乏免疫能力的可能性是其他儿童的 3 倍，患缺铁性贫血的可能性是其他儿童的 2~3 倍。他们出现下述健康问题的比例很高：腹泻；严重饥饿和营养不良；肥胖（因进食过多的碳水化合物和脂肪）；蛀牙；哮喘和其他慢性疾病；呼吸道、皮肤、眼耳感染，疥疮

无家可归人群中，有儿童的家庭增长最快。无家可归的儿童可能比有家儿童有更多健康问题。

和虱子；与创伤有关的伤害以及血铅含量增高。无家可归的儿童也更容易产生严重的抑郁和焦虑，出现神经和视觉缺损、发育延迟、行为问题和学习困难。因为离开了社区，有一半的儿童不去上学。即使上学，他们也容易出现问题，部分原因是因为他们落下了太多，并且没有地方做家庭作业。即使认知功能正常，他们也往往在标准化的阅读和数学测验中表现糟糕，并且与有家的儿童相比，他们更容易留级或者被安置到特殊班级（美国儿科学会社区健康服务委员会，1996；Bassuk，1991；儿童保护基金会，2004；Rafferty & Shinn，1991；Rubin et al.，1996；Weinreb et al.，2002）。大型城市为贫困家庭和无家可归家庭在稳定的、低贫穷的社区提供安全性住所，而儿童的行为和学校表现也大大改善（儿童保护基金会，2004）。

暴露于吸烟、空气污染、农药和铅的环境中

家长在家中和家用车中吸烟是儿童期疾病和死亡的一个可预防的原因。在生命的前几年，身体仍在继续发育中，接触烟草导致的潜在损害最为严重（DiFranza，Aligne，& Weitzman，2004）。在美国，几乎 60% 的 3~11 岁儿童受到二手烟侵害。暴露于父母吸烟的环境中会使儿童发生呼吸道感染（如支气管炎、肺炎、耳疾、哮喘恶化和肺部发育减缓）的风险增大。二手烟雾中含有数百种致癌物或者致癌化学物质，且能够导致夭折（烟草和健康办公室，2006）。

空气污染，尤其是化学微粒和臭氧的污染，与死亡和慢性呼吸系统疾病的增加相关。环境污染可能引起儿童期癌症、神经系统紊乱、注意力缺陷或多动症以及智

居住在破旧的漆料脱落的建筑物中的孩子很容易铅中毒，这会影响到他们发育中的大脑。

力落后（Goldman et al.，2004；Woodruff et al.，2004）。2003 年，62% 的 17 岁以下儿童生活在没有达到一种或多种国家空气质量标准的县郡，而最大的威胁是臭氧污染（联邦内部关于儿童和家庭论坛的统计，2005）。贫穷和少数民族与重度的空气污染相关（Viluorth-Bart & Moore，2006）。

在美国，每年会消耗总计 20.4 亿千克的化学农药。在食物、水、住宅、学校、工厂、草坪和花园都发现了农药残留物。每年报告的农药中毒约有 5 万例，其中超过半数的是不满 6 岁的儿童（Weiss，Amler，& Almer，2004）。

儿童比成人更容易受到慢性药物伤害（Goldman et.al.，2004）。一项关于人类暴露于环境化学物质的全国性研究发现，6~11 岁儿童尿液中的有机农药代谢物水平是成人的两倍（疾病控制和预防中心）。有一些非确定性的证据表明，接触低剂量农药可能影响脑发育（Weiss et al.，2004），贫穷和少数族群家庭中的儿童接触农药剂量更大（Dilworth-Bart & Moore，2006）。

家长必须采取预防措施来避免药物伤害，如谨慎选择农药，使用原容器把农药放在儿童无法接触到的地方，在吃新鲜的农产品之前必须清洗。驱虫剂只能涂抹于裸露的皮肤，当儿童回到家里的时候，应该用肥皂和清水进行清洗（Weiss et al.，2004）。

铅污染的食物或水、空气中的工业废弃物，把脏兮兮的手指放进嘴里，吸入粉尘，在家里或学校玩含铅的油漆碎片，这些都能导致儿童体内铅含量增高。

铅中毒会严重干扰认知能力的发展，并且导致神经和行为问题（美国儿科学会环境健康委员会，2005；联邦内部关于儿童和家庭论坛的统计，2005）。铅中毒对大脑发育的影响可能是无法弥补的（Bellinger，2004）。血铅含量过高可能会导致头痛、腹痛、厌食、嗜睡或烦躁，最终导致呕吐、昏迷甚至抽搐（美国儿科学会环境健康委员会，2005），而所有这些影响完全都是可以预防的。

自从 1976~1980 年以来，美国儿童血铅含量的平均值下降了 89%，这要归功于法律强制清除含铅汽油和油漆，并且减少烟囱排放（联邦内部关于儿童和家庭论坛的统计，2005）。目前仍有 25% 的美国学龄前儿童生活在不断恶化的含铅油漆环境中，其中大部分是黑人儿童和贫困家庭儿童（美国儿科学会环境健康委员会，2005）。

并不存在铅暴露的安全水平（美国儿科学会环境健康委员会，2005），即使是低水平的铅暴露也可能对年幼的学龄前儿童产生不良影响，尤其是哪些面临其他危险因素的儿童，比如贫穷和产后忧郁症。

一项为期 5 年的追踪研究表明，对铅暴露儿童的治疗降低了血铅的含量，但是治疗对改善心理、行为以及认知功能并无效果，因此预防是关键（Rogan et al.，2001）。清除油漆会增加铅尘，但是专业的清洗和油漆固化可以阻止不健康的接触。应该按照 EPA* 的指导方针，对采用含铅油漆的房子周围的土壤、靠近烟囱或者交通繁忙地区的土壤进行检测（美国儿科学会环境健康委员会，2005）。

考考你 ✓

你可以……

✓ 讨论几种威胁儿童健康和发展的环境因素吗？

* EPA：美国国家环境保护局的简称。

再次聚焦

回顾本章开头“人物聚焦”部分有关王亚妮的信息：

- 在儿童早期，王亚妮的哪些生理发展非常具有代表性？她在哪些方面超前发展？
- 你可以举例说明亚妮的生理发展、认知发展以及心理社会发展如何相互作用吗？
- 如果你有机会见到亚妮或者她的父母，你还希望了解哪些关于亚妮早期发展的信息？

幸运的是，大部分的儿童都是健康的。身体健康且基本生理需求得到满足的学龄前儿童的认知将会有很大提升，这些我们将在第 10 章看到。

小　结

生理发展的各个方面

学习向导 1 3~6 岁儿童的身体有何变化，他们有哪些营养需求和牙科需求？

- 在儿童早期，儿童的身体继续发育，但是其速度要比婴儿期和学步期慢。整体而言，男孩比女孩要稍高、稍重，并且有更多的肌肉。内部身体系统开始成熟，所有的乳牙也已经长齐。
- 整体而言，学龄前儿童比以前吃的要少，需求也变少，但是肥胖率却增加了。
- 20 世纪 70 年代以来，蛀牙问题减少了，但是对处境不利儿童而言这仍是个问题。
- 4 岁之后，恒牙开始发育，在此之前照料者可以忽视吸吮手指。

睡眠模式和问题

学习向导 2 儿童早期更可能产生哪些睡眠模式和睡眠问题？

- 儿童早期睡眠模式发生变化，且受到文化的影响。
- 幼儿推迟上床时间很正常，但是长期难以入睡、夜惊和噩梦可能暗示某些需要注意的情绪问题。
- 尿床很正常，长大后就会消失，不需要任何特殊帮助。

动作技能发展

学习向导 3 儿童早期最主要的运动成就是什么？儿童的绘画如何体现他们的生理和认知成熟？

- 儿童的大动作技能、精细动作技能和手眼协调性迅速提高，产生了更复杂的动作系统。
- 可以反映大脑发育和精细动作协调性的绘画作品的发展阶段依次为：涂鸦阶段、图形阶段、设计阶段以及绘画阶段。
- 儿童通常在 3 岁时出现左 / 右利手，这反映出大脑半球的优势性。

健康与安全

学习向导 4 幼儿面临哪些主要的健康和安全风险？

- 因为免疫的大力推广，在发达国家大部分传染性疾病已经很少见，但是在发展中国家预防疾病仍然是很重要的问题。
- 在儿童早期，一些小的疾病非常常见，比如感冒或者其他呼吸系统疾病，并且它们可以帮助儿童增强疾病免疫力。
- 在美国，意外事故是儿童死亡的头号杀手，最常见的就是机动车辆事故。大多数致命的、非车辆的意外事故发生在家里。
- 疾病、吸烟、贫穷、无家可归等环境因素增加了儿童患病和意外伤害的风险。铅中毒会对生理、认知和行为产生非常严重的负面影响。

儿童早期的认知发展

童年是一个神奇的世界：如同奇迹一般，沐浴在阳光之中，远离黑暗之外，充满新鲜感、朝气，令人惊奇不已。当不再有让我们感到惊奇的事情发生时，童年就结束了。当世界似乎变得熟悉起来，一个人已经习惯于周围的存在，他就成为了一个成年人。

——尤金·尤涅斯库（Eugene Ionesco，荒诞剧作家），

《日记片断》，1976

人物聚焦 阿尔伯特·爱因斯坦，核子物理学家

爱因斯坦

在公众的印象中，阿尔伯特·爱因斯坦（1879~1955）这个名字是天才的同义词。他提出的广义相对论（“自牛顿以来最伟大的思想变革”）和量子物理基本原则，以及他的其他一些发现，重塑了我们对于宇宙的认识，这些贡献使他被尊为“有史以来最伟大的物理学家之一”（Whitrow，1967，p. 1）。

然而，生于德国小镇乌尔姆的爱因斯坦，小时候并未显现出成为智慧大师的天分。他学走路学得很慢，而且直到 3 岁才开始说话，父母曾经担心他可能是智力发育迟缓。而爱因斯坦本人则一直强调自己是 3 岁后才开始尝试说话，跳过了牙牙学语而直接达到了出口成句。事实上，爱因斯坦说出完整语句的时间可能更早些。据说，在爱因斯坦差四个月满 3 岁时，他的妹妹玛娅出生了，他失望地问道：“车轮在哪里？”（父母曾经许诺他会有一个新“婴儿”和他一起玩，而他显然把这想成了一个玩具）。

不管精确的时间到底是何时，“可以肯定的是，阿尔伯特是一个迟来的和不情愿的讲话者”（Brian，1996，p. 1）。相对于认知发展因素，其原因可能更多地与人格因素有关。他是一个腼腆、沉默寡言的孩子，被大人认为是发展迟缓的，被其他孩子看成是迟钝呆滞的。他不会与同龄的孩子们玩弹珠、士兵打仗或其他游戏，但他却能在地上蹲几个小时来观察一个蚁群。

当他开始上学时，他的大多数学科成绩都不好，校长曾预言他将一事无成。爱因斯坦厌恶德国学校中的严格管制和机械式学习带来的压力，他的记性不好，不能对老师提出的问题给出清晰的答案。他是一个空想家，他的质疑性大脑里装满了自

己的思索推测。除非感兴趣，否则他不会学任何东西，但只要是感兴趣，他就会非常地专心。

他对宇宙工作方式的好奇开始于 4、5 岁。在他生病卧床的时候，父亲给了他一个袖珍罗盘。让这个小男孩惊讶的是，不管他怎样转动罗盘，指针总是指向 N（代表“北”）。是什么控制了它的运动？阿尔伯特缠着他研究机械的叔叔杰克布问个不停。叔叔告诉了他有关地球的北极、南极以及磁场的知识，但阿尔伯特仍然不满足。他相信，在指针周围那看起来空无一物的空间里肯定存在着一些神秘的力量。他随身携带这个罗盘好几个星期，试图弄明白其中的秘密。许多年后，在他 76 岁时，他写道，“……这次体验给我留下了深刻持久的印象。事物背后还有某种深藏着的东西”（Schilpp，1970，p. 9）。

几年后，叔叔杰克布注意到阿尔伯特对算术感兴趣，便引导他学习代数和几何，此时，那种奇妙的感觉被重新唤起。阿尔伯特解决了叔叔给他的那些书里的每一个问题，然后继续探索更多的问题。正是这种永不满足的好奇心和坚持性，也就是爱因斯坦自己所说的“对于领会的强烈冲动”（Michelmore，1962，p.24），奠定了他毕生寻求科学知识的基础。

• • •

阿尔伯特·爱因斯坦的故事涉及儿童早期认知发展的几个主题。其中一个主题是常规的语言发展变化；另一个主题是，爱因斯坦对于罗盘的反应可能异乎寻常地强烈，但它仍是幼儿理解物质世界所特有的方式：他们逐渐认识到自然现象是由某些原因引起的，尽管那些原因往往不是显而易见的；其次，爱因斯坦对于那次有趣事件的终生性记忆，也许能够解释为什么有些早期记忆能够保持下来，而另一些不能；另外，父母和老师对于他认知能力的低估引出了如何准确评估智力的问题。

在本章中，随着介绍皮亚杰和维果斯基的理论以及近期的研究，我们考察了儿童早期认知发展的各个方面。我们查明了儿童的思维在学步期后如何发展，它在哪些方面仍不成熟；关注语言的日益流畅及其对儿童其他方面发展的影响；检验诸如爱因斯坦对罗盘记忆等这些自传体记忆的开始；比较基于维果斯基理论的智力评估和心理测量式智力测验；最后，我们着眼于广阔的学前和幼儿园世界。

在你阅读和学习本章之后，你应该能够回答下面的每一个向导性问题。你可以通过回顾本章最后的小结来检验自己对学习向导问题的理解，贯穿章节始终的“考考你”有助于你检查对所阅读内容的理解。

学习向导

1. 学前儿童的思维有哪些典型的认知发展和不成熟?
2. 儿童早期的记忆能力有哪些扩展?
3. 如何测量学前儿童的智力，哪些因素会影响它?
4. 如何提高语言能力，当语言发展迟缓时会发生什么?
5. 儿童早期教育的目的是什么，儿童如何完成到幼儿园的过渡?

皮亚杰学派：前运算阶段的儿童

让·皮亚杰把儿童早期称为认知发展的**前运算阶段**（preoperational stage），因为处于这个阶段的儿童还没有准备好进行逻辑思维运算，而且他们在儿童中期才进入具体运算阶段（见第 13 章）。前运算阶段大约从 2 岁持续到 7 岁，典型表现是运用符号思维和表征能力（首次出现于感知运动阶段的末期）的急剧提高。下面，我们来看一下前运算思维的进展和不成熟表现（表 10-1 和表 10-2），以及新近的一些研究，其中有些研究对皮亚杰的结论提出了挑战。

前运算思维的发展

符号思维的发展伴随着对因果关系、同一性、分类和数字理解能力的提高。这些理解能力中有一部分是在婴儿期和学步期就已生根发芽，另外一些则是在儿童早

表 10–1　儿童早期的认知发展

发　展	含　义	事　例
使用符号	儿童在思考一个物、人或事件时无需与其建立感知行动上的联系； 儿童能够想象出一个事物或人具有一些实际所没有的性质	约翰询问妈妈几个星期之前在马戏团看到的大象 艾丹把一块苹果当成是围着厨房里的餐桌“嗡嗡”作响的吸尘器
理解同一性	儿童意识到表面的变化并不会改变事物的本质	安东尼奥明白，虽然老师打扮成海盗的样子，但戏服之下仍是老师
理解因果关系	儿童意识到事件是有其原因的	安妮卡看到一个球从墙后滚出来，就往墙后看是谁把球踢了出来
分类能力	儿童对物、人和事件进行有意义的分类	罗莎根据个头的大小，把她在森林散步时捡到的松果分成了两堆
数的理解	儿童能数数和处理数量关系	琳赛和朋友们分享糖果时数了糖果的数量，以便每个女孩所得相同
心理理论	儿童更多注意到心理活动和心理的功能	比安卡想要为自己贮存一些饼干，所以她把饼干藏在盛放意大利面的盒子里。她知道弟弟不会去查看一个他认为找不到饼干的地方，所以她的饼干会是安全的。

表 10-2 前运算思维的不成熟表现（根据皮亚杰的理论）

局 限	描 述	事 例
中心化：不能去中心化	儿童的注意集中于情境的一个方面，而忽视其他方面。	贾斯廷的果汁被倒进了一个细高的玻璃杯中，而妹妹的果汁被倒进了短粗的玻璃杯中，贾斯廷因此而认为自己有更多的果汁，并取笑妹妹。
不可逆性	儿童不能理解一些操作或动作是可逆的，可以恢复最初的状态。	贾斯廷没有意识到每个玻璃杯中的果汁都能倒回同样大小的果汁盒里，这与他所声称的自己的果汁比妹妹的多是相矛盾的。
关注状态，而不关注变化	儿童不能理解状态间转化的重要性。	在守恒任务中，贾斯廷不能理解液体形状的改变（把液体从一个容器倒入另一个容器）并未改变其数量。
转换推理	儿童不是进行归纳或演绎推理，而是从一件事跳到另一件事，并从中看到并不存在的因果关系。	莎拉对她弟弟很小气，后来弟弟生病了，莎拉便推断是自己使弟弟生病的。
自我中心	儿童认为其他人的所知、所想、所感都和自己一样。	卡拉没有意识到她需要把书转个方向才能让父亲看到那幅她想让父亲解释的图片，反而把书举到正对着自己的方向，这样只有她自己能够看到。
泛灵论	儿童赋予无生命的物体生命意义。	阿曼达说：春天正在努力来到，但冬天却说“我不走！我不走！”。
不能区分表面与实质	儿童会混淆真实和外表。	康特尼把一块像石头的海绵和石头搞混了。她说“它看起来像一块石头，它就是一块石头。”

期才开始发展，直到儿童中期才彻底完成。

符号功能

“我想吃冰激凌”，说话的是 4 岁的克丝汀，她正疲惫地从炎热、满是灰尘的后院走向屋里。说这话时，她并没有看到引发这一欲望的任何东西——没有开着的冰箱门，也没有电视广告。她不再需要感知线索来想起某些东西，她记得冰激凌的样子和它冰凉的感觉及味道，并会有目的地寻找它。不需要感知或运动线索是**符号功能**（symbolic function）的特征，即使用那些个体赋予其意义的符号或心理表征（如词汇、数字或形象）的能力。没有符号，人们就不能进行言语交流、做出交换、阅读地图，或者珍藏远方爱人的照片。获得事物的象征符号帮助儿童在这些事物没有真实呈现在眼前时仍然能回忆和思考它们。

学前儿童在延迟模仿、假装游戏和语言中表现出符号功能。延迟模仿（见第 7 章）是基于对一个可观察动作的心理表征的保持，这一功能在婴儿 1 岁半后变得更加成熟。例如，3 岁的巴特责骂妹妹时，用的就是他所听到的父亲责备一个迟到的送披萨的男孩的话。**假装游戏**（pretend play）也称为幻想游戏、戏剧游戏或想象游戏。在假装游戏中，儿童可能用一个物体（例如一个玩偶）来代表或象征一些其他的事物，例如，用一个玩偶来代表一个人。语言就是使用符号系统进行交流。

对空间物体的理解

如第 7 章所说，至少在 3 岁以前，绝大多数儿童不能准确有效地掌握图画、地图或刻度模型与它们所代表的或大或小的物体与空间之间的关系。较大的学前儿童可以使用简单的地图，能在由运算模型获得的空间理解和地图间相互转换（DeLoache, Miller, & Pierroutsakos, 1998）。在一系列实验中，研究者要求学前儿童使用一张简单的地图，在地图相应的位置找到或放置某个物体（例如一张小地毯），该位置和地图上的形状相似，但实际空间却大得多。大约 90% 的 5 岁儿童和仅 60% 的 4 岁儿童能够完成这个任务（Vasilyeva & Huttenlocher, 2004）。

对因果关系的理解

皮亚杰主张前运算阶段的儿童不能对因果关系进行逻辑推理。相反，他认为这些儿童进行**转换**（transduction）推理。他们在主观上把两件事联系起来，尤其是当这两件事在时间上接近时，而不管它们之间是否存在逻辑上的因果关系。例如，路易斯可能认为他的“不好的”想法或行为是使自己或妹妹生病或是父母离异的原因。

但是，当在他们可以理解的情境中进行测验时，年幼儿童也是可以掌握因果关系的。一个研究小组使用一种叫做“眼力探测器”的装置进行了一系列实验，只有当特定的物体（称为“blickets”）放在这个装置上时，它才会发出亮光和播放音乐。结果表明，就连两岁大的儿童也能通过观察装置的运作，判定哪些物体是 blickets（因为它们激活了 blicket 探测器），哪些不是（Gopnik, Sobel, Schulz, & Glymour, 2001）。

在对 2.5~5 岁儿童与其父母日常交流的自然观察中发现，儿童表现出了灵活的、与主题相称的因果推理。因果解释的类型从自然意义（如“剪刀必须是干净的，这样我才能剪得更好”）到社会约定（如“因为你让我停下，所以我得停下来”）。而且，因果陈述

当安娜假装给玩具熊量血压时，她表现出了一种重要的认知发展：延迟模仿，即重复之前曾经看到的行为的能力。

在年长儿童中更加常见（Hickling & Wellman，2001）。但学前儿童似乎认为所有的因果关系都具有同样的、绝对的可预测性。在一项系列实验中，3~5 岁儿童的表现与成人不同，他们对于饭前不洗手的人一定会生病和跳起来的人一定会落下来这两件事情同样确信。

对同一性和分类的理解

当学前儿童对同一性形成了更好的理解时，他们的世界变得更加有序和可预测。同一性是指人和许多事物即使在形状、大小和外表上有所变化，但本质上还是相同的，这种理解是自我概念出现的基础（见第 11 章）。

划分范畴或类别需要儿童能识别出事物的相同之处和不同之处。到 4 岁时，许多儿童能够根据两个标准来进行分类，例如颜色和形状。儿童运用这项能力来组织他们生活中的许多方面，例如把人分成“好的”或“坏的”、“善良的”或“自私的”等等。因此，分类是具有心理意义的一种认知能力。

一种分类是区分有生命和无生命事物。当皮亚杰询问年幼儿童风和云是否有生命时，儿童的回答让皮亚杰认为，他们分不清有生命和无生命的事物。这种给无生命事物赋予生命的倾向称为**泛灵论**（animism）。然而，当后续的研究者们询问 3、4 岁的儿童一些他们更熟悉的事物，例如石头、人和玩具娃娃的差异时，儿童就能够认识到人是活的，而石头和玩具娃娃不是活的。他们认为石头是没有思想和情绪的，而且他们会举出玩具娃娃不会自己行走这样的事例来证明它们是无生命的（Gelman，Spelke，& Meck，1983）。

当然，植物不会自己行走，也不能像绝大多数动物那样发出声音。然而，学前儿童知道植物和动物都会生长和衰老，并且受伤后能够愈合（Rosengren，Gelman，Kalish，& McCormick，1991；Wellman & Gelman，1998）。文化能够影响这些信念。一项研究发现，5~9 岁的以色列儿童通常认为，植物的用途主要是其可食用性，他们不像美国和日本的儿童那样赋予植物生命，赋予它们如呼吸、生长和死亡等品质。日本儿童更倾向于把这些品质赋予无生命的物体，在他们的文化中，有时一块石头、一把座椅都被看成是活的和有感觉的（Hatano et al.，1993）。

数概念

正如第 7 章所讨论的，凯伦・温的研究指出，4 个半月大的婴儿已经有了初步的数概念。他们似乎知道，如果一个玩具娃娃加上另一个玩具娃娃，应该是有两个玩具娃娃，而不止是一个。另一项研究发现，比较数量（多或少，大或小）的序数概念，似乎在婴儿 12~18 个月大小时出现，最初只限于比较非常少量的物体（Siegler，1998）。到 4 岁时，绝大多数儿童掌握了数量比较的词汇。他们会说一棵树比另一颗树更大，或者一个杯子里的果汁比另一个杯子里的更多。他们知道，如果他们有一块饼干，然后又得到一块，那么他们的饼干就比之前多。如果他们给另一个儿童一块饼干的话，那他们的饼干就变少了。他们也能解决 9 个物体以内的序数比较问题，如“摩根摘了 6 个苹果，乔舒亚摘了 4 个苹果，哪个孩子摘的苹果更多？”（Byrnes & Fox，1998）。

大多数儿童要到 3 岁半或更大一些的时候才能在数数时始终应用*基数原则*（Wynn，1990）。当要求儿童数 6 个物品时，3 岁半以前的儿童倾向于依次背诵各个数（1~6），而不是回答这里一共有几个（6）。然而，有证据表明，两岁半大的儿童在特殊的情形下也能使用基数，例如比较哪个盘子里的饼干更多（Gelman，未出版手稿）。到 5 岁时，绝大多数儿童能数到 20，甚至更多，并且知道 1 到 10 的相对大小（Siegler，1998）。儿童直觉性地使用数手指或数其他物体的策略来进行加法运算（Naito & Miura，2001）。

到入学时，绝大多数儿童已经发展出基本的“数感”（Jordan，Kaplan，Oláh，& Locuniak，2006）。数技能的基本水平包括*数数*、*数量知识*（序数）、*数量转换*（简单的加减法）、*数量估计*（“这组点集的数量是多于 5 个还是少于 5 个”）、*识别数量模式*（2 加 2 等于 4，3 加 1 也等于 4）（见表 10-3）。

社会经济地位和学前教育经验影响了儿童在数学方面的发展速度。4 岁时，来自中等收入家庭的儿童数技能显著好于低收入家庭的儿童，而且这些最初的优势通常会

考考你 ✓

你可以……

✓ 概括学前儿童对符号、因果关系、同一性、分类和数的理解吗？

表 10-3　年幼儿童数感知的关键成分

领域	成分
数数	掌握一一对应关系 知道稳定的次序和基数原则 知道数数的顺序
数量知识	数量异同判断 数值大小比较
数量转换	简单的加减法 在故事性问题以及非言语背景下计算 心算
数量估计	估计或估算数量集合的大小 使用参照点
数量模式	复制数量模式 扩展数量模式 辨别数量关系

资料来源：Adapted from Jordan et al.，2006.

继续保持。有的幼儿园教师会和儿童进行许多“数方面的交流”（例如让儿童帮助数日历上的天数），这使得儿童有更多数方面的收获（Klibanoff，Levine，Huttenlocher，Vasilyeva，& Hedges，2006）。

前运算思维的不成熟表现

根据皮亚杰的理论，前运算思维的一个主要特征是**中心化**（centration），即倾向于只关注情境中的一个方面，而忽略其他方面。皮亚杰指出，学前儿童得出不合逻辑的结论是因为他们不能**去中心化**（decenter），即不能在同一时间考虑到一个情境的多个方面。中心化使得年幼儿童在思考自然和社会关系时都受到局限。

自我中心

自我中心（egocentrism）是中心化的一种形式。依据皮亚杰的理论，年幼儿童是如此专注于自己的观点，以致于他们无法考虑其他人的观点。皮亚杰提出，在自我中心方面3岁儿童比新生儿好一些，但他们仍然认为世界是以自己为中心的。自我中心有助于解释，为什么年幼儿童有时很难区分真实世界和他们头脑中的东西，以及为什么他们会混淆事物的因果关系。当艾米丽认为是自己的“不好的想法”导致弟弟生病或者父母离异时，这就是一种自我中心的思考。

为了研究自我中心，皮亚杰设计了三山任务（见图10-1）。一个儿童坐在放有三座小山模型的桌子前，在桌子对面的椅子上放了一个玩具娃娃。研究者问儿童，在玩具娃娃看来这些小山是什么样子的。皮亚杰发现年幼儿童往往不能正确回答这个问题，而是从自己的视角来描述小山。皮亚杰认为这说明前运算阶段的儿童不能想象与自己不同的观点（Piaget & Inhelder，1967）。

然而，另一位研究者用一种不同的方式考查了一个相似问题，却得出了不同的结果（Hughes，1975）。一个儿童坐在一张被“墙壁”分成四部分的方桌前，一个玩具警察站在方桌的边缘，把一个玩具娃娃从一个部分移动到另一个部分。每次移动后，研究者问儿童，“警察能看到娃娃吗？”之后，研究者把另一个玩具警察放进去，让

图 10-1
皮亚杰的三山任务。一个前运算阶段的儿童不能描述从玩具娃娃的角度来看，这些山是什么样子的。根据皮亚杰的观点，这是自我中心的表现。

儿童把娃娃藏起来不被警察发现。研究者的结果是，30 个 3.5~5 岁的儿童都正确完成十次任务。

为什么这些儿童能够从他人（警察）的视角看问题，而那些三山任务中的儿童就不能呢？这可能是因为在“警察任务”中，孩子们是在一个相对熟悉的、更具体的情境下思考。绝大多数儿童平时看不到山，在看到山时也没有思考其他人可能会看到什么。但是绝大多数学前儿童都知道一些关于娃娃、警察和躲藏的事情。因此，年幼儿童可能主要是在其直接经验之外的情境中表现出自我中心。

守　恒

另一个关于中心化的典型例子是不能理解**守恒**（conservation），守恒是指如果两样东西相等，那么只要没有加入或拿走一些，不管其表面特征如何改变，这两样东西仍然是相等的。皮亚杰发现，直到具体运算阶段，儿童才能完全掌握守恒原则（表 10-4 展示了如何测量守恒的各个维度）。

表 10-4　各种形式的守恒测验

守恒任务	呈现给儿童看到的 *	变　化	儿童要回答的问题	前运算阶段儿童的典型回答
数量	两行数量相等的糖果	把一行糖果的间距变宽	这两行糖果的数量是相等的，还是其中一行的糖果更多？	长的那行糖果更多
长度	并排放置的两根同样长度的木棍	将一根木棍向右边移动一点	这两跟木棍同样长，还是有一根更长一些？	右边的（或者左边的）木棍更长
液体	两个装有等量水的玻璃杯	把其中一个杯子里的水倒进一个更高、更细的杯子里	两个玻璃杯中的水是等量的，还是其中一个的多些？	高玻璃杯中的水更多
物质（块）	两个同样大小的泥球	把一个球捏成香肠形状	这两块泥是同样大还是其中一块更大？	香肠形状的泥块更大
重量	两个同样重量的泥球	把一个球捏成香肠形状	这两块泥是一样重，还是其中一块更重些？”	香肠形状的泥块更重
面积	两只玩具兔子，两张厚纸板（代表草地），上边有石块或玩具（代表地上的仓库），每张纸板上的“仓库”数量相同	重新排放其中一个纸板上的石块	每只兔子可以吃的草的数量相同，还是某只兔子有更多的草吃？	仓库密集的那只兔子有更多的草吃
体积	两杯水中放着两个同样大小的泥球	把其中一个泥球捏成香肠的形状	如果我们把香肠样的泥块放回玻璃杯中，那么这两杯水是一样高，还是其中一个高于另一个？	放有香肠状泥块的玻璃杯中的水更高些

* 实验后告知儿童两者是等量的

守恒任务的一种类型是液体守恒，研究者给 5 岁的贾斯廷看两个完全一样的玻璃杯，它们都是又矮又粗，每个杯里有等量的水。研究者问贾斯廷，“两个玻璃杯中的水一样多吗？”当他回答是时，研究者把其中一杯水倒入第三个玻璃杯中，这个玻璃杯又细又高。研究者又问贾斯廷，“这两个玻璃杯中的水一样多吗？还是哪个玻璃杯中的水多一些？为什么？”在儿童早期，甚至是在他看到水从又矮又粗的玻璃杯倒入又细又高的玻璃杯中或者他亲自倒入的情况下，贾斯廷都会回答比较粗矮的或者细高的玻璃杯中有更多的水。当问他原因时，贾斯廷指着更高或更粗的那个玻璃杯杯回答，“这个更大一些”。前运算阶段儿童不能同时考虑到宽度和高度。皮亚杰指出，因为他们关注于事物的一个方面，所以不能进行符合逻辑的思考。

考考你 ✓

你可以……

- ✓ 指出中心化如何限制了前运算思维吗？
- ✓ 给出挑战皮亚杰关于儿童早期的自我中心观点的研究吗？
- ✓ 给出前运算阶段儿童不能获得守恒的几个原因吗？

守恒能力也受到**不可逆性**（irreversibility）的限制，即不能理解一个操作或动作会有两个或更多的方向。一旦贾斯廷能够想象把水倒回到原来的杯子以复原水的最初状态这个过程，他就能明白两个玻璃杯中的水肯定是相等的。

皮亚杰提出，前运算阶段的儿童在思考时就像在看一系列静止图片中的一张，他们只关注相继的状态，而没有发现从一种状态到另一状态的变化。在守恒实验中，儿童只关注每个玻璃杯中水的状态，而忽视水从一个玻璃杯流入另一个玻璃杯的过程，因此他们没能意识到两个玻璃杯中的水是等量的。

年幼儿童有心理理论吗

皮亚杰（1929）是第一个研究儿童**心理理论**（theory of mind）的学者，心理理论是指个体对自己心理过程和他人心理过程的觉察。他询问儿童诸如“梦从哪里来？”和“你在想些什么？”的问题。根据儿童的回答，皮亚杰得出一个结论：6 岁以前的儿童不能区分想法或幻想与物质实体间的区别，因此没有心理理论。然而，近期越来越多的研究表明，2~5 岁期间，尤其是在 4 岁时，儿童关于心理过程的知识有显著的增长。

右边的女孩已经足够大，能够了解她的表妹需要安慰。共情或同理心是一种理解他人感受的能力，这种能力在儿童很小的时候就开始发展。

另外，研究方法的不同也造成了结论的不同。皮亚杰的问题是抽象的，他认为儿童能够理解这些语言。而当代的研究者们则是通过观察儿童的日常活动，或者是给儿童举出一些具体例子来进行研究。举例来说，通过这种研究方式我们可以知道，3 岁儿童能够指出已经有一块饼干的男孩和正在想着一块饼干的男孩的不同。他们知道哪个男孩可以拥有、分享和品尝饼干（Astington，1993），下面我们来看一下心理理论的几个方面。

关于思维和心理状态的知识

在 3~5 岁期间，儿童开始了解，思维是在心理内部进行的；思维既能处理真实的事情也能处理想象的事情；一些人能够在做或注视某件事情的同时思考另一件事情；被蒙住眼睛和耳朵的人能想象出事物；看起来默不作声的人可能正在思考；思考是不同于看、交谈、接触和理解的（Flavell et al., 1995）。

不过，学前儿童普遍认为心理活动是断断续续的。直到儿童中期，他们才知道心理活动是持续进行的（Flavell，1993；Flavell et al.，1995）。学前儿童也基本上意识不到：自己和其他人用言语进行思考，“在头脑中的自言自语”，当他们看、听、读或说的时候也在思考（Flavell，Green，Flavell，& Grossman，1997）。

学前儿童倾向于相信他们能够梦到想梦的任何东西。5 岁的儿童表现出更成人化的认识，能够认识到身体的体验、情绪、知识和想法会影响到梦的内容。然而，直到 11 岁，儿童才能完全认识到他们控制不了自己的梦（Woolley & Boerger，2002）。

社会认知，即关于他人心理状态的知识，随着自我中心的弱化和同理心的发展而发展。到 3 岁时，儿童能够认识到，如果某人得到了他想要的就会感到高兴，否则就会伤心（Wellman & Woolley，1990）。到 4 岁时，儿童开始理解，人们对世界有不同的信念（正确的或错误的），而且这些信念影响着他们的行为。

错误信念和欺骗

研究者给3岁的玛德琳看一个糖果盒,问她这里面装的是什么。她回答说:“糖果。”但是当玛德琳打开盒子时，她看到的却是蜡笔，而不是糖果。研究者问：“一个没有打开过盒子的儿童会认为这里面是什么呢？”玛德琳说：“蜡笔。”她不能理解另一个没有打开过盒子的儿童也会和她之前一样被这个盒子的外表欺骗。而且，当时玛德琳说她最初就认为盒子里装的是蜡笔（Flavell，1993；Flavell et al.，1995）。

“人们会持有错误信念”这种理解是源于个体认识到，人们的心理表征是基于现实的，而这种表征有时可能是错误的。像玛德琳一样，3 岁儿童显然缺少这样的理解（Flavell et al.，1995）。对在不同国家开展的、使用大量不同形式的错误信念任务的 178 项研究进行的元分析，发现了一致的发展模式（Wellman & Cross，2001；Wellman，Cross，& Watson，2001）。

然而，一些研究者声称，3 岁的儿童已经对错误信念有了初步的理解，只是在复杂的情境中可能没有表现出来（Hala & Chandler，1996）。当教给学前儿童用手势而非言语来对错误信念任务做出反应时，接近 4 岁的儿童（而非更年幼的儿童）比在传统的言语反应任务中做得更好。因此，手势可能会帮助处于掌握错误信念边缘的儿童取得概念上的飞跃（Carlson，Wong，Lemke，& Cosser，2005）。

3 岁的儿童不能认识到错误信念可能根源于其自我中心的思维。在那个年龄，儿童都像玛德琳那样，倾向于认为其他所有人都知道他们所知道的和相信他们所相信的，而且他们很难理解自己的想法会是错误的（Lillard & Curenton，1999）。4 岁的儿童能够理解，人们看到或听到同一事件的不同版本可能产生不同的信念。然而，直到大约 6 岁时，儿童才意识到看到或听到同一事件的两个人，对事件的解释也可能不同（Pillow & Henrichon，1996）。

欺骗是故意在他人头脑中营造错误的信念，这需要儿童能抑制说实话的冲动。研究发现，一些儿童在 2、3 岁时就会欺骗，而另一些则要到 4、5 岁。这一差异可能与研究者希望儿童在研究中所使用的欺骗方式有关。在一项系列实验中，研究者询问 3 岁儿童是否愿意和另一位研究者开个玩笑，就一个小球藏在两个盒子中的哪一个里面给出错误线索。这个年龄段的儿童习惯用手指指出正确答案，因此比起使用手指的方式，当研究者要求儿童把一张画有小球的图片贴到错误的盒子上，或者将箭头指向错误盒子时，儿童能更好地进行欺骗（Carlson，Moses，& Hix，1998）。

皮亚杰宣称，年幼儿童把所有虚假的话都看成是谎言，不管是有意的还是无意的。然而，当研究者给 3~6 岁的儿童讲一个与他们经验相近的故事，如吃脏食物的危险，并问他们主人公关于食物的“错误”陈述是谎言还是错误时，大约四分之三的儿童能正确做出判断（Siegal & Peterson，1998）。显然，即使是 3 岁的儿童也对意图在欺骗中的作用有了一定的理解。

区分表象与现实

根据皮亚杰的理论，直到 5、6 岁时，儿童才能理解*看起来是*和*就是*之间的区别。许多研究支持了他的理论，但也有些研究发现，这种能力在 4 岁前就开始出现（Friend & Davis，1993；Rice，Koinis，Sullivan，Tager-Flusberg，& Winner，1997）。

在一项经典的系列研究中（Flavell，Green，& Flavell，1986），3 岁儿童在不同的试验中都明显地混淆了表象和事实。例如，当儿童带上一副特殊的墨镜，使牛奶看起来是绿色时，他们就说牛奶是绿色的，即使他刚刚看过白色牛奶。然而，当研究者给 3 岁儿童呈现一块看起来像石头的海绵，并让他们帮忙骗别人这是一块石头时，儿童能够区别海绵“看起来”（像石头）和“实际”是什么（海绵）的不同。显然，把这项任务放到欺骗的背景下可以帮助儿童认识到，一个物体能够被看做它本身之外的其他东西（Rice et al.，1997）。

3 岁儿童在区分表象和现实上的困难可能看起来比较明显，而实际情况并非如此。例如，当问儿童一只包装得像蜡笔的蜡烛的用途时，仅有十分之三的儿童回答正确。但是，当研究者让儿童用行动而非言语做出反应时（“我需要一棵蜡烛，放到生日蛋糕上”），十分之九的儿童把蜡笔样的蜡烛递给了研究者（Sapp，Lee，& Muir，2000）。

区分幻想和现实

18 个月至 3 岁的儿童开始学会区分真实和想象的事物。3 岁儿童知道真实的狗和梦中的狗的区别，知道无形的事物（如空气）和想象事物的区别。他们自己能假装，而且能辨别其他人是否在假装（Flavell et al.，1995）。到 3 岁时（有的情况下是 2 岁），他们知道假装是故意的，能指出要做某事和假装做这件事的区别（Rakoczy，Tomasello，& Striano，2004）。

但是，幻想和现实的界限似乎常常是模糊的。在一项研究中（Harris，Brown，Marriott，Whittall，& Harmer，1991），独自留在房间中的 4~6 岁儿童更愿接触装有假想的兔子的盒子，而不愿接触装有假想的怪物的盒子，尽管绝大多数儿童声称他们都是假装这样做的。然而，在一项部分重复的研究中，研究者也留在了房间里，而且清楚地告诉儿童不要假装，这时仅有 10% 的儿童接触或看了其中的某个盒子，几乎所有儿童清晰地认识到这些东西是虚构的（Golomb & Galasso，1995）。因此当询问儿童假想物体的时候，我们很难知道这些儿童是在认真回答还是在继续假装（M.Taylor，1997）。

3 岁和年龄更大些的儿童头脑中的奇幻思维似乎不是根源于分不清幻想和现实。奇幻思维常常是对那些看起来没有明显现实原因的事件的一种解释方式（通常因为儿童缺少相关的知识），或者仅是简单地沉迷于幻想带来的乐趣，例如相信自己拥有想象中的同伴（专栏 10-1）。儿童通常能像成人一样意识到这些幻想事物的虚幻本质，但是他们更愿意享受它们可能是真的这种可能性所带来的快乐（Woolley，1997）。在学前期快要结束的时候，这种奇幻思维会慢慢消失（Woolley，Phelps，Davis，& Mandell，1999）。

总之，各种各样关于心理理论主题的研究表明，年幼儿童对现实世界的认识可能比皮亚杰所认为的更加清晰。

影响心理理论发展的个体差异的因素

一些儿童的心理理论发展早于另外一些儿童，这部分地反映了大脑的成熟和认知的总体发展。能够解释个体差异的其他影响因素有哪些呢？

社交能力和语言发展有助于对思维和情绪的理解（Cassidy，Werner，Rourke，Zubernis，& Balaraman，2003）。那些在社交技能上被老师和同伴评为高分的儿童，在识别错误信念、区分真实和伪装情绪以及理解他人观点方面做得更好。这些儿童通常还有很强的语言技能（Cassidy et al.，2003；Watson，Nixon，Wilson，& Capage，1999）。年幼儿童在家中听到的谈话类型可能会影响其对心理状态的理解。有些 3 岁儿童的妈妈会和孩子谈论别人的心理状态，这些孩子通常有更好的心理理论技能（Ruffman，Slade，& Crowe，2002）。

那些鼓励假装游戏的家庭激发了儿童心理理论技能的发展。当儿童扮演某一角色时，他们会努力尝试想象别人的想法，和孩子谈论故事中主人公的感受有助于他们社会性理解的发展（Lillard & Curenton，1999）。那些处于经常谈论感受和因果

专栏 10.1 假想同伴

在 3 岁半时，安娜有 23 个“姐妹”，比如奥诗、埃尔莫、泽尼、艾姬和安吉等等。因为她们住在 100 公里以外安娜一家曾居住过的一个城镇，所以安娜常常和她们在电话里聊天。在接下来的一年中，安娜的绝大多数姐妹消失了，但奥诗会持续拜访，尤其是在安娜的生日聚会时。奥诗有一只猫和一只狗（这是安娜曾经乞求但没有得到的），每当安娜在电视广告中看上喜欢的东西而被拒绝时，她就会说，妹妹那儿已经有一个了。但是当一个现实中的朋友过来玩，而安娜的妈妈碰巧提到她想象中的同伴时，安娜会马上转移话题。

所有的 23 个姐妹，以及在她们之后出现的一些“男孩”和“女孩”，仅仅生活在安娜的想象中，这些安娜是知道的。就像大约 25~65% 的 3~10 岁儿童那样（Woolley，1997），安娜创造了假想同伴，和她们说话、玩游戏。这种儿童期的正常现象常见于头胎子女和独生子女中，他们缺少兄弟姐妹的亲密陪伴。就像安娜一样，大多数创造假想同伴的儿童会有很多这样的朋友（Gleason，Sebanc，& Hartup，2000）。女孩比男孩更可能有假想同伴，或者说至少女孩比男孩更可能承认有假想同伴；男孩更可能扮演想象中的人物（Carlson & Taylor，2005）。

有假想同伴的孩子是能够区分幻想和真实的，但在自由游戏情境中，他们比那些没有假想同伴的孩子更喜欢玩假装游戏（M.Taylor，Cartwright，& Carlson，1993）。他们玩得更愉快，更富有想象力，更乐于与其他的孩子和成人合作（D. G. Singer & Singer，1990；J. L. Singer & Singer，1981），而且他们在幼儿园中不缺少朋友（Gleason et al.，2000）。他们的语言更加流畅、更少看电视，在游戏过程中表现出更多的好奇心、兴奋性和坚持性（Gleason et al.，2000）。在对 152 个学前儿童进行的一项研究中发现，比起没有假想同伴的 4 岁儿童，那些报告说有假想同伴的 4 岁儿童，在心理理论任务（如区分表象和现实、识别错误信念）中做得更好，并且这些儿童在 3 年后表现出了更好的情绪理解能力（M.Taylor & Carlson，1997）。在学龄早期，儿童具有假想同伴的现象仍然比较普遍，报告有假想同伴的儿童中，几乎有三分之一（样本总数的 65%）的人到 7 岁的时候仍然在和假想同伴玩游戏（Taylor，Carlson，Maring，Gerow，& Charley，2004）。

儿童与假想同伴的关系和真实的同伴关系一样，不同于“照顾”诸如玩具动物和娃娃等拟人化的物体，他们与假想同伴的相处往往是友善而亲切的（Gleason et al.，2000）。假想同伴对于像安娜这样的独生子女来说是好的玩伴。这些假想同伴提供了愿望满足机制（“我的房间中有一只怪物，但是埃尔莫用魔尘把它吓跑了”）、代罪羔羊机制（“我没有吃那些饼干，肯定是奥诗吃的”）、孩子表达自己忧虑的安全方式（“安吉感到害怕，因为她马上就得洗澡了”）、在困难的情形下提供支持（当安娜想去看恐怖电影时，她“带着”假想同伴一起去）。

你的观点

儿童谈论假想同伴时，父母应当如何回应？

请查阅

更多信息，请登录 www.imaginarycompanions.com。此网站是由 Marjorie Taylor 建立的，是关于儿童假想同伴的。

关系的家庭中的儿童，通常会较早地表现出同理心（Dunn，Brown，Slomkowski，Tesla，& Youngblade，1991；Dunn，1991）。

在家中说和听两种及以上语言的双语儿童，在某些心理理论任务中会稍微好于那些说和听一种语言的儿童（Bialystok & Senman，2004；Goetz，2003）。双语儿童知道一个事物或观念能够用不止一种语言方式表达出来，这种知识可能有助于他们理解不同的人也许有不同的观点。双语儿童还能认识到要与同伴的语言相匹配，这可能会使他们更多地注意别人的心理状态。最后，双语儿童通常有更好的注意控制能力，这能够使他们关注什么是真实的，而不是那些仅仅是看起来真实的事物（Bialystok & Senman，2004；Goetz，2003）。

考考你 ✓

你可以……

✓ 给出挑战皮亚杰的儿童认知发展局限性观点的实证研究吗?

✓ 描述儿童关于自身思维工作模式的知识在3~6岁期间有何变化吗?

信息加工取向：记忆的发展

儿童的注意以及信息加工的速度和效率在儿童早期有所进步，而且他们开始形成长时记忆，但是年幼儿童的记忆力还不如年龄更大些的儿童。一方面的原因是，年幼儿童倾向于关注事件的精确细节，而年长儿童和成人通常关注事件的要点。相比而言，细节更容易被忘记。其次，年幼儿童关于世界的知识还较少，因此可能注意不到情境中那些有助于唤起记忆的重要方面，例如事件发生的时间、地点等等。

基本过程和能力

信息加工理论把记忆看成是一个编档保存系统，这个系统有三个步骤或程序：编码、储存和提取。**编码**（encoding）就像把信息放到一个文件夹中以便在记忆中归档，每个信息都被贴上一个“号码”或“标签”，以便在需要时能更容易地找到。各个事件是和当时的背景信息一起被编码的。**储存**（storage）是把文件夹放到档案柜中。**提取**（retrieval）发生在需要用到某些信息时，这时儿童会寻找需要的文件夹并把它取出。该过程中的任何一个步骤遇到困难都会影响到记忆效率。

研究者认为，尽管记忆系统的效率因人而异，但大脑储存信息的方式是普遍的（Siegler，1998）。信息加工模型声称脑包括三个“仓库”：感觉记忆、工作记忆和长时记忆。

感觉记忆（sensory memory）是那些输入的感觉信息的一个临时“仓库”。感觉记忆从婴儿期开始就没有什么变化（Siegler，1998）。然而，如果信息没有得到加工（编码），感觉记忆会很快消退。

被编码或提取的信息保存在工作记忆中，**工作记忆**（working memory）是一个短期存储“仓库”，用于保存人们正在积极加工的信息，例如正在努力理解、记住或思考的信息。脑成像研究发现，工作记忆部分位于前额叶皮层中，即前额正后方的额叶的大部分区域（Nelson et al.，2000）。

工作记忆的效率受到其容量的限制。研究者可以通过让儿童倒着回忆一系列随机数字的方法（例如，听到 1-5-7-3-8-2，回答是 2-8-3-7-5-1）来评估工作记忆的容量。工作记忆的容量，即儿童能回忆起的数字的数量随着年龄的增长，会迅速地增加（Cowan，Nugent，Elliott，Ponomarev，& Saults，1999）。在 4 岁时，大多数儿童仅能记住两个数字，到 12 岁时，大多数儿童能记住 6 个数字（Zelazo，Müller，Frye，& Marcovitch，2003）。

工作记忆的发展可能使**执行功能**（executive function）得以发展，执行功能是指有意识地控制思维、情绪和行为来达到目标或解决问题。执行功能让儿童计划并实施目标导向的心理活动。它可能出现在婴儿 1 岁末左右，并随年龄的增长急速发展。2~5 岁期间执行功能的变化，使儿童能够制定和使用解决问题的复杂规则（Zelazo et al.，2003；Zelazo & Müller，2002）。

一个得到广泛应用的模型指出，在工作记忆中有一个**中央执行**（central executive）控制着加工过程（Baddeley，1981，1986，1992，1996，1998）。中央执行指挥着转化成**长时记忆**（long-term memory）的信息编码，长时记忆是一个能够长期储存信息并具有无限容量的“仓库”。为了进一步的加工，中央执行也从长时记忆中提取信息。当中央执行忙于其他的任务时，它能通过把信息转入两个独立的子系统来临时扩展工作记忆的容量，一个子系统负责言语信息（例如数字任务），另一个子系统负责视觉和空间形象信息。

再认和回忆

考考你 ✓

你可以……

- ✓ 区分记忆的三个基本过程和三个存储“仓库”，并描述它们的发展吗?
- ✓ 比较学前儿童的再认和回忆能力吗?

再认和回忆是信息提取的两种类型。**再认**（recognition）是认出之前见过的事物的能力（例如，从失物招领箱中挑出丢失的手套）；**回忆**（recall）是从记忆中再现知识的能力（例如，向某人描述手套的样子）。像所有年龄阶段的人一样，学前儿童的再认好于回忆，但两者都随着年龄增长而改进。儿童对于某个项目越熟悉，他们回忆得越好，回忆的好坏还依赖于动机和儿童为了增进回忆而使用的策略（Lange，MacKinnon，& Nida，1989）。

年幼儿童通常不能成功地使用记忆策略，除非提醒他们，否则他们连已经知道的记忆策略也不去使用（Flavell，1970）。不能产生有效策略的倾向可能反映出儿童缺少关于策略是怎样发生作用的知识（Sophian，Wood，& Vong，1995）。年长儿童在自发应用记忆策略上会变得更加高效，详细讨论见第 13 章。

儿童期记忆的形成和保持

儿童早期的记忆经验很少是有明确目的的。年幼儿童仅是记住了给他们留下深刻印象的事件，而这些早期的有意识记忆的大部分内容似乎只能保持很短时间。

早期记忆：三种类型

一位研究者把儿童早期的记忆分成了三种类型，分别对应不同的功能：一般记忆、情景记忆和自传体记忆（Nelson，1993b）。

一般记忆（generic memory）开始于两岁左右，指产生一个**脚本**（script），或者说是没有时间和地点细节的一个熟悉并重复发生的事件的大体轮廓。脚本包括了反复发生的事件的常规过程。它有助于儿童知道该预期什么，以及怎样做。例如，一个儿童可能有关于坐车到学校，或者在奶奶家吃午饭等事件的脚本。

情景记忆（episodic memory）指能够意识到自己曾经经历过的某些发生在特定时间和地点的特殊事件。早期的情景记忆，使年幼儿童通过组织他们经历的各种事件建立起关于周围世界的心理图画（Nelson，2005）。年幼儿童对于新发生的事件记得更加清晰。我们知道年幼儿童的记忆容量有限，因此情景记忆是暂时的，除非这些事件发生多次之后转化为一般记忆，否则情景记忆会在保持数周或数月后逐渐消失。随着儿童的成长，过去的记忆变得陈旧，取而代之的是那些儿童不断改变着的关于世界的更新和更近的知识（Nelson，2005）。

自传体记忆（autobiographical memory）是情景记忆的一种特例，它指形成一种关于人生命历程的具体而持久的记忆。并不是情景记忆中的每一件事都会成为自传体记忆的一部分，只有那些对于儿童而言，具有特别的、个人化意义的记忆才会成为自传体记忆（Fivush & Nelson，2004）。

尽管有些人能回忆起两岁时的一些孤立事件（如某个兄弟姐妹的生日），但是自传体记忆一般出现在 3~4 岁之间，并在 4 岁半左右逐渐变得连贯（Howe，2003；Fivush & Nelson，2004；Nelson，2005）。关于自传体记忆出现较晚的一种解释是，儿童只有发展出能够将与自己生活相关的事件组织起来的自我概念，才能在记忆中储存这些事件（Howe，2003；Howe & Courage，1993，1997）。

记忆保持的影响因素

为什么一些早期记忆比另一些保持得更长久？一个影响因素是事件的独特性；另一个影响因素是儿童的积极参与，包括参与事件本身或者是参与对事件的复述或重现。学前儿童倾向对做过的事情比仅仅看到的事情的记忆效果更好（Murachver，Pipe，Gordon，Owens，& Fivush，1996）。

另一个强化因素是谈论过去的事情。自传体记忆的产生似乎与言语的发展相联系（Fivush & Nelson，2004；Nelson，2005）。谈论一件事情（如阿尔伯特·爱因斯坦和他的叔叔杰克布谈论指南针的工作方式）的能力可能影响到记忆是否会以及会如何影响此后的生活（Fivush & Schwarzmueller，1998）。在一项研究中，让2岁半到3岁的儿童和他们的妈妈一起玩一些假装游戏：进行一次野营、参加一次观鸟历险、开一家冰激凌店。比起那些只参加游戏或只讨论的儿童，那些和妈妈共同参与并共同讨论与这些事件相联系的不同方面的儿童，在一到三天后的回忆更好（Haden，Ornstein，Eckerman，& Didow，2001）。

成人和儿童谈论共同经历的方式会影响到儿童对这一经历的记忆（Cleveland & Reese，2005；Haden & Fivush，1996；McGuigan & Salmon，2004；Reese & Fivush，1993）。当儿童的回忆遇到困难时，使用*反复对话方式*的成人会重复谈论他们自己之前的陈述和问题。反复式的家长会问："你记得我们是怎样到佛罗里达的吗？"如果没有得到答复，家长会接着问："我们是怎样到那里的？我们到那里是坐……"使用*详尽谈话方式*的成人可能会转向事情的另一个方面，或问一个包含更多信息的问题："我们是坐车还是坐飞机到那里的？"采用详尽式谈话方式的父母似乎关注于形成相互奖赏式的谈话以及肯定儿童的反应，而采用反复式谈话方式的家长似乎关注于检查儿童的记忆状况。详尽式父母的孩子如果在3岁时参与更长、更详尽的关于事件的谈话，那么他们在5、6岁时对这些事情的记忆会更好（Reese，Haden，& Fivush，1993）。

一项研究发现，对于参加了角色扮演（参观一个"动物园"）的3岁和5岁儿童，比起在事件发生前或发生时谈话，在事件发生数天后进行详尽的谈话，对儿童两周后的回忆更有帮助。事实上，对于3岁儿童来说，在事件发生前或发生时和他们进行详尽谈话，与和他们进行没有传递任何具体信息的空谈一样无效（McGuigan & Salmon，2004）。

详尽的谈话是怎样增强回忆的？这样的谈话可能为事件的各个方面提供了言语标签，并给出了一个有序、易于理解的结构，从而有助于儿童对新体验到的信息更好地进行编码。详尽的谈话可能还为儿童对事件的心理表征创设了界限，从而阻止无关或歪曲信息的干扰（McGuigan & Salmon，2004）。一项研究发现，与母亲没有受过训练的儿童相比，那些母亲受过详尽谈话技巧训练的儿童，在2岁半和3岁半时回忆出了更多的信息。另外，在3岁半时，那些已经有更高自我意识的儿童可以更加精确地进行回忆（Reese & Newcombe，2007）。

当父母支持儿童的自主性而非进行管制时，儿童的记忆也会更好。支持自主的父母跟随儿童的节奏，鼓励儿童继续或扩展其想要说的。管制型的父母可能在儿童不想说话时催促儿童、反驳儿童的话，或者对儿童的话语或行为进行负性评价。在一项以50对新西兰母亲和儿童为研究对象的纵向研究中发现，在儿童3岁时，如果母亲是详尽式谈话，而且是支持自主型而非管制型，则儿童可以给出更多有关分享记忆的信息。到5岁时，母亲详尽式的提问对引发儿童的记忆仍然有重要作用，但可能由于这个年龄的儿童更加肯定他们记住的内容，因此母亲是否支持自主不再会造成儿童回忆的差异（Cleveland & Reese，2005）。

分享记忆的建构：文化的作用

交谈不仅有助于儿童的记忆，它对于记忆的形式来说也是重要的。一些受到维果斯基社会文化理论影响的研究者支持**社会交互作用模型**（social interaction model）。这个模型指出，儿童在和父母或其他成人谈论共享事件时，会合作性地建构自传体记忆（Nelson，1993a）。在一起回忆的过程中，成人提供语言支架，以帮助儿童关注和组织一段记忆，并将之与成人所记忆的东西进行比较（Fivush & Nelson，2004）。随着成人发起和引导这些谈话，儿童学会了如何在他们的文化中以叙述性的形式组织记忆（Welch-Ross，1997）。当父母频繁询问 2、3 岁儿童事件的背景信息时（如，你是什么时候发现松果的？在哪儿发现的？当时谁和你在一起？），儿童不久就记住了这些信息（Peterson & McCabe，1994）。如果父母在儿童 3 岁时与他们谈论主观反应（“你想要去玩滑梯，”“这是一个很大的球，”“妈妈错了”），那么这些儿童在 5 岁半时更有可能把这些评论加入他们的记忆中（Haden，Haine，& Fivush，1997）。

文化影响儿童会记住经历中的哪些内容，以及父母和儿童谈论事件的方式。在一项研究中（Wang，2004）考查了 180 名欧裔美国和中国学前儿童、幼儿园儿童和二年级儿童，研究者问这些儿童诸如“你上一个生日是怎样过的？”，“告诉我一件妈妈或爸爸因为某事责骂你的经历。”这样的问题，比起中国儿童，美国儿童会谈论具体的事情，他们的叙述更长、更详细，并包含更多的见解和情绪。中国儿童的描述更短、更简洁，更集中于日常程序、团体活动以及社交互动和角色。美国儿童是他们所描述故事的主角，而中国儿童则是参与故事的一员。在和 3 岁儿童讨论分享记忆时，美国妈妈使用详尽的谈话鼓励儿童的积极参与（“你记得你到娜娜家游泳的事吗？你做了一件非常灵巧的事情，你还记得是什么吗？”），中国妈妈使用引导性的问题，其中包括了大量记忆内容，儿童几乎不用增加其他内容（“你在滑雪场玩什么了？坐雪橇了，是吗？”）

> **考考你✓**
>
> 你可以……
>
> ✓ 区分儿童早期的三种记忆类型吗？
>
> ✓ 区分影响学前儿童事件记忆效果的三个因素吗？
>
> ✓ 解释语言发展如何影响自传体记忆的出现吗？
>
> ✓ 讨论与成年人的对话如何影响记忆的建构和保持吗？
>
> ✓ 举例说明文化如何影响记忆吗？

智力：心理测量和维果斯基取向

可能影响早期认知技能强度的一个因素是智力。我们来看一下测量智力的两种方式：传统的心理测量学测验和较新的针对认知潜能的测验，以及影响儿童智力表现的因素。

传统的心理测量

虽然对学前儿童进行测验比对婴儿和学步期儿童更容易，但是仍需要个别施测。因为 3~5 岁儿童比年幼儿童更加精通语言，因此，对这个年龄阶段儿童的智力测验

为儿童解决问题提供建议和策略，而不表现出赞成或反对，可以促进认知发展。在儿童早期，父母对儿童认知发展的影响可能是最大的。

可以包括更多的言语项目，而且这些测验比用于婴儿的非言语测验的结果更可信。针对学前儿童的两个最常用的个体测验是斯坦福 - 比奈智力量表和韦克斯勒学前儿童与小学生智力测验。

斯坦福 – 比奈智力量表（Stanford-Binet Intelligence Scales）是传统比奈 - 西蒙测验的美国版本，适用于两岁及以上儿童，完成整个测验需 45~60 分钟。测验要求儿童命名单词、穿珠子、搭积木、填图、走迷宫以及进行数量理解。该测验假定儿童的得分表明了其流体智力（解决抽象和新奇问题的能力）、知识、数量推理、视空间知觉加工和工作记忆。2003 年修订的第 5 版测验包括了以上五个认知维度的非言语测量方法，这样可以比较儿童在言语和非言语两方面的表现。除了给出一个总的智商分数，测验还给出了智商的言语和非言语分数，以及分别对应于五个认知维度的合成分数。

完成**韦克斯勒学前儿童与小学生智力测验修订版**（Wechsler Preschool and Primary Scale of Intelligence，Revised，简称 WPPSI-III）需要 30~60 分钟，针对 2.5~4 岁、4~7 岁儿童有不同水平的测验。它可以分别给出言语得分和操作得分，以及一个合并后的分数。2002 年的修订版添加了一些分测验，用于测量言语和非言语流体推理、词汇接受和表达，以及加工速度。斯坦福 - 比奈智力量表和韦克斯勒学前儿童与小学生智力测验都以代表全体美国学前儿童的样本进行了再次标准化。韦克斯勒学前儿童与小学生智力测验修订版的第 3 版对特殊群体儿童的测量也被验证是有效的，如智力缺陷儿童、发展迟缓儿童、语言障碍儿童和孤独症儿童等。

从 5 岁开始，智力测验在预测儿童以后的智力和学业成就时更加可信（Bornstein & Sigman，1986；Neisser et al.，1996）。尽管这些测验得到广泛应用，但是对于智力是什么、如何测量，或者智力是否能够被准确地测量等问题仍有很多激烈的争论（见第 13 章）。

智力测量的影响因素

人们的一个普遍误解是认为智商分数代表了新生儿智力的固定值。事实上，智商分数仅仅表明了和同龄的儿童相比，某个儿童在特定的时间完成某些特定任务的表现。事实上，在大多数工业化国家，自测验产生以来，儿童的测验分数有了稳定的提高，这促使测验开发者不断提高标准化常模（Flynn，1984，1987）。这种增长趋势的产生可能部分源于教育性电视节目、学前教育、受过更高教育的父母、更广泛多样的经历以及测验本身的变化。

一个儿童在智力测验上的表现可能受到几个因素的影响：气质、社会和情绪成熟度、在测验情境中的放松程度、读写技巧、社会经济地位、种族或文化，以及儿童的认知风格与测验任务间的匹配性（我们将在第 13 章详细探讨这几个因素）。

关于家庭环境对儿童智力的影响程度仍然存在争议。我们不知道父母对孩子智力的影响有多少来自于遗传，有多少来自于他们为孩子提供的最初的学习环境。双生子研究和收养研究表明，家庭环境在儿童早期的影响最为强烈，到青春期时这种影响会大幅减弱（McGue，1997；Neisser et al.，1996）。然而，这些研究主要是以中产阶层白人为样本，研究结果可能不能推广到低收入家庭和非白人家庭（Neisser et al.,1996）。一项对非裔美国低收入家庭儿童的纵向研究表明，家庭环境仍有实质影响，其影响至少和母亲智力的影响强度一样（Burchinal et al.，1997）。

社会经济地位和智力之间的相关得到了广泛验证（Neisser et al.，1996）。家庭收入与儿童在学前期以及以后的认知发展和学业成就有关。家庭经济环境能发挥强大影响，不仅是其自身的直接影响，而且还通过影响其他的因素，诸如健康、压力、教养行为、家庭氛围等来发挥作用（Brooks-Gunn，2003；Evans，2004；McLoyd，1990，1998；NICHD Early Child Care Research Network，2005a；Rouse，Brooks-Gunn，& McLanahan，2005；见第 10 章）。

那为什么一些来自贫困家庭的孩子比另一些同样来自贫困家庭的孩子智商更高呢？遗传和环境都在起作用。一项研究以 1116 对双胞胎为研究对象，这些双胞胎在 1994 和 1995 年出生于英格兰和威尔士，研究者在他们 5 岁的时候评估了其智力水平，结果与其他研究一致，即出生于贫困家庭的孩子的智商分数通常更低。然而，其中具有外向气质、受到悉心照料、家中有激励活动（这也可能受到父母智商的影响）的孩子，通常比其他经济贫困的孩子有更高的智商。

你的观点？

如果你是一位幼儿园教师，你认为了解一个儿童的智商对你有帮助吗？

基于维果斯基理论的测验和教学

根据维果斯基的理论，儿童通过内化其和成人互动的结果来学习。交互式学习在**最近发展区**（zone of proximal development，简称 ZPD）是最有效的，最近发展区是指儿童通过自身的努力，基本上能够完成的那些任务。ZPD 能够通过动力测验来进行评估（见第 13 章），与测量儿童已经掌握的知识的传统心理测量学测验相比，这种基于维果斯基理论的测验方式能够更好地测量儿童的智力潜能。

最近发展区和**支架**（scaffolding，与最近发展区有关的一个概念）共同帮助父母和教师有效地指导儿童的认知发展。儿童越是不能完成一项任务，成人越要给予更多的支架或支持。随着儿童能做的越来越多，成人的帮助也越来越少。当儿童能独立完成任务时，成人就可以取走儿童不再需要的支架了。

家长可以通过让儿童学会意识到和监控自己的认知过程，并识别自己何时需要帮助，来帮助儿童承担学习的责任。进入幼儿园前，如果儿童能够获得这方面的支架，那么他们进入幼儿园后将会更好地管理自己的学习（Neitzel & Stright，2003）。

考考你✓

你可以……

- ✓ 描述两种经常用于测量学前儿童个体智力水平的测验吗？
- ✓ 列举并讨论几种智力测量的影响因素吗？
- ✓ 解释为什么采用基于ZPD测验方式获得的智力分数与传统的心理测量学测验获得的分数有显著的差异吗？

一项以 289 个幼儿家庭为对象的纵向研究表明，2 岁和 3 岁半儿童在和母亲的互动中发展的技能，使他们 4 岁半时能够掌控目标导向的问题和发起社会性交往。而且，在儿童两岁时，如果母亲通过问问题、给出建议或评论，或提供选择等方式帮助他们把兴趣维持在一件事情上，那么他们在 3 岁半和 4 岁半时通常会在解决问题和发起社会交往等认知和社会性技能上表现出独立性（Landry，Smith，Swank，& Miller-Loncar，2000）。

语言发展

学前儿童心中充满了疑问："到明天为止会睡多少觉？""谁把河里填满了水？""婴儿有肌肉吗？""气味是从我的鼻子里面来的吗？"年幼儿童日益流畅的语言帮助他们表达对世界的独一无二的看法。3~6 岁期间，儿童在词汇、语法和句法上有了快速提升。3 岁时，儿童还会用不当的词描述爸爸如何"孵出"木柴（用斧子砍柴），或者让妈妈"块"她的食物（把食物分成几块）；而到 5 岁时，他们就可能告诉妈妈，"不要开玩笑了"，或者骄傲地指着玩具说："看，我把所有东西都整理得很好！"

这个幼儿园男孩可以利用自己日益增长的词汇、语言知识和句法知识进行有效地交流。他已经学会了如何向父亲发起提问，如何进行对话，如何讲故事，这些故事可能与幼儿园里发生了什么有关。

词 汇

一般来说，3 岁儿童能够认识和使用 900~1000 个单词。到 6 岁时，大部分儿童的表达性（讲话）词汇量达到了 2600 个单词，并能理解 20000 多个单词（Owens，1996）。得益于正规教育，儿童进入高中时，其被动性（或称为接受性）词汇量（她能理解的词语）将达到原来的 4 倍，变成 80000 个（Owens，1996）。

词汇量的迅速扩展可能是通过**快速映射**（fast mapping）实现的，快速映射能够使儿童在一次或两次谈话中听到某个新词后了解它大致的意思。儿童似乎能通过语境快速形成关于词语含义的假设，这个假设在进一步地接触和使用中得到澄清。语言学家不能肯定快速映射是怎么工作的，但儿童似乎利用了他们关于构词规则、相似单词、当前上下文以及讨论主题的知识。对物体的命名（名词）似乎比对动作的命名（动词）更容易一些，因为后者没那么具体。但是一项研究表明，3 岁以下的儿童可以快速映射一个新动词，并把它应用到另一个出现相同动作的情境中（Golinkoff，Jacquet，Hirsh-Pasek，& Nandakumar，1996）。

多数 3 岁和 4 岁的儿童似乎都能说出在什么时候两个单词会表示相同的物体或动作（Savage & Au，1996）。他们知道一个物体不可能有两个专有名词，例如，一只狗不可能既是"点点"（Spot）又是"菲多"（Fido）。他们也知道可以用多个形容词修饰同一个名词，一个形容词可以和一个专有名词连在一起。例如，“菲多身上有斑点而且毛茸茸的（Fido is spotted and furry）”，“灵巧的菲多！”（Hall & Graham，1999）。

语法和句法

儿童把音节连成单词、单词连成句子的技能在儿童早期变得越来越熟练。3 岁时，儿童一般开始使用复数、所有格和过去时态，并且知道我、你和我们之间的区别。然而，由于他们还没有学会或理解规则的特例，因此仍然会过度规则化（见第 7 章）。他们的句子一般是短而简单的，常常省略冠词，例如一个或这个，但句子中会包括一些代词、形容词和介词。虽然他们总是使用陈述句（“基蒂想喝牛奶”），但他们也能提出和回答是什么和在哪里这样的问题（为什么和怎么样这样的问题比较难以掌握）。

在 4~5 岁期间，儿童使用的句子平均包含 4~5 个单词，可能是陈述句、否定句（“我不饿”）、疑问句（“为什么我不能到外边？”）或祈使句（“抓住那个球！”）。如果父母经常使用复杂、多从句的句子，那么 4 岁的儿童也会使用这些句子（“我饿了，所以我在吃饭。”）（Huttenlocher，Vasilyeva，Cymerman，& Levine，2002）。这个年龄的儿童倾向于把句子串成进行中的长故事（“……然后……然后……”）。他们在某些方面的理解也是不成熟的。例如，4 岁的诺亚可以执行包含不止一个步骤的命令（“把你的玩具捡起来，放到橱柜里”）。然而，如果妈妈说：“你可以看电视，但要先把玩具捡起来放好。”他可能就会按他听到的顺序加工句子，认为自己可以先看电视，然后再收拾玩具。

到 5~7 岁时，儿童的话语越来越像成人。他们使用更长和更复杂的句子，以及更多的连词、介词和冠词。他们使用复合句和复杂句，并能处理话语的各个部分。

尽管这个年龄阶段的儿童说话流畅、能让人听懂，并相当符合语法规则，但他们还不能掌握语言的许多细微之处。他们很少使用被动语态(我被奶奶穿上了衣服”)、条件句（“如果我长得更大些，就能开汽车了”），或者助动词 *have*（I have seen that lady before “我以前见过那位女士”）（C. S. Chomsky，1969）。因为他们没有学会规则的特例，所以经常犯错误。例如，把“held”说成“holded”或者把“ate”说成“eated”是该阶段儿童语言加工中的普遍状况。当年幼儿童发现了某种规则，例如在动词后加“ed”代表过去时态，他们就会过度概化，对那些不符合该规则的词也使用这些规则。最终，他们会明白，“ed”并不总是被用来构成动词的过去时态。

训练有助于儿童掌握这些语法规则。在两周的学校生活中，72 个学前儿童分别只听包含主动语态或被动语态的故事。之后一周进行测试，结果发现那些听到被动语态故事的儿童，比听到主动语态故事的儿童，能够精确地理解和准确地使用更多被动句（Vasilyeva，Huttenlocher，& Waterfall，2006）。

研究广角

专栏 10.2 自语：皮亚杰与维果斯基的观点

4 岁的安娜正独自在房间中画画。当她画完后，我们无意中听到她大声地说："现在我要把画拿去晾干，我要把这些画贴到玻璃上，需要马上把它们晾干，我要画更多的恐龙。"

自语，也就是自言自语，在儿童中是正常和普遍的，4~10 岁儿童所说的话当中有 20~50% 的是自语（Berk，1986a）。2~3 岁的儿童躺在床上的时候会发出一些声音和单词作为消遣。4 岁和 5 岁的儿童用自语作为表达想象和情绪的一种方式（Berk，1992；Small，1990）。更年长的儿童"出声思维"或以他人几乎听不到的音调低语（表 10-5）。

皮亚杰（1962/1923）把自语看成是认知不成熟的标志。皮亚杰认为，年幼儿童是自我中心的，他们不能识别他人的观点，因此不能进行有意义的交流。相反地，他们只能把自己想到的说出来。皮亚杰认为儿童边说边做的另一个原因是，他们还不能区分字词和字词代表或象征的行为。在前运算阶段末期，随着认知的成熟和社会经验的增加，儿童的自我中心减少，更有能力进行符号思维，并因此不再自言自语。

和皮亚杰一样，维果斯基（1962/1934）也认为自语有助于年幼儿童把语言和思维整合起来。然而，维果斯基不认为自语是自我中心的表现。他把自语看做交流的一种特殊形式：与自我对话。因此，他提出，自语在从早期社会性语言（常以成人命令的方式体验到）到内部语言（用字词思考）的过渡上起着重要作用，这种过渡内化了对行为的社会性控制（"现在我要把画拿去晾干"）。

研究普遍支持维果斯基关于自语功能的说法。在一项对 3~5 岁儿童的观察研究中，86% 的儿童说的话并不是自我中心的（Berk，1986a）。那些社会性最强的和社会性交谈最多的儿童也倾向于使用最多的自语，这显然支持了维果斯基的观点，即自语是由社会经验激发的（Berk，1986a，1986b，1992；Berk & Garvin，1984；Kohlberg，Yaeger，& Hjertholm，1968）。还有证据表明自语在自我管理中发挥作用，就像安娜那样（Berk & Garvin，1984；Furrow，1984）。儿童在努力完成困难任务，尤其是没有成人监督时，自语会增加（Berk，1992；Berk & Garvin，1984）。

维果斯基认为，自语在学前阶段一直在增加，在童年中期的早些时候，随着儿童逐渐有能力指导和控制自己的行为，自语现象就消失了。然而，自语发展的实际模式比维果斯基所认为的更加复杂。一些研究报告指出，在自语的总体使用上没有年龄差异；另一些研究发现，在自语消退的过程中，有不同的变化模式。最聪明的孩子倾向于最早使用自语。尽管维果斯基认为自语需求是认知发展的一个普遍阶段，但一些研究发现存在很大个体差异，有一些儿童很少或几乎不使用自语（Berk，1992）。

理解自语的重要性有实际意义，尤其是在学校中（Berk，1986a）。自言自语或者低语不应被看成是不良行为，这个孩子可能正在解决一道难题，而大声地把想到的说出来可能有助于问题的解决。

你的观点

你曾经看到过一个孩子自言自语吗？这类语言有什么作用？

请查阅

想要获得关于此主题的更多信息，请到 www.iuj.ac.jp/faculty/mkahmed/privatespeech.html。网址中的这篇文章是由日本国际大学英语组的 Mohammed K.Ahmed 所写，文章将自语这个概念应用到成人学习第二语言的方式。

语用学和社交言语

随着儿童学习词汇、语法和句法，他们逐渐在**语用学**（pragmatics）方面更有能力。语用学指的是如何运用语言进行交流的实用性知识，其中包括如何询问事物、如何讲故事或笑话、如何开始并维持谈话、如何从听众的观点出发调整评论（M. L. Rice, 1982）。以上这些都是**社交言语**（social speech），也就是意图让听众理解的言语。（专栏 10.2，**自语**（private speech），出声地与自己说话而没有与他人交流的意图）

随着儿童发音和语法的进步，其他人会更容易理解儿童所说的内容。大多数 3 岁儿童都非常健谈，而且他们很在意自己的言论对他人的影响。如果人们听不懂他们的话，他们会试着更清楚地解释自己的意思。大多数 4 岁儿童，尤其是女孩，在

表 10-5 自语的各种类型

类 型	儿童的活动	样 例
文字游戏，重复语句	重复一些词语或者声音，经常是好玩、押韵的背诵。	乔斯在屋子里走来走去，用单调的节奏重复着："把蘑菇装进你的脑袋，把蘑菇装进你的口袋，把蘑菇塞进你的鼻子"。
独自进行幻想游戏和对非人事物说话	对物体说话； 角色扮演； 给物体配音。	伊桑说："咔－砰，咔－砰"，像拿着手枪一样用手指比划着瞄准。 阿什丽在跟玩偶玩游戏时尖着嗓子说："医生给我打一针，我就会好了。"在她用手指（假装针管）戳向自己的同时，她叫道："噢！"
情绪宣泄和表达	直接向自己表达情绪或感受，而不是说给某个听众。	凯科得到一盒新蜡笔，他没有朝向任何特定的人，只是说："哇，真好！" 瑞秋表情焦虑地坐在自己的桌子前，重复地对自己说："我妈妈生病了，我妈妈生病了。"
自我中心的交流	和另一个人交流，但是表达的信息很不完整或很特别，以至于他人不能理解。	大卫和马克紧挨着坐在小地毯上，大卫对马克说："它破了"，但没有解释什么时候，什么东西破了。 苏珊在画桌前对安娜说："那些贴好的在哪儿？"安娜问："什么贴好的？"苏珊耸耸肩走开了。
描述或者指导自己的活动	叙述自己的动作；大声思维。	奥玛坐在画桌前自言自语："我想画些东西。让我看看，我需要一大张纸。我想画我的猫。" 在写数学作业时，凯茜没有朝向任何特定的人，说："6。"然后，她数着自己的手指，接着说："7、8、9、10。是 10，答案是 10。"
大声阅读，说出某些单词	大声阅读，或者在阅读时说出一些词。	在读一本书时，泰勒读出一个很难的词，他慢慢地轻轻地读着："福－尔，摩－斯"，然后他再次尝试着："福－尔－摩－斯，福尔摩斯"。他最后成功地读下去。
听不清的喃喃自语	轻声说话，以至于观察者不能理解儿童在说什么。	解数学题的时候，托尼的嘴唇在动。

资料来源：Berk, L. and R. Garvin. Adapted from "Development of private speech among low income Appalachian children," *Developmental Psychology*, 202（2）1984, 271-284. Copyright © 1984 by the American Psychological Association. Adapted with permission

对两岁儿童说话时会运用“宝宝用语”（Owens，1996；Shatz & Gelman，1973；见第 7 章）。

大多数 5 岁的儿童可以根据听众所知道的来调整自己说话的内容。他们可以运用言语来解决争执，而且在对成人说话时会比对其他儿童说话时使用更礼貌的语言，更少发出直接命令。如果他们和同伴的谈话是舒适的，谈论的主题是他们知道并感兴趣的，几乎有一半的 5 岁儿童可以在一个谈话主题上坚持十二个回合（Owens，1996）。

考考你✓

你可以……

✓ 描述 3~6 岁的孩子的词汇、语法、句法和对话能力的发展轨迹吗？

✓ 说明为什么各个年龄段的孩子都使用自语吗？

语言发展迟缓

爱因斯坦直到快 3 岁时才开始说话，这个事实可能会激励那些语言发展晚于普遍水平的儿童的父母。大概有 5%~8% 的学前儿童表现出言语和语言方面的发展迟缓（U. S. Preventive Services Task Force，2006）。

人们目前尚不清楚为什么一些儿童说话比较晚，不一定是因为家里缺少语言刺激。听力问题和头部、脸部畸形，以及早产、家族病史、社会经济因素和其他方面的发展迟缓，都可能与言语和语言发展迟缓有关（Dale et al.，1998；U. S. Preventive Services Task Force，2006）。遗传似乎起着主要作用（Lyytinen，Poikkeys，Laakso，Eklund，& Lyytinen，2001；Spinath，Price，Dale，& Plomin，2004），男孩可能比女孩说话更晚（Dale et al.，1998；U. S. Preventive Services Task Force，2006）。语言发展迟缓的儿童可能在快速映射方面存在问题，他们可能比其他儿童需要听更多次新单词，才能将其纳入自己的词汇中（Rice，Oetting，Marquis，Bode，& Pae，1994）。

像阿尔伯特·爱因斯坦一样，许多说话晚的儿童，特别是那些理解力正常的儿童，最终都会赶上其他儿童（Dale，Price，Bishop，& Plomin，2003；Thal，Tobias，& Morrison，1991）。然而，大约 40%~60% 早期语言发展迟缓的儿童，如果不接受治疗，可能会对认知、社会性和情绪方面产生深远的影响（U. S. Preventive Services Task Force，2006）。

有时很难预测一个说话晚的儿童是否需要帮助。在一项以社区为单位进行的纵向研究中考查了 8386 对两岁的双胞胎，他们于 1994 年和 1995 年出生于英格兰和威尔士。在具有早期语言发展迟缓的被试中，仅有 40% 的儿童到 3、4 岁时仍然存在语言问题（Dale et al.，2003）。言语和语言治疗可能是有效的，但研究样本一般较小，而且结果有所不同（U. S. Preventive Services Task Force，2006）。

为读写作准备

要理解书本上写的是什么，儿童首先需要掌握一定的阅读前技能（Lonigan，

Burgess, & Anthony, 2000；Muter, Hulme, Snowling, & Stevenson, 2004)。**读写技能的出现**(emergent literacy)指的就是这些技能的发展。

阅读前技能可以分成两类：(1)口头语言技能，如词汇、句法、陈述结构和对语言是用来交流的理解；(2)有助于解码书面语的特殊技能。后者包括*语音意识*方面的语音技能、对于词汇是由不同*音素*或发音以及*音形转换*所组成的认识，以及将语音和相应的字母或组合字母联系起来的能力。其中每个因素似乎都能独立地发挥作用(NICHD Early Child Care Research Network, 2005c；Lonigan et al., 2000；Whitehurst & Lonigan, 1998)。在一项以 90 个英国学前期儿童为被试的为期两年的纵向研究中，儿童识字量的发展似乎在很大程度上依赖于语音技能，而类似词汇、语法等口头语言技能是阅读技能的更重要的预测因素(Muter et al., 2004)。

遗传会影响读写能力的发展吗？答案显然是肯定的。一项纵向研究考查了 3052 对同性别的双胞胎，这些双胞胎中大约一半是同卵双生子，另一半是异卵双生子。研究结果表明，儿童 4 岁时来自书本、童谣或故事录音的早期前阅读经验与前阅读知识(背诵字母表、知道字母读音、能读出单词、知道单词的意思、背诵童谣)，对于儿童 7 岁时的阅读和书写能力分别体现出了各自独立的遗传影响(Oliver, Dale, & Plomin, 2005)。

社会交往可以促进读写技能的出现。如果在学前阶段，父母使用丰富的词汇，利用用餐时间谈论每天的活动，共同回忆之前发生的事情，讨论人们为什么要做某些事情和这些事情是如何进行的，那么就会给做好准备的儿童提供交谈机会。这样，这些儿童就更可能变成好的阅读者和写作者(Reese, 1995；Snow, 1990, 1993)。

当儿童学会那些把纸上的文字转化成言语所需要的技能时，他们也了解到书写可以表达观点、想法和情感。美国的学前儿童通过胡乱涂鸦，从左向右地将一行符号连起来假装成写字的样子(Brenneman, Massey, Machado, & Gelman, 1996)。此后，他们开始用字母、数字和像字母的符号来代表单词、音节或音素。他们的拼写常常是别出心裁的，连他们自己都读不懂(Whitehurst & Lonigan, 1998)！

为儿童读故事是促进其读写能力的最有效的方法之一。根据美国政府的报告，86% 的女孩和 82% 的男孩在家里每周至少听父母阅读三次(Freeman, 2004)。那些在年幼时听到阅读的儿童，知道英文的读写是按照由左到右、由上到下的顺序，单词是由空格分开的，而且他们也产生了学习阅读的动机(Siegler, 1998；Whitehurst & Lonigan, 1998)。

适当接触教育性电视节目有助于儿童为读写作准备，尤其是在家长和儿童谈论他们所看到的事物的情况下。在一项研究中，3~5 岁的儿童看《芝麻街》栏目的时间越长，他们的词汇量增加得越多(M. L. Rice, Huston, Truglio, & Wright, 1990)。在一项纵向研究中，儿童在 2 岁和 4 岁时所看的电视节目的内容，可以预测他们 3 年后的学业技能(Wright et al., 2001)。

你的观点?

如果你尝试设计一个项目来促进高危儿童学前读写技能的发展，你的项目中应该包含哪些元素？你如何判断它是否有效？

考考你✓

你可以……

- ✓ 说明语言发展迟缓的可能原因和结果吗？如何治疗？
- ✓ 说出阅读前技能的两种类型，并解释社会互动如何帮助孩子为读写做准备吗？

儿童早期的教育

进入幼儿园是拓展儿童的身体、认知和社交环境的重要一步。过渡到学前班，即进入“真正的学校”，是另一个重大的步骤。在 2001 年，64% 的 3~5 岁儿童进入学前或小学教育，而且在许多工业化国家这个比例更高一些（Sen，Partelow，& Miller，2005）。

幼儿园的目标和类型

在有些国家，例如中国，幼儿园的目标是为学校教育提供学业上的准备。与之相反，在美国和许多其他西方国家，大部分的幼儿园遵循以儿童为中心的宗旨，这一宗旨强调符合年幼儿童发展需要的社会和情绪成长。不过，也有一些幼儿园，例如那些以皮亚杰或意大利教育家玛利亚·蒙台梭利的理论为基础的幼儿园，比较强调认知。

蒙台梭利幼儿园是世界性变革的一部分。蒙台梭利幼儿园使得儿童能够通过操作一些适宜的发展性材料和自我选择性任务，独立地、不受干扰地、按自己的步调进行学习。教师仅仅是提供指导，年长儿童会帮助年幼儿童。一项在密尔沃基开展的关于蒙台梭利教育法的评估，随机招募了一批该市的少数民族儿童，结果发现，在阅读和数学的入学准备方面，5 岁的蒙台梭利幼儿园的学生比其他幼儿园的学生表现得更好（Lillard & ElseQuest，2006）。

关于如何改善教育方面，为美国学前儿童提供基本学业技能方面指导的做法备受争议。传统发展取向的拥护者声称，学业导向的项目忽视了年幼儿童探索和自由玩耍的需要，而且过多以教师为中心的指导可能会抑制年幼儿童的兴趣，阻碍自发学习（Elkind，1986；Zigler，1987）。

什么类型的幼儿园对儿童来说是最好的？美国的研究支持了以儿童为中心的发展取向。一项田野调查（Marcon，1999）对比了随机选取的 271 名 4~5 岁的学前儿童，这些儿童主要是低收入的非裔美国人，分别来自华盛顿的三种类型的幼儿园班级：儿童自发式取向、学业导向和中间取向（混合了前两种取向）。那些在儿童自发式教育中主动管理自己学习的儿童，在所有学科领域的学业技能方面都表现优秀，而且他们在动作技能方面也比其他两组儿童发展得更好，在行为和沟通技能方面的得分高于中间取向组的儿童。这些结果表明，单一的、连贯的教育哲学可能比将不同取向混合在一起更好，而且儿童自发式的取向似乎比学业导向的取向更有效。

这些参与启蒙教育方案的儿童正在接受入学前的“启蒙”教育。最成功的当代教育方案要开始的早，要有训练有素的师资，家长的参与度要高，儿童与员工之比要小。

当代的学前教育项目

家庭的社会经济地位越高，儿童的入学准备可能更好（Rouse et al.，2005）。一项估计表明，在贫民区，有三分之二以上的儿童在入学时没有做好学习准备（Zigler，1998）。到 20 世纪 60 年代，人们开展了大规模的学前教育项目来帮助这些儿童弥补他们的缺失，以更好地准备接受学校教育。

在美国，一项著名的针对低收入家庭儿童的学前教育补充项目是“启蒙教育方案”，这是 1965 年发起的由联邦政府财政支持的项目。与其整体的儿童中心取向相一致，该方案的目标不仅仅是提高儿童的认知技能，而且要改善儿童的身体健康，促进其自信心、与他人的关系、社会责任感，以及儿童自身及其家庭的尊严和自我价值。该方案提供医疗、牙科和精神卫生方面的护理、社会服务和每天至少一顿的热饭。

启蒙教育方案是否名副其实？研究数据支持了它在改善入学准备方面的有效性（USDHHS，2003b）。类似地，那些参加了政府新近发起的项目的儿童也倾向于表现出更好的认知和语言技能，并且在学校中的表现好于那些没有参加此类项目的儿童（USDHHS，2003a）。但是，尽管参与启蒙教育方案的儿童在词汇、字母识别、早期书写和数学方面有所获益，但是他们的入学准备技能仍然远远低于平均水平（USDHHS，2003b）。而且，尽管他们在智力测验中的表现好于相同背景中的其他儿童，但是这种优势在入学后慢慢消失了（Ripple et al.，1999；Zigler & Styfco，1993，1994）。不过，参与启蒙教育方案或者其他补偿项目的儿童，比起那些没有参与类似项目的低收入儿童，接受特殊教育或者留级的可能性更小，完成高中学习的可能性更大（Neisser et al.，1996）。

那些开始得较早、持续时间较长的以儿童为中心的高质量项目产生的效果最好（Brooks-Gunn，2003；Reynolds & Temple，1998；Zigler & Styfco，1993，1994，2001）。那些最成功的启蒙教育方案是父母参与最多、教师最为训练有素、儿童与员工比例最小、在校时间最长，以及服务最密集的计划（Ramey，1999）。

一项早期启蒙教育方案从1995年开始，为育有婴儿和学步期儿童的低收入家庭提供儿童和家庭发展方面的服务。到2004年，这个项目已涵盖了700多个社区，为约62000个家庭提供了服务（Love et al.，2005）。在2、3岁时，随机取样研究发现，与没有参加该方案的儿童相比，这些参加启蒙教育方案的儿童在标准化发展和词汇测验方面的得分更高，而且发展迟缓的风险更小。到3岁时，这些儿童的攻击性更少、更专注于玩耍，而且和父母的积极互动更多。参与早期启蒙教育方案的父母表现出更多的情感支持，能提供更丰富的学习和语言刺激，会更多地为儿童阅读，而且沉默的时候更少。那些结合了以育儿为中心的服务和家访服务的项目比那些只集中使用其中一种模式的项目有更好的效果（Commissioner's Office of Research and Evaluation and Head Start Bureau，2001；Love et al.，2002，2005）。

目前，在儿童早期教育者中逐渐达成了一个共识，确保早期干预和补偿教育项目能够持续产生效果的最有效方法是运用PK-3方法，也就是开展从学前班前到小学三年级的系统性项目。这种项目将会：（1）为所有3~4岁的儿童提供学前班之前的预备教育；（2）提倡全日制的学前预备教育；（3）根据儿童的发展性需要和能力设置一系列循序渐进的课程，并由熟练的专业教师讲授，以便与从学前预备到三年级儿童的教育经验和期望相协调匹配（Bogard & Takanishi，2005）。

由州政府财政支持的学前预备教育越来越成为一种全国趋势，这些项目多数都是面向处境不利的儿童，但也有一些州开设了普及性的预备教育项目。（在实践中，“普及性”通常指的是该项目在自愿的基础上面向所有人。）这些项目在在校时间、师资力量和其他一些重要特征方面都相差甚远。在俄克拉荷马州，将近三分之二的4岁儿童都参加了该州的普及性学前预备教育项目。在塔尔萨州，与刚刚开始该项目的儿童相比，完成预备教育项目的儿童在阅读、书写和数学技能方面都表现出显著的学前预备教育的效果（Gormley，Gayer，Phillips，& Dawson，2005）。

学前班的孩子

最初，学前班只是儿童从在家里或幼儿园的相对自由生活过渡到学校结构化生活的一年，而现在美国的学前班越来越像学校中的一年级了。儿童自己选择活动的时间更少，在做作业和预习上花的时间更多。儿童成功地实现学前班的过渡，可以为将来的学业成就奠定基础（Schultin，Malone，& Dodge，2005）。

虽然有些州不要求学前班教育，但大多数 5 岁的儿童都进入了公立或私立学前班，而且越来越多儿童（60%，2001 年）在学前班中度过的时间不再是传统上的半天，而是一整天（National Center for Education Statistics，2004a）。儿童在全日制学前班中是否学到了更多呢？在学前班初期的确如此。一项正在开展的纵向研究对 1998 年秋天进入学前班的儿童进行了全国性调查，该研究表明，比起半日制学前班的儿童，全日制公立学前班的儿童在阅读前技能、数学技能、社会性学习和科学方面得到了更多的日常指导（Walston & West，2004），而且他们倾向于在低年级时有更好的表现（Vecchiotti，2003；Walston & West，2004）。但是到了三年级末，在学前班度过时间的长短不会导致儿童在阅读、数学和科学方面的成就出现本质差别（Rathbun，West，& GerminoHausken，2004）。

已有研究结果强调了儿童在进入学前班之前做好入学准备的重要性。儿童进入学前班时的资源，如前言语技能和丰富的家庭语言环境，可以预测儿童在一年级时的阅读成就，而且，这些个体差异倾向于持续到入学后的第四年，或者会继续延续（Denton，West，& Walston，2003；Rathbun et al.，2004）。此外，具有广泛学前教育经历的儿童，倾向于比那些没有或有很少学前教育经历的儿童更易适应学前班生活（Ladd，1996）。

情绪和社会适应影响儿童进入学前班的准备性，并强有力地预测学业成就。学前班的教师认为，比认识字母表或从一数到二十更为重要的是，能够安静地坐着、听从引导、等候轮到自己的次序以及管理自己学习的能力（Blair，2002；Brooks-Gunn，2003；Raver，2002）。可以通过以下方法让学前班适应变得容易一些：容许学前儿童和父母在进入学前班前进行参观，缩短入学早期的在校时间，举行新生家长会，让家长知道儿童的在校情况等（Schulting，Malone，& Dodge，2005）。

一项全美范围的对在 1998~1999 年间首次进入学前班的儿童进行的纵向研究指出，大约 5% 的儿童会反复地上学前班。没有上过学前预备班的和发展迟缓的低社会经济地位的儿童最有可能反复上学前班，他们典型的想法是第二年的学前班会帮助自己获得那些需要继续学习的技能。但是，这些儿童比起那些只上了一年学前班的儿童，仍然倾向于在一年级末的时候具有更低的阅读和数学技能（Malone，West，Flanagan，& Park，2006）。

有人提议延长学制时间，位于东南部中等城市的一个小学的学制时间增加了 30 天，上完学前班后这些儿童在数学、阅读、常识和认知能力等测验中的表现，要好于那些完成传统的 180 天学制的儿童（Frazier & Morrison，1998）。

考考你 ✓

你可以……

- ✓ 比较各种幼儿园项目的目标吗？
- ✓ 概括以学业为中心和以儿童为中心的项目的短期效果和长期效果吗？
- ✓ 评估幼儿园补偿项目的好处吗？
- ✓ 讨论影响学前班适应的因素吗？

再次聚焦

回顾本章开头人物聚焦部分关于阿尔伯特·爱因斯坦的描述：

- 爱因斯坦关于指南针的想法说明了前运算思维的哪些方面？
- 爱因斯坦的故事表明语言发展迟缓与智力之间有什么关系？记忆和智力呢？
- 本章的哪些内容可以解释爱因斯坦关于指南针的记忆贯穿其一生？
- 你认为下面哪种测验能最有效地测量爱因斯坦的智力：传统的智力测验还是以维果斯基的最近发展区为基础的测验？

儿童早期迅速发展的身体和认知技能具有重要的心理社会意义，正如我们第 11 章要讲的。

小结

皮亚杰学派：前运算阶段的儿童

学习向导 1 学前儿童的思维有哪些典型的认知发展和不成熟？

- 前运算阶段的儿童在思维上表现出了一些重要的发展和不成熟。
- 符号功能使儿童可以在事物不存在的情况下思考人、物和事件，它反映在延迟模仿、假装游戏和语言中。
- 早期符号功能的发展帮助学前儿童更准确地进行空间关系判断。他们可以理解同一性的概念、因果关系，可以区分有生命和无生命的物体，理解数数的原则。
- 中心化使得学前儿童不能理解守恒原则，守恒在儿童中期逐渐得到发展。前运算思维也受可逆性的限制，关注状态而不是转化。
- 前运算阶段的儿童的自我中心似乎并不像皮亚杰所认为的那样严重，他们（甚至更年幼的儿童）可以同理心。
- 心理理论在 3 至 5 岁期间得到显著发展，包括能意识到自己的思维过程、社会认知、理解他人的错误信念、能够欺骗他人、能够区分表象和真实以及区分幻想和现实。遗传和环境因素共同影响个体心理理论发展的差异。

信息加工取向：记忆的发展

学习向导 2 儿童早期的记忆能力有哪些扩展？

- 信息加工模型描述了记忆的三个步骤：编码、提取和存储。
- 随年龄的增长，感觉记忆表现出较小的变化，工作记忆得到显著发展。中央执行控制信息的加工过程。
- 早期的情景记忆只是暂时的，它会消退或者转化成一般记忆。自传体记忆在 3、4 岁的时候开始，可能与早期的自我认知能力和语言发展有关。根据社会交互作用模型，儿童和成人通过谈论共享经验一起建构自传体记忆。
- 儿童更可能记住他们主动参加的不同寻常的活动。成人与儿童谈论事件的方式影响儿童的记忆。

智力：心理测量和维果斯基取向

学习向导 3 如何测量学前儿童的智力，哪些因素会影响它？

- 两种最常见的年幼儿童智力测验是斯坦福 - 比奈智力量表和韦克斯勒学前儿童与小学生智力测验修订版（WPPSI-III）。
- 智力测验的分数受社会和情绪功能以及亲子互动和社会经济地位因素的影响。

- 以维果斯基的最近发展区概念为基础的较新的测验表明了取得成功的潜能。这类测验，辅之以支架，可以帮助父母和教师引导孩子取得进步。

语言发展

学习向导 4 如何提高语言能力，当语言能力发展迟缓时会发生什么？

- 儿童早期，词汇量大量增长，语法和句法变得相当复杂。儿童在语用学方面更有能力。
- 自语是一种正常的普遍现象，它可以帮助儿童向自我控制转化，在 10 岁左右消失。
- 关于语言发展迟缓的原因，我们还不太清楚。如果不进行治疗，语言发展迟缓可能带来严重的认知、社会和情绪后果。
- 与成人的互动可以促进读写技能的出现。

儿童早期的教育

学习向导 5 儿童早期教育的目的是什么，儿童如何完成到幼儿园的过渡？

- 不同文化下的学前教育有不同的目标。自 20 世纪 70 年代以来，美国早期儿童教育项目中涉及的与学业相关的内容越来越多。
- 补偿性的学前教育项目有积极的效果，但是参与者通常不能取得与中产阶级儿童一样的成绩。补偿性的项目开始时间越早，持续时间越长，其长期效应越好。
- 现在的许多儿童参加全日制学前班。学前班的成功部分依赖于情绪和社会适应以及进入学前班之前的准备。

儿童早期的心理社会发展

一位伟大的母亲说，
"我爱你，因为你就是你，
我是如此了解你。
不管你将会成为什么样的人，
孩子，我会爱你更多，
爱你更深，
我深知你将远行，
你伟大的事业就在前方，
在前方，更远处
遥远的那边"

——卡尔·桑德堡《人民，是的》，1936

人物聚焦　激进作家伊莎贝尔·阿连德

伊莎贝尔·阿连德

伊莎贝尔·阿连德被认为是拉丁美洲最著名的女作家，她的畅销小说和短篇故事激发了她富有想象的内心世界，这些创作被翻译成30种语言，全球销量达到1100万册。阿连德最感人的著作或许是《芭乌拉》(1995)，这是一本回忆录，是她在马德里医院等待27岁的女儿芭乌拉·弗里亚斯从无止境的昏迷中醒来时开始创作的。在这本书中，阿连德回忆了自己动荡的生活，以及自己的生活对即将死去的女儿的影响。

1942年8月2日，伊莎贝尔·阿连德出生在秘鲁的利马。她的父亲是位智利外交官，是在1973年军事政变中被暗杀的智利革命英雄萨尔瓦多·阿连德的堂兄弟。与祖国被压迫的人民之间的情感联系成为阿连德许多后期创作的背景，她的主要创作主题是女性在高度男权社会中的作用。

伊莎贝尔3岁时，她的父亲抛弃了其正在分娩的母亲多纳·潘琪塔，此后伊莎贝尔再也没有见过父亲。多纳·潘琪塔得不到任何支持，并且因失败的婚姻而蒙受羞辱，于是她很不光彩的带着3个年幼的孩子回到了圣地亚哥的父母家中。她在银行找到了一份低薪的工作，并且通过制作帽子来补贴家用。在智利没有离婚一说，因此，这段婚姻被认为是无效的。“那些年我的母亲过得非常艰难”，阿连德写道（1995，p. 32）：“她不得不与贫穷、非议以及老朋友的怠慢作斗争”。伊莎贝尔排行中间，又是唯一的女儿，她的母亲“有众多追求者但却贫穷，富有吸引力却又被抛弃”（Ojito，2003，p. E1），母亲的这种境地非常尴尬。正因为如此，伊莎贝尔曾经被一家罗马天主教会学校开除。

年幼的伊莎贝尔受到的又一打击是她深爱的外祖母的离世。突然间，她们家变得黯淡而又冷清。幼小、胆怯、孤独的伊莎贝尔常常被丢给粗暴、爱威胁人的女佣照顾，伊莎贝尔只能从无声的游戏和母亲睡前讲的奇异故事中寻找慰藉。她感到自己“与众不同”，“像个被遗弃的人”（Allende，1995，p. 50），并且个性叛逆。尽管伊莎贝尔深爱她的母亲，并且希望自己能够保护她，但是她并不希望自己像母亲，她希望像外祖父那样强壮和独立。伊莎贝尔在《芭乌拉》（1995，p. 37）中写道：“我想外祖父一直很遗憾我不是男孩，如果我是男孩，他就可以教我玩回力球，使用他的工具和打猎 ”。外祖父默许了住在家里的两个单身儿子的“性格培养”策略，他们和孩子们玩“粗鲁”的游戏，而这些游戏在今天被认为带有身体的或者情感的虐待。正是因为这些关键的幼年经验，阿连德狂热的女权主义开始萌芽。她说：“当我还是一个小女孩的时候，我对外祖父、继父甚至家里所有的男人都感到愤怒，他们处于优势，而我的母亲则是受害者……她不得不去取悦每个人，并且每个人都命令她做这做那”(Piña，1999，pp. 174~175)。

伊莎贝尔 5 岁时，拉蒙·维多夫罗——曾帮助这个家庭回到智利，与自己的母亲多纳·潘琪塔结婚，成为伊莎贝尔及其兄弟们的继父。伊莎贝尔花了好多年的时间才接受她的继父。她写道：“他始终保持良好的幽默感，他设定限制范围，向我们传达明确的信息，从不感情用事也从不妥协……他容忍我故意作对，从未收买我的尊重或者放弃自己的权威，直到他完全征服我。”（Allende，1995，pp. 48~49）

通过自己的书，阿连德更加理解和接受自己以及自己的性别。她书中的许多人物角色都是打破社会传统的非凡女性。她认为女人“在许多方面都是残疾的。我在这种大男子主义的文化中长大……本来希望自己成为男人”，直到 40 岁时，她才“最终接受我就是我”（Foster，1999，p. 107）。

• • •

儿童心理社会性发展的关键时期是 3~6 岁，对伊莎贝尔·阿连德亦是如此。儿童的情绪发展和对自我的感知都源自这一阶段的经历。但是自我的发展并非在儿童早期完成，正如阿连德一样，其自我在成年期仍在发展。阿连德的故事也强调了文化环境的影响。作为一个在男权社会长大的女孩，她所面对的社会形态与在非严格性别主导社会中长大的女孩有很大不同。

在这一章中，我们将讨论学前儿童对自身及自身情绪的理解。我们将看到他们的性别认同是如何发展的，以及如何影响他们的行为；将讨论儿童的游戏活动，至少在工业化社会中，这是儿童花费最多时间的活动；考虑父母的行为对儿童或好或坏的影响。最后，我们讨论他们与兄弟姐妹及其他儿童的关系。

学习完本章之后，你应该能够回答后面学习向导中所提出的每个问题，你可以通过复习章后小结来检验你对这些问题的理解，贯穿整章的“考考你”能帮你检查对读过内容的理解是否正确。

学习向导

1. 在儿童早期，儿童的自我概念如何发展？儿童如何表现出自尊、情绪发展和主动性？
2. 男孩和女孩如何意识到性别的含义？如何解释不同性别的行为差异？
3. 学前儿童如何游戏？游戏如何促进和反映儿童的发展？
4. 父母的教养行为如何影响儿童的发展？
5. 儿童为什么会去帮助或伤害其他儿童？他们为什么会产生恐惧？
6. 年幼儿童如何与兄弟姐妹、玩伴和朋友相处？

自我的发展

“在这个世界，我是谁？啊，这是个伟大的谜。”身处仙境的爱丽丝在身体再次突然发生变化后如此感慨，解开爱丽丝的“谜”是持续了解一个人自我的毕生历程。

自我概念和认知发展

自我概念（self-concept）是我们对自身能力和特质的总体描绘。它是“一个认知结构……关于自我的描述性和评价性表征系统”，它决定我们对自我的感觉，并且指导我们的行为 (Harter，1996，p. 207)。对自我的感知也具有社交性的一面：儿童对他人如何看待自己的理解不断深入，并将这些理解纳入其自我形象中。

随着儿童自我意识的发展，自我概念在学步期开始成为焦点。当个体认知能力得到发展，并且完成了儿童期、青春期以及成人期的发展任务后，自我概念会变得更加清晰。

自我定义的变化：5~7 岁的转变

自我定义或自我描述的变化反映了自我概念的发展。5~7 岁时，儿童对自己的典型描述的改变，也证实了**自我定义**（self-definition）的变化。4 岁时，杰森如是说：

> 我叫杰森，我和爸爸、妈妈以及妹妹丽莎住在一个大房子里。我有一只橙色的小猫，我自己的房间里有一台电视……我喜欢吃匹萨，我有个好老师。我可以数到 100，要不要听听？我喜欢我的狗斯基珀。我可以爬到攀登架的最高处，我不害怕！只是高兴。你不能又高兴又害怕，真的不能！我的头发是棕色的，我在上幼儿园。我真的很强壮，我可以举起这把椅子，看我！（Harter，1996，p. 208）

杰森描述自己的方式反映了该年龄段的美国儿童的普遍特征。他所说的大部分都是具体的、可以观察到的行为和外部特征（比如身体特征、爱好、个人财产、家庭成员等）。他提到了特殊运动能力（攀爬），而不是一般能力（运动）。他的自我描述积极但不切实际。7 岁时，他开始从一般特征的角度来描述自己，比如受欢迎、聪明或者笨，认识到自己有相互矛盾的情绪，自我批评的同时持有一个积极的、整体的自我概念。

哪些具体变化构成了 5 岁到 7 岁的转变？新皮亚杰主义（Case，1985，1992；Fischer，1980）认为 5~7 岁的转变包括三个阶段 *。4 岁时，杰森处于第一阶段，**单一表征**（single representations）。他对自己的陈述都是单一维度的（如“我喜欢吃匹萨……我很强壮”）。他的思维来回跳跃，没有逻辑联系。在这一阶段，他不能想象同时有两种情绪（比如“你不能又高兴又害怕”）。他不能去中心化，因此不能同时考虑自己的不同方面。他以全或无的方式认识自己。他不能认识到**真实自我**（real self）和**理想自我**（ideal self）的差异，即自己实际上是什么人和自己想成为什么人是不同的。因此他把自己描绘成美德和能力的典范。

5 岁或 6 岁时，杰森进入第二个阶段，**表征地图**（representational mappings）。他开始在自己的各方面之间建立逻辑关系：“我跑得很快，爬得很高，我也很强壮。我可以把球丢得很远，有一天我要参加球队！”然而，他对自己的描述仍然是用完全积极的、全或无的方式。他不能看到自己可能擅长某些方面，而不擅长其他。

第三个阶段，*表征系统*在儿童中期出现（详见第 14 章），此时儿童开始把自我的具体特点整合成普遍的、多维度的概念。全或无的思维方式消失，杰森的自我描述变得更加适度和现实（“我擅长曲棍球，但是数学成绩不好”）。

自我定义的文化差异

家长经常通过日常谈话来传播如何定义自我的文化观点和信念。比如，中国的家长往往鼓励自我*相互依赖*的方面：遵守权威、行为规范、谦逊、社会归属感，而欧美父母则鼓励自我的独立性：个性、自我表达和自尊。

对欧美和中国的 180 名学龄前儿童、幼儿园儿童和小学二年级儿童的比较研究（wang，2004）发现，早在 3、4 岁时儿童自我定义的文化差异就开始显现，并且这些差异随着年龄的增长逐渐增加。欧美儿童倾向于描述个人属性和信念（“我很高大”），而中国儿童谈论更多的是社会类别和关系（“我有个妹妹”）。欧美儿童更经常地描述自己的人格特征和倾向（“我擅长运动”），而中国儿童则描述具体的、公开的行为（“我和邻居一起玩雪人”）。欧美儿童往往用绝对积极的眼光来看待自己（“我很聪明”），而中国儿童和成人对自己的描述更加中立（“我有时会忘记自己的举止”）。因此，不同的文化价值观会影响儿童感知和定义自我的方式。

---

* 关于儿童从 4 岁起对自身理解的发展的讨论要非常感谢 Susan Harter（1990，1993，1996，1998）。

自 尊

自尊（self-esteem）是自我概念的评价部分，是儿童对整体自我价值的判断。随着儿童描述和定义自我的认知能力不断提高，自尊也随之发展。

自尊的发展变化

虽然儿童直到大约 8 岁才能清楚地表达自我价值概念，但是年幼儿童的行为通常能表现出他们有自尊。在比利时的一项研究中，研究者测量了 5 岁儿童自我知觉的各个方面，比如外表、学业和运动能力、社会接纳以及行为表现。研究者还使用玩偶来测量儿童对他人态度的知觉。5 岁儿童积极或消极的自我知觉往往能够预测其 8 岁时的自我知觉和社交情绪功能。

然而，在 5~7 岁的变化发生之前，年幼儿童的自尊并非以现实为依据。他们往往接受那些给予他们积极、无批判反馈的成人的评价，因此儿童可能会高估自己的能力（Harter，1990，1993，1996，1998）。和整体的自我概念相同，儿童早期的自尊往往是全或无的："我好"或者"我坏"（Harter，1996，1998）。直到儿童中期，自尊变得更加现实，随着对家长和社会标准的内化，对自身能力的评价不断发展，自我价值开始形成和发展（Harter，1990，1996，1998）。

你的观点？

你可以想起父母或其他成人曾经用何种方式帮助你培养自尊吗?

有条件的自尊：无助模式

自尊高，儿童就有成功的动力。然而如果自尊依赖于成功，儿童可能会认为失败或批评是对自身价值的"控诉"，并且对如何做得更好感到无助。大约有 1/3 到 1/2 的学龄前儿童、幼儿园儿童和小学一年级儿童表现出了这种"无助"模式（Burhans & Dweck，1995；Ruble & Dweck，1995）。无条件自尊的儿童可能会尝试另一条路来走出迷宫，而"无助"的儿童则会感到羞愧甚至放弃。他们不期望成功，所以不会去尝试。失败的年长儿童可能会认为自己"愚蠢"，而幼儿则会把表现不好作为"坏"的标志。此外，这种"坏人"的感觉可能会持续到成年期。

能够控制和说出自己的情绪是儿童早期心理社会发展的重要一步。

将自尊建立在成功之上的儿童在失败时更容易士气低落。这些儿童常常把不好的表现或者社会拒绝归因于自身的人格缺陷，而这些是他们没有能力改变的。他们不会尝试新的策略，而是重复失败的策略或者干脆放弃。相反，无条件自尊的儿童倾向于把失败或失望归因于外部因素或者是需要自己更加努力。如果失败或被拒绝，他们会锲而不舍地尝试新的策略，直到找到有效的方法（Erdley，Cain，Loomis，Dumas-Hines，& Dweck，1997；Harter，1998；Pomerantz & Saxon，2001）。高自尊的儿童往往希望父母和老师给他们具体、有重点的反馈，而不是批评（"看，你 T 恤的标牌在前面，"而不是“你没看到你 T 恤穿反了吗？”或者“你什么时候才能学会自己穿衣服？”）

情绪理解和调节

“我讨厌你！”5 岁的玛雅冲着妈妈大吼：“你是个自私的妈妈！”玛雅如此生气是因为她捏了小弟弟，妈妈把她送回了自己的房间。玛雅觉得自己不可能再爱妈妈了。过了一小会儿，爸爸问玛雅：“你把婴儿惹哭了，会觉得不好意思吗？”玛雅点点头，但是这仅仅是因为她知道爸爸想要什么样的反应而已。实际上，她的情绪很混乱，并非为自己的行为感到抱歉。

理解和调节情绪，或者控制情绪的能力是儿童早期发展的一个关键方面（Dennis，2006）。能够理解自己情绪的儿童可以更好地控制情绪，并且对他人情绪的感知也更加敏感（Garner & Power，1996）。情绪的自我调节可帮助儿童指导自己的行为（Laible & Thompson，1998），并且提高与他人相处的能力（Denham et al.，2003）。

学前儿童可以说出自己的感受，通常也能觉察到他人的感受，并且他们知道情绪和经历、愿望相联系（Saarni，Mumme，& Campos，1998）。他们知道某人得到自己想要的东西会开心，得不到想要的东西会伤心（Lagattuta，2005）。

随着年龄的增长，情绪理解变得更加复杂。在一项研究中，研究者要求 32 名来自中产阶级家庭的 4~8 岁儿童和 32 名成人回答问题，例如，“一个小男孩的皮球滚到了街边，他取回（不能取回）之后会感觉如何？”结果发现，情绪理解也出现了“5~7 岁的转变”，这与自我概念的发展非常相似。4、5 岁的儿童往往认为不管小男孩是否违反规则，只要拿回球他就会开心，不能拿回球他就会伤心。而年长的儿童和成人则更相信遵守规则会让小男孩感觉开心，违反规则会让他伤心（Lagattuta，2005）。

对冲突情绪的理解

年幼儿童对自己情绪感到困惑的一个原因是，他们不知道可以同时体验到相互矛盾的两种情绪，比如伊莎贝尔·阿连德对外祖父的情感。理解冲突情绪的个体差异在 3 岁时开始显现。研究发现，3 岁时能够识别高兴或伤心脸谱，能够说出玩偶在一些假设的开心、伤心、愤怒或害怕情景中的感受的儿童，当他们幼儿园毕业时，能够更好地解释故事中某个角色的情感冲突。这些儿童往往来自那些经常讨论人们为何如此做事的家庭（Brown & Dunn，1996）。大部分儿童在儿童中期都更加善于理解冲突情绪（Harter，1996；详见第 14 章）。

对指向自我的情绪的理解

儿童指向自我的情绪（比如内疚、羞耻和骄傲）通常在 3 岁以后开始发展，此时他们的自我意识形成，并且已经接受了父母设定的行为标准。然而，即使是年长的儿童往往也缺乏识别这些情绪及其影响的认知能力（Kestenbaum & Gelman，1995）。

在一项研究中，研究者让4~8岁的儿童听两个故事。第一个故事中，一个孩子从存钱罐里拿了一些硬币，而在此之前他被禁止这么做。第二个故事中，一个孩子在表演非常难的体操动作——翻单杠。每个故事都有两个版本：一个版本是家长看到了儿童在做什么，另一个版本中则没人看到。研究者要求被试回答每个情景中，他们以及父母的感受如何。

结果发现，理解与自我相关的情绪是个渐进的过程，也表现出了"5~7岁的转变"（Harter，1996）。4~5岁时，他们不能够说出自己或者父母会感到自豪或羞耻。相反，他们使用诸如"担心"或"害怕"（关于存钱罐事件）以及"兴奋"或"高兴"（关于体操成就）之类的词汇。5~6岁的儿童指出父母会为他们感到羞耻或骄傲，但是不能意识到自己的这些情绪。6~7岁的儿童说，如果他们被看到，就会感到羞耻或骄傲。直到7~8岁儿童才意识到，即使没人看到，自己也会感到羞耻或骄傲。

考考你✓

你可以……

- ✓ 描绘3~6岁儿童自我概念的发展变化，并且论述文化对自我定义的影响吗？
- ✓ 指出年幼儿童与学龄儿童自尊的不同之处吗？
- ✓ 描述"无助"模式如何产生，以及它是如何影响儿童对失败的反应吗？
- ✓ 描述理解冲突情绪和与自我相关的冲突情绪的一般过程吗？
- ✓ 论述埃里克森心理社会发展理论中第三个阶段的矛盾吗？

文化对情绪调节的影响

文化通过与养育者的交互作用来影响儿童情绪表达的社会化。研究者比较了尼泊尔的4个村庄中，养育者对羞耻或愤怒的3~5岁儿童的回应方式。这4个村庄中，有2个几乎完全是高种姓的印度教徒婆罗门，另外2个则是信仰佛教的少数民族塔芒。在这两种文化中，社会和谐都是重要的价值观，但其实现方式却有所不同。婆罗门的养育者忽视儿童的羞耻，认为这在高地位的群体中是不合适的；但却以开放和体谅的态度对待愤怒，劝导孩子控制愤怒。相反，塔芒族指责愤怒，培养羞耻感（Cole，Tamang，& Shrestha，2006）。因此，面对同样让人心烦的假设情景（如某人把饮料洒在他们的作业本上）时，婆罗门学生认为他们会感到愤怒，但是会控制它；而塔芒学生则会为把作业本放在饮料附近而感到羞耻（Cole et al.，2002）。

埃里克森：主动对内疚

处理自我冲突情绪的需要是埃里克森（1950）心理社会发展理论第三阶段的核心，即：**主动对内疚**（initiative versus guilt）。冲突源自不断提高的"目的"感，它激发儿童计划和贯彻各项活动，以及与这些计划相关的、不断增加的良心的痛苦。

学龄前儿童能做和想做的事越来越多。同时，他们正在开始明白，他们想做的某些事情会得到社会赞许，但某些事情不会。他们如何协调想做和想被赞许的愿望？学会协调这些相反需要的儿童就获得了"目的"这一美德，这是一种敢于展望和追求，不被内疚感和惩罚的恐惧所限制的勇气。

埃里克森认为，如果这一冲突不能很好地得到解决，儿童长大后可能会不断追求成功或炫耀自己；备受压抑、失去自发性或者自以为是、心胸狭窄；忍受阳痿或其他心身疾病的痛苦。尽管有大量的机会独立做事情，但是在成人的指导和始终如一的限制之下，儿童能够达到一个健康的平衡，避免过度竞争、追求成功以及压抑和内疚的倾向。

性　别

性别认同（gender identity）是自我概念发展的重要方面，它是指儿童意识到自己的女性特性或男性特性，并明白它们的含义。伊莎贝尔·阿连德对生活在男权社会中的女性的角色意识要追溯到其童年时代。

男孩和女孩之间存在哪些差异？造成这些差异的原因是什么？儿童的性别认同如何发展，以及性别认同如何影响他们的态度和行为？

性别差异

性别差异是指男性和女性之间的心理或行为差异。正如我们在第 8 章所讨论的，男婴和女婴之间可测量的差异很少。虽然 3 岁以后许多性别差异变得更加明显，但是男孩和女孩之间仍然大同小异，大量研究支持性别相似性假设。足足有 78% 的性别差异小到可以忽略，并且一些差异会随着年龄而变化，比如自尊。

较大的性别差异是男孩的运动表现更好，特别是青春期以后，并且从两岁开始（Archer，2004；Baillargeon et al.，2007；Pellegrini & Archer，2005）男孩的身体攻击倾向较高（Hydc，2005）（攻击行为将在本章后半部分讨论）。在气质方面，从婴儿期开始，女孩就能更好地集中注意力，控制不恰当的行为。男孩则更加活泼，更喜欢体力活动（Else-Quest，Hyde，Goldsmith，& Van Hulle，2006）。

认知方面的性别差异很少，也很小（Spelke，2005）。整体而言，智力测验分数不存在性别差异（Keenan & Shaw，1997），这可能是因为大部分被广泛使用的测验的目的就在于消除性别偏见（Neisser et al.，1996）。男孩和女孩在与基础数学技能相关的任务中表现得同样出色，并且都能够学好数学。不过，在某些特定能力方面存在细小差异。女孩往往语言更加流畅、更擅长数学运算以及记忆物体的位置。男孩则更擅长言语类比、数学应用题以及记忆空间格局。在大部分研究中，这些差异在小学或者小学之后才会出现（Spelke，2005）。在儿童早期、前青春期和青春期，女孩往往使用诸如赞扬、同意、感谢等更加积极响应的语言，并且会详细解释别人所说的话（Leaper & Smith，2004）。

> **考考你 ✓**
>
> 你可以……
>
> ✓ 总结男孩和女孩主要的行为和认知差异吗？

当然，我们必须记住，对于男孩和女孩群体而言性别差异是有效的，但是对于单独的个体而言并非必然。知道了一个孩子的性别，并不能够预测这个孩子是否会比其他的孩子更快、更强壮、更聪明、更听话或者更自信。

性别发展的各种观点

如何解释性别差异？为什么某些差异会随着儿童年龄的增长而出现？一些解释认为差异源于男孩和女孩一出生就经历的不同经验和社会期望。这些经验和社会期望集中在与性别认同相关的三个方面：性别角色、性别类型化、性别刻板印象。

性别角色（gender roles）是指整个文化认为适合男性或女性的行为、爱好、态度、技能以及个性特质，所有的社会都有性别角色。历史上的大部分文化都与伊莎贝尔·阿连德所在的智利一样，认为女性应该专心照顾家庭和孩子，男性则维持家庭生计和保护家庭。期望女性顺从并且抚育后代，期望男性积极、进取、富有竞争力。这些文化对性别角色的定义正是阿连德所反对的。今天，西方文化中的性别角色变得更加多样化、更加灵活。

性别类型化（gender typing）（查阅第 8 章）即性别角色的获得，它在儿童早期出现，但是就性别类型化程度而言，该阶段儿童之间的差异很大（Iervolino，Hines，Golombok，Rust，& Plomin，2005）。**性别刻板印象**（gender stereotypes）是对男性或女性行为的过度概括化，如“所有的女性都是被动的、依赖的，所有的男性都是主动的、独立的”。性别刻板印象在许多文化中普遍存在。儿童在两三岁时开始出现性别刻板印象，在学龄前期不断发展，并且在 5 岁时达到顶峰（Campbell，Shirley，& Candy，2004；Ruble & Martin，1998）。

儿童如何获得性别角色？他们为何会接受性别刻板印象？这些是纯粹的社会建构还是男女之间的先天差异？答案并非非此即彼。接下来我们将看到五种关于性别发展的理论（总结见表 11-1）：生物学理论、进化发展理论、精神分析理论、社会学习理论和认知理论。每种理论都增加了我们对性别差异的理解，但是没有一种理论可以充分解释为何男孩和女孩在某些方面存在差异，在其他方面则没有差异。

生物学理论

不同文化中性别角色的相似性说明某些性别差异可能具有生物学基础。研究者发现了一些解释性别差异的基因、荷尔蒙和神经系统。

科学家发现有 50 多个基因可以解释雄性和雌性老鼠的大脑在解剖学和功能上的差异。如果人类也存在相似的基因差异，那么性别认同可能是与生俱来的，它甚至早于性器官的形成和激素活动的开始（Dewing，Shi，Horvath，& Vilain，2003）。

5 岁儿童的大脑已接近成人大小，男孩的大脑约比女孩大 10%，主要原因是男孩大脑皮层的灰质更多，而女孩的神经元密度更大（Reiss，Abrams，Singer，Ross，&

表 11-1　性别发展的五种理论

理　论	代表人物	关键词	基本观点
生物学理论		基因、神经系统以及激素活动	男性和女性的许多或大部分行为差异都可以追溯到生物上的差异。
进化发展理论	查尔斯·达尔文	自然的性别选择	儿童的性别角色是为成年后的交配及繁殖行为做准备。
精神分析理论			
心理性欲理论	西格蒙德·弗洛伊德	潜意识情绪冲突的解决	当儿童认同同性别父母时，性别认同出现。
社会学习理论			
社会认知理论	阿尔伯特·班杜拉	观察榜样，强化	儿童在心理上整合对多个榜样的观察，并且产生自己的行为变化。
认知理论			
社会发展理论	劳伦斯·科尔伯格	自我分类	一旦儿童知道自己是女孩或者男孩，他 / 她就会将与性别相关的信息进行分类，并且相应地做出这些行为。
性别图式理论	桑德拉·贝姆 C·L·马丁 C·F·霍尔沃森	建立在文化信息加工之上的自我分类	儿童根据特定文化的指示和相关的行为要求，对适合男孩或女孩的相关信息进行加工。 文化认为性别是一个重要的图式，因此根据性别对儿童进行分类。

Denckla，1996）。胼胝体是连接左右两侧大脑半球的带状组织，它的大小差异与语言的流畅性相关（Hines，Chiu，McAdams，Bentler，& Lipcamon，1992）。女孩的胼胝体更大，两侧大脑半球的协调性更好，或许这可以帮助解释为何女孩的语言能力更好（Halpern，1997）。

个体出生前或出生时，血液中的荷尔蒙可能会影响大脑发育。雄性睾丸激素与成年动物的攻击性相关，但是这一相关性在人类中并不明显（Simpson，2001）。很难从基因或者后天的环境影响中剥离出荷尔蒙的影响（Iervolino et al.，2005）。在任何情况下，睾丸激素的水平似乎都与儿童的攻击性没有任何关系（Constantino et al.，1993）。

一些研究关注有胎儿期激素异常历史的儿童。患有先天性肾上腺增生症（CAII）的女孩，其胎儿期雄激素（男性性激素）的含量很高。尽管是女孩，但她们更像假小子，喜欢“男孩玩具”和粗野的游戏，喜欢男性玩伴，空间能力也很强。雌激素（女性性激素）似乎对男孩性别类型行为的影响不大。但是这些研究都是自然实验，不能确定因果关系，激素差异之外的其他因素也可能发挥作用（Ruble & Martin，1998）。

生物学基础研究中最戏剧性的例子是那些出生时性器官模棱两可的婴儿，他们似乎一部分是男孩，一部分是女孩。约翰·马尼及其同事（Money，Hampson，& Hampson，1955）提出了对待这类异常儿童的指导原则。他建议应该尽可能早的为这些儿童确定性别，并且这一性别应该最大可能的接近正常功能，这样有助于儿童建立稳定的性别认同。

有这样一个案例：一个 7 个月大的男孩的阴茎在割礼中被意外切断，直到他 17 个月时，家长才决定把他当做女孩来养育，又过了 4 个月，医生为其做了手术（Money & Ehrhardt，1972）。最初他像一个正常女孩般成长，但是不久后，他拒绝了女性认同，在青春期开始像一个男孩般生活。第二次手术重建后，他娶了妻子，并且领养了她的孩子。这个案例似乎告诉我们，性别认同可能根植于染色体结构或者胎儿期的发展，不能轻易改变（Diamond & Sigmundson，1997），至少不能等到 17 个月时再改变。

另外一个记录在案的案例则有不同的结果。一个儿童在 2 个月时发生了意外，7 个月时阴茎被移除，并且进行了性别重建手术。在病人 16 岁和 26 岁时对其进行的访谈发现：他认同自己的女性角色，一直作为一个女性生活，并且和男性、女性都保持性关系（Bradley，Oliver，Chernick，& Zucker，1998）。因此，至少在婴儿早期，性别指定可能有一定的灵活性。

一份关于两性障碍的国际会议报告指出，性心理的发展受到许多因素的影响，包括性染色体基因、大脑结构、家庭动力、社会环境以及胎儿期雄激素的接触等。与会专家建议，对于性发育混乱的儿童，需要进行全面的诊断评估，并与父母协商，需谨慎且尽快地做出指定性别的决定（Houk，Hughes，Ahmed，Lee，& Writing Committee for the International Intersex Consensus Conference Participants，2006）。

进化发展理论

进化发展理论认为，性别化行为有其明确的生物学目的。从这个有争议性的观点来看，儿童的性别角色是成年男性和女性交配方式和育儿策略的基础。

达尔文的**性选择理论**（theory of sexual selection）认为，性伴侣的选择是为了应对不同的生育压力（早期的人类尚在为物种的生存而抗争）（Wood & Eagly，2002）。一个男人“播种”的范围越广，他的基因遗传下去的可能性就越大。因此，男性总是尽可能多的寻找伴侣。他们重视体魄强壮，因为只有这样才能帮助他们赢得配偶，控制女性所在乎的资源和社会地位。女性怀孕期间需要花费很多的时间和精力，并且只能孕育少数几个孩子，所以每个孩子的生存对她都相当重要。因此，女性需要寻找一个可以陪伴她，并且抚养子女的伴侣。把每一个孩子抚养成人的需求也可以解释为何女性比男性更加关心和养育儿童（Bjorklund & Pellegrini，2000；Wood & Eagly，2002）。

根据进化论，儿童期男性的竞争和攻击以及女性养育行为的发展均是为了成人角色做准备。男孩玩战斗的游戏，女孩喜欢玩“过家家”。照顾孩子时，女性必须将孩子的需求和感受放在第一位。因此小女孩往往比小男孩能更好地控制和抑制情绪，克制自己的冲动行为（Bjorklund & Pellegrini，2000）。

如果这一理论是正确的，那么性别角色应该是普遍的，并且很难改变。支持这一理论的证据是，在所有文化中，女性往往都是儿童的主要照料者，虽然在某些社会父亲或其他人一起承担这一责任（Wood & Eagly，2002）。而削弱这一理论的证据则是，今天在美国或其他西方国家，男性越来越多地参与到养育儿童的活动中来。

进化论的批评者认为，社会和文化对性别角色的决定作用和生理同样重要。进化论主张男性的首要角色是维持家庭生计，而女性的首要角色是养育儿童，但是在一些非工业化社会中，女性是主要或者同等重要的家庭生计的维持者。对 37 种文化中择偶偏好的分析发现，传统社会中的女性往往更偏爱富有的年长男性，而男性更喜欢擅长家务的年轻女性。但在女性拥有生育自由、教育机会和主张平等的社会中，这些偏好并不显著（Wood & Eagly，2002）。

因此，一些进化论学者认为，性别角色的演变是一个动态过程。他们承认，现有环境与角色的最初进化环境不同时，性别角色（比如男性对孩子养育的投入程度）可能发生变化。

精神分析理论

4 岁的胡安说：“爸爸，等我长大了，和妈妈结婚后，您去哪儿住啊？”从精神分析理论的角度来看，胡安的问题是其性别认同获得的一部分。弗洛伊德认为，**认同**（identification）是对同性别父母特性、信念、态度、价值观以及行为的认可、采纳。弗洛伊德认为，认同是儿童早期人格发展的重要方面，一些社会学习理论学者也使用了这一术语。

根据弗洛伊德的理论，当胡安压抑或者放弃拥有异性父母（他的妈妈）的愿望，认可同性父母（他的爸爸）时，认同就发生了。尽管这一解释很有影响力，但是它很难被测量，并且只有很少的研究支持它（Maccoby，1992）。虽然有些证据表明，学龄前儿童更加亲近异性的父母，而对同性的父母更具有攻击性（Westen，1998），但是今天大部分的发展心理学家都不赞成该解释。

社会学习理论

经典社会学习理论学者沃尔特·米歇尔认为，儿童通过模仿榜样和受到奖励的性别行为来获得性别角色，换句话说就是对环境刺激的反应。儿童通常会选择他们认为强大或者养育他们的人作为榜样。典型的榜样是父母，并且通常是同性别的父母，但是儿童也会模仿其他成人或同伴的行为（伊萨贝尔·阿连德不满女性的从属地位，试图以外祖父为榜样）。行为反馈以及父母和其他成人的直接教导强化了性别特征的形成。以父亲为榜样的男孩被称赞“像个男孩”，女孩穿可爱的衣服或梳可爱的小辫也会被表扬。在这一模型中，性别化的行为先于性别知识（“我因做男孩子的事得到了奖励，所以我必须成为一个男孩”）。

但是，20 世纪 70 年代以来，研究者对使用相同性别榜样的影响来解释性别差异表示怀疑。随着认知理论（下一部分将讨论）的兴起，经典社会学习理论开始失去支持（Martin，Ruble，& Szkrybalo，2002）。作为社会学习理论的扩展，阿尔伯特·班杜拉的新**社会认知理论**（social cognitive theory）吸收了一些认知因素。

根据社会认知理论，观察使儿童在表现出性别化行为之前就学会了大量的性别化行为。他们能够在心理上整合众多榜样行为，进而产生自己的行为。社会认知理论认为，儿童通过玩伴和活动来选择甚至创造环境，而不是观察指定的环境。然而，批评者认为，社会认知理论不能解释在获得性别概念之前儿童如何区分男孩和女孩，儿童获得性别知识的最初动机是什么，性别规范如何被内化等，其他认知理论试图回答这些问题（Martin et al.，2002）。

认知理论

莎拉知道自己是女孩，因为大家都说她是女孩。通过持续地观察和了解这个世界，她明白自己将一直都是女性。通过积极地思考和建构自己的性别特征，她开始理解性别，这是劳伦斯·柯尔伯格（1966）认知发展理论的核心。

柯尔伯格认知发展理论 柯尔伯格认为，性别知识先于性别行为（“我是个男孩，所以我喜欢做男孩的事情”）。儿童在他们的社交生活中积极寻找与性别相关的线索。当儿童开始意识到他们的性别时，他们就会表现出自己认为符合男性或女性的行为。3 岁的莎拉更喜欢玩具娃娃而不是卡车，是因为她看到其他女孩玩娃娃，因此，她认为玩娃娃是符合女性的行为。并且莎拉通常和自己认为兴趣相同的女孩一起玩（Ruble & Martin，1998；Martin & Ruble，2004）。

柯尔伯格指出，性别角色获得的关键在于**性别恒常性**（gender constancy）（最近经常被称为性别类型恒常性），即儿童意识到自己的性别不会改变，一旦儿童认识到了这一点，他们就有动机做出适合自己性别的行为。性别恒常性的发展可以分为三个阶段：性别认同、性别稳定性和性别恒常性（Martin et al.，2002；Ruble & Martin，1998；Szkrybalo & Ruble，1999）。性别认同（意识到自己及其他人的性别）通常在 2~3 岁时出现。性别稳定性是指女孩意识到她长大后将成为女人，男孩意识到他长大后将成为男人，换句话说就是性别不会发生变化。不过，这一阶段的儿童可能会根据一些表面特征（如穿着或发型）和刻板行为来判断性别。性别恒常性有时会在

3~7 岁或更晚些时候出现，此时女孩意识到即使她剪短发、穿裤子，她仍然是女孩；男孩也意识到即使他留长发、戴耳环，他仍然是男孩。一旦儿童认识到他们的行为或者穿着不会影响性别，他们就可能变得不再那么严格遵守性别规范（Martin et al.，2002）。

许多研究者质疑柯尔伯格"性别类型化依赖于性别恒常性"的观点。在儿童到达性别恒常性最后一个阶段之前的很长时间里，他们都表现出了性别特征偏好（Bussey & Bandura，1992；Martin & Ruble，2004；Ruble & Martin，1998）。比如早在 12~24 个月时，儿童就表现了对玩具和玩伴的性别偏好，不过这些发现并不能驳斥柯尔伯格理论的基本观点：性别概念影响行为（Martin et al.，2002）。

今天，认知发展学者们不再强调性别恒常性必须先于性别类型化（Martin et al.，2002）。相反，他们认为更深入地理解性别恒常性可能能够促进性别类型化（Martin & Ruble，2004）。性别恒常性的每个阶段都增强了儿童对性别相关信息的接受能力。性别认同可能会激发儿童学习更多性别相关的知识，性别稳定性和性别恒常性可能会激发儿童更确定他要"像个男孩"或"像个女孩"。研究还发现，性别恒常性的不同水平和性别发展的其他方面存在显著相关（Martin et al.，2002）。

性别图式理论　另外一种认知理论是**性别图式理论**（gender-schema theory）。和认知发展理论一样，它也认为儿童在做出性别特征行为之前，会从环境中积极提取性别相关信息。只不过，性别图式理论更加强调文化的影响。一旦儿童认识到他们的性别，他们就会形成在他们的文化中男性或女性意味着什么的概念。然后儿童会使自己的行为与文化认为男孩和女孩"应该"如何相匹配。这一理论的主要拥护者有桑德拉·贝姆（1983，1985，1993）、马丁和哈芙森（Martin & Halverson，1981；Martin et al.，2002）。

性别图式理论的一个关键贡献是性别图式的概念。性别图式（很像皮亚杰的图式）是性别相关信息的心理加工网络，它影响行为，性别图式随年龄和经验而发展。甚至在儿童可以说话之前，他们就会对自己观察到的性别图式进行加工，因为他们发现社会对人们做了如下区分：男性和女性穿不同的衣服，玩不同的玩具，并且使用独立的卫生间。儿童随后会把这一信息推广到相同类别的其他方面。随着儿童性别知识的增加，性别图式不仅影响儿童做什么，而且还影响他们的注意和记忆。

有研究者认为，性别角色通过引导儿童过度概括化而促进了性别刻板印象的形成。4 岁的布兰登看到一个陌生的同龄男孩搬到隔壁，他会带着玩具卡车过去敲门，很明显，他认为新来的男孩喜欢的玩具和他一样。不过，很少有证据表明性别图式是性别刻板印象来源（Yunger，Carver，& Perry，2004）。此外，性别刻板印象并不随着性别知识的增加而增强，事实恰恰相反（Bussey & Bandura，1999）。

安娜喜欢玩卡车，这表明她的游戏并没有受到性别刻板印象的限制。根据贝姆的性别图式理论，家长可以通过鼓励儿童追求自己的兴趣来帮助他们避免这些刻板印象，即使他们的兴趣不符合性别常规。

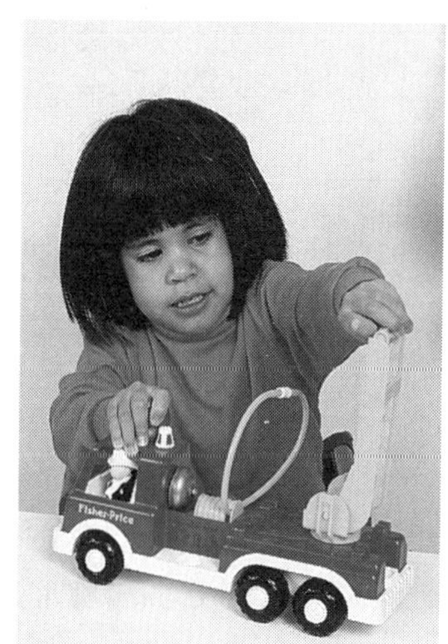

被研究证实的新观点认为，性别刻板印象的发展模式是先升高再降低（Ruble & Martin，1998；Welch-Ross & Schmidt，1996）。4~6 岁时，儿童建构然后巩固自己的性别图式，他们会注意并记住与这些图式相一致的信息，甚至会夸大它。实际上，他们往往记错那些违反性别刻板印象的信息，比如看到女孩锯木头或男孩做饭的照片，他们会坚持认为照片中的性别是相反的（Martin，Eisenbud，& Rose，1995；Martin & Ruble，2004；Ruble & Martin，1998）。

5~7 岁时，儿童形成了严格的性别刻板图式，并应用于自身及其他人。男孩将更加关注他所认为的“男孩玩具”，女孩则更加关注“女孩玩具”。男孩希望在“男孩事情”上做得更好，女孩也希望在“女孩事情”上做得更好。7~8 岁时，儿童开始接受并且整合矛盾的信息，比如某些女孩喜欢玩足球，因而图式变得更加复杂。当儿童形成了更加复杂的性别信念时，他们对待性别角色的观点将变得更加灵活（Martin & Ruble，2004；Martin et al.，2002；Ruble & Martin，1998；M. G. Taylor，1996；Trautner et al.，2005）。

性别发展的认知观点（包括社会认知理论）对于探索不同年龄的儿童如何思考性别，以及他们了解性别的哪些方面做出了重要贡献。尽管如此，关于推动儿童形成性别角色的原因，以及为何某些儿童的性别类型要比其他儿童更加强烈，不同的理论仍有不同的解释（Bussey & Bandura，1992，1999；Martin et al.，2002；Martin & Ruble，2004；Ruble & Martin，1998）。认知学者和社会认知学者都认为社会化可能是一个重要的因素。

社会化的作用

社会化始于婴儿期，在儿童意识到性别之前便开始发生。渐渐地，随着儿童开始调控自己的活动，行为标准便开始内化。当儿童按照自己的内部标准行事时，会感觉很好，反之则感觉糟糕。大概在 3~4 岁之间，儿童的性别相关行为发生了从社会指导控制到自我调节的重要变化（Bussey & Bandura，1992）。家长、同伴以及媒体是如何影响这一发展过程的呢?

家庭影响 当路易斯安那州州长凯思琳・布兰科 4 岁的孙子大卫被问到长大后要做什么时，他不能确定，他对母亲的所有建议：消防员、军人、警察、飞行员都不屑一顾。最后，当母亲问他是否想做州长时，大卫回答:“妈妈，我是个男孩”（Associated Press，2004a）。

大卫的反应说明家庭影响是多么强烈，甚至能培养反常规的偏好。一般来说，家庭经验似乎能够强化性别类型偏好和态度。我们之所以说“似乎”是因为很难把父母基因的影响从家庭环境的影响中分离出来。另外，家长或许可以回应而不是鼓励儿童的性别类型行为（Iervolino et al.，2005）。

在游戏偏好方面，男孩的性别社会化往往更加强烈。家长（尤其是父亲）对男孩玩娃娃比女孩玩玩具卡车更加反感（Lytton & Romney，1991；Ruble & Martin，1998；Sandnabba & Ahlberg，1999）。女孩在穿衣、游戏以及玩伴选择上比男孩更加自由（Miedzian，1991）。

在主张平等的家庭中，父亲在性别社会化中的作用似乎特别重要（Fagot & Leinbach，1995）。一项针对英国和匈牙利 4 岁城市儿童的观察研究发现：如果儿童的父亲做更多的家务和照料子女的工作，这类儿童就会更少地意识到性别刻板印象，参与更少的性别类型游戏（Turner & Gervai，1995）。

对 198 位头胎和第二胎兄弟姐妹及其家长长达 3 年的追踪研究发现，兄弟姐妹也会影响性别发展。第二胎的态度、人格以及休闲活动往往更像他们的哥哥姐姐，而第一胎则更多受到父母的影响，更少受到弟弟妹妹的影响（McHale，Updegraff，Helms-Erikson，& Crouter，2001）。有同性别哥哥 / 姐姐的儿童比有异性别哥哥 / 姐姐的儿童往往更加性别类型化（Iervolino et al.，2005）。

你的观点？

对于下面两种做法，您的观点如何？请解释。

1. A家庭认为女孩应该只穿连衣裙，男孩不应该洗碗或者哭泣。
2. Z家庭对待儿子和女儿的方式极其相似，完全没有考虑儿童的性别。

同伴影响　5 岁的安娜坚持用新的方式打扮自己。不管是在家里还是出去玩的时候，她希望穿长 T 恤、打底裤和靴子。妈妈问她为什么这么穿的时候，她说："凯蒂这么穿，她是女孩子的头儿！"

即使在儿童早期，同伴群体仍是性别特征形成的主要影响因素。玩游戏时，3 岁的学龄前儿童通常按性别分组，这些强化了性别类型行为，并且同伴群体的影响随着年龄增长而增加（Martin et al.，2002；Ruble & Martin，1998）。在同性别群体中玩游戏的儿童往往比其他儿童更加性别类型化（Maccoby，2002；Martin & Fabes，2001）。与像"男孩"的女孩相比，同伴群体对"像女孩"的男孩更加反感（Ruble & Martin，1998）。实际上，这个年龄段的儿童对游戏的选择可能更多受到同伴群体和媒体的影响，而不是家庭榜样的影响（Turner & Gervai，1995）。总之，同伴和父母的态度相辅相成（Bussey & Bandura，1999）。

文化影响　5 岁的伊莎贝尔・阿连德被告诫，坐着时要两腿并拢，要学习编织，而她的兄弟则可以跑出去爬树。这样，她了解到作为女性，自己的行为是受限制的，而其兄弟则不受限制（D. Skinner，1989）。

在美国，电视是传递文化对性别态度的主要途径。社会认知理论预测，长时间看电视的儿童，通过模仿电视里的偶像变得更加性别类型化。令人印象深刻的支持证据来自一项在加拿大的一些城镇进行的自然实验，这些城镇第一次接收到电视传输信号。在有电视之前持较少刻板态度的儿童，两年之后他们的传统观点明显增加（Kimball，1986）。

儿童图书一直是儿童刻板印象的来源之一。今天，以女性为主要角色的图书比例大大增加，儿童也更频繁地表现出非传统活动（如女孩打扮成飞行员或男孩帮着

> **考考你✓**
>
> 你可以……
>
> ✓ 区分性别发展的五种基本理论吗?
>
> ✓ 评价性别差异的生物学解释吗?
>
> ✓ 比较不同理论如何解释性别角色的获得，并评价每种理论?
>
> ✓ 讨论社会化在性别获得中的作用吗?

洗衣服)。然而，女性仍承担大部分家务，而男性则很少被看到在做家务或者照顾儿童(Gooden，2001)。实际上，父亲在很大程度上都是缺席的，即使他们出现，往往也是退缩且效果不佳(Anderson & Hamilton，2005)。

社会化影响的研究还有许多遗留问题。家庭环境的哪些方面推动了性别类型化?父母和同伴对待男孩和女孩的方式不同，是因为他们本身是不同的，还是文化认为他们应该有所不同?不同对待方式导致还是反应了性别差异，或者是双向关系?进一步的研究或许有助于说明，在与性别相关的态度和行为方面，社会化动因如何与儿童自身的生物倾向和认知能力相一致。

我们所讨论的理论中似乎没有一个可以全面地回答性别认同和性别类型化是如何发展的。今天“人们已经普遍承认……认知、环境以及生物因素都非常重要”(Martin et al.，2002，p. 904)。例如最近的生理－社会理论认为，性别的心理方面源于男女的生理特征(如男性更强壮的体力与女性的生殖能力)、发展经验以及社会赋予角色之间的交互作用(Wood & Eagly，2002)。

游戏：儿童早期的活动

3 岁的卡门假装碗里飘浮的麦片是在牛奶中游泳的“鱼”，她用勺子一下又一下的“捕鱼”。早餐过后，她戴上妈妈的帽子，拿起公文包，假装成准备去上班的“妈妈”。她骑着自己的小三轮车穿过水坑，玩虚拟的电话聊天，把一块积木当成卡车，并念着“呜隆隆，呜隆隆！”，卡门的一天是一轮又一轮的游戏。

如果你认为卡门的活动只是好玩就错了。虽然游戏似乎没有任何明确的目的，但是它对目前和长远的进化来说都非常重要(Bjorklund & Pellegrini，2002；Smith，2005b；见专栏 11.1)。游戏对儿童身心的健康发展很重要。它使儿童参与到周围的世界中，发挥他们的想象力，发现更灵活的使用物体和解决问题的方式，并且为成人角色做准备。

游戏有助于各个领域的发展。通过游戏，儿童的感官得到刺激，肌肉得到锻炼，视觉和运动之间的配合更加协调，他们可以控制自己的身体，做决策，获得新的技能。他们对不同形状的积木进行分类，计算自己堆了多少积木，或者宣布“我的塔比你的高”，这些奠定了数学概念的基础。他们在沙滩上合作搭建沙塔或隧道，因此他们学会了谈判和冲突解决(Ginsburg and the Committee on Communications and the Committee on Psychosocial Aspects of Child and Family Health，2007)。游戏对儿童的发展是如此重要，因此联合国人权事务高级委员会(1989)认为，游戏是每个儿童的权利。

儿童需要充裕的时间进行自由的探索游戏。今天，许多家长为儿童提供了非常丰富的视频和学业导向的玩具。或许这些活动本身有价值，但是一旦它们影响到儿童的直接游戏时，它们将失去价值。全日制幼儿园也明显减少了自由游戏的时间（Ginsburg et al.，2007）。

不同年龄儿童的游戏风格也有所不同，他们玩不同的东西，并且分配给不同类型游戏的时间也不同（Bjorklund & Pellegrini，2002）。比如，婴儿期的体育运动明显是漫无目的的节奏运动。随着大肌肉技能的提高，学前儿童通过跑、跳、跳绳、单脚跳、投掷等来锻炼自己的肌肉。在该阶段晚期和儿童中期，包括摔跤、踢、追逐等无规则打闹游戏更加普遍，特别是在男孩中（详见第 12 章）。

研究者采用不同方式对儿童的游戏进行分类，一种常见的分类方式是根据认知复杂性，另一种分类是以社交维度为基础。

游戏的认知水平

3 岁的考特尼使用比自己平时更深沉的声音和玩具娃娃说话；4 岁的米格尔把一块厨房毛巾当作斗篷，像蝙蝠侠一样飞来飞去。这些儿童的假装游戏中包括虚构的人物或者情景。

根据认知复杂性程度的增加，斯米兰斯基（Smilansky，1968）把游戏分为四个水平：功能游戏、建构游戏、假装游戏和规则游戏，假装游戏是其中之一。

最简单的**功能游戏**（functional play，有时称运动游戏）在婴儿期开始出现。它包括大肌肉运动的重复练习，比如滚球（Bjorklund & Pellegrini，2002）。

第二个水平的**建构游戏**（constructive play，有时称客体游戏）是指使用物体或材料制作某些东西，比如积木房子或者蜡笔画。儿童花费大约 10%~15% 的时间使用积木等物体进行游戏（Bjorklund & Pellegrini，2002）。

斯米兰斯基称第三个水平为**假装游戏**（dramatic play，也称装扮游戏、幻想游戏或者想象游戏），它包括虚构的物体、动作或者角色，它依赖于两岁末时出现的表征功能（Piaget，1962）。尽管在斯米兰斯基的理论中，功能游戏和建构游戏先于假装游戏出现，但是这三类游戏经常同时存在（Bjorklund & Pellegrini，2002；Smith，2005a）。

假装游戏在学龄前期达到顶峰，其频率和复杂性不断增加，随着学龄儿童更多地卷入**规则游戏**（formal play with rules），假装游戏不断减少。规则游戏是根据已知的程序和处罚来组织游戏，比如跳房子和弹子游戏。然而，小学之后仍有不少儿童进行假装游戏。据统计，学龄前儿童会花 12%~15% 的时间进行假装游戏（Bjorklund & Pellegrini，2002），但是，以学业为导向的幼儿园课程可能会限制儿童玩此类游戏的时间（Bergen，2002；Ginsburg et al.，2007）。

两岁时的假装游戏主要是模仿，开始通常是模仿成人照料者和追随相似的情景，比如喂养玩具娃娃或者为毛绒玩具量体温。3 岁或 4 岁时，假装变得更富有想象力和自发性。儿童可能会使用一块积木来代表一床被子，甚至仅仅是想象一个杯子（Smith，2005a）。

研究广角

专栏 11.1 游戏是否有进化的基础

儿童游戏似乎是为了游戏带来的纯粹快乐。但是从进化的角度来看，一项花费大量时间和精力、显示出年龄发展特征、在儿童期达到顶峰且随着性成熟不断减少、受到父母鼓励并且在所有文化中都出现的活动，似乎明显有利于儿童的自然选择（Bjorklund & Pellegrini，2000；Smith，2005b）。

研究者对游戏的价值和功能持不同的意见。一位早期的心理学家赫伯特·斯宾塞（Herbert Spencer，1878/1898）认为游戏是过剩精力的“无价值的使用”。德国哲学家卡尔·格罗斯（Karl Groos，1898，1901）的观点与现在的观点更加接近，他认为游戏是本能的技能练习，实际上儿童期的主要目的是为了未来生活而游戏。霍尔（G. Stanley Hall，1904/1916）主张游戏具有宣泄功能，它允许儿童“复演”原始人类本能的进化过程。

今天许多心理学家和教育学家认为游戏是长期未成熟和依赖过程中的适应性活动，在此期间儿童获得了成年生活所必需的身体品质、认知和社会学习能力。游戏促进了儿童骨骼和肌肉的发育，为儿童试验和掌控活动提供了机会，并且使儿童形成了对自身能力的感知（Bjorklund & Pellegrini，2000）。儿童通过游戏在一个零风险的环境中练习成年后必须的各种行为和技能（Hawes，1996）。动物研究发现，游戏的进化似乎与智力的进化存在相关。众所周知，最聪明的动物，鸟类和哺乳动物会游戏，而智商较低的动物，鱼类、爬行动物和两栖动物则不会（Hawes，1996）。

根据进化理论，家长鼓励儿童游戏，因为以儿童相对较低的技能水平而言，通过游戏获得技能的未来收益要超过当前从事生产活动的收益（Smith，2005b）。儿童游戏中的性别差异使男孩和女孩能够练习对繁殖和生存来说非常重要的成人行为（Bjorklund & Pellegrini，2002；Geary，1999）。

不同类型的游戏具有不同的适应性功能。早期的运动游戏在所有的哺乳动物中都很常见，它可能促进大脑的发育。随后的练习游戏可能能够发展肌肉力量、耐力、体能以及运动效率（Smith，2005b）。客体游戏主要在人类、猴子以及猩猩等灵长类动物中出现。客体游戏可以使人类了解物体的特性和它们的功用，因此它可能对工具的发展具有进化意义（Bjorklund & Pellegrini，2002）。在前现代社会，游戏中使用的物体可以是从周围环境中获

假装游戏是认知、情绪、语言和感觉运动行为的组合，它可能促进了大脑紧密联结的发展和以后的抽象思维能力。看过多电视节目的儿童的想象力往往较差，可能是因为他们习惯于被动接受形象和情节，而不是自己产生（Howes & Matheson，1992）。研究发现，假装游戏的质量与社交能力和语言能力存在相关（Bergen，2002）。通过为想象中的火车旅行制作“车票”，或者在“医生的办公室”“看视力表”，儿童巩固初现的识字技能（Christie，1991，1998）。假装游戏还可能进一步促进心理理论的发展（第 10 章）。儿童早期是表演游戏的高峰期，也是获得诸如识别错误信念等技能的高峰期（Smith，2005b）。

游戏的社交维度

在 20 世纪 20 年代的一项经典研究中，帕顿（Mildred B. Parten）根据社交性

得的任何东西。这些社会中的客体游戏往往注重发展有用的技能，比如制作篮子或者捣碎粮食（Smith，2005b）。年幼的哺乳动物和人类的儿童一样参加社交性游戏，比如摔跤和追逐。社交性游戏可以强化社会联系、促进合作以及减少攻击行为（Hawes，1996）。

和其他类型的游戏不同，表演游戏似乎是人类所特有的活动。研究发现，人工饲养的猩猩、大猩猩和黑猩猩只能进行简单的依赖实物的假装游戏，比如拿空杯子喝水。这种基础能力或许就是人类不依赖实物、真正的象征游戏的进化基础（Bjorklund & Pellegrini，2002；Smith，2005b）。

表演游戏似乎普遍存在于人类中，但是在鼓励儿童参与成人工作的社会中，它出现的频率较低（Smith，2005a）。在传统的狩猎－采集社会中，儿童的扮演集中在模仿成人谋生活动，比如狩猎、捕鱼和准备食物（Smith，2005b）。由于人类开始定居生活，表演游戏可能发生演变，以便练习新的生活方式所必需的各种技能。在现代工业社会，表演游戏的主题受到大众媒体的高度影响。至少在高社会经济地位的家庭中，大量的玩具、不需要儿童协助谋生的活动、父母在游戏中的高度卷入，以及以游戏为基础的幼儿园课程，这些都促进了表演游戏（Smith，2005a）。

研究者仍然需要更深入地研究游戏的功能和益处，但是有一点似乎可以肯定：儿童游戏是很好的消磨时间的方式。

你的观点？

根据你对儿童游戏的观察，你认为游戏的短期和长期目的是什么？

请查阅！

如果想更多地了解这一主题，请登录http://nationalzoo.si.edu/Publications/ZooGoer/1996/1/junglegyms.cfm，这是动物园迷的网站，是史密森国家动物公园的业务简报，它刊登了一篇关于动物和人类游戏进化的文章。

的程度将游戏分为6类（详见表11-2）。她发现随着儿童的成长，他们的游戏往往变得更加具有社交性，即更具有交互性和合作性。最初儿童自己一个人游戏，然后在其他儿童旁边玩，最后才是一起玩。不过今天许多研究者认为，帕顿界定儿童游戏发展的方法过于简单，因为所有年龄段的儿童都参与了帕顿所有类型的游戏（K. H. Rubin et al.，1998）。

显然，帕顿认为非社交游戏不如社交游戏成熟。她提出，一直自己玩的年幼儿童可能会产生社交、心理或者教育问题。然而某些类型的非社交游戏，特别是平行游戏和独自游戏可能促进认知、身体以及社交发展。一项针对4岁儿童的研究发现：在那些善于解决问题、受同伴欢迎、被老师评价善于社交的儿童中，平行游戏（如，一个儿童在玩拼图，他旁边的孩子也在玩）非常普遍（K. Rubin，1982）。

现在的研究者不仅关心儿童是否独自玩，而且关心他们为何独自玩。一项针对567名幼儿园孩子、教师、观察者和同班同学的研究发现，2/3的独自玩耍的儿童，

你的观点？

你认为计算机在游戏和教学活动中的不断使用对儿童社交和认知发展有何影响？

表 11-2 帕顿的社交游戏和非社交游戏类型

类 型	描 述
无所事事的行为	儿童似乎并不是在玩，而是注视突然发生的、使他感兴趣的事情。
旁观者行为	儿童大部分时间是在看其他儿童玩，作为旁观者和他们谈话，问问题或者提供建议，但是并不参加游戏。旁观者仅仅是在观看某一群体的儿童，并不对什么感到兴奋。
独自游戏	儿童独自一人玩玩具，他所玩的玩具与周围其他儿童的玩具不同，并且也没有尝试接近其他儿童。
平行游戏	儿童仍独自在玩，但是与其他孩子在一起，他所玩的玩具同周围儿童类似，却不一定用一样的方式玩。他在同伴旁边玩，而不是与同伴一起玩。平行游戏者并未试图影响其他儿童。
联合游戏	和其他儿童一起玩，他们讨论游戏，借还玩具，相互追随，并且试图控制小组中的其他儿童。所有儿童玩类似或相同的游戏；没有分工，没有组织目标；每个儿童都做自己愿做的事情，和其他儿童在一起的兴趣要高于活动本身。
合作游戏	儿童为某一目的而组织在一起进行游戏，比如制作东西，玩正式的社交游戏，或表演某个情景。由 1~2 名儿童管理小组，领导活动。通过分工，儿童承担不同的角色，并且相互帮助。

资料来源：adapted from Parten，1932，pp. 249-251.

其社交能力和认知能力良好，他们仅仅是喜欢这么玩而已（Harrist，Zain，Bates，Dodge，& Pettit，1997）。

另一方面，独自游戏可能是害羞、焦虑、恐惧或者社交拒绝的信号（Coplan et al.，2004；Henderson，Marshall，Fox，& Rubin，2004；Spinrad et al.，2004）。两项针对加拿大学龄前儿童和幼儿园教师的研究发现，在其他儿童旁边安静地独自画画或堆积木的男孩，往往被认为是害羞的或者适应不良的（Coplan，Gavinski-Molina，Lagacé-Séguin，& Wichman，2001；Coplan，Prakash，O'Neil，& Armer，2004）。

> **考考你 ✓**
>
> 你可以……
>
> ✓ 根据斯米兰斯基和其他人的观点，描述四种认知水平的游戏，以及社交和非社交游戏的六种类型吗？
>
> ✓ 解释游戏的认知维度和社交维度之间的关系吗？
>
> ✓ 讨论假装游戏的功能吗？

帕顿的旁观游戏和无所事事游戏统称为*沉默游戏*，它通常被认为是胆怯的表现（Coplan et al.，2004）。不过在其他儿童周围玩、看其他儿童玩，或者漫无目的的闲逛，这些沉默行为有时可能是加入其他儿童游戏的前奏（K. H. Rubin，Bukowski，& Parker，1998；Spinrad et al.，2004）。在一项短期的追踪研究中，研究者观察学龄前儿童日常的自由游戏。尽管沉默儿童不愿意加入其他儿童的游戏，但是仍被他人喜欢，并且表现出的问题行为较少（Spinrad et al.，2004）。另外，非社交性游戏似乎远比帕顿想象的复杂。

在儿童早期，假装游戏变得更加具有社交性（K. H. Rubin et al.，1998；Singer & Singer，1990）。与自己单独玩相比，儿童和其他人一起玩时进行更多的假装游戏（Bjorklund & Pellegrini，2002）。假装游戏变得更加合作，故事情节变得更加复杂和创新，这就为练习人际关系技巧和语言技能、探索社会习俗和社会角色提供了丰富的机会。在一起扮演的过程中，儿童共同解决问题、计划和寻找目标的技能得以发

学龄前男孩和女孩喜欢不同类型的游戏。男孩喜欢追逐打闹游戏，而女孩喜欢更安静和合作性的游戏。

展，理解他人观点的能力得以提高，并且形成了对社交世界的认识（Bergen，2002；Bodrova & Leong，1998；Bjorklund & Pellegrini，2002；J. I. F. Davidson，1998；J. E. Johnson，1998；Nourot，1998；Smith，2005a）。

性别对游戏的影响

所有年龄段的男孩都比女孩参与更多的肢体游戏（Bjorklund & Pellegrini，2002；Smith，2005b）。男孩和女孩都喜欢玩客体游戏，但男孩精力更加旺盛（Smith，2005b）。女孩往往使用物体来制作东西，比如拼图或手工作品，而男孩更倾向把物体当成武器（Pellegrini & Gustafson，2005）。

正如我们所说，性别隔离在学龄前儿童中普通存在，并且到儿童中期更加流行（Smith，2005a），这一倾向似乎在所有文化中普遍存在。尽管生理（性激素）、性别认同以及成人的强化都可能影响游戏中的性别差异，但是同伴群体的影响似乎更加强大（Smith，2005a）。男孩往往和各个年龄段的人玩剧烈的、户外的肢体游戏，而女孩更喜欢和另一个玩伴安静地、和睦地玩游戏。男孩自然而然地在人行道、街头或者空地上玩，而女孩往往选择更加有组织的、成人可监控的活动（Benenson，1993；Bjorklund & Pellegrini，2002；Fabes，Martin，& Hanish，2003；Serbin，Moller，Gulko，Powlishta，& Colburne，1994；Smith，2005a）。

女孩比男孩参与更多的假装游戏。男孩的假装游戏往往包含危险、冲突和竞争的、统治的角色，比如模拟战斗。而女孩的假装游戏一般关注社会关系、养育和家庭生活中的角色，比如过家家（Bjorklund & Pellegrini，2002；Pellegrini & Archer，2005；Smith，2005a）。不管怎样，与女孩相比，男孩的游戏有更强的性别刻板印象（Bjorklund & Pellegrini，2002）。因此，在男女混合群体中，游戏往往围绕着传统的男性活动进行（Fabes et al.，2003）。

文化对游戏的影响

文化价值观影响成人为儿童设置的游戏环境，而这些环境反过来又会影响不同文化中特定形式游戏的频率（Bodrova & Leong，1998）。一项观察研究比较了来自不同幼儿园的48对中产阶级韩裔美国儿童和英裔美国儿童（Farver，Kim，& Lee，1995）。三所英裔美国幼儿园秉承标准的美国价值观，他们通过让儿童自己在大量的活动中做选择来鼓励儿童在学习中独立思考和积极参与。韩裔美国幼儿园则秉承传统的韩国价值观，鼓励发展学业技能和完成任务。英裔美国幼儿园鼓励儿童间的社会交换以及与老师的合作活动。而在韩裔美国幼儿园，儿童只能在室外休息的时候才可以聊天和游戏。

考考你✓

你可以……

✓ 说出性别和文化对儿童游戏方式的影响，并举例吗?

毫不奇怪，英裔美国儿童参与了更多的社交游戏，而韩裔美国儿童则参与了更多的无所事事游戏或者平行游戏。同时，韩裔美国儿童在游戏中更加合作，经常为其他儿童提供玩具，这很可能反映了其文化对群体和谐的强调。而英裔美国儿童则更具有攻击性，并且经常消极对待其他儿童的建议，这也反映了美国文化的竞争性。

父母教养

儿童逐渐成为独立的个体，其成长本身就是一项非常复杂的挑战。家长必须应对这些“小人儿”，他们有自己的思想和意愿，但仍需要学习很多可以更好地适应社会的行为。父母怎样教养儿童？哪些教养方式更加有效呢？

训练方式

“训练”意指“指导”或“培训”。在儿童发展领域，**训练**（discipline）涉及塑造人格特质、教育儿童自我控制和掌握社会认可行为的各种方法。在发展以自我约束为目标的社会化过程中，训练会是一个强有力的工具。何种形式的训练效果最好呢？研究者对此进行了众多研究。

强化和惩罚

“对于这个孩子我们该怎么办？”诺埃尔的妈妈说，“我们越惩罚他，他越来劲儿！”

为了阻止不合理的行为，家长有时会惩罚孩子，但实际上儿童从“被强化的良好行为”中学到的更多。外部强化可能是有形的（如糖果、钱币、玩具或者金星），也可能是无形的（如微笑、表扬、拥抱、额外关注或者特权）。不管何种强化，儿童必须认识到强化是一种奖赏，并且只有在做出合乎要求的行为之后才能得到。最终，行为自身应该提供内部的奖励：愉悦感或成就感。在诺埃尔的案例中，当他表现良好时，父母经常忽视；而当他调皮时，父母就会责骂甚至打他。换句话说，诺埃尔的父母不知不觉地强化了诺埃尔的不良行为，因为诺埃尔在做父母不期望的事情时得到了关注。

但是，有时惩罚（如隔离或取消特权）是必需的。儿童不能跑到行车道或者打其他的孩子，有些时候孩子会故意挑衅。在这些情况下，如果惩罚是前后一致的、即时的，并且与过错明确相关，它可能是有效的。应该冷静地私下进行惩罚，并且以引导服从为目的而非内疚，给出简短说明的惩罚最为有效（1998；Baumrind，1996a，1996b）。

粗暴的惩罚可能会适得其反。经常受到粗暴惩罚的儿童在理解他人行为和语言时可能存在问题，他们可能会认为对方怀有敌意，而事实并非如此（B. Weiss，Dodge，Bates，& Pettit，1992）。受到粗暴惩罚的儿童长大后，其行为可能更具有攻击性，即使惩罚是父母为了阻止故意的攻击行为（Nix et al.，1999）。一些儿童可能因为无助而变得消极。如果父母失去控制，儿童可能会害怕，并且会试图躲避严厉的父母，最终父母对儿童行为的影响逐渐消弱（Grusec & Goodnow，1994）。

体罚（corporal punishment）被定义为"为了纠正或控制儿童的行为，对儿童实施的旨在引起其身体疼痛而非伤害的行为"（Straus，1994a，p. 4）。它包括打屁股、打头部、打耳光、掐、摇（这对婴儿来说是致命的，相关阅读见第 6 章专栏 6.3），以及其他身体伤害。人们普遍认为体罚比其他纠正方法更有效，并且慈爱父母的适度体罚是无害的（McLoyd & Smith，2002）。但是，越来越多的证据表明，体罚会产生严重的消极后果（Straus，1999；Straus & Stewart，1999；见专栏 11.2）。

与儿童虐待（其与儿童的人格或行为关联甚少）不同，体罚更常被用于那些攻击性强且很难管教的孩子身上，而这些人格特质可能有遗传基础（Jaffee et al.，2004）。

某些形式的惩罚和身体或情感虐待之间的分界线并非总是清晰的，但是当惩罚伤害到儿童时，它显然是被滥用了。

心理侵犯（psychological aggression）是指可能导致心理伤害的言语攻击，比如大声吼叫或尖叫、威胁要打孩子、咒骂孩子、威胁把孩子送走或者踢出去，甚至骂儿童愚蠢或者懒惰。一些心理学家认为，最后 3 种类型等同于情感虐待。在美国的家长中，心理侵犯和身体侵犯（体罚）一样普遍。一项包括 991 名家长的全国性抽样研究发现：在儿童 5 岁之前，98% 的家长使用过某些心理侵犯；5 岁之后，这一比例也高达 90%（Straus & Field，2003）。

惩罚式管教、诱导和收回爱

对于研究父母如何影响儿童行为，仅仅关注强化和体罚可能有些过于简单化。

日常生活

专栏 11.2 反对体罚的案例

“不打不成器”虽然听起来很老套，但是体罚已经成为一个热点问题。许多人仍然认为打屁股能够让儿童尊重权威，激励良好的行为，并且是有责任的养育必不可少的部分（Kazdin & Benjet，2003）。但是，一些儿童发展专家认为，任何一种体罚都接近儿童虐待（Straus，1994b）；他们认为让儿童承受痛苦是错误的，并警告“暴力产生暴力”（Kazdin & Benjet，2003）。另外一些专家则认为由慈爱的父母谨慎实施的适度的体罚是无害的（Baumrind，1996a，1996b；Baumrind et al.，2002）。

一个挨过打的孩子很可能会模仿打人行为。研究表明挨过打的孩子易于表现出攻击性。

许多国家禁止体罚，包括奥地利、保加利亚、克罗地亚、塞浦路斯、丹麦、芬兰、德国、匈牙利、冰岛、以色列、拉脱维亚、挪威、罗马尼亚、瑞典和乌克兰。在美国，至少有 28 个州禁止学校体罚（Randall，2005）。除明尼苏达州之外的所有州都允许父母使用体罚，不过一些州坚持认为体罚应该是合理的、恰当的、适度的或必要的，并且一些州认识到过度体罚是一种滥用（Gershoff，2002）。2004 年 1 月，加拿大最高法院禁止学校体罚，并且禁止在任何环境中体罚婴儿和青少年（有效训练中心，2005）。联合国儿童权利公约反对针对儿童的任何形式的身体暴力。

然而，某些形式的体罚被美国的婴儿父母甚至全世界的幼儿父母广泛使用。1995 年，一项以 991 位父母为样本的全国性调查发现：35% 的家长报告说对婴儿使用了体罚（通常是打巴掌），而 94% 的父母对 3~4 岁的儿童使用了体罚（Straus & Stewart，1999）。

为什么父母会打孩子？毫无疑问，打可以让孩子服从（Gershoff，2002）。然而，大量研究发现体罚具有短期和长期的负面后果。除了身体伤害或虐待的危险之外，体罚可能导致儿童期道德内化不足，亲子关系缺乏，身体攻击性、反社会行为、犯罪行为增加，以及心理问题。而成年后，个体可能会出现攻击、犯罪或反社会行为、焦虑症、抑郁症、酗酒、虐待伴侣或儿童（Gershoff，2002；MacMillan et al.，1999；Strassberg，Dodge，Pettit，& Bates，1994）。

这类研究大部分是横断研究，或者是回顾性的，或者没有考虑到被打儿童可能从一开始就具有攻击性，他们的攻击行为或其他因素导致被父母打（Gershoff，2002）。1997 年以来，某些以 3 岁至青春期的儿童为样本（Brezina，1999；Gunnoe & Mariner，1997；Simons，Lin，& Gordon，1998；Strauss & Paschall，1999；Straus，Sugarman，& Giles-Sims，1997）的大规模的、全国性研究，在

当代研究着眼于三种更加广泛的训练：惩罚式管教、诱导和暂时的收回爱。

惩罚式管教（power assertion）是指家长通过身体或言语强迫来制止或阻止不期望的行为，包括要求、威胁、取消特权、打屁股以及其它类型的惩罚。伊莎贝尔的女佣曾使用其中的某些技术，并且给伊莎贝尔留下了心理创伤。**诱导**（induction）

首次测量时控制了儿童的行为。这些研究发现，一个儿童受到的身体惩罚越多，他就越具有攻击性，并且越有可能成为反社会或者攻击性的成人（Straus & Stewart，1999）。

为什么体罚和攻击行为之间存在关联？正如社会学习理论所预测的，儿童可能会模仿惩罚者，并且可能认为其承受的痛苦可以作为应对问题的可接受的反应。体罚也可能引起愤怒和怨恨，使儿童只关注自己受到的伤害而不是他们所做出的错误行为。并且,与其他惩罚方式一样,重复使用体罚的话，效果会减弱；如果儿童愿意承担后果，他们就更容易行为不良。此外，当儿童成长为青少年后，依赖体罚可能会削弱父母的权威，此时的儿童已足够强大，不再适合体罚，即使体罚很恰当（美国儿科学会儿童心理社会发展和家庭健康委员会，1998；Gershoff，2002；McCord，1996）。经常挨打甚至可能会阻碍儿童的认知发展（Straus & Paschall，1999）。

这一研究的批评者指出，体罚并非孤立发生，我们不能确定观察到的结果是由体罚引起的，还是由其他教养行为或者家庭环境引起的，比如压力事件、婚姻不和、缺乏父母关爱或者物质滥用（Kazdin & Benjet，2003）。一项持续 6 年，以 1990 个欧裔、非裔和西班牙裔美国儿童为对象的研究发现，在有母亲强烈情感支持的环境下，体罚不能预测行为问题的增加（McLoyd & Smith，2002）。此外，在肯尼亚等认为体罚正常的文化中，体罚引起攻击行为和焦虑的可能性不大（Lansford et al.，2005）。

尽管如此，已有研究强有力地证明：频繁或严重的体罚对儿童有潜在的伤害。此外，轻度和重度体罚之间不存在清晰的界限，轻度体罚经常会导致重度体罚（Kazdin & Benjet，2003）。因此，即使非常轻微的体罚不会导致伤害（Larzalere，2000），但选择其它更少危险的、不会造成潜在伤害的惩罚方法似乎更加明智（Kazdin & Benjet，2003）

美国儿科学会儿童心理社会发展和家庭健康委员会（1998）极力主张家庭应避免体罚。委员会建议家长教育孩子时通过语言来表达情感，给他们选择的权利，并帮助他们评估可能产生的后果，同时塑造有序的行为和合作的冲突解决方法。该委员会建议家长使用积极的强化来鼓励期望的行为，使用口头批评、暂停（短暂的隔离，给孩子一个静下来的机会)或者取消特权来阻止不期望的行为。当然，所有这些都建立在积极的、支持性的、有关爱的亲子关系基础之上。

你的观点？

你的父母曾打过你吗？如果是，多久打一次，在何种情况下打你？你打或者经常打你的孩子吗？为什么或为什么不？

请查阅！

如果想更多地了解这一主题，请登录 http://www.aap.org/policy/re9740.html。这是美国儿科学会关于“有效惩罚指导方针”的声明；或者登录 www.stophitting.com，这是一家有效惩罚中心的网站。该网站提供了家庭和学校体罚的各种研究信息，以及相关立法和法院判决的最新信息。

技术通过与儿童讲道理来鼓励期望的行为（或阻止不期望的行为），包括设定限度、说明行为的后果，解释、讨论、协商以及和儿童确认何为公平。**收回爱**（withdrawal of love）可能包括忽视、孤立，甚至对孩子表现出厌恶。

萨拉把商店里的糖果拿了回来，爸爸并没有责备她不诚实、打她，或者说她是个坏女孩。相反，爸爸对她说，因为她没有付钱买糖果，商店的主人可能受到了伤害。并问她，她认为商店主人有何感觉，然后带她回商店归还糖果。在使儿童接受家长的标准方面，萨拉父亲使用的诱导技巧通常最有效，而体罚式的管教效果最差（M. L. Hoffman，1970a，1970b；Jagers，Bingham，& Hans，1996；McCord，1996）。诱导归因通常会唤醒做错事的人的内疚，引发他们对受害者的同理心（Krevans & Gibbs，1996）。与那些母亲使用惩罚式管教的幼儿相比，那些母亲使用推理方式的幼儿更容易认识到伤害他人的行为（不仅仅是打破规则）的不道德性（Jagers et al.，1996）。

你的观点?

作为一个家长，如果你3岁的孩子从饼干盒里偷拿了一块饼干，你更可能会采用哪种训练方式？如果他拒绝睡觉呢？如果他打妹妹呢？请说明原因。

不管怎样，训练策略的选择和有效性依赖于父母的个性、儿童的个性和年龄、亲子关系的质量以及文化习俗和期望（Grusec & Goodnow，1994）。依据情境，大部分家长使用不止一种策略。家长倾向使用归因来引导孩子关注他人，使用惩罚式管教来阻止过于粗鲁的游戏，同时使用诱导和惩罚式管教来处理撒谎和偷窃（Grusec & Goodnow，1994）。家长选择策略可能不仅出于有效性的考虑，也依赖于他们可以贯彻执行该策略的信心（Perozynski & Kramer，1999）。

最重要的是，父母管教的有效性依赖于儿童在认知和情绪上对父母所传达信息的理解和接受程度（Grusec & Goodnow，1994）。只有认识到这些信息是合适的，儿童才会接受。因此家长必须要公正、准确，而且也要非常明确，并且与期望一致。家长的训练必须与儿童的不当行为相匹配，并且要符合儿童的性格、认知和情绪发展水平。如果父母通常很温和，并且能积极响应孩子，同时他们又唤起了儿童对被伤害者的同理心，那么儿童就可能更主动地接受这些信息（Grusec & Goodnow，1994）。儿童是否接受某种训练方法也可能取决于该方法的使用是否规范，也就是说是否符合家庭文化（Lansford et al.，2005）。

考考你✓

你可以……

✓ 比较不同训练方式，并且指出影响它们效果的因素吗？

许多专家都认可的一点是，儿童在与父母持续的关系中解释和响应这些训练。因此，许多研究者不再研究具体的教养行为，而是研究父母的教养风格或类型。

教养风格

为什么斯泰西不能完成拼图的时候，会打或咬身边的人？为什么大卫在无法完成拼图的时候，会自己坐着生闷气，即使老师会提供帮助？为什么康斯薇洛在努力了20分钟后会耸耸肩，然后去尝试另一份拼图？在相同的情境下，儿童的反应为何会如此不同？诚然，性格是一个很重要的因素，但是许多研究发现，父母的教养风格可能会影响儿童应对周围世界的能力。

黛安娜·鲍姆林德和权威型教养风格的效果

在一项开创性的研究中，黛安娜·鲍姆林德（1971，1996b；Baumrind & Black，1967）研究了来自95个家庭的103位学龄前儿童。通过访谈、测试和家庭研究，她测量了儿童的行为，定义了 3 种教养风格，并且描述了每种教养风格下儿童的典型行为模式。鲍姆林德的研究以及在其启发下的大量研究都认为，每种教养风格和一系列的特定儿童行为之间存在强相关（Baumrind，1989；Darling &Steinberg，1993；Pettit，Bates，& Dodge，1997）。

根据鲍姆林德的理论，**专制型**（authoritarian）父母强调控制和无条件的服从。他们试图要求儿童严格遵守一系列的行为规范，如果违反，通常会使用惩罚式管教来惩罚他们。与其他父母相比，他们更冷漠，更缺少温暖。他们的孩子也更容易不满、孤僻和不信任他人。

放纵型（permissive）父母强调自我表达和自我调节。他们很少提要求，允许儿童尽可能多地监控自己的行为。他们和儿童共同决策，很少惩罚儿童。他们温和、无控制、无要求，甚至放纵。他们的学龄前子女更容易不成熟，至少在自我控制和自我探索方面会如此。

权威型（authoritative）父母重视儿童的个性，但也强调社会制约。他们相信自己有能力引导孩子，他们也尊重儿童的决定、兴趣、意见和个性。他们关爱、接受孩子，但是也要求好的行为，并且坚持建立标准。在温暖、支持性的关系中，如果必要，他们会实施有限的、明智的惩罚。他们喜欢诱导训练，会解释自己选择此立场的原因，并且鼓励口头谈判和交换意见。显然，知道了父母对自己的爱和期望，孩子会感到安全。这些学龄前儿童往往是最具有自力更生和自我控制能力，最自信、勇于探索和满足。（从伊莎贝尔・阿连德对其继父照管养育她和弟弟的描述来看，其继父符合权威型教养方式，而这一教养方式要比专制型的祖父和放纵型的母亲更加有效。）

麦克比和马丁（Eleanor Maccoby & John Martin，1983）提出了第 4 种教养风格——*忽视型或者无卷入型*，这类父母有时可能因为压力或抑郁，只关注自己的需求，忽视孩子。忽视型父母与儿童期和青少年期的各种行为失调相关（Baumrind，1991；Parke & Buriel，1998；R. A. Thompson，1998）。

为什么权威型教养方式提高了儿童的社交能力？这可能是因为权威型父母设立了切合实际的期望和现实可行的标准。通过制定清晰一致的规则，他们让儿童了解父母的期望。在专制型家庭里，儿童被严格控制，不能独立作出选择；而在放纵型家庭中，儿童只能得到很少的指导，他们不确定甚至会焦虑自己所做的是否正确。在权威型家庭中，儿童知道何时能满足父母的期望，并且能决定不顾父母的不满来追求某个目标是否值得。这些孩子表现良好，履行承诺，并积极承担家庭责任，参与家庭娱乐活动，他们了解承担责任和取得成功时的满足感。父母提出合理要求表明他们相信自己的孩子可以做到这些，并且坚信自己的孩子会这么做。

冲突产生时，权威型父母会教育孩子通过积极的方式与他人交流自己的观点，协商可以接受的其他选择（“如果你不想丢掉你发现的这些石头，那么你希望把它们放在什么地方？”）。内化这些更宽泛的技能，而不是具体的行为要求，这可能是权威型教养方式成功的关键（Grusec & Goodnow，1994）。

你的观点？

你希望你的孩子在多大程度上符合你的价值观和行为标准？请举例说明。

对鲍姆林德模型的支持和批评

基于鲍姆林德理论的研究重复验证了权威型教养方式（或相似教养风格）的优越性。比如，研究者追踪了 585 名田纳西州和印第安那州的儿童，他们来自不同种族和不同社会经济地位的家庭，该研究从学龄前追踪到 6 年级，结果发现，早期支持型教养方式的四大要素（温暖、使用诱导式训练、对儿童与同伴的交往感兴趣，并参与其中主动教授社交技能）能够预测积极的行为、社交和学业成绩（Pettit，Bates，& Dodge，1997）。

尽管如此，对鲍姆林德的理论仍然存在争议，因为它似乎表明存在一种教养儿童的“正确”方式。此外，鲍姆林德的研究是相关性研究，它们只是确立了教养方式和儿童特殊行为之间的关系，并不能够证明不同的教养方式导致了儿童能力的差异。同时，也不可能知道鲍姆林德所研究的孩子是否真地被某种教养方式养育。有可能一些适应良好的孩子接受的是不同的教养方式，只是在研究进行时他们的父母正好变成了权威型教养风格（Holden & Miller，1999）。另外，鲍姆林德也没有考虑先天因素的影响，比如气质，它们可能会影响儿童的能力及其对父母的影响。

文化对教养风格的影响

另外值得关注的是，鲍姆林德的模型反映了北美主流的儿童发展观点，它可能并不适用其他文化或者社会经济地位群体。在亚裔美国人中，“服从和严格”与“粗暴和控制”之间并不存在相关，相反它们与关心、挂念、参与以及维护家庭和睦相关。传统的中国文化强调尊老，成年人的职责是教育孩子掌握合适的社交行为，进而维护社会秩序。他们控制和管理儿童，必要时甚至体罚儿童，这一职责被坚定不移地执行（Zhao，2002）。尽管亚裔美国人的教养方式经常被描述为专制型，但是以温暖和支持为特点的华裔美国家庭关系可能与鲍姆林德理论中的权威型教养方式更加紧密，但它并没有强调独立、选择和自由的美国价值观（Chao，1994），父母的控制也更加严格（Chao，2001）。

尽管如此，西方父母的个人主义价值观和亚洲父母的集体主义价值观这种两分法可能过于简单化。研究者访谈了 64 位日本母亲，其孩子的年龄在 3~6 岁之间（Yamada，2004），结果发现这些母亲对其教养方式的描述反映了她们在探索“给予适当自主权”和“使用训练控制”之间的平衡。这些母亲让孩子在他们认为私人的领域自己做决定，比如玩游戏、玩伴、服装，并且随着儿童年龄的增长，这一领域不断扩大。而一旦涉及健康、安全、道德问题或者传统的社会规范时，母亲就会予以限制或者控制。发生冲突时，母亲是讲道理，而不是用惩罚式管教，或有时向孩子让步。显然这些问题是没有必要过分纠结的，也许很可能孩子是对的。

考考你 ✓

你可以……

- ✓ 描述和评价鲍姆林德的教养风格模型吗？
- ✓ 讨论父母怎样解决与年幼儿童的冲突才有助于权威型教养风格的成功吗？
- ✓ 讨论对鲍姆林德理论的批评和教养风格的文化差异吗？

特殊行为

学龄前儿童的父母、照料者以及老师要特别注意的 3 个具体问题是：如何促进利他行为，阻止攻击行为和克服恐惧，这 3 种情况在这一年龄段经常出现。

亲社会行为

3 岁半的亚历克斯听到两个幼儿园同学抱怨说没有足够的橡皮泥，虽然这是他最喜欢的玩具，但亚历克斯还是分了一半橡皮泥给他们。亚历克斯表现出了**利他性**（altruism）：不图回报地帮助别人。像亚历克斯这样的利他行为通常需要付出，面临自我损失甚至担风险。利他性是**亲社会行为**（prosocial behavior）的核心，即造福其他人的无偿行为。

两岁前儿童经常帮助他人，分享物品和食物，提供安慰。这些行为可能反映了儿童想象他人情感的能力的提高（(Zahn-Waxler，Radke-Yarrow，Wagner，& Chapman，1992）。女孩比男孩更加亲社会，但是这一差异很小（Eisenberg &Fabes，1998）。

存在亲社会人格或性格吗？一项追踪 32 位 4~5 岁儿童直至成年早期的研究发现，的确存在亲社会人格，它在早期出现并且贯穿一生。那些富有同情心，喜欢与同学分享的学龄前儿童，17 年后仍然表现出亲社会理解和同理心行为。而那些害羞、孤僻的儿童，则因为不愿意和其他儿童接触而较少地表现出亲社会行为（Coplan et al.，2004）。

基因和环境都影响亲社会行为的个体差异，一种典型方式是基因 - 环境相关。这一发现来自一项包括 9319 对双胞胎的研究，在他们 3 岁、4 岁和 7 岁时，研究者要求父母和老师分别评价这些儿童的亲社会行为。那些喜爱和遵循积极（诱导式）训练策略的父母倾向于鼓励孩子的亲社会行为倾向（Knafo & Plomin，2006）。亲社会儿童的父母通常也是亲社会的，他们指出亲社会行为的模式，并且引导儿童观看那些提倡合作、分享、同理心以及鼓励同情、慷慨和乐于助人的故事、电影和电视节目（Singer & Singer，1998）。与兄弟姐妹的关系为实践关怀行为和学习从他人角度看问题提供了一个重要的“实验室”。同伴和老师也可以示范和强化亲社会行为（Eisenberg，1992；Eisenberg & Fabes，1998）。

在家里承担责任的儿童倾向于发展亲社会特质，比如合作和乐于助人。这个正在照料植物的 3 岁男孩很可能更愿意照料其他人。

随着儿童的成长，亲社会行为的动机也可能发生变化，并且发展出更加成熟的道德归因（详见第 13 章和第 16 章）。学龄前儿童经常有

> **你的观点?**
>
> 在一个“好心人”有时被指责“多管闲事”，有时被帮助对象所伤害的社会里，鼓励孩子帮助陌生人是否明智?

自我中心的动机，他们希望得到表扬，避免反对。他们权衡得失，考虑希望别人如何对待自己。当儿童长大后，他们接受了“做个好人”的社会标准，这一准则最终内化为原则和价值观（Eisenberg & Fabes，1998）。在亲社会行为上的个体差异可能反映了道德归因上的个体差异（Eisenberg，Guthrie，et al.，1999）。

不同文化在推进亲社会行为的程度上有所差异，人们生活在大家庭且共同工作的传统文化比强调个人成就的文化更加注重培养亲社会价值观（Eisenberg & Fabes，1998）。

攻击行为

当诺亚粗鲁地抢约翰的球时，他只关心是否能够得到球，而不关心自己是否伤害到了对方。这是**工具性攻击**（instrumental aggression），即希望达到某个目的而采取的攻击行为，它是儿童早期最常见的攻击类型。2.5~5 岁的儿童通常喜欢抢夺玩具和争夺“地盘”。在日常的社交生活中，工具性攻击非常常见，打架最多的儿童也最善交际、最能干。实际上，表现出一定的工具性攻击行为可能是儿童心理社会发展必经的阶段。

随着儿童自我控制能力和口头言语表达能力的提高，他们的攻击行为通常由“打”向“言语”攻击转变（Coie & Dodge，1998）。不过，仍然存在个体差异。两岁时经常打其他儿童或抢其他儿童玩具的孩子，在其 5 岁时表现出更多的身体攻击（Cummings，Iannotti，& Zahn-Waxler，1989）；那些喜欢和同伴玩暴力幻想游戏的儿童，当他们 6 岁时，如果生气了就更容易表现出暴力行为（Dunn & Hughes，2001）。

攻击行为的性别差异

人们普遍认为“男孩和女孩之间存在更多相似而非不同”，不过攻击行为是个例外（Hyde，2005）。在所有的文化研究中，正如在大多数哺乳动物中那样，男性比女性表现出更多的身体和言语攻击。这一性别差异在两岁时开始出现（Archer，2004；Baillargeon et al.，2007；Pellegrini & Archer，2005）。小白鼠的遗传基因研究表明，Y 染色体上 Sry 基因可能对此差异产生一定的影响（Gatewood et al.，2006）。

不过，女孩可能比看起来更具有攻击性（McNeilly-Choque，Hart，Robinson，Nelson，& Olsen，1996；Putallaz & Bierman，2004）。男孩的攻击行为更加**明显或直接**（overt or direct），他们的身体或言语攻击都是直接针对目标的；而女孩，尤其是随着年龄的增长，她们更可能进行**关系攻击或者社交攻击**（relational or social，aggression）。这是一种很微妙的攻击行为，经常通过戏弄、操纵、排斥或者命令来破坏关系、声誉甚至心理健康。它可能包括散布谣言、辱骂、奚落，或者把某人排挤出团体。它或明或暗（间接），比如冲某人做鬼脸或者忽略某人。在儿童早期，攻击行为往往是直接的、面对面的（如果你不给我这个玩具，你就不能来参加我的聚会）（Archer，2004；Brendgen et al.，2005；Crick，Casas，& Nelson，2002）。

从进化的角度来看，男孩有更明显的竞争行为、更大的体型和力量，这可能都是为竞争配偶做准备（Archer，2004）。男性产生很多精子，而女性在一个时间段一般只能产生一个卵子。男性要尽可能多和频繁地寻求交配，并且他们在每个后代身上的投入较少，因此他们能够负担身体攻击的风险。而女性有强烈地保护和养育后代的动机，她们会远离可能带来风险的直接对抗（Pellegrini & Archer，2005）。

在阿尔伯特・班杜拉的经典实验中，儿童观看有成人踢打玩具娃娃的电影。那些看到成人被奖励或者没有得到惩罚的儿童比那些看到成人受到惩罚的儿童更倾向于表现出相同的攻击行为。

攻击行为的影响因素

为什么一些儿童比其他儿童更具有攻击性？气质可能是其中一个原因。情感强烈和自我控制能力低的儿童更容易表达愤怒（Eisenberg，Fabes，Nyman，Bernzweig，& Pinuelas，1994）。

身体攻击和社交攻击都受到遗传和环境的影响，但是它们的影响是不同的。对 234 对 6 岁双胞胎儿童的研究发现，50%~60% 的身体攻击是遗传的，变异的其余部分受到非共享环境的影响（独特经验）。社交攻击更多地受到环境影响，只有 20% 的差异由基因引起，20% 的由共享环境来解释，其余的 60% 均由非共享经验解释（Brendgen et al.，2005）。

父母的行为显著影响儿童的攻击行为。一项纵向研究发现，婴儿期不安全的依恋、缺少母亲的温暖和爱能够预测儿童早期的攻击性（Coie & Dodge，1998；MacKinnon-Lewis，Starnes，Volling，& Johnson，1997）。收回爱或者让儿童感受内疚和羞愧的行为可能会促进社交攻击（Brendgen et al.，2005），因为儿童会模仿父母的敌对行为，因此消极的亲子关系可能为长期的、破坏性的兄弟姐妹间的冲突创造了条件。这些高压的家庭环境可能会促使攻击倾向延续到同伴关系中 (MacKinnon-Lewis et al.，1997)，并且在与攻击性同伴的长期相互作用中得到强化 (Brendgen et al.，2005)。攻击行为可能出现于儿童早期，处在充满压力和无刺激的家庭氛围，严厉的教导，缺乏母亲的关爱和社会支持，暴露于成人攻击性和社区暴力环境下，共同导致了它的出现。在一项以 431 名社区参与者为对象的研究中，家长报告，超过一半的儿童曾目睹帮派活动、贩毒、警方的追踪和逮捕，或者携带武器的人，一些儿童和家庭本身就是受害者。这些儿童在家里表现忧郁，在学校则表现出攻击行为（Farver，Xu，Eppe，Fernandez，& Schwartz，2005）。

为什么目睹暴力会导致攻击行为？在一项经典的社会学习实验中（Bandura，Ross，& Ross，1961），3~6 岁的儿童观看成人玩玩具娃娃的影片。第一个实验组中的儿童看到成人很安静的玩。第二个实验组中，成人花 10 分钟时间拳击、摔打、踢一个真人大小的玩具娃娃；控制组的儿童没有看到任何成人榜样。看完影片后，儿童被带到另外一间游戏室，他们有些轻微的沮丧，因为他们看着玩具但又不能玩。看到攻击榜样的儿童比其他组的儿童表现出更多的攻击性，而看到安静榜样的儿童比控制组表现出更少的攻击行为。这一发现表明，父母或许可以通过塑造无攻击行为的榜样来减轻挫折效应。

电视在塑造亲社会行为和攻击行为方面具有巨大的作用，在第 14 章中，我们将讨论电视暴力对攻击行为的影响。

文化和攻击行为

文化对攻击行为的影响有多大？一个研究团队对来自日本和美国的 30 对中产到中上阶层的学前儿童进行了严格配对，要求他们选择图片所示的解决方案来应对假设的冲突或压力情境（比如推倒别人的积木；停止玩耍上床睡觉；被打；听到父母吵架或者争夺格子爬梯）。同时要求儿童使用玩偶和道具表演出自己在这些情境下的行为。研究发现，美国儿童比日本儿童表现出更多的愤怒、更多的攻击行为和攻击性语言以及更少的情绪控制（Zahn-Waxler，Friedman，Cole，Mizuta，& Hiruma，1996）。

你的观点？

存在应该鼓励儿童攻击行为的情境吗?

这一结果和两种文化下的儿童养育观相一致。在日本，愤怒和攻击行为与强调和谐的文化相矛盾。日本母亲比美国母亲更容易使用诱导式训练，指出攻击行为如何伤害他人。如果儿童不能达到行为标准，她们会表现得特别失望。然而，即使排除母亲的行为，儿童愤怒和攻击行为的跨文化差异仍然存在，这说明气质差异也可能在起作用（Zahn-Waxler et al.，1996）。

恐 惧

伊莎贝尔·阿连德（1995，p. 50）曾写道："我的童年充满了无声的恐惧"，害怕蛮横的女仆；害怕母亲死去，父亲回来指责她；害怕魔鬼；害怕残酷成性的叔叔；害怕吉普赛人；害怕"坏男人对小女孩"做的事情。

在儿童早期，短暂的恐惧很常见。许多 2~4 岁的儿童很怕动物，尤其是狗，6 岁的儿童更可能怕黑，其他一些常见的恐怖源包括雷电、医生和想象中的生物（DuPont，1983；Stevenson-Hinde & Shouldice，1996）。随着年龄的增长，大部分的恐怖源会消失，并且丧失它们的威力。

年幼儿童的恐惧主要源自他们丰富的幻想生活，以及他们容易混淆想象和现实。有时，他们的想象力失控，就会担心被狮子攻击或者被遗弃。此外，他们更容易害怕看起来可怕的东西，比如卡通怪物，而不是那些有极大危害的东西，比如核爆炸（Cantor，1994）。大多数情况下，年龄较大儿童的恐怖更加现实和具有自我评价

表 11-3　儿童的恐惧

年　龄	恐　惧
0~6 个月	失去照顾；大声喧哗
7~12 个月	陌生人；高；突然的、意外的以及若隐若现的物体
1 岁	与父母分离；厕所；受伤；陌生人
2 岁	许多刺激，包括噪音（吸尘器、警报声、开车和打雷），动物，黑暗的屋子，与父母分离；大型物体或机器，个人环境的变化；不熟悉的同龄人
3 岁	口罩；黑暗；动物；与父母分离
4 岁	与父母分离；动物；黑暗；噪音（包括晚上的噪音）
5 岁	动物；“坏人”；黑暗；与父母分离；身体受伤
6 岁	超自然物体（比如鬼、女巫）；身体受伤；雷电；黑暗；自己一个人睡或待着；与父母分离
7~8 岁	超自然物体；黑暗；媒体事件（比如核战争威胁或者绑架儿童的新闻报道）；自己一个人待着；身体受伤
9~12 岁	学校的考试和测试；学业成绩；身体受伤；外貌；雷电；死亡；黑暗

资料来源：From Morris, R. J. & Kratochwill, T. R. *Treating Children's Fears and Phobias: A Behavioral Approach*, Allyn and Bacon, Boston, MA. Copyright © 1983 by Pearson Education. Reprinted by permission of the publisher.

性（比如害怕考试失败）（Stevenson-Hinde & Shouldice，1996；表 11-3）。

恐惧可能源于个人经历或者听到的其他人的经历（Muris，Merckelbach，& Collaris，1997）。一个学龄前儿童，如果他的母亲卧病在床，当他听到一个关于母亲去世甚至是动物母亲去世的故事时可能会很不安。恐惧通常起因于对危险的评估，比如被狗咬伤的可能性；或者是受到某些事件触发，比如被车撞到过的孩子变得很怕过马路，经历过地震、绑架或者其他伤害事件的儿童可能会担心它再次发生（Kolbert，1994）。

家长可以通过逐步灌输安全感和适度的戒备心来消除儿童的恐惧，而不是过分保护，同时也要克服他们不切实际的恐惧。他们可以使一个害怕的孩子安心，并且鼓励他们公开表达自己的感情。调侃（“不要做这样的宝贝”）、胁迫（“摸摸这只可爱的狗狗，它不会伤害你”）和讲道理（“离我们最近的熊也在 20 英里以外，并且被锁在动物园里！”）都没有什么帮助。直到上了小学，儿童才能告诉自己他们的恐惧都是不真实的（Cantor，1994）。

> **考考你 ✓**
>
> 你可以……
>
> ✓ 讨论利他行为、攻击行为和恐惧的影响因素吗？

系统脱敏是一种治疗技术，它让儿童暴露于恐怖客体或恐怖情境逐步恶化的环境中，这种技术已成功帮助儿童克服了对蛇和电梯的恐惧（Murphy & Bootzin，

1973；Sturges & Sturges，1998）。

和其他儿童的关系

在年幼儿童的世界里，最重要的人是照料他们的成人，但是与兄弟姐妹和玩伴的关系在儿童早期变得越来越重要。从性别发展到亲社会或者攻击行为，这一年龄段几乎每一个特色活动和个性问题都会涉及其他儿童。儿童早期的兄弟姐妹和同伴关系强化了社会认知或“心灵感应”，即理解他人意图、愿望和感受的能力（Dunn，1999）。这些关系通常也为测量**自我效能**（self-efficacy，儿童对自己能否应对挑战和达到目标的感知）提供了量尺。通过与其他儿童的竞争和比较，他们可以衡量自己的身体、社交、认知和语言能力，并且能够对自我形成更加现实的认识（Bandura，1994）。

兄弟姐妹——或者没有兄弟姐妹

兄弟姐妹之间的关系往往为以后的人际关系做好了准备，让我们来看看兄弟姐妹关系，以及没有兄弟姐妹的儿童。

兄弟姐妹

“它是我的！”

“不，是我的！”

“是我先玩的！”

兄弟姐妹间最早、最频繁也最激烈的争吵涉及东西的所有权，比如谁拥有这个玩具或者谁可以玩它。虽然愤怒的成年人常常不这样认为，但是兄弟姐妹间的争吵和协议的确是社会化的机会，在这个过程中儿童学会了坚持原则和通过谈判解决争议（Ross，1996）。共同的假装游戏是社会化的另外一个舞台。那些经常一起玩假装游戏的兄弟姐妹形成了共同的理解，使他们更容易解决问题和了解每个人的看法（Howe et al.，2005）。

尽管兄弟姐妹间的冲突频繁发生，但是在生命的早期，对抗并非兄弟姐妹间的主要模式。尽管存在一些竞争，但情感、兴趣、陪伴和相互影响也同时存在。对1岁半的弟弟妹妹及其3~4.5岁的哥哥姐姐长达3年半的观察发现，亲社会行为和游戏定向的行为比对抗、敌意和竞争更加普遍（Abramovitch，Corter，& Lando，1979；Abramovitch，Corter，Pepler，& Stanhope，1986；Abramovitch，Pepler，& Corter，1982）。年长的哥哥姐姐做出更多的友好或不友好的行为，年幼的弟弟妹妹就倾向于模仿哥哥姐姐。当年幼儿童 5 岁时，兄弟姐妹间的攻击行为和关爱及感情都更少指向身体，更多地使用言语表达。至少这一研究的一个发现得到了众多其他研究的重复验证:同性的兄弟姐妹(尤其是女孩)比异性兄弟姐妹更加亲密,更经常在一起(Kier & Lewis，1998)。哥哥姐姐倾向于控制年幼的弟弟妹妹，所以他们的关系质量更多地受到哥哥姐姐的情绪和社会适应的影响（Pike et al.，2005）。

兄弟姐妹关系的质量往往会延续到与其他儿童的关系中。在兄弟姐妹中好斗的儿童更容易在朋友中也好斗（Abramovitch et al.，1986），而与兄弟姐妹友好游戏的儿童也容易养成亲社会行为（Pike，Coldwell，& Dunn，2005）。

同样的道理，友谊也能够影响兄弟姐妹的关系。在弟弟妹妹出生前与朋友关系良好的哥哥姐姐们可能会更好地对待弟弟妹妹，在青春期时出现反社会行为的可能性也更小（Kramer & Kowal，2005）。对存在行为问题风险的儿童而言，其与兄弟姐妹或者朋友的积极关系，可以缓冲其与他人消极关系的影响（McElwain & Volling，2005）。

考考你✓

你可以……

✓ 解释兄弟姐妹冲突的解决如何有助于社会化进程吗?

✓ 告知出生顺序和性别如何影响兄弟姐妹相互影响的典型模式吗?

独生子女

在美国，21% 的 18 岁以下的儿童没有兄弟姐妹（Kreider & Fields，2005），独生子女更加娇生惯养、自私、孤独或者适应不良吗？这一刻板印象可以追溯到心理学的某些先驱们。弗洛伊德声称独生子女存在性别同一性问题的风险，霍尔认为“独生子女本身就是一种病态”（Falbo，2006）。然而，许多适应良好的公众人物都是独生子女，比如音乐家凡·克莱本、足球名人堂罗杰·斯陶巴，以及电影演员娜塔莉·波特曼。

对 115 项研究的元分析发现，“独生子女”相对发展更好。在职业和教育成就、言语智力方面，独生子女的表现要比有兄弟姐妹的儿童略好；独生子女有更强的成就动机、较高的自尊；两者在情绪调节、社交和受欢迎性上并不存在差异。进化理论认为，这些儿童表现较好或许是因为，时间和资源有限的父母对独生子女给予了更多关注，更经常和他们聊天，为他们做的更多，期望也更多（Falbo，2006；Falbo & Polit，1986；Polit & Falbo，1987）。而且，今天大部分孩子都在游戏群体、儿童保育、幼儿园中度过了相当长的时间，独生子女并不缺乏与同伴交往的机会。遗传倾向、家长的教育水平、社会经济地位、心理健康、价值观和教养方式等因素对儿童发展的影响要大于家庭规模（Falbo，2006）。

中国的研究也提供了关于独生子女的令人鼓舞的结果。1979 年，为了控制人口爆炸，中华人民共和国将计划生育、控制人口增长作为一项基本国策，鼓励“一对夫妇只生一个孩子”。尽管现在这一政策稍微有所放松，但是大部分城市家庭只有一个孩子，并且大部分农村家庭的孩子也不超过 2 个（Hesketh，Lu，& Xing，2005）。因此，在中国的许多城市，教室里几乎都是独生子女，这一情境为研究者提供了天然的实验室：研究大量独生子女适应性的机会。

文献回顾发现，在行为问题上，独生子女和非独生子女间不存在显著差异（Tao，1998）。实际上，在一个鼓励和奖励独生子女的社会中，独生子女似乎具有明显的心理优势。对 731 位城市儿童和青少年的研究发现，不考虑性别和年龄因素，有兄弟姐妹的儿童报告了更高水平的恐惧、焦虑和抑郁（Yang et al.，1995）。

考考你✓

你可以……

✓ 比较独生子女和非独生子女的发展吗?

在一项对 4000 名三年级和六年级儿童的研究中，研究者要求父母、教师、同伴和儿童自己都对儿童的人格进行评价，结果发现，独生子女和非独生子女之间的人格差异很小。独生子女的学业成绩和身体发育与非独生子女一样好甚至略好（Falbo & Poston，1993)）。对北京市一年级学生的随机研究（Jiao，Ji，& Jing，1996）发现，独生子女在记忆力、语言和数学技能方面要优于非独生子女。这一研究可能反映出独生子女的父母对他们唯一的孩子给予了更多关注、刺激、希望和期望。

目前大部分研究使用的都是城市样本，未来的研究或许可以揭示这一发现是否适用于非独生子女占大多数的农村和小城镇，以及独生子女上学后是否能保持其认知上的优越性。

玩伴和朋友

友谊随着个体的发展而发展。学步儿童已经开始在其他儿童旁边或者附近玩，但是直到 3 岁左右儿童才开始有朋友。通过与临时玩伴的友谊和互动，年幼儿童开始学会如何与他人相处。他们学会“做朋友”是“有朋友”的一种方式；他们学会了如何解决关系中的问题，如何把自己放在他人的角度考虑问题，他们也看到了各种类型行为的榜样；他们学习道德价值观和性别角色标准，并且实践成人角色。

选择玩伴和朋友

学龄前儿童通常喜欢与同性别和同年龄的儿童一起玩。彼此间经常有积极体验的儿童更容易成为朋友（Rubin et al.，1998；Snyder et al.，1996），3/4 的学龄前儿童有这种相互的友谊（Hartup & Stevens，1999）。

年幼儿童在寻找玩伴和寻找朋友上很相似（C. H. Hart，DeWolf，Wozniak，& Burts，1992）。在一项研究中，4~7 岁儿童认为友谊最重要的特征是一起做事情、喜欢和照顾对方、分享和帮助对方，其次是住的比较近或者上同一所学校。年幼儿童对身体特征，比如外貌和体形大小的重要性评价要高于年长儿童，而对感情和支持的重要性评价要低于年长儿童（Furman & Bierman，1983）。

学龄前儿童更喜欢亲社会的玩伴（C. H. Hart et al.，1992）。他们拒绝破坏性的、要求苛刻的、干扰的或者攻击性强的儿童，并且往往忽视那些孤僻的、犹豫不决的儿童（Ramsey & Lasquade，1996；Roopnarine & Honig，1985）。

很受欢迎的学前儿童、被家长和老师评定为社交成功的儿童通常能更好地应对愤怒。他们反应直接，尽可能地减少进一步的冲突和维持关系，他们避免辱骂和威胁。不受欢迎的儿童往往打人，或者回击或者说闲话（Fabes & Eisenberg，1992）。

年幼儿童学习为了有朋友而“做朋友”的重要性。做朋友的一种方式是睁着眼睛的儿童帮助闭着眼睛的玩伴感受沙子和海浪的声音。

友谊的特点和影响因素

学龄前儿童在对待自己的朋友和其他儿童时有所不同。他们和朋友之间有更积极、更亲社会的互动，同时也有更多的争吵和打架（Rubin et al.，1998）。儿童可能会对朋友和其他人一样生气，但是对待朋友时他们更容易控制自己的愤怒，并且能更积极地表达（Fabes，Eisenberg，Smith，& Murphy，1996）。当儿童认为他们之间比较和谐，并且自身价值得到验证时，友谊就越令人满意，也就越容易持续。在这一年龄段，能够倾诉和得到帮助并没有那么重要（Ladd，Kochenderfer，& Coleman，1996）。

有朋友的儿童更喜欢上学。对 125 名幼儿的研究发现，在自己班级有朋友的儿童入学 2 个月后更喜欢学校，并且那些保持友谊的儿童在次年 5 月仍然更喜欢学校（Ladd et al.，1996）。

教养方式和受欢迎性

父母的教养方式能够影响同伴关系。受欢迎儿童与父母的关系通常更加融洽、更加积极。父母采用权威型教养方式的儿童，其自信和合作的可能性更大（Coplan et al.，2004；Isley，O'Neil，& Parke，1996；Kochanska，1992；Roopnarine & Honig，1985）。专制型家长的子女更可能变得害羞或者孤僻（Coplan et al.，2004）。不安全依恋的儿童，或者父母粗暴、忽视、抑郁或父母婚姻存在问题的儿童，更可能被同伴拒绝（Rubin et al.，1998）。那些被父母过度保护的儿童，尤其是男孩，往往更担心与同伴的交流。父母重视其同伴关系的儿童往往比父母不关心其同伴关系的儿童更加善于交际（Coplan et al.，2004）。

父母使用惩罚式管教的儿童往往在同伴关系中也使用强迫策略，家长使用互让策略的儿童也更容易使用相同的方式解决同伴冲突（Crockenberg & Lourie，1996）。和强烈的积极情绪一样，如果父母能够明确表达不赞同而不是发泄愤怒，他们的孩子就可能更加亲社会，更少攻击性，也更容易受欢迎（Boyum & Parke，1995）。

考考你 ✓

你可以……

✓ 解释学龄前儿童如何选择玩伴和朋友？他们如何与朋友相处？怎样从朋友处获益吗？

✓ 讨论家庭关系如何影响同伴关系吗？

再次聚焦

回忆本章开头人物聚焦中有关伊莎贝尔·阿连德的信息：

- 根据你读到的信息，猜猜伊莎贝尔·阿连德小时候是高自尊还是低自尊？
- 哪种性别形成理论能够更好地解释阿连德的发展？你认为她会最赞成哪种？
- 伊莎贝尔·阿连德认为自己是活在想象世界中的孤独小孩，父母会认为她不成熟吗？你呢？
- 虽然阿连德和母亲深爱彼此，但她似乎更尊重她的继父，为什么？
- 除了自己的弟弟，阿连德很少谈及与其他儿童的关系，考虑她的人格，你认为她在同伴中是受欢迎还是不受欢迎？

同伴关系在儿童中期将变得更加重要，关于这点我们将在第 12~14 章讨论。

小结

自我的发展

学习向导 1 在儿童早期，自我概念如何发展？儿童如何表现出自尊、情绪发展和主动性？

- 自我概念在儿童早期发生重大变化。根据新皮亚杰理论，自我定义从单一表征向表征地图转变；年幼儿童不能认识到真实自我和理想自我之间的区别。
- 文化影响自我概念。
- 儿童早期的自尊往往是整体的、不现实的，它反映了成年人的赞许。
- 儿童对直接指向自我的情绪和伴随情绪的理解逐步发展。
- 根据埃里克森的理论，儿童早期的发展冲突是主动与内疚，这一冲突的成功解决培养了目的这一美德。

性　别

学习向导 2 男孩和女孩如何意识到性别的意义？如何解释不同性别的行为差异？

- 性别认同是自我概念发展的一个方面。
- 儿童早期主要的性别差异是男孩更具有攻击性，女孩往往更容易同理心和亲社会，更少出现问题行为。许多认知差异开始出现，其他差异直到前青春期或者更晚的时候才会出现。
- 在早期，儿童通过性别类型化来学习性别角色，性别刻板印象在学龄前期达到顶点。
- 性别发展存在五大理论：生物学、进化论、精神分析、社会学习和认知理论。
- 有证据表明，一些性别差异可能有其生物学基础。
- 进化论认为，儿童的性别角色是为了成年人的交配行为做准备。
- 在弗洛伊德的理论中，儿童在放弃拥有异性父母的愿望后，开始认同同性父母。
- 经典的社会学习理论将性别角色的学习归因为对榜样的模仿和强化，扩展的社会认知理论则将此归功于认知因素。
- 认知发展理论认为，性别认同源于与性别相关思维的发展，性别恒常性强化了性别角色的获得。性别图式理论则认为，儿童通过观察文化中男性和女性的行为来分类与性别相关的信息。
- 儿童也通过社会化过程来学习性别角色。家长、同伴、媒体和文化都会影响性别类型化。

游戏：儿童早期的活动

学习向导 3 学前儿童如何游戏？游戏如何促进和反映儿童的发展？

- 游戏具有生理的、认知的和心理社会的好处，并且可能具有进化功能。
- 儿童游戏类型的变化反映了其认知和社会性的发展。
- 根据斯米兰斯基的理论，儿童游戏的认知发展是从功能游戏、建构游戏、假装游戏，然后到有规则的正式游戏。在儿童早期，假装游戏变得非常普遍，它促进了儿童社交和认知技能的发展。同时，追逐打闹游戏也开始出现。
- 根据帕顿的理论，在儿童早期，游戏变得更富有社交性。然而，后续的研究发现非社交性的游戏并不一定是不成熟的。
- 儿童更喜欢和同性别的同伴游戏（并且通常玩社交游戏）。
- 游戏的认知性和社交性受到成年人为儿童创造的、被文化认可的环境的影响。

教养方式

学习向导 4 家长的教养行为如何影响儿童的发展？

- 教养是儿童社会化的强有力的工具。
- 在积极的亲子关系中，正强化和被慎重执行的惩罚都是恰当的教养工具。
- 在某些特定的情境下，惩罚式管教、诱导和收回爱是有效的。在促进家长标准内化方面，讲道理通常是最有效的方法，而惩罚式管教往往是最无效的方法。责骂和其他的体罚会产生负面后果。
- 鲍姆林德认为存在三种教养方式：专制型、放纵型和权威型，第四种风格忽视型或者不卷入型是后来由麦考比和马丁定义的。权威型父母往往教育出更加成功的孩子，但是鲍姆林德的研究可能不适用于某些文化或者社会经济地位的群体。

特殊行为

学习向导 5 儿童为什么会去帮助或伤害他人？他们为什么会产生恐惧？

- 利他和亲社会行为的根源很早就出现了。它们可能是一种先天倾向，并且可以通过父母的榜样和鼓励得到培养。
- 工具性攻击是儿童早期最普遍的攻击行为，它首先是身体攻击，然后发展为言语攻击。
- 6 岁或 7 岁以后，大部分儿童的攻击性变弱，但是敌对性攻击的比例有所增加。男孩往往表现出明显的攻击，而女孩往往进行关系攻击或社交攻击。
- 学龄前儿童对某些真实或者想象中的物体或事物表现出暂时的恐惧，年龄较大儿童的恐惧往往更加现实。

与其他儿童的关系

学习向导 6 年幼儿童如何与兄弟姐妹、玩伴和朋友友好（或不友好）相处？

- 与兄弟姐妹的关系和同伴关系影响自我效能。
- 兄弟姐妹之间学习解决冲突和通过谈判解决分歧。
- 大部分兄弟姐妹间的互动是正向的，弟弟妹妹喜欢模仿哥哥姐姐的行为，同性别的兄弟姐妹之间（尤其是女孩）更加亲密。
- 儿童和兄弟姐妹关系的类型往往延续到他们与其他儿童的关系中。
- 在大多数领域，独生子女与有兄弟姐妹的儿童发展得一样好。
- 学龄前儿童选择喜欢自己并且与之有积极交往经验的玩伴和朋友。攻击性儿童不如亲社会儿童受欢迎。
- 相比其他玩伴，朋友之间具有更加积极和消极的相互作用。
- 教养方式影响儿童与同伴交往的能力。

5

第五编

儿童中期

第 12 章
儿童中期的生理发展与健康

- 发育缓慢。
- 力量与运动技能有所提高。
- 呼吸系统疾病比较普遍，但是该阶段的健康状况通常比一生当中的其他任何阶段都好。

第 13 章
儿童中期的认知发展

- 自我中心化减弱。儿童开始出现逻辑思维，只不过是具体逻辑思维阶段。
- 记忆和言语技能发展。
- 认知能力的获得使儿童可以从正规的学校教育中受益。
- 一些儿童表现出特殊的教育需要和优势。

第 14 章
儿童中期的心理社会发展

- 自我概念变得更加复杂，并影响其自尊的发展。
- 共同约束的出现反映了父母对儿童控制的主动权逐渐转向儿童。
- 同伴在儿童中期的发展中起核心作用。

儿童中期

儿童中期大约从 6 岁到 11 岁，也被称为学龄期。学校是该阶段儿童的核心体验——儿童的发展主要表现在身体、认知和心理社会性方面。正如我们在第 12 章中将要讲到的，孩子在儿童中期变得更高、更重、更强，逐渐获得了参加有组织的游戏和体育活动的运动技能。在第 13 章我们将会提到，儿童在思维、道德判断、记忆和语言等方面取得明显的进步。由于能力对儿童在学校的表现影响很大，因此个体差异在此阶段变得更加明显，特殊需求也显得更加重要。

正如我们在第 14 章中将讨论的，能力也影响儿童的自尊水平和受欢迎程度。尽管对儿童来说父母仍然很重要，但是同伴群体的影响比过去更大。儿童在与其他同伴的交往过程中发展自己的身体、认知、情绪和社会性。

寻找联系

- 营养不良对儿童的认知、心理社会性和身体都会产生影响。
- 肥胖儿童往往会遭受社交拒绝。
- 道德发展可能与认知的发展密切相关。
- 智商（IQ）受到营养、社会经济地位、文化、与测查者的友好关系以及对周围环境的熟悉性等因素的影响。
- 教养风格可以影响子女的学业成就。
- 身体外表对自尊有重要的影响。
- 自我中心思维的下降有利于儿童更深、更亲密的友谊的发展。
- 如果儿童是好的学习者和问题解决者，那么他们在应对压力时通常有更好的复原力。

儿童中期的生理发展与健康

除了睡觉时间
健康的孩子不会呆在家里。
若不是伤风感冒
我们将很难有机会与自己的孩子悉心相处。

——奥格登·纳什（Ogden Nash），*You Can't Get There from Here*

人物聚焦　安·班克罗夫特，极地探险者[1]

安·班克罗夫特

安·班克罗夫特（Ann Bancroft）是历史上第一位通过非机动交通工具到达北极和南极的女性。1986 年，她作为一支国际探险队里唯一的女性，跟随探险队一起乘坐狗拉雪橇出发，从加拿大西北地区，经过 1609 公里到达北极。在经过八个月严酷训练，并忍受 56 天零下 25℃的寒冷之后，班克罗夫特终于站在了世界的最高点。七年之后，她又带领其他三位女性，采用滑雪橇的方式，在 67 天里跋涉了 1062 公里，于 1993 年 1 月 14 日到达了南极。由于这些功绩，班克罗夫特进入了国际女名人纪念馆，并被《女性》杂志评为年度女性，同时获得了很多其他的奖励和荣誉。班克罗夫特也是第一位穿越格陵兰岛的女性。2000 年，班克罗夫特和来自挪威的丽芙·阿纳森组成了第一支女性团队，她们一起滑雪穿越南极洲大陆；2002 年，这两位女性再次重聚，驾驶皮划艇从苏必利尔湖北岸到达圣劳伦斯河海道。

这位身高 160cm、体重 57kg 的女性是如何取得这些卓越成就的呢？答案要追溯到她在明尼苏达州蒙多塔高峰的农村地区度过的童年时光。班克罗夫特生于

1　安·班克罗夫特的传记信息主要来自努尼（Noone，2000）、文策尔（Wenzel，1990）和安·班克罗夫特的个人网页http://www.yourexpedition.com. 其他来源还包括“安·班克罗夫特，1955~”（1998）、“安·班克罗夫特，1955~”（1999）、“安·班克罗夫特，探险家”（没有标注日期），以及“明尼苏达州探险家安·班克罗夫特”（2002）。

1955 年 9 月 29 日，据她自己后来的叙述，这是一个具有冒险精神的家庭。她刚学会爬的时候，就已经表现出了攀登的天赋。当她还是一个蹒跚学步的小孩时，班克罗夫特就试图爬上祖母的书架取顶上的东西。她的父母不像一般的父母那样去阻止孩子攀爬，而是说："去吧，努力去做，你可能正好得到自己想要的"。

安是一个爱好户外运动的女孩，她和自己的两个兄弟、两个姐妹经常在自家农舍周围的旷野里游逛几个小时。安经常"把自己假扮成一个海盗，乘坐竹筏沿溪流而下；或者扮成一个冒险家，在遥远的北方划独木舟。在冬天，她就会筑起冰雪城堡，搭建睡觉的帐篷，挖掘隧道"（Wenzel，1990，p. 15）。

她的父亲经常带着全家去明尼苏达州北部野外露营或者独木舟旅行。在安 8 岁那年的冬天，她和自己的表兄妹带着家里的狗开始在自家后院露营。在安 10 岁的时候，她的父母作为传教士去了非洲，在肯尼亚度过的两年时光，点燃了班克罗夫特想进一步了解世界其他地方的渴望。

但是，在学校里，安却是一个学困生。作为一个颇具天赋的运动员，安最喜欢体育课。直到七年级，安才了解到自己读写困难，这是阅读障碍的一种。就在那个时候，安无意中看到一本书，书中介绍了欧内斯特·沙克尔顿爵士在 1914 年想要到达南极却失败的故事。她被书中的照片深深的吸引住了。安回忆说："我是如此着迷于那些图片，以至于我不再惧怕书中的文字和书页的厚度。我很想了解在世界底端的这种冒险，这件事情开启了我对南极洲的好奇心，以及在将来某一天能够穿越它的梦想"。

后来，安在圣保罗成为了一名体育教师和体育指导员。1983 年，她和一位朋友去攀登北美最高峰——阿拉斯加的麦金利山脉。她的朋友在中途出现了低温症，要不是由于安受过急救护理和急诊医学方面的训练，这次探险差点就因为同伴的灾难而告终。两年之后，作为医师和摄影师，安被邀请加入了前往北极的史提杰国际极地探险队。

班克罗夫特回忆说："我们的目标不单纯是到达北极点本身，而是……更全面的。为什么我们要付出这些努力呢？为什么我们要接受这样严酷的考验呢？我想，我们都是为了努力激励自己。在克服困难和挑战的过程中，我们更加了解自己"。

目前，班克罗夫特担任野外调查的指导者，这是一个为体格健全和患有残疾的人共同服务的机构。在第一次进行南极探险的过程中，安一直拖着一个 13.6kg 的无线电台在冰面上滑行，这样的话，她就能及时的把进程报告给世界各地的学生们。当她最后一次和阿内森一起进行南极探险时，在一个互动性网站和课程的帮助下，来自全世界 40 多个国家和地区的孩子们通过邮件追踪那次旅程。班克罗夫特与其他人共同执笔完成了关于自己探险历程的一本书（Loewen & Bancroft，2001），她的目的是"鼓励全世界的儿童像她一样去追求自己的梦想"（Noone，2000，p. 1），她说："它完全是为了激励人们每天都怀着梦想出发"。

• • •

作为一名学龄女生，除了阅读障碍使得她成为一名有特殊需要的学生外，安·班克罗夫特似乎并没有什么特别引人注目的地方。然而，由于不服输的精神和意志她最终取得了令人印象深刻的、意想不到的成就。安·班克罗夫特的故事向我们阐明，童年时期形成的梦想是如何激励自己获得后来的人生成就的。同时，她也是一个鲜活的例子，向我们展示了态度和愿望的力量是如何促进发展的。

尽管运动能力在儿童中期的发展不及前一阶段显著，但是，该阶段对于体育运动和户外活动所需要的力量、精力、耐力以及运动熟练性的发展是至关重要的。在这一章中，我们主要着眼于上述方面以及身体其他方面的发展。首先，我们讲述正常的身体和大脑的发育，这些方面的发展依赖于合理的营养、充足的睡眠和良好的身体状况。为了研究儿童的健康状况，我们考察了儿童对健康和疾病的理解，它与儿童的生理、认知和情绪问题相联系。随着儿童活动的增加，他们出现意外事故的风险性也相应提高，我们考察了几种降低风险性的方法。

在阅读和学习完本章内容后，你应该能够回答出下页学习向导中列出的每一个问题。复习章节后面的小结以检查你对学习向导中问题的理解是否准确，贯穿整章的“考考你”将有助于核查你对阅读内容的理解。

学习向导

1. 学龄儿童的身体和大脑是如何生长和发育的？
2. 儿童中期，孩子有哪些营养和睡眠需求？
3. 哪些运动技能主要是在儿童中期这个阶段获得的？男孩和女孩分别喜欢参加哪些活动？
4. 对于儿童的健康和安全，儿童中期最令人担忧的问题是什么？

身体发育的主要方面

如果我们恰好在下午三点钟的钟声响过之后经过一所小学，将会看到一大群孩子纷纷涌出校门，高的、矮的、强壮的、瘦小的都有。我们会发现，学龄阶段的儿童与几年前更小的时候已经迥然不同了。

身高和体重

与前一阶段的发展相比，儿童中期的身体发育速度相对缓慢。尽管一天天的改变并不明显，但是把 6~11 岁每天的改变累加起来却会看到惊人的差异，6 岁时还是个小不点，但到 11 岁时，许多小不点已经开始长的像成年人了。

6~11 岁期间，儿童大约每年长高 5~7.5cm，儿童中期整个阶段的体重大约会增加一倍（Ogden, Fryar，Carroll，& Flegal，2004）。女孩体内存有比男孩略多的脂肪组织，这个特点将一直贯穿整个成年期。相对于 40 年前的儿童而言，当前 10 岁儿童的平均体重大约增加了 5kg，男孩的平均体重接近 38.6kg，女孩达到 40kg（Ogden et al.，2004）。非洲裔美国男孩和女孩一般比白人儿童发育更快。大约 6 岁的时候，非洲裔美国女孩比欧裔（白人）或墨西哥裔美国女孩拥有更多的肌肉和骨量，另外，墨西哥裔美国女孩比同样体型的白人女孩身体脂肪含量更高（Ellis，Abrams，& Wong，1997）。

尽管大部分儿童发育正常，但是也有一些儿童存在问题。其中，有一种生长障碍是由于身体不能产生足够的生长激素而导致的。在这种情况下，人造生长激素的使用可以促进身高的迅速增长，尤其是在出生后的头两年（Albanese & Stanhope，1993；Vance & Mauras，1999）。

人造（重组）生长激素疗法有时被用在那些身体能够产生正常数量的激素但是身高却比同龄儿童矮的多的孩子身上。尽管为此而使用该药物引起了很大的争议，但是，2003 年美国食品和药品管理局批准通过了对发育速度太慢，以至于不能达到正常成年人身高（男性 63 英寸，女性 59 英寸）的健康儿童使用该药物。一般来说，激素疗法只会使得成年人身高增加约 2.54~6.35cm，并且这种疗法必须每天进行，持续 4~7 年。然而，有的儿童在使用之后一点效果都没有。因为这种治疗方法相对较新，是否有长期的影响目前还不清楚。一旦治疗失败，可能会因期望未实现或者使矮小的儿童认为自己存在问题，而导致某些心理伤害（Lee，2006）。

图中的女孩子们正在自豪地炫耀着童年时期的里程碑事件：乳牙的正常脱落。脱落的乳牙将会被恒牙所取代。与 20 世纪 70 年代初期相比，目前，美国儿童发生蛀牙的比例明显下降，这可能归功于更合理的营养、氟化物的普及和更好的牙齿护理。

牙齿的发育和牙齿护理

大多数恒牙（成人牙齿）在儿童中期的早些时候发展起来。儿童的乳牙大约在 6 岁的时候开始脱落，在以后的 5 年内，以每年大约 4 颗的速度由恒牙所取代。

相对于 1971~1974 年，1988~1994 年间，美国 6~18 岁儿童中不接受蛀牙保健的比例下降了近 80%。但是，这种提高在不同种族和不同社会经济地位的群体之间存在差异（Brown，Wall，& Lazar，1999）。儿童牙齿健康水平的提高在很大程度上归功于在儿童牙齿的原始咀嚼表面使用了粘合剂（Brown，Kaste，Selwitz，& Furman，1996）。

大脑的发育

相对于婴儿期来说，童年时期的大脑发育并没有那么明显，但是，该阶段也出现了一些重要的变化。儿童脑部扫描的追踪研究使得神经系统科学家能够绘制出这些发展变化的图像（Blakemore & Choudhury，2006；Kuhn，2006）。

其中的一个变化是大脑皮层某些区域内灰质密度的下降（神经元细胞体的紧密结合，见图 12-1），这个过程（反映了无用树突的精简）与大脑白质的稳定增加相互平衡。白质主要是一些轴突或者神经纤维，用来传递神经元细胞与大脑远端区域之间的信息，这些联结逐渐变粗并髓鞘化（相互绝缘），髓鞘化的过程开始于大脑前额

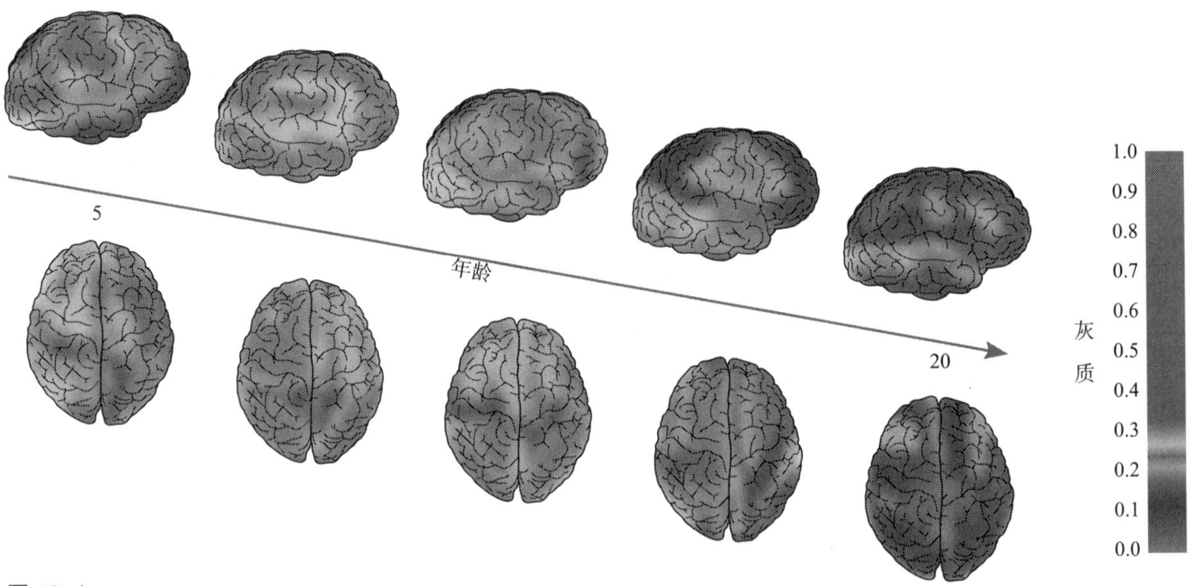

图 12-1

图中呈现了 5~20 岁大脑皮层灰质密度下降的右侧图和俯视图。灰质密度的减小反映了大脑皮层各部分区域的成熟，可以使得大脑皮层更有效地发挥作用。

资料来源：Gogtay et al.，2004.

叶并向大脑后部扩展。在儿童 6~13 岁期间，大脑颞叶和顶叶之间的联结迅速发展（顶叶是负责处理感觉信息、语言和空间理解的脑区）。在语言学习关键期结束之后，这些区域内白质的生长速度也相应地下降（Giedd et al.，1999；Kuhn，2006；NIMH，2001b；Paus et al.，1999）。所有这些改变都是为了提高大脑的加工速度和效率。

大脑白质的髓鞘化过程是从前往后进行的，然而灰质的减少似乎正好遵循相反的顺序。在对 13 名儿童从 4 岁到 21 岁进行的追踪研究中发现，灰质的减少开始于 4~8 岁之间，主要是从控制基本的感觉和运动活动的区域开始；然后，大约在 11~13 岁的时候，按照从后到前的方向逐渐移动到控制注意力、语言和空间定位能力的顶叶区域；最后，在青春期晚期到达控制推理和其他更高级功能的前额叶皮层区域。这个顺序大体上与人类进化过程中这些大脑部位的发展进程是一致的（Gogtay et al.，2004）。

神经系统学家考察大脑发育的另一条途径是大脑皮层厚度的改变。研究者观察到，在 5~11 岁之间，儿童颞叶和前额叶处理语言的脑区皮质层逐渐增厚，与此同时，大脑左半球的额叶和顶叶后部区域皮层逐渐变薄。这种变化与智力测验中词汇分测验成绩的提高有一定的关联（Toga et al.，2006）。

大脑发育的变化也体现在胼胝体上，即连结大脑左半球和右半球的组织。胼胝体内纤维髓鞘化的发展导致了大脑左右半球之间信息传递速度的加快（Toga et al.，2006）。对 3~15 岁儿童的胼胝体进行追踪绘图，研究者发现了一种从前往后的发展模式（Thompson et al.，2000）。3~6 岁期间的儿童发展最迅速的脑区是管理计划和组织行为的前额叶脑区；6~11 岁期间的儿童发展最迅速的脑区主要集中在支持联想思维、语言和空间关系的区域。这种发展在 11~15 岁的时候逐渐减慢，这可能与我们所了解的学习一种新语言的关键期结束相吻合。

大脑发育的这些模式表现出了一定的性别差异。一项横断研究考察了 6~17 岁期间的 61 名男孩和 57 名女孩，结果发现，男孩在灰质的减少以及白质和胼胝体纤维的发展方面表现出更明显的变化。虽然女孩在这些方面也都有变化，但是速度更慢（De Bellis et al.，2001）。

考考你✓

你可以……

✓ 概括出男孩和女孩在儿童中期的典型发育模式吗？这些变化的原因又有哪些呢？

✓ 解释一下，为什么恒牙的健康水平得到了提高吗？

✓ 概括出，童年时期儿童的大脑有哪些变化，并论述这些变化可能带来哪些影响？

营养和睡眠

为支持身体的稳步发展、大脑的发育以及持续的能量消耗，学龄儿童需要合理的饮食和充足的睡眠。遗憾的是，有太多儿童都不能两者兼顾。

营养需求

学龄儿童平均每天大约需要 2400 卡路里的能量，年长的儿童需要的更多，而年幼的儿童可能需要的少一些。营养学家建议儿童应该遵循多元化的饮食结构，包括大量的谷物、水果和蔬菜以及高水平的复合碳水化合物，这些主要富含于土豆、意大利面食、面包和谷类食品中。

为了避免体重超重和预防心脏方面的问题，儿童（与成年人一样）应该只从脂肪中摄取所需总卡路里的大约 30%，而从饱和脂肪中摄取的量不超过 10%（AAP Committee on Nutrition，1992；U.S. Department of Agriculture & USDHHS，2000）。研究表明，在这个年龄阶段，适度的低脂饮食对儿童的身高、体重、身体质量和神经发育不会产生消极的影响（Rask-Nissilä et al.，2000；Shea et al.，1993）。水果汁和甜饮料每天应该限制在 0.23~0.28kg 以内。

随着年龄的增长，儿童不健康饮食的压力和可能性逐渐增加，许多儿童不吃早餐或者吃的太快，从快餐和甜饮料中至少获取所需卡路里的三分之一（American Heart Association et al.，2006）。学校的自助餐厅和自动售货机经常提供一些不健康的食物（National Center for Education Statistics，2006）。现在的儿童经常在外面吃饭，往往是在快餐店。许多儿童自己制作餐点和零食。媒体对儿童选择食物产生了很大的影响，并且其影响往往不是在好的方面。学校里的营养教育如果能与父母的教育相结合，并且改善学校的午餐菜单，可能会对改善儿童的饮食产生一定的效果。有关的立法已经提出了一些建议，包括改变食品的标签、向不健康食物征税、对政府所扶持的学校午餐计划中提供的食物进行一定的限制、规范直接面向儿童的食品广告，以及要求餐厅在食谱中标注食物的营养信息等（American Heart Association et al.，2006）。

睡眠类型和睡眠问题

随着年龄的增长，儿童的睡眠需求逐渐下降，5 岁儿童每天大约需要 11 个小时的睡眠，而到 9 岁时下降到约 10 个小时，到 13 岁时进一步减少到 9 个小时。虽然儿童对睡眠时间的需要有所减少，但是许多美国儿童实际睡眠时间更少，一至五年级的学生平均每天的睡眠时间为 9.5 小时，少于理论上建议的 10~11 个小时。并且，随着年龄的增长，大约四分之一的儿童在周末睡眠不足（National Sleep Foundation，2004）。睡眠问题，如不愿上床睡觉、失眠和白天嗜睡等问题在这个年龄段是很普遍的，其部分原因是，随着年龄的增长，许多家长允许儿童规定自己的睡眠时间（Hoban，2004）。

超过 40% 的学龄儿童的卧室中摆放着电视机，而这部分儿童比其他儿童的睡眠更少（National Sleep Foundation，2004）。儿童花在看电视上的时间越多，尤其是在睡觉时间，他们越有可能反抗上床睡觉、入睡时间慢、该睡觉时焦虑以及早晨过早醒来（Owens et al.，1999）。

对以色列 140 名 7~12 岁儿童的睡眠类型进行研究，发现了显著的年龄和性别差异。年龄越大，儿童越晚睡，并且睡眠时间越少（12 岁儿童比 7 岁儿童少一个小时）。年龄越大，儿童也报告在早上有更多的睡意，并且在白天更有可能睡着。所调查的所有年龄阶段的儿童，每天夜里平均醒来两次。女孩比男孩的睡觉时间更长、睡的更香。家庭压力与较低的睡眠质量相关（Sadeh，Raviv，& Gruber，2000）。

尽管本研究发现有五分之一的儿童存在着明显的睡眠问题，但是大部分儿童和他们的父母都没有意识到问题的存在（Sadeh et al.，2000）。同样，国家睡眠基金会的一项调研发现，在美国，只有 11% 的学龄儿童的父母或者照料者认为他们的孩子存在睡眠问题。但是，有更高比例的父母或照料者报告自己的孩子经常拖延睡觉时间（42%），早上起床困难（29%），睡觉打鼾（18%），或者夜里醒来时需要成年人的帮助或关心（14%）。在一项研究中，教师观察发现，至少 10% 的幼儿园至四年级的学生在课堂上要努力挣扎着使自己保持清醒（Owens，Spirito，McGuinn，& Nobile，2000）。

儿童从学龄前到入学这段时期里，睡眠问题逐渐减少，但是儿童早期的睡眠问题可以预测将来睡眠问题的发生。患有睡眠问题的儿童往往伴有过敏症、耳朵感染或者听力问题。同时，睡眠问题也与心理和行为问题有高度的相关（Stein et al.，2001）。

考考你✓

你可以……

✓ 弄清楚学龄儿童有哪些营养和睡眠需求吗？同时，你能说出为什么它们是必要的吗？

✓ 给出许多儿童不能够正常饮食或者健康睡眠的原因吗？

动作发展和肢体游戏

儿童中期，孩子的动作技能继续发展（见表 12-1）。然而，在大多数无文字的、过渡性的社会中，这个年龄段的孩子，尤其是女孩，已经开始工作，这在给家庭增加劳动力的同时，也剥夺了他们进行身体活动的时间和自由（Larson & Verma，1999）。安・班克罗夫特时代的儿童在自家后院露营，而当前美国儿童在生活中更倾向于长时间的静坐。一项基于“时间使用日记”的全国性调查发现，与 20 世纪 80 年代的儿童相比，现在的学龄儿童每周花费在体育运动和其他户外活动上的时间减少了，而花费在学校教育和家庭作业上的时间增多了，除此之外，用在看电视（每周 12~14 个小时）和玩电脑游戏上的时间也多了，这两种在 20 年前是很少见的（Juster，Ono，& Stafford，2004）。

表 12-1 儿童中期的动作发展

年 龄	涉及到的行为
6	女孩在运动准确性方面更加优越；而男孩在强度大、复杂程度较低的行为方面发展更好。 儿童可以跳跃。 儿童可以用正确的身体移动和步伐来完成扔东西的动作。
7	在不看的情况下可以保持单足平衡。 儿童可以在约 5cm 宽的平衡木上行走。 儿童可以准确地跳入很小的方格里。 儿童可以精确地完成开合跳运动。
8	儿童可以产生 12 磅压强的握力。 在这个年龄，男孩和女孩一起参加的活动数量达到最高峰。 儿童可以有节奏地交替进行 2 2，2 3 或 3 3 等不同类型的单脚跳。 女孩可以把一个小球扔到 12 米远。
9	男孩每秒钟可以跑 5 米。 男孩可以把一个小球扔到 21 米远。
10	对于从远处扔过来的小球，儿童可以判断其轨迹并加以拦截。 女孩每秒钟可以跑 5 米。
11	男孩立定跳远的距离可以达到 1.5 米，女孩大约为 1.4 米。

资料来源：摘自 Bryant J. Cratty，*Perceptual and Motor Development in Infants and Children*，3rd ed. Copyright © 1986 by Allyn & Bacon. Adapted by permission of the publisher

一项全美的研究发现，38.5% 的 9~13 岁儿童参与有组织的课外体育运动，例如足球。为了帮助儿童提高运动技能，诸如此类的运动项目应该强调技能培养而不是竞争，同时，应该尽可能包含更多的儿童而不应该过多的顾忌儿童的能力。

课间游戏

小学生们在课余时间玩的游戏一般都是非正式的、自发组织的。当周围一群同学正围着操场互相追逐打闹时，旁边可能有一个小孩在独自玩耍。男孩子玩更多需要身体活动的游戏，而女孩们更喜欢一些诸如言语表达或大声计数的游戏，例如跳房子和跳绳。这类课间游戏促进了儿童敏捷性和社交技能的发展，同时有利于儿童的学校适应（Pellegrini，Kato，Blatchford，& Baines，2002）。

低年级学龄儿童所玩的游戏中，大约有 10% 的自由游戏是由**打闹游戏**（rough-and-tumble play）组成的，这种剧烈的游戏包括摔跤、踢打、翻滚、擒拿和追逐等，通常伴随着大笑和尖叫（Bjorklund & Pellegrini，2002）。这种游戏看起来似乎是在打架，实际上只是朋友之间嬉笑玩闹（Smith，2005a）。

打闹游戏在儿童中期达到顶峰。一般来说，到 11 岁的时候，打闹游戏在游戏中所占的比例下降到大约 5%，基本上相当于儿童早期的水平（Bjorklund & Pellegrini，2002）。就全球而言，打闹游戏在许多不同地区普遍存在，例如印度、墨西哥、日本冲绳、非洲卡拉哈里沙漠、菲律宾、英国和美国，同时在大多数哺乳动物中也广泛流行（Bjorklund & Pellegrini，2002；Humphreys & Smith，1984）。世界各地的男孩参与打闹游戏的比例都多于女孩，可能是由荷尔蒙的差异和社会性发展带来的，这也可能是导致在游戏中性别隔离的一个原因（Bjorklund & Pellegrini，2002；Pellegrini et al.，2002；Smith，2005a）。从进化论的观点来看，打闹游戏具有重要的适应功能：它锻炼了骨骼，促进了肌肉发展，为狩猎和搏斗技能提供了安全的实践，并为攻击和竞争打开了通道。到 11 岁的时候，打闹游戏往往变成在同伴群体中确立统治地位的一种方式（Bjorklund & Pellegrini，2000，2002；Smith，2005b）。

有组织的运动

当儿童过了玩打闹游戏的年龄并开始进行有规则的游戏之后，有些儿童开始参与有组织的、成年人引导的体育运动。在一项由美国 9~13 岁儿童及其父母参与的全美的调查中发现，38.5% 的儿童在课余时间参与有组织的体育运动，大部分儿童参与棒球、垒球、足球或者篮球运动。另外，大约两倍左右的儿童（77.4%）参与无组织的体育活动，例如骑自行车和投篮（Duke，Huhman，& Heitzler，2003）。女孩可能比男孩花更少的时间参与体育运动，而把更多的时间花在家庭作业、学习和自我照料上（Juster et al.，2004）。

除了能够提高运动技能外，定期的体育活动对儿童的健康发展还具有直接和长远的积极作用：控制体重、降低血压、提高心肺功能以及提高自尊和幸福感水平。积极活跃的儿童长大后倾向于成为积极的成年人。因此，应该尽可能让更多的儿童参与有组织的运动项目，而不仅仅局限于一些像安·班克罗夫特一样的天生的运动健将，并且运动的目标应该是增强运动技能而不是赢得比赛的胜利。活动项目应该包括有利于以后人生健康养生的各种运动形式，例如网球、保龄球、跑步、游泳、高尔夫球和滑冰等（AAP Committee on Sports Medicine & Fitness，1997；Council on Sports Medicine and Fitness and Council on School Health，2006）。6~9 岁的儿童比年龄更大的儿童需要更灵活的规则，更短的指令时间，以及更多的自由练习时间。在这个年龄段，女孩和男孩在体重、身高、耐力以及运动技能的发展上处于大致相同的水平。年龄越大的儿童越能更好地加工游戏指令和学习团队策略，因此，他们能够更好地参加团队运动（Council on Sports Medicine and Fitness and Council on School Health，2006）。

考考你 ✓

你可以……

- ✓ 说出男孩和女孩的课外活动有哪些不同吗？
- ✓ 解释一下，追逐打闹游戏在进化过程中的重要性吗？
- ✓ 说出随着儿童年龄的增长，保留下来的身体游戏所占的比例有多少，以及儿童参与哪些类型的身体游戏吗？

健康和安全

针对儿童的一些重要疾病的防控疫苗的发展使得儿童中期成为人生中相对安全的阶段，该阶段儿童的死亡率是一生中最低的。但是，仍然有很多的儿童体重超重，还有一些儿童遭受慢性疾病困扰、意外伤害或者缺乏医疗保健的机会。

超重和身体意象

儿童期体重超重已经成为世界范围内的一个主要健康问题。1980 年以来获得的数据显示，几乎所有国家儿童期肥胖症的比率都在增加。如果这种趋势继续发展，到 2010 年，将会有 50% 的北美和南美儿童、39% 的欧洲儿童和 20% 中国儿童出现肥胖问题（Wang & Lobstein，2006）。

在美国，2003~2004 年间，近乎 19% 的学龄儿童超重，这个数目大约是 20 世纪 80 年代的三倍，男孩比女孩更可能超重（Ogden et al.，2006）。尽管儿童超重现象在所有种族群体中都在增多（Center for Weight and Health，2001），但是在墨西哥裔男孩（超过 25%）和非西班牙裔黑人女孩（26.5%）中最为普遍（Ogden et al.，2006）。

然而，不幸的是，那些正在设法减肥的儿童却往往不是需要减肥的儿童。对**身体意象**（body image，一个人认为自己看起来是什么样的）的关心在儿童中期的早期

日常生活

专栏 12.1 芭比娃娃会影响女孩的身体意象吗？

著名的模特辛迪·杰克逊（Cindy Jackson）在CBS新闻频道（2004）上说："当我六岁的时候，我盯着一个芭比娃娃说，'这就是我想成为的样子'。我认为，即使到现在为止，许多六岁的小女孩或者更小的女孩看着芭比娃娃的时候都会想，'我想要变成她那样'"。

芭比娃娃是世界各地最畅销的时尚玩具娃娃，也是许多年轻女孩最喜欢的玩具。在美国，3~10岁的女孩中有99%至少拥有一个芭比娃娃，平均每个女孩可能拥有八个。然而，芭比娃娃的身体比例是"不切实际的、难以企及的，也是不健康的"（Dittmar, Halliwell, & Ive, 2006, p. 284）。实际上，拥有芭比娃娃一样身体比例的女性不足十万分之一；相比于她的胸围，芭比娃娃的腰围比那些患有饮食障碍的女性的腰围还要小39%（见第15章）。

研究表明，到6岁的时候，许多女孩希望自己的身材比实际更瘦一些。根据班杜拉的社会认知理论，芭比娃娃是年轻女孩的榜样，传达着"关于什么是美丽"文化理想。而媒体进一步强化了这种理想。那些不符合理想标准的女孩可能会体验到身体不满，即对她们身体的消极看法，由此导致较低的自尊。

为了检验芭比娃娃对年轻女孩身体意象的影响，研究者向162名5.5~8.5岁的英国女孩大声朗读图画书。向实验组女孩阅读的图画故事是有关芭比娃娃的，而向控制组女孩阅读的是一个有关丰满时尚娃娃艾美的故事或者故事中不涉及玩具娃娃（Dittmar et al., 2006）。然后，女孩们需要完成一个问卷，问卷中要求她们对诸如此类的论述，如"我对自己的样子感到非常的开心"和"我真的很喜欢我的体重"表示同意还是不同意。同时，也给女孩们呈现各类女性形象的线条画。要求每一个女孩对其中看起来最像自己的线条画着色，同时，也对那些自己现在和将来想成为的样子的线条画着色。

研究结果是非常惊人的。对年龄最小的女孩而言（年龄为5.5~6.5岁），仅仅向她们呈现芭比娃娃图画故事就能够显著降低她们的身体自尊，增加实际体型与理想体型之间的差距。这一结果在阅读艾美娃娃或者无娃娃组则没有出现。芭比娃娃对6.5~7.5岁女孩身体意象的影响更加显著。然而，年龄较大的女孩（7.5~8.5岁）的研究结果却完全不同：芭比娃娃的图片对这个年龄组女孩的身体意象没有直接的影响。如何解释这种差异呢？7岁女孩可能

花费大量时间看电视的儿童往往更容易肥胖。他们可能运动太少，并且吃太多容易让人发胖的零食。

阶段开始变得重要，尤其是女孩。这种对身体意象的关心可能进一步发展成为饮食障碍，在青春期阶段更为普遍（见第15章）。玩芭比娃娃玩具可能是这种发展趋势的影响因素之一（见专栏12.1）。

超重的原因

正如我们在第3章和第9章中讲到的，超重（或者肥胖症）往往具有遗传倾向，同时，由于运动量太少，吃的太多或者进食各种不健康食品而进一步恶化（AAP Committee on Nutrition, 2003；Chen et al., 2004）。如果

正处于获得关于理想化美丽形象的关键期。随着女孩年龄的增长，她们可能把身材苗条的理想逐渐内化为正在形成的自我同一性的一部分。这种理想一旦被内化，它的影响力就不再依赖于直接接触原始的榜样本身（Dittmar et al.，2006）。

或者，也可能仅仅是因为这些女孩已经过了迷恋芭比娃娃的年龄。在另一项研究中（Kuther & McDonald，2004），询问六到八年级的女孩童年时代关于玩芭比娃娃的经历。结果发现，所有的女孩都曾经至少拥有过两个芭比娃娃，但是她们说现在已经不再玩了。回顾往事时，一些女孩认为芭比娃娃具有积极的影响："她就像是一个完美的人……所有人都想成为那样"。但是，大部分女孩和男孩都认为，对女孩来说芭比娃娃是一个不切实际的榜样：

- "芭比娃娃提供了一个错误的原型……因为就身体而言，想要获得同样的体型是不可能的……身体器官和其他一些必要的组织将失去足够的空间。"
- "芭比娃娃拥有如此完美的体型，以至于目前每一个女孩都想要那样的身材，因为她们对自己的身体如此不满。"

现在，芭比娃娃有了一个主要的竞争者：贝兹娃娃，这是一个身体很小但是有着大圆脸、厚嘴唇，并浓妆艳抹的娃娃。追踪研究将会帮助我们明确像芭比和贝兹这样的时尚娃娃是否对身体意象产生长期的影响。

你的观点？

如果你有一个女儿，你会让她玩芭比娃娃吗？为什么？

请查阅！

更多关于这个主题的内容，请到 http：//www.bam.gov/teachers/body_image_dolls.htm 网站上查找。这个网站上描述了一次课堂活动，课堂上学生们测量了玩具人物和时尚娃娃的大小，并充分发挥想象力，如果这些玩具人物或娃娃拥有实际的正常成年男性或女性的身高，那么他们将会是什么样子。然后，他们讨论了如何玩这些玩具才可能形成关于"什么是正常的"知觉，以及什么情况下可能影响人的心理和身体健康。

儿童的父母或者其他亲人超重，那么儿童超重的可能性也更大。在本章前面我们就已经了解到，由媒体广告大加渲染并且很容易买到的各种快餐食品和饮料而导致的营养不良对肥胖也有一定的作用（Council on Sports Medicine and Fitness and Council on School Health，2006）。在一项对 6212 名儿童和青少年进行的全美抽样调查发现，在一天中，30% 以上的儿童和青少年报告自己吃过含有高脂肪、碳水化合物和糖类添加剂的快餐食物（Bowman，Gortmaker，Ebbeling，Pereira，& Ludwig，2004）。外出就餐是罪魁祸首之一，在外就餐的儿童每天摄取的能量比在家里吃同样食物的儿童多出大约 200 卡路里（French，Story，& Jeffery，2001）。

缺乏体力活动是超重激增的一个主要因素。正如我们提到的，当前的学龄儿童比 20 年前的儿童花在户外活动和体育运动上的时间更少（Juster et al.，2004）。尽管美国州教育董事会协会（2000）建议小学生每周体育课的时间为 150 分钟，但是，

> **你的观点？**
> 由于体重超重现象倾向于在家庭中延续，这可能是由于遗传的作用，也可能是由于生活方式的相似性。那么，没有能够有效控制自身体重的父母，又该如何帮助他们的子女呢？

平均每个学校每周只开设两到三次体育课，合计时间为 85~98 分钟（National Center for Education Statistics，2006）。然而，在幼儿园和小学一年级，如果每周体育课的时间再增加一个小时，那么这个年龄段女孩超重的人数将会减少一半（Datar & Sturm，2004b）。

在校外，许多儿童缺乏他们原本该有的活跃。一项全美调查发现，22.6% 的 9~13 岁儿童从来不参加课外体育活动（Duke et al.，2003）。少数族裔的青春期前期的女孩、身体有残疾的儿童、住在公共住房的儿童以及那些住在不安全并缺乏户外运动设施社区的儿童等，很有可能长时间的久坐不动（Council on Sports Medicine and Fitness and Council on School Health，2006）。

看电视时间太长也会导致儿童体重超重。每天看 5 小时电视的儿童，出现肥胖的可能性是每天看 2 小时以内电视的儿童的 4.6 倍（Institute of Medicine，2005）。

为什么儿童超重是一个需要高度关注的问题？

对学龄儿童而言，超重是一个明显的不利条件。一项对澳大利亚维多利亚州 1456 名小学生的追踪研究发现，到 10 岁时，那些体重超重或者肥胖的儿童在身体技能和社交功能方面均落后于他们的同学（Williams，Wake，Hesketh，Maher，& Waters，2005）。当要求 106 名重度肥胖的儿童和青少年评价自己与健康相关的生活质量时（例如，走路超过一个街区、睡眠良好、与他人相处融洽、能跟得上学习），他们报告说，与身材正常的同伴相比，自己有明显的弱势（Schwimmer，Burwinkle，& Varni，2003）。

超重的儿童往往在心理上感到痛苦，他们可能通过使自己沉迷于治疗来进行弥补，但这会使得他们的身体和社交问题进一步恶化。这些儿童出现行为问题、抑郁和低自尊的风险性更高（AAP Committee on Nutrition，2003；Datar & Sturm，2004a；Mustillo et al.，2003）。一般来说，他们也有一些健康问题，包括高血压（在下一部分将会详细讨论）、高胆固醇和高胰岛素水平（AAP Committee on Nutrition，2003；NCHS，2004）。

超重的儿童长大后倾向于成为肥胖的成年人，他们患高血压、心脏病、骨科问题以及糖尿病的风险性更高。事实上，相对于成年人的肥胖，童年期过重更有可能预测一些疾病（AAP Committee on Nutrition，2003；AAP，2004；Li et al.，2004；Center for Weight and Health，2001；Must，Jacques，Dallal，Bajema，& Dietz，1992）。即使是在正常体重范围内偏重的儿童，他们在成年期超重或肥胖的可能性也比同伴更大（Field，Cook，& Gillman，2005）。在一项追踪研究中发现，在青春期之前超重的女孩，到成年期超重的可能性是其同伴的 7.7 倍（Must et al.，2005）。

超重的预防和治疗

预防体重增加比治疗超重更容易、代价更低，并且更有效（Center for Weight and Health，2001；Council on Sports Medicine and Fitness and Council on School Health，2006）。有效的控制体重应该包括父母、学校、内科医生、社区以及更大的文化系统的共同努力（Krishnamoorthy，Hart，& Jelalian，2006；见表 12-2）。其中，有效的措施包括减少儿童在电视机和电脑前的时间，改变食物的标签和广告，学校提供更健康的膳食，通过教育帮助儿童进行更好的食物选择，以及让儿童有更多的时间上体育课等（AAP，2004）。父母可以通过各种方式使得体育锻炼成为一项家庭活动，比如全家徒步旅行或者一起打球，利用操场上的设备锻炼，尽量多走路，用楼梯来替代电梯，限制看电视的时间等。父母应该观察儿童的饮食方式和活动类型，在儿童体重严重超重之前及时处理体重过度增加的问题（AAP Committee on Nutrition，2003）。2004 年的一项联邦法律（公法 108~265）要求，所有接受联邦资金援助来提供午餐或者早餐的学校，必须在强调预防儿童肥胖的同时，把健康营养、体育活动和促进健康作为目标。

超重的治疗应该及早开始，让整个家庭都参与其中，并倡导生活方式的永久性改变，而非仅仅是减轻体重（Barlow & Dietz，1998；Miller-Kovach，2003）。在一项以 10 名 8~12 岁肥胖儿童为被试的为期 12 周的实验研究中发现，与控制组儿童相比，那些将看电视的时间限制为与踩脚踏车的时间一样的儿童，看电视的时间少了，身体脂肪也随之显著的下降（Faith et al.，2001）。

超重和儿童高血压

曾经，在童年时期，**高血压**（hypertension）相对比较少见，但是现在它已经被称为心血管风险的“进化流行病”，尤其是在少数族裔群体中更为常见（Sorof，Lai，Turner，Poffenbarger，& Portman，2004，p. 481）。在一项以 8~17 岁美国儿童和青少年为被试的全美研究中发现，1988~2000 年间，被试平均血压水平升高的部分原因是体重超重的增加（Muntner，He，Cutler，Wildman，& Whelton，2004）。对休斯顿八所公立学校中 5102 名 10~19 岁儿童的筛查发现，高血压的患病率大约为 4.5%，而体重超重是其主要的影响因素（Sorof et al.，2004）。

通过饮食的改变和定期的体育活动来减轻体重，是治疗与肥胖相关的高血压症的主要方法。如果血压仍然不下降，就要考虑药物治疗了。然而，开这些药物的时候必须小心，因为对儿童来说这些药物是否有长期效应目前还不清楚，正如未经治疗的高血压对儿童是否有长期影响（目前也不清楚）一样（National High Blood Pressure Education Program Working Group on High Blood Pressure in Children and Adolescents，2004）。

考考你 ✓

你可以……

✓ 论述一下，为什么童年期儿童超重现象在增加？超重如何影响儿童的健康，以及如何治疗超重吗？

表 12-2 阻止“超重盛行”的协调策略

父母可以做的：

- 确保为儿童提供了健康的食物，并有大量的户外运动时间
- 限制儿童的食物选择
- 把儿童每天看电视和玩电子游戏的时间限定在 2 个小时以内，并监督儿童所看的电视内容
- 提供健康的示范榜样

学校可以做的：

- 学校应该与当地的教育董事会、家长、学生、体育老师以及卫生保健专业人员合作，共同协商发展学校的健康政策
- 学校的自助餐厅、自动售卖机和学校商店应该提供更健康的食品
- 确保在校的所有学生每天都必须进行至少 30 分钟的中度到剧烈的体育活动
- 去除学校校车、记分板以及学校活动中出现的低营养食物的广告

私人企业可以做的：

- 为员工提供医疗福利，其中包括预防性保险
- 开发对儿童有吸引力的健康产品
- 鼓励健康饮食
- 利用针对儿童群体的电视广告来推广健康产品

健康护理专业人员可以做的：

- 对于由遗传和环境等因素导致的可能产生肥胖症的高危儿童和青少年进行辨认和追踪
- 每年测量儿童和青少年的身体质量指数，并且为那些超重或面临超重的孩子推荐体重控制专家
- 鼓励家长和照料者向儿童提供健康的饮食，这主要通过提供有营养的小吃，让儿童适量吃自己喜欢的食物，模式化健康食物选择等
- 增加体育运动时间，其中包括非结构化的游戏时间
- 建议每天观看影视节目的时间限制在 2 个小时以内
- 向父母提供合理营养方面的信息，建议家庭采用更健康的生活方式

社区可以做的：

- 提供课后娱乐活动，特别是体育活动和烹饪、营养、健康和健身等方面的相关课程
- 发展方便步行的社区，其中包含步行就可以到达的商店和杂货店

联邦、州或当地政府可以做的：

- 授予农业部对学校内所有食品的监督权，包括学校内部自动售卖机和课后活动，以及咖啡厅中的食品
- 刊印学校所有食物和饮料的营养指南
- 授予联邦贸易委员会为面向儿童的垃圾食品广告建立指导手册的权力
- 资助医疗机构提升健康饮食和体育锻炼
- 支持提升体育活动环境的社区计划，例如，方便自行车和步行的公路项目
- 对软饮料和小食品收税，一定程度上减少新鲜水果和蔬菜的成本

资料来源：Krishnamoorthy，Hart，& Jelalian，2006。

疾　病

儿童中期的疾病往往是短暂的。**急性病症**（acute medical conditions），即偶然的、短期的状况，例如某些感染和疣是很常见的。一般来说，由于病毒往往在儿童上课或玩耍时进行传播，因此，一年内儿童平均要患六七次感冒、流感或者病毒感染（Behrman，1992）。

随着儿童疾病经历的增加，他们对健康和疾病原因的理解以及对如何提高自身健康水平的认识都在相应地提高（Crisp，Underer，& Goodnow，1996）。根据皮亚杰学派的观点，儿童对健康和疾病的理解依赖于自身认知发展水平。随着认知发展的成熟，儿童对疾病的解释也发生了变化。在儿童中期以前，儿童是自我中心的，他们认为疾病是像变魔术般变出来的，而行为的主体往往是自己（"我是一个坏男孩儿，所以现在我感觉不舒服"）。后来，儿童认为所有的疾病（只有少许的魔术性）都是由无所不能的病菌导致的。随着儿童接近青春期，他们认为疾病的产生可能有多种原因，单纯的接触病菌并不会自动地导致疾病，同时，人们可以尽一切努力保持健康。

在一项超过 20 万家庭的全美调查中发现，大约 12.8% 的美国儿童患有或者面临**慢性病症**（chronic medical conditions）的风险，包括身体的、发展的、行为的或者情绪的状况等，这些问题都需要专门的医疗卫生服务（Kogan，Newacheck，Honberg，& Strickland，2005）。下面，让我们看几种影响儿童日常生活的慢性病症。

视力和听力问题

相对于幼年阶段，大多数儿童在儿童中期的视力更敏锐。6 岁以前的儿童往往看得更远。一般来说，到了 6 岁，儿童的视力会更敏锐。同时，由于两只眼睛的协调性更好，因此，双眼能更好的聚焦。

据估计，几乎 13% 的 18 岁以下儿童会成为盲人或者视力受损。视力问题在白人和拉丁裔儿童中比在非洲裔美国儿童中更为常见（Newacheck，Stoddard，& McManus，1993）。

大约 15% 的 6~19 岁儿童患有某种程度的听力丧失，其中多数是男孩。当前执行的筛查指导方针可能漏掉许多高频听力损伤的儿童。这是应该引起关注的问题，因为即使是轻微的听力丧失，也会影响到人与人之间的交流、个体的行为表现和社会关系（Niskar et al.，1998）。

口　吃

口吃（stuttering）是指无意识的对声音或音节进行有声的或者无声的重复或拖

长。口吃通常开始于 2~5 岁之间（Büchel & Sommer，2004）。到五年级时，男孩口吃的发生率比女孩高出四倍。5% 的儿童会出现 6 个月甚至更长时间的口吃，但是到儿童晚期，其中四分之三的儿童的口吃会逐渐恢复，只剩下 1% 会有长期的口吃问题（Stuttering Foundation，2006）。

目前，口吃被普遍认为是一种神经性症状。有些情况下，它是由大脑损伤导致的（例如，头部创伤或者中风）。较常见的类型是持续的发展性口吃（PDS），在一个单词、短语或在较长的、复杂的句子的开始尤为突出。这种类型的口吃在同卵双胞胎之间的一致性大约是 70%，异卵双胞胎之间的一致性大约是 30%，同性别的兄弟姐妹之间的一致性是 18%，这表明，口吃具有一定的基因遗传成分。似乎有两种因素对 PDS 有影响，最基本的原因可能是中枢神经系统结构或功能的紊乱。而父母对口吃的强化可能使得儿童对说话产生紧张或焦虑（Büchel & Sommer，2004）。

到目前为止，尚未发现治疗口吃的方法，但是言语治疗可以帮助儿童说话更容易、更流畅（Stuttering Foundation，2006）。如果口吃者对自己讲话已经感到挫败或焦虑，他们可能会尽量避免讲话。演员布鲁斯・威利斯通过加入戏剧俱乐部，强迫自己在公众面前讲话来治疗自己的口吃（Büchel & Sommer，2004）。还有其他的许多名人，包括女演员茱莉亚・罗伯茨和男演员詹姆斯・厄尔・琼斯，都战胜了 PDS 而获得了成功。

哮 喘

哮喘（Asthma）是一种慢性的呼吸道疾病，似乎是以过敏症为基础，其表现特征为突然的咳嗽、气喘和呼吸困难。这些症状反映出，当患者吸入某些物质时（例如烟尘）会出现呼吸道的急剧收缩（Eder，Ege，& von Mutius，2006）。

哮喘的全球发病率逐年上升（Asher et al.，2006），但是在一些西方国家可能已经达到了高原期（Eder，Ege，& von Mutius，2006）。2005 年的一项调查显示，12.7% 的美国儿童和青少年在 17 岁之前的某段时间曾经患过哮喘，8.9% 的儿童和青少年当时正患有哮喘。男孩的患病率更高，比女孩高出 30%。在美国，哮喘的发病率从 1980~1995 年增加了一倍，自此以后一直保持在这一历史性的高水平（Akinbami，2006）。哮喘是导致美国 18 岁以下儿童住院的第三大原因，仅次于肺炎和意外伤害（NCHS，2005）。

在一项对 14487 名非西班牙裔黑人儿童的父母以及 49042 名非西班牙裔白人儿童的父母进行的全美抽样调查发现，即使在控制了诸如家庭社会经济地位（SES）和获得医疗保健的机会等影响因素的情况下，黑人儿童被诊断患有哮喘的可能性也比白人儿童高出 20%。同时，在过去的一年中，黑人儿童由于哮喘病发作到急诊科就诊的几率大约是白人儿童的两倍（McDaniel，Paxson，& Waldfogel，2006）。

哮喘病爆发的原因并不清楚，但是可能与某种遗传素质有关（Eder et al.，2006）。另一些研究者则认为是环境因素的作用：密封隔离的房子会进一步加剧人体接触室内空气污染物和过敏素的几率（Nugent，1999；Sly，2000；Stapleton，1998），例如烟草烟雾、霉菌和蟑螂的排泄物。对家养宠物过敏也被认为是哮喘的危险性因素（Bollinger，2003；Etzel，2003；Lanphear，Aligne，Auinger，Weitzman，& Byrd，2001）。除了烟尘，其他可能的原因目前尚无定论。然而，接触室内过敏素可能会延长哮喘病儿童症状的持久性（Eder et al.，2006）。在一项对 174 名患有哮喘的学龄儿童的研究中发现，接触高水平的尘螨和二氧化氮（非管道式燃气器具的产物）与哮喘症状的恶化有关（Nitschke et al.，2006）。有研究者对哮喘病儿童的家庭进行了为期一年的研究，旨在降低室内过敏原和烟草烟雾，结果发现，这些措施显著降低了哮喘症状以及与哮喘相关的疾病（Morgan et al.，2004）。越来越多的证据表明，肥胖症和哮喘之间有一定的关联，这可能是由于某种潜在的生活方式与两种疾病都有关。哮喘还与某些抗生素的使用有关（Eder et al.，2006）。

患有哮喘病的儿童每年平均有 10 天不能到校上课，并有 20 天不能参加体育活动（Newacheck & Halfon，2000）。病情的发作往往是在一些严重的压力事件之后，例如生病、父母分居或离异、祖父母或外祖父母去世、亲密的伙伴搬家或者成为校园欺负的受害者（Sandberg，Järvenpää，Penttinen，Paton，& McCann，2004）。患有哮喘病的儿童可能是出现社交问题和心理障碍的高危群体（Berz，Murdock，& Mitchell，2005）。

许多患有哮喘病的儿童没有得到充分的治疗（Halterman，Aligne，Auinger，McBride，& Szilagyi，2000；Shields，Comstock，& Weiss，2004）。在一项对照组研究中，随机选取了 134 名 8~16 岁的市中心儿童，采用互联网的方式教给患者和他们的家人进行症状监控和药物治疗，结果发现，这些措施有助于提高病患及家人的依从度，并有效地减轻了患者的症状（Dorsey & Schneider，2003）。

艾滋病病毒和艾滋病

据估计，世界范围内约有 220 万名 15 岁以下的儿童携带艾滋病病毒（人体免疫缺陷病毒，HIV）（UNAIDS/WHO，2004），这些儿童是患艾滋病（获得性免疫缺陷综合症）的高危人群，尽管他们目前还没有患病。2004 年，510000 名 15 岁以下的儿童死于艾滋病（UNAIDS/WHO，2004）。

由于抗逆转录病毒疗法的实施，出生时感染艾滋病病毒的儿童存活和健康的希望大大提高（AAP Committee on Pediatric AIDS，2000；Gortmaker et al.，2001；Lee et al.，2006）。尽管有些携带艾滋病病毒的儿童到 1 岁或 2 岁时发展成了艾滋病，但是，仍然有一部分儿童活了很多年且没有明显的影响（European Collaborative Study，1994；Grubman et al.，1995；Nielsen et al.，1997；Nozyce et al.，1994）。人体的遗

> **你的观点？**
>
> 实际上，并没有医学上的证据表明，感染了艾滋病病毒但没有身体症状的儿童，可以通过体液以外的其他途径将病毒传染给其他人。但是，许多家长还是担心自己的孩子与HIV阳性的儿童同处一所学校。如果你是一名教师，你将会如何处理和对待你们班上HIV阳性的学生呢？

传因素可能会影响到免疫系统对病毒的反应，这导致了症状在某些儿童身上比在另外一些儿童身上发展地更慢（Singh et al., 2003）。

尽管感染艾滋病病毒的儿童的生活质量可能受到一定的影响，尤其是当他们没有接受抗逆转录病毒治疗时，但是大多数（感染艾滋病病毒）儿童到学龄期之后功能表现正常（Lee et al., 2006）。由于病毒实际上并不会传染给同班同学，因此，携带艾滋病病毒的儿童不需要被隔离。应该鼓励他们在力所能及的范围内尽量参加学校的各种活动，包括体育运动（AAP Committee on Sports Medicine and Fitness, 1999；AAP Committee on Pediatric AIDS, 2000）。

由于当症状显现出来时，病情可能已经发展到足以引发长期的、严重的并发症的程度，因此，早期诊断非常重要。定期的、以学校为基础的筛查和治疗，开展禁止或推迟性行为的教育，负责任的决策，性生活时使用避孕套等，可能对于控制性病的传播有一定的作用（AAP Committee on Adolescence, 1994；AGI, 1994；Cohen, Nsuami, Martin, & Farley, 1999；Rotheram-Borus & Futterman, 2000）。

影响健康的因素和医疗保健的获得

社会处境不利对儿童的健康有重要的影响。与其他儿童相比，处于贫困状况的儿童（更多的是少数民族儿童），与单亲父母生活在一起的儿童，以及父母受教育水平较低的儿童，其健康状况可能一般或更差，他们往往患有慢性病，在活动方面存在与健康相关的限制因素，由于疾病或意外伤害、住院而缺课，不能满足基本的医疗和牙科需求，推迟医疗护理（Bauman, Silver, & Stein, 2006；Bloom et al., 2003；Collins & LeClere, 1997；Flores et al., 2002；Newacheck et al., 1998），如果一种以上的危险因素同时出现，儿童的健康问题会更糟糕。少数民族身份本身并不是一个危险因素，但是它往往与低收入有一定的关联（Bauman et al., 2006）。

为什么会出现这样的情况呢？社会经济地位和受教育水平较高的父母，可能了解更多的健康习惯，并且获得保险和医疗保健的机会也更多。相对于单亲家庭，双亲家庭可能有更高的收入和更健康的饮食（Collins & LeClere, 1997），他们的孩子更可能获得健康保险（Fields, 2003）。与其他儿童相比，生活在低收入家庭和少数族裔家庭的儿童，更有可能买不起保险，他们往往没有固定的医疗保健场所，更可能去诊所或医院急诊室就诊而非医生的办公室（Bloom et al., 2003）。

高达33%的患有慢性病症的儿童的保险额不足（Kogan et al., 2005）。同时，所有儿童中，约60%的儿童曾经历过至少延迟4个月的医疗救治（Satchell & Pati, 2005）。其中，许多儿童不能满足基本的医疗保健需求。医疗保健对拉丁裔儿童而言是一个尤其严峻的问题，特别是对家庭贫困或接近贫困的儿童和受教育水平较低的外国移民所生的儿童（Scott & Ni，2004）。

然而，缺乏保险和医疗保健只是处境不利儿童健康状况较差的部分原因（Bauman et al.，2006）。亚裔美国儿童往往比非西班牙裔白人儿童身体更健康，但他们获得和使用医疗保健的机会可能更少，这可能是由文化和语言障碍导致的（Yu，Huang，& Singh，2004）。确实存在这样的情况，在不同文化和种族群体中，健康医疗信念和态度的不同是导致医疗保健状况存在差异的原因之一（见专栏 12-2）。

合格的安全头盔可以保护所有年龄的儿童免受致命的头部伤害。

意外伤害

与儿童早期一样，意外伤害也是美国学龄儿童死亡的主要原因（Anderson & Smith，2003；Kochanek et al.，2004）。在一项为期 9 年的追踪研究中，选取了出生在加拿大亚伯达省的 96359 名儿童，结果发现，21% 的儿童每年至少遭受一次意外伤害，而在整个研究期间，73% 的儿童曾经反复受伤。男孩比女孩更可能受伤，也更经常反复受伤（Spady，Saunders，Schopflocher，& Svenson，2004）。

据估计，每年大约有 23000 名儿童因自行车事故而遭受严重的大脑损伤，而这些事故中，88% 可以通过佩戴头盔而避免（AAP Committee on Injury and Poison Prevention，2001a）。防护安全帽对于棒球、垒球、足球、溜冰、滑旱冰、滑板、骑小摩托车、骑马、曲棍球、速滑雪橇、雪地汽车以及平底雪橇滑雪等运动来说都是至关重要的。对于英式足球，护目镜和牙套可以用来帮助儿童减少头部和面部的伤害。由于可能造成大脑损伤，因此，应该尽量减少“头球”（AAP Committee on Sports Medicine and Fitness，2000，2001）。美国儿科医学会事故与毒品预防委员会（1988）建议，16 岁以下的儿童青少年不能驾驶雪地汽车，而年长的驾驶者也必须获得法律许可证。出于严格的安全防护措施的需要和对蹦床使用的持续监督，美国儿科学会伤害和毒品预防委员会以及运动医学与健康委员会（1999）建议父母不要买蹦床，且儿童在游乐场或者学校里也不要使用蹦床。

考考你 ✓

你可以……

- ✓ 区别出急性病症和慢性病症吗？你能说出具体的慢性病症如何影响儿童的日常生活吗？
- ✓ 解释一下，为什么社会处境不利的儿童比其同伴有更多的健康问题吗？
- ✓ 确定哪些因素会增加儿童意外伤害的风险性吗？

世界各地

专栏 12.2 文化态度如何影响医疗保健

一天早上，在尼泊尔一个偏僻的小山村里，受过大学教育的当地居民巴迪·库马尔·雷，带着自己两岁半的女儿库萨姆去一个通灵者家里，这位通灵者是当地的巫医。库萨姆患上呼吸道感染已经持续一周，并且伴有发烧和咳嗽，她的小脸布满愁容，原本金色的面庞变得苍白，杏仁般的眼睛也无精打采地低垂着。

两天前，库萨姆正躺在爸爸温暖的怀抱中，突然巴迪脚下打滑，从大约 3 英尺高的阳台上向后倒下摔在了地上，不过巴迪仍然紧紧的抱着自己的小女儿。两人虽然都没有受伤，但是小库萨姆却发出了惊骇的尖叫。

现在，通灵者告诉巴迪，小库萨姆的病是由那次惊吓所导致的。他写了一张咒语，并用木炭在库萨姆的前额上画了一个硬币大小的污点作为标记，以此将她受到惊吓时进入其体内的恶魔驱赶出去。

在部分工业化世界，信奉关于疾病的古老观念是很普遍的，这些地方的人们仍然坚持一些与当前主流的科学和医学思维完全不同的信念。为了向少数族裔成员提供更好的医疗护理，政策制定者需要理解他们的文化信念和态度，这些信念和态度往往影响到他们的行为、决策以及他们如何进行更广泛的社会交往。

这位秘鲁的医生正在采用传统的方法治疗儿童，例如药草和咒语。许多拉丁美洲的文化认为这样的做法能够通过恢复体内元素的自然平衡来治疗疾病。

许多文化把疾病和残疾视为一种惩罚，它往往施加于那些在今生或前世有罪的人或者为祖先的罪孽付出代价的一些人身上。在拉丁美洲和东南亚群体中比较普遍的另一种信念认为，体内的各种元素不平衡引发了疾病，病人必须重建平衡。而阿拉伯裔美国人则倾向于把疾病归于这样一些原因，例如恶毒的眼神，悲痛和失去，受风，以及吃了搭配错误的食物。

在许多社会中，人们认为有残疾的儿童是无法存活下来的。既然没有希望，他们就不会花费时间、精力或金钱在这类儿童身上，这往往验证了自我实现的预言。在一些宗教家庭里，父母寄希望于奇迹的发生，而拒绝手术或其他治疗。

当然，美国的标准医疗实践也是被文化信念系统所统治的。与许多文化中的做法不同，在美国文化中，父母通常会对涉及孩子的事情迅速做出决定，来不及咨询家庭其他成员的意见。为了培养残疾儿童的独立性和自给自足能力，父母不会像对待婴儿一样养育他们。来自其他文化中的成员可能不同意美国人的这些价值观念，比如，父母可能觉得在有关医疗决策问题上有必要去咨询自己的父母，或者可能并不认为培养残疾儿童的自给自足能力是重要的。

专业人员需要清楚地解释他们所推荐的治疗方案是什么，该方案有什么优势以及他们预期出现的结果等，如果可能的话要采用家庭式语言。这么做有助于防止一些不良事件的产生，正如曾经发生过的一件事，当一位亚洲母亲看到自己的孩子被美国护士带着去取尿样时，突然变得歇斯底里起来。原来，在柬埔寨，这位母亲曾经有三个孩子被人从身边带走，一个也没回来。

资料来源：Al-Oballi Kridli，2002；S. W. Olds，2002；Groce & Zola，1993.

你的观点?

- 皮亚杰将会如何解释在某些文化中存在的有关“疾病和残疾是对人类行为的惩罚”这一信念?
- 这样一种信念是否说明了皮亚杰的理论在非西方文化中的适用性是有限的?

请查阅!

有关该主题的更多信息请到以下网站上查询：http：//www.who.int/whr/2000/en/index.html. 这是世界卫生组织发布的“2000 年世界卫生报告，卫生系统：发展进程”。

再次聚焦

回顾本章开头人物聚焦中讲述的安·班克罗夫特的故事，回答以下问题：

- 你认为社会心理因素，如动机、果断、自信等在安·班克罗夫特的生理发育中产生了多大的影响？
- 班克罗夫特与父母、兄弟姐妹相处的童年经历对她以后所取得的成就产生了怎样的影响？
- 班克罗夫特从事各种对其终生健康有益的活动，我们可以从这些经历中学到什么？

该阶段儿童发生一些意外事故的原因之一是他们还不够成熟，这种不成熟既体现在认知方面（使他们无法意识到某些危险的存在），也体现在情绪方面（导致他们从事一些危险行为）。我们将在第13章探讨儿童中期的认知发展，在第14章探讨儿童中期的社会性发展。

小结和关键术语

身体发育的主要方面

学习向导1 学龄儿童的身体和大脑是如何生长和发育的？

- 与前一阶段相比，儿童中期的身体发育速度相对较慢。不同个体在身高和体重方面存在较大的差异。
- 由于生长激素缺乏而导致发育迟缓的儿童可以通过人造生长激素来补偿。有时，一些身材矮小而非生长激素缺乏的儿童也会服用这种人造生长激素；但是，在这样的情况下使用时应该非常小心。
- 儿童中期，孩子开始长出恒牙。牙齿健康得到了很大提高的部分原因是在儿童牙齿的原始咀嚼表面使用了粘合剂。
- 童年阶段伴随着白质的逐渐增加和灰质的逐渐减少，儿童的大脑继续发育。连结大脑左右半球的胼胝体逐渐髓鞘化。

营养和睡眠

学习向导2 儿童中期，孩子有哪些营养和睡眠需求？

- 适当的营养和充足的睡眠对儿童的正常发育和身体健康是必不可少的。
- 大多数儿童没有得到充足的睡眠，另外，许多儿童存在睡眠问题。

动作发展和肢体游戏

学习向导3 哪些运动技能主要是在儿童中期这个阶段获得的？男孩和女孩分别喜欢参加哪些活动？

- 儿童中期，由于儿童动作技能的不断发展，男孩和女孩可以参与各种不同类型的活动。
- 学龄儿童的课间游戏中，大约有10%的游戏是打闹游戏，这在男孩中表现更为明显。
- 非正式的、自发的游戏可以促进儿童身体和社交技能的发展。男孩更多地从事身体类游戏，而女孩更多地从事语言类游戏。
- 许多儿童，大部分是男孩，参与有组织的、竞争性的体育活动。
- 合理的体育课程应该把目标定位于促进所有儿童的运动技能发展，应该强调乐趣和终生健康而非竞争。

健康和安全

学习向导4 对于儿童的健康和安全，儿童中期最令人担忧的问题是什么？

- 儿童中期是一个相对健康的阶段，该阶段的死亡率是一生当中最低的。然而，呼吸道感染和其他一些急性病症在儿童中也是非常普遍的。
- 对身体意象的过度关注可能导致饮食障碍，尤其是女孩。

- 体重超重现象在儿童中越来越普遍，这主要是由遗传和诸多环境因素导致的，对于该现象，预防要比治疗更容易。
- 视力在儿童中期变得更加敏锐，但是少数儿童存在视力缺陷或听力问题。
- 口吃是相当普遍的，但是通常来说并不是永久性的。
- 艾滋病病毒测试呈阳性的大部分儿童在学校里的表现都是正常的，因此，对于他们身体能够胜任的各项活动，都不要把他们排除在外。
- 一些慢性疾病，如哮喘，在较少获得医疗保险和常规医疗保健机会的贫困儿童和少数族裔儿童中是非常普遍的。
- 儿童对健康和疾病的理解与他们的认知水平有关，文化信念影响人们对卫生保健的期望。
- 意外事故是儿童中期死亡的最主要原因。使用头盔和其他安全防护装置，避免玩蹦床、雪上汽车和其他危险运动等，可以极大地减少伤害。

儿童中期的认知发展

在教育孩子时，我们要牢记，最重要的是让他们永远保持对生活的热爱。

——娜塔莉亚·金兹堡，《小德》，1985

人物聚焦　电影导演黑泽明

黑泽明

日本导演黑泽明（1919~1998）创作了多部经典作品，如奥斯卡金像奖获奖作品《罗生门》（1951）、《七武士》（1954），他被称为电影界的天才。黑泽明把电影屏幕当成了画布，他的电影里弥漫着艺术智力（即一种对于结构、形式、色彩和组织的准确感觉）。

黑泽明二十多岁的时候跟随伟大的电影导演山本嘉次郎学习，他学东西很快，当被安排写剧本时，这个颇有才华的初学者创意不断。山本嘉次郎说："他非常有创造力"(Richie，1984，p. 12)。

但是，儿时的黑泽明在东京的一个"西式"学校就读，在最初两年里，他学得比较吃力。他跟不上课程进度，只能安静地坐在座位上自娱自乐。最后，黑泽明的老师把他的桌椅移到教室的墙边，远离其他同学，并经常冷嘲热讽地说"黑泽明可能不理解这个问题，但是……"(Kurosawa，1983，p.8)

这些最初的学校经历给黑泽明留下了深刻的印象，他觉得孤独和痛苦。后来，在他就读的第二年年底，他们一家搬到了东京的另一个区，他也随之转学到一所传统的日式学校。他的新同学们都剃着光头、穿着粗布裤子和木屐。他们嘲笑黑泽明的长发和西式服装。作为七个孩子中的老小，黑泽明曾经是个受不得批评的人，而现在他变成了大家嘲笑的对象。

直到三年级的时候，黑泽明从智力和情绪的迷雾中走出来，促成这一改变的关键人物是他的老师立川先生。立川先生在上艺术课的时候，不是像传统教学那样让所有的学生都临摹同一幅画并给模仿得最像的学生打最高分，而是让孩子们想画什么就画什么。黑泽明是那么地投入，以至于用力过度而弄断了彩色铅笔的笔芯，然后他舔湿自己的指尖把颜料涂满画纸。当立川先生举起黑泽明的画时，全班同学哄堂大笑。但是，老师却对这幅画大加称赞并给出了最高分。

“从那一刻起，”黑泽明后来写道，“……不知怎的，我发现自己在有艺术课的日子里会急切地到学校去，……我变得擅长绘画。与此同时，我其他课程的成绩也突然开始提高。到立川先生离开的时候，我已经是我们班的班长，我的胸前佩戴着紫色绶带，上面挂着一个小金徽章”（1983，p. 13）。

他的学业成绩很不均衡：对于喜欢的课程，他的成绩是班里最好的，而科学课和数学课的成绩却仅仅勉强及格。尽管如此，他仍然是在毕业典礼上致告别辞的毕业生代表。据他的老同学兼编剧同事植草圭之助所说：“黑泽明肯定不是那种只是获得好成绩的天才，而是一个似乎不费力就受到大家欢迎的领军人物”（Richie，1984，p. 10）。

立川先生将黑泽明引入艺术和电影领域。父亲和哥哥丙午与黑泽明一起讨论名著，带他接触日本歌舞杂耍和西方电影。

即使是立川先生离开学校后，黑泽明和他的朋友植草也常常到老师家里，围坐在一起闲聊。那个时候黑泽明的志气很高，当接替立川先生的教师痛批他的一幅画时，他满脑子想得是“努力学习，让这个老师以后再也不能批评我”（Kurosawa，1983，p. 25）。

• • •

我们从黑泽明的就读经历中可以得到以下几点启示。首先，孩子们是按照不同速度发展的，即使是那些天赋很高的孩子也是如此。第二，黑泽明的故事说明了教师可能具有的深远影响以及家庭和学校相互作用而产生的影响。第三，我们可以再次看到认知和心理社会发展的紧密联系。黑泽明的认知和社会能力的成熟紧随立川先生对他自尊的促进。就像黑泽明后来写的那样，“当一个人不断地被告知他不擅长某件事情的时候，他就会越来越失去信心，最终变得不会做这件事情。相反地，如果他被告知擅长做什么事情，他的信心就会建立起来，并且真的做得越来越好”（1983，p. 40）。

学校生活是儿童中期的一种主要经历，影响着发展的方方面面。当孩子们以比之前更好的方式进行阅读、思考、谈话、游戏和想象时，他们获得了自信。

本章中，我们会考察儿童在前五、六年的正规学校教育中的认知发展，这个时段大概是从 6~11 岁。此时儿童进入到皮亚杰所说的具体运算阶段，这使得他们能够进行逻辑思考，做出更加成熟的道德判断。随着儿童的记忆和问题解决能力的提高，智力测验逐渐能够更加准确地预测学业表现。阅读和写作能力为孩子打开了一扇通往更加广阔世界的门。我们将讨论所有这些发展变化，并探讨有关智商测验的争议、双语教育、家庭作业和数学教育等主题。最后，我们会探究学业成就的影响因素，以及学校如何努力满足特殊的教育需要。

在你阅读和学习本章后，你应该能够回答下一页中学习向导中的所有问题。复习本章末尾的小结，你可以检查自己对这些问题的理解，贯穿整章的“考考你”可以帮助你加深对阅读内容的理解。

学习向导

1. 学龄儿童的思维和道德推理与年龄更小的儿童之间有什么区别?
2. 在儿童中期，信息加工技能有哪些进步?
3. 学龄儿童智力测量的准确程度如何?
4. 在儿童中期，沟通能力是怎么发展的?
5. 哪些因素会影响学业成就?
6. 学校如何满足特殊儿童的需要?

皮亚杰取向：具体运算阶段的儿童

根据皮亚杰的理论，儿童在大概七岁的时候可以运用心理操作来解决具体（实际）问题，这时就进入了**具体运算**（concrete operations）阶段。此时，儿童可以考虑某个情境的多种因素，因此他们可以进行逻辑思考。但是，他们的思维仍然局限于当前的真实情境。

认知发展

与前运算阶段相比，处于具体运算阶段的儿童可以更好地完成很多任务（见表 13-1），他们可以更好地理解空间概念、因果关系、分类、归纳推理和演绎推理、守恒、以及数的概念。

表 13-1 儿童中期某些认知能力的发展

能　力	事　例
空间思维	丹尼尔可以运用地图或者模型来帮助自己寻找一个被藏起来的物体，并能为其他人找到这个物体提供指导。她可以找到从学校回家的路，可以估计距离，以及从一个地方到另一个地方大概需要多长时间。
因果关系	道格拉斯知道物体的哪些物理属性会影响天平的状态（例如，物体的数量会影响天平沉向哪边，而颜色不会）。但他还不知道哪些空间因素，例如物体的位置和布局，会导致天平状态的不同。
分　类	埃琳娜可以将物体分为不同的类别，例如根据形状、颜色，或者两者兼有。她知道一个次级类属（玫瑰）包含的成员比它所属的类别（花）包含的成员数目要少。
系列化和传递性推理	凯瑟琳可以按照从短到长的顺序排列一组小棍，并且可以将一根中等长度的小棍插放到合适的位置。她知道如果一根小棍比第二根小棍长，第二根小棍比第三根小棍长，那么第一根小棍就比第三根小棍长。
归纳和演绎推理	多米尼克既可以解决归纳性问题，也可以解决演绎性问题，并且知道归纳推理的结论（基于具体前提）不如演绎推理的结论（基于一般前提）可靠。
守　恒	菲利甫七岁时认识到，把一个黏土球滚成长条形，它仍然包含相等数量的黏土（物质守恒）。到九岁的时候，他知道圆球形和长条形的黏土重量是相等的。但是，直到青少年早期，他才会理解，如果这两块黏土分别掉到水里，可使同等数量的液体溢出。
数概念和数学	凯文可以默数，可以顺着从小数目往上数来做加法，并且可以完成简单的应用题。

空间和因果关系

为什么许多六、七岁的孩子能够找到从学校回家的路，而大部分年龄更小的孩子做不到？其中一个原因是处于具体运算阶段的儿童可以更好地理解空间关系。他们对于从一个地方到另一个地方有多远、需要花费多长时间有了更加清晰的认识。而且，他们可以更加容易地记住路线和沿途的地标。经验在这一发展过程中起着重要作用，一个步行上学的孩子可能更熟悉附近的街区。

理解地图和模型的能力，以及交流空间信息的能力随着年龄的增长而提高（Gauvain，1993）。对因果关系的判断能力也是随年龄增长而提高的。当让5~12岁的儿童预测在不同的条件下，杠杆和天平是什么状态时，年长儿童的回答更加准确。相对于空间因素（物体离天平中央的距离）的影响，儿童更容易理解物理属性（天平每端的物体数量）（Amsel，Goodman，Savoie，& Clark，1996）。

分　类

分类能力有助于儿童进行逻辑思维。分类包含着一系列相对复杂的能力，例如系列化、传递性推理和类包含等等，这些能力在儿童早期和中期逐渐发展。当儿童可以依据长度（从最短到最长）或者颜色（从最浅到最深）等一个或多个维度将某些物体排成一列时，就表明他们理解了**系列化**（seriation）。到七、八岁的时候，儿童能够理解一组小棍的关系，并且按照尺寸将他们排列起来（Piaget，1952）。

传递性推理（transitive inference）是根据两个物体各自与第三个物体之间的关系来推理两者关系的能力。给凯瑟琳呈现三根小棍：一根黄色、一根绿色、一根蓝色。研究者给她演示，黄色的小棍比绿色的长，绿色的小棍比蓝色的长。不用实际比较黄色和蓝色小棍，她马上就能说出黄色的小棍比蓝色的长（Chapman & Lindenberger，1988；Piaget & Inhelder，1967）。

类包含（class inclusion）是一种理解整体和部分关系的能力。皮亚杰（1964）为前运算阶段的儿童呈现有十枝花的花束，其中包括七枝玫瑰、三支康乃馨，然后询问儿童"是玫瑰多还是花多"。儿童倾向于说玫瑰更多，因为他们是比较玫瑰和康乃馨，而不是比较玫瑰和整束花（Flavell，1963；Flavell et al.，2002）。但是，根据任务的类型、儿童获得的实际线索，以及测验时儿童对于物体分类的熟悉性，即使是三岁的孩子也表现出了初步的类包含意识（Johnson，Scott，& Mervis，1997）。

归纳和演绎推理

根据皮亚杰的理论，具体运算阶段的儿童只能进行**归纳推理**（inductive reasoning）。儿童从观察某一类人、动物、物体或事件中的特定个体开始，逐渐得出关于整个类别的一般结论（"我的狗会叫，特里和梅丽莎的狗也会叫。这样看起来似乎所有的狗都会叫。”)。由于归纳推理总有可能会遇到一些不支持已有结论的信息(例如，一只不叫的狗)，所以，归纳推理肯定是尝试性的。

演绎推理（deductive reasoning）始于一个关于某一类别的一般描述（前提），之后将这个前提推广到这一类别的具体成员。皮亚杰认为演绎推理直到青少年阶段才发展起来。如果关于一个类别整体的前提是正确的，而且推理是合理的，那么结论一定是正确的："所有的狗都会叫。点点是一只狗，那么，点点也会叫。"

研究者为一些儿童呈现 16 道归纳和演绎推理问题（包括 16 名幼儿园儿童、17 名二年级儿童、16 名四年级儿童和 17 名六年级儿童）。为了避免现实世界知识的影响，这些问题都经过了精心设计。例如，其中一个演绎推理问题是："所有的 poggop 都穿蓝色靴子。Tombor 是一个 poggop，Tombor 穿蓝色靴子吗？" 相对应的归纳推理问题是："Tombor 是一个 poggop，Tombor 穿着蓝色靴子，所有的 poggop 都穿蓝色靴子吗？" 与皮亚杰的理论观点不同，二年级儿童就能够正确回答归纳和演绎这两类问题了（但是幼儿园儿童还做不到）(Galotti，Komatsu，& Voelz，1997)。

你的观点？

父母和老师如何帮助孩子促进他们的推理能力？

守　恒

在完成各种类型的守恒任务时（相关内容见第十章），具体运算阶段的儿童能够在头脑中得出答案，他们不再需要对各种物体进行测量或称重。

如果有两个一样的黏土球，把其中一个揉成其他形状，比如说长条形的香肠，处于具体运算阶段的菲利普会说圆形的和长条形的黏土块仍然包含同样多的黏土。而处于前运算阶段的史黛西则被表面现象欺骗，她认为又细又长的黏土块中包含的黏土更多，因为它更长一些。

与史黛西不同，菲利普理解了*同一性*原则：知道尽管黏土块改变了形状，但黏土还是原来的黏土。他还理解了*可逆性*原则：知道可以把长条形的黏土再揉回球形。而且，他还掌握了*去中心性*原则：可以同时关注长度和宽度，知道尽管圆形黏土比长条形黏土短，但却更粗一些。史黛西则把注意力集中在一个维度（长），而考虑不到其他维度（粗）。

一般来说，儿童在七、八岁的时候能够解决与上述问题类似的包含物质守恒的问题。但是，如果这些任务中包含重量的守恒，例如圆形和长条形黏土是不是一样重，儿童则一般到九岁或十岁的时候才能回答正确。在包含体积守恒的任务中，儿童需要判断如果把圆形和长条形黏土块放进一杯水里，两者是否会使等量的液体溢出。对于这个问题，十二岁以前的儿童很少能回答正确。皮亚杰用**水平滞差**（horizontal décalage）这个术语来描述这种不同类型守恒之间发展的不一致。在这个阶段，儿童的思维非常具体，与特定情境的联系非常紧密，以致于他们很难从已经习得的一种守恒类型迁移到其他类型，尽管这些守恒的基本原则是相同的。

数的概念和数学

到六、七岁的时候，许多儿童可以进行默数。他们也学会了往上数：在计算“5 加 3”的时候，他们从 5 开始数，数到 6、7、8，以此来完成加 3 的运算。可能需要过两三年，儿童才可以完成类似的减法运算，但是到九岁的时候，大多数儿童既可以从一个小数往上数，也可以从大数往下数来得出问题的答案（Resnick，1989）。

根据皮亚杰的理论，儿童是通过与同伴的交往来发展公平的概念，这常常发生在如“三腿赛跑”这类具有规则的游戏中。随着儿童年龄的增加，他们会意识到规则不需要外部强加，而是可以根据双方的协议进行改变。

儿童也能更加熟练地解决简单的应用题，例如：“佩德罗拿着 5 元钱去商店，买糖果花了 2 元。他还剩多少钱？”。当开始的数目未知时（例如，“佩德罗在商店花了 2 元钱，还剩 3 元钱，他开始一共有多少钱？”），问题更难一些，因为这样的问题没有明确指出解决问题需要的运算（加法）。在八、九岁之前，几乎没有儿童能够解决这类问题（Resnick，1989）。

对发展中国家受教育程度最低的儿童进行的研究表明，儿童可以通过文化中的具体经验学会加法和减法（Guberman，1996；Resnick，1989）。这些凭直觉获知的知识与在学校中学到的是不一样的。一项研究观察了巴西街头 9~15 岁的儿童的表现，研究者假装成顾客对卖椰子的孩子说：“我要两个椰子。”（每个椰子是 40 克鲁塞罗，巴西的货币单位）。研究者付了一张 500 克鲁塞罗的钞票，问：“你找给我多少？”卖椰子的孩子从 80 开始数“80，90，100……”，然后找给顾客 420 克鲁塞罗。但是，当这个孩子在学校中解决类似的问题时（例如“500 减 80 等于多少？”），他却会因为错误地使用在学校中学习的解题步骤而得出错误答案（Carraher，Schliemann，& Carraher，1988）。这项研究表明，通过具体应用来教数学比教授抽象规则更加有效。

某些对分数的直觉理解似乎在儿童四岁的时候就产生了，如儿童将披萨分成几块（Mix，Levine，& Huttenlocher，1999；Sophian，Garyantes，& Chang，1997）。年幼儿童不太考虑一个分数代表的数量，而是关注组成分数的数字。因此，他们可能会说，1/2 加上 1/3 等于 2/5。而且很多儿童起初很难理解 1/2 比 1/4 大，因为较小的分数（1/4）的分母更大（Siegler，1998；Sophian & Wood，1997）。

数量估计能力随年龄的增长而发展。当要求儿童把 24 个数字放置到一条从 0 到 100 的数字线的相应位置时，大部分幼儿园儿童夸大了小数目之间的距离，缩小了大数目之间的距离。大部分二年级儿童完成的数字线是均匀排列的（Siegler & Booth，2004）。二年级、四年级和六年级儿童在完成从 0 到 1000 的数字线时表现出类似的进步（Siegler & Opfer，2003），这很可能反映了年长儿童与较大数目打交道的经验。除了在数字线估计任务上的进步，学龄儿童还在以下三种类型的估计任务中有所进步：*估算*，如估计一个加法问题的总和；*数量估计*，如估计罐子里糖果的数量；*测量估计*，如估计一根线的长度（Booth & Siegler，2006）。

考考你 ✓

你可以……

- ✓ 确认在儿童中期出现和得到强化的六种认知能力？并指出它们是如何发展的吗？
- ✓ 指出帮助学龄儿童理解对话的三个原则，并解释为什么儿童在不同年龄阶段掌握不同类型的对话吗？
- ✓ 举例说明神经系统的发展和学校教育如何影响儿童在皮亚杰任务上的表现吗？

神经发展的影响和学业成就

皮亚杰主张，从年幼儿童的呆板的非逻辑性思维转变为年长儿童的灵活的逻辑性思维，既依赖于神经发展，又依赖于环境经验。支持神经方面影响的证据来自对儿童完成守恒任务时大脑活动的头皮脑电测量。可以完成体积守恒任务的儿童的脑电波类型与那些不能完成任务的儿童不同，这表明在他们完成任务时，其大脑活动的区域可能不同（Stauder，Molenaar，& Van der Molen，1993）。

现在的学龄儿童可能并不像他们的父母儿时那样快得通过皮亚杰理论提到的各发展阶段。一项研究测量了 1 0000 名十一、二岁英国儿童在体积和重量守恒任务上的表现，结果发现，他们比三十年前接受测量的类似样本落后两三年（Shayer，Ginsburg，& Coe，2007）。这些结果表明，现在的学龄儿童将太多的精力花费在“读、写、算”三项基本功上，而缺乏应用这些学习材料的亲身经验。

道德推理

为了考察儿童的道德思维，皮亚杰（1932）会给儿童讲一个关于两个小男孩儿的故事：“一天，奥古斯塔斯发现父亲的墨水瓶空了，他决定帮父亲灌满墨水。当他开瓶子的时候，把很多墨水洒到了桌布上。另一个男孩朱利安在玩父亲的墨水瓶，也把一点儿墨水洒到了桌布上。”然后，皮亚杰会问：“哪个男孩儿更淘气？为什么？”七岁以前的儿童常常认为奥古斯塔斯更淘气，因为他弄脏了一大片。更大一些的儿童能认识到，奥古斯塔斯的意图是好的，他不小心才把桌布弄脏一大片；而朱利安却是在做不该做的事情时把桌布弄脏了一小块。皮亚杰总结为，不成熟的道德判断仅仅关注过错的程度，较成熟的道德推理会考虑到意图。

皮亚杰（1932；Piaget & Inhelder，1969）提出，道德推理有三个发展阶段，随着年龄的增长，儿童会从一个阶段过渡到另一个阶段。

阶段一（大约是 2~7 岁，对应于前运算阶段）的基础是*严格遵守权威*。由于年幼儿童是自我中心的，他们无法想出一种以上的方式来看待某个道德问题。他们坚信：规则是不可以被改变的，行为不是对就是错，不管意图如何，任何过错（例如上面提到的奥古斯塔斯的错误）都要受到惩罚。

你的观点？

你认为内容是道德推理的一个重要因素吗？

考考你✓

你可以……

✓ 描述皮亚杰提出的道德发展的三个阶段，并解释他们与认知成熟之间的关系吗？

阶段二（大约 7~11 岁，对应于具体运算阶段）的特点是*逐渐增加的灵活性*。当儿童与更多人交往，接触更广阔的视角后，他们开始不再认为只有唯一的、绝对的标准来判断对错，并且发展出以平等对待所有人为基础的公正感。由于可以考虑一个情境的多个方面，他们可以做出更加精细的道德判断，例如将奥古斯塔斯和朱利安行为背后的意图也纳入考虑的范围。

大约十一、二岁的时候，儿童能够进行正式的推理，达到了道德发展的第三个阶段。此时，他们认为每个人都要被同样对待的观点让位于理想的*公平*，重视具体的情境。因此，对于这个年龄的儿童来说，同样是将墨水打翻到桌布上，他们会认为评价一个打翻墨水的两岁儿童的道德标准要比评价一个犯同样错误的十岁儿童更宽松。

我们在第 16 章将会讨论劳伦斯·柯尔伯格关于道德推理的理论，该理论是在皮亚杰理论的基础上形成的。

信息加工取向：注意、记忆和计划

随着年级的增长，儿童调节和维持注意、加工和保持信息、计划和监控自己行为的能力得到了稳步提升。所有这些相关发展对**执行功能**（executive function）来说都至关重要。执行功能指的是对思维、情感和行为进行有意识的控制，以达成目标或解决问题（Luna et al.，2004；NICHD Early Child Care Research Network，2005d；Zelazo & Müller，2002）。随着儿童知识的增加，他们能更多地意识到哪些信息是重要的，需要注意和记忆。学龄儿童也能更加理解记忆的工作原理，而且这种知识使得他们能够进行计划、使用策略或沉思技术来帮助记忆。

执行功能是如何发展的

从婴儿期到青少年期，执行功能伴随着大脑，特别是*前额叶皮层*的发展而发展，该区域负责计划、判断和决策等活动（Lamm，Zelazo，& Lewis，2006）。随着冗余突触的减少和神经通路的髓鞘化，*加工速度*（往往是通过反应时进行测量）快速地提高，对于女孩来说这一变化尤为明显（Camarata & Woodcock，2006；Luna，Garver，Urban，Lazar，& Sweeney，2004）。更快、更高效的加工增加了儿童在工作记忆中保持的信息量，使得复杂思维和有目标导向的计划成为可能（Flavell et al.，2002；Luna et al.，2004）。

家庭环境也有助于执行功能的发展。一项研究从婴儿期开始对 700 名儿童进行追踪，发现家庭环境的质量（尤其是四岁半到六岁之间）——包括可获得资源、认知刺激、养育敏感性等因素——可以预测儿童一年级时的注意和记忆表现（NICHD

Early Child Care Research Network，2005d）。

学龄儿童在日常活动的决策中发展计划能力。父母的教养和文化水平影响儿童在这方面的发展步调。一项为期三年的追踪研究调查了美国西南部某个城市中的 79 名欧裔美国儿童和 61 名拉丁裔美国儿童，发现计划日常活动的责任一般是在二年级到四年级期间从父母转向儿童，这一变化反映在儿童计划课堂作业能力的提高上。欧裔美国儿童发生这种转变的年龄比拉丁裔美国儿童要早一些。对美国文化适应良好的拉丁父母比文化适应不良的拉丁父母更早地让男孩（而非女孩）计划自己的活动（Gauvain & Perez，2005）。

选择性注意

与年幼儿童相比，学龄儿童可以更长时间地集中注意力，可以将注意集中在他们需要的信息上，屏蔽无关信息。例如，他们可以从记忆中提取一个单词的恰当含义，而抑制不符合语境的其他含义。与一年级儿童相比，五年级儿童能够更好地把不需要的信息排除在工作记忆之外，避免其与其他材料争夺注意资源（Harnishfeger & Pope，1996）。选择性注意是有意地控制一个人的注意并排除分心事物的能力，它的发展可能取决于抑制控制的执行功能，即对多余信息的自发抑制（Luna et al.，2004）。

研究者认为选择性注意能力的增强是由于个体的神经成熟，而且这是儿童中期记忆能力提高的原因之一（Bjorklund & Harnishfeger，1990；Harnishfeger & Bjorklund，1993）。由于年长儿童能够更好地选择哪些内容需要记住，哪些内容可以忘记，所以在回忆时他们犯的错误要少于年幼儿童（Lorsbach & Reimer，1997）。

工作记忆广度

在儿童中期，工作记忆的效率大幅度地提高，这为更广泛的认知技能提供了基础。是哪些改变引起了这一巨大的进步呢？在一项研究中，让 120 名 6~10 岁的英国儿童完成复杂的记忆广度任务，其中包括计算机呈现的视觉和言语意象。研究发现，儿童在加工速度和储存能力两个方面都有所提高，这些发展构成了该年龄组儿童工作记忆发展的基础（Bayliss，Jarrod，Baddeley，Gunn，& Leigh，2005）。

元记忆：对记忆的理解

在 5~7 岁期间，大脑前额叶经历了显著的发展和重组，这些变化使得**元记忆**（metamemory）（即关于记忆过程的知识）的发展成为可能（Janowsky & Carper，1996）。

从幼儿园到五年级，儿童对记忆的理解稳步发展（Flavell et al.，2002；Kreutzer，Leonard，& Flavell，1975）。幼儿园和一年级儿童知道：人们学习的时间越久，记得越好；随着时间流逝，人们会遗忘；重新学习某些内容比第一次学习要容易一些。三年级的儿童知道，有些人的记忆比其他人的记忆更好，有些内容比另一些内容更容易记忆。

记忆术：记忆策略

考考你✓

你可以……

- ✓ 写出三种改进儿童中期信息加工的具体方式吗？
- ✓ 命名三种常见的记忆术吗？
- ✓ 指出信息加工能力的发展如何帮助解释皮亚杰所描述的发展吗？

帮助记忆的手段称为**记忆术策略**（mnemonic strategies）。在儿童和成人中，最常见的记忆术策略是采用外部记忆辅助手段，另一些常见的记忆术有复述、组织、精细加工。

将电话号码写下来、列一个清单、订闹钟提醒、把要归还图书馆的书放在门口，这些都是**外部记忆辅助手段**（external memory aids），即通过个人外部的一些事物促进记忆。找到一个电话号码后，一遍又一遍地重复，以便在拨号之前不会忘记，这是**复述**（rehearsal）或者有意重复的一种形式。**组织**（organization）是指在头脑中将信息分类放置（如分为动物、家具、机动车、服装等等）以使记忆变得更容易。在**精细加工**（elaboration）中，儿童将记忆项目与图画或者故事等其他事物联系起来。例如，要记住买柠檬、番茄酱和餐巾纸，一个儿童可能会想象出一幅画面：一瓶番

参加“拼字比赛”的选手也许是很好地运用了记忆策略，即辅助记忆的方法，例如复述（背诵）、组织和精细加工。

表 13-2 四种常见的记忆策略

策 略	定 义	儿童中期的发展	例 子
外部记忆辅助手段	通过个人以外的事物促进记忆	五、六岁的儿童就可以使用这种策略，但是八岁儿童更有可能考虑采取该策略。	达纳把她今天必须要做的事情列了一个清单。
复述	有意识地重复	可以教会六岁儿童使用该策略；七岁儿童可以自发使用该策略。	伊恩一遍又一遍地念出他正在拼写的单词，直到他能够记住这些单词。
组织	根据范畴进行分组	大多数儿童要到十岁以后才会使用这一策略，但是更小的儿童也可以学会使用该策略。	露丝回忆她在动物园里看见的动物时，先回忆哺乳动物，其次是爬行动物、两栖动物、鱼类，然后是鸟类。
精细加工	用其他的事物将要记忆的项目联系起来，例如短语、场景或者故事	年长儿童更可能会自发地使用这种策略，如果他们进行精细加工会记得更好；年幼儿童基于其他人构建的精细加工进行记忆时，会记得更好。	可以用一个短语把音乐材料中的乐谱线（E，G，B，D，F）联系起来："Every good boy dose fine（每个男孩都做得很好）"。

茄酱靠在一个柠檬上，手边有一叠餐巾纸可以用来擦去洒出的番茄酱。

随着儿童年龄增长，他们发展出更好的策略，而且能够更加有效地使用，使这些策略适应各种具体的需要（Bjorklund，1997，见表 13-2）。当教给儿童使用某个策略时，年长儿童更可能自发地将其应用到其他情境中（Flavell et al.，2002）。儿童常常会在一项任务中使用多种策略，而且会在不同的问题情境中选择不同的策略（Coyle & Bjorklund，1997）。

信息加工与皮亚杰式任务

信息加工能力的增强可能有助于解释皮亚杰所描述的发展阶段。例如，九岁儿童可以描绘出一个包含重要特征的场景，并且能够按照先后顺序记住沿路遇到的场景中的物体，因此他们可能会比五岁儿童能更好地找到从学校回家的路（Allen & Ondracek，1995）。

记忆的提高可能有助于守恒任务的掌握。年幼儿童的工作记忆容量太小，以致于他们可能无法记住所有的相关信息（Siegler & Richards）。例如，他们可能会忘记两个形状不同的黏土块在最初的时候是一样的。工作记忆容量的增加，可能使年龄大一些的儿童能够解决这类问题。

罗比·凯斯（1985，1992）是一位新皮亚杰主义理论家，他认为随着儿童更加自动化地应用一个概念或图式，因而释放了更多工作记忆空间来加工新信息。这可能有助于解释"水平滞差"，儿童可能先要能够无意识地运用某种类型的守恒，然后才能将这种守恒图式扩展到其他类型的守恒任务。

心理测量取向：智力评估

既可以通过个体施测，也可以通过团体施测来测量学龄儿童的智力。使用最广泛的个体测验是**韦克斯勒儿童智力测验**（Wechsler Intelligence Scale for Children，WISC-III），这个测验可以测量6~16岁儿童的言语能力和操作能力，既有测验总分，又有每个分测验的单独得分。分测验的分数可以精确地指出一个儿童的优势，并且有助于诊断具体的问题。例如，如果一个儿童在言语分测验中（例如“常识”和“基本算术运算”）表现良好，但是在操作分测验中（例如“拼图”和“图画补缺”）的表现不好，那么这个孩子可能在感知运动方面发展迟缓。一个儿童在操作分测验中表现良好，而在言语分测验中表现不佳，则可能有语言方面的问题。另一个广泛应用的个体测验是斯坦福－比内量表，第10章已经介绍过该量表了。

一个被广泛使用的团体测验是**欧提斯－列侬学业能力测验**（Otis-Lennon School Ability Test，OLSAT8），其中包含从幼儿园到十二年级的不同水平。该测验要求儿童对项目进行分类、展示对言语和数字概念的理解、呈现常识、听从指令。通过言语理解、言语推理、图像推理、图形推理和数量推理各分测验的单独得分，可以确定儿童的优势和不足。

关于IQ的争议

智力测验的使用是有争议的。持支持观点的一方认为，智力测验是经过标准化的，且被广泛使用，具有关于常模、效度和信度的丰富信息（见第2章）。儿童中期的智商（IQ）分数是学业成就的良好预测源，对于那些言语测验得分高的儿童来说尤为如此，而且这些分数比学前期的分数更加可靠。十一岁时的智商甚至可以预测生命的长度、生命晚期的自我照料能力，以及老年痴呆的发生情况（Starr，Deary，Lemmon，& Whalley，2000；Whalley & Deary，2001；Whalley et al.，2000）。

而持批评观点的一方认为，智力测验低估了某些儿童的智力，比如那些身体状况不佳或者由于其他各种原因在测验中表现不好的儿童（Anastasi，1988；Ceci，1991；Sternberg，2004）。由于这些测验是限时的，把智力等同于速度，因而对那些慢而谨慎的儿童不利。用这些智力测验来诊断学习困难的适宜性也已经受到质疑（Benson，2003）。

另一个更加根本性的批评是，有研究者认为智力测验不能直接测量与生俱来的能力，相反，它是从儿童已经知道的内容来推断智力。就像我们将要看到的，设计出一个不需要先有知识的测验是完全不可能的。其次，这些智力测验被证实与成就测验相冲突。以学业表现为例，它会受到学校和文化等各种因素的影响（Sternberg，2004，2005）。智力是一种单一的、一般的能力，还是包含一些无法通过智力测验反映出来的其他能力？对此，人们也有争议。我们在下一节将会讨论这些内容。总之，由于上述种种原因，人们对智力测验评估儿童智力的准确程度存在着巨大的争议。

影响智力的因素

就像我们在第三章中曾经讨论过的，遗传和环境都会影响智力。请记住那些关于智力测验能否真正测量智力的争议，然后我们来看一些影响因素。

基因和大脑发展

脑成像研究表明，大脑大小或灰质数量与一般智力之间存在中等程度的相关，尤其是与推理及问题解决能力相关（Gray & Thompson，2004）。一项研究发现：前额叶皮层的灰质数量很大程度上是遗传的，在不同的个体之间差异很大，而且与智力的差异有关（Thompson & Cannon et al.，2001）。后续研究表明，关键不在于一个儿童在特定年龄拥有的灰质的数量，而是在于前额叶皮层的发展模式。前额叶皮层是负责执行功能和高级思维的脑区。一般智力水平的儿童，前额叶皮层在七岁的时候就相对较厚了，到八岁的时候达到顶峰，然后随着多余联结的减少而逐渐变薄。而那些最聪明的七岁儿童，他们的皮层要到十一、二岁时才会达到最厚的程度。前额叶皮层的持续增厚可能代表着高级思维环路发展关键期的延长（Shaw et al.，2006）。

尽管推理、问题解决以及执行功能与前额叶皮层相联系，但同时受遗传强烈影响的大脑的其他区域也对智力发挥着积极作用。大脑中信息传递的速度和可靠性也会影响智力。环境因素，例如家庭、学校、文化，也起一部分作用。但是随着年龄的增长，儿童会选择或创造与自己的遗传倾向相符的环境，这样，智力的遗传性（即智力的个体差异在多大程度上可以归因于遗传）也就增加了（Gray & Thompson，2004）。

学校教育对智商的影响

学校教育似乎会提高智力（Ceci & Williams，1997；Neisser et al.，1996）。那些入学时间明显延迟的儿童，比如在师资短缺的南非地区和纳粹统治下的新西兰儿童，他们每推迟一年上学，智商会落后 5 分，而且其中有些损失是一生都无法弥补的（Ceci & Williams，1997）。

在暑假期间，儿童在智力测验上的分数会下降（Ceci & Williams，1997）。一项包含 1500 名儿童的全美研究数据表明，在十月和四月之间，他们的语言、空间和概念的得分会高很多，这个时段正是一个学年中的主要部分；而在四月和十月之间包含了暑假、开学、期末，这个时段的分数就会低很多（Huttenlocher，Levine，& Vevea，1998）。

种族 / 民族对智商的影响

不同种族 / 民族群体之间的智力测验平均分有差异，这一情况引发了质疑，有研究者认为这些测验对少数民族不公平。尽管有些黑人的智商分数比大多数白人高，但历史上黑人儿童的平均分数比白人儿童低 15 分，且在学业成就测验中的表现也很落后（Neisser et al.，1996）。但是，这些差距在近些年缩小了，黑人儿童和白人儿童的智商大概相差 4~7 分（Dickens & Flynn，2006）。西班牙裔儿童的平均分介于黑人儿童和白人儿童之间，而且，他们的分数往往可以预测其学业成就（Neisser et al.，1996）。

哪些原因导致了智力的种族 / 民族差异？有些研究者认为是重要的遗传因素（Herrnstein & Murray，1994；Jensen，1969；Rushton & Jensen，2005)。尽管一些有力的证据表明遗传会影响智力的个体差异，但却没有直接证据表明智力在民族、文化或者种族之间的差异源于遗传（Gray & Thompson，2004；Neisser et al.，1996；Sternberg et al.，2005）。与之相反，许多研究者认为民族之间的智力差异很大程度或者完全是由于环境的不平等造成的（Nisbett，1998，2005），这些环境的不平等包括收入、营养状况、居住条件、健康水平、教养活动、早期护理、智力刺激、就读情况、文化，以及压制和歧视等其他一些影响自尊、动机和学业表现的因素。环境差异也会影响入学准备（Rouse et al.，2005），进而影响儿童在智力和成就测量中的表现。

近期，白人和黑人儿童智力测验分数之间的差距缩小，这与许多黑人儿童的生活环境和教育机会改善有关（Nisbett，2005）。另外，就像我们在第 7 章中讨论的，一些早期干预项目在提升处境不利儿童的智商方面也获得了巨大成功（Nisbett，2005）。

遗传对智商的影响程度本身似乎也随着社会经济地位而改变。一项研究从出生开始追踪调查了 319 对双胞胎儿童，在七岁时，对于那些来自贫困家庭的儿童，遗传因素对其智力的影响接近为零，而环境的影响很强;但对于那些来自富裕家庭的儿童，情况刚好相反。换而言之，高社会经济地位强化了遗传的影响，而低社会经济地位则抑制了遗传的影响（Turkheimer，Haley，Waldron，D'Onofrio，& Gottesman，2003）。不过，尽管社会经济地位与智力紧密联系，但社会经济地位并不能完全解释不同群体之间的智力差异（Neisser et al.，1996；Suzuki & Valencia，1997）。

亚裔美国人的学业成就一直领先于其他民族，对于这种情况应当作何解释呢？尽管人们对他们在智力测验中的相对优势存在争议，但大多数研究发现，他们在智力上不存在明显的优势（Neisser et al.，1996）。相反，亚裔美国儿童的良好学业成就似乎可以从以下几个方面得到最好的解释：他们的文化强调对长者的服从和尊敬，父母对教育的高度重视增强了儿童的学习动机，学生在家庭作业和学习中投入较多（Chao，1994，1996；Fuligni & Stevenson，1995；Huntsinger & Jose，1995；Stevenson，1995；Stevenson，Chen，& Lee，1993；Stevenson，Lee，Chen，& Lummis，1990；Stevenson，Lee，Chen，Stigler，et al.，1990；Sue & Okazaki，1990）。

文化对智商的影响

根据加德纳的理论，音乐智力包含感知和创造音高和节奏模式的能力，是八种不同智力中的一种。

一些智力测验的批评者把智商测验分数的民族差异归因为**文化偏差**（cultural bias）。文化偏差指的是这些智力测验往往包含一些具有文化偏向的问题，一些文化群体中的人比其他文化群体中的人更加熟悉问题中使用的词汇或者回答问题所需要的信息或技能（Sternberg，1985，1987）。这些批评者认为，智力测验是围绕着欧裔白人的主流思维方式和语言构建的，这把少数民族的儿童置于了不利处境（Heath，1989；Helms，1992）。但是，一些严格控制的研究发现，文化偏差实际上并没有造成智商的群体差异（Neisser et al.，1996）。

测验研发者尝试设计了一些**文化通用**（culture-free）测验，其中不包含文化相关的内容。为此，测验中设置了一些不需要语言的任务，例如走迷宫、图形匹配、填图等。但是，这些测验并不能完全消除所有的文化影响。而且，测验设计者们也发现，根本不可能编制出只包含各文化人群普遍经验的**文化公平**（culture-fair）测验。

罗伯特·斯滕伯格（2004）主张智力和文化是紧密联系在一起的。在一种文化中看起来很聪明的行为可能在另一种文化中被认为是愚蠢的。例如，在完成分类任务时，北美人可能会将“知更鸟”归于“鸟”的范畴中，而北非的克佩列人认为，从功能上来看，将“知更鸟”划入“飞行物”的范畴是一种更加聪明的做法（Cole，1998）。因此，在一种文化中编制的智力测验在另一种文化中可能不会同样有效。此外，某一文化中的学校教育可能使儿童在某些任务中表现良好，而在另外一些任务中表现不佳。而且，学校所教授的能力和进行的测验与日常生活中取得成功所需要的实用技能并不必然相同（Sternberg，2004，2005）。

斯滕伯格（2004）将*成功智力*定义为在一个特定的社会文化背景中，取得成功所需要的技能和知识。斯滕伯格说，在不同文化之间，智力的基础心理过程可能是相同的，但是其外在表现是不一样的，因此评估智力的方法也应该有所不同。斯滕伯格建议编制一些将儿童在特定文化中所面对的适应性任务考虑在内的文化相关测验。

考考你 ✓

你可以……

- ✓ 命名和描述两种测量学龄儿童的传统智力测验吗？
- ✓ 指出影响智力测量的因素，并解释这些因素如何导致了不同的种族/民族和文化群体间儿童表现的差异吗？

是否存在多元智力

正如我们前面讨论的，一系列关于智力测验的批评都认为，这些测验几乎完全是在考查学生在学校中所用到的能力。它们没有包含智力行为的其他重要方面，例如常识、社会技能、创造性的洞察力以及自我知识。然而，这些能力是某些学业水平居中的儿童所擅长的。在以后的生活中，这些能力变得与学术能力同等重要甚至更加重要。而且，这些能力甚至可以被认为是智力的不同形式。多元智力的两个主要提倡者是霍华德·加德纳和罗伯特·斯滕伯格。

加德纳的多元智力理论

与一个能够独奏高难度的小提琴乐曲、或者会组装壁橱、或者能在恰当的时机投出曲线球的孩子相比，一个擅长段落分析和推理的孩子就更加聪明吗？根据加德纳（1993）的**多元智力理论**（theory of multiple intelligences），这个问题的答案是否定的。

加德纳是哈佛大学的一位神经心理学家和教育研究者，他开创性地定义了七种独特的智力。根据加德纳的观点，传统的智力测验只涵盖了三种“智力”：语言智力、逻辑－数理智力和某种程度的空间智力。另外四种在智商分数中没有反映出来的智力是：音乐智力、身体运动智力、内省智力和人际交往智力。近期，加德纳（1998）在他最初的列表里增加了第八种智力，即自然智力。（表 13-3 中呈现了每种智力的定义，并列举了它们最常运用的领域。）

在某一领域中智力高的人并不一定在其他领域中也高。一个人可能在艺术方面（一种空间智力）、运动精确性（身体运动智力）、社会关系（人际交往智力）、或自我理解（内省智力）等方面极有天赋，但智商却不高。因此，黑泽明、画家玛丽·卡萨特、大提琴演奏家帕布罗·卡萨尔斯可能在他们各自的领域中是同样聪明的。

表 13–3 加德纳定义的八种智力

智力	定义	运用领域
语言智力	使用和理解词汇以及弄清词汇含义之间细微差异的能力	写作、编辑、翻译
逻辑－数理智力	熟练处理数字和解决逻辑问题的能力	科学、商业、医学
空间智力	在一个环境中找到路径的能力和判断某一空间中各物体的关系的能力	建筑、木工、城市规划
音乐智力	感知和创作音高、节奏模式的能力	音乐作曲、指挥
身体-运动智力	精巧运动的能力	舞蹈、运动、外科手术
人际交往智力	理解他人以及与他人沟通的能力	教育、表演、政治
内省智力	理解自己的能力	咨询、心理治疗、精神领导
自然智力	区分不同物种及其特征的能力	打猎、捕鱼、农业、园艺、厨艺

资料来源：Based on Gardner，1993，1998

加德纳通过直接观察每种智力的产物（一个孩子在讲故事时、记住一段旋律时或在一个陌生地方时的表现）来评估智力，而不是通过标准化的测验。例如，要测量空间能力，考察者可能会让一岁儿童找一个藏起来的物体，让六岁儿童做拼图，让青春期前的儿童玩魔方。测验的目的不是为了个体之间的比较，而是反映优势和不足并以此帮助儿童认识他们的潜能。当然，这些评估可能要比纸笔测验花费更多的时间，而且也可能产生更多的观察者偏差。

你的观点？

- 你在加德纳所说的哪种智力上占优势？
- 你所接受的教育是否关注了其中的任何一种智力？

斯滕伯格的智力三元理论

斯滕伯格（1985，2004）的**智力三元理论**（triarchic theory of intelligence）定义了智力的三个要素（或方面）：成分、经验、情境。

- **成分要素**（componential element）是智力的分析方面，它决定着人们加工信息的有效性。成分要素让人们知道如何解决问题、如何监控解决的过程、如何评价结果。
- **经验要素**（experiential element）是智力的洞察或创造方面，它决定人们如何完成新奇或熟悉的任务。经验要素让人们可以将新的信息与已知的信息进行比较，并提出整合各种情况的新方式，换句话说，就是创造性思维。
- **情境要素**（contextual element）是智力的实际应用方面，它决定着人们如何应对环境。情境要素是指对某一情境做出判断并决定如何应对的能力，是决定适应、改变还是离开这个情境的能力。

根据斯滕伯格的理论，每个人都或多或少地具备这三种能力。一个人可能在其中某一方面、某两方面或者这三个方面都比较擅长。

传统智力测验主要是测量成分能力。而且，成分能力是西方社会中大多数学校教育任务所要求的，所以传统智力测验成为学业成就的良好预测源就毫不令人意外了。斯滕伯格认为，传统智力测验在经验智力（洞察力或创造性）和情境智力（实际应用）方面的不足，可能可以解释为什么智力测验在预测个体在学校之外的世界中的成功时就没那么管用了。一项关于肯尼亚和阿拉斯加东南部的爱斯基摩儿童的研究发现，儿童在采集药草、打猎、捕鱼和保藏植物等实践事务方面具有**隐性知识**（tacit knowledge），即具有一些通过非正式的方式搜集而无法通过外显方式教授的信息。这些隐性知识与传统智力测验之间没有相关（Grigorenko et al.，2004；Sternberg，2004；Sternberg et al.，2001）。

斯滕伯格的三元智力测验（Sternberg Triarchic Abilities Test，简称 STAT）（Sternberg，1993）致力于通过语言、数量和图形（或空间）三个领域中的多选题和问答题来测量三种智力中的每一方面（分析的、创造的、实践的）。例如，一个实践 - 数量智力测验可能是让学生解决一个日常生活中的数学问题，如购买观看球赛的门票、按照食谱做饭等；一个创造性－言语题目可能让儿童解决一个错误前提的演绎推理问题（例如，“钱币从树上落下来”）；一个分析－图形题目可能让儿童识别确认一个图形中缺少的那部分。

一些效度研究发现，三元智力测验和其他关于批判性思维、创造力和实际问题解决的测验之间具有相关关系。正如之前预计的，三种智力要素之间只存在弱相关（Sternberg，1997；Sternberg & Clinkenbeard，1995）。

智力测验的新方向

三元智力测验仅仅是智力测验几种新方向中的一种，其他一些新的诊断和预测工具是基于神经科学研究和信息加工理论。考夫曼儿童成套评价测验Ⅱ（Kaufman Assessment Battery for Children，简称 K-ABC-Ⅱ）（Kaufman & Kaufman，1983，2003），是适用于 3~18 岁儿童的个体测验，可以评估自闭症、听力受损、语言障碍的儿童以及来自各种不同文化和语言背景的儿童的多种认知需要和能力。该测验中的分测验尽量减少语言指示和反应，而且减少了题目的文化内涵。

基于维果斯基理论的动态测验重视潜能，而不是关注当前成就。这些测验试图把握智力的动态本质，在测量儿童当前能力的传统静态测验之外，提供了另一种测量智力的方式。动态测验包含一些高出儿童当前能力水平两年的题目。研究者会在必要的时候帮助儿童，如问一些引导性的问题、举例或者示范，以及提供反馈意见。因此，测验本身就是一个学习情境。一个儿童可以独自回答的问题和在他人帮助下能够回答的问题之间的差异，是一个儿童的最近发展区（ZPD）（可以参见第 2 章）。

与心理测量类的测验相比，动态测验通过指出一个儿童准备好学习什么内容，可能给教师们提供更多有用的信息，帮助教师设计有助于儿童进步的干预措施。动态测验可能对于处境不利儿童和非西方文化背景中的儿童尤其有效（Grigorenko & Sternberg，1998；Rutland & Campbell，1996；Sternberg，2005）。但是，最近发展区只得到了很少的实验研究验证（Grigorenko & Sternberg，1998），而且其在本质上可能很难被精确测量。

尽管有以上这些变革，但是传统的心理测量型智力测验在未来一段时间似乎仍将保持主导地位（Daniel，1997）。这些测验被广泛使用，并得到大量研究，而且很容易获得。而且，这些测验的研发者们仍然在用新的版本来回应批评，试图更好地反映来自不同文化和语言背景中的儿童的能力。称职的实践者不再单纯地依赖单一的分数，而是结合临床观察来评定儿童表现的模式，以提供一幅更好的构图来描述一个完整的人。这样的结果可以指导教育者更好地因材施教（Benson，2003）。

考考你✓

你可以……

- ✓ 比较加德纳和斯腾伯格的智力理论，并指出每种理论所提及的能力吗?
- ✓ 描述几种新的智力测验吗?

语言和读写

语言能力在儿童中期继续发展。儿童能更好地理解、诠释口头和书面交流，并能更好地表达自己，让别人易于理解。

词汇、语法和句法

随着词汇量的增加，儿童中期的孩子越来越多地运用精确的动词（如击打、拍打、敲打、重击）。他们知道一个词（例如跑）可以不止一个含义，并且可以指出它在上下文中的具体含义。明喻和暗喻是将通常用来指明某一事物的词或短语对比或应用于其他事物的修辞手法，这在儿童中期也变得越来越常见（Owens，1996；Vosniadou，1987）。尽管在六岁的时候，儿童的语法就很复杂了，但是儿童在入学的前几年里几乎不使用被动语态（例如，“人行道正在被清理”）、包含助词“已经”的动词时态（“我已经清理了人行道”）和条件从句（“如果芭芭拉在家的话，她会帮我清理人行道”）（Chomsky，1969）。

儿童对于句法规则（如何把词组成短语或句子）的理解也随着年龄的增长变得越来越成熟（Chomsky，1969）。例如，大多数五、六岁之前的儿童都认为“约翰允诺比尔去购物”和“约翰让比尔去购物”这两句话都是说比尔是要去商店的那个人。很多六岁的儿童还不知道如何解释第一句话的结构，尽管他们知道“允诺”是什么，也可以在其他句子中正确地使用和理解这个词。到八岁的时候，大部分儿童可以正确地解释第一句话的意思，到九岁的时候，几乎所有的儿童都能正确理解了。此时，他们可以从一个句子的整体来理解这句话，而不再仅仅关注句子中词语的顺序。

随着年龄的增加，儿童使用的句子结构变得更加复杂，年龄更大一些的儿童使用的从句更多（“那个男孩是送报纸的，他按响了门铃。”）。但是，直到青少年早期，一些结构才变得常见，比如那些以“但是”和“尽管”开头的从句（Owens，1996）。

学龄儿童比以往更加熟练地运用语言。他们可以更好地讲述故事和秘密，并使他人理解自己。

语用学：关于交流的知识[1]

在学龄期，儿童语言发展的主要方面是**语用学**（pragmatics），即将语言实际应用到交流中的知识和能力。语用学包含谈话和叙述两方面的技能。

1　注：本节内容很大程度上受惠于 Owens（1996）。

好的谈话者在发起对方不熟悉的话题之前，会通过问一些问题进行试探。他们会迅速地发现交流中的障碍，并采取一些措施进行补救。这些技能存在广泛的个体差异，一些七岁儿童的谈话技能比有些成人还好（Anderson，Clark，& Mullin，1994）。而且，这些技能也有性别差异。在一项研究中，让120名来自伦敦中产阶级的四年级儿童两人一组共同解决数学应用题。当男生和女生一起解决问题的时候，男生倾向于使用更多的控制性语言，制造更多消极干扰；而女生则使用更加试探性的、缓和的措辞。当与同性别的伙伴一起工作时，儿童的交流会更具有合作性（Leman，Ahmed，& Ozarow，2005）。

当一年级的儿童讲故事的时候，他们常常不能完整讲述，而且更可能把故事和自己的个人经验联系起来。大多数六岁儿童能够复述出一本简短的书、一部简短的电影或一个电视节目的情节。他们一般从描述动机和因果联系开始。到二年级的时候，儿童的故事变得更长和更加复杂，他们讲的故事中常常有传统的开头和结尾（“很久以前……”和“他们从此过上了幸福的生活”，或者是简单的“故事结束了”）。尽管儿童讲故事时所使用的词汇比之前更加多样化，但是故事中的人物并没有什么成长和变化，情节也没有充分地展开。

更大一些的儿童在讲故事的时候，往往是先介绍有关背景和人物的信息。而且，他们会明确地指出故事中时间和地点的变化。他们比年幼儿童构思出更加复杂的情节，但是少了一些不必要的细节。他们会更多地关注故事中人物的动机和想法，并且会考虑怎样在故事情节中解决问题。

读写能力

学习阅读和书写使得儿童摆脱了面对面交流的束缚。这时候，他们可以了解那些在很远的地方或者是很久以前的人的观点和想象。一旦儿童可以把纸上的符号转化为声音和意义的模式，他们就会迅速地发展出一些熟练的策略来理解自己阅读的内容。同时，他们也知道可以使用书面语言来表达自己的观点、想法和感受。

阅 读

儿童可以通过两种截然相反的方式来识别书面语。一种方式称为**解码**（decoding）：儿童读出这个词，先把这个词从书面语转换为口语，然后再把它从长时记忆中提取出来。为此，儿童必须掌握将书面字母与拼读声音相匹配的语音代码。第二种方式是**基于形象的提取**（visually based retrieval）：儿童仅仅是看到这个词，然后将它提取出来。传统的理论取向强调解码，被称为**语音取向**（phonetic）或者是**强调代码取向**（code empasis），近期的**整体语言取向**（whole-language approach）强调基于形象的提取和使用上下文线索。

整体语言取向的理论基础是，儿童可以像他们学会理解和使用口头语言一样，自然地学会阅读和书写。整体语言取向主张，如果儿童从开始是以一种获得信息、表达观点和感受的方式来接触书面语言，而不是把书面语当成一些通过记忆和训练习得的孤立的声音和音节，那么儿童在学习阅读时会更富有理解力、更有乐趣。与语音取向中严格的、教师为导向的任务相反，整体语言取向中教学的特征是真实的文学著作和开放式的、学生自发的活动。

尽管整体语言取向广受欢迎，但是已有研究几乎没有发现整体语言取向的支持性证据。该取向的批评者主张，整体语言取向的教学鼓励儿童浏览全文，猜测词汇及其含义，而没有力图纠正阅读或拼写的错误。很多研究都支持一种观点，即对于大多数儿童而言，语音意识和早期的语音训练是阅读能力的关键（Booth，Perfetti，& MacWhinney，1999；Hatcher，Hulme，& Ellis，1994；Jeynes & Littell，2000；Liberman & Liberman，1990；National Reading Panel，2000；Stahl，McKenna，& Pagnucco，1994）。

现在，很多专家都建议融合两种取向的优点（National Reading Panel，2000）。儿童可以同时学习语音技能和阅读策略来帮助他们理解读到的内容。因为阅读技能是大脑各区域多种功能的联合产物，不论是语音还是理解，仅仅对某一方面具体的次级技能予以指导都不太可能成功（Byrnes & Fox，1998）。有些儿童可以使用形象化和语音两种策略，对熟悉的词汇进行形象提取，对陌生的词汇进行语音解码，这样他们会逐渐成为更好的、有多种技能的阅读者（Siegler，1998）。

提高理解力与提高词汇记忆力的过程类似。随着单词识别自动化和工作记忆容量的增加，儿童可以将注意力集中在他们阅读的内容上，并且能够根据阅读材料的重要性和难度调整速度和注意力。而且，随着儿童知识储备的增加，他们可以更容易地区分新信息和已有的知识（Siegler，1998）。

元认知（metacognition），是个体对自己思维过程的意识，它帮助儿童监控对于自己阅读内容的理解，使得儿童发展出消除一切障碍的策略，例如慢读、重新阅读困难的段落、尝试将信息形象化、想象一些例子等等。让学生进行回忆、总结，以及就自己阅读的内容提一些问题，都会加强其对内容的理解（National Reading Panel，2000）。

那些早期阅读困难的儿童并不一定会发展成阅读障碍。一项纵向研究追踪了 146 名低收入家庭的儿童，他们一年级时的阅读成绩位于总排名的后 30%。其中有 30% 的儿童在二年级到四年级表现出稳定的进步，趋于平均阅读水平。那些进步最大的儿童，是在学前班时即表现出比较强的前读写技能（具体见第 10 章）和较好的班级行为的儿童，好的班级行为使得儿童能够集中注意力并从指导中获益（Spira，Bracken，& Fischel，2005）。另一项追踪了 4~6 岁低收入家庭儿童的纵向研究发现，社会技能和读写成绩在一、三、五年级始终具有关联（Miles & Stipek，2006）。

你的观点？

为什么社会互动可能会提高儿童的写作技能？

考考你✓

你可以……

- ✓ 比较阅读教学中的语音取向和整体取向；并讨论如何改进阅读吗？
- ✓ 讨论一下低收入家庭中影响刚开始学习阅读的儿童提高阅读技能的因素吗？
- ✓ 解释为什么写作对年幼儿童来说更难吗？
- ✓ 概括阅读和写作成绩的发展趋势吗？

写 作

写作技能的获得与阅读的发展密切相关。年龄稍大一些的学前儿童开始使用字母、数字和字母样的图形作为符号来代表词或者词的一部分（音节或音素）。他们的拼写常常是别出心裁的，甚至他们自己可能都读不出来（Whitehurst & Lonigan，1998）。

写作对于年幼儿童而言很困难。与谈话可以提供不断的反馈不同，写作需要儿童独立地判断交流的目标是否达到。儿童还必须牢记许多其他限制条件，例如拼写、标点、语音、语法、大写字母使用、以及文字写作的基本任务（Siegler，1998）。

在许多课堂上，教师认为儿童之间讨论他们的作业会相互打扰，因而禁止这种行为。但是，一些以维果斯基关于语言发展的社会交互作用理论为基础的研究表明，这种做法是错误的。一些研究表明，与一个儿童单独写的故事相比，两个儿童一起写的故事中的问题解决方式更多、解释和目标更多、出现的词汇和句法运用错误更少（Daiute，Hartup，Sholl，& Zajac，1993）。

一些试图提高阅读和写作能力的教学努力似乎正取得预期的效果。美国四年级儿童在一项国际读写测验上的分数高于除英国以外的其他八个工业化国家中的同年级儿童（Sen，Partelow，& Miller，2005）。2002 年、2003 年和 2005 年的国家教育项目评估发现，四年级和八年级中精通读写的儿童所占的比例得到了显著提高，不过，仍然不足三分之一（NCES，2004c，2005b）。

学校中的学生

学校教育是儿童的一种主要的成长经验，影响着他们发展的每一个方面，正如对黑泽明一样。在学校中，儿童获得知识、技能和社会能力，强化身体，丰富头脑，为成人生活做准备。在世界范围内，当前入学就读的儿童比以往任何时候都多。在诸如美国、加拿大、法国、德国、意大利、日本、英国这些发达国家，小学教育基本实现普及化（Sen，Partelow，& Miller，2005）。然而，全世界仍有 1.035 亿学龄儿童（其中 57% 是女孩）没有上学，而且在报告的 91 个国家中，有近三分之一的国家中能读到五年级的学生不足 75%（UNESCO，2004）。

早期的学校教育经验为学业和成人生活中的成败奠定了基础，具有十分关键的意义（Feinstein & Bynner，2004）。让我们一起看一下一年级儿童的入学经验及其对学业成就的影响。下一节中，我们将探讨学校教育如何满足特殊儿童的需要。

进入一年级

当六岁的朱莉娅背着新书包走进新学校的时候，她很想知道“老师会是什么样子的呢？”“功课会不会太难？其他孩子会不会喜欢我？在休息时间，我们会玩什么游戏呢？”

今天，尽管接近四分之三的儿童都上过学前班（National Center for Education Statistics，2004a），但他们仍然常常是带着一种渴望和焦虑的复杂心情步入一年级的。进入“正规”学校的第一天是一个里程碑，这标志着使新身份成为可能的发展性进步。

为了取得学业上最大的进步，儿童需要参与到课堂活动中（Valeski & Stipek，2001）。兴趣、注意和活动参与度与学业成就测验分数呈正相关，而且，与一年级到四年级期间的教师评分呈正相关（Alexander，Entwisle，& Dauber，1993）。

一项全美范围的纵向研究发现，如果教师提供强有力的教学和情感支持，那些因低社会经济地位或者学业、注意和行为问题而处于较高学校教育失败风险中的一年级儿童，可以取得和低风险同学同样的进步。这些支持的形式包括：频繁地读写指导、评价性反馈、让学生参与讨论、回应学生的情感需要、鼓励责任心、创设积极的班级氛围等（Hamre & Pianta，2005）。

> **考考你 ✓**
>
> 你可以……
>
> ✓ 解释一年级的经历如何影响孩子的学校生活，并指出影响一年级学生学业成功的因素吗？

学业成就的影响因素：一项生态学分析

就像布朗芬布伦纳的生物生态学理论所预言的，除了儿童自身的特征之外，儿童生活环境的各个水平，从与儿童密切相关的家庭到教室中发生的事件，再到儿童从同伴和更大的文化环境中接收到的信息（例如“聪明的人一点也不酷”），都会影响其在学校中的表现。让我们看一下这个影响网络。（我们会在第 16 章中讨论文化对学生动机的影响。）

自我效能感

自我效能感高的学生认为自己可以掌握功课并管理自己的学习，他们比那些不相信自己能力的学生更可能成功（Bandura，Barbaranelli，Caprara，& Pastorelli，1996；Zimmerman，Bandura，& Martinez-Pons，1992）。自我管理的学习者会设置具有挑战性的目标，并运用恰当的策略来实现目标。他们很努力，即使遇到困难也会坚持，在必要的时候会寻求帮助。而那些不相信自己有能力成功的学生容易变得失落和沮丧，这种感觉使得成功更加渺茫。就像前面讲过的，当黑泽明的自我效能感提高时，他开始在学校表现出众。

性　别

女孩在学校中的表现往往比男孩更好。她们留级的可能性更小，学校问题更少，而且在全美的阅读和写作评估中表现得比男孩好（Freeman，2004）。一项研究发现，五年级和七年级女孩的数学学科成绩高于男孩，但在数学成就测验中的表现与男孩相同。一种解释认为，女孩数学成绩高是由于她们对待功课的方式与男孩不同。女孩的目标一般是掌握学科内容，而男孩则对自己在班里表现得有多聪明更感兴趣。女孩的课堂行为更好，采取了更加有效的学习策略。然而，女孩对自己的能力不那么自信，这是影响其成就测验表现的一个重要因素（Kenney-Benson，Pomerantz，Ryan，& Patrick，2006）。一项研究考查了 8000 名 2~90 岁的男性和女性，发现了一个有趣的现象：无论是儿童还是成人，女性在定时测验中的表现往往好于男性（Camarata & Woodcock，2006）。

男孩在空间技能上的优势已经被广泛证明，但是一项以 547 名来自城市的二、三年级学生为被试的研究发现，社会经济地位影响儿童在空间技能上的差异。尽管中等水平和高社会经济地位的男孩比高社会经济地位的女孩在空间任务上的表现更好，但是低社会经济地位的男孩、女孩的表现相近。这可能是由于高社会经济地位的男孩更可能参与一些空间定向的活动，例如用乐高积木搭建筑物、玩视频游戏等（Levine，Vasilyeva，Lourenco，Newcombe，& Huttenlocher，2005）。

教养方式

那些学业成功儿童的父母会创设一种有利于学习的环境。他们会提供一个用于学习，并可以放置书籍和其他学习材料的地方；会制定吃饭、睡觉、做作业的时间表；会监控孩子看电视的时间，关心孩子的课外活动；会通过和孩子谈论他们的学校，以及参与学校活动来表现对孩子生活的兴趣。那些有父母参与其学校生活的儿童在学校中的表现更好（Hill & Taylor，2004）。

父母感受到的自我效能感指的是他们对于自己促进孩子学业进步的能力的信念，这会影响他们在这方面的成功。那些经济上富裕，对孩子抱有很高期望，具有很强的教养效能感的父母，他们的孩子往往具有较高的学业目标和成就（Bandura et al.，1996）。

父母如何激励儿童取得成功呢？一些父母使用外在（外部）手段，当孩子取得好成绩时给予奖励，成绩不好时施加惩罚；另一些父母鼓励内在（内部）动机，表扬孩子的能力和努力。这两种手段相比，激发内在动机似乎更加有效。一项研究考查了 77 名三年级和四年级儿童，那些对学习本身感兴趣的儿童在学校中的表现要好于那些仅仅寻求好成绩或父母肯定的儿童（Miserandino，1996）。

教养风格可能会影响动机。一项研究发现，五年级学生中学业成就最高的儿童，他们的父母是*权威型*。这些儿童对学习充满好奇心和兴趣，喜欢有挑战性的任务，享受解决问题的过程。*独裁型*父母会反复提醒孩子做作业，密切监督孩子学习，依赖外在动机，他们的孩子通常是低学业成就。*放任型*父母似乎不太关心孩子在学校

这位父亲对女儿学校活动的关注使得女儿更可能成功。随着年龄的增长，儿童对于独立完成学校作业承担了更多的责任。

里的表现，他们的孩子往往也是低学业成就（G. S. Ginsburg & Bronstein，1993）。

社会经济地位

社会经济地位可能是影响教育成就的一个重要因素，这种影响不在于其本身，而是通过它对家庭环境、邻里选择和教养方式等因素的影响来发挥作用（Evans，2004；National Research Council [NRC]，1993a；Rouse et al.，2005）。贫苦家庭的儿童更可能经历消极的家庭和学校氛围、压力事件，家庭也容易不稳定、混乱（Evans，2004；Felner et al.，1995）。社会经济地位影响父母提供一个促进学习的环境的能力（Brody，Flor，& Gibson，1999；Brody，Stoneman，& Flor，1995；Rouse et al.，2005）。一项全美的研究考查了 1998 年上学前班的儿童，研究发现，在入学的前四年里，处境良好和处境不良儿童的学业成就差距扩大了（Rathbun，West，& Germino-Hausken，2004）。而且，一项以 11200 名 20 世纪 70 年代出生的英国儿童为被试的纵向研究发现，低社会经济地位增加了早期进步不能得以保持的可能性（Feinstein & Bynner，2004）。

然而，社会经济地位不是影响学业成就的唯一因素。一项纵向研究发现，与那些生活在认知刺激较少的家庭相比，生活在认知刺激丰富的家庭的 8 岁儿童在 9 岁、10 岁和 13 岁的时候都表现出更强烈的内在学习动机。这是社会经济地位以外的影响因素（Gottfried，Fleming，& Gottfried，1998）。

那些家庭和邻里环境较差的儿童怎样才能在学校中表现良好，进而改善自己一生的生活状况呢？其中一个因素是**社会资本**（social capital），即儿童及其家庭能够利用的社区资源（Coleman，1988）。一项为期三年的试验性反贫困干预项目为贫困的家长提供用于儿童抚养和健康保险的补助和津贴，结果表明，与那些没有参与干预项目的控制组家庭相比，参与家庭的学龄儿童的学业成就和学校行为都得到了改善（Huston et al.，2001）。在这些家庭离开项目组两年后，尽管该项目对于减少社会和问题行为的作用降低了，但对于学业成就和动机的影响仍然保持稳定，尤其是对年龄大一些的儿童更是如此（Huston et al.，2005）。

同伴接纳

正如我们将要在第 14 章中讨论的，那些被同伴喜欢和接纳的儿童在学校中的表现往往会更好。一项研究调查了 248 名四年级儿童，那些被老师报告为不受同伴欢迎的儿童在五年级的时候表现出更差的学业自我概念、更多的焦虑或抑郁症状，在六年级时阅读和数学的成绩也更低。教师如果能在早期识别那些出现社会问题的儿童，就可以采取相应的干预措施来改善这些儿童在学业、情绪和社会等方面的表现（Flook，Repetti，& Ullman，2005）。

教育系统

学校教育怎样才能最好地促进儿童的发展？在整个 20 世纪，伴随着一系列历史事件，各种相互冲突的教育理念带来了教育理论和实践的巨大波动，从“三项基本教育”（读、写、算）到关注儿童兴趣的以“儿童为中心”的方法，再到美、日、俄三国儿童在学校测验和标准化测验的比较中，美国儿童成绩落后而导致“回归基础”。在 20 世纪 80 年代，美国政府和教育机构提出了一系列促进计划，其覆盖范围从布置更多家庭作业（专栏 13-1）到延长在校时间和学制，再到整体的学校和课程改革。

2001 年颁布的《不让一个孩子掉队》（NCLB）的联邦法案是一项全面的教育改革，它强调学校教育的责任、父母的选择，扩大了地方政府的自主权和灵活性。颁布这项法案的意图在于集中联邦基金开展以研究为基础的教育项目和实践，尤其关注阅读和数学。三到八年级的学生每年都会接受测验，以检验他们是否达到了全州的进步目标。如果儿童在某些学校中的成绩没有达到州立标准，他们可以转到另一所学校。

你的观点？

你支持小学教育中的哪种教学取向？三项基本教育，还是以“儿童为中心”的更灵活的方法或者说是两者的结合？

五十多个国民教育、公民权利、儿童和公民的团体组织呼吁 NCLB 作出重大改变。例如全美教育协会（全美教师组织）的批评者们声称，NCLB 强调对失败学校进行惩罚而不是援助；采取刚性的、基本没有经费的命令而不是对经过论证的实践方法给予支持；强调标准化测验而忽视教师引导的、以教师为焦点的学习。例如，基于斯滕伯格的三元智力理论的研究表明，当以重视创造性和实践性技能，以

专栏 13.1 关于家庭作业的争论

关于家庭作业的争论由来已久。在美国，布置家庭作业的历史波动反映了教育理念的转变（Cooper, 1989; Gill & Schlossman, 1996）。在19世纪，大脑被认为是肌肉组织，家庭作业是锻炼大脑的一种方式。反对家庭作业的改革者们主张，持续做作业到深夜会危及儿童的身体和情绪健康，而且会干扰家庭生活。到20世纪40年代，"具有进步意义"的以儿童为中心的教育逐渐受到人们欢迎，家庭作业失去了人们的青睐，许多州和学区禁止布置家庭作业（Gill & Schlossman，1996）。到20世纪50年代，苏联人造卫星的发射引起了美国人对更加严格的科学和数学教育的呼吁，到了20世纪80年代早期，出于对美国和日本竞争的担忧，"更多家庭作业"成了提升美国教育标准活动中的口号（Cooper，1989）。

家庭作业的拥护者们宣称，家庭作业可以训练头脑、培养好的工作习惯、提高记忆力，使学生了解课堂学习之外的内容。家庭作业还是联系家庭和学校之间的桥梁，增加了家长的参与度。反对者们则宣称，太多的家庭作业会导致厌倦、焦虑或者挫折感，给孩子施加不必要的压力，阻碍内在动机，而且侵占了其他有意义活动的时间。他们提出，如果家长过多地打扰孩子，或者使用与学校教育相矛盾的教学方法，家长的帮助可能会产生反作用（Cooper，1989）。有些批评者再次想要禁止家庭作业，至少对年幼儿童而言要禁止（Kralovec & Buell，2000）。

研究结果支持一种平衡的观点（Larson & Verma，1999）。一项对将近120项研究的综述发现，家庭作业的价值依赖于许多因素，其中包括：儿童的年龄、能力和动机，家庭作业的数量和目的，家庭情境，课堂复查等。尽管家庭作业对于中学生来说有巨大的好处，但是对于初中生仅有中等程度的好处（而且仅限于每天两个小时的作业）。对于小学生来说，与课堂学习相比，家庭作业的学习效果并不好（Cooper，1989）。基于研究，研究者给出了家庭作业范围的建议：低年级每周安排一到三次15分钟的作业；十到十二年级，每周安排四次或五次作业，每次持续的时间为75~120分钟。研究者建议，教师不应对作业进行评分，而应该用它来判断学习问题（Cooper，1989）。

这样，家庭作业只有在数量适中，并且适合学生的发展水平时才会具有价值。对于小学儿童，家庭作业有助于学生发展良好的学习习惯，并且让学生理解学习既可以在学校进行，也可以在家里实现。在初中阶段，强制的和自愿的家庭作业的结合可以促进学业目标的达成，并且激发学生去探索自己感兴趣的学习内容。高中阶段，家庭作业提供了一个让学生练习、复习和整合学校学习内容的机会（Cooper，1989）。

家长是否应当帮助孩子完成家庭作业？一项研究对166名四到六年级的儿童进行了18个月的追踪研究，这些孩子的母亲倾向于"侵入性支持"。侵入性支持是指，在儿童不确定自己的表现或者母亲很担心孩子的表现时，母亲在儿童没有提出请求的情况下帮助其完成作业或者检查作业。侵入性支持一般会有助于低学业成就者成绩的提高，但是由于这种学习没有内化，所以有时候不能真正促进儿童的进步（Pomerantz & Eaton，2001）。在一项以109名8~12岁儿童为对象进行的研究中，帮助儿童完成家庭作业的母亲们往往把儿童视为无能，并且在帮助过程中会变得生气和恼怒。但是，这并没有影响母亲对孩子的积极情感，也没有减弱孩子的动机和情感功能（Pomerantz，Wang，& Ng，2005）。

你的观点?

对于各个不同年龄阶段的儿童来说，你认为多少家庭作业比较合适？家长应当给予多少帮助？

请查阅!

如果想要获得关于该主题的更多信息，可以浏览网站www.nces.ed.gov。这是美国国家教育统计中心的网页。

日常生活

专栏 13.2 数学之争

儿童是应该通过规则和公式来学习数学，还是应该通过操作彩色的方块或饼块来说明数学概念？是通过记忆和训练乘法表进行学习，还是通过计算模拟情境将数学问题与实际生活相联系？

这些问题激发了传统“技能－训练”教学方式与建构式（或整体数学）教学方式的支持者们之间的热烈争论。其中，在建构式数学教学中，儿童主动地构建自己的数学概念。1989 年，美国数学教师委员会（NCTM）基于建构主义的原则提出新课标，此后，建构式数学教学方式在全美范围兴起。

新课标着重强调基本技能。与以往不同的是，它重视儿童对数学基本原理的理解。儿童不是被动地从教师或课本中学习规则，而是自己发现数学概念。这往往是以通过报时、玩七巧板、花钱以及其他一些日常生活经验获得的自觉学习为基础。不是要求儿童通过计算获得精确的答案，比如说计算 19×6，而是鼓励儿童从更明显的关系进行估计，例如 20×5。

就像早先关于阅读指导的争论一样，数学之争将教育者分为对立的两大阵营。许多父母抱怨他们的孩子不会进行加、减、乘、除，或者简单的代数运算（Jackson, 1997a, 1997b）。尽管这次改革被普遍断言是一次失败，但最初的一些关于其有效性的研究结果是支持性的。一项以 2369 名城市中学生为对象的研究结果表明，NCTM 的指导方针确实提高了学生代数运算的成绩（Mayer, 1998）。有人声称建构主义方法不适合多种人群，研究结果却相反，一项以 104 名低学业成就学生为被试进行的随机研究发现，大多数贫困和少数民族的三、四年学生在计算和应用题解决中的表现很好。通过问题解决的方式和与同伴合作进行学习的学生，比通过传统教学方式学习的学生表现更好（Ginsburg-Block & Fantuzzo, 1998）。

然而，在 1998 年第三次国际数学与科学调研（TIMSS）中，美国十二年级学生的数学成绩在 21 个参与竞争的国家中排名倒数第三。即使是数学特长班的学生也落后于大多数国家中与之相匹配的学生（Smith, 1998）。而且，在 1995 年的时候，四年级学生的数学成绩高于平均水平，而到八年级的时候，他们的成绩下降至平均水平以下（Holden,

及记忆和批判性思维的多种方式进行教学时，儿童会学得更好（Sternberg，Torff，& Grigorenko，1998）（专栏 13-2 讨论了关于什么是最好的数学教学方式的争论）。

学校环境 在一个舒适、健康的学校环境中，儿童学得更好，教师也教得更好。很多教育者认为小班级是一个关键因素，尤其是对低年级儿童而言，但是这方面的研究结果很复杂（Schneider，2002）。一项纵向研究以 11，600 名田纳西州公立小学中的学前班和小学儿童为被试，发现从学前班到三年级进行每班十五人左右的随机分班对儿童的学业持续有益，对于低社会经济地位的儿童尤为如此，这些儿童完成高中学业的可能性也更大（Finn，Gerber，& Boyd-Zaharias，2005；Krueger，2003；Krueger & Whitmore，2000）。

然而，大多数学校中的小班比上述研究中的班级更大。在一项以 890 名一年级儿童为被试的教室观察研究中发现，班额为 25 名或更少的班级的学生往往更加社会化和更多互动（稍微多一些破坏性行为），更有利于教师提供高质量的指导和情感支持。这些班级中的儿童往往在标准化学业成就测验和最初的阅读技能方面获得更高

2000)。

TIMSS 结果加剧了数学之争。有些教育者指责建构主义教学，而另一些教育者则坚持认为真正的问题在于很多学校仍然在坚持采用传统的教学方法（Murray, 1998）。有些人主张在从根本上改变旧的课程体系上，改革做得不够（Jackson, 1997a, 1997b）。流于表面的教学和课本饱受改革者的指责。

就像阅读之争一样，最好的方式可能是旧方法和新方法的结合。这正是 NCTM 目前所主张的。2000 年 NCTM 颁布了修订标准和原则，努力在概念理解和计算技能之间实现一种平衡。2003 年，在全美教育进步评估中，数学成绩急剧增加至该评估自 1990 年开始实施以来的最高分（NCES, 2004b）。在 2005 年，这些成绩略微提高。四年级学生达到或高于基本水平的人数自 1990 年以来提高了 30 个百分点，由 50% 增加至 80%；达到这个水平的八年级学生的比例增加了 17 个百分点，由 52% 增加至 69%。但是在 2005 年，只有 36% 的四年级学生和 30% 的八年级学生被评为"优秀"（NCES, 2005a）。

同时，在 2003 年，美国四年级和八年级学生在 TIMSS 中的分数高于平均水平，但仍然不敌亚洲学生。美国八年级学生的分数高于 20 世纪 90 年代同年级学生的成绩，但四年级学生的成绩没有表现出任何提高。两个年级中白人和黑人学生的成绩差距都减小了（Gonzales et al., 2004）。

进一步回归到基本技能的是 NCTM（2006）颁布的"课程要点"。为了帮助教师和学生把握全美课程标准中设置的数十项主题，课程要点详细说明了每个年级学生需要学习的最重要的技能。

你的观点？

根据你自己的经验，你认为哪种数学教学方法更有效，还是支持两种方法的结合？

请查阅！

如果你想要获得关于这个主题的更多信息，请浏览网站 www.nctm.org，这是美国数学教师委员会的网页。还可以登录美国数学协会的网站 http://www.ams.org，在网站 www.nces.ed.gov/timss 中，你可以看到 TIMSS 的数据。

的分数（NICHD Early Childhood Research Network，2004b）。

当前教育领域的发展 **社会促进**（social promotion）项目是一项实践项目，提倡即使有的儿童达不到学业要求，也要让他们和同龄人一起升到高年级。当 1996 年芝加哥公立学校结束社会促进项目时，很多观察者为此欢呼。另一些人则警告说，尽管留级有时候可能是一个"警钟"，但更多时候它是导致低期望、不良表现和辍学的第一步（Fields & Smith，1998；Lugaila，2003；McCoy & Reynolds，1999；McLeskey，Lancaster，& Grizzle，1995；Temple，Reynolds，& Miedel，2000）。确实，芝加哥大学的研究者们进行的一些研究发现，芝加哥的留级政策并没有提高三年级留级生的测验分数，反而降低了六年级留级生的分数，并明显增加了八年级和高中留级学生的辍学率（Nagaoka & Roderick，2004；Roderick et al.，2003）。

很多教育者主张高失败率的唯一解决途径是尽早识别处于危机的学生，并在他们失败之前给予干预（Bronner，1999）。2000~2001 年，美国 39% 的公立学校学区为危机中的学生提供了备选的学校或者项目，提供小班教学、补习指导、咨询和危机干预（NCES，2003），夏令营也可能是一种有效的早期干预。在一项研究中，那些参加了阅读和写作夏令营的一年级学生的得分超过了没有参加夏令营的同龄人（75% vs 64%）(Borman，Boulay，Kaplan，Rachuba，& Hewes，1999)。

有些父母对所在学区的公立学校不满意或者为了寻求特殊的教育风格，他们会选择特许学校或者家庭教育。现在有超过 100 万的美国儿童在特许学校就读，其中一些是私立学校，另一些是特许公立学校（Center for Education Reform，2005）。特许学校往往比正规的公立学校更小，并且具有独特的教育理念、课程、结构或组织风格。尽管家长对特许学校很满意，但是关于特许学校对学生学习效果影响的研究，所得到的结果不尽相同（Braun，Jenkins，& Grigg，2006；Bulkley & Fisler，2002；Center for Education Reform，2004；Detrich，Phillips，& Durett，2002；Hoxby，2004；National Assessment of Educational Progress，2004；Schemo，2004）。

在全美五十个州家庭教育都是合法的。2003 年，大约有 110 万儿童，即 2.2% 的学龄儿童接受家庭教育，其中完全接受家庭教育的儿童所占的比例从 1999 年的 29% 提高到 80%。一项全美范围的政府调查表明，父母为孩子选择家庭教育的主要原因是对学校中不良或不安全的学习环境感到担心，以及想要给孩子提供宗教或道德方面指导（Princiotta，Bielick，& Chapman，2004）。

考考你✓

你可以……

✓ 指出自我效能感和父母的教养方式如何影响学生在学校的表现吗？

✓ 讨论社会经济地位和同伴接纳对学校表现的影响吗？

✓ 描述教育理念和实践方面的创新和变化，并讨论关于社会促进、家庭作业和数学教学的观点吗？

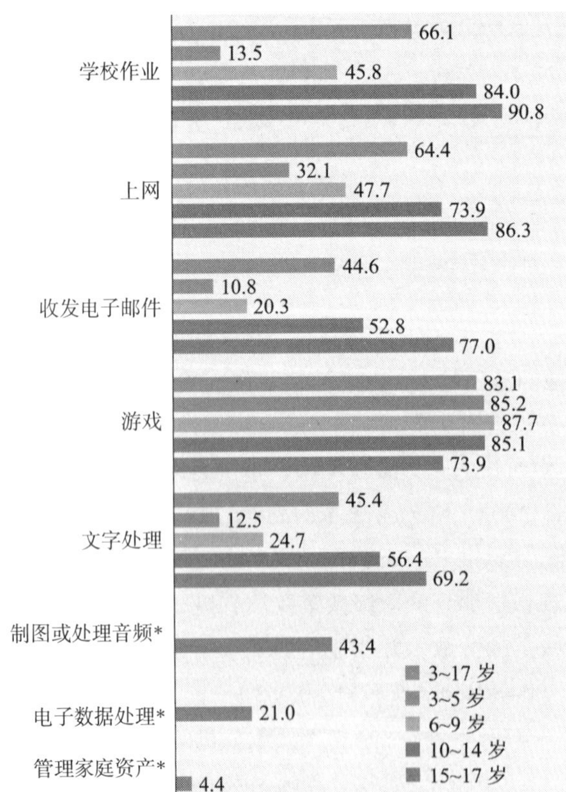

* 调查对象仅限于 15~17 岁的儿童。

图 13–1

在家使用电脑的 3~17 岁儿童中，各种不同目的所占的比例，2003。

资料来源：Day，Janus，& Davis，2005；Data from U. S. Census Bureau，Current Population Survey，October 2003

计算机和网络的使用　在 2003 年，大约 91% 的儿童和青少年在家里或者在学校使用计算机，大约有 59% 的儿童青少年使用网络。但是，使用电脑或网络的儿童青少年中，黑人、西班牙裔、美洲印第安儿童要少于白人和亚裔儿童，贫困儿童要少于非贫困儿童。女孩和男孩在计算机和网络使用上花费的时间相同（Day，Janus，& Davis，2005；DeBell & Chapman，2006）。图 13-1 呈现了在家使用计算机的儿童的百分比。

计算机素养和上网冲浪的能力为个别化的指导、全球化交流以及独立研究技能的早期训练开拓了新的可能性。然而，这一工具也具有潜在的危险性。首先是有将儿童暴露于有害的、不恰当的信息面前的风险。其次，学生需要学习批判性地评价他们在网络空间中找到的信息，从舆论和宣传中分辨出事实。最后，对“形象化”的关注可能会分走其他领域课程的一些财政资源。

对有特殊需要的儿童的教育

公立学校的一个艰巨任务就是为来自不同家庭和文化背景的、能力各异的儿童提供教育。他们必须为一些有特殊需要的儿童提供相应的教育，例如英语是第二语言的儿童，有学习障碍的儿童，以及有天赋、有才能、高创造力的儿童。

第二语言教育

在 2004 年，19% 以上的美国人在家中说英语以外的语言。这些儿童中大多数说西班牙语，而且有 5% 的儿童不太会说英语（Federal Interagency Forum on Child and Family Statistics，2006）。公立学校中有 7% 的儿童被认为是英语语言学习者（English Language Learners，ELLs）（National Center for Education Statistics，2004a）。

一些学校采取**全浸入式英语学习**（English immersion）的方法（有时候也称为“英语第二语言教学”），它从一开始就为使用少数民族语言的儿童开设特殊的课程集中传授英语。另一些学校则开展**双语教学**（bilingual education）项目，用两种语言对儿童进行教育。在这些项目中，儿童先是和说同种语言的同学一起使用母语学习，然后当他们能够熟练使用英语时，再转到英语教学的正常班级。这些项目可以鼓励儿童成为**双语者**（bilingual）（流利使用两种语言），并且让他们对自己的文化特征感到自豪。

早期全浸入式英语教学方法的提倡者主张，儿童越早暴露在英语环境中，说英语的时间越长，英语学得越好。双语教学项目的支持者则主张，儿童使用母语学习，学业进步更快，之后可以平稳地转到全英语教学的班级中（Padilla et al.，1991）。一些教育者坚持纯英语教学的取向阻碍了儿童的认知发展。由于说外语的儿童最初只能理解简单的英语，这样课程效果肯定会被弱化，而且儿童对以后处理复杂的学习材料也缺乏充分准备（Collier，1995）。

针对多项研究的统计分析得出一个结论，即接受双语教学项目的儿童在英语掌握程度测验中的表现一般要好于那些在纯英语教学项目中的儿童（Crawford，2007；Krashen & McField，2005）。根据一些研究结果，更成功的教学方式是第三种不常见的教学取向：**双重语言学习**（two-way，or dual-language，learning）。在这种取向中，说英语和说外语的儿童在一起使用自己的和对方的语言进行学习。这种取向避免了将少数民族儿童单独编班。通过平等对待两种语言，这种取向的教学强化了儿童的自尊并改善其学校表现。另一个附带的优势是，那些说英语的儿童在很小的时候便学会了一门外语，而此时正是他们学习外语最容易的时候（Collier，1995；. Thomas & Collier，1997，1998）。但是，在全美范围只有不到 2% 的英语语言学习者参加了双重语言教学项目（Crawford，2007）。

不过，人们忽视了这些科学研究成果，反对双语教育。从 1992~2002 年，参与双语教学项目的儿童从 37% 下降到 17%（Crawford，2007）。加利福尼亚、亚利桑那和马萨诸塞这三个州召集了一半的在家说外语的学生，通过公民投票将双语教学列为非法行为，并要求实施全浸入式英语教学。在 2002 年，作为《不让一个孩子掉队》法案的一部分，政府废除了联邦双语教育法案。新的法律包含了严格的学校责任条款，每年都通过考查英语语言学习者变成熟练英语使用者的比例来评估学校，人们希望这项法案能阻止双语教学方式（Crawford，2002）。

考考你 ✓

你可以……

✓ 描述和评价各类第二语言教育吗?

有学习障碍的儿童

有些儿童就像黑泽明一样，在学业方面大器晚成。而少数不幸的儿童有更加严重的学习障碍。

智力发展迟滞

智力发展迟滞（mental retardation）是指认知功能明显低于正常人。智力发展迟滞的识别标准是智商低于或等于 70 分，并且在该年龄的适应性行为方面存在缺陷（例如沟通、社会技能、自我照料），出现于十八岁以前（Kanaya，Scullin，& Ceci，2003）。美国儿童中有不到 1% 的人是智力发展迟滞（NCHS，2004；Woodruff et al.，2004）。

有 30%~50% 的个案对智力发展迟滞的原因不详。已知的原因包括：遗传缺陷、创伤性事故、孕期感染或接触酒精、生活环境中受到铅或高浓度汞的污染（Woodruff et al.，2004）。许多智力发展迟滞案例可以通过遗传学咨询、孕期护理、羊水穿刺检查、新生儿的常规筛选和健康护理、孕妇和婴儿的营养服务等途径来预防。

大多数智力迟滞儿童可以从学校教育中获益。一些干预项目已经帮助了许多轻度或中度的智力迟滞成人和那些被认为处于迟滞边缘的人们（智力分数在 70~85 分之间），帮助他们维持工作、在社区中生活和参与社会活动。重度的智力迟滞人士需要长期的照顾和监护，这往往由专门的机构来负责。对有些人来说，智力迟滞成人的日间护理中心和医院，以及为照料者提供的家政服务，都是更为经济和更加人性化的可选方案。

学习障碍

美国的前副总统尼尔森·洛克菲勒有很严重的阅读困难，所以他经常是即兴演讲，而不用演讲稿。阅读障碍是一种语言加工困难，表现为阅读成绩显著低于个体智力或该年龄所应达到的阅读水平。洛克菲勒是许多患有**阅读障碍**（dyslexia）的名人之一，其他名人有演员汤姆·克鲁斯、乌比·戈德堡、雪儿，棒球名人堂入选人诺·雷恩，电视主播杰·雷诺，以及核能源之父爱因斯坦。

阅读障碍是众多**学习障碍**［learning disabilities（LDs）］中最常见的一种。这些障碍干扰着学业成就的特定方面，例如听、说、读、写或者数学，导致儿童的成绩显著地低于其所处年龄群体的智力和就读时所应达到的水平（APA，1994）。以数学困难为例，包括数数、数量比较、计算和记忆数学常识方面的困难。每种学习障碍都包含着独特的困难。越来越多的儿童，接近 290 万人（美国就读儿童的 5%）参与了学习困难儿童联邦支持项目（National Center for Learning Disabilities，2004b）。

患有学习障碍的儿童常常有接近平均或平均水平以上的智力，视力和听力正常，但是他们似乎在加工感知信息方面存在困难。尽管学习障碍的起因仍不确定，但是其中的一个影响因素是基因。一项关于定量遗传学研究的综述指出，那些导致大多数常见学习障碍（如语言受损、阅读障碍、数学学习困难）的高遗传性的基因也会导致学习能力的普通变异，而且影响某种学习障碍的基因很可能也会影响其他类型的学习障碍。不过，有些基因是针对特定学习障碍的（Plomin & Kovas，2005）。环境因素可能包括孕期或出生时的各种复杂状况、出生后受到的伤害、营养不良、接触铅污染等（National Center for Learning Disabilities，2004b）。

学习障碍的儿童往往更少任务取向，而且比其他儿童更易分心。他们更少像学习者一样组织自己的学习，使用记忆策略的可能性也更小。当然，并不是所有在阅读、数学，或者其他具体学科上有困难的儿童都有学习障碍。有的儿童是由于对教学方法不适应、学习焦虑、在阅读或倾听指令时存在困难、对于某学科缺乏动机或兴趣，或者是暂时的发展迟缓（Geary，1993；Ginsburg，1997；Roush，1995）。

大概有五分之四的学习障碍儿童会被诊断为阅读障碍。阅读障碍一般被认为是一种长期的、持久的健康问题，并且往往具有家族遗传性（Shaywitz，1998，2003）。它阻碍口头和书面语言技能的发展，而且可能导致阅读、书写、拼写、语法和言语理解方面的问题（National Center for Learning Disabilities，2004a）。阅读障碍在男孩中的发生率要高于女孩（Rutter et al.，2004）。

研究者认为，说英语的儿童的阅读障碍是由加工言语声音的神经缺陷导致的。字母代表了比单词更小的语音单位，有神经缺陷的儿童不能识别这些语音单位组成的单词。这种*语音加工*方面的缺陷使得解码单词变得更加困难（Morris et al.，1998；Shaywitz，1998，2003）。脑成像的研究表明，与正常的阅读者相比，阅读障碍者在加工口头和书面语言时，其大脑活动的区域和活动情况有所不同（Breier et al.，2003；Casanova et al.，2005；Eden et al.，2004；Shaywitz，2003），而且家族遗传的阅读障碍者的大脑灰质容量也显著少于常人（Brambati et al.，2004）。研究者已经确定一些基因是导致这些异常的部分原因（Meng et al.，2005；Kere et al.，2005）。

阅读障碍的生物学因素可能会随着文化的不同而有所变化。脑成像研究发现，在阅读时，中国儿童和说英语的儿童活动的脑区不同，受到阅读障碍影响的脑区也不同。由于中文不是音韵学的，而是依赖于对形象符号的记忆，因此，得出这样的结果并不奇怪。中国儿童中大概有 2% 到 7% 的人患有阅读障碍（Sick，Perfetti，Jin，& Tan，2004）。

许多有阅读障碍的儿童（甚至是成人）都可以通过系统的音韵学训练学会阅读。但是，他们的阅读过程并不会变成和大多数阅读者一样的自动加工（Eden et al.，2004；Shaywitz，1998，2003）。

多动和注意缺陷

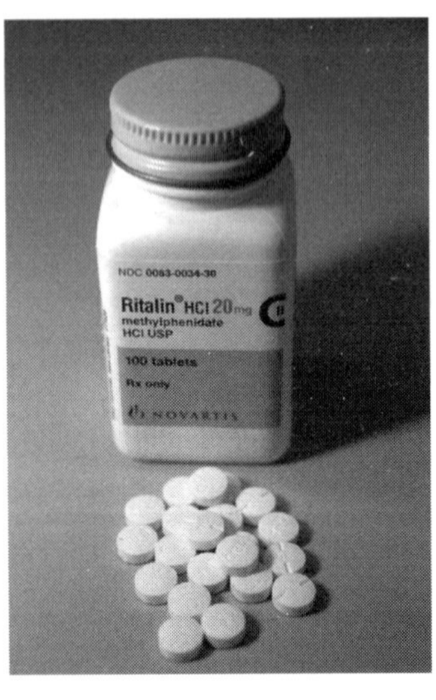

利他林对于治疗注意缺陷/多动障碍很有效，但是它的长期副作用还未知。有些医生警告说，由于儿童可能会被过度诊断，因此可能导致利他林的过度使用。

注意障碍/多动症（attention-deficit/hyperactivity disorder，ADHD）被认为是儿童期最常见的心理障碍（Wolraich et al.，2005）。这是一种长期的状态，其特征往往是反复出现注意力不集中、分心、冲动、不能忍受挫折，以及大量不合时间和地点（例如教室中）的活动（APA，1994；Woodruff et al.，2004）。我们知道的患有 ADHD 的名人有歌手和作曲家约翰·列侬、参议员罗伯特·肯尼迪、演员罗宾·威廉姆斯和西尔维斯特·史泰龙。

在世界范围内大约有 2%~11% 的学龄儿童患有 ADHD（Zametkin & Ernst，1999），美国学龄儿童中患有 ADHD 的比例是 3%~7%（Dey et al.，2004；NCHS，2004；Schneider & Eisenberg，2006；Zelazo & Müller，2002）。然而，这一发生率仍然存在争议：有些研究认为 ADHD 可能会被漏诊（Rowland et al.，2002），而另外一些医生则警告说 ADHD 可能会被过度诊断，导致对那些家长和老师控制不了的儿童施以不必要的药物治疗（Elliott，2000）。ADHD 的诊断率随着性别、民族、地理区域和其他一些环境因素的不同而变化，而且可能在一定程度上与儿童在学校中承受的成功压力有关（Schneider & Eisenberg，2006）。

ADHD 有两个不同但有时又相互交叠的症状群，这使得诊断不那么精确。有些儿童是注意力不集中，但并不多动；另外一些儿童表现出相反的模式（USDHHS，1999b）。不过，在 85% 的案例中，这两种症状是并存的（Barkley，1998a）。由于这些特点在正常儿童身上也有一定程度的体现，所以有些实践工作者质疑 ADHD 实质上是否是一种独特的神经或心理疾病（Bjorklund & Pellegrini，2002；Furman，2005）。但是，大多数专家都认同，如果这些症状非常频繁并且严重到影响儿童在学校和日常生活中的功能时，就应成为一件值得关注的事情了（AAP Committee on Children with Disabilities and Committee on Drugs，1996；Barkley，1998b；USDHHS，1999b）。

许多研究发现，ADHD 与前额叶皮层异常和执行功能受损有关（Zelazo & Müller，2002）。患有 ADHD 的儿童，其调节注意和控制冲动的大脑皮质区域明显小于正常儿童（Sowell et al.，2003）。他们倾向于忘记责任，大声说话无法使自己保持安静，容易变得沮丧或愤怒，在不知如何解决问题时轻易放弃。家长和老师可以通过以下方式来帮助这些儿童：将任务分解成小的“组块”，多次提示规则和时间，对小的成就给予经常的、即时的奖励（Barkley，1998b）。

ADHD 的遗传力接近 80%，似乎有一个潜在的基因基础（Acosta，Arcos-Burgos，& Muenke，2004；APA，1994；Barkley，1998b；Elia，Ambrosini，& Rapoport，1999；USDHHS，1999b；Zametkin，1995；Zametkin & Ernst，1999）。ADHD 的症状群可能是遗传和环境交互作用的产物。一项研究发现，暴露在高浓度铅的环境中会损伤执行功能，但是只会影响那些具有特定基因变量的儿童，该基因有助于调节大脑中负责注意和认知的化学物质多巴胺的水平（Froehlich，Lamphear，Dietrich，Cory-Slechta，& Kahn，2006）。出生时的复杂情况也可能是 ADHD 的部分诱因，其中包括早产、母亲使用酒精或烟草、缺氧等情况（Barkley，1998b；Thapar et al.，2003；USDHHS，1999b；Woodruff et al.，2004）。

大多数被诊断为 ADHD 的儿童到青少年时仍然会表现出症状。冲动控制和多动方面的问题一般会减少，但注意力不集中的情况会持续。学业问题、累积的家庭压力以及糟糕的同伴关系变得更加明显（Whalen，Jamner，Henker，Delfino，& Lozano，2002；Wolraich et al.，2005）。ADHD 的青少年常常会表现出学习障碍、过度伤害、反社会行为、危险驾驶行为、药物滥用或药物依赖、焦虑或抑郁，以及其他人格障碍（Barkley，1998b；Barkley，Murphy，& Kwasnik，1996；Elia et al.，1999；McGee，Partridge，Williams，& Silva，1991；Molina & Pelham，2003；USDHHS，1999b；Wender，1995；Whalen et al.，2002；Wolraich et al.，2005；Zametkin，1995）。ADHD 有时候会持续到成人期，在世界范围内大约有 4% 的成人患有 ADHD（Wilens，Faraone，& Biederman，2004）。

ADHD 往往是通过药物进行治疗，有时会结合行为治疗、心理咨询、社会技能训练和特殊的班级设置。与人们的普遍认识相反，儿童中接受药物治疗的人数急剧增加，在 2002 年有 220 万美国儿童接受利他林之类的兴奋剂药物的治疗，其比例占美国儿童人口的 2.9%，而在 1997 年这一比例只有 2.7%（Zuvekas，Vitello，&

你的观点？

药物治疗ADHD的长期效应还不可知，而放任不予以治疗也存在风险，如果你的孩子有ADHD，你会怎么做？

考考你✓

你可以……

- ✓ 描述三种常见的学习障碍的原因和后果吗？
- ✓ 讨论联邦要求对障碍儿童教育的影响吗？

在一位与她用手语进行交流的老师的帮助下，这位耳聋的女孩可以在正常的班级中上课。

Norquist，2006）。一项以579名ADHD儿童为样本进行的为期14个月的随机研究发现，给儿童实施严密控制的利他林治疗，不论是单纯的药物治疗还是与其他行为矫正相结合，其效果都要好于单纯的行为治疗或规范的社会护理（MTA Cooperative Group，1999）。但是，药物治疗的优势在随后的十个月里有所减弱（MTA Cooperative Group，2004a），联合治疗的副作用是儿童在身高和体重方面的增加变慢（MTA Cooperative Group，2004b）。此外，利他林的长期作用还是未知的（Wolraich et al.，2005）。由于人们已经知道兴奋剂药物会增加心血管疾病的风险，食品和药物管理局的药品安全和风险管理咨询委员会在2006年提议就这些药物提供相应的风险警告（Nissen，2006）。

对于残障儿童的教育

残疾人教育法确保所有残障儿童都能接受免费的、个体化的公共教育。根据该法案，在2000~2001学年，美国公立学校中有13.3%的儿童接受了特殊教育服务。这些儿童中大约有45%是学习障碍，17%有语言障碍，9.5%有精神障碍（Snyder & Hoffman，2003）。这些儿童必须要在适合他们的“最小限制的环境”中接受教育，这就意味着在正常的班级中要尽可能地满足他们的需要。

大多数残障儿童可以接受“随班就读”项目，即全部或部分在校时间与正常儿童在一起上课。在2003~2004学年，大约有一半的美国残障儿童有80%以上的在校时间是在正常班级中度过的（NCES，2005b）。

天才儿童

黑泽明并不是唯一一个在小时候被当成发展迟缓的天才；发现万有引力的牛顿爵士上学时候的表现也不好；当发明电灯的托马斯·爱迪生还是小男孩的时候，人们说他简直太笨了，甚至没法学习；英国前首相温斯顿·丘吉尔六年级的时候曾经留级。著名歌剧男高音恩里科·卡鲁索小时候被告知他根本唱不了歌。

天才是很难定义和识别的。教育者在哪些人是天才，天才的基础是什么，这些孩子需要什么类型的教育项目等方面存在争议。另外一个导致混乱状态的因素是，创造力和艺术天赋有时候被视为天才的某些方面或类型，而有时候则被看做是一种独立的品质。

识别天才儿童

新泽西州的吉田士郎在世界奥林匹克数学竞赛中取得了满分，并且获得了其他近两百项奖励。作为一位全面发展的年轻人，他在合唱团中唱歌，在学校中演出莎士比亚的《罗密欧与朱丽叶》。帮助这类儿童的关键在于意识到并培养他们的天赋。

传统的天才标准是高智商，智商分数在 130 或以上。这种定义往往会排除以下儿童：高创造力的儿童，他们常常给出一些不同寻常的答案，导致测验分数较低；少数民族儿童，他们的能力可能现在还没有发展好，但是有发展的潜力；具有特殊才能的儿童，他们可能在其他领域表现平平，或者甚至会有学习障碍。因此，大多数州和学区在定义天才儿童时采取了《美国初等和高等教育法案》中更宽泛的定义，其中包含了拥有较高智力、创造力、艺术才能、领导能力或者特殊学科领域能力的儿童，以及需要特殊教育服务和活动以充分发展这些能力的儿童。现在，许多学区使用多重标准筛选天才儿童参加特殊教育项目，这些标准包括学业成就测验分数、考试成绩、课堂表现、创造性产品、父母和老师的提名，以及对儿童的面试。但是智商仍然是一个重要的因素，而且有时是主导因素。估计有 6% 的学生会被认定为天才儿童（NAGC，n.d.）。

有些儿童是“全能天才”。另一些儿童可能在数学方面优于常人，而阅读成绩一般；或者可能在艺术方面很有天赋但智商较低或对学业不感兴趣。根据加德纳的理论，这些儿童可能在某些领域具有高智力而在其他领域较低。因此，依赖智商来确定天才儿童的项目可能会遗漏那些发展不均衡的天才。相反地，有些专家认为，将儿童分配到适合他们特殊才能的项目中更加合理，其中既包括艺术类又包括学业类项目（Winner，2000）。

天才的成因

研究精英的心理学家发现，高水平的表现需要强大的内部动机和多年的严格训练（Bloom，1985；Czikszentmihalyi，1996；Gardner，1993；Gruber，1981；Keegan，1996）。但是，只有动机和训练是不能造就天才的，除非一个孩子天生具有特殊的能力（Winner，2000）。反之，如果具有天生才能的儿童缺乏动机和努力也不可能表现出超常的成就（Achter & Lubinski，2003）。

天才儿童往往成长在充满丰富的智力或艺术刺激的富裕家庭环境中。他们的父母能够意识到儿童的才能，且常常会全身心地培养孩子的才能，同时又给予孩了超大的自由度。天才儿童的父母一般都有较高的期望，他们自身都是勤奋工作并具有高成就的人。但是，尽管父母的教养可以促进天才儿童的发展，但是它并不能创造天才（Winner，2000）。

脑科学的研究表明，天才儿童“生来具有不寻常的大脑，使得某一特定领域的快速学习成为可能”（Winner，2000，p. 161）。例如，在完成一些通常是由左脑完成的任务时，具有数学、音乐和艺术天赋的儿童往往在大脑右半球表现出不寻常的活动。而且，他们更有可能是左利手（Winner，2000）。

刘易斯·推孟和天才儿童

一项关于天才儿童的经典追踪研究开始于 1921 年，当时刘易斯·推孟（是他将“比内智力测验”引入美国）选拔了 1 500 多名智商在 135 及以上的加利福尼亚儿童，大约包括了智力位于前 1% 的儿童。这项研究打破了人们广泛存在的刻板印象——聪明的孩子是身体弱小、脸色苍白的书呆子。推孟研究的孩子比一般的孩子长得更高、更健康、更加协调、适应性更好、更受欢迎。作为一个特殊群体，他们的认知、学业和职业优越性一直持续到成年和老年（Shurkin，1992；Terman & Oden，1959）。

但是，推孟研究的样本中，没有人成为爱因斯坦或黑泽明。而且，那些智商最高的人并没有比那些一般的天才变得更加杰出。高智商和成年后的卓越成就之间并没有紧密的相关，这一点也得到了后续研究的支持（Winner，1997）。

后来的一些控制更加严格的研究证实了推孟关于天才儿童身心健康的研究结果（Achter & Lubinski，2003）。但是，一些智商在 180 或以上的超级天才儿童比一般的天才儿童更有可能表现出社会和情绪方面的障碍。由于感觉到自己和别人不一样，受到社会孤立，他们可能会试图隐藏自己的天赋。关于把这些天才儿童安排在普通班级，还是把他们单独编班，人们存在很大的争议（Winner，2000）。

创造力的定义和测量

在黑泽明 1943 年的处女作《姿三四郎》中，他将传统的日本武士题材与西方动作电影中的张力技术相结合，呈现给观众和影评人一个惊喜。在他的整个职业生涯中，创新是黑泽明的标志性特点。

创造力的定义之一是，从一个新的视角看待事物的能力——创造一些之前从未有过的东西，领悟一些其他人未能认识的问题，发现一些新的、不同寻常的解决办法。高创造力与高学术智力（IQ）之间并没有必然联系。以往的经典研究发现两者之间只有中等程度的相关（Anastasi & Schaefer，1971；Getzels，1964，1984；Getzels & Jackson，1962，1963）。

吉尔福特（1956，1959，1960，1967，1986）区分了两种不同类型的思维：聚合思维和发散思维。**聚合思维**（convergent thinking）是智力测验所评估的思维类型，目的在于寻找问题的唯一正确答案；**发散思维**（divergent thinking）则是要想出广泛的新的可能性，创造力测验需要个体进行发散思维。托兰斯创造性思维测验（Torrance，1966，1974；Torrance & Ball，1984）是著名的创造力测验之一，其中的任务包括列出回形针的不常见用途、绘画、写出听到一个声音后脑海里浮现出的景象。

这些测验存在的一个问题是，其得分常常在一定程度上依赖于速度，而速度并不是创造力的显著特征。此外，尽管这些测验已经得出了相当可信的结果，但是对于这些测验是否有效，能否识别那些在日常生活中具有创造力的儿童还存在一些争论（Simonton，1990）。

天才儿童的教育

在 2002 年，大约有 68% 的公立中小学开设了针对天才儿童的特别教育项目（Snyder & Hoffman，2003）。参加这些项目的儿童不仅取得了学业方面的收获，而且往往在自我概念和社会适应方面也得以改善（Ford & Harris，1996）。但是，联邦政府的《不让一个孩子掉队》的法案关注基本技能，导致了针对天才儿童的特殊教育服务有所减少（NAGC，n.d.）。

充实型与加速型　针对天才儿童的教育项目一般把重心放在*充实*或*加速*上。**充实型**（enrichment）的教育通过课外活动、研究项目、实地考察、专家指导等方式，来深化天才儿童的知识和技能。有时候教育者会向超级天才推荐**加速型**（acceleration）的教育，即通过提前入学、跳级、在快班或高级进修班就读来加速天才儿童的教育过程。另外一些教育项目包括：在班级中按能力分组，这种方式对于天才儿童的学业发展有利，而且对他们的社会性发展也没有害处（Winner，2000）；双重注册，例如，一个初二的天才儿童在附近的高中学习代数课程；还有为天才儿童开设精英学校和专门学校等等。

至少从长远看来，适度的加速教育似乎对天才儿童的社会适应没有不良影响（Winner，1997）。一项为期 30 年以 3937 名加入特长班的年轻人为样本的研究发现，与那些和他们具有同样天赋但没有参加特长班的年轻人相比，这些人对于自己的就读经历更加满意并且最终的收获也更多（Bleske-Rechek，Lubinski，& Benbow，2004）。

朱莉安·斯坦利：寻找和培养超级天才　1971 年，朱莉安·斯坦利在约翰·霍普金斯大学开创了“数学早慧青少年研究”项目。那些达到标准的高智商和高动机的十二、三岁的儿童可以提前参加某些特定大学的夏令营课程，并且可能很早就能收到大学的录取通知书。

与推孟选择智力位于前百分之一的儿童有所不同，斯坦利寻找的是那些排名在前万分之一的超级天才。不过，斯坦利不是以智商作为选拔标准，而是使用大学入学考试（主要是美国的学术能力评估测验）来识别儿童在数学推理方面的杰出才能。后来，这个项目也拓展到录取语言智力方面的超级天才（Achter & Lubinski，2003；Lubinski，Webb，Morelock，& Benbow，2001）。

斯坦利的研究获得了什么样的结果呢？参与“数学早慧青少年研究”项目的 320 名儿童中，有些人在成年早期就获得了重大奖项，在文学、科学和技术方面取得了

你的观点？

你支持强化、削减还是消除针对天才学生的特殊教育项目？

> **考考你✓**
>
> 你可以……
>
> ✓ 说明为什么对天才儿童的界定是个有争议的问题吗?
>
> ✓ 讨论天才与生活成就、智商和创造力之间的关系吗?
>
> ✓ 讨论关于天才儿童教育的两种取向吗?

令人瞩目的成就。绝大多数人都表示，加速教育项目促进了他们在学业方面的进步和社会情感方面的发展（Lubinski et al.，2001）。

到30多岁的时候，参与“数学早慧青少年研究”项目的人中有一半以上取得了博士学位，这个比例是那些以认知能力位于前百分之一的个体为对象进行的研究的两倍（Lubinski，Benbow，Webb，& Bleske-Rechek，2006）。参与该项目的男性比女性更多地从事数学和科学领域的职业。但是那些没有从事数学和科学领域职业的女性，在其他领域，例如法律和医学领域（在这些领域她们可以运用自己高级的推理技能），获得高学位和高级职位的比例与男性相似（Lubinski & Benbow，2006）。与一个由顶尖大学的毕业生组成的控制组相比，参与该项目的人取得了更杰出的职业成就，有更高的收入和相似的生活满意度（Lubinski et al.，2006）。不过，即使是在这一群体中，也不是每个人都是顶尖成功者，研究再次强调了动机和努力的重要性（Achter & Lubinski，2003）。

再次聚焦

回顾在本章开始的人物聚焦中对黑泽明的描述：

- 皮亚杰主义或信息加工取向的理论家会如何解释黑泽明在三年级时的认知进步?
- 哪种类型的智力测验最有可能准确地测量黑泽明的能力?
- 本章中提及的有关学校成就的影响因素中，哪些最适用于黑泽明?
- 黑泽明小时候表现出哪些创造力的迹象，这些与他成年期的成就有何联系?
- 黑泽明的故事是如何表明识别天才儿童的难度的，尤其是在童年早期?

在天才和非天才、有创造力和没有创造力之间并没有严格的分界线，可以鼓励所有的儿童从他们感兴趣和擅长的领域中获益。我们从对最有能力的儿童的智力、创造力和才能的培养中获得的经验，可能有助于所有儿童发展他们最大的潜能，潜能的开发程度也会影响他们的自我概念和人格的其他方面，这些在下一章中会展开讨论。

小结和关键术语

皮亚杰取向：具体运算阶段的儿童

学习向导1 学龄儿童的思维和道德推理与年龄更小的儿童之间有什么区别?

- 7~12岁的儿童处于具体运算阶段。儿童的自我中心主义比之前减弱，能更加熟练地完成需要逻辑推理的任务，例如空间思维、因果理解、分类、归纳和演绎推理、守恒、数量加工等。但是，他们的推理仍然在很大程度上受限于此时此地。
- 文化经验和神经系统的发展，似乎在一定程度上影响守恒和其他一些皮亚杰式技能的发展速度。
- 根据皮亚杰的观点，道德推理与认知的成熟水平有关，其发展有三个阶段：严格服从权威、基于公正的自主判断、基于平等的自主判断。

信息加工取向：注意、记忆和计划

学习向导2 在儿童中期，信息加工技能有哪些进展?

- 执行功能：包括注意、记忆和计划技能，随着儿童中期前额叶神经通路的专门化而改善。
- 加工速度、抑制控制、选择性注意、工作记忆容量、元记忆、元认知和记忆策略的运用是在学龄期发展的具体技能。
- 信息加工方面的进步可能有助于解释皮亚杰所描述的发展。

心理测量取向：对智力的评估

学习向导 3 学龄儿童智力测量的准确程度如何？

- 学龄儿童的智力可以通过团体或个体测验来评估。尽管是能力倾向测验，但这些测验仍然比成就测验更加有效。
- 智力测验是学业成就的一个很好的预测源，但是可能对有些儿童不太公平。
- 不同种族之间在智商上的差异似乎是社会经济地位和其他环境因素不同导致的结果。学校教育似乎可以提高智力测验的分数。
- 试图设计文化通用或文化公平测验的努力似乎并没有取得成功。
- 智商测验只涉及了加德纳多元智力理论中的三种智力。根据斯滕伯格的三元智力理论，智商测验主要测量了智力的成分要素，而没有包含经验和情境要素。
- 智力测验的新方向包括：斯滕伯格的三元智力测验、考夫曼儿童成套评价测验Ⅱ，以及以维果斯基理论为基础的动态测验。

语言和读写

学习向导 4 在儿童中期，沟通能力是怎么发展的？

- 儿童对词汇、语法和句法的使用变得更加熟练，但是语言发展的主要领域是在语义学上。
- 元认知在阅读过程中起作用。
- 尽管整体语言教育取向很流行，但是早期的语音训练是精通阅读的一个关键。
- 同伴交往会促进写作技能的发展。

学校中的儿童

学习向导 5 哪些因素会影响学业成就？

- 由于学校教育是累积性的，所以一年级时打好基础非常重要。
- 儿童的自我效能感影响他们的学业成就。
- 家长通过参与儿童的学校生活，鼓励儿童成功，传递关于学习的态度来影响儿童的学习。
- 社会经济地位影响教养理念和教养实践活动，进而影响儿童的成就。贫困家庭中，在学校中表现良好的儿童往往比表现不好的儿童拥有更多的社会资源。
- 校园环境和班级容量影响儿童的学习。
- 当前的教育主题和教改包括：家庭作业量、数学教学方法、社会促进、特许学校、家庭教育以及计算机素养。

对有特殊需要的儿童的教育

学习向导 6 学校如何满足特殊儿童的需要？

- 第二语言的教育方法颇受争议。其中争论的主题包括说英语的速度和熟练程度、学科的长期成绩、文化认同自豪感。
- 导致学习问题的三种常见原因是智力发展迟滞、学习障碍（LDs）和注意缺陷 / 多动障碍（ADHD）。阅读困难是最常见的学习障碍。
- 在美国，所有残障儿童都有权接受免费的、恰当的教育。这些儿童必须在限制尽可能少的环境中接受教育，通常是在正常的班级中学习。
- 智商高于 130 是认定天才儿童的一个普遍标准。对天才更广泛的定义包括创造力、艺术天赋和其他一些特征，这些定义是基于更多元的认定标准。参与天才儿童教育项目的少数人是不具有充分代表性的。
- 在推孟对天才儿童经典追踪研究中，大多数人适应良好并取得成功，但并不是非常杰出。
- 创造力和智商之间没有密切联系。创造力测验测量个体的发散思维，但是人们对这些测验的有效性仍存质疑。
- 面向天才、有创造力的和有特殊天赋的儿童的特殊教育项目往往强调充实或加速。

儿童中期的心理社会发展

你是否觉得自己与众不同？就像空气中的一粒尘埃。
当所有的人都围绕在你身边，但你却不在那里。

——凯伦·克劳福德（Karen Crawford），9 岁

人物聚焦　玛丽安·安德森，歌剧的开拓者[1]

玛丽安·安德森

印度伟大的指挥家阿尔图罗·托斯卡尼尼（Arturo Toscanin）曾经说过：非洲裔美国女低音歌唱家玛丽安·安德森（1897~1993）有着"穿越百年的嗓音"。同时，她也是一位打破种族壁垒的先驱者。在自己的家乡费城，被一所音乐学校拒收之后，安德森开始自学音乐并于 1925 年与纽约爱乐交响乐团合作演唱，赢得了国家声乐大奖。当她申请使用华盛顿一家音乐厅的请求被拒绝后，当时的美国第一夫人埃利诺·罗斯福（Eleanor Roosevelt）安排她在林肯纪念堂的舞台上演唱。于 1939 年复活节举行的那场空前的演出，吸引了 75000 位观众，并同时对上百万人进行了直播。几星期之后，玛丽安·安德森成为了第一位在美国白宫演唱的黑人歌手。但是，直到 1955 年，安德森 57 岁的时候，她才成为黑人歌手中在纽约市大都会歌剧院演唱的第一人。

在这位"从费城南部租住的单间小屋中走出"的女性背后有着不同寻常的故事（McKay，1992），这是一个维系家庭关系的故事，各代人之间相互支持、相互照料和关心。

玛丽安·安德森是约翰和安妮所生的三个孩子中年龄最大的一个。在她两岁的

1　关于玛丽安·安德森及其家庭的传记材料主要由安德森自己提供（1992）。一些细节性的材料来自于弗里德曼（2004）、海尔布特（1993）、琼斯（2004）和柯南（1993），"玛丽安·安德森打算搬去波特兰"（1992）；《历史女性》（2004），以及来自于《时代杂志》（1993年4月19日）、《人物周刊》和《Jet》杂志（1993年4月26日）发表的讣告。尽管安德森总是说她出生于1902年，但是在她去世以后公开的出生证明上显示是1897年。

时候，安德森一家离开了他们原先居住的一居室公寓，搬去与祖父母一起生活，后来又搬到祖父母家附近的一间租来的小房子里。

在六岁的时候，玛丽安加入了当地教堂的低年级唱诗班。在那里，她交到了一个朋友，瓦厄拉·约翰逊（Viola Johnson），他就住在安德森家的街对面。在一到两年时间里，他们合作进行了一次二重唱，这是玛丽安的第一次公开演出。

在玛丽安读八年级的时候，她敬爱的父亲去世了，他们家再次搬入大家庭，与祖父母、姑姑以及姑姑的两个女儿一起生活。玛丽安的祖父有一份稳定的工作，她的祖母负责照顾所有孩子的生活，姑姑负责经营整个大家庭，而她的母亲则把所有精力贡献给了烹饪晚餐、（像清洁女工一样）打扫房屋、清洗家人的衣服，这些衣物都由玛丽安和她的妹妹爱丽丝送过去。

在玛丽安·安德森的生活中，对她影响最大的是她辛苦工作、给予无尽支持的母亲所提供的忠告、榜样和精神指导。安妮·安德森（玛丽安的母亲）在孩子们的学校教育中起了重要的作用，她总是努力确保孩子们不会落下家庭作业。甚至当她从事全职工作时，也要每天晚上为家人做晚饭，还教给玛丽安自己缝制衣服。“当我回忆以往……母亲从来不会朝我们愤怒的大喊大叫……”玛丽安写到，“她是坚强的，我们也学会尊重她的意愿”（Anderson，1992，p92）。

在玛丽安·安德森成为世界知名的音乐艺术家之后，她还经常回到费城自己原来居住的地方。在那里，她的妈妈和妹妹爱丽丝住在一间简陋的房子里，而她另一个妹妹埃塞尔和她的儿子詹姆斯就住在隔壁。

玛丽安·安德森写到，“世界上最让人愉快的事情就是走进这个家并感受它的快乐……家里所有人都让人感觉是那么舒服，他们相互珍爱，彼此保护……我知道，有外孙在身边，看着他长大，对我的母亲来说是非常温馨的，当他（我的外甥）长大成人，有了自己的生活，对儿时的家庭以及整个家族都会有美好的回忆，正如我现在所感受到的一样”（1992，p.93）。玛丽安·安德森结过婚，但没有孩子。1992 年，寡居且身体虚弱的安德森已经 95 岁，她搬去和外甥詹姆斯·德普里斯特一起居住，她的外甥当时是奥勒冈交响乐团的乐队指挥。玛丽安·安德森于 1993 年在外甥的家中患中风逝世。

• • •

玛丽安·安德森生活的时代“经历了美国和世界的巨大改变”以及非裔美国人生活的改变（McKay,1992,p. xxiv），但是在她的生命中绝不会改变的就是维系她和其家庭的强烈的、支持性的关系网络。儿童中期是孩子产生责任心和奉献意识的阶段，这种意识首先是针对家庭，其次是针对社会，因此，该阶段儿童所生活的家庭类型以及家庭内的人际关系对孩子的心理社会性发展有着深远的影响。家庭是环境关系网络中的一部分，这个环境关系网络包括同伴群体、学校以及家庭所在地。玛丽安·安德森的第一个朋友、她的教堂唱诗班以及玛丽安·安德森为之打零工来挣取买小提琴钱的邻居们，这些人都在她的发展过程中起重要作用。这些影响因素之外，还有当时、当地微妙的文化模式，这对非裔美国家庭和他们的社区而言具有特殊的挑战性，并由此引发他们相互支持的反应。

在这一章里，我们将探寻学龄儿童丰富多彩且变化多样的情绪及社会生活。我们将看到，儿童怎么发展出更加现实的自我概念，获得更多的能力、更加自立以及更能控制情绪。通过与同伴的交往，他们进一步发展自己的态度、价值观和技能。正如玛丽安·安德森的故事里所讲述的，家庭在这个过程中仍然起着重要的作用。家庭对儿童生活的影响，不仅通过父母对儿童的教养方式起作用，而且通过父母是否有工作以及工作情况、家庭的经济环境、家庭结构和组成（儿童与父母中的一方还是双方生活在一起；家里是否有兄弟姐妹，如果有的话，有几个；家里是否包括其他的亲人，例如祖父母或外祖父母、姑姑、堂（表）兄弟姐妹）等多种途径起作用。尽管大部分儿童在情绪上是健康的，但也有部分儿童存在心理健康问题。我们对部分心理健康问题进行了考察。同时，我们也关注那些复原力强的儿童，他们在压力情境中变得更加健康、更加强大。

在阅读并学习完本章内容以后，你应该能够回答出随后学习向导中所列出的每一个问题。回顾章节后面的小结以核查你对学习向导中题目的理解是否准确。贯穿全章的“考考你”将有助于你检查自己对所阅读内容的理解。

学习向导

1. 儿童中期的自我概念和自尊是如何发展变化的？学龄儿童的情绪又是如何发展的？
2. 家庭氛围和家庭结构的作用是什么？兄弟姐妹在儿童的发展中起什么作用？
3. 儿童中期，儿童的同伴关系是如何发生改变的？什么因素影响儿童的受欢迎程度以及攻击行为？
4. 儿童常见的心理健康问题有哪些？儿童如何应对现代社会的压力？

自我的发展

儿童中期的认知发展使得儿童发展出对自身更复杂的认识，并促进了情绪理解和情绪控制的发展。

自我概念的发展

大约在七八岁的时候，儿童达到了新皮亚杰理论中提到的关于儿童自我概念发展的第三阶段。随着儿童**表征系统**（representational systems，整合了自我的多个方面的宽广、丰富的自我概念，Harter，1993，1996，1998）的形成，儿童对自我的判断变得更加实际且平衡。8 岁的丽莎这样描述自己，“在学校里，我感到自己在某些学科上是相当聪明的，像语言艺术和社会研究，上个学期我这些学科都得了 A，我真的很为自己骄傲。但是，在算术和科学上我又觉得自己真的很蠢，尤其是当我看到其他孩子做的那么好的时候……不过总体上我还是很喜欢自己的，因为算术和科学对我来说并不是那么重要。我的样子以及我在朋友中是否受欢迎对我来说更重要”（Harter，1996，p.208）。

丽莎的自我描述表明她对自己的认识已经不只集中在一个维度上，她已经超出了全有或全无的、非黑即白的自我界定，她认识到，自己在某些科目上是“聪明的”而在其他一些科目上可能是“很笨的”。丽莎可以更好地用言语描述自我概念，也可以权衡自我的不同方面。她可以把真实自我与理想自我进行对比，通过与其他人进行比较，她也可以判断自己是否达到社会标准。所有的这些变化都有助于自尊的发展，以及对整体自我价值感的评价（“总体上我还是很喜欢我自己的”）。

自　尊

根据埃里克森（Erikson，1982）的观点，儿童自尊的一个主要决定因素是儿童是否认为自己有能力产生有价值的成果。儿童中期的主要危机是**勤奋对自卑**（industry versus inferiority），儿童需要学习他们所处社会中的有价值的技能。新几内亚岛的阿

每一种文化都有自己所认为重要的技能，根据埃里克森的观点，儿童中期是儿童学习自己文化中的重要技能的时期。在赶着鹅去集市的过程中，图中的越南女孩正在发展自己的胜任感和自尊。

拉佩什男孩学习制造弓箭，女孩则学习种植、除草和采集；阿拉斯基的因纽特儿童学习打猎和捕鱼；工业化国家的儿童学习阅读、书写、计算和使用计算机。就像玛丽安·安德森一样，许多儿童需要学习家务技能，并且从事一些临时的工作贴补家用。

成功解决这一阶段的危机之后发展出来的品质或者优点是胜任感，它是儿童对自己能否掌握技能和完成任务的评价。如果儿童感到与同伴相比自己是不能够胜任的，他们可能退而寻求家庭的保护。另一方面，如果他们过于勤奋，就可能无视社会关系而变成工作狂。

父母强烈地影响着儿童的胜任感信念。在美国对 514 名中产阶级家庭儿童的追踪研究中发现，父母对子女在数学和运动能力方面的信念与儿童自身的信念密切相关（Fredricks & Eccles，2002）。

考考你 ✓

你可以……

- ✓ 从新皮亚杰理论的观点出发，讲述儿童中期的自我概念是如何发展的吗？
- ✓ 比较埃里克森和哈特尔关于自尊是如何产生的观点吗？

情绪发展

随着儿童年龄的增长，他们越来越能够意识到自己的和他人的情绪感受。他们能够更好地调节自己的情绪，并能对他人的情绪困扰做出反应（Saarni et al.，1998）。

到七八岁的时候，儿童一般能够意识到羞愧和自豪的情绪，而且他们对内疚和羞愧的区别也有了更清晰的认识（Harris，Olthof，Meerum Terwogt，& Hardman，1987；Olthof，Schouten，Kuiper，Stegge，& Jennekens Schinkel，2000），这些情绪会影响儿童对自己的看法（Harter，1993，1996）。另外，儿童也能够理解相互冲突的情绪。正如丽莎所言，“学校里的大多数男孩子都很令人讨厌，但是我对弟弟杰森却没有这种感觉，虽然他有时候也确实让我很生气。我很爱他，但同时，他也经常做一些让我抓狂的事情。但是我必须控制自己的脾气，如果不这样我会觉得羞愧”（Harter，1996，p.208）。

到儿童中期，孩子们能够意识到他们所处文化对情绪表达的规范（Cole，Bruschi，& Tamang，2002）。他们知道是什么使得自己生气、害怕或难过，其他人如何对这类情绪做出反应，他们学习根据这些反应来调整自己的行为。幼儿园教师相信，父母可以通过告诉儿童停止哭泣来减少悲伤，或者告诉儿童狗并不可怕来降低儿童对狗的恐惧。六年级学生了解到，情绪可以被压抑但它仍然存在（Rotenberg & Eisenberg，1997）。

情绪的自我调节包括对情绪、注意和行为的努力控制（或随意控制）（Eisenberg et al.，2004）。当儿童想做的事情被打断或阻止时，控制能力较低的儿童倾向于变得很生气或挫败，而在不恰当的时候，控制能力较高的儿童能够抑制自己表达消极情绪的冲动。控制能力可能是以气质为基础的，但一般也会随着年龄的增长而提高，控制能力差可以预测儿童将来的行为问题（Eisenberg et al.，2004）。

考考你 ✓

你可以……

- ✓ 识别出儿童中期情绪发展的几个方面，并说出父母的教养方式如果影响儿童对消极情绪的处理吗？
- ✓ 说出儿童中期增加儿童亲社会行为的方法和途径吗？

亲社会行为

一般来说，学龄儿童会变得更富有同情心，更倾向于表现出亲社会行为。亲社会的儿童倾向于在社会情境中行为表现恰当，消极情绪较少，同时，在问题的应对上更富有建设性（Eisenberg，Fabes，& Murphy，1996）。如果父母理解孩子的苦恼，并且帮助孩子处理引起苦恼的原因，这样可以培养孩子的同情心，促进儿童亲社会行为和社交技能的发展（Bryant，1987；Eisenberg et al.，1996）。当父母对儿童做出不赞成或惩罚的反应时，儿童生气、害怕等情绪可能变得更加强烈，并且可能影响其社会适应（Fabes，Leonard，Kupanoff，& Martin，2001）；或者儿童也可能会隐藏这些消极情绪或对这些消极情绪变得焦虑。随着儿童进入青春期早期，父母对孩子消极情绪的不容忍可能会增加亲子间的冲突。

家庭中的儿童

与年幼的时候相比，学龄儿童花更多的空闲时间，去拜访和与同伴交往。与20年前的儿童相比，他们待在学校和用在学习上的时间更多，而在家里用餐的时间少了很多（Juster et al.，2004）。但是，家庭以及家里的其他人仍然是大多数儿童生活中重要的一部分。在一项针对10445名美国家长的调查发现，65%的6~17岁儿童每天晚上至少与父母中的一方共进晚餐，大约75%的儿童至少每天有一次机会与父母中的一方交谈或玩耍（Lugaila，2003）。

为了解家庭中的儿童，我们需要考察家庭环境，即家庭氛围和家庭结构。这些

相对于年幼儿童来说，尽管学龄儿童待在家里的时间有所减少，但是父母在儿童的生活中仍然起着非常重要的作用。那些愿意和自己的孩子待在一起的父母，更有可能抚养出自信的孩子，同时孩子也倾向于对父母形成良好的感觉。

因素反过来又会受到家庭以外的一些因素的影响。正如布朗芬布伦纳的生态系统理论所预测的，更外层的因素（包括父母的工作、社会经济地位和社会潮流，如城市化，家庭大小的改变、离婚或再婚）有助于形成家庭环境，进而影响儿童的发展。同时，社会文化也影响着家庭生活的节奏和家庭成员的角色。例如，像玛丽安·安德森一样的非裔美国家庭，他们遵循着一些社会规范，包括与家族成员住的很近或生活在一起，有很强的家庭责任感和种族自豪感并相互帮助（Parke & Buriel，1998）。因此，当我们观察家庭中的儿童时，需要意识到那些影响家庭的外部因素。

家庭氛围

家庭环境对儿童发展影响最重要的来自于其内部的氛围。家庭氛围是充满支持和关爱的，还是充满冲突的？其中一个影响因素是，父母如何处理学龄儿童不断发展的“想要自己做决定的需要（和能力）”，另一个因素是家庭的经济地位。父母的工作如何影响儿童的幸福感？家庭是否拥有足够的经济资源以满足基本的需要？

教养问题：共同约束和惩戒

童年阶段，儿童行为控制的主动权逐渐由父母转向儿童。儿童中期被视为**共同约束**（coregulation）的过渡阶段，在此阶段，父母和儿童共享控制权。在父母监督儿

像图中的这对兄妹一样，"挂钥匙的儿童"是指那些放学后父母仍在工作，需要自己照顾自己的儿童，他们必须是成熟的、有责任感的、机智的，并且应该知道在紧急情况下如何获得帮助。

童行为的同时，儿童也喜欢对自己的行为时时刻刻进行自我调控（Maccoby，1984）。例如，关于同伴交往的问题，父母现在很少直接管理，而是更多地与子女进行讨论（Parke & Buriel，1998）。当儿童认为自己的父母是公平的、关心自己利益的，且经验丰富，可能"知道的更多"时，儿童更倾向于遵循父母的意愿。另外，如果父母尝试着尊重儿童做出的日益成熟的判断，并只在重要问题上坚持自己的立场，也是有帮助的。

控制权向共同约束的转变影响到父母对子女的惩戒方式（Maccoby，1984；Roberts，Block，& Block，1984）。学龄儿童的父母更倾向于采用引导技巧。例如，当 8 岁的男孩杰瑞德的父亲指出其行为如何影响到其他人时说"你打了杰曼，这是对他的伤害，会让他感到很难过"。在其他情境中，杰瑞德的父母也可能直接指向他的自尊（"昨天在这里的那个乐于助人的男孩今天怎么了？"）或者道德价值观（"在火车上，像你这样一个高大、强壮的男孩不应该自己坐着而让一个老年人站着"）。总之，杰瑞德的父母会让他知道，他必须为自己的行为后果负责（"怪不得你错过了今天早上的校车，原来是你昨晚上熬夜太晚了！现在你只能步行去学校了"）。

在芬兰的一项追踪研究中，研究者对 196 名儿童从幼儿园开始进行观察，一直追踪到二年级。追踪过程中发现，那些采用内疚 - 产生教育方法（"我对你感到非常非常失望！"），同时又对儿童表达高度挚爱的母亲，其子女倾向于产生行为问题。这可能是由于这些母亲对儿童传达着不一致的信息，或者使儿童在情绪上过于依赖母亲的认可（Aunola & Nurmi，2005）。

父母与子女解决冲突的方式可能比具体结果更重要。如果家庭冲突是富有建设性的，它可以帮助儿童理解规则和标准的必要性。他们也会逐渐学会哪类问题是值得争论的，哪些策略是有效的（Eisenberg，1996）。然而，随着儿童到达青春期前期，他们追求独立自主的意愿更加强烈，这时候家庭冲突解决的质量往往会下降（Vuchinich，Angelelli，& Gatherum，1996）。

考考你 ✓

你可以……

✓ 描述一下儿童中期（父母与孩子）共同约束是如何起作用的，以及父母对儿童的惩戒和处理亲子冲突的方式是如何变化的吗？

父母工作的影响

关于父母工作对儿童幸福感影响的研究大部分集中在职业母亲身上。2005 年，70.5% 的美国职业女性家里有 18 岁以下的孩子，53.8% 的母亲在生完孩子后一年内就开始工作（Bureau of Labor Statistics，2006）。因此，许多孩子从没有见过母亲不为挣钱而工作的时刻。

一般来说，一位职业女性对自己的工作状况越满意，她越有可能做一位有效率的母亲（Parke & Buriel，1998）。但是，母亲工作的影响依赖于许多其他因素，包括孩子的年龄、性别、气质和人格；母亲从事的是全职还是兼职工作；参加工作的原因；她是否有一个支持自己的伴侣，或者没有（伴侣）；家庭的社会经济地位如何；孩子在上学前或者放学后受到的照料如何（Parke & Buriel，1998）。正如安德森的母亲一样，经常会有一些单身母亲为解决家里的经济困境而必须参加工作。母亲的工作对子女的影响程度如何，也许要视情况而定，比如母亲有多少时间和精力来陪伴子女，以及她为子女树立了怎样的榜样（Barber & Eccles，1992）。很明显，在安德森的例子里，她的母亲是一个积极的榜样。

父母与子女之间的情感联系可能比母亲是否在外工作更重要（Crouter，MacDermid，McHale & Perry-Jenkins，1990）。2005 年，从幼儿园到八年级的学生中，有 57% 的学生的母亲都在外面从事全职工作，另外，有 32% 的学生的母亲从事兼职工作或者正在找工作，这些学生至少曾经在一家规范的（非父母照料的）课余护理之家待过，这些机构大多是基于学校或服务中心而开设的。有些从事全职工作的母亲会把孩子交给亲戚照看，尤其是非常年幼的孩子。许多儿童接受过多种类型的课余护理中心的照料（Carver & Iruka，2006）。就像那些良好的学龄前儿童托管中心一样，良好的课余护理之家的人数相对较少，儿童 - 员工比例较低，并且有受过良好教育的工作人员。结构完善的课余护理之家一般有灵活的课程安排和积极的情绪氛围，这使得儿童，尤其是男孩通常在学校中适应更好，表现更佳（Pierce，Hamm，& Vandell，1999；Posner & Vandell，1999）。

大约 9% 的学龄儿童和 23% 的青春期早期儿童被报告处于自我照料的状态，他们经常自己待在家里，没有成年人监管（Hofferth & Jankuniene，2000；NICHD Early Childhood Research Network，2004a）。这种情况只适合那些成熟、负责任、机智并且知道在紧急情况下如何求助的年龄较大的儿童。即使如此，也需要父母中的一方用电话保持联系。

你的观点？

如果经济状况允许，父母中的一方是否应该待在家里照看孩子呢？

贫穷与教养

2004 年，大约有 17% 的美国儿童直到 17 岁都在贫困中度过，其中包括 33% 的黑人儿童和 29% 的西班牙裔儿童。与单亲母亲一起生活的孩子处于贫困之中的比例几乎是双亲家庭孩子的五倍，两者分别为 42% 和 9%（Federal Interagency Forum on Child and Family Statistics，2006；见图 14-1）。贫穷可以激发一些人像安德森的母亲一样努力工作，为他们的子女谋求更好的生活，但亦或摧毁人们的意志。

处于贫困之中的孩子可能比其他孩子有更多的情绪和行为问题，他们的认知能力和学校表现也会更差（Brooks-Gunn，Britto，& Brady，1998；Brooks-Gunn & Duncan，1997；Duncan & Brooks-Gunn，1997；McLoyd，1998）。贫困可能通过影响父母的情绪状况、教养行为以及父母创设的家庭环境而伤害到孩子们的发展（Evans，2004；NICHD Early Child Care Research Network，2005a）。

瓦尼·麦克兰德（Vonnie McLoyd，1990，1998；Mistry，Vandewater，Huston，& McLoyd，2002）对贫困效应的生态学分析发现，这种效应遵循一种发展路径，即贫

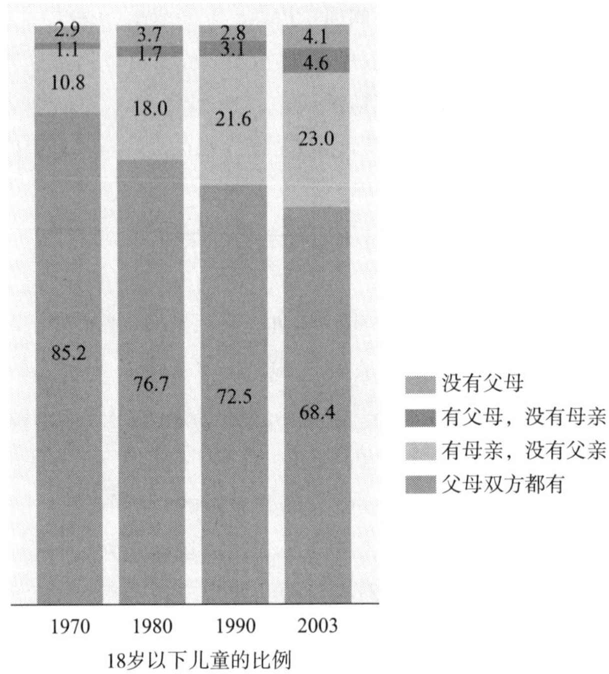

图 14–1
1970~2003 年，18 岁以下儿童的生活状态。在美国，大多数 18 岁以下的儿童与父母双方生活在一起，但是这种类型家庭的数量在逐渐下降。
资料来源：U. S. Census Bureau，2006.

困导致成人的心理困扰，影响对儿童的教养，进而影响到儿童的情绪、行为和学业表现。生活在贫困状态下的父母可能变得焦虑、沮丧和易怒。他们可能变得对自己的孩子更加缺乏爱心，更少做出回应。他们对孩子的惩戒可能是不一致的、粗暴的和专横的。反过来，这些儿童也倾向于变得情绪低落，与同伴相处困难，缺乏自信，出现行为和学业问题，参与反社会行为等（Brooks-Gunn et al.，1998；1998；Evans，2004；Evans & English，2002；Fields & Smith，1998；McLoyd，1990，1998；Mistry et al.，2002）。

然而，这种情形并不是不可避免的。在一项以 152 名非洲裔美国单身母亲为调查对象的持续四年的追踪研究中发现，那些在经济上有较大压力，但情绪健康并有着相对较高自尊的母亲，其孩子倾向于学业表现较好，社交能力较强，这些儿童强化了母亲的积极教养行为。反过来，这又进一步激发了孩子们的学业成功和社交成功（Brody，Kim，Murry，& Brown，2004）。

持续性贫困的影响是很复杂的。在一项针对 1364 个经济条件不同的家庭的追踪研究中发现，相对于后期或长期的贫困而言，4 岁以前经历的暂时性贫困对儿童长期的认知能力和社会性发展的损害更小（NICHD Early Child Care Research Network，2005a）。然而，对儿童影响最大的似乎是伴随着贫困的家庭特征：一个刺激匮乏的家庭环境，母亲缺乏敏感性，不稳定的成人关系，精神疾病，暴力或犯罪行为。

考考你 ✓

你可以……

✓ 说出父母的工作是通过哪些途径影响到孩子的吗?

✓ 说一下贫穷对养育孩子的影响吗?

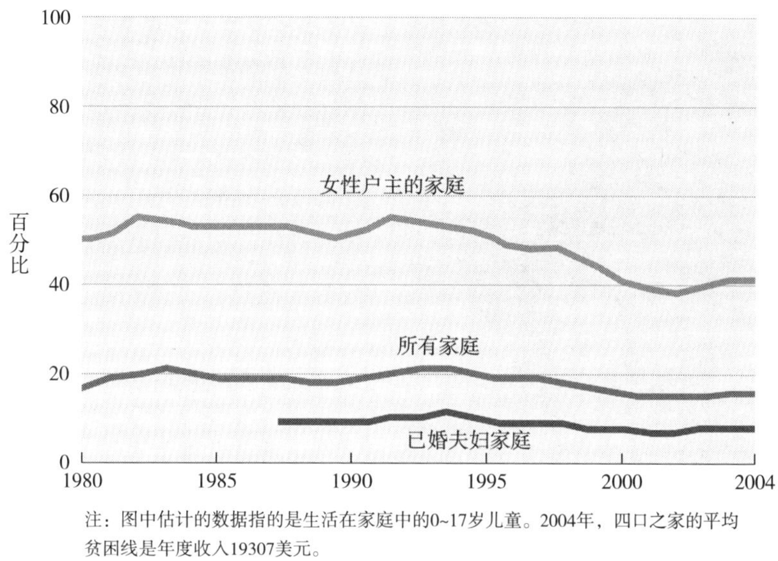

图 14-2

0~17 岁儿童生活在贫困状态下的比例。与单身母亲（以女性为户主的家庭）一起生活的孩子处于贫穷中的比例远远高于其他各类孩子。

资料来源：Federal Interagency Forum on Child and Family Statistics，Fig. 3，2006.

家庭结构

美国的家庭结构发生了巨大的变化。对更早的几代人来说，绝大多数孩子与父母双方生活在一起。而目前，大约三分之二的 18 岁以下儿童与亲生父母、养父母或继父母一起生活，并且这个比例急剧下降，从 1970 年的 87% 下降到 2004 年的 67%（Fields，2003，2004；Federal Interagency Forum on Family and Child Statistics，2006；见图 14-2）。由于离婚或再婚，大约 10% 的双亲式家庭是继父母家庭，另外接近 4% 的家庭是（未婚）同居家庭（Kreider & Fields，2005）。除此之外，其他一些正在增加的家庭类型还包括男同性恋或女同性恋家庭和隔代教养家庭。

在其他条件都相同的情况下，一直与已婚的父母双方共同生活的孩子比在同居家庭、离异家庭、单亲家庭或继父母家庭中长大的孩子或非婚生子表现更好。与上述家庭中长大的孩子相比，那些与幸福的已婚父母一起长大的孩子的优势更加明显。这些儿童通常拥有更优越的生活条件，更有效的教养方式，父母双方更加合作（在抚养子女上），孩子与父母的关系更加密切（尤其是与父亲），同时，孩子经历的压力事件更少（Amato，2005）。然而，父母之间的关系、（父母）教养行为的质量以及创设良好家庭氛围的能力可能比他们的婚姻状况更能影响到孩子的适应状况（Amato，2005；Bray & Hetherington，1993；Bronstein et al.，1993；Dawson，1991）。被双亲家庭收养的儿童可以与在亲生父母家庭中长大的儿童发展的一样好（Hamilton，Cheng，& Powell，2007）。

从婴儿期开始，父亲与孩子交往的频率以及父亲的积极卷入与孩子的幸福感、身体状况、认知和社会性发展有直接的关系（Cabrera et al.，2000；Kelley，Smith，Green，Berndt，& Rogers，1998；Shannon，Tamis-LeMonda，London，& Cabrera，

尽管父亲监护相对来说仍然很少，但是这是一种发展趋势。不管父亲是否拥有监护权，如果他都能积极参与到儿子的生活中，正如图中的男子一样，那么他的儿子可能发展得更好。

2002）。然而，遗憾的是，在一项针对10221名2001年出生在美国的儿童的全国性研究中发现，20%的儿童生活的家庭中没有父亲，13%的儿童从来没有见过自己的父亲。贫困儿童、黑人儿童以及西班牙裔儿童家里没有父亲的可能性最大（NCES，2005a）。

父母离婚的时间

美国是世界上离婚率最高的国家。自1960年以来，每年离婚的人数增加了三倍（Harvey & Pauwels，1999），但是自2001年以来，离婚率开始保持稳定甚至有略微下降的趋势（Munson & Sutton，2004）。每年都有超过一百万的儿童被卷入父母离婚的事件中（Harvey & Pauwels，1999）。

对离婚的适应 父母离婚对儿童来说是很大的压力事件。起初，儿童需要面对的是父母婚姻冲突，其后父母双方分开，其中一方离开家庭，通常来说离开的一方是父亲。对儿童来说，他们往往并不能完全理解正在发生的事情。当然，离婚对父母双方来说也是有压力的，可能对他们的教养方式产生消极影响。家庭的生活水平可能下降，同时，如果父母中的一方搬走，儿童与没有获得监护权的（父母中）一方的关系可能会受到影响（Kelly & Emery，2003）。离婚后父母如果再婚会增加儿童的压力，使他们有再次失去的感觉（Ahrons & Tanner，2003；Amato，2003）。

儿童的情绪或行为问题可以反映出离婚前父母的冲突水平（Amato，2005）。在一项以近11000名加拿大儿童为对象的追踪研究中发现，那些父母在日后离婚的儿童比父母没有离婚的儿童表现出更高的焦虑、抑郁和反社会行为（Strohschein，2005）。如果离婚前父母之间的矛盾是长期的、公开的或者破坏性的，那么离婚之后，儿童的表现可能保持不变或者稍好一些（Amato，2003，2005；Amato & Booth，1997）。

儿童对父母离婚的适应可能部分依赖于儿童的年龄或成熟水平、性别、气质以及离婚前社会心理的调整。对于父母离婚，年幼儿童倾向于表现出更高的焦虑，对离婚的原因有更少的现实性认识，以及他们可能更多地把父母离婚的责任归咎于自己。然而，他们可能比那些能够更好地了解到正在发生什么的年长儿童适应更快。学龄儿童对父母的压力和忠诚性冲突非常敏感，与年幼儿童类似，他们可能同样害怕被抛弃和被拒绝。男孩比女孩更难适应，并且更容易出现社会和行为问题（Amato，2005；Hetherington et al.，1998；Hines，1997；Parke & Buriel，1998）。

监护、探望和共同抚养 父母离婚后，如果获得儿童监护权的一方是温暖的、支持的、权威的，他监督儿童的行为，并持有适应孩子年龄的期望；或者父母之间冲突减少；又或者与儿童不住在一起的一方能够与儿童保持持续的亲密联系和教育卷入等，在这些情况下，儿童的发展会更好（Ahrons & Tanner，2003；Kelly & Emery，2003）。

在大多数离婚案件中，一般由母亲获得儿童的监护权，但父亲监护正在成为一种趋势。如果父亲为儿童提供抚养费（这是父亲与孩子之间情感联系的晴雨表，也是父母双方合作的表现），与离婚后的母亲一起生活的儿童的适应状况可能会更好（Amato & Gilbreth，1999；Kelly & Emery，2003）。许多父母离异的孩子说，失去与父亲之间的联系是父母离婚导致的最痛苦的结果之一（Fabricius，2003）。然而，儿童与父亲之间联系的频率并没有父子关系的质量和父母冲突的水平那么重要。那些不与父亲住在一起但关系比较亲近，且父亲采用权威型教养方式的儿童，倾向于在学校里表现更好，并可能有更少的行为问题（Amato & Gilbreth，1999；Kelly & Emery，2003）。

在一项针对 354 个离异家庭的全国性的样本研究中发现，合作抚养（母亲与不住在一起的父亲在孩子的抚养决策上积极协商）有利于父亲和孩子之间更频繁的接触，这反过来会促进父母与孩子之间的关系，并使父亲对孩子更加负责（Sobolewski & King，2005）。然而，不幸的是，合作抚养并不是一种规范（Amato，2005）。一些父母教育课程会教给那些分居或离异的夫妻怎样防止或处理冲突，保持沟通通畅，发展有效的共同抚养关系，并且帮助儿童适应（父母）离婚等问题，许多法庭将这些课程介绍给离异的夫妻双方，并取得了重大成功（Wolchik et al.，2002）。

共同监护，即监护权由父母双方共同承担。如果父母双方可以合作，例如父母双方可以继续密切地参与孩子的教养，这时共同监护是有利的。如果父母双方持有孩子的共同法定监护权，那么，在做出有关孩子身心健康的相关决策时，他们共同承担权利和义务。如果父母双方持有孩子的共同生活监护权（这种情况较为少见），那么孩子一半时间与母亲生活，另一半时间与父亲生活。在对以往 33 项有关研究的分析中发现，享受共同法定监护或共同生活监护的孩子与单亲监护的孩子相比，其适应状况更好、自尊水平更高、家庭关系更和谐。事实上，那些在父母离异后享受共同监护的孩子与非离异家庭的孩子的适应状况一样好（Bauserman，2002）。然而，那些在离异后选择共同监护的夫妻往往冲突较少。

长期影响 大多数父母离异的孩子适应状况良好。尽管如此，与父母没有离异的儿童相比，父母离异的儿童倾向于在认知、社会性和情绪健康方面略差（Amato，2005）。在青春期阶段，父母离异会增加青少年反社会行为的风险性，导致青少年对

权威人物认同困难（Amato，2003，2005;Kelly & Emery，2003）和辍学（McLanahan & Sandefur，1994）。综合以往的一些研究发现，离异家庭的儿童成年后出现严重的社会、情绪或心理问题的比例为25%，与之相比，那些父母没有离异的儿童成年后出现相应问题的比例仅为10%（Hetherington & Kelly，2002）。到了成年阶段，他们的经济地位通常更低，幸福感更低，非婚生子的几率也更大。他们的婚姻质量可能更差，并更有可能最终以离婚结束（Amato，2005）。

随着儿童进入成年期，并试着建立他们自己的亲密关系时，与父母离婚有关的焦虑可能会逐渐浮出水面（Amato，2003；Wallerstein，Lewis，& Blakeslee，2000）。一些经历过父母离婚事件的年轻人害怕做出承诺，他们担心自己的承诺可能会以失望而告终，同时，他们也坚持维护自己的独立（Glenn & Marquardt，2001；Wallerstein & Corbin,1999）。然而,这种影响的程度依赖于年轻人如何解决和解释父母离婚事件。那些了解到父母之间存在大量冲突的年轻人，可能会从负面榜样中吸取教训，并建立高质量的亲密关系（Shulman，Scharf，Lumer，& Maurer，2001）。

离婚可能会对子孙后代产生影响。在美国，随机抽取了2033名已婚人士并进行了为期20年的追踪研究,结果发现,那些离婚被试的子女与没有离婚被试的子女相比,他们倾向于有更低的受教育水平，更不稳定的婚姻状况，并且与其子女的关系也更加紧张。这些“父母离婚的孩子”的子女（原来接受调查的被试的孙辈）也倾向于表现出较低的受教育水平和更多的婚姻冲突，同时，与父母的关系也更差（Amato & Cheadle，2005）。

在单亲家庭中生活

由于父母离婚或分居、未婚生育、丧偶等原因导致了单亲家庭的存在。随着离婚率及非婚生子比率的上升，美国单亲家庭的数量自1970年以来增加了三倍多（Fidlds，2004）。当前，美国有25%的儿童生活在单亲家庭中，但是，这其中有超过11%的家庭是同居家庭，即这些家庭中包括父亲或母亲的未婚伴侣。超过半数的黑人儿童与单亲父母一起生活，与之相比，只有19%的非西班牙裔白人儿童和26%的西班牙裔儿童与单亲父母生活（Kreider & Fields，2005）。

相对于单亲父亲，儿童可能更多的是与单亲母亲一起居住。尽管如此，美国的单亲家庭中也有超过9%的是单亲父亲家庭（Kreider & Fields，2005；回顾图14-1）。自1970年以来，家里只有父亲的单亲家庭增长了四倍，显然，这主要是因为离婚后父亲获得监护权比例的增加（Fields，2004）。

尽管总体来看，单亲家庭中的儿童表现也很好，但是相对于在双亲家庭中长大的同伴，他们倾向于在社交方面和教育方面发展滞后。这对于非婚生子和父母离异的儿童来说都是适用的。以父母中一方死亡的儿童为被试进行的研究得出了不同的结果，总体来看，这类儿童比那些父母双方已婚并生活在一起的儿童更可能出现问题行为，但是比起未婚母亲或者离异家庭的儿童来说，他们的问题则更少一些（Amato，2005）。

如何解释这些结果呢？这可能是因为那些未婚生育或离异的人存在着某些人格特质或社会适应方面的问题，使得他们"被选择出来"成为单亲父母和不称职的父母。然而，研究却得出了另外的结论，与单亲父母一起生活的儿童面临了大量的压力事件。首先，他们在经济上往往比较拮据，37% 与单亲母亲一起生活的儿童和 16% 与单亲父亲一起生活的儿童生活在贫困状态下（Kreider & Fields，2005）。因为他们的父母在拼命挣钱维持家用，从而就使得这些儿童得不到父母足够的关爱。与父母中的一方失去了联系或者长期处于父母的冲突和敌意之中，这使得儿童产生了情感上的不安全感。在许多情况下，搬到新的社区或者转学都令儿童备感苦恼（Amato，2005）。相对于单亲家庭的儿童，那些与父母双方一起生活的儿童与父母有更多的日常接触，经常听父母为他们阅读，在学校里的进步非常稳定而且参加更多的业余活动（Lugaila，2003）。

然而，单亲家庭儿童的消极发展结果并不是必然的。儿童的年龄和发展水平，家庭的经济环境，是否频繁搬家以及不住在一起的父亲的卷入等，都会使结果发生改变（Amato，2005；Seltzer，2000）。在一项针对 1500 个家里有 6 岁和 7 岁儿童的白人、黑人和西班牙裔家庭的追踪研究中发现，母亲的受教育状况和能力水平、家庭的经济收入，以及家庭环境的质量在较小程度上可以解释单亲家庭儿童在学业表现和行为上出现的任何消极结果（Ricciuti，1999，2004）。

由于单亲父母往往缺乏良好教养所需的资源，因此，可以通过增加经济、社会、教育和教养支持等途径来降低或消除单亲家庭中儿童所面临的潜在风险。在国际数学和科学测验中，美国分别生活在双亲家庭中和单亲家庭中的三年级和四年级儿童之间的成就差距，比除新西兰之外的其他任何国家都大。那些对家庭有支持性政策（例如儿童和家庭津贴、单亲父母的税收优惠、产假以及工作休假）的国家的单亲家庭儿童表现更好（Pong et al，2003）。

在同居家庭中生活

同居家庭在许多方面与普通的婚姻家庭是类似的，但是同居家庭的父母可能存在更多的不利条件。他们的收入水平和受教育水平往往更低，人际关系更差，并且有更多的心理问题。因此，在一项针对 35938 个美国家庭的全国性研究中发现，与同居父母一起生活的 6~11 岁儿童比与亲生的已婚父母一起生活的儿童在情绪、行为和学业表现上更差，就不足为奇了。子女发展结果的差异在很大程度上取决于家庭的经济资源、父母的幸福感以及教养效能（Brown，2004）。

此外，同居家庭比普通已婚家庭可能更容易破裂。尽管大约有 40% 的未婚妈妈在生孩子的时候是与孩子的父亲生活在一起的，但是一年以后大约有 25% 的同居父

图中的女孩有两个父亲，很明显，他们都很宠爱这个孩子。与大家普遍认为的观念相反，与同性恋父母生活在一起的儿童可能并不会比其他儿童出现更多的社交或心理问题，同样，自己也不会发展成同性恋。

母已经不在一起生活了，再过五年，该比例上升到 31%（Amato，2005）。

在继亲家庭中生活

大多数离异的父母最终都会再婚，并且许多未婚生育的母亲后来会嫁给并非孩子生父的男性（Amato，2005），由此形成了继亲家庭或混合家庭。大约 15% 的美国儿童生活在此类混合家庭中（Kreider & Fields，2005）。

适应一位新的继父或继母可能是有压力的。儿童对父母中不在的或去世的一方的忠诚可能会妨碍其与继父或继母建立联系（Amato，2005）。许多继子女仍然保持与没有监护权的一方父母的联系。没有监护权的母亲比没有监护权的父亲与儿童的联系更多，并提供更多的社会支持（Gunnoe & Hetherington，2004）。

许多研究发现，男孩（往往比女孩在适应父母离异和与单亲母亲一起生活上存在更多的困难）可能会从继父那里获益。而女孩则可能会认为在家里出现的新男性是对自己独立性，以及自己与母亲亲密关系的威胁（Bray & Hetherington，1993；Hetherington，1987；Hetherington et al.，1989；Hetherington et al.，1998；Hines，1997）。在一项针对美国成年人的全国性追踪研究中发现，与一直保持单身的母亲相比，那些再婚或重新组成新的同居家庭的母亲倾向于对孩子采用更友善的教养方式，她们的孩子也报告与母亲的关系更好。然而，在稳定的单亲母亲家庭中，母亲对孩子的监督会更多（Thomson，Mosley，Hanson，& McLanahan，2001）。

在美国中西部一个大城市的 173 名不同种族的大学生中，那些在继亲家庭中被抚养长大的学生比在完整家庭中长大的学生报告有更低的幸福感，他们所回忆起的安全性依恋可能也更少。因此，依恋质量可以有助于解释为什么来自继亲家庭的人比来自完整家庭的人倾向于在情绪上、社交上和心理上表现更差（Love & Murdock，2004）。

与同性恋父母一起生活

据估计，在美国大约有 900 万的儿童和青少年的父母，双方中至少有一方是同性恋。一般来说，一些男同性恋或女同性恋所抚养的孩子是自己在之前的异性恋关系中与伴侣所生，而另外一些则是通过人工受孕、借助代孕妈妈等方法所生，或者直接领养其他家庭的孩子（Pawelski et al.，2006；Perrin and AAP Committee on Psychosocial Aspects of Child and Family Health，2002）。

大量研究考察了父母为同性恋的儿童的各方面发展状况，包括心理和情绪健康、智力、适应能力、自我知觉、道德判断、社交技能和性功能，但并没有发现特别之处（APA，2004）。关于同性恋父母与异性恋父母在情绪健康、教养技能和教养态度方面的差异，研究者并没有得出一致结论。如果非要说有差异的话，一般更倾向于认可同性恋父母（Brewaeys，Ponjaert，Van Hall，& Golombok，1997；Meezan & Rauch，2005；Pawelski et al.，2006；Perrin and AAP Committee on Psychosocial Aspects of Child and Family Health，2002；Wainright，Russell，& Patterson，2004）。公开自己是同性恋的父母通常与他们的子女有着积极的亲子关系，其孩子在情绪、社会性、学业表现或心理上的问题，可能并不比异性恋家庭中抚养长大的孩子多（APA，2004；Chan，Raboy，& Patterson，1998；Gartrell，Deck，Rodas，Peyser，& Banks，2005；Meezan & Rauch，2005；Mooney-Somers & Golombok，2000；Golomboket al.，2003；Wainrightet al.，2004）。另外，由同性恋抚养长大的孩子将来成为同性恋的可能性或为自己的性别所困惑的比例，并不见得比异性恋者的孩子更高（Anderssen，Amlie，& Ytteroy，2002；Golombok et al.，2003；Meezan & Rauch，2005；Pawelskiet al.，2006；Wainrightet al.，，2004）。然而，许多同性恋者的孩子会被戏弄，因此，他们为了避免被嘲笑常常努力隐瞒父母的信息（Meezan & Rauch，2005）。

这些研究结果对于儿童的监护和探望争议、托管或收养等法律决策有着社会政策性的启示。面对同性恋婚姻或民事联合的纠纷，同时考虑到孩子的安全这一层因素，美国的几个州开始考虑或者已经采取立法认可同性伴侣领养儿童。为提高这些家庭中孩子在经济上和情感上的幸福感，美国儿科研究会给予同性恋公证结婚的权利（Pawelski et al.，，2006），并且通过立法和法律上的努力来允许同性恋伴侣中的一方抚养另一方的孩子（AAP Committee on Psychosocial Aspects of Child and Family Health，2002）。

考考你✓

你可以……

- ✓ 讲述一下父母离婚对子女有哪些影响吗？在单亲家庭中长大又会如何影响到孩子的幸福感呢？
- ✓ 讲出再婚家庭特有的一些问题和挑战吗？
- ✓ 总结出由同性恋父母抚养长大的孩子，其发展结果的一些主要发现吗？

领养家庭

从古至今，领养（孩子）是所有文化中都存在的一种现象。不仅仅是那些自己不能生育的人，单身者、老年人、同性恋伴侣，甚至自己已经有孩子的一些人，都可能成为领养父母。一些著名的被领养者有女演员哈莉·贝瑞、作家玛雅·安吉罗、美国前总统比尔·克林顿、杰拉尔德·福特以及赫伯特·胡弗。

在 2001 年，美国 18 岁以下的儿童中有 140 万（大约占全部 18 岁以下儿童的 2.5%）至少与一位领养父母生活在一起（Kreider & Fields，2005）。据估计，大约

60% 的合法领养者是孩子的继父母或亲戚，也通常是祖父母（Kreider，2003）。

通常，领养需要通过公立机构或者私人机构来实现。原则上来说，通过机构领养是保密的，孩子的生母和领养父母之间没有直接的接触和联系，同时，孩子生母的身份也是保密的。然而，近几年，由孩子的亲生父母和领养父母之间达成一致的自主领养比过去更加普遍。这是一种公开领养，当事人双方分享信息，并有直接的联系。研究认为，公开领养的潜在风险，如害怕孩子的亲生母亲知道了自己孩子的下落可能会试图要回等，在一定程度上被夸大了（Grotevant，McRoy，Elde，& Fravel，1994）。在一项针对加利福尼亚州 1059 个领养家庭的调查中发现，被领养孩子的社会适应状况或领养父母对其领养行为的满意度都比较高，这与领养是否公开没有关系（Berry，Dylla，Barth，& Needell，1998）。

领养孩子可能会给家庭带来特殊的挑战：家庭要接纳被领养的孩子，对孩子解释领养的事情，帮助孩子发展健康的自我意识，甚至最后可能还要帮助孩子寻找和联系他们的亲生父母。一项全美追踪研究的数据表明，领养父母和亲生父母在孩子的发展中投入的精力和资源是一样多的（Hamilton，Cheng & Powell，2007）。在综述以往的文献时发现，领养儿童与非领养儿童在社会适应方面基本不存在显著性差异（Haugaard,1998）。在婴儿时期就被领养的儿童产生适应问题的可能性最小（Sharma，McGue，& Benson，1996b）。如果出现一些问题的话，可能会在儿童中期（这时候儿童越来越多地意识到他们的家庭在构成方式上与其他家庭的差异）或青春期显露出来，男孩可能更加明显（Freeark et al.，2005）。

从认知上来看，领养通常是有好处的。对 17767 名领养儿童总共 62 项研究的分析发现，相对于那些一直在出生家庭或照料机构中长大的兄弟姐妹或同伴而言，被领养儿童在智力（IQ）测验中得分更高，并且在学校中表现更好。他们的智力测验分数与其所在领养家庭的兄弟姐妹和非领养家庭的伙伴之间没有差异，但是学校表现和语言能力相对滞后，也更可能出现学习问题，或者会成为特殊教育的对象（van IJzendoorn & Juffer，2005；van IJzendoorn，Juffer，& Poelhuis，2005）。

> **你的观点？**
> - 如果你收养了一个孩子，你希望这件事情公开吗？为什么？
> - 如果你放弃抚养自己的孩子，而让其他人抚养，你希望这件事情公开吗？为什么？

尽管在 2006 年有所下降，但是，美国家庭领养外国孩子的数量自 1978 年以来一直在迅速增加，从 5315 人增加到 20679 人，几乎增长了四倍（Bosch et al.，2003；Crary，2007）。大约 17% 是不同种族之间的领养，其中很大一部分是白人父母领养亚裔儿童或拉丁裔儿童（Kreider，2003）。跨种族领养的管理规定在各个州之间是不同的，有些州优先考虑同种族儿童的领养，而另外一些州则要求种族不能作为批准领养儿童的因素。

跨国领养会导致特殊的问题吗？从发展中国家领养儿童，除了营养不良或其他严重医疗状况的可能性以外（Bosch et al.，2003），许多研究发现，这些被领养的儿童在心理适应、学校适应和学校表现、在家里可观察的行为表现，以及应对被领养问题的方式上，都不存在显著的问题（Levy-Shiff，Zoran，& Shulman，1997；Sharma，McGue，& Benson，1996a）。然而，并不是所有的跨国领养都进行的如此顺利，尤其是当儿童没有得到应有的照料，或者被领养时年龄已经较大时（回顾第六章中关于从罗马尼亚孤儿院领养儿童的讨论）。

与祖父母或外祖父母一起生活

在许多发展中国家中，例如拉丁美洲和亚洲等，几世同堂的大家庭占主导地位，共同居住的祖父母在家庭中发挥着必不可少的作用。在泰国和中国台湾地区，大约 40% 的 50 岁和 50 岁以上的中老年人与未成年的孙辈生活在一起，而这其中，又有半数左右的老年人需要照看自己 10 岁或以下的孙辈（Kinsella &Velkoff，2001）。相比之下，在科技发达的国家中，大多数儿童在没有祖辈或其他亲戚的核心家庭中长大。

然而，在上述两种类型的社会中，越来越多的祖父母逐渐成为孙子或孙女唯一的或主要的照看人。这种变化的一个原因是，在发展中国家，许多农村父母流动到城市去找工作。在撒哈拉沙漠以南的一些非洲国家，由于艾滋病的传播留下了许多孤儿，这些孤儿的祖父母自然地承担了父母的角色。这种“隔代”家庭在世界各地普遍存在，尤其是在加勒比海的一些黑人国家中尤为突出（Kinsella &Velkoff，2001）。

在美国，越来越多的祖父母成为孙辈的“替代父母”，而这些孩子的父母由于各种原因无法自己照看子女，比如青春期少女怀孕、药物滥用、疾病、离婚或早逝（Allenet al.，2000）。2003 年，大约 5% 的 18 岁以下儿童和青少年生活在祖父母家中，而这其中又有 40% 的家庭中没有父母。黑人儿童比其他种族的儿童更可能生活在祖父母家中（U.S. Census Bureau，2006）。许多祖父母家庭有固定的经济收入（Hudnall，2001），但也有一些经济非常拮据（Casper & Bryson，1998；Minkler & Fuller-Thomson，2005）。许多负责照看孩子的祖父母（大部分是祖母）是丧偶或者离异的（Hudnall，2001）。

许多承担起照看孩子的祖父母之所以这么做，是出于他们对孩子的爱，以及他们不希望自己的孙子或孙女被放置到陌生的寄养家庭中。然而，年龄的差距成为了障碍，祖辈和孙辈可能都感受到自己违背了他们传统的角色（Crowley，1993；Larsen，1990~1991）。并且，年老的祖父母可能缺乏足够的精力来与积极活跃的儿童保持一致。

没有成为孩子抚养人或者赢得法律上监护权的祖父母是没有合法地位的。他们可能面临许多实际的困难，从帮助儿童注册入学和有机会看到儿童的成绩单，到为儿童申请医疗保险等。即使祖父母拥有了儿童的监护权，儿童通常也没有资格获得雇主提供的健康保险金。像有工作的父母一样，有工作的祖父母也需要良好的、可以负责照看孩子，以及有利于家庭生活的工作政策，例如休假照看生病的孩子。1993 年颁布的联邦家庭和医疗假期法案确实涵盖了需要照看孩子的祖父母的利益，但是许多问题都还没有考虑到。

考考你 ✓

你可以……

- ✓ 谈一下收养行为的发展趋势以及被收养儿童的适应状况吗？
- ✓ 谈一下祖父母养育孙辈所面临的挑战吗？

这些在加拿大北部捕鱼帐篷中的因纽特男孩正在快乐地照看他们年幼的弟弟。非工业化社会中的儿童往往有照看兄弟姐妹的责任。

兄弟姐妹的关系

在亚洲、非洲、大洋洲以及美洲中部和南部的偏远农村地区，经常会看到年龄较大的女孩正在照看三个或四个比自己年幼的弟弟妹妹的情景。在这样的群落中，家里年长的孩子承担着重要的、文化所赋予的角色。父母训练年长的孩子，让他们去教年幼的弟弟妹妹如何捡柴火、提水、照看动物以及种植食物等。而年幼的弟弟妹妹不断吸收着“无形的价值观”，例如尊重老人，把集体利益放在个人利益之上（Cicirelli，1994）。在工业化国家，如美国，父母通常尽力不让年长的孩子承担起照看弟弟妹妹的日常重担（Weisner，1993）。如果确实出现年长的孩子教育年幼同胞的情况，这一般是非正式的，并不是社会系统既定的一部分（Cicirelli，1994）。

家庭中兄弟姐妹的数量以及他们的生活空间、出生顺序、性别等往往决定着他们的角色和关系。非工业化社会中，更多的兄弟姐妹可以帮助家庭分担家务，并且为老年人提供帮助。而在工业化社会中，家里兄弟姐妹的数量少，并且年龄差距更大，这有助于父母在每一个孩子身上投入更多的资源和注意力（Cicirelli，1994）。

在英格兰和宾夕法尼亚州的两项追踪研究中发现，兄弟姐妹之间关系的改变最有可能发生在其中一方的年龄在 7 岁到 9 岁的时候。母亲和孩子都经常把这种关系的改变归于孩子与外面同伴的友谊，同伴友谊往往导致嫉妒和竞争，或者对家庭中兄弟姐妹兴趣和亲密感的丧失（Dunn，1996）。

同胞关系可以成为练习冲突解决的实验室。兄弟姐妹在吵架之后需要解决矛盾、重归于好，因为他们都知道，彼此每天都要见面。同时，他们了解到，表达愤怒不会结束彼此之间的关系。儿童更倾向于和同性别的同胞发生争论，兄弟之间争吵的频率多于任何其他的组合（Cicirelli，1976，1995）。

兄弟姐妹影响彼此的性别发展。一项以 198 组兄弟姐妹（中间年龄为 8 岁和 10 岁）为被试的持续 3 年的追踪研究发现，家里第二个孩子在与性别相关的态度、人格以及休闲活动等方面越来越像比自己年长的同胞。第一个孩子更容易受到父母而不是年幼同胞的影响（McHale，Updegraff，Helms-Erikson，& Crouter，2001）。

同胞之间的影响，不仅仅是通过他们之间的互动产生直接影响，也通过彼此与父母的关系而产生间接的影响。父母与年长子女之间交往的经验影响着其对年幼子女的期望以及对待年幼子女的方式（Brody，2004）。相反，儿童与父母之间建立起来的行为模式倾向于“延伸”到儿童与兄弟姐妹交往的行为上。在一项针对 101 个英国家庭的研究中发现，如果父母与子女之间的关系是温暖的、充满爱的，那么兄

考考你 ✓

你可以……

- ✓ 比较一下在工业化国家和非工业化国家中，兄弟姐妹的角色和责任有什么不同吗？
- ✓ 谈一下兄弟姐妹如何影响彼此的发展吗？

弟姐妹之间也倾向于建立积极的关系；如果父母与子女之间矛盾重重，兄弟姐妹之间的冲突也更多（Pike et al.，2005）。

同伴群体中的儿童

在儿童中期，同伴群体扮演着越来越重要的角色。同伴群体在住地较近或一起去上学的儿童中自然形成，并且，同伴群体中的儿童一般是相同种族或同民族的，家庭经济地位也相当。通常来说，经常在一起玩的孩子年龄相仿，并且性别相同（Hartup，1992；Pellegrini et al.，2002）。

同伴群体如何影响儿童的发展？哪些因素决定了儿童是否被同伴接纳和交朋友的能力？

同伴关系的积极和消极影响

儿童从与同伴一起做事情的过程中获益。他们发展出社会交往以及与人建立亲密感所需的技能，同时获得一种归属感。他们被激励去达成目标，并且获得一种身份的认同。他们学习领导他人，以及与人沟通的能力、沟通的角色与规则。

随着儿童开始脱离父母的影响，同伴群体为儿童提供了新视角，并使得他们可以做出独立的判断。通过与同龄儿童的比较，儿童可以更加实际地估计自己的能力，并对自我效能感产生更清晰的认识。同伴群体可以帮助儿童学会怎样在这个社会中生存，如何调整自己的需求和愿望以适应其他人，何时该屈服以及何时该坚定立场。同伴群体可以为儿童提供心理上的安全感，可以使儿童确信并不是只有自己怀有一些可能冒犯成人的想法。

但从消极的一面来看，同伴群体可以强化**偏见**（prejudice）：用不适宜的态度对待“局外人”，尤其是对某些特定种族或民族群体的成员。儿童倾向于对那些与自己相像的儿童表现出偏爱，但是，除了对同性别儿童的偏爱以外，这些偏爱会随着儿童年龄的增长和认知的发展而逐渐减少（Powlishta，Serbin，Doyle，& White，1994）。偏见和歧视会对某些儿童造成实际的伤害。一项针对 714 名 10~12 岁非裔美国儿童的持续 5 年的追踪研究发现，那些认为自己是受歧视对象的儿童，在未来 5 年中倾向于表现出抑郁症状或者问题行为（Brody et al.，2006）。

> **你的观点？**
> 父母和学校该如何降低儿童的种族、宗教和民族偏见呢？

同伴群体也可能导致儿童的反社会倾向。处于青春期前期的儿童尤其容易受到服从压力的影响。通常是与同伴在一起的时候，一些儿童开始偷窃和吸食毒品（Hartup，1992）。当然，从某种程度上来说，服从群体的标准也是积极的。但当群体标准变的具有破坏性，或者促使年轻人不按照更好的判断行事时，群体标准就变成消极的了。

同伴群体关系中的性别差异

男孩群体和女孩群体从事着不同类型的活动。男孩群体较为一致地追求性别定向活动，他们在有确定的领导等级的大群体中玩耍，玩更有竞争性的游戏和追逐打闹游戏。女孩群体通过亲社会的互动和分享秘密等活动保持更亲密的交谈（Rose & Rudolph，2006）。另外，女孩可能比男孩更多地进行跨性别的活动，例如团体性运动（McHale，Kim，Whiteman，& Crouter，2004）。

与女孩相比，男孩从朋友那里得到的情感支持更少。女孩倾向于寻求社会联系，对他人的痛苦也更敏感。她们比男孩更有可能担心自己的人际关系，更多地表达情绪，并寻求情感支持（Rose & Rudolph，2006）。

为什么儿童用性别来隔离自己，并且从事着如此不同的活动呢？一个显而易见的原因是，男性和女性在体型、力量和精力方面存在着差异。男孩需要更多的空间和更多的体育运动来保证自己的身体健康。另一种解释是，同性别的同伴群体有助于儿童更好地社会化，为未来的角色——竞争者和养育者做准备（Pellegrini & Archer，2005）。同性别的同伴群体帮助儿童学习符合自身性别的行为，并把性别角色纳入儿童的自我概念中。在一项针对 106 名不同种族的 3~7 年级学生的为期两年的追踪研究中发现，如果儿童形成了关于自己特定性别的意识，并对这一性别感到满意，这将有助于儿童的自尊和幸福感；但是，如果儿童受到（来自父母、同伴或自己）必须遵从性别刻板印象的压力，幸福感则会降低（Yunger，Carver，&Perry，2004）。

考考你✓

你可以……

- ✓ 说出同伴群体中的成员往往具有哪些共同的特点吗？
- ✓ 识别同伴群体的积极和消极影响吗？
- ✓ 谈一下同伴群体活动以及同伴关系中的性别差异吗？

受欢迎

儿童中期，在同伴群体中是否受欢迎变得更加重要。受到同伴喜欢的学龄儿童到青春期之后倾向于适应良好。那些与同伴相处有困难的儿童更可能产生心理问题、辍学或行为不良（Hartup，1992；Kupersmidt & Coie，1990；Morison & Masten，1991；Newcomb，Bukowski，& Pattee，1993）。

儿童的受欢迎程度可以通过两种方法进行测量，这两种方法的结果可能存在差异。第一种方式是研究者通过询问儿童哪些同伴是他们最喜欢的，哪些是最不喜欢的，来考察儿童社会测量学上的受欢迎；第二种方法是知觉到的受欢迎，通过询问孩子同伴最喜欢哪些儿童来进行测量。

社会测量学的方法把儿童的同伴地位划分为五种类型：受欢迎（得到许多正向提名的儿童）、被拒绝（得到许多负向提名的儿童）、被忽视（正向和负向提名的次数都非常少的儿童）、有争议（那些既得到很多正向提名，又得到很多负向提名的儿童）和一般型（没有得到不寻常的正向提名和负向提名的儿童）。

一般来说，社会测量学上的受欢迎儿童认知能力较好，学业成就水平较高，擅长解决社会问题，乐于助人，很少具有破坏性和攻击性。他们是友好的、可信赖的、合作的、忠诚的、自我袒露的，且可以给其他孩子提供积极情感支持，他们出众的社交技能使得其他人乐于与之交往（Cillessen & Mayeux，2004；LaFontana & Cillessen，2002；Masten&Coatsworth，1998）。然而，另一方面，正如我们接下来将要谈到的，*知觉为受欢迎*的一些学龄儿童，即那些有着较高群体地位的儿童，他们可能是支配性的、自大的且具有攻击性的。知觉为受欢迎的儿童倾向于在身体上具有吸引力，运动能力较强，而学业能力的影响较小（Cillessen & Mayeux，2004；LaFontana & Cillessen，2002）。

导致儿童*不受欢迎*（既不被拒绝也不被忽视）的原因有很多。一些不受欢迎的儿童是具有攻击性；其他一些则是因为过度活跃、注意力有缺陷或者孤僻（Dodge，Coie，Pettit，& Price，1990；Masten & Coatsworth，1998；Newcomb et al.，1993；Pope，Bierman，& Mumma，1991）。也有一些孩子可能是因为表现愚蠢和不成熟，或者是经常焦虑和犹豫。不受欢迎的儿童通常对其他儿童的情感不敏感，且对新环境适应不良（Bierman，Smoot，& Aumiller，1993）。还有一些不受欢迎儿童是由于对异性群体表现出了过度的兴趣（Sroufe，Bennett，Englund，Urban，& Shulman，1993），而另外一些不受欢迎儿童往往期望自己不被他人喜欢，久而久之这就变成了自我实现的预言（Rabiner & Coie，1989）。

在家庭中，儿童经常习得一些影响其受欢迎程度的行为（Masten & Coatsworth，1998）。权威型父母的孩子比专制型父母的孩子通常更受欢迎（Dekovic & Janssens，1992）。采用惩罚和威胁等教养方式的父母，其孩子也可能用威胁或刻薄的方式对待其他儿童，他们不如那些权威型父母的儿童受欢迎，权威型的父母想方设法与儿童讲道理，并努力帮助他们理解其他人的感受（Hart，Ladd，& Burleson，1990）。

不论在西方文化还是中国文化中，社交能力和与人合作的能力都与社会适应和学校适应密切相关，而攻击性则一般与同伴拒绝和适应不良相关联。在两种文化下，男孩都比女孩倾向于有更高的攻击性，在学校里也会有更多的问题（Chen，Cen，Li，& He，2005）。中西文化的差异体现在害羞、敏感儿童的社会接纳方面（见专栏 14.1）。

考考你✓

你可以……

- ✓ 比较一下儿童是否受欢迎的两种测量方法吗？
- ✓ 描述一下受欢迎儿童和不受欢迎儿童的特点，以及他们如何变化吗？
- ✓ 识别出家庭和文化对儿童是否受欢迎的影响吗？

友　谊

儿童可能在同伴群体中度过大量的业余时间，但是只有作为单个的个体，他们才能建立起友谊关系。受欢迎是同伴群体对某个儿童的观点，但是友谊却是一种双向关系。

儿童寻找那些在年龄、性别、种族和兴趣爱好上与自己相似的同伴来交朋友。最深厚的友谊包括平等的承诺和相互妥协。甚至不受欢迎的儿童也可以交到朋友，但是他们比受欢迎儿童的朋友少，并且他们倾向于和更年幼的儿童、其他不受欢迎的儿童或者其他班、其他学校的儿童交朋友（George & Hartmann，1996；Hartup，

世界各地

专栏 14.1 受欢迎程度：跨文化的观点

文化如何影响儿童的受欢迎程度？在一种文化中受欢迎的儿童，在另一种文化中也会同样受欢迎吗？研究者选取了来自中国上海的 480 名二年级和四年级儿童，并将其与来自加拿大安大略省的 296 名相同年龄的儿童进行了比较（Chen，Rubin，& Sun，1992）。尽管两个样本存在很大的差异，例如，加拿大儿童都不是来自农民家庭，但是许多中国儿童来自农民家庭，但是两个样本对本国学龄儿童均有很好的代表性。

在儿童中期，害羞、敏感的儿童在中国文化中比在西方文化中更受欢迎。这是因为，在中国文化中这类儿童往往被认为是行为表现良好。这个年龄段的儿童倾向于接受成年人的行为标准。

研究者通过两种同伴知觉的方法评估了儿童的受欢迎程度。首先，让儿童填写一份社会测量学评定问卷，分别报告他们最喜欢和最不喜欢在一起的三个同学，以及哪三个同学是自己最好的朋友。结果表明，某些特质在两种文化条件下同样有价值。善于交际、与人合作的儿童在中国和加拿大都是受欢迎的，而攻击性的儿童在两个国家都被其他同伴拒绝。然而，一个重要的差异出现了：害羞、敏感的儿童在中国受到普遍的喜爱，但是在加拿大却并非如此。这也并不令人吃惊。传统上，中国儿童常常被鼓励做事要谨慎，要约束自己，并要抑制自己的冲动。因此，一个安静、害羞的儿童往往被认为是表现良好的。相反，在西方文化中，这样的一个儿童可能被看做是在社交方面不成熟的、害怕的或者缺乏自信的。

随后对 8 岁和 10 岁儿童的追踪研究（Chen，Rubin，& Li，1995）中再次发现，害羞的、敏感的中国儿童在同伴群体中是受欢迎的。同样，教师也评价他们具有社交能力，可以作为领导者，且在学业上是成功的。然而，到 12 岁时出现了一个有趣的扭转：害羞、敏感的中国儿童不再受欢迎。他们倾向于被同伴拒绝，就像在西方文化中一样。

研究者认为，在中国，随着儿童进入青春期，

1992，1996a，1996b；Newcomb & Bagwell，1995）。

与朋友在一起，儿童可以学习与他人沟通与合作的能力。他们相互帮助，应对艰难的压力事件。不可避免的争吵可以帮助儿童学习如何解决冲突（Hartup，1992，1996a，1996b；Hartup & Stevens，1999；Newcomb & Bagwell，1995）。友谊似乎可以使儿童自我感觉良好，当然也可能是自我感觉良好的儿童更容易交朋友。儿童中期如果遭到同伴拒绝或者没有朋友，会产生长远的影响。一项追踪研究发现，没有朋友的五年级学生到成年早期时，可能比其他同学的自尊水平更低，并可能有抑郁症（Bagwell，Newcomb，& Bukowski，1998）。

儿童关于友谊的概念以及与朋友相处的方式随着年龄的增长而发生变化，这反映了儿童认知和情感的发展。学龄前的儿童是与朋友在一起玩耍，而学龄儿童的友谊更深、更稳定。直到在认知上足够成熟，能够考虑除自己之外的其他人的观

同伴关系变得更加重要，而成人的认同作用逐渐下降，这时害羞和敏感可能具有了不同的社会涵义。随着儿童在同伴决策时做出独立判断愿望的增长，甚至在中国这种强烈推崇权威遵从的国家，成人社会标准的影响也逐渐减弱。

在最近发表的一篇关于年幼儿童的研究中指出，近年来，尤其是20世纪90年代后期以来，中国经济体制的急剧变化带来的社会变迁对儿童产生了一定的影响。在这段时期内，中国开始由完全的集体主义体制，向更富竞争力、技术先进的市场经济以及与之相关的个人主义价值观转变。

在1990年、1998年和2002年，研究者（Chen, Cen, Li, &He, 2005）分别采用社会测量法和社会功能的同伴评估法考察了上海市三年级和四年级的三个同质群体。在研究中，他们考察了儿童的学习成绩，并进行了教师评定。与以往研究结果一致，亲社会行为与儿童的社会地位和学业成绩相关联，而攻击行为一般与同伴拒绝和适应不良相关联。

然而，在害羞/敏感的儿童身上出现了一个显著的变化。在1990年的被试群体中，害羞的儿童被同伴所接纳，并且他们在学习成绩、领导力和教师评价的能力方面均表现较好。到2002年，结果却恰好相反：害羞的儿童倾向于被同伴拒绝，他们是抑郁的，并且教师评价其能力也较低。1998年的研究结果是混合的，这可能反映了社会转型期人们态度的变化。这些发现表明，害羞儿童的社会接受度与文化标准密切相关。随着中国社会的变化，社交自信和主动性可能比过去变得更加受赞赏和受鼓励，而害羞和敏感可能会导致儿童的社交困难和心理问题。

你的观点?

如果一个害羞、敏感的儿童抱怨被其他儿童拒绝，你会给予其父母怎样的建议?

请查阅!

更多关于该主题的内容，请到 www.pbs.org/kcts/preciouschildren/resources/index.html 网站上查找。在该网站上，你可以通过 PBS 的纪录片“宝贝儿童”找到关于中国的链接。或者可以到 http：//www.pbs.org/inthemix，这是 PBS 其中的一个节目“为爱疯狂”的网址，它同时提供字幕。你可以搜索一个叫“Cliques：Behind the Labels”的节目。

点和需要时，儿童才会拥有真正的朋友（Hartup，1992；Hartup & Stevens，1999；Newcomb & Bagwell，1995）。

在对250多名3~45岁被试进行访谈的基础上，罗伯特·塞尔曼（Robert Selman，1980；Selman & Selman，1979）通过五个相互重叠的阶段描述了友谊概念的变化（见表14-1）。塞尔曼的研究发现，大多数学龄儿童处于友谊发展的第二个阶段（基于自我利益的互惠友谊），但是一些年龄更大的儿童，9岁及以上，可能处于第三个阶段（亲密的共享关系）。

学龄儿童根据亲密程度和在一起度过的时间，把朋友区分为“最好的朋友”、“好朋友”和“普通朋友”（Hartup & Stevens，1999）。这个年龄段的儿童一般有三到五个“最好的”朋友，但是通常来说，他们一次只会和一两个朋友一起玩耍（Hartup，1992；Hartup & Stevens，1999）。学龄期的女孩很少担心是否有许多朋友，而是担心是否

考考你✓

你可以……

- ✓ 对受欢迎和友谊加以区分吗?
- ✓ 列举出儿童所要寻求的朋友的特点吗?
- ✓ 说一下年龄和性别如何影响友谊吗?

表 14-1 塞尔曼友谊发展的五个阶段

阶 段	描 述	例 证
阶段 0：短暂的游戏伙伴关系（3~7 岁）	在友谊的无差别阶段，儿童是自我中心的，很难考虑其他人的观点，他们往往只考虑到自己想从一种关系中获得什么。大多数年幼儿童根据时空上的邻近性以及实用价值来界定他们的朋友。	“她和我住在同一条街道”或者“他有金刚战士”。
阶段 1：单向帮助阶段（4~9 岁）	在这一单向阶段，“好朋友”是要求他做什么，他就做什么的朋友。	“她不再是我的朋友，因为当我想让她跟我走的时候，她不跟我一起走”，或者“他是我的朋友，因为当我借用他的橡皮的时候，他每次都同意”。
阶段 2：双向帮助，但不能共患难的合作阶段（6~12 岁）	这一互惠的阶段与阶段 1 有一定的交叠。它包括一定的相互妥协，但仍然服务于个人的自我利益，而不是朋友双方之间的共同利益。	“我们是朋友，我们为对方做一些事情”，或者“朋友是当你没有其他人一起玩的时候，仍然和你一起玩的人。”
阶段 3：亲密的共享关系阶段（9~15 岁）	在这一相互的阶段，儿童认为友谊本身具有生命力。它是一种持续的、系统的、忠诚的关系，不仅包括为彼此做事情。朋友之间往往产生占有欲和排他性。	“交到一个亲密的朋友需要花费很长时间，因此，当你发现你的朋友也正在设法与别人交朋友时，你真的感到非常难过。”
阶段 4：自主的共存阶段（12 岁开始）	在这个相互依赖、相互依存的阶段，儿童尊重朋友的依赖性和自主性需要。	“高质量的友谊是一种真正的承诺，是你不得不承担的风险；你必须支持、信任和给予，但是你也必须能够给予对方自由”。

资料来源：Selman，1980；Selman & Selman，1979.

有几个可以依赖的亲密的朋友。男孩有更多的朋友，但是他们的友谊通常有更少的亲密性和情感依赖（Furman，1982；Furman &Buhrmester，1985；Hartup & Stevens，1999）。

攻击性和欺负行为

在学龄儿童的早期阶段，儿童的攻击行为逐渐减少并在形式上发生了改变。6、7 岁以后，随着利己主义降低、更富有同情心、更加合作以及更好的与人交流，大多数儿童的攻击性逐渐减弱。他们现在能够站在他人的立场上思考问题，能够理解他人的动机，同时能够找到积极的方式表达自己。**工具性攻击**（instrumental aggression）（攻击行为的目的是获得某物品，如玩具等）是学龄前儿童的一个标志，在学龄期也不再普遍（Coie & Dodge，1998）。但是，随着攻击性水平的整体下降，**敌意性攻击**（hostile aggression），即以伤害他人为目的的攻击，却有所增加（Coie & Dodge，1998），这种类型的攻击往往采用言语攻击而非身体攻击的形式（Pellegrini & Archer，2005）。高水平的身体攻击可能导致高水平的社会攻击，而社会攻击可能较少受到惩罚（Brendgen et al.，2005）。

少数儿童不会去学习控制身体攻击（Coie & Dodge，1998），这些儿童通常有社会和心理问题。但是，研究者还不确定是攻击行为引发了这些问题，还是攻击行为是这些社会和心理问题的反应，或者两者都是（Crick & Grotpeter，1995）。高攻击性儿童经常互相怂恿做出反社会行为。因此，那些具有身体攻击性的学龄男孩到青春期时可能发展成少年犯（Broidy et al.，2003）。

攻击行为的性别差异

正如我们在第 11 章中所讨论的，男孩从小开始就有更多的身体攻击，而女孩的关系攻击或社会攻击似乎更典型。随着儿童年龄的增长，身体攻击在数量上的性别差异保持不变。然而，从 6 岁到 17 岁，在关系攻击上的性别差异逐渐增加，到 11 岁和 17 岁达到顶峰（Archer，2004）。一些研究者认为，女孩的关系攻击可能并不比男孩多，但是关系攻击的结果对女孩来说却比对男孩更严重，因为女孩倾向于比男孩更担忧人际关系（Cillessen & Mayeux，2004；Crick et al.，2002）。

性别隔离的同伴群体是攻击行为的性别差异得以发展的背景。在一个群体形成之初，男孩倾向于表现出更多的攻击性，因为他们都想争取支配地位。后来，一旦他们获得了一定地位，便开始与原来的对手寻求和解。而女孩则通过更加巧妙的方式来寻求群体地位，其中包括间接攻击或关系攻击（Pellegrini & Archer，2005）。

正如我们前面已经提到的，攻击者一般会遭到同伴的厌恶，但是身体攻击的男孩和一些关系攻击的女孩在班集体中却是最受欢迎的一部分人（Cillessen & Mayeux，2004；Rodkin，Farmer，Pearl，& Van Acker，2000）。在一项以被同伴拒绝的四年级儿童为被试的研究中发现，攻击性男孩到五年级末期通常会获得社会地位，这表明，年幼儿童尽力回避的行为可能在青春期前的少年看来是很酷的或者是有魅力的行为（Sandstrom & Coie，1999）。在一项追踪研究中，调查了不同种族群体的 905 名 5~9 年级的城市学生，结果发现，随着儿童进入青春期，身体攻击不再那么令人讨厌，同时，在同伴群体的高地位者中，关系攻击逐渐增加（Cillessen &Mayeux，2004）。

攻击行为的类型与社会信息加工

哪些因素使儿童做出攻击性行为呢？一种答案可能是儿童加工社会信息的方式：儿童关注社会环境的哪些特征，以及他们如何解释所接收到的信息（Crick & Dodge，1994，1996）。

工具性攻击者或者**主动攻击者**认为，武力和强权是得到自己想要的东西的有效途径。他们是有意为之，而并非出于愤怒。套用社会学习理论的概念来解释，他们之所以攻击，是因为他们期望获得奖励；而一旦他们得到奖励，其攻击有效的信念就得到了强化（Crick & Dodge，1996）。与此相反，当一个儿童在队列中被不经意地撞了一下，这时候如果她假定撞她的另一个儿童是故意这么做的，那么她可能会很生气地撞回去。这是一个敌意性攻击或者被动攻击的例子。这样的儿童往往具有**敌意归因偏见**（hostile attribution bias），他们认为其他儿童正在试图伤害自己，他们的攻击是报复或者自卫（Crick & Dodge，1996；de Castro，Veerman，Koops，Bosch，& Monshouwer，2002；Waldman，1996）。

那些寻求支配和控制地位的儿童可能对威胁自己地位的行为做出攻击性反应，他们可能把这些威胁归因为带有敌意的（de Castro et al.，2002；Erdley et al.，1997）。被拒绝的儿童和那些父母采用严厉教养方式的儿童也通常具有敌意归因偏见（Coie & Dodge，1998；Masten & Coatsworth，1998；Weiss，Dodge，Bates，& Pettit，1992）。因为人们经常会对那些对自己做出攻击性反应的人产生敌意，所以敌意偏见可能会引发攻击行为的恶性循环（de Castro et al.，2002）。敌意归因偏见在 6~12 岁儿童中变得更加普遍（Aber，Brown，& Jones，2003）。

无论是工具性攻击者还是敌意性攻击者，都需要别人帮助他们转变社会信息的加工方式，使得他们不再把攻击行为解释为有效的或者是合理的。如果没有奖赏，工具性攻击可能会终止（Crick & Dodge，1996）。而要终止敌意性攻击，则需要教给儿童，当他们正在生气的时候，如何辨别以及控制自己的愤怒。在纽约的一项学校研究中发现，参与冲突解决课程（包括讨论和角色扮演）的儿童比那些没有参与课程的儿童，表现出更少的敌意归因偏见，更少的攻击性行为，更少的行为问题，以及在面临社会情境时有更多有效的应对方式（Aber et al.，2003）。

媒体暴力会激发攻击行为吗？

儿童在娱乐媒体上花费的时间比在其他任何活动（除了学习和睡觉外）上花费的时间都多。儿童平均每天在电视或者电脑前花费大约 4 个小时，有些甚至远远多于这些。几乎所有有孩子的美国家庭中至少有一台电视机，同时，半数以上的家庭可以上网（Anderson et al.，2003；DeBell & Chapman，2006）。

除了持续不断的、重复性的自然灾害和暴力行为的新闻报道之外（American Academy of Child & Adolescent Psychiatry，2002），大约十分之六的美国电视节目中充斥着暴力，它们通常是渲染、美化暴力或者把暴力描述为鸡毛蒜皮的小事（Yokota & Thompson，2000）。在美国，50 种电视转播的大型体育赛事中，例如美国橄榄球超级联赛，有 49% 的插播广告时间里都包括至少一种商业性的危险行为或暴力展示（Tamburro，Gordon，D’OApolito，& Howard，2004）。音乐电视中也会或多或少的出现一些对女性和黑人的暴力。电影、音乐和计算机游戏产业以强有力的攻势使得暴力或成人化的产品向儿童市场蔓延（AAP Committee on Public Education，2001）。

由于儿童花费了大量的时间在媒体上，因此，他们看到的荧屏形象就变成了首要的行为榜样，以及了解人们在现实世界中如何行为的信息来源。大量的实验研究、追踪研究、流行病学的研究以及跨文化研究均表明，媒体暴力与儿童、青少年以及成人的攻击行为之间存在着因果关系。事实上，最强的因果关系是先前暴露于暴力情境对后期暴力行为的影响（AAP Committee on Public Education，2001；Anderson，Berkowitz，et al.，2003；Anderson，Huston，Schmitt，Linebarger，& Wright，2001；Huesmann，Moise-Titus，Podolski，&Eron，2003）。

媒体暴力是如何导致儿童长期的攻击行为的呢？媒体暴力回避了人力成本，带来了内心的快感，它导致儿童认为攻击行为是可接受的。儿童看到好人和坏人都通过暴力达到了自己的目的，这使得他们认为武力是解决冲突的有效方法。他们由此可能认为暴力是理所当然的事情，因此当他们看到暴力时可能更少地进行制止。对现实暴力的渲染越多，它可能就越容易被接受（AAP Committee on Public Education，2001；Anderson，Berkowitz，et al.，2003）。并且，儿童花在暴力电视节目上的时间每多一个小时，他们与朋友呆在一起的时间就会减少一小时。因此，观看暴力电视节目可能会导致一个恶性循环，那些经常观看暴力节目的人变得更加具有攻击性，他们的行为导致了社交孤立，反过来，他们又会进一步花更多的时间观看暴力电视节目（Bickham & Rich，2006）。

儿童比成年人更容易受到电视暴力的影响（AAP Committee on Public Education，2001；Coie & Dodge，1998）。经典社会学习理论的研究发现，儿童更多地模仿电影中的榜样而非现实中的人物（Bandura，Ross，& Ross，1963）。如果儿童相信荧屏上的暴力是真实的，他们认同暴力的角色，认为这些角色是吸引人的，且在没有父母监督和干预的情况下观看这些节目，那么电视暴力的影响会更大（Anderson erkowitz，et al.，2003；Coie & Dodge，1998）。高攻击水平的儿童比低攻击水平的儿童更容易受到媒体暴力的影响（Anderson，Berkowitz，et al.，2003）。

电视暴力对学龄儿童的长期影响比对年幼儿童的影响更大（Eron & Huesmann，1986）。有研究者对 427 名 8 岁儿童观看电视的习惯进行了研究，结果发现，他们在 19 岁时攻击行为的最好的预测变量是小时候所看电视节目的暴力程度（Eron，1980，1982）。在一项追踪研究中发现，儿童在 8 岁时观看电视的数量以及男孩对暴力节目的偏爱，可以预测他们在 30 岁时犯罪的严重程度（Huesmann，1986；Huesmann & Eron，1984）。

探究较新的互动媒体（如计算机游戏和互联网）对儿童影响的研究相对较少，但是初步的研究发现，“儿童参与其中的虚拟暴力可能比被动媒体（如电视）的消极影响更深远”。暴力电玩游戏不仅仅让儿童观察到暴力行为获得的奖励，而且“把儿童置于攻击者的位置上，并因成功的暴力行为得到直接奖励（或她）”（AAP Committee on Public Education 2001，pp. 1223-1224）。在一项实验研究中发现，在玩完电玩游戏后，年轻人表现出的亲社会行为下降，同时出现攻击性思维，并对他人的挑衅进行武力报复（Anderson，2000）。

你的观点？

为了降低暴力电视节目对儿童的影响，我们可以做什么，又应该做什么呢？

通过减少看电视的时间，以及由父母监督和指导儿童观看何种类型的电视节目可以减少由媒体导致的攻击行为（Anderson，Berkowitz，et al.，2003）。美国儿科学会公共教育委员会（2001）建议，父母应该把儿童每天观看媒体节目的时间限制在 1~2 个小时。部分三年级和四年级学生参加了一项为期 6 个月的课程，课程旨在激励他们减少看电视、录像以及玩电子游戏的时间，结果发现，与控制组儿童（不参与课程的儿童）相比，这部分儿童在同伴评价的攻击行为方面有显著的下降（Robinson，Wilde，Navracruz，Haydel，& Varady，2001）。

欺负者和被欺负者

当攻击行为变成有意的、持续的、直接指向特定目标的时候，攻击行为就演变成了**欺负行为**（bullying），欺负行为的受害者往往是弱小的、易受攻击的、无防备的。欺负可以是身体上的（打人、撞人、踢人或者拿别人的东西）、言语上的（骂人或威胁别人）或者心理上的（孤立他人或者背后说人闲话）（Veenstra et al.，2005）。大约 24% 的小学、42% 的初中和 21% 的高中声称，学校里每周至少发生一次欺负行为（Guerino，Hurwitz，Noonan，& Kaffenberger，2006）。在其他工业化国家，如英国和日本，欺负行为也是一个严重的校园问题（Hara，2002；Kanetsuna & Smith，2002；Ruiz & Tanaka，2001）。在日本和韩国，校园欺负已经与学生自杀率的增长、自杀念头和自杀行为等紧密联系在一起（Kim，Koh，& Leventhal，2005；Rios-Ellis，Bellamy，& Shoji，2000）。

欺负行为通常在小学中年级时达到顶峰。男孩更多地采用外显攻击，而女孩更多地采用关系攻击。

大多数欺负者是男孩，他们倾向于欺凌其他男孩（Veenstra et al.，2005），而女孩倾向于欺负其他女孩（Pellegrini & Long，2002）。男性欺负者倾向于采用外显的、身体攻击；而女性欺负者则可能使用关系攻击（Boulton，1995；Nansel et al.，2001）。欺负和被欺负的类型可能早在幼儿园时期就确定了，在同伴群体建立之初，攻击者很快就了解到哪些儿童可能成为最早的攻击目标。欺负行为和攻击行为的高峰出现在小学向中学过渡的阶段。在这个过渡时期，男孩采用欺负行为作为在同伴群体中确立优势地位的手段。随着年龄的增长，大多数儿童可以学会如何阻止欺负行为，剩下一小部分儿童成为可能的被欺负者（Pellegrini & Long，2002；Smith & Levan，1995）。

欺负者和被欺负者都可能表现出心理问题，并且都倾向于不被他人喜欢。事实上，大约半数左右的欺负者认为自己同时也是被欺负者，这部分人比单纯的欺负者和单纯的被欺负者的感受更差。尽管欺负者声称自己很容易交朋友，但实际上，他们往往是具有攻击性的、冲动的、敌意的、专横霸道的、反社会的，同时也是不善于与人合作的。运用敌意归因偏见理论来解释，欺负者可能会说，他们之所以欺负这些人，是因为自己受到了挑衅（Veenstra et al.，2005）。

被欺负者的危险因素具有跨文化的一致性（Schwartz，Chang，& Farver，2001）。被欺负者不能融入群体：他们往往是焦虑的、抑郁的、小心翼翼的、安静的、服从的，并且是容易哭泣的，或者爱争辩或喜欢挑拨的（Hodges，Boivin，Vitaro，& Bukowski，1999；Olweus，1995；Veenstra et al.，2005）。他们几乎没有朋友，并可能生活在严厉的、经常受到惩罚的家庭环境中（Nansel et al.，2001；Schwartz，Dodge，Pettit，& Bates and the Conduct Problems Prevention Research Group，2000）。被欺负者的自尊水平往往较低，但是目前还不清楚，是低自尊导致了儿童被欺负，还是被欺负导致了低自尊。男性被欺负者往往身体较差（Boulton & Smith，1994；Olweus，1995）。在对 5749 名加拿大儿童的研究中发现，那些体重超重的儿童最有可能成为被欺负者或欺负者（Janssen，Craig，Boyce，& Pickett，2004）。

欺负行为的受害者可能发展出各种行为问题，如多动症。他们可能变得更加自残或者抑郁（Schwartz，McFadyen-Ketchum，Dodge，Pettit，& Bates，1998；Veenstra et al.，2005）。1994 年以来的校园枪击案浪潮中，作案者往往是那些欺负行为的受害者（Anderson，Kaufman，et al.，2001）。欺负行为增加了行为不良、犯罪和酒精滥用的危险性。

2004 年，美国卫生及公共服务部发起了一项运动，旨在阻止欺负行为和青少年暴力。这是一项针对 3~6 年级学生的课程，其目标是：（1）针对欺负行为，提高全民意识和反应性，（2）教给学生社交技能和情绪技能，（3）培养社会责任信念。在一项以 1023 名三到六年级学生为被试的随机对照组研究中发现，那些接受了课程培训的学生在操场上的欺负行为和争辩性行为减少，同伴之间的和谐互动增加，同时更少旁观欺负行为（Frey et al.，2005）。

考考你 ✓

你可以……

- ✓ 说出童年中期儿童的攻击行为如何变化吗？社会信息加工和电视暴力又是如何影响儿童的攻击行为呢？
- ✓ 谈一下学龄儿童攻击行为上的性别差异吗？
- ✓ 说出欺负行为和被欺负的模式是如何建立以及如何变化的吗？
- ✓ 列举出欺负行为和被欺负的危险因素吗？

心理健康

心理健康这个词可能是一个误称，因为它通常用来代指情绪健康。尽管大多数儿童的适应状况良好，但是，根据最新的估计，至少有十分之一的儿童和青少年被诊断存在严重的心理疾病，且足以引起其他伤害（Leslie，Newman，Chesney，& Perrin，2005）。儿童心理疾病的诊断非常重要，因为它可能导致成年期的精神障碍（Kim-Cohen et al.，2003）。事实上，大约半数的精神疾病开始于 14 岁（Kessler et al.，2005）。下面，让我们看几种常见的精神障碍和几种治疗方法。

常见的精神障碍

产生情绪、行为和发展问题的儿童往往是那些得不到良好照料的儿童。与其他需要特殊健康护理的儿童相比，存在心理问题的儿童更可能遇到一些影响他们日常生活或者导致他们失学的情况。他们往往患有慢性身体疾病。许多这样的儿童缺乏相应的健康保险，健康护理需求也得不到满足（Bethell，Read，& Blumberg，2005）。

有报道称，在被确诊的具有情绪、行为和发展问题的儿童中，有 55.7% 的儿童患有*破坏性行为障碍*：攻击行为、反抗他人或者反社会行为。除此之外，几乎所有剩下的儿童，约 43.5%，患有*焦虑或心境障碍*：感到悲哀、抑郁、不被人喜欢、紧张、恐惧或者孤独（Bethell，2005）。

破坏性行为障碍

乱发脾气、挑衅他人、喜欢争辩、具有敌意或者做出令人讨厌的行为（在儿童4、5 岁时比较普遍）是儿童中期的典型表现。如果这样一种行为方式到 8 岁时仍在持续，这些孩子（通常是男孩）可能会被诊断为患有**对立违抗性障碍**（oppositional defiant disorder，ODD）。这是一种喜欢挑衅他人、不服从、对成年权威人物充满敌意的行为模式，至少持续 6 个月，超出了正常儿童行为的界限。患有 ODD 的儿童经常打架、争辩、发脾气、抢东西、指责他人，经常生气或愤怒，他们几乎没有朋友，在学校里经常惹麻烦，时刻考验着成年人耐心的极限（APA，2000；National Library of Medicine，2004）。

一些患有 ODD 的儿童同时具有**品行障碍**（conduct disorder，CD），这是一种持久性的、反复发作的病症，开始于年龄很小的时候，具有攻击性和反社会行为，例如逃学、纵火、习惯性撒谎、打架、欺负他人、偷窃、故意破坏、斗殴以及药物和酒精滥用（APA，2000；National Library of Medicine，2003）。在美国，由非公共性机构照料的 9~17 岁儿童中，大约 1%~4% 的儿童患有品行障碍（USDHHS，1999b）。一些 11~13 岁的儿童由品行障碍发展为暴力犯罪（行凶抢劫、强奸、入室盗窃），到17 岁时可能成为频发的、严重的犯罪分子（Coie & Dodge，1998）。大约 25%~50% 的高危反社会儿童会发展成反社会的成年人（USDHHS，1999b）。

哪些因素决定了一个具有反社会倾向的特殊儿童是否会发展成为一个严重的、长期的反社会行为者？神经生物学上的缺陷，例如压力调节机制匮乏，可能导致儿童不能时刻提醒自己、约束自己远离危险的行为。这些缺陷可能是受到遗传的影响，也可能是由不利的环境（如充满敌意的教养方式或家庭冲突）所导致，又或者是两者共同影响（van Goozen，Fairchild Snoek，& Harold，2007）。（在第 17 章，我们将进一步探讨反社会行为和未成年人犯罪的根源）。

学校恐惧症和其他焦虑症

患有**学校恐惧症**（school phobia）的儿童对去上学有着一种超乎想象的恐惧。一些儿童害怕去上学是有现实原因的：有一个喜欢挖苦学生的老师，过多的作业，或者在学校操场上有一个经常欺负自己的同学。在这样的情况下，我们可能需要改变环境，而不是儿童本身（Kochenderfer & Ladd，1996）。真正的学校恐惧症可能是一种**分离性焦虑障碍**（separation anxiety disorder），这是一种伴随离开自己的家或者离开儿童依恋的成人而出现的障碍，至少持续四个星期的过度焦虑状况。

尽管对年幼儿童来说分离焦虑是正常的，但是，当它持续到年龄较大时，就要引起高度关注了。分离性焦虑障碍影响到大约 4% 的儿童和青少年，并可能延续到大学阶段。这些儿童往往来自关系亲密的、关爱的家庭。他们可能在经历了一件重大压力事件的同时或稍后出现分离性焦虑障碍，例如宠物死亡、生病或者转学（APA，2000；Harvard Medical School，2004）。许多患有分离焦虑的儿童同时也表现出抑郁症状（USDHHS，1999b）。

有时候，学校恐惧症可能是**社交恐惧症**（social phobia）或者社交焦虑的一种形式：对社交情境感到强烈恐惧并避免社交情境，例如害怕在课堂上发言或者在街上遇见熟人。社交恐惧症大约影响 5% 的儿童。社交恐惧症在家族中盛行，因此，它可能具有遗传的成份。社交恐惧症往往由创伤经历所触发，例如一个儿童在课堂上被老师点名，他的大脑突然变得一片空白（Beidel & Turner，1998）。随着年龄的增长，社交焦虑倾向于逐渐增加，而分离焦虑逐渐减少（Costello et al.，2003）。

一些儿童患有**泛化性焦虑障碍**（generalized anxiety disorder），这是一种不固着于生活的任何具体方面的焦虑症状。这些儿童往往对生活中所有的事情感到担心：学习成绩、暴风雨、地震、在操场上伤到自己，或者油箱里有多少油等等。他们往往是局促不安的、缺乏自信的，并且过度关注能否满足他人的期望。他们寻求别人的认可，并需要不断地得到安慰，但是他们的担忧和焦虑似乎又不依赖于自己的表现或者他人如何看待自己（APA，1994；Harvard Medical School，2004；USDHHS，1999b）。

与以上几种焦虑不同的是**强迫症**（obsessive-compulsive disorder，OCD）。强迫症患者可能被不断重复的、侵入性的思维、想象或者冲动所困扰（往往包括非理性恐惧），亦或可能表现出强迫性的行为（例如不停的洗手），或者两者皆有（APA，2000；Harvard Medical School，2004；USDHHS，1999b）。

焦虑性障碍倾向于在家族中盛行（Harvard Medical School，2004），并且发生在女孩中的机率是男孩的两倍。早在 6 岁的时候，女性对焦虑的易感性就开始增强。女性对抑郁的易感性也比男性更高，抑郁与焦虑类似，并且两者有紧密的联系（Lewinsohn，Gotlib，Lewinsohn，Seeley，& Allen，1998）。焦虑和抑郁可能都具有神经生物学的基础，或者可能都源于不安全的依恋，长期与焦虑或抑郁的父母生活

任何儿童都可能偶尔感到悲伤或孤独，但是，如果悲伤的情绪持续两周甚至更长时间，同时伴随着疲乏、冷漠、睡眠问题或者不能集中注意力等，这可能就是抑郁症的征兆。

在一起，或者经历过其他会使得儿童感到对周遭发生的事情缺乏控制感早期经验的。父母对子女的焦虑情绪给予过多的关注，这种强化可能会在不经意间使得孩子的焦虑形成了永久性的操作性条件反射（Chorpita &Barlow，1998；Harvard Medical School，2004）。

儿童抑郁症

儿童抑郁症（childhood depression）是一种超出正常范围的情绪紊乱，是一种暂时性的情绪低落。据估计，抑郁在小学儿童中的发生率大约为 2%（NCHS，2004）。其症状包括不能够获得快乐或不能很好地集中注意力、疲乏、过度活动或过度冷漠、哭泣、睡眠障碍、体重变化、身体不适、无价值感、持续的孤独感，或者频繁出现死亡和自杀的想法。儿童抑郁症的出现可能暗示着此问题反复发作的开始，并一直持续到成年（Birmaher，1998；Birmaher et al.，1996；Cicchetti & Toth，1998；Kye & Ryan，1995；USDHHS，1999b；Weissman et al.，1999）。

儿童抑郁症的具体原因目前还不清楚，但是抑郁儿童的父母往往具有较高水平的抑郁、焦虑、物质滥用或者反社会行为。这样的家庭氛围可能增加了儿童罹患抑郁症的风险（Cicchetti & Toth，1998；USDHHS，1999b）。

研究者发现了两种与抑郁密切相关的特殊基因。一种是 5- 羟色胺转运体(5-HTT）基因，它有助于控制大脑化学物质五羟色胺的释放，并影响情绪。在对新西兰达尼丁市 847 名同一年出生的被试的追踪研究中发现，在此种基因上，那些具有两个短等位基因的人比那些具有两个长等位基因的人更可能变得抑郁（Caspi et al.，2003）。另一种基因的缩写为 SERT-s，也用来控制五羟色胺，并与丘脑后结节的增大有关，而丘脑后结节是与消极情绪有关的脑区（Young et al.，2007）。

5、6 岁的儿童就能够准确地报告抑郁情绪和感受，而这些情绪和感受可以预测未来的问题，从学业问题到重度抑郁症和自杀意念（Ialongo，Edelsohn，& Kellam，2001）。抑郁症经常发生在小学到中学的过渡阶段，这可能与繁重的课业压力（Cicchetti & Toth，1998）、较低的自我效能感，或者在学业成就上缺乏个人投入有关（Rudolph，Lambert，Clark，&Kurlakowsky，2001）。正如我们将在 15 章中讲到的，抑郁症在青春期阶段变得更加普遍（Costello et al.，2003）。

治疗技术

针对情绪障碍的心理治疗有多种形式。在**个体心理治疗**（individual psychotherapy）中，治疗师与来访儿童一对一的交谈，帮助儿童了解自己的人格特点和人际关系，并解释其感受和行为。这种治疗方法可能在儿童面临压力的情况下是有效的，例如父母一方去世或者父母离异，甚至当儿童没有显示出明显的心理障碍迹象的情况下也会奏效。通常，儿童心理疗法在与父母心理咨询相结合的情况下更有效。

在**家庭治疗**（family therapy）中，治疗师一次面对整个家庭，观察家庭成员之间的互动，同时指出家庭功能中有哪些因素是有利于家庭发展的，而哪些因素是不利的，甚至是破坏家庭发展的。这种治疗方法可以帮助父母直接面对他们之间的冲突并开始着手解决。同时，这往往也是解决儿童问题的第一步。

行为疗法（behavior therapy），或称为*行为矫正*（请回顾第二章的内容）是利用学习理论的原理来消除不良行为或者发展期望行为的一种心理治疗形式。大量研究的统计分析结果表明，一般来说，心理治疗对儿童和青少年都是有效的，但是，行为疗法比非行为的方法更有效。当治疗的目标指向具体的问题和期望的结果时，效果最好（Weisz，Weiss，Han，Granger，& Morton，1995）。*认知行为疗法*，力图通过逐渐暴露、矫正、奖励或积极的自我暗示来改变消极思维，这被证明是治疗儿童青少年焦虑障碍最有效的治疗方法（Harvard Medical School，2004）。

当儿童的言语能力和理解能力有限，或遭受过心灵创伤时，**艺术疗法**（art therapy）可以帮助他们描述出是什么在困扰着自己，而无需用语言把自己的感受表达出来。儿童可以通过选择颜色和物体来表达深层次的情感（Kozlowska & Hanney，1999）。通过观察整个家庭成员在一项艺术活动上如何制定计划、如何执行以及如何讨论，可以揭示家庭成员之间的互动模式（Kozlowska & Hanney，1999）。

在**游戏疗法**（play therapy）中，儿童自由地玩耍，而心理治疗师不时地进行评论、提问题或者给出建议。游戏疗法对各种情绪问题、认知问题和社交问题都是行之有效的，尤其是父母或者其他亲密的家庭成员也参与到咨询的过程中时（Athansiou，2001；Bratton & Ray，2002；Leblanc & Ritchie，2001；Ryan & Needham，2001；Wilson & Ryan，2001）。

关于在儿童情绪障碍的治疗中是否可以使用**药物疗法**（drug therapy）（抗抑郁药、兴奋剂、镇静剂和抗精神病药物），到目前为止还是存在争议的。2002 年，抗精神病药物在每 10 万名儿童和青少年中就开出了 1438 例，而在 20 世纪 90 年代中期，10 万名儿童中仅有 275 例（Olfson，Blanco，Liu，Moreno，& Laje，2006）。对这些药物的有效性和安全性，尤其是在儿童身上是否适用，目前的研究还不充分（Murray，de Vries，& Wong，2004；USDHHS，1999b；Wong，Murray，Camilleri-Novak，& Stephens，2004；Zito et al.，2003）。

20 世纪 90 年代，*选择性血清素再吸收抑制剂*（SSRIs）在治疗强迫症、抑郁

> **考考你✓**
>
> 你可以……
>
> ✓ 讲述出破坏性行为障碍、焦虑障碍以及儿童抑郁症的原因和症状吗?
>
> ✓ 描述并评价五种常见的情绪障碍治疗方法吗?

症和焦虑障碍中的使用迅速增加（Leslie et al.，2005），但是近来又下降了约20%（Daly，2005）。一些研究表明，接受抗抑郁药物治疗的儿童和青少年，会产生中度风险的自杀意念和行为，而另外一些研究却没有发现进一步增加的危险（Hammad，Laughren，& Racoosin，2006；Simon，Savarino，Operskalski，& Wang，2006），甚至发现风险会降低（Simon，2006）。2004年，美国食品与药品管理局做出推论，抗抑郁药的使用会导致儿童和青少年的自杀行为，尤其是在治疗开始的头几个月（Leslie，Newman，Chesney，& Perrin，2005）。（治疗青少年抑郁时抗抑郁药物的使用将在第15章中进行讨论。）

压力和复原力

压力事件是儿童期生活的一部分，大多数儿童都能学会有效地应对它们。然而，如果压力变得势不可挡，就会导致心理问题。重大的压力事件，例如战争或者儿童虐待，可能对儿童的身体和心理幸福感产生长期的影响。然而，有些儿童在克服这样的遭遇时表现出了惊人的复原力。

现代生活的压力

美国儿童心理学家大卫·埃尔金德（David Elkind）（1981，1986，1997，1998）把当今社会的儿童称为“忙碌的儿童”。他告诫说，现代生活的压力正在迫使儿童过快的成长，这使得他们的童年承受了太大的压力。当今社会的儿童被寄予过高的期望，要在学业上成功，要参与体育竞争，还要满足父母情感的需要。在儿童还未掌握和解决童年期的矛盾之前，他们已经在电视上或者现实生活中面对了太多成年人的问题。他们了解了性和暴力，并且还经常需要承担成年人的责任。许多儿童必须跟随家庭频繁的搬家，由此不得不更换学校，离开自己的好朋友。紧张的生活步调对儿童来说也是一种压力。毕竟，儿童不是缩小版的成年人，他们只能像儿童一样感受和思考，他们需要童年的时光来健康成长。

如果了解了儿童面临多大的压力，就不会对童年期儿童焦虑的迅速增长感到惊奇了（Twenge，2000）。危险和死亡是所有年龄阶段的儿童最一致的恐惧（Gullone，2000；Silverman，LaGreca，& Wasserstein，1995）。在更大的社会群体中，这种对于安全感的强烈焦虑可能反映在较高的犯罪和暴力事件上，包括街头匪帮的出现和校园暴力（DeVoe，Peter，Noonan，Snyder，& Baum，2005）。2003~2004年，94%的初中和74%的小学报告有暴力犯罪事件发生，如强奸、抢劫、有武器或没有武器的身体攻击等（Guerino et al.，2006）。

关于儿童恐惧的研究发现在许多发达国家和发展中国家都得到了证实，除美国之外，还包括澳大利亚、中国、英国、以色列、意大利、尼日利亚和北爱尔兰。处于贫困中的儿童（可能把自己所处的环境视为一种威胁）倾向于比那些社会经济地位高的儿童恐惧感更加强烈（Gullone，2000；Ollendick，Yang，King，Dong，& Akande，1996）。那些长期在充斥着暴力的环境中长大的儿童，往往不能集中注意力或有睡眠障碍，他们中的部分儿童也会变得具有攻击性，另外一些儿童可能视暴力为理所当然的事情。许多儿童害怕受到更多的伤害和损失，而不允许自己与其他人过于亲近（Garbarino et al.，1992）。

在面临灾难性或创伤性事件时，如战争或恐怖主义，儿童比成年人更容易受到心理伤害，并且他们的反应随着年龄的不同而发生变化（Wexler，Branski，&Kerem，2006；见表 14-2）。年幼儿童往往不理解为什么会发生这样的事情，他们倾向于把注意力集中在事件的结果上。年龄稍大的儿童能够更多地意识到引发事件的潜在力量，并为此担忧（Hagan et al.，2005）。

创伤性事件本身的类型、儿童对事件的了解程度、儿童及其家人和朋友受到影响的程度等，都会导致创伤性事件影响的差异。人为灾难（比如恐怖主义和战争）比自然灾害（如地震和洪水）对儿童心理的影响更大。接触到生动逼真的新闻报道会加重其消极影响（Wexler et al.，2006）。大多数观看过关于 2001 年 9 月 11 日恐怖分子袭击纽约和华盛顿的新闻报道的儿童，即使他们没有受到直接的影响，也都感受到了强烈的压力（Walma van der Molen，2004）。

儿童对创伤性事件的典型反应包括两个阶段：在第一阶段，儿童会感到震惊、不相信、否认、悲痛，如果自己所爱的人没有受到伤害可能会稍感宽慰；到第二阶段，大约是几天或几周之后，会出现发展性退行和精神崩溃的迹象，焦虑、恐惧、退缩、睡眠问题、对将来感到悲观，或者表现出与事件主题相关的行为。如果症状持续的时间超过一个月，儿童应该接受治疗（Hagan et al.，2005）。

对许多儿童来说，创伤性事件的影响可能会持续几年。曾接触过战争或恐怖主义的儿童，出现抑郁、破坏性行为、以及无法解释的、反复发作的身体症状的可能性更大。如果这些儿童以及他们的家庭受到了创伤性事件的直接影响，那么身体上的疼痛和失去家庭的痛苦可能会使其心理效应更复杂（Wexler et al.，2006）。父母对暴力事件和灾难的反应以及父母与儿童谈论该事件的方式，都强烈地影响着儿童恢复的能力（NIMH，2001a）。专栏 14-2 给出了一些如何与儿童谈论恐怖主义和战争的建议。

应对压力：复原力儿童

像玛丽安·安德森一样，**复原力儿童**（resilient children）是指那些经受住了可能足以摧垮其他人的环境的考验的儿童，或者是那些在挑战和威胁之下仍能保持镇静和适应能力的儿童，或者是指那些从创伤性事件中重新振作起来的儿童。这些儿童并不具备超常的能力。尽管所处环境恶劣，他们仅仅是设法抓住了能够促进正常儿

表 14-2 不同年龄儿童对创伤性事件的反应

年 龄	典型反应
5 岁或更小	害怕与父母分离 哭泣、呜咽、尖叫、颤抖 不动或者无目的的乱动 惊恐的面部表情 过于依赖 退行性行为（吮吸手指、尿床、怕黑）
6~11 岁	过度退缩 破坏性行为 不能集中注意力 没有生理原因的胃疼或其他身体症状 学习成绩下降，拒绝去上学 抑郁、焦虑、内疚、易怒或情感麻木 退行性行为（梦魇、睡眠问题、非理性恐惧、突然愤怒或斗殴）
12~17 岁	病理性重现，梦魇 情感麻木，精神错乱 回避与创伤事件有关的人或物 报复性幻想 退缩、隔离 物质滥用 同伴交往障碍，反社会行为 身体不适 回避学校，学习成绩下降 睡眠障碍 抑郁，自杀想法

资料来源：NIMH，2001a.

童积极发展的最基本的系统和资源（Masten，2001；见表 14-3）。帮助儿童和青少年征服压力并有助于其复原的两个最重要的**保护性因素**（protective factors）是良好的家庭关系和认知功能（Masten & Coatsworth，1998）。

复原力儿童有良好的人际关系，至少与父母中支持性的一方（Pettit et al.，1997）或者其他照料者、有能力的成年人（Masten & Coatsworth，1998）有着紧密的联系。复原力儿童倾向于具有较高的智力水平，并且是优秀的问题解决者。他们出众的信息处理技能可以帮助其成功的应对灾难，保护自己，调整自己的行为，并且从经验中学习。他们可能会吸引教师的注意力，这样教师就会充当其指导者、知己和良师益友（Masten &Coatsworth，1998）。他们甚至可能具有保护性基因，这些基因可能

表 14-3　具有复原力的儿童和青少年的特点

来　源	特　点
个体	较高的智力水平 有吸引力、好交际、随和 自我效能感高，自信，自尊水平较高 有天赋 有信仰
家庭	作为照料者的父母与孩子保持亲密关系 权威型教养方式：温暖、有条理、高期望 社会经济地位较高 与广泛的支持性家庭网络保持联系
家庭以外的环境	与家庭以外的具有亲社会行为的成人保持联系 与亲社会行为组织相联系 在好学校就读

资料来源：Masten & Coatsworth，1998，p. 212.

有助于缓冲不良环境的影响（Caspi et al.，2002；Kim-Cohen，Moffitt，Caspi，& Taylor，2004）。

其他经常被提到的保护性因素（Ackerman，Kogos，Youngstrom，Schoff，&Izard，1999；Eisenberg et al.，2004；Eisenberg et al.，1997；Masten et al.，1990；Masten &Coatsworth，1998；Werner，1993）包括：

- 儿童的气质或人格：复原力儿童往往适应能力较强、友善、讨人喜欢、独立，对其他人较为敏感。他们能力很强，并有较高的自尊水平。他们具有创造能力、足智多谋、有主见、大家愿意与之共处。当处于压力状态时，他们可以通过转移注意力来调整自己的情绪。
- 补偿性经验：一个支持性的学校环境，学习、体育运动、音乐等方面的成功经验，或者与其他儿童或成年人成功交往的经验等，都可以弥补儿童破坏性家庭生活的影响。
- 降低风险：在精神障碍的诸多危险性因素中（例如父母不和、较低的社会地位、有精神障碍的母亲、犯罪的父亲、寄养家庭或在其他收容机构生活的经历等），那些仅仅经历某一方面因素的儿童，比那些经历不止一种危险性因素的儿童更容易克服压力。

以上这些内容并不意味着儿童生活中所发生的坏事情无关紧要。一般来说，在不利的环境中长大的儿童比那些生活在有利环境中的儿童有更多的适应问题。即使

考考你 ✓

你可以……

- ✓ 解释一下埃尔金德提出的“忙碌的儿童”的概念吗?
- ✓ 说出儿童压力、恐惧和焦虑的最常见来源吗?
- ✓ 识别出有助于儿童复原力的保护性因素吗?

专栏 14.1 如何与儿童谈论恐怖主义和战争

当今世界，父母面临着向儿童解释暴力、恐怖主义和战争的挑战。尽管这样的谈话很困难，但它非常重要。它为父母提供了一个帮助子女感受到更加安全的世界，以及理解所处世界的机会。下面这些信息对指导父母如何与孩子谈论这些话题可能有所帮助。

聆听儿童

1. 为儿童创设时机，让他们发问。在儿童未做好准备之前不要强迫他们谈论这些话题。
2. 记住儿童倾向于把情境个人化。例如，如果一个城市或者州发生了事故，他们可能担心住在那里的朋友和亲戚。
3. 帮助儿童找到表达自己的方法。有些儿童可能不能很好地用语言表达自己的想法、感受或恐惧。他们可能更喜欢绘画、玩玩具或者写一些与当前事件直接或间接相关的故事和诗句。

回答儿童的问题

1. 使用儿童能够理解的语言和概念，你的解释要符合儿童的年龄和理解水平，不要让儿童接受过多的信息。
2. 给儿童诚实的答案和信息。如果你不诚实，儿童通常能够识破。
3. 做好重复解释的准备，或者进行多次交谈。对儿童来说，有些信息接受起来或者理解起来可能比较困难。多次重复问同样的问题可能是儿童需要得到确认的一种方式。
4. 确认并支持儿童的想法、感受和反应。让儿童意识到，你认为他的问题和忧虑是重要的。
5. 保持一致，多次向儿童保证，但不要做出不切实际的承诺。
6. 避免根据种族、国籍或宗教对群体进行刻板化。利用时机教给儿童宽容，并解释歧视与偏见。
7. 记住，儿童通过观察父母和教师进行学习。他们非常感兴趣你如何对事件做出反应，他们通过聆听你与其他成人的交谈来学习。
8. 让儿童知道你的感受。让儿童知道你对事件感到焦虑和担忧是没有关系的，但是不要让你的忧虑增加儿童的负担。
9. 不要反对儿童处理事件的方式。如果一个儿童通过说“正在发生的事情离自己很远”来使自己安心，最好的办法通常是不提出质疑。儿童可能需要这种思考方式来使自己感到安全。

提供支持

1. 不要让儿童看太多暴力的或者令人烦扰的电视节目。重复性的、令人恐惧的影像或场景是非常令人不安的，尤其是对年幼儿童而言。
2. 帮助儿童建立起一套可预期的日常规范和计划表。由于结构化和熟悉性，儿童得以安心。在压力较大的时候，学校体育运动、生日、假期

你的观点？

成年人如何影响儿童的复原力？举例说明。

表面上看起来具有复原力的儿童也可能遭受各种内心的痛苦，这些内心折磨可能会产生长期的消极后果（Masten & Coatsworth，1998）。不过，仍然有一些振奋人心的发现，负性的童年经历并非是一个人未来发展结果的必然决定因素，许多儿童有能力战胜最困难的环境。

和团体活动的作用更大。

3. 家庭和学校之间保持信息沟通与协调。父母应该了解儿童在学校里的活动和讨论，而教师应该了解儿童特殊的恐惧或担忧。
4. 经历过创伤性事件或伤亡的儿童可能对灾难、战争的新闻或恐怖事件有更强烈的反应。这类儿童可能需要额外的支持和关注。
5. 留意与压力相关的身体症状。许多儿童通过抱怨身体某处的疼痛和难受来表达焦虑和压力。
6. 关注儿童沉迷于暴力电影或战争主题的电子/计算机游戏的可能性。
7. 那些对战争、打架或恐怖主义感到忧心忡忡或者压力过大的儿童，父母应该找有资质的心理健康专家对其进行评估。其他一些表明儿童可能需要专业帮助的迹象还包括持续的睡眠问题、反复的令人不安的想法、令人害怕的想象、对死亡的强烈恐惧、很难离开父母或不愿意去上学。儿童的医生可以通过适当的治疗安排来帮助儿童。
8. 帮助儿童与其他人进行交流，并鼓励其在家里表达自己的想法。有些儿童可能想给总统、政府官员、当地的媒体或者沉浸在悲痛中的家庭写信。
9. 让儿童做儿童该做的事情就好。有些儿童可能不愿意思考或者谈论太多这类事件。如果他们选择打球、爬树或者骑自己的小自行车等，这些都没有问题，就让他们这么做。

战争和恐怖主义对任何人而言都是难以理解和接受的。所以，许多年幼儿童感到困惑、烦恼或焦虑都是可以理解的。父母、教师和照料儿童的其他成年人可以通过用真诚的、一贯的、支持性的方式聆听和反馈，以给予儿童帮助。大多数儿童，甚至是那些曾遭受过创伤性事件的儿童，都具有很强的复原力。就像多数成年人一样，他们可以成功地度过困难时期并继续生活。父母可以通过创设一个儿童能够轻松提问的开放环境，由此来帮助儿童应对压力和降低情绪困扰的可能性。

资料来源：American Academy of Child & Adolescent Psychiatry, 2003.

你的观点？

你认为，在与儿童谈论战争或恐怖主义袭击时，专栏中的哪条建议最有帮助？为什么？

请查阅！

更多关于该主题的内容，请到网站 www.nccev.org/violence/events.html 上查找。这是接触暴力儿童国家研究中心（P411，National Center for Children Exposed to Violence）（它专门处理灾难性事件）网站上的一个网页。该网页上总结了一些研究和统计数据，推荐阅读，以及相关网址的链接。

再次聚焦

回顾本章开始时人物聚焦中讲述的玛丽安·安德森的故事：

- 你认为，当玛丽安·安德森还是小孩的时候，其自尊的主要来源是什么？据你估计，她的自尊水平是高还是低？
- 你将会如何描述安德森一家的家庭氛围？她所接受的教养方式主要是专制型的、权威型的还是放任型的？
- 家庭的贫穷和母亲必须在外工作的需要对安德森产生了怎样的影响？
- 生活在大家庭的经历对安德森产生了怎样的影响？
- 你认为，安德森选择第一个朋友的方式与你在本章中学习到的儿童如何选择朋友的方式一致吗？
- 你能列举出在玛丽安·安德森的儿童期和成年期生活中，哪些具体的例子体现了她的复原力吗？你认为哪些因素可以解释她的复原力？

相对于儿童中期，青春期更是一个充满压力和风险的阶段。然而，大多数青少年在面临挑战时都会发展出应对的技能和能力，这部分内容我们将在本书的第六部分讲到。

小结和关键术语

发展的自我

学习向导 1 儿童中期的自我概念和自尊会发生怎样的变化？学龄儿童的情绪是如何发展的？

- 根据新皮亚杰理论，在儿童中期，当儿童形成了表征系统的时候，其自我概念会变得更加现实。
- 根据埃里克森的理论，儿童自尊的主要来源是其关于自身生产性能力的评价。这种能力通过勤奋与自卑这一社会危机的解决得以发展。
- 学龄儿童的害羞和自豪情绪逐渐内化，并能更好地理解和控制消极情绪。
- 同情心和亲社会行为逐渐增多。
- 父母对儿童表现出来的消极情绪的反应会影响儿童的情绪发展。

家庭中的儿童

学习向导 2 家庭氛围和家庭结构的作用是什么？兄弟姐妹在儿童发展中起什么作用？

- 相对于前一阶段，学龄儿童与父母呆在一起的时间更少，关系也不如以前亲密，但是儿童与父母的关系仍然很重要。文化影响到家庭关系和家庭成员的角色。
- 家庭环境有两个主要的组成成分：家庭结构和家庭氛围，家庭氛围包括情感基调和经济水平。
- 共同约束的发展可能影响到一个家庭处理冲突和惩罚的方式。
- 母亲工作对儿童的影响依赖于许多因素，包括儿童方面的因素、母亲工作的类型以及母亲对工作的感受；是否有一个支持性的伴侣；家庭的社会经济地位；儿童受到的照料类型。
- 一直生活在贫困状态下的父母可能无法提供给儿童有效的训练、监控和情感支持。
- 当今社会的许多儿童在非传统的家庭结构中长大。在传统的拥有父母双方的家庭中长大的儿童倾向于比生活在离异家庭、单亲家庭和继父母家庭中的儿童表现更好。然而，比起家庭氛围的影响，家庭结构的影响会更小一些。
- 家庭中父母冲突的数量，或者离异后仍然生活在一起的父母继续这种冲突，这些都将会影响到儿童的发展状况。
- 仅与父母中的一方生活在一起的儿童，产生行为问题和学业问题的风险更高，部分原因在于社会经济地位较差。
- 再婚比初婚更可能失败。男孩往往比女孩更难适应父母离异和与单亲一起生活，但是能更好地适应母亲的再婚。

- 研究发现，与男同性恋或女同性恋父母一起生活会带来积极的结果。
- 尽管被领养儿童面临特殊的挑战，但一般来说他们的适应状况良好。
- 兄弟姐妹的作用和责任在非工业化社会中比在工业化社会中更有结构性。
- 兄弟姐妹从他们彼此的关系中学习冲突解决的方法。子女与父母的关系影响兄弟姐妹之间的关系。

同伴群体中的儿童

学习向导 3 儿童中期的同伴关系是如何发生变化的？哪些因素会影响到儿童的受欢迎程度和攻击性行为？

- 同伴群体在儿童中期变得更加重要。一般来说，同伴群体由年龄、性别、种族和社会经济地位相似，彼此居住较近或者一起去上学的儿童组成。
- 同伴群体帮助儿童发展社交技能，允许儿童检验和接受独立于父母之外的价值观，给予儿童归属感，并帮助儿童发展自我概念。同伴群体也可能鼓励服从和偏见。
- 是否受欢迎影响到儿童的自尊和将来的社会适应。受欢迎儿童倾向于表现出较高的认知能力和社交技能。哪些行为会影响到儿童是否受欢迎可能与家庭关系和文化价值观有关。
- 儿童中期友谊的亲密性和稳定性逐渐发展。男孩倾向于有更多的朋友，而女孩倾向于有更亲密的朋友。
- 一般来说，儿童中期孩子的攻击性行为逐渐减少，关系性攻击比外显攻击变得更加普遍。同时，工具性攻击逐渐让位于敌意性攻击，通常伴有敌意归因偏见。高攻击性儿童往往更不受同伴欢迎，但是这一现象随着儿童进入青春期阶段可能会发生变化。
- 由于暴露于电视暴力而增加的攻击性行为可以延伸到成年生活中。
- 儿童中期是欺负行为发生的高峰时期。欺负模式可能在幼儿园就已经建立起来，被欺负者通常是弱小的、顺从的或好争吵的，并且可能是爱挑衅的、低自尊的。

心理健康

学习向导 4 童年阶段，常见的心理健康问题有哪些？儿童如何应对现代生活的各种压力？

- 学龄儿童常见的情绪和行为障碍包括破坏性行为障碍、焦虑障碍和儿童抑郁。
- 治疗技术包括个体心理治疗或家庭治疗、行为疗法、艺术疗法、游戏疗法和药物疗法。在实际治疗中各种疗法经常相互结合。
- 现代生活的压力使得许多儿童也感受着压力体验，儿童倾向于担心学校、健康和个人的安全。
- 有复原力的儿童比其他儿童更能够顶得住压力。保护性因素包括认知能力、家庭关系、人格特点、风险的程度以及补偿性经验。

第六编

青春期

第 15 章
青春期的生理发展与健康

- 身体的发育和变化迅速而且明显
- 生殖器官开始成熟
- 主要的健康风险往往是由行为问题带来的，例如饮食障碍和药物滥用。

第 16 章
青春期的认知发展

- 抽象思维能力和科学推理能力逐渐提高
- 在一些态度和行为上，不成熟的想法依然存在
- 教育主要是为了读大学和以后参加工作做准备

第 17 章
青春期的心理社会发展

- 寻求自我同一性，特别是性别认同成为中心
- 与父母的关系一般较好
- 同伴团体可能会带来积极或消极作用

青春期

在青春期，青少年的外貌会发生变化。由于青春期激素水平的变化，他们呈现出成年人的身体特征。他们的思维也会发生变化，抽象思维和假设思维的能力更强。他们几乎对所有事物的感受都会发生改变。青春期的主要任务是建立同一性，包括性别认同，这项任务会一直持续到成年，而当青少年面临这项任务的时候，所有上述变化都会集中出现。

在第 15、16 和 17 章，我们将会看到，青少年如何将彻底改变的外貌、奇妙的身体变化、全新的认知能力融入到自我感知中。在着眼于青少年特征改变的同时，我们也会关注这个时期易发的危机和问题。

寻找联系

- 无论早晚，生理成熟总会影响情感和社会适应
- 青少年和父母之间的冲突有时是由青春期思维的不成熟导致的
- 父母的参与程度和教养方式会影响青少年的学业成绩
- 低收入家庭的青少年在学校的表现可能取决于家庭或社区资源的有效利用
- 生理特征对青少年自我概念的形成发挥着重要作用
- 绝大多数对性知识了解较多的女孩的性尝试时间都较晚
- 青少年友谊的亲密程度与其认知水平相关

青春期的生理发展与健康

我希望我在十几岁的时候不会变得刚毅冷酷，我们总是把它和意志力混淆。意志力是我们必须拥有的，但绝非无情。

——安妮·弗兰克，《安妮日记》，第四卷

人物聚焦　安妮·弗兰克，记录大屠杀的作者

安妮·弗兰克

1942 年 6 月 12 日是安妮·弗兰克 13 岁的生日，那天，父母送给她一个日记本作为生日礼物。安妮在随后两年中把她的经历和思考记录在了这个布面装订的小册子上。安妮做梦也想不到的是，她的日记后来会成为大屠杀受害者所写的最著名的出版物之一。

安妮·弗兰克（1929~1945）是德国藉犹太人，1933 年希特勒上台后，她随父母奥托和伊迪丝·弗兰克以及姐姐伊戈特一同逃往荷兰。但意想不到的是，七年后荷兰也被纳粹占领。1942 年夏天，纳粹党开始在荷兰逮捕犹太人并驱往集中营，安妮一家只好藏在父亲医药公司的阁楼里。一个可移动的碗橱后面隐藏着一道门，门后一段陡峭的楼梯通向被安妮称为“隐密之家”的四间房子。弗兰克一家就住在这个狭窄的空间里，里面还住着范·丹夫妇和他们 15 岁的儿子皮特，以及一个中年牙医艾伯特·杜瑟尔，他们和安妮一家同住在一个房子里。就这样一直住了两年，1944 年 8 月 4 日，德国和荷兰的秘密警察搜捕了这个“隐密之家”，把他们都抓进了集中营。除了安妮的父亲奥托以外，其他人都死在了集中营。

战后，奥托·弗兰克发表了安妮的日记，在日记中安妮记述了逃亡者的生活。在密室的日子里，他们必须保持绝对安静以免被楼下办公室的人察觉。除了几位完全可信赖的基督教助人者，他们几乎不和外界人接触。这些基督教徒冒着生命危险给他们送食物、书报和其它必需品。冒险逃出去更是不可想象的，即使安妮身体迅速发育而需要做新衣服，且逐渐恶化的视力需要及时矫正。

这本日记向我们展现了一个在创伤环境下逐渐成熟的青少年的思想、情感、遐

想以及情绪波动。她百折不挠，善于自省。在日记中，安妮写到对自己“并不好看”的外表感到焦虑，希望有一个“能真正理解她的母亲”，以及对父亲（弗兰克,1958）的崇拜。她表达了自己的失望，因为成年人总是不停地批评她的缺点，而且父母明显偏向她的姐姐。她还写到了自己的恐惧、对独立的渴望、回到先前生活的期待，还有将来成为一名作家的抱负。

在隐密之家生活的这段时间，安妮的精神高度紧张，她出现了食欲不振的症状，而且开始服用抗抑郁药物。然而，随着时间的推移，她不再一味地自怜，而是开始认真地生活。每当回想起以前那些无忧无虑的日子，安妮觉得自己完全不是那个“在围墙里长大的女孩”了（p.149）。

安妮深深地感知到自己性征的出现："发生在我身上的事情真是太奇妙了，不仅仅是能够看到的，还有所有那些在身体内部发生的……每当那几天到来的时候……我就会感觉到……这是我的小秘密，而且……我总是渴望能够体验身体内秘密的日子再次到来（pp.115~116）。

安妮起初认为皮特既怕羞又迟钝，并不是一个理想的同伴，但是最后她还是开始拜访他的小房间。他们聊得越来越投机，越来越亲密，而且有了第一次亲吻。安妮在日记中记录下了她强烈的性冲动和严格的道德教养之间的冲突。

最后一篇日记写在 1944 年 7 月 15 日，不到 3 周后安妮一家被捕，8 个月后安妮死在了贝尔根－贝尔森集中营："……不管怎么样，我仍坚信人们内心最深处都是善良而美好的……我听到迫近的雷声，它将毁掉我们。我感受到数百万人的苦难。然而，如果我仰望上天，我想一切都会恢复正常，残酷也将告终，和平与宁静将重新回到我们身边……"（p.233）。

安妮·弗兰克短暂而又悲惨的青春期令人十分感动，这个故事同时也揭示了生物学的显著作用及其与个体内部感受、外部经历之间的相互联系。安妮的“成年过程”是在极端不寻常的条件下发生的。然而，她的生理成熟过程依然是正常的，其认知和心理变化也在同步进行，并且在充满压力的环境中得到了强化。

• • •

在这一章，我们将探讨青春期的生理变化过程及其如何影响青少年的情感，我们将分析早熟和晚熟的作用。另外，我们还会讨论与这个年龄阶段相关的健康问题，重点研究两个严重的问题：抑郁症和青少年自杀。

在学习本章后，你应该能够回答后面学习向导中所提出的每个问题。你可以通过复习章后小结来检查你对这些问题的理解，贯穿整章的“考考你”能帮你检查对所学内容的理解是否正确。

学习向导

1. 青春期是什么，青少年会面临哪些机遇和风险？
2. 个体在青春期会经历哪些生理变化，这些变化如何对青少年的心理发展起作用？
3. 青春期的大脑会发生哪些变化，这些变化如何影响青少年的行为？
4. 青春期可能出现哪些健康问题和健康风险，如何预防？

青春期：发展的过渡期

许多社会风俗中普遍存在标志孩子成年的仪式。例如，阿帕契族（居住在美国西南部和墨西哥北部的美国土著民族）部落会在女孩月经初潮时连续四天（从日出到日落）举行唱圣歌的仪式来庆祝。在大多数现代社会，儿童期到成年期的过渡并不是某件单独的标志性事件，而是一个长期的过程，即众所周知的**青春期**（adolescence）。这是一个发展的过程，包括生理、认知、情感和社会性的变化，并且在不同的社会、文化和经济背景下呈现出不同的形式（Larson & Wilson，2004）。

一个重要的生理变化是**发育期**（puberty）的到来，这是一个通向性成熟或者发展生育能力（繁衍后代的能力）的过程。传统观点认为，青春期和发育期开始于同一时间，大约是 13 岁左右。但是，正如我们将要讨论的，西方社会的一些内科医师在不到 10 岁的孩子身上就看到了发育期的变化。本书中，我们把青春期定义为 11 岁到 19 或 20 岁。

青春期是一种社会建构

青春期是一种社会建构。在前工业化社会，儿童身体发育成熟或者开始在某一行业做学徒的时候，就被认为进入成人世界了。直到 20 世纪，青春期才在西方社会被定义为生命中一段独立的时期。今天，青春期已经被全球所公认（见专栏 15.1）。在世界上的大多数地方，进入成年期比以往需要更长的时间，而且界限更加不明显。发育期比以前开始的更早了；进入某一行业开始工作的时间则推迟了，需要接受更长时间的教育或职业培训以便为承担成人的责任做准备；婚姻及其附带的责任也相应地被推迟了。青少年会在自己独立的世界中度过一段时间，这段时间在很大程度上与成人世界隔离（Larson & Wilson，2004）。

青春期：危险和机遇并存的时期

青春早期（大约 11~14 岁）是成长的时机，不仅仅是生理方面，而且包括认知和社交能力、自主性、自尊和亲密感，该阶段同样伴随着危险。有些青少年在处理这么多突如其来的变化时会力不从心，可能需要其他人的帮助才能够克服这个时期的危险。大部分青少年在努力成为有成就感、有能力的成年人，但还有相当一部分人则疲于处理遇到的众多问题，他们之间的分化在青春期会越来越大（Offer，Kaiz，Ostrov，& Albert，

考考你 ✓

你可以……

- ✓ 解释为什么青春期是一种社会建构吗？
- ✓ 指出世界不同地方的青少年有何异同吗？
- ✓ 识别青春期普遍存在的危险行为类型吗？

世界各地

专栏 15.1 青春期的全球化

现在，年轻人生活在一个全球化的社会中，一个互相联络、互相依存的网络世界里。物品、信息、电子图像、歌曲、娱乐以及流行时尚几乎可以瞬间传遍整个地球。影响青少年生活的历史和文化因素往往来自大洋彼岸。西方青年人跳拉丁舞，看日本电影；西方电影逐渐打破非洲“包办婚姻”的旧秩序；阿拉伯女孩从印度电影中学习描绘浪漫形象；生活在新西兰的毛利年轻人喜欢听非裔美国人的说唱音乐以彰显自己与成人世界的不同。

青春期不再只是西方社会所独有的现象，全球化与现代化已促使全世界发生了变化。这些变化包括都市化、更长的寿命、更健康的生活、更低的出生率、更小的家庭；更早的发育期和更晚的婚姻变得越来越普遍；更多的妇女和更少的儿童外出做工。先进技术的迅猛发展使知识成为最宝贵的资源，年轻人需要更多的教育和技能培训才能成为有用的人才。这些所有的变化使儿童期到成年期的过渡越来越长。

传统上，在欠发达国家，发育期是以仪式为标志的，比如净化仪式。而今天，在这些国家，青少年越来越多的以学生身份远离成人工作的世界。在这个不断变化的世界中，新的通路已经向他们打开。他们通常不遵循父母的足迹，听从他们的建议。如果工作的话，他们更愿意选择工厂而不是自家农场。

这并不意味着全世界的青少年都是这样的，文化这双强势的手使青春期的含义在不同社会展现出不同的形态。青少年的选择会受父母、老师、朋友以及更广泛的社会制度、社会环境和价值观的影响。

尽管受到全球化和现代化的影响，在一些欠发达国家，青春期前的儿童仍然会遵循传统的方式。这些9岁的德黑兰女学生正在举行出幼仪式，这标志着她们已经准备好履行伊斯兰教的宗教义务了。

在美国，和以前相比，青少年不愿意与父母共度更多的时间，而且不再那么信任父母。而在印度，虽然青少年身穿西式服装、使用电脑，但是他们仍保留着浓烈的家庭传统，且他们的重大决定经常会受到印度教教义的影响。在西方国家，十几岁的女孩会努力健身以尽可能地保持苗条。但是，在尼日尔和其他非洲国家，肥胖被认为是美的，所以女孩们总是尽可能地长胖，甚至不惜使用类固醇和生长激素。此外，各地的现代化和全球化程度也是不均匀的。与发达社会的同龄人相比，生活在贫穷的发展中国家或各地城市贫困家庭或乡下的青少年来说，

2002；Offer，Offer，& Ostrov，2004；Offer & Schonert-Reichl，1992）。

美国青少年面临着生理和心理上的危险，包括意外事故、被杀和自杀，死亡率很高（国家健康统计中心 [NCHS]，2005）。正如我们将要看到的那样，这种危险行为可能反映了青少年大脑发育不够成熟。然而，如果拥有父母、学校和社区提供的支持性关系，青少年往往能按照积极的、健康的方式发展（Young-blade et al.，2007）。

机会和选择更少。

在一些非西方国家，处于青春期的男孩和女孩似乎处在两个不同的世界。在中东、拉丁美洲、非洲和亚洲的一些地区，身体发育对女孩子来说意味着更多限制，她们必须保护童贞来维护家庭的体面，到时候才能够结婚。她们被严密地看管着而且不允许单独外出。被怀疑失去贞操的女孩，甚至只是与男孩子调情，也可能会被她们的父亲或兄长逐出家门、鞭打或者杀死。另一方面，男孩却拥有更多的自由，他们的性探索能够被父母容忍，而且能获得同伴们的钦佩。

身体发育也会使个体为获得性别角色做好更加充分的准备。对世界上大多数地方的女孩来说，这意味着准备进入家庭角色。在老挝，一个女孩每天可能要用两个半小时来剥玉米、洗衣服和蒸米饭。在伊斯坦布尔，一个女孩必须在求婚者来拜访之前学会如何泡茶。然而，男孩则被期望为成年后的工作做好准备，还要维护家庭的荣誉。在许多欠发达地区的农村，处于青春期的女孩甚至不去上学，因为在学校里学到的东西在她们结婚以后用不到。相反，父母希望她们能用更多的时间帮家里干活。结果，她们没有机会发展自己独立的思想并做出决定。另一方面，男孩则更容易卷入到暴力、意外或自杀中，他们要面对更大的受伤甚至死亡的危险。

在一些发展中国家，由于经济的需要，越来越多的妇女参加工作，并且更加自信，这就导致传统的模式正在改变。在过去二三十年中，公共教育的出现使得更多女孩能够上学。在东亚和西南亚，在高中读书的女孩和男孩的数量差不多（但在大学里并非如此）。能够上学打破了一些限制女孩行为的禁忌和约束，她们有机会接触家庭外的环境和行为榜样，并且对未来拥有更多的选择权。受到更高教育的女孩倾向于晚婚并且少生孩子，这使她们能够在新兴的技术进步的社会中获得高技术含量的工作。

然而在其它很多发展中国家，对女孩的教育仍然很落后或与男孩分开进行。在沙特阿拉伯，女孩进入专门的女子学校，在那儿她们学习学术知识的时间较少，更多的时间用来学习烹饪、缝纫和儿童保育。在很多地方，女孩们课外还要承担繁重的家务劳动。毕业后，女孩们的就业机会比男孩有限。

文化变迁是复杂的，它即有解放性又有挑战性。今天的青少年正在走一条新路，但是这条路通向何方还不确定。我们将会在第 16 章和第 17 章讨论全球化对青少年的影响。

资料来源：Larson & Wilson，2004.

你的观点？

你是否能从自己的经历出发，举例说明全球化如何影响青少年？

请查阅！

如果你想更多地了解全球化对青少年的影响，请参考网址：www.unfpa.org/adolescents/about.htm. 这个网页是联合国人口基金的一部分，里面有一篇名为“Adolescent Realities in a Changing World.”的文章。

一项约有 14000 名中学生参与的全美调查让我们看到了一个令人鼓舞的趋势。从 20 世纪 90 年代开始，学生做出一系列危险行为的机率已经降低，包括：饮酒、吸烟或吸食大麻；不系安全带驾驶或乘坐醉酒者驾驶的车；随身携带武器；过早性行为或不使用安全套；试图自杀等（CDC，2006f）。如果能有效避免这些危险行为的发生，青少年就更可能在生理和心理上以健康的方式度过青春期。

发育期：儿童期的结束

发育期会出现显著的身体变化。这些变化是人体长期、复杂的成熟过程的一部分，该成熟过程甚至在孩子出生以前就开始了，其中包括的心理方面的变化可能要延续到成年。

发育期如何开始：荷尔蒙变化

发育期是由于性激素以及相关激素分泌的增加而引起的，这个过程可以分为两个阶段：首先是**肾上腺机能初现**（adrenarche），是指肾上腺的成熟；几年后性腺也开始成熟，我们称之为**性腺功能初现**（gonadarche）。

第一阶段是肾上腺机能初现阶段。大约在 7、8 岁，位于肾上的肾上腺开始逐渐分泌越来越多的雄性激素，主要成分是脱氢表雄酮（DHEA）（Susman & Rogol，2004）。DHEA 的分泌会使身体发育加快，皮脂分泌增多，体味逐渐出现，同时还会促进阴毛、腋毛和胡须的生长。到 10 岁的时候，我们体内的 DHEA 水平将达到 1~4 岁时的 10 倍。在多项研究中，处于青春期的男孩和女孩，无论是同性恋还是异性恋，回忆起他们第一次被异性吸引是发生在 9 岁或者 10 岁的时候。

性腺的成熟使 DHEA 的分泌水平达到了第二次高峰，达到成人水平（McClintock & Herdt，1996）。性腺功能初现阶段是第二个阶段，在这个阶段，女性卵巢分泌的雌性激素逐渐增多，这刺激了女性性器官的生长和成熟，乳房由此开始发育，并长出阴毛和腋毛。对男性来说，则是睾丸分泌的雄性激素，尤其是睾酮逐渐增多，因而刺激了男性性器官的生长和成熟，肌肉开始迅速发育，并长出体毛。男性和女性在青春期均分泌这两种激素，不过女性的雌性激素水平更高，而男性的雄性激素水平则更高。对女性而言，雄性激素能刺激阴蒂发育，并促进骨骼的生长，阴毛和腋毛的生长也源于雄性激素的分泌。

当人体内的脂肪含量达到一个临界点时，生殖才可以成功，而激素分泌活动突然增加的精确时间似乎取决于是否达到这个临界点。因此，如果一个女孩在儿童早期体内脂肪含量比较多，或者在 5~9 岁的时候体重增加比较明显，那么其发育期开始的时间就会比较早（Davison，Susman，& Birch，2003）。研究表明瘦蛋白，一种被认为与超重有关系的激素，可能会告诉大脑体内已经储存了足够的脂肪，从而引发青春期的一系列发育。血液中瘦蛋白累积到一定水平时就会刺激下丘脑给脑垂体腺发信号，脑垂体腺接下来会发信号给性腺以增加激素分泌水平（Chehab，Mounzih，Lu，& Lim，1997；Clément et al.，1998；O'Rahilly，1998；Strobel，Camoin，Ozata，& Strosberg，1998；Susman & Rogol，2004）。科学家们已经在第 19 对染色体上找到一组基因 *GPR54*，它决定了这一系列变化的发生（Seminara et al.，2003）。

青少年早期的情绪波动明显，喜怒无常。这一点在安妮日记中可以明显的看到。有研究将其归结于上述激素水平的变化。实际上，像忧虑和敌意这种负面情绪，以及女孩的抑郁症状，确实是随着发育期的进行而出现的（Susman & Rogol，2004）。然而，其他诸如性别、年龄、性格和发育期开始的时间等因素可能会缓解激素的影响，甚至完全消除（Buchanan，Eccles，& Becker，1992）。

发育期和性成熟开始的时间、标志和次序

通常，预示发育期开始的变化发生在女孩 8 岁、男孩 9 岁的时候（Susman & Rogol，2004），但是在很长的年龄跨度内存在各种各样的变化（表格 15-1）。最近，儿科医生发现，相当多的女孩在 8 岁之前乳房就开始发育（Slyper，2006）。无论是男孩还是女孩，典型的发育过程大约需要 3~4 年的时间。非裔和墨西哥裔美国女孩一般会比白人女孩更早进入发育期（Wu，Mendola，& Buck，2002），一些非裔女孩甚至在 6 岁的时候就开始体验发育带来的变化（Kaplowitz et al.，1999）。

第一性征和第二性征

第一性征（primary sex characteristics）指的是生殖所必需的器官。对女性而言，性器官包括卵巢、输卵管、子宫、阴蒂和阴道；对男性而言，性器官包括睾丸、阴茎、

表 15-1　青春期生理变化的一般进程

女性特征	第一次出现的年龄
乳房发育	6~13 岁
阴毛生长	6~14 岁
身体急速发育	9.5~14.5 岁
月经初潮	10~16.5 岁
腋毛的出现	阴毛出现两年之后
皮脂腺分泌的油和汗增多（导致痤疮）	与腋毛出现的时间相同
男性特征	**第一次出现的年龄**
睾丸或阴囊生长	9~13.5 岁
阴毛生长	12~16 岁
身体急速发育	10.5~16 岁
阴茎、前列腺、精囊的生长	11~14.5 岁
变声	阴茎生长的同时
遗精	阴茎生长之后一年
胡须和腋毛的出现	阴毛出现两年之后
皮脂腺分泌的油和汗增多（导致痤疮）	与腋毛出现的时间相同

表 15-2 第二性征

女 孩	男 孩
乳 房	阴 毛
阴 毛	腋 毛
腋 毛	肌肉发育
变 声	胡 须
皮肤变化	变 声
骨盆增大	皮肤变化
肌肉发育	肩膀变宽

阴囊、精囊和前列腺。在发育期，这些器官开始长大并成熟。

第二性征（secondary sex characteristics）（表格 15-2）指的是不直接包含性器官成熟的生理标志，例如，女性饱满的乳房和男性宽阔的肩膀。其他第二性征有声音和皮肤肌理的变化，肌肉的发育，以及阴毛、胡须、腋毛和体毛的生长。

虽然这些变化对不同的人来说稍微有些差异，而且出现时间也不同，但是其出现顺序仍然是非常一致的。一个女孩可能胸部发育和体毛生长速度几乎一样；而另一个女孩在胸部发育一年之前，体毛的生长就达到成人水平了。对男孩来说，同样存在发育状态（青春期身体发育的程度）和时间顺序上的差异。让我们更加详细地看一下这些变化。

发育期的标志

发育期的第一个具有代表性的外部标志是女孩乳房组织的发育和阴毛的生长，男孩睾丸的变大（Susman & Rogol，2004）。女孩的乳头开始变大并突出，乳晕（乳头周围深色的区域）变大，乳房先是呈现为圆锥形，而后慢慢长为圆形。处在青春期的男孩乳头会出现暂时性的变大，这往往令他们非常苦恼。然而，这是正常的，这种现象通常会持续 18 个月。

刚开始长出的阴毛直而光滑，最后则会变的粗糙卷曲，颜色发暗。男性和女性会有不同的表现。青春期的男孩常常会因脸上和胸部长出毛发而陶醉；但女孩通常会因为哪怕是脸上或乳头周围长出几小根毛发而惊慌失措，尽管这都是正常现象。

声音开始变粗，对男孩子来说尤其明显。这一方面是由于喉部的发育，另一方面则是由于雄性激素分泌的原因。皮肤变得粗糙且多油，皮脂腺分泌旺盛会使脸上长出粉刺和黑头。痤疮在男孩中更为常见，这可能与睾酮的分泌有一定的关系。

一般说来，在 11~13 岁这个年龄段，女孩比男孩更高、更重、更强壮，男孩青春期的快速发育比女孩晚。

青春期的快速发育

安妮·弗兰克在日记里提到自己对身体发育的懊恼，鞋很快就穿不下去了，衬衣“变得那么小甚至连肚子都遮不住”（1958，p.71）。很明显，安妮正处在**青春期的快速发育**（adolescent growth spurt）之中，即发育期身高、体重和骨骼肌肉的迅速生长阶段。

女孩的快速发育在 9 岁半至 14 岁半之间开始（通常是 10 岁），男孩则是在 10 岁半到 16 岁之间开始（通常是 12 岁或 13 岁），一般会持续两年，在其结束后不久，个体就达到了性成熟阶段。生长激素和性激素（雄性激素和雌性激素）的分泌是这个正常发育过程的主要促成因素（Susman & Rogol，2004）。

因为女孩的快速生长通常会比男孩早两年，11~13 岁的女孩往往比同龄的男孩更高、更重并且更强壮。但过了快速生长期以后，如之前一样，男孩的个头重新变得更大。通常情况下，女孩会在 15 岁，男孩会在 17 岁达到最大身高。女孩的肌肉生长速度最快的时间是在 12 岁半，男孩则是 14 岁半（Gans，1990）。

男孩和女孩不仅仅在生长速度上有所不同，外形和体形上同样有区别。男孩会全方位的生长：肩膀变宽；相对于躯干，腿更长；相对于上臂，前臂和身高也变长。女孩的骨盆变宽，更适应于分娩，皮下脂肪开始堆积使其看起来更丰满、匀称。女孩皮下脂肪堆积的速度是男孩的两倍（Susman & Rogol，2004）。

因为每种变化都遵循各自的时间表来进行，身体的某些部分可能会暂时显得比例不协调。就像安妮认为正在快速发育的皮特很笨拙一样，很多十几岁的孩子都会出现这种情况。

这些显著的身体变化也会带来心理上的影响。与自身其他方面相比，大多数十几岁的孩子更关心自己的外貌。其中有些孩子对自己不太满意。这种态度可能会带来饮食方面的问题，详细内容我们会在下一节中讨论。

性成熟的标志：产生精子与月经来潮

生殖器官的成熟使女孩开始有月经，而男孩则开始遗精。对男孩来说，性成熟的主要标志就是能够产生精子。第一次射精，或者说**精子初现**（spermarche）的平均年龄为 13 岁。青春期的男孩可能在某一天醒来时发现被单上有湿的或已经干硬的斑点，这就是夜间遗精，是一种无意识的射精（通常被称做梦遗）。大多数青春期男孩都会有这样的经历，有时会与做性梦有关。

对女孩来说，性成熟的主要标志是月经来潮，这是每月一次的子宫内膜脱落，安妮在日记里把它称为“小秘密”。第一次月经来潮被称为**月经初潮**（menarche），在女性发育过程中发生的比较晚，正常时间为 10 岁到 16 岁半不等（见表格 15-1）。美国女孩月经初潮的平均年龄由 1990 年以前的大于 14 岁提前到 90 年代的 12 岁半。黑人女孩的月经初潮时间大约为刚过 12 岁生日以后，比白人女孩的平均年龄早 6 个月（S. E. Anderson et al.，2003）。

影响发育期时间表的因素

发育期是一种进化机制，它可以使生育的成功率达到最大化，并且它一直处于进化之中以适应周围不断变化的环境和要求（Susman & Rogol，2004）。以历史数据为基础，发展科学家发现发育期的开始时间存在一种**长期趋势**（secular trend），跨越几代人观察到的趋势是：发育期开始的时间越来越早，且达到成人身高和性成熟的年龄也越来越小。另外，这一趋势还包括，一百年来，成人的身高和体重也在普遍增加。这种现象在美国、西欧和日本都得到了验证，并且这种趋势在美国仍在继续（Anderson，Dallal，& Must，2003）。

针对这种长期趋势，有人提出一种解释，出现这一趋势的原因在于人们生活水平的不断提高。那些营养丰富、照料全面、健康的孩子成熟的时间更早，个头长的更大。因此，发达国家的青少年性成熟的平均年龄比发展中国家要早。在 20 世纪末期的美国，一个起作用的因素是年轻女孩超重的现象越来越多（S. E. Andersonet al.，2003），但是这种假设的证据并不充分。有人提出另外一种解释，他认为生活方式和营养水平的变化能制造出胰岛素抗体，这会增加患糖尿病和心脏病的机率（Slyper，2006）。

遗传、体质、情绪及其相关因素可能会共同影响月经初潮的时间（Graber，Brooks-Gunn，& Warren，1995）。双生子研究已经为月经初潮的时间具有遗传性提供了证据（Mendle et al.，2006）。其他研究发现，如果上一代和这一代的营养和生活水平仍然保持稳定的话，女孩第一次月经来潮的时间与母亲相似（Susman & Rogol，2004）。个头比较大或者胸部发育比较丰满的女孩月经初潮的时间比较早（Moffitt，Caspi，Belsky，& Silva，1992），对社会经济水平较低的女孩来说也同样如此（Mendle et al.，2006）。在多项研究中，家庭冲突会导致月经初潮较早；反之，温暖、和谐的家庭关系和儿童教育中的父母参与会使女儿月经初潮的时间较晚（Mendle et al.，2006）。

女孩与父亲的关系似乎特别重要。一项纵向研究发现，那些在学龄前和父母保持亲密、和谐关系的女孩，尤其是有一位充满深情的、参与度高的父亲，比那些和父母关系疏远、冷漠或者被单亲妈妈养育的女孩，进入发育期的时间往往会比较晚（Ellis，McFadyen-Ketchum，Dodge，Pettit，& Bates，1999）。另外一项研究发现，继父家庭的女孩明显比仅有母亲的单亲家庭的女孩，月经初潮的时间更早（Ellis & Garber，2000）。

家庭关系如何影响发育期进程呢？有一种可能性是，像动物一样，男性人类可能会释放信息素（费洛蒙），一种能吸引异性的有气味的化学物质。做为一种自然预防机制，避免父女之间关系太过亲密会导致乱伦，那些和父亲的费洛蒙接触比较多的女孩的性发展可能会受到抑制。与之相对的是，如果与没有血缘关系的成年男性的费洛蒙接触比较多的话，例如继父或单亲妈妈的男友，那么女孩的性发展可能就会加快（Ellis & Garber，2000）。因为家庭缺少父亲和发育较早都被认为是导致滥交和早孕的危险因素，所以童年早期得到父亲较多关怀对女孩健康的性发展来说可能是非常重要的。

另一种可能性是，父亲抛弃家庭的倾向与女儿早熟和早期性行为的倾向来源于一组相同的基因：伴性的雄性激素受体（AR）变型基因，这组基因位于 X 染色体上，而 X 染色体只能由父亲遗传给女儿却不会遗传给儿子。一项研究中测查了 121 名男性和 164 名没有关系的女性，拥有这一等位基因的男性往往表现出侵略性、易冲动性以及乱交；拥有相同基因的女性则倾向于月经初潮较早，并且 7 岁前经历过父母离异，缺少父爱（Comings，Muhleman，Johnson，& MacMurray，2002）。这种假设还需要在离婚父亲和他们的亲生女儿之间做进一步的直接的基因分析来验证。

早熟和晚熟的心理效应

早熟和晚熟对男孩和女孩的影响有所不同，而成熟的时间似乎能预测青少年心理健康和成年后与健康相关的行为（Susman & Rogol，2004）。对早熟男孩的研究得出的结果不尽相同。有研究发现大多数男孩希望尽早成熟，早熟男孩的自尊水平往往更高（Alsaker，1992）。与晚熟的男孩相比，他们往往更沉着、随和、温厚，人缘好而且不易冲动，认知水平也更高。与之相反的是，另外一些研究发现，早熟的男孩往往更焦虑，更有攻击性，容易担心别人是否喜欢自己，更小心谨慎，更依赖别人，容易被规则和程序所限制（Ge，Conger，& Elder，2001b；Graber，Lewinsohn，Seeley，& Brooks-Gunn，1997；Gross & Duke，1980）。一些早熟的孩子可能会遇到某些困扰，因为他们有时不能像人们预期的那样，表现出与成熟的外表相符的行为。晚熟的男孩则给人的感觉是更不擅于照顾自己，自我意识较强，不合群，经常被别人支配；他们依赖性和攻击性都较强，缺乏安全感，容易抑郁；与父母关系较差，在学校也麻烦不断；社交能力和应对能力较差（Graber et al.，1997；Mussen & Jones，1957）。

一般来说，如果女孩的发育期与同龄人一致，她往往会感到更快乐。与晚熟的女孩相比，早熟的女孩往往社交能力比较差，不擅于表达自己，缺乏自信；内向含蓄，容易害羞；月经初潮时产生的消极情绪比较多（Livson & Peskin，1980；Ruble & Brooks-Gunn，1982；Stubbs，Rierdan，& Koff，1989）。可能是由于还没有准备好，就要仓促地面对青春期突然来临的压力（Susman & Rogol，2004），她们往往容易产生心理问题。她们不擅社交，更可能与有反社会行为的同伴在一起（Ge，Conger，& Elder，1996）。与晚熟的女孩相比，早熟女孩有较差的身体意象，更容易产生自卑情绪（Alsaker，1992；Graber et al.，1997；Simmons，Blyth，Van Cleave，& Bush，1979）。焦虑和抑郁、破坏性行为、饮食障碍、吸烟酗酒、药物滥用、过早性行为、早孕和试图自杀，这些危险更容易发生在早熟女孩的身上（Deardorff，Gonzalez，Christopher，Roosa，& Millsap，2005；Dick，Rose，Kaprio，& Viken，2000；Graber et al.，1997；Susman & Rogol，2004）。然而，从未有过行为问题的女孩很少做出这些危险行为（Susman & Rogol，2004）。对男孩和女孩来说，早熟都使他们更容易产生危险行为，并且更容易受到不良同伴的影响（D. P. Orr & Ingersoll，1995；Susman & Rogol，2004）。

你的观点？

你的身体发育是早熟，晚熟还是准时发育？你的身体发育时间对心理有何影响？

考考你✓

你可以……

- ✓ 说出发育期如何开始？它开始的时间和长度如何变化吗？
- ✓ 识别男孩和女孩进入发育期的典型变化，并说出影响他们对这些变化做出心理反应的因素吗？

我们很难概括发育时间早晚的心理影响，因为这取决于青少年自己和他周围的人如何解释这些伴随而来的变化。在下述情况，早熟或晚熟的影响有可能是消极的，例如：青少年的发育程度与同伴相差太大；或者他们不知道发育期的变化是有利的；再或者是多重压力，比如进入发育期和升初中在同一时间发生（Petersen，1993；Simmons，Blyth，& McKinney，1983）。除此之外，种族、学校、邻里关系等相关因素也会产生不同的影响。例如，发育较晚的非裔美国人和西班牙人往往对自己的体型发育不满意，而亚裔美国人和欧裔美国人发育时间的早晚则不影响他们对自己体型的满意程度（Susman & Rogol，2004）。另外，早熟的女孩在男女混合学校比在女校更容易产生问题行为，在较差的城市社区比在乡村或者中等城市社区更容易产生问题行为（Caspi et al.，1993；Dick et al.，2000；Get al.，2002）。

青春期的脑发育

不久前，大多数科学家认为，到发育期时，大脑已经完全发育成熟。而现在的脑成像研究则表明，青少年的大脑仍然在发育。从发育期到成年早期这段时间，大脑结构会发生明显的变化，这些变化会影响个体的情绪、判断、组织行为和自我控制等多个方面。这些发现或许能够帮助我们解释青少年容易情绪失控和做出危险行为的原因（ACT for Youth，2002），同时也提出一个问题，即青少年应该为自己的行为负多少法律责任（专栏 15.2）。

青少年处理情感信息的方式与成年人不同。在一项系列研究中，研究者让青少年识别电脑屏幕所呈现的图片表情，同时观察其大脑活动的变化。青少年处于青春早期时（11~13 岁）趋向于利用杏仁核，这是一个位于颞叶深处的杏仁状小组织，与情绪和本能反应有很大的关系（见第 6 章图 6-4）。到了青春晚期，青少年则像成年人那样，更趋向于使用额叶，额叶掌管计划、推理、判断、情绪调节和控制冲动，因此能够使个体做出更精确和更合理的判断。这就为青少年何以在青春早期做出一些荒唐的选择，例如药物滥用和危险性行为，给出了可能的原因：发育不成熟的大脑可能会使个体的感情战胜理智，并且阻碍青少年听取有益的警告，虽然对成年人来说，这些警告既合乎逻辑又有说服力（Baird et al.，1999；Yurgelon-Todd，2002）。前额大脑皮层系统与动机、冲动和上瘾有关，它的发育不成熟能够解释青少年容易激动和好奇心强，另外也可以解释为什么青少年很难长期专注于一个目标（Bjork et al.，2004；Chambers，Taylor，& Potenza，2003）。

为理解青少年大脑的不成熟性，我们需要观察前额叶皮层结构和构成的变化。在第 12 章，我们总结出了儿童期大脑发育的两个重要阶段。首先是脑白质（联接脑不同部位的神经纤维）的稳定增长，这样就为信息的更快传递提供了基础。在青春期，该过程在额叶继续进行（ACT for Youth，2002；Blakemore & Choudhury，2006；Kuhn，2006;NIMH，2001b）。第二个阶段，是指儿童期对用不到的树突连接进行修剪，这就导致了脑灰质密度（神经细胞）的缩小，进而提高大脑的效率。这个过程开始于后脑部分并逐渐向前发展，大部分大脑都会经历这个过程，但不包含额叶。

额叶区灰质生长的高峰期差不多与发育期的开始同步。在生长高峰过后，脑灰质密度急剧下降，尤其是前额叶皮层，同时无用的突触（神经元之间的连接）逐渐消失，而保留下来的则被强化（ACT for Youth，2002；Blakemore & Choudhury，2006；Kuhn，2006；NIMH，2001b）。因此，在青春中期到后期，青少年的神经元联结虽然数量减少，但是却更强壮、更平滑、更有效率，进而使青少年的认知过程更加高效（Kuhn，2006）。

认知刺激在青少年的脑部发育过程中起到了关键的作用。这个过程是双向的：青少年的行为和经验决定了哪些神经元联结会被保留下来并得到加强，同时又进一步促进了这些领域内的认知发展（Kuhn，2006）。青少年可以“通过学习整理思考过程、理解抽象概念、控制本能冲动来‘锻炼’他们的大脑，这样的神经基础将供他们享用余生”（ACT for Youth，2002，p.1）。

考考你 ✓

你可以……

- ✓ 描述青春期大脑的两个主要变化吗?
- ✓ 识别青少年大脑的不成熟特征，并解释这种不成熟如何影响行为吗?

社会关注

专栏 15.2 青少年是否应该有死刑豁免权？

2005 年 3 月 1 日，美国最高法院就一项是否应该处以死刑的判决进行了辩论，罪犯犯罪时只有 17 岁，最终以 5 票对 4 票的微弱差距裁定死刑判决违反了宪法，判决无效（Mears，2005）。而法院以前曾允许判处 16 岁或 17 岁的罪犯死刑，但并不适用更年轻的未成年人。

这项新裁决使得 19 个州的法律失效，这 19 个州以前都允许对 16 岁或 17 岁犯死刑罪的青少年判处死刑。同时，这也使得美国的青少年犯罪政策与世界其他绝大多数国家保持一致。对青少年判处死刑被许多公约明文禁止，其中包括国际公民权利和政治权利公约、美国人权公约、战时关于保护平民的日内瓦公约，以及联合国儿童保护公约（Montaldo，2005）。

也有人对青少年犯罪可以免除死刑持反对意见，他们认为是否判处死刑应该根据案件的具体情况做不同的裁决，要看犯罪的性质以及罪犯的成熟程度。然而，最高法院多数派提出了强有力的证据：一项已公布的研究结果表明，青少年发育不够成熟，他们作为一个独特群体，不应该对他们使用与成人相同的法律标准。

劳伦斯·斯坦伯格（Laurence Steinberg，心理学家，任职于坦普尔大学，专门研究青少年行为）和伊利莎白·斯科特（Elizabeth S. Scott，维吉尼亚大学法学教授）针对青少年犯罪提出，无论是死刑还是其它刑罚，都应当从轻处罚，并提出三条原因：（1）青少年缺乏决策能力；（2）他们很容易受到外部环境的影响，比如来自同伴群体的压力；（3）他们的性格或个性还没有完全形成（Steinberg & Scott，2003）。

缺乏决策能力

即使青少年具备逻辑推理能力（许多青少年还不具备），他们在决策的时候也往往不用它，在高度情绪化的情形下更是如此。青少年倾向于做出危险行为。不管是认知水平的限制还是生活经验的欠缺，他们很少全面地考虑将来可能出现的后果，而是更多地关注眼前的利益。同样，青少年比成年人更易冲动，不懂得如何调节自己的情绪和行为。

青少年和成年人在决策能力上存在众所周知的差异，其中有些差异似乎有神经学上的依据。与长远规划、情绪调节、控制冲动以及风险与回报评估有关的大脑区域在青春期还没有完全发育成熟。发

生理与心理健康

在青春早期或中期，10 个青少年中有 9 个认为自己是健康的。这个结果来自于世界卫生组织（WHO）主办的一项校园调查，涉及美国及其他 27 个西方工业国家的 12 万名 11 岁、13 岁和 15 岁的学生（Scheidt，Overpeck，Wyatt，& Aszmann，2000）。然而，许多青少年，尤其是女孩，称自己经常遇到健康问题，例如头痛、胃痛、背痛、神经过敏，感到疲劳、孤独或者体质差。在美国和以色列这样生活节奏快、压力大的国家，这类报告尤其普遍（Scheidt et al.，2000）。

健康问题与健康行为

许多健康问题是由生活方式或家庭贫困引起的，是可以预防的。根据世界卫生

育期大脑边缘系统的变化可能会导致青少年寻求新奇，置身于危险，并可能引起高情绪化和压力增大。影响个体长远规划、评价判断和决策能力的前额皮质直到青春晚期或成年期才能发育成熟。斯坦伯格和斯科特坚持认为，由于青少年的判断能力不够成熟，与智力迟钝的成年人相比，他们更不应该为其行为负完全责任。

易受到同伴影响

由于青少年的不成熟，他们有时会屈服于一些成年人可以抵抗的压力。为了摆脱父母的控制，青少年越来越受同伴的影响。即使在没有外部压力的情况下，他们希望得到同伴的认可、害怕被拒绝，这些因素都会影响到他们的决策。而深受欢迎的同龄人会成为大家争相效仿的对象。

性格尚未成型

如果品德信誉见证人能为被告的优良品德或性格提供证据的话，法庭会以此为依据对青少年罪犯从轻处罚。斯坦伯格和斯科特指出，青少年的性格、同一性和价值观还没有完全形成。青少年犯罪常常只是由于一时冲动和缺乏经验，并不是深层次的、永久的道德缺陷。正如我们将在第 17 章中指出的那样，大多数的少年犯长大成人后都成为守法公民。

斯坦伯格和斯科特需要做更多的研究，以便弄清青少年决策能力的发展变化与其大脑结构变化之间的联系，探讨现实环境下不同年龄段青少年决策能力的差异。在没有得到确定的结果之前，他们极力主张，如果还有类似情况的话，法院应该努力保护青少年罪犯的生命，就像最高法院现在所做的一样。

资料来源：Steinberg and Scott，2003.

你的观点?

你认为是否应该判处青少年死刑？如果应该，多大年龄合适？还应该考虑其他哪些因素？

请查阅!

如果要更多地了解劳伦斯·斯坦伯格的作品，请浏览网址 http ://astro.temple.edu/lds/. 该网址可以链接到斯坦伯格写的几本关于青少年心理和父母养育方式的书。

组织的调查，在工业化国家，来自不富裕家庭的青少年往往健康状况较差，症状较多。来自富裕家庭的青少年有更健康的饮食习惯，身体往往更具活力（Mullan & Currie，2000）。

让我们看看几个具体的健康问题：身体健康、睡眠需求、饮食障碍、药物滥用、抑郁症以及青少年的致死因素。

身体活动

经常参加锻炼或缺乏锻炼既影响生理健康也影响心理健康。经常运动能够增强力量、提高耐力，促进骨骼和肌肉健康发育，控制体重，缓解压力并减少焦虑情绪，还能提高青少年的自尊水平，并使其在学校有好的成绩和表现。经常锻炼同样也能降低青少年参与危险行为的可能性。如果每天能够有规律地锻炼至少 30 分钟，即使

图 15-1
2003 年美国不同年级、不同性别的中学生未达到推荐的身体活动量的比例（中等强度或高强度）

资料来源：NCHS，2004，Fig，14，p.34

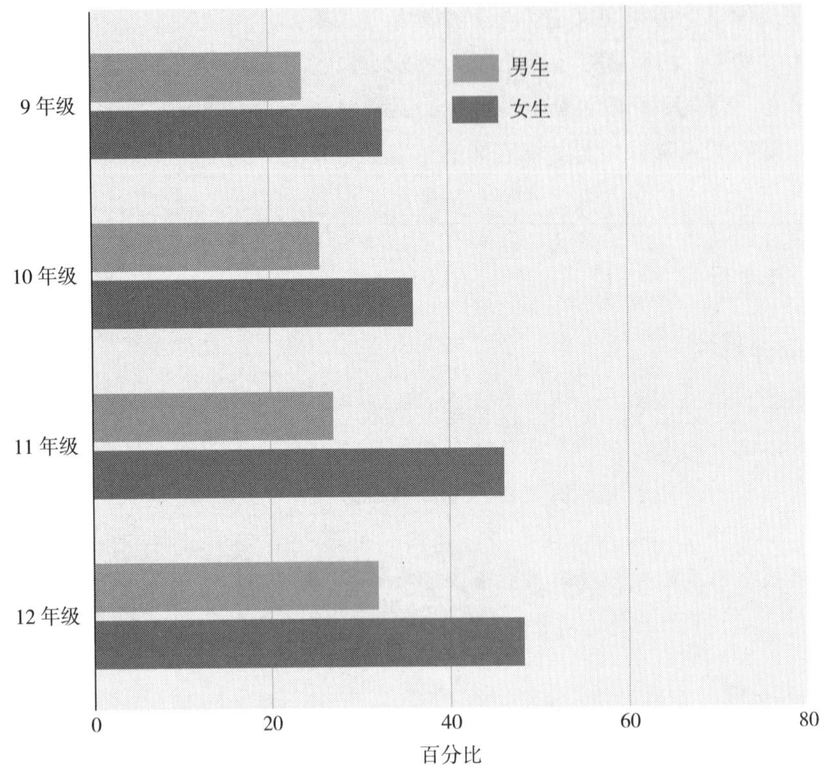

是中等强度的活动，也能起到很好的健康效果。如果养成不爱运动的生活方式并一直持续到成年期，那么人们出现健康问题的可能性会增大，例如超重、心脏病、癌症和 2 型糖尿病，其中 2 型糖尿病在儿童和青少年人群中的发病率正在逐渐上升（Carnethon，Gulati，& Greenland，2005；CDC，2000a；Hickman，Roberts，& de Matos，2000；NCHS，2004；Nelson & Gordon-Larsen，2006；Troiano，2002）。

不幸的是，1/3 的美国中学生没有达到权威机构推荐的身体活动量，并且不参加体育锻炼的学生比例在中学期间有所增加（NCHS，2005；表 15-1）。美国青少年参加体育锻炼的比例与以前相比减少了，与其他大多数工业化国家的青少年相比也更少（CDC，2000a；Hickman et al.，2000）。大约有 75% 的 6 至 8 年级学生会参加课外体育运动（Kleiner，Nolin，& Chapman，2004），但是到了高中以后，只有 55% 的男生和 30% 的女生参加这些运动（Snyder & Hoffman，2002）。

睡眠需求

青少年睡眠不足已经被认为是一种通病（Hansen et al.，2005）。根据世界卫生组织的一项研究，在 28 个工业化国家中，平均 40% 的青少年（大多数是男生）表示每周至少有一天上午想睡觉，而有 22% 表示他们几乎整天昏昏欲睡（Scheidt et al.，

2000）。

一般来说，随着年级的升高，学生们入睡的时间越来越晚，睡眠时间越来越少。青少年在 9 岁的时候平均睡眠时间为 10 个多小时，但是到 16 岁的时候不足 8 小时（Hoban,2004）。每周学习 20 小时或更长时间的学生也常常得不到充足的睡眠。因此，很多青少年在课堂上睡觉或打瞌睡（Millman et al.，2005）。

实际上，青少年需要与小时候一样多甚至更多的睡眠时间（Hoban，2004；Iglowstein，Jenni，Molinari，& Largo，2003）。周末睡懒觉并不能弥补平时上课期间缺少的睡眠（Hoban，2004；Sadeh，Raviv，& Gruber，2000）。晚睡晚起的睡眠方式会导致失眠问题，而失眠往往都是从儿童晚期或青春期开始的，而白天打盹则使这一问题更加严重（Hoban，2004）。

缺乏睡眠可能导致动力不足、性情暴躁、注意不集中，学习成绩也会下降（Millman et al.，2005）。在一项针对 2259 名中学生的纵向研究中发现，与同龄人相比，睡眠时间较短的六年级学生更可能表现出抑郁症状，自尊水平也较低（Fredriksen，Rhodes，Reddy，& Way，2004）。另外，缺乏睡眠对青少年驾驶者来说可能是致命的。研究发现，16~29 岁的年轻人最可能由于开车时打瞌睡而引起交通事故（Millman et al.，2005）。

为什么青少年这么晚才睡呢？可能是由于他们要做家庭作业，想与朋友电话聊天或网上冲浪，或者希望像成年人那样安排作息。然而，生理上的变化也很重要（Sadeh et al.，2000）。褪黑激素的分泌时间是大脑是否准备休息的标志。进入发育期以后，这种激素的分泌时间会推迟（Carskadon，Acebo，Richardson，Tate，& Seifer，1997）。因此，青少年需要比儿童更晚入睡，起床时间也应该相应延后。然而大多数中学的上课时间比小学要早，它们的时间表并没有与学生的生理节律保持同步（Hoban，2004）。十几岁的青少年早晨时候的警觉性最差，紧张度最高，而在下午的时候，警觉性相对较高（Hansen et al.，2005）。延后上学时间，或至少把较难的课程安排在每天较晚的时候，将有助于提高学生的注意力（Crouter & Larson，1998）。

考考你 ✔

你可以……

- ✓ 总结出青少年的健康状况，并且列出常见的健康问题吗？
- ✓ 解释为什么身体活动对青少年很重要吗？
- ✓ 解释为什么青少年的睡眠时间短，以及缺乏睡眠对青少年有何影响吗？

营养和饮食障碍

充足的营养对青少年快速生长的身体来说至关重要。然而，与其他西方工业化国家相比，美国青少年所吃的食物往往更不健康。他们不经常吃水果和蔬菜，却喜欢糖果、巧克力、软饮料和其他诸如披萨和炸薯条之类的垃圾食品。这些食物的胆固醇、脂肪和卡路里含量很高，但营养价值很低（American Heart Association et al.，2006；Vereecken & Maes，2000）。缺乏钙、锌和铁等元素在这一年龄段非常普遍（Lloyd et al.，1993；Bruner，Joffe，Duggan，Casella，& Brandt，1996）。

就世界范围来讲，营养不良在经济欠发达国家或孤立的国家最普遍。不过，保持体形和控制体重也有可能引起营养不良（Vereecken & Maes，2000）。饮食障碍，包括肥胖症和超重，在工业化国家最为常见。因为那里食物充足，且苗条的身材被认为是有魅力的。但是在非西方国家，饮食障碍同样呈增长趋势（Makino，Tsuboi，& Dennerstein，2004）。

肥胖/超重

十几岁的女孩平均每天需要大约 2200 卡路里的能量，男孩每天则需要大约 2800 卡。许多青少年每天摄取的能量比他们消耗的要多得多，因此，过多的脂肪便开始在体内堆积。

在 1980~2004 年间，美国青少年超重的比例翻了三倍多，由 5% 上升至 17%（Ogden et al.，2006）。在年纪较大的青少年中，来自于贫困家庭的孩子的超重比例比其他孩子高 50%（Miech et al.，2006）。墨西哥裔和非西班牙裔黑人青少年的家庭状况往往比较差，他们超重的比例是非西班牙裔白人青少年的 1.5 倍（NCHS，2005）。

根据 29242 名 13~15 岁的男孩和女孩对身高和体重的自我报告，在同一年龄段，美国青少年超重的比例是其他 14 个工业化国家的两倍。大约有 26%~31% 的美国青少年的体重指数（BMI）位于或高于常态分布的 85%~95% 区段，而所有 15 个国家位于或高于这一区段的平均比例只有 15%（Lissau et al.，2004）。

与同龄人相比，超重青少年的健康状况更差，更易患功能性障碍，比如讨厌上学、不爱做家务、不能从事剧烈活动或个人生活不能自理（Swallen，Reither，Haas，& Meier，2005）。同时，他们体内的胆固醇容易过高，易患高血压和糖尿病（NCHS，2005）。成人后，他们会继续保持肥胖，容易出现各种各样的生理、社交和心理问题（Gortmaker，Must，Perrin，Sobol，& Dietz，1993）。

与意志力和生活方式无关的基因或其他因素似乎是导致一些青少年超重的关键因素（见第 3 章和第 9 章）。其中一个因素是有缺陷的新陈代谢调节（Morrison et al.，2005）；另外，至少对女生而言，抑郁和父母肥胖也是关键因素（Stice，Presnell，Shaw，& Rohde，2005）。在这样的情况下，早期就有目标的采取预防措施将是非常明智的（Morrison et al.，2005；Stice et al.，2005）。加利福尼亚一项针对 878 名 11~15 岁青少年的调查表明，无论是男孩还是女孩，缺乏锻炼都是引起超重的一个主要因素（Patrick et al.，2004）。

利用行为矫正技术帮助青少年改变饮食习惯并加强锻炼，这种减肥方法已经取得了一些成功。然而，对许多将要进入青春期或已经进入青春期的青少年来说，节食往往达不到预期目标，还会起到相反的效果。在一项为期 3 年的前瞻性调查中，9~14 岁的 8203 名女孩和 6769 名男孩参与其中，结果显示，与没有节食的青少年相比，那些节食的青少年体重增加的更多（Field et al.，2003）。西布曲明是成年人经常使用的减肥药，在使用该药物的同时进行行为矫正可取得一定的效果。但是，该药物的安全性，以及是否适用青少年群体仍需要做进一步的研究（Berkowitz，

Wadden，Tershakovec，& Cronquisr，2003）。

身体意象和饮食障碍

有时，下定决心绝不超重可能会引起比肥胖本身更严重的问题。对身材的过分在意会导致为控制体重而过度努力（Davison & Birch，2001；Vereecken & Maes，2000）。与男孩相比，这种情形更容易出现在女孩身上，并且不一定和实际的体重问题有关。

由于处于发育期的女孩体内脂肪会出现正常的增长，很多女孩，特别是身体发育较快的女孩，会对自己的外形很不满意。这也反映出文化对女性身材的看重（Susman & Rogol，2004）。从青春早期到中期，女孩们对自己体形的不满意程度会逐渐增加；而对男孩来说，由于肌肉变的更加发达，身体变的更加强健，他们对自己的身体往往更满意（Feingold & Mazella，1998；Rosenblum & Lewis，1999；Swarr & Richards，1996）。来自于 16 个国家的样本显示，到了 15 岁的时候，一半以上的女孩正在节食或者认为自己应该节食。在这 16 个国家中，美国名列榜首，47% 的 11 岁女孩和 62% 的 15 岁女孩为超重所困扰（Vereecken & Maes，2000）。一般来说，与白人女孩相比，黑人女孩对自己的体形更加满意，受体重和节食的困扰也更少（Kelly，Wall，Eisenberg，Story，& Neumark-Sztainer，2004；Wardle et al.，2004）。

根据一项大型前瞻性群组研究，父母的态度和媒体的宣传是助长青少年为体重感到忧虑的重要原因，它们比同伴群体的影响更大。女孩们在媒体上看到非常苗条的女模特，会过度担心自己的体重问题，希望自己能有模特们那样的身材，因此就有可能引发饮食障碍（Striegel-Moore & Bulik，2007）。除此以外，无论是男孩还是女孩，如果他们认为身材苗条对父母非常重要的话，尤其是对父亲，则往往会陷入到无休止的节食中（Field et al.，2001）。

身体意象问题常常被医护人员所忽略。某精神病医院的 208 名青少年患者，从来没有针对这种问题接受过特别治疗，但是经过检查后，发现其中的 1/3 有严重的体重和身体意象问题。与其他的青少年精神病人相比，他们往往更加焦虑、抑郁，自杀倾向也更强（Dyl，Kittler，Phillips，& Hunt，2006）。

对体重和身体意象的过度担心可以被看做是神经性厌食症或神经性贪食症的征兆。这两种障碍都涉及不正常的食物摄取方式（Harvard Medical School，2002），例如：不按时吃饭；自我绝食；或者是暴饮暴食，然后通过自己引发的呕吐或者服用轻泻剂来清除所吃的食物。颇具讽刺性的是，如此极端的体重控制方法会导致体重增加而不是减少，因为这种方式会改变正常的饮食和新陈代谢规律（Stice et al.，2005）。

这些长期的饮食紊乱影响了大多数青春期的女孩（Striegel-Moore & Bulik，2007）。对那些被要求练习芭蕾舞、游泳、长跑、花样滑冰和体操运动的女孩来说，

厌食症患者有不切实际的身体意象。尽管镜子中的自己并不胖，但是她们还是认为自己过于肥胖。

这种现象非常普遍。该问题还发生在那些单亲或离异家庭，以及经常独自吃饭的女孩身上（“Eating Disorders—Part II,” 1997；Martínez-González et al.，2003；Skolnick，1993）。双生子研究发现，在大约 50% 以上的个案中遗传起了非常重要的作用（Striegel-Moore & Bulik，2007）。

***神经性厌食症*　神经性厌食症**（Anorexia nervosa）是始于青春期的一种典型障碍，表现为过度关注自己的身材，迫切希望自己苗条。厌食症包含两种类型。一种类型是自我绝食，同时还伴随过多的强迫性锻炼。另一种类型为暴饮暴食、泻清，或者两种现象同时存在（Yager & Andersen，2005）。神经性厌食症患者有扭曲的身体意象，即使自己比正常体重轻至少 15%（McGilley & Pryor，1998），他们仍然认为自己太胖。在西方国家，估计有 0.5% 的青少年女孩和年轻妇女患有神经性厌食症，青少年男孩和成年男性患病的比例要小一些，但是其数量也在逐渐增加（AAP Committee on Adolescence，2003；Martínez-González et al.，2003）。

在所有的心理障碍中，厌食症有最高的死亡率和自杀率（Bulik et al.，2006；Crow，2006），其医学并发症几乎涉及体内的所有器官（Yager & Andersen，2005）。早期的预兆有：坚定的、秘密的绝食；减肥后的不满意；达到最初预期的体重后，制订新的、更低的体重目标；过度锻炼；月经变得不规律；头发脱落；体温降低；长出又软又细的体毛。

神经性厌食症的致病因素可能不是单一性的（Yager & Andersen，2005）。估计大约有 56% 是由于遗传因素（Bulik et al.，2006），在神经性厌食症病人身上发现了一种可能导致进食信号降低的变异基因（Vink et al.，2001）。另外，出生时的某些并发症也会增加患神经性厌食症的风险，这些并发症包括：母亲贫血、糖尿病、胎盘部分坏死。新生儿时期可能的致病因素包括心脏病、体温过低、震颤、反应性过低（Favaro，Tenconi，& Santonastaso，2006）。患有神经性厌食症的病人其大脑的某些特定区域的供血量往往过少，包括控制视觉的自我知觉和食欲的区域（Gordon，Lask，Bryantwaugh，Christie，& Timini，1997）。

病人的个性可能也起一定的作用。患有神经性厌食症的年轻人通常都是好学生，被他们的父母形容为模范孩子。他们可能性格孤僻，内心压抑，经常做重复性的行为，追求完美。其他可能的致病原因包括焦虑性障碍、抑郁和肥胖的家族史，以及家庭、同伴和文化带给他们的"应当苗条"的压力（Yager & Andersen，2005）。

由于神经性厌食症对生命的潜在威胁很大，因此治疗的首要目标是先让病人进食以增加体重。治疗时应该着重于加深患者和家庭成员对这种障碍及其危害的认识，让他们知道通过治疗可以缓解病情，并纠正其不正确的健康态度（Yager & Andersen，2005）。为了抑制呕吐和应对其他需要治疗的问题，患者可以使用一些药物。心理治疗，无论是行为治疗还是认知治疗，在帮助病人增加体重方面取得了一定效果（Yager & Andersen，2005）。还有一种疗法被称为家庭治疗，由父母严格控制孩子的进食习惯，直到取得令人满意的进步为止。这种疗法是迄今为止最有效的方法（Wilson，Grilo，& Vitousek，2007）。

如果患者表现出严重营养不良的症状、对治疗有抵触情绪、或表现出医学危险迹象、或动机不强、或者通过门诊治疗没有取得效果时，都应该被送往医院，以便能够接受 24 小时的全天护理。一旦患者的体重稳定下来，可以进行低密度的日间护理，但是正在进行的心理治疗不能停止；如果患者不能维持他们的体重，应该再次入院接受治疗（McCallum & Bruton，2003；Yager & Andersen，2005）。大约 50%~70% 的神经性厌食症患者能够完全康复，但这个过程可能要花费 5~7 年（Yager & Andersen，2005）。

神经性贪食症 患有**神经性贪食症**（bulimia nervosa）的人每隔很短的一段时间，通常是两小时或者更短，就要进食大量食物，然后想办法消耗掉摄取的高能量，例如自己诱导的呕吐、严格的节食或禁食、过度的高强度锻炼，或者是服用轻泻剂、灌肠剂或利尿剂清空肠胃（APA，1994）。

与暴食－泄清型神经性厌食症相比，贪食症的不同之处在于：患有贪食症的患者体重不会过轻。随着饮食和体重的变化，一些人会在厌食症与贪食症两种病症之间来回的转换（McGilley & Pryor，1998）。然而，它们是两种不同的疾病。另有一种暴饮暴食症是指虽然患者不断地暴饮暴食，但随后并没有禁食、锻炼或呕吐等症状。这是美国成人群体中最普遍的一种饮食障碍，也是导致现在美国肥胖率上升的一个重要因素（Hudson，Hiripi，Pope，& Kessler，2007）。

与厌食症相比，贪食症和暴食症更普遍。大约 3% 的女性和 0.3% 的男性在人生的某个时期患有贪食症或暴食症，偶尔患病的人数则更多（Harvard Medical School，2002；McGilley & Pryor，1998）。与厌食症不同，几乎所有证据都表明贪食症受西方社会的历史或文化影响。可能的原因是，暴食症与厌食症不同，它需要有充足的食物，需要现代马桶，这样在清空肠胃时才会不被人发现（Keel & Klump，2003）。

患有贪食症的人常常为自己的体重和体形所困扰。他们为自己的饮食习惯而感到羞愧、自卑和压抑。他们的自尊水平较低（这点与厌食症一样），也曾经有体重波

你的观点？

你是否能够提供降低饮食障碍发生率的建议?

考考你✓

你可以……

✓ 概括总结青春期男孩和女孩正常的营养需求和常见的饮食缺陷吗?

✓ 讨论肥胖症、厌食症和贪食症的危险因素、效应、治疗方法和诊断因素吗?

动很大、节食或过度锻炼的经历（Kendler et al.，1991）。

与厌食症一样，贪食症的致病因素似乎也是多种多样（McGilley & Pryor，1998）。首先，它似乎与大脑中的一种化学物质血清胺的含量过低有关（“Eating Disorders—Part I,” 1997；K. A. Smith，Fairburn，& Cowen，1999）。贪食症可能与抑郁症、恐怖症或惊慌症有相同的基因基础（Keel et al.，2003）。另外，精神分析理论也提供了一种解释：患有贪食症的人通过食物来满足自己希望被爱、被关注的渴望（“Eating Disorders—Part I,” 1997）。此外，与厌食症相似的是，个体出生时的某些并发症，或者新生儿时期的一些疾病都被证明与贪食症有一定关系，比如胎盘部分坏死、出生时体重过轻、身材过小、新生儿时期反应性过低、早期进食不畅等等（Favaro etal.，2006）。

认知行为疗法被认为是治疗贪食症最有效的一种方法。患者每天对自己的饮食习惯做详细的记录，并且应该尽量避免接触那些可能诱使他们暴食的食物。由于贪食症患者很容易患抑郁症并且有自杀倾向，因此，在接受心理治疗的同时应该服用抗抑郁的药物（Harvard Medical School，2002；McCallum & Bruton，2003）。盐酸氟西汀已经在临床上被证明是治疗贪食症的一种非常有效的药物（Crow，2006）。经过6个月至5年的治疗，贪食症的平均治愈率为50%（Harvard Medical School，2002）。然而，有30%的病人停止治疗后很快复发，多达40%的病人有持续的症状（McGilley & Pryor，1998）。

服用和滥用药物

虽然大多数的青少年并不滥用药物，但仍有相当一部分人这样做。**物质滥用**（substance abuse）是指对酒或其他药物的有害使用，它可能导致**物质依赖**（substance dependence）（上瘾），依赖可能是生理上的，也可能是心理上的，或者两都有，并且很可能一直持续到成年期。令人上瘾的药物对青少年来说尤其危险，因为它们有可能刺激青春期仍然在发育的大脑结构（Chambers et al.，2003）。在2003~2004年期间，大约6%的12~17岁的青少年由于酗酒被确认为应该接受治疗，而超过5%的人由于吸毒而被确认为应该接受治疗(National Survey on Drug Use and Health [NSDUH]，2006b）。

吸毒的趋势

超过48%的美国青少年在中学毕业前曾经吸食过毒品。在90年代中后期曾经出现了吸毒的猛涨趋势，原因是青少年对其危险性的认识减少，以及同伴的不认同感降低。然而，这种趋势已经开始反转。前12月的数据表明，自从1996年以来，8年级学生中吸食毒品的比例已经降低了大约1/3，10年级学生降低了1/4，12年级学生

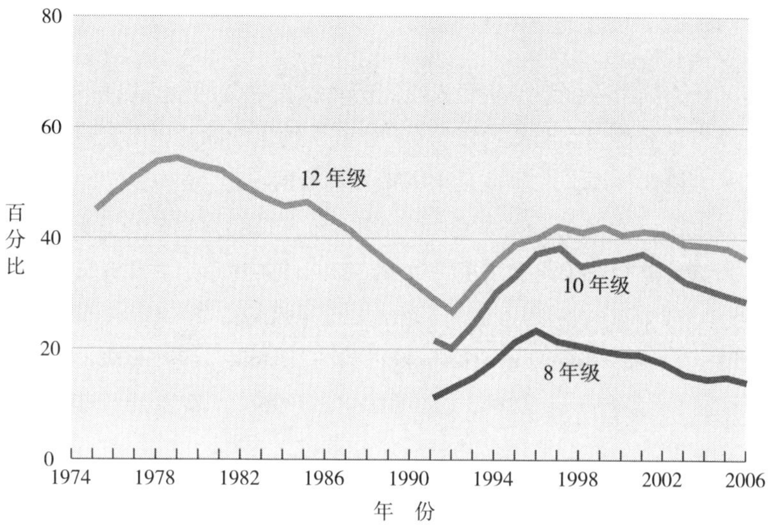

图 15-2
在过去的 12 个月中，高中学生使用违法药物的趋势
资料来源：Johnston, O'Malley, Bachman, & Schulenberg. Fig.1, 2007.

降低了 1/8，但是仍然高于 1992 年的最低水平（Johnston，O'Malley，Bachman，& Schulenberg，2007；图 15-2）。

这些结论来自于最新的政府年度调查，调查选取了遍布美国各地的 410 所学校中的 8 年级、10 年级和 12 年级的 48460 名学生作为全国代表性样本（Johnston et al.,2007）。这些调查很可能低估了学生吸毒的比例，因为结果是基于学生的自我报告，且没有涉及中途退学的学生，而这些学生吸食毒品的可能性更大。进一步减少学生吸食毒品的进程很缓慢，因为新的毒品不断地被新一代人引入或重新发现，而年青人并没有识别出这种毒品的害处（Johnston et al.，2006）。

虽然青少年吸食毒品的比例正在下降，但是一些处方药的非医学使用率依然处在一个较高的水平，例如止痛药、兴奋剂、镇定剂和麻醉式镇痛剂，尤其是缓释剂（Johnston et al.，2007）。实际上，处方药的滥用已经成为美国第二大主要药品问题，仅次于大麻。在 2002~2004 年期间，处方药在 12~17 岁女孩中的非医学使用率为 9.9%，在男孩中则为 8.2%。大多数年轻人从其他家庭成员或朋友那儿得到这些药品（Colliver，Kroutil，Dai，& Gfroerer，2006）。它们广为宣传，相对来说更容易获取，且被认为比那些街头药品更安全（Friedman，2006）。

一种新的趋势是非处方药的滥用，比如一些用于治疗咳嗽和感冒的药物。4.2% 的 8 年级学生、5.3% 的 10 年级学生和 6.9% 的 12 年级学生报告自己曾经在过去几年中服用过含有右旋甲氧甲基吗啡喃（DXM）的药物。这是一种止咳药物，服用这种药物能获得过瘾的感觉。从另一方面来说，自 2001 年以来，脱氧麻黄碱（一种中枢兴奋剂）的服用率开始急剧下降，每年只有不到 2% 的 8 年级和 10 年级学生，以及 2.5% 的 12 年级学生服用过这种药物（Johnston et al.，2007）。

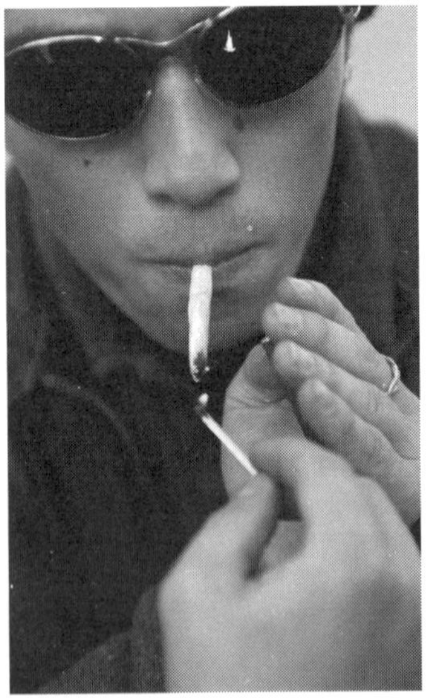

大麻是美国使用最广泛的违法药物。除了它自身的不良影响之外，吸食大麻还会导致更严重的药物成瘾。

药物滥用的危险因素

什么因素可能致使年轻人滥用药物？其中包括：难以相处的性情、容易冲动以及获得感官刺激的倾向（可能有生物化学的基础）；家庭的影响（例如，容易饮酒的体质，父母或兄弟吸毒或者赞同吸毒，缺乏父母关爱，家庭冲突以及混乱、冷漠的家庭关系）；早期产生并持续存在的行为问题，尤其是攻击行为；学业失败，无法接受教育；被同伴排斥；与吸毒者交往；性格孤僻，叛逆心强；对药物使用持赞同态度；过早接触毒品（Hawkins，Catalano，& Miller，1992；Johnson，Hoffmann，& Gerstein，1996；Masse & Tremblay，1997；Pomery et al.，2005；USDHHS，1996b）。青少年或年轻人面临的危险因素越多，他们滥用药物的可能性就越大。

接下来，我们更详细地介绍酒精、大麻和烟草这三种在青少年中最流行的药物，以及使用它们所带来的影响。

酒精、大麻和烟草

美国青少年饮酒、吸食大麻和烟草的比例与使用致瘾麻醉剂的发展趋势大体相同，在20世纪90年代的大部分时间里迅猛增长，然后开始逐渐地小幅回落（Johnston et al.，2006）。

酒精是一种对改变心智来说作用很大的药物，它对青少年的生理、情绪和社交都有影响。在很多国家，饮酒是一个非常严重的问题（Gabhainn & François，2000）。2006年，美国17.2%的8年级学生、33.8%的10年级学生以及45.3%的12年级学生承认自己在过去30天里至少饮用过一次酒精饮料（Johnston et al.，2007）。

与成年人相比，无论是从当时来看，还是从长远来看，青少年的学习和记忆能力更容易受酒精的负面影响（White，2001）。一项研究发现，与不酗酒的同伴相比，15、16岁的青少年在停止酗酒几周之后，仍然表现出认知损伤（Brown，Tapert，Granholm，& Delis，2000）。

虽然自1996年以来大麻的使用率减少了，但到目前为止，它依然是美国使用最广泛的违法药物。2006年的数据表明，11.7%的8年级学生、25.2%的10年级学生和31.5%的12年级学生承认在过去的一年里曾经吸食过大麻（Johnston et al.，2007）。

一般的大麻烟雾所包含的致癌因子超过400种。吸食过多会严重损害大脑、心脏、肺和免疫系统，并会引起营养不良、呼吸道感染和其他生理问题。它会降低人的积极性，妨碍人的日常活动，并可能引起家庭问题。吸食大麻同样会降低大脑记忆力、思维速度和学习能力，还有可能影响到感知能力、反应能力、注意广度、判断力，以及驾车所必需的运动技巧，因而有可能导致交通事故的发生（Messinis，

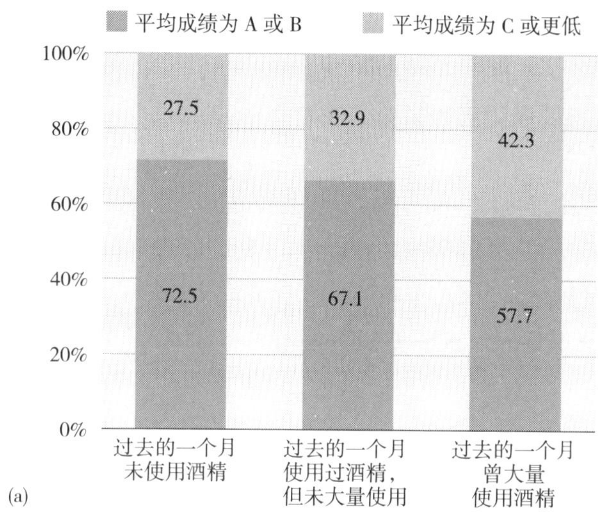

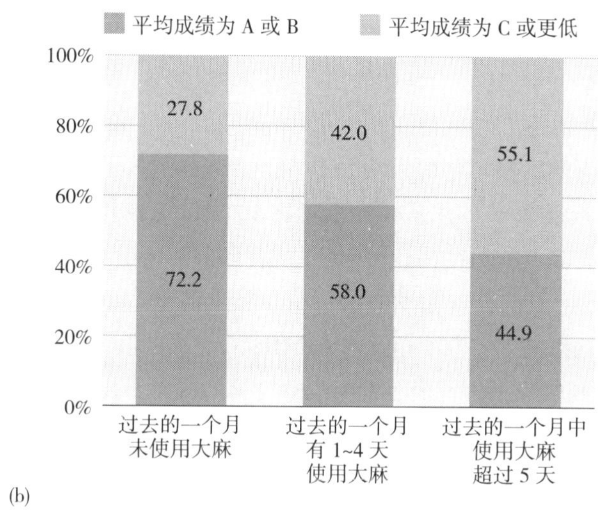

图 15–3

2002~2004 年，12~17 岁青少年的学业成绩与酒精（a）或大麻（b）的使用情况。随着酒精或大麻的使用，上一学期的平均学业成绩有所下降。

资料来源：National Survey on Drug Use and Health，2006a

Krypianidou，Maletaki，& Papathanasopoulos，2006；National Institute on Drug Abuse [NIDA]，1996；Solowij et al.，2002）。饮酒和吸食大麻都会对学业成绩造成不利影响（NSDUH，2006a；图 15-3）。

与人们的一般观念相反，吸食大麻也会使人上瘾（Tanda，Pontieri，& DiChiara，1997），并可能使人进一步服用药性更大的毒品（Lynskey et al.，2003）。成瘾药物对青少年来说特别危险，因为它们会刺激仍然在发育的大脑区域（Chambers et al.，2003）。

与其他大多数工业化国家相比，美国青少年的吸烟问题并不是很严重（Gabhainn & François，2000）。自 20 世纪 90 年代中期以来，美国 8~12 年级的学生吸烟的比例下降了 1/3 到 1/2。然而，现在仍有 8.7% 的 8 年级学生、14.5% 的 10 年级学生和 21.6% 的 12 年级学生在吸烟（Johnston et al.，2007）。黑人青少年吸烟的比例较小，但是与白人青少年相比，他们的身体对烟碱的代谢速度较慢，需要花更多的时间来清除烟碱，所以他们更容易吸烟成瘾（Moolchan，Franken，& Jaszyna-Gasior，2006）。

一项随机的控制实验发现，烟碱替代品疗法加上行为技能训练可以很有效地帮助青少年戒除烟瘾。经过 10 周的治疗以后，28% 接受烟碱贴片治疗的青少年完全戒除了烟瘾。6 个月以后，只有 7% 的青少年能够完全戒烟，但是大部分都能把烟瘾减小到每天只吸几支或者更少的程度（Killen et al.，2004）。

早期药物滥用的危险

孩子们经常在中学入学的时候开始使用药物，此时，他们更容易受到同伴压力的影响。4~6 年级的孩子便已经开始吸烟、喝啤酒和使用吸入性麻醉剂了，当他们年龄更大时，便开始吸食大麻和药性更强的毒品（National Parents' Resource Institute for Drug Education，1999）。年轻人开始使用药物的时间越早，服用的次数就可能更频繁，并且上瘾的可能性也更大。

青少年开始喝酒的平均年龄大约为 13~14 岁，有些孩子开始得更早。在 2003 年的统计数据中，接近 28% 的未成年饮酒者在 13 岁以前就开始喝酒（Faden，2006）。较早开始饮酒的年轻人往往存在行为问题，或者兄弟姐妹中有饮酒成瘾者（Kuperman et al.，2005）。15 岁之前便开始饮酒的青少年染上酒瘾或成为酗酒者的比例，比 21 岁或更晚才开始饮酒的人要高 5 倍多（SAMHSA，2004）。

11 岁便已经开始吸烟的青少年发生危险行为的机率要比其他年轻人高 2 倍左右，比如：乘坐醉酒者开的车，携带刀具或枪支入校，吸食吸入性麻醉剂、大麻或可卡因，或者计划自杀。过早使用酒精和大麻也会引发许多危险行为（DuRant，Smith，Kreiter，& Krowchuk，1999）。

吸烟和饮酒的影响因素

同伴压力对青少年吸烟和饮酒的影响已经得到了大量研究的证明（Center on Addiction and Substance Abuse at Columbia University [CASA]，1996；Cleveland & Wiebe，2003）。与致瘾的麻醉品一样，青少年的哥哥、姐姐及身边朋友的影响会大大增加他们吸烟或饮酒的机率（Rende，Slomkowski，Richardson，& Niaura，2005）。如果青少年认为自己的父母反对吸烟，那么他们吸烟的机率会减少（Sargent & Dalton，2001）。与父母进行理性讨论能有效抵消有害的影响，杜绝或者降低饮酒的次数（Austin，Pinkleton，& Fujioka，2000；Turrisi et al.，2000）。

媒体也是一个重要的影响因素，电影中描绘吸烟的画面使青少年开始吸烟的时间更早（Charlesworth & Glantz，2005）。在一项全美范围的纵向调查中，与每天看电视时间少于 2 小时的孩子相比，每天至少看 4~5 个小时电视的 10~15 岁青少年，在接下来两年内开始吸烟的机率高 5~6 倍（Gidwani，Sobol，DeJong，Perrin，& Gortmaker，2002）。一项对电影的随机抽样调查显示，电影中对吸烟画面的描绘从 1950 年的每小时 10.7 次降低到 1980~1982 年的每小时 4.9 次，但是到 2002 年的时候，对吸烟画面的描绘又反弹至 1950 年的水平（Glantz，Kacirk，& McCulloch，2004）。

考考你 ✓

你可以……

- ✓ 概括近期青少年使用药物的趋势吗?
- ✓ 讨论与使用药物，特别是酒精、大麻和烟草相关的危险因素及影响因素吗?
- ✓ 阐述过早使用药物的危险性吗?

抑郁症

考虑到安妮·弗兰克所处的令人绝望的环境，她需要服用抗抑郁药物一点也不令人感到惊讶。即使在正常的环境下，青少年患抑郁症的现象也很常见。在 2004 年，12~17 岁的青少年中，有 9% 的人至少经历过一段严重抑郁的时期，并且只有 40% 的人接受过治疗（NSDUH，2005）。青少年的抑郁症并不一定会表现为悲伤，但是会表现出易怒、厌烦或者无法感受到生活的乐趣。抑郁症应该受重视的原因在于它有可能导致患者自杀（Brent & Birmaher，2002）。

处于青春期的女孩，尤其是早熟的女孩，比男孩更容易受到抑郁症的困扰（Brent & Birmaher，2002；Ge，Conger，& Elder，2001a；NSDUH，2005；Stice et al.，2001）。这种性别差异可能与发育期的生理变化有关。有研究表明，过早的身体发育与抑郁症状之间具有相关性（Susman & Rogol，2004）。另一种可能的原因是女孩被社会化的方式（Birmaher et al.，1996），以及当她们处理社会关系、面对压力时的脆弱性（Geet al.，2001a；USDHHS，1999）。

除了女性这一性别因素以外，抑郁症的危险因素还包括焦虑、社交恐惧、应激性生活事件、诸如糖尿病或者癫痫等慢性病、亲子冲突、被虐待或忽视、饮酒、吸毒、性行为或者父母有抑郁史。其中，饮酒、吸毒与性行为造成女孩患抑郁症的可能性要远远大于男孩（Brent & Birmaher，2002；Hallfors，Waller，Bauer，Ford，& Halpern，2005；NSDUH，2005；Waller et al.，2006）。身体意象问题和饮食障碍会加重抑郁症的症状（Stice & Bearman，2001）。

如果患抑郁症的青少年经门诊治疗没有任何效果，或者有物质依赖、精神病、自杀倾向等都应该接受住院治疗。如果青少年在儿童期或者青春期曾经患过抑郁症，那么至少有 1/5 人的可能会转化为双向障碍，时而抑郁（消沉期），时而躁狂（兴奋期）。处于躁狂期时患者表现为精力充沛、情绪高亢、动作夸张、喜欢冒险（Brent & Birmaher，2002）。一项针对 1265 名新西兰儿童的纵向研究发现，即使有些青少年的抑郁症状尚不足以诊断为抑郁症，但到 25 岁的时候仍然有较高的抑郁和自杀倾向（Fergusson，Horwood，Ridder，& Beautrais，2005）。

血清素再吸收抑制剂是目前唯一被批准用于儿童和青少年的一种抗抑郁治疗用药。然而，与对儿童使用这类药的顾虑一样，现在人们普遍担心青少年使用这类药物进行治疗的安全性。我们在第 14 章曾经提到，美国药品管理局要求发布和销售这类药时必须添加警告标志（Leslie，Newman，Chesney，& Perrin，2005）。

除了这类药物疗法之外，唯一可供选择的是心理治疗。一项对所有可用研究的分析表明，无论是认知疗法还是非认知疗法，心理治疗都只能起到有限的短期效果，并且其持续效果不会超过一年（Weisz，McCarty，& Valeri，2006）。考虑到抗抑郁症药物（尤其是氟西汀）的较好治疗效果，青少年医药委员会认为，在获得临床批准并能得到严密监护的情况下，可以忽略其危险性，对青少年进行使用抗抑郁药物（Lock，Walker，Rickert，& Katzman，2005）。

青春期死亡

并不是所有青少年的死亡都像安妮·弗兰克那样令人心碎。尽管如此，在生命如此年轻的时候死亡始终是悲惨的，且（与安妮的死亡不同）通常属于意外事件（Hoyert，Heron，Murphy，& Kung，2006），但也并非全部如此。在美国，10~24 岁死亡的青少年中，71% 的人死于交通事故、意外伤害、凶杀案以及自杀（Eaton et al.，2006）。在这个年龄群体中，由暴力引起的死亡事件如此频繁，这不仅反映了整个社会的暴力文化环境，而且也反映了青少年缺乏经验和不成熟，这常常导致他们疏忽大意，置身危险之中。

交通事故与枪击事件引起的死亡

交通事故是导致美国青少年死亡的最重要的因素，每 5 个青春期死亡的青少年中就有 2 个是因为车祸而死。与其他年龄段相比，其中 16~19 岁这个阶段出车祸的可能性最大，尤其是 16 岁和 17 岁的青少年，他们往往刚刚开始学会开车，就开始上路驾驶（McCartt，2001；Miniño，Anderson，Fingerhut，Boudreault，& Warner，2006；National Center for Injury Prevention and Control [NCIPC]，2004）。如果同乘的还有年龄相仿的同伴，那么车祸更有可能致命。因为在同龄人面前，青少年往往会更鲁莽（Chen，Baker，Braver，& Li，2000）。在 2002 年，死于车祸的 15~20 岁的青少年中，29% 属于酒后驾驶，77% 没有系安全带（National Highway Traffic Safety Administration，2003）。

美国 15~19 岁的青少年死于枪击事件（包括他杀、自杀和意外死亡）的现象远比其他工业化国家更普遍。枪击事件导致的死亡在所有的伤害死亡中占 1/3，在这个年龄段所发生的全部凶杀案占 85% 以上。这个数字如此之大，主要原因似乎是在美国太容易获得枪支了（AAP Committee on Injury and Poison Prevention，2000）。然而，枪击导致的青少年死亡率自 1993 年起已经开始下降（AAP Committee on Injury and Poison Prevention，2000；NCHS，2005），因为从那时起，警察一直在街上巡逻没收枪支（Cole，1999），所以随身携枪的青少年数量也降低了（USDHHS，1999b）。

自 杀

枪支的可获得性是导致青少年自杀率上升的主要原因。

很容易就能够得到枪支也是导致十几岁青少年自杀的主要因素之一，而自杀已经成为美国 15~19 岁人群中的第三大致死原因。在自杀成功的案例中，52% 的青少年使用的武器是枪（NCIPC，2001）。在 1992~2001 年间，10~19 岁青少年的总自杀率下降了 25%，其中部分原因可能就是对未成年人获得枪支的渠道进行了限制（Lubell，Swahn，Crosby，& Kegler，2004）。

接近 17% 的美国中学生承认自己曾经严肃地考虑过自杀，8.5% 的人曾实际尝试过自杀（NCHS，2005）。虽然大多数尝试自杀的年轻人选择服用药丸或其他致死的物质，但最可能自杀成功的还是使用枪支（Borowsky，Ireland，& Resnick，2001）。正是由于这个原因，虽然青春期时女孩更容易考虑或者尝试自杀，但是更倾向于使用枪支自杀的男孩往往比女孩更有可能成功结束自己的生命，他们的自杀死亡率是女孩的 5 倍（NCHS，2004，2005）。

虽然所有的种族都存在自杀现象，但是美国本土男孩的自杀率最高，而美国女孩的自杀率最低。由于同性恋和双性恋的青少年更易患抑郁症，因此他们自杀或尝试自杀的比例也非常高（AAP Committee on Adolescence，2000；Remafedi，French，Story，Resnick，& Blum，1998）。

那些考虑或尝试自杀的年轻人往往有过情绪方面的疾病。他们很可能是暴力行为的实施者或受害者，并可能有学习或行为等方面的校园问题。他们中的很多人在童年期遭受过虐待，与家庭成员的关系非常糟糕。他们往往对自己评价很低，感到没有希望，面对挫折和压力时容易冲动，缺乏忍耐力。这些年轻人常常被自己的父母所疏忽，并且找不到可以求助的人。他们通常以前就有尝试自杀的经历，或者有朋友或家庭成员曾经自杀过（Borowsky et al.，2001；Brent & Mann，2006；Garland & Zigler，1993；Johnson et al.，2002a；NIMH，1999；“Suicide—Part I，” 1996；Swedo et al.，1991）。在一半的青少年自杀事件中，酒精起到了推波助澜的作用（AAP Committee on Adolescence，2000），其中的关键因素可能在于冲动造成的攻击倾向。通过对自杀或尝试自杀的人进行尸检和脑成像研究，发现与情感、调节和行为抑制有关的前额叶皮质区域已经发生了明显变化（Brent & Mann，2006）。减少自杀危险的保护策略包括有意识地加强青少年与家庭、学校的联系，让他们保持良好的情绪状态，把主要精力放到学习上（Borowsky et al.，2001）。

考考你✓

你可以……

- ✓ 讨论造成青少年性别差异的影响因素吗?
- ✓ 说出导致青少年死亡的三大原因，并讨论枪支伤害的危险性吗?
- ✓ 评价青少年自杀的危险因素和保护计划吗?
- ✓ 识别保护青少年远离健康风险的因素吗?

电话热线是青少年自杀干预的最普遍的手段，但是它们的效果似乎微乎其微（Borowskyet al.，2001；Garland & Zigler，1993）。学校筛选计划在最近几年得到了广泛应用，并得到一些人的大力提倡（Friedman，2006）。虽然某些评论家担心这些计划可能会使青少年受到不良影响，但是通过对 2342 名纽约中学生进行的随机性控制试验表明，这种担忧完全没有必要（Gould et al.，2005）。然而，我们仍然没有证据表明，这样的计划能够降低自杀率，或者促使有自杀倾向的青少年去寻求帮助（Harvard Medical School，2003）。同样重要的是，通过这些项目来减少青少年物质滥用、暴力和获取枪支的途径，以及增强他们与家庭成员的联系，改善父母的教养方式，以此来消除可能导致青少年自杀的危险因素（Borowsky et al.，2001；Garland & Zigler，1993）。

保护性因素：健康的环境

和儿童一样，青少年的发展并不是在真空中进行的。正像我们看到的，家庭和学校环境对青少年生理和心理的健康发展起着非常重要的作用。

在一项对美国各地 134 所学校的 12118 名 7~12 年级学生进行的抽样调查（Resnick et al.，1997）中，研究者着眼于寻求影响青少年健康和幸福的危险因素和保护因素。该研究涉及到青少年健康和幸福的四个主要方面，它们分别是：（1）情绪抑郁和自杀行为；（2）卷入争斗，受到暴力威胁或者使用枪支；（3）抽烟、酗酒，吸食大麻；（4）性经历，包括初次性行为的年龄和怀孕史。学生要按要求填写调查问卷，并接受 90 分钟的家庭面访。调查涉及敏感话题时，青少年可以通过耳机收听问题，并通过便携电脑输入答案。学校管理者也要填写相应的调查问卷。

研究结果突出了生理、认知、情感和社会性发展的联系。无论在家里还是在学校，对与他人关系的良好理解会对青少年在各个领域的健康发展和良好表现有积极的影响。一个重要的因素是父母能否拿出足够的时间和处于青春期的孩子进行交流，当孩子们需要帮助的时候，父母是否能够及时出现。更重要的一点是，父母和老师应该让孩子感觉到温暖，感到被关爱，感到自己被寄予了很高的期望。这些研究结果非常明确，并且与其他研究结果一致：在家里能得到情感支持、在学校完全适应的青少年能够有效地避免青春期可能发生的健康风险。

再次聚焦

回忆本章开头人物聚焦部分有关安妮·弗兰克的信息：

- 安妮日记中描述了哪些典型的发育期变化？这些变化如何影响她的心理？
- 哪些方面展示了安妮认知成熟和道德发展的方面？
- 如果安妮生活在正常的社会环境下，哪些发展过程会改变，哪些不会改变？

尽管青春期充满了危险，但大多数年轻人还是顺利度过了这段时期，获得了成熟、健康的身体和对生活的热情。他们的心理会继续发展，我们将在第 16 章继续讲述。

小结和关键术语

青春期：发展的过渡期

学习向导 1 青春期是什么，青少年会面临哪些机遇和风险？

- 青春期是从儿童期到成年期的过渡阶段。在西方社会中，它的开始与结束并没有明显的标志；青春期大约持续 10 年，从 11 岁或 12 岁开始，20 岁左右结束。
- 在一些非西方文化中，进入成年都要举行特别的仪式。
- 青春期是生理、认知和心理发展的良好时机，但是也充满了健康风险。危险的行为方式，比如饮酒、药物滥用、性行为、帮派活动、使用枪支等，往往在青春期早期便开始了。大约有 4/5 的年轻人不会经历严重的问题。

发育期：儿童期的结束

学习向导 2 个体在青春期会经历哪些生理变化，这些变化如何对青少年的心理发展起作用？

- 发育期最初由激素的变化所引起，这些变化会影响青少年的情绪和行为。发育期大约会持续 4 年，一直到个体的生育能力发育成熟为止。一般来说，女孩要比男孩更早进入发育期。
- 第一性征（生殖器官）在发育期开始发育并成熟，第二性征也开始出现。
- 在发育期，男孩和女孩都会经历青春期发育急速期。从 100 年前到现在有一个长期趋势，那就是青少年达到成人身高和性发育成熟的时间越来越早，这很可能和生活水平的提高有关。
- 性成熟的主要标志是能够产生精子（对男性来说）和月经来潮（对女性来说）。精子初现一般发生在 13 岁，美国女孩月经初潮的平均年龄大约在 12 岁和 13 岁之间。
- 十几岁的青少年，尤其是女孩，往往对自己的身体特征特别敏感。与早熟的男孩相比，早熟的女孩更容易不适应。

青春期脑发育

学习向导 3 青春期的大脑会发生哪些变化，这些变化如何影响青少年的行为？

- 青少年的大脑并没有完全发育成熟。青少年主要用杏仁核来处理情感信息，而成人则主要用额叶。因此，青少年往往会做出不准确、不合理的判断。
- 大脑的脑灰质，尤其是额叶部分，在经历了一段时间的迅速生长后，开始对过多的树突连接进行修剪。接着是额叶部分的髓鞘化，这些都促进了青少年认知过程的成熟。
- 前额大脑皮层系统与动机、冲动和上瘾有关，它的不发达能够解释青少年为什么会做出危险行为。
- 由于青春期的大脑还在发育中，青少年非常容易受到酒精和成瘾药物的影响。

生理与心理健康

学习向导 4 个体在青春期可能出现哪些健康问题和健康风险，如何预防？

- 在很大程度上，青春期是相对健康的一段时期。健康问题通常是由贫穷和爱冒险的生活方式引起的，青少年不会像儿童那样得到经常的医疗照顾。
- 很多青少年，尤其是女孩，不会参加定期的高强度锻炼活动。
- 很多青少年不能得到充足的睡眠，因为学校时间表并没有与青少年的身体节奏保持同步。
- 青春期常见的三种饮食性障碍分别是肥胖症、神经性厌食症和神经性贪食症，它们都可能带来长期的严重影响。大部分女孩都会受到厌食症和贪食症的影响，厌食症的影响往往比贪食症更严重。
- 最近这些年，青少年物质滥用和物质依赖现象正在逐渐减少，但是处方药的非医学服用现象却有所增加。
- 大麻、酒精和烟草是青少年使用最普遍的三种药物，它们都有很高的危险性。大麻可能是导致青少年吸食毒品的入门药物。
- 导致青少年死亡的三个主要原因分别是交通意外、枪击事件和自杀。

青春期的认知发展

我认为一个人"生命的精华时段"应该是在十五六岁的时候。这时，人们的生命力似乎达到了顶峰，行为疯狂，对地位不屑一顾，至少我是如此。而在此之后，生命便开始走向腐朽了。

——1920 年，16 岁的伊夫林·沃，一场校园辩论

人物聚焦　自由战士纳尔逊·曼德拉

纳尔逊·曼德拉

纳尔逊·曼德拉出生于 1918 年。他出生时，父亲给他取名为"罗利赫拉赫拉"，意为"激起动乱"。而这正是曼德拉一生的写照，在漫长的一生中，他一直在为推翻南非严格的种族隔离和种族歧视制度做斗争，并最终取得了胜利。

1994 年 4 月，曼德拉当选为南非的第一位黑人总统，而在此四年前他才刚刚从监狱获释。他曾被由白人执政的政府指控犯有"企图以暴力推翻政府罪"，被关押长达 28 年之久。出狱后仅仅四年，他便实现了从少年时就燃起的梦想。儿时的他坐在部落里的长者身边，静静地听他们讲述一个多世纪以前白人没有到来时的那个和平、自由、平等的年代。从那时起，曼德拉便立志要消除种族隔离，重回黑人自治。

"这片土地……属于所有的部落，无论何时何地都不应该有单独的所有权，" 1962 年，曼德拉对判他入狱的法庭这样说道："这儿应该没有阶级，没有贫富，没有人与人之间的剥削……，国会应该彻底的民主，让所有部落的成员都可以参与决策。首领和国民，战士或药物推销员都能够献计献策"（Meer, 1988, p. 12）。曼德拉承认自己祖先的生活方式在现代社会中并不可行，但是对一个"没人再受奴役，不再有贫穷、匮乏和不安全感"的社会的向往使他为之奋斗终生。

曼德拉拥有贵族血统，他的祖先曾是腾布部落的统治者，他的父亲曾是姆维佐村的首领。姆维佐是位于名为"特兰斯凯"的印地安居留区的一个孤立的小村庄，曼德拉似乎拥有与生俱来的"顽固的叛逆性和坚定的公正感"（Mandela, 1994, p. 6），在他出生后不久，他的父亲，时任部落酋长的律师，因为拒绝听候当地英国官

员的传唤而被免职。由于依仗传统特权公然反抗当地英国官员的权威，曼德拉的父亲被剥夺了人部分土地和财富。

曼德拉的母亲是其父亲四任妻子中的第三任，在家庭遇到困难时，她带着曼德拉和他的三个姐妹搬到了库努村，住进了一个小土屋里。5 岁的时候，曼德拉开始放牧，他常常赶着羊群和牛群穿过肥沃的草原。曼德拉的母亲为他在卫理公会教堂举行了洗礼，并在他 7 岁的时候将他送到了当地的教会学校，使他成为家里第一个上学的成员。在学校，他的第一位老师给他取了一个英文名字：纳尔逊。

曼德拉 9 岁时，父亲去世，母亲便把他送到了部落的中心所在地姆克凯芝万尼。当时的酋长荣欣塔巴是在曼德拉父亲的帮助下才当上大酋长的，所以当曼德拉的父亲死前将曼德拉托付给他时，他欣然接受并一直把曼德拉看做自己的儿子来抚养。

当曼德拉成长为一名少年时，荣欣塔巴为了培养曼德拉，有意识地带他出席一些政治场合。看到所有成员在部落开会时都可以公开提出自己的意见，而执政者在做出决定前必须仔细聆听这些发言，曼德拉感到新奇和兴奋。这种领导方式给曼德拉留下了很深的印象，对他以后的领导行为造成了深远影响。在酋长荣欣塔巴主持的政务会上，曼德拉看到小部落首领会毫不留情地与大酋长争论。更让曼德拉迷恋的是，荣欣塔巴让他在假日列席旁听各种开庭审判的案件。他被案件的陈述和证人间的交互讯问深深地吸引住了，他在心里埋下了一棵种子，立志以后要成为一名律师。在他很年轻的时候，这个愿望便实现了。通过拜访酋长和首领们，曼德拉听到了关于早期与西方外来统治者做斗争的非洲战士的传说，这些故事激发了他对自己民族历史的兴趣，并为他以后的政治生涯打下了基础。

曼德拉在 16 岁的时候参加了成年割礼，这是当地标志男子进入成年和能够参与部落事务的传统仪式。在仪式的最后，主持者 Meligqili 发出了不和谐的声音。他说，在非洲人被统治的土地上，成年的仪式什么都代表不了。“这些年轻人以后，”他说，“成为酋长却无法进行统治，因为我们没有权力；成为战士却无法战斗，因为我们没有武器；成为学者却无法教课，因为我们没有研究场所；这些年轻人以后将为白人做最简单、最不费脑子的杂事以勉强维持生计，并丧失他们的能力、智力和前途。今天这份礼物（我们给予的）其实什么都没有，因为我们无法给他们最宝贵的东西，那就是自由和独立。”虽然曼德拉当时并不能完全理解这段讲话，但是这却标志着他在政治上开始觉醒。

• • •

曼德拉在青春期受到的影响帮助他形成了自己的道德标准和政治理想，并让他找到了为之奋斗一生的事业。他学到的有关领导能力和民族光荣历史的课程，在后来反抗日益残酷的压迫统治时给予了他很大的帮助，无论这些斗争是在街上还是在岛上的监狱中。这些课程还帮助他最终成功地实行了新的无种族歧视宪法和自由选举制度，而正是这些成就为他赢得了 1993 年的诺贝尔和平奖。

这一章，我们将研究皮亚杰关于儿童思维发展理论的形式运算阶段，正是这一阶段使像纳尔逊·曼德拉这样的年轻人能够蕴育出远大的理想。我们着眼于青少年发展过程中的信息加工过程，包括记忆、认识和推理，还有词汇和语言才能。我们还要讨论大卫·艾尔坎提出的青少年思维不成熟的特征，并研究青少年的道德和精神发展。最后我们将探究认知发展的应用：学习和职业选择的问题。

在学完本章后，你应该能够回答后面学习向导中所提出的每个问题。你可以通过复习章后小结来检查你对这些问题的理解，贯穿整章的“考考你”能帮你检查对阅读内容的理解。

学习向导

1. 青少年的思维和语言使用与儿童有何不同?
2. 青少年做出道德判断的基础是什么？亲社会行为是如何变化的?
3. 青少年的学业成绩、受教育情况以及职业规划和准备受哪些因素影响?

认知成熟的各方面

青少年并非只是在外表上与儿童不同，在思维与言谈方面也和儿童有差异。青少年的信息加工速度仍在持续发展，尽管不如儿童中期阶段发展的那么迅速。虽然他们在某些方面的思维还存在不成熟之处，但是很多青少年已经能够进行抽象推理和成熟的道德判断，他们对未来的规划也更加实际。

皮亚杰理论的形式运算阶段

个体在青春期进入了认知发展的最高水平，它被皮亚杰称作**形式运算阶段**（formal operations），此时青少年的抽象思维能力发育成熟。这一发展阶段通常发生在11岁左右，它能够使青少年使用一种全新的、更灵活的方式处理信息。他们的思维不再仅仅局限于此时此地，而是可以理解历史时间和宇宙空间。他们可以利用一种符号标记另一种符号（例如，用字母X代表一个未知数），从而能够学习代数和微积分。他们能够更好地理解隐喻和寓言，从而能够发掘文学作品更深刻的内涵。他们能够从“*可能是*”什么的角度思考，而不仅限于“*是*”什么。他们能够设想可能性，并且能够形成假设，然后去检验它。

像纳尔逊·曼德拉一样，处于形式运算阶段的人能够把当前面临的挑战与过去所学的知识结合起来，并为未来做好计划。这种抽象思维能力也有情感方面的意义。更早的时候，孩子可能会喜欢父母中的一位，讨厌班里的某一个同学。而像曼德拉一样的青少年“可以喜欢自由,讨厌剥削压迫……可能性和理想同时捕捉思维和情感”（H.Ginsburg & Opper，1979，p.201）

假设演绎推理

为了理解形式推理的意义，我们来看儿童处理经典皮亚杰任务“钟摆问题”的过程。研究者给亚当一个钟摆，即用一根绳子系着悬挂物。然后告知他可以任意改变四个因素：绳子的长度、悬挂物的重量、悬挂物被释放的高度、推动悬挂物所用力的大小。然后研究者让他指出哪个或者哪几个因素决定了钟摆摆动的速度。（图16-1描述了钟摆实验和其他用来评估形式运算能力的皮亚杰任务）

亚当第一次见到这个钟摆时还不足7岁，正处于前运算阶段。那时，他处理这

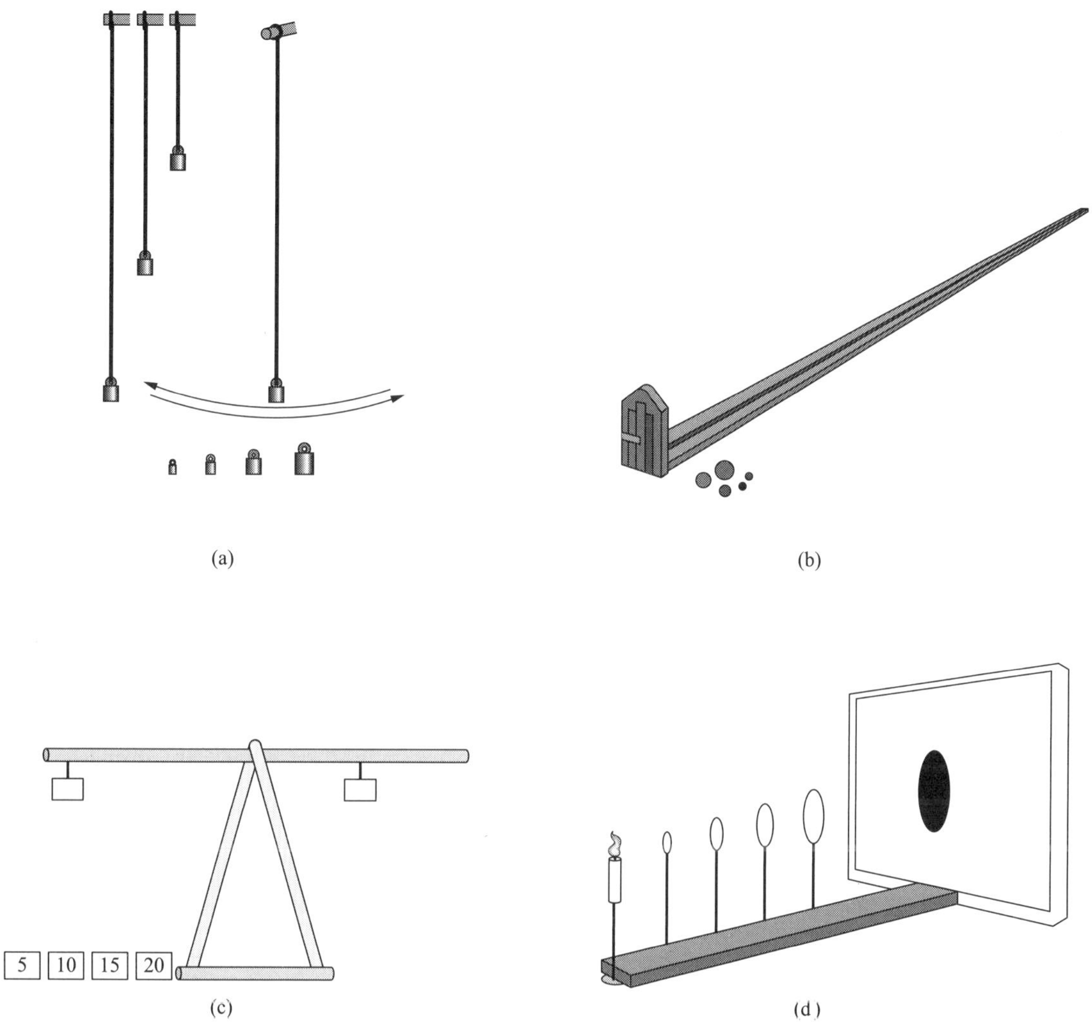

图 16–1

测量儿童是否获得形式运算能力的皮亚杰任务

（a）钟摆实验　钟摆绳子的长度可以调节，可长可短，不同重量的悬挂物可以系在绳子上，学生要确定哪些变量影响钟摆摆动的速度。（b）水平轨道上的运动　一个弹簧装置发射不同大小的球，使其在水平轨道上滚动，学生要预测这些球在何处停止 。（c）呈现一个天平标尺和若干重量不同的砝码，砝码可以挂在横木的不同位置，学生要确定哪些因素影响天平是否平衡。（d）阴影　有一块与屏幕底部垂直的板，板上有一排固定的孔，光源和不同直径的圆环可以插在与屏幕远近不同的圆孔内。学生要使用不同直径的圆环产生两个大小一样的阴影。

资料来源：Adapted from Small，Fig.8-12，1990.

个问题的方式是完全随意的，毫无目的。首先他用一根长绳子系住较轻的悬挂物，然后用力推；接下来，他又尝试用短绳子系住较重的悬挂物；最后他拿走了所有的悬挂物。因为他是随意进行的，所以无法得到一个合理的结论。

亚当第二次参加钟摆实验是在 10 岁的时候，此时他正处于具体运算阶段。这次，他发现改变绳子的长度和悬挂物的重量会影响钟摆摆动的速度。但是，由于他同时改变两个因素，所以没有找到关键因素是哪一个或者两者都是。

15 岁时，亚当第三次面临钟摆问题，这次他开始系统地思考这个问题。他检验了所有的假设，每次只改变其中一个因素，而保持其他三个因素固定不变。首先是绳子的长度，其次是悬挂物的重量，再次是悬挂物被释放的高度，最后是所用推力的大小。这样，他发现只有一个因素，即绳子的长度决定了钟摆摆动的速度。

亚当的解决方案表明他已经进入形式运算阶段。他现在已经能够进行**假设演绎推理**（hypothetical-deductive reasoning），能够提出假设并设计实验来验证它。他认真考虑所有能想到的假设且逐一检验，以排除错误的假设，最终得到正确的结果。假设演绎推理给了他一个解决问题的工具，这些问题可以是修理家里的汽车，也可以是创立一种政治理论，就像纳尔逊·曼德拉在成为反种族隔离运动领导人之后所做的那样。

什么促使我们进入形式运算阶段呢？皮亚杰认为主要是大脑成熟和良好环境影响的结果，两者缺一不可。即使青少年的神经系统已经发育成熟，可以进行形式运算了，他们也只能在合适的环境刺激下才能实现。

皮亚杰（1972）最终认识到，正如影响具体运算能力发展一样，学校教育和文化在形式运算能力的发展过程中起到了非常重要的作用。当新几内亚岛和卢旺达的青少年接受钟摆测试的时候，没有一个人能够解决该问题。另一方面，在英国学校接受过教育的中国香港学生，面对钟摆问题时至少能与美国或欧洲的孩子做得一样好。中爪哇岛和新南威尔士的学龄儿童也表现出一定的形式运算能力（Gardiner & Kosmitzki，2005）。很显然，形式运算能力是一种习得性能力，在不同文化中其必要程度和受重视程度各不相同。

> **你的观点？**
>
> 父母和教师如何帮助青少年提高自己的推理能力？

知道问什么问题以及用什么策略解决问题是假设演绎推理的关键。我们选择了 30 名成绩较差的六年级学生，让他们尝试研究引起地震的因素，其中有些学生得到一个建议，即每次只研究一个变量。结果表明，与那些没有得到建议的学生相比，他们得出了更有效的推论（Kuhn & Dean，2005）。这就表明，假设演绎推理能力可以通过训练和学习而获得。

对皮亚杰理论的评价

虽然青少年的抽象思维能力确实比儿童更强，但是这种能力开始出现的确切时间还存在争议（Eccles，Wigfield，& Byrnes，2003）。皮亚杰的著作给出了很多在进入青春期前就表现出良好科学思维能力的儿童的范例。与此同时，皮亚杰似乎也高估了一些较大儿童的能力。许多已经进入青春晚期的青少年甚至成年人（大约 1/3~1/2），都不具备皮亚杰定义的抽象思维能力（Gardiner & Kosmitzki，2005；

Kohlberg & Gilligan，1971；Papalia，1972），而且有些人即使拥有抽象思维能力，也不一定经常运用。

皮亚杰的大多数早期著作忽视了个体差异，对同一个儿童在不同类型的任务中表现出的差异也没有深入分析，没有考虑社会和文化的影响。后来，皮亚杰自己“也认识到他早期关于儿童思维发展的模型存在缺陷，因为他忽略了一个最基本的要素，即外部环境对儿童思维能力的影响和限制”（Brown，Metz，& Campione，1996，pp. 152–153）。

皮亚杰把形式运算阶段界定为思维发展的顶点，这个观念略显狭隘。新皮亚杰学派的研究表明，青少年思维过程的可塑性很强，而且是不断变化的。年轻人的思维方式与其思考的对象密切相关，同时还取决于问题发生的情境，以及当地文化倾向于什么样的信息和思想（Case & Okamoto，1996；Kuhn，2006）。

此外，皮亚杰理论并没有充分认识到认知发展是多方面共同作用的结果，包括信息加工能力的提高、专业知识和专门技能的积累、*元认知*（即对个体认知过程和策略的认知和控制）能力的发展（Flavell et al.，2002）。这种“思考自己在想什么”，进而控制自己思维过程的能力（提高了的执行功能）可能是青少年思维最有价值的进步，而这种能力正是青少年大脑发育的结果（Kuhn，2006）。

考考你 ✓

你可以……

- ✓ 以钟摆实验为例解释形式运算能力与具体运算思维的差异吗？
- ✓ 举例说出影响青少年形式运算发展的因素吗？
- ✓ 评价皮亚杰关于形式运算能力的理论吗？

艾尔坎：青少年思维的不成熟性

我们已经了解到，一个以自我为中心、只知道吃奶的孩子如何成长为既能解决抽象问题又有远大理想的成人。然而，青少年的思维方式在某些方面似乎又有不相称的不成熟性。他们经常对大人粗鲁无礼，每天为不知道该穿什么衣服而苦恼，有时表现得似乎整个世界都应该围着自己转。

根据心理学家大卫·艾尔坎的理论（1984，1998），这些行为是由于青少年还不能熟练地运用形式运算思维。这种新的思维方式，彻底改变了他们看待自己和世界的方式，如同迅速发育的身体一样令他们不熟悉，他们有时会感觉难以处理。因此，他们在尝试自己的新能力时，就像婴儿刚学走路一样，难免会遇到挫折。

根据艾尔坎的观点，争论（通常是与父母）是青少年思维的典型特征。

艾尔坎认为，青少年思维方式的不成熟至少表现在以下六个方面：

1. *理想主义和批判精神*：青少年在自己的头脑中勾勒了一个理想世界，而现实世界与之相差甚远，他们认为成年人应该为此负责。他们对虚伪特别敏感，绝对不能容忍。

由于语言能力的提高，他们对讽刺公共人物和演艺明星的杂志非常认可。青少年认为自己能够更好地管理这个世界，对此他们深信不疑，因此，他们总能从父母和其他权威人物的身上找出不足。

2. *喜欢争论*：青少年一直在不停寻找机会努力展现自己的推理能力。比方说，外出时间超出父母许可时，他们就常常和父母争论。
3. *优柔寡断*：青少年可以在同一时间内想出多种解决问题的办法，但是却缺乏从中选择有效策略的能力。一些很简单的问题，比如，和朋友去逛街还是坐在电脑前完成学校布置的课外作业，都让他们难以决定。
4. *言行不一*：青少年早期经常意识不到空谈理想与脚踏实地的区别，例如平时大谈应该节约能源，出行时却做不到少开车。
5. *自我意识*：处于形式运算阶段的青少年既能够考虑自己的想法，也能顾及他人的感受。然而，当青少年全神贯注于自己的心理状态时，他们总是认为其他人也都和自己的想法一样，都在关注他们。如果一个十几岁的女孩觉得自己参加宴会时穿的衣服“不合适”，她可能会觉得很丢脸，同时她感觉其他人也都在用异样的目光看自己。艾尔坎把这种自我意识称为**假想观众**（imaginary audience），假想观众是一个概念化的观察者，会像青少年本人一样关注他（她）自己的想法和行为。这种假想观众的想象在刚过十岁的时候尤其强烈，并且会持续到成年期，但是程度会轻得多。
6. *与众不同，刀枪不入*：艾尔坎用**个人神话**（personal fable）这个词来形容青少年的这种信念，在青少年眼里，自己是特别的，自己的经历是独一无二的，他们不必服从其他人必须遵守的法则（“其他人吸毒上瘾会无法自拔，但我不会”或“没人会像我一样爱得这么深”）。根据艾尔坎的观点，这种自我中心主义的特殊形式是大多数危险性、自我毁灭行为发生的基础。像假想观众一样，个人神话也会一直持续到成年阶段。艾尔坎认为，正是个人神话，才使得人们在日常生活中做那么多危险的事情，比如在高死亡率的高速公路上违章开车。或许艾尔坎也会说，纳尔逊·曼德拉之所以会参加反对独裁统治的暴动如此危险的活动，一部分原因也是个人神话。

假想观众和个人神话这两个概念已经为大多数人所接受，但是它们是否能作为青少年的独特标志，仍然缺乏专门的研究支持。有研究发现，青少年并不像个人神话所预测的那样，他们甚至比大学生或成年人更清醒地认识到，当面对一些危险行为，比如酗酒和吸毒时，自己缺乏有效的自制力（Quadrel，Fischoff，& Davis，1993）。

现在普遍认为，假想观众和个人神话并非青少年认知发展的普遍特征，而是与特定的社会经验有关。比如，与个人神话相反，在一项针对 2694 名在华盛顿一家门诊接受过治疗的城市黑人青少年的研究中，大约 7% 的男孩和超过 5% 的女孩认为自己会在两年内死去。与没有看到或参与危险行为的青少年相比，那些自我报告有健康危险或面临诸如携带武器等危险行为的青少年持有这种想法的比例要高 5.6 倍。我们现在还无法弄清楚，这些青少年究竟是因为居住在不安全的环境下，预期生命比较短才会参与危险行为，还是因为参与了危险行为才会预期生命短暂（Valadez-Meltzer，Silber，Meltzer，& D’Angelo，2005）。

考考你✓

你可以……

✓ 描述艾尔坎提出的青少年思维不成熟的六个方面，并解释它们如何过渡到形式运算阶段吗?

语言发展

儿童运用语言的能力反映了其认知水平。学龄儿童已经能够非常熟练地运用语言，青少年显然更加精通。随着读物越来越成人化，他们的词汇量也在持续增长。到 16~18 岁的时候，青少年掌握的平均词汇量可以达到 80000 个（Owens，1996）。

随着抽象思维能力的发展，青少年能够理解和讨论爱情、正义和自由等抽象词汇。他们更加频繁地使用诸如然而、否则、总之、因此、其实和或许这样的词汇来表达逻辑关系。他们更好地理解某些单词可以表示多重意义，并且乐于使用讽刺、双关和隐喻等表达手法（Owens，1996）。

青少年也能够更熟练地运用社会观点采择，这是一种根据他人的知识水平和观点来调整自己谈话的能力。这种能力是说服他人不可或缺的，在礼貌的对话中也同样重要。毋庸置疑，这种能力帮助纳尔逊·曼德拉最终能够与统治者谈判成功。

意识到听众的差异，青少年在与同伴和成人交谈时会使用不同的语言（Owens，1996；Box 16-1）。青少年俚语是青少年发展出的不同于父母和成人世界的独立个性的一部分。在创造出类似“That’s sweet!”（太牛了）和“dabomb”（大爆炸）这样的词语时，年轻人运用自己新学到的技巧来组织语言，“以表现他们这一代在价值观、品味和嗜好方面与其他人的不同”（Elkind，1998，p.29）。

青春期信息加工的变化

青少年处理信息方式的变化反映了大脑额叶的成熟，也有助于解释皮亚杰所描述的青春期的认知发展。哪些神经联结萎缩了，哪些得到了加强，这很大程度上取决于青少年的经历。因此，青少年个体的认知过程发展是千差万别的（Kuhn，2006）。

研究者已经发现，在信息加工过程中可测量的变化有两大类：结构性变化和功能性变化（Eccles et al.，2003）。[1]

结构性变化

青春期的结构性变化包括信息加工能力的提高，以及长时记忆所能存储的信息容量的增加。

1 除非有其他说明，这里的讨论都源自 Eccles et al.，2003。

社会关注

专栏 16.1 “青少年俚语”——青少年的惯用语

“我们和好了！”

“太爽了！”

“寒！”

“来，单挑！”

青少年的对话主要是关于他们日常生活中所遇到的人和事（Labov，1992）。他们用俚语（非标准化语言）来称呼同伴（“懒人”或“热水袋”），表达自己的看法（“太酷了！”），以及描述酗酒或吸毒等行为（“她扭成麻花了”或“他快爽死了！”）。

加拿大语言学家马塞尔·丹尼斯（Marcel Danesi，1994）指出，青少年的语言并不仅仅是俚语（当然，成年人也在使用俚语）。实际上，它构成了青少年自己的惯用语：青少年俚语，“发育期的社会语言”（p. 97）。青少年俚语不仅仅是一种偶然的有趣表达，它是青少年之间言语交流的主要方式，并以此来标志他们与成人的不同。当开始进入发育期时，青少年便从比自己稍微大一些的同伴那儿学到了这些惯用语。像其他的语言法则一样，青少年俚语的作用也在于加强团体的同一性，并且把外来者（成人）排除在外。青少年运用的词汇有一个很显著的特征，那就是变化很快。虽然有些词汇已经进入公共语言，青少年仍然在不断地创造新的词汇。

对青少年对话样本的分析揭示了青少年俚语的几个关键特征。首先，这是一种情绪化的语言。虽然语调夸张，节奏缓慢，装腔作势，重音拉长，表情丰富而且常常无故感叹，但是它把个人的情绪和态度充分地表达了出来（“好，真是太对对对对～～对了！”“恩，我呸～～呸呸！”）。经常用 *like* 这样的词语来填充对话的间隔，以及每句话或短语都用问号来结尾，都反映出青少年无意识的不确定性，并且能够把听众拉入到自己的思想状态中来。

青少年俚语的第二个特征是其隐喻功能。十几岁的青少年创造描述性的词语或者延伸现有词语的本义来表达他们对世界及周围人的看法，并且经常使用高度隐喻的手法。这样的词语为他们对别人做出快速、自动的价值判断提供了一本现成的词典。

在美国，并不仅仅只有一种青少年文化，而是有很多亚文化群。随着性别、种族、年龄、地域、居住环境（城市、郊区或农村）以及学校（公

工作记忆的容量在儿童中期迅速地增长，在青春期仍然保持增长。工作记忆容量的扩大使年纪较大的青少年能够有效地处理复杂问题，或者能在多重信息中从容地做出决定。

储存在长时记忆中的信息可以是陈述性的，也可以是程序性或概念性的。**陈述性知识**（declarative knowledge）（“知道是什么”）由个人获得的所有事实组成，比如，知道 2 加 2 等于 4、乔治·华盛顿是美国第一任总统。**程序性知识**（procedural knowledge）（“知道如何去做”）由个人习得的所有技能组成，比如能够做乘除运算，懂得驾驶汽车。**概念性知识**（conceptual knowledge）（“知道为什么”）是对诸如为什么代数方程式等号两边加减相同的数以后仍然相等这类问题的理解。

功能性变化

认知的功能性在于获取信息、加工信息并加以储存的过程。这些过程包含学习、

立或私立）的不同，青少年所用的词汇表也是不同的（Labov，1992）。同样，青少年俚语也是在小圈子内部编码：各个小圈子之间各不相同。“瘾君子”和“男子汉”可以用来表达很多不同的行为，并成为他们对话中的主要主语。反过来说，这样的对话形式也只是固定在一个小圈子里。男孩子们爱逞口舌之争以证明自己的力量。为了争夺领导权，他们相互进行言语攻击，而且需要机智巧妙地反驳对方，展示出良好语言才能的人才能在团体中获得较高的地位。

在意大利那不勒斯进行的一项关于青少年言语模式的研究发现，不管何种文化，只要青少年构成了一个独特的群体，他们的言语模式就存在相似的特征（Danesi，1994，p.123）。那不勒斯的青少年用“mmmm”所表达的意思很像美国青少年所用的“like”：“Devo，mmmm，dire che，mmmm，non capisco，mmmm，…”（“我，mmmm，不得不说，mmmm，我不明白，mmmm，…”）。用夸张的腔调说话，在句子结尾用上升语调也都很普遍。意大利青少年使用的很多词语与英语很相似，例如“酷”（togo），“失败者”（grasta），以及“笨蛋”或“蠢货”（secchione）。也有研究者表示，米兰、博洛尼亚和其他意大利北方城市的青少年使用“摇滚语言”。这种文化借用（英语在诸如MTV这样的电视频道中广泛传播的结果）可能正在为全球的青少年创造一种“符号世界”（Danesi，1994，p. 123）。

资料来源：如无特殊注明，本讨论资料均来源于丹尼斯（Danesi，1994）。

你的观点？

- 你能回忆起青春期时使用过哪些“青少年俚语”吗？
- 你什么时候用过这些表达方式？为什么？
- 当时它们对与你年纪相仿的其他人有什么影响？对成年人呢？

看过来！

了解更多相关信息，请登陆 www.slanguage.com 美国俚语网站。

记忆和推理，这三方面的能力在青春期均得到很大提高。

其中，最重要的功能性变化是信息加工速度的持续提高（Kuhn，2006），以及执行功能的进一步发展（见第13章），执行功能主要包括选择性注意、决策、冲动反应的抑制、工作记忆的管理等几个方面。这些功能的发展速度似乎并不同步（Blakemore & Choudbury，2006；Kuhn，2006）。在一项研究中，研究者通过测量被试在进行认知活动时的眼球运动，测试出245名8~30岁的个体在信息加工速度、抑制控制和工作记忆等三方面的能力。例如，研究者要求被试记住出现在视野之外的灯光的位置，同时必须保持眼睛注视中央，在灯熄灭后，再注视灯光曾经出现的位置。测试结果表明：青少年在14岁的时候，反应抑制能力就已经达到成人水平，15岁时信息加工速度达到成人水平，而工作记忆能力则在19岁时达到成人水平。尽管每种功能的成熟过程看起来是独立进行的，但它们似乎对于彼此的发展都是相互促进的（Luna et al.，2004）。

然而，在实验室情境下观测到的结果放到现实生活中并不一定适用，因为在实

考考你 ✓

你可以……

✓ 识别反映青少年认知发展的几个语言发展特征吗?

✓ 说出青少年信息加工的两大主要变化，并分别举例吗?

际生活中，行为在一定程度上是由动机与情绪调节决定的。与年纪较小的孩子相比，很多年纪稍大的青少年在现实生活中却往往做出更糟糕的决定。有一种叫做“二十个问题”的游戏，在游戏中，参与者通过提问“是”或“否”的问题系统地缩小目标物所属的种类，并确定一个人、一个地方或者物品，用最少的问题找到目标即为胜者。在一项以这种游戏为主体的研究中（Drumm & Jackson，1996），高中学生特别是男生，无论是与比他们年龄小的青少年比，还是与年龄较大的大学生相比，都更倾向立即猜测答案。这种猜测方式反映出青少年有强烈地做出冲动性危险行为的倾向。我们在第 15 章曾经讨论过，青少年易做出轻率的判断可能与其不成熟的大脑发育水平有关，这种不成熟使青少年在做事时往往情感胜过理智。

道德发展

随着孩子们不断长大，认知能力也达到了更高的水平，他们逐渐能够通过复杂的推理处理道德问题。他们的利他倾向和同理心能力也在不断发展。与儿童相比，青少年更容易接纳别人的观点，更好地解决社会问题，更加善于处理人际关系，以及把自己看做社会人。所有这些趋势都促进了道德发展。

接下来，我们看一下劳伦斯·柯尔伯格具有开创性的道德推理理论、卡罗尔·吉利根关于妇女和少女道德发展的颇具影响力的研究成果，以及有关青春期亲社会行为的研究。

柯尔伯格的道德推理理论

一名患了癌症的妇人危在旦夕。有一位药剂师发明了一种新药，医生认为这种新药也许能挽救这位女性的生命。仅仅一小剂，药剂师就要价 2000 美元，是他生产这种药的成本价的十倍。病人的丈夫海因茨借遍了所有认识的人，却只凑到了 1000 美元。他恳求这名药剂师以 1000 美元的价格将新药卖给他，或者同意他延期支付。药剂师拒绝了他的请求，并且还说“我研制这种新药，就是为了赚钱。”海因茨陷入了绝望，只好闯入药剂师的商店，将药偷走了。海因茨这样做应不应该？为什么？（Kohlberg，1969）。

海因茨问题是劳伦斯·柯尔伯格用来研究道德发展问题的最著名的案例。自 20 世纪 50 年代起，柯尔伯格和同事便开始向 75 名 10 岁、13 岁和 16 岁的男孩询问类似“海因茨偷药”的两难问题，并在接下来的 30 多年时间里定期询问。每个两难问题的核心都是对正义的理解。通过询问被试如何得出答案，柯尔伯格得出了和皮亚杰类似的结论，即人们看待道德问题的方式反映了他们的认知水平。

柯尔伯格理论的各个水平和阶段

柯尔伯格的道德发展理论与皮亚杰的理论有相似之处（见第 13 章），但是柯尔伯格的模型相对更加复杂。以被试对道德困境的反应所体现的思维过程为基础，柯尔伯格（1969）描述了道德推理的三个水平，每个水平又分为两个阶段（表 16-1）。

- 水平一：**前习俗道德**（Preconventional morality）。儿童的行为受到外部控制，儿童遵循规则行事以避免惩罚或获得奖励，或者完全出于自身利益行事。4~10 岁的儿童一般处于这个水平。
- 水平二：**习俗道德**（Conventional morality）（又称遵守习俗约束式道德）。儿童已经将权威的标准加以内化，他们关心自己是不是“好孩子”，是否能取悦别人，是否遵守社会秩序。儿童一般在 10 岁时达到这一水平，但是有很多人即使到成年期也一直没有超越这一水平。
- 水平三：**后习俗道德**（Postconventional morality）（又称自主道德原则式道德）。人们认识到道德原则之间存在冲突，他们依据权利、公平和正义对事情做出判断，就像纳尔逊·曼德拉成年期所做的那样。人们一般至少要到青春早期才能够达到这一道德推理水平，更普遍的是在成年初期，当然，也有许多人永远达不到这一水平。

后来，柯尔柏格在水平二与水平三之间加入了一个过渡性的水平，处于这一水平的人们不再受社会道德标准的约束，但仍没有形成自己的评判准则。取而代之的，他们以自己的个人情感作为道德判断的基础。

在柯尔柏格的理论中，对个体处于何种道德发展阶段的判断，并不是依据道德两难问题的答案，而是答案背后的推理。如表 16-1 中所述，即使两个人给出了完全相反的答案，但如果他们的推理过程基于相同的因素，那么他们仍然处于同一阶段。

有些青少年，甚至某些成年人仍处于柯尔柏格道德理论中的水平一。像年幼的儿童一样，他们试图避免惩罚或者满足自己的需要。大多数青少年和成年人似乎处于水平二，通常是在其中的第三阶段。他们遵从社会契约，支持现状，为取悦他人或遵守法律而做“正确”的事。第四阶段推理（支持社会规范）在青春早期至成年期这段时间比较少见，但是呈不断增加的趋势。（对纳尔逊·曼德拉来说，促使他从这个阶段逐渐走出来的事件便是 16 岁时参加的割礼仪式，在仪式上他听到了令人震惊的演说，而正是那场演说向他原来的道德体系提出了挑战。）通常，青少年从一个水平发展至另一个水平时，在一段时期内会表现出明显的失衡状态（Eisenberg & Morris，2004），他们也可能退回到其他的道德体系，比如宗教法则，而不再依照柯尔柏格的以公正为基础的道德体系发展（Thoma & Rest，1999）。

表 16-1 柯尔柏格道德推理的六个阶段

水 平	推理的阶段	海因茨道德困境的典型回答
水平一：前习俗道德（4 岁 ~10 岁）	第一阶段：惩罚与服从定向。“我会有什么后果呢？”儿童遵从规则是为了避免惩罚。他们往往忽略行为的动机，只专注于刺激的物理属性（比如撒谎的程度）或者行为的结果（比如损坏多少杯子）。	赞同者：“他应该偷药。海因茨偷药实际上并没有错。他起初提出过支付的请求。他偷的药只值 200 美元，他并没有真的去偷价值 2000 美元的药。 反对者：“他不应该偷药。偷东西是犯罪。他没有得到允许，他使用了暴力，破门而入。他造成了很大的破坏，并且偷走了非常昂贵的药。”
	第二阶段：工具性目的与交换。“你替我挠背，我也会替你挠。”儿童开始基于自己的利益和他人能够给予的回报来考虑服从原则。他们以是否能满足个体的需要来评价行为，并且把这种价值观与行为的物理属性和后果区分开来。	赞同者：“偷药没什么错，因为他的妻子需要这些药，他希望妻子能活下去。并不是他想偷的，而是他为了救妻子不得不去偷。 反对者：“他不应该偷药。药剂师并没有错，也无所谓坏，他只是想获取利润，这正是做生意的目的——赚钱。
水平二：习俗道德（10 岁 ~13 岁或更晚）	第三阶段：维持人与人之间的相互关系，寻求他人的认可，服从金科玉律。“我是一个好孩子吗？”儿童希望取悦他人，帮助别人，能够判断别人的意图，也形成了自己的好人标准。他们根据行为背后的动机、行为者的特点来评估某种行为，并且能把当时的情境考虑进去。	赞同者：“他应该偷药。他只是做了一个好丈夫应该做的事。你不能因为他出于对妻子的爱所做的事而责备他。如果他不够爱他的妻子，不去救她，他才应该受到责备。 反对者：“他不应该偷药。如果他妻子死了，他也不应该受到责备。因为并不是因为他无情或者不够爱妻子，他已经做了所有能做的并且合法的事情。药剂师才是一个自私的、无情的人。
	第四阶段：社会利益与良心。“如果人人都那么做会怎么样？”人们更多地关注自己应该尽的责任，显示出对较高权威的尊重，维持社会秩序。不管某种行为的动机或当时的具体情境是什么，只要它违反了社会秩序并伤害了他人，他们就认为这一行为是错误的。	赞同者：“你应该偷药，如果你什么都不做，你的妻子就会死掉。如果她死了那就是你的责任，你必须去偷，但是要想着给药剂师赔偿。” 反对者：“对海因茨来说，想救自己的妻子是很自然的事情，但是偷东西总归是错的。他知道自己正在从制造商那儿偷一种非常昂贵的药。”
水平三：后习俗道德（青春期早期，或直到成年早期，也有可能永远达不到）	第五阶段：个人权利和民主法律的道德契约。人们以理性的方式思考，重视多数人的意愿，强调社会福利。他们通常认为依法行事是最好的行为方式。他们认识到，有时人的需要与法律之间存在冲突，但他们仍然相信，从长远来看，服从法律对整个社会更有利。	赞同者：“法律并不是为这些情况而制定的。在这种情形下，并不能说偷药是对的，但它是正当的。” 反对者：“你并不能完全责备偷药的人。虽然是特殊情况，但也不能够依据个人的需要而更改法律。并不是当人陷入绝望的时候就可以去偷窃。也许偷窃的结果是好的，但并不能证明偷窃这种手段是正当的。
	第六阶段：普遍伦理原则的道德。人们依据自己认为对的方式行事，而不理会法律或他人的意见。他们的行动是依照内在的标准，并且确信如果不这么做的话，自己的良心会受到谴责。	赞同者：“这种情况迫使他不得不在眼睁睁地看着妻子死去和偷药之间做一个选择。在必须做出选择的情况下，偷药在道德上是正确的。他必须按照保护和尊重生命的原则来做事。” 反对者：“海因茨面临的抉择是否应该考虑其他像他妻子一样病重，急需这种药的人。海因茨做事不应该凭自己对妻子的感情，而应该考虑所有相关人的利益。

资料来源：Adapted from Kohlberg，1969；Lickone，1976.

青春早期的女孩比男孩更容易与别人建立亲密的人际关系，对别人也更具同情心。这也许有助于解释为什么该年龄段的女孩比男孩的道德判断得分更高。

柯尔柏格认为，在人们的道德发展到有较强的原则性（三级水平）之前，必须要认识到道德标准的相对性。许多年轻人在刚升入中学或大学，开始参加工作时，或者遇到与自己有着不同价值观、文化和种族背景的人时，会对自己之前的道德观产生质疑。尽管如此，很少有人能够达到这种水平，能够在不同的道德标准中进行选择。实际上，柯尔柏格曾经一度对第六阶段的有效性产生怀疑，即以全世界通用的伦理准则为基础的道德，因为能达到这一阶段的人似乎太少了。后来，他提出了道德发展的第七阶段，“宇宙”阶段，处于这一阶段的人不仅仅考虑自己行为对他人的影响，而且还要考虑对整个世界的影响（Kohlberg，1981；Kohlberg & Ryncarz，1990）。

对柯尔柏格理论的评价

以皮亚杰的思想为基础，柯尔柏格在研究道德发展理论的道路上迈出了开创性的一步，在美国和国际心理学界、教育界引起了很大反响。以前研究者单单从控制自我满足的冲动来审视道德，现在研究者开始研究儿童和成人如何在对整个社会的理解日益加深的基础上作出道德判断。柯尔柏格的成果影响了很多相关研究，包括詹姆斯·福勒的精神发展理论（专栏 16.2）。

最初的研究证实了柯尔柏格的理论。柯尔柏格及其同事一直追踪研究的那些美国男孩们，从儿童期到成年期一直按照柯尔柏格提出的六个阶段来发展，没有任何人跳过某个阶段。他们的道德判断水平与年龄、受教育程度、智商和社会经济地位密切相关（Colby，Kohlberg，Gibbs，& Lieberman，1983）。然而，近期越来越多的研究使人们对柯尔柏格理论中某些阶段的描述产生怀疑（Eisenberg & Morris，2004）。一项关于儿童对法律和违法事件判断的研究表明，有些儿童早在 6 岁的时候就可以对类似的争论作出灵活的推理（Helwig & Jasiobedzka，2001）。

柯尔柏格理论中各个水平相对应的年龄变化很大的一个原因是，人们的认知水平发展到某一高度时，道德发展并没有达到相应的水平。认知发展的水平是相应道德水平发展的必要条件，而非充分条件。因此，认知以外的其他条件也必须得到满足才行。有研究者提出，对道德行为起推动作用的，并不仅仅是对公正的抽象理解，还包括同理心、内疚和苦恼等情绪，以及对社会道德准则的内化（Eisenberg & Morris，2004；Gibbs，1991，1995；Gibbs & Schnell，1985）。同时，也有人主张柯尔柏格的第五阶段和第六阶段并不能被称为最成熟的道德发展阶段，因为它们把成

研究广角

专栏 16.2 福勒的信仰阶段论

可以从发展的视角来研究精神信仰吗？詹姆斯·福勒（1981，1989）认为这是可以的。福勒把信仰定义为观察和了解世界的方式。为了探明人们如何习得观察和了解世界的方式，福勒和他在哈佛大学神学院的学生们访谈了400多位各个年龄段的人，这些人来自于不同的种族，有不同的教育和社会经济背景，拥有各种不同的宗教或世俗的认同或归属。

根据福勒的理论，信仰可以是宗教也可以不是宗教。人们可能信仰神、科学、人性或者信仰一项他们认为值得奋斗终身的事业，这项事业能够赋予他们生命的意义。福勒提到，信仰同认知的其他方面一样，是通过不断成熟的人与周围环境之间的交互作用而发展的。福勒提出的阶段理论与皮亚杰、柯尔柏格和埃里克森所描述的阶段大体一致。新的经历如危机、困难或新发现会挑战甚至颠覆一个人的精神平衡，进而促使人们从一个阶段跳跃至下一阶段。不同个体之间发生这些转变的年龄差别很大，有些人从未跳出某个特定阶段。不过最开始的三个阶段一般发生在儿童期和青春期。

- **第一阶段：原始的，或直觉投射信仰**（18~24个月至7岁）。福勒认为，初学走路的孩子逐渐有了自我意识，开始使用语言和符号思维，并且发展出**基本信任**：即能够感知自己的需要能被其他强有力的人所满足，在这些之后，信仰便开始出现了。随着年幼儿童对控制世界的外部力量的深入理解，他们从大人讲述的故事中形成了上帝、天堂和地狱的形象，这些形象往往是强大有力的、虚幻的、可怕的，同时又是非理性的。前运算阶段的孩子们常常因为因果关系和现实与虚幻之间的区别而感到困惑。由于自我中心主义，他们可能把自己或父母的观点看做是上帝的观点。他们主要从顺从和惩罚的角度思考上帝。
- **第二阶段：神话文字信仰**（7~12岁）。达到具体运算阶段的儿童开始对整个世界形成更一致、更有条理的看法。随着逐渐接受家庭和社区的信仰和习惯，他们开始从字面意义上理解宗教故事和符号。现在他们不再认为上帝拥有超越他们自身的，洞察世上所有人的努力和意图的能力。他们认为上帝是公平的，人们会得到应得的一切。
- **第三阶段：综合传统信仰**（青春期或更晚）。

熟局限在善于哲学思考的特定人群中（J. C. Gibbs，1995）。

此外，道德推理与道德行为之间并没有非常明确的关系。处于后习俗道德推理水平的人并不一定比处于低水平的人表现得更道德，具体情境、品行观念和对他人的关心等其他因素都会影响道德行为（Colby & Damon，1992；Fischer & Pruyne，2003）。尽管如此，一般说来，道德推理水平越高的青少年，其行为更合乎道德，同时社交能力和适应性也更强，反之，反社会青少年的道德推理水平往往更不成熟（Eisenberg & Morris，2004）。

在应用柯尔柏格的体系时有一个实际问题，那便是其测验程序耗时特别长。标准的道德两难问题需要给每个人单独呈现，并且由训练有素的评判员记录下来。另外一个可供选择的方法是确定问题测验（DIT），使用这种方法时，学生对列出的各项陈述进行评价、排序，并不要求他们清楚地阐明论点和论证（Rest，1975；Rest，具有抽象思维能力的儿童逐渐形成信仰体系和对理想的承诺。随着对自我的探索，他们开始在自己与上帝之间寻找更私人的联系，但是却从其他人，通常是同伴身上，寻找道德权威。他们的信仰不问是非，遵照群体标准。这个阶段的典型特征是参加有组织的宗教活动。大约有一半的成年人没有再往前跨入到福勒提出的更高级的阶段：个人反省信仰以及最终的普世化信仰。

作为最早的系统研究信仰的研究者之一，福勒对教育学和心理学产生了很大的影响，但是也受到了不少批评（Koenig，1994）。有人批评福勒的信仰概念与传统的定义不一致。他们认为福勒过多的强调认知，低估了单纯的、坚定的、无条件的信仰的成熟性。也有人对信仰能否发展到福勒定义的普世化阶段或其他阶段提出了质疑。福勒的研究并不是随机选择样本的，样本是由生活在高等院校密集的美国北部城市或附近的有偿被试构成。因此，研究结果可能更能代表智力与受教育程度高于平均水平的人群，而并不适用于非西方文化背景下。

有研究者更精细地研究了儿童对祈祷这一宗教活动的理解，并且得出了与福勒理论稍微不同的阶段。一项早期研究运用皮亚杰式量表（Goldman，1964）发现，9 岁之前，儿童处于相信祈祷会像变魔术一样实现愿望的神秘阶段，从 9 岁开始，儿童向更加理性的阶段发展，并最终达到以信仰为基础的阶段。

你的观点？

- 凭你的经验和观察，信仰可以是非宗教的吗？
- 你能回忆起自己经历过福勒的哪些信仰阶段吗？你认为自己现在处于哪个阶段？

请查阅！

获取更多信息请登陆 http：//speakingoffaith.publicradio.org/programs/childrengod/index.shtml 网站，并可收听公共广播频道的“孩子与上帝”节目，该节目邀请了哈佛大学退休的儿童心理学家，《孩子的精神世界》的作者 Robert Coles，耶鲁大学小儿科肿瘤专家，《天堂之窗：孩子经历生命死亡的时候》的作者 Diane Komp，以及圣·弗朗西斯学院宗教教导主任 Carol Dittberner 作为特邀嘉宾参与讨论。

Deemer，Barnett，& Spickelm，1986）。DIT 可以团体施测，耗时较少且能够得到客观的记录。然而，DIT 的缺点在于，它往往高估被试的道德发展水平（Rest et al.，1999）。

父母与同伴的影响 皮亚杰和柯尔柏格都没有考虑父母对儿童道德发展的重要性，但是越来越多的近期研究表明，无论是在认知领域还是在情感领域，父母对孩子的影响都很大。支持性和权威性的父母鼓励青少年争论和详述自己的道德推理过程，这些青少年的道德推理水平往往较高（Eisenberg & Morris，2004）。

同伴之间互相讨论道德冲突问题也会影响青少年的道德推理水平。拥有更多亲密朋友，和朋友相处时间较长，以及在朋友圈里被看做领导的青少年往往具有更高的道德推理水平（Eisenberg & Morris，2004）。

> **你的观点？**
> 你是否能想到，有时你或你认识的某个人做出与自己道德判断相反的行为？你认为原因是什么？

跨文化的有效性 柯尔柏格体系描述非西方文化背景下的道德推理水平的准确性令人怀疑（Eisenberg & Morris，2004）。在美国之外的其他国家，与年轻人相比，年龄大的人往往处在更高的道德发展阶段。然而，在非西方文化背景下，很少有人超越第四阶段（Edwards，1981；Nisan & Kohlberg，1982；Snarey，1985），这表明柯尔柏格模型的某些方面并不适合这些社会的文化价值观。

吉利根的理论：关怀道德

以针对女性的研究为基础，卡罗尔·吉利根（1982）声称柯尔柏格的理论更符合男性的价值观而不是女性。吉利根认为，女性往往很少从公平和正义的角度来看待道德，更多地是依据是否有给予关怀和避免伤害的责任心。她们的注意力集中在避免厌恶别人，而不是避免给予他人不公平的对待（Eisenberg & Morris，2004）。

吉利根认为柯尔柏格的理论具有男性的偏见，但并没有得到很多研究结果的支持（Brabeck & Shore，2003；Jaffee & Hyde，2000），后来她也对自己的观点进行了修正。然而，有研究发现，在某些文化下，与关怀相关的道德推理确实在青少年中存在微小的性别差异（Eisenberg & Morris，2004）。例如，在青春早期，美国女孩往往比男孩更强调与关怀相关的问题，特别是在使用开放式问答（“遵守对朋友的承诺有多么重要？”）或使用与自己经历相关的道德困境自选题进行测验的时候（Garmon，Basinger，Gregg，& Gibbs，1996）。这可能是由于女孩一般成熟较早，并且拥有更亲密的社会关系（Garmon et al.，1996；Skoe & Diessner，1994）。通过对 113 项此类研究的分析发现，女孩和成年女性更容易从关怀的角度考虑道德，而男孩和成年男性则更倾向于公正的角度，但是这些差异非常小（Jaffee & Hyde，2000）。

除了可能存在的性别差异以外，有研究者对亲社会（类似于关怀导向）道德推理进行了研究，他们认为除柯尔柏格以公正为基础的体系外，它也是一种可供选择的推理体系。亲社会道德推理是指，在社会规则或规范不存在或者不清楚的情境下，当一个人的需要和要求与其他人相冲突时，个体在这样的道德困境中作出的推理。在一项从儿童期追踪至成年早期的纵向研究中，以个人对结果的反思和内化的价值观、规范为基础的亲社会道德推理水平随年龄的增长而提高，然而，基于“帮助别人使自己快乐”之类的陈词滥调进行道德推理的现象，在从儿童期到青春晚期之间越来越少了（Eisenberg & Morris，2004）。

亲社会行为和志愿者行为

正是由于青少年比年幼儿童的道德推理水平更成熟、老练，且更加懂得关心他人，所以，个体在由儿童期进入到青春期后，亲社会行为明显增加（Eisenberg & Morris，2004）。女孩往往比男孩做出更多的亲社会行为（Eisenberg & Fabes，1998），并且这种差异在青春期表现得更加明显（Fabes，Carlo，Kupanoff，& Laible，1999）。

与男孩相比，女孩往往认为自己更容易同理心和更具亲社会性，而且父母也倾向于要求女孩要更有社会责任感（Eisenberg & Morris，2004）。一项在 7 个国家（澳大利亚、保加利亚、捷克共和国、匈牙利、俄罗斯、瑞典和美国）开展的大范围调查证实，这种现象在 18 岁青少年身上是真实存在的（Flannagan，Bowes，Jonsson，Csapo，& Sheblanova，1998）。就儿童来说，父母使用诱导教育往往比使用权力管教更能培养出亲社会的孩子。

在所有的青少年中，大约有一半的人参加过某种形式的社会义务服务或志愿者工作。这种亲社会行为能帮助青少年学习如何融入成人社会，探索自己作为社会一份子可能扮演的角色，并且能够把他们发展中的同一性与市民参与意识联系起来。青少年志愿者往往性格外向，有更高的自我认知度和对他人的义务感。女孩往往比男孩更倾向于做志愿者，社会经济地位高的青少年往往比社会经济地位低的青少年更倾向于做志愿者（Eisenberg & Morris，2004）。与成人一样，经常在校外参加志愿活动的学生比其他学生更容易融入其生活的小团体（Eccles，2004）。

考考你 ✓

你可以……

- ✓ 列出柯尔伯格道德发展理论的水平和阶段，并讨论影响儿童和青少年经历这些阶段发展速度的因素吗?
- ✓ 从情绪和社会化、父母和同伴影响以及跨文化效度的角度来评价柯尔伯格理论吗?
- ✓ 解释吉利根理论与柯尔伯格理论中道德推理标准的差异，并讨论性别效应吗?
- ✓ 讨论亲社会行为的个体差异吗，比如志愿者行为?

教育和就业问题

对大多数青少年来说，学校都是重要的组织经历。学校为青少年提供了学习知识、掌握新技能、训练老技能的机会。在学校，学生可以参加运动、艺术和其他活动，能够探索未来的职业，还能够和朋友们在一起。学校拓宽了学生的智力和社会视野。然而，对于某些青少年而言，学校经历并非机遇，却成为他们迈向成人道路上的又一个障碍。

与以前相比，在美国等发达国家和某些发展中国家，越来越多的学生能完成中学学业，还有很多学生进入大学继续深造（Eccles et al.，2003；OECD，2004）。2004 年，美国未进入中学学习的 18~24 岁青少年中，有 87% 拿到了中学毕业证书或同等学力证书（Laird，DeBell，& Chapman，2006；图 16-2）。在世界经济合作与发展组织（OECD，2004）的 30 个成员国中，公民的平均受教育水平从墨西哥的 7.4 年级到挪威的 13.8 年级不等。

美国人的平均受教育水平为 12.7 年级，在国际上处于领先水平。然而，美国青少年的平均学业测验成绩却不如其他很多国家的学生（Lemke et al.，2004；Snyder & Hoffman，2001）。此外，根据美国教育进步评价中心的评估，4 年级和 8 年级学生的几项学业成绩都得到了提高，而 12 年级学生的成绩则没有提高（NCES，2003，2005b）。

下面，我们看看哪些因素影响学生的学业成绩和辍学，然后再来思考一些有关高等教育和就业的计划。

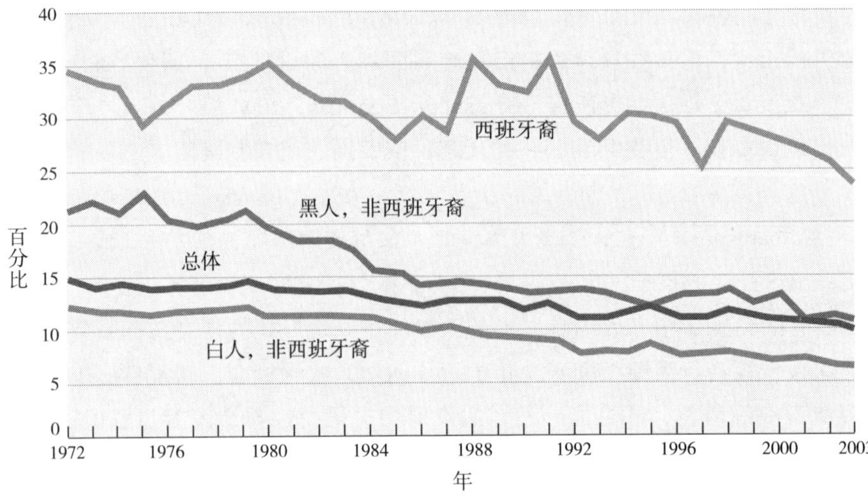

图 16-2

1972~2004 年间，18~24 岁的青少年中未在校就读，且没有完成中学学业或同等学历的比例。

资料来源：Laid，DeBell，& Chapman，Fig.2，2006.

学业成绩的影响因素

喜欢上学的学生往往在学校表现很好，并且更可能继续留在学校学习（Samdal & Dür，2000）。就像在小学一样，社会经济地位以及家庭环境的性质都会影响青少年在学校的表现。其他的影响因素还包括性别、种族、父母教育、同伴影响、教学质量，首要也是最重要的因素是学生的学习动机。

学生的动机与自我效能

在西方国家，尤其是在美国，教育实践是在假设学生有或者可能有学习动机的基础上进行的。教育家一再强调内部动机的重要性，学生因为渴望知识而学习（Larson & Wilson，2004）。不幸的是，很多美国学生没有自发学习的动机，且在进入中学的时候动机逐渐丧失了。很多学生厌烦甚至抵制学习，或随意地放弃学习，有些学生（后面将详细讨论）最后选择了辍学（Eccles，2004；Larson & Wilson，2004）。

在西方文化中，自我效能高的学生（即相信自己能够掌握学习技巧，完成学习任务）往往在学校有好的表现。在美国，一项对两所中学的 116 名 9 年级和 10 年级学生的调查中发现，拥有自我效能的学生往往能够准确地预测自己期望和最终达到的学科成绩。学生的目标与父母的期望有很大关系，但更重要的是学生对自己能力的信心（Zimmermanet al.，1992）。在另外一项针对 140 名 8 年级学生的纵向研究中发现，无论是在学生的评级和测验成绩中，还是在年末中学竞赛项目的选拔中，学生自我约束能力的重要性要比智商高两倍（Duckworth & Seligman，2005）。

在很多文化下，教育并不以个人动机为基础，而是建立在责任（如印度）、服从权威（如伊斯兰国家）和参与家庭及团体事务（如撒哈拉沙漠以南的国家）等因素的基础之上。在东亚国家，学生并不是为了知识的价值而学习，而是为了满足家庭和社会对他们的完美期望。学习需要付出很大的努力，不及格或成绩差的学生有责任继续努力。这或许可以解释为什么东亚学生在国际性自然科学和数学竞赛中能够完全超越美国学生。然而，由于在继续深造和求职时过分依赖竞争性的考试来选拔学生，学生们的压力往往很大，普遍存在焦虑和压抑情绪（Larson & Wilson，2004）。在发展中国家，学校和教育资源的匮乏或缺失，儿童需要参与劳动以补贴家用，女孩或某些亚文化群体不被允许入学，早婚等社会经济因素为教育设置了重重障碍，个人动机就显得不怎么重要了（Larson & Wilson，2004）。因此，我们在讨论影响教育成功的因素时，主要以针对美国和其他西方国家的研究为基础，我们需要记住，这些结论并不适用于所有文化。

社会经济地位及相关家庭特征的重要性

根据一项对 20 个高收入国家的 15 岁青少年的数学能力的研究，社会经济地位较高是取得学术成就的一个重要因素（Hampden-Thompson & Johnston，2006）。在所有国家，双亲中至少有一位具有中学以上学历的学生，往往比那些父母受教育程度较低的学生表现更好。同样的差距也出现在父母职业地位较高的学生和父母从事中低层工作的学生之间。家中藏书是否超过 200 本也是影响成绩的因素。而以上这些因素都是社会经济地位的象征。除此之外，还有一个非常关键的因素会影响数学能力，并且在所有 20 个被访问国家都得到了证实，即是否生活在双亲家庭，这与社会经济地位也密切相关。同时，生活在外来移民家庭且在家中说母语的学生的成绩也相对较差，这一点在大多数国家也都得到印证。

尽管青少年比年幼儿童的独立性增强了，但是家庭氛围仍然会影响他们在学校的表现。父母不仅能够监督他们完成家庭作业，而且对青少年的其他生活方面也会起到积极作用。如果父母能够与孩子开诚布公地讨论问题，并且能够经常表扬和鼓励孩子，那么孩子在学校的表现往往更好。

性　别

2000 年的一项调查发现了一个国际性现象，在经济合作与发展组织的所有 43 个成员国中，女孩似乎都比男孩更擅于阅读。在大约一半的国家中，男孩表现出了更强的数学能力，尽管这一性别差异正在缩小（OECD，2004）。在美国，青少年男孩和女孩在大多数科目的标准化测验中的得分都差不多（Freeman，2004；Sen et al.，2005）。男孩在数学和自然科学测验中的成绩更好一些，但是当女孩同样对数学和自然科学感兴趣的时候，这种差别就出现了变化，她们可以和男孩子学的一样好，甚至更好（Spelke，2005）。女孩的阅读能力和写作能力普遍比男孩要强（Freeman，2004；Sen

et al.，2005）。

即使不考虑测验成绩，美国女孩对自己的学术能力往往比男孩有更强的自信。她们更喜欢学校生活，成绩更好，读完高中的可能性更大，并且计划完成大学甚至研究生学业，或者进入专业学校。男孩则更可能成为后进生，接受特殊教育或矫正教育，并且被学校开除或自动退学的机率更大（Eccles et al.，2003；Freeman，2004）。老师们往往对男孩管得更严，但是在成绩好的学生中，老师会更喜欢男孩，而不是女孩。男孩比女孩更有可能受到鼓励去进修，申请顶尖大学，以挑战性强的职业为目标（Eccles et al.，2003）。

教养方式、种族以及同伴影响

在西方文化中，权威型父母会在青春期继续积极影响孩子在学校的表现（Baumrind，1991）。权威型父母教育青少年要看到事情的两面性，欢迎他们参与家庭决策，并且承认有时孩子比父母懂得多。这样的父母能够平衡提要求和响应之间的关系。他们的孩子会因为取得好成绩而受到奖励并享受特权，成绩差的则会得到继续努力的鼓励和帮助。

相反，专制型父母不允许青少年与成人争论或提出质疑，并且告诉他们“等你长大了就会明白。”当孩子取得好成绩时，他们会收到应该做得更好的告诫；成绩差的时候则会受到减少零花钱或限制外出活动的惩罚。宽容型父母认为学习成绩无关紧要，不限制孩子看电视的时间，不尽教育职责，既不帮助孩子做家庭作业，也不检查孩子是否做作业。这种类型的家长可能并非漠不关心，实际上他们可能只是简单地认为，青少年应该为自己的生活负责。

权威型父母教育出的青少年往往能获得比较好的学业成绩，原因是什么呢？除了鼓励孩子应该对工作有积极的态度之外，家长对学校教育的广泛参与可能也是一项重要的因素。一种更加微妙的机制是，父母会影响孩子对成功或失败的归因，这一点与自我效能的相关研究发现一致。在一项针对 2353 名加利福尼亚州和威斯康星州高中生的调查中，那些认为父母不属于权威型的学生更容易把成绩比同学差归结为外因或自己能力不足（都是他们无法控制的因素），而不认为是由于自己不够努力。一年以后，这样的学生往往表现出上课注意力不集中，不能按时完成家庭作业（Glasgow et al.，1997）。因此，非权威型父母的教养方式可能助长青少年的无助感，久而久之变成了一种自我实现预言，从而使学生放弃追求成功的努力。

然而，在某些种族群体中，父母的教养方式对青少年动机的影响不如同伴重要。一项研究发现，即使父母都属于权威型，拉丁裔和非裔美国青少年在学校的表现依然不如欧裔学生。很显然，这是由于缺少同伴对学业成绩的支持（Steinberg，Dornbusch，& Brown，1992）。从另一方面来说，亚裔学生的父母时常被描述为专制型，然而他们在数学方面往往能获得比欧裔学生更好的成绩，很明显这是父母和同伴成就的双重影响（C.Chen & Stevenson，1995）。很多来自各国移民家庭的青少年在学校取得良好的学业成绩，这往往反映了家庭和朋友对教育成就的重视（Fuligni，1997）。

同伴影响或许能够有助于解释为什么很多学生在青春早期出现了学习动机和学业成绩的下降趋势。一项纵向研究以城市中学的学生为样本，发现他们动机和成绩的平均分数在七年级时下降了。周围同伴成绩比较好的学生，其学习成绩和学习兴趣的下降幅度较低，而那些周围同伴成绩都比较差的学生的下降幅度较大（Ryan，2001）。

学　校

学校教育的质量对学生的学业成绩影响很大。一所好的初中或高中拥有整洁、安全的环境，充足的学习资源，稳定的师资队伍，积极的团体意识。学校文化氛围强调学习，并且有着所有学生都能成才的信念。学校还提供课外活动，保证学生充实的业余生活，避免放学后惹是生非。老师信任、尊重、关心学生，对每个学生都有美好的期望，并且相信自己有帮助每个学生成功的能力（Eccles，2004）。

如果青少年被允许参与制定学校章程，能感受到老师和其他学生的支持（Samdal & Dür，2000），以及学校提供的课程和指导有意义、有适当的挑战性并符合他们的兴趣、技能水平和需要（Eccles，2004），那么他们往往会对学校更加满意。在一项针对 452 名郊区 6 年级学生的调查中，学生对老师的公正性、期望、学习动机的培养、规则的制定、消极反馈等方面的理解，解释了学生在动机、行为和成绩上的巨大差异。高期望是预测学生目标和兴趣的最有效的积极因素，消极反馈则是预测学生的学业成绩和课堂行为最有效的消极因素（Wentzel，2002）。

一些大城市的教育系统，例如在纽约、费城和芝加哥，正在试行一种小规模的学校，在这样的小学校里，学生、老师和家长为了良好教育的共同目标形成一种学习团体。小学校可能会安排一些特殊的课程，例如种族研究。教学方法具有灵活性，内容新颖，且更加人性化；老师们密切合作，并且努力深入了解学生（Meier，1995；Rossi，1996）。然而，由于资金缺乏、生源增加或教师流失等问题，一些最初达到预期效果的小学校已经被迫关闭，剩余学校的教学质量也出现了下降（Gootman & Herszenhorn，2005）。

学习动机和学业成绩下降通常是伴随着从小学这个亲密熟悉的环境转到中学更复杂、压力更大的环境而出现的（Eccles，2004）。因此，有些费城这样的城市尝试着把小学延长至八年级，以消除中小学之间的转变过程。在其他城市，例如纽约，一些初级中学合并了一些小的高中，这样初中生们就能够看到学长们的表现并以其为榜样（Gootman，2007）。

从中学进入大学，教育标准和对学生自学能力的要求都更高，这对一些学生来说可能是很大的冲击。学院预科班（一种私人成立的小学校，教学质量较高，主要和附近的学院合作办学）主要招收少数民族、贫困学生、非英语国家移民的第一代子女，或者在高等教育考试中分数明显偏低的群体。在清晰、严格的标准以及良好的教育氛围下，这些学校能够使学生顺利的完成整个高中和大学前两年的全部学业（"The Early College High School Initiative，" n.d.）。

考考你✓

你可以……

✓ 解释不同文化下学校如何激发学生的学习动机吗?

✓ 评价个人品质、社会经济地位、性别、种族、父母和同伴等因素对学业成绩的影响吗?

✓ 举出能够帮助高中生成功完成学业的教育实践实例吗?

中学辍学

虽然美国青少年的高中毕业率已经达到了历史最高点，但是在 2003~2004 学年，仍然有 5% 的高中生辍学，当时大多数劳动力市场对高中毕业生的需求也在最低点。西班牙学生比黑人学生更容易辍学，黑人学生比白人学生更容易辍学，亚裔学生的辍学比例最低。低收入家庭孩子的辍学比例是高收入家庭的四倍（Laird，DeBell，& Chapman，2006；图 16-3）。

为什么贫困家庭和少数民族的青少年更容易辍学呢？其中一个原因可能是缺乏有效的学校教育：老师对学生的期望低或不公正地对待每个学生；与小学时候相比，老师的支持更少；课程不适应非主流文化群体。在按学生成绩进行分组的学校，那些被认为能力低或不适合上大学的学生（通常少数民族的青少年被分派到这一组）总是接受更低等的教育。与那些同样被疏离的同伴待在一起，使得他们往往感到自己很差劲，对学校产生消极态度并出现问题行为，这些行为可能发生在校内，也可能发生在校外（Eccles，2004）。

如果青少年不能够完成学业的话，将来在社会上的生活也很艰辛。辍学者往往找不到工作或者工资很低，靠救济金度日，染上毒品，行为不良甚至犯罪，他们的健康状况往往也很差（Laird et al.，2006；NCES，2001，2003，2004a）。

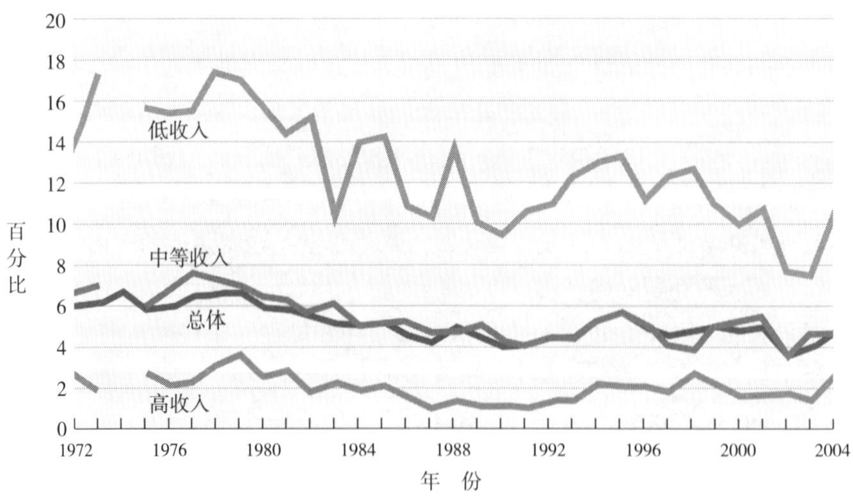

图 16-3

不同收入家庭中 15~24 岁高中生的辍学比例，1972~2004 年。

资料来源：Laird，Debell，& Chapman，Fig.1，2006.

有一项纵向研究追踪了 3502 名八年级贫困生，一直到他们进入成年期，结果再次证明了高中是否成功毕业的重要性（Finn，2006）。在被调查者中，21%（“成功毕业者”）成功完成了高中学业，52%（“勉强毕业者”）完成了高中学业但是评分或测验成绩低于平均水平，其余的 27%（“未毕业者”）中途退学。在进入成年期以后，成功的毕业者更可能完成专科教育，找到工作且保持不失业，而未毕业者则境遇最差。

在这项研究中，区分成功毕业者的一个重要因素是积极参与度：“学生对学业的注意力、兴趣、投入和努力”（Marks，2000，p.155）。最基本水平的积极参与度意味着按时上课，课前预习，仔细听讲，课堂表现活跃并且遵守学校规定。更高水平的参与度包括专注于课程进度，擅于提问，在需要的时候主动寻求帮助，或者做课外设计。这两种水平的积极参与度都会带来良好的学校表现（Finn & Rock，1997）。家庭鼓励，小班授课，温暖、支持的学校环境都能促进学生们的积极参与度。

你的观点？

父母、教师和社会制度怎样才能鼓励年轻人成功完成高中学业？

考考你✓

你可以……

- ✓ 讨论高中学业顺利完成的趋势，以及辍学的原因和后果吗？
- ✓ 解释学校教育中积极参与度的重要性吗？

准备继续深造或参加工作

由于卑微的家庭出身和萦绕在他身上的种族主义的阴影，纳尔逊·曼德拉很早就立志要成为一名律师以帮助他的人民。他一直在追求这个目标，并且完成了成为律师所必需的学业。

青少年如何完成自己的职业规划？他们如何决定是否去读大学，如何步入自己的职业生涯？其中有很多影响因素，包括个人能力和个性、受教育程度、社会经济地位和种族背景，学校辅导员的建议、生活经历和社会价值观。接下来，我们将看一下哪些因素对青少年的教育和职业期望产生影响，以及可以为那些不准备读大学的青少年提供哪些帮助，最后我们将讨论高中生校外兼职的利与弊。

青少年志向的影响因素

根据一份关于高中生的年度代表性报告，2004 年大约有 69% 的美国学生在高中毕业后希望进入大学继续学习（Ingels，Planty，& Bozick，2005）。自我效能感（常常受父母信心和期望的影响）帮助青少年进行职业选择，以及为职业做必要准备（Bandura，Barbaranelli，Caprara，& Pastorelli，2001；Bandura et al.，1996）。

父母对学业成绩的重视程度会影响青少年的价值观以及职业目标（Jodl，Michael，Malanchuk，Eccles，& Sameroff，2001）。这种影响在东亚移民家庭中表现得尤其明显，因为他们非常重视教育。一般而言，来自于移民家庭的高中毕业生继续读大学的比例与美国本土家庭的学生差不多，但是来自于东亚家庭孩子的比例（96%）要远高于其他移民群体（Fuligni & Witkow，2004）。

虽然现在人们的职业选择已经有了很大空间，但是性别以及性别刻板印象还是会影响人们对职业的选择（Eccles et al.，2003）。现在的美国，男孩和女孩打算从事数学和自然科学相关工作的比例差不多，但是男孩更可能获得工学、物理学和计算机科学的学士学位（NCES，2001），而女孩则更容易进入护理、社会福利和教育行业（Eccles et al.，2003）。在其他发达国家也是这种情况（OECD，2004）。

教育系统本身可能在青少年职业规划中扮演了制动器的角色。擅长记忆和分析的学生往往在智力测验以及需要这些能力的课堂中表现出色。因此，根据测验的结果，他们成为了这个强调他们恰巧拥有的能力的体系中的佼佼者。而那些拥有创造性和应用思维（在一些特定领域取得成功的关键因素）的学生则永远没有机会表现他们的能力（Sternberg，1997）。对智力多面性（见第13章）的重视，配合更加灵活的教学方式和就业指导，能够让更多的学生找到自己的教育目标，进入喜欢的行业，使得他们能够利用自己的能力做出应有的贡献。

对没有进入大学的学生进行指导

大多数发达国家都为没有进入大学的学生提供指导。例如，德国有一套完善的学徒体系，高中生一边上学，一边利用业余时间在雇主导师的监督下接受有报酬的训练。每年大约有60%的德国高中生从这项计划中受益，参加此项计划的学生中有85%找到了工作（Hopfensperger，1996）。

美国缺乏类似的政策来帮助那些没有进入大学的青少年成功地从高中过渡到劳动市场（Eccles，2004）。职业咨询服务一般都只面向大学毕业生。为38%没有直接进入大学的高中毕业生（NCES，2003）提供的职业训练计划与德式体系相比还不够全面，并且不能完全符合商业和工业的实际需要。大多数年轻人需要再接受工作训练或者社区学院的课程。许多人对劳动力市场一无所知，不具备相应的能力。还有一些人找到了工作，却不能胜任。也有人根本找不到工作（NRC，1993a）。

有些社区通过示范项目帮助青少年从学校向工作转变。其中最成功的项目包括提供基本技能培训、咨询服务、同伴支持、导师指导、学徒实习和工作安排（NRC，1993a）。1994年，美国国会通过了《学校到工作机会法》，拨款11亿美元资助各个州和地方政府发展职业培训计划。在2000~2001年间，将近一半的公立学校和项目为找不到工作的青少年提供了职业培训（NCES，2003）。

工作中的青少年

雇用青少年工作并不是一个简单的问题。在大多数发展中国家，让青少年去工作是维持家庭生计的重要手段，这种体系根深蒂固，很难改变。在农场或家里和家人一起劳动是孩子正常社会化的一部分。然而，随着全球化和城市化的进程，雇用青少年参加劳动的环境正在改变。青少年可以当工匠的学徒，可以在工厂当工人，可以住在雇主家做仆人，或者在路边摆摊。还有部分人帮助父母工作（Larson &

这位年轻的小伙子——是美国 38% 的没有直接进入大学的高中毕业生之一，正在学习电子维修。有效的职业培训必须与劳动力市场目前的需要紧密相连。

Wilson，2004）。在很多情况下，他们只是与雇主有个非正式的协议。据联合国国际劳动办公室（ILO，2002）估计，有 570 万的儿童和青少年在做合同工或被迫劳动。

青少年参加雇佣工作，对于发展的影响是复杂的。生理上的影响依赖于工作条件。研究表明，在全世界范围内，繁重的工作会严重干扰青少年的学校生活并可能导致辍学。很多青少年从事简单的、重复性的、毫无技术含量的工作，他们从中学不到任何东西。当然，也有一些青少年确实在工作中学到了一些实用的技能。而且他们还赢得了地位和尊敬，因为他们增加了家庭收入，履行了自己作为子女的义务，很好地融入了家庭和社会。在访谈中，很多这样的青少年说工作增强了他们的责任心和自尊，帮助他们获得了经济自主权。所以，雇佣青少年工作的代价和收益取决于下列因素：青少年为什么要参加工作，工作条件如何，他们能学到什么技能，学到的东西能不能帮助他们在变化的经济形势中找到合适的工作（Larson & Wilson，2004）。

在美国，估计有 80%~90% 的青少年在读高中期间曾做过兼职，主要是从事服务业或零售业的工作（Staff, Mortimer, & Uggen, 2004）。对于高中生做兼职是有益（帮助他们学习工作中需要的技能和工作规范）还是有害（分散他们对长期教育和职业目标的关注），研究者的观点并不一致。

一些所谓的学生参加工作带来的不利影响可能被高估了（Mortimer，2003）。在一项为期 4 年，关于 9 年级学生如何安排自己时间的纵向研究中，大多数参加工作的学生会积极地投入到学习和其他活动中去（Shanahan & Flaherty，2001）。学生参加工作的时间似乎并没有降低自尊、危害心理健康或减少学习动机。直到高年级时，工作才会对做家庭作业的时间产生影响，那些每周工作超过 20 小时的学生完成的家庭作业往往比其他学生少。即便如此，他们的成绩和成就动机并没有因此受到影响。而且每周工作 20 个小时以下的学生的成绩比那些完全不工作的学生还要好。

其他研究则表明，高中阶段工作的学生可分为两种不同的群体：一种处在加速成人化的道路上，另一种则能处理好学习任务、工作和课余活动之间的平衡，从容不迫地完成转变。“加速者”一般在高中每周工作 20 个小时以上，花在学校业余活动上的时间非常少。过早地接触成人世界可能导致他们过早饮酒、吸毒、发生性行为和做出违法行为。其中的许多青少年社会经济地位比较低，他们高中毕业后就开始寻找全职工作，并且没有读大学的打算。读高中时紧张的工作经历促使他们毕业后期待工作，期望挣钱，而不考虑长远的职业规划。相反，“平衡者”往往来自于更富裕的家庭。对他们来说，兼职工作似乎完全是有益无害的。工作帮助他们更有责任心，独立性和自信心更强，而且能更深刻地认识工作的价值，但这并没有妨碍他们的教育进程。这些青少年更可能读大学，获得四年制大学学位，进而使他们迈向更加美好长远的职业前景。即使他们做出了危险行为，也是在中学毕业之后发生的，并且这些行为很少会影响到他们未来的成就（Staff et al.，2004）。

> **考考你✓**
>
> 你可以……
>
> ✓ 讨论影响教育期望和职业规划的因素吗?
>
> ✓ 衡量高中生做兼职工作的价值吗?

对于那些被迫或自愿利用课外时间做兼职工作的学生来说，如果能够减少工作的时间且保证参加学校活动，那么工作对他们的影响很可能是积极的。一些合作性的教育计划鼓励学生利用业余时间做兼职，并且把其做为教学计划的一部分，这是值得提倡的（Staff et al.，2004）。

再次聚焦

回忆本章开头人物聚焦部分有关纳尔逊·曼德拉的信息：

- 青春期的曼德拉表现出了哪些认知成熟的标志?
- 哪些因素对他的道德发展产生了影响? 哪些影响了他接受的教育和职业选择?

职业规划是青少年寻求同一性的一个方面。“将来我要干什么？”这个问题其实非常接近“我将会成为一个什么样的人？”。那些认为自己正在做值得做的事情且做得非常好的人往往对自己感觉良好。那些感到自己的工作无关紧要，或者不是自己所擅长的人可能会对生活的意义产生困惑。青春期要解决的主要个人问题就是努力去定义自己，这个问题我们将在第 17 章详细讨论。

小结和关键术语

认知成熟的特征

学习向导 1 青少年的思维和语言运用与儿童有何不同?

- 处于皮亚杰理论中的形式运算阶段的人可以进行假设演绎推理。他们能够从可能性的角度思考，灵活地处理问题，并检验自己的假设。
- 外界环境的刺激对能否到达这个阶段起到了至关重要的作用，并不是所有的人能够拥有形式抽象思维的能力，拥有这种能力的人也不一定会经常使用它。
- 皮亚杰提出的形式运算阶段并没有考虑知识和经验的积累、信息处理能力和元认知能力等个体发展因素。同时皮亚杰也没有考虑个体差异、任务间的不同以及环境产生的影响。
- 根据艾尔坎的说法，不成熟的思维模式可能是由于青少年不能够熟练地运用形式思维导致的。这些思维模式包括理想主义和批判主义，好争论，优柔寡断，言行不一，自我意识以及认为自己与众不同、刀枪不入的假想。研究者已经对后两种模式在青春期的特有性产生质疑。
- 研究发现青少年的认知会产生结构性和功能性双重变化，这也反映了青少年大脑的发育。结构性变化包括信息处理能力的提高，长时记忆的容量和工作记忆能力的增长。功能性变化包括学习、记忆和推理能力的发展。
- 词汇和语言发展的其他方面，尤其是与抽象思维能力相关的方面，在青春期得到了很大发展，例如社会观点采择能力。青少年乐于使用双关语并创造自己的惯用语。

道德发展

学习向导 2 青少年进行道德判断的基础是什么，亲社会行为是如何变化的？

- 根据柯尔伯格的理论，道德推理是以不断发展的正义感和逐渐增长的认知能力为基础的。柯尔伯格提出，道德发展的过程是从外部控制到权威标准内化，再到个人道德原则。
- 柯尔伯格的理论在很多方面遭到了批评，包括它没有把情绪、社会化和父母教导考虑在内。柯尔伯格体系在非西方文化中的适用性也遭到了质疑。运用柯尔伯格法进行的研究发现，道德推理不存在显著的性别差异。
- 吉利根提出道德发展的另一种理论，它的基础不是公平和正义，而是关怀道德。
- 在青春期，亲社会行为继续增加，尤其在女孩身上。很多青少年参加了社区志愿服务。
- 根据福勒关于信仰发展的理论，大多数青少年处于综合的传统信仰阶段，即接受已经形成的社会信仰。

教育和就业问题

学习向导 3 青少年的学业成绩、受教育情况以及职业规划和准备受哪些因素影响？

- 动机、自我效能信念、性别、父母教育、文化和同伴影响以及学校教育质量都是青少年学习动机和成就的影响因素。
- 虽然大多数美国青少年都能顺利从高中毕业，但贫困家庭、西班牙裔和黑人家庭的学生的辍学率依然很高。积极地参与学习是保证青少年不辍学的重要因素。
- 教育和职业期望受到多种因素的影响，包括自我效能感、父母的价值观和性别。
- 那些高中毕业后没有直接读大学的学生可以从参加职业培训中获益。
- 兼职对教育、社会和职业发展似乎有正面和负面的双重影响。有一定时间限制的兼职，其长期效应往往是最好的。

青春期的心理社会发展

镜中的那张脸注视着我，
他在想，你是谁，将会变成怎样的人?
他轻蔑地一笑，你怎会知道答案呢!
面对磨练，我退缩和承受。
然后，伸伸舌头说“无所谓!”
因为我还年轻。

——Eve Merriam，“与自己对话”，1964

人物聚焦　杰基·罗宾森，棒球传奇

杰基·罗宾森

1947年4月15日，当28岁的杰克·罗斯福（“杰基”）·罗宾森（1919~1972）穿着布鲁克林道奇队的队服大步走进埃贝茨球场时，他成为了20世纪第一位进入美国职业棒球大联盟打球的非裔美国人。他的第一个赛季便给人留下了深刻的印象，并获得了年度最佳新人奖，在此之后，罗宾森的名字开始家喻户晓。两年后，他当选为年度最有价值球员。在道奇队的10年中，罗宾森为球队赢得了6个冠军，并且连续6次参加了全明星赛。退役以后，他被选入棒球名人堂。

罗宾森的成就来之不易。当道奇队的经理布兰奇·瑞基决定将罗宾森从黑人联盟引入道奇队的时候，队中好几名队员都坚决不同意，恳请经理不要让罗宾森入队。但是罗宾森忍辱负重，面对种族主义者的嘲笑、恐吓、憎恶，以及身体上的伤害，他表现出了高贵的风度，并用自己的运动成绩赢得了整个棒球界的尊敬。在随后的十年里，大多数的球队开始签约非裔球员。棒球成为了“现代社会最早接受黑人平等竞赛的机构之一”（Tygiel, 1983）。

在杰基·罗宾森传奇的背后是一个关于天才男孩成长的故事。他生长在一个对年轻黑人来说机会非常有限的国家。他的祖父曾经是一名奴隶。他的父亲是乔治亚州的一个小佃农，他在杰基6个月大的时候抛弃了自己的妻子和5个孩子，那个时候杰基才6个月大。他的母亲玛莱尔·罗宾森是一位非常坚定、虔诚的女人，她高尚的品德和强烈的自尊深深地感染了她的孩子。她抱定决心要让孩子接受良好的教育，举家搬迁到了加利福尼亚的帕萨迪纳，但帕萨迪纳也开始实行和南方地区一样严厉的种族隔离政策。

杰基·罗宾森从小酷爱运动。他非常崇拜自己的哥哥马克，马克曾经在 1936 年奥运会上夺得一枚银牌。在上初中的时候，杰基自己已经成为一名运动明星。放学后，他也会干些零活来贴补家用。

虽然如此，他仍然有很多空闲时间。他加入了一个由贫困黑人、墨西哥和日本男孩组成的街头帮会，他们由于“被剥夺了那些白人孩子才能享受的特权而积聚怨恨”，因而义愤填膺（J. Robinson, 1995,p. 6）。这个帮派的主要活动是向汽车和路灯扔石头、砸窗户上的玻璃、从水果摊偷水果，这些都足以给他们带来大麻烦。但是有一次他们被送进监狱是因为在水库里游泳，因为黑人不被允许进入只有白人专享的游泳池。

后来，罗宾森曾表示，如果没有遇到那两个人的话，他“差点变成了一个地地道道的少年犯”。他说的两个人中，其中一位是汽车修理师卡尔·安德森，他曾对罗宾森说“随大流并不需要什么胆量，勇气和智慧孕育在你想与众不同的意志中”（J. Robinson, 1995, pp. 6－7）。另一位是年轻的黑人牧师卡尔·道恩斯，他引导罗宾森和他的朋友们参加教堂发起的运动会，倾听他们的烦恼，帮助他们找工作，并帮他们建起了一座少年活动中心：“除了在街上游荡以外，另一个可以去的地方”（J. Robinson, 1995, p. 8）。后来，当罗宾森进入大学后，还到教堂里做过周日学校的志愿教师。

• • •

青春期是机遇和风险并存的时期。十几岁的青少年正处于爱情、事业和迈进成人世界的门槛上。然而青春期也充满了危险，某些年轻人的所作所为可能会阻碍他们的前途。今天，越来越多的研究聚焦于如何帮助青少年远离那些阻碍他们实现潜能的风险。是什么挽救了杰基·罗宾森？除了他不屈不挠、不辞辛劳的母亲，哥哥和成年导师之外，还有他在运动上的天赋和对运动的热爱，这使他最终能够合理释放自己的干劲、能量和勇气，并以一种积极的方式反抗种族隔离主义。

在第 15 章和第 16 章，我们了解了一些生理和认知因素对青少年自我认知的影响，例如外貌和学业成绩。在本章，我们把注意力直接转向寻求同一性这个问题上。我们将讨论青少年如何接受自己的性特征，还将考虑青少年如何在与父母、兄弟姐妹和同伴的交往中表达自己日益增长的个性。我们探讨引起青少年反社会行为的原因，并寻找降低这种风险的方法，以使青春期成为一段健康成长、充满机遇的时期。最后，我们将比较各种文化下关于青春期晚期和成年早期的观点。

在你阅读和学习本章之后，你应该能回答学习向导中的每个问题。回顾章末小结可以检查你对本章学习向导问题的理解，贯穿整章的“考考你”有助于检验你对阅读内容的理解。

学习向导

1. 青少年如何形成自我同一性，性别和种族起到了什么作用?
2. 哪些因素决定青少年的性取向，青少年群体中普遍存在哪些性态度和性经历?什么原因导致有些青少年做出危险性行为?
3. 青少年如何与父母、兄弟姐妹和同伴交往?
4. 哪些因素会导致青少年做出反社会行为，哪些措施可以减少青少年犯罪?
5. 各种文化如何定义成年期，分别有哪些授予成人身份的标志?

寻求自我同一性

根据埃里克森的理论，**同一性**（identity）是由个人目标、价值观以及坚定不移的信念所组成的关于自我的综合概念，探索自我同一性成为青春期的主要任务。青少年的认知发展水平已经使他们有能力建立“自我理论”（Elkind，1998）。正如埃里克森（1950）所强调的，认识自己是健康成长的一部分，它基于早期阶段获得的信任、自主、主动和勤奋，并且为成年期应对挑战奠定基础。但是，同一性危机几乎很少能在青春期完全解决，有关同一性的问题会在成年期一次又一次的突然出现。

埃里克森：同一性与同一性混乱

埃里克森（1968）认为，青春期的主要任务是应对**同一性与同一性混乱**（identity versus identity confusion）（又称同一性与角色混乱）的危机，以便将来成为一个独一无二的、有着一致的自我认识，能在社会上发挥自己价值的人。他对同一性危机概念的界定在某种程度来源于自己的亲身经历。埃里克森在德国长大，是一名丹麦籍犹太妇女的私生子，他的母亲在与第一任丈夫离婚后生下了他，他从来不知道自己的生父是谁。虽然在他 9 岁的时候，母亲的第二任丈夫，一位德国籍犹太儿科医师收养了他，他仍然对自己究竟是谁感到困惑。在决定自己该从事何种职业之前，他经历了很长一段时间的犹豫。后来他移居美国，则需要重新认识自己的移民身份。所有这些事件都与他在心理不正常的青少年、战争中的士兵和少数民族成员身上观察到的认同危机产生了共鸣（Erikson，1968，1973；L. J. Friedman，1999）。

根据埃里克森的理论，同一性是在青少年解决三个重要问题的过程中形成：选择职业，采纳赖以生存的价值观，令人满意的性别同一性发展。在儿童中期，孩子们学会了在所处文化下取得成功需要的技能。作为青少年，他们需要找到建设性的方法来运用这些技能。当青少年在选择职业身份时遇到问题（或者像杰基·罗宾森和他的朋友那样没有成功的机会时），他们可能会做出一些引发严重不良后果的行为，例如犯罪或早孕。

埃里克森提出，心理社会性延缓是青春期出现的一段暂停期，期间青少年可以在这段时间寻找自己能够坚守的承诺。杰基·罗宾森的承诺是发挥自己的运动天赋，

应对绳索攀爬训练的挑战可以帮助这个青少年男孩评价自己的能力、兴趣和愿望。根据埃里克森的理论，自我评价的过程有助于青少年解决同一性与同一性混乱的危机。

为提高美国黑人的社会地位贡献自己的一份力量。今天，心理学家埃尔坎表示，很多青少年“被迫进入未成熟的成年期”（1998，p. 7）。他们缺少心理社会性延缓所需要的时间和机会，即缺少一个形成稳固的、有主见的自我所必需的保护性的暂停期。

埃里克森认为，那些成功解决同一性危机的青少年都会养成一种美德，那就是忠诚：包括持久的忠贞，信念，对爱人、朋友、伙伴的归属感。忠诚也意味着对一系列价值观、一种意识形态、一种宗教、一场政治运动、一项创新型研究或一个民族的认同感（Erikson，1982）。

忠诚是信任的延伸。在婴儿期，对他人的信任比猜疑更重要；在青春期，自己值得他人信赖则开始变得重要。青少年把信任扩大至导师和所爱的人。在分享想法和感情时，通过观察所爱之人作何反应来确定同一性。尽管如此，青少年的亲密关系与成年人完全不同，后者包含更多的承诺、奉献和妥协。

埃里克森认为，这一阶段的主要危机是同一性混乱或角色混乱，这将在很大程度上推迟心理成熟的时间。（直到25岁左右的时候，他才解决自己的同一性危机。）然而，一定程度的同一性危机是很正常的。根据埃里克森的观点，同一性危机可以解释青少年大多数的无秩序行为及混乱的自我意识。青少年有两个重要特点，小团体意识和无法容忍意见分歧，其实这是抵御同一性混乱的表现。

埃里克森的理论是以男性的同一性发展为标准的。他认为，男性只有在获得稳定的自我同一性以后才能够发展真正的亲密关系，而女性则通过婚姻和母亲的身份来定位自己（这种观点可能比较适合埃里克森提出该理论时的情况，而非现在）。因此，埃里克森认为，女性（与男性不同）通过亲密关系来获得同一性，在此之前无法获得。像我们看到的一样，埃里克森这种以男性定位的理论招致了不少批评。但是，埃里克森关于同一性危机的概念引发了很多有价值的研究。

玛西娅：同一性状态——危机期与承诺

凯特、安德里亚、尼克和马克都即将高中毕业。凯特认真考虑了自己的兴趣和特长，决定成为一名工程师。通过比较各大学能否提供该领域的良好课程，她已经将选择范围缩小至三所学校。

安德里亚非常清楚自己今后要做什么。她的母亲是一家塑料工厂的工会领导人，已经在厂里为安德里亚安排了一份学徒的工作。除此以外，安德里亚从来没想过做其他任何事情。

尼克正在为自己的未来而苦恼。他应该去社区学院学习，还是参军？他还没有决定现在该做什么，也不知道自己究竟想做什么。

马克也不清楚自己想要做什么，但是他并不为此担忧。他认为自己可以先随便找份工作，想清楚以后再决定未来做什么。

这四个年轻人正逐步形成同一性。什么因素导致他们要走的路各不相同呢，这些差异会如何影响结果？按照心理学家詹姆士·玛西娅（James E. Marcia）（1966，1980）所做的研究，这些学生分别属于四种不同的**同一性状态**（identity statuses），又称自我发展的状态。

通过 30 分钟的半结构式的同一性状态访谈（Kroger，2003；表 17-1），玛西娅得出四种类型的同一性状态：同一性获得、同一性早闭、同一性延缓和同一性扩散。这四种类型是根据**危机期**（crisis）和**承诺**（commitment）是否存在来划分的，埃里克森认为这两个维度对同一性的形成非常关键。玛西亚把危机期定义为有意识地做决定的一段时期，把承诺界定为对职业或意识形态（信仰体系）的个人投入。他发现了同一性状态与焦虑、自尊、道德推理和行为方式等特征之间的联系。以玛西娅的理论为基础，其他研究者明确了其他与同一性状态相关的个性和家庭因素（表 17-2）。下列是对处于各种同一性状态下的青少年的具体描述：

表 17–1　同一性状态访谈

问题实例	四种状态的典型答案
关于职业承诺： 如果有更好的工作机会，你认为你放弃现在所从事的 ______ 工作的意愿有多强？	同一性获得：“恩，可能会放弃，但也不一定。我想不出来还会有什么更好的工作。” 同一性早闭：“不太想放弃，这是我一直想做的工作。做这份工作的人都乐于其中，我也是如此。” 同一性延缓：“我想如果了解得更清楚的话，我能更好地做出回答。它应该是一般领域的工作——与……相关” 同一性扩散：“哦，当然。如果有更好的工作机会，我会考虑换份工作。”
关于意识形态的承诺： “你是否对自己的宗教信仰产生过怀疑？”	同一性获得：“是的，我曾经怀疑是否真的存在上帝。现在这个问题已经解决的差不多了。对我来说就像是……” 同一性排斥：“不，从来没有过。我的家庭在这个问题上意见相当一致。” 同一性延缓：“是的，我正在思考这个问题。我只是不明白怎么会有上帝存在，而世界上仍然有那么多的不幸。” 同一性扩散：“哦，我不知道。我似乎没有怀疑过。每个人都要经历怀疑的阶段，但是这个问题似乎还没有令我困扰。我认为任何一种宗教信仰都一样好！”

资料来源：Marcia，1966.

表 17-2 与青少年四种同一性状态相关的家庭和个性因素 *

因素	同一性获得	同一性早闭	同一性延缓	同一性扩散
家庭	父母鼓励子女的自主性及与老师之间的交流；随亲密程度不同会表现出差异。	父母对子女干涉过多；不允许子女表达反对意见。	青少年经常陷入与父母权威的斗争中。	在子女教育问题上，父母采取放任自流的态度；孩子往往遭到父母拒绝或找不到父母。
个性	自我发展、道德推理、自我确定、自尊、压力下的执行力以及亲密关系都处于较高水平	最高水平的权威主义和刻板思维，服从权威，依赖他人，焦虑水平低	很容易焦虑，为成功担忧；自我发展、道德推理和自尊水平很高	好坏参半，自我发展、道德推理、认知复杂性以及自我确定的水平较低；合作能力较差。

* 这些相关因素来自于大量独立的研究。由于这些研究是相关的，而不是纵向的，因此，我们不能够说其中某项因素导致了某种同一性状态的出现。

资料来源：Kroger，1993

- **同一性获得**（Identity achievement）（*危机期导致承诺*）。凯特已经成功解决了同一性危机。在危机期，她对人生的主要问题做了深入思考，并且经过了激烈的思想斗争。她已经做出了决择，并且对自己的选择做了明确的承诺。她的父母一直鼓励她自己做决定；他们仔细聆听她的想法，并给出他们的建议，但是并不强迫她接受。凯特遇事很有主见，并且不会瞻前顾后而不付诸行动。她很幽默，即使在压力下也表现良好，能够与别人建立亲密关系，当遇到新观念时也能够坚持自己的标准。在许多文化下进行的研究发现，与其他三类相比，处于这一状态的人往往更加成熟，社交能力也更强（Marcia，1993）。
- **同一性早闭**（Foreclosure）（*承诺却没有经历危机*）。安德里亚做出了承诺，但并不是自己探索各种选择的结果，而是接受了他人对自己生活的安排。她对自己的生活很满意，很有自信，甚至有些自鸣得意和自满，当她的意见受到质疑时，她就会有点独断专行。她很依赖家庭，很顺从，往往服从于强有力的领导者，比如她的说一不二的母亲。
- **同一性延缓**（Moratorium）（*处于危机期但还未作出承诺*）。尼克处于危机期，却难以做出决定。他很活泼、健谈、充满自信，做事非常严谨但是有些畏首畏尾，有时还会很焦虑。他与母亲的关系很好，但不屈从于她的权威。他希望有个女朋友，但是建立亲密关系的能力还未发展成熟。当拥有做出承诺和获得同一性的能力时，他最终会从危机期走出来。
- **同一性扩散**（Identity diffusion）（*没有危机期，没有承诺*）。马克还没有认真地考虑过任何选择，也就避免了做出承诺。他没有自信，而且不擅于与他人合作。父母从没有和他谈过将来，他们说那是他自己的事。这种类别的人往往不快乐，而且常常感到孤独。

这几种类型不是连续的发展阶段，它们代表了在某个特定时期的同一性发展状态，并且可能随着青少年的不断成长而沿着其他任何方向发生变化（Marcia，1979）。当人到中年回首自己走过的路时，最普遍的路径是从早闭到延缓再到同一性获得（Kroger & Haslett，1991）。从青春晚期开始，像玛西娅提出的那样，越来越多的人处于延缓或获得状态：探索或寻找自我同一性。到青春晚期，大约一半的青少年仍然处于排斥或扩散状态，但是随着青少年的不断发展，这种状态一般会朝着玛西娅指明的方向转化（Kroger，2003）。另外，处于排斥状态下的青少年似乎做出了最后的决定，但事实往往并非如此。

你的观点?

- 当你处于青春期时，你认为自己属于玛西亚理论中哪一种同一性身份?
- 从那时起，你的同一性身份是否发生过变化? 如果发生了，过程如何?

同一性形成的性别差异

埃里克森认为，对女性来说，同一性与亲密关系是同步发展的，这一点得到了很多研究证实。然而，有些研究者认为这种观点并未脱离男性标准，相反，他们认为这恰恰暴露了埃里克森理论的弱点，他们认为埃里克森的理论是建立在以男性为中心的，个性化、自主和竞争的西方观念基础上的。根据卡罗尔·吉里根的理论（1982，1987a，1987b；L. M. Brown & Gilligan，1990），女性的自我认识是通过与他人建立联系实现的，而不仅限于获得个体同一性。吉里根认为，女孩和女人评价自己的标准是她们是否尽到了自己应尽的职责，是否关像关心自己一样关心他人。

某些发展心理学家质疑男性和女性获得同一性的途径究竟有何不同（特别是在今天），并且他们认为个体差异可能比性别差异更重要（Archer，1993；Marcia，1993）。实际上，玛西娅（1993）认为，独立性与连接感之间的紧张状态正是埃里克森社会心理阶段的核心部分，对男性和女性均适用。玛西娅对同一性身份的研究只发现了微小的性别差异（Kroger，2003）。

然而，青春期的自尊发展似乎支持了吉里根的观点。男性自尊的发展往往与努力争取个人成就有关，而女性自尊则更多地取决于与他人的关系（Thorne & Michaelieu，1996）。

尽管研究结果颇具争议，但是更多的证据表明青春期女孩的平均自尊水平低于男孩。最近的几项大型研究发现，青春期自尊水平会出现下降，女孩往往比男孩下降得更快，到达成年期后逐渐回升。引起这些变化的部分原因可能是发育期出现的体形变化，以及由升入初中或高中而引起的焦虑情绪（Robins & Trzesniewski，2005）。下面我们将看到，这种模式并不适用于少数民族。

同一性形成的种族因素

对许多少数民族的青少年来说，种族特征和种族背景对同一性的形成非常重要。根据玛西娅的模型，某些研究者确定了四种种族同一性身份（Phinney，1998）：

- 扩散：胡安妮塔对自己的种族一无所知且不感兴趣，她不知道这个问题对自己意味着什么。
- 早闭：卡乌姆对自己的种族一无所知，但是能清晰地意识到它。这种感觉有可能是积极的，也可能是消极的，这取决于家人的态度。
- 延缓：乔桑已经开始对自己的种族进行探索，但是搞不清楚这对自己意味着什么。
- 获得：迪亚哥对自己的种族做了深入探索，对其非常了解，而且很认同自己的种族。

表 17-3 引用了每一种种族身份状态下少数民族青少年的代表性陈述。

一项针对 940 名非裔美国青少年、大学生和成年人的研究，发现了所有四种同一性身份在各个年龄段存在的证据。只有 27% 的青少年属于同一性获得群体，而有 47% 的大学生和 56% 的成年人属于这个群体。相比而言，青少年更可能处于延缓状态（达到 42%），他们仍然在探索非裔美国人到底意味着什么。25% 左右的青少年处于早闭状态，对非裔美国人的感情来自于他们生长的家庭环境。处于扩散状态（既没有承诺也没有探索）的青少年占 6%，与扩散组相比，前三组青少年中（获得、延缓和早闭）对自己作为非裔美国人持积极态度的比例要高。属于获得群体的人，不管处于哪个年龄段，都更可能把种族当做自我同一性的核心因素（Yip，Seaton，& Sellers，2006）。

少数民族青少年的同一性发展更加复杂。种族在他们的自我概念中起着非常重要的作用。

另一种模型则关注种族同一性的三个方面：与自己种族群体的连接感，种族歧视的知晓度以及内在成就（一种认为学术成就是种族同一性的一部分的信念）。一项针对少数民族低收入家庭的青少年纵向研究发现，同一性的这三个方面在青春中期处于稳定状态，甚至呈轻微增长趋势。因此，种族同一性能够缓冲成绩下降的趋势，协调青少年由初中升入高中这一转变过程中与学校的关系（Altschul，Oyserman，& Bybee，2006）。从另一方面讲，进入青春期时感知到的歧视可能会干扰积极的同一性形成，并导致行为问题或抑郁情绪。能够起到保护作用的因素包括：教育、父母多关心子女、亲密的朋友和优秀的学习成绩（Brody et al.，2006）。

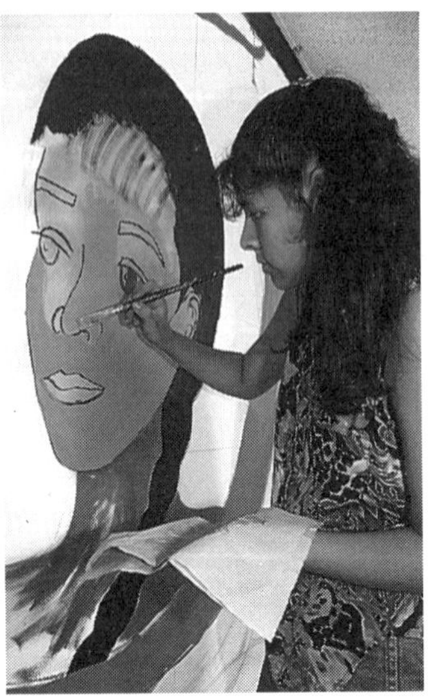

一项历时 3 年的纵向研究，以 420 名非裔、拉丁美裔和欧裔美国青少年为研究对象，主要考察了种族同一性的两个维度：群体自尊（为自己的种族感到自豪）和在生活中探索种族的意义。群体自尊在青春期早期和中期都呈现增长的趋势，尤其是对群体自尊起初比较低的非裔和拉丁美裔青少年而言。对种族意义的探索只在青春期中期有所增长，这一现象反映了青少年从同种族人相对较多的小学或中学升入种族差别较大的高中时的转变。与其他种族成员的交流可能会激发青少年对自己种族身份的好奇心（French，Seidman，Allen，& Aber，2006）。

表 17-3　每一种种族同一性身份状态的代表性描述

扩散

"为什么我必须向成功的黑人女性学习？我一点也不感兴趣。"（非裔美国女孩）

早闭

"我并不是为了追随我的文化，我只是遵照父母说的去做，成为他们那样的人。"（墨西哥裔美国男孩）

延缓

"周围有太多非日本裔的人，我很难搞清楚到底应该做一个什么样的人。"（亚裔美国男孩）

获得

"因为我是个墨西哥人，人们都看不起我，但是我不在乎，我能接受自己。"（墨西哥裔美国女孩）

资料来源：Phinney，1998，Tabble 2，p.277.

考考你✓

你可以……

- ✓ 根据埃里克森的理论，列举与同一性形成相关的三个主要问题吗？
- ✓ 描述玛西亚提出的同一性身份的四种类型吗？
- ✓ 讨论性别和种族如何影响同一性形成吗？

相比普通人群的同一性模型，少数民族青少年的自尊水平（无论男孩还是女孩）常常随着年龄的增长而提高，这一结论来自于纽约一所公立中学学生的自我报告。家庭支持是影响自尊的最强烈因素，其次是积极的学校氛围（Greene & Way，2005）。

文化社会化（cultural socialization）这个词是指父母通过自己的实践向孩子讲授自己种族的传统，发扬文化习惯和风俗，提高孩子们的种族和文化自豪感。接受文化社会化的青少年往往比没有接受的拥有更强烈、更积极的种族同一性（Hughes et al.，2006）。

性特征

把自己看做是男性或女性、认可自己的性取向、接受自己的性萌芽、建立浪漫或性的依恋关系，都是获得性同一性的表现。对性特征的认识是同一性形成的重要方面，意义深远，会影响到自我形象和人际关系。虽然这一过程受到生理作用的驱动，但是它的表现形式部分地受到文化的影响。

20 世纪，在美国和其他发达国家，人们的性态度和性行为发生了很大改变，婚前性行为、同性恋和其他之前不被认可的性行为逐渐为人们所接受。随着互联网的广泛应用，与在线聊天室或者单身网站结识的异性网友发生一夜情已经变得越来越普遍。手机、电子邮件和即时聊天工具使得青少年可以轻松地与陌生人进行交流，而躲过父母的监督。这些变化使得人们越来越担忧青少年会发生危险性行为。从另一方面来说，艾滋病的传播使得很多青少年避免与固定异性朋友之外的人发生性行为，更加注重性行为的安全性。

性取向和性同一性

虽然**性取向**（sexual orientation）在儿童期就已经出现，但直到青春期，它才真正成为紧迫性事件：个体是被异性吸引（异性恋），被同性吸引（同性恋），还是同时被同性和异性吸引（双性恋）。几乎在全世界的所有文化中异性恋行为都占有统治地位。同性恋取向在世界各地的普遍程度各不相同，这要取决于它是如何被定义和测量。根据性欲、恋爱关系、性吸引或性觉醒，性行为或性同一性等测量指标的不同，美国同性恋人口比例的统计数据从 1%~21% 不等（Savin-Williams，2006）。

很多青少年在成长过程中曾有过一次或更多的同性恋经历，但是仅一次甚至偶尔发生的同性吸引或性幻想并不能决定一个人的性取向。在一项全国性的调查中，4.5% 的 15~19 岁男孩和 10.6% 的 15~19 岁女孩表示自己曾与同性有过性接触，但是第二年只有 2.4% 的男孩和 7.7% 的女孩声称仍然有同性接触（Mosher，Chandra，& Jones，2005）。社会污名会使上述自我报告产生偏差，从而低估了同性恋和双性恋的普遍程度。

性取向的起源

许多关于性取向的研究都集中于对同性恋问题的探讨。尽管同性恋曾经被看做一种精神疾病，但是几十年的研究发现，同性恋取向与情绪或社交问题并没有必然的联系，除了那些很明显是由社会对同性恋的偏见而引起的问题，比如抑郁倾向（美国心理学协会（APA），n. d.；C. J. Patterson，1992，1995a，1995b）。这些研究结果使精神病领域从 1973 年开始停止把同性恋归为精神障碍。

性取向似乎和遗传因素有着一定的关系（Diamond & Savin-Williams，2003）。第一次对男性性取向的基因组的全面扫描发现第 7、8、10 染色体上的三段 DNA（脱氧核糖核酸）似乎与之有关（Mustanski et al.，2005）。然而，由于同卵双生子的性取向并非完全一致，因此其他的非遗传性因素也起着一定作用。不同个体出现同性恋倾向的原因可能不尽相同，这也解释了同性之间首次发生相互吸引的年龄会出现个体差异（Diamond & Savin-Williams，2003）。

一个男孩的哥哥越多，他成为同性恋的可能性就越大，但是仅针对亲生哥哥的数量而言。通过分析 905 名男性及其亲生的、收养的、同父异母或同母异父的哥哥发现，唯一会影响到他是异性恋或同性恋的显著因素就是其母亲之前曾生育男孩的数量。每多一位亲生哥哥，成为同性恋的机率就会相应增加 33%。这种现象可能是对子宫

尽管性取向在出生时或生命早期就形成了，但是这一问题直到青春期才变得迫切。图中是一位马萨诸塞州的高中同性恋女孩坐在学生支持团体的一幅旗帜前。

内连续出现“外来”男性胎儿而做出的累积免疫类反应（Bogaert，2006）。

曾经有一位研究者指出异性恋和同性恋男性的下丘脑（主管性活动的大脑组织）的大小存在差异。然而，这种差异是先天还是后天出现的，尚不得而知（LeVay，1991）。关于费洛蒙（某些吸引配偶的气味）作用的脑成像研究发现，男性汗液的气味对同性恋男性和异性恋女性的下丘脑激活程度相同。与此类似，同性恋女性与异性恋男性一样，会对女性而不是男性的费洛蒙表现出更积极的反应，但激活程度更小一些（Savic，Berglund，& Lindström，2005；Savic，Berglund，& Lindström，2006）。然而，我们并不知道这些差异是导致同性恋的原因，还是同性恋产生的结果。

同性恋与双性恋的同一性发展

尽管在美国已经有越来越多的人接受同性恋，但是很多公开承认自己是同性恋或双性恋的青少年还是会感到孤立和周围人的态度不友好。他们可能会受到歧视甚至遭受暴力。有些人不愿透露自己的性取向，即使是对自己的父母，因为担心会招致强烈的反对或者与家庭断绝关系（Hillier，2002；C. J. Patterson，1995b）。他们发现遇见或者找到潜在的同性伴侣非常困难。因此，同性恋对自己性取向的认同和表达变得更加复杂，不像异性恋那样有一个相对固定的时间表（Diamond & Savin-Williams，2003）。

同性恋或双性恋的同一性及其行为的发展并不是沿着单一的模式进行。因为缺少社会认可的方式来探索自己的性特征，很多同性恋青少年会出现同一性混乱（Sieving，Oliphant，& Blum，2002）。同性恋或双性恋青少年如果不能够建立分享性取向的同伴群体，可能就会陷入被同性吸引的抗争中（Bouchey & Furman，2003；Furman & Wehner，1997）。

一种同性恋者性同一性发展模式的顺序如下：（1）意识到同性吸引（开始于8~11 岁）；（2）发生同性性行为（12~15 岁）；（3）认同自己的同性恋身份（15~18 岁）；（4）向他人公开（17~19 岁）；（5）发展同性恋爱关系（18~20 岁）。然而，这种模式并不能够完全准确地反映青少年同性恋的经历，很多年轻的男同性恋者感到比过去更自由，现在可以公开声明自己的性取向了。对女同性恋和女双性恋者来说，性同一性发展过程可能比男同性恋者更慢，更曲折，受感情和环境因素的影响也更大。对少数民族的同性恋者来说，社会传统和文化有严格的宗教信仰或刻板的性别角色，往往会导致内部冲突或家庭冲突（Diamond，1998，2000；Diamond & Savin-Williams，2003；Dubé & Savin-Williams，1999）。

考考你 ✓

你可以……

✓ 讨论有关性取向起源的理论和研究吗?

✓ 讨论同性恋同一性和同性恋关系的形成吗?

性行为

在世界范围内，初次恋爱的时间之间有很大差异。到 17 岁时有过初恋的女性比例，马里（72%）是泰国（7%）或菲律宾（6%）的 10 倍，类似的差别也出现在男性身上。虽然在大多数文化中男性开始初恋的时间都会更早，但在马里和加纳，年龄较小时开始性接触的女性要比男性更多（Singhet al.，2000）。

根据全国性的调查，美国 77% 的青少年在 20 岁之前就发生过性行为。这一比例自 20 世纪 60 年代中期口服避孕药问世以来一直变化不大（Finer，2007）。女孩初次性交的平均年龄为 17 岁，男孩则在 16 岁，并且有 25% 的青少年承认初次性交的年龄在 15 岁之前（Klein & Committee on Adolescence，2005）。黑人和拉丁美洲人开始性行为的时间往往要比白人青少年更早（Kaiser Family Foundation，Hoff，Greene，& Davis，2003）。尽管前些年青少年男孩比女孩发生性行为的比例更大，但现在情况已经发生了改变：2002 年，49% 的 15 岁至 19 岁男孩和 53% 的同年龄段女孩报告曾经进行过阴道性交（Mosher et al.，2005）。

在一项对男同性恋和男双性恋的调查中，亚裔美国男性青少年第一次同性接触的时间要比白人、非裔和拉丁裔美国青少年晚三年。这种性行为的延迟同样发生在异性恋的亚裔青少年身上。这反映出强烈的文化压力，即把初次性行为留到结婚或成年后，然后生育后代以延续血脉（Dubé & Savin-Williams，1999）。

危险性行为

青少年性行为的危险后果主要有两个，一个是感染性传播疾病（STDs），另一个则只是针对异性恋性行为，即怀孕。最危险的是，开始性行为较早的青少年有多个性伙伴，不严格使用避孕用具，缺乏性知识或存在误区（Abma et al.，1997）。其他危险因素还包括在贫困社区居住，物质使用，反社会行为，以及与问题青少年交往。父母的监控可以有效地减少这些危险（Baumer & South，2001；Capaldi，Stoolmiller，Clark，& Owen，2002）。

为什么有些青少年会过早做出性行为？原因有很多，过早进入发育期、家庭贫困、成绩较差、缺乏学业或职业目标、有过性虐待的经历或父母忽视、早期性经验的文化或家庭传统，都起到了一定的作用（Klein & Committee on Adolescence，2005）。缺少父爱，尤其是在年幼时，是一个非常重要的影响因素（Ellis et al.，2003）。那些与母亲建立亲密、良好关系的青少年发生性行为的时间可能比较晚，那些感知到母亲反对性行为的孩子也是如此（Jaccard & Dittus，2000；Sieving，McNeely，& Blum，2000）。青少年未发生性行为的其他原因有：这样做会违反宗教信仰或道德伦理，不想怀孕（或导致女孩怀孕）（Abma，Martinez，Mosher，& Dawson，2004）。

最有力的影响因素之一是青少年对同伴群体规范的理解。青少年在做出没有准

表 17-4　青少年对性行为的态度

15~17 岁的青少年对下列各项叙述表示“非常同意”或“有些同意”的比例

	男　性	女　性	发生过性行为	没有发生过性行为
等待发生性行为是个好主意，但是没有人会真的这么做。	66%	60%	69%	59%
感到有到某一年龄发生性行为的压力。	59%	58%	58%	59%
一旦发生了性行为，就难免会有下一次。	56%	47%	54%	50%
如果亲眼看到别人发生性行为，自己也会想要这么做。	50%	27%	52%	31%
口交并不具有性交那样的重大意义。	54%	38%	52%	42%

资料来源：改编自 Kaiser Family Foundation et al.，2003，Table 8，p. 12，and Table 33，p. 39。

备好的行为时经常会感到压力。在一项全国性调查中，接近 1/3 的 15~17 岁的青少年，尤其是男孩，表示因为压力而发生性行为（Kaiser Family Foundation et al.，2003；表 17-4）

随着美国青少年越来越清醒地认识到性行为的危险性，发生过性行为的青少年的比例，尤其是男孩，已经开始降低（Abma et al.，2004）。然而，非性交形式的生殖器活动，例如口交、肛交和互相手淫仍然很普遍。很多异性恋青少年并不把这些行为看做性行为，而是性的替代品或先兆，甚至认为是节欲的一种方法（Remez，2000）。在一项全国性调查中，有超过一半的青少年承认曾经做出口交或者接受过口交，这一比例远高于阴道性交的比例（Mosher et al.，2005）。

你的观点？

如何帮助青少年避免或改变危险性行为？

避孕用品的使用

自 1990 年以来，避孕用品在青少年中的使用率已大大提高（Abma et al.，2004）。在一项调查中，大约有 83% 的女孩和 91% 的男孩表示他们在最近一次性行为中使用了避孕用品（Abma et al.，2004）。如果青少年在第一次恋爱关系中推迟性行为，在发生性行为前讨论如何避孕，或者采取多种避孕方法，那么就更有可能在这段关系中一直坚持使用避孕用品（Manlove，Ryan，& Franzetta，2003）。

最安全的性行为保护措施是坚持使用避孕套，它既能够避免怀孕还能够对性传播疾病起到一定的保护作用。近几年，避孕套的使用率逐渐上升（图 17-1），除此以外，口服避孕药、新型激素和注射避孕，或这些方法的混合使用也在增多（Abma

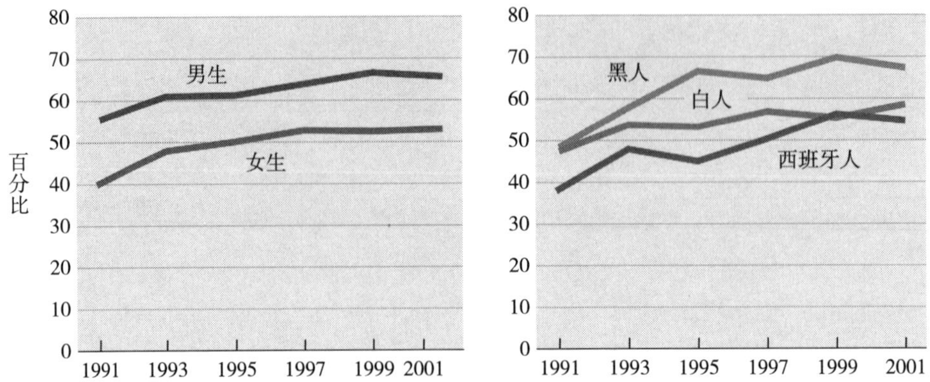

图 17–1

不同性别或种族的高中生自我报告在上次发生性行为时使用避孕套的比例。

资料来源：Bernstein，2004，Based on data from Centers for Disease Control and Prevention，Alan Guttmacher Institute，and Child Trends Databank.

et al.，2004）。尽管如此，在 2003 年的一项调查中，在发生过性行为的高中生中只有 63% 在最近一次性交中使用了避孕套（Klein & Committee on Adolescence，2005）。使用药物避孕的青少年往往不会再使用避孕套，他们没有意识到有可能因此感染性传播疾病（Klein & Committee on Adolescence，2005）。

青少年从哪里获取性知识？

青少年主要从朋友、父母、学校性教育课和媒体那里获取性知识（Kaiser Family Foundation et al.，2003）。如果青少年可以与哥哥姐姐或父母讨论有关性的话题，那么就容易对安全性行为持积极态度（Kowal & Pike，2004）。

自 1998 年开始，联邦和州立性教育项目便强调将婚前禁止性生活作为最好的或唯一的选择，如今这一选择越来越普遍（Devaney，Johnson，Maynard，& Trenholm，2002）。有些项目鼓励节欲，同时也讲授如何避免性传播疾病以及更加安全的性行为，它们有助于延迟初次性行为的时间，提高避孕用品的使用率（AAP Committee on Psychosocial Aspects of Child and Family Health and Committee on Adolescence，2001）。

然而，有些学校项目把节欲作为唯一的选择，尽管这些只鼓励节欲的课程并未有效地推迟性行为（AAP Committee on Psychosocial Aspects of Child and Family Health and Committee on Adolescence，2001；Satcher，2001）。同样，保持贞操的誓言也没有多大效果（Bearman & Bruckner，2001）。虽然超过 4/5 的青少年表示接受过如何避免发生性行为的正式指导，但只有 2/3 曾经被教育如何避孕。在 18~19 岁的青少年中，只有 1/2 的女孩和 1/3 的男孩表示他们在 18 岁前曾与父母讨论过如何避孕（Abma et al.，2004）。

不幸的是，很多青少年有关“性教育”的知识大都是从媒体上获知的，而媒体为青少年提供的性行为观点往往是曲解的，常常伴随娱乐、煽动、挑战、危险或暴力，很少呈现不受保护的性行为存在的危险。在一项为期两年的纵向研究中，通过

考考你 ✓

你可以……

✓ 指出青少年性行为的趋势吗？

✓ 确定增加或减少危险性行为的因素吗？

对 12~14 岁的青少年的调查发现，在电视上观看大量关于性的节目会提高白人青少年的性活跃度，并增加他们过早发生性行为的可能性。与此相反，黑人青少年则受父母期望和朋友行为的影响更大（Brown et al.，2006）。

性传播疾病（STDs）

性传播疾病（sexually transmitted diseases，STDs）是指通过性接触传播的疾病。表 17-5 总结了常见的性传播疾病：感染原因、常见症状、治疗方法及不治疗的后果。

在美国，性传染病的新发病例中大约有 1/4 是 15~19 岁的青少年。青少年患性传染病的主要原因有过早性行为（这极大增加了拥有患病性伙伴的可能性）、不使用或不经常使用避孕套，或者使用方法不正确。此外，对女性青少年来说，与成年性伙伴发生性行为也是一个重要的原因（CDC，2000b）。

女性青少年很可能在毫无察觉的情况下感染性病。与患病性伙伴的每一次性接触，都会使青少年女孩有 1% 的机率感染艾滋病病毒，30% 的机率感染疱疹，50% 的机率感染淋病（AGI，1999）。青少年往往认为口交比阴道性交的危险性更低，但是许多的性传染病，尤其是咽喉部的淋病，会通过这种方式传播（Remez，2000）。

最常见的性传染病是人乳头状瘤病毒（HPV），有时这种病毒会产生生殖器疣。它是致使女性患宫颈癌的主要原因。研究已证实，为 11、12 岁的女孩注射一种新的人乳头状瘤病毒疫苗对防止 HPV 感染非常有效（CDC Divison of Media Relations，2006）。另一种在青少年群体中非常流行的性传染病是滴虫性阴道炎，它是一种可以通过湿毛巾和泳衣而传播的寄生性病毒感染引起的（Weinstock，Berman，& Cates，Jr.，2004）。

生殖器单纯疱疹是一种由病毒引起的慢性病，传染性强，患处会感到疼痛并且易复发。对于免疫系统有缺陷的人，或对一个在分娩期间母亲病发的新生儿来说，这种疾病都是致命的。这种病不能治愈，但是抗病毒药阿昔洛韦可以控制其发作。在过去三十年中，生殖器疱疹的发病率上升很快。此外，尽管乙肝疫苗已经问世 20 多年，但乙肝仍然是一种常见而多发的性传染病（Weinstock et al.，2004）。

最常见的可以治愈的性传染病是衣原体感染和淋病。这些疾病如果未经诊断或治疗的话，会导致严重的健康问题，包括患女性盆腔炎（PID），这是一种严重的腹部感染。在美国，有超过 1/10 的青少年女孩和 1/5 的男孩受到这两种疾病的困扰（CDC，2000b）。

导致人们感染艾滋病的是人体免疫缺陷病毒（HIV），它通过体液（主要是血液和精液）传播，常见的有共用静脉注射针管或与感染者进行性接触。病毒会攻击人体免疫系统，使人对多种重大疾病丧失抵抗力。艾滋病的主要症状包括：极度疲劳、发烧、淋巴结肿大、体重减轻、腹泻、盗汗。艾滋病的潜伏期从 6 个月到 10 年，甚至更长。

表 17–5 常见的性传播疾病

名 称	感染原因	男性症状	女性症状	治疗方法	不治疗的后果
衣原体感染	细菌感染	小便疼痛，阴茎流脓	阴道流脓，腹部不适†	四环素或红霉素	可能引起盆腔炎甚至不育
滴虫性阴道炎	寄生虫感染，有时可通过毛巾或泳衣等潮湿物体传播	无	阴道流脓，性交时感到不适，下体有臭味，小便疼痛	口服抗生素	可能导致宫颈细胞异常生长
淋 病	细菌感染	阴茎流脓，小便疼痛	小便不适，阴道流脓，月经不调†	盘尼西林或其他抗生素	可能引起盆腔炎甚至不育，也可能引起关节炎、皮炎和脑膜炎
HPV（生殖器疣）	人乳头状瘤病毒	在阴茎部位无痛生长，但也可能出现在尿道或直肠部位*	在外阴和肛门处长出小疣，无疼痛感；也可能出现在阴道内部，无明显外部症状*	手术清除，但常常复发	可能会引起宫颈癌，怀孕期间疣增大可能会阻塞产道
疱 疹	单纯性疱疹病毒	在生殖器部位生长的水泡状小泡，通常生长在阴茎上，有疼痛感*	在外阴部位生长的水泡状小泡，有疼痛感，有时伴有发烧和肌肉疼痛；妇女子宫颈疼痛可能是疱疹发作*	无特效治疗手段，但可通过阿昔洛韦等抗病毒药物进行控制	可能会增加患宫颈癌的机率
乙 肝	乙肝病毒	皮肤和眼球变黄	皮肤和眼球变黄	无有效治疗方法；禁止饮酒	会引起肝损伤，慢性肝炎
梅 毒	细菌感染	第一阶段，口腔和（或）外阴部溃疡，由微红色发展至褐色，其后有可能消失，但细菌仍在；第二阶段，传染性更强，全身性皮疹*	第一阶段，口腔和（或）外阴部溃疡，由微红色发展至褐色，其后有可能消失，但细菌仍在；第二阶段，传染性更强，全身性皮疹*	青霉素和其他抗生素	瘫痪，抽搐，大脑损伤甚至死亡
艾滋病（获得性免疫功能丧失综合征）	人类免疫缺陷病毒（HIV）	极度疲劳，发烧，淋巴腺肿大，体重减轻，痢疾，夜晚发汗，易染其他疾病*	极度疲劳，发烧，淋巴腺肿大，体重减轻，痢疾，盗汗，易染其他疾病*	尚无治愈方法；蛋白酶疗法和其他一些药物可以延长存活时间	死亡，通常死于其他并发症，例如癌症

* 可能无症状出现

† 经常无症状出现

全世界每年有 410 万人感染艾滋病，大约有一半为 15~24 岁的年轻人（UNAIDS，2006）。在美国，1/4 以上的艾滋病病毒携带者或艾滋病患者是在青春期被感染的（Kaiser Family Foundation et al.，2003）。到现在为止，人们仍然没有找到治愈艾滋病的方法，但是通过蛋白酶抑制剂等抗病毒疗法已经能够越来越多地减少相应感染引起的死亡（Palella et al.，1998；Weinstock et al.，2004）。丹麦的一项研究发现，感染艾滋病病毒的年轻病人的平均存活时间大约为 35 年（Lohse etal.，2007）。

由于病情发展到会导致严重的长期并发症时才会出现症状，因此早期的检查是非常重要的。学校组织定期的检查和治疗，开展避免或推迟青少年性行为的项目，教育青少年做出有责任的决定，为有可能发生性行为的青少年提供避孕套，这些都可以对性传染病的传播起到一定的控制作用（AAP Committee on Adolescence，1994；AGI，1994；Cohen，Nsuami，Martin，& Farley，1999；Rotheram-Borus & Futterman，2000）。没有证据表明有关使用避孕套的教育会增加性行为的发生（Klein & Committee on Adolescence，2005）。

考考你 ✓

你可以……

✓ 识别和描述最常见的性传播疾病吗?

✓ 列举引发青春期患 STD 的危险因素，描述有效的预防方法吗?

青少年怀孕与分娩

随着青少年过早发生性行为、与多个性伙伴发生关系的现象稳步减少，以及避孕用品使用的逐渐增加，青少年怀孕和分娩的比例出现了显著下降。从 1991~2004 年，美国 15~19 岁女孩的生育率下降了 33%，平均每 1000 名女孩中不到 41.1 人。该年龄段青少年的怀孕率也出现了显著降低。在 1990~2000 年间下降了 27%，每 1000 名女孩中有 84.5 人怀孕，这是自 1976 年以来的最低数据（Martin，Hamilton，Sutton，Ventura，Menacker，& Kirmeyer，2006）

然而，超过 40% 的青少年女孩在 20 岁之前至少怀过一次孕（Klein & Committee on adolescence，2005）。一半以上（51%）的怀孕青少年生下了孩子，35% 选择了堕胎，其余 14% 的怀孕青少年则出现了流产或死产（Klein & Committee on Adolescence，2005）。

尽管青少年分娩在所有种族中都出现了下降，而黑人女孩的下降幅度最大。但是与美国本土白人或亚裔美国女孩相比，黑人和西班牙女孩生孩子的可能性仍然更大（Martin，Hamilton，et al.，2006）。而美国青少年则比其他大多数发达国家的青少年更容易怀孕和分娩（Martin et al.，2005；专栏 17.1）。

超过 90% 的青少年怀孕者表示是在自己不知情的情况下怀孕的，而且 50% 的青少年怀孕者在初次性行为后 6 个月内怀孕（Klein & the Committee on Adolescence，2005）。很多早孕女孩缺乏父爱（Ellis et al.，2003）。在加利福尼亚第一护理所的 9159 名女性中，那些在青春期怀孕的女性年幼时很可能遭受过身体上、情绪上或性的虐待，并且（或者）遭遇过父母离婚或分居、家庭暴力、物质滥用，或者家庭成员中有精神病患者或从事犯罪行为（Hillis et al.，2004）。同样，过早成为父亲的青少

世界各地

专栏 17.1 预防青少年怀孕

尽管美国青少年的怀孕率和生育率自上世纪90年代以来已经出现了明显下降，但是其比例仍然比其他发达国家高出好几倍，而其他国家的青少年发生初次性行为的时间并不晚，甚至还要更早（Darroch，Singh，Frost，& the Study Team，2001）。近些年，美国青少年的生育率是丹麦、芬兰、法国、德国、意大利、荷兰、西班牙、瑞典和瑞士等国家的5倍，是日本的12倍（Ventura，Mathews，& Hamilton，2001）。大约有22%的美国女孩在20岁之前就已经生过孩子，该比例在英国为15%，在加拿大为11%，在法国为6%，在瑞典为4%（Darroch et al.，2001）（图17-2）

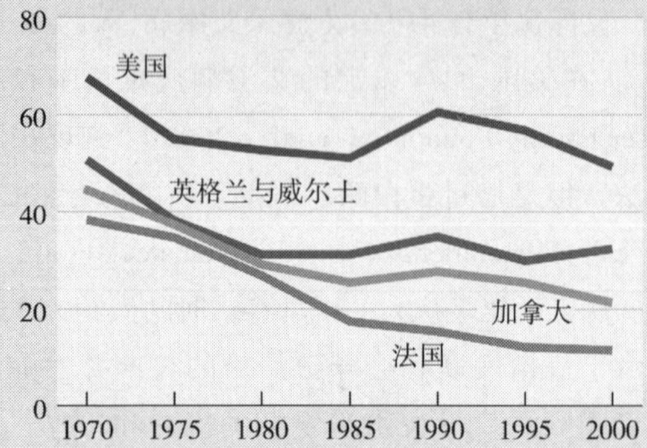

图 17-2

被调查的西方国家中每1000名15~19岁女孩中，生育率的变化趋势。美国青少年的生育率自1990年以来已经出现了下降，但是与英格兰、威尔士、加拿大和法国相比，数据仍明显偏高。

为什么美国青少年的生育率如此高？有研究者指出，对未婚妈妈的歧视减弱、媒体对性的崇拜、未清晰地传递性和生育是成人专利的信息、童年期性虐待的影响、父母与子女缺乏有效的沟通，这些因素都起到了一定影响。通过与欧洲国家比较，还发现了其他几项重要的影响因素：美国女孩更可能拥有多个性伙伴，并且使用避孕套的可能性较小（Darroch et al.，2001）。

欧洲发达国家开展普遍、全面的性教育的时间比美国要长得多。全面的性教育计划鼓励青少年推迟发生性行为的时间，同时也旨在促进青少年在性行为中更多地使用避孕套。这些计划包括性教育，也包括培养双方互相交流以及对性行为做出负责任的决定的技巧。他们讲授青少年怀孕可能遇到的危险和后果，节育的方法，购买避孕药和其他避孕用品的渠道（AAP Committee on Psychosocial Aspects of Child and Family Health and Committee on Adolescence，2001；AGI，1994；Kirby，1997；I. C. Stewart，1994）。针对男性青少年的性教育计划则强调，过早成为父亲是非常不明智的，以及一旦发生意外时担负责任的必要性（Children's Defense Fund，1998）。

在美国，性教育计划的规定和内容属于政治问题。一些批评家指出以社区和学校为基础的性教育

年往往经济匮乏，学业成绩较差，辍学比例较高。过早成为父母的青少年中，至少有三分之一是因父母青春期过早怀孕而出生的（Klein & Committee on Adolescence，2005）。

青少年怀孕者往往有不良发展后果。很多早孕妈妈非常贫穷，受教育程度不高，有些还是瘾君子。还有很多早孕妈妈饮食不规律，骨瘦如柴，很少甚至没有得到产前护理。她们的孩子很可能早产或体形过小，并且感染其他出生并发症的风险很高。可能出现难产、夭折，健康和教育问题，虐待或无人照看，也许会导致一直持续到青春期的发展性能力丧失（AAP Committee on Adolescence，1999；AAP Committee

导致了更多的过早性行为，尽管有证据表明事实并非如此（AAP Committee on Adolescence，2001；Children’s Defense Fund，1998；Satcher，2001）。

在欧洲国家，预防怀孕的一个重要部分是获取大量的生育服务。在英国、法国和瑞典，可以免费提供给青少年避孕用品，荷兰则是有条件发放。瑞典在引入节育教育，实行免费提供避孕用品和为需要者做免费流产的政策以后，青少年生育率下降了5倍（Bracher & Santow，1999）。实际上，发生初次性行为时使用避孕套的美国青少年在20岁之前生育的比例非常低（Abma et al.，2004）。

青少年怀孕问题需要从多方面入手来解决。其中必须包括鼓励青少年推迟或控制性行为的计划和政策，同时也必须认识到很多青少年已经开始性活跃，需要预防怀孕和性传染病的教育和信息。这需要青少年和家人注意下列危险因素：减少贫穷、学业失败、行为问题和家庭问题，同时增加就业、技能训练和家庭生活教育（AGI，1994；Children’s Defense Fund，1998；Kirby，1997），并且应该密切关注青少年，他们时刻处在危险之中（Klein & Committee on Adolescence，2005）。有研究表明，在学龄前期和小学阶段开展全面的早期干预计划可以有效降低青少年的怀孕率（Lonczak et al.，2002；Hawkins et al.，1999；Schweinhart，Barnes，& Weikart，1993）。

由于拥有远大抱负的青少年怀孕的机率很小，因此，激发青少年的成就目标、提高其自尊水平的计划已经取得了一定的成功。青少年超越计划（TOP），开始于1978年，旨在帮助青少年提高作出决策、控制情绪、处理与同伴和成年人关系的能力。此项计划也包括社会服务。通过鼓励学生选择志愿者活动，让青少年认识到自己的自主性和竞争力。通过对TOP组和控制组各1600名学生的比较发现，TOP组的参与者中怀孕或辍学的比例为50%，而控制组则为60%（Allen & Philliber，2001）。这就说明青少年怀孕和学业失败并不是相互孤立的问题，而是属于青少年整体发展过程的一部分。

你的观点？

如果由你来设计以学校或社会为基础的性教育计划，你会涉及哪些方面？对于向青少年提供避孕用品，您赞成还是反对？

请查阅！

如果想获取更多信息，请访问 www.teenwire.com/topics/birth-control-and-safer-sex.php。此网站隶属于 teenwire.com，一个专门针对青少年生育计划的网站。或者登录 www.teenpregnancy.org 预防青少年怀孕国家计划网。

on Adolescence and Committee on Early Childhood，Adoption，and Dependent Care，2001；AGI，1999；Children’s Defense Fund，1998，2004；Klein & Committee on Adolescence，2005；Menacker et al.，2004）。

家境比较富裕的青少年妈妈所生的孩子也存在风险。对134000多名中产阶级家庭的白人女性的调查发现，13~19岁比20~24岁的女性更容易生下体重过低的婴儿，即使她已经结婚，接受过良好的教育，有充分的产前护理。但产前护理明显不能弥补生理不足：作为仍在发育的女孩，自己的身体会同正在生长的小生命争夺必需的营养（Fraser et al.，1995）。

考考你✓

你可以……

✓ 概括青少年怀孕和生育的趋势吗?

✓ 举例说明预防青少年怀孕的方式吗?

✓ 讨论与青少年怀孕相关的危险因素、问题及不良后果吗?

青少年未婚妈妈和她们的家庭很可能遭遇财政危机。儿童抚养法在各地的执行力度不一样，法院指定的补助一般满足不了需要，很多年轻爸爸承担不起抚养孩子的费用（AAP Committee on Adolescence，1999）。未满 18 岁的未婚父母只有在同他们的父母住在一起且上学的情况下，才能获得政府援助。

青少年妈妈一般都会辍学，并且很可能再次怀孕。她们及其伴侣缺乏成为好父母的成熟、技能和社会支持。因此，他们的孩子很可能出现发展和教育问题、抑郁、物质滥用和过早性行为，并再次成为青少年父母（Klein & Committee on Adolescence，2005）。然而，这些后果并非不可避免。几项长期研究发现，大多数青少年妈妈在孩子出生 20 年后不再接受福利救济；很多人完成了高中学业，找到了稳定的工作，并且没有太多子女。对青少年怀孕的包容态度和家访计划似乎能带来较好的结果（Klein & Committee on Adolescence，2005）。

与家庭和同伴的关系

在青春期，年龄成为重要的粘合剂。青少年与同伴在一起的时间越来越多，与家人共度的时间则越来越少。然而，不像人们一般理解的那样，大多数青少年仍然保持与父母相近的价值观（杰基·罗宾森正是如此）（Offer & Church，1991）。即使青少年把同伴当作行为榜样，建立友谊，保持亲密，但是他们很像初学走路的孩子开始探索更加广阔的世界一样，还是会把父母当做试飞时的安全基地。具有安全感的青少年与父母有着强有力的支持关系，父母帮助他们调整看待自己的方式，允许并鼓励他们走向独立。在他们遭遇情感压力的时候，父母又成为安全的避风港（Allen et al.，2003；Laursen，1996）。

你的观点?

你能想出自己与父母有什么不一致的价值观吗？你后来是如何看待这些观点的?

青春期叛逆是虚构的吗

十几岁的年龄曾被称为**青春叛逆期**（adolescent rebellion），主要特征是情绪焦躁不安，与家庭的冲突增多，远离成人社会，做事不计后果，抵制成人价值观。然而，通过对全世界在校学生的研究发现，只有 1/5 的青少年符合这种模式（Offer & Schonert-Reichl，1992）。

在最初研究青春期的理论中就出现了青春期叛逆的概念，这些理论来自于霍尔（G. Stanley Hall）的研究。霍尔（1904/1916）认为，青春期是一段“暴风骤雨期”，个体要努力适应自己不断变化的身体和即将进入成人世界的要求，两代人之间很容易产生冲突。西格蒙德·弗洛伊德（1935/1953）和他的女儿安娜·弗洛伊德（1946）认为这种暴风骤雨无所不在，不可避免，伴随着对父母的早期性渴望的苏醒而产生。

然而，人类学家玛格丽特·米德（Margaret Mead）（1928，1935；见第 2 章人物聚焦），对在萨摩亚群岛和其他南太平洋岛上成长的青少年进行了研究。结果表明，如果某种文化能使个体从儿童期逐渐而平静地转变到成人期，那么暴风骤雨的特征就不明显。尽管她在萨摩亚群岛的研究后来遭到了质疑（Freeman，1983），但是她的观察结果最终得到了 186 个在非工业化社会中进行的研究的支持（Schlegel & Barry，1991）。

即使在西方社会，完全意义上的叛逆现在似乎也不那么普遍了，至少在学校就读的中产阶级青少年如此。大多数青少年感到与父母关系密切，喜欢与父母相处，在主要问题上观点一致，非常重视父母的意见（J. P. Hill，1987；Offer et al.，1989；Offer，Ostrov，Howard，& Atkinson，1988）。此外，与大家的普遍观念相反，适应较好的青少年在日后也很少突然爆发。在一项长达 34 年的纵向研究中，以 67 名生活在郊区的 14 岁男孩为研究对象，结果发现，他们之中大多数都对自己的生活适应良好（Offer，Offer，& Ostrov，2004）。相当少的那部分深陷麻烦的青少年往往来自于离婚家庭，且成年后自己的家庭生活也往往不稳定，不接受文化规范的约束。完整的双亲家庭且良好的家庭氛围下长大的孩子在青春期往往不会遇到严重的问题，长大成人后拥有稳固的婚姻，面对挫折时也善于调整自己（Offer，Kaiz，Ostrov，& Albert，2002）。

不过，青春期对青少年和他们的父母来说仍然是一段艰苦的时期。家庭冲突、抑郁和危险行为要比生命中其他任何时期更普遍（Arnett，1999；Petersen et al.，1993）。消极情绪和情绪波动在青春期早期最为剧烈，这可能与发育期带来的压力有关。到了青春期晚期，情绪往往变得更加稳定（Larson，Moneta，Richards，& Wilson，2002）。

认识到青春期可能是一段困难时期，能够帮助父母与老师对青少年遭人厌烦的行为做好心理准备。但是，如果成年人认为暴风骤雨期是正常和必要的，那么就很可能会疏忽掉一小部分青少年需要特别帮助的信号。

时间分配的变化与人际关系的变化

衡量青少年与生活中重要他人关系变化的一种方法是，观察他们在可自由支配的时间与谁在一起。美国青少年与家人相处的时间在 10~18 岁期间下降非常快，占刨去睡眠时间后的总时间的比例由 35% 下降至 14%（Larson，Richards，Moneta，Holmbeck，& Duckett，1996）。

与家人相处时间少并不是对家庭的排斥，而是发展需求的一种反映。青少年在青春期早期总是喜欢待在自己的房间里，他们似乎需要独处的时间以便从社会关系中走出来，重新获得情绪的稳定，并反思同一性问题（Larson，1997）。

时间利用上的文化差异反映了不同文化的需要、价值观和生活习惯（Verma & Larson，2003）。生活在部落或乡村的青少年把大部分时间用来生产生活必需品，与生活在先进工业化社会的青少年相比，他们用于社交的时间要少得多（Larson & Verma，1999）。在一些后工业社会，如韩国和日本，学校作业的压力和家庭责任都很重，青少年很少有可自由支配的时间。为了释放压力，他们用非常被动的方式来打发时间，例如看电视或者“什么都不做”（Verma & Larson，2003）。印度文化是一种以家庭为中心的文化，城市中产阶级的 8 年级学生有 39% 的清醒时间与家人度过，而该比例在美国 8 年级学生中为 23%，并且前者与家人在一起时比后者感到更快乐。对这些青少年来说，青春期的任务不是走出家庭而是更好地融入家庭。类似的发现还出现在印度尼西亚、孟加拉国、墨西哥和阿根廷等国家（Larson & Wilson，2004）。

相比较而言，美国青少年有大量可自由支配的时间，他们大多选择与同伴一起度过，与异性相处的时间也越来越多（Juster et al.，2004；Larson & Seepersad，2003；Verma & Larson，2003）。与白人青少年相比，黑人青少年在受歧视的社会环境中往往把家庭看做天堂，他们与家庭保持着更加亲密的关系，而与同伴的关系则较弱（Giordano，Cernkovich，& DeMaris，1993）。墨西哥裔美国男孩在发育期与父母的关系往往变得更加亲密，而女孩则不是如此。这或许反映了墨西哥裔美国家庭组织特别严密的天性，以及这些家庭把传统男性角色放在非常重要的位置（Molina & Chassin，1996）。对华裔美国青少年来说，适应美国社会的需要往往会与传统的家庭责任发生冲突（Fuligni，Yip，& Tseng，2002）。

考考你 ✓

你可以……

✓ 评价青春期暴风骤雨的程度吗?

✓ 确定年轻人时间分配的年龄差异和文化差异，并讨论他们的重要性吗?

先记下这些文化差异，接下来我们会更详细地了解青少年与父母、兄弟姐妹和同伴的关系。

青少年与父母

与青少年在依赖父母和希望摆脱父母之间感受到压力一样，父母也常常悲喜交加。他们一方面希望子女早日独立，但同时却发现自己很难放开。父母不得不小心翼翼，如履薄冰，既要给孩子足够的自由空间，又要保护他们避免因为不成熟的判断而受到伤害。压力会导致家庭冲突，父母的教养方式会影响冲突的发生形式和结果。有效的父母监控取决于青少年让父母对自己日常生活的了解程度，而这又取决于父母营造的家庭气氛。同样，与儿童一样，青少年与父母的关系也会受到父母生活环境的影响，比如他们的工作、婚姻和社会经济地位。

家庭冲突与个性化

青少年与父母之间的争吵大多数都是围绕普通的小事，比如家务、作业、穿衣、零用钱、宵禁、约会和朋友，而不是健康和安全，抑或对与错这样的原则性问题（Adams & Laursen，2001；Steinberg，2005）。这些冲突引发的情绪强度（与冲突的主题一点都不相称）可能反映了**个性化**（individuation）的潜在过程，即青少年为寻求自主和与众不同，或者个人同一性所做的努力。个性化的一个重要方面是在自我控制和受他人控制之间划定明确的界限（Nucci，Hasebe，& Lins-Dyer，2005）。

家庭冲突在青春期早期最为频繁，但是在青春期中期最为激烈（Laursen，Coy，& Collins，1998）。青春期早期发生冲突的频率可能与发育期引发的紧张压力以及声称自主的需要有关。青春期中期的争吵气氛更加紧张，到青春期晚期，争吵的范围则有所缩小，这也许反映了青少年尝试独立时面临的情感压力。在青春期晚期，青少年与父母发生冲突的频率出现下降，这可能意味着青少年对重大变化的逐渐适应，以及父母和孩子之间经过谈判达到了一个新的平衡（Fuligni & Eccles，1993；Laursen et al.，1998；Molina & Chassin，1996），同时扩大了青少年可以自己做决定的事情的范围（Steinberg，2005）。

家庭不和谐的程度在很大程度上取决于家庭氛围。通过对 335 家美国中西部农村双亲家庭的调查发现，在气氛温和、支持性强的家庭中，冲突从青春期早期到中期逐渐下降，而在敌对的、强制的、爱挑剔的家庭中，冲突则愈演愈烈（Rueter & Conger，1995）。

你的观点？

- 当你处于青春期时，什么问题导致了你家的冲突，它们是如何解决的？
- 如果你和父母一起居住，那么你与其中一位家长的冲突会比与另外一位的多吗？你的父母会如何处理这些冲突，他们的解决方式一致吗？

教养方式与父母权威

正如我们在第 16 章中提到的那样，权威型的教养方式会继续促进健康发展（Baumrind，1991，2005）。当青少年犯错误的时候，如果父母表现出失望的情绪，则更容易激发起孩子负责任的行为，而严厉惩罚孩子的父母则很难做到（Krevans & Gibbs，1996）。太过严厉、专制型的教养方式则可能导致青少年对父母产生抵触情绪，会不惜任何代价寻求同伴的支持和认可（Fuligni & Eccles，1993）。

权威型父母坚持重要的原则、规范和价值观，但是也乐于倾听、解释和协商（Lamborn，Mounts，Steinberg，& Dornbusch，1991）。他们对孩子的行为进行适当的控制（行为控制），但是不会控制孩子的情绪、信念和自我意识（心理控制）（Steinberg & Darling，1994）。心理控制，比如使用收回爱这样的情绪控制方法，可能会损害青少年的心理社会发展和心理健康（Steinberg，2005）。（表 17-6 列出了青少年自我报告的父母经常使用的心理控制法）心理上的自主是青少年拥有自己想法和情绪的权利，而对孩子进行心理控制的父母往往无视其日益增长的这一要求（Steinberg，2005）。

权威型的教养方式似乎有利于青少年自我形象的建立。一项针对 8700 名 9~12 年级学生的调查得出结论：“从父母身上感受到的关心越多、获得的自主权越多，青少年对自己的行为、心理社会发展和心理健康的评价越积极”（Gray & Steinberg，1999，p. 584）。当青少年认为父母试图支配自己的心理感受时，他们的情绪健康会受到很大的伤害，远远超过他们认为父母想要控制自己的行为所带来的伤害。与宽

表 17-6 心理控制量表——青少年自我报告

等级：
1= 不太像；2= 有点像；3= 非常像
我的母亲（或父亲）会：

1. 每当我有话要说时，就会改变话题。
2. 每当我说话时，总是结束话题。
3. 经常打断我说话。
4. 表现得好像她（他）知道我的想法和感觉。
5. 总是希望能够告诉我如何去感受和考虑事情。
6. 总是试图改变我感受和思考事情的方式。
7. 因为其他家庭成员的过失而责备我。
8. 在她（他）批评我时总爱翻旧帐。
9. 说我不是一个好的家庭成员。
10. 告诉我所有她（他）为我做的事。
11. 说如果我真的在乎她（他），就不会做让她（他）担心的事。
12. 如果我不按照她（他）的方式看问题，就会对我很冷淡。
13. 当我做了让她（他）失望的事情时，会装作看不到我。
14. 如果我惹她（他）生气，会一直不理我，直到重新令她（他）高兴为止。
15. 和我在一起时经常喜怒无常。
16. 对待我的态度忽冷忽热。

资料来源：改编自 Barber，1996。

容型父母相比，如果父母坚定地要求青少年遵守行为规范，那么青少年的自我约束能力会更强，而且行为问题也较少。那些父母给予他们心理自主权的青少年往往变得更加自信，而且在学习和社交领域都表现很好。

当父母超越了青少年心目中父母应该干涉的界限时，问题就出现了。从日本到巴西，在不同文化和社会阶层中都存在经过双方协商形成的属于青少年自己的私人领域，这个领域随着父母和青少年持续不断的谈判而不断发展、扩张（Nucci et al.，2005）。

父母监控与青少年的自我表露

青少年日益增长的自主性和父母权威的缩小，重新界定了父母期望青少年坦白的行为类型（Smetana，Crean，& Campione-Barr，2005；见表 17-7）。在一项针对郊区 276 名不同种族的 9 年级和 12 年级学生的调查中，青少年和家长都认为与健康和安全有关的谨慎行为（例如抽烟、酗酒和吸毒）最应该向父母坦白。其次是道德问题（比如撒谎）、习惯问题（比如没有礼貌或者说脏话），以及介于私人问题和其他

表 17–7　评估父母与青少年权威的项目

道德方面	习惯方面	谨慎行为方面	涉及多个方面的项目	涉及多个方面的友谊	私人问题
从父母那儿偷钱	不做家务	抽烟	不整理卧室	什么时候可以约会	周末熬夜
跟兄弟姐妹打架	与父母顶嘴	喝酒	打很多耳洞	在朋友家过夜	决定如何使用零花钱
对父母撒谎	没礼貌	吸毒	晚回家	与父母不喜欢的人交朋友	选择自己的衣服或发型
不遵守对父母的承诺	说脏话	性行为	看收费电视	宁愿与朋友在一起也不愿和家人出去	听自己喜欢的音乐

资料来源：摘自 Smetana，Crean，& Campione-Barr，2005.

范畴之间的多方面的或边界问题（比如观看 R 级电影）。青少年和家长都认为私人问题（比如青少年如何安排时间，零花钱用在什么地方）是最不应该坦白的类型。然而，无论哪种行为，家长都比青少年更希望能够开诚布公。在 9~12 年级之间，随着青少年逐渐成熟，父母也会不断调整自己的期望，这一矛盾也会相应地减少（Smetana，Metzger，Gettman，& Campione-Barr，2006）。

在一项对 690 名比利时青少年的调查中，如果父母营造出鼓励孩子能够畅所欲言的、充满温情的、交流和谐的家庭氛围，或者父母清楚地表示不会对孩子过度控制时，换句话说，在权威型的教养方式下，青少年更愿意透露关于自己的信息（Soenens，Vansteenkiste，Luyckx，& Goossens，2006）。青少年，尤其是女孩，往往与母亲，而非父亲，保持着更亲密、更具支持性的关系，而且女孩更加信任母亲（Smetana et al.，2006）。

家庭结构和家庭氛围

现在，许多青少年生活的家庭环境已经和几十年前大不相同了。像杰基·罗宾森那样，很多家庭没有父亲，母亲在外工作，而且还有很多家庭父母离婚，或者是未婚同居。这样的家庭环境会给青少年带来什么样的影响呢？

和儿童一样，青少年对家庭氛围也很敏感。在一项对 451 名青少年及其父母的纵向研究中，婚姻困境或冲突的变化（无论是变好还是变坏）都会促使青少年适应性的变化（Cui，Conger，& Lorenz，2005）。其他调查则发现，与父母未离异的同伴相比，那些父母后来离异的青少年，无论男孩还是女孩，在父母离异前就表现出了更多的学习、心理和行为问题（Sun，2001）。

根据一项全美的大型纵向研究的结果，与生活在其他任何家庭结构（单亲家庭、未婚同居家庭或者再婚家庭）中的同伴相比，那些生活在父母关系稳定的家庭中的青少年出现的行为问题明显要少，其中一个很重要的因素是父亲参与。即使不与父亲居住在一起，但如果父亲能够高质量地参与孩子的教育，也会对青少年的成长提供很大的帮助，但其效果仍然比不上与父亲生活在一起所带来的帮助（Carlson，2006）。

与儿童一样，如果青少年生活在未婚同居的家庭中，他们会比普通合法婚姻家庭中的孩子产生更多的行为问题。此外，如果同居父母中有一方不是生父或生母的话，青少年的受教育程度也会受到很大影响。与儿童不同的是，对青少年来说，这些影响与经济来源、父母的幸福程度或者教养方式是否有效无关，这表明父母未婚同居本身会给青少年带来比儿童更大的困扰（Brown，2004）。

从另一方面来说，一项针对不同种族中生活在单身母亲家庭中的 12 岁和 13 岁孩子的研究（第一次调查是在孩子们 6 岁和 7 岁的时候实施）发现，单亲家庭并不会给孩子们的学校表现带来负面影响，孩子产生问题行为的危险性也没有增大。最重要的影响因素是母亲的受教育程度和能力、经济收入和家庭环境的质量（Ricciuti，2004）。这一结果表明，生活在单亲家庭中的负面效应可以被积极因素所抵消。

母亲的工作和经济压力

母亲外出工作带来的影响取决于是单亲家庭还是双亲家庭。通常，像玛丽尔·罗宾森这样的单亲妈妈必须外出工作以应对家里糟糕的经济状况；她的工作给处于青春期的孩子带来的影响，主要与她留下来陪孩子的时间和精力，对他们行踪的了解程度，以及她为孩子们树立的行为榜样有关。一项针对来自城市贫困家庭的 810 名 10~14 岁青少年的纵向研究强调了孩子在放学后受照顾和监管的重要性。那些放学后习惯独处，不回家的青少年往往更容易卷入酗酒、吸毒事件，或者在学校有不良行为，尤其是那些以前曾有过问题行为的青少年，情况会更加严重。然而，如果父母对孩子的行为进行严格监控，或者有热心的好邻居乐意帮忙，发生这种情况的可能性就会大大降低（Coley，Morris，& Hernandez，2004）。

在前面，我们曾经讨论过很多单亲家庭的主要问题是经济拮据。在一项全美纵向研究中，来自于低收入单亲母亲家庭中的青少年，因为母亲工作不稳定或持续两年失业而受到很大的负面影响。这些青少年更有可能逃学，自尊水平和掌握知识的能力也可能会下降（Kalil & Ziol-Guest，2005）。除此以外，青春期时的家庭经济困难也会影响成年后的健康和幸福。其危险程度的大小取决于父母是否感觉压力很大，这些压力是否影响到了家庭关系，以及对孩子的教育和职业成就的影响程度（Sobolewski & Amato，2005）。很多经济困难家庭的青少年可以得到社会资本的帮助，即来自于亲戚和社会团体的支持。在 51 个贫穷的非裔美国城市家庭中，青少年与母亲、外婆或者姨妈等居住在一起，这些拥有血缘关系的女性在给予孩子适当自主性

> **考考你 ✓**
>
> 你可以……
>
> ✓ 明确影响青少年与父母产生冲突的因素，以及青少年自我暴露的影响因素吗？
>
> ✓ 讨论父母的教养方式、父母的婚姻状态、母亲的工作和经济压力对青少年的影响吗？

的同时，也对他们进行严格的管理和监控，这些青少年更加自立，同时也有较少的行为问题（R. D. Taylor & Roberts，1995）。

青少年和兄弟姐妹

随着青少年与同伴待在一起的时间越来越多，他们不再像以前那样习惯于从兄弟姐妹身上获得情感的满足。与父母和朋友相比，青少年与兄弟姐妹的关系疏远了，受他们的影响也越来越小，在青春期过后，兄弟姐妹之间的关系会更加疏远（Laursen，1996）。

随着年龄较小的弟弟妹妹进入青春期，兄弟姐妹之间的关系也变得更加平等，年龄之间的差异在逐渐缩小。即使这样，图中的妹妹仍然十分仰慕自己的姐姐，并试图模仿她。

兄弟姐妹之间关系的变化先于青少年与父母之间关系的变化，而且两者有很大的相似性：弟弟妹妹变得更加独立，年长的哥哥姐姐表现出更小的权威。随着青少年进入高中，他们与同胞的关系变得更加平等。哥哥或姐姐不再对弟弟或妹妹施加权力，弟弟或妹妹也不再需要那么多的监管。随着年龄之间差异的缩小，能力与独立性方面的差异也越来越小（Buhrmester & Furman，1990）。

年长和年幼的孩子对他们之间关系的变化有不同的感知。随着年幼的孩子逐渐长大，年长的哥哥或姐姐可能会把变的过分自信的弟弟妹妹看做令人讨厌的麻烦。而弟弟妹妹则仍然习惯于崇拜他们的哥哥姐姐，像杰基·罗宾森崇拜哥哥马克一样，并且通过建立与哥哥姐姐的同一性或仿效他们使自己感觉更加成熟（Buhrmester & Furman，1990）。

一项长达 5 年的纵向研究调查了 227 个拉丁裔和非裔家庭，结果发现，特定环境下同胞之间的关系对年幼的孩子有非常重要的影响。在单亲母亲家庭中，如果有一位懂得关心和照顾自己的姐姐，那么妹妹往往就能够避免物质滥用和危险性行为。然而，如果姐姐非常专横的话，往往会增加妹妹发生危险性行为的可能性（East & Khoo，2005）。我们曾在第 15 章中提到，年长的哥哥或姐姐可能会带着年幼的弟弟妹妹学会抽烟、喝酒或者吸毒（Pomery et al.，2005；Rende et al.，2005）。在一项纵向研究中，通过对 206 名男孩和他们的弟弟妹妹的调查发现，如果哥哥有反社会行为，那么不管父母的教育如何，年幼的弟弟妹妹做出反社会行为、吸毒、性行为和暴力行为的危险性都很大（Snyder，Bank，& Burraston，2005）。

你的观点？

如果你有一个或多个兄弟姐妹，那么你在青春期时与他们的关系是否发生了变化？

同伴和朋友

正如从杰基·罗宾森身上所看到的，在充满复杂变化的青春期，同伴群体是青少年的一个重要的情感支持源，同时也是让父母担心孩子出现问题行为的压力源。同伴群体是青少年情感、同理心、理解和道德定向的一个来源，是能够自由实践的场所，是从父母身边独立，获得自主权的后盾。这是一个寻找知己的地方，是练习处理成人亲密关系的演习地。

同伴影响力一般在12、13岁时达到最大，在青春期中期和晚期开始下降。在13岁或14岁时，受同伴欢迎的青少年可能会做出一些不太严重的反社会行为，例如尝试吸毒、不买票偷偷溜进电影院，以此向同伴证明他们可以不受父母的控制（Allen，Porter，McFarland，Marsh，& McElhaney，2005）。然而，青少年在青春期早期对同伴的依赖并不会带来真正的麻烦，除非依赖性过强，以至于青少年不再遵守家庭的规范、不想学习、放弃发展自己的才能，只是为了获取同伴的赞赏和欢迎（Fuligni et al.，2001）。

在一项旨在论证同伴对冒险行为影响的研究中，请306名青少年、大学生和年轻的成年人参加一种叫"小鸡"的电子游戏比赛。结果发现，年轻的参与者更倾向于冒险，做有风险的决定。对所有年龄群体来说，和同伴共同参加的参与者都比单独参加的参与者更喜欢冒险，但是参与者越年轻，这种现象越明显（Gardner & Steinberg，2005）。

虽然儿童中期时，同伴会形成一些稍大的群体，但是在儿童期，绝大多数的同伴交往是两个人的，或者称为"一对一"的。随着儿童进入青春期，*朋党*（经常一起活动的朋友组成的群体）变得更加重要。一种较大类型的团体，即*群体*，在青春期之前通常不会出现。它并不以个人交往为基础，而是以名誉、外貌或同一性为基础建立起来的。群体的成员身份是一种社会建构，通过一系列的标签把青少年按照居住小区、种族、社会经济地位或其他因素划分为不同的社会类别。所有这三个层次的同伴群体可能同时存在，有时成员身份会产生交迭，并且随着时间变化而变化（Brown & Klute，2003）。

友谊

青春期时友谊的亲密程度和重要性可能比生命中其他任何时期都要强烈，与朋友在一起的时间也最长。这一时期的友谊往往更加互惠、更平等、更稳定，缺乏这些特征的友情会失去价值或被抛弃。

与年龄小的儿童一样，青少年倾向于选择性别、种族和其他方面与自己相似的人做朋友。朋友之间的学习态度和成绩都差不多，物质使用程度也一样（Hamm，2000），朋友之间要么互相学习彼此的亲社会行为（Barry & Wentzel，2005），要么互相影响做出危险行为和问题行为。通过选择，导致朋友互相选择的品质会引导他们朝着相同的方向发展。一项为期一年的纵向研究对1700对青少年同伴进行了研究，发现在控制朋友之间互相选择的因素后，朋友对酗酒和性行为的影响非常弱（Jaccard，Blanton，& Dodge，2005）。

强调亲密、忠诚和分享标志着向成人友谊的转变。青少年开始更多地依赖朋友以寻求亲密与支持，这已经超过了对父母的依赖程度，而且比起年龄更小的孩子，会和朋友分享更多的秘密（Berndt & Perry，1990；Buhrmester，1990，1996；Hartup & Stevens，1999；Laursen，1996）。女孩之间的友谊往往比男孩更亲密，她们总是在一起分享闺中秘事（Brown & Klute，2003）。在青春期早期至青春期中期，同性朋友之间的亲密程度逐渐增加，之后随着异性之间亲密性越来越强烈，同性之间的亲密程度便出现了下降（Laursen，1996）。

青少年日渐亲密的友谊除了反映情感发展外，还反映出其认知发展。这时青少年已经能够更好地表达自己内心的想法和感受。他们现在更愿意考虑他人的观点，所以对他们来说，理解朋友的想法和感受也变得更加容易。亲密性的增强反映出青少年早期开始关注认识自我。有一位值得信任的朋友能够帮助青少年更好地了解内心的感受，形成同一性，并证实自己的自我价值（Buhrmester，1996）。

能否拥有亲密的关系与青少年的心理调节能力和社交能力有关。拥有亲密、稳定和支持性友谊的青少年一般对自己都有较高的评价，在学校表现良好，交际能力强，并且很少出现敌意、焦虑或抑郁情绪（Berndt & Perry，1990；Buhrmester，1990；Hartup & Stevens，1999）。他们往往也会与父母建立起亲密的关系（Brown & Klute，2003）。这是一个双向的过程：良好的关系能够帮助青少年更好地适应，反过来又会加深朋友之间的友谊。

朋　党

朋党最早出现在青春期前的儿童中，但到青春期早期才成为青少年比较明显的交际特征。随着朋友圈的逐渐扩大，他们通常由同龄、同性别和同种族的青少年组成。然而，朋党并不仅仅是靠成员个体之间的吸引而建立，还与受欢迎程度或社会地位有关。一名青少年可能属于多个朋党，也可能不属于任何一个，朋党的成员可能是稳定的，也可能是变化的（Brown & Klute，2003）。

青春期之前，朋党成员之间的关系很明显地以身份为基础，特别是女孩之间。拥有最高地位的成员是公认的领导，拥有接纳或驱逐成员的最终决定权。朋党本身也会有等级，地位最高的朋党成为大家竞相加入的目标，但是对成员资格也有最严格的限制（Adler & Adler，1995）。在青春期早期，这种社会控制可能不会那么严格（Brown & Klute，2003）。

对外人来说朋党结构似乎显得有些苛刻，但是它有效地达到了一个目的，即“从儿童期转变到青春期的社会规范后，朋党改变了青少年优先考虑的事情。它直言不讳地指出谁应该管理这个同伴群体系统（是同伴而不是成人），并为系统内部如何运转提供了明确的说明”（Brown & Klute，2003，p. 341）。它同样给那些对系统不满意的内部成员带来了情感上的压力（Brown & Klute，2003）。

群 体

> **你的观点？**
> 当你处在青春期时，你是否曾经属于某个群体？如果是的话，这个群体对你的社会关系和社会态度造成怎样的影响？

伦纳德·伯恩斯坦的音乐剧《发生在曼哈顿西区的故事》生动地表现了青少年群体的力量。群体称号是群体对成员共同特征的定位，例如住在同一个小区（西派或南派）、相同的种族背景（波多黎各人或意大利人）、同等的身份（势利小人或无名之辈）、相似的能力、兴趣或生活方式（领导人，运动员，瘾君子）。不同群体的青少年对自己的社会地位都有特定的认识。

群体能起到很多作用。它们帮助青少年建立自我同一性，加强对所属种族或社会经济群体行为规范的忠诚度。像在《发生在曼哈顿西区的故事》讲述的那样，作为群体的成员能够使青少年更容易与群体内的同伴建立起联系，而与群体外成员建立联系却更加困难。像在朋党中一样，随着青少年的不断成长，群体的归属关系也会变得更加宽松（Brown & Klute，2003）。

恋爱关系

恋爱关系是大多数青少年社交生活中的主要部分。它对青少年亲密关系和同一性的发展都起到了促进作用。由于恋爱关系往往会涉及到性接触,因此也会带来怀孕、性传播疾病甚至性欺骗的危险。每年每 11 位美国高中生中就有 1 位（男孩和女孩的比例相同）遭受约会暴力（CDC，2006f）。与恋爱对象分手是抑郁症和自杀事件最主要的诱发原因之一（Bouchey & Furman，2003）。

随着发育期的开始，大多数异性恋的青少年开始考虑并与异性同伴发生更多的接触。一般来说，他们会从参加异性混合团体或集体约会逐渐转向包含激情和承诺的一对一的恋爱关系（Bouchey & Furman，2003；Furman & Wehner，1997）。

> **考考你✓**
> 你可以……
> ✓ 描述青春期兄弟姐妹之间关系的明显变化吗？
> ✓ 列举青春期同伴群体的几项功能吗？
> ✓ 讨论青少年友谊、朋党和群体的重要特征吗？
> ✓ 描述恋爱关系的发展变化吗？

在青春期，恋爱关系往往会变得越来越强烈，越来越亲密（Bouchey & Furman，2003）。青少年在早期主要是考虑一段恋爱关系如何影响自己在同伴群体中的地位（Bouchey & Furman，2003）。他们很少注意依恋或支持的需要，比如互相帮助、互相关心和照顾，并且他们对性需要的关注仅仅局限于如何进行性行为，以及进行哪些性行为（Bouchey & Furman，2003；Furman & Wehner，1997）。

在青春期中期，大多数青少年都至少有一位固定的亲密朋友，其关系会持续几个月或一年。亲密朋友的选择对同伴地位的影响往往变得不那么重要（Furman & Wehner，1997）。在对 1316 名初中生和高中生的访谈中发现，与女孩相比，男孩对青春期早期的关系往往显得信心不足。女孩能够更好地处理恋爱关系可能是由于她们在同性朋友圈中亲密性的延伸（Giordano，Longmore，& Manning，2006）。

到 16 岁的时候，与父母、朋友或兄弟姐妹相比，青少年与恋人接触地更多，而且更加用心（Bouchey & Furman，2003）。然而，直到青春期晚期或成年早期，恋爱关系才开始满足全部情感需要并能长久维持（Furman & Wehner，1997）。

与父母或同伴的关系会影响恋爱关系的质量。父母的婚姻或恋爱关系可能会对孩子起到榜样作用。大多数恋爱关系是在同伴群体中发展起来的，并且会影响青少年对恋爱对象的选择以及恋爱关系的发展方向（Bouchey & Furman，2003）。

反社会行为与青少年犯罪

哪些因素会影响青少年从事（或远离）犯罪或其它反社会行为（专栏 17.2）？反社会倾向是如何发展起来的？问题行为如何慢慢发展为长期行为不良？杰基・罗宾森成功避免了这种结果。决定少年犯是否会发展成为冷血罪犯的因素是什么？像我们在第 14 章提到的那样，环境因素、遗传因素或生物危险因素的交互作用滋生了大多数的反社会行为（van Goozen，Fairchild，Snoek，& Harold，2007）。

沦为少年犯：遗传因素和神经学因素

反社会行为往往在家庭内部出现。通过对多项研究的分析发现，基因会影响 40%~50% 的反社会行为变异，以及 60%~65% 的攻击型反社会性变异（Rhee & Waldman，2002；Tackett，Krueger，Iacono，& McGue，2005）。

生理性神经缺陷，尤其是控制应对压力的大脑成分的缺陷，或许能够帮助我们解释为什么有些孩子会变成反社会儿童和青少年。这些神经缺陷可能源于早期在逆境中形成的与人难相处的性格和遗传因素的交互作用，而正是由于这些神经缺陷，儿童可能接收不到或无法注意控制冲动或鲁莽行为的警报信号（van Goozen et al.，2007）。

沦为少年犯：家庭、同伴和社区影响是如何互相作用的

正如布朗芬布伦纳的理论所指出的那样，反社会行为受到多个因素交互作用的影响。这些因素包括微观系统的影响，例如亲子不和、养育不周、同伴异常以及宏观系统的影响，例如社区结构和环境的社会支持（Buehler，2006；Tolan，Gorman-Smith，& Henry，2003）。早在儿童期，孩子们便开始生活在由这些相互作用的因素形成的网络中。

父母对孩子基本情感需要的反应会影响到青少年的亲社会或反社会行为（Krevans & Gibbs，1996；Staub，1996）。那些具有反社会倾向的孩子的父母，可能在儿童早期没有对孩子的良好行为进行强化，在惩罚错误行为的时候又过于苛刻或（和）前后不一致（Coie & Dodge，1998；Snyder，Cramer，Afrank，& Patterson，2005）。在孩子的成长过程中，这些父母可能并没有积极地参与、关心孩子的生活（G. R.

专栏17.2 青少年暴力蔓延

1999年4月20日，18岁的埃里克·哈里斯和17岁的迪伦·柯尔伯德穿着黑色军用防水短上衣，手持一把来复步枪，一把半自动手枪，两把锯短了枪管的散弹猎枪以及30多枚自制的炸弹，进入了美国科罗拉多州利特尔顿市的科隆比纳中学。他们先是大笑和辱骂，然后向学生进行扫射，杀死了12名同学和一名教师，最后选择了自杀。

这场发生在利特尔顿市的大屠杀并不是一次孤立事件。2004~2005年间，21名5~18岁的青少年成为校园杀人事件的牺牲者。但是，在这一偶然的青少年杀人事件登上报纸头条的同时，强奸、抢劫和殴打事件却屡见不鲜。2004年，在12~18岁学生中共发生了140万起校园非死亡性暴力事件，其中十万七千件属严重暴力事件。2005年，有10%的中学男生和6%的中学女生报告在校园内曾遭到武器恐吓或伤害；6%的学生，其中男生有10%，承认曾携带武器到学校（Dinkes，Forrest Cataldi，Kena，& Baum，2006）。青少年罪犯中有相当一部分死于暴力事件，并且少数民族裔的死亡比例明显较高（Teplin，McClelland，Abram，& Mileusnic，2005）。

校园暴力并不是美国特有的现象。2004年6月，在日本的一所小学，一名11岁的女孩将其12岁的同班同学刺死，原因是双方在网上的争论，这只是最近几年众多事件中的一起（“整个日本为校园杀人事件震惊，”2004）。在一项对35个西方国家的161082名学生进行的调查中，37%~69%的男生和13%~32%的女生承认曾经打过架，通常是与朋友或亲属打架。打架发生比例最低的国家是芬兰，最高的是东欧或中欧国家。虽然与其他很多国家相比，打架现象在美国并不算多，但是其中携带武器打架的比例却最高：22%的男生和5%的女生。在所有国家中，打架并携带武器都是严重伤害事件的主要因素（Pickett et al.，2005）。

为什么一些青少年会做出如此具有破坏性的行为？原因之一是青少年大脑的不成熟，尤其是前额皮层，这一组织主要掌管判断和冲动抑制（参阅第15章）。另一个原因是在“枪战传奇”的文化背景下，青少年很容易得到枪支（Weinberger，2001，p. 2）。

青少年暴力事件与学校中的团伙有紧密的联系

关于青少年暴力的五个误区

误　区	事　实
大多数罪犯在童年早期就已经表现出来了。	有品行障碍或行为不受控制的儿童并不一定成为暴力青少年。
非裔美国和西班牙青少年比其他种族的青少年更容易卷入暴力事件。	虽然犯罪率不同，但自我报告的结果表明种族和民族因素对暴力行为的总体比例影响很小。
20世纪90年代成长起来的青少年，是特别残忍的一代，他们长大后会把美国变成前所未有的充满暴力的国度。	并没有证据表明，20世纪90年代卷入暴力事件的青少年比较早年代的青少年更暴力或更邪恶。
把青少年送到成人刑事法庭接受更严格的审判可以减少他们的暴力犯罪。	在成人法庭接受审判的青少年罪犯，比在青少年法庭接受审判的青少年罪犯重复犯罪和再犯重罪的比例更高。
大多数暴力青少年最终将因暴力犯罪被逮捕。	大多数有暴力行为的青少年不会因为暴力犯罪被逮捕。

资料来源：基于“青少年暴力”的有关数据，2001。

（NCES，2003；“Youth Violence，”2001）。对很多青少年来说，团伙能够满足很多无法实现的需要，比如同一性、关系、能力感和控制感。对家庭关系不好的青少年来说，团伙可以成为家庭的替代品。团伙强调了一种“我们对他们”的感觉。通过暴力对抗外部力量能表现出对团伙的忠诚和支持（Staub，1996）。

关于青少年暴力事件和反社会行为的根源我们可以追溯到儿童期。在小学就表现出攻击性的儿童，尤其是男孩，到青春期时往往会表现出极端的反社会倾向（Broidy et al.，2003）。成长于被拒绝、被强迫、过度宽容或混乱环境下的儿童往往表现得更具攻击性，并且很容易唤醒他们对他人的敌意，进而助长了他们的侵略性。消极的自我形象妨碍了他们在学校取得好的表现或培养出其他建设性的兴趣爱好，并且和他们在一起的同伴往往会增强他们的反社会态度和行为（Staub，1996）。生活在贫困、不稳定，且高犯罪率、社区参与度和支持度较低的市中心社区家庭的男孩，最有可能成为暴力事件的发起者（Tolan et al.，2003），但是科隆比纳中学发生的枪击事件表明，即使郊区学校的中产阶级学生也不能避免。

如果青少年目睹过暴力事件的发生，曾经受过社区暴力的伤害，或者接触过很多媒体暴力的信息，那么他们做出暴力行为的可能性会更大（Brookmeyer，Henrich，& Stone，2005；Pearce，Jones，Schwab-Stone，& Ruchkin，2003）。像我们在第14章讨论的，媒体暴力的持续影响会滋生攻击行为，所有青少年都不能豁免（Johnson，Cohen，Smailes，Kasen，& Brook，2002）。父母的支持往往会对接触暴力引起的消极效果起缓冲的作用，特别是对男孩。女孩自己的亲社会倾向也会起到自我缓冲的作用（Brookmeyer et al.，2005；Pearce et al.，2003）。

心理学家指出了一些潜在的警告。容易做出暴力行为的青少年常常拒绝听从父母或老师的建议，不顾及他人的感情和权利，依靠暴力或恐吓来解决问题，认为生活对自己不公平。他们往往在学校表现很差，旷课或逃学，遇事犹豫不决或推迟甚至放弃，是欺负事件的受害者，喝酒、吸毒和（或）药物滥用，过早发生性行为，拉帮结伙，打架、偷窃或破坏公共财物（APA and AAP，1996；Resnick et al.，1997；Smith-Khuri et al.，2004；“Youth Violence，”2001）。哈里斯和柯尔伯德表现出了上述很多特征。

美国卫生局的一份报告对某些关于青少年暴力的荒诞说法或无稽之谈提出了质疑（“Youth Violence，”2001；见下表）。其中最荒诞的观点是，在预防或治疗暴力行为面前，人们无能为力。通过提高青少年的社交能力、情绪知觉和情绪控制来预防暴力行为已经取得了一定的效果（Henrich，Brown，& Aber，1999）。德克萨斯州加尔维斯敦市一项处理特殊危险因素的计划带来了青少年犯罪率的下降（Thomas，Holzer，& Wall，2002）。遗憾的是，在进行严格评估时，几百项学校计划和社区计划中有一半没有达到预期目标。

你的观点?

你认为控制青少年暴力最有效的方法是什么?

请查阅!

获取更多相关信息，请登陆 http://www.searchinstitute.org 网站。搜寻协会是一家通过提供“发展的资源”和创建健康社区以“培养有同情心和责任心的儿童和青少年”的机构。

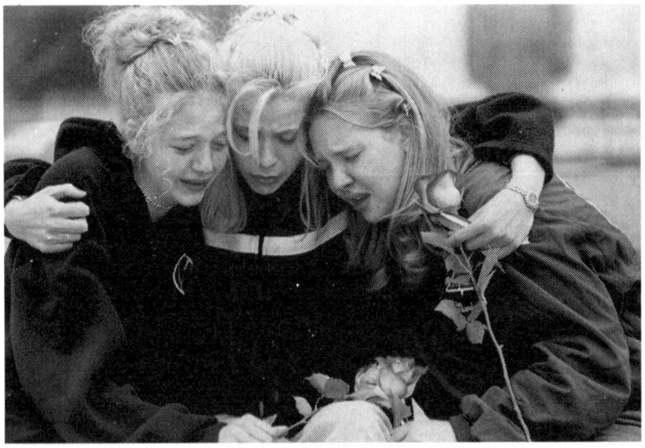

1999 年 4 月 20 日，美国科罗拉多州李特尔顿市科隆比纳高中发生了一起校园枪击案，这几名 16 岁的女孩在受害者的守夜祈祷会上互相安慰。这起校园枪击案与其他案件一样是目前正流行的“青少年暴力”的典型事例。

Patterson，DeBaryshe，& Ramsey，1989）。孩子们可能从反社会行为中得到好处：当调皮捣蛋的时候，他们能够得到关注或达到自己的目的。这些早期的负面行为类型为后来的消极同伴影响铺就了道路，并进一步强化和促进了反社会行为（Collins et al.，2000；B. B. Brown，Mounts，Lamborn，& Steinberg，1993）。

到青春期早期，父母和孩子之间可能出现了公开的敌意。当持续不断的批评、发火、强迫或者粗鲁、冲突的行为成为父母与孩子之间交流的主旋律时，孩子往往会出现攻击行为问题，并促使亲子关系进一步恶化（Buehler，2006）。父母无效的教养方式很容易导致年幼的孩子受行为不端的兄长的强烈影响，特别是在兄弟姐妹年龄差距不大的情况下（Snyder，Bank，& Burraston，2005）。

青少年对反社会同伴的选择主要受环境因素的影响（Iervolino et al.，2002）。青少年愿意与相同家庭背景的同伴交朋友，他们学习成绩差不多，亲社会或反社会倾向相同，容易相互适应（Collins et al.，2000；B. B. Brown，Mounts，Lamborn，& Steinberg，1993）。像在儿童期一样，反社会青少年往往有反社会的朋友，当他们在一起的时候，他们的反社会行为会增加（Dishion，McCord，& Poulin，1999；Hartup & Stevens，1999；Vitaro，Tremblay，Kerr，Pagani，& Bukowski，1997）。反社会青少年讲话、大笑的方式，或者违反纪律后的自鸣得意以及同伴之间心照不宣的点头方式似乎源于某种“非常规训练”((Dishion et al.，1999）。这些“问题孩子”又引出了父母教养方式不当的问题，父母教养方式不当有可能导致孩子做出违法行为和加入不正常的同伴群体或团伙（Simons，Chao，Conger，& Elder，2001；Tolan et al.，2003）。

父母权威性的教养方式能够帮助青少年内化交友标准，这些标准帮助他们远离消极的同伴影响，而与积极向上的伙伴交朋友（Collins et al.，2000；Mounts & Steinberg，1995）。青春期阶段，父母良好的教育可以避免孩子受到不良同伴的影响，进而减少其犯错的机会（Simons et al.，2001）。父母知道孩子在哪儿，在做什么，可以减少青少年参与违法行为（Laird，Pettit，Bates，& Dodge，2003）或与不良同伴交往的概率（Lloyd & Anthony，2003）。

家庭经济状况也会对青少年反社会行为的发展产生影响。持续的贫困生活会使家庭丧失社会资本，进而破坏健全有效的教养。贫困家庭的孩子比其他孩子更容易做出反社会行为，而且，随着年龄的增大，那些一直处于贫困家庭的青少年的反社会倾向会更强。相反，如果在孩子小的时候，家庭经济状况得到了改善，那么，这些孩子会和那些家境一直不错的孩子一样，很少出现行为问题（Macmillan，McMorris，

& Kruttschnitt，2004）。

在贫困社区，邻里社区组织比较薄弱，这会影响父母的教养方式和不良同伴群体，进而致使青少年产生不良行为（Chung & Steinberg，2006）。集体效能，社区内部邻里之间社会联系的力量以及居民彼此互相监督和管理对方孩子的程度，会影响结果朝有利的方向发展（Sampson，1997）。教养方式的组合，包括父母教养和集体效能，能够防止青少年与问题同伴结交（Brody et al.，2001）。

长远展望

很多像杰基·罗宾森和他朋友那样的青少年，有时会出现反社会行为甚至暴力行为。这些青少年中的大多数人成年后并没有沦为罪犯（Kosterman，Graham，Hawkins，Catalano，& Herrenkohl，2001；Moffitt，1993）。青少年在 15 岁左右的时候最容易出现不良行为，然后随着青少年与家庭对他们应有的独立性逐渐达成共识，行为不良现象开始减少。

没有看到积极选择的青少年很可能一直采取反社会的生活方式（Elliott，1993）。最有可能深陷暴力行为不能自拔的青少年是那些早期受到反社会行为影响的男孩。最不容易采取暴力行为的是那些在学校表现较好的孩子，以及很早就表现出亲社会行为的女孩（Kosterman et al.，2001）。由于青春期的性格仍处在不断变动之中，很多发展心理学家对当今审判青少年罪犯的趋势表示惋惜和遗憾，现在的审判从旨在挽救失足少年的少年法庭越来越多地转向刑事法庭，在那儿，青少年会接受与成年人一样的审问和判决（Steinberg，2000；Steinberg & Scott，2003）。

你的观点?
社会应当如何处理青少年罪犯?

预防和治疗行为不良

由于青少年犯罪在儿童期就埋下了根源，所以做一些预防性的努力是十分必要的。为了使预防措施能够最大程度地发挥作用，应该针对可能引起行为不良的多种因素进行干预。

参加过某些儿童早期干预计划的青少年，与同样生活在贫困家庭而没有类似经验的同伴相比，出现问题的可能性更小（Yoshikawa，1994；Zigler，Taussig，& Black，1992）。有效的计划应该针对那些高风险的城市儿童，在孩子 5 岁之前至少要持续 2 年。这些计划通过高质量的日托或教育直接影响孩子，在必要时为家庭提供帮助和支持，以便对孩子产生间接影响（Berrueta-Clement et al.，1985；Berrueta-Clement，Schweinhart，Barnett，& Weikart，1987；Schweinhart et al.，1993；Seitz，1990；Yoshikawa，1994；Zigler et al.，1992）。

这些计划通过影响家庭、学校以及（或）儿童照料中心来发挥作用，它们都属于布朗芬布伦纳生态模型中的中间系统。同时，这些计划还创建了支持性的父母网络，并为父母提供诸如产前和产后护理、教育和职业咨询等社区服务，这又比中间系统更进了一步（Yoshikawa，1994；Zigler et al.，1992）。通过他们多方面的努力，这些干预措施对那些可能导致行为不良的早期危险因素起到了很好的抑制作用。

芝加哥亲子中心是为芝加哥公立学校中的贫困学生设立的一项学前项目。这个项目将一直提供服务，直至孩子9岁为止。当这些被试20岁时，他们比未接受早期干预的对照组拥有更高的教育水平和社交能力，犯罪率也更低（Reynolds et al.，2001）。

一旦孩子进入青春期，尤其是在犯罪猖獗的贫困社区，干预措施需要特别关注那些容易惹事的青少年，预防他们加入帮派（Tolan et al.，2003）。成功的干预项目通过更好的监督、行为管理和邻里社会支持等方式提高父母的养育技能。

为有不良行为的青少年提供集中营和夏令营项目可能会起到相反的作用，因为他们把不良少年聚集到一起，可能会强化他们的叛逆性。比较有效的项目包括：探索活动、运动和教堂礼拜，让不良少年融入到正常少年中。放学后、周末晚上和暑假是青少年最空闲且最可能惹上麻烦的时间，有组织的、成人监控的或者以学校为基础的活动能够减少他们接触增加反社会行为环境的机会（Dodge，Dishion，& Lansford，2006）。

就像杰基·罗宾森的经历一样，鼓励青少年在业余时间参与建设性的活动或工作技能培训能起到长期的积极作用。参加学校课外活动往往能够减少高危青少年的辍学率和犯罪率（Mahoney，2000）。表17-8列出了几个防止青少年做出不良行为的成功项目。

幸运的是，绝大多数青少年并没有陷得太深。那些表现出不良行为的青少年能够而且应该得到帮助。如果能够得到爱、指导和支持，青少年可以避免危险，并在成长的道路上靠自己的力量创造璀璨的未来。

考考你✓

你可以……

✓ 解释家庭、同伴和社区因素如何共同促进反社会行为和犯罪吗?

✓ 举例说明成功预防或阻止反社会行为和犯罪的项目吗?

成年初显期

与以往相比，在现代西方社会中，孩子进入成年期需要更长的时间，可供选择的路径也更多。在20世纪中期以前，一个刚刚迈出高中大门的年轻小伙子，可以在短期内迅速找到一份稳定的工作，然后结婚并开始家庭生活。对年轻女性来说，迈向成人最重要的一步就是结婚，而她们结婚唯一需要的就是找到一位合适的伴侣。如今，技术革命使得人们必须拥有更高的受教育程度和专业培训。女权运动也使更多的妇女走向职场，开始扮演更多的角色（Furstenberg，Rumbaut，& Settersten，Jr.，2005；Fussell & Furstenberg，2005）。今天，步入成人世界的标志可能有很多，例如：进入大学（全日制或在职）、工作（全职或兼职）、从家里搬出独立居住、结婚、生

表 17-8　预防不良行为的有效方法

心理健康

1. 个体化的管理措施
2. 家庭干预
3. 诸如“大哥”、“大姐”的指导项目

教　育

1. 全面实施以改善环境为中心的全校改革计划，包括：
   a. 明确规范学生和教职工的行为
   b. 始终保持学校纪律一致
   c. 积极监控“热点区域”的行为问题
   d. 改善监控学生成绩和行为的体系
2. 建立广泛的旨在培养学生社交能力的课堂项目
3. 全校性的积极行为支持
4. 为每个学生制定积极行为支持计划
5. 提高任课老师的行为管理实践能力
6. 为任课老师提供咨询和支持
7. 让行为不良的青少年与表现较好的同伴配对（例如，教练法）
8. 塑造青少年的道德，培养青少年的责任感等主动干预计划

青少年公平和儿童福利

1. 多方面看护
2. 加强保护性监督计划
3. 把不良青少年送到附近的普通青少年活动场所（例如男孩女孩俱乐部）
4. 建立共处的环境而不是监管的环境
5. 人际交往技能训练
6. 个体咨询
7. 由心理健康专家进行治疗
8. 早期的转移注意力训练
9. 冲突调停计划
10. 青少年法庭计划

社区计划

1. 对所有青少年开放的公共或私人组织，成人也可参与（例如宗教团体、士兵俱乐部、探索活动、男孩女孩俱乐部）
2. 学校组织的课外活动
3. 鼓励非团伙性质的活动参与（例如工作、家庭角色、服兵役、导师）
4. 儿童早期干预，例如 Perry 学前计划
5. 就业工作团
6. 以高危青少年聚集的高犯罪率社区为目标的治安计划
7. 努力减少处于社会边缘的特殊青少年群体

资料来源：改编自 Dodge，Dishion，& Lansford（2006）。

子，并且这些标志的顺序和时间也各不相同（Schulenberg，O'Malley，Bachman，& Johnston，2005）。因此，有些发展心理学家提出，从不到 20 岁到 25 岁或更晚的这段时间成为生命进程中的一段独特时期：**成年初显期**（emerging adulthood），年轻人已经不是青少年，但是还没有完全变为成年人（Arnett，2000，2004；Furstenberg et al.，2005）。

在当今很多人的心目中，开始进入成年期的标志不再是诸如学会开车、参加选举和开始工作等外在标准，而是自主性、自我控制和个人责任等内部标准。它更多的是一种心理状态，而非一系列独立事件（Shanahan，Porfeli，& Mortimer，2005）。

自 20 世纪 90 年代以来，针对处于成年初显期的美国人的多项调查（大多数是白人，居住在城市，中产阶级地位）反复表明，成年期的三个主要标准为：“自我责任感、独立地做决定、经济获得独立”，这也反映出他们关于个人主义和自我效能的社会价值观（Arnett & Galambos，2003，p. 92）。在对以色列、阿根廷、美国少数民族和摩门教徒的类似调查中，这些标准也得到了大多数人的认可。然而，这些文化中的成年初显期的人也提到了反映集体主义价值观的标准。在以色列，服兵役

你的观点？

- 你认为成人期的哪些标准最相关？
- 你认为这些标准是否受你所在文化的影响？

是成年的一项重要标志（Mayseless & Scharf，2003）。由于近些年经历了严重的经济危机和高失业率，相比工作而言，阿根廷的年轻人更加强调家庭责任感（Facio & Micocci，2003）。摩门教徒则引用了宗教的仪式，例如允许加入成年男性或女性的宗教组织（Nelson，2003）。

与欧裔美国人相比，非裔、拉丁裔和亚裔美国人更多地提及以下标准：对他人的义务（比如支撑一个家庭），公认的角色转变（比如结婚），以及遵守社会规范（比如停止非法药品的使用）。与欧裔和亚裔美国人相比，来自贫困家庭的非裔美国人和拉丁美洲人往往在年龄更小的时候便认为自己已经成年，这也许是因为他们要更早地承担较多的家庭责任（Arnett，2003）。

随着该类研究的继续，探索在非西方文化背景下的农村，成年意味着什么也是一件有趣的事情。它往往有更强烈的集体主义价值观。

考考你✓

你可以……

✓ 解释成年初显期的概念并说明它为何适用于现代西方社会吗?

✓ 讨论不同文化下的成人概念吗?

再次聚焦

回忆本章开头有关杰基·罗宾森的短文，

- 哪些证据表明杰基·罗宾森已经度过了埃里克森的同一性与同一性混乱阶段?
- 考虑到罗宾森同一性的普遍性和种族身份的特殊性，他属于玛西娅理论中同一性状态的哪个阶段?
- 罗宾森与母亲及同伴的关系是否与本章介绍的研究结果一致?
- 你认为罗宾森是否表现出了青春期的叛逆性?
- 结合本章的内容，你认为罗宾森没有发展成为少年犯的原因是什么?

在人生的头几年，正常的发展变化是很明显的，是成长的标志。摇篮里的婴儿逐渐成长为主动探索的、蹒跚学步的儿童。儿童逐渐融入学校和社会。青少年拥有全新的身体和意识之后，准备步入成人世界。

成长和发展并没有到此嘎然而止。进入成年期后，人们仍然在发生着重要的变化。与出生以来一样，他们继续发展着。童年时期发生的事件非常重要，但这并不是全部。我们将用一生的时间继续书写人类自身和人类社会发展的传奇。

小结和关键术语

寻求自我同一性

学习向导 1 青少年如何形成自我同一性，性别和种族起到了什么作用?

- 青春期的主要问题是寻求同一性，包括职业、性别和价值观念等因素。埃里克·埃里克森把青春期的心理社会危机描述为同一性与同一性混乱。在这场危机中，我们应该学到的美德是忠诚。
- 以埃里克森的理论为基础，詹姆士·玛西娅依据危机和承诺的不同组合得出四种同一性状态，分别是：同一性获得、同一性早闭、同一性延缓和同一性扩散。
- 在青春期，青少年尤其是女孩的自尊水平会出现下降，但是对少数民族来说并非如此。
- 种族是同一性形成的重要部分。少数民族的青少年在经历种族同一性发展时，似乎更符合玛西娅提出的同一性状态。

性特征

学习向导 2 哪些因素决定了青少年的性取向，青少年群体中普遍存在哪些性态度和性经历，哪些因素导致某些青少年发生危险性行为？

- 性取向似乎受到生物因素和环境因素交互作用的影响，遗传至少起到部分作用。
- 与过去相比，青少年性行为更加普遍也更容易被接受，但是会带来早孕与性传染疾病（STDs）的危险。过早发生性行为、拥有多个性伙伴、不使用避孕用具、对性知识所知不多的青少年最容易出现上述危险情况。
- 同性恋同一性和同性恋关系发展的过程可能因群体、性别和种族的不同而不同。
- 美国的性传播疾病发病率在全世界位居首位，尤其是青少年群体。相比男孩来说，性传染病更容易在女孩中隐性传播。
- 美国青少年的怀孕率和生育率已经出现了下降。这些新生儿的母亲大多数是未婚妈妈。
- 青少年怀孕和分娩经常带来负面影响。青少年妈妈和她们的家庭往往饱受疾病和经济拮据问题的困扰，她们的孩子往往得不到有效的照顾。

与家庭和同伴的关系

学习向导 3 青少年如何与父母、兄弟姐妹和同伴交往？

- 尽管青少年与父母的关系并非一直都非常融洽，但是青少年极度叛逆的情况还是很少见的。对大多数青少年来说，青春期是一段相对平稳的过渡期。对于少数遭遇严重困扰的青少年来说，这往往预示着一个不平静的成年期。
- 青少年与同伴相处的时间越来越多，但同时他们与父母仍然保持亲密关系，而且这一关系很重要。
- 与父母之间的冲突往往在青春期早期最频繁，在青春期中期最激烈。一些次要问题所引发的激烈冲突似乎反映了青少年的个性形成过程。
- 权威型的教养方式往往能够收到最积极的效果。一般而言，在青春期，父母对孩子的行为控制逐渐减少；而抑制青少年情感自主的心理控制却并没有随之减少。
- 有效的父母监督取决于青少年的自我暴露，而青少年自我暴露的意愿又受到亲子关系质量的影响。
- 离婚、单亲家庭和母亲外出工作给青少年发展带来的影响取决于父母对青少年行为监控的有效程度，以及家庭环境的质量等因素。
- 经济压力不仅影响单亲家庭，而且也会影响双亲家庭中成员之间的关系。
- 在青春期，青少年与兄弟姐妹之间的关系往往变得更加疏远，而且年长与年幼的同胞之间的变得更加平等。
- 在青春期早期，同伴群体的影响是最强烈的。受到同伴排斥的青少年往往会产生最严重的适应问题。同伴之间的关系分为三种类型：友谊、朋党和群体。
- 友谊，尤其是女性同伴间的友谊，在青春期变得更加亲密和更具支持性。朋党的构成与身份密切相关；群体则是以共同特征为基础建立起来的，比如种族或社会经济地位。
- 恋爱关系中包含了几种不同的角色，并且随着年龄和经历的增长而不断发展。

学习向导 4 哪些因素会导致青少年做出反社会行为，哪些措施可以减少青少年犯罪？

- 反社会行为与多种发生交互作用的危险因素有关，包括遗传因素、神经缺陷、无效的教养方式、学业失败、不良同伴的影响和社会经济地位低下。
- 从孩子年龄较小的时候就开始减少环境危险因素的项目在预防青少年犯罪方面已经取得了一定成效。

成年初显期

学习向导 5 各种文化如何定义成年期，它有哪些标志？

- 近些年，在西方文化中发展出被称为“成年初显期”的过渡期。
- 在不同的西方文化中，成年初显期的人对于进入成年期的标志持有相似的观点。最为普遍接受的标准是与自我效能和独立自主有关的个人主义标准。然而，有些文化中也强调集体主义标准，比如履行家庭责任和遵守社会规范。

专业术语表

A

A 非 B 错误
A, not-B error Tendency for 8- to 12-month-old infants to search for a hidden object in a place where they previously found it rather than in the place where they most recently saw it being hidden.

加速型
acceleration Approach to educating the gifted that moves them through the curriculum at an unusually rapid pace.

顺　应
accommodation Piaget's term for changes in a cognitive structure to include new information.

获得性免疫缺陷综合征
acquired immune deficiency syndrome (AIDS) Viral disease that undermines effective functioning of the immune system.

急性症病
acute medical conditions Occasional illnesses that last a short time.

适　应
adaptation Piaget's term for adjustment to new information about the environment.

青春期
adolescence Developmental transition between childhood and adulthood entailing major physical, cognitive, and psychosocial changes.

青春期的快速发育
adolescent growth spurt Sharp increase in height and weight that precedes sexual maturity.

青春叛逆期
adolescent rebellion Pattern of emotional turmoil, characteristic of a minority of adolescents that may involve conflict with family, alienation from adult society, reckless behavior, and rejection of adult values.

肾上腺机能初现
adrenarche Maturation of adrenal glands.

可实现性
affordance In the Gibsons' ecological theory of perception, the fit between a person's physical attributes and capabilities and characteristics of the environment.

等位基因
alleles Two or more alternative forms of a gene that can occupy the same position on paired chromosomes and affect the same trait.

利他性
altruism Motivation to help others without expectation of reward; may involve self-denial or self-sacrifice.

矛盾型依恋
ambivalent (resistant) attachment Pattern in which an infant becomes anxious before the primary caregiver leaves, is extremely upset during his or her absence, and both seeks and resists contact on his or her return.

泛灵论
animism Tendency to attribute life to objects that are not alive.

神经性厌食症
anorexia nervosa Eating disorder characterized by self-starvation and extreme weight loss.

氧缺乏
anoxia Lack of oxygen, which may cause brain damage.

阿氏评分
Apgar scale Standard measurement of a newborn's condition; it assesses appearance, pulse, grimace, activity, and respiration.

艺术治疗
art therapy Therapeutic approach that allows a child to express troubled feelings without words, using art materials and media.

同　化
assimilation Piaget's term for incorporation of new information into an existing cognitive structure.

哮　喘
asthma A chronic respiratory disease characterized by sudden attacks of coughing, wheezing, and difficulty in breathing.

依　恋
attachment Reciprocal, enduring tie between two people—especially between infant and caregiver—each of whom contributes to the quality of the relationship.

注意障碍 / 多动症
attention-deficit/hyperactivity disorder (ADHD) Syndrome characterized by persistent inattention and distractibility, impulsivity, low tolerance for frustration, and inappropriate overactivity.

专制型
authoritarian In Baumrind's terminology, parenting style emphasizing control and obedience.

权威型
authoritative In Baumrind's terminology, parenting style blending respect for a child's individuality with an effort to instill social values.

自传式记忆
autobiographical memory Memory of specific events in one's own life; a type of episodic memory.

自主性对羞怯和怀疑
autonomy versus shame and doubt Erikson's second stage in psychosocial development, in which children achieve a balance between self-determination and control by others.

常染色体
autosomes In humans, the 22 pairs of chromosomes not related to sexual expression.

回避型依恋
avoidant attachment Pattern in which an infant rarely cries when separated from the primary caregiver and avoids contact on his or her return.

B

基本信任对基本不信任
basic trust versus basic mistrust Erikson's first stage in psychosocial development, in which infants develop a sense of the reliability of people and objects.

贝氏婴幼儿发展量表
Bayley Scales of Infant and Toddler Development Standardized test of infants' and toddlers' mental and motor development.

行为治疗
behavior therapy Therapeutic approach using principles of learning theory to encourage desired behaviors or eliminate undesired ones; also called .

行为遗传学
behavioral genetics Quantitative study of relative hereditary and environmental influences on behavior.

行为主义
behaviorism Learning theory that emphasizes the predictable role of environment in causing observable behavior.

行为主义视角
behaviorist approach Approach to the study of cognitive development that is concerned with the basic mechanics of learning.

双语者
bilingual Fluent in two languages.

双语教学
bilingual education System of teaching non-English-speaking children in their native language while they learn English and later switching to all-English instruction.

生态学理论
bioecological theory Bronfenbrenner's approach to understanding processes and contexts of child development.

身体意象
body image Descriptive and evaluative beliefs about one's appearance.

脑生长突增期
brain growth spurts Periods of rapid brain growth and development.

布氏新生儿行为评分
Brazelton Neonatal Behavioral Assessment Scale (NBAS) Neurological and behavioral test to measure a neonate's responses to the environment.

神经性贪食症
bulimia nervosa Eating disorder in which a person regularly eats huge quantities of food and then purges the body by laxatives, induced vomiting, fasting, or excessive exercise.

欺负行为
bullying Aggression deliberately and persistently directed against a particular target, or victim, typically one who is weak, vulnerable, and defenseless.

C

定型化
canalization Limitation on variance of expression of certain inherited characteristics.

个案研究
case study Study of a single subject, such as an individual or family.

细胞凋亡
cell death In brain development, normal elimination of excess cells to achieve more efficient functioning.

中央执行
central executive In Baddeley's model, element of working memory that controls the processing of information.

中枢神经系统
central nervous system Brain and spinal cord.

中心化
centration In Piaget's theory, tendency of preoperational children to focus on one aspect of a situation and neglect others.

头尾定律
cephalocaudal principle Principle that development proceeds in a head-to-tail direction; that is, that upper parts of the body develop before lower parts of the trunk.

剖腹产
cesarean delivery Delivery of a baby by surgical removal from the uterus.

儿童发展
child development Processes of change and stability in children from conception through adolescence.

儿语化语言
child-directed speech (CDS) Form of speech often used in talking to babies or toddlers; includes slow, simplified speech, a high-pitched tone, exaggerated vowel sounds, short words and sentences, and much repetition; also called .

儿童抑郁症
childhood depression Mood disorder characterized by such symptoms as a prolonged sense of friendlessness, inability to have fun or concentrate, fatigue, extreme activity or apathy, feelings of worthlessness, weight change, physical complaints, and thoughts of death or suicide.

染色体
chromosomes Coils of DNA that consist of genes.

慢性病症
chronic medical conditions Physical, developmental, behavioral, and/or emotional conditions that require special health services.

历时性系统
chronosystem Bronfenbrenner's term for effects of time on other developmental systems.

循环反应
circular reactions Piaget's term for processes by which an infant learns to reproduce desired occurrences originally discovered by chance.

类包含
class inclusion Understanding of the relationship between a whole and its parts.

经典条件反射
classical conditioning Learning based on association of a stimulus that does not ordinarily elicit a particular response with another stimulus that does elicit the response.

语码混合
code mixing Use of elements of two languages, sometimes in the same utterance, by young children in households where both languages are spoken.

语码转换
code switching Changing one's speech to match the situation, as in people who are bilingual.

认知发展
cognitive development Pattern of change in mental abilities, such as learning, attention, memory, language, thinking, reasoning, and creativity.

认知神经科学
cognitive neuroscience Approach to the study of cognitive development that links brain processes with cognitive ones.

认知理论
cognitive perspective View that thought processes are central to development.

认知阶段理论
cognitive-stage theory Piaget's theory that children's cognitive development advances in a series of four stages involving qualitatively distinct types of mental operations.

同龄人
cohort A group of people born at about the same time.

承　诺
commitment Marcia's term for personal investment in an occupation or system of beliefs.

约束性服从
committed compliance Kochanska's term for wholehearted obedience of a parent's orders without reminders or lapses.

成分要素
componential element Sternberg's term for the analytic aspect of intelligence.

概念性知识
conceptual knowledge Acquired interpretive understandings stored in long-term memory.

一　致
concordant Term describing tendency of twins to share the same trait or disorder.

具体运算
concrete operations Third stage of Piagetian cognitive development (approximately from age 7 to 12) , during which children develop logical but not abstract thinking.

品行障碍
conduct disorder (CD) Persistent, repetitive pattern of aggressive, antisocial behavior violating societal norms or the rights of others.

良　心
conscience Internal standards of behavior, which usually control one's conduct and produce emotional discomfort when violated.

守　恒

conservation Piaget's term for awareness that two objects that are equal according to a certain measure remain equal in the face of perceptual alteration so long as nothing has been added to or taken away from either object.

建构游戏

constructive play In Smilansky's terminology, second cognitive level of play, involving use of objects or materials to make something; also called .

情境要素

contextual element Sternberg's term for the practical aspect of intelligence.

情境理论

contextual perspective View of child development that sees the individual as inseparable from the social context.

控制组

control group In an experiment, a group of people, similar to those in the experimental group, who do not receive the treatment under study.

习俗道德

conventional morality (or morality of conventional role conformity) Second level in Kohlberg's theory of moral reasoning in which standards of authority figures are internalized.

聚合思维

convergent thinking Thinking aimed at finding the one right answer to a problem.

共同约束

coregulation Transitional stage in the control of behavior in which parents exercise general supervision and children exercise moment-to-moment self-regulation.

体　罚

corporal punishment Use of physical force with the intention of causing pain but not injury so as to correct or control behavior.

相关研究

correlational study Research design intended to discover whether a statistical relationship between variables exists.

危　机

crisis Marcia's term for period of conscious decision making related to identity formation.

关键期

critical period Specific time when a given event or its absence has a specific impact on development.

跨通道迁移

cross-modal transfer Ability to use information gained by one sense to guide another.

横断研究

cross-sectional study Study designed to assess age-related differences, in which people of different ages are assessed on one occasion.

文化偏差

cultural bias Tendency of intelligence tests to include items calling for knowledge or skills more familiar or meaningful to some cultural groups than to others.

文化社会化

cultural socialization Parental practices that teach children about their racial/ethnic heritage and promote cultural practices and cultural pride.

文　化

culture A society's or group's total way of life, including customs, traditions, beliefs, values, language, and physical products—all learned behavior passed on from parents to children.

文化公平

culture-fair Describing an intelligence test that deals with experiences common to various cultures, in an attempt to avoid cultural bias.

文化通用

culture-free Describing an intelligence test that, if it were possible to design, would have no culturally linked content.

文化相关

culture-relevant Describing an intelligence test that takes into account the adaptive tasks children face in their culture.

D

去中心化

decenter In Piaget's terminology, to think simultaneously about several aspects of a situation.

陈述性知识

declarative knowledge Acquired factual knowledge stored in long-term memory.

解　码

decoding Process of phonetic analysis by which a printed word is converted to spoken form before retrieval from long-term memory.

演绎推理
deductive reasoning Type of logical reasoning that moves from a general premise about a class to a conclusion about a particular member or members of the class.

延迟模仿
deferred imitation Piaget's term for reproduction of an observed behavior after the passage of time by calling up a stored symbol of it.

丹佛发展筛选测验
Denver Developmental Screening Test Screening test given to children 1 month to 6 years old to determine whether they are developing normally.

脱氧核糖核酸
deoxyribonucleic acid (DNA) Chemical that carries inherited instructions for the development of all cellular forms of life.

因变量
dependent variable In an experiment, the condition that may or may not change as a result of changes in the independent variable.

深度知觉
depth perception Ability to perceive objects and surfaces in three dimensions.

分 化
differentiation Process by which cells acquire specialized structure and function.

难养型儿童
difficult children Children with irritable temperament, irregular biological rhythms, and intense emotional responses.

训 练
discipline Methods of molding children's character and of teaching them to exercise self-control and engage in acceptable behavior.

去习惯化
dishabituation Increase in responsiveness after presentation of a new stimulus.

混乱型依恋
disorganized-disoriented attachment Pattern in which an infant, after separation from the primary caregiver, shows contradictory behaviors on his or her return.

发散思维
divergent thinking Thinking that produces a variety of fresh, diverse possibilities.

显性遗传
dominant inheritance Pattern of inheritance in which, when a child receives different alleles, only the dominant one is expressed.

唐氏综合征
Down syndrome Chromosomal disorder characterized by moderate-to-severe mental retardation and by such physical signs as a downward-sloping skin fold at the inner corners of the eyes.

假装游戏
dramatic play Play involving imaginary people or situations; also called , or .

药物治疗
drug therapy Administration of drugs to treat emotional disorders.

双重表征假设
dual representation hypothesis Proposal that children under age 3 have difficulty grasping spatial relationships because of the need to keep more than one mental representation in mind at the same time.

动力系统论
dynamic systems theory (DST) Thelen's theory, which holds that motor development is a dynamic process of active coordination of multiple systems within the infant in relation to the environment.

阅读障碍
dyslexia Developmental disorder in which reading achievement is substantially lower than predicted by IQ or age.

E

早期干预
early intervention Systematic process of providing services to help families meet young children's developmental needs.

易养型儿童
easy children Children with a generally happy temperament, regular biological rhythms, and a readiness to accept new experiences.

知觉生态论
ecological theory of perception Theory developed by Eleanor and James Gibson, which describes developing motor and perceptual abilities as interdependent parts of a functional system that guides behavior in varying contexts.

自我中心化
egocentrism Piaget's term for inability to consider another person's point of view; a characteristic of young children's thought.

精细加工
elaboration Mnemonic strategy of making mental associations involving items to be remembered.

胎儿电子监测仪

electronic fetal monitoring Mechanical monitoring of fetal heartbeat during labor and delivery.

诱发性模仿

elicited imitation Research method in which infants or toddlers are induced to imitate a specific series of actions they have seen but not necessarily done before.

胚胎期

embryonic stage Second stage of prenatal development (2 to 8 weeks), characterized by rapid growth and development of major body systems and organs.

读写技能的出现

emergent literacy Preschoolers' development of skills, knowledge, and attitudes that underlie reading and writing.

成年初显期

emerging adulthood Proposed transitional period between adolescence and adulthood, usually extending from the late teens through the mid-20s.

情感虐待

emotional maltreatment Action or inaction that may cause behavioral, cognitive, emotional, or mental disorders.

情　绪

emotions Subjective reactions to experience that are associated with physiological and behavioral changes.

共　情

empathy Ability to put oneself in another person's place and feel what the other person feels.

编　码

encoding Process by which information is prepared for long-term storage and later retrieval.

全浸入式英语学习

English-immersion Approach to teaching English as a second language in which instruction is presented only in English.

充实型

enrichment Approach to educating the gifted that broadens and deepens knowledge and skills through extra activities, projects, field trips, or mentoring.

遗　尿

enuresis Repeated urination in clothing or in bed.

环　境

environment Totality of nonhereditary, or experiential, influences on development.

渐成论

epigenesis Mechanism that turns genes on or off and determines functions of body cells.

情景式记忆

episodic memory Long-term memory of specific experiences or events, linked to time and place.

平　衡

equilibration Piaget's term for the tendency to seek a stable balance among cognitive elements.

种族假象

ethnic gloss Overgeneralization about an ethnic or cultural group that blurs or obscures variations within the group or overlaps with other such groups.

种族群体

ethnic group A group united by ancestry, race, religion, language, and/or national origins, which contribute to a sense of shared identity.

人种志研究

ethnographic study In-depth study of a culture, which uses a combination of methods including participant observation.

动物行为学

ethology Study of distinctive adaptive behaviors of species of animals that have evolved to increase survival of the species.

进化心理学

evolutionary psychology Application of Darwinian principles of natural selection and survival of the fittest to individual behavior.

进化的 / 社会生物学的理论

evolutionary/sociobiological perspective View of human development that focuses on evolutionary and biological bases of social behavior.

执行功能

executive function Conscious control of thoughts, emotions, and actions to accomplish goals or solve problems.

外层系统

exosystem Bronfenbrenner's term for linkages between two or more settings, one of which does not contain the child.

经验要素

experiential element Sternberg's term for the insightful aspect of intelligence.

实　验

experiment Rigorously controlled, replicable procedure in which the researcher manipulates variables to assess the effect of one on the other.

实验组

experimental group In an experiment, the group receiving the treatment under study.

外显记忆
explicit memory Intentional and conscious memory, generally of facts, names, and events; sometimes called

大家庭
extended family Multigenerational kinship network of parents, children, and other relatives, sometimes living together in an extended-family household.

外部记忆辅助手段
external memory aids Mnemonic strategies using something outside the person.

F

家庭治疗
family therapy Psychological treatment in which a therapist sees the whole family together to analyze patterns of family functioning.

快速映射
fast mapping Process by which a child absorbs the meaning of a new word after hearing it once or twice in conversation.

受 精
fertilization Union of sperm and ovum to produce a zygote; also called

胎儿酒精综合征
fetal alcohol syndrome (FAS) Combination of mental, motor, and developmental abnormalities affecting the offspring of some women who drink during pregnancy.

胎儿期
fetal stage Final stage of prenatal development (from 8 weeks to birth) , characterized by increased differentiation of body parts and greatly enlarged body size.

精细动作技能
fine motor skills Physical skills that involve the small muscles and eye-hand coordination.

同一性排斥
foreclosure Identity status, described by Marcia, in which a person who has not spent time considering alternatives (that is, has not been in crisis) is committed to other people's plans for his or her life.

规则游戏
formal games with rules Organized games with known procedures and penalties.

形式运算阶段
formal operations In Piaget's theory, final stage of cognitive development, characterized by the ability to think abstractly.

功能游戏
functional play In Smilansky's terminology, lowest cognitive level of play, involving repetitive muscular movements; also called .

G

性 别
gender Significance of being male or female.

性别恒常化
gender constancy Awareness that one will always be male or female. Also called

性别认同
gender identity Awareness, developed in early childhood, that one is male or female.

性别角色
gender roles Behaviors, interests, attitudes, skills, and traits that a culture considers appropriate for each sex; differs for males and females.

性别图式理论
gender-schema theory Theory, proposed by Bem, that children socialize themselves in their gender roles by developing a mentally organized network of information about what it means to be male or female in a particular culture.

性别刻板印象
gender stereotypes Preconceived generalizations about male or female role behavior.

性别类型化
gender-typing Socialization process by which children, at an early age, learn appropriate gender roles.

泛化性焦虑障碍
generalized anxiety disorder Anxiety not focused on any single aspect of title.

一般记忆
generic memory Memory that produces scripts of familiar routines to guide behavior.

基 因
genes Small segments of DNA located in definite positions on particular chromosomes; functional units of heredity.

遗传密码
genetic code Sequence of bases within the DNA molecule; governs the formation of proteins that determine the structure and functions of living cells.

遗传咨询

genetic counseling Clinical service that advises couples of their probable risk of having children with hereditary defects.

基因型

genotype Genetic makeup of a person, containing both expressed and unexpressed characteristics.

基因型—环境相关

genotype-environment correlation Tendency of certain genetic and environmental influences to reinforce each other; may be passive, reactive (evocative) , or active.

基因型—环境交互作用

genotype-environment interaction The portion of phenotypic variation that results from the reactions of genetically different individuals to similar environmental conditions.

胚芽期

germinal stage First 2 weeks of prenatal development, characterized by rapid cell division, increasing complexity and differentiation, and implantation in the wall of the uterus.

性腺功能初现

gonadarche Maturation of testes or ovaries.

拟合优度

goodness of fit Appropriateness of environmental demands and constraints to a child's temperament.

大动作技能

gross motor skills Physical skills that involve the large muscles.

引导性参与

guided participation Participation of an adult in a child's activity in a manner that helps to structure the activity and to bring the child's understanding of it closer to that of the adult.

H

习惯化

habituation Type of learning in which familiarity with a stimulus reduces, slows, or stops a response.

利手性

handedness Preference for using a particular hand.

触 觉

haptic perception Ability to acquire information about properties of objects, such as size, weight, and texture, by handling them.

遗 传

heredity Inborn characteristics inherited from the biological parents.

遗传力

heritability Statistical estimate of contribution of heredity to individual differences in a specific trait within a given population.

异型结合

heterozygous Possessing differing alleles for a trait.

某一代人

historical generation A group of people strongly influenced by a major historical event during their formative period.

单词句

holophrase Single word that conveys a complete thought.

环境监测家庭观察法

Home Observation for Measurement of the Environment (HOME) Instrument to measure the influence of the home environment on children's cognitive growth.

同型结合

homozygous Possessing two identical alleles for a trait.

水平滞差

horizontal décalage Piaget's term for inability to transfer learning about one type of conservation to other types, which causes a child to master different types of conservation tasks at different ages.

敌意性攻击

hostile aggression Aggressive behavior intended to hurt another person.

敌意归因偏见

hostile attribution bias Tendency for someone to perceive others as trying to hurt him or her and to strike out in retaliation or self-defense.

高血压

hypertension High blood pressure.

假 设

hypotheses Possible explanations for phenomena, used to predict the outcome of research.

假设演绎推理

hypothetical-deductive reasoning Ability, believed by Piaget to accompany the stage of formal operations, to develop, consider, and test hypotheses.

I

理想自我

ideal self Self one would like to be.

认 同

identification In Freudian theory, process by which a young child adopts characteristics, beliefs, attitudes, values, and behaviors of the parent of the same sex.

同一性

identity In Erikson's terminology, a coherent conception of the self made up of goals, values, and beliefs to which a person is solidly committed.

同一性获得

identity achievement Identity status, described by Marcia, that is characterized by commitment to choices made following a crisis, a period spent in exploring alternatives.

同一性扩散

identity diffusion Identity status, described by Marcia, that is characterized by absence of commitment and lack of serious consideration of alternatives.

同一性状态

identity statuses Marcia's term for states of ego development that depend on the presence or absence of crisis and commitment.

同一性与同一性混乱

identity versus identity confusion Erikson's fifth stage of psychosocial development, in which an adolescent seeks to develop a coherent sense of self, including the role she or he is to play in society. Also called .

假想观众

imaginary audience Elkind's term for observer who exists only in an adolescent's mind and is as concerned with the adolescent's thoughts and actions as the adolescent is.

内隐记忆

implicit memory Unconscious recall, generally of habits and skills; sometimes called

印 刻

imprinting Instinctive form of learning in which, during a critical period in early development, a young animal forms an attachment to the first moving object it sees, usually the mother.

不完全显性

incomplete dominance Pattern of inheritance in which a child receives two different alleles, resulting in partial expression of a trait.

自变量

independent variable In an experiment, the condition over which the experimenter has direct control.

个体差异

individual differences Differences among children in characteristics, influences, or developmental outcomes.

个体心理治疗

individual psychotherapy Psychological treatment in which a therapist sees a troubled person one-on-one.

个性化

individuation Adolescent's struggle for autonomy and differentiation, or personal identity.

归纳推理

inductive reasoning Type of logical reasoning that moves from particular observations about members of a class to a general conclusion about that class.

诱导技术

inductive techniques Disciplinary techniques designed to induce desirable behavior by appealing to a child's sense of reason and fairness.

勤奋对自卑

industry versus inferiority Erikson's fourth crisis of psychosocial development, in which children must learn the productive skills their culture requires or else face feelings of inferiority.

婴儿的死亡比例

infant mortality rate Proportion of babies born alive who die within the first year.

不孕不育症

infertility Inability to conceive after 12 months of trying.

信息加工取向

information-processing approach Approach to the study of cognitive development by observing and analyzing the mental processes involved in perceiving and handling information.

主动对内疚

initiative versus guilt Erikson's third stage in psychosocial development, in which children balance the urge to pursue goals with moral reservations that may prevent carrying them out.

工具性攻击

instrumental aggression Aggressive behavior used as a means of achieving a goal.

整 合

integration Process by which neurons coordinate the activities of muscle groups.

智力行为

intelligent behavior Behavior that is goal oriented and adaptive to circumstances and conditions of life.

内 化

internalization During socialization, process by which children accept societal standards of conduct as their own.

不可见模仿
invisible imitation Imitation with parts of one's body that one cannot see.

IQ（智商）测验
IQ (intelligence quotient) tests Psychometric tests that seek to measure intelligence by comparing a test-taker's performance with standardized norms.

不可逆性
irreversibility Piaget's term for a preoperational child's failure to understand that an operation can go in two or more directions.

L

实验室观察
laboratory observation Research method in which all participants are observed under the same controlled conditions.

语 言
language Communication system based on words and grammar.

语言获得装置
language acquisition device (LAD) In Chomsky's terminology, an inborn mechanism that enables children to infer linguistic rules from the language they hear.

偏侧优势
lateralization Tendency of each of the brain's hemispheres to have specialized functions.

学习障碍
learning disabilities (LDs) Disorders that interfere with specific aspects of learning and school achievement.

学习理论
learning perspective View of human development that holds that changes in behavior result from experience or adaptation to the environment.

说 话
linguistic speech Verbal expression designed to convey meaning.

识字能力
literacy Ability to read and write.

纵向研究
longitudinal study Study designed to assess changes in a sample over time.

长时记忆
long-term memory Storage of virtually unlimited capacity that holds information for very long periods.

低体重儿
low birth weight Weight of less than 5½ pounds (2, 500 grams) at birth because of prematurity or being small-for-date.

M

宏系统
macrosystem Bronfenbrenner's term for a society's overall cultural patterns, including values, customs, and social systems.

成 熟
maturation Unfolding of a universal natural sequence of physical and behavioral changes, including readiness to master new abilities.

机械论发展模型
mechanistic model Model that views human development as a series of passive, predictable responses to stimuli.

月经初期
menarche Girl's first menstruation.

智力发展迟滞
mental retardation Significantly subnormal cognitive functioning.

中层系统
mesosystem Bronfenbrenner's term for linkages between two or more microsystems.

元认知
metacognition Awareness of one's own mental processes.

元记忆
metamemory Understanding of processes of memory.

微观发生学研究
microgenetic study Study design that enables researchers to directly observe change by repeated testing over a short time.

微系统
microsystem Bronfenbrenner's term for a setting in which a child interacts with others on an everyday, face-to-face basis.

记忆策略
mnemonic strategies Techniques to aid memory.

同一性延缓
moratorium Identity status, described by Marcia, in which a person is considering alternatives (in crisis) and seems headed for commitment.

母婴连结
mother-infant bond Mother's feeling of close, caring connection with her newborn.

多因子传递
multifactorial transmission Combination of genetic and environmental factors to produce certain complex traits.

突　变
mutations Permanent alterations in genes or chromosomes that may produce harmful characteristics.

互动管理
mutual regulation Process by which infant and caregiver communicate emotional states to each other and respond appropriately.

髓鞘化
myelination Process of coating neurons with myelin, a fatty substance that enables faster communication between cells.

N

先天论
nativism Theory that human beings have an inborn capacity for language acquisition.

自然 / 有准备的分娩
natural, or prepared, childbirth Methods of childbirth that seek to reduce or eliminate use of drugs, enable both parents to participate fully, and control perceptions of pain.

自然观察
naturalistic observation Research method in which behavior is studied in natural settings without intervention or manipulation.

忽　视
neglect Failure to meet a dependent's basic needs.

新生儿黄疸
neonatal jaundice Condition, in many newborn babies, caused by immaturity of the liver and evidenced by yellowish appearance; can cause brain damage if not treated promptly.

新生儿期
neonatal period First 4 weeks of life, a time of transition from intrauterine dependency to independent existence.

新生儿
neonate Newborn baby, up to 4 weeks old.

神经元
neurons Nerve cells.

非常规
nonnormative Characteristic of an unusual event that happens to a particular person or a typical event that happens at an unusual time of life.

非共享环境效应
nonshared environmental effects The unique environment in which each child grows up, consisting of distinctive influences or influences that affect one child differently than another.

常规的
normative Characteristic of an event that occurs in a similar way for most people in a group.

核心家庭
nuclear family Two-generational kinship, economic, and household unit consisting of one or two parents and their biological children, adopted children, or stepchildren.

O

肥胖症
obesity Extreme overweight in relation to age, sex, height, and body type.

客体永久性
object permanence Piaget's term for the understanding that a person or object still exists when out of sight.

观察学习
observational learning Learning through watching the behavior of others.

强迫症
obsessive-compulsive disorder Anxiety aroused by repetitive, intrusive thoughts, images, or impulses, often leading to compulsive ritual behaviors.

操作性条件反射
operant conditioning (1) Learning based on association of behavior with its consequences. (2) Learning based on reinforcement or punishment.

操作性定义
operational definition Definition stated solely in terms of the operations or procedures used to produce or measure a phenomenon.

对立违抗性障碍
oppositional defiant disorder (ODD) Pattern of behavior, persisting into middle childhood, marked by negativity, hostility, and defiance.

机体论发展模型
organismic model Model that views human development as internally initiated by an active organism, and as occurring in a sequence of qualitatively different stages.

组　织

organization (1) Mnemonic strategy of categorizing material to be remembered. (2) Piaget's term for the creation of systems of knowledge.

欧提斯—列侬学业能力测验

Otis-Lennon School Ability Test (OLSAT8) Group intelligence test for kindergarten through twelfth grade.

公开 / 直接攻击

overt, or direct, aggression Aggression that is openly directed at its target.

P

参与观察

participant observation Research method in which the observer lives with the people or participates in the activity being observed.

阵　痛

parturition Process of uterine, cervical, and other changes, usually lasting about 2 weeks, preceding childbirth.

宽容型

permissive In Baumrind's terminology, parenting style emphasizing self-expression and self-regulation.

个人神话

personal fable Elkind's term for conviction that one is special, unique, and not subject to the rules that govern the rest of the world.

表现型

phenotype Observable characteristics of a person.

语言 / 强调代码取向

phonetic, or code-emphasis, approach Approach to teaching reading that emphasizes decoding of unfamiliar words.

身体虐待

physical abuse Action taken deliberately to endanger another person, involving potential bodily injury.

生理发展

physical development Growth of body and brain, including patterns of change in sensory capacities, motor skills, and health.

皮亚杰关于儿童思维发展理论的视角

Piagetian approach Approach to the study of cognitive development that describes qualitative stages in cognitive functioning.

可塑性

plasticity (1) Modifiability of performance. (2) Modifiability of the brain through experience.

游戏治疗

play therapy Therapeutic approach in which a child plays freely while a therapist observes and occasionally comments, asks questions, or makes suggestions.

多基因遗传

polygenic inheritance Pattern of inheritance in which multiple genes at different sites on chromosomes affect a complex trait.

后习俗道德

postconventional morality (or morality of autonomous moral principles) Third level in Kohlberg's theory of moral reasoning in which people follow internally held moral principles and can decide among conflicting moral standards.

过度成熟的婴儿

postmature A fetus not yet born as of 42 weeks' gestation.

体罚式管教

power assertion Disciplinary strategy designed to discourage undesirable behavior through physical or verbal enforcement of parental control.

语用学

pragmatics Practical knowledge needed to use language for communicative purposes.

前习俗道德

preconventional morality First level of Kohlberg's theory of moral reasoning in which control is external and rules are obeyed in order to gain rewards or avoid punishment or out of self-interest.

偏　见

prejudice Unfavorable attitude toward members of certain groups outside one's own, especially racial or ethnic groups.

前语言

prelinguistic speech Forerunner of linguistic speech; utterance of sounds that are not words. Includes crying, cooing, babbling, and accidental and deliberate imitation of sounds without understanding their meaning.

前运算阶段

preoperational stage In Piaget's theory, the second major stage of cognitive development, in which children become more sophisticated in their use of symbolic thought but are not yet able to use logic.

假装游戏

pretend play Play involving imaginary people or situations; also called or .

早产儿
preterm (premature) infants Infants born before completing the 37th week of gestation.

第一性征
primary sex characteristics Organs directly related to reproduction, which enlarge and mature during adolescence.

自 语
private speech Talking aloud to oneself with no intent to communicate with others.

程序性知识
procedural knowledge Acquired skills stored in long-term memory.

亲社会行为
prosocial behavior Any voluntary behavior intended to help others.

保护性因子
protective factors Factors that reduce the impact of early stress or potentially negative influences and tend to predict positive outcomes.

近远定律
proximodistal principle Principle that development proceeds from within to without; that is, that parts of the body near the center develop before the extremities.

精神分析的理论观点
psychoanalytic perspective View of human development as being shaped by unconscious forces.

心理侵犯
psychological aggression Verbal attack by a parent that may result in psychological harm to a child.

心理测量学视角
psychometric approach Approach to the study of cognitive development that seeks to measure the quantity of intelligence a person possesses.

心理性欲发展阶段
psychosexual development In Freudian theory, an unvarying sequence of stages of personality development during infancy, childhood, and adolescence, in which gratification shifts from the mouth to the anus and then to the genitals.

心理社会发展
psychosocial development (1) In Erikson's eight-stage theory, the socially and culturally influenced process of development of the ego, or self. (2) Pattern of change in emotions, personality, and social relationships.

发育期
puberty Process by which a person attains sexual maturity and the ability to reproduce.

惩 罚
punishment In operant conditioning, a process that weakens and discourages repetition of a behavior.

Q

质 变
qualitative change Change in kind, structure, or organization, such as the change from nonverbal to verbal communication.

定性研究
qualitative research Research that involves the interpretation of nonnumerical data, such as subjective experiences, feelings, or beliefs.

量 变
quantitative change Change in number or amount, such as in height, weight, or size of vocabulary.

定量研究
quantitative research Research that deals with objectively measurable data.

R

随机分配
random assignment Assignment of participants in an experiment to groups in such a way that each person has an equal chance of being placed in any group.

随机选择
random selection Selection of a sample in such a way that each person in a population has an equal and independent chance of being chosen.

反应范围
reaction range Potential variability, depending on environmental conditions, in the expression of a hereditary trait.

真实自我
real self Self one actually is.

回 忆
recall Ability to reproduce material from memory.

接受性合作
receptive cooperation Kochanska's term for eager willingness to cooperate harmoniously with a parent in daily interactions, including routines, chores, hygiene, and play.

隐性遗传

recessive inheritance Pattern of inheritance in which a child receives identical recessive alleles, resulting in expression of a nondominant trait.

交互决定论

reciprocal determinism Bandura's concept that behavior is determined bidirectionally, by the child and the environment acting on each other.

再 认

recognition Ability to identify a previously encountered stimulus.

条件反射行为

reflex behavior Automatic, involuntary, innate response to stimulation.

复 述

rehearsal Mnemonic strategy to keep an item in working memory through conscious repetition.

强 化

reinforcement In operant conditioning, a process that strengthens and encourages repetition of a desired behavior.

关系/社交攻击

relational, or social, aggression Aggression aimed at damaging or interfering with another person's relationships, reputation, or psychological well-being; can be overt or covert.

表征能力

representational ability Piaget's term for capacity to store mental images or symbols of objects and events.

表征地图

representational mappings In neo-Piagetian terminology, second stage in development of self-definition, in which a child makes logical connections between aspects of the self but still sees these characteristics in all-or-nothing terms.

表征系统

representational systems In neo-Piagetian terminology, the third stage in development of self-definition, characterized by breadth, balance, and the integration and assessment of various aspects of the self.

复原力儿童

resilient children Children who weather adverse circumstances, function well despite challenges or threats, or bounce back from traumatic events.

提 取

retrieval Process by which information is accessed or recalled from memory storage.

危险因素

risk factors Conditions that increase the likelihood of a negative developmental outcome.

打闹游戏

rough-and-tumble play Vigorous play involving wrestling, hitting, and chasing, often accompanied by laughing and screaming.

S

样 本

sample Group of participants chosen to represent the entire population under study.

支 架

scaffolding Temporary support to help a child master a task.

图 式

schemes Piaget's term for organized patterns of thought and behavior used in particular situations.

精神分裂症

schizophrenia Neurological disorder marked by loss of contact with reality; symptoms include hallucinations and delusions.

学校恐惧症

school phobia Unrealistic fear of going to school; may be a form of or .

科学方法

scientific method System of established principles and processes of scientific inquiry, which includes identifying a problem to be studied, formulating a hypothesis to be tested by research, collecting data, analyzing the data, and disseminating findings.

脚 本

script General remembered outline of a familiar, repeated event, used to guide behavior.

第二性征

secondary sex characteristics Physiological signs of sexual maturation (such as breast development and growth of body hair) that do not involve the sex organs.

长期趋势

secular trend Trend that can be seen only by observing several generations, such as the trend toward earlier attainment of adult height and sexual maturity, which began a century ago.

安全型依恋

secure attachment Pattern in which an infant cries or protests when the primary caregiver leaves and actively seeks out the caregiver on his or her return.

自我意识
self-awareness Realization that one's existence and functioning are separate from those of other people and things.

自我概念
self-concept Sense of self; descriptive and evaluative mental picture of one's abilities and traits.

自我意识情绪
self-conscious emotions Emotions, such as embarrassment, empathy, and envy, that depend on self-awareness.

自我定义
self-definition Cluster of characteristics used to describe oneself.

自我效能感
self-efficacy Sense of one's capability to master challenges and achieve goals.

自 尊
self-esteem Judgment a person makes about his or her self-worth.

自我评价情绪
self-evaluative emotions Emotions, such as pride, shame, and guilt, that depend on both self-awareness and knowledge of socially accepted standards of behavior.

自我管理
self-regulation A person's independent control of behavior to conform to understood social expectations.

敏感期
sensitive periods Times in development when a person is particularly open to certain kinds of experiences.

感知运动阶段
sensorimotor stage In Piaget's theory, first stage in cognitive development, during which infants learn through senses and motor activity.

感觉记忆
sensory memory Initial, brief, temporary storage of sensory information.

分离焦虑
separation anxiety Distress shown by someone, typically an infant, when a familiar caregiver leaves.

分离焦虑障碍
separation anxiety disorder Condition involving excessive, prolonged anxiety concerning separation from home or from people to whom a child is attached.

序列研究
sequential study Study design that combines cross-sectional and longitudinal techniques.

系列化
seriation Ability to order items along a dimension.

性染色体
sex chromosomes Pair of chromosomes that determines sex: XX in the normal human female, XY in the normal human male.

伴性遗传
sex-linked inheritance Pattern of inheritance in which certain characteristics carried on the X chromosome inherited from the mother are transmitted differently to her male and female offspring.

性虐待
sexual abuse Physical or psychologically harmful sexual activity, or any sexual activity involving a child and an older person.

性取向
sexual orientation Gender focus of consistent sexual, romantic, and affectionate interest, either heterosexual, homosexual, or bisexual.

性传播疾病
sexually transmitted diseases (STDs) Diseases spread by sexual contact.

单一表征
single representations In neo-Piagetian terminology, first stage in development of self-definition, in which children describe themselves in terms of individual, unconnected characteristics and in all-or-nothing terms.

情境性服从
situational compliance Kochanska's term for obedience of a parent's orders only in the presence of signs of ongoing parental control.

适应缓慢型儿童
slow-to-warm-up children Children whose temperament is generally mild but who are hesitant about accepting new experiences.

小于胎龄儿
small-for-date (small-for-gestational-age) infants Infants whose birth weight is less than that of 90 percent of babies of the same gestational age, as a result of slow fetal growth.

社会资本
social capital Family and community resources on which a person or family can draw.

社会认知
social cognition Ability to understand that other people have mental states and to gauge their feelings and intentions.

社会认知理论
social cognitive theory Albert Bandura's expansion of social learning theory; holds that children learn gender roles through socialization.

社会性建构
social construction Concept about the nature of reality based on societally shared perceptions or assumptions.

社会—情境视角
social-contextual approach Approach to the study of cognitive development by focusing on environmental influences, particularly parents and other caregivers.

社会交互作用模型
social interaction model Model, based on Vygotsky's sociocultural theory, which proposes that children construct autobiographical memories through conversation with adults about shared events.

社会学习理论
social learning theory Theory that behaviors are learned by observing and imitating models. Also called

社交恐惧症
social phobia Extreme fear and/or avoidance of social situations.

社会促进
social promotion Policy of automatically promoting children even if they do not meet academic standards.

社会参照
social referencing Understanding an ambiguous situation by seeking out another person's perception of it.

社交言语
social speech Speech intended to be understood by a listener.

社会化
socialization Development of habits, skills, values, and motives shared by responsible, productive members of a society.

社会文化理论
sociocultural theory Vygotsky's theory of how contextual factors affect children's development.

社会经济地位
socioeconomic status (SES) Combination of economic and social factors, including income, education, and occupation, that describe an individual or family.

精子初现
spermarche Boy's first ejaculation.

自发性流产
spontaneous abortion Natural expulsion from the uterus of a embryo that cannot survive outside the womb; also called

斯坦福—比奈智力量表
Stanford-Binet Intelligence Scales Individual intelligence test for ages 2 and up, used to measure knowledge, quantitative reasoning, visual-spatial processing, and working memory.

觉醒状态
state of arousal Infant's physiological and behavioral status at a given moment in the periodic daily cycle of wakefulness, sleep, and activity.

死 胎
stillbirth Death of a fetus at or after the 20th week of gestation.

"冷面"模式
"still-face" paradigm Research procedure used to measure mutual regulation in infants 2 to 9 months old.

储 存
storage Retention of information in memory for future use.

陌生情境
strange situation Laboratory technique used to study infant attachment.

陌生人焦虑
stranger anxiety Wariness of strange people and places, shown by some infants from age 6 to 12 months.

口 吃
stuttering Involuntary, frequent repetition or prolongation of sounds or syllables.

物质滥用
substance abuse Repeated, harmful use of a substance, usually alcohol or other drugs.

物质依赖
substance dependence Addiction (physical or psychological, or both) to a harmful substance.

婴儿猝死综合征
sudden infant death syndrome (SIDS) Sudden and unexplained death of an apparently healthy infant.

符号功能
symbolic function Piaget's term for ability to use mental representations (words, numbers, or images) to which a child has attached meaning.

语 法
syntax Rules for forming sentences in a particular language.

运动系统
systems of action Increasingly complex combinations of motor skills that permit a wider or more precise range of movement and more control of the environment.

T

隐性知识

tacit knowledge Sternberg's term for information that is not formally taught or openly expressed but is necessary to get ahead.

电报式语言

telegraphic speech Early form of sentence use consisting of only a few essential words.

气　质

temperament Characteristic disposition or style of approaching and reacting to situations.

致畸性的

teratogenic Capable of causing birth defects.

理　论

theory Coherent set of logically related concepts that seeks to organize, explain, and predict data.

心理理论

theory of mind Awareness and understanding of mental processes.

多元智力理论

theory of multiple intelligences Gardner's theory that each person has several distinct forms of intelligence.

性选择理论

theory of sexual selection Darwinian theory, which holds that selection of sexual partners is influenced by the differing reproductive pressures that early men and women confronted in the struggle for survival of the species.

转换推理

transduction In Piaget's terminology, preoperational child's tendency to mentally link particular experiences, whether or not there is logically a causal relationship.

传递性推理

transitive inference Understanding of the relationship between two objects by knowing the relationship of each to a third object.

智力三元理论

triarchic theory of intelligence Sternberg's theory describing three types of intelligence: componential (analytical ability), experiential (insight and originality), and contextual (practical thinking).

双重语言学习

two-way, or dual-language, learning Approach to second-language education in which English speakers and non-English speakers learn together in their own and each other's languages.

U

超声波

ultrasound Prenatal medical procedure using high-frequency sound waves to detect the outline of a fetus and its movements, so as to determine whether a pregnancy is progressing normally.

V

期望悖反

violation-of-expectations Research method in which dishabituation to a stimulus that conflicts with experience is taken as evidence that an infant recognizes the new stimulus as surprising.

可见模仿

visible imitation Imitation with parts of one's body that one can see.

视　崖

visual cliff Apparatus designed to give an illusion of depth and used to assess depth perception in infants.

视觉导航

visual guidance Use of the eyes to guide movements of the hands or other parts of the body.

视觉偏好

visual preference Tendency of infants to spend more time looking at one sight than another.

视觉再认记忆

visual recognition memory Ability to distinguish a familiar visual stimulus from an unfamiliar one when shown both at the same time.

基于形象的提取

visually based retrieval Process of retrieving the sound of a printed word on seeing the word as a whole.

W

儿童韦克斯勒智力测验

Wechsler Intelligence Scale for Children (WISC-III) Individual intelligence test for schoolchildren that yields verbal and performance scores as well as a combined score.

韦克斯勒学前儿童与小学生智力测验修订版

Wechsler Preschool and Primary Scale of Intelligence, Revised (WPPSI-III) Individual intelligence test for children ages 2½ to 7 that yields verbal and performance scores as well as a combined score.

整体语言取向

whole-language approach Approach to teaching reading that emphasizes visual retrieval and use of contextual clues.

爱的收回

withdrawal of love Disciplinary strategy that involves ignoring, isolating, or showing dislike for a child.

工作记忆

working memory Short-term storage of information being actively processed.

Z

最近发展区

zone of proximal development (ZPD) Vygotsky's term for the difference between what a child can do alone and what the child can do with help.

受精卵

zygote One-celled organism resulting from fertilization.

参考文献

Aaron, V., Parker, K. D., Ortega, S., & Calhoun, T. (1999). The extended family as a source of support among African Americans. *Challenge: A Journal of Research on African American Men, 10*(2), 23–36.

Abbey, A., Andrews, F. M., & Halman, J. (1992). Infertility and subjective well-being: The mediating roles of self-esteem, internal control, and interpersonal conflict. *Journal of Marriage and the Family, 54,* 408–417.

Aber, J. L., Brown, J. L., & Jones, S. M. (2003). Developmental trajectories toward violence in middle childhood: Course, demographic differences, and response to school-based intervention. *Developmental Psychology, 39,* 324–348.

Abma, J. C., Chandra, A., Mosher, W. D., Peterson, L., & Piccinino, L. (1997). Fertility, family planning, and women's health: New data from the 1995 National Survey of Family Growth. *Vital Health Statistics, 23*(19). Washington, DC: National Center for Health Statistics.

Abma, J. C., Martinez, G. M., Mosher, W. D., & Dawson, B. S. (2004). Teenagers in the United States: Sexual activity, contraceptive use, and childbearing, 2002. *Vital Health Statistics, 23*(24). Washington, DC: National Center for Health Statistics.

Abramovitch, R., Corter, C., & Lando, B. (1979). Sibling interaction in the home. *Child Development, 50,* 997–1003.

Abramovitch, R., Corter, C., Pepler, D., & Stanhope, L. (1986). Sibling and peer interactions: A final follow-up and comparison. *Child Development, 57,* 217–229.

Abramovitch, R., Pepler, D., & Corter, C. (1982). Patterns of sibling interaction among preschool-age children. In M. E. Lamb (Ed.), *Sibling relationships: Their nature and significance across the lifespan.* Hillsdale, NJ: Erlbaum.

Achter, J. A., & Lubinski, D. (2003). Fostering exceptional development in intellectually talented populations. In W. B. Walsh (Ed.), *Counseling psychology and optimal human functioning* (pp. 279–296). Mahwah, NJ: Erlbaum.

Ackerman, B. P., Kogos, J., Youngstrom, E., Schoff, K., & Izard, C. (1999). Family instability and the problem behaviors of children from economically disadvantaged families. *Developmental Psychology, 35*(1), 258–268.

Ackerman, M. J., Siu, B. L., Sturner, W. Q., Tester, D. J., Valdivia, C. R., Makielski, J. C., et al. (2001). Postmortem molecular analysis of SCN5A defects in sudden infant death syndrome. *Journal of the American Medical Association, 286,* 2264–2269.

Acosta, M. T., Arcos-Burgos, M., & Muenke, M. (2004). Attention deficit/hyperactivity disorder (ADHD): Complex phenotype, simple genotype? *Genetics in Medicine, 6,* 1–15.

ACT for Youth Upstate Center of Excellence. (2002). *Adolescent brain development. Research facts and findings* [A collaboration of Cornell University, University of Rochester, and the NYS Center for School Safety]. Retrieved March 23, 2004, from http://www.human.cornell.edu/actforyouth

Adam, E. K., Gunnar, M. R., & Tanaka, A. (2004). Adult attachment, parent emotion, and observed parenting behavior: Mediator and moderator models. *Child Development, 75,* 110–122.

Adams, L. A., & Rickert, V. I. (1989). Reducing bedtime tantrums: Comparison between positive routines and graduated extinction. *Pediatrics, 84,* 756–761.

Adams, R., & Laursen, B. (2001). The organization and dynamics of adolescent conflict with parents and friends. *Journal of Marriage and the Family, 63,* 97–110.

Adler, P. A., & Adler, P. (1995). Dynamics of inclusion and exclusion in preadolescent cliques. *Social Psychology Quarterly, 58,* 145–162.

Adolph, K. E. (1997). Learning in the development of infant locomotion. *Monographs of the Society for Research in Child Development, 62*(3, Serial No. 251).

Adolph, K. E. (2000). Specificity of learning: Why infants fall over a veritable cliff. *Psychological Science, 11,* 290–295.

Adolph, K. E., & Eppler, M. A. (2002). Flexibility and specificity in infant motor skill acquisition. In J. Fagen & H. Hayne (Eds.), *Progress in infancy research* (Vol. 2, pp. 121–167). Mahwah, NJ: Erlbaum.

Adolph, K. E., Vereijken, B., & Shrout, P. E. (2003). What changes in infant walking and why. *Child Development, 74,* 475–497.

Agosin, M. (1999). Pirate, conjurer, feminist. In J. Rodden (Ed.), *Conversations with Isabel Allende* (pp. 35–47). Austin: University of Texas Press.

Ahnert, L., Gunnar, M. R., Lamb, M. E., & Barthel, M. (2004). Transition to child care: Associations with infant-mother attachment, infant negative emotion and corticol elevation. *Child Development, 75,* 639–650.

Ahnert, L., Pinquart, M., & Lamb, M. E. (2006). Security of children's relationships with nonparental care providers: A meta-analysis. *Child Development, 74,* 664–679.

Ahrons, C. R., & Tanner, J. L. (2003). Adult children and their fathers: Relationship changes 20 years after parental divorce. *Family Relations, 52,* 340–351.

Ainsworth, M. D. S. (1967). *Infancy in Uganda: Infant care and the growth of love.* Baltimore: Johns Hopkins University Press.

Ainsworth, M. D. S., Blehar, M. C., Waters, E., & Wall, S. (1978). *Patterns of attachment: A psychological study of the strange situation.* Hillsdale, NJ: Erlbaum.

Akinbami, L. (2006). The state of childhood asthma, United States, 1980–2005. *Advance Data from Vital and Health Statistics, 381.* Hyattsville, MD: National Center for Health Statistics.

Alaimo, K., Olson, C. M., & Frongillo, E. A. (2001). Food insufficiency and American school-aged children's cognitive, academic, and psychosocial development. *Pediatrics, 108,* 44–53.

Alan Guttmacher Institute (AGI). (1994). *Sex and America's teenagers.* New York: Author.

Alan Guttmacher Institute (AGI). (1999). *Facts in brief: Teen sex and pregnancy.* Retrieved January 31, 2000, from http://www.agi_usa. org/pubs/fb_teen_sex.html#sfd

Alati, R., Al Mamun, A., Williams, G. M., O'Callaghan, M., Najman, J. M., & Bor, W. (2006). In utero alcohol exposure and prediction of alcohol disorders in early adulthood: A birth cohort study. *Archives of General Psychiatry, 63*(9), 1009–1016.

Albanese, A., & Stanhope, R. (1993). Growth and metabolic data following growth hormone treatment of children with intrauterine growth retardation. *Hormone Research, 39,* 8–12.

Alexander, K. L., Entwisle, D. R., & Dauber, S. L. (1993). First-grade classroom behavior: Its short- and long-term consequences for school performance. *Child Development, 64,* 801–814.

Allen, G. L., & Ondracek, P. J. (1995). Age-sensitive cognitive abilities related to children's acquisition of spatial knowledge. *Developmental Psychology, 31,* 934–945.

Allen, J. P., McElhaney, K. B., Land, D. J., Kuperminc, G. P., Moore, C. W., O'Beirner-Kelly, H., et al. (2003). A secure base in adolescence: Markers of attachment security in the mother-adolescent relationship. *Child Development, 74,* 292–307.

Allen, J. P., & Philliber, S. (2001). Who benefits most from a broadly targeted prevention program? Differential efficacy across populations in the Teen Outreach Program. *Journal of Community Psychology, 29,* 637–655.

Allen, K. R., Blieszner, R., & Roberto, K. A. (2000). Families in the middle and later years: A review and critique of research in the 1990s. *Journal of Marriage and the Family, 62,* 911–926.

Allende, I. (1995). *Paula* (M. S. Peden, Trans.). New York: HarperCollins.

Al-Oballi Kridli, S. (2002). Health beliefs and practices among Arab women. *MCN, The American Journal of Maternal/Child Nursing, 27,* 178–182.

Als, H., Duffy, F. H., McAnulty, G. B., Rivkin, M. J., Vajapeyam, S., Mulkern, R. V., et al. (2004). Early experience alters brain function and structure. *Pediatrics, 113,* 846–857.

Alsaker, F. D. (1992). Pubertal timing, overweight, and psychological adjustment. *Journal of Early Adolescence, 12*(4), 396–419.

Altschul, I., Oyserman, D., & Bybee, D. (2006). Racial-ethnic identity in mid-adolescence: Content and change as predictors of academic achievement. *Child Development, 77,* 1155–1169.

Amato, P. R. (2003). Reconciling divergent perspectives: Judith Wallerstein, quantitative family research, and children of divorce. *Family Relations, 52,* 332–339.

Amato, P. R. (2005). The impact of family formation change on the cognitive, social, and emotional well-being of the next generation. *Future of Children, 15,* 75–96.

Amato, P. R., & Booth, A. (1997). *A generation at risk: Growing up in an era of family upheaval.* Cambridge, MA: Harvard University Press.

Amato, P. R., & Cheadle, J. (2005). The long reach of divorce: Divorce and child well-being across three generations. *Journal of Marriage and Family, 67,* 191–206.

Amato, P. R., & Gilbreth, J. G. (1999). Non resident fathers and children's well-being: A meta-analysis. *Journal of Marriage and the Family, 61,* 557–573.

American Academy of Child and Adolescent Psychiatry (AACAP). (1997). *Children's sleep problems.* Fact sheet no. 34. Retrieved from http://www.aacap.org/cs/root/facts_for_families/childrens_sleep_problems

American Academy of Child and Adolescent Psychiatry (AACAP). (2002). Children and the news. *Facts for Families* #67. Retrieved April 24, 2005, from http://www.aacap.org/publications/ factsfam/67.htm

American Academy of Child and Adolescent Psychiatry (AACAP). (2003). Talking to children about terrorism and war. *Facts for Families* #87. [Online]. Retrieved April 22, 2005, from http://www.aacap.org/publications/factsfam/87.htm

American Academy of Pediatrics (AAP). (1986). *Positive approaches to day care dilemmas: How to make it work.* Elk Grove Village, IL: Author.

American Academy of Pediatrics (AAP). (1992, Spring). Bedtime doesn't have to be a struggle. *Healthy Kids,* pp. 4–10.

American Academy of Pediatrics (AAP). (2000). Shaken baby syndrome. Retrieved February 17, 2007, from http://www.medem.com/search/article_display.cfm?path=\\TANQUERAY\M_ContentItem&mstr=/M_ContentItem/ZZZM8JMMH4C.html&soc=AAP&srch_typ=NAV_SERCH

American Academy of Pediatrics (AAP). (2004, September 30). American Academy of Pediatrics (AAP) supports Institute of Medicine's (IOM) childhood obesity recommendations. Press release.

American Academy of Pediatrics (AAP) & Canadian Paediatric Society. (2000). Prevention and management of pain and stress in the neonate. *Pediatrics, 105*(2), 454–461.

American Academy of Pediatrics (AAP) & Center to Prevent Handgun Violence. (1994). *Keep your family safe from firearm injury.* Washington, DC: Center to Prevent Handgun Violence.

American Academy of Pediatrics (AAP) Committee on Accident and Poison Prevention. (1988). Snowmobile statement. *Pediatrics, 82,* 798–799.

American Academy of Pediatrics (AAP) Committee on Adolescence. (1994). Sexually transmitted diseases. *Pediatrics, 94,* 568–572.

American Academy of Pediatrics (AAP) Committee on Adolescence. (1999). Adolescent pregnancy—Current trends and issues: 1998. *Pediatrics, 103,* 516–520.

American Academy of Pediatrics (AAP) Committee on Adolescence. (2000). Suicide and suicide attempts in adolescents. *Pediatrics, 105*(4), 871–874.

American Academy of Pediatrics (AAP) Committee on Adolescence. (2001) Condom use by adolescents. *Pediatrics, 107*(6), 1463–1469.

American Academy of Pediatrics (AAP) Committee on Adolescence. (2003). Policy statement: Identifying and treating eating disorders. *Pediatrics, 111,* 204–211.

American Academy of Pediatrics (AAP) Committee on Adolescence & Committee on Early Childhood, Adoption, and Dependent Care. (2001). Care of adolescent parents and their children. *Pediatrics, 107,* 429–434.

American Academy of Pediatrics (AAP) Committee on Bioethics. (1992, July). Ethical issues in surrogate motherhood. *AAP News,* 14–15.

American Academy of Pediatrics (AAP) Committee on Bioethics. (2001). Ethical issues with genetic testing in pediatrics. *Pediatrics, 107*(6), 1451–1455.

American Academy of Pediatrics (AAP) Committee on Child Abuse and Neglect. (2001). Shaken baby syndrome: Rotational cranial injuries—Technical report. *Pediatrics, 108,* 206–210.

American Academy of Pediatrics (AAP) Committee on Children with Disabilities. (2001). The pediatrician's role in the diagnosis and management of autistic spectrum disorder in children. *Pediatrics, 107*(5), 1221–1226.

American Academy of Pediatrics (AAP) Committee on Children with Disabilities & Committee on Drugs (1996). Medication for children with attentional disorders. *Pediatrics, 98,* 301–304.

American Academy of Pediatrics (AAP) Committee on Community Health Services. (1996). Health needs of homeless children and families. *Pediatrics, 88,* 789–791.

American Academy of Pediatrics (AAP) Committee on Drugs. (1994). The transfer of drugs and other chemicals into human milk. *Pediatrics, 93,* 137–150.

American Academy of Pediatrics (AAP) Committee on Drugs. (2000). Use of psychoactive medication during pregnancy and possible effects on the fetus and newborn. *Pediatrics, 105,* 880–887.

American Academy of Pediatrics (AAP) Committee on Environmental Health. (1998). Screening for elevated blood lead levels. *Pediatrics, 101,* 1072–1078.

American Academy of Pediatrics (AAP) Committee on Environmental Health. (2005). Lead exposure in children: Prevention, detection, and management. *Pediatrics, 116,* 1036–1046.

American Academy of Pediatrics (AAP) Committee on Fetus and Newborn & American College of Obstetricians and Gynecologists (ACOG) Committee on Obstetric Practice. (1996). Use and abuse of the Apgar score. *Pediatrics, 98,* 141–142.

American Academy of Pediatrics (AAP) Committee on Fetus and Newborn & American College of Obstetricians and Gynecologists (ACOG) Committee on Obstetric Practice. (2006). The Apgar score. *Pediatrics, 117,* 1444–1447.

American Academy of Pediatrics (AAP) Committee on Genetics. (1999). Folic acid for the prevention of neural tube defects. *Pediatrics, 104,* 325–327.

American Academy of Pediatrics (AAP) Committee on Infectious Diseases. (2000). Recommended childhood immunization schedule—United States, January–December, 2000. *Pediatrics, 105,* 148–151.

American Academy of Pediatrics (AAP) Committee on Injury and Poison Prevention. (1995). Bicycle helmets. *Pediatrics, 95,* 609–610.

American Academy of Pediatrics (AAP) Committee on Injury and Poison Prevention. (2000). Firearm-related injuries affecting the pediatric population. *Pediatrics, 105*(4), 888–895.

American Academy of Pediatrics (AAP) Committee on Injury and Poison Prevention. (2001a). Bicycle helmets. *Pediatrics, 108*(4), 1030–1032.

American Academy of Pediatrics (AAP) Committee on Injury and Poison Prevention. (2001b). Injuries associated with infant walkers. *Pediatrics, 108*(3), 790–792.

American Academy of Pediatrics (AAP) Committee on Injury and Poison Prevention & Committee on Sports Medicine and Fitness. (1999). Policy statement: Trampolines at home, school, and recreational centers. *Pediatrics, 103,* 1053–1056.

American Academy of Pediatrics (AAP) Committee on Nutrition. (1992). Statement on cholesterol. *Pediatrics, 90,* 469–473.

American Academy of Pediatrics (AAP) Committee on Nutrition. (2003). Prevention of pediatric overweight and obesity. *Pediatrics, 112,* 424–430.

American Academy of Pediatrics (AAP) Committee on Pediatric AIDS. (2000). Education of children with human immunodeficiency virus infection. *Pediatrics, 105,* 1358–1360.

American Academy of Pediatrics (AAP) Committee on Pediatric Research. (2000). Race/ethnicity, gender, socioeconomic status—Research exploring their effects on child health: A subject review. *Pediatrics, 105,* 1349–1351.

American Academy of Pediatrics (AAP) Committee on Practice and Ambulatory Medicine and Section on Ophthalmology. (1996). Eye examination and vision screening in infants, children, and young adults. *Pediatrics, 98,* 153–157.

American Academy of Pediatrics (AAP) Committee on Practice and Ambulatory Medicine and Section on Ophthalmology. (2002). Use of photoscreening for children's vision screening. *Pediatrics, 109,* 524–525.

American Academy of Pediatrics (AAP) Committee on Psychosocial Aspects of Child and Family Health. (1998). Guidance for effective discipline. *Pediatrics, 101,* 723–728.

American Academy of Pediatrics (AAP) Committee on Psychosocial Aspects of Child and Family Health. (2002). Coparent or second-parent adoption by same-sex parents. *Pediatrics, 109*(2), 339–340.

American Academy of Pediatrics (AAP) Committee on Psychosocial Aspects of Child and Family Health & Committee on Adolescence. (2001). Sexuality education for children and adolescence. *Pediatrics, 108*(2), 498–502.

American Academy of Pediatrics (AAP) Committee on Public Education. (2001). Policy statement: Children, adolescents, and television. *Pediatrics, 107,* 423–426.

American Academy of Pediatrics (AAP) Committee on Quality Improvement. (2002). *Making advances against jaundice in infant care (MAJIC).* Retrieved October 25, 2002, from http://www/ aap.org/ visit/majic.htm

American Academy of Pediatrics (AAP) Committee on Sports Medicine and Fitness. (1992). Fitness, activity, and sports participation in the preschool child. *Pediatrics, 90,* 1002–1004.

American Academy of Pediatrics (AAP) Committee on Sports Medicine and Fitness. (1997). Participation in boxing by children, adolescents, and young adults. *Pediatrics, 99,* 134–135.

American Academy of Pediatrics (AAP) Committee on Sports Medicine and Fitness. (1999). Human immunodeficiency virus and other blood-borne viral pathogens in the athletic setting. *Pediatrics, 104*(6), 1400–1403.

American Academy of Pediatrics (AAP) Committee on Sports Medicine and Fitness. (2000). Injuries in youth soccer: A subject review. *Pediatrics, 105*(3), 659–660.

American Academy of Pediatrics (AAP) Committee on Sports Medicine and Fitness. (2001). Risk of injury from baseball and softball in children. *Pediatrics, 107*(4), 782–784.

American Academy of Pediatrics (AAP) Committee on Substance Abuse. (2001). Tobacco's toll: Implications for the pediatrician. *Pediatrics, 107,* 794–798.

American Academy of Pediatrics (AAP) Committee on Substance Abuse & Committee on Children with Disabilities. (1993). Fetal alcohol syndrome and fetal alcohol effects. *Pediatrics, 91,* 1004–1006.

American Academy of Pediatrics (AAP) Newborn Screening Task Force (2000). Serving the family from birth to the medical home. A report from the Newborn Screening Task Force convened in Washington, DC, May 10–11, 1999. *Pediatrics, 106*(2), Part 2 of 3.

American Academy of Pediatrics (AAP) Section on Breastfeeding. (2005). Breastfeeding and the use of human milk. *Pediatrics, 115,* 496–506.

American Academy of Pediatrics (AAP) Task Force on Infant Sleep Position and Sudden Infant Death Syndrome. (2000). Changing concepts of sudden infant death syndrome: Implications for infant sleeping environment and sleep position. *Pediatrics, 105,* 650–656.

American Academy of Pediatrics (AAP) Task Force on Sudden Infant Death Syndrome. (2005). The changing concept of sudden infant death syndrome: Diagnostic coding shifts, controversies regarding sleeping environment, and new variables to consider in reducing risk. *Pediatrics, 116,* 1245–1255.

American College of Obstetrics and Gynecology (ACOG). (1994). *Exercise during pregnancy and the postpartum pregnancy* (Technical Bulletin No. 189). Washington DC: Author.

American Heart Association, Gidding, S. S., Dennison, B. A., Birch, L. L., Daniels, S. R., Gilman, M. W., et al. (2006). Dietary recommendations for children and adolescents: A guide for practitioners. *Pediatrics, 117,* 544–559.

American Psychiatric Association (APA). (1994). *Diagnostic and statistical manual of mental disorders* (4th ed.). Washington, DC: Author.

American Psychiatric Association (APA). (2000). *Diagnostic and statistical manual of mental disorders* (4th ed., Text Revision). Washington, DC: Author.

American Psychological Association. (undated). *Answers to your questions about sexual orientation and homosexuality* [Brochure]. Washington, DC: Author.

American Psychological Association (APA). (2002). Ethical principles of psychologists and code of conduct. *American Psychologist, 57,* 1060–1073.

American Psychological Association (APA). (2004, July). *Resolution on sexual orientation, parents, and children.* Retrieved January 23, 2007, from http://www.apa.org/pi/lgbc/policy/parents.html

American Psychological Association (APA) & American Academy of Pediatrics (AAP). (1996). *Raising children to resist violence: What you can do* [Brochure]. Retrieved from http://www.apa.org/pubinfo/apaaap.html

American Public Health Association. (2004). Disparities in infant mortality. Fact sheet. [Online]. Retrieved from: http://www.medscape.com/viewarticle/472721.

Ames, E. W. (1997). *The development of Romanian orphanage children adopted to Canada: Final report* (National Welfare Grants Program, Human Resources Development, Canada). Burnaby, BC, Canada: Simon Fraser University, Psychology Department.

Amsel, E., Goodman, G., Savoie, D., & Clark, M. (1996). The development of reasoning about causal and noncausal influences on levers. *Child Development, 67,* 1624–1646.

Ananth, C. V., Liu, S., Kinzler, W. L., & Kramer, M. S. (2005). Stillbirths in the United States, 1981–2000: An age, period, and cohort analysis. *American Journal of Public Health, 95,* 2213–2217.

Anastasi, A. (1988). *Psychological testing* (6th ed.). New York: Macmillan.

Anastasi, A., & Schaefer, C. E. (1971). Note on concepts of creativity and intelligence. *Journal of Creative Behavior, 3,* 113–116.

Andersen, A. E. (1995). Eating disorders in males. In K. D. Brownell & C. G. Fairburn (Eds.), *Eating disorders and obesity: A comprehensive handbook* (pp. 177–187). New York: Guilford.

Anderson, A. H., Clark, A., & Mullin, J. (1994). Interactive communication between children: Learning how to make language work in dialog. *Journal of Child Language, 21,* 439–463.

Anderson, A. M., Wohlfahrt, J., Christens, P., Olsen, J., & Melbye, M. (2000). Maternal age and fetal loss: Population based register linkage study. *British Medical Journal, 320,* 1708–1712.

Anderson, C. (2000). *The impact of interactive violence on children.* Statement before the Senate Committee on Commerce, Science, and Transportation, 106th Congress, 1st session.

Anderson, C. A., Berkowitz, L., Donnerstein, E., Huesmann, L. R., Johnson, J. D., Linz, D., et al. (2003). The influence of media violence on youth. *Psychological Science in the Public Interest, 4,* 81–110.

Anderson, D., & Anderson, R. (1999). The cost-effectiveness of home birth. *Journal of Nurse-Midwifery, 44*(1), 30–35.

Anderson, D. A., & Hamilton, M. (2005). Gender role stereotyping of parents in children's picture books: The invisible father. *Sex Roles, 52,* 145–151.

Anderson, D. R., Huston, A. C., Schmitt, K. L., Linebarger, D. L., & Wright, J. C. (2001). Early childhood television viewing and adolescent behavior. *Monographs of the Society for Research in Child Development,* Serial No. 264, *66*(1).

Anderson, M. (1992). *My Lord, what a morning.* Madison, WI: University of Wisconsin Press.

Anderson, M., Kaufman, J., Simon, T. R., Barrios, L., Paulozzi, L., Ryan, G., et al., & the School-Associated Violent Deaths Study Group. (2001). School-associated violent deaths in the United States, 1994–1999. *Journal of the American Medical Association, 286*(21), 2695–2702.

Anderson, P., Doyle, L. W., & the Victorian Infant Collaborative Study Group. (2003). *Journal of the American Medical Association, 289,* 3264–3272.

Anderson, R. N., & Smith, B. L. (2003). Deaths: Leading causes for 2001. *National Vital Statistics Reports, 52*(9). Hyattsville, MD: National Center for Health Statistics.

Anderson, R. N., & Smith, B. L. (2005). Deaths: Leading causes for 2002. *National Vital Statistics Reports, 53*(17). Hyattsville, MD: National Center for Health Statistics.

Anderson, S. E., Dallal, G. E., & Must, A. (2003). Relative weight and race influence average age at menarche: Results from two nationally representative surveys of U.S. girls studied 25 years apart. *Pediatrics 2003, 111,* 844–850.

Anderson, W. F. (1998). Human gene therapy. *Nature, 392*(Suppl.), 25–30.

Anderssen, N., Amlie, C., & Ytteroy, E. A. (2002). Outcomes for children with lesbian or gay parents: A review of studies from 1978 to 2000. *Scandinavian Journal of Psychology, 43*(4), 335–351.

Andrade, S. E., Gurwitz, J. H., Davis, R. L., Chan, K. A., Finkelstein, J. A., Fortman, K., et al. (2004). Prescription drug use in pregnancy. *American Journal of Obstetrics and Gynecology, 191,* 398–407.

Ann Bancroft, 1955–. (1998). National Women's Hall of Fame. Retrieved April 4, 2002, from http://www.jerseycity.k12.nj.us/womenshistory/bancroft.htm

Ann Bancroft (1955–), explorer. (1999). Women in American history by Encyclopedia Britannica. Retrieved April 4, 2002, from http://www.britannica.com/women/articles/Bancroft_Ann.html

Ann Bancroft, explorer. (undated). Retrieved April 4, 2002, from http://www.people/memphis.edu/~cbburr/g old/bancroft.htm

Antonarakis, S. E., & Down Syndrome Collaborative Group. (1991). Parental origin of the extra chromosome in trisomy 21 as indicated by analysis of DNA polymorphisms. *New England Journal of Medicine, 324,* 872–876.

Apgar, V. (1953). A proposal for a new method of evaluation of the newborn infant. *Current Research in Anesthesia and Analgesia, 32,* 260–267.

Archer, J. (2004). Sex differences in aggression in real-world settings: A meta-analytic review. *Review of General Psychology, 8,* 291–322.

Archer, S. L. (1993). Identity in relational contexts: A methodological proposal. In J. Kroger (Ed.), *Discussions on ego identity* (pp. 75–99). Hillsdale, NJ: Erlbaum.

Arcus, D., & Kagan, J. (1995). Temperament and craniofacial variation in the first two years. *Child Development, 66,* 1529–1540.

Arend, R., Gove, F., & Sroufe, L. A. (1979). Continuity of individual adaptation from infancy to kindergarten: A predictive study of ego-resiliency and curiosity in preschoolers. *Child Development, 50*(4), 950–959.

Arias, E., MacDorman, M. F., Strobino, D. M., & Guyer, B. (2003). Annual summary of vital statistics—2002. *Pediatrics, 112,* 1215–1230.

Ariès, P. (1962). *Centuries of childhood.* New York: Random House.

Arnestad, M., Crotti, L., Rognum, T. O., Insolia, R., Pedrazzini, M., Ferrandi, C., et al. (2007). Prevalence of long-qt syndrome gene variants in sudden infant death syndrome. *Circulation, 115,* 361–367.

Arnett, J. J. (1999). Adolescent storm and stress, reconsidered. *American Psychologist, 54,* 317–326.

Arnett, J. J. (2000). Emerging adulthood: A theory of development from the late teens through the twenties. *American Psychologist, 55,* 469–480.

Arnett, J. J. (2003). Conceptions of the transition to adulthood among emerging adults in American ethnic groups. In J. J. Arnett & N. L. Galambos (Eds.), *Exploring cultural conceptions of the transition to adulthood. New Directions for Child and Adolescent Development, 100,* 63–75.

Arnett, J. J., & Galambos, N. L. (2003). Culture and conceptions of adulthood. In J. J. Arnett & N. L. Galambos (Eds.), *Exploring cultural conceptions of the transition to adulthood. New Directions for Child and Adolescent Development, 100,* 91–98.

Asher, M. I., Montefort, S., Björkstén, B., Lai, C. K., Strachan, D. P., Weiland, S. K., et al., & the ISAAC Phase Three Study Group. (2006). Worldwide time trends in the prevalence of symptoms of asthma, allergic rhinoconjunctivitis, and eczema in childhood: ISAAC phases one and three repeat multicountry cross-sectional surveys. *Lancet, 368*(9537), 733–743.

Ashman, S. B., & Dawson, G. (2002). Maternal depression, infant psychobiological development, and risk for depression. In S. H. Goodman & I. H. Gotlib (Eds.), *Children of depressed parents: Mechanisms of risk and implications for treatment* (pp. 37–58). Washington, DC: American Psychological Association.

Associated Press. (2004a, November 22). Boys have no place in politics: 4-year-old. AP Newswire.

Associated Press. (2004b, April 29). *Mom in C-section case received probation: Woman originally charged with murder for delaying operation.* Retrieved June 8, 2004, from http://www.msnbc.msn.com/id/4863415/

Associated Press. (2007, January 15). *Louise Brown, world's first "test-tube" baby, gives birth.* AP Newswire.

Astington, J. W. (1993). *The child's discovery of the mind.* Cambridge, MA: Harvard University Press.

Athansiou, M. S. (2001). Using consultation with a grandmother as an adjunct to play therapy. *Family Journal—Consulting and Therapy for Couples and Families, 9,* 445–449.

Aunola, K., & Nurmi, J.-E. (2005). The role of parenting styles in children's problem behavior. *Child Development, 76,* 1144–1159.

Austin, E. W., Pinkleton, B. E., & Fujioka,Y. (2000). The role of interpretation processes and parental discussion in the media's effects on adolescents' use of alcohol. *Pediatrics, 105*(2), 343 349.

Autism and Developmental Disabilities Monitoring Network Surveillance Year 2002 Principal Investigators. (2007, February 9). Prevalence of autism spectrum disorders—Autism and Developmental Disabilities Monitoring Network, 14 sites, United States, 2002. *Morbidity and Mortality Weekly Report, Surveillance Summaries, 56(SS01),* 12–28.

Autism-Part II. (2001, July). *The Harvard Mental Health Letter, 18*(1), 1–4.

Autism Society of America. (n.d.). *List of characteristics of autism.* Retrieved May 17, 2006, from http://www.unc.edu/~cory/autism-info/autism-info.html

Azar, B. (2002, January). At the frontier of science. *Monitor on Psychology,* 40–41.

Babu, A., & Hirschhorn, K. (1992). *A guide to human chromosome defects* (Birth Defects: Original Article Series, 28[2]). White Plains, NY: March of Dimes Birth Defects Foundation.

Bada, H. S., Das, A., Bauer, C. R., Shankaran, S., Lester, B., LaGasse, L., et al. (2007). Impact of prenatal cocaine exposure on child behavior problems through school age. *Pediatrics, 119,* e348–e359.

Baddeley, A. (1996). Exploring the central executive. *Quarterly Journal of Experimental Psychology: Human Experimental Psychology* (Special Issue: Working Memory), *49A,* 5–28.

Baddeley, A. (1998). Recent developments in working memory. *Current Opinion in Neurobiology, 8,* 234–238.

Baddeley, A. D. (1981). The concept of working memory: A view of its current state and probable future development. *Cognition, 10,* 17–23.

Baddeley, A. D. (1986). *Working memory.* London: Oxford University Press.

Baddeley, A. D. (1992). Working memory. *Science, 255,* 556–559.

Baddock, S. A., Galland, B. C., Bolton, D. P. G., Williams, S. M., & Taylor, B. J. (2006). Differences in infant and parent behaviors during routine bed sharing compared with cot sleeping in the home setting. *Pediatrics, 117,* 1599–1607.

Baer, J. S., Sampson, P. D., Barr, H. M., Connor, P. D., & Streissguth, A. P. (2003). A 21-year longitudinal analysis of the effects of prenatal alcohol exposure on young adult drinking. *Archives of General Psychiatry, 60,* 377–385.

Bagwell, C. L., Newcomb, A. F., & Bukowski, W. M. (1998). Preadolescent friendship and peer rejection as predictors of adult adjustment. *Child Development, 69,* 140–153.

Baillargeon, R. (1994). How do infants learn about the physical world? *Current Directions in Psychological Science, 3,* 133–140.

Baillargeon, R. (1999). Young infants' expectations about hidden objects. *Developmental Science, 2,* 115–132.

Baillargeon, R., & DeVos, J. (1991). Object permanence in young infants: Further evidence. *Child Development, 62,* 1227–1246.

Baillargeon, R. H., Zoccolillo, M., Keenan, K., Côté, S., Pérusse, D., Wu, H.-X., et al. (2007). Gender differences in physical aggression: A prospective population-based survey of children before and after 2 years of age. *Developmental Psychology, 43,* 13–26.

Baird, A. A., Gruber, S. A., Fein, D. A., Maas, L. C., Steingard, R. J., Renshaw, P. F., et al. (1999). Functional magnetic resonance imaging of facial affect recognition in children and adolescents. *Journal of the American Academy of Child and Adolescent Psychiatry, 38,* 195–199.

Baldwin, J. (1972). *No name in the street.* New York: Dial Press.

Balercia, G., Mosca, F., Mantero, F., Boscaro, M., Mancini, A., Ricciardo-Lamonica, G., et al. (2004). Coenzyme q(10) supplementation in infertile men with idiopathic asthenozoospermia: An open, uncontrolled pilot study. *Fertility and Sterility, 81,* 93–98.

Bandura, A. (1977). *Social learning theory.* Englewood Cliffs, NJ: Prentice-Hall.

Bandura, A. (1986). *Social foundations of thought and action: A social cognitive theory.* Englewood Cliffs, NJ: Prentice-Hall.

Bandura, A. (1989). Social cognitive theory. In R. Vasta (Ed.), *Annals of child development: Vol. 6* (pp. 1–60). Greenwich, CT: JAI.

Bandura, A. (1994). Self-efficacy. In V. S. Ramachandran (Ed.), *Encyclopedia of human behavior* (Vol. 4, pp. 71–81). New York: Academic Press.

Bandura, A., Barbaranelli, C., Caprara, G. V., & Pastorelli, C. (1996). Multifaceted impact of self-efficacy beliefs on academic functioning. *Child Development, 67,* 1206–1222.

Bandura, A., Barbaranelli, C., Caprara, G. V., & Pastorelli, C. (2001). Self-efficacy beliefs as shapers of children's aspirations and career trajectories. *Child Development 72*(1), 187–206.

Bandura, A., Ross, D., & Ross, S. A. (1961). Transmission of aggression through imitation of aggressive models. *Journal of Abnormal and Social Psychology, 63,* 575–582.

Bandura, A., & Walters, R. H. (1963). *Social learning and personality development.* New York: Holt, Rinehart, & Winston.

Banks, E. (1989). Temperament and individuality: A study of Malay children. *American Journal of Orthopsychiatry, 59,* 390–397.

Barber, B. K. (1996). Parental psychological control: Revisiting a neglected construct. *Child Development, 67,* 3296–3319.

Barber, B. L., & Eccles, J. S. (1992). Longterm influence of divorce and single parenting on adolescent, family and work related values, behaviors, and aspirations. *Psychological Bulletin, 111*(1), 108–126.

Barker, D. J., & Lackland, D. T. (2003). Prenatal influences on stroke mortality in England and Wales. *Stroke: A Journal of Cerebral Circulation, 34,* 1598–1602.

Barkley, R. A. (1998a, February). How should attention deficit disorder be described? *Harvard Mental Health Letter,* p. 8.

Barkley, R. A. (1998b, September). Attention-deficit hyperactivity disorder. *Scientific American,* pp. 66–71.

Barkley, R. A., Murphy, K. R., & Kwasnik, D. (1996). Motor vehicle competencies and risks in teens and young adults with attention deficit hyperactivity disorder. *Pediatrics, 98,* 1089–1095.

Barlow, S. E., & Dietz, W. H. (1998). Obesity evaluation and treatment: Expert committee recommendations. *Pediatrics, 102*(3), e29. Retreived from http://www.pediatrics.org/cgi/content/full/102/3/e29

Barnes, J., Sutcliffe, A., Ponjaert, I., Loft, A., Wennerholm, U., Tarlatzis, V., et al. (2003, July). *The European study of 1,523 ICSI/IVF versus naturally conceived 5-year-old children and their families: Family functioning and socioemotional development.* Paper presented at conference of European Society of Human Reproduction and Embryology, Madrid.

Baron-Cohen, S. (2005). The essential difference: The male and female brain. *Phi Kappa Phi Forum, 85*(1), 23–26.

Barry, C. M., & Wentzel, K. R. (2006). Friend influence on prosocial behavior: The role of motivational factors and friendship characteristics. *Developmental Psychology, 42,* 153–163.

Barthel, J. (1982, May). Just a normal, naughty three-year-old. *McCall's,* pp. 78, 136–144.

Bartoshuk, L. M., & Beauchamp, G. K. (1994). Chemical senses. *Annual Review of Psychology, 45,* 419–449.

Basso, O., & Baird, D. D. (2003). Infertility and preterm delivery, birth weight, and Caesarean section: A study within the Danish National Birth Cohort. *Human Reproduction, 18,* 2478–2484.

Bassuk, E. L. (1991). Homeless families. *Scientific American, 265*(6), 66–74.

Bates, E., Bretherton, I., & Snyder, L. (1988). *From first words to grammar: Individual differences and dissociable mechanisms.* New York: Cambridge University Press.

Bates, E., O'Connell, B., & Shore, C. (1987). Language and communication in infancy. In J. D. Osofsky (Ed.), *Handbook of infant development* (2d ed.). New York: Wiley.

Bateson, M. C. (1984). *With a daughter's eye: A memoir of Margaret Mead and Gregory Bateson.* New York: William Morrow & Co.

Bauer, P. J. (1993). Memory for gender-consistent and gender-inconsistent event sequences by twenty-five-month-old children. *Child Development, 64,* 285–297.

Bauer, P. J. (1996). What do infants recall of their lives? Memory for specific events by 1- to 2-year-olds. *American Psychologist, 51,* 29–41.

Bauer, P. J. (2002). Long-term recall memory: Behavioral and neurodevelopmental changes in the first 2 years of life. *Current Directions in Psychological Science, 11,* 137–141.

Bauer, P. J., Wenner, J. A., Dropik, P. L., & Wewerka, S. S. (2000). Parameters of remembering and forgetting in the transition from infancy to early childhood. *Monographs of the Society for Research in Child Development,* Serial No. 263, *65*(4). Malden, MA: Blackwell.

Bauer, P. J., Wiebe, S. A., Carver, L. J., Waters, J. M., & Nelson, C. A. (2003). Developments in long-term explicit memory late in the first year of life: Behavioral and electrophysiological indices. *Psychological Science, 14,* 629–635.

Bauman, L. J., Silver, E. J., & Stein, R. E. K. (2006). Cumulative social disadvantage and child health. *Pediatrics, 117,* 1321–1328.

Baumer, E. P., & South, S. J. (2001). Community effects on youth sexual activity. *Journal of Marriage and the Family, 63,* 540–554.

Baumrind, D. (1971). Harmonious parents and their preschool children. *Developmental Psychology, 41,* 92–102.

Baumrind, D. (1989). Rearing competent children. In W. Damon (Ed.), *Child development today and tomorrow* (pp. 349–378). San Francisco: Jossey-Bass.

Baumrind, D. (1991). Parenting styles and adolescent development. In J. Brooks-Gunn, R. Lerner, & A. C. Peterson (Eds.), *The encyclopedia of adolescence* (pp. 746–758). New York: Garland.

Baumrind, D. (1996a). A blanket injunction against disciplinary use of spanking is not warranted by the data. *Pediatrics, 88,* 828–831.

Baumrind, D. (1996b). The discipline controversy revisited. *Family Relations, 45,* 405–414.

Baumrind, D. (2005). Patterns of parental authority and adolescent autonomy. In J. Smetana (Ed.), *Changing boundaries of parental authority during adolescence: New directions for child and adolescent development, 108* (pp. 61–70). San Francisco: Jossey-Bass.

Baumrind, D., & Black, A. E. (1967). Socialization practices associated with dimensions of competence in preschool boys and girls. *Child Development, 38,* 291–327.

Baumrind, D., Larzelere, R. E., & Cowan, P. A. (2002). Ordinary physical punishment: Is it harmful? Comment on Gershoff (2002). *Psychological Bulletin, 128,* 580–589.

Bauserman, R. (2002). Child adjustment in joint-custody versus sole-custody arrangements: A meta-analytic review. *Journal of Family Psychology, 16,* 91–102.

Baydar, N., Greek, A., & Brooks-Gunn, J. (1997). A longitudinal study of the effects of the birth of a sibling during the first 6 years of life. *Journal of Marriage and the Family, 59,* 939–956.

Baydar, N., Hyle, P., & Brooks-Gunn, J. (1997). A longitudinal study of the effects of the birth of a sibling during preschool and early grade school years. *Journal of Marriage and the Family, 59,* 957–965.

Bayliss, D. M., Jarrold, C., Baddeley, A. D., Gunn, D. M., & Leigh, E. (2005). Mapping the developmental constraints on working memory span performance. *Developmental Psychology, 41*(4), 579–597.

Bayley, N. (1969). *Bayley Scales of Infant Development*. New York: Psychological Corporation.

Bayley, N. (1993). *Bayley Scales of Infant Development: II*. New York: Psychological Corporation.

Bayley, N. (2005). *Bayley Scales of Infant Development, Third Ed.* (Bayley-III). New York: Harcourt Brace.

Bearman, P. S., & Bruckner, H. (2001). Promising the future: Virginity pledges and first intercourse. *American Journal of Sociology, 106,* 859–913.

Bech, B. H., Nohr, E. A., Vaeth, M., Henriksen, T. B., & Olsen, J. (2005). Coffee and fetal death: A cohort study with prospective data. *American Journal of Epidemiology, 162*(10), 983–990.

Beckett, C., Maughan, B., Rutter, M., Castle, J., Colvert, E., Groothues, C., et al. (2006). Do the effects of severe early deprivation on cognition persist into early adolescence? Findings from the English and Romanian adoptees study. *Child Development, 77,* 696–711.

Behne, R., Carpenter, M., Call, J., & Tomasello, M. (2005). Unwilling versus unable: Infants' understanding of intentional action. *Developmental Psychology, 41,* 328–337.

Behrman, R. E. (1992). *Nelson textbook of pediatrics* (13th ed.). Philadelphia: Saunders.

Beidel, D. C., & Turner, S. M. (1998). *Shy children, phobic adults: Nature and treatment of social phobia*. Washington, DC: American Psychological Association.

Bekedam, D. J., Engelsbel, S., Mol, B. W., Buitendijk, S. E., & van der Pal-de Bruin, K. M. (2002). Male predominance in fetal distress during labor. *American Journal of Obstetrics and Gynecology, 187,* 1605–1607.

Belizzi, M. (2002, May). *Obesity in children—What kind of future are we creating?* Presentation at the Fifty-Fifth World Health Assembly Technical Briefing, Geneva.

Bell, M. A., & Fox, N. A. (1992). The relations between frontal brain electrical activity and cognitive development during infancy. *Child Development, 63,* 1142–1163.

Bellinger, D. (2004). Lead. *Pediatrics, 113,* 1016 1022.

Belsky, J. (1984). Two waves of day care research: Developmental effects and conditions of quality. In R. Ainslie (Ed.), *The child and the day care setting*. New York: Praeger.

Belsky, J., Fish, M., & Isabella, R. (1991). Continuity and discontinuity in infant negative and positive emotionality: Family antecedents and attachment consequences. *Developmental Psychology, 27,* 421–431.

Belsky, J., Vandell, D. L., Burchinal, M., Clarke-Stewart, K. A., McCartney, K., Owen, M. T., & the NICHD Early Child Care Research Network. (2007). Are there long-term effects of early child care? *Child Development, 78,* 681–701.

Bem, S. L. (1983). Gender schema theory and its implications for child development: Raising gender-aschematic children in a gender-schematic society. *Signs, 8,* 598–616.

Bem, S. L. (1985). Androgyny and gender schema theory: A conceptual and empirical integration. In T. B. Sondregger (Ed.), *Nebraska symposium on motivation, 1984: Psychology and gender.* Lincoln, NE: University of Nebraska Press.

Bem, S. L. (1993). *The lenses of gender: Transforming the debate on sexual inequality.* New Haven, CT: Yale University Press.

Benenson, J. F. (1993). Greater preference among females than males for dyadic interaction in early childhood. *Child Development, 64,* 544–555.

Benson, E. (2003). Intelligent intelligence testing. *Monitor on Psychology, 43*(2), 48–51.

Benson, M. (1986). *Nelson Mandela: The man and the movement.* New York: Norton.

Bergeman, C. S., & Plomin, R. (1989). Genotype-environment interaction. In M. Bornstein & J. Bruner (Eds.), *Interaction in human development* (pp. 157–171). Hillsdale, NJ: Erlbaum.

Bergen, D. (2002). The role of pretend play in children's cognitive development. *Early Childhood Research & Practice, 4*(1). Retrieved from http://ecrp.uiuc.edu/v4n1/bergen.html

Bergen, D., Reid, R., & Torelli, L. (2000). *Educating and caring for very young children: The infant-toddler curriculum.* Washington, DC: National Association for the Education of Young Children.

Berk, L. E. (1986a). Development of private speech among preschool children. *Early Child Development and Care, 24,* 113–136.

Berk, L. E. (1986b). Private speech: Learning out loud. *Psychology Today, 20*(5), 34–42.

Berk, L. E. (1992). Children's private speech: An overview of theory and the status of research. In R. M. Diaz & L. E. Berk (Eds.), *Private speech: From social interaction to self-regulation* (pp. 17–53). Hillsdale, NJ: Erlbaum.

Berk, L. E., & Garvin, R. A. (1984). Development of private speech among low income Appalachian children. *Developmental Psychology, 20,* 271–286.

Berkowitz, G. S., Skovron, M. L., Lapinski, R. H., & Berkowitz, R. L. (1990). Delayed childbearing and the outcome of pregnancy. *New England Journal of Medicine, 322,* 659–664.

Berkowitz, R. I., Stallings, V. A., Maislin, G., & Stunkard, A. J. (2005). Growth of children at high risk of obesity during the first 6 years of life: Implications for prevention. *American Journal of Clinical Nutrition, 81,* 140–146.

Berkowitz, R. I., Wadden, T. A., Tershakovec, A. M., & Cronquist, J. L. (2003). Behavior therapy and sibutramine for the treatment of adolescent obesity: A randomized controlled trial. *Journal of the American Medical Association, 289,* 1805–1812.

Berndt, T. J., & Perry, T. B. (1990). Distinctive features and effects of early adolescent friendships. In R. Montemayor, G. R. Adams, & T. P. Gullotta (Eds.), *From childhood to adolescence: A transitional period?*

(Vol. 2, pp. 269–287). Newbury Park, CA: Sage.

Bernstein, J. (1973). *Einstein*. New York: Viking.

Bernstein, N. (2004, March 7). Behind fall in pregnancy, a new teenage culture of restraint. *New York Times*, pp. 1, 36–37.

Bernstein, P. S. (2003). Achieving equity in women's and perinatal health. *Medscape Ob/Gyn & Women's Health, 8*. Posted 12/12/03.

Berrick, J. D. (1998). When children cannot remain home: Foster family care and kinship care. *The Future of Children, 8*, 72–87.

Berrueta-Clement, J. R., Schweinhart, L. J., Barnett, W. S., Epstein, A. S., & Weikart, D. P. (1985). *Changed lives: The effects of the Perry Preschool Program on youths through age 19*. Ypsilanti, MI: High/Scope.

Berrueta-Clement, J. R., Schweinhart, L. J., Barnett, W. S., & Weikart, D. P. (1987). The effects of early educational intervention on crime and delinquency in adolescence and early adulthood. In J. D. Burchard & S. N. Burchard (Eds.), *Primary prevention of psychopathology: Vol. 10. Prevention of delinquent behavior* (pp. 220–240). Newbury Park, CA: Sage.

Berry, M., Dylla, D. J., Barth, R. P., & Needell, B. (1998). The role of open adoption in the adjustment of adopted children and their families. *Children and Youth Services Review, 20*, 151–171.

Berry, N., Jobanputra, V., & Pal, H. (2003). Molecular genetics of schizophrenia: A critical review. *Journal of Psychiatry and Neuroscience, 28*, 415–429.

Berry, R. J., Li, Z., Erickson, J. D., Li, S., Moore, C. A., Wang, H., et al. for the China-U.S. Collaborative Project for Neural Tube Defect Prevention. (1999). Prevention of neural-tube defects with folic acid in China. *New England Journal of Medicine, 341*, 1485–1490.

Bertenthal, B. I., & Campos, J. J. (1987). New directions in the study of early experience. *Child Development, 58*, 560–567.

Bertenthal, B. I., Campos, J. J., & Barrett, K. C. (1984). Self-produced locomotion: An organizer of emotional, cognitive, and social development in infancy. In R. N. Emde & R. J. Harmon (Eds.), *Continuities and discontinuities in development*. New York: Plenum.

Bertenthal, B. I., Campos, J. J., & Kermoian, R. (1994). An epigenetic perspective on the development of self-produced locomotion and its consequences. *Current Directions in Psychological Science, 3*(5), 140–145.

Bertenthal, B. I., & Clifton, R. K. (1998). Perception and action. In W. Damon (Ed.-in-Chief), D. Kuhn & R. S. Siegler (Vol. Eds.), *Handbook of child psychology: Vol. 2. Cognition perception, and language* (pp. 51–102). New York: Wiley.

Bertin, E., & Striano, T. (2006). The still face response in newborn, 1.5-, and 3-month-old infants. *Infant Behavior and Development, 29*, 294–297.

Berz, J. B., Murdock, K. K., & Mitchell, D. K. (2005). Children's asthma, internalizing problems, and social functioning: An urban perspective. *Journal of Child and Adolescent Psychiatric Nursing, 18*(4), 181–197.

Bespalova, I. N., & Buxbaum, J. D. (2003). Disease susceptibility genes for autism. *Annals of Medicine, 35*, 274–281.

Bethell, C. D., Read, D. D., & Blumberg, S. J. (2005). Mental health in the United States: Health care and well-being of children with chronic emotional, behavioral, or developmental problems—United States, 2001. *Morbidity and Mortality Weekly Report, 54*, 985–989.

Bethell, T. N. (2005, April). What's the big idea? There's more than one solution for Social Security. Here are nine ways to keep the system solvent. *AARP Bulletin*, pp. 22–26.

Beversdorf, D. Q., Manning, S. E., Anderson, S. L., Nordgren, R. E., Walters, S. E., Cooley, W. C., et al. (2001, November 10–15). *Timing of prenatal stressors and autism*. Presentation at the 31st Annual Meeting of the Society for Neuroscience, San Diego.

Bialystok, E., & Senman, L. (2004). Executive processes in appearance-reality tasks: The role of inhibition of attention and symbolic representation. *Child Development, 75*, 562–579.

Biason-Lauber, A., Konrad, D., Navratil, F., & Schoenle, E. J. (2004). A WNT4 mutation associated with Mullerian-duct regression and virilization in a 46, XX woman. *New England Journal of Medicine, 351*, 792–798.

Bierman, K. L., Smoot, D. L., & Aumiller, K. (1993). Characteristics of aggressive rejected, aggressive (nonrejected), and rejected (non-aggressive) boys. *Child Development, 64*, 139–151.

Bjork, J. M., Knutson, B., Fong, G. W., Caggiano, D. M., Bennett, S. M., & Hommer, D. W. (2004). Incentive-elicited brain activities in adolescents: Similarities and differences from young adults. *The Journal of Neuroscience, 24*, 1793–1802.

Bjorklund, D. F. (1997). The role of immaturity in human development. *Psychological Bulletin, 122*, 153–169.

Bjorklund, D. F., & Harnishfeger, K. K. (1990). The resources construct in cognitive development: Diverse sources of evidence and a theory of inefficient inhibition. *Developmental Review, 10*, 48–71.

Bjorklund, D. F., & Pellegrini, A. D. (2000). Child development and evolutionary psychology. *Child Development, 71*, 1687–1708.

Bjorklund, D. F., & Pellegrini, A. D. (2002). *The origins of human nature: Evolutionary developmental psychology*. Washington, DC: American Psychological Association.

Bickham, D., & Rich, M. (2006). Is television viewing associated with social isolation? Roles of exposure time, viewing context, and violent content. *Archives of Pediatrics and Adolescent Medicine, 160*, 387–392.

Birmaher, B. (1998). Should we use antidepressant medications for children and adolescents with depressive disorders? *Psychopharmacology Bulletin, 34*, 35–39.

Birmaher, B., Ryan, N. D., Williamson, D. E., Brent, D. A., Kaufman, J., Dahl, R. E., et al. (1996). Childhood and adolescent depression: A review of the past 10 years. *Journal of the American Academy of Child and Adolescent Psychiatry, 35*, 1427–1440.

Black, J. E. (1998). How a child builds its brain: Some lessons from animal studies of neural plasticity. *Preventive Medicine, 27*, 168–171.

Black, M. M., & Krishnakumar, A. (1998). Children in low-income, urban settings: Interventions to promote mental health and well-being. *American Psychologist, 53*, 636–646.

Black, R. E., Morris, S. S., & Bryce, J. (2003). Where and why are 10 million children dying each year? *The Lancet, 361*, 2226–2234.

Blair, C. (2002). School readiness: Integrating cognition and emotion in a neurobiological conceptualization of children's functioning at school entry. *American Psychologist, 57*, 111–127.

Blakemore, S., & Choudhury, S. (2006). Development of the adolescent brain: Implications for executive function and social cognition. *Journal of Child Psychology and Psychiatry, 47*(3), 296–312.

Blakeslee, S. (1997, April 17). Studies show talking with infants shapes basis of ability to think. *New York Times*, p. D21.

Bleske-Rechek, A., Lubinski, D., & Benbow, C. P. (2004). Meeting the educational needs of special populations. Advanced placement's role in developing exceptional human capital. *Psychological Sciences, 15*, 217–224.

Block, R. W., Krebs, N. F., the Committee on Child Abuse and Neglect & the Committee on Nutrition. (2005). *Pediatrics, 116*(5), 1234–1237.

Bloom, B. (1985). *Developing talent in young people*. New York: Ballantine.

Bloom, B., Cohen, R. A., Vickerie, J. L., & Wondimu, E. A. (2003). Summary health statistics for U.S. children: National Health Interview Survey, 2001. *Vital and Health Statistics, 10*(216). Hyattsville, MD: National Center for Health Statistics.

Bloom, H. (Ed.). (1999). *A scholarly look at* The Diary of Anne Frank. Philadelphia: Chelsea.

主题索引

新曲线心理学中译本系列

心理学与生活（第16版），菲利普·津巴多、理查德·格里格 著，王垒 等译
教育心理学（第7版），罗伯特·斯莱文 著，姚梅林 等译
社会心理学（第8版），戴维·迈尔斯 著，侯玉波、乐国安、张智勇 等译
组织行为学（第11版），弗雷德·鲁森斯 著，王垒 等译
人力资源管理（第7版），劳埃德·拜厄斯、莱斯利·鲁 著，李业昆 等译
人力资源管理（第10版），韦恩·蒙迪 著，谢晓非 等译
异常与临床心理学，保罗·贝内特 著，陈传锋、严建雯、金一波 等译
理解孩子的成长（第4版），彼得·史密斯 等著，寇彧 等译
心理学（第7版），戴维·迈尔斯 著，黄希庭 等译
健康心理学（第3版），简·奥格登 著，严建雯、陈传锋、金一波 等译
自我，乔纳森·布朗 著，陈浩莺、薛贵、曾盼盼 译
决策与判断，斯科特·普劳斯 著，施俊琦、王星 译
亲密关系（第3版），莎伦·布雷姆 等著，郭辉、肖斌、刘煜 译
态度改变与社会影响，菲利普·津巴多、迈克尔·利佩 著，邓羽、肖莉、唐小艳 译
影响力心理学，菲利普·津巴多、迈克尔·利佩 著，邓羽、肖莉、唐小艳 译
管理决策中的判断（第6版），马克斯·巴泽曼 著，杜伟宇、李同吉 译
阅读障碍与阅读困难——给教师的解释，达斯 著，张厚粲、徐建平、孟祥芝 译
APA出版手册（简明版），美国心理学会 编著，周晓林、叶铮、张旋、曹琳 译
心理学与我们（第7版），罗伯特·费尔德曼、黄希庭 著，黄希庭 等译
心理学实验的设计与报告（第2版），彼得·哈里斯 著，吴艳红 译
心理学研究方法（第7版），约翰·肖内西 著，张明、吴艳红、郭秀艳 等译
危机中的青少年（第3版），麦克沃特 等著，寇彧 等译
心理学精要（第5版），戴维·迈尔斯 著，黄希庭 等译
跨文化社会心理学，史密斯 等著，严文华 等译
心理统计导论（第9版），理查德·鲁尼恩 等著，林丰勋 译
改变心理学的40项研究（第5版），罗杰·霍克 著，白学军 译
像心理学家一样思考（第2版），唐纳德·麦克伯尼 著，王伟平 译
亲密关系（第5版），罗兰·米勒 等著，王伟平 译
心理学史（第4版），戴维·霍瑟萨尔 著，郭本禹、魏宏波、朱兴国、王申连 等译
人格心理学（第2版），兰迪·拉森、戴维·巴斯 著，郭永玉 等译
生物心理学（第10版），詹姆斯·卡拉特 著，苏彦捷 等译，彩印精装
孩子的世界：0~3岁（第11版），黛安娜·帕帕拉 等著，陈福美 等译，彩印精装
心理科学之门，阿曼达·阿尔本 著，徐展 译
对“伪心理学”说不（第8版），基思·斯坦诺维奇 著，窦东徽、刘肖岑 译
50位最伟大的心理学思想家，诺埃尔·希伊 著，郭本禹、方红 译
认知心理学及其启示（第7版），约翰·安德森 著，秦裕林、程瑶、周海燕、徐玥 译

我们都是自己的陌生人，戴维·迈尔斯 著，沈德灿 译

社会性与人格发展（第 5 版），戴维·谢弗 著，陈会昌 等译

潜意识与人格，兰迪·拉森、戴维·巴斯 著，郭永玉、孙灯勇译

自我与人格，兰迪·拉森、戴维·巴斯 著，郭永玉、杨子云译

人格障碍与调适，兰迪·拉森、戴维·巴斯 著，郭永玉、刘娅译

基因与人格，兰迪·拉森、戴维·巴斯 著，郭永玉、贺金波译

文化与人格，兰迪·拉森、戴维·巴斯 著，郭永玉、马一波译

人格特质，兰迪·拉森、戴维·巴斯 著，郭永玉、陈继文译

魅力何来：人际吸引的秘密，戴维·迈尔斯 著，寇彧译

看不见的影响力，戴维·迈尔斯 著，乐国安、侯玉波、郑全全 等译

他人即地狱？，戴维·迈尔斯 著，张智勇、金盛华、侯玉波 等译

梦、性与饥渴：生物心理学的解读，詹姆斯·卡拉特 著，苏彦捷等译

孩子的世界（第 11 版），黛安娜·帕帕拉 等著，郝嘉佳 等译

心理学质性研究导论（第 2 版），卡拉·威利格 著，郭本禹等译

人格解码，塞缪尔·巴伦德斯 著，陶红梅 译，许燕 校

新曲线心理学教材英文影印版系列

（教育部高等学校心理学教学指导委员会推荐用书）

Psychology and Life（18th），Richard J. Gerrig et al.

心理学与生活（第 18 版），理查德 · 格里格、菲利普 · 津巴多 著

Essentials of Understanding Psychology（6th），Robert S.Feldman

普通心理学（第 6 版），罗伯特 · 费尔德曼 著，黄希庭教授推荐

Designing and Reporting Experiments in Psychology（2th），Peter Harris

心理学实验的设计与报告，彼得 · 哈里斯 著，沈模卫教授推荐

Behavioral Statistics: The Core（9th），Runyon et al.

心理统计（第 9 版），理查德 · 鲁尼恩 等著，张厚粲教授推荐

Research Methods in Psychology（6th），John J.Shaughnessy et al.

心理学研究方法（第 6 版），约翰 · 肖内西 等著，周晓林教授推荐

Social psychology（9th），David G.Myers

社会心理学（第 9 版），戴维 · 迈尔斯 著，彭凯平教授推荐

Human Development（9th），Diane E. Papalia et al.

发展心理学（第 9 版），黛安娜 · 帕帕拉 等著，林崇德教授推荐

Abnormal Psychology: Current perspectives（9th），Lauren B. Alloy et al.

变态心理学（第 9 版），劳伦 · 阿洛伊 等著，王登峰教授推荐

Psychological Testing and Assessment（6th），Ronald Jay Cohen

心理测验与评估（第 6 版），罗纳德 · 科恩 等著，彭凯平教授推荐

Fundamentals of Cognitive Psychology（7th），R. Reed Hunt et al.

认知心理学基础（双语版），里德 · 亨特 等著，傅小兰教授推荐

Exercises in Psychological Testing and Assessment，Ronald Jay Cohen

心理测验与评估学习指南，罗纳德 · 科恩 著

Study Guide and Solutions Manual，DAvid J. Pittenger

心理统计学习指南（双语版），戴维 · 皮滕杰 著，林丰勋教授译注

Abnormal and Clinical Psychology，Paul Bennett

异常与临床心理学，保罗 · 贝内特 著，陈传锋教授推荐

Personality Psychology（2th），Randy J. Larsen & David M. Buss

人格心理学（第 2 版），兰迪 · 拉森 等著，郭永玉教授推荐

Biological Psychology（9th），James W. Kalat

生物心理学（第 9 版），詹姆斯 · 卡拉特 著，苏彦捷教授推荐

Psychology Testing: History, Principles and Applications（5th），Robert J. Gregory

心理测验：历史、原理及应用，罗伯特 · 格雷戈里 著，闫巩固教授推荐

Social Research Methods（6th），W. Lawrence Neumann

社会研究方法（第 6 版），威廉 · 纽曼 著，辛涛教授推荐

Becoming Qualitative Researchers: An Introduction（3rd），Corrine Glesne

如何成为质性研究专家（第 3 版），科琳·格莱斯 著，刘力教授推荐

Forty Studies that Changed Psychology（5th），Roger R.Hock

改变心理学的 40 项研究（第 5 版），罗杰·霍克 著，白学军教授推荐

How to Think Straight about Psychology（8th），Keith E. Stanovich

这才是心理学（第 8 版），基思·斯坦诺维奇 著，杨中芳教授推荐

Organizational Behavior Today，Leigh L. Thompson

当代组织行为学，莉·汤普森 著，谢晓非教授推荐

Educational Psychology: Theory and Practice（7th），Robert E. Slavin

教育心理学（第 7 版，双语版），罗伯特·斯莱文 著，姚梅林 等译注

Essentials of Behavioral Research（3rd），Robert Rosenthal et al.

行为研究纲要：方法与数据分析（第 3 版，英文注释版），

罗伯特·罗森塔尔、拉尔夫·罗斯诺 著

新曲线豆瓣小站：http://site.douban.com/110283/

新曲线新浪微博：http://weibo.com/nccpub